SUPERSTITIONS

ANCIENNES

ET

MODERNES.

SUPERSTITIONS

ANCIENNES

ET

MODERNES:

PREJUGÉS VULGAIRES

Qui ont induit les Peuples à des usages & à des pratiques contraires à la Religion.

TOME PREMIER.

Avec des Figures qui représentent ces pratiques.

A AMSTERDAM,

Chez JEAN FREDERIC BERNARD.

MDCCXXXIII.

A SON EMINENCE

MONSEIGNEUR

LE CARDINAL

DE FLEURY,

MINISTRE D'ETAT,

Grand-Aumônier de la Reine, Sur-Intendant
des Postes de France.

MONSEIGNEUR,

L'Ouvrage que j'ai l'honneur de préſenter à VOTRE EMINEN-CE, ne lui eſt pas inconnu. Elle le jugea digne de ſon approbation, lorſqu'il parut pour la première fois. J'oſe me flatter, MONSEI-GNEUR, que cette ſeconde Edition ne lui déplaira pas. L'Auteur, ſollicité par des perſonnes ſavantes & pieuſes, s'eſt principalement appliqué à faire ſentir la différence des effets naturels & ſurnaturels d'avec ceux qui ne le ſont pas. Il diſcute cette matiére ſi délicate en Philoſophe, gui-dé par les principes de la ſaine Théologie. VOTRE EMINENCE n'ignore pas la néceſſité de diſſiper les illuſions des hommes ſur ce point, & de les rapeller au vrai. Les uns, accoutumez à tout expliquer phyſiquement, trouvent une vraiſemblan-ce à tout, ſans avoir même eſſayé un examen critique des faits extraordinaires. Les autres, ne ſoupçonnant pas même que la nature cache quelquefois ſon mécaniſme, trai-tent de fables tout ce qui échape à leurs foibles lumiéres. D'autres enfin, incapables d'une diſcuſſion philoſophique, regardent comme ſurnaturel ce qui eſt l'ouvrage ou d'u-ne utile fourberie, ou d'une cauſe phyſique inconnue. L'Auteur convaincu, MON-SEIGNEUR, de la néceſſité de tout examiner, raméne les uns à un uſage éclai-ré de la Phyſique, & apprend aux autres à ne pas croire ſupérieurs aux forces de la nature les effets qui leur paroiſſent inexplicables. C'eſt avec ces mêmes principes qu'il examine les pratiques ſuperſtitieuſes, qui ont ſéduit les peu-ples & embarraſſé les Savans. Quel Ouvrage, MONSEIGNEUR, plus néceſſaire dans un tems, où le préjugé exerce un empire ſi abſolu?

*

Peut-

Peut-être qu'à l'exemple d'un Auteur si attentif à chercher la vérité, on sentira la nécessité d'approfondir les faits extraordinaires, & de prononcer avec moins de hardiesse.

Oserai-je vous dire, MONSEIGNEUR, que cet Ouvrage doit vous plaire par un autre endroit? A la vue de tant de différentes superstitions, vous vous rappellerez que, pendant que vous avez gouverné l'Eglise de Frejus, vous les avez détruites. Leurs images retracées sans crime dans cet Ouvrage, ne seront pas moins agréables à VOTRE EMINENCE, que les portraits des vaincus ont accoutumé de l'être aux vainqueurs. Mais ces superstitions, vous les avez anéanties par l'exercice d'une raison supérieure & par une douceur aimable, qui sont les seules armes de la persuasion; & quels effets n'ont point produit, MONSEIGNEUR, ces deux rares qualitez dans ce Diocèse? Ce fut par elles qu'on vit d'abord le vice disparoître, la vertu recueillir seule des hommages, & refleurir dans le Clergé, le zèle, & la discipline des premiers siècles de l'Eglise.

C'est par l'usage de ces mêmes qualitez que VOTRE EMINENCE a rempli avec tant de dignité les différens emplois où la Providence l'a appellé. Chargé de l'éducation d'un Prince qui fait les délices de ses Sujets, vous lui avez appris à se soumettre à l'empire de la raison, à la faire présider à ses conseils, & même à ses plaisirs, à n'estimer que ce qui est véritablement estimable, la vertu & les talens. Devenu le dépositaire de l'autorité suprême, vous vous êtes appliqué à la faire respecter, & toujours semblable à vous même, vous n'avez opposé aux flots des passions humaines qu'un calme inaltérable. Les momens de trouble ont toujours couté des regrets à un cœur qui n'aime que la paix. Quelle supériorité de raison ne faut-il pas pour s'élever ainsi au dessus de la raison des autres?

Si je ne craignois, MONSEIGNEUR, de blesser votre modestie par mes louanges, je peindrois ici cette intelligence supérieure pour le conseil, l'élévation du génie avec la bonté, les lumières vives & pénétrantes avec les charmes de la douceur, cette aimable politesse répandue dans vos discours & dans vos actions, & tant d'autres vertus dont on est plus frappé, à mesure qu'on les contemple de plus près; bien différentes de ces ingénieuses perspectives, qui ne paroissent belles que par l'éloignement, & dans un certain point de vue. Il m'est encore moins possible d'exprimer à VOTRE EMINENCE les sentimens de ma reconnoissance, pour les bienfaits dont vous m'avez honoré: plus elle est vive, moins elle est éloquente. Si j'étois moins pénétré, MONSEIGNEUR, de vos bontez, il me seroit aisé de trouver des expressions pour peindre mes sentimens. Je compte parmi les graces que je tiens de VOTRE EMINENCE, la permission qu'elle m'a accordée de lui donner ce témoignage public du profond respect avec lequel je serai toute ma vie,

MONSEIGNEUR,

DE VOTRE EMINENCE

Le très humble & très obéissant Serviteur

BELLON.

PRE-

PRÉFACE de L'ÉDITEUR.

L A plupart des Théologiens qui ont écrit sur les superstitions, se sont peu appliquez à vérifier les faits qu'ils ont rapportez; & ont été d'ailleurs des Philosophes très superficiels; n'étant guidez que par des termes de l'école, plus propres à embrouiller qu'à éclaircir le sujet qu'ils traitoient. Cependant comme il s'agit de déterminer dans ces sortes d'Ouvrages ce qui est naturel & ce qui ne l'est pas, il faut certainement avoir un peu de cet esprit philosophique, qui, après s'être assuré de la vérité des faits, sépare le vrai d'avec le faux. Rien n'est donc plus nécessaire que de chercher des principes pour discerner les effets naturels d'avec ceux qui ne le sont pas, puisque c'est par-là seulement qu'on peut ne pas s'égarer en traitant cette matiére.

Le P. le Brun en expliquant les phénomènes de la Baguette, de Jacques Aymar, s'étoit déja servi avec succès de quelques principes de physique, pour démêler si cette vertu étoit naturelle, & il avoit dèslors promis (a) un traité du discernement des effets naturels d'avec ceux qui ne le sont pas. Ce qu'il avoit promis il l'exécuta dans l'*Histoire critique des pratiques superstitieuses qui ont séduit les Peuples & embarrassé les Savans*, imprimée à Rouen en 1702 chez la veuve Behourt. Cet ouvrage fut approuvé par de Savans Théologiens & par des Philosophes habiles, & les suffrages du Public confirmérent un jugement si avantageux, l'édition entiére ayant été enlevée en peu de tems. Mais quoique les principes de ce discernement si délicat & si difficile fussent exposez avec netteté, cependant le P. le Brun ne crut pas les avoir développez avec assez d'étendue, & convaincu de l'importance de la matiére, il entreprit de la mettre dans un nouveau jour. C'est principalement pour cette raison, qu'il empêcha qu'on ne fît en France une seconde édition de son Ouvrage. Voici comme il s'explique lui-même dans une lettre MS. à M. le Comte d'Eryceira, qu'il consulta sur la vue perçante d'une femme de Lisbonne, (b) qu'on disoit voir à travers les corps les plus opaques. „ Pressé de revoir cet Ouvra-
„ ge, je crois devoir m'étendre sur le dis-
„ cernement des effets naturels d'avec ceux
„ qui ne le sont pas, parceque nous n'avons
„ aucun bon ouvrage sur cette matiére. Il
„ me paroit qu'il faut commencer par démê-
„ ler le vrai d'avec le faux, à cause que les
„ Anciens & les Modernes ont mêlé une in-
„ finité de fables dans l'histoire naturelle, &
„ qu'ils ont jetté par-là beaucoup d'obscuri-
„ té dans toute la Physique. Et ce qui n'est
„ pas moins fâcheux, c'est qu'il se trouve de
„ tems en tems de prétendus Physiciens, qui

„ entreprennent de donner des raisons phy-
„ siques de ce qui n'est point, & de ce qui
„ est physiquement inexplicable. Il y a long-
„ tems que le mal dure; ce qui faisoit dire à
„ Cicéron de ces pértendus Physiciens, *quo*
„ *genere nihil arrogantius*". Après avoir rapporté tout ce qu'on disoit de cette femme : „ Il est important, *ajoute-t-il*, de détromper
„ le public si les faits sont faux, & d'exami-
„ ner, s'ils sont vrais, quelle en peut être la
„ cause. Si M. le Comte votre pére, dont le
„ discernement & la science sont si connus,
„ veut joindre son jugement au vôtre, j'en
„ aurai bien de la joye, & je ferai de la ré-
„ ponse dont vous m'honorerez, l'usage qu'il
„ vous plaira de me prescrire". Je ne sais pas si ce Seigneur Portugais répondit, mais je n'ai trouvé aucune de ses lettres parmi les manuscrits du P. le Brun.

Ce Traité du discernement des effets naturels d'avec ceux qui ne le sont pas, compose le premier livre de cet Ouvrage. Le P. le Brun l'a achevé peu de tems avant sa mort, & par la maniére dont il l'a arrangé, il ne peut manquer de plaire à ceux qui cherchent sincérement la vérité. Il fait voir d'abord le peu de secours qu'on peut tirer des anciens Philosophes; pour faire ce discernement si important; les uns ayant mêlé la Physique avec la Religion, & les autres ayant peu connu la distinction des Corps & des Esprits. Les Naturalistes ayant ramassé toutes sortes de faits, sans les vérifier, sont encore de très mauvais guides; & ce qu'il y a de singulier, c'est que malgré les progrès de la Physique, il se trouve encore aujourd'hui des gens qui débitent de nouvelles fables, & des Physiciens qui prétendent les expliquer. Le P. le Brun a pris de-là occasion d'entrer dans un court détail des erreurs, où la crédulité & la présomption ont précipité les uns & les autres. Ce tableau est en même tems curieux & utile; l'Auteur bien différent des Compilateurs, remonte à la source de ces fables, & en prouve la fausseté. Ensuite il pose les principes nécessaires pour faire le discernement des effets naturels d'avec ceux qui ne le sont pas; principes simples, mais féconds, dont il tire de très justes inductions.

L'attention de l'Auteur à découvrir le vrai, paroit dans les soins qu'il prit pour s'assurer de deux faits singuliers dont il a été témoin. L'un regarde la guérison miraculeuse d'une prétendue muette au tombeau de Jacques II. Roi d'Angleterre : & l'autre est la prétendue catalepsie d'une fille, qui en 1710. attira la curiosité des savans & des ignorans. Ces deux morceaux méritent d'être lus. Mais je ne pardonne point au P. le Brun, d'avoir adopté l'ensorcellement du Fils de M. de la Richardiére; toute cette relation ne contient rien, qui ne puisse être produit par une

ima-

(a) Illusion des Philosophes sur la Baguette. *T.* 3.
(b) Voyez le *T.* 1. de cet Ouvrage.

imagination vive. Ce qui a peut-être engagé l'Auteur à adopter ces faits, est la probité de ceux qui les lui ont rapportez; mais il auroit pû considérer que la probité n'est point à l'abri des prestiges de l'imagination, & des illusions de la crédulité.

Une addition non moins curieuse, est l'histoire critique des pratiques superstitieuses observées en l'honneur de saint Hubert, pour se préserver de la rage. Comme elles ne s'accordent point avec les faits rapportez par les Historiens contemporains, l'Auteur voudroit qu'on se bornât à un culte plus simple, & qu'on supprimât de vaines observances. La lettre latine d'un célébre Théologien François, ne laisse rien à desirer sur cette matiére; cependant le P. le Brun a cru devoir y joindre la réponse des Religieux de S. Hubert, afin qu'on puisse mieux juger de la solidité des raisons alléguées pour & contre ces pratiques, qui certainement paroissent superstitieuses. L'histoire des Chevaliers issus de S. Hubert, fait une épisode agréable.

Ceux qui attribuent à ces prétendus Chevaliers le talent de guérir les gens qui ont été mordus par des chiens enragez, & de préserver de la rage, s'appuyent sur l'exemple de nos Rois qui ont la vertu de guérir les é-crouelles. Le P. le Brun a cru devoir s'étendre sur ce dernier point; & à montré que la vertu attachée à nos Rois est ancienne & respectable, au lieu que le talent des Chevaliers issus de S. Hubert est visiblement supposé. La guérison des écrouelles par les Rois d'Angleterre, n'est pas plus certaine. Il paroit que vers la fin de l'onziéme siécle, ils entreprirent de toucher des malades à l'exemple des Rois de France. Edouard III. dont les prétentions sur la Monarchie Françoise sont si connues, signala sont zéle pour ces guérisons, & régla les cérémonies qu'on devoit observer.

Outre ces additions considérables, Il y en a encore plusieurs autres répandues dans les deux premiers volumes, ainsi qu'il sera facile de le remarquer; mais le détail me méneroit trop loin. J'avouerai cependant que le P. le Brun auroit donné plus d'étendue à son Ouvrage; il s'étoit proposé de donner un traité complet du sortilége, & y auroit joint une réfutation suivie du *Monde enchanté*, de Bekker; mais ce qu'il a laissé là-dessus, n'étant qu'une légére ébauche, je n'ai pas cru devoir l'imprimer. Il s'étoit encore proposé de parler de différentes épreuves pour connoitre la vérité; j'aurois pu continuer ses recherches, mais je n'ai point osé mêler mon travail avec le sien. Si je croyois que cette addition fût agréable au public, je l'insérerois dans une nouvelle édition.

En comparant les deux éditions de l'his-toire des pratiques superstitieuses, on verra que l'ordre n'en est plus le même. C'est le P. le Brun qui a ainsi arrangé cet Ouvrage, & l'on ne peut qu'applaudir à ce changement. On trouve d'abord des principes généraux pour discerner ce qui est naturel d'avec ce qui ne l'est pas; & qui sont comme un flambeau pour distinguer les pratiques qui ont séduit les Peuples & embarrassé les Savans.

A la persuasion de quelques personnes curieuses, on a réimprimée dans le troisiéme Volume, l'*Illusion des Philosophes sur la Baguette*, parceque le P. le Brun renvoye quelquefois à cet Ouvrage devenu fort rare. On y a joint une lettre sur la même matiére, qu'il avoit fait insérer dans le Mercure de Juin de 1693. & comme le P. le Brun a principalement attaqué les systêmes de Messieurs Chauvin & Garnier sur les effets de la Baguette, j'ai cru devoir imprimer leurs dissertations qui sont fort ingénieuses, & qui par la netteté des principes & du stile feront certainement plaisir. Enfin j'ai tiré de dif-férens Mercures de l'année 1693, les piéces les plus curieuses & les plus solides touchant les productions de la Baguette. La lettre qui est à la fin de ce 3. volume, est une critique sensée de quelques endroits de l'histoire des Pratiques superstitieuses. Si je ne me trompe, ce 3. volume ne sera pas moins bien reçu que les deux premiers, par les personnes qui aiment les recueils de piéces de Physique.

Voilà une idée générale de cette nouvelle édition; si on prend la peine de comparer ce que je dis avec l'ouvrage même, on verra facilement que je n'ai point voulu en imposer.

En effet rien n'est plus judicieux & plus digne d'un Philosophe chrétien que les régles établies par l'Auteur, pour discerner les effets naturels d'avec ceux qui ne le sont pas. Il est en garde contre la crédulité & l'incrédulité, qui sont des écueils presque également dangereux, & il n'oublie jamais que la Religion se trouve comme située entre deux vices pernicieux, l'impiété & la superstition. L'une par un oubli de Dieu, & par le mépris de tout ce qui est établi, sape le fondement de la Religion; & l'autre en la portant trop loin, n'en fait révérer qu'un fantôme. Le nombre des superstitieux est beaucoup plus grand que celui des impies, parmi ceux qui ont quelque connoissance de la Religion; parcequ'il y a peu de pratiques quelles qu'elles soient, qu'on ne puisse rapporter à Dieu & à ses Anges. Les prestiges ont le même dehors que les miracles. Faut-il s'étonner après cela que les esprits peu éclairez se trompent sur des faits, capables d'exercer la sagacité des plus habiles?

AU

AU LECTEUR.

Eux Ouvrages estimés composent le livre que je publie sous le titre de Superstitions Anciennes & modernes: le premier, c'est le Traité des Superstitions par M. Thiers *Docteur en Theologie*, imprimé la premiere fois à *Paris en* 1679. & reimprimé dans la même ville en 1697. avec une suite qui traite des Superstitions mélées dans les Sacremens & dans les Ceremonies de l'Eglise. Je pourrai donner ce dernier Ouvrage dans la suite, si celui-ci, qui traite des Superstitions en general, ou plutot, si j'ose le dire, des Superstitions prophanes & Payennes, est bien reçu du public. L'autre Ouvrage c'est l'Histoire critique des pratiques superstitieuses qui ont séduit les peuples & embarassé les savans. Le Pere le Brun *Pretre de l'Oratoire* la publia en deux volumes à *Paris* (ou plutôt à *Rouan* chez *G. Behours*) en 1702. & ne jugea pas à propos d'y mettre son nom. Cette même Histoire vient d'être reimprimée augmentée à *Paris* en 1732. & c'est sur cette Edition que je publie la miene. Je ne rens aucun compte de cet Ouvrage également curieux & savant aux lecteurs: je les renvoie aux Préfaces qui le precedent immédiatement dans ce Volume. Je me contente de dire en passant, qu'on n'y doit chercher ni les fleurs ni les agrémens du language, ni cette legereté de style que l'on aime de trouver même dans les matieres le moins susceptibles de legereté, & qui fait toute l'ambition de nos Ecrivains modernes: mais en recompense on trouvera dans l'Ouvrage du *P. le Brun* des raisons solides, des faits bien developés & bien expliqués, & des Superstitions bien refutées.

A l'égard de l'Ouvrage de M. *Thiers*, il n'est certainement ni moins curieux, ni moins savant que celui du *P. le Brun*; & peut être aura t'il l'avantage d'être beaucoup plus amusant, à cause d'une infinité de Superstitions populaires & peu connues des honnêtes gens, qu'il a recueillies avec une exactitude dont peu de personnes sont capables. Il faudroit avoir autant à cœur de desabuser les esprits credules que M. *Thiers*, pour pouvoir se résoudre à suivre si scrupuleusement le peuple dans toutes ses pratiques frivoles. Mais étoit il besoin de les réveler? diront les personnes qui se tiennent au dessus des illusions populaires, ou qui par un faux principe de Religion prennent ombrage de leur decouverte. J'avoue qu'à les considerer en un certain sens des illusions si ridicules, souvent même si pueriles, meriteroient de rester cachées dans l'obscurité où les honnêtes gens laissent le vulgaire: mais outre qu'il n'est que trop vrai que des personnes d'une éducation superieure au peuple s'amusent plus d'une fois aux Superstitions, il est encore nécessaire d'en montrer l'abus à ceux même qui les méprisent avec le plus d'assurance. 1. Afin qu'ils apprennent à les connoître pour mieux en garantir ceux qui ont du penchant à s'y adonner. 2. Afin qu'en les voyant ils persistent à les mépriser. Nous devons tous nous regarder comme également sujets aux foiblesses de l'humanité. La force & la fermeté abandonnent quelquefois les ames les plus vigoureuses. Elles ont leurs revolutions & leur décadence comme les corps: & combien de fois ne nous arrive t'il pas dans l'adversité, ou dans le mauvais succés d'une afaire, d'avoir recours aux moiens les plus absurdes? Semblables à un malade desesperé, qui, voulant vivre à quelque prix que ce soit, s'adresse enfin aux charlatans quand les Medecins l'abandonnent. Ajoutons à ces deux motifs ce qu'allegue M. *Thiers* pour montrer que toutes ces Superstitions devoient être nécessairement exposées dans un grand detail. „ Je me „ serois, dit-il épargné bien de la peine, si j'avois voulu supprimer quantité de pratiques „ superstitieuses que je rapporte & que j'ai remarquées dans les livres & dans le com„ merce du monde: mais j'ai eu deux raisons de ne le pas faire. La première, d'au„ tant que j'en aurois ôté la connoissance à ceux qui sont chargés de la conduite des a„ mes; ce qui peut être les auroit empechez d'en parler. La seconde, afin que ceux

* *

„ qui

„ *qui s'appliquent à ces vanités les voyant envelopées dans la condemnation de l'espéce*
„ *particuliére à laquelle je les reduis reconnoissent leur égarement & s'en corrigent;*
„ *ce qui n'arriveroit gueres, si je ne descendois dans le détail de ce qui les regarde*
„ *précisement, parce qu'en cette matiere, comme en plusieurs autres, les discours ge-*
„ *neraux ne font pas beaucoup d'impression sur les esprits.*

    M. Thiers *nous avertit aussi qu'il a observé une chose dont je ne doute pas que les
personnes veritablement religieuses ne lui sachent gré: c'est d'avoir évité de rapporter
exactement toutes les paroles & toutes les circonstances qui doivent accompagner les
pratiques superstitieuses, par où elles produisent certains effets, comme le pretendent
ceux qui les mettent en usage.* „ *J'ai eu crainte, ajoute t'il, d'enseigner le mal en-*
„ *voulant le combattre & le destruire. Je les ai neanmoins rapportées les unes &*
„ *les autres, lorsque j'ai jugé qu'elles ne pouvoient avoir de mauvaises suites, ou*
„ *qu'elles ne devoient pas être omises. En quoi je n'ai fait que suivre l'exemple des*
„ Conciles, *des saints Peres & des autres Ecrivains Ecclesiastiques; qui, pour deraci-*
„ *ner entierement les vaines pratiques qu'ils ont trouvées dans l'Eglise, mais qui ne*
„ *sont pas de l'Eglise, n'ont fait nulle difficulté de les specifier ouvertement & de les*
„ *nommer par leur nom". Si les raisons de M.* Thiers *ne suffisent pas pour justifier
la méthode qu'il a suivie, on ne lui refusera pas au moins la gloire d'avoir employé son
zéle & son erudition pour l'honneur de la Religion. Seulement il seroit à souhaiter
qu'il eut moins rassemblé de passages & d'autorités, dont il suffisoit peut être de rapporter les principales & d'indiquer simplement les autres. La refutation n'en seroit
pas moins solide, & l'erudition n'en paroitroit que plus agreable.*

    Ce Traité des Superstitions *est divisé en six livres. Le premier qui traite des Su-
perstitions en general renferme en dix Chapitres les sentimens d'un grand nombre de
Peres & de Conciles sur la Superstition, après quoi l'auteur propose quelques regles
pour la connoître, & pour en juger ensuite. Le second livre traite du Culte faux &
du Culte superflu, sous lesquels l'Auteur comprend les malefices & la magie. Les quatre autres livres traitent de toutes les Superstitions en détail; c'est-à-dire des differentes especes de divinations, des vaines observances, des différentes sortes de preservatifs
& d'enchantemens. En rapportant toutes ces Superstitions, M.* Thiers *établit toujours les principes par lesquels on doit les combattre & refute les raisons de ceux qui
veulent essaier de justifier les pratiques superstitieuses. Tel est en peu de mots le plan
du* Traité des Superstitions, *où l'Auteur parle avec tant de liberté contre les faux
miracles, les fausses legendes, le trafic des Reliques, & l'avarice de quelques Ordres
Monastiques, qu'il est étonnant de le trouver ensuite lui même credule & peut-être aussi
un peu superstitieux sur les pretendues operations du Demon en certains cas &c. Mais
ce n'est pas à la foiblesse d'esprit, qui est un des caracteres de la Superstition, qu'il
faut attribuer ce defaut du religieux & savant Docteur.*

    *J'ai accompagné cet Ouvrage de plusieurs planches qui representent une partie des
Superstitions les plus connues, & j'y ai ajouté une courte description avec une douzai-
ne de remarques.*

Ce 9. Mars 1733.

B. D. M. E. A. A.

ELOGE

ELOGE HISTORIQUE

Du P. LE BRUN, Prêtre de l'Oratoire.

PIERRE LE BRUN naquit à Brignolle, Ville du Diocèse d'Aix en Provence, le 11. du mois de Juin 1661. Il fut élevé d'une manière très chrétienne: aussi se distingua-t-il pendant sa jeunesse, autant par l'innocence de ses mœurs, que par son application à l'étude.

Ses Classes finies, il entra dans la Congrégation de l'Oratoire le 1. de Mars 1678. Il étudia la Théologie à Marseille & à Toulouse, & de-là il fut envoyé à Toulon pour enseigner la Philosophie, & ensuite la Théologie à Grenoble pendant les années 1687 & 1688. dans le Séminaire de M. le Cardinal le Camus, qui l'honora de son estime & de son amitié.

Deux ans après, c'est-à-dire, au mois de Juin 1690. Il fut appellé au Séminaire de Saint Magloire de Paris, où il a demeuré jusqu'à sa mort.

Quoiqu'il ne manquât point de talens pour la Chaire, le goût qu'il avoit pris pour l'étude de l'Histoire Ecclésiastique, le détermina bientôt à la continuer. Ce fut alors qu'il fut chargé de faire dans ce Séminaire les Conférences sur l'Histoire Ecclésiastique, dont il s'est acquitté avec succès pendant treize ans. Les liaisons qu'il eut avec les PP. Thomassin & Bordes, tous deux versez dans l'Histoire Ecclésiastique, ne contribuérent pas peu aux grands progrès qu'il fit dans ses études. Le P. le Brun les consultoit souvent, & il a passé pour un de leurs disciples. En parcourant quelques petits ouvrages manuscrits, il m'a paru qu'il pensoit comme eux sur les matiéres de la Grace, & sur quelques autres points, qui partagent les Théologiens François & les Ultramontains.

En 1689. M. le Cardinal le Camus, Evêque de Grenoble consulta le P. le Brun, qui étoit encore en cette Ville, sur l'usage, pratiqué en Dauphiné de trouver de l'eau, des métaux, des minéraux, les bornes des champs, les larcins, les voleurs, &c. en tenant entre les mains une Baguette fourchue qui tournoit sur toutes ces choses.

Le Pére le Brun après avoir examiné ces faits avec soin, écrivit au Pére Mallebranche, & le pria de lui dire son sentiment. Celui-ci, en supposant la vérité des faits, déclara que ces pratiques étoient, ou l'ouvrage de la fourberie des prétendus Devins, ou de la malice du Démon.

Satisfait de la réponse du Pére Mallebranche, il lui proposa de nouvelles difficultez sur cette matiére, que ce grand Philosophe éclaircit en suivant ses premiéres vues. Les deux premiéres lettres, imprimées dans le Mercure de Janvier 1693, furent critiquées par quelques personnes.

L'avanture de Jaques Aymar qui en 1692. découvrit par le tournoyement de sa Baguette des larrons & des meurtriers, exerça la sagacité des Physiciens. Les uns entreprirent d'expliquer physiquement la découverte de ce meurtre, les autres en la supposant vraye, soutinrent qu'elle ne pouvoit être naturelle, & qu'il y avoit de la diablerie. Le Pére le Brun, dans ses Illusions des Philosophes sur la Baguette, a attaqué les systêmes de Messieurs Regis, Garnier, Chauvin, Panthot, Vallemont, qui à la faveur des Corpuscules, prétendoient qu'il n'y avoit rien que de naturel en tout cela. Eu égard aux variations de la Baguette, il soutient que ce tournoyement n'est point produit par les loix de la communication du mouvement, & qu'il est l'effet de la fourberie des hommes, ou de la malice du Démon.

Quoique le Pére le Brun propose cette alternative, il ne me paroît pas éloigné de croire que le diable fait tourner la Baguette. En effet, lorsqu'il étoit encore à Grenoble, Mademoiselle Ollivet qui avoit le talent de faire tourner la Baguette, étant venue le consulter, il lui conseilla de prier Dieu de ne pas permettre que la Baguette tournat entre ses mains, si le Démon avoit part à ce tournoyement. La Demoiselle gouta ce conseil, elle passa deux jours en retraite, communia, & en communiant fit sa priére. Le Pére le Brun fit la sienne à l'Autel.

L'après-diné on mit plusieurs piéces de métal dans une allée de jardin; Mademoiselle Ollivet y va, prend la Baguette, passe plusieurs fois sur tous les endroits sans que la Baguette se remue: les priéres lui ont fait perdre son activité. Enfin on avance vers un puits, où on avoit vu autrefois la Baguette tourner avec violence entre les mains de la Demoiselle, mais la Baguette fut immobile. Il en arriva autant à la fille d'un Marchand de Grenoble, connue par sa grande habileté à la faire tourner. Je m'imagine qu'un pareil phénoméne est une démonstration pour un Théologien, & qu'après cela il ne doute plus que le Diable ne soit l'auteur du tournoyement de la Baguette.

M. Comiers, surnommé l'Aveugle d'Ambrun, dont on avoit imprimé dans le Mercure de Mars 1693. une lettre pour justifier l'usage de la Baguette, se crut attaqué dans les Lettres sur les Illusions des Philosophes qui parurent peu de tems après. Il fit insérer dans le Mercure de Mai de la même année, une lettre très vive contre le Pére le Brun, qui publia dans le Mercure suivant une réponse également solide & polie. On la trouvera à la suite des lettres qui découvrent l'Illusion des Philosophes, Tome III. pag. 403. Pour calmer la colére de M. Comiers, il fit ajouter à la fin du même Mercure une espéce de desaveu de quelques termes, dont ce Critique & M. l'Abbé de Vallemont avoient pu être blessez. Mais cet excès de politesse n'appaisa point M. Comiers; & l'on vit paroître dans le Mercure du mois d'Aout 1693. une réplique, où les injures tiennent lieu de raisonnement. Comme ces deux écrits sont très méprisables, je n'ai pas cru devoir leur donner place dans ce troisiéme volume, & je leur ai préféré des piéces d'un meilleur gout.

Un Auteur anonime, capable comme Quinault de prendre les cataractes du Nil pour les embouchures de ce fleuve, s'est avisé de faire imprimer une lettre contre les Ouvrages du Pére le Brun, dans le Mercure d'Octobre 1731, & de le décrier comme un pitoyable Physicien. Cet écrit a révolté un ami du Pére le Brun, qui sous le nom d'un Conseiller au Parlement de Grenoble a poussé vivement ce pauvre Critique, & l'a convaincu de n'avoir jamais lu les livres dont il parle. On peut voir cette réponse dans le Tome III. du Nouvelliste du Parnasse, pag. 121.

En 1694. le Pére Caffaro Théatin ayant permis qu'on imprimat à la tête du Théâtre de M. Boursault un écrit en faveur de la Comédie, M. de Harlay, Archevêque de Paris engagea le Pére le Brun à le réfuter. Ce qu'il fit dans deux discours prononcez au Séminaire de S. Magloire le 26. d'Avril, le 3. & le 7. de Mai de la même année, & qui furent imprimez sous ce titre: *Discours sur la Comédie, où l'on voit la réponse au Théologien qui la défend, avec l'Histoire du Théâtre, & les sentimens des Docteurs de l'Eglise, depuis le premier*

siécle

siécle jusqu'à présent, in 12. 1694. chez Boudot & Guerin. Le succès de cet Ouvrage, quoiqu'imparfait surpassa les espérances de l'Auteur, & l'engagea à ramasser dans le cours de ses études plusieurs autres faits; ce qui a produit le Traité intitulé, *Discours sur la Comédie, ou Traité historique & dogmatique des Jeux de Théâtre, & des autres divertissemens comiques, soufferts ou condamnez depuis le premier siécle de l'Eglise jusqu'à présent, avec un Discours sur les Piéces de Théâtre tirées de l'Ecriture Sainte*, in 12. 1731. chez la veuve Delaulne, Dans cet Ouvrage, le Pére le Brun c'est proposé de parler des différens genres de spectacles usitez depuis la naissance du Christianisme, & d'exposer la doctrine de l'Eglise sur ce sujet. Ce qu'on peut dire de moins avantageux, c'est qu'il n'avoit point encore paru en notre langue aucun Traité, où l'on trouve tant de choses curieuses dans ce genre. Il résulte évidemment des faits, & des autoritez des Péres, des Conciles, &c. que jamais l'Eglise n'a été favorable aux Farceurs & aux Comédiens. Les personnes accoutumées à respecter ses décisions, n'ont point trouvé à redire que le Pére le Brun ait conclu que la Comédie étoit mauvaise, parcequ'elle étoit défendue; persuadées que l'Eglise ne l'auroit jamais condamnée, si elle l'avoit jugé innocente.

Cependant cette induction n'a point été goutée par un homme d'esprit, dont j'estime les talens, & qui dans un extrait peu avantageux, a donné de cet Ouvrage une idée différente de ce qu'il est. Au lieu de considérer que le Pére le Brun s'est proposé de décrire les différens genres de spectacles usitez depuis l'établissement de la Religion chrétienne, & de rapporter les sentimens des Docteurs de l'Eglise, il a envisagé tous les faits, comme autant de preuves qu'on alléguoit contre la Comédie moderne. Il me permettra encore de lui dire qu'il n'a pas bien pris la pensée du Pére le Brun dans cet endroit, où il veut qu'on *tolére ceux qui vont aux spectacles*; cela signifie visiblement qu'il ne faut pas les envelopper dans l'Anathême lancé contre les Comédiens; car c'est de cette tolérance dont il s'agit dans la Préface; & pour cela, l'Auteur cite un très beau passage de Saint Augustin sur la tolérance en général. J'en prendrai seulement ce qu'a détaché le Journaliste, pour lui faire voir la justesse du raisonnement du Pére le Brun. *Si, selon Saint Augustin, Aaron a toléré la multitude qui s'oublia jusqu'à demander une Idole, à la fabriquer & à l'adorer, si* Jesus-Christ *a toléré* Judas; à plus forte raison l'Eglise doit tolérer ceux qui vont aux spectacles. C'est la conséquence naturelle qui résulte de ce principe; & toute autre interprétation est fausse. L'équité & la sincérité ne permettent donc pas de faire dire au Pére le Brun, qu'il *prétend que l'Eglise doit tolérer ceux qui vont aux spectacles*, ,, comme Aaron toléra la multitude qui s'oublia jusqu'à demander ,, une Idole, à la fabriquer & à l'adorer, & comme ,, Jesus-Christ a toléré Judas ''. Pourquoi affecter de ne pas dire que le Pére le Brun justifie la pratique de l'Eglise, de ne point excommunier ceux qui fréquentent les Théâtres, par un principe général de S. Augustin? C'est de quoi il est question, & non d'un paralelle étranger, qu'on fait en prêtant au Pére le Brun quelques paroles de Saint Augustin, qu'on affecte encore de ne pas nommer. Mais ce n'est pas ici le lieu de relever tout ce qu'il y a de repréhensible dans cet Extrait. Le Journaliste auroit dû s'attacher plutot à détailler les différens divertissemens comiques, & à marquer ceux qui avoient été soufferts ou condamnés par l'Eglise. Son Extrait eût été plus curieux, & plus conforme au but de l'Auteur; & s'il avoit voulu exercer utilement sa Critique, il auroit pu remarquer deux ou trois fautes, que des personnes habiles m'ont indiquées.

L'Ecrivain de la lettre imprimée dans le Mercure d'Octobre 1731, & dont j'ai déja parlé, s'est principalement élevé contre le Traité Historique & Dogmatique des jeux de Théâtre. Il a pris bonnement tout ce qu'on y dit, comme autant d'argumens contre la Comédie moderne; & sans se donner la peine de lire cet Ouvrage, il a répété tout ce qu'avoit déja dit le Pére Caffaro. C'est ce qu'il pouvoit faire de mieux; car si cet anonyme est le même qu'on m'a nommé, il a fait un trait de prudence d'être le copiste de ce Religieux: car de lui-même, il eût raisonné encore plus pitoyablement. Il a été attaqué avec tant de force par le Conseiller au Parlement de Grenoble, dont j'ai déja parlé, qu'il est inutile de mettre dans un nouveau jour les bévues de ce faux Critique.

L'étude de l'Histoire Ecclésiastique conduisit le P. le Brun à celle de la Chronologie. Il publia en 1700, un *Essai de la Concordance des tems, avec des Tables pour la Concordance des Eres & des Epoques, dans lequel on peut voir d'un coup d'œil, par le moyen des Colomnes, l'accord ou la différence des Epoques*, in 4. Ce projet fut extrêmement applaudi. La foiblesse de sa vue ne lui permit pas de porter cet Ouvrage à sa derniére perfection; les matériaux qu'il avoit rassemblez, il les a léguez par son testament à un Ecclésiastique qui avoit été autrefois son copiste. Ils sont passez ensuite en d'autres mains.

Au milieu de tant d'occupations, le P. le Brun n'oublia point qu'il avoit annoncé un (a) Traité du discernement des effets naturels d'avec ceux qui ne le sont pas. Il donna plus qu'il n'avoit promis, en publiant son *Histoire Critique des Pratiques Superstitieuses, qui ont séduit les Peuples & embarrassé les Savans, avec la Méthode & les principes pour discerner les effets naturels d'avec ceux qui ne le sont pas*, in 12. à Rouen chez la veuve Behourt 1702. Cet Ouvrage fut présenté à l'Académie Royale des Sciences, qui chargea Messieurs de Fontenelle, du Hamel, Gallois, Dodart, de la Hire, & le Pére Mallebranche d'en rendre compte à la Compagnie. On voit à la tête du Livre le jugement favorable de ces Académiciens. Il fut aussi approuvé par de célebres Docteurs, d'une manière avantageuse à l'Auteur & à l'Ouvrage. Si, selon l'usage des Compilateurs, je voulois rapporter ici tous les éloges avantageux qu'on en a faits, j'aurois bien des choses à transcrire; mais ces sortes d'éloges seroient un peu déplacées.

Le Pére le Brun après avoir discuté en Philosophe dans quelques lettres, les différens systêmes sur la Baguette, a donné dans ce dernier Ouvrage tout ce qu'il y a d'historique sur cette matière; & pour remplir le titre de son Livre, il s'est étendu sur de célebres superstitions qui ont embarrassé les Savans. Ainsi c'est une erreur de croire que cet Ouvrage est une seconde Edition des *Lettres qui découvrent l'Illusion des Philosophes sur la Baguette*. Pour peu qu'on veuille les comparer, on verra qu'ils sont différens. D'ailleurs le P. le Brun renvoye à ses Lettres, dans l'Histoire critique des Pratiques superstitieuses. On peut consulter là-dessus (b) la lettre du Conseiller au Parlement de Grenoble.

Je ne dis rien ici de la seconde édition de cet Ouvrage, parceque dans ma Préface j'ai donné un précis de ce qu'elle contient; & c'est tout ce qu'il convient d'en dire.

Quelque tems après, M. l'Abbé Bignon, le pére & le Protecteur des Savans, ayant excité le Pére le Brun à écrire sur la Liturgie, ce Savant parcourut en 1714, les Archives de plusieurs Eglises de Flandre & d'Allemagne, & en 1717. il visita une partie de celles de la France. Il faisoit copier avec soin différens morceaux des Manuscrits qui convenoient à son dessein, & marquoit la datte & les titres des Manuscrits. Protégé par les Ministres des affaires étrangéres, il fit venir de Rome, du Levant, & de divers autres Pays un grand nombre de Mémoires sur les Liturgies. Il s'étoit proposé de publier dix Volumes in 8. sur cette matiére; mais

(a) Lettres sur l'Illusion des Philosophes.
(b) Nouvelliste du Parnasse.

mais il n'a eu le tems que d'en donner quatre. Outre ses Differtations fur l'origine de Rits, il s'étoit propofé de publier une Bibliothéque Liturgique, où non-feulement il auroit indiqué tous les Ouvrages imprimez & manufcrits, mais où on auroit encore trouvé entiers les Manufcrits les plus rares, illuftrez de Notez. Il eft à fouhaiter que quelqu'un de fes Confréres, profite des recüeils léguez à faint Magloire, & qu'il continue un Ouvrage fi utile & fi important.

Le premier volume parut en 1716. fous ce titre: *Explication littérale, hiftorique, & dogmatique des Priéres, & des Cérémonies de la Meffe, felon les anciens Auteurs & les Mônumens de la plupart des Eglifes; avec des Differtations & des Notes; fur les endroits difficiles & fur l'origine des Rits.* A Paris chez Delaulne in 8. Ce titre fut un peu changé en 1726. Les Evêques & les Docteurs qui ont approuvé cet Ouvrage, parlent honorablement de l'Auteur & du livre. M. de Fleury, ancien Evêque de Frejus, aujourd'hui Cardinal & Miniftre, eft du nombre de ces illuftres Approbateurs. Ce premier volume fut dédié à M. le Cardinal de Noailles: mais l'E. pitre dédicatoire a été fupprimée par l'Auteur, quelques années avant fa mort.

Les perfonnes exemtes de paffion, applaudirent aux recherches de l'Auteur; mais la Critique des Ouvrages liturgiques de D. Claude de Vert, leur parut un peu trop vive, & trop chargée de réflexions morales.

Deux ans après l'impreffion de ce premier volume, le P. le Brun fut attaqué dans un écrit intitulé: *Lettre d'un Curé du Diocéfe de Paris à l'Auteur du Journal de Trevoux, touchant le Sacrifice de la Meffe.* Paris 1712. in 12. A l'occafion de cette lettre écrite d'une maniére captieufe, & où l'on fait femblant d'attaquer les Journaliftes de Trevoux, le P. le Brun répond à ces quatre queftions. 1. Quel eft, felon les anciens Auteurs, le vrai fens des paroles du Canon, *qui tibi offerunt.* 2. Si les Fidéles laïques offrent véritablement le Sacrifice avec le Prêtre. 3. S'ils facrifient conjointement avec lui. 4. Si l'on peut dire de même qu'ils confacrent avec lui. Il enfeigne p. 14. ,, que la Confécration exceptée & l'u„ nion du Corps myftique bien entendue, les Fidéles „ prient, offrent, & facrifient conjointement avec le „ Prêtre, parcequ'ils concourent tous en leur maniére „ au Sacrifice". Cette réponfe qui eft de quinze pages in 8. Paris 1718. chez Delaulne, eft intitulée: *Lettre du Pére le Brun, Prêtre de l'Oratoire, touchant la part qu'ont les Fidéles à la célébration de la Meffe.*

Durant la même année, le P. le Brun publia un abrégé de ce premier volume fous ce titre: *Manuel pour affifter à la Meffe & aux autres Offices de l'Eglife, & pour paffer chrétiennement la journée.* Paris 1718. in 18. Il en publia une feconde édition fort augmentée en 1727. in 18. & la dédia à Madame la Princeffe de Conti III. Douairiére.

Mais rien ne donna plus d'éclat à la réputation du P. le Brun, que les trois volumes liturgiques publiez en 1726. fous ce titre: *Explication de la Meffe contenant des Differtations hiftoriques & dogmatiques fur les Liturgies de toutes les Eglifes du monde Chrétien, où l'on voit ces Liturgies, le tems auquel elles ont été écrites, comment elles fe font répandues & confervées dans tous les Patriarchats, leur uniformité dans tout ce qu'il y a d'effentiel au facrifice, & cette uniformité abandonnée par les Sectaires du 16. fiécle.* Paris in 8. chez la veuve Delaulne. Les deux premiers volumes contiennent prefque toutes les Liturgies du monde chrétien, où fe trouve une entiére uniformité dans ce qu'il y a d'effentiel au Sacrifice de la Meffe; & le troifiéme contient les Liturgies des Sectaires qui ont abandonné cette uniformité. Comme ces derniéres Liturgies ne fuffifoient pas pour faire un volume, il y a ajouté une longue differtation fur le filence d'une partie des Priéres de la Meffe.

Cet Ouvrage qui renferme une infinité de chofes curieufes, donne une haute idée de l'érudition de l'Auteur. Toutes les difficultez qui fe rencontrent dans les Liturgies y font lucidement éclaircies; Dogme, Points

hiftoriques, Rits, tout eft difcuté avec foin; & ce qui paroit d'une maniére fupérieure à toutes les difficultez qu'on peut oppofer, eft le confentement de toutes les Eglifes chrétiennes fur l'effentiel du Sacrifice, fur la Préfence réelle, fur la Tranfubftantiation, fur l'Invocation des Saints, & fur la Priére pour les Morts, en un mot fur tous les Dogmes exprimez dans la Liturgie de l'Eglife Romaine, & fur les principales cérémonies de la Meffe.

Auffi ces trois volumes lui attirérent les éloges des plus favans hommes de la France, des Pays étrangers, & furtout d'Italie. Ce fut à la follicitation de quelques favans Italiens, qu'il avoit commencé à faire travailler à une Traduction Latine de fon Ouvrage. Les trois volumes publiez en 1726. devoient être dédiez au Clergé de France, & j'ai lu l'Epitre Dédicatoire imprimée: mais quelques contretems la firent fupprimer.

Le P. le Brun examinant la Liturgie Arménienne, obferve que la Priére de l'Invocation, pour demander le changement du pain & du vin au Corps & au Sang de JESUS-CHRIST, fe trouve après les paroles de l'Inftitution, & qu'il y eft marqué en termes formels, que le changement n'eft fait qu'après cette Invocation. Il prend occafion de difcuter fi la Liturgie Arménienne eft altérée, &c. & par quelles paroles s'opére la Confécration. Après avoir prouvé l'intégrité de cette Liturgie, il foutient que la Confécration fe fait par les paroles de JESUS-CHRIST & par la Priére de l'Eglife; il s'appuie fur les Liturgies qui contiennent les paroles de l'Inftitution & la Priére de l'Invocation, & fur les témoignages des Auteurs Ecuéfiaftiques des douze premiers fiécles. Il avoue (a) cependant que le commun des Scholaftiques du XIII. fiécle, occupez des vues de matiére & de forme, ont voulu des paroles précifes pour la forme de la Confécration, & que les mêmes paroles par lefquelles JESUS-CHRIST a confacré, foient auffi les mêmes par lefquelles les Prêtres confacrent.

Le fentiment de ceux qui foutiennent que l'Invocation ou la Priére doit être néceffairement jointe aux paroles du Seigneur, foit qu'elle précéde, foit qu'elle fuive, eft encore appuyé de la définition d'un Concile Romain tenu fous Grégoire VII. dont l'autorité eft fupérieure à celle des Scholaftiques. Cependant l'opinion qui fait confifter la forme de la Confécration dans les feules paroles de JESUS-CHRIST, regne depuis longtems dans les Ecoles Catholiques. L'Eglife n'a rien décidé expreffément fur cet article: ainfi on ne fauroit blâmer les Théologiens qui s'appliquent à éclaircir un point fi délicat.

De tous ces faits qui paroiffent inconteftables, il eft aifé de conclure qu'il eft permis de foutenir l'une ou l'autre opinion, pourvû qu'on ne s'ingére pas de décider la queftion, & qu'on fe borne à des réflexions & à des recherches. Il me paroit que le P. le Brun ne s'eft point écarté de ces régles; puifque trente neuf Docteurs en Théologie ont approuvé fon opinion, qui certainement avoit déja été foutenue par plufieurs Théologiens.

Cependant le P. le Brun a été auffi vivement attaqué, que s'il avoit combattu un Dogme de foi, ou enfanté une opinion nouvelle. Le P. Bougeant Jéfuite, un de fes Critiques, lui a reproché *d'attaquer ouvertement un fentiment que l'Eglife, Gréque & Latine, a toujours conftamment enfeigné.* Peu s'en faut que le fentiment qui établit la forme de la Confécration dans les feules paroles de J. C. ne foit de foi, quoiqu'il ne fe trouve ni dans l'Ecriture, ni dans la Tradition, ni dans les definitions des Conciles.

Si le P. Bougeant s'étoit contenté d'appuyer fon opinion, & d'énerver la force des raifonnemens de fon adverfaire, le P. le Brun n'auroit pas eu lieu de fe plaindre de l'écrit publié fous ce titre, *Réfutation de la Differtation du Pére le Brun, fur la forme de la Confécration de l'Euchariftie, adreffée à l'Auteur par le P. Bougeant de la Compagnie de Jefus.* Paris, 1727. in 12.,

par-

(a) Tome 3. pag. 225.

parcequ'alors il n'auroit fait qu'user de la liberté des E-coles. Mais ce qui est insoutenable, c'est que pour renverser les preuves tirées des anciens Manuscrits, il ait avancé *qu'on peut mettre en fait qu'il n'y en a pas qui ait plus de six cens ans bien prouvez.* Ce système desavoué par celui qui en a été l'inventeur, seroit-il moins dangereux qu'une opinion rejettée par un grand nombre de Scholastiques?

Le P. le Brun répondit à cet Ouvrage par un écrit intitulé, *Défense de l'ancien Sentiment sur la forme de l'Eucharistie,* ou, *Réponse à la Réfutation publiée par le R. P. Bougeant Jésuite, contre un article des Dissertations sur les Liturgies.* Paris, in 8. 1727. Le fond de cette Dissertation a été trouvé solide, & les personnes desintéressées ont jugé que l'Auteur revendiquoit par de solides raisons les témoignages des Péres de l'Eglise, que le P. Bougeant avoit tâché de lui enlever, & qu'il étoit très exercé dans la Critique des anciens Auteurs Ecclésiastiques.

Le P. le Courayer, Chanoine Régulier & Bibliothécaire de sainte Géneviéve, essaya aussi d'attaquer le sentiment établi par le P. le Brun. Il vit avec peine qu'on faisoit consister en partie la forme de la Consécration dans la Priére de l'Invocation, qu'on ne trouve plus dans la Liturgie Anglicane, dont il avoit entrepris la défense. D'ailleurs (*a*) le P. le Brun avoit avancé qu'on ne pouvoit constater l'Episcopat de Barlow, qui est la source de l'Episcopat Anglican. Ces considérations engagérent l'Apologiste de la validité des Ordinations des Anglois, à s'élever (*b*) contre le sentiment du P. le Brun, qu'il accusa de témérité; & en même tems, il lui fit l'objection la plus forte contre son système, je veux dire, l'omission de la Priére de l'Invocation dans les Liturgies Gallicane & Mozarabe. Il faut avouer que le P. le Brun n'a point satisfait entiérement, & qu'on desireroit de plus fortes preuves pour souscrire à ce qu'il a dit touchant l'altération de ces deux Liturgies. Le P. le Brun prit de là occasion de relever plusieurs propositions téméraires du P. le Courayer, qu'on peut lire pag. 127. Celui-ci ne (*c*) s'est deffendu que par des plaintes, & a prétendu que le P. le Brun avoit inséré tous ces traits à l'insu des Approbateurs de sa Réponse.

La Réponse du P. le Brun fut annoncée dans le Journal de Trevoux, au mois de Mars 1728. p. 564., & le titre donna lieu à une Critique. On prétendit que le P. le Brun auroit dû intituler cet écrit: *Défense de l'ancien sentiment des Grecs Schismatiques,* &c. & l'on ajouta que, *le sentiment dont le titre annonce la Défense, bien loin d'être la Doctrine de l'Eglise, est un sentiment qui sent l'hérésie, selon M. de Saintes Evêque d'Evreux, rapporté par Isambert.*

Le P. le Brun ne pouvant suporter que sa foi, & celle des trente neuf Approbateurs, fût attaquée, fit imprimer une Réponse intitulée: *Lettre qui découvre l'illusion des Journalistes de Trevoux, dans le jugement qu'ils ont porté de la Défense de l'ancien sentiment, qui joint la Priére de l'Invocation aux paroles de Jésus-Christ, pour la Consécration de l'Eucharistie; ou, Défense du Pére le Brun de l'Oratoire, & des Docteurs qui ont approuvé son Ouvrage.* Cette lettre imprimée in 8. à Paris chez la veuve Delaulne, est dattée du 29. Mars 1728., & approuvée par Monsieur Leullier Docteur de Sorbonne, & Grand-Maitre du Collége du Cardinal le Moine. L'Auteur paroit moins offensé de la maniére injurieuse avec laquelle on l'avoit traité, que du peu d'égard qu'on avoit eu pour le jugement de trente neuf Docteurs, qui est appuyé de l'approbation de M. Tournely. „ Ajoutons, *dit-il,* p. 2., que les Journalistes n'ont pas „ ignoré qu'un des Docteurs des plus respectables du „ Royaume, qui au milieu des plus grandes affaires de „ l'Etat a bien voulu prendre la peine de lire la *Défense*, „ m'a fait l'honneur de m'écrire qu'il avoit trouvé l'Ou- „ vrage très bon ". Il s'éléve ensuite avec force contre

(*a*) Explicat. de la Messe, Tome 4. pag. 90.
(*b*) Défense de la Dis. Tome 2. part. 1. pag. 52:
(*c*) Relat. hist. & apol. Tome 2. pag. 229 & suiv.

la liberté que se donnent les Journalistes dans leurs mémoires, & que le grand Prince qui leur donne la permission de les imprimer, pourroit regarder comme un abus. Il nous apprend à ce sujet que M. Tournely, chargé de cet examen, lui a dit qu'il n'avoit lu l'article en question que dans l'Imprimé, & qu'il en avoit été surpris. „ Les Journalistes, *dit le P. le Brun* p. 4. „ sentant bien qu'il ne leur passeroit pas une telle har- „ diesse, ont pris le parti de faire imprimer cet article „ de leurs Mémoires sans le lui communiquer". L'Auteur réfute ensuite en détail l'article du Journal. Mais rien n'est plus fort que ce qu'il dit au sujet de certains Théologiens, que les Journalistes ont cru pouvoir apeller les *Continuateurs des Péres.*

On trouve dans cette lettre de nouvelles réflexions sur l'opinion qui établit le concours de la Priére de l'Invocation avec les paroles de Jésus-Christ: mais l'Auteur s'est principalement appliqué à prouver que Claude de de Sainctes est dans le même sentiment.

Avant que cette lettre fût rendue publique, le P. le Brun en porta un exemplaire à M. Tournely, qui ayant remarqué qu'elle étoit pleine de traits vifs, l'engagea à la supprimer. L'Auteur naturellement ami de la paix, se rendit sans peine, & afin que le soupçon d'hérésie fût dissipé, il fut convenu après une négociation de quelques jours, qu'on inséreroit un extrait de cette lettre dans les Mémoires de Trevoux. En effet il parut après un long délai dans le volume du mois de Juillet 1728. p. 1306. sous ce titre: *Lettre à M. de Torpane Chancelier de Dombes;* & afin de terminer une querelle, dont les suites ne pouvoient être utiles à l'Eglise, il y eut défense d'écrire sur cette matiére.

Mais cette espéce de tréve ne dura pas longtems, & l'on vit paroitre à la fin de l'année 1728. une réponse à cette lettre sous ce titre: *Apologie des Anciens Docteurs de la Faculté de Paris, Claude de Sainctes, & Nicolas Isambert. Contre une Lettre du R. P. le Brun, Prêtre de la Congrégation de l'Oratoire, insérée dans les Mémoires de Trevoux, au mois de Juillet 1728. sur la forme de la Consécration de l'Eucharistie, par M. P. T. H. CH. R. Pr. D. D. ancien Professeur en Théologie.* Paris 1728. in 12. Le caractére de l'impression, le stile, la vivacité des traits, les imputations de schisme & d'hérésie, ne permirent pas au P. le Brun de méconnoître l'Auteur; & ces lettres initiales ne le dépaysérent pas. Il fut outré du paralele qu'on fait de lui avec le Défenseur de la Liturgie Anglicane. En effet un Auteur qui a si utilement travaillé pour l'Eglise, qui a porté des coups mortels aux Sectaires du XVI. siécle, méritoit il un pareil traitement, pour avoir soutenu une opinion qui n'est point nouvelle, & que trente neuf Docteurs ont déclaré n'être point contraire à la Foi Catholique? Supposons pour un moment qu'il l'eût défendue avec trop de chaleur, & qu'il eût osé flétrir le sentiment opposé; dans ce cas même, ne convenoit il pas d'en user poliment envers un Ecrivain si estimable? La vérité ne sauroit être proposée d'une maniére trop aimable; & l'on ne la persuade point en employant la violence, l'amertume & l'emportement.

Si le P. le Brun eût consulté le public sur l'impression que faisoient les Ouvrages de ses adversaires, il auroit gardé un profond silence. C'est tout ce qu'il me convient de dire à ce sujet. Il pouvoit encore se consoler par les éloges des Savans des Pays étrangers, & sur tout d'Italie. Son Ouvrage qu'on avoit essayé de rendre suspect à Rome, y trouva d'illustres Protecteurs, & sur tout M. de Fontanini Archevêque d'Ancire. Ces Savans lui envoyérent quelques remarques, dont il n'auroit pas manqué de profiter. Je me souviens d'avoir lu dans un Mémoire d'un Prélat Italien, qu'on auroit souhaité que ces Dissertations n'eussent pas été écrites en François, parcequ'il ne convient d'écrire touchant ces sortes de disputes, que dans une langue connue des Savans. Le P. le Brun répondit à cette judicieuse remarque, qu'il avoit été forcé d'écrire en langue vulgaire, parceque les Protestans s'en servent.

Ce-

Cependant dès qu'il vit qu'on ne gardoit plus aucune mesure, il distribua la lettre qu'il avoit d'abord sacrifiée au bien de la paix, & se prépara à réfuter l'Apologie. Mais peu de jours après il tomba dangereusement malade d'une fluxion de poitrine, dont il mourut le 6. de Janvier 1729, âgé de 67. ans & 7. mois environ, après avoir reçu les derniers Sacremens. Pendant tout le cours de sa maladie, il fit paroitre ces sentimens de Religion & de piété, qui l'avoient rendu aussi recommandable que son érudition.

Il a légué ses Manuscrits Liturgiques au Séminaire de S. Magloire. A l'égard de ses Dissertations sur l'Histoire Ecclésiastique qu'il avoit promis de donner au public, il n'est pas possible de faire aucun usage de ses recherches, parceque ses papiers ont été dispersez & entièrement brouillez. D'ailleurs la plupart ne contenoient guéres que des passages d'Auteurs Ecclésiastiques, sur lesquels il se proposoit de faire ses réflexions.

Outre ses Manuscrits Chronologiques, dont on a parlé ci-dessus, le P. le Brun a laissé plusieurs savantes Dissertations sur des points de Chronologie & d'Histoire, qui composeroient trois gros volumes in 12. & où regne une critique exacte. Il est à souhaiter que le public ne soit pas longtems privé de ces savantes recherches.

Mais de tous ses Manuscrits, celui qu'il a travaillé avec plus de soin, est un Ouvrage sur le Formulaire. Le P. le Brun s'y érige en conciliateur, sans néanmoins donner aucune atteinte aux décisions de l'Eglise. Il a mis à la tête un Traité curieux de l'Indéfectibilité de la Foi dans l'Eglise de Rome.

Il avoit encore entrepris la Bibliothéque des Auteurs de la Congrégation de l'Oratoire sous ce titre: *Litteratorum Congregationis Oratorii in regno Franciæ Commentarius, ab anno 1611. ad annum 1696. Unà cum censurâ istorum operum, cum brevi historiâ criticâ, & criticorum notis in quælibet edita opera. Additi sunt ii quorum apud Litteratos fit mentio.* Mais il n'a recueilli que les titres des Livres avec de courtes remarques & en petit nombre. Il paroit que depuis longtems il ne pensoit plus à cet Ouvrage.

Le stile du P. le Brun est assez varié, coulant, & en général convenable aux matiéres qu'il a traitées: mais il est quelquefois trop diffus, & dans certains petits Ouvrages de critique, il paroit avoir préféré la solidité à l'enjouement. J'ai oublié d'indiquer une Dissertation sur les Jumeaux de Vitri, insérée dans un Journal des Savans.

Le P. le Brun étoit un savant sage, vertueux, modeste, & très versé dans l'Antiquité Ecclésiastique. Après avoir pris une teinture de la Scholastique, il s'appliqua à recueillir les faits théologiques, qui prouvent beaucoup mieux le dogme que des raisonnemens purement spéculatifs, & fit pour cela sa principale étude des Ouvrages des Péres, & des anciens Auteurs Ecclésiastiques. Il étoit fort poli, & incapable de ces procédez malhonnêtes, qui ne deshonorent que ceux qui les employent. Il a toujours paru sensible aux traits amers de la critique; mais cette sensibilité avoit sa source dans sa politesse même, il ne vouloit pas être forcé à s'écarter de sa modération naturelle. Il étoit d'un commerce doux & aimable, cherchant l'occasion d'obliger ses amis, & parlant toujours d'eux avec bonté.

Quelques mois après sa mort, le P. Bougeant a publié un autre Ouvrage contre la *défense de l'ancien sentiment*, &c. dont voici le titre: *Traité théologique sur la forme de la Consécration de l'Eucharistie, divisé en deux parties. Où l'on démontre par l'unanimité des Ecoles, par la tradition de l'Eglise latine, & grecque, par la définition de plusieurs Conciles, & par la pratique de l'Eglise universelle, la nouveauté du sentiment des Grecs modernes & du Révérend Père le Brun, Prêtre de l'Oratoire, & où l'on éclaircit par de nouvelles recherches la décision du Concile de Florence, & le vrai sens des Liturgies Orientales. Par le P. Bougeant de la Compagnie de Jésus.* Lyon 1729. in 12. 2. vol. Le Public a paru ne pas vouloir prendre desormais beaucoup de part à cette dispute.

AVIS DE L'EDITEUR.

ON ne doit point être étonné de trouver ici le Discours en forme d'Epitre dédicatoire aux Evêques de France, la Préface & les Approbations qu'on trouve dans la premiére Edition de cet Ouvrage. J'ai cru devoir conserver ces différentes piéces, parcequ'elles sont aussi utiles que lorsqu'on les imprima pour la premiére fois. A l'égard du Discours & de la Préface, on reconnoitra facilement que ce qu'ont dit l'Auteur de la nouvelle Epitre dédicatoire & l'Editeur dans sa Préface, n'empêche point que les deux morceaux du P. le Brun ne doivent encore paroitre. Les Approbations font tant d'honneur au Livre & à l'Auteur, qu'on m'auroit certainement blâmé, si j'avois osé les supprimer.

DISCOURS (a)

SUR CET

OUVRAGE.

A MESSEIGNEURS les Cardinaux, Archevêques & Evêques de l'Eglise de France.

MESSEIGNEURS,

LE difcernement de ce qu'il faut permettre, ou interdire aux Peuples, appartient aux Pafteurs de l'Eglife; & par une fuite affez naturelle, tout ce qui peut contribuer à ce difcernement, doit auffi leur appartenir. C'eft dans cette vue, MESSEIGNEURS, que je prens la liberté de vous préfenter cette Méthode pour difcerner les effets naturels d'avec ceux qui ne le font pas, & que j'expofe avec un profond refpect les motifs qui m'ont porté à travailler à cet Ouvrage. La pratique qui devient tous les jours plus commune, de découvrir plufieurs chofes cachées avec une Baguette, en a été la première occafion. Quelque lieu qu'on ait eu de fe détromper de cet ufage, par les impoftures qu'on y a pû remarquer, des Savans ont été arrêtez par des expériences, où il ne paroit rien que de Phyfique. La découverte de l'eau & des métaux leur a paru un fait trop conftant pour le révoquer en doute, trop commun pour craindre la fourberie, & trop fimple pour le croire fuperftitieux. On a fû qu'on s'en fert communément en Flandres & en Allemagne pour découvrir les mines, & qu'en fept ou huit Provinces de France plufieurs perfonnes s'en fervent pour trouver de l'eau. On s'eft d'ailleurs perfuadé que de tout tems le coudrier avoit fervi à indiquer les fources, fans que perfonne y eût trouvé à redire, & comme il eft difficile de comprendre qu'une Baguette qui demeure immobile entre les mains de bien des gens, fe torde cependant avec violence entre les mains de quelques perfonnes, pour indiquer l'eau & les métaux, la plupart ont cru que cette difficulté étoit du nombre de celles dont on n'ofe efpérer le dénouement.

Sur cet embarras, MESSEIGNEURS, quelques perfonnes ont voulu qne j'écriviffe ce que j'en penfois, à caufe que j'avois déja donné quelque chofe fur cette matière, que la queftion n'étoit pas entièrement éclaircie, & qu'il eft important pour la Religion de ne pas négliger des faits, lefquels s'ils font certains & naturellement impoffibles, doivent fervir à prouver l'opération des Intelligences que de prétendus Efprits-forts ofent nier. J'ai donc examiné l'ufage de la Baguette, j'en ai cherché l'origine, & j'ai vu que la découverte de l'eau avec le Bâton de coudrier, qu'on croit être d'un tems immémorial, n'eft en ufage que depuis foixante ans, & qu'au contraire on fe fert de la Baguette depuis plus de deux mille ans, pour deviner l'avenir & les chofes les plus cachées. J'ai obfervé que la Baguette trompoit auffi fouvent que les autres divinations, dont l'Eccléfiaftique parle (b). Plus j'ai vu de Traitez qui expofent les pratiques de divers Pays, plus j'ai découvert de marques fenfibles de fuperftition; & j'ai obfervé que le fecret réuffiffoit à diverfes perfonnes fuivant leurs defirs & leurs intentions; & qu'ainfi ces prétendus effets naturels dépendoient de caufes libres. J'ai remarqué furtout des variations & des contradictions vifibles, incompatibles affurément avec les Loix conftantes de la Nature; & j'ai reconnu la vérité de ce que dit S. Auguftin qu'il y a des caufes intelligentes, qui pour féduire les hommes & lier quelque commerce avec eux, s'accommodent à leurs defirs, & font réuffir diverfement certaines pratiques, qui d'elles-mêmes ne produiroient aucun effet. Ce font, MESSEIGNEURS, les réflexions, qui développées, font une partie du Livre que j'ofe vous préfenter. S'il paroiffoit foutenu de votre autorité, on pourroit efpérer de voir ceffer des pratiques, qui fous des dehors fpécieux ménent à plufieurs defordres. Il n'appartient qu'aux Succeffeurs des Apôtres de s'oppofer avec fuccès, au progrès des fuperftitions. Les raifonnemens des Philofophes n'en fauroient venir à bout, parceque tout le monde n'eft pas Philofophe, & que plufieurs perfonnes accoutumées à difputer fur toutes chofes, trouvent toujours le moyen d'éluder les meilleures raifons, & de faire durer les difputes. Comme la plupart n'ont de la Phyfique que des idées fort confufes, il y aura toujours des gens qui s'imaginant voir ce qu'ils ne voyent pas, croiront pouvoir expliquer les chofes les plus inexpliquables. Les Talifmans, les Anneaux conftellez, l'Aftrologie Judiciaire, & tant d'autres pratiques juftement condamnées par l'Eglife, n'ont pas manqué de défenfeurs; & lorfque la Philofophie découvre le ridicule des ufages fuperftitieux, il fe trouve toujours des efprits qui les révèrent comme des effets furnaturels, comme des graces extraordinaires que Dieu fait à quelques perfonnes, ou à caufe de leur piété, ou pour l'utilité publique. An neuviéme fiécle, lorfqu'on recouroit communément aux épreuves de l'eau froide & de l'eau bouillante, pour difcerner les innocens d'avec les coupables, quoique quelques Auteurs diftinguez, tels qu'Agobard de Lyon, condamnaffent cette pratique, le favant Hincmar de Reims entreprit de la foutenir dans le Traité du Divorce de Lothaire & de Thietberge. Cette fuperftition fut encore fort commune après Hincmar. Elle s'eft renouvellée depuis cent ans en beaucoup de Pays; & les faits tout récens qui font arrivez en divers endroits de Bourgogne, ne permettent d'en efpérer l'abolition entière que par les foins de Meffeigneurs les Evêques. Ce n'eft que par leur vigilance & par leur autorité qu'on a vu ceffer une infinité d'ufages fuperftitieux, que la Philofophie des Arabes avoit introduits en Occident au XII. & XIII. fiécles. Guillaume de Paris, Guillaume d'Auxerre, & Etienne de Paris, s'y appliquérent avec beaucoup

(a) Ce Difcours fervoit d'Epitre Dédicatoire dans la première Edition de cet Ouvrage.

(b) *Vana fpes ... à mendace quid verum dicetur? Divinatio erroris & Auguria mendacia. Ecci. 34.*

coup de zéle & de prudence. La Faculté de Théologie de Paris fit aussi plusieurs Decrets qu'on trouve dans Gerson & dans du Boulay; & il ne s'est presque point tenu de Concile particulier, qui n'ait proscrit quelque pratique superstitieuse. Mais il en reste encore qui se cachent, les unes sous un prétexte de Religion, & les autres sous une apparence de Secrets Physiques. L'usage de la Baguette a pris ces deux faces, & il n'est peut-être aucune pratique superstitieuse qu'on ait osé porter si loin. On a vu des Juges donner des commissions en forme pour arrêter comme criminels, ceux que la Baguette indiqueroit. On a osé décider de l'honneur des filles & des femmes; & l'on n'a pas craint d'accuser publiquement de divers crimes des hommes de réputation & de mérite, sur les prétendus indices de la Baguette. On y a eu recours pour découvrir les bornes cachées, pour terminer les différends que les séparations des fonds avoient fait naitre, pour trouver les voleurs, les choses perdues ou dérobées; & ces usages étant plus communs en Dauphiné qu'ailleurs, Monseigneur (a) le Cardinal le Camus s'est cru obligé de les défendre dans son Diocèse, sous peine d'excommunication. En cent autres rencontres on a consulté des hommes à Baguette, comme on auroit autrefois consulté les Devins; & ce qu'on croyoit étouffé, & qui m'avoit fait résoudre à ne pas publier cet Ouvrage, se renouvelle actuellement en plusieurs Provinces de France, suivant plusieurs Lettres qu'on a vues à Paris depuis quelques mois.

J'espére, MESSEIGNEURS, que vous ne désaprouverez pas la liberté que je prens de vous le représenter. Plusieurs Conciles de France ordonnent aux Prêtres, de dénoncer aux Evêques ou à leurs Officiaux, les pratiques superstitieuses qu'ils auront remarquées. L'Assemblée générale du Clergé, tenue à Melun en 1579, & divers Conciles plus récens ont renouvellé les anciens Canons contre toutes les espéces de Divinations. En tout tems l'Eglise de France a fait paroitre beaucoup de zéle pour abolir ces pratiques; & s'il faut apprendre les moyens nécessaires de faire cesser celles qui restent encore, à qui peut-on s'adresser qu'à tant de Prélats si attentifs & si sensibles à tout ce qui peut blesser la pureté de la Religion véritable? Jamais Eglise ne s'attira tant d'éloges depuis les premiers siécles que celle de France, & jamais peut-être elle ne les mérita mieux qu'à présent. Que de discernement & de lumiére dans les Decrets de la derniére Assemblée! Que de pénétration, de sagesse, & de force dans les Ordonnances (b) sur la Grace, sur l'Amour de Dieu & sur divers autres sujets importans, qu'on lit avec admiration dans toute l'Europe! Avec combien de prudence & de zéle voit-on maintenir dans les Diocéses la pureté de la Foi & les régles de la Discipline Ecclésiastique?

Quelle profondeur de doctrine dans ce célébre Prélat M. Bossuet, dont la savante plume toujours utile aux fidéles, & toujours fatale à l'erreur, a enrichi l'Eglise de ces excellens Ouvrages, qui rendront son Nom immortel! Fleurisse à jamais cet illustre Clergé, qui donne tant de marques de son zéle & de la science des Saints dont il est rempli; qu'il inspire à tous les Membres de l'Etat les sentimens d'une piété sincére & solide; & qu'il attire sur ce Royaume les graces & les bénédictions du Ciel. Je suis avec une vénération profonde,

(a) Ordonnance de 1690. Mandement du 24. Février 1700.

(b) Ordonnances de Paris & de Reims.

MESSEIGNEURS,

Votre très humble, & très obéissant serviteur, ***.

PRÉFACE

DE LA

PREMIÉRE ÉDITION.

ON commence cette *Histoire Critique des Pratiques superstitieuses* par l'usage de la Baguette, parcequ'on n'a pu se dispenser d'en traiter au long, après tout ce qu'on nous en a écrit de toutes parts, & qu'on n'a pas cru devoir joindre cette longue *Histoire* à tout ce que nous avons à dire sur un grand nombre d'autres pratiques.

Le *Journal des Savans* 24. Mai 1700. faisant l'extrait des *Lettres* de Mr. *Tollius*, imprimées cette année avec les *Notes* de Mr. *Hennin*, avertit qu'il y étoit parlé bien au long de la Baguette dont on se sert pour découvrir l'eau & les métaux; & je ne sais par quelle avanture on a vu presque en même tems des *Lettres* de plusieurs Provinces de *France* où l'on propose des difficultez sur des expériences toutes récentes, que des *Curez*, des *Religieux*, & diverses autres personnes ont faites avec la Baguette pour découvrir les choses les plus cachées: On n'a pu lire sans étonnement plusieurs faits écrits de *Toulouse* (a) sur ce sujet. Il m'est venu aussi des *Lettres* du *Dauphiné*, de *Picardie*, & de *Flandres* touchant cet usage; & ceux qui savoient que j'avois travaillé il y a quelques années sur le discernement des effets naturels d'avec ceux qui ne le font pas, à l'occasion de la Baguette, n'ont pas manqué de me presser de donner cet Ouvrage.

Cependant la crainte de trouver le public rebuté d'entendre parler de la Baguette, après tout ce qu'on en a dit depuis quelques années, & une fâcheuse nécessité de prouver qu'un grand nombre de personnes se trompent: tout cela joint à des occupations qui paroissoient plus pressantes, formoit des oppositions qu'on avoit peine à surmonter. Mais des personnes d'un mérite distingué m'ont représenté qu'ayant déja montré que certains usages de la Baguette ne font pas naturels, je devois éclaircir les doutes qu'on avoit sur tous les autres, que ces usages étant connus depuis longtems presque dans toute l'*Europe*, il ne falloit ni craindre de les apprendre en des lieux où ils auroient été ignorez, ni espérer de les voir ensevelis dans l'oubli. Que la plupart supposoient, comme un fait constant, que la Baguette indiquoit naturellement l'eau & les métaux. Que tant qu'on seroit dans cette pensée, on ne feroit point de difficulté de s'en servir pour découvrir les voleurs, les meurtriers, les choses dérobées, & plusieurs autres choses de cette nature; puisque bien des gens conçoivent plus facilement que la Baguette indique un voleur & un meurtrier, qu'ils ne conçoivent qu'elle puisse indiquer une source. Que l'on ne condamnera jamais ces abus, si quelqu'un ne montre une fois bien clairement que la Baguette ne peut tourner sur quoi que ce soit par une vertu physique & naturelle. Que ceux à qui il appartient de veiller sur les actions des Peuples, ne pouvoient point entrer dans le détail de tout ce qu'il faut examiner pour en juger. Que l'on ne pouvoit pas attendre de la plupart des Physiciens un jugement solide sur cette matière; parceque peu appliquez à discerner ce qui est naturel d'avec ce qui ne l'est pas, ils ne pensoient qu'à donner quelque raison de tout ce qu'on propose d'extraordinaire, & qu'ils aimeroient mieux dire que ce qu'un homme exhale, demeure plusieurs années au

milieu de l'air malgré les vents & les tempêtes, que de demeurer court dans l'explication d'un phénomène. Qu'ainsi un tel examen se trouvoit au nombre de ces œuvres négligées, qui pour cela même doivent être un pressant motif d'y mettre la main, lorsqu'on se voit dans une espèce d'engagement de s'y appliquer.

Il m'a été inutile de représenter que les lettres qui découvrent l'Illusion des Philosophes sur la Baguette devoient suffire, & qu'avec un peu d'attention on y trouveroit la résolution des doutes qu'on pouvoit former sur cette matière. Détrompez-vous, m'a-t-on repliqué. Les réflexions qu'on ne fait que succinctement & en passant, ne font presque pas d'impression. On a vu que vos lettres rouloient principalement sur les systêmes ausquels le fait de *Lyon* avoit donné occasion, & on ne s'est guéres appliqué qu'à examiner si ces systêmes étoient bien ou mal réfutez. On est convenu qu'aucun systême ne pouvoit tenir. En effet, a-t-on dit, quel moyen de soutenir que des corpuscules qu'un homme exhale, demeurent durant un mois suspendus en l'air sur le courant d'une rivière? On a outré l'usage de la Baguette, il faut se réduire à la découverte de l'eau & des métaux, car pour ce secret, seroit-il possible que, pratiqué par tant d'honnêtes gens, il ne fût pas naturel?

Voilà, m'a-t-on dit, sur quel pied est la question qu'on souhaitteroit de voir bien éclaircie. Pourquoi, a-t-on ajouté, ne pas travailler à la terminer, à développer l'origine de cet usage, & à faire connoître ce qui a donné occasion de chercher avec la Baguette, de l'eau, des métaux, & tant d'autres choses différentes?

Comme il y a quelques années que je suis informé de cet usage, que j'ai été témoin de plusieurs expériences assez singulières, qu'en diverses lectures, soit par hazard, ou à dessein, j'ai fait plusieurs remarques qui en découvrent l'origine, & qu'ayant déja par écrit tout ce qui est nécessaire sur ce point, il ne s'agissoit présentement que de réduire à peu ce qu'il est à propos de dire, de peur de faire un gros livre, je me suis enfin déterminé à donner cet Ouvrage par les mêmes raisons qui m'avoient porté à y travailler. 1. Pour conserver la mémoire de quelques faits fort extraordinaires. 2. Pour tâcher de faire revenir le monde d'un abus qui pourroit avoir des suites fâcheuses. 3. Pour montrer que si l'on n'y prend garde, les Physiciens, accoutumez à faire des systêmes sur toutes choses, autoriseront beaucoup de Pratiques superstitieuses. 4. Enfin pour réduire plusieurs prétendus Esprits-forts à reconnoitre qu'il y a des faits qu'ils croyent véritables, qui ne peuvent pourtant avoir été produits par les Corps; & qu'ainsi les froides plaisanteries qu'ils font sur ce que la Religion nous enseigne touchant les Esprits, ne font fondées que sur leur ignorance & leurs préjugez. Cela est d'autant plus de conséquence en ce siécle, qu'un grand nombre de personnes parlent fort librement de tout ce qu'on apelle effets surnaturels. Ceux qui ne peuvent nier les faits, veulent les mettre au rang des secrets de Physique. Ils essayent d'en donner des raisons naturelles, & ils portent quelquefois l'esprit de libertinage jusqu'à détruire tout ce que l'Ecriture Sainte nous raconte de grand & de merveilleux. N'a-t-on pas essayé de faire passer la division mi-

---

(a) Lettres de M. le Chevalier de Lupé à M. du Verdier, Docteur de Sorbonne, du 26. Mai, 15. Juin, & 14. Juillet 1700.

raculeuse des eaux de la Mer Rouge, pour une maniére de flux & reflux tout naturel? Et combien d'Auteurs anciens & modernes ont osé soutenir que le Serpent d'airain étoit une espéce de Talisman, qui ne guérissoit que par la vertu du métal fondu sous certaines constellations? Le monde ne manquera jamais de telles gens; & s'il y en a qui par respect pour l'Ecriture ne touchent point à ce qu'elle raporte, ils s'énoncent sur d'autres faits d'une maniére capable d'autoriser tout ce que les impies peuvent dire. Vous les trouvez toujours prêts à faire des systêmes, sans penser que s'ils avoient raison, il faudroit renverser toutes les vrayes notions de Physique.

C'est ce que Ciceron reprochoit fort à propos à ceux qui vouloient soutenir la science des Aruspices. Croyez-moi, leur disoit-il, vous livrez la Ville Philosophique pour défendre quelques Châteaux, car en vous efforçant de justifier la science des Aruspices, vous bouleversez toute la Phisiologie.

Certainement on pourroit plutot excuser ceux qui croyoient aux Aruspices & aux autres superstitions, parcequ'ils les voyoient revétues de cérémonies religieuses. Comme dans les premiers Poëtes, Homére, Hésiode & les autres, tout se fait par les Dieux, & que les plus anciens Philosophes admettoient presque par tout des Génies, c'est-à-dire des Anges bons & mauvais, les effets les plus extraordinaires, produits à l'occasion de quelques pratiques où les Dieux étoient invoquez, n'avoient rien d'inconcevable. Les Physiciens ensuite, qui passant d'une extrémité à l'autre n'admettoient que des Corps, y trouvoient de la difficulté. Autant qu'ils pouvoient, ils mettoient tout au rang des fables, ou bien rejettant tout ce qui ne pouvoit s'accommoder à leurs principes, ils se retranchoient à ce qu'ils croyoient pouvoir expliquer naturellement.

Démocrite, par exemple, voyoit qu'il n'étoit pas possible que la poitrine des animaux indiquât tout ce qu'on prétendoit y découvrir, si une armée seroit vaincue ou victorieuse, si un vaisseau arriveroit à bon port, ou si l'on attentoit à la vie du Prince. Quelle apparence que le fiel d'un coq, le foye, le cœur ou le poulmon d'un taureau eussent un si grand raport avec tant & de si diverses choses futures? Mais il pouvoit que par la couleur, la figure & les autres dispositions du cœur & du poulmon, on pût deviner si la recolte seroit bonne ou mauvaise, si l'air seroit sain, ou s'il ne causeroit point de maladies, & prédire par ce moyen la peste & la famine.

Nonobstant tout ce qu'il disoit de l'impression que peut faire la température de l'air, dans la poitrine de certains animaux, Ciceron montre fort bien le ridicule de sa prétention; & c'est à son occasion qu'il donne aux Physiciens une épithéte que je n'oserois presque mettre en François, parceque s'il y a des Physiciens présomptueux, il y en a aussi qui sont fort modérez & fort sages.

Ne fait-on point à présent à l'occasion de la Baguette ce que faisoit Democrite? La plupart conviennent bien qu'elle ne peut indiquer naturellement ni les voleurs, ni les meurtriers; & se réduisant à l'eau & aux métaux, ils prétendent qu'il faut regarder tout le reste comme tous les usages superstitieux qu'on a faits de l'aiman, & qui n'empêchent pourtant pas qu'il n'attire le fer d'une maniére très naturelle.

Il faut donc montrer à ces personnes que la Baguette n'a pas plus la vertu d'indiquer les sources, que de faire connoitre les voleurs, ni aucune autre chose: qu'on ne s'est avisé que bien tard de s'en servir pour découvrir l'eau; & qu'on n'en est venu là, que par les mêmes vues qui avoient déja fait chercher mille choses purement morales.

Lorsque les anciens se sont servis de la Baguette, ils ne pensoient à rien moins qu'à une vertu physique qui fût dans le bois. Les Juifs qui du tems d'Osée (a) consultoient la Baguette, entendoient une espéce de voix sombre qui leur révéloit ce qu'ils vouloient savoir. Les Scythes, les Grecs, les Romains, & les anciens Allemans ne se servoient de la Baguette qu'en invoquant les Dieux. Quand on a voulu s'en servir pour chercher les métaux, on a imploré le se-

cours de Mercure, & les Chrétiens en cherchant les sources & les métaux, ont adressé des vœux à Moyse. Preuve suffisante que l'usage de la Baguette ne s'est pas introduit comme un secret naturel, tel que celui de l'aiman, mais qu'il a été au contraire inventé, comme une de ces pratiques superstitieuses, dont quelques Physiciens se sont efforcez de rendre raison.

Il est vrai que l'usage en question, semble à présent ne rouler que sur des circonstances physiques, mais quand on examine ce qui est pratiqué en divers lieux & par diverses personnes, on y trouve encore les principaux caractéres des pratiques superstitieuses, qui sont, comme dit Ciceron, les variations & les contradictions. L'un vous dit qu'il n'y a que le coudrier qui puisse servir, l'autre qu'il faut de l'olivier ou du palmier, un troisiéme qu'il faut nécessairement se servir de diverses Baguettes pour chercher diverses choses, un quatriéme enfin vous dit que tout bois est bon, & qu'on peut même se servir d'une Baguette de fer.

Voulez vous savoir ce qu'on peut découvrir? De l'eau seulement, répond celui ci. Un autre prétend que la Baguette ne peut servir qu'à faire trouver les métaux; un troisiéme assure qu'elle doit indiquer les meurtriers, & un quatriéme veut qu'elle découvre les bornes, les Reliques & plusieurs autres choses cachées. Demandez à diverses personnes ce qu'il faut faire pour connoitre quel est le métal qui est en terre. Il faut, vous disent ceux ci, mettre une piéce du même métal auprès de la Baguette, car elle est immobile lorsqu'on lui fait toucher du métal différent. On se trompe, disent les autres; la Baguette ne tourne plus si vous lui faites toucher une piéce du même métal que celui qui est en terre.

N'est-ce point que l'Auteur du tournoiment de la Baguette s'est coupé? Et ne faut il pas lui dire avec Daniel: Recte mentitus es in caput tuum? N'est-ce pas l'iniquité qui se contredit elle-même? Seroit-ce-là des effets de méchanisme? La Nature se contredit-elle? Ses voyes à l'égard d'un même effet ne sont-elles pas constantes & uniformes?

Ce qu'il y a de bien remarquable, c'est que nous apprenons ces contradictions des personnes mêmes, qui charmées des effets de la Baguette s'en servent publiquement, & font même des Livres pour en autoriser la pratique. Celui qu'on a imprimé à Lyon sous le titre de Verge de Jacob, ou l'Art de trouver les Trésors cachez, &c. (b) nous apprendra ce que l'on fait dans le Dauphiné. Plusieurs autres Livres nous diront ce que l'on fait ailleurs, & assurément on n'en jugera pas sans connoissance de cause.

Quelques personnes diront peut-être que sans se donner tant de peine, il vaudroit bien mieux supposer que tout ce qu'on dit de la Baguette, sont des fables & des impostures. C'est à quoi j'étois autrefois fort porté, & j'aurois été facilement confirmé dans cette pensée par un témoignage aussi considérable, que l'est celui de Mr. de Francine Grand-Maison, qui par les Charges de Prévôt de l'Isle de France & d'Intendant des Eaux, a été très souvent engagé à éprouver l'usage de la Baguette pour découvrir les criminels, & pour trouver des sources d'eau. Il m'a assuré que, quoiqu'il ait employé un très grand nombre de personnes, même des RR. Péres Capucins, & diverses autres, dont les secrets étoient fort ventez surtout pour la découverte des eaux, il n'a jamais trouvé personne à qui l'on pût se fier sûrement, parceque la Baguette donnoit souvent le change, & disoit très souvent faux. C'est pourquoi il seroit d'avis que sans faire aucune nouvelle recherche, ces prétendus secrets fussent interdits comme des usages qui tendent à séduire les hommes sous de spécieux prétextes. Voilà sans doute le plus court & le meilleur reméde, pourvû qu'il fût mis en pratique par les personnes qui peuvent ordonner au peuple.

Mais par rapport à ceux qui ne peuvent douter que la Baguette ne tourne sans art & sans fraude entre les mains de quelques personnes, il faut nécessairement leur faire voir d'où peut venir ce tournoiment. S'il y a des faits incontestables

---

(a) Maimonid. de Idolol. c. 6. & 11.

(b) Par M. N. Avocat au Parlement de Grenoble.

bles qui ne puiſſent être produits, ni par les ſecrets reſſorts de la nature, ni par la fourberie des hommes, on doit le dire & on ne doit pas taire qu'il faut attribuer aux Eſprits ce qui ne peut être produit par les Corps, puiſqu'il eſt conſtant que nous n'avons d'idée d'aucune ſubſtance que de l'Eſprit & du Corps. Enfin ſi par tout ce que la raiſon & la Foi nous enſeignent touchant les Eſprits, il paroît évident qu'on ne peut attribuer les effets en queſtion qu'aux Eſprits que l'Ecriture appelle ſi ſouvent des ſéducteurs, pourquoi diſſimuler ſur ce point ? Qu'on diſe en général qu'il y a des fourbes fort adroits dont on eſt ſouvent la dupe, je n'ai garde de le nier. Je crois qu'il y en a qui font tourner la Baguette ; mais il y a des moyens de connoître juſques où la fourberie peut aller. Qu'on diſe encore qu'on ſe trompe ſouvent, pour ne pas connoître aſſez la nature, rien n'eſt plus vrai. Pluſieurs donnent trop au méchaniſme, les autres n'y donnent pas aſſez, & la difficulté eſt de choiſir un juſte milieu entre ces extrêmitez vicieuſes. Mais cela n'empêche pas qu'il n'y ait des cas, où le diſcernement n'eſt ni impoſſible, ni difficile. Ce qui eſt conſtant, c'eſt qu'on n'eſt jamais ſi expoſé à ſe tromper, que lorſqu'on juge ſur des idées vagues & confuſes. Je crois qu'on verra aſſez clair dans le ſujet dont il s'agit, quand on ſe ſera donné la peine de lire (a) la première Partie de cet Ouvrage.

On jugera néanmoins plus exactement de cette pratique auſſi bien que d'un grand nombre d'autres, en liſant la ſeconde Partie (b), où l'on établit des principes pour faire connoître ce que c'eſt que miracle & ſuperſtition, par quelles loix tous les effets ſont produits, & par quelles régles on peut juger ſi un effet eſt naturel ou non. Dans l'application de ces notions ou de ces régles, on n'a pu ſe diſpenſer de faire voir les erreurs des Philoſophes, qui ont cru naturels des effets qui ne peuvent l'être, & de découvrir l'illuſion où nous jettent pluſieurs prétendues merveilles de la nature, qui ont été crues ſans fondement. Il a fallu auſſi montrer avec quelque étendue, néceſſaire pour diverſes perſonnes, quelle eſt la cauſe des effets qui ne ſont pas produits naturellement.

Avec ces principes on pourra ſe détromper aiſément d'un grand nombre de pratiques ſuperſtitieuſes, qui durant pluſieurs ſiécles ont trouvé des défenſeurs. C'eſt dans cette vue que nous avons entrepris l'Hiſtoire Critique des Uſages Superſtitieux, qui ont ſéduit les peuples & embarraſſé les Savans. On repréſente d'abord combien on a toujours été porté à excuſer & à autoriſer même des pratiques ſuperſtitieuſes, faute de lumiére & d'attention, & l'on entre enſuite dans le détail de celles qui ont été enfin condamnées univerſellement par l'Egliſe, ou qui doivent l'être par toutes les perſonnes inſtruites & attentives. Cette matiére eſt ſi ample, qu'elle pourra nous obliger à donner dans quelque tems un ſecond Volume. Cependant on n'a pas deſſein de faire un Traité entier des Superſtitions. On obmettra celles qui ne ſont en uſage que parmi des perſonnes ſans Religion, ou qui ne peuvent tromper que des femmelettes. Il ſuffit que les Curez & tous ceux qui inſtruiſent, tâchent d'en deſabuſer le peuple ; il y a aſſez de Livres qui les indiquent, & en donnent de l'horreur. Nous ne parlerons que des pratiques qui ſont autoriſées par des Savans, parcequ'elles donnent lieu de douter ſi elles ne produiſent pas leur effet naturellement, ou par miracle.

On ne trouvera pas étrange qu'on appelle Savans les Défenſeurs de ces pratiques ſuperſtitieuſes, en même tems qu'on montre qu'ils ſe trompent en ce point. C'eſt un titre qui convient à ceux qui ont beaucoup de lecture, & la reputation de Gens de Lettres. On ne pouvoit pas conteſter cette qualité ni cette réputation au célèbre Hincmar de Reims, qui a pourtant autoriſé des épreuves certainement ſuperſtitieuſes.

Mais on aura ſujet d'être ſurpris que j'oſe éclaircir ou décider des difficultez qui ont partagé & embarraſſé des Savans. Deux choſes m'ont raſſuré contre la peine que je reſſentois ſur ce point. La première eſt, que je ne mets déci-

ſivement pluſieurs pratiques au nombre des ſuperſtitions, qu'après des déciſions généralement reçues. L'autorité d'Hincmar, ou de quelqu'autre Savant que ce ſoit, ne peut faire douter que l'épreuve de l'eau froide ne ſoit ſuperſtitieuſe, depuis qu'elle a été abſolument condamnée par l'Egliſe.

La ſeconde eſt, que quand on s'applique à une matiére avec des notions qui ne peuvent être fauſſes, & qu'on a d'ailleurs des déciſions formelles de l'Egliſe en pareil cas, l'attention fait naitre des penſées & découvrir des raiſons déciſives, qui ne peuvent être ébranlées par des diſcours vagues, fondez ſur ce qu'il y a dans le monde une infinité de choſes merveilleuſes, obſcures, & difficiles à pénétrer.

Ainſi l'on ne refuſera pas d'examiner les pratiques ſuperſtitieuſes qui ſont communes dans les Villes ou dans les Provinces, & qui trouvent néanmoins quelques Défenſeurs. Je prie ſeulement ceux qui demandent qu'on parle ſur ces ſortes de pratiques, de ne pas nous propoſer celles qui ſont à peine connues, & qui n'ont pas beſoin de diſcuſſion. Des perſonnes, par exemple, nous ont preſſé de parler de ce qui s'obſerve, dit-on, dans quelque Egliſe, où l'on porte les enfans morts nez, & où l'on prétend qu'après certaines priéres ou cérémonies, ces enfans donnent des ſignes de vie, à la faveur deſquels on les baptiſe promptement. On a fait entendre qu'il y a de la fourberie ; & quand cela ne ſeroit pas, c'eſt une ſuperſtition viſible, & une tentation de Dieu qui a été ſouvent défendue. Si cela ſe fait ſans éclat, comme on l'aſſure, il vaut un avertir l'Evêque. Un détail de ſemblables ſuperſtitions ne peut ſervir qu'à ſcandaliſer, & porter des perſonnes ignorantes à faire l'eſſai de ces pratiques, au lieu qu'on peut compter qu'il n'y a point d'Evêque qui ne ſoit aſſez zélé pour faire ceſſer ces ſortes d'abus. Quoi qu'il en ſoit, nous ne prétendons parler que des pratiques publiques, qui ſéduiſent le Peuple & trouvent des Défenſeurs.

APPROBATION.

De Monſieur de Lorme, Docteur de Sorbonne.

J'Ai lu par Ordre de Monſeigneur le Garde des Sceaux, l'*Hiſtoire Critique des Pratiques ſurerſtitieuſes*, &c. je n'ai garde d'en porter un jugement différent de celui des Docteurs célébres qui l'ont approuvée avec éloge dès le vivant de l'Auteur. Je remarquerai ſeulement que la nouvelle forme qu'il avoit lui-même donnée à ſon Ouvrage, & les Additions poſthumes qui y ſont inſérées, le font lire avec une nouvelle ſatisfaction. En Sorbonne, le 21. Janvier 1732.

DE LORME.

JESUS MARIA.

Permiſſion du Très Révérend Pére Général de l'Oratoire.

NOus Pierre-François De la Tour, Prêtre, Supérieur Général de la Congrégation de l'Oratoire de Jéſus-Chriſt Notre Seigneur. Vu par nous le Priviſége du Roi & l'Approbation du Cenſeur Royal, permettons à la Veuve de Florentin Delaulne, Imprimeur & Libraire, d'imprimer un Livre intitulé : *Hiſtoire Critique des Pratiques ſuperſtitieuſes*, &c. compoſée par le feu P. Pierre le Brun, Prêtre de notre Congregation, conformement au Priviſége à nous accordé par les Lettres Patentes du Roi, en datte du 26. Mars 1689. enregiſtrées au Grand Conſeil le 25. Avril de la même année, par leſquelles il eſt défendu à tous Libraires & Imprimeurs d'imprimer & vendre aucuns Livres compoſez par ceux de notre Congrégation ſans notre permiſſion expreſſe, ſous les peines portées par ledit Priviſége. Donné à Paris ce vingt deuxiéme Janvier mil ſept cens trente deux.

P. F. DE LA TOUR.

De l'Ordre de Notre Révérend Pére Général,
L. BATTEREL, *Sécretaire.*

AP-

(a) Liſez le ſeptiéme Livre de la nouvelle Edition.
(b) Liſez le premier Livre de la nouvelle Edition.

APPROBATION.

De Monsieur de Précelles, Docteur de Sorbonne.

J'AI lû pour Monseigneur le Chancelier un Livre qui a pour titre, *Histoire de l'Origine & du progrès de la Baguette parmi toutes les Nations, avec la Méthode & les principes pour discerner les effets naturels d'avec ceux qui ne le sont pas, & l'Histoire Critique des Pratiques Superstitieuses.* Je n'y ai rien trouvé qui soit contraire à la saine Foi ni aux bonnes mœurs, & qui ne soit conforme à la saine Doctrine: Et il y a tout lieu de croire que cet Ouvrage, digne de l'érudition de l'Auteur, sera très utile au public. En Sorbonne le 2. d'Octobre 1700.

C. DE PRÉCELLES.

Approbation de M. du Pin, Docteur en Théologie de la Faculté de Paris, & Professeur Royal en Philosophie.

JE soussigné Docteur en Théologie de la Faculté de Paris, & Professeur Royal en Philosophie: Certifie que j'ai lû un Livre qui a pour titre, *Histoire Critique des Pratiques Superstitieuses, qui ont séduit les Peuples & embarrassé les Savans: Avec la Méthode & les principes pour discerner les effets naturels d'avec ceux qui ne le sont pas;* & que non seulement je n'y ai rien trouvé de contraire à la saine doctrine ni aux bonnes mœurs, mais encore que l'Auteur traite cette matiére avec autant de justesse & de discernement, que d'élégance & d'érudition, & qu'il a su parfaitement accorder les principes de la saine Théologie avec ceux de la bonne Philosophie, en tenant un juste milieu entre l'incrédulité des Esprits-forts, qui leur fait nier des faits certains, & la trop grande crédulité des foibles, qui leur fait approuver des pratiques superstitieuses. Fait à Paris ce 26. de Juin mil sept cens un.

L. ELLIES DU-PIN.

Approbation du Révérend Pére Alexandre, Docteur en Théologie de la Faculté de Paris, & ancien Professeur du grand Couvent & Collége des RR. Péres Prêcheurs.

UN Prêtre de JESUS-CHRIST, & un Théologien de l'Eglise Catholique, ne peut employer plus dignement ses talens qu'à combattre des usages superstitieux, que l'Esprit séducteur établit ou renouvelle parmi les Peuples. C'est ce que le R. P. LE *** fait excellement dans son *Histoire Critique des Pratiques Superstitieuses, &c.* Cet Ouvrage est parfaitement conforme aux régles de la Foi & des bonnes mœurs; & j'espére qu'il sera utile à l'Eglise. C'est une chose déplorable qu'il se trouve des Chrétiens qui autorisent des usages que la Loi de Dieu & les Prophétes condamnent, & qui employent leur Philosophie pour justifier des erreurs & des pratiques proscrites par les saints Péres, par les saints Decrets, & par les Théologiens Catholiques, en forgeant de vains systêmes en faveur des usages pernicieux. Celui de la Baguette pour chercher les sources, les meurtriers, &c. & celui de l'épreuve de l'eau froide pour découvrir les sorciers, se réduisent sans doute à ces signes qui n'ont aucune efficace, comme parle Saint Augustin, que celle que leur donne la présomption, qui est comme la langue commune qui entretient un malheureux commerce avec les Démons. *Quæ tantùm valent, quantùm præsumtione quasi communi quadam linguâ cum Dæmonibus fœderata sunt.* Ils renferment une curiosité pernicieuse, ils sont accompagnez de cruelles inquiétudes, ils donnent la mort à l'ame en la rendant esclave du Diable. *Quæ omnia plena pestiferæ curiositatis, cruciantis sollicitudinis, mortiferæ servitutis.* Quoiqu'ils se trouve des personnes qui leur donnent un nom plus doux, & qui les apellent des causes physiques, pour faire croire qu'ils agissent par une vertu naturelle, & qu'ils n'ont rien de superstitieux: *& quasi non superstitione implicare, sed naturâ prodesse videantur.* Tout Chrétien doit rejetter ces usages, & d'autres semblables,

comme des signes d'une liaison & d'un pacte tacite avec ces Esprits malins, qui n'entrent en commerce avec les hommes que pour les tromper & pour les perdre. *Ex quadam pestiferâ societate hominum & Dæmonum, quasi pacta quædam infidelis & dolosæ amicitiæ constituta, penitus sunt repudianda & fugienda Christiano.* Ces véritez sont établies & prouvées dans ce Livre avec beaucoup d'érudition & de netteté. Je rends avec plaisir ce témoignage au mérite de l'Ouvrage & de l'Auteur, A Paris, dans le grand Couvent & Collége des Fréres Prêcheurs, le 1. de Juillet 1701.

F. N. ALEXANDRE, Docteur en Théologie
de la Faculté de Paris.

Autre Approbation des Docteurs de Sorbonne.

NOus soussignez, Docteurs en Theologie de la Faculté de Paris, certifions avoir lû un Livre qui a pour titre, *Histoire Critique, &c.* où non seulement nous n'avons rien trouvé de contraire à la Foi & aux bonnes mœurs, mais où tout remplit parfaitement le dessein que le savant Auteur se propose de desabuser les peuples de tant de Pratiques superstitieuses, si souvent condamnées par l'Eglise, & de dissiper les faux raisonnemens dont quelques Philosophes ont embrouillé cette matiére. A la Rochelle le 5. Octobre 1701.

LAMBERT, Doyen de l'Eglise Cathédrale de la Rochelle.

D'HILLEBRIN, Trésorier de l'Eglise Cathédrale de la Rochelle.

Autre Approbation.

J'AI lu & examiné avec attention l'*Histoire Critique des Pratiques superstitieuses, &c.* Ce livre m'a paru solide, convaincant, édifiant, agréable, plein d'érudition. Je n'y ai rien trouvé qui ne soit conforme à la doctrine de l'Eglise & à ses régles: Et il y a tout lieu de croire qu'il détournera entiérement les fidéles de toute sorte de superstitions, & qu'il ne se trouvera personne qui, après la lecture de cet Ouvrage, veuille encore autoriser les pratiques suspectes, qui y sont expliquées & condamnées. A Paris ce 4. Novembre 1701.

FRANÇOIS-AIME' POUGET, Prêtre de l'Oratoire, Docteur en Théologie de la Faculté de Paris, Abbé de Notre-Dame de Chambon.

Autre Approbation.

CE Livre est un Recueil très curieux & très bien arrangé de plusieurs faits surprenans. Mais ce qu'il y a de plus considérable, c'est qu'on y trouve des régles certaines pour démêler les effets naturels d'avec les surnaturels, & les effets qui viennent de Dieu d'avec ceux qui viennent des Démons. L'esprit & l'érudition de l'Auteur éclatant sans faste dans tous les endroits du Livre. Je l'ai lu avec exactitude, & je le crois très utile au Public, n'y ayant rien qui ne soit conforme à la Foi & aux bonnes mœurs. Fait à Paris le 5. de Novembre 1701.

MICHEL LE BRETON, Curé de S. Hypolite.

Autre Approbation des Docteurs de Sorbonne.

L'Usage des Superstitions dans le Paganisme n'a point de quoi nous surprendre. C'est ce qu'y devoit introduire l'Esprit d'erreur & d'illusion qui présidoit à cet état de ténébres. Mais que dans le Christianisme, qui est un état de lumiére & où la vérité préside, l'on donne encore dans les mêmes abus; qu'on se laisse éblouir par des pratiques, dont on découvriroit aisément le faux, pour peu que l'on voulût faire usage de la Raison & de sa Religion: c'est ce qu'on ne sauroit trop déplorer, & sur quoi les fidéles ne sauroient être trop instruits. Ils le seront parfaitement, & d'une maniére

très

très utile dans cet Ouvrage qui a pour titre, *Hiſtoire Critique des Pratiques Superſtitieuſes, &c.* Ouvrage où l'illuſtre & ſavant Auteur a ſu réunir avec toute la politeſſe du ſtile, ce que les preuves ont de plus ſolide, le raiſonnement de plus juſte, l'expreſſion de plus énergique, l'érudition de plus recherché, la Théologie de plus exact. C'eſt le jugement que nous croyons en devoir porter, après l'avoir lu avec exactitude. Fait à Paris le 6. Novembre 1701.

DARNAUDIN, Curé de Saint Martin, à Saint Denis en France.

NOLET.

Jugement de l'Académie Royale des Sciences.

Extrait des Regiſtres de l'Académie Royale des Sciences, du 17. Décembre 1701.

LE Révérend Pére LE BRUN, Prêtre de l'Oratoire, ayant préſenté à l'Académie un Livre intitulé, *Hiſtoire Critique des Pratiques Superſtitieuſes, qui ont ſéduit les Peuples & embarraſſé les Savans:* Sur lequel il ſouhaitoit d'avoir le ſentiment de la Compagnie: Elle a nommé pour l'examiner le Révérend Pére Malle-branche, Meſſieurs du Hamel, Gallois, Dodart, de la Hire, & moi; & après l'avoir lu chacun en particulier, nous ſommes convenus tous enſemble que le Livre étoit plein de recherches curieuſes & bien raiſonné, que les principes qui y ſont établis pour démêler ce qui eſt naturel d'avec ce qui ne l'eſt pas, ſont ſolides; & que les pratiques qu'on y combat ſont de pures impoſtures des hommes, ou doivent avoir des cauſes qui ne peuvent être rapportées à la Phyſique, ſuppoſé la vérité des faits, dont on n'a pas entrepris la diſcuſſion. En foi de quoi j'ai ſigné le préſent Certificat. A Paris ce 17. Décembre 1701.

FONTENELLE, Sécretaire de l'Académie Royale des Sciences.

L'Auteur a vu avec quelque plaiſir que toutes les perſonnes de tous états qui ont lu cet Ouvrage, l'ont trouvé convainquant; & cela joint à ce qu'on doit attendre de la vigilance & du zéle de Noſſeigneurs les Evêques, lui fait eſpérer qu'on verra ceſſer les Pratiques qui l'ont fait écrire. Il a ſur-tout appris avec une ſatisfaction ſinguliére l'application que Meſſieurs les Commiſſaires nommez par l'Académie, & pluſieurs autres Membres de cette illuſtre & ſavante Compagnie ont donnée à la lecture du Livre; & il a cru devoir mettre ici le ſentiment, qui eſt venu entre ſes mains d'un de ces Savans, diſtingué par une érudition, une juſteſſe d'eſprit, & une probité ſi connue à la Cour & à la Ville.

Sentiment de Mr. Dodart, Médecin de Madame la Princeſſe de Conti.

J'ai lu avec beaucoup de ſatisfaction, &c.........
.... Comme les effets extraordinaires qui ſont rapportez dans ce Livre, n'ont pas toujours réuſſi, qu'on a ſouvent eu lieu de craindre l'impoſture, qu'il y a pourtant des faits qu'on ne ſauroit conteſter, mais dont on ne ſauroit auſſi trouver des cauſes phyſiques & naturelles, quoi qu'en puiſſent dire quelques Phyſiciens d'ailleurs conſidérables: L'Auteur s'eſt aviſé d'un expédient très ſenſé pour concilier ces contrariétez apparentes, non en cherchant dans des cauſes Phyſiques l'explication des faits inexplicables par ces cauſes, comme ſont entr'autres tous ceux qui ne dépendent abſolument que de la volonté des hommes qui ne peut rien ſur la nature, mais en donnant occaſion à toutes les perſonnes équitables de reconnoitre ſenſiblement par ſemblables événemens, d'autres cauſes que les naturelles, de pluſieurs choſes qui arrivent ici bas, & d'autres prodiges que les miracles. Il établit en même tems des régles pour ne pas ôter ſans néceſſité aux cauſes naturelles les effets dont Dieu les a rendues capables, & pour ne pas auſſi s'opiniâtrer à nier certains faits conſtans, ſans pouvoir alléguer d'autre raiſon que l'impuiſſance où les hommes ſe trouvent de les expliquer par des cauſes naturelles; ce qui ſemble ſuppoſer qu'on ne doit avouer en ces derniers tems aucun des faits qu'on ne peut reconnoitre ſans être obligé de confeſſer un Etre ſouverain au deſſus de la nature, agiſſant par lui-même ou par des cauſes ſurnaturelles, inférieures, bonnes ou mauvaiſes. Le Public aura donc l'obligation à l'Auteur de lui avoir donné le moyen de ſortir de ces difficultez, & des régles ſûres pour démêler les effets ſurnaturels d'avec les naturels, & les ſurnaturels miraculeux d'avec les ſurnaturels qui ne ſont que la juſte peine de la ſuperſtition & de la curioſité vicieuſe. Il n'y avoit que cela de ſolide à penſer, ſur ce qu'il peut y avoir de vrai dans les Hiſtoires ſemblables à celles de la Baguette. Car le dénouement de ſemblables Hiſtoires, autant que la Phyſique & la Théologie peuvent y contribuer, ſera toujours pour les Phyſiciens de dire, *ſi le fait eſt vrai, il eſt ſurnaturel,* ce qui arrive plus ſouvent que ne penſent les prétendus Eſprits-forts, & beaucoup plus rarement que ne penſent les peuples & la foule des ignorans. Après cela il appartient aux Théologiens de dire, *ſi le fait eſt vrai, il eſt miraculeux, & vient du bon principe,* ou, *il eſt ſuperſtitieux, & vient immédiatement du mauvais principe.* Heureuſement pour ce Livre, l'Auteur eſt également Philoſophe & Théologien.

DODART.

L'Egliſe de Rome, qui détermina autrefois toutes les autres Egliſes par ſon exemple & par ſes Decrets à faire condamner les épreuves de l'eau & du feu, n'a pas voulu permettre qu'on imprimat quelque choſe à Rome, en faveur de l'uſage de la Baguette. On y ſupprima, il y a quelque tems, des Livres Italiens, qui avoient été faits pour l'autoriſer; & l'on vient de voir un Decret de l'Inquiſition, qui parmi neuf ou dix autres Livres, condamne le plus long Ouvrage qui ait été fait pour l'uſage de la Baguette.

Feriâ quartâ die 26. Octobris 1701.

Sacra Congregatio Eminentiſſimorum & Reverendiſſimorum D.D.S.R.E. Cardinalium in totâ Republicâ Chriſtianâ Generalium Inquiſitorum habita in Conventu Sanctæ Mariæ ſuper Minervam, poſt examen Theologorum ſpecialiter ad hoc deputatorum, ac præviè relatis ſanctiſſimo D. N. CLEMENTI Papæ XI. eorumdem Eminentiſſimorum votis, & Theologorum cenſuris,de mandato Sanctitatis ſuæ præſenti Decreto prohibet & damnat infra ſcriptos libros, videlicet.....
La Phyſique occulte, ou Traité de la Baguette divinatoire, par......

Hos itaque libros ſic prohibitos & damnatos per idem Decretum eadem ſacra Congregatio, de mandato, ut ſupra, vetat, ne quis ..... imprimere, vel imprimi facere, neque impreſſos apud ſe retinere, & legere licité valeat, &c.

CE Decret vient ſe joindre aſſez à propos au jugement des Théologiens & des Philoſophes de Paris, qui ont examiné le point en queſtion avec beaucoup d'attention & d'exactitude. Il n'a pas été inutile que des Philoſophes ayent dit depuis quelques années tout ce qui ſe pouvoit imaginer de plus ſpécieux en faveur de l'uſage de la Baguette. Cela a ſervi pour en porter un jugement plus ſûr & plus diſtinct. A préſent tout ſe réunit heureuſement pour le condamner, & bien des perſonnes qui avoient eu quelque ſujet de croire naturel l'uſage de découvrir l'eau & les métaux, ne le condamnent pas moins que les autres pratiques ſuſpectes, qui ſont combatues dans cette Hiſtoire Critique.

On dit pourtant qu'il y a deux Meſſieurs aſſez connus à Paris, qui ont de la peine à renoncer à cet uſage qui les réjouit, ſous ce prétexte qu'ils ne ſont pas ſorciers, & qu'il y a bien des choſes dans le monde qui ſurpaſſent les connoiſſances des hommes; mais il y a lieu d'eſpérer qu'ils reconnoitront que ce ſont là des difficultez qui ſe diſſipent facilement, ainſi qu'on l'a montré dans cet Ouvrage.

T A-

TABLE

DES

CHAPITRES

Contenus dans cet Ouvrage.

TABLE DES CHAPITRES.

Fin de la Table des Chapitres.

TRAI-

TRAITÉ

DES

SUPERSTITIONS

SELON

L'ECRITURE SAINTE,

LES DECRETS DES CONCILES,

ET LES SENTIMENS DES SAINTS PERES,

ET DES THEOLOGIENS.

CHAPITRE PREMIER.

La Superstition ruïne la Foy de l'Eglise & le Culte de Dieu. Ce que c'est que la Superstition ? Elle est condamnée par le premier Commandement de la Loy. Elle suppose de necessité un pacte tacite ou exprés avec le Démon, avec lequel nous n'en devons avoir aucun.

L'EGLISE n'a rien de plus cher ni de plus precieux que la Foi. C'est cette divine vertu qui est le fondement de tout l'edifice Chrétien, C'est elle qui éclaire nos esprits des lumieres celestes, & nous donne la connoissance de Dieu & de nous-mêmes, en quoi consiste nostre salut & nôtre perfection. C'est elle qui nous délivre des erreurs d'une multitude insensée, & qui nous inspire les sentimens de la veritable Sagesse. *C'est à elle*, dit (a) St. Jean, *qu'est deuë la victoire que nous remportons sur le monde.* C'est elle qui sert de nouriture au Juste, selon saint Paul. (b) C'est par elle que ,, les Saints ont conquis les ,, royaumes ; qu'ils ont accompli les devoirs de la jus-,, tice & de la vertu ; qu'ils ont reçu l'effet des pro-,, messes divines ; qu'ils ont fermé la gueule des lions ,, qui les vouloient devorer ; qu'ils ont arresté la vio-,, lence du feu ; qu'ils ont évité le trenchant des épées ; ,, qu'ils ont esté gueris de leurs maladies ; qu'ils ont été ,, remplis de force & de courage dans les combats ; & ,, qu'ils ont mis en fuite les Armées des étrangers". C'est elle qui est ce thrésor caché que les Apôtres & leurs successeurs ont conservé aux dépens de leur vie,

& qui est venu jusqu'à nous sans alteration. Sans elle enfin *il est impossible de plaire à Dieu.*

De là vient que le même Apôtre recommande si expressément à Timothée, (c) & en sa personne à toute l'Eglise, de garder le dépost de la Foi Catholique qui lui a été confié : de le garder dans un entier éloignement de tout ce qui peut le corrompre, ainsi que l'explique Vincent de Lérins (d).

Comme il est certain que l'Heresie viole l'integrité de ce dépost, & que le Schisme en rompt l'unité, il est sans doute que la Superstition en détruit la verité par les fausses maximes & par les mauvaises pratiques qu'elle répand dans le monde.

Dieu, qui est un Dieu jaloux, dans le langage de l'Ecriture (e), & qui ne peut souffrir que nous donnions sa gloire à d'autres, ne veut pas que nous le servions, ni que nous l'adorions selon nôtre caprice, mais de la maniere dont il veut lui-même être servi & adoré. La vertu de Religion regle nôtre conduite sur ce point, & en nous apprenant à rendre à Dieu ce que nous lui devons, elle empêche que nous ne rendions aux creatures le

(a) 1 Joan. 5.
(b) Rom 1. Hebr. 11. Ch. 1.

(c) 1. Timoth. 2. & 2. Timoth. 1.
(d) Commonit. 1. adver. hæref. Catholicæ fidei talentum inviolatum, illibatumque conserva.
(e) Exod. 20. & 34.

A

le culte qui lui appartient uniquement, & fait que nous le lui rendons d'une maniere digne de lui.

La Superstition au contraire rend aux creatures l'honneur qui n'est dû qu'au Createur, ou si elle le rend au Createur, elle ne le fait pas de la façon qu'elle le doit. C'est pourquoi Lactance a fort bien remarqué que la Religion appartient au vrai culte, & que la Superstion regarde le faux culte. (a)

Saint Thomas assure aussi que la Superstition est un vice opposé par excés à la Religion, non parce que la Superstition rend plus d'honneur à Dieu que la vraye Religion, mais parce qu'elle rend un honneur divin à qui elle ne doit pas, ou de la maniere qu'elle ne le doit pas. (b)

C'est en ce sens que l'Auteur de la Glose ordinaire (c), dit que la Superstition est une Religion démesurée & extraordinaire & que Jean Gerson (d), surnommé *le Docteur tres-Catholique*, Cancelier de l'Université de Paris, & Curé de saint Jean en Gréve, assure qu'elle est un vice opposé par excés à l'adoration & à la Religion, par lequel on s'efforce de rendre un culte exterieur de latrie autrement qu'on ne doit, quand on ne doit pas, & avec autres circonstances qu'on ne doit.

Denys le Chattreux (e), qui par sa profonde pieté, & par les hautes élevations de son esprit, a merité le glorieux nom de *Docteur exstatique*, explique ainsi la définition de saint Thomas que nous venons de rapporter : ,, La Superstion est un vice opposé par excés au culte ,, de latrie. Ce n'est pas que l'on puisse rendre à Dieu ,, plus de veneration qu'il ne merite, puisque sa sainteté ,, & sa majeste étant infinies, il est infiniment plus dig- ,, ne d'honneur & de respect que les creatures ne lui en ,, peuvent rendre ; mais c'est parce qu'elle rend un culte ,, divin à qui elle ne le doit pas, ou de la façon qu'elle ,, ne le doit pas.

On est veritablement Superstitieux lorsque l'on ne donne pas à Dieu ce qui lui appartient : lorsque l'on donne à la creature plus qu'il ne faut ; lorsque l'on donne au Createur autre chose qu'il ne demande, & d'une autre maniere qu'il ne demande ; lorsque l'on rend à tout autre qu'à Dieu un culte de latrie. (f). Mais on ne l'est nullement lorsqu'on rend à Dieu ce qu'on lui doit ; lorsqu'on lui rend ce qu'il demande, & de la maniere qu'il demande.

D'où il est clair que toutes les pratiques superstitieuses sont défenduës par le premier commandement de la Loi, par lequel Dieu nous ordonne de n'avoir point de Dieux étrangers devant lui, & de ne point rendre à d'autres l'honneur qui lui est dû.

Saint Thomas (g) le dit formellement. Le Concile Provincial d'Iorc en 1466. est dans la même pensée, lorsqu'il declare *que toute Idolatrie est défenduë par ce premier precepte :* Tu n'auras point de Seigneurs étrangers en ma presence ; ,, Et que sous ce même precepte ,, est aussi comprise la défence de tous les sortileges, de ,, tous les enchantemens, de toutes les superstitions, des ,, caracteres, & des autres vanitez de même nature.

Le Rituel d'Evreux (h) imprimé en 1606. ceux de Chartres de 1627. & de 1639. ceux de Roüen de 1640. & de 1652. celui de Paris de 1646. celui de

Monsieur Pavillon Evêque d'Alet, & plusieurs autres, suivant la décision de ce Concile d'Angleterre, veulent que l'on interroge les Penitens sur le premier Commandement de Dieu : Sçavoir (i), s'ils ne sont point servis de quelque Superstition, soit par eux-mêmes ou par le ministere d'autres personnes ? S'ils n'ont point usé d'enchantemens ou de malefices ? S'ils n'ont point consulté les Devins, S'ils n'ont point appris la Magie.

Monsieur Arnaud Evêque d'Angers, Monsieur de Laval Evêque de la Rochelle, & Monsieur Barillon Evêque de Luçon, dans le Catechisme qu'ils ont fait imprimer pour l'usage de leurs Dioceses, parlant à ceux qui pechent contre le premier Commandement, en rendant à d'autres qu'à Dieu l'honneur qui lui appartient, marquent expressement. ,, (k) Ceux qui s'en ,, gagent au Demon par quelque pacte, comme les Ma- ,, giciens & les Sorciers ; Ceux qui se meslent de devi- ,, ner l'avenir & de découvrir les choses secretes & ,, cachées, en consultant les Demons, ou en s'attachant ,, à diverses observations vaines & superstitieuses ; Ceux ,, qui font dependre le bon ou le mauvais succés de ,, leurs affaires de certains jours, heures, semaines & ,, autres choses semblables ; ceux qui au lieu de reme- ,, des ordinaires se servent de paroles, de signes & d'au- ,, tres choses semblables pour la guerison de leur mala- ,, dies, ou de leurs bestiaux ? Ceux qui mettent toute ,, l'esperance de leur salut dans la pratique de certaines ,, prieres ou ceremonies qui ne sont point ordonnées de ,, Dieu, ni autorisées de l'Eglise.

C'est avec grande raison que Dieu a fait défense aux hommes dans le Decalogue de se servir d'aucune Superstition, puisqu'ils ne peuvent en user qu'auparavant ils n'ayent fait un pacte exprès, ou du moins tacite, avec le Demon. Car qui dit Superstition, dit de necessité pacte avec le Demon.

Voilà pourquoi saint Augustin (l) parlant des Superstitions en general dit qu'elles regardent les pactes & les conventions que l'on fait avec le Demon. Et après avoir refuté les opinions erronées & extravagantes des Astrologues judiciaires, & les avoir (m) traitées de Superstitieuses ; il ajoûte qu'elles sont une espece de pacte & de convention avec le Diable. (n) Ce qu'il repete encore dans la suite. (o)

Saint Thomas (p) dit aussi que toutes les Superstitions sont fondées sur un pacte tacite ou exprès avec les Demons. (q) Et c'est sur ce principe que la Faculté de Theologie de Paris dans le huitiéme article de la Censure du 19. Septembre 1408. qui est rapportée toute entiere par Gerson, enseigne qu'il y a un pacte tacite avec les Demons dans toutes les pratiques superstitieuses dont on ne doit pas raisonnablement attendre les effets ni de Dieu, ni de la nature.

Or tant s'en faut qu'il nous soit permis de faire aucun pacte avec les Demons, que nous sommes étroitement obligez de les haïr, parce qu'ils sont les ennemis irreconcilliables de Dieu, à qui nous appartenons par tant de titres ; & il semble que Dieu même nous ait imposé cette obligation, lorsqu'il dit au Serpent qui fit tomber

no-

(a) Lib. 4. divin. Instit. c. 28. Religio (*dit-il*) veri cultus est, Superstitio falsi.

(b) 2. 2. q. 92. a. 1. in corp. Superstitio (*ce sont ses propres termes*) est vitium Religioni oppositum secundùm excessum, non quia plus exhibet in cultum divinum quam vera Religio ; sed quia exhibet cultum divinum vel cui non debet, vel eo modo quo non debet.

(c) In illud Coloss. 2. v. 23. *Quæ sunt rationem habentia in Superstitione.* Religio quæ supra modum est.

(d) In Descript. terminor : ad Theolog. utilium, tit. de justit. & partib. ejus. Superstitio est vitium oppositum adorationi & Religioni per excessum, quo quis aliter, & quando non deberet, & sic de aliis circumstantiis, ostendere nititur latriam exteriorem.

(e) Lib. contra vitia Superstit. a. 1.

(f) Card. *Cusa* Lib. 2. Exercitat. Sermon. in illud : *ibant Magi*, &c. Est Superstitio quando cultus latriæ alteri quàm Deo attribuitur.

(g) 2. 2. q. 122. a. 2. ad. 3. Omnes Superstitiones intelliguntur prohiberi in hoc quod dicitur : *Non habebis Deos alienos coram me.*

(h) Tit. de Examin. Pœnit. ou, de Sacram. Pœnit. Instruct. 9.

(i) An usus sit aliquo genere Superstitionum per se vel per alios ? An incantationes vel maleficia exercuerit, vel Divinos consuluerit ? An artes Magicas didicerit ?

(k) 5. Partie, art. 3. leçon 3.

(l) Lib. 2. de Doctr. Christ. c. 20. Superstitiosum est quidquid institutum est ab hominibus ad facienda & colenda idola pertinens, vel ad colendam sicut Deum creaturam partemve ullam creaturæ, vel ad consultationes & pacta quædam significationum cum Dæmonibus placita atque fœderata.

(m) Ibid. c. 22. sine ulla dubitatione refellitur hæc Superstitio.

(n) c. 25. Quare istæ quoque opiniones quibusdam rerum signis humana præsumptione institutis ad eadem illa quasi quædam cum Dæmonibus pacta & conventa referenda sunt.

(o) Omnes igitur artes hujusmodi vel nugatoriæ, vel noxiæ Superstitionis ex quadam pestifera societate hominum & dæmonum, quasi pacta infidelis & dolosæ amicitiæ, constitutæ, penitus sunt repudiandæ & fugiendæ Christiano.

(p) 2. 2. q. 122. a. 2. ad. 3. Omnes Superstitiones procedunt ex aliquo pacto cum Dæmonibus inito, tacito vel expresso.

(q) Genes. 3. v. 15. Intendimus pactum esse implicitum in omni observatione Superstitiosa cujus effectus non debet à Deo vel à natura rationabiliter exspectari.

nôtre premiere Mere dans le peché: Je mettrai de l'inimitié entre toi & la femme, entre ta semence & la sienne.

C'est pour se sujet sans doute que l'Apôtre saint Paul (a) ne veut pas que nous ayons aucune part ni aucune societé avec les Demons „: Car, *dit-il*, vous „ ne pouvez boire le calice du Seigneur & le calice des Demons. Vous ne pouvez pas participer à la „ table du Seigneur & à la table des Demons". Aussi protestons-nous solemnellement dans nôtre Bapteme que *nous renonçons à Satan, à toutes ses œuvres & à toutes ses pompes.*

CHAPITRE II.

Sentimens d'Origene, & autres sur les Superstitions.

C'EST dans cet esprit que l'Ecriture sainte, les Conciles, les Peres de l'Eglise, les Papes, les Evêques, & les Theologiens, se sont élevez dans tous les siecles contre la Superstition, qu'ils savoient être si fort opposée à la pureté de la Foi Catholique, si contraire aux promesses de nôtre Bâteme, & si injurieuse à la gloire du Fils de Dieu.

Origene (b), ou Jean 44. Patriarche de Jerusalem, comme veut le P. Pierre Wastel (c) de l'Ordre des Carmes, parlant des amis de Job qui demeurerent sept jours & sept nuits avec lui, dit „: Ils adoroient Dieu „ avec piété, ils ne s'attachoient ni aux augures ni aux „ divinations, ni aux preservatifs, ni aux (d) plaques „ caractérisées, ni aux enchantemens damnables. Car „ toutes les personnes pieuses doivent savoir que toutes „ ces choses sont des pieges & des tromperies du Dia- „ ble, des restes de l'Idolatrie, des illusions & des „ scandales des ames. Ce que la plûpart des hommes „ ne reconnoissant pas aujourd'hui, aussi-tôt qu'ils ont „ quelque incommodité, ils ont recours aux enchante- „ mens & aux Enchanteurs, ils se servent de ligatures „ & de preservatifs, ils employent des malefices, ils é- „ crivent certains caractéres sur du papier, sur du „ plomb, ou sur de l'estain, & ils les lient à quelque „ partie du corps des personnes malades. D'autres se „ servent d'enchantemens contre les enchantemens des „ serpens, & contre les suggestions & les blasphêmes „ des Demons. D'autres charment les Charmeurs mê- „ mes, & ceux qui sont charmez. Et toutes ces cho- „ ses sont des inventions du Diable. Il y en a qui ajoûtent „ foi aux éternuëmens, à l'appel & au rappel, à la rencon- „ tre & au chant des oiseaux, ne sachant pas les misera- „ bles & les desesperez qu'ils sont, que c'est Dieu qui „ conduit les pas de l'homme, & ne pouvant dire à „ Dieu avec les Saints: *Dressez mes pas dans la voye de* „ *vos preceptes,* afin qu'aucune iniquité ne domine en „ moi. Car quiconque parlera ainsi au Seigneur avec „ foi, accomplira cette parole: *Le Seigneur sera dans* „ *toutes vos voyes, & conduira en paix tous vos pas.* „ Mais celui qui s'appliquera à la vanité des augures, „ des malefices, des divinations, des preservatifs & des „ enchantemens, sera troublé dans ses démarches; ses „ actions seront traversées; Dieu ne le visitera point; „ les saints Anges l'abandonneront; le Diable demeure- „ ra avec lui, il lui gastera l'esprit, il lui endurcira le „ cœur, il le rendra insensible aux choses de Dieu. A- „ lors on pourra dire de cette personne & de ses sem- „ blables: O que les desseins des hommes sont mal- „ heureux! O que les pensées qu'ils ont des choses de „ la terre sont vaines & supperfluës! Ils se separent &

s'éloignent de Dieu pour attendre leur salut & pour „ prendre conseil des choses insensibles & inanimées. „ Il semblent éviter l'Idolatrie, & ils adorent les res- „ tes des Idoles, je veux dire les augures, les divina- „ tions, les enchantemens, les malefices, les preserva- „ tifs. Ils détournent leur esperance de la misericorde „ de Dieu tout-puissant & vivant, & ils la mettent „ dans des choses mortes & sans ame, dans les preser- „ vatifs & les autres Superstitions dont nous avons par- „ lé ci-devant. Jettez-les dans le feu, pour voir si el- „ les pourront s'aider & se délivrer elles-mêmes du feu. „ Si elles ne peuvent s'aider elles-mêmes, comment „ pourront-elles vous aider? Si elles ne peuvent se déli- „ vrer elles-mêmes du feu, comment pourront-elles „ vous délivrer de vos infirmitez. Dites-moi, je vous „ prie, y a-t-il un meilleur remede que le pain qui ré- „ jouït le cœur de l'homme? Cependant si vous l'at- „ tachez à vôtre cou sans mordre dedans, sans le man- „ ger, il vous sera inutile, il ne vous servira de rien. „ Si donc le pain, qui est la vie du corps, étant atta- „ ché à vôtre cou, ne vous sert de rien, que vous „ serviront les preservatifs & les caractéres écrits sur „ des plaques mortes & inanimées, les charmes, les „ augures, les divinations, les malefices, la rencontre, „ l'appel ou le rappel des oiseaux, ce qui n'est qu'un „ effet de l'esclavage & de l'illusion du Demon, & „ une participation de l'Idolatrie? Celui qui espere en „ une Statuë inanimée est malheureux; mais celui qui „ espere en des preservatifs morts, est encore plus mal- „ heureux. La Loi de Dieu qui veut qu'on mette à „ mort les Idolatres, veut aussi qu'on traite de même „ les Enchanteurs & ceux qui observent les augures, „ les divinations, les oracles, le chant des oiseaux, & „ tous les autres malefices. Et tous ces gens là ne doivent „ attendre au temps de la resurrection que la colere de „ Dieu, l'Enfer, les peines du Jugement eternel, & le sup- „ plice du feu qui ne s'esteindra jamais. Fuyons donc „ toutes ces folies, mes amis, comme la flame du feu „ & les peines eternelles, & ayons en de l'horreur, „ puisque nous ne les pouvons pratiquer sans faire al- „ liance avec le Demon. Recommandons à Dieu tou- „ tes nos infirmitez, toutes nos miseres, toutes nos „ traverses, toutes nos démarches, toutes nos entrées, „ toutes nos sorties, enfin tout ce que nous sommes & „ tout ce que nous possedons, afin que le Seigneur nous „ prenne en sa garde, qu'il soit en nôtre compagnie, „ & qu'il nous assiste en tout temps & en tout lieu, „ qu'il donne ordre à ses Anges de nous garder en „ toutes nos voyes, afin qu'étant participans de la gloire „ des Saints, nous puissions dire avec eux": *Soit que* „ *nous vivions, ou que nous mourrions, nous appartenons au* „ *Seigneur,* „ & non point aux Idoles, aux enchante- „ mens, aux augures, aux divinations, aux malefices, „ aux preservatifs, ni aux autres œuvres & aux autres „ tromperies du Demon." *Nous appartenons au Seigneur,* „ qui est le maître de la vie & de la mort, qui a puis- „ sance sur la chair & sur l'esprit, & qui dispose com- „ me il lui plaist de la vie des hommes.

„ Saint Gaudence Evesque de Bresse (e), parle ainsi „ aux Neophytes ou nouveaux Chrêtiens: Il ne suffit „ pas à un Chrêtien de se priver des viandes mortelles „ des Demons; il faut qu'il évite toutes les abomi- „ nations des Gentils, & toutes les traces de l'I- „ dolatrie, comme des poisons diaboliques. Car les „ malefices, les charmes, les ligatures, les vanitez, les „ augures, les sortileges, les presages & les supersti- „ tions qui concernent les morts, sont des especes d'I- „ dolatrie.

„ Le 4. Concile de Carthage (f) en 398. ordonne „ que l'on chasse de l'assemblée des Fideles ceux qui „ s'appliquent aux augures & aux enchantemens, aussi- „ bien que ceux qui observent les Superstitions & les „ Feries Judaïques.

Saint

(a) 1 Corint. 10. v. 20.
(b) Tract. 3. in Job.
(c) Lib. 2. Vindic. Oper. Johan. Jerof. Sect. 8. n. 1. pag. 413.
(d) Ou lames superstitieuses sur lesquelles on grave des caracte- res étrangers, barbares ou inconnus. On en trouve des represen- tations dans le petit Albert, Agripa, Gerard de Cremone & Kir- cher in *Oedipo.*

(e) Tract. 4. de lect. Exodi.
(f) Can. 89.

„ Saint Augustin (a) qui assista à ce celebre Conci-
„ le, assure dans le second Livre de la Doctrine Chré-
„ tienne, Qu'il y a de la superstition dans tout ce que
„ les hommes ont établi pour faire & pour adorer les
„ Idoles; dans tout ce qui se termine à adorer comme
„ Dieu la creature, ou quelque partie de la creature; &
„ dans tout ce qui regarde les alliances & les pactes que
„ l'on fait avec les Demons. *Il dit ensuite*, Qu'il y a
„ de la Superstition dans la Magie, dans les augures,
„ dans les ligatures, dans les remedes que la Medecine
„ condamne, dans les charmes, dans les caracteres,
„ dans les preservatifs, dans la vaine observance, &
„ dans l'Astrologie judiciaire.

„ Il défend ailleurs aux Chrêtiens (b), de mettre
„ leur pieté dans le culte des Demons, parce que com-
„ me toute Superstition est un grand supplice & une
„ très-dangereuse infamie pour les hommes, elle est un
„ honneur & un triomphe pour les esprits de ténebres.
Entre les avis salutaires que saint Eloi Evêque de
Noyon donne à ses peuples, il leur dit (c) selon le
rapport de saint Oüen Archevêque de Roüen dans sa
Vie: „ Avant toutes choses, mes freres, je vous aver-
„ tis & vous conjure de ne garder aucunes coûtumes
„ Payennes; de n'ajoûter foi ni aux Graveurs de pre-
„ servatifs, ni aux Devins, ni aux Sorciers, ni aux
„ Enchanteurs, & de ne les point consulter pour quel-
„ que sujet ou quelque maladie que ce soit: parce que
„ celui qui commet ce crime perd aussi-tôt la grace du
„ Bâpteme. N'observez point les augures ni les éter-
„ nuëmens, & quand vous serez en chemin ne prenez
„ pas garde au chant de certains oiseaux, mais soit que
„ vous cheminiez, soit que vous fassiez quelqu'autre
„ chose, faites le signe de la Croix sur vous & recitez
„ avec foi & pieté le Symbole & l'Oraison Dominica-
„ le, & l'Ennemi ne vous poura nuire. Qu'aucun
„ Chrêtien ne remarque à quel jour il sort de sa mai-
„ son, ni à quel jour il y rentre, parce que Dieu a
„ fait tous les jours. Ne vous attachez ni au jour ni à
„ la lune lorsque vous avez quelque ouvrage à com-
„ mencer. Ne pratiquez point les ceremonies sacrile-
„ ges & ridicules que les Payens font aux Calendes de
„ Janvier, soit avec une genisse ou avec un fan, soit
„ en dressant des tables la nuit, soit en donnant des é-
„ trennes, soit en faisant des beuvettes superfluës. Ne
„ croyez point aux buchers, & ne vous asseyez point
„ en chantant, parce que toutes ces pratiques sont des
„ ouvrages du Demon. Ne vous arrêtez point aux sol-
„ stices, & qu'aucun de vous ne danse, ne saute, ni
„ ne chante des chansons diaboliques le jour de la Fête
„ de saint Jean, ni de quelqu'autre Saint. Qu'aucun
„ de vous n'invoque les noms des demons, ni ceux des
„ fausses divinitez, & n'ajoûte foi à de semblables fo-
„ lies. Ne passez point le Jeudi dans l'oisiveté ni pen-
„ dant le mois de Mai, ni pendant un autre temps, à
„ moins qu'il n'arrive ce jour-là quelque Fête. Ne
„ chommez que le Dimanche. Ne portez point des
„ flambeaux aux Temples des Idoles, aux pierres, aux
„ fontaines, aux arbres, ni aux carrefours, & ne faites
„ des vœux à aucune de ces choses. N'attachez point
„ de ligatures au cou des femmes ni des bêtes, quand
„ même vous verriez des Ecclesiastiques en user ainsi,
„ & que l'on vous diroit que cette pratique seroit sain-
„ te, & qu'elle ne renfermeroit que des paroles de l'E-
„ criture, parce qu'un tel remede ne vient pas de JE-
„ sus-Christ, mais du Demon. Ne faites point
„ d'expiations, n'enchantez point des herbes & ne fai-
„ tes point passer vos troupeaux par des arbres creux,
„ ni dans de la terre percée, d'autant qu'il semble que
„ ce soit les consacrer au Demon. Qu'aucune femme
„ ne pende à son cou de l'ambre, & n'invoque ni Mi-
„ nerve, ni aucune autre malheureuse personne, soit

„ pour filer, soit pour teindre, soit pour faire quel-
„ qu'autre ouvrage, mais plûtôt qu'elle implore la gra-
„ ce de JESUS-CHRIST dans toutes ses actions, &
„ qu'elle mette toute sa confiance dans la vertu de son
„ nom. Qu'aucun ne crie lorsque la lune s'éclipse, par-
„ ce qu'elle s'éclipse en certains temps par l'ordre de
„ Dieu. Qu'aucun ne fasse difficulté d'entreprendre
„ des ouvrages dans la nouvelle lune, d'autant que
„ Dieu a créé la lune pour marquer les temps, &
„ pour moderer les tenebres de la nuit, non pas pour
„ arrêter les ouvrages de qui que ce soit, ni pour ren-
„ dre les hommes insensez, comme s'imaginent certains
„ fous, dans la pensée qu'ils ont que ceux qui sont
„ possedez par les Demons sont tourmentez par la lune.
„ Que personne n'appelle son Maître le soleil ou la lu-
„ ne, & ne jure par ces deux astres, qui sont des crea-
„ tures de Dieu, & qui, selon qu'il l'a ordonné, ser-
„ vent aux necessitez des hommes. Que personne ne
„ croye au destin, ni à la fortune, ni à l'Astrologie
„ judiciaire, en sorte qu'il juge de toute la vie des
„ hommes par le point de leur naissance, parce que
„ *Dieu veut que tous les hommes soient sauvez, &*
„ *qu'ils viennent à la connoissance de la verité*, & qu'il
„ a reglé toutes choses avec sagesse avant la creation du
„ monde. S'il vous arrive quelque maladie, n'ayez
„ recours ni aux Charmeurs, ni aux Devins, ni aux
„ Sorciers, ni aux Graveurs de preservatifs. Ne vous
„ attachez ni aux fontaines, ni aux arbres, ni aux car-
„ refours, pour faire des phylacteres diaboliques; mais
„ que celui qui est malade ait confiance en la seule mi-
„ sericorde de Dieu, qu'il reçoive avec foi & avec de-
„ votion le Corps & le Sang de JESUS-CHRIST,
„ & qu'il demande à l'Eglise le Sacrement de l'Extrê-
„ me-Onction, afin que *les Prêtres prient pour lui*, se-
„ lon le langage de l'Apôtre saint Jacques (d), *l'oi-*
„ *gnant d'huile au nom du Seigneur, que la priere de*
„ *la foi sauve le malade, que le Seigneur le soulage*, en
„ lui rendant non-seulement la santé du corps, mais
„ aussi celle de l'ame, & qu'il accomplisse en lui les pro-
„ messes qu'il a faites dans son Evangile": (e) *Quoi-*
que ce soit que vous demandiez dans la priere, vous l'obtien-
drez, si vous le demandez avec foi.

CHAPITRE III.

*Sentimens du sixiéme Concile de Paris en 829.
Des Canons Penitentiaux, de Guillaume le
Maire Evéque d'Angers, du Concile de Pa-
lence en 1322. de Guillaume Archevêque de
Cologne & de la Faculté de Theologie de Pa-
ris, sur les Superstitions.*

LE 6. Concile de Paris en 829. si fameux pour le
grand nombre de sages Reglemens qu'il contient,
s'explique sur les Superstitions en cette sorte: „ Il y a
„ d'autres maux (f) très-pernicieux, qui sont assûrement
„ des restes du Paganisme, tels que sont la Magie,
„ l'Astrologie judiciaire, le Sortilege, le Malefice ou
„ l'Empoisonnement, la Divination, les Charmes, &
„ les conjectures qui se tirent des Songes. Ces maux
„ doivent être très-severement punis, selon la Loy de
„ Dieu. Car il est hors de doute, & plusieurs en ont
„ connoissance, qu'il y a des gens qui par les prestiges
„ & les illusions du Demon gastent tellement les esprits
„ des hommes par les philtres, par des viandes & par
„ des phylacteres, qu'ils semblent les rendre stupides &
„ insensibles aux maux qu'ils leur font souffrir.
„ On dit aussi qu'ils peuvent troubler l'air par leurs ma-
„ lefices, envoyer des gresles, predire les choses à venir,
„ ôter aux uns leurs fruits & leur lait pour le donner
                                „ aux

(a) c. 20.
(b) Lib. de vera Relig. c. 55.
(c) Lib. 2. c. 15. tom. 5. Spicileg. Acheri. *On lit la même chose dans le Sermon de Saint Eloi ad omnem plebem, & dans le
Traité. De rectitudine Catholicæ conversationis, qui se trouve
dans l'Appendix du 9. Tome des œuvres de S. Augustin.*

(d) c. 5.
(e) Matt. 24.
(f) Lib. 3 cap. 2.

„ aux autres, & faire une infinité d'autres choses sem-
„ blables. Si l'on découvre quelques-uns de ces gens-là
„ hommes ou femmes, on les doit punir d'autant plus
„ rigoureusement qu'ils ont la malice & la temerité de
„ ne point apprehender de servir publiquement le De-
„ mon.

Les Canons Penitentiaux qui sont tirez des anciens
Livres Penitentiaux de Theodore Archevesque de Cantorbery, du venerable Bede, de l'Eglise Romaine, de
Raban Archevesque de Mayence & d'Halitgarius Evesque de Cambray, de la colection de l'Auteur anonyme
qui a été publié par le R. P. Dom Luc d'Achery, (a)
& qui vivoit avant le neufiéme siecle, de celle d'Isaac
Evesque de Langres, de celle d'Egbert Archevesque
d'Yorc, du 19. Livre du Decret de Burchard Evesque
de Wormes, & de la 15. partie du Decret d'Ives de
Chartres, ont condamné plusieurs sortes de Superftitions, & ont prescrit en les condamnant les Penitences
que l'on doit imposer aux personnes qui les pratiquent.
Voici comment ils en parlent: (b) „ Celui qui à la
„ maniere des Gentils aura rendu quelque culte aux
„ Elemens, & observé des signes superftitieux soit
„ pour planter des arbres, soit pour bâtir des maisons,
„ soit pour semer des terres, soit pour faire des maria-
„ ges, qu'il fasse penitence durant deux ans aux feries
„ legitimes, c'est-à-dire les Lundis, les Mercredis &
les Vendredis. „ Celui qui aura fait des enchantemens
„ & observé des divinations, fera penitence sept ans.
„ La femme qui est forciere, fera penitence un an, ou,
„ comme il est ordonné par un autre Canon, sept ans.
„ Celui qui aura cueilly des herbes medicinales avec des
„ parolles d'enchantemens, fera penitence vingt jours.
„ Celui qui aura consulté les Magiciens, ou qui les
„ aura menez, fera penitence cinq ans. Celui qui aura
„ purifié sa maison avec des chansons magiques, qui
„ aura fait quelque chose de semblable, qui y aura
„ consenti, ou qui l'aura conseillé aux autres, fera en
„ penitence cinq ans. Celui qui aura envoyé des tem-
„ pestes sur le champ d'autruy, fera penitence sept ans,
„ dont il en jeusnera trois au pain & à l'eau. Celui qui
„ y aura ajoûté foy, & qui y aura eu part, jeusnera
„ un an aux Feries legitimes. Celui qui aura fait quel-
„ que charme par paroles, fera penitence trois Caresmes
„ au pain & à l'eau, le premier avant le jour de la Na-
„ tivité de Nôtre-Seigneur, le second avant Pasques,
„ & le troisiéme treize jours avant la Feste de saint Iean
„ Baptiste. Celui qui aura cherché au sort dans des
„ Livres ou Tablettes des choses à venir, fera peni-
„ tence quarante jours. Celui qui cherchera des choses
„ perduës dans un Astrolabe fera penitence deux ans.
„ Celui qui mangera ou boira, ou portera sur soy quel-
„ que chose pour detourner ou pour renverser les Ju-
„ gements de Dieu, fera penitence comme Magicien.
„ Guillaume Le Maître Evêque d'Angers, dans son
„ Synode de 1294. enjoint à tous les Curés de son Dio-
„ cese de denoncer ceux qui s'appliquent aux fortileges,
„ à la Magie, aux Augures, à la Divination, afin de
„ les punir selon la rigueur des Canons. Guillaume Ar-
„ chevêque de Cologne, dans ses Statuts de l'an 1317.
„ excommunie aussi les Devins, les enchanteurs & les
„ sorciers, & ordonne de les denoncer publiquement
„ pour excommuniez tous les Dimanches & toutes les
„ Fêtes de l'année.

Le Concile de Palence dans l'ancienne Castille celebré
l'an 1322. a proscrit (c) presque toutes les especes de
Superftitions par ce Decret: „ Quoique le Droit Ca-
„ non & les Loix Civiles ayent condamné les Superfti-
„ tions des Magiciens & des Enchanteurs, il ne laisse
„ pas d'y avoir quantité de gens qui tombent dans ce
„ peché. C'est pourquoi nous defendons très-expresse-
„ ment à toutes sortes de personnes, de consulter ces
„ gens-là, & de leur demander avis, soit pour eux, soit
pour les autres, à peine d'excommunication ipso facto.

(a) Tom. 11. Spicileg.
(b) Præcept. 1.
(c) cap. 24.

„ Nous leur defendons aussi sous la mesme peine, de
„ s'arrester aux augures, & de les observer dans la
„ conduite de leur vie, & nous ordonnons aux Prelats
„ & aux Predicateurs de la Parole de Dieu de detourner
„ par leurs exhortations tous les Chrêtiens de ces
„ vaines pratiques.

En 1398. le 19. jour de Septembre la Faculté de
Theologie de Paris fit cette notable censure contre les
Superftitions: „ le Chancelier de l'Eglise de Paris & la
„ Faculté de Theologie en l'Université de Paris nostre
„ Mere, souhaittent à tous les zelateurs de la Foi orto-
„ doxe qu'ils mettent leur esperance en Dieu & dans la
„ pureté de son culte, & qu'ils ne regardent pas les
„ vanitez & les folies pleines de mensonge. Les hon-
„ teuses erreurs qui sont nouvellement forties de leurs
„ anciennes retraites, nous ont fait ressouvenir qu'encore
„ que les veritez Catholiques soient ordinairement assez
„ connuës des Theologiens, & de ceux qui s'appliquent
„ à l'estude des saintes lettres, elles ne le sont pas nean-
„ moins du reste des hommes. En effet chaque science
„ a cela de propre qu'elle se laisse comprendre à ceux
„ qui s'y exercent. C'est ce qui a donné lieu à la
„ maxime qui dit, Qu'en matiere de science il faut
„ croire ceux qui y sont habiles; & à ces paroles d'Ho-
„ race que saint Jerôme a employées dans l'Epistre à
„ Paulin: Les Medecins promettent ce qui dépend de la
„ Medecine, & les Artisans ce qui depend de leur Art.
„ Mais la Theologie & les saintes Lettres ont cela de
„ particulier, qu'elles ne dépendent ni de l'experience,
„ ni des sens, comme les autres arts, & que les person-
„ nes vitieuses ne les peuvent facilement comprendre, à
„ cause que leur malice les aveugle. Voilà pourquoi
„ l'Apôtre remarque, que plusieurs se sont égarez de la
„ foy par leur avarice, qu'il appelle pour ce sujet une
„ idolatrie. Les autres sont tombez en toute sorte d'im-
„ pieté & d'idolatrie, selon le mesme Apostre, à cause
„ de leur ingratitude, parce qu'ayant connu Dieu, ils
„ ne l'ont pas glorifié comme Dieu. Les plaisirs déreglez
„ de la chair ont porté Salomon à l'Idolatrie, & Didon
„ à la Magie. D'autres y ont été poussez par une cu-
„ riosité pleine d'orgueil, & par le desir trop empressé
„ de sçavoir les choses à venir. D'autres enfin se sont
„ appliquez à des pratiques très-superftitieuses & impies
„ par une miserable timidité qui dependoit absolument
„ du lendemain, comme Lucain l'a observé du fils du
„ Grand Pompée, & que les Historiens le témoignent
„ de quantité de personnes. D'où il arrive que le
„ pecheur s'éloignant de Dieu, se tourne du costé des
„ vanitez & des folies trompeuses & mensongeres, &
„ que devenant impudemment & publiquement Apostat,
„ il prend le parti du Demon, qui est le pere du men-
„ songe. C'est ainsi que Saul en usa, lors qu'après
„ avoir été abandonné de Dieu, il consulta la Pytho-
„ nisse à laquelle il avoit été auparavant si contraire.
„ C'est ce que fist Ochosias lors qu'ayant méprisé le
„ Dieu d'Israel, il envoya consulter le Dieu d'Accа-
„ ron. Enfin c'est ainsi qu'il faut de necessité qu'il
„ en arrive à tous ceux qui ne pouvant montrer par
„ leur foi ni par leurs œuvres qu'ils adorent le vray
„ Dieu, meritent d'être trompez par les faux Dieux.
„ Voilà pourquoi considerant que cette maudite, cette
„ empestée, & cette monstreuse abomination des folies
„ pleines de mensonges & d'heresies, se fortifie extraor-
„ dinairement dans nôtre siecle, & voulant empêcher
„ de toutes nos forces qu'une si horrible impieté, &
„ une contagion si pernicieuse ne corrompe nôtre Ro-
„ yaume très-Chrestien, qui a autrefois été sans mon-
„ stres, & qui par la grace de Dieu en sera toûjours
„ exempt, nous souvenant en outre de nôtre profession,
„ & estant animez du zele de la Loi de Dieu, Nous
„ avons resolu de nôter & de condamner les articles
„ suivans, afin qu'à l'avenir personne ne s'y trompe.
„ En quoi nous avons suivi entr'autres cette parole que
„ le très-sage Docteur saint Augustin a avancée touchant
„ les pratiques superftitieuses": Ceux qui ajoûtent foi
aux Magiciens & aux Enchanteurs, & ceux qui les con-

sul-

ſultent, ou qui les font venir dans leurs maiſons, doivent ſçavoir qu'ils ont perdu la foi Chrêtienne & la grace de leur Bâteme, qu'il ſont des Infideles & des Apoſtats, c'eſt-à-dire des ennemis de Dieu, & qu'ils ſe ſont attiré la colere de Dieu pour toute l'eternité, a moins qu'ils ne retournent à lui par la penitence que l'Egliſe leur impoſera. ,, Voilà comme parle ce Pere. Nôtre intention n'eſt ,, pas néanmoins de déroger en aucune maniere aux Tra-,, ditions permiſes & veritables, ni aux ſciences & aux ,, arts de cette nature: mais ſeulement de déraciner au-,, tant qu'il eſt en nous les erreurs folles & ſacrileges ,, des inſenſez, & les pratiques funeſtes dans leſquelles ,, ils ſont engagez, entant qu'elles offenſent, qu'elles ,, gaſtent, & qu'elles corrompent la Foi Orthodoxe & ,, la Religion Chrêtienne, & de laiſſer à la verité les ,, honneurs ſinceres qui lui ſont deûs.

Article 1. *Dire qu'il n'y a point d'Idolatrie à rechercher la familiarité, l'amitié & le ſecours du Demon, par l'art magique, par les maleſices, & par les enchantemens*, ,, c'eſt une erreur, parce que le Demon eſt l'ennemi ,, mortel & irreconciliable de Dieu & des hommes, ,, & qu'il n'eſt ſuſceptible d'aucun honneur ni d'aucun ,, domaine divin, ſoit en verité, ſoit par participation, ,, ſoit par aptitude, comme les autres creatures raiſon-,, nables qui ne ſont pas damnées, & en qui Dieu ne ,, peut être adoré par aucun ſigne arbitraire, tels que ſont ,, les Images & les Temples.

,, Art. 2. *Dire* ,, *qu'il n'y a point d'Idolatrie à donner, à offrir, à promettre quoique ce ſoit aux Demons, afin qu'ils accompliſſent le deſir de l'homme, à baiſer ou à porter ſur ſoi quelque choſe en leur honneur;* ,, c'eſt une er-,, reur.

,, Art. 3. *Dire* ,, *qu'il n'y a point d'Idolatrie, ni d'eſpece d'Idolatrie, ni d'apoſtaſie, a faire un pacte tacite ou exprès avec les Demons*, ,, c'eſt une erreur. Car ſelon ,, Nous il y a un pacte tacite dans toutes les pratiques ,, ſuperſtitieuſes dont on ne peut pas raiſonnablement ,, attendre les effets ni de Dieu, ni de la Nature.

,, Art. 4. *Dire* ,, *qu'il n'y a point d'Idolatrie à taſcher par le moyen de la magie d'enfermer, de contraindre & de reſſerrer les Demons dans des pierres, dans des anneaux, dans des miroirs, ou dans des images conſacrées, ou pour mieux dire, conjurées en leur nom, & de vouloir donner la vie à ces images;* ,, c'eſt une erreur".

,, Art. 5. *Dire* ,, *qu'il eſt permis de ſe ſervir pour une bonne fin, de l'art magique & des autres ſuperſtitions que Dieu & l'Egliſe condamnent*, ,, c'eſt une erreur, d'au-,, tant que ſelon l'Apôtre il ne faut pas faire le mal, ,, afin qu'il en arrive du bien".

,, Art. 6. *Dire* ,, *qu'il eſt licite, & même que l'on doit permettre de chaſſer les maleſices par d'autres maleſices* ,, c'eſt une erreur".

,, Art. 7. *Dire* ,, *qu'en toutes rencontres on peut permettre de ſe ſervir licitement de ces pratiques*, ,, c'eſt ,, une erreur".

,, Art. 8. *Dire* ,, *que l'Egliſe n'a pas eu raiſon de condamner la Magie & les autres Superſtitions ſemblables, auſſi bien que ceux qui les pratiquent*, ,, c'eſt une er-,, reur".

,, Art. 9. *Dire* ,, *que par la Magie & les maleſices, Dieu eſt obligé de contraindre les Demons d'obéir à ceux qui les invoquent*, ,, c'eſt une erreur".

,, Art. 10. *Dire* ,, *que les encenſemens & les fumées, qui ce font dans l'uſage de la Magie & des maleſices, honorent Dieu, & lui ſont agreables*, ,, c'eſt une erreur & ,, un blaſpheme; car ſi cela étoit, Dieu ne comdamne-,, roit pas ces choſes, & ne puniroit pas ceux qui s'en ,, ſervent.

,, Art. 11. *Dire* ,, *que ce n'eſt pas ſacrifier aux Demons, ni par conſequent commettre une idolatrie damnable, que de ſe ſervir de ces choſes, comme font les Magiciens*, ,, c'eſt une erreur".

,, Art. 12. *Dire* ,, *que les paroles ſacrées, les Oraiſons devotes, les leûnes, les abſtinences corporelles que l'on fait faire aux enfans, & aux autres perſonnes, les Meſſes que l'on fait dire, & les autres bonnes œuvres que pratiquent ceux qui uſent de Magie & de maleſices, excuſent le mal qu'il peut y avoir dans l'uſage qu'ils en font, bien loin de les accuſer*, ,, c'eſt une erreur; car par ce moyen on ,, taſche de ſacrifier aux Demons les choſes ſaintes, & ,, Dieu même dans l'Euchariſtie. Ce que les De-,, mons font, ou parce qu'ils veulent être honorez ,, comme Dieu, ou pour cacher leurs tromperies, ou ,, pour ſurprendre plus facilement les ſimples & les per-,, dre plus cruellement.

,, Art. 13. *Dire* ,, *que ça été par le moyen de la Magie & des maleſices, que les ſaints Prophetes & les autres Saints ont acquis le don de prophetie, qu'ils ont fait des miracles, ou qu'ils ont chaſſé les Demons*, ,, c'eſt une er-,, reur & un blaſpheme".

,, Art. 14. *Dire* ,, *que Dieu a revelé ces maleſices aux Saints, ou immediatement par lui même, ou par l'entremiſe des bons Anges*, ,, c'eſt une erreur & un blaſpheme".

,, Art. 15. *Dire* ,, *que par le moyen de la Magie & des maleſices, on peut contraindre le Libre-arbitre de l'homme, ſelon la volonté & le deſir d'un autre*, ,, c'eſt une ,, erreur, & il y a de l'impieté & de la malice à taſcher ,, de le faire".

,, Art. 16. *Dire* ,, *que la Magie & les maleſices ſont bons, & qu'ils viennent de Dieu, parce que quelquefois & même ſouvent, les choſes arrivent de la maniere que les Magiciens & les malfaiteurs le ſouhaittent & le pred), & qu'il en arrive quelquefois du bien*, ,, c'eſt une erreur".

,, Art. 17. *Dire* ,, *que les Demons ſont veritablement contraints par le moyen des pratiques ſuperſtitieuſes, & que ce n'eſt pas qu'ils faſſent ſemblant de l'être pour tromper les hommes*, ,, c'eſt une erreur".

,, Art. 18. *Dire* ,, *que par le moyen de la Magie, des pratiques impies, des ſortileges, des enchantemens, des invocations Diaboliques, des inſultes & autres maleſices, il ne s'enſuit jamais aucun effet par le miniſtere des Démons;* ,, c'eſt une er-,, reur, parce que Dieu permet quelquefois que certaines ,, choſes arrivent, comme il eſt viſible, par les Magiciens ,, de Pharaon, & par quantité d'autres exemples, ou pour ,, éprouver les fideles, ainſi qu'il ſe voit dans le 13. ,, chapitre du Deuteronome; ou pour le juſte châtiment ,, de certaines perſonnes, ou parce que ceux qui uſent ,, de Magie ou qui conſultent les Magiciens, ſont a-,, bandonnez à un ſens reprouvé, & meritent d'être ainſi ,, trompez".

Art. 19. *Dire* ,, *que les bons Anges ſont renfermez dans des pierres; qu'ils conſacrent des Images & des habits, ou qu'ils font les choſes que la Magie leur attribue*, ,, c'eſt ,, une erreur & un blaſpheme".

,, Art. 20. *Dire* ,, *que le ſang d'une Huppe ou Pupu, d'un Bouc ou de quelqu'autre animal, que du parchemin vierge, que du cuir de Lion, & quelques autres ſemblables choſes, aient la force de contraindre ou de chaſſer les Demons, par le moyen de la Magie & des maleſices*, ,, c'eſt ,, une erreur".

Art. 21. *Dire* ,, *que les Images d'airain, de plomb, d'or, de cire-blanche ou rouge, ou de quelqu'autre matiere, étant baptiſées, exorciſées, & conſacrées, ou plutôt conjurées, ſelon les regles de la magie, & à certains jours, ont les vertus admirables que les Livres de Magie leur attribuent*, ,, c'eſt une erreur dans la Foy, dans la Philoſo-,, phie naturelle, & dans la veritable Aſtrologie".

,, Art. 22. *Dire* ,, *qu'il n'y a point d'erreur ni d'infidelité à ſe ſervir de ces Images, & à y ajoûter foy*, ,, c'eſt une erreur".

,, Art. 23. *Dire* ,, *qu'il y a des Demons qui ſont bons, d'autres qui ſont doux, d'autres qui ſavent toutes choſes, d'autres qui ne ſont ni ſauvez, ni damnez*, ,, c'eſt une erreur".

,, Art. 24. *Dire* ,, *que les fumées qui ſe font en pratiquant la Magie, ſe changent en Eſprits: & qu'elles ſont deûës aux Demons*, ,, c'eſt une erreur".

,, Art. 25. *Dire* ,, *qu'il y a un Demon qui a merité d'être le Roi d'Orient, l'autre de l'Occident, l'autre du Septentrion & l'autre du Midi*, ,, c'eſt une erreur".

,, Art. 26. *Dire* ,, *que l'intelligence qui remuë le Ciel, influë ſur l'ame raiſonnable, comme le corps du Ciel influë ſur le corps humain*, ,, c'eſt une erreur".

,, Art. 27. *Dire* ,, *que les Cieux ſont les cauſes imme-*
dia-

diates des penſées de nôtre eſprit, & des actions interieures de nôtre volonté, & que par une tradition Magique, on peut connoître les unes & les autres, & qu'il eſt permis d'en juger avec certitude, c'eſt une erreur."

„ Art. 28. Dire" *que par le moyen de la Magie, nous pouvons arriver à la viſion de l'eſſence de Dieu & des Eſprits bienheureux,* „ c'eſt une erreur".

„ Fait, & après avoir été meurement & frequem-
„ ment examiné par Nous & par nos Deputez, arreſté
„ en nôtre Congregation generale, ſpecialement tenuë
„ pour cet effet aux Maturins à Paris, le 19. jour du
„ mois de Septembre au matin, l'an 1398. En foi de-
„ quoi nous avons fait ſceller ces Preſentes du Sceau
„ de nôtre Faculté".

CHAPITRE IV.

Sentimens du Concile Provincial de Roüen en 1445. du Cardinal de Cuſa, de Leon X. des Statuts Synodaux de Paris en 1515. du Synode de Sens en 1524. du Concile Provincial de Bourges en 1528. d'Adrien VI. & du Card. De Givry ſur les Superſtitions.

LE Concile Provincial de Roüen en 1445. (a) a parlé des Superſtitions en cette maniere: „ S'il ſe
„ trouve des gens qui ayent invoqué les Demons, &
„ qui ſoient legitimement convaincus de l'avoir fait,
„ Nous voulons qu'ils faſſent penitence publique avec
„ une Mitre ſur leur teſte, pour marque d'infamie per-
„ petuelle. S'ils abjurent leur erreur, l'Evêque Dio-
„ ceſain pourra les reconcilier avec Dieu, après néan-
„ moins qu'ils auront achevé leur penitence. Mais en
„ cas qu'ils demeurent opiniatrément dans leur peché,
„ s'ils ſont Eccleſiaſtiques, ils ſeront dégradés, & en-
„ ſuite mis dans une priſon perpetuelle; s'ils ſont Laï-
„ ques, on les abandonnera à la Iuſtice ſeculiere, afin
„ qu'elle les puniſſe. Pour ce qui concerne les Sorciers
„ & les autres Superſtitieux, comme ſont les char-
„ meurs, & ceux qui attachent des billets & brevets au
„ cou des hommes & des chevaux, ou à d'autres en-
„ droits, le Saint Concile ordonne qu'ils jeûneront un
„ mois en priſon pour la premiere fois, & que s'ils conti-
„ nuent d'uſer de ſuperſtitions, ils ſeront plus ſevérement
„ punis, ſelon qu'il plaira à l'Ordinaire des lieux.

Le Cardinal de Cuſa Legat *à Latere* du Pape Nicolas V, en Allemagne & Evêque de Brixen, employe une grande partie du Sermon qu'il a fait ſur ces paroles, *Ibant Magi quam viderant, &c.* pour combattre les Superſtitions. (b) „ l'Eſtoile, dit-il, que les Empoiſonneurs
„ & les Magiciens ſuivent, eſt celle dont il eſt parlé
„ dans l'Apocalypſe en ces termes": *Le troiſiéme Ange ſonna de la trompette, & il tomba du Ciel une grande Etoile ardente comme un flambeau, qui tomba ſur la troiſiéme partie des fleuves & ſur les fontaines. Cette Etoile s'appelloit Abſynthe, & un grand nombre d'hommes mourut.* „ Il
„ y a une infinité de Superſtitions qui trompent les hom-
„ mes par leurs lumieres diaboliques, & qui leur font
„ perdre le vrai fondement de la Foi Chrêtienne. Ce-
„ pendant celui qui a perdu ce fondement, eſt un en-
„ fant de perdition. D'où vient qu'il eſt dit dans le
„ Deuteronome, qu'il faut exterminer les Superſtitions,
„ & qu'on ne doit pas les ſouffrir. De ſorte que ſi vous
„ voulez être bienheureux, il ne faut pas que vous re-
„ gardiez les folies pleines de menſonge. Car Dieu hait
„ ceux qui obſervent les vanitez, & ſelon les Loix Ci-
„ viles, ils ſont punis de mort, & leur biens ſont con-
„ fiſquez. Ce n'eſt pas que quelques-uns d'eux ne
„ trouvent quelquefois la verité, ſoit par l'inſtigation,
„ des Demons, ſoit par hazard. Mais depuis qu'une
„ fois ils ſont engagez dans la Superſtition, ils tombent
„ dans un grand nombre d'illuſions, & le Diable fait

(a) Cap. 6.
(b) Tom. 2. Exercitat. lib. 1. Cap. 8.

„ tout ce qu'il peut, pour les porter à l'idolatrie. Et
„ quoiqu'il ne puiſſe rien faire que par la permiſſion de
„ Dieu, cela n'empêche pas que Dieu ne lui permette
„ quelquefois de guerir les malades, & de predire les
„ choſes futures, afin d'éprouver ceux qui l'écoutent
„ & ceux qui le voyent. Car la Superſtition ne vient
„ que de l'illuſion du Diable. C'eſt pourquoi il eſt ne-
„ ceſſaire de ſavoir que le Diable peut tromper & alterer
„ nos ſens exterieurs, & que comme nous pouvons
„ tromper la veuë par de veritables couleurs, les Eſprits
„ malins la peuvent tromper par de fauſſes figures & de
„ vaines images, ſelon la remarque de S. Auguſtin dans
„ la Cité de Dieu. Ce que l'on cherche dans le miroît
„ d'Apollon, dans le manche & dans les pierres nettes,
„ dans l'ongle d'un enfant, appartient à la Geomancie.
„ La ſcience des Aruſpices conſiſte dans les entrailles
„ des animaux que l'on ſacrifie, & dans les eſpatules.
„ L'Aſtrologie Judiciaire eſt une eſpece d'augure. Le
„ Deſtin ou la Fatalité comprend le chant & le cry des
„ oiſeaux, les éternuëmens, les préſages que l'on tire
„ de la rencontre d'un homme qu'on ne cherchoit pas,
„ pour deviner les choſes à venir. L'Augure a encore
„ ſous ſoy la Chiromancie, l'inſpection des épaules, &
„ les ſorts que l'on employe pour trouver les choſes
„ cachées. Les Sorts ſe pratiquent, ou avec des livres,
„ ou avec des dez, ou avec du plomb fondu, ou avec
„ une roüe que l'on touche, ſoit pour trouver les thre-
„ ſors cachez, ſoit pour decouvrir les larcins, ſoit en
„ faiſant épreuve du fer chaud, de l'eau bouillante, du
„ duel & d'autres choſes ſemblables. Et tout cela eſt
„ défendu par le dix-huitiéme & par le vingtſixiéme
„ chapitre du Deuteronome. Il n'y a que Dieu & les
„ Anges qui ayent pouvoir ſur les Demons. Les hom-
„ mes l'ont auſſi, non pas d'eux-mêmes à la verité;
„ mais par la grace de Dieu, & autant qu'il plaiſt à
„ Dieu de le leur donner. Voilà pourquoi ces Païſans-
„ là ſe trompent, qui prétendent chaſſer le Démon par
„ la force de certains caracteres, de certaines paroles, &
„ de certains charmes. Et bien que le Diable quitte
„ quelquefois ceux qu'il obſede ou qu'il poſſede, en ne
„ les tourmentant plus, il ne le fait neanmoins que pour
„ tromper. Les Enchanteurs ſont fous, lorſqu'ils veu-
„ lent renfermer un Eſprit dans un ongle ou dans un
„ verre, parce qu'un Eſprit ne peut être renfermé dans
„ un corps. Les imaginations des Aſtrologues ſont fol-
„ les, dautant que les choſes corporelles ne peuvent agir
„ ſur les ſpirituelles. Pourquoi eſtes-vous ſi fols que
„ d'implorer l'aſſiſtance du Soleil par le moyen des be-
„ nedictions & des enchantemens, & de prier la nouvel-
„ le-Lune de vous ſecourir, en jeûnant pour cette fin le
„ premier jour de la Lune? Le Seigneur qui eſt l'époux,
„ de vos ames, à créé ces deux Aſtres, & vous êtes un
„ idolâtre de vous arrêter aux brevets, aux caracteres,
„ & aux noms Diaboliques qui vous ſont inconnus.
„ Dieu ſeul vous doit ſuffire, & il n'y a que de l'il-
„ luſion du Demon dans toutes ces choſes. Tantôt le
„ Demon vous paroit comme un enfant, & on vous fait
„ accroire que vôtre enfant eſt changé, & le Demon
„ s'évanouit. Tantôt Dieu permet au Demon de faire
„ mourir vôtre enfant que vous aimiez peut être trop,
„ afin d'éprouver ſi vous voulez l'abandonner pour ren-
„ dre des honneurs divins au Demon en la perſonn e de
„ quelques vieilles, auſquelles vous demanderez la vie
„ de vôtre enfant. O malheureuſes vieilles, en qui l'on
„ trouve tous les reſtes de l'idolâtrie! Il n'eſt permis à
„ perſonne d'ajoûter quoique ce ſoit au Culte divin, ni
„ d'en rien retrancher de ſon autorité privée, & ſans
„ l'aveu & l'approbation de l'Egliſe. C'eſt une Super-
„ ſtition & une idolatrie, que de rendre un Culte de
„ Latrie à tout autre qu'à Dieu. C'eſt être idolâtre,
„ que de faire pacté avec les Demons, que de leur offrir
„ des Sacrifices, que de les conſulter, que de chercher
„ ſon ſalut dans les caracteres, dans les ligatures, dans
„ les paroles, & dans les autres choſes que les Medicins
„ condamnent. Lorſque l'on invoque manifeſtement les
„ Demons par le moyen des Morts, cela s'appelle Ne-
„ cro-

,, cromancie. Lorfque l'on employe les chofes faintes
,, à d'autres ufages qu'à ceux aufquels elles font defti-
,, nées, cela s'appelle Superftition. Ainfi il y a de la
,, Superftition à faire boire de l'Eau benite aux malades,
,, à en répandre fur les champs afin de les rendre fertiles,
,, & à en donner à boire aux animaux, à prendre du
,, Cierge Pafchal & de l'eau des Fonts baptifmaux pour
,, produire certains effets; à ne point manger de teftes
,, en l'honneur de Sainte Apolline ou de St. Blaife; à
,, fe fervir du Cierge beny & d'une Croix de bois faite
,, d'un rameau pour fe preferver de certains maux; à fe
,, baigner la veille de Noël & du Mercredi des Cendres,
,, pour n'avoir point les fiévres, ni le mal de dents; à
,, ne point manger de chair le jour de Noël, afin de
,, n'être point malade des fiévres; à honorer S. Nicolas,
,, afin d'avoir des richeffes; à faire un voyage à S. Va-
,, lentin, en demandant l'aumône, contre le mal-caduc;
,, à pezer un enfant avec du feigle ou de la cire; à porter
,, dans le Printemps une Croix par les champs contre les
,, tempêtes; à faire certaines Offrandes fur un Autel,
,, comme des pierres le jour de S. Etienne, & des
,, fleches le jour de S. Sebaftien. Il fe commet auffi
,, diverfes Superftitions par le moyen des paroles mêlées
,, avec certaines chofes, par le moyen des malefices Dia-
,, boliques, qui donnent de la haine ou de l'amour; par
,, le moyen d'une aiguille qui a touché la robbe d'un
,, Mort; par le moyen d'un morceau de bois d'un gibet
,, ou d'une potence; par le moyen de certains bois joints
,, enfemble contre les fiévres; par le moyen d'une hof-
,, tie non confacrée, contre le même mal & contre la
,, jauniffe; enfin par le moyen de l'urine, des pouffins
,, & d'autres femblables folies. *Plufieurs*, dit S. Jean
,, Chryfoftome fur S. Matthieu", *à l'exemple des Pha-*
rifiens, qui affectoient de porter fur leurs habits des
bandes de parchemin plus larges que les autres, & d'avoir
des franges plus longues, inventent, écrivent & alleguent
certains noms Hebraïques d'Anges, & ces noms paroiffent
formidables à ceux qui ne les entendent pas. ,, Il faut bien
,, prendre garde qu'ils ne contiennent rien de faux, car
,, s'il s'y rencontroit quelque fauffeté, ce feroit une
,, marque qu'ils ne viendroient pas de Dieu. Et il ne
,, faut pas croire que Dieu ait attaché aux paroles une
,, vertu qu'il ne leur a pas donnée, comme font certai-
,, nes gens qui s'imaginent qu'ils ne feront jamais noyez,
,, & qu'on ne les pourra jamais prendre, pourvû qu'ils
,, portent fur eux l'Evangile de S. Jean. Il faut en-
,, core bien prendre garde, qu'il n'y ait quelque vanité
,, mêlée avec les paroles facrées, comme feroit le figne
,, de la Croix, & qu'on ne mette fon efperance dans la
,, maniere de les dire, de les écrire, ou de les lire, ce
,, qui feroit une vaine obfervance que l'Eglife n'approu-
,, ve pas. On peut porter fur foy les Evangiles, l'O-
,, raifon Dominicale, & les Reliques des Saints, pour-
,, vû qu'on ne les accompagne point de quelque vanité,
,, par exemple pourvû qu'on ne s'attache point à les
,, porter d'une certaine maniere, dans un certain vaiffeau,
,, ni pour une certaine fin, & qu'on ne les porte que
,, dans la vuë de plaire à Dieu, fans les en feparer, fans
,, croire qu'il n'y a que ces feules paroles qui ont une telle
,, vertu, & que les autres paroles divines ne l'ont pas,
,, quoiqu'elles foient écrites ou proferées de la même
,, maniere, quoiqu'elles foient auffi claires & auffi ex-
,, preffives. Pour ce qui regarde les bons ou les mau-
,, vais préfages, les evenemens, les eternuëmens, le pe-
,, tillement du feu, les accidens qui arrivent en fe chauf-
,, fant, & l'obfervance des jours, tout cela vient de la
,, malheureufe invention des Egyptiens. Il eft permis
,, d'obferver les Temps, quant aux actions naturelles &
,, ordinaires; mais il n'eft pas permis de les obferver
,, quant à celles qui ne dépendent point de l'influence
,, des Aftres, tel qu'eft le choix des Heures pour faire
,, certaines chofes, ou pour ne les pas faire. On doit por-
,, ter le même jugement des chofes que l'on trouve,
,, comme quand on trouve un nid d'oifeaux avec la
,, mere, ce qui marque la fecondité & l'abondance des
,, biens; quand on trouve du fer, un clou, un

,, obole, ce qui eft un figne de malheur, enfin quand
,, on trouve un threfor.
Le Pape Leon X. dans fa Bulle *Supernæ difpofitionis
arbitrio*, du 5. May 1514. ordonne ,, que les Clercs
,, Sorciers, Charmeurs, Devins & Superftitieux foient
,, dépofez & s'ils continuent dans leurs crimes, qu'ils
,, foient renfermez dans des Monafteres autant de temps
,, qu'il plaira à leurs Superieurs, enfin qu'ils foient pri-
,, vez de leurs Benefices & de leurs Offices Ecclefiafti-
,, ques. *Il ordonne auffi* que les Laïques de l'un & de
,, l'autre fexe foient excommuniez & foûmis aux autres
,, peines portées tant par le Droit Civil, que par le
,, Droit Canon.
Etienne Poncher Evêque de Paris, dans fes Statuts
Synodaux de l'année 1515. (a) enjoint aux Curez de
fon Dioce ,, de s'informer foigneufement de la foi &
,, de l'efperance de leurs Paroiffiens, & des Superftitions
,, contraires à ces deux vertus Theologales, tant pour
,, la guerifon des maladies, qu'à l'égard du recouvre-
,, ment des chofes perduës.
Le Synode de Sens en 1524. veut que les Curez
,, avertiffent leurs Paroiffiens, que c'eft un grand peché
,, que de confulter les Devins & d'ufer de Superftitions;
,, *& il leur ordonne* de les exhorter d'avoir recours à
,, Dieu, à la bienheureufe Vierge, & aux Saints dans
,, leurs maladies & dans leurs autres neceffitez, & de les
,, prier avec confiance.
Le Concile Provincial de Bourges, (b) en 1528. *ordonne* auffi ,, aux Curez & Recteurs des Paroiffes, fous
,, des peines arbitraires qu'il remet au jugement des Or-
,, dinaires, de declarer à l'Evêque ou à fon Grand-Vi-
,, caire, s'ils connoiffent dans leurs Paroiffes, des Ma-
,, giciens, des Sorciers, des Enchanteurs, ou d'autres
,, perfonnes qui ufent de femblables Superftitions, foit
,, en cueillant des herbes, foit en faifant ou en portant
,, des caracteres, par une coûtume facrilege & damna-
,, ble, foit enfin en abufant de certains Signes pour trou-
,, ver les chofes cachées par le moyen du Demon, &
,, en vertu de certaines paroles qu'on y adjoute.
Adrien VI. Precepteur de Charles V. dans fa Bulle
Dudum, qui eft de l'an 1522. donne charge aux Inquifiteurs de punir févérement ceux qui fe fervent de Sortileges, de Charmes & de Superftitions. Les Conftitutions fynodales du Cardinal de Givri Evêque de Poitiers, imprimées à Poitiers en 1544. condamnent auffi (c)
les Superftitions en general, & en particulier les Divinations & les Sortileges, dans la perfonne des Eclefiafti-
ques. Et elles ordonnent (d) aux Curés de publier à
leurs prônes, toutes les fois qu'ils le jugeront à propos,
que c'eft un cas refervé à l'Evêque ou à fon Vicaire,
general d'abfoudre ceux qu'on aura trouvé pratiquer
les

(a) Tit. de Sacram. Pœnit.
(b) Deret. 2.
(c) Tit. de vita & honeft. Cleric. fol. 48. Verf. *Reperiuntur
Clerici qui Superftitioni, Divinationibusque ac fortibus dediti
funt: quos damnamus.*
(d) ibid. Tit. de Maleficiis & blafphe. fol. 73 recto & verfo,
*quam vis facris Canonibus & fanctorum Patrum Traditionibus con-
tra manifeftos nominis Dei & fanctorum blafphemos, ac damna-
tum & abominabile fcelus Idololatriæ, videlicet incantationes, fu-
perftitiones & fortilegia Pythonum & Pythoniffarum in locis di-
verfis fufficienter cautum & provifum exiftat: quia tamen, quod
mentis amartudine referimus, adhuc vitia talia in multis locis
nobis fubjectis vigent, ea propter erroribus & periculis inde in-
dies confurgentibus, quantùm in nobis eft obviare cupientes, dif-
tricte ftatuto præfenti, perpetuò duraturo, præcipimus, ut contra tales ftatuta Canonica defuper edita, fumma cum diligentia ab
univerfis nobis fubjectis pratticentur, & in Confeffionibus de
peccatis hujusmodi folers fiat inquifitio, & tam mares quam mulieres talia manifefté exercentes, à communione facramentorum
excludantur, ac pro abfolutione ad Nos aut Vicarium noftrum re-
mittantur. Et nihilominus fi qui publice blafphemi reperti fuerint,
vel de hujusmodi incantationibus, vel fuperftitionibus ac divinationibus ab Ecclefia reprobatis fe intromiferint, vel eifdem fidem adhibuerint, ni ab his intra breve tempus eis ftatuendum defiftant,
volumus moneri fub pæna fufpenfionis à divinis, & privationis Ec-
clefiafticæ fepulturæ, à quibus non nifi per Nos, vel Vicarium
noftrum, aut noftros Superiores, valeant liberari & abfolvi. Hoc
etiam ftatutum noftrum falutiferum ne quis illius ignorantiam
prætendere poffit, volumus per rectores Ecclefiarum quoties ex-
pedire vifum fuerit, folemniter puplicari.*

les enchantemens, les superstitions, les sortileges & les divinations, & d'y adjouter foi.

CHAPITRE V.

Sentimens du Synode d'Ausbourg en 1548. du Concile de Trente, du Concile Provincial de Narbonne en 1551. de Monluc Evêque de Valence & de Die, du Synode de Chartres en 1559. du Concile Provincial de Cambray, du premier Concile Provincial de Milan en 1565. & des statuts synodaux de Lion en 1566. sur les Superstition.

LE Synode d'Ausbourg en 1548. (a) veut „ Que „ l'on refuse la Communion à tous ceux qui se „ meslent de Superstitions, qui se servent de certaines „ benedictions singulieres & non approuvées qui rejet-„ tent certains jours, qui usent de charmes diaboliques, „ qui devinent les choses à venir par des Livres de ma-„ gie, ou autrement; ou qui s'arrestent à ces sortes de „ folies contraires à la foi des Chrétiens, aux Comman-„ demens & aux Canons de l'Eglise; s'ils ne renoncent „ absolument à toutes ces Superstitions par l'avis de leur „ Confesseur, & s'ils ne font une penitence proportion-„ née à leurs crimes.

Le Concile de Trente condamne en divers endroits diverses sortes de Superstitions. Dans la Session 22. (b) il dit que la Superstition est la fausse imitatrice de la vraye pieté, & il enjoint aux Evêques d'ôter absolument toutes celles qui se pourroient rencontrer dans la celebration de la messe: Il leur enjoint encore dans la Session 25. (c) de defendre aux Fideles tout ce qui les peut porter à la Superstition, & leur donner sujet de scandale touchant la créance qu'ils doivent avoir du Purgatoire: Enfin il leur enjoint dans la même Session, de retrancher toutes sortes de Superstitions de l'invocation des Saints, de la veneration des Reliques & de l'usage sacré des Images. (d)

Le Concile Provincial de Narbonne en 1551. (e) asseure „ que le principal soin des Evêques doit être de „ bien prendre garde que les dogmes heretiques & scan-„ daleux, les sortileges, les charmes, les Superstitions „ & toutes les autres tromperies du Demon ne gastent „ leurs Dioceses. C'est pour cela qu'il ordonne que „ chaque Evêque dans son Diocese veillera soigneuse-„ ment sur son troupeau, afin d'en éloigner les crimes, „ soit en visitant son Diocese, soit de quelqu'autre ma-„ niere.

Monluc Evêque de Valence & de Die, dans la reformation qu'il fit en 1557. (f) du Clergé de ces deux Dioceses parle ainsi des Superstitions: „ Et d'autant qu'il „ y a plusieurs personnes qui se servent diversement de „ charmes & de malefices pour donner des maladies aux „ hommes & aux bestes & pour les leur ôter, pour de-„ viner les choses à venir, & pour retrouver celles qui „ ont été perduës ou dérobées; que les uns sement des „ haines entre les personnes nouvellement mariées en „ proferant certaines paroles inconnuës & nuisibles; les „ autres usent de malefices amoureux pour se faire aimer „ de ceux qu'ils souhaittent; les uns cueillent der her-„ bes & des racines pour d'autres usages, que pour ceux „ pour lesquels la nature les a faites, les autres par une „ coutume superstitieuse & magique observent les jours, „ les mois & les heures, comme fit un certain jour ou „ une certaine heure pouvoit changer la vertu des Plan-„ tes, ou leur donner de nouvelles facultez & de „ nouvelles forces. Il y a aussi de certaines femme-„ lettes qui ont coutume de faire la même chose pour „ filer. D'autres enfin, abusant de la Religion d'une „ maniere sacrilege, ont recours aux charmes, aux „ malefices, & à la magie pour se marier, pour com-„ mencer des entreprises, pour obtenir & pour décou-„ vrir certaines choses. C'est pourquoy afin de déraci-„ ner ce pernicieux peché, qui vient de l'invention du „ Demon & de l'Idolatrie, Nous ordonnons expresse-„ ment aux Curez de refuser la sacrée Communion aux „ Sorciers, aux malfaicteurs ou empoisonneurs, aux „ charmeurs & aux devins, jusqu'à ce qu'il ayent re-„ noncé aux Superstitions, aux divinations, & aux in-„ ventions du diable. Nous leur ordonnons aussi & à „ leurs Vicaires de les avertir souvent qu'ils ayent à s'ab-„ tenir de cet art damnable & mauvais, & à ne plus „ profaner avec temerité & irreligion, la parole de Dieu; „ & qu'ils se souviennent que tout ce que nous avons „ & tout ce que nous possedons est en la puissance de „ Dieu, & que c'est lui qui gouverne & qui fait mou-„ voir toutes choses selon son bon plaisir.

Le Synode de Chartres en 1559. que nous avons donné au Public à la fin de nôtre Traité. *De Stola in Archidiaconorum visitationibus gestanda à Parœcis, enjoint aux Curez* „ d'annoncer à leurs Paroissiens „ que c'est un très-grand peché mortel que de consul-„ ter les devins, & ceux qui usent de malefices, & „ d'ajoûter foi à ce qu'ils disent; comme aussi de se „ servir de sortileges, de Superstitions, & du conseil „ des Sorciers pour guerir les maladies & pour retrou-„ ver les choses perduës.

Le Concile Provincial de Cambray en 1565. (g) défend toutes les Superstitions par ces paroles: „ Que „ les Evêques ôtent entierement toutes les Superstitions qui se font introduites dans l'Eglise sous le „ nom de ceremonies, telles que sont certains nom-„ bres de Cierges & autres semblables, après nean-„ moins qu'il en auront fait des recherches exactes; & „ qu'ils ayent soin que les Doyens Ruraux & les Pas-„ teurs des Eglises fassent leur raport aux Synodes „ Diocesains de tout ce qu'ils sçauront devoir être cor-„ rigé en cette matiere.

Le I. Concile Provincial de Milan en la même année a renfermé dans ce decret la condamnation de toutes sortes de Superstitions „ (h): Que les Evêques „ punissent severément & excommunient les Magi-„ ciens & les Sorciers qui se persuadent, ou qui pro-„ mettent aux autres qu'ils pourront par le moyen des „ ligatures, des neuds, des caracteres, & des paroles „ secretes, troubler les esprits des hommes; donner „ des malefices ou en guerir; changer la constitution „ & le temperament des corps; & par leurs enchante-„ mens commander aux vents, aux tempestes, à l'air „ & à la mer. Qu'ils punissent de même generalement „ tous ceux qui par quelque genre de magie & de „ sorcelerie ce soit, font des conventions & des „ pactes avec les Demons. Qu'ils chastient & qu'ils „ exterminent tous ceux qui font profession de deviner „ par l'air, par l'eau, par la terre, par le feu, par les „ choses inanimées, par l'inspection des ongles & des „ lineamens du corps, par le sort, par les songes, par „ les morts, & par les autres moyens que le Demon „ employe pour leur faire dire comme certaines des „ cho-

---

(a) Stat. 19.

(b) Decret. de observand. & evitand. in celebrat Missæ. Decernit sancta Synodus ut Ordinarii locorum Episcopi ea omnia prohibere atque é medio tollere sedulò curent ac teneantur, quæ Superstitio veræ pietatis falsa imitatrix in tremendum Missæ mysterium induxit, &c. Postremò ne Superstitioni locus aliquis detur, edicto & pœnis propositis caveant ne Sacerdotes ritus alios aut alias Cærimonias & preces in Missarum celebratione adhibeant, præter eas quæ ab Ecclesia probatæ ac frequenti & laudabili usu receptæ fuerint. Quarundam vero Missarum & candelarum certum numerum, qui magis à Superstitioso cultu, quam à vera religione inventus est omnio ab Ecclesia removeant.

(c) Decret. de Pergatorio. Quæ ad Superstitionem spectant, tanquam scandala & fidelium offendicula prohibeant.

(d) De invocat. venerat. & Reliquiis SS. & sacris imagin. Omnis Superstitio in Sanctorum invocatione, Reliquiarum veneratione & Imaginum sacro usu tollatur.

(e) Can. 57.

(f) Cap. 25.

(g) Tit. 6. c. 6.

(h) Constit. Part. 1. Tit. 10.

C

„ chofes incertaines ; tous ceux qui fe meflent de
„ prédire l'avenir, de découvrir les chofes dérobées
„ & les threfors cachez, & de faire d'autres chofes
„ femblables dont les efprits de tenebres fe fervent pour
„ abufer de la facilité des perfonnes curieufes & igno-
„ rantes. Qu'ils traitent aufli rigoureufement ceux
„ qui confulteront fur quoique ce foit les devins, les
„ Sorciers, les Difeurs de bonne-aventure & toutes for-
„ tes de Magiciens, ou qui auront confeillé aux au-
„ tres de les confulter, ou qui leur auront ajoûté foi.
„ S'il fe trouve quelqu'un qui ait fait ou vendu des an-
„ neaux, ou quelqu'autre chofe pour des ufages ma-
„ giques & fuperftitieux, qu'on lui faffe fouffrir de
„ grandes peines. Qu'on en ufe de la même façon à
„ l'égard des Aftrologues, qui par le mouvement,
„ par la figure & par l'afpeĉt du Soleil, de la Lune &
„ des autres Aftres, predifent avec une entiere cer-
„ titude, les chofes qui dépendent de la volonté &
„ de la liberté des hommes, & à l'égard de ceux qui
„ leur feront le raport de ces chofes. Enfin, que les
„ Evêques puniffent tous ceux qui dans l'entreprife,
„ dans le commencement ou dans le progrés d'un voya-
„ ge ou de quelqu'autre affaire, obfervent les jours,
„ les temps & les momens, la voix des animaux, le
„ chant ou le vol des oifeaux, & la rencontre des hom-
„ mes ou des bêtes, & en prennent bon augure pour le
„ fuccez de leurs affaires. Les Statuts Synodaux de
„ l'Eglife de Lion, revûs par l'ordre du Cardinal de
„ Tournon Archevêque de Lion en l'année 1566. ont
„ aufli fait la même chofe (a).

CHAPITRE VI.

*Sentimens du 4. Concile Provincial de Mi-
lan en 1576. de Jean François Bonhomme Evéque de Verceil, de l'Affemblée de
Melun en 1579. de M. de Thou Evéque
de Chartres, du Concile Provincial de
Reims, de celui de Bourdeaux & de celui
de Tours en 1583. de Sixte V. du Concile
Provincial de Touloufe en 1590. de celui
d'Aquilée en 1596. de Jean Baptifte de
Conftanze Archevéque de Cozence, du Concile Provincial de Malines en 1607. des
Statuts de Bourges en 1608. & du Concile de Narbonne en 1609. fur les Superftitions.*

LE 4. Concile Provincial de Milan en 1576. (b)
conformement à la décifion que nous venons de
rapporter du 1. Concile Provincial de la même Ville,
ordonne ce qui fuit contre les pratiques Superftitieufes:
„ On ne doit pas moins travailler à déraciner la Superf-
„ tition des efprits des hommes, qu'à établir & à aug-
„ menter la pieté. C'eft à quoi les Curez veilleront
„ foigneufement, & s'ils découvrent quelque forte de
„ Superftition dans leurs Paroiffes, ils ne manqueront
„ pas d'en donner avis par écrit à l'Evêque avant le
„ Synode prochain & dans le temps qu'il leur aura
„ marqué, afin que l'on puiffe commodement y reme-
„ dier. Que les Confeffeurs faffent aufli leur devoir
„ en cette rencontre ; & qu'ils examinent avec foin fi
„ les Penitens, pour guerir les maladies ou les playes,
„ ne fe fervent point de certains remedes inconnus à la
„ Medecine & fuperftitieux ; & s'ils en trouvent qui

„ foient coupables de ce peché, qu'ils les reprennent
„ feverement, & qu'ils tâchent de les détourner de cet-
„ te opinion vaine & erronée (c). *Il dit enfuite que les
„ Curez doivent donner à leur Evêque, lors qu'il fait la
„ vifite de leurs Eglifes, un Memoire de ceux qui
„ ufent de Superftitions, de Malefices & de Magie,
„ afin qu'il y aporte les remedes convenables.*
Jean François Bonhomme Vifiteur Apoftolique fous
Gregoire XIII. des Villes & des Diocefes de Novare
& de Come, & qui affifta en qualité d'Evêque de Verceil au 4. Concile Provincial de Milan, auquel prefi-
doit S. Charles Borromée fon intime ami, a prefcrit
aux Evêques, aux Curez & aux Confeffeurs la maniere dont ils fe doivent conduire à l'égard des Superftitions. C'eft dans les Decrets de fa vifite imprimez à
Verceil en 1579. (d) „ Qu'on ne fe ferve point (*dit-
il*) de tableaux, d'images, d'anneaux, d'oraifons é-
„ crites, ni comme l'on parle ordinairement, de bre-
„ vets où il y ait des caraĉteres ou des mots inconnus,
„ pour guerir les maladies des hommes, ou des bêtes.
„ Qu'on n'ôte pas les malefices, les charmes, ni les
„ ligatures avec certaines pratiques, ni avec certains
„ medicamens inconnus ou étrangers. Qu'on ne gue-
„ riffe aucune playe par le moyen de certain nombre
„ de paroles, de fignes, ou de prieres, de linceuils ou
„ de certaines chofes que les Medecins n'approuvent
„ pas. Qu'on ne cüeille point de fougere ou de grai-
„ ne de fougere, d'autres herbes, ni d'autres Plantes
„ à certain jour ou à certaine nuit particuliere, dans la
„ penfée qu'il feroit inutile de les cüeillir en un autre
„ temps. Si donc il fe trouve quelqu'un qui pratique
„ ces Superftitions, ou d'autres de même nature, qu'il
„ foit feverement puni felon la grandeur de fon crime
„ & felon qu'il plaira à l'Ordinaire des lieux.
Les Archevêques, les Evêques & les autres Prelats
de l'Eglife Gallicane affemblez à Melun en 1579. emploient l'autorité de l'Ecriture Sainte & des anciens
Conciles, pour condamner les Superftitions. (e) „ Il
„ eft ordonné dans le Levitique (*difent-ils*) qu'on fera
„ mourir ceux qui confultent les Magiciens & les De-
„ vins. C'eft pourquoi on doit empêcher avec toute la
„ diligence poffible que cette pefte ne fe répande da-
„ vantage ; & felon les Decrets des anciens Concile,
„ d'Ancyre ou Angoure, de Laodicée, de Carthage,
„ de Tolede & d'Orleans, exterminer les Devins, les
„ Difeurs de bonne-aventure, les Sorciers, les Ne-
„ cromantiens, les Pyromantiens, les Chiromantiens,
„ les Hydromantiens & tous ceux qui fe trouveront in-
„ feĉtez de quelque autre forte de Superftition.
De Thou Evêque de Chartres dans fon Rituel
de l'année 1581. (*f*) dit „ : Mettez en Dieu vôtre ef-
„ perance & entiere fiance en vos affaires, neceffitez
„ & tribulations, fans recourir aux malins efprits,
„ Charmeurs, Sorciers, Enchanteurs, Magiciens,
„ Devins, Necromantiens & autres femblables Impof-
„ teurs: Etant affeurez qu'il vous y donnera indubi-
„ table enfeigne, adreffe, conduite & toute confola-
„ tion.
Le Concile Provincial de Reims en 1583. (g)
„ deffend à toutes fortes de perfonnes de fe fervir de
„ fignes qui marquent un paĉte tacite ou exprés avec
„ le Demon, comme de ligatures ou de caraĉteres,
„ quand même ils pouroient avoir eu autrefois un heu-
„ reux fuccès.
Le Concile Provincial de Bourdeaux en la même année, parle des Superftitions en cette façon: (h)
„ Que les Curez avertiffent très-fouvent leurs Paroif-
„ fiens, que ceux-là commettent un crime execrable,
„ & font excommuniez, qui fe meflent de Magie &
„ de

(a) Tit. de fortil. p. 74. Cum ad curam noftram & omnium
Ecclefiarum Curatos pertineat, ne fpreto & derelicto Deo ac Salvatore Chrifto ad Satanæ fufragia confugiant, prohibemus omnibus noftris fubditis, cujusnunque ftatus & conditionis fint,
ne dies Ægyptios obfervent neque Calendas; ut omnia fortilegia, auguria &c. devitent, caveant ne ad divinos, Mathematicos, necromanticos ...... accedant, Exorcifmos, Specula, annulos &c. execrentur, &c.
(b) Conftit. Part. 1. Tit. 2. n. 4.

(c) Conftit. Part. 3. Tit. 3.
(d) Tit. de Superftition.
(e) Tit. de Magicis artib, &c.
(f) Dans le Profue, feuill. 150.
(g) Tit. 6. n. 3.
(h) Tit. 7.

„ de Divination, ou qui ajoûtent foi aux Devins. „ Car, comme difent les faintes Lettres", *le Seigneur a toutes ces chofes en horreur, & les peuples font exterminez fur la terre à caufe de ces crimes.* „ Qu'ils re„ prennent auffi ceux qui s'imaginant qu'il y a des „ jours heureux & des jours malheureux, obfervent „ les temps & les momens pour entreprendre ou pour „ achever leurs affaires; ou qui, à caufe de la „ rencontre de certains animaux ou de certaines per„ fonnes, ne continuent pas les ouvrages qu'ils ont „ commencez. On ne doit pas moins blâmer ceux „ qui par l'infpection des Aftres, à la façon des Chal„ déens, fongent plûtôt temerairement qu'ils ne pre„ difent les chofes futures, & par l'ufage facrilege de „ l'Aftrologie judiciaire étouffent la liberté de l'homme „ & la Providence de Dieu. A quoi on peut rapor„ ter, dans le fentiment de S. Auguftin, les ligatures „ des remedes execrables que la Medecine condamne, „ les oraifons, les fignes ou caractéres, & les prefer„ vatifs, puifque toutes ces chofes ne fe font que par „ Superftition, par Magie, & en vertu des pactes „ faits avec les Demons. C'eft pourquoi il faut qu'un „ Chrêtien les évite, qu'il les abhorre & qu'il les de„ tefte.

Le Concile Provincial de Tours celebré auffi la même année, ordonne ce qui fuit touchant les Superftitions (*a*) „: D'autant qu'il y a quantité de gens qui „ confultent les Magiciens, les Charmeurs, les Sor„ ciers & les Superftitieux afin d'être gueris de leurs „ maladies, eux, leurs proches ou leurs domeftiques; „ qui par leur avis, quoiqu'au grand préjudice & au „ grand danger de leurs ames, portent des phylactéres „ ou prefervatifs, des anneaux, des brevets, des ca„ ractéres & certaines formules de prieres conceuës en „ des termes inconnus & qu'ils recitent tout-bas; & „ qui par furprife font benir toutes ces chofes par des „ Prêtres: Nous defendons à tous Ecclefiaftiques, fous „ peine de fufpenfe, & à tous Laïques fous peine „ d'excommunication, de fe fervir de ces remedes & „ d'y ajoûter foi en quelque maniere que ce foit; Et „ nous voulons que ceux qui contreviendront à cette „ Ordonnance, encourent les peines juridiques & arbi„ traires.

Sixte V. par fa Bulle *Cæli & terræ*, de l'an 1586. veut que les Ordinaires des lieux & les Inquifiteurs puniffent „ tous ceux qui fe meflent d'Aftrologie ju„ diciaire, de divinations, de Sortileges, de Magie, de „ Charmes & d'autres Superftitions.

Le Concile Provincial de Touloufe en 1590. (*b*) ordonne. „ Que l'on puniffe rigoureufement felon les „ Canons de l'Eglife tous les Sorciers, foit Ecclefiaf„ tiques, foit Laïques, & que l'on avertiffe fouvent „ le peuple de ne pas fe fervir de leur art, de ne pas „ leur demander des remedes dans les maladies, & de „ ne pas confulter les trompeufes divinations des Di„ feurs d'horofcopes. *Il ordonne auffi enfuite* (*c*) *aux* Confeffeurs & aux Predicateurs de déraciner des ef„ prits des Fidelles par de frequentes exhortations & „ par de bonnes raifons, les vaines pratiques qui fe „ font introduites dans l'Eglife par l'ignorance & la „ fimplicité des hommes pour chaffer les maladies d'u„ ne maniere fuperftitieufe.

Le Concile Provincial d'Aquilée en 1596. (*d*) declare „ qu'il faut entierement déraciner du champ „ de l'Eglife la Superftition, qui eft la fauffe imitatri„ ce de la veritable pieté.

Jean Baptifte de Conftance Archevêque de Cozence en Calabre, donne ce fage confeil aux Curez, aux Vicaires & aux autres Prêtres, fur le fujet des pratiques Superftitieufes. (*e*) „ D'autant que les Sorcele„ ries (*dit-il felon la traduction de fon excellent Ouvrage* *qui a été imprimée à Bourdeaux en* 1612.) Divina„ tions & Superftitions empêchent ceux qui y trem„ pent d'avoir la foi fi faine & entiere qu'il faudroit, „ engagent puis après, comme par confequence, ces „ pauvres aveugles en de très-grandes & très-périlleu„ fes erreurs, le bon Prêtre doit avec toute diligence „ travailler à les déraciner du cœur de fes Sujets, leur „ montrant en toutes occafions combien Dieu eft of„ fenfé en ces chofes, ayant encore recours à l'aide du „ Prelat pour y apporter des remedes oportuns.

Le Concile Provincial de Malines 1607. (*f*) enjoint „ aux Curez d'avertir foigneufement leurs Paroiffiens „ d'éviter les Superftitions dont le menu peuple eft „ fouvent infecté par ignorance. (*g*) *Et il défend de* „ fe fervir d'aucuns remedes fuperftitieux pour guerir „ les maladies ou les playes des hommes, ou des „ bêtes.

Fremiot dans fes Statuts Synodaux de l'an 1608. recommande aux Curés de fon Diocefe de ne pas foufrir les Superftitions, & leurs enjoint de lui denoncer, ou à fes grand Vicaires, ceux qui les pratiquent, afin d'y aporter les remedes les plus promts & les plus convenables. „ Et pour autant, dit-il, que la devo„ tion du fimple peuple decline facilement à la Super„ ftition, par les rufes & envie du Diable, nous re„ commandons à tous Curés d'être fort vigilans en „ cet endroit, & ne tolerer les obfervations Superfti„ tieufes de certains jours prétendus heureux ou mal„ heureux, de certaines ceremonies, paroles, ou li„ gatures, qui ne font fondées en caufes naturelles, ni „ ufances de l'Eglife, pelerinages, ceremonies fans l'apro„ bation de l'Eglife, foit pour guerifon de maladies, „ foit pour autre fujet. Enjoignons, &c.

Le Concile Provincial de Narbonne en 1609. vou„ lant reprimer la temerité de ceux qui fe fervent de Su„ perftitions, (*h*) „ condamne les Magiciens, les Mal„ faicteurs ou Empoifonneurs, les Devins, les Sor„ ciers, les Difeurs d'horofcope, ceux qui croyent „ aux augures, les Aftrologues judiciaires, ceux qui „ font pacte tacite ou exprès avec les Demons, ceux „ qui pretendent guerir fuperftitieufement les maladies „ par imprecations, par paroles, par ligatures, ou par „ quelqu'autre pratique. Il les excommunie enfuite „ *ipfo facto* conformément aux faints Decrets; & il „ enjoint aux Curez, s'ils découvrent quelqu'un cou„ pable de ces crimes, de lui faire trois monitions „ Canoniques de le quitter; puis après, s'il ne veut „ pas le faire, de le declarer publiquement & nommé„ ment excommunié, de lui défendre l'entrée de l'E„ glife, & de l'en chaffer en cas qu'il y entre.

CHAPITRE VII.

Sentimens du Synode d'Envers en 1610. & de celui de Ferrare en 1612. de Monfieur le Gouverneur Evéque de S. Malo, & de Gregoire XV. fur les Superftitions.

LE Synode d'Anvers celebré au mois de Mai en 1610. parle des Superftitions dans le même fens que le Pape Sixte V. & le Concile Provincial de Malines en 1607. que nous venons de citer dans le Chapitre precedent. (*i*) „ La Superftition; *dit-il,* eft „ un crime énorme, fort injurieux à Dieu, & ex„ trêmement préjudiciable aux Etats. Pour en arrêter „ le cours, Nous voulons que l'on obferve ce qui en „ a été ordonné par Sixte V. dans la Bulle *Cæli &* „ *terræ*, par les Sereniffimes Archiducs d'Autriche „ dans leur Edit raporté à la fin de ce Synode, & par „ le

(*a*) Tit. 4.
(*b*) Part. 4. c. 12. n. 2.
(*c*) n. 5.
(*d*) Rubric. 4.
(*e*) Part. de fes Avertiffemens Tit. 1.

(*f*) Tit. 15. de Superftition. c. 3.
(*g*) Ibid. c. 1.
(*h*) c. 3.
(*i*) Tit. 15. de Superftition.

„ le Concile Provincial de Malines, dans le Reglement
„ qu'il a fait fur ce fujet". *Voici l'Edit dont il s'agit*
de la maniere qu'il fe trouve imprimé avec ce Synode:

„ TRès-chers & feaux: Comme entre autres grands
„ pechez, malheurs, & abominations que ce
„ miferable temps nous aporte chacun jour à la ruine
„ & confufion du monde, font les Sectes de divers
„ malefices, forceleries, impoftures, illufions, prefti-
„ ges & impietez, que certains vrais inftrumens du
„ Diable, après les Herefies, & Apoftafies, & A-
„ theifmes, s'avancent journellement mettre en avant.
„ Lefquels ufent des innumerables Impoftures, de
„ Sortileges, Enchantemens, Imprecations, Venefi-
„ ces, & autres femblables malefices & abominations,
„ qu'ils apprennent & exercent par l'inftinct & com-
„ munication particuliere des malins Efprits: Les uns
„ fous ombre de Mathematique, Magie, & Aftrolo-
„ gie Judiciaire, & par Prognoftications; autres,
„ comme genetliaques, par obfervations des Planettes
„ dominantes à l'heure de la nativité des perfonnes;
„ autres par l'Art de divination, infpection de main,
„ & autrement, s'avancent vouloir predire les bonnes
„ & mauvaifes fortunes des hommes, auffi les Saifons
„ du temps à venir: voire par autres inventions fu-
„ perftitieufes & damnables, s'efforcent de vouloir
„ troubler l'air, enforceler, & charmer les perfonnes,
„ les occuper de vilaines amours, & les rendre comme
„ dementes; & autres enfeignent par Art diabolique
„ de recouvrer les chofes perduës, montrer les perfon-
„ nes abfentes, les uns par miroir, les autres par eaux,
„ par fioles, de voir, dire quelques paroles à l'oreille;
„ faire parler le Diable fous la forme d'un Roi, auffi
„ enchanter les perfonnes par filets, éguilles, éguillet-
„ tes, drapeaux; faire diverfes illufions par fafcinations
„ des yeux, s'aidant femblablement de cartes & autres
„ chofes, inventions illicites & diaboliques, en s'at-
„ tribuant divers noms felon les efpeces & fortes de
„ leurs malefices & enchantemens, qui fe delaiffent
„ ici à reciter pour la deteftation de fi méchants &
„ malheureux actes & impoftures, à quoi ils parvien-
„ nent pour s'être devoüés du tout au Diable, en re-
„ nonçant à JESUS-CHRIST nôtre Sauveur &
„ Redempteur: & de plus non contens de fe perdre
„ eux-mêmes fi miferablement, attirent encore les au-
„ tres aux mêmes erreurs & impietez, fous couleur de
„ dire que ce font chofes naturelles & Art Mathemati-
„ que, felon les influences des Planettes, & Aftres
„ celeftes dominans fur les perfonnes, voire ofent af-
„ fermer que ce font operations divines & faintes,
„ pour y mefler quelque Eau-benite, ou de Fonts de
„ Baptême, inferans, pour mieux abufer en leurs bil-
„ lets, charmes, le nom facré de Dieu ou des Saints,
„ prenans auffi certaines paroles de l'Ecriture Sainte,
„ en appofant divers caracteres inconnus, voire l'effi-
„ gie de la fainte Croix, pour avec cela curer les
„ playes, guerir les fiévres, faire comme ils difent,
„ Cures fupernaturelles miraculeufes, tant fur les hom-
„ mes, que fur les bêtes, dequoi toutefois la fin en
„ eft toûjours pernicieufe & infaufte, comme l'experien-
„ ce l'a demonftré & demonftre journellement. Par
„ toutes lefquelles frivolles, perverfes & méchantes
„ perfuafions, font que plufieurs ne penfent mal-faire
„ d'ufer defdites pratiques, impoftures, & diaboli-
„ ques inventions, aucuns pour guerir eux, & leurs
„ bêtes; autres pour recouvrer les chofes perduës, &
„ autres *par paffe-temps*, comme ils difent, jufques-là
„ qu'aucuns hommes, femmes & enfans s'en veüil-
„ lent mefler, fi comme délier l'éguillette aux ma-
„ rians, de prononcer paroles qu'ils appellent *les hauts*
„ *Noms*, les porter chez eux pour foi garder de tous
„ perils & accidens, & femblables chofes, dequoi tien-
„ nent livres & papiers par écrit, ne penfant à mal
„ faire de les lire ou pratiquer; où toutefois c'eft de plus
„ grands crimes, & impietez qui fe puiffent perpetrer
„ contre Dieu, contre fon honneur, & fa Doctrine,

„ que l'Ecriture Sainte a en telle abomination, hor-
„ reur, & deteftations, qu'elle ne les veut laiffer vivre
„ fur la terre, comme le même eft auffi ordonné par
„ les Canons Ecclefiaftiques, & Loix Civiles. Tel-
„ lement que la chofe eft fi claire, qu'il n'eft aucune-
„ ment befoin d'en faire aucune deffenfe ou Edit pro-
„ hibitif par quelque appofition des peines nouvelles,
„ pour auffi ne fcandalizer plufieurs gens de bien,
„ qui ne fçavent ces méchancetez, & ont telles cho-
„ fes en horreur, & deteftation. Pour cette caufe
„ Nous tenons pour maintenant pouvoir abondamment
„ fouffrir pour pourvoir à ces maux, d'écrire Lettres
„ tant aux Archevêques, Evêques, & autres Prelats
„ Ecclefiaftiques, qu'à ceux de Confaulx, & Juges
„ Prefidiaux, en les requerant, enhortant, admonef-
„ tant, & commandant refpectivement d'avoir en ceci
„ l'œil ouvert, & éveillé, pour extirper cette grande
„ méchanceté, felon que commande l'Ecriture Sainte.
„ Auffi les Canons facrez, Bulles Apoftoliques, &
„ Loix Civiles, fi avant que chacun face fon devoir.
„ Sçavoir eft, que les Prelats Ecclefiaftiques ordonnent
„ incontinent aux Pafteurs & Predicateurs, chacun en
„ fon Diocefe de préavertir, & admonefter diligem-
„ ment & fouvent le peuple de foi garder de tels
„ abufeurs, Impofteurs, Trompeurs, comme vrais
„ inftruments Diaboliques, commettans des impietez,
„ & abominations par fecrete affiftance des malins Ef-
„ prits contre Dieu, leurs prochains, les admoneftans,
„ & commendant auffi d'avoir en horreur, & detefta-
„ tion tels méchans pechez condamnez en premier de
„ Dieu, & après des hommes, procedant feulement,
„ comme dit eft, de l'invention du Diable, ennemi
„ commun du genre humain; à quelque couleur que
„ ce foit de Devination, Magie, Mathematique, Af-
„ trologie, Prognoftication, Phyfionomie, Negro-
„ mantie, Chiromantie, ou autres titres tant fpecieux
„ que puiffent être: procedant ceci en grande partie
„ de la fuite & effet de tant d'herefies, & fauffe doc-
„ trine, & d'apoftafies pullulantes par tout. Aver-
„ tiffant partant que chacun aye à s'en garder. Voire
„ interdifant de hanter avec femblables perfonnes, au-
„ trement que ceux de la Juftice, tant Ecclefiaftique
„ que Seculiere, feront leur devoir d'enquefter, &
„ proceder refpectivement contre tous ceux qui ufe-
„ ront, pratiqueront ou confentiront à tels malefices
„ pour les punir en Cour fpirituelle felon les Canons,
„ & Bulles Apoftoliques, & en Cour feculiere par les
„ Loix Civiles & Ordonnances: Commandant par-
„ tant lefdits Evêques à leurs Officiaux, & Promo-
„ teurs, d'en faire tous les devoirs à eux poffibles;
„ Ce que ne doutons ils feront: fi auffi entendre aux
„ peuples que avons commandé à tous nos Confaulx,
„ Officiers, & Jufticiers, & ceux de nos Vaffaux de
„ faire femblables informations & chaftoi exemplaire
„ felon les Loix divines & humaines, & neanmoins
„ voulons bien préadvertir tous, que comme une par-
„ tie d'innocens eft ne fçavoir les pechez, tant eft
„ fragile la nature humaine, que nôtre intention eft
„ que quand lefdits Pafteurs & Predicateurs exhorte-
„ ront le peuple d'eux de garder de femblables crimes
„ deteftables, il ne fera befoin fpecifier aucun d'iceux
„ par quelque demonftration ou explication, par où
„ le peuple pourroit apprendre comme ces impoftures
„ fe font, ou mettre les Auditeurs en quelque curio-
„ fité de le vouloir fçavoir; mais dire en termes gene-
„ raux, que toutes ces chofes & fpecialement les plus
„ frequentes, font actes diaboliques, damnez & re-
„ prouvez de Dieu, inventions des Efprits-malins
„ pour perdre & damner perpetuellement les perfon-
„ nes: Vous declarant que ce que les avons ici parti-
„ cularifez, eft feulement pour inftruire les Juges,
„ quand femblables malfaicteurs viennent en leurs
„ mains. Pourquoi pour effectuer ce que deffus,
„ vous ordonnons bien expreffement, & acertes,
„ qu'incontinent ces Prefentes receuës vous envoyés
„ les doubles d'icelles deuëment collationnées & au-
then-

,, thentiques, par toutes les Villes, Villages, & Sie-
,, ges de vôtre Ressort & Jurisdiction, leur mandant
,, qu'ils aient en chacun endroit soin, l'œil & bon regard
,, par tout, pour diligemment enquêter, & informer
,, de ces abus & crimes, afin de découvrir ceux qui
,, en seront entachez & coupables pour les chastier, &
,, signamment enquerir contre ceux ou celles qui peu-
,, vent être les plus diffamez d'être Devins, En-
,, chanteurs, Sorciers, Vandois, ou notez de sembla-
,, bles malefices & crime, & s'ils en sçavent aucuns
,, qu'ils ayent à proceder très-rigoureusement contre
,, eux, par toutes les peines, & châtimens severes, &
,, exemplaires, en conformité desdites Loix divines &
,, humaines, sans y faire faute, à peine de s'en pren-
,, dre aux défaillants. Partant que chacun se garde au-
,, tant qu'il veut éviter l'indignation de Dieu,& de Nous.
Le Synode de Ferrare en 1612. renouvelle ce que le
Concile de Trente a ordonné touchant les Superstitions.
(a) Voici comme il parle: ,, On doit faire tous les ef-
,, forts imaginables pour éloigner de la Religion Chrë-
,, tienne toutes les Superstitions: Aussi est-ce ce que le
,, saint Concile de Trente a très-expressement enjoint aux
,, Evêques. C'est pourquoi s'il s'est glissé quelques abus
,, ou quelques Superstitions dans l'invocation des Saints,
,, dans la veneration des Reliques, dans l'usage & le culte
,, sacré des Images, il faut que les Curez ayent soin de
,, les retrancher & de les abolir. Que si la malice des
,, hommes les empesche d'en venir à bout, nous leur or-
,, donnons de nous en donner avis, afin que nous appor-
,, tions les remedes necessaires à un si dangereux mal, &
,, que nous fassions en sorte qu'il ne se repande davantage.
Monsieur le Gouverneur Evêque de S. Malo dans
ses Statuts Synodaux de l'année 1618. (b) ,, a fait ce
,, Reglement contre toutes sortes de Superstitions: Tra-
,, vaillans à la correction des vicieux pour en arracher le
,, plus que nous pourrons d'entre les griffes du Diable,
,, nous devons principalement exterminer les Sorciers,
,, Devins & Magiciens, lesquels pour enforceler, devi-
,, ner, exercer incantations, prestiges, illusions, impos-
,, tures, & superstitieuses observations, pactizent avec
,, ce malin & tortu Serpent, qui gyre toûjours comme
,, un Lion pour trouver proye & devorer les ames:
,, ainsi qu'il fait par cet abominable crime, dont la peine
,, est le feu temporel en ce monde, & l'eternel en l'au-
,, tre, selon que le prouve bien au long le sieur de Lan-
,, cre Conseiller en son *Tableau*: Et comme fut jugé
,, par Arrest de Paris, le 2. Mars 1572. & par Arrest
,, d'Aix en Provence le dernier d'Avril 1611. confor-
,, mément à la Loy, *Nullus Aruspex, de Malef. &*
,, *Matth. C.* Mais si quelques Prêtres ou autres du
,, Clergé se trouvoient si horriblement méchans que de
,, se laisser aller à cette execrable & diabolique impieté,
,, outre que tous Sorciers sont excommuniez *eo ipso*, &
,, dénoncez tels par chacun Dimanche, Nous les de-
,, clarons indignes du Sacerdoce, & les suspendons à
,, perpetuité de la fonction & office Ecclesiastique: A-
,, jurans au nom de Dieu les Juges & autres Fideles
,, Chrétiens qui les reconnoîtront, de les chasser hon-
,, teusement hors des Eglises, & de toute societé Ca-
,, tholique, separer du residu du peuple, pour être en-
,, fin dégradez, & livrez à la Cour seculiere, suivant
,, l'exprès commandement de Dieu, qui dit en l'Exode 22.
Maleficos non patieres vivere; Et au Levitique 20. *l'hom-*
me ou la femme qui seront Sorciers ou Devins mouront de
mort, & seront lapidez de pierres. ,, (c) Les Sorciers &
,, Devins font paction expresse ou tacite avec Sathan,
,, & l'invoquent expressement ou tacitement: & lors-
,, qu'ils vont à leurs tenebreuses assemblées, où il preside
,, en forme d'un bouc de grandeur & figure monstrueu-
,, se, ils lui font homage, le baisant sous la queuë. Ils
,, se donnent & promettent obeissance à ce funeste bouc
,, infernal, qui leur aprend à renier & renoncer leur

,, Createur, mépriser la Vierge Marie, haussebecquer
,, les Saints, se mocquer des Sacremens, apostater de la
,, Foy & Religion Chrétienne, & abuser même des cho-
,, ses saintes & sacrées à faire leurs malefices: comme
,, des paroles de la Bible, de l'Eau benite, des saintes
,, Huiles, des cierges benits, voire quelquefois de la
,, tres-sainte Eucharistie: parce qu'il sçait bien qu'en
,, blasphemant contre la sainte Hostie, il blaspheme &
,, fait blaspheme contre Dieu, & qu'en instituant ses
,, signes és choses sacrées, il pipera plus facilement. En
,, contemplation de quoy le Docteur Horace Gambara
,, fait cet epiphoneme'': *O indignum facinus! cò ergo*
processit hominis furor ut quod Dæmones ipsi verentur, cre-
dunt & contremiscunt, quod ipsi Dæmones aspicere non au-
dent homo Dæmone ipso, quatum ad hoc, pejor fiat, ut
Sacrosancta esca & potu vitali, cælesti alimonia, pane vi-
tæ, esca vitæ, vita ipsa, poculo æternæ salutis, convivio
Dominico, viatico tuto peregcinationis nostræ, Paschate
Christianorum, manna abscondito, pane cœli, pane An-
gelorum, Sacramento Sacramentorum, spe salutis nostræ,
salute nostra ipsa, in sacrilegis abutatur Superstitionibus?
O bone Iesu, iterum Iudam! Adhuc Satellites & carnifi-
ces crucifigentes? Etiamnum membra diaboli in sanctissi-
mam carnem & pretiosissimum sanguinem tuum sævientes
sustines? Quàm verè scriptum est! miserationes tuæ super
omnia opera tua? ,, Les Sorciers instrumens de Sathan,
,, pour leurs actions magiques, usent de moyens & si-
,, gnes qui de leur vertu naturelle ne peuvent causer ni
,, produire les effets qu'ils promettent, & ne sont au-
,, torisez d'Ordonnance ni de disposition divine: com-
,, me quand ils portent, ou font porter des brevets, li-
,, gatures, caractéres, billets, crins de quelque beste,
,, pierres, ou anneaux, avec des lettres ou figures inep-
,, tes & billebarées, ou des noms barbares, inusitez &
,, inconnus, ou quelques termes du vieil ou nouveau
,, Testament écrits sur la peau, ou en parchemin qu'ils
,, appellent vierge, délié comme toile d'oignon, ou
,, meslez d'autre Superstition pour quelque occasion que
,, ce soit, quand en marmotant certains mots ils appli-
,, quent quelque chose au col d'un cheval pour lui
,, guerir le farcin d'une jambe, ou le mordent en une
,, oreille, pour le panser de quelque mal: quand ils em-
,, ployent pour cause efficiente certain nombre ou autres
,, fariboles improportionnées à l'effet: Quand ils disent
,, tenir un Demon enclos dans une phiole, pierre, mi-
,, roir, ou anneau, ne se prenant garde, qu'au contraire
,, ce sont eux que les Demons tiennent pris & enclos
,, dedans leurs pieges, garotez des liens & chaisnes de
,, leurs abominations: Quand sous pretexte de medica-
,, mens, ils murmurent quelques charmes qu'ils appel-
,, lent oraisons, versent de l'eau sur certaine herbe, se
,, servent d'un osier fendu, ou d'une mesure de cein-
,, ture, ou exercent autres remedes que la discipline des
,, Medecins condamne: même quand ils entreprennent
,, de dire la bonne aventure comme ceux que l'on ap-
,, pelle Bohemiens, ou soûtenir que les herbes cüeillies
,, avant que parler, ont plus de vertu qu'autrement:
,, Quant en proferant le nom de quelque Saint, ou
,, bourdonnant quelque verset d'un Psalme, ou autres
,, paroles dont ils affeublent leur magie, ils empeschent le
,, beurre de prendre, charment les chiens, estanchent
,, & arrestent le sang, font sauter un liard hors d'un
,, vase, tourner le saz, mouvoir un anneau, & son-
,, ner les heures en un verre. Que si quelques effets
,, en reussissent, c'est par l'artifice, ruse, astuce &
,, ministre du Diable, lequel à cause du damnable
,, pact & ministere d'entre lui & les Sorciers concourt
,, à telles applications, afin qu'ils lui ajoûtent foi, &
,, s'obstinent de plus en plus en leur perdition. Ainsi
,, quand ils ruinent & degâtent les vignes, les arbres
,, & les bleds, ou excitent des vents, grêles & tem-
,, pêtes, ou tuent hommes ou bêtes, ou leur don-
,, nent des douleurs & maladies: ou se mélent de
,, cheviller, noüer l'aiguillette & maleficier, en po-
,, sant les signes, ou appliquant leurs poisons & pou-
,, dres diaboliques. Le Diable opere tout cela soudain

D   qu'ils

(a) Tit. de Superstition. & Magic. artibus extermin. n. 6.
(b) Art. 21.
(c) On est aujourd'hui revenu de ces illusions, que cet Evêque un
peu trop credule rapporte ici comme ces choses bien averées.

„ qu'ils ont fait le fignal, ou marmote le mot par lui „ donné pour tel effet. Mais faut toûjours croire & „ tenir pour certain, que les Diables ni les Sorciers „ leurs fupofts ne peuvent rien fans la permiffion de „ Dieu, & pour ordinairement ne nuifent finon à „ ceux qui font en état de peché mortel, ou ne met- „ tent affez fermement leur efperance en Dieu. Et fi „ quelquefois Dieu permet que les Juftes foient enfor- „ celez ou autrement affligez, c'eft pour faire preuve „ de leur foi, patience & vertu, pour les punir & „ purger de leurs fautes, pour les humilier & abaiffer „ devant fa divine Majefté, pour les faire plus meri- „ ter & leur donner une plus riche & plus noble cou- „ ronne de victoire. Or puifque l'homme fidele aidé „ de la grace de Dieu, peut facilement refifter au Dia- „ ble & le faire fuir: puifque le Chrêtien fe tenant en „ la fauvegarde de celui qui bride la fureur de ces ef- „ prits rebelles, ne les doit point craindre; puifque „ celui qui eft bien avec Dieu eft maître & fuperieur „ de Sathan; ce feroit une lourde pufillanimité de „ craindre les Sorciers, qui ne font que miniftres, ef- „ claves & goujats de ce Dragon Apoftat, fur lefquels „ plûtôt chacun doit huer avec cette maxime": (a) Celui qui craint Dieu n'aura peur de rien. „ Les Sorciers font quelques vieilles mafques, „ vilaines, puantes & infenfées, & comme certifie „ Delrio, *Maleficæ omnes veneris mancipia funt.* Quel- „ ques hommes ignorans, affottez, méchans, hebe- „ tez, qui pour leur vie fcelerate font livrez en fens „ reprouvé, bref, comme dit *Greg. de Valent. homines „ impuræ vitæ,* qui néanmoins eftiment miracles les pi- „ peries & prodiges que le Diable fait par leur entre- „ mife: comme d'abondant ayant déceu, feduit & „ fuborné quelques hommes, il s'efforce d'en attraper „ encore d'autres par eux-mêmes, fous l'aparence de „ bienfait & de guerifon, afin de les rendre tous con- „ forts de fa damnation. C'eft pourquoi il follicite de „ recourir aux Sorciers, lefquels femblent guerir quand „ ils ceffent de tourmenter, & fouvent font perdre la „ vie de l'ame & du corps enfemble. Quoi qu'ils faf- „ fent, c'eft toûjours à deffein de nuire davantage au „ corps ou à l'ame & montrer qu'ils font, comme les „ loix Imperiales les appellent, dénaturez adverfaires „ du genre humain, & conjurez ennemis du falut „ commun. Jamais ils n'ôtent le mal d'un corps „ qu'ils ne le renvoyent en un autre: leurs cures „ font fauffes & prefque toûjours malencontreufes. „ Sathan ne fait jamais bien que pour prendre occa- „ fion de mal-faire, & s'il guerit le corps, il affaffi- „ ne l'ame. Parquoi S. Leon Pape I. difoit, *Serm.* „ 19. *de Paff. Beneficia dæmonum omnibus funt nocen- „ tiora vulneribus.* S. Jean. Chryfoftome *Hom.* 21. „ *ad Pop.* deploye les voiles de fon éloquence contre „ ceux qui appellent à leur fecours les Sorciers, & „ montre que nul ne peut recourir à eux, fans en- „ courir l'ire de Dieu. Joint que quiconque deman- „ de confeil, aide, faveur, avis ou nouvelles de „ quelque chofe aux Sorciers ou Devins, il peche „ mortellement. *Levit.* 19. & 20. *Deuteron.* 18. „ *Efai.* 8. 8. 19. 28. *&* 44. Une des caufes de „ la mort de Saül, eft d'avoir demandé confeil à la „ Devinereffe. 1. *Paral.* 10. Ochofias mourut defef- „ peré après avoir confulté Beelzebuth. 4. *Reg.* 1. „ Auffi eft-il illicite de prier un Sorcier de dêlier „ & ôter fon malefice & incantation. Bien peut-on „ contraindre, même par baftonnades, les Sorciers de „ trouver, lever, ôter, brûler ou rompre les ligatu- „ res & fignes magiques, que parfois ils cachent en „ quelque lieu, parce qu'en les détruifant on dé- „ truit la paction & tacite invocation du Diable, qui „ n'ayant pas permiffion de nuire corporellement par „ foi-même, la recherche fouvent pour nuire par fes „ Miniftres, & par leurs fignes malefiques; fi que

(a) 4. Reg. 17. Pf. 26. & 90. Ecclef. 34. Efai. 41. Et quis eft qui vobis noceat, fi boni æmulatores fueritis? 1. Pet. 3. & ibi Lorin.

„ quand ils font brifez, la nuifance ceffe toûjours, „ ou prefque toûjours: Soit parce que Dieu ne per- „ met pas au Demon de nuire librement, comme il „ voudroit aux hommes, ni fans la cooperation de „ l'homme méchant: Soit parce que le Demon mê- „ me a volontairement accoutumé de garder la pac- „ tion, pour plus finement piper les hommes qui o- „ fent s'y fier, quoi qu'il démorde aifement de fes „ marchez. Mais les plus affeurez, vrais & licites „ moyens pour diffoudre le malefice, font les reme- „ des furnaturels & Ecclefiaftiques, comme fe con- „ vertir à Dieu d'un cœur contrit & humilié, re- „ doubler fes prieres avec ferme foi, efperance & „ confcience pure, faire penitence, bien confeffer fes „ pechez, qui le plus fouvent font caufes des male- „ fices, recevoir devotement le très faint Sacrement „ de l'Euchariftie, jeûner, donner aumônes, prendre „ patience en fon affliction pour l'amour de Dieu, re- „ querir les fuffrages des perfonnes de pieufe & fain- „ te vie, employer les exorcifmes qui fe font felon „ l'inftitution de l'Eglife, ufer d'Eau-benite, *d'A- „ gnus Dei,* & du figne de la Croix, voyager en „ bonne devotion aux lieux où font gardées les Reli- „ ques des Saints, & où leur memoire eft celebrée, „ invoquer fur tout le nom de Jefus, implorer la fa- „ veur & l'interceffion de la bienheureufe Vierge Ma- „ rie & du bon Ange-Gardien, enfemble des autres „ Saints. Mais fi au lieu de cela, quelque Prêtre „ attente de conjoindre iterativement en mariage au- „ cuns maleficiez, qui déja auroient été bien & le- „ gitimement conjoints & mariez en face d'Eglife, il „ encourra excommunication *ipfo facto,* & fera trois „ ans fufpens *à divinis,* & en outre puni comme „ partifan du Diable qui fuggere telle rëiteration, „ pour injurier, profaner & avilir ce grand Sacre- „ ment. On peut voir à ce propos la Decretale *Lau- „ dabilem,* & la Decretale *Literæ, de frigid. & malef".* Sur quoi *Lotichius D. Divortium* dit: *Etfi triennali cohabitatione peracta, impedimentum fublatum non fit, debent fe præfentare Epifcopo ad impetrandam difpenfa- tionem pro contrahendo cum alio, vel cum alia.* „ Au „ refte quand aux Canadiens & autres Païens, que le „ Diable regente à baguette, & tyrannife à fa pofte, „ le fingulier & infaillible remede pour les liberer de „ fon joug, & garantir de fa tyrannie, eft la recep- „ tion du Baptême.

En 1623. Gregoire 15. par fa Bulle *Omnipotentis Dei,* ordonna de grandes peines *contre les Sorciers, & generalement contre tous ceux qui font pacte avec les Demons, & qui pratiquent quelque Superftition.*

CHAPITRE VIII.

Sentimens des Statuts Synodaux de Cahors, de Graffe & de Vence, de Beauvais, de Sens, de Namur, de Mâcon, d'Evreux, de Geneve, d'Agen, de Noyon, & du nou- veau Rituel de Reims, fur les Superfti- tions.

ENfin les Superftitions ont été condamnées de nos jours par plufieurs Prelats de l'Eglife.
Par de Solminiac Evêque de Cahors, dans fes Statuts Synodaux du 22. Avril 1631. (b) „ Ayant „ apris qu'il fe trouve en ce Diocefe des gens fi mifera- „ bles que d'avoir recours aux Sorciers & Devins, pour „ avoir par leur moyen guerifon de leurs maladies & de „ celles de leur beftail, comme auffi pour trouver les „ chofes perduës, & fe defendre d'être bleffez; dautant „ qu'il eft à craindre que par la continuation les efprits „ ne tombent enfin en une expreffe Idolatrie: nous en- „ joignons aux Recteurs, qu'en dénonçant excommuniez „ à

(b) c. 26.

,, à leurs Profnes, non feulement les Magiciens, De-
,, vins, Enchanteurs, & Sorciers; mais auffi tous ceux
,, qui ont recours à eux, ils expliquent au peuple l'enor-
,, mité du cas & l'importance de l'excommunication.
,, Que fi en oyant les confeffions, ils en trouvent quel-
,, ques-uns coupables de telles impietez: Nous leurs
,, faifons très-expreffes inhibitions & defenfes de les ab-
,, foudre, fi ce n'eft pour la premiere fois, après la-
,, quelle, s'ils y retombent, nous leur enjoignons qu'ils
,, ayent à les renvoyer par devers Nous, ou nôtre
,, Grand-Vicaire en nôtre abfence, pour recevoir l'ab-
,, folution. Declarons pour excommuniez tous Prêtres
,, & Clercs, qui fous pretexte de quelques maladies ou
,, autres occafions que ce foit, donnent des brevets,
,, ceintures, billets, où il y a des herbes, paroles, ca-
,, racteres ou autres chofes reprouvées par les faints
,, Decrets. Et fur ce qui nous a été reprefenté qu'il y a
,, plufieurs perfonnes de diverfes qualitez, qui ufent de
,, conjurations pour guerir les maladies: Nous leur de-
,, fendons très-expreffement lefdites conjurations, com-
,, me n'étant que de vrayes Superftitions contre la Foy
,, & Religion Chrêtienne, fur peine d'excommunication
,, contre telles perfonnes. Enjoignons à tous Recteurs
,, & Vicaires de le publier au Profne de leurs Eglifes,
,, autant de fois qu'ils le jugeront neceffaire".

Par Godeau Evêque de Graffe & de Vence, dans
fes Ordonnances & Inftructions Synodales; (a) ,, Les
,, Curez emploiront tous leurs foins pour bannir de
,, leurs Paroiffes les Superftitions populaires, & Nous
,, donneront avis de celles qu'ils trouveront les plus im-
,, portantes, & les plus enracinées, afin d'avifer aux
,, moyens propres pour les aracher fans bruit & fans
,, peril".

Par Potier & par Choart de Buzenval, Evêques
de Beauvais, dans leurs Statuts Synodaux imprimez en
1653. (b) ,, Les Curez & Vicaires avertiront les Ar-
,, chipretres & Doyens ruraux, des Superftitions, tant
,, pour guerir maladies, qu'autres ufitées en leurs Pa-
,, roiffes, s'ils en fçavent aucunes; & tiendront la main,
,, tant par leurs Inftructions, que par celles des Predi-
,, cateurs, qui n'y épargneront pas leur zele, à ce qu'el-
,, les foient entierement abolies".

Par Vialart Evêque de Châlon fur Marne, dans fon
feptieme Mandement du 26. Février 1650. (c) où il ordonne aux Doyens Ruraux de fon Diocefe, de s'informer s'il n'y a point quelqu'un *dans les Paroiffes de leurs
Doyennez*, ,, qui fe mefle dexorcizer les maladies, ou
,, les beftiaux, & d'ufer de Superftitions pour les guerir"; ce qu'il n'ordonne que dans le deffein d'arefter un
fi grand abus".

Par de Gondrin Archevêque de Sens dans fes
Statuts Synodaux publiez en 1658. (d) ,, Nous or-
,, donnons que nos Archidacres & Doyens Ruraux s'in-
,, formeront diligemment dans leurs vifites de tous les
,, abus & Superftitions qui fe pratiquent dans les Paroif-
,, fes, tant des Villes que de la Campagne, comme font
,, les brandons, conjurations de fievres, chancres,
,, feu volage, avives & autres maux, par certaines pa-
,, roles, billets ou ligatures, & en quelqu'autre ma-
,, niere que ce puiffe être, confultations de Devins,
,, preferences ineptes de certains jours ou certains mois,
,, foit pour les Mariages, foit pour les autres affaires,
,, comme fi les uns étoient heureux, les autres malheu-
,, reux, & autres de quelque efpece qu'elles foient, fous
,, pretexte de quelque coutume ou experience que ce
,, foit, afin d'y pourvoir felon l'exigence du cas, in-
,, ftruction & pouvoir à ceux que nous jugerons à pro-
,, pos, pour les deraciner & en defabufer les Fideles,
,, exhortent cependant les Curez à remontrer à leur peu-
,, ple, que ces Superftitions ne font autre chofe que
,, des reftes du Paganifme & des inventions du Demon;
,, par lefquelles il tâche de les tromper & de les détour-

,, ner de l'obligation qu'ils ont dans leurs adverfitez
,, de recourir à Dieu".

Par de Wachtendonk Evêque de Namur, dans
fes Statuts Synodaux de l'an 1659. (e) où il ordonne
aux Curez de fon Diocefe ,, d'avertir foigneufement
,, leurs Paroiffiens qu'ils ayent à éviter les Superftitions
,, dont le menu peuple eft fouvent infecté par ignorance.
,, *Quiniam rudis populus ex ignorantina frequenter Super-
,, ftionibus inquinatur, Parochi fubditos fuos diligen-
,, ter de illis cavendis doceant*". Paroles qui font tirées
du Concile Provincial de Malines en 1607".

Par de Lingendes Evêque de Mâcon dans fes
Ordonnances fynodales de la même année: (f) ,, Nous
,, avons défendu & défendons, fous peine d'excom-
,, munication, à tous les fideles de nôtre diocefe, de
,, plus continuer à lavenir dans la Superftition de gar-
,, der le fabath, & de s'abftenir en ce jour d'aucun la-
,, beur ou travail auquel on fe peut appliquer aux autres
,, jours ouvrables &c. Nous défendons pareillement, &
,, fous les mêmes peines, tout autre ufage fuperfti-
,, tieux en quoi qu'il puiffe confifter, foit en la diftinc-
,, tion des temps & jours, alors que l'on croit que les
,, uns font heureux, les autres malheureux; foit dans
,, l'employ de certaines paroles & prieres, fi on pre-
,, fume d'en employer qui ne foient point approuvées
,, par l'Eglife, foit dans la practique de certaines cou-
,, tumes vaines, ridicules, ou impies, & aufquelles
,, la feule ignorance du vray culte de Dieu & la mau-
,, vaife tolérance peut avoir donné cours, foit dans
,, l'application de certains medicaments & remedes,
,, qui étant fans vertu naturelle, pour la guerifon des
,, maladies ne peuvent reuffir que par dependance de
,, quelque commerce & pacte exprès ou tacite avec
,, les Demons. Si quelque chofe de femblable s'eft
,, introduit dans quelques paroiffes, nous enjoignons
,, aux Pafteurs & Curés ou Vicaires de nous en infor-
,, mer & d'inftruire leurs peuples fur ce fujet, les aver-
,, tiffant de nos défences, & de l'excommunication
,, qu'encoureront ceux qui auront l'infolence de les en-
,, fraindre & meprifer".

Par de Maupas du Tour Evêque d'Evreux dans les
Statuts & Ordonnances de fon Diocefe de l'an 1664.
,, (g) Nous condamnons toutes fortes de Superftitions,
,, & enjoignons à nos Curez de nous en donner avis,
,, comme de celles qui fe pratiquent en de certains lieux
,, avec impieté en la reception des Cendres, des Sages-
,, femmes qui fe prefentent à l'Eglife en la place des
,, femmes decedées en leurs couches, des reprefenta-
,, tions des Ceremonies de l'Eglife en portant une biere
,, & une Croix avec rifée & mocquerie, conjuration
,, de fiévres, chancres, feu volage & autres maux, par
,, certains conjurations, paroles, billets, ligatures,
,, confultations de Devins, preference de certains
,, jours, foit pour les mariages, foit pour autres af-
,, faires".

Par S. François de Sales & par d'Aranton d'Alex
Evêques de Geneve, dans leurs Conftitutions & Inftructions Synodales, imprimées à Paris en 1673. (h)
,, D'autant que la Superftition n'eft pas moins contraire
,, à la Religion que l'impieté, Nous exhortons nos Cu-
,, rez d'être vigilans fur les peuples, & notament fur
,, les femmelettes & les idiots, afin qu'ils ne rendent à
,, Dieu ni aux Saints aucun culte fuperftitieux, leur
,, enfeignant de quelle maniere ils doivent honorer les
,, Saints, leurs Reliques & les Images. Enjoignons à
,, tous Curez & Vicaires d'enjoindre fous peine d'ex-
,, communication à leurs Paroiffiens qu'ils n'ayent au-
,, cun recours aux Sorciers & Devins, pour guerir ou
,, eux ou leur beftail, pour trouver des chofes perduës,
,, pour noüer ou denouer l'aiguillette, charmer ou dé-
,, charmer, & pour ce de fe fervir de brevets, ceintu-
,, res,

(a) Tit. 1. c. 15. n. 22.
(b) Art. 41.
(c) 3. Part. n. 7.
(d) Tit. Des coutumes abufives, n. 6.

(e) Tit. 14. c. 1.
(f) Tit. de l'obfervance du Sabath & autres fuperftit.
(g) Tit. des Couftum. abufives, n. 6.
(h) Part. 1. tit. 3. c. 11. n. 1. & 2.

„ res, billets, où il y a des herbes, des paroles & des
„ caractères, & telles autres choses reprouvées par
„ les saints Canons".

Par Joly Evêque d'Agen, dans les Statuts &
Reglemens qu'il a faits pour son Diocese depuis l'année
1666. (a) & qu'il a confirmez dans son Synode en 1673.
„ Les Archiprêtres & les Curez s'informeront diligem-
„ ment des Superstitions & abus locaux qui se prati-
„ quent dans leurs Détrois & Paroisses, & s'employe-
„ rons avec zele à les abolir, se servant de remontrances
„ & corrections, & en cas de contumace, de la suspen-
„ sion & de l'Absolution Sacramentelle ; & si le crime est
„ public, de l'interdiction de l'entrée de l'Eglise. Ils re-
„ presenteront au peuple que ces abus sont des restes du
„ Paganisme & Idolâtrie, & des Inventions du Demon,
„ qui étant le Singe de Dieu, se fait à sa mode une Re-
„ ligion & des Adorateurs. Telles sont les divinations,
„ conjurations, predictions fondées sur l'Astrologie Ju-
„ diciaire, la croyance aux songes, les billets, brevets,
„ caractères, ligatures, distinction de mois & de jours
„ heureux ou malheureux pour le mariage, rencontre de
„ certaines personnes ou animaux, cueillir ou porter des
„ herbes sur soy, certains jours ou heures, procurer la
„ guerison des hommes & des animaux en prononçant
„ de certaines paroles, ou faisant de certaines figures,
„ faire tourner un crible, consulter les Demons ou leurs
„ Supposts, pour retrouver ce que l'on a perdu, ou de-
„ viner celui qui l'a pris. Les Curez empescheront aussi
„ la lecture des Livres de Magie, heretiques & des
„ honnestes.

Par Clermont de Tonnerre Evêque de Noyon
„ dans les Statuts Synodaux de son Diocese publiez le
„ 3. Octobre 1673. (b) „ Les Curez & Vicaires infor-
„ meront nôtre Archidiacre & nos Doyens Ruraux,
„ des Superstitions dont on se sert sous pretexte de
„ guerir les maladies, dans leurs Paroisses, & tiendront
„ la main tant par leurs instructions, que par celles des
„ Predicateurs, afin qu'elles soient entierement abolies,
„ qu'il ne reste aucun vestige d'erreur dans une Reli-
„ gion toute pure & toute veritable, & que l'Eglise,
„ qui est l'Epouse de Jesus-Christ, n'ait pas le
„ moindre commerce avec la Superstion, qui est son
„ ennemie.

Et par le Tellier Archevêque de Reims, dans
le Rituel de la Province de Reims, imprimé en l'année
1677. dans lequel il ordonne aux Doyens Ruraux de
son Diocese, de s'informer dans leurs visites, „ *Si dans*
„ *les Paroisses* il y regne des Superstitions & quelles?
„ Afin que les ayant reconnues, on y puisse apporter
„ les remedes convenables".

CHAPITRE IX.

*Que les Superstitions sont des Cas reservez aux
Evêques. Qu'elles causent de grands maux
à ceux qui les observent. Trois regles generales par lesquelles on peut reconnoître qu'une
chose est superstitieuse. Que les Ceremonies de
l'Eglise ne sont nullement superstitieuses.*

IL est aisé de reconnoître par ce que nous venons de
rapporter dans les sept derniers chapitres, que l'E-
glise a toûjours été fort opposée aux Superstitions, &
qu'elle les a condamnées en divers temps par diverses
Ordonnances tres-expresses.

Plusieurs des Evêques que nous avons citez, & plusieurs autres que nous n'avons pas citez, les condamnent encore d'une autre maniere, soit dans leurs Statuts
Synodaux, soit dans leurs Reglemens ou leurs Mandemens particuliers, en les mettant au nombre des pechez
les plus énormes, ou, comme l'on parle ordinairement,
des *Cas* qui leur sont *reservez*.

(a) Tit. 39.
(b) Titre du Service & Culte divin n. 40.

C'est ce qu'on fait entr'autres Mess. le Cardinal de
Longueville, le Vaillant, & de l'Aubespine Evê-
ques d'Orléans, Guillard Evêque de Chartres, du
Bellay Evêque de Paris, le Cardinal de Guise Ar-
chévêque de Reims, Hauchin & Hovius Archevê-
ques de Malines, le Cardinal de Perron Evêque
d'Evreux, de Marconnay Evêque de S. Brieu, de
Gondy Evêque de Paris, le Gouverneur Evêque de
S. Malo, le Cardinal de Sourdis Archevêque de
Bourdeaux, S. François de Sales & d'Aranton d'Alex
Evêques de Geneve, de Harlay Archevêque de
Roüen, d'Estampes Evêque de Chartres, de Gondy
Archevêque de Paris, de Goudrin Archevêque de
Sens, d'Elbene Evêque d'Orleans, de Roquette Evê-
que d'Autun, Joly Evêque d'Agen, Forcoal Evêque
de Séez, de Froulay de Tessé Evêque d'Avranches,
& le Tellier Achevêque de Reims.

Mais quelque effort que l'Eglise ait fait, & quelques armes qu'elle ait mises en usage pour exterminer
les Superstitions, cela n'a pas empesché qu'elles n'a-
yent jetté de profondes racines dans les esprits des peuples, & quelles n'y causent encore aujourd'hui d'é-
tranges desordres: Car c'est par les Superstitions que le
Demon rentre en possession des ames d'où il avoit été
chassé par la vertu de la Croix. C'est par les Superstitions qu'il oblige les Chrêtiens de renoncer aux vœux
solemnels de leur Batême. C'est par les Superstitions
qu'il leur fait perdre l'esperance qu'ils doivent avoir
en Dieu, pour la leur faire mettre dans des vanitez
pleines de mensonge, & qui les rendent les ennemis
de Dieu. Enfin c'est par les Superstitions qu'il les
fait tomber dans des pechez mortels & énormes, qui
après les avoir assujettis à sa cruelle tyrannie, les engagent à une éternité de peines inconcevables.

Il est donc important de les instruire sur le sujet des
Superstitions, & de leur faire connoître au vray & seu-
rement, quand une chose est superstitieuse & illicite, a-
fin qu'ils se donnent de garde de la commettre. Or
voici les regles les plus seures qu'on leur sçauroit proposer pour cet effet.

La I. UNE CHOSE EST SUPERSTITIEUSE ET
ILLICITE, LORSQU'ELLE EST ACCOMPAGNE'E
DE CERTAINES CIRCONSTANCES QUE L'ON
SÇAIT N'AVOIR AUCUNE VERTU NATUREL-
LE, POUR PRODUIRE LES EFFETS QUE L'ON
EN ESPERE.

C'est par cette regle que S. Thomas conclut (a)
que l'*Art notoire est illicite* ; „ *parce que*, dit-il, pour
„ acquerir de la science, il se sert de certaines
„ choses qui n'ont pas d'elles-mêmes la vertu d'en
„ donner, comme par exemple de l'inspection de
„ certaines figures, de la prononciation de certai-
„ nes paroles inconnuës, & d'autres semblables pra-
„ tiques. C'est pourquoi cet Art ne se sert pas de
„ ces choses, comme causes de la science, mais
„ seulement comme signes. Or il ne s'en peut pas
„ servir comme des signes instituez de Dieu, tels que
„ sont les signes des Sacrements, D'où il est clair ce
„ sont des signes superstitieux, & qui appartiennent
„ par consequent à quelques pactes faits avec les De-
„ mons.

Il raisonne de la même maniere en parlant des *vaines observantes* (ainsi les appellent ceux qui ont ecrit
de la Theologie en François) qui regardent la santé des corps. Voici ses paroles: (b) „ dans les cho-
„ ses qui se font pour produire quelques effets parti-
„ culiers, il faut considerer si elles, semblent pou-
„ voir produire naturellement ces effets; car ainsi
„ elles ne seront pas illicites, parce qu'il est permis
„ de se servir des causes naturelles pour leur faire
„ produire les effets qu'elles sont capables de pro-
„ duire. De sorte que si elles semblent ne pouvoir
„ naturellement produire ces effets, il s'ensuit qu'on ne
                                  les

(a) 2. 2. q. 96. a. 1. in Corp.
(b) Ibid a. 2. in Corp.

„ les employe point pour les produire comme caufes,
„ mais feulement comme fignes; & de cette maniere,
„ elles fe rapportent aux pactes que l'on fait avec les
„ Demons".

Il dit enfuite que „ (a) fi l'on employe fimplement les
„ chofes naturelles pour produire des effets que l'on
„ croit qu'elles ont la vertu naturelle de produire, cela
„ n'eft ni fuperftitieux, ni illicite. Mais que fi l'on fe
„ fert ou de certains caracteres, ou de certaines paroles,
„ ou de quelqu'autre pratique, qu'il eft vifible n'avoir
„ nulle vertu naturelle pour produire les effets que l'on
„ en efpere, alors cela eft fuperftitieux & illicite".

Suivant cette regle, il eft aifé de juger que la pratique de certains païfans de nôtre voifinage eft fuperftitieufe & illicite, lefquels, quand ils ont des chevaux malades de certaines maladies, les menent dans un bois où
il y a une pierre autour de laquelle ils les font tourner
trois tours, s'imaginant que cela eft capable de les guerir. Car quelle vertu a la pierre autour de laquelle on
fait tournir ces chevaux, & quelle vertu ont les trois
tours qu'on leur fait faire autour de cette pierre? Il eft
certain que ni cette pierre, ni ces trois tours, n'ont
nulle vertu naturelle pour guerir les maladies des chevaux, foit qu'on prenne cette pierre & ces trois tours
feparément, foit qu'on les prenne enfemble.

Si cette pierre jointe à ces trois tours, ou ces trois
tours joints à cette pierre, avoient naturellement la vertu qu'on leur attribuë de guerir les chevaux malades de
certaines maladies, toutes les autres pierres, & tous les
trois autres tours de même efpece joints enfemble, la
devroient auffi avoir, puifque ce qui convient à une
efpece en general, convient en particulier à tous les individus qui la compofent : comme parce que l'homme
univerfellement parlant, eft raifonnable, il eft vrai de dire en particulier que Pierre, que Jean, que Jacques &c.
font raifonnables.

Cependant que l'on faffe tourner tant qu'on voudra
des chevaux malades des mêmes maladies que ceux que
l'on promene autour de cette pierre, & ceux même que
l'on y promene autour d'une autre pierre, que celle
dont il s'agit; que l'on les faffe tourner trois tours ailleurs, & de la même maniere que l'on fait dans le bois
dont j'ai parlé; je fuis certain que ni cette autre
pierre, ni ces trois autres tours ne les gueriront point
de leurs maladies.

Ni la pierre jointe aux trois tours, ni les trois tours
joints à la pierre, n'ont donc pas naturellement la vertu
de guerir les chevaux malades.

Les trois tours tout feuls ne l'ont pas auffi, parce
que s'ils l'avoient, il n'y auroit qu'à les faire faire à
ces chevaux par tout ailleurs que dans le bois où on les
leur fait faire ordinairement; & toutesfois il faut qu'ils
les faffent autour de la pierre qui eft dans ce bois & non
ailleurs, fi l'on veut qu'ils gueriffent de leurs maladies.

La pierre toute feule ne l'a pas non plus, tant parce que les autres pierres de même efpece, de même
figure, de même couleur, & de même poids, fi vous
voulez, ne l'ont pas, qu'à caufe que fi elle l'avoit,
il fuffiroit d'en faire approcher les chevaux malades,
ou de la leur faire toucher, fans qu'il fut befoin de
les faire tourner trois tours à l'entour. Et neanmoins
on ne fe contente pas de les en faire approcher, &
de la leur faire toucher, on leur fait tourner trois
tours à l'entour, fans quoi on fe figure qu'ils ne gueriront point.

Puis donc que ni la pierre toute feule fans les trois
tours, ni les trois tours tout feuls fans la pierre, ni la
pierre & les trois tours joints enfemble, ne peuvent
naturellement procurer la guerifon aux chevaux, &
que cependant les trois tours qu'on leur fait faire autour de la pierre la leur procure, il faut de neceffité,
felon la regle que nous venons d'établir, que ce remede
foit fuperftitieux & illicite.

Mais au refte, il eft bon de remarquer, que cette
premiere Regle n'a point de lieu à l'égard des effets

(a) Ad. I.

furnaturels, qui ont Dieu pour caufe, & qui pour cette raifon ne peuvent nullement être appellés fuperftitieux ni illicites. C'eft pourquoi elle peut être éclaircie
& expliquée par

La II. UNE CHOSE EST SUPERSTITIEUSE ET IL-
LICITE, LORSQUE LES EFFETS QUE L'ON EN ATTEND,
NE PEUVENT ESTRE RAISONNABLEMENT ATTRIBUEZ
NI A DIEU, NI A LA NATURE.

Cette Regle eft prife de l'article troifiéme de la Cen-
fure de la Faculté de Theologie de Paris en 1398. (b)
Elle eft prife auffi de ces paroles de Gerfon, approu-
vées dans le Traité *des Superftitions* de Martin de Arles,
Docteur en Theologie, Chanoine & Archidiacre de la
Vallée d'Aibar dans l'Eglife de Pampellonne. (c).

Ce grand Homme dit encore la même chofe, conformément à la penfée des Saints Peres, & fur tout de S.
Auguftin (d).

Ainfi c'eft une Superftition toute pure, que de s'i-
maginer, parce qu'il y a treize perfonnes à une table,
qu'il en moura une dans l'année; comme fi Dieu ou la
nature, avoit imprimé au nombre de treize une qualité
fatale & funefte à une des treize perfonnes affemblées
dans un mefme lieu, pour manger à une même table.
Ce qui eft une vaine & ridicule imagination, & toutesfois affez commune parmi les gens même qui fe croyent
au deffus du commun, jufques-là qu'on en a vû qui fe
trouvant treize à table, en ont fait fortir un des treize,
où y ont fait mettre un de leurs domeftiques, pour
rompre le nombre de treize. Neanmoins il eft évident
que ce nombre n'a de foi nul rapport & nulle proportion naturelle avec la mort, & que Dieu ne l'a point
établi dans l'ordre de fa Providence pour être le meurtrier de qui que ce foit.

Mais comme nôtre premiere Regle n'a point de lieu à
l'égard des chofes qui font d'inftitution divine, la feconde n'en a point auffi à l'égard des chofes qui font
d'inftitution Ecclefiaftique : Car on ne peut pas dire abfolument qu'un effet foit fuperftitieux, lorfqu'il ne peut
être attribué ni à Dieu, ni à la nature; puifque s'il eft
de l'inftitution de l'Eglife, cela fuffit pour le rendre
exempt de toute forte de Superftition, parce que Dieu
a donné à l'Eglife le pouvoir d'établir quantité de Ceremonies, qu'il n'a pas jugé à propos d'établir lui-même.
Et quoique ces Ceremonies ne produifent leurs effets
que par la vertu divine, leur établiffement ne laiffe pas
d'être legitimement attribué à l'Eglife, & d'avoir l'E-
glife pour veritable caufe. Voilà pourquoi il faut pofer
cette autre Regle, qui eft

La III. UNE CHOSE EST SUPERSTITIEUSE, LORS-
QUE LES EFFETS QU'ELLE PRODUIT, NÉ PEUVENT
ESTRE ATTRIBUEZ A LA NATURE, ET QU'ELLE N'A
ESTE' INSTITUE'E NI DE DIEU, NI IMMEDIATEMENT
DE L'EGLISE POUR LES PRODUIRE.

La preuve de cette Regle fe tire du Concile Provincial de Malines en 1570. (e) lequel affeure qu'il y a de
la

(b) *Où il eft dit :* Intendimus pactum effe implicitum in omni
obfervatione fuperftitiofa, cujus effectus non debet à Deo vel à
natura rationabiliter exfpectari.

(c) Opufc. adverf. Doctrinam cujufdam Medici delati in Mon-
te-peffulano &c. Propof. 4. Omnis obfervatio, cujus effectus exfpectatur aliter quàm per rationem naturalem, aut per divinum
miraculum, debet rationabiliter reprobari, & de pacto Dæmonum expreffo vel occulto vehementer haberi fufpecta.

(d) Tract. de errorib. circa artem Magiæ & articulis reprobatis.
Obfervatio ad faciendum aliquem effectum, qui rationabiliter exfpectari non poteft à Deo miraculofe operante, nec à caufis naturalibus, debet apud Chriftianos haberi fuperftitiofa & fufpecta
de fecreto pacto implicito vel expreffo cum Dæmonibus. Ifta eft
doctrina fanctorum Doctorum & nominatim Auguftini in locis
pluribus.

(e) Tit. de Superftit. *L'Ordonnance de ce Concile eft bien remarquable : Voici en quels termes elle eft conceuë :* Cùm rectò maneat
facrofancta Synodus Tridentina, ut omnis fuperftitio tollatur; docet hæc Sydodus omnem illum rerum ufum effe fuperftitiofum,
qui fine verbo Dei & Ecclefiæ Doctrina fit præfcriptis aliquis ritibus & obfervantiis, quarum rationabilis caufa reddi non poteft,
& fiducia in ejus collocatur certò exfpectandi aliquem eventum,
qui fine illis ritibus ex Sanctorum interceffione non fperaretur,
aut quæ in cultu Sanctorum ex temeritate, aut quadam levitate
potiùs quàm pietate & vera in Deum religione fieri videntur.

E

la Superstition dans toutes les choses qui se font sans l'autorité de la parole de Dieu ou de l'Eglise, avec certaines pratiques & certaines Ceremonies dont on ne peut rendre de raison valable, & avec asseurance d'obtenir quelques effets que l'on n'esperoit pas sans cela.

La même Doctrine est expliquée encore plus nettement dans un autre Concile Provincial de Malines en 1607. (a) où il est enjoint aux Curez d'instruire soigneusement leurs peuples touchant les pratiques superstitieuses, & sur tout de leur enseigner que c'est une Superstition que d'attendre quelque effet que ce soit d'une chose qui ne le peut produire ni par sa vertu naturelle, ni par l'institution de Dieu, ni par l'approbation ou le consentement de l'Eglise.

Le Synode Diocesain de Namur en 1659. repete les mêmes paroles, & Denys le Chartreux (b) rapporte celles d'un ancien Theologien qui avoit tiré la plûpart du Traité qu'il avoit fait *des Superstitions* du Livre de Guillaume de Paris *De fide & legibus*, & (c), qui parle dans le même sens.

Il est clair par cette Regle, que les Ceremonies dont l'Eglise se sert, soit dans l'usage & l'administration des Sacremens, soit en d'autres rencontres, ne sont nullement superstitieuses. Car encore qu'elles ne produisent pas naturellement les effets pour lesquels elles sont établies, neanmoins comme l'Eglise, qui a receu de Dieu la puissance de les établir, n'attend ces effets que de Dieu, elles sont veritablement de l'institution de l'Eglise, laquelle étant conduite par l'Esprit Saint, ne peut jamais être souillée d'aucune tache de Superstition.

Or que l'Eglise ait reçu de Dieu la puissance d'établir des Ceremonies, c'est ce qui paroit par ces paroles de l'Evangile de S. Mathieu, où Jesus-Christ dit à ses Apôtres: ,, Rendés la santé aux malades, ressuscités les morts, guerissés les Lépreux, chassez les Demons ''; (d) Ce qu'ils ne pouvoient faire sans quelques Ceremonies.

Cela paroît encore par ce que le même Sauveur dit à ses Disciples en ces termes: (e) ,, Maintenant je vous ,, donne le pouvoir de fouler aux pieds les serpens & ,, les scorpions, & toute la puissance de l'ennemi, & ,, rien ne vous pourra nuire.

C'est aussi ce que nous apprenons du Concile de Trente, lorsqu'il declare, (f) ,, Qu'en ce qui regarde ,, la dispensation des Sacremens (hors les choses qui sont ,, de leur essence) l'Eglise a toûjours eu le pouvoir d'or- ,, donner & de changer ce qu'elle a jugé plus expédient ,, pour le bien de ceux qui les reçoivent, ou pour pro- ,, curer aux Sacremens le respect qui leur est deû.

Il asseure ensuite, *Que c'est-là ce que l'Apôtre a voulu dire par ces paroles:* (g) ,, Que les hommes nous consi- ,, derent comme les Ministres de Jesus-Christ, & ,, comme les Dispensateurs de ses Mysteres. Aussi est ,, il certain, *continuë ce Concile*, que le mêmeApôtre ,, s'est servi de ce pouvoir en plusieurs rencontres, ,, mais particulierement au sujet du Sacrament de l'Eu-

,, charistie, lors qu'ayant reglé quelques pratiques qui ,, concernoient l'usage qu'on en devoit faire, il dit ''. Qu'il reglera les autres choses, quand il sera venu: *Cetera, cùm venero, disponam.* Ce que S. Augustin a entendu de la même maniere que le Concile de Trente, quand il a dit: (b) *Ideo non præcepit quo deinceps ordine sumeretur Eucharistia, ut Apostolis, per quos Ecclesias dispositurus erat, servaret hunc locum.*

Et il ne faut pas s'imaginer que le pouvoir que le Fils de Dieu a donné à ses Apôtres & à ses Disciples d'instituër des Ceremonies dans l'Eglise, ait été attaché aux personnes des Apôtres & des Disciples, de maniere qu'après leur mort, & même durant leur vie, il n'ait pas été communiqué à ceux qu'ils ont établis pour gouverner l'Eglise, & à leurs Successeurs legitimes. Car comme le Diable ne cesse jamais de tourmenter les Fideles, & que selon l'expression de l'Apôtre S. Pierre, (i) ,, Il ,, tourne autour d'eux comme un Lion rugissant, cher- ,, chant qui il pourra devorer '': L'Eglise conservera jusqu'à la fin des siécles la puissance de lui resister par les Sacremens & par les saintes Ceremonies qu'elle pratique, suivant les divers besoins que ses enfans en ont, puisque jusqu'à la fin des siécles, elle aura par exemple des Exorcistes parmi ses Ministres, & que la fonction des Exorcistes est de chasser des creatures la malignité du Demon, afin de lui en ôter la possession injuste, & d'effacer toutes les impressions & toutes les traces de sa tirannie. Et de même que cet esprit de tenebres, dans le dessein qu'il a de nous nuire & de nous perdre, abúse souvent contre Dieu & contre ses serviteurs des choses corporelles, dont il est demeuré le maître & le tyran depuis le péché de nôtre premier pere: Ainsi l'Eglise sanctifie ces mêmes choses par certaines prieres & certaines Benedictions, les transfere dans la liberté de l'esprit de Dieu, & leur imprime la vertu de repousser les efforts du Diable, & de les rendre inutiles.

Si bien que ce que l'Apôtre S. Paul dit (k), ,, Qu'on ,, ne doit rien rejetter de ce qui se mange avec action ,, de graces, parce qu'il est sanctifié par la parole de ,, Dieu & par la Priere '', se peut fort bien appliquer à toutes les creatures qui sont destituées par l'Eglise aux usages de l'homme, & sur lesquels l'Eglise répand la bonté de son esprit, qui est l'esprit de Dieu même, en les purifiant par la Foi & par les Prieres.

Ainsi pourveu que les Fideles se contiennent dans les bornes que l'Eglise leur prescrit à l'égard des Ceremonies, & qu'ils n'y ajoûtent rien du leur, rien de faux, rien de superflu, rien de nouveau, rien d'étranger, ils n'ont pas sujet de craindre de tomber dans la Superstition, en pratiquant les Ceremonies de l'Eglise.

CHAPITRE X.

Quatriéme Regle générale par laquelle on peut reconnoître qu'une chose est superstitieuse. Ce que c'est qu'un pacte exprès & un pacte tacité avec le Demon, & en combien de manieres l'un & l'autre se peuvent faire.

PUisque toute Superstition suppose de necessité un pacte avec les Demons, ainsi que nous l'avons montré dans le I. Chapitre, il faut, par une consequence infaillible, que tout pacte avec les Demons soit superstitieux. Ainsi on peut établir cette

IV. Regle. UNE CHOSE EST SUPERSTITIEUSE LORS QU'ELLE SE FAIT EN VERTU D'UN PACTE TACITE OU EXPRES AVEC LES DEMONS.

On fait un pacte exprès avec les Demons, 1. Quand par soi-même on invoque expressément les Demons en implorant leur secours & en leur promettant obéïssance

&

(a) Tit. 15. de Superstit. c. 3. Et quoniam, *dit ce Concile*, rudis populus sæpè ex ignorantia Superstitionibus inquinatur. Parochi subditos suos diligenter de illis doceant, & inter cætera, superstitiosum esse exspectare quemcumque effectum à quacumque re, quem res illa nec ex sua natura, nec ex institutione divina, nec ex ordinatione vel approbatione Ecclesiæ producere potest.

(b) Tit. 14. c. 1.

(c) Tract. de Superstit. art. 9. In applicatione rerum naturalium, *dit-il*, ad effectus quos naturaliter possunt producere, non consistit superstitio nec peccatum. Si autem jungantur caracteres aut nomina, vel res etiam sacratæ, aut aliæ res quæcumque, quas certum est naturalem efficaciam non habere, nec etiam ex institutione Dei sive Ecclesiæ ad id, propter quod adjunguntur, seu assumuntur, superstitiosum erit atque illicitum. Et si effectus qui quæritur ibi, sequatur, non evenit nisi à casu aut Dæmone, seu quadam obligatione societatis perniciosæ hominis cum Dæmone; quæ societas tanto prudentiùs est vitanda, quanto id quod adhibetur, efficacius posse prodesse videtur, præsertim dum latet qua causa quid valeat, & ubi Superstitionis veneno ambigitur.

(d) Cap. 10.
(e) Luc. 10.
(f) Sess. 1. c. 2.
(g) Corint. 4.

(b) Epist. 118. ad Januar.
(i) 1. Petr. 5.
(k) 1. Tim. 4.

& fidélité, soit qu'on les voye d'une maniere sensible, ou qu'on s'imagine les voir.

2. Quand on les invoque expressement par le ministere d'autrui, soit qu'on apprehende de les voir & de traiter visiblement avec eux; soit qu'on croye obtenir plus facilement d'eux ce qu'on souhaite par l'entremise des personnes qui leur sont affidées & qui ont beaucoup de liaison avec eux.

3. Quand on fait quelque chose qu'on leur attribuë, ou dont on attend l'effet d'eux, ainsi qu'enseignent (a) S. Thomas, le Cardinal Cajetan & le Docteur Navarre.

De quelqu'une de ces trois manieres qu'on les invoque, on ne le peut faire sans Superstition, parce qu'on leur rend un culte qui n'est deu qu'à Dieu, qui veut que nous n'adorions & que nous ne servions que lui seul (b).

On fait un pacte tacite avec les Demons, lorsque sans convenir expressement avec eux de quoique ce soit, sans les invoquer visiblement, ni par soi même, ni par autrui, sans leur attribuer ce que l'on fait & sans en attendre l'effet d'eux, l'on se sert de certaines choses qui n'ont nulle vertu, ni naturelle, ni surnaturelle pour produire ce qu'on en espere, & qui ne sont ni d'institution divine, ni d'institution Ecclesiastique.

Or cela peut arriver en huit manieres, selon le sentiment des Theologiens (c).

1. Quand on fait les choses avec certaines conditions vaines & inutiles, que l'on croit neanmoins necessaires, comme quand on fait fort sur des paroles de l'Ecriture-Sainte ou des offices divins, pourveu qu'elles soient écrites d'une certaine façon, sur certaine matiére, à certain temps & à certaine heure; ou quand on porte sur soi certaines herbes, ou certaines feuilles cueillies à certains jours & à certains momens; ce qui ne peut être conforme ni au culte de Dieu, ni à la droite raison. C'est ce que nous marque Martin de Arles dans son Traité des Superstitions (d).

Celui-là tomberoit dans cette Superstition qui croiroit qu'en portant sur soi l'Evangile *In principio erat Verbum*, &c. escrit sur du parchemin vierge, & renfermé dans un tuyau de plume d'oye, le premier Dimanche de l'année, une heure avant le Soleil-levé, il seroit invulnerable, & se garentiroit de quantité de maux.

C'est la pensée de Jean François Bon homme Evêque de Verceil, dans les Decrets de sa visite Apostolique, (e) où après avoir condamné en particulier certaines prattiques Superstitieuses, ne pouvant les specifier toutes par le menu & en détail, il donne cette marque pour les reconnoître: ,, Et parce que Nous ne poubs vons pas aisement comprendre dans ce Decret toutes les différentes espéces de Superstitions, Nous déclarons superstitieuses en général toutes les choses ,, qui se font, en y observant indéfiniment, certain ,, temps, certain nombre & certain lieu, comme étant contraires au vrai culte de Dieu & à l'usage de ,, la sainte Eglise Catholique.

C'est aussi la pensée de S. François de Sales & de Monsieur d'Aranton d'Alex, Evêques de Genéve dans leurs ,, Constitutions & Instructions Synodales, *où ils disent*, ,, (f) Qu'il y a Superstition autant de fois que l'on met ,, toute l'efficacité des paroles, pour saintes qu'elles soient, en quelque circonstance vaine & inutile, ,, comme si on croyoit que pour guerir un malade ,, il faut dire trois *Pater* avant le Soleil levé.

,, Le Cardinal le Camus Evêque de Grenoble dit la même chose en cette matiere; (g) Les Curez auront soin ,, en général de faire connoître aux peuples, que c'est ,, une Superstition damnable dans la practique, lors,, qu'on fait consister toute l'efficacité des paroles, ,, pour saintes qu'elles soient, en quelque circonstance ,, vaine & inutile, comme si l'on croyoit qu'il faut ,, dire cinq Pater avant le soleil levé pour guerir un ,, malade".

2. Quand aux causes naturelles, & qui peuvent produire naturellement certains effets, on ajoute des caracteres ou des figures qui signifient quelque chose, (h) & qui se rapportent aux Demons qui en connoissent l'adresse & le secret: comme si pour se purger on ne vouloit prendre une infusion de Séné, que dans un vase de figure oblongue, ovale ou quarrée, & sur lequel les deux premieres lettres de l'Alphabet fussent écrites.

3. Quand on se sert des causes naturelles pour produire des effets surnaturels, comme font ceux qui pour découvrir les pensées les plus secretes des hommes, ou pour guerir en un moment certaines maladies des hommes ou des bêtes, (i) employent des Plantes ou des Arbres à qui la nature n'a point donné cette vertu.

4. Quand pour produire certains effets, on use de mots inconnus, & dont on ne sçait pas la force, comme quand on prononce trois fois *Onasages*, pour guerir le mal de dens, ou que l'on dit, (k) *Sista, Pista, Rista, Xista*, pour n'avoir plus mal à la cuisse. C'est ce que nous apprennent les Evêques de Généve, que nous venons de citer, lorsqu'ils asseurent: (l) ,, Qu'il ,, y a de la Superstition si les noms ou caractéres dont ,, on se sert, sont inconnus ou obscurs, tels que sont ,, ceux que l'on trouve dans les brevets, dont on se sert ,, pour guerir la fiévre, ou autre maladie". Sur quoi Martin de Arles fait cette remarque.

(m) *Quod si dicas, sunt nomina Græca & sacra, dico tibi quòd nos Latini ignorantes linguam Græcam, non debemus uti eis propter suspicionem, non enim desunt nobis termini Latini Sermonis, ne quæramus nobis terminos Græcos & suspectos in tali materia.* Ainsi nous devons tenir au moins pour suspects tous les mots ausquels on attribuë des effets extraordinaires, lors qu'on nous les propose en une langue qui nous est inconnuë.

5. Quand on employe quelques paroles de l'Ecriture-sainte pour produire de vains effets, comme pour faire mouvoir un anneau sur un fil, ou pour tourner un crible ou un sas (n). C'est ce que nous enseignent aussi les mêmes Evêques par ces paroles: ,, Il y a encore *de* ,, *la Superstition*, quand ce que l'on fait, est vain & ,, frivole, comme lorsque disant cetaines paroles on ,, fait remuer un anneau sans le toucher,

En effet, ce ne sont pas les paroles de l'Ecriture Sainte qui font mouvoir l'anneau ou tourner le sas; mais c'est le Diable lui même qui produit ces deux effets, afin de se faire honorer par ceux qui prononcent les paroles sacrées dont on use en ces occasions.

(o) A ce propos le Cardinal Cajetan témoigne qu'un jour ayant pris un fil & un anneau, il prononça le Verset du Pseaume, qui fait remuer l'anneau, en protestant
qu'il

(a) 2. 2. q. 95. a. 3. S. Th. In hunc locum S. Thom. Caje Nav. In Manual. c. 11. n. 22.
(b) Dominum Deum tuum adorabis & illi soli serviet. Matth. 4.
(c) Navarr. in Manual. c. 11. n. 22. Tolet. instruct. Sacer. l. 4. c. 14. n. 6. Estius in 2. Sent. dist. t. n. 21.
(d Superstitiosæ sunt quædam vetulæ affigentes quasdam Chartulas sive nomina vulgariter appellata, etiam cum verbis Catholicis, sed dicentes has nihil proficere nisi scribantur in charta virginea, & suspendantur versus solem cum tribus filis tortis manibus alicujus puellæ Virginis nomine Mariæ & quod illi ligatur, vel cui aliquam herbam pro sanandis febribus comedere dederint, nihil hoc valere dicunt nisi versus solem in suo ortu genibus flexis accipiat, ut mihi febricitanti nonnunquam quandam vetulam dixisse memini: Hoc inquam superstitiosum est & vanum & omni ratione carens.
(e) Tit. de Sperstition.
(f) 1. Part. Tit. 3. c. 11. n. 3. Cajet. in Sum. V. incantatio Navarre. & Tolet. supr.

(g) Ordonn. Synod. Tit. 1. Art. 3. n. 11.
(h) Cajetan, Navarre & Tolet. ibid.
(i) Cajetan & Navarre ibid.
(k) Cajetan Navarre & Tolet. ibid.
(l) Ibid.
(m) Tract. de Superstitionib.
(n) Ibid.
(o) In Sum. V. incantatio. Sciant lectores, *dit-il*, quòd volui non experiri, sed convincere hujusmodi diabolicam Institutionem ad effectus vanos, propter utilitatem Fidelium. Accepto namque filo & annulo, protestatus sum quòd versum illum sacrum Deo vero, cui à Psalmista dirigitur, dicebam, & non tanquam institutum ad movendum annulum, & sic dixi versiculum illum, & annulus non est motus, ut hinc cognoscant omnes quod tunc Diabolus movet annulum, quando versus ille dicitur ei, ut ipse instituit.

E 2

qu'il le prononçoit en l'honneur de Dieu, & non pas à deffein de faire mouvoir l'anneau, fans que l'anneau branlaft en aucune maniere.

La même chofe eft arrivée à plufieurs perfonnes à l'égard du fas qu'ils n'ont jamais pû faire tourner, parce qu'avant que de l'entreprendre, ils avoient renoncé à toutes fortes de pacte avec les Demons, quoiqu'ils euffent dit tous les mots, & obfervé toutes les ceremonies neceffaires pour cela.

6. Quand les paroles que l'on prononce pour produire certains effets extraordinaires, contiennent quelque fauffeté, (a) comme qui diroit que JESUS-CHRIST a eu les fièvres, ou les gouttes, & qu'allant au Calvaire pour y être crucifié & y fouffrir la mort, il chanta des chants d'allegreffe, ou que la fainte Vierge a été à Rome ou à Paris. Car on ne peut pas attendre de Dieu, qui eft la verité même, les effets d'une fauffeté; & il y a lieu de les attendre du Diable, qui eft le pere du menfonge. Ainfi il eft vrai de dire que cette oraifon eft fuperftitieufe: „ La fainte Vierge paffant le „ Jourdain, S. Etienne la rencontra, &c.

7. Quand pour obtenir l'effet de fes prieres, on y mefle des Hiftoires apocryphes ou incertaines, comme il y en a quantité dans la *Legende dorée*, & dans le *Miroir des Exemples*; (b) parce qu'il feroit bien étrange que ces fortes d'Hiftoires tiraffent de Dieu la vertu qu'on leur attribuë, & que celles qui font veritables & conftantes, ne l'en tiraffent pas. (c) Cette remarque eft encore des deux Evêques de Genéve, dont voici les mots: „ Enfin il y a de la Superftition, lorfque „ l'on mefle dans les oraifons certaines Hiftoires apo- „ cryphes & incertaines".

8. Quand les effets que l'on attend furpaffent la vertu du moyen dont on fe fert pour les produire, comme quand on promet avec certitude, qu'en recitant certaines oraifons, ou en prononçant certaines paroles, en portant certains fignes exterieurs, on ne moura point en peché mortel, on ne fera point bleffé dans les combats, on obtiendra de Dieu tout ce qu'on lui demandera, on délivrera une ame du Purgatoire, on verra la fainte Vierge avant que de mourir, on ne demeurera én Purgatoire qu'un certains temps, &c.

À cette marque il eft facile de reconnoître la Superfti-

(a) Cajetan & Navarre ibid,
(b) Cajetan ibid.
(c) Ibid,

tion de la Priere ridicule que l'on appelle *la Patenoftre blanche*, dont les Zelateurs qui font en affez grand nombre, & furtout à la campagne, promettent infaillible- ment le Paradis à ceux qui la difent tous les jours. Voici ce qu'elle porte: „ Petite Patenftre blanche que Dieu „ dit, que Dieu mit en Paradis. Au foir m'allant cou- „ cher, je trouvis trois Anges à mon lit couchez, un „ aux pieds, deux au chevet, la bonne Vierge Marie „ au milieu, qui me dit, que je m'y couchis, que „ rien ne doutis, le bon Dieu eft mon Pere, la bonne „ Vierge eft ma mere, les trois Apôtres font mes fre- „ res, les trois Vierges font mes fœurs. La chemife „ ou Dieu fut né, mon corps en eft enveloppé, la „ Croix fainte Marguerite, à ma poitrine eft écrite, „ Madame s'en va fur les champs à Dieu pleurant, „ rencontrit Monfieur S. Jean. Monfieur S. Jean d'où „ venez? Je viens d'*Ave falus*. Vous n'avez point „ veu le bon Dieu? Si Dame, fiez il eft dans l'arbre „ de la Croix, les pieds pendants, les mains cloüants. „ un petit chapeau d'efpine blanche fur la tête. Qui „ la dira trois fois au foir, trois fois au matin, gagne- „ ra le Paradis à la fin.

On en peut dire autant de cette autre priere qu'on nomme ordinairement *la barbe à Dieu*, & dont voici les paroles: „ Pecheurs & pechereffes venez à moi par- „ ler, le cœur me deût bien trembler au ventre com- „ me fait la feuïlle au tremble, comme fait la „ Loifonni quand elle voit qu'il faut venir fur une pe- „ tite planche, qui n'eft plus groffe ni plus membre, „ que trois cheveux de femme groffe enfemble. Ceux „ qui la Barbe à Dieu fçairont, pardeffus la plan- „ che pafferont, & ceux qui ne la fçairont, au bout „ de la planche s'afiferont, criront, brairont, mon „ Dieu, helas malheureux état, comme petit enfant „ eft que la Barbe à Dieu n'apprend ", Un feul Dieu tu adoreràs, &c.

Ces huit manieres de faire un pacte tacite avec les Demons étant ainfi expliquées, il ne faut qu'une lumiere mediocre pour les appliquer en particulier à une infinité de pratiques fuperftitieufes aufquelles elles peuvent convenir. Et dés lors qu'une chofe fe raportera à quelqu'une de ces manieres, on poura dire feurement qu'elle aura un caractere de Superftition.

Après avoir parlé des Regles par lefquelles on peut découvrir la Superftition, il eft neceffaire de traiter de fes différentes efpéces.

TRAITÉ

DES

SUPERSTITIONS.

LIVRE SECOND.

❖(◉)❖(◉)❖(◉)❖(◉)❖(◉)❖:(◉):❖(◉):❖(◉)❖(◉)❖(◉)❖(◉)❖(◉)❖

CHAPITRE PREMIER.

Du culte indeu, pernicieux ou faux. En quoi consiste ce culte? Qu'il est superstitieux. Que ceux qui proposent de faux Miracles, de fausses Revelations, de fausses Reliques, de fausses Images & de faux Saints, tombent dans cette Superstition, precautions de l'Eglise, Reflexions de M. Godeau.

S'IL y a de la Superstition à rendre un culte divin à qui on ne le doit pas, ou de la maniere qu'on ne le doit pas, il est sans doute que le culte *Indeu* ou *pernicieux* du vray Dieu, ce culte exterieur qui est opposé à la verité de la foi de l'Eglise, est superstitieux & qu'on ne le peut rendre sans pecher mortellement, (a) suivant la doctrine du Cardinal Cajetan, du Cardinal Tolet & de plusieurs autres Theologiens.

Le culte *Indeu* ou *pernicieux* du vrai Dieu, est celui qui signifie une chose fausse, de quelque maniere qu'il la signifie. (b) D'où vient qu'il est aussi appellé *faux culte*, par les Theologiens.

Tel est celui des Juifs d'aujourd'hui, qui après l'accomplissement des mysteres de la foi de JESUS-CHRIST, represente ces mêmes mysteres comme n'étant point encore accompli, par les ceremonies de la Loi Mosaïque. Tel seroit aussi celui qu'un Chrétien rendroit au vrai Dieu, en observant les ceremonies des Mahometans ou de quelqu'autre secte Infidele. Tel seroit enfin la Messe d'une personne qui n'auroit pas le caractere de Prêtre.

C'est de ce faux & pernicieux culte dont S. Augustin tâche de nous détourner, lorsqu'il dit, (c) Que nous ne devons pas faire consister nôtre pieté & nôtre Religion dans nos imaginations, parce que la moindre verité du monde est préferable aux faussetez les plus specieuses & les mieux concertées.

On se rend coupable de ce peché, lorsqu'on invente, ou qu'on propose de faux miracles, afin de les faire croire & de leur donner cours. Aussi le Venerable Guibert, Abbé de Nogent sous Coucy dans le Diocese de Laon, remarque fort bien que comme l'on doit avoir de l'estime, de la pieté, & de la Religion (d) pour les miracles qui sont évidens & indubitables, de même l'on doit témoigner beaucoup d'aversion pour ceux qui sont controuvez & faits à plaisir. Car, dit-il, celui qui attribuë à Dieu des choses ausquelles il n'a jamais pensé, fait ses efforts pour obliger Dieu de mentir.

C'est pour cela que l'Eglise a apporté tant de precautions pour la publication des miracles; Que le Concile d'Aix-la-Chapelle en 816. (e) blâme certains Evêques qui faisoient servir les miracles à leur avarice; Et que le Concile Provincial de Noyon en 1344. (f) défend aux Prêtres & aux autres Ecclesiastiques de publier dans leurs Paroisses & dans leurs Eglises aucuns nouveaux miracles sans la participation des Evêques.

Le Concile de Trente (g), le Concile Provincial de Cambray (h) en 1565. le 4 Concile Provincial de Milan (i) en 1576. le Concile Provincial d'Aix (k) en 1585. & celui d'Aquilée (l) en 1596. ont défendu la même chose. C'est aussi ce qu'ont fait de nôtre temps plusieurs Evêques dans les Statuts Synodaux de leurs Dioceses. ,, Sur l'avis qui Nous a été donné (*dit Monsieur le Gouverneur Evêque de S. Malo*) (m) Que ,, certains Recteurs & Curez ignorans se sont trouvez ,, si temeraires, que d'aller par Superstition ridicule ,, exaucer, comme ils disent, pour miracles, des évenemens ordinaires & naturels: Nous défendons à toutes personnes d'atmettre ni publier aucuns nouveaux ,, miracles, ni recevoir ou exposer en public aucunes ,, nouvelles Reliques, sans l'approbation, licence & permission expresse de nôtre Saint Pere le Pape, ou de ,, Nous, après que nous aurions reconnu & remarqué ,, par effets manifestes & témoins irreprochables la verité de la chose: sur peine d'excommunication & d'amende arbitraire.

Monsieur Godeau, Evêque de Vence ne parle pas avec moins de force sur cette matiere dans ses Ordonnances & Instructions Synodales. ,, (n) Sous griefves ,, pei-

---

(a) In. 2. 2. q. 93. a. 1. L. 4. Instr. Sacer. c. 14. n. 1.

(b) Loc. cit. Si per cultum exteriorem (*dit S. Thomas*) aliquid falsum significetur, erit cultus perniciosus.

(c) Lib. de vera Relig. c. 55. Non sit nobis Religio in phantasmatibus nostris. Melius est enim qualecumque verum, quàm omne quidquid pro arbitrio fingi potest.

(d) Lib. 1. de Sanctis & eor. pignerib. c. 2. n. 5. Sicut evidentia & indubia sunt præcordialiter affectanda, ita fucis aliquibus non facta sed ficta, diris sunt animadversionibus punienda. Qui enim Deo quod ne quidem dubitavit, adscribit, quantùm in se est Deum mentiri cogit.

(e) L. 1. n. 38.

(f) C. 12. Ne miracula quæ de novo dicunt evenire in suis locis vel Ecclesiis, solemnizent in publico, Ordinario suo super hoc inconsulto.

(g) Sess. 25. Decret de Invocat. SS. &c.

(h) Tit. 20. c. 5.

(i) Constit. p. 1. tit. 2.

(k) Tit. de Reliq.

(l) Rubr. 15. de Reliq. SS.

(m) Stat. Synod. de S. Malo, art. 14.

(n) Tit. 13. n. 6.

F

„ peines (*dit-il*) nul miracle nouveau ne fe publiera fans
„ nôtre permiffion; Et quand il plaira à Dieu d'en fai-
„ re quelqu'un, on Nous en donnera incontinent avis,
„ afin de le verifier authentiquement pour la gloire du
„ Saint & l'honneur' de l'Eglife. Que s'il arrivoit que
„ quelque Prêtre, ou autre en fuppofat de faux, Nous
„ declarons qu'il a encouru l'excommunication *ipfo fac-*
„ *to*, & Nous en ferons une correction exemplaire.

Ainfi on ne peut pas difculper auprès des perfonnes
éclairées & folidement pieufes, les Auteurs de la *Legende dorée* & du *Miroir des Exemples*, fi l'on a quelque
égard à ce que dit de ces deux Ouvrages Melchior Cano, qui affifta au Concile de Trente, & qui fut enfuite Evéque des Ifles Canaries; favoir que l'on trouve
plus fouvent des monftres de miracles, que de veritables
miracles dans le Miroir des Exemples: & que la *Legende dorée* a été écrite par un homme qui avoit une bouche de fer, un cœur de plomb, & un efprit peu fevere
& peu fage. *Nec ego hic* (dit ce fçavant Theologien
de l'Ordre de S. Dominique) (*a*) *libri illius Auctorem
excufo, qui Speculum Exemplorum infcribitur; nec Hi-
ftoriæ etiam ejus quæ* Legenda aurea *nominatur. In illo
enim miraculorum monftra fæpius quàm vera miracula le-
gas: Hanc homo fcripfit ferrei oris, plumbei cordis, animi certè parum feveri & prudentis.*

Il n'y a pas moins de Superftition à fuppofer de fauffes Revelations que de faux miracles. (*b*) C'eft ce qui
fait dire au même Cano que ceux-là font un extrême
tort à l'Eglife de Jesus-Christ, qui s'imaginent
ne pouvoir mettre les belles actions des Saints dans leur
jour, s'ils n'y mêlent de fauffes Revelations & de faux
miracles; En quoi l'impudence des hommes n'a pas même épargné la fainte Vierge, ni nôtre Seigneur (*c*).

Cet abus eft venu jufqu'à un tel excés, que certaines
gens pour donner plus de cours & plus de couleur à
leurs opinions particulieres, & quelquefois même à leurs
paffions & à leurs interêts, n'ont point fait de difficulté de propofer des Revelations directement oppofées à
celles qu'on leur alleguoit, pour appuyer le contraire de
ce qu'ils foûtenoient. Ce qui donne aux libertins beau
champ de fe mocquer, & aux gens de bien de gemir:
(*d*) Mais il fera facile de diftinguer les fauffes revelations
des vrayes, fi l'on fuit les Regles que le favant & pieux
Cardinal Bona a prefcrites pour cela dans le dernier chapitre de fon Livre *du Difcernement des Efprits.*

C'eft auffi une Superftition que de fuppofer de fauffes Reliques pour de vrayes, parce que c'eft faire rendre un culte religieux & facré à des chofes qui ne le meritent pas.

Les Moines vagabonds, qu'on peut appeller *Circel-
lions* & *Circoncellions*, pratiquoient cet infame commerce, (*e*) fi nous en croyons S. Auguftin & S. Ifidore,
Evéque de Seville. (*f*) Gregoire de Tours raporte la
même chofe d'un Hermite nommé *Didier*, que Rague-
modus, Evêque de Paris (*g*) fit mettre en prifon, parce qu'il portoit dans un fac des racines de diverfes herbes, des dents de taupes, des os de fouris, des griffes
& de la graiffe d'Ours, qu'il vouloit faire paffer pour
des Reliques de S. Vincent & de S. Felix.

(*h*) S. Gregoire Pape blâme la conduite de certains
Grecs, qui prenant à Rome des offemens dans les tombeaux des morts, les emportoient en leur Pays, & vouloient faire croire que c'étoient de faintes Reliques. Il
blâme auffi la coutume fuperftitieufe du peuple Romain,

qui dechiroit la Dalmatique dont on avoit couvert le
corps du Pape, lorsqu'on le portoit au tombeau, (*i*) &
en gardoit des lambeaux, comme fi c'euffent été de veritables Reliques.

Du temps de l'Empereur Charles le Chauve, deux
Moines apporterent de Rome, ou de je ne fçay quelle
autre Ville d'Italie dans l'Eglife de S. Benin de Dijon,
le corps d'un pretendu Saint, dont ils ne favoient pas
même le nom. Mais Amulon, Archevêque de Lion
ayant été confulté là-deffus par (*k*) Theobolde, Evêque de Langre, lui confeilla de faire mettre hors de l'E-
glife de S. Benin les offemens de ce Saint Anonyme, ou
de les faire enterrer dans quelque lieu fecret, de peur
que le peuple ignorant ne prît de là occafion de tomber
dans l'erreur & la Superftition.

Le Moine Glaber qui floriffoit environ l'an 1040.
fait mention d'un certain Impofteur de fon temps, (*l*) qui
donnoit aux offemens des morts qu'il prenoit dans les Se-
pulcres, des noms de Prophetes, de Martyrs, & de
Confeffeurs, qui impofoit honteufement à la pieté des
peuples, & qui les faifoit tomber dans la Superftition,
en attrapant leur argent. Il y a des impofteurs au raport de (*m*) Mizauld, qui montrent aux bonnes femmes la pierre dite en Latin *Amiantus*, & qui fouvent la
leur vendent bien cher pour un morceau du bois de la
vraye croix de Notre Seigneur: ce qu'elles croient d'autant plus aifement, que cette pierre ne fe confume point
dans le feu, & qu'elle a des lignes entrelaffées les unes
dans les autres, comme le bois.

L'Eglife, qui a toujours eu horreur de ce vilain commerce, a fait quantité de Reglemens touchant l'examen
des Reliques douteufes. Le 2. Concile de Saragoffe en
592. (*n*) veut que les Evêques éprouvent par le feu
celles qui auront été trouvées dans des lieux infectez de
l'Herefie Arienne. Le 4. Concile de Latran fous Innocent III. en 1215. (*o*) défend d'expofer en Public
aucunes Reliques nouvellement découvertes, qu'auparavant elles n'ayent été approuvées par le Souverain Pontife. Le Concile de Trente (*p*), le Concile Provincial de Cambray en 1565. le 1. Concile Provincial de
Milan en la même année (*q*), celui de Tours en 1583.
(*r*) celui de Bourges en 1584. (*s*) celui d'Aix en 1585.
(*t*) celui de Touloufe en 1590. (*v*) celui d'Avignon
en 1594. (*w*) celui d'Aquilée en 1596. (*x*) celui de
Narbonne en 1609. (*y*) & celui de Bourdeaux en
1624. (*z*) veulent qu'elles foient approuvées par les E-
vêques, avant que d'être expofées à la veneration des
Fideles. La même chofe eft ordonnée dans les Statuts
Synodaux d'une infinité de Diocefes.

Mais ce que fit S. Charles Borromée en l'année 1580.
pour reconnoître certaines prétenduës Reliques qui
étoient en grande reputation à Liano dans le Diocefe de
Breffe, eft bien digne de confideration, & il feroit à
fouhaiter pour le bien de l'Eglife & pour l'honneur de
la Religion, que tous les Evêques en fiffent de même
dans leurs Diocefes. Le Docteur Juffano de la Con-
gregations des Oblats de S. Ambroife, le raporte ainfi
dans le 6. Livre de la Vie de ce faint Cardinal.
„ Com-

(*a*) Lib. 11. de locis Theol. c. 6. poft. med.
(*b*) Ibid. paulò ante.
(*c*) Voyez Cajetan dans l'Opufcule de Conceptione B. Virginis,
au chap. 5. Eccleſiam Chrifti hi vehementer incommodant, qui
res Divorum præclarè geftas non fe putant egregiè expofituros,
nifi eas fictis & revelationibus & miraculis adornarint. Qua in re
nec fanctæ Virgini, nec Chrifto Domino hominum impudentia
pepercit.
(*d*) Quæ res impiis quidem (*dit encore Cano*) non levem fubfan-
nandi occafionem præbet, piis verò lacrymandi.
(*e*) L. de oper. Monach. c. 28.
(*f*) L. 2. de Divin. Off. c. 15.
(*g*) Lib. 9. Hiftor. c. 6.
(*h*) Lib. 3. Epift. 30.

(*i*) Lib. 4. Epift. 44.
(*k*) Epift ad Theobold. Lingon. Epifc. Ut nequaquam rudibus
populis occafio erroris & Superftitionis exiftant.
(*l*) Lib. 4. Hiftor. c. 3.
(*m*) 9 Centurie No. 10. Non defunt impoftores, ut autor eft
Braffavolus Ferrarienfis, qui lapidem amiantum fimplicibus mulier-
culis oftendunt, & plerumque magno vendunt pro vero ligno Crucis... Id quod facilé credunt, cum igni non comburatur, quodque ligni modo conftet plurimis lineis intercurfantibus.
(*n*) Can. 2.
(*o*) C. 62.
(*p*) Seff. 25.
(*q*) Tit. 21.
(*r*) Conflit. p. 1. tit. 9.
(*s*) Tit. 11.
(*t*) Tit. 10. Can. 4.
(*v*) Tit. de Reliq. part. 2. c. 11. n. 1.
(*w*) Tit. 25.
(*x*) Rubric. 15. c. 6.
(*y*) Tit. de Sacr. Reliq.
(*z*) C. 7.

„ Comme saint Charles faisoit la visite de l'Eglise de
„ Liano sur la riviere de Garde, il aprit qu'il y avoit
„ proche de cette Eglise un tombeau de pierre qui ren-
„ fermoit des Reliques qu'on honoroit comme de ve-
„ ritables Reliques des Saints. Car le bruit étoit qu'u-
„ ne nuit, la veille de S. Pierre aux liens, il étoit sorti
„ de ces Reliques une si grande abondance d'eau, que
„ tout le cercueil en avoit été rempli; Et quoi qu'une
„ grande multitude de personnes des lieux circonvoisins
„ y fussent accourus pour prendre de cette eau, la li-
„ queur neanmoins n'étoit aucunement diminuée, mais
„ la tombe en étoit toujours aussi pleine.... Ce Car-
„ dinal donc, qui avoit un fort grand respect pour tou-
„ tes les Reliques qu'il rencontroit, voulut voir celles-
„ ci & les examiner, afin de pouvoir ensuite en recom-
„ mander plus particulierement la veneration au peuple.
„ Ce qui fut cause que l'on commença à dire en Pro-
„ verbe, que " le Cardinal Borromée ne laissoit en repos
„ ni les vivans ni les morts. Enfin il resolut de visiter
„ ces Reliques, & s'informa d'où elles venoient. Mais
„ n'en pouvant rien découvrir de certain, cela le fit
„ entrer en soupçon de quelque tromperie du Demon.
„ Pour s'en éclaircir il commença à vuider l'eau du
„ cercueil, & à mettre toutes les Reliques à sec; puis
„ il les donna en garde à trois Prêtres fideles la nuit
„ même que l'eau avoit accoutumé d'en couler. Ce-
„ pendant il ne parut aucune liqueur, & il reconnut
„ aussi-tôt la fourberie. Si bien que pour remedier à
„ ce mal, il fit faire une fosse dans laquelle il enterra
„ tant les Reliques que le cercueil, afin qu'après cela
„ personne n'eût occasion de rendre honneur ni à l'un,
„ ni à l'autre. Cette action donna beaucoup d'admi-
„ ration à tous les Habitans du lieu, & ils commence-
„ rent à regarder le Cardinal comme un Saint-Homme,
„ qui étoit rempli de l'Esprit de Dieu.

Toutes ces précautions des Conciles & des Evêques
n'empêchent pas qu'il n'y ait encore aujourd'hui des
Moines, & même des Moines riches & rentés, qui font
un honteux trafic de Reliques incertaines, supposées,
ou absolument fausses.

Les Moines de S. Germ. D. Pr. ceignent les femmes
grosses d'une ceinture de Sainte Marguerite, dont ils
ne sauroient dire l'Histoire sans s'exposer à la risée du
monde sçavant. Ils assurent neanmoins ces femmes,
qu'elles seront heureusement delivrées de leur grossesse
par la vertu miraculeuse de cette ceinture. Dans cette
assurance elles font des oblations & des présents à la
chapelle de Sainte Marguerite, elles se font dire des E-
vangiles & des Messes, dont les retributions tournent
au profit du Monastere, qui est un des plus aisés du
Royaume.

Les Moines de C. dans le Diocese de C. se vantent
d'avoir le Prepuce de Notre Seigneur, que les bonnes
gens de ce Païs-là appellent le S. Precipuce, & ils le
montrent aux femmes grosses enchassé dans un Reliquaire d'argent, afin qu'elles puissent accoucher sans peine;
ce qui leur attire aussi des Oblations, des Euangiles &
des Messes en grande quantité.

On peut cependant juger de la certitude de cette Relique par ce que rapporte le Jesuite Santarel dans son
Traité du Jubilé (a), que le Prepuce de Notre Seigneur étoit à Rome, parmi les Reliques de S. Jean de
Latran, lorsque cette Capitale du Monde fut assiegée
par Charles V. en 1525. Calvin dit aussi dans son
Traité des Reliques, (b) que le Prepuce de Notre Seigneur se montre à Rome & à S. Jean de Latran, que
l'Abbaye de Chauroux au Diocese de Poitiers se vante
de l'avoir, & qu'on en voit encore un autre à Hildes-
heim en Allemagne. Il ne peut neanmoins y en avoir
qu'un, puisque Notre Seigneur n'a été circoncis qu'u-
ne fois.

Les Moines de Vendôme, sous le specieux pretexte
d'une Tradition populaire, s'imaginent avoir dans leur
Eglise une des larmes que le fils de Dieu versa sur la
mort de Lazare; & ils l'ont si bien persuadé aux peuples voisins, que dans le temps malheureux où nous
sommes cette fabuleuse Relique leur produit encore trois
à quatre-mille livres de rente, en Euangiles, en Messes, en Neuvaines, en Presents, en Oblations & en
autres suffrages.

Pour la justifier, ils ont fait imprimer un Livre qui
a pour Titre, *Histoire veritable de la Sainte Larme que
Notre Seigneur pleura sur le Lazare, comment & par qui
elle fut apportée au Monastere de la Sainte Trinité de
Vendôme, ensemble plusieurs beaux & insignes miracles arrivés depuis 630 ans, qu'elle a été miraculeusement con-
servée en ce S. Lieu. A Vendôme chez Sabastien Hip,
Imprimeur du Roi & de son Altesse. Avec Approbation*
des Superieurs. Ce qu'ils disent dans ce Livre est fondé sur des faits si peu certains, si apocryphes, & si
faux, qu'il suffît de les exposer pour en faire voir la
vanité & l'illusion.

Le 1. Fait est que cette Larme est une de celles que
Notre Seigneur JESUS-CHRIST versa sur la mort
de Lazare.

Le 2. Qu'un Ange la recueillit, la mit dans un petit Vase qu'il enferma dans un plus grand, où elle est
encore aujourd'hui, & la donna à la Magdelaine.

Le 3. Que la Magdelaine l'aporta en France, lorsqu'elle y vint avec son frere Lazare, sa Sœur Marthe,
S. Maximin, & S. Celidoine.

Le 4. Que la Magdelaine étant prête de mourir la
donna à S. Maximin, Evéque d'Aix, qui la garda tant
qu'il vécut.

Le 5. Qu'après la mort de S. Maximin elle demeura
à Aix jusqu'à la percecution de l'Eglise, qui finit par
la mort de Diocletien & de Maximien.

Le 6. Qu'elle fut ensuite portée à Constantinople où
elles demeura environ jusqu'à l'an 1040. qui est le temps
de la fondation du Monastere de la Trinité de Vendôme.

Le 7. Qu'en 1040. les Sarasins ayant fait une nouvelle irruption en Sicile, l'Empereur de Constantinople
Michel Paphlagon, à qui ce Royaume appartenoit,
demanda du secours à Henry premier, Roi de France,
& que ce Prince lui en envoya sous la conduite de
Geoffroy Martel, Comte d'Anjou & de Vendôme,
qui s'étant joint aux troupes de l'Empereur defit entierement les Sarasins & les chassa de la Sicile.

Le 8. Qu'ensuite de cette Victoire Geoffroy Martel
fut invité par l'Empereur à faire le Voyage de Constantinople, & qu'il le fit effectivement.

Le dernier que Geoffroy Martel étant à Constantinople sur la fin de l'année 1042. l'Empereur lui donna
la Sainte Larme, qu'il fit apporter en France par un de
ses Gentilshommes & qu'il la donna au Monastere de
Vendôme.

Mais l'interest & la passion ont beaucoup plus de part
à ces evenemens que la verité; & nous avons fait voir
dans une Dissertation particuliere que nous avons écrite
sur ce sujet, & qui paroîtra quand il plaira à Dieu,
que toute cette Histoire est suspecte, apocryphe, éloignée de la verité ou fabuleuse, & qu'on ne doit pas
souffrir des faussetés, comme le dit le Pape Innocent III.
sous le monteau de la devotion (c).

Les Religieuses de l'Abbaye de S. Pierre, les S....
de l'Ordre de .... au Diocese d'Amiens se glorifient
aussi d'avoir une semblable Larme de Notre Seigneur,
qu'ils exposent à l'adoration publique. Et pour en faire voir la verité, ils ont fait imprimer à Amiens chez
G. le Bel, Imprimeur du Roi, vis-a-vis le College en
1681. avec permission, un Livret qui a pour Titre:
*Instruction en faveur des Pelerins de la Sainte Larme de
Notre Seigneur* JESUS-CHRIST *adorée dans l'Eglise
de S. Pierre les S. Ordre de ....Diocese d'Amiens avec
les Litanies & quelques Oraisons que chaque Pelerin peut
re-*

(a) C. 17. dubio. 3.
(b) Ante med. & in fin.

(c) Falsitas tolerati non debet sub velamine pietatis, l. 3 Re-
gest. 15. Ep. ad Abb. & Prior. S. Victoris.

reciter à son honneur. Et à la fin sont quelques Miracles arrivés par sa faveur. Mais tout ce qu'ils avancent pour la justification de leur Larme n'est pas moins suspect & ne sent pas moins la fable que l'Histoire pretendue veritable de la Larme de Vendôme.

Enfin Calvin (a) temoigne qu'il y a une Larme du Fils de Dieu à Thiers en Auvergne, une à S. Maximin, qui tomba des yeux de ce divin Sauveur comme il lavoit les pieds de ses Apôtres, & une à S. Pierre le Puellier d'Orleans.

La supposition des fausses Images de la très-sainte Trinité, de Jesus-Christ, de la sainte Vierge & des autres Saints, est encore une Superstition. Car comme, selon la doctrine du Concile de Trente (b), nous devons quelque honneur & quelque veneration aux saintes Images, à cause de ce qu'elles nous representent, nous ne pouvons rendre à celles qui sont fausses & qui portent dans nôtre esprit une idée contraire à la verité, qu'un culte indeu, pernicieux & faux, & par consequent superstitieux.

De-là vient que l'Eglise, qui ne permet pas qu'on en propose aucunes nouvelles, sans l'approbation des Evêques, a banni toute sorte de fausseté du culte qu'on lui doit rendre.

(c) Le Concile de Trente & le Concile Provincial de Malines en 1607. (d) rejettent celles qui peuvent inspirer aux peuples une fausse doctrine, & leur donner occasion de tomber dans quelque dangereuse erreur.

Le 1. Concile Provincial de Milan en 1565. (e) défend absolument de representer dans les Images aucunes de ces Histoires, qui n'étant autorisées ni de l'Eglise, ni des Ecrivains Ecclesiastiques, sont seulement recommandables par la vaine opinion du peuple.

Le Concile Provincial de Cambray aussi en 1565. (f) ordonne que l'on ôte, ou que l'on change les Images qui ont quelque chose d'indecent, ou qui n'a point de raport aux Originaux.

Le Concile Provincial de Tours en 1583. (g) ne veut pas que l'on represente quoique ce soit dans les Temples, qui soit contraire à la verité des saintes Ecritures, ou aux Histoires approuvées de l'Eglise, de crainte que ce qui doit être beaucoup honoré de tout le monde, ne devienne méprisable.

Le Concile Provincial d'Avignon en 1594. (h) & celui de Narbonne en 1509. disent qu'on doit bien prendre garde d'exposer dans les Eglises aucune representation fausse, apocryphe ou superstitieuse.

Enfin il y a de la Superstition à supposer de faux Saints, & à honorer comme Saints ceux qui ne le sont pas en effet, d'autant que ce culte est indeu & pernicieux. Le Diable se plaît extrémement à cette Superstition, & il l'établit autant qu'il peut, afin de faire tomber les Fideles dans l'erreur. Gabriel Biel Principal du College de Tubinge reconnoît cette verité par ses paroles que je cite (i).

(a) Traité des Reliq. vers le milieu.
(b) Sess. 25.
(c) Ibid.
(d) Tit. 14. Nullæ falsi dogmatis imagines, & rudibus periculosi erroris occasionem præbentes statuantur.
(e) Constit. p. 2. tit. 7. Historiæ (*dit-il*) quibus neque Ecclesia, neque probati Scriptores autoritatem ullam dederunt, sed sola vulgi opinione commendantur, effingi omnino prohibeantur.
(f) Tit. 20. c. 2. Si quæ erectæ fuerint ac præ se ferant quidquam quod non deceat, neque prototypo congruat, tolli eas aut mutari jubeto.
(g) Tit. 11. Ne quid in Templis Scripturarum veritati, aut probatis Historiis Ecclesiasticis contrarium sculpatur aut pingatur, quamdistrictissimè prohibemus, ne quod ab omnibus summo est habendum in honore, hoc modo vilescat.
(h) Tit. 26. c. 7. Multò magis cavendum est ne quidquam falsum, vel apochryphum, superstitiosumve ob oculos ponant.
(i) In can. Miss. lect. 32. lit. &c. Sed & nimium oberrant qui pro Sancto colunt qui Sanctus non est, nec vitæ suæ testimonium habet nisi Legendas vel penitùs apocryphas, vel aliquando ab infidelibus aut falsis Christianis ob quæstum, quo non Deus, sed Idolum avaritiæ colitur, confictas. In quo cultu profano Diabolus plurimum delectatur, & quantum valet, cooperatur, ut in errorem pertrahat cultorem veritatis, &c. Talismodi error est cùm ad loca non consecrata peregrinationes fiunt, vel ad Sanctos noviter notos & incognitos, omissis veteribus, quasi non possent

Nous avons des exemples de ce faux culte dans l'antiquité. Il y avoit autrefois à Carthage une femme nommée Lucille, qui étoit si devote à je ne sçay quel Martyr, qui neanmoins n'étoit pas encore reconnu pour tel, qu'elle baisoit un de ses ossemens avant que de prendre la sainte Eucharistie. De quoi ayant été reprise par l'Archidiacre Cecilien, elle en fut tellement outrée, qu'elle se separa de la Communion de l'Eglise, & qu'elle assista de son credit & de son bien le parti des Donatistes, (k) suivant le raport de S. Optat.

S. Martin, Archevêque de Tours fit démolir un Autel que les peuples ignorans & superstitieux avoient érigé à un infame voleur qu'ils honoroient comme un saint Martyr, les délivrant par ce moyen de la Superstition où ils étoient engagez, selon le témoignage de Sulpice Severe (l).

S. Anselme, Archevêque de Cantorbery ayant appris que l'Abbesse & les Religieuses de Rumesei dans le Diocese de Wincestre en Angleterre, honoroient comme Saint le Comte Valdef qui étoit mort il n'y avoit pas long-temps, (m) écrivit à l'Archidiacre Estienne, & lui ordonna de leur dire de sa part & de la part de leur Evêque, qu'il les interdiroit, si elles demeuroient davantage dans leur Superstition.

Le Venerable Guibert Disciple de S. Anselme, parle avec beaucoup de zele contre un pretendu (n) saint Confesseur, dont la simplicité du peuple fit ensuite un Martyr, (o) contre un Abbé nommé saint Piron, qui étant yvre, tomba dans un puits où il mourut; contre un Archevêque de Cantorbery, Predecesseur du bienheureux Lanfranc & de S. Anselme, que l'on honoroit comme un Saint, parce qu'ayant été mis en prison & n'ayant pas voulu se racheter par argent, il avoit été mis à mort, contre un Abbé de grande consideration qui souffroit que l'on erigeat un Autel, & que l'on rendit de grands honneurs à un jeune homme qui étoit mort au service d'un Gentilhomme, le Vendredi Saint dans un village proche Beauvais; Et contre plusieurs autres faux Saints qui sont dégradez par leur propre autorité, pour user de ses termes (p).

Du temps d'Alexandre III. qui mourut le 27. jour d'Août 1181. (q) selon la supputation d'Onuphre, certaines gens honoroient comme Saint un homme qui avoit été tué plein de vin. (r) Mais ce Pape leur défendit très-expressément de le faire.

(s) Guillaume de Neubourg raporte que le peuple de Londres rendit des honneurs comme à un saint Martyr de Jesus-Christ, à un certain Guillaume surnommé *Barbelongue,* qui se disoit *le Sauveur des pauvres,* quoi qu'il eût été premierement tiré à quatre chevaux & ensuite pendu, pour avoir excité une sedition à Londres contre les riches de cette Ville, & qu'il eût commis plusieurs autres crimes.

Mais si cette Superstition est condamnée par les paroles & par la conduite des Saints Peres, & des Ecrivains Ecclesiastiques, elle ne l'est pas moins par l'autorité des Conciles. Celui de Laodicée, que Binius croit avoir été tenu sous le Pape S. Silvestre, dit anatheme aux Chrétiens qui honoroient les Faux Martyrs (t).

Le 5. Concile de Carthage en 398. (v) ordonne aux Evêques de faire démolir les Autels qui seront erigez dans les champs & dans les chemins à la memoire des

Mar-

invocantibus se aut condignè colentibus ea impetrare quæ à minus notis petuntur, ut dicit Henricus de Hassia.
(k) Lib. 1. contr. Parmenian. post. med.
(l) C. 8. Vit. S. Martin. Martinus jussit ex eo loco altare, quod ibi fuerat, summoveri, atque ita populum Superstitionis illius absolvit errore.
(m) Lib. 3. Epis. 52.
(n) Lib. 1. de Sanct. & eorum pignorib. c. 11.
(o) Ibid. c. 2. n. 5.
(p) Ibid. c. 3. n. 2. Quos sui ipsorum auctoritas evauctorat.
(q) In Chron. Ecclesiast.
(r) Lib. 3. Decretal. tit. 45. de Reliq. & vener. SS.
(s) Lib. 5. rer. Anglic. c. 18 & 19.
(t) Can. 34. Sint anathema qui ad Pseudo-Martyres accesserint.
(v) C. 14. Plebes admoneantur ne illa loca frequentent, ut qui rectè sapiunt, nulla ibi superstitione devincti teneantur.

Martyrs, lorsque ni leurs corps, ni leurs Reliques ne s'y trouveront point; & en cas qu'ils n'en puissent venir à bout à cause des oppositions que le peuple y pourroit faire, d'avertir au moins les Fideles de ne pas frequenter davantage ces lieux-là, s'ils ne veulent pas s'engager dans la Superstition. Il blâme ensuite tous les autres qui pouroient avoir été bastis sur les songes & sur les Revelations de certaines personnes.

L'Empereur Charlemagne dans ses Capitulaires abregeant les paroles de ce Concile, dit seulement, (a) qu'il a ordonné qu'on ne rendroit aucun honneur aux faux noms des Martyrs ni aux Saints dont la memoire est incertaine.

Le 2. Concile Romain sous le Pape Zacharie en 745. (b) condamne comme sacrilege l'Oraison de Clement & d'Adalbert, qui invoquoient Vriel & quelques autres Diables, comme de bons Anges.

Enfin le Concile de Francfort en 794. (c) défend d'honorer ou d'invoquer les nouveaux Saints, & de leur dresser des Autels dans les Eglises & dans les chemins; & veut que l'on n'honore que ceux qui auront été choisis, ou à cause de l'autorité de leur martyre, ou à cause du merite de leur vie.

Il y a aussi de la Superstition à supposer de fausses indulgences. Nous parlerons amplement de cette supposition dans la suite de cet Ouvrage.

Au reste la reflexion que fait Godeau, Evêque de Vence, sur le faux culte des Saints est trop belle & trop judicieuse pour n'être pas rapportée ici tout au long.

Il n'y a point (dit-il) (d) de crime plus nuisible au bien du commerce dans un Etat que celui de la fausse monnoye, aussi est-il compté entre ceux qu'on appelle de Leze-Majesté & toutes les loix l'ont toujours puni très-rigoureusement. En effet n'est-ce pas faire une extreme outrage au Prince que d'employer son image, qui doit être le sceau & l'assurance du trafic & de la societé, pour servir d'instrument à la tromperie, & pour ruiner les particuliers & le public en même temps? Mais comme la Religion est sans comparaison plus sainte que toutes les Polices du monde, y a t'il alteration plus criminelle & supposition plus punissable que celle qui se fait dans les choses qui la regardent, je ne dis pas seulement en ses dogmes, mais en sa discipline? Quelques pieuses que soient ces fraudes, quelques bons effets qu'elles produisent, ne meritent elles pas que toutes les foudres de l'Eglise en exterminent les Auteurs? La foule du Peuple qui vient dans une Chapelle, les Communions & les Confessions qui s'y font, les sacrifices qui s'y offrent, les aumones qui s'y donnent, les conversions de cent mille pécheurs, si on veut, peuvent elles excuser ceux qui se servent d'un moyen si peu proportionné à la fin qu'ils se proposent?

C'est pour cette raison que les Canons anciens defendoient le culte des Martyrs & de leurs Reliques, avant qu'ils eussent été declarés tels par les Evêques. Si quelque Clerc ou quelque autre eut-été si osé que de faire la moindre fourbe en ce sujet, la rigueur de la penitence qu'on lui imposoit montroit bien clairement que cette faute passoit pour une des plus grandes qui se pût commettre contre l'honneur de celui qui se nomme la verité, & contre la gloire de son épouse, qui en est la colomne inebranlable.

L'esprit des peuples est très-mobile à la Superstition & se laisse aisement emporter à croire les choses extraordinaires. Les plus sages même s'y laissent quelquefois surprendre, parce que dans tous les hommes il y a un principe d'erreur, à savoir la curiosité, qui est une des branches de la concupiscence generale sous la captivité de laquelle nous naissons en l'Etat du peché.

Les tendresses mal reglées & peu spirituelles que les personnes devotes ont eu pour quelques Saints, ou pour quelques Ordres, ou pour quelque Confrairie, sont encore cause que l'on reçoit bien legerement ce qui se trouve conforme à ses inclinations, qu'on le publie, qu'on l'augmente, qu'on l'ajuste, & qu'on s'en rend le defenseur avec des chaleurs qui causent de très-grands scandales.

CHAPITRE II.

Du Culte Superflu. Ce que c'est. Qu'il est superstitieux. Qu'il n'y a point de peché mortel dans ce Culte à moins qu'il ne soit accompagné de mepris ou de scandale. Exemples de ce Culte.

ON peut honorer Dieu d'une maniere induë, non seulement en lui rendant un Culte faux, ou pernicieux, mais aussi en lui rendant un Culte superflu.

Je sçai bien qu'absolument parlant, on ne sçauroit trop honorer Dieu, & que quelque honneur que les creatures lui rendent, il est toûjours exterieurement disproportionné à celui qu'elles lui doivent legitimement. Neanmoins il est vrai de dire, que lorsqu'en pensant l'honorer entierement, on fait des choses qui n'ont point de rapport à la veneration interieure qui lui est duë, qui ne concernent point sa gloire, qui ne contribuënt nullement à élever l'esprit vers lui, qui ne peuvent servir à moderer la concupiscence de la chair; en un mot qui ne sont ni ordonnées de lui, ni prescrites par l'Eglise, le culte qu'on lui rend, est un culte superflu, dans la pensée de S. Thomas (e), & du Cardinal Cajetan son Commentateur (f).

Voila l'idée generale que l'on peut donner du Culte superflu, qui est ordinairement qu'une faute venielle, & qui n'est peché mortel que quand il s'y rencontre quelque mépris ou quelque scandale, ainsi que l'assurent unanimement les Theologiens. (g) Et cette idée nous fait aisément comprendre que le Culte exterieur que l'on rend à Dieu, à la Sainte Vierge & aux Saints, est superstitieux, lorsqu'il est accompagné de certaines circonstances qui ne sont instituées ni de Dieu, ni de l'Eglise.

C'est pourquoi le Cardinal de Cusa remarque (h) fort judicieusement, qu'il n'est permis à personne de son autorité privée, de rien ajouter au Culte de Dieu, ni d'en rien diminuer contre l'ordre de l'Eglise.

Suivant cette Regle, il y a de la Superstition à ne vouloir point entendre la Messe, si elle n'est dite par un Prêtre nommé *Jean*, ou *Pierre*.

A la vouloir dire avec 9 ou 13 Cierges, ni plus ni moins, ou avec un Cierge de telle longueur, de telle figure & de tel poids.

A dire deux fois *Alleluya*, *Pater noster*, ou quelques autres Prieres, lorsqu'on ne les doit dire qu'une seule fois.

A ajoûter aux Ceremonies ou aux Rubriques approuvées par l'Eglise des choses qui ne sont pas prescrites dans les Livres Ecclesiastiques, comme par exemple à faire plus de signes de Croix & de Benedictions, en celebrant la Messe, qu'il n'est ordonné, ou à dire le *Gloria in excelsis* ou le *Credo*, lorsqu'on ne les doit pas dire (i).

A rechercher les plus beaux, & les plus precieux Ornemens, & l'Autel le plus propre & le mieux paré d'une Eglise, pour dire la Messe, sous pretexte de plus grande devotion. A

(a) L. 1. a. 42. Ut falsa nomina Martyrum & incertæ Sanctorum memoriæ non venerentur.
(b) Act. 3.
(c) Can. 42. Hi soli, *dit-il*, in Ecclesia venerandi sunt qui ex auctoritate passionum & vitæ merito electi sunt.
(d) Dans l'idée du bon Magistrat, pag. 489. & suivantes du Tome I. de ses œuvres Chrétiennes.

(e) 2. 2. q. 91. a. 2.
(f) In hunc loc. S. Thom. & in Sum. V. Superstitio.
(g) Cajetan ibid. Tolet. l. 4. Instruct. Sacerd. cap. 14. num. 2.
(h) Non licet quiquam, propria sua autoritate, addere vel subtrahere in divino cultu ab institutis ab Ecclesia, To. 2. Exercit. Ex serm. Ibant Magi.
(i) Radulph. de Rivo, de Observat. Canon. Propos. 7.

A entendre plufieurs Meffes, lorsqu'une fuffit, & qu'après l'avoir entenduë, on eft obligé de vacquer aux devoirs de fa profeffion. Telle eft la Religion de certaines femmes indifcretement devotes, qui ne font point de fcrupule de quitter leurs maifons pour entendre deux ou trois Meffes par jour, tandis que leurs maris s'emportent contre elles, & qu'elles devroient veiller fur la vie & fur les mœurs de leurs enfans & de leurs domeftiques. On en peut dire autant de quantité d'autres perfonnes qui fe couvrent du manteau de pieté, pour faire toute autre chofe que ce qu'elles doivent faire.

A faire des Benedictions fur chaque morceau que l'on mange, & à diriger fon intention à Dieu toutes les fois que l'on fait quelque action, quand même elle ne feroit pas confiderable. Car une feule Benediction fur tout ce que l'on doit manger à une fois fuffit, comme il fuffit de diriger fon intention à Dieu au commencement de chaque fuite d'actions continuës, quoiqu'elles doivent durer long-temps.

CHAPITRE III.

De l'Idolatrie. Ce que c'eft. Que c'eft une efpece de Superftition, & le plus grand de tous les pechez. Qu'on eft Idolatre quand on fait un pacte tacite, ou un pacte exprès avec les Demons.

L'IDOLATRIE, felon les Theologiens, étant un Culte divin que l'on rend à la creature, & y ayant de la Superftition à rendre à la creature un Culte qui n'eft dû qu'au Createur, on ne peut être Idolatre, fans être fuperfticieux.

De-là vient qu'après que S. Luc a raconté dans les Actes des Apôtres (a), que l'efprit de S. Paul fe fentoit émû & irrité en lui-même, en voyant que la ville d'Athenes étoit fi attachée à l'Idolatrie: *Videns Idololatriæ deditam civitatem*: Ce grand Apôtre des Nations dît aux Seigneurs Atheniens dans l'Areopage, qu'il lui fembloit qu'ils étoient fuperftitieux en toutes chofes: *Per omnia quafi fuperftitiofiores vos video*; nous faifant connoître par ce difcours que l'Idolatrie eft une efpece de Superftition.

Auffi S. Auguftin (b) affure, que tout ce que les hommes ont établi pour faire ou pour adorer les Idoles, & que tout ce qui regarde le Culte divin que l'on rend à la creature, ou à une partie de la creature, eft fuperfticieux.

C'eft fur ce fondement que le Cardinal de Cufa dit (c), Que c'eft une Superftition & une Idolatrie que de rendre un Culte de Latrie à tout autre qu'à Dieu, & que c'eft être Idolatre que de faire pacte avec les Demons, que de leur offrir des Sacrifices, que de les confulter, que de chercher fon falut dans les caracteres, dans les ligarures, dans les paroles, & dans les autres chofes que les Medicins condamnent.

Cette Superftition, dans la penfée de S. Thomas (d), eft non feulement un peché, mais le plus grand peché qu'on puiffe commettre contre Dieu, parce que quand on rend à la creature l'honneur qui n'eft dû qu'à Dieu, on fait autant qu'on le peut, un autre Dieu dans le monde, en diminuant la puiffance fouveraine du vraî Dieu.

C'eft ce qui a fait dire au Cardinal Cajetan (e) que l'Idolatrie étoit un peché très-mortel, *peccatum mortaliffimum*, parce qu'elle égale autant qu'elle peut la creature au Createur.

En effet les anciens Peres de l'Eglife ont confideré l'Idolatrie fous cette idée. Tertullien (f) l'appelle le principal crime du genre humain, le plus grand peché du monde: *Principale crimen generis humani, fummus fæculi reatus*. Et S. Cyprien (g), le plus grand de tous les pechez: *Summum delictum*. S. Gaudence, Evêque de Breffe, (h) dit aux Neophytes, „ Qu'il ne „ fuffit pas à un Chrétien de fe priver des viandes mor„ telles des Demons, mais qu'il faut en outre qu'il „ évite toutes les abominations des Gentils, & toutes „ les traces de l'Idolatrie, comme des poifons diabo„ liques.

Voila qu'elle eft la qualité du peché de ceux qui adorent les Idoles, qui offrent de l'encens & des Sacrifices aux fauffes Divinitez, & qui rendent les honneurs divins aux Demons ou aux autres creatures. Mais il ne faut pas s'imaginer qu'il n'y ait que les infideles & ceux qui n'ont nulle connoiffance de la Religion de JESUS-CHRIST, qui foient coupables de ce crime.

Ceux-là le font auffi qui font pacte exprès ou tacite avec les Demons. Et la Faculté de Theologie de Paris a determiné dans fa Cenfure du 19. de Septembre 1398. (i) qu'on ne pouvoit foutenir le contraire fans erreur. *Quod inire pactum cum Dæmonibus tacitum vel expreffum, non fit Idolatria, vel fpecies Idololatriæ & Apoftafiæ, error*. Elle a auffi determiné qu'il y avoit de l'Idolatrie (k) à exercer la Magie; à faire des maleficies; à invoquer les Demons; à rechercher leur amitié; à implorer leur fecours; à leur offrir, à leur donner, ou à leur promettre quoique ce foit pour réuffir dans quelques deffeins; (l) à baifer quelque chofe, ou à la porter en leur honneur; à les renfermer dans des pierres, dans des anneaux, dans des miroirs, ou dans des Images confacrées (m), ou plutôt conjurées en leur nom; & enfin à fe fervir d'Images d'airain, de plomb, d'or, de cire blanche ou róuge, ou de quelque autre matiere, quand elles font baptizées, exorcifées, & confacrées, ou plutôt conjurées à certains jours, & felon les regles de la Magie, (n) & à croire qu'elles ont les vertus admirables qu'on leur impute; *Quod uti talibus & fidem dare, non fit Idololatria aut Infidelitas, error*.

(a) Cap. 7.
(b) Lib. 2. de Doct. Chrift. c. 20. Superftitiofum eft quidquid inftitutum eft ab hominibus, ad facienda & colenda Idola pertinens vel ad colendam ficut Deum creaturam, partemve ullam creaturæ.

(c) Tom. 2. l. 2. Exercit. Sermo. in illud, Ibant Magi, &c. Eft Superftitio quando cultus Latriæ alteri quàm Deo attribuitur, atque etiam Idololatria. Sic Idololatria eft pactio cum Dæmonibus, facrificia eis facta, confilium ab eis acceptum, quærere falutem in caracteribus, ligaturis, verbis, & in iis quæ Medici damnant.

(d) 2. 2. q. 94. a. 3. in corp. In peccatis, *dit-il*, quæ contra Deum committuntur, quæ tamen funt maxima, graviffimum effe videtur quod aliquis divinum honorem creaturæ impendat: quia quantum eft in fe, facit alium Deum in mundo, minuens principatum divinum.
(e) In Sum. V. Idololatria.
(f) Libr. de Idololatr. c. 1.
(g) Epift. 10.
(h) Tract. 4. de lect. Exodi.
(i) Art. 3.
(k) Art. 1.
(l) Art. 2.
(m) Art. 4.
(n) Art. 21.

CHAPITRE IV.

De la Magie. Ce que c'est? Qu'il y en a de trois sortes. Que la Magie noire ou diabolique est une espece de Superstition. Qu'elle est condamnée par les Loix divines & humaines, aussi bien que ceux qui en font profession. Paroles remarquables d'Agrippa touchant les Magiciens. Que les Magiciens sont coupables de quinze crimes énormes.

LE nom de Magie se prend en bonne & en mauvaise part, selon les bons ou les mauvais effets qu'on lui attribuë. Et comme on lui attribuë ordinairement trois sortes d'effets; des effets naturels, des effets artificiels, & des effets diaboliques: Elle se divise aussi ordinairement en Magie naturelle, en Magie artificielle, & en Magie diabolique.

La Magie naturelle produit des effets extraordinaires & merveilleux, par les seules forces de la nature; comme quand Tobie fut guéri de son aveuglement par le moyen du cœur, du fiel & du foye de ce gros poisson, qui sortit du Tigre pour le devorer (a).

La Magie artificielle produit aussi des effets extraordinaires & merveilleux, mais c'est par l'industrie humaine (b) comme la Sphere de verre d'Archimede, le miroir de la Colombe de bois volante d'Architas, les Oiseaux d'or de l'Empereur Leon qui chantoient, les Oiseaux d'airain de Boëce, qui chantoient & qui voloient, & les Serpens de même matiere qui sissloient, la tête parlante d'Albert le Grand, la poudre d'or de Sennert, la lampe & le Chevalier invulnerable de Burgrave, l'or fulminant de Béguin, l'arbre Vegetal des Chimistes, les Automates de Dedale, les Trepieds de Vulcain, les Hydrauliques de Boëce, l'industrieuse mouche de fer qui fut présentée à l'Empereur Charles V. par Jean de Mont-Royal, & qui comme parle du Bartas,

(c) *Prit sans aide d'autruy sa gaillarde volée,*

Fit une entiere ronde, & puis d'un cerveau las,

Comme ayant jugement se percha sur son bras,

Les tours de passe-passe & les prestiges de la plûpart des Charlatans & des Joüeurs de Gobelets & de Gibeciere, & ce que l'on voit faire d'admirable à certains animaux, qui ont été dressez & instruits à cette fin.

La Magie diabolique, qui est aussi appellée *Noire & Superstitieuse*, produit des effets surprenans, & qui surpassent les forces de la nature & celles de l'art, par l'aide & le ministere du Demon, avec lequel elle entre en une societé particuliere. Cela parut visiblement dans les Magiciens de Pharaon, qui imiterent les veritables miracles que Dieu operoit par le bras de Moïse, & dans le Magicien qui promenoit où il vouloit le cadavre de la celebre Joüeuse de Harpe de Boulogne, par le moyen d'un charme qu'il avoit attaché sous une des aisselles de ce cadavre, & le faisoit joüer de la Harpe, comme si c'eût été un corps vivant & animé, ainsi que le témoigne Gaspar Peucer Medecin Lutherien (d) & gendre de Philippe Melancton, qui ajoûte qu'un autre Magicien ayant été averti de ce charme & l'ayant ôté, le cadavre tomba aussi-tôt par terre, & demeura sans mouvement.

De là vient que S. Isidore Evêque de Seville (e), dit que les Magiciens ébranlent les élemens & troublent les esprits des hommes: qu'ils les tuënt sans aucun poison, & par la seule violence de leurs charmes; qu'ils font venir les Demons, dont ils promettent l'assistance à ceux qui leur ajoûtent foi pour se défaire de leurs ennemis par de mauvais moyens: Qu'ils se servent de sang & de victimes, & que souvent ils approchent des corps morts: *Magi sunt qui vulgò malefici ob facinorum magnitudinem nuncupantur, hi & elementa concutiunt, turbant mentes hominum, ac sine ullo veneni hæustu, violentia tantùm carminis interimunt. Dæmonibus enim accitis audent ventilare ut quisque suos perimat malis artibus inimicos. Hi etiam sanguine utuntur & victimis, & sæpè contingunt corpora mortuorum.*

La Magie naturelle, & la Magie artificielle sont bonnes en elles-mêmes. Mais elles peuvent être mauvaises par accident en trois manieres. 1. Quand on s'en sert à mauvais dessein, & pour une mauvaise fin. 2. Quand il en arrive du scandale, & que l'on donne lieu de croire que les effets qu'elles produisent, viennent du Demon. 3. Quand elles causent quelque dommage temporel au corps ou à l'ame.

Neanmoins comme il est difficile qu'elles ne s'exercent de quelques-unes de ces trois manieres. Elles sont toûjours dangereuses, à cause qu'elles portent les hommes à une trop grande curiosité, & qu'elles les font aisément tomber dans la Superstition.

Mais si on les considere en elles-mêmes & dépouillées de toutes les mauvaises circonstances dont elles peuvent être revetuës, elles ne sont nullement superstitieuses.

Il n'en est pas de même de la Magie noire ou diabolique; car elle est toûjours superstitieuse, parce qu'elle suppose necessairement un pacte avec les Demons. Sans cela comment pouvoit-on, par exemple, en crachant publiquement au visage des gens, les faire mourir le jour, & la nuit leur donner la Vie, ainsi que faisoit Paapis dans l'isle de Thule ou Tilemark, si nous en croyons Antoine Diogene cité par Photius dans sa Bibliotheque (f).

Ce seroit vouloir éclairer le Soleil, que de s'arrêter à prouver l'existence de cette derniere espece de Magie. En effet l'Ecriture sainte défend en plusieurs endroits de consulter les Magiciens, & fait mention des Magiciens de Pharaon & de Manassés, de la Pythonisse ou Devineresse que consulta Saül, de Simon le Magicien, de Bar-jesu le Magicien, & d'une autre Pythonisse du corps de laquelle l'Apôtre S. Paul chassa le Demon. Les Conciles fulminent des Anathemes contre les Magiciens. Les saints Peres & les Historiens en parlent, lorsqu'ils ont occasion de le faire. Enfin le Droit Civil decerne diverses peines contr'eux.

De sorte qu'on ne sçauroit nier qu'il y ait des Magiciens ou des Sorciers, (car ces deux mots se prennent ordinairement dans la même signification) sans contredire visiblement les Saintes Lettres, la Tradition sacrée & profane, les Loix Canoniques & Civiles, & l'experience de tous les siecles, & sans rejetter avec imprudence l'autorité irrefragable & infaillible de l'Eglise, qui lance si souvent les foudres de l'excommunication contr'eux dans ses Prosnes.

En un mot, il est constant qu'il y a des sorciers, mais de dire que lui ci-soit sorcier, que celle-là soit sorciere, c'est sur quoi on doit être extremement reservé, & ne pas decider legerement sans avoir bien axaminé la verité de la chose. Souvent on soupçonne & on accuse de Magie & de sortilege des personnes qui n'en sont nullement coupables: il n'y a que trop souvent beaucoup de calomnie dans ces sortes de soupçons & dans les accusations de cette nature. Les Payens n'ont pas epargné en cela JESUS-CHRIST même. Ils l'ont traité de Magicien, ils ont attribué à la force de la Magie, & non à la vertu divine dont il étoit rempli, les miracles qu'il a operés, au rapport (g) d'Arnobe.

Cel-

(a) Tob. 6.
(b) Que Cassiodore appelle une petite machine, qui portoit le monde, un Ciel portatif, l'abregé de toutes choses. Epist. 45. L. 1.
(c) VI. Jour de la 7. Semaine.
(d) Lib. de Divinationum generib. pag. 11.
(e) Lib. 8. Orig. cap. 9.

(f) Ad hæc etiam ut Paapis, Dercyllidis vestigia insecutus, ni ea insula ipsis supervenerit, & arte sua magica hoc effecerit ut interdiu morerentur, nocte verò accedente reviviscerent, hoc tantùm ritu ad illud efficiendum usus quòd publicè in eorum faciem conspueret. C. 166.
(g) Magus fuit (disoient-ils) clandestinis artibus omnia illa perfecit, Ægyptiorum ex adytis Angelorum potentium nomina & remotas furatus est disciplinas. L. 1. contr. gent. n. 27.

Celse a fait la même chose dans Origene (a).

Les Juifs, selon le temoignage du Comte Joseph, cité par S. Epiphane, (b) avoient les mêmes sentimens de JESUS-CHIRST, & de ses miracles que les Payens: mais Arnobe, Origene, (c) Lactance & (d) Vivés refutent les mensonges & les impostures des uns & des autres avec beaucoup de force.

On a aussi accusé de magie quantité de celebres personnages anciens & modernes, comme Zoroastre, Orphée, Pythagore, Numa Pompilius, Democrite, Empedocles, Apollonius, Virgile, Joseph, Salomon, les trois Mages qui vinrent adorer J. C. Alchinde, Geber, Artephius, Thebit ben corath & grand nombre d'autres, que (e) Naudé a justifiés dans son *Apologie pour les grands hommes accusés de Magie*.

On dit à cela, & c'est l'objection commune que l'on fait en France, que le Parlement de Paris ne reconnoît point de Sorciers.

Mais 1. quand la chose seroit ainsi, l'autorité de ce Parlement devroit elle l'emporter sur celle de l'Ecriture Sainte, sur celle des Conciles, sur celle du Droit Civil, sur celle de l'Eglise?

2. Si le Parlement de Paris ne reconnoît point de Sorciers, les autres Parlemens en reconnoissent, & particulierement celui de Toulouse, puisqu'en l'année 1577. il en condamna plus de quatre cens, les uns au feu, les autres à d'autres supplices, ainsi que le rapporte Pierre Gregoire de Toulouse (f).

André du Breuil Docteur Regent en Medecine à Paris, temoigne dans l'art & science de Medecine, que Jean Garnier Lou garou fut executé par Arrest du Parlement de Dole en France-Comté avec plusieurs autres bergers.

Il y avoit une si prodigieuse quantité de Sorciers en Espagne du tems de Martin d'Arlés, qu'il temoigne avec beaucoup de douleur que tout le Royaume en étoit rempli (g) & Lambert Daneau assure qu'il (h) y en a une si effroiable multitude en Savoye, qu'on n'en scauroit depeupler le Pays, quelque severité que les juges des lieux aportent à les punir, quelque diligence qu'ils fassent pour les chercher, & que dans une seule Ville on en a vû condamner à mort plus de 80. en une année:

Le Parlement de Bourdeaux a aussi rendu plusieurs Arrêts contre des Sorciers & des Sorcieres. Florimond de Remond, qui étoit Conseiller en cette Cour, le témoigne ainsi, lorsqu'après avoir rapporté, que Jeanne Bosdeau fameuse sorciere, fut condamnée au feu par Arrêt du Parlement de Bourdeaux en 1594. il dit au Chap. 7. de son Ante-Christ ou Antipapesse: ,, Beze ,, n'étoit pas bien informé, lorsqu'en sa chaire il taxa n'a-

,, gueres notre Parlement d'incredulité & de peu de foi, ,, parce, (disoit-il) & ceci tiens-je d'un Gentilhomme ,, d'honneur qui l'ouït, que nous n'osions condamner les ,, Sorciers à la mort. Nos Registres temoignent le con-,, traire, & les Arrêts celebres que j'ai recueillis montre-,, ront qu'il n'y a Parlement en France où on les traite plus ,, severement qu'au nôtre".

3. Ceux qui font cette objection contre le Parlement de Paris, sçavent bien peu l'Histoire de ce Parlement, qui a si souvent donné des Arrêts contre des Sorciers. Bodin en rapporte deux dans sa Demonomanie (i); l'un de l'année 1548. ou environ, qui condamne la mere de Jeanne Harvilliet, Sorciere de Verberi proche Compiegne, à être bruslée vive; l'autre du 11. Janvier 1578. (k) contre Barbe Doré fameuse Sorciere, qui fut aussi condamnée d'être bruslée. Le Pere Crespet, Prieur de Celestins de Paris, en rapporte encore un du 19. Janvier 1577. (l) contre une autre Sorciere qui fut condamnée à expier son crime par le même supplice. Enfin Lambert Dané témoigne qn'un Aveugle des Quinze-vingts de Paris, nommé Honoré, fut condamné a mort par le Parlement de Paris, pour crime de sortilège. (m) Et je ne doute point qu'il ne s'en trouve quantité d'autres semblables dans les Recueils des Arrêts du Parlement de Paris, qui ont été faits avant & après la Demonomanie de Bodin, & encore davantage dans les Registres de cette auguste Compagnie.

Si bien que la Question de Droit, *S'il y a des Sorciers*, est incontestable; mais celle de fait, *Si Pierre, si Jean, si Jacques sont veritablement Sorciers*, est souvent fort douteuse, parce que souvent on accuse d'être Sorciers, des personnes qui ne le sont pas en effet; ainsi qu'il paroît par l'*Apologie* que Naudé a faite *pour tous les grands Personnages qui ont été faussement soupçonnez de Magie*.

Cela supposé, il faut maintenant faire voir que la Magie ou Sorcelerie, est expressement condamnée par toutes les Loix divines & humaines.

Dieu dit dans le Levitique, qu'il ne veut pas que l'on consulte les Magiciens, ni que l'on se souille avec eux: (n) *Non declinetis ad Magos ut polluamini per eos*: Qu'il sera l'ennemi de ceux qui les consulteront, & qu'il les fera mourir de mort au milieu de leur peuple (o):

On rapporte parmi les impietez du Roi Manassés qu'il étoit adonné à la Magie, & qu'il avoit des Magiciens à sa suite: (p) *Maleficis artibus inserviebat, habebat secum Magos*.

S. Irenée met au rang des Heretiques les Simoniens, qui étoient les Disciples de Simon le Magicien, & il dit d'eux entr'autres choses, qu'ils exerçoient la Magie autant qu'ils pouvoient (q): *Magias perficiunt, quemadmodum potest unusquisque ipsorum*. Après qu'il a dit que Marc disciple de l'Heretique Valentinien étoit tres-sçavant dans les impostures Magiques, & que par leur moyen il avoit seduit plusieurs hommes & plusieurs femmes, il l'appelle le veritable Precurseur de l'Antechrist (r):

Le Concile de Laodicée, & celui d'Agde en 506. défendent aux Ecclesiastiques *d'être Magiciens* (s).

Saint

(a) Mirificas Christi Virtutes conatus calumniari quasi Magicis artibus, non divina vi editas. Ait eum elam educatum & in Ægypto mercede famulatum, peritum mirificarum ejus gentis artium inde reversum, quibus fretus pro Deo se haberi passus fuit. L. I. Hæref. 30.

(b) Hæref. 30.

(c) L. 5. Divin. Instit. c. 3.

(d) L. 3. de Verit. Rel. Chr. Cap. II.

(e) J. F. B. qui a reimprimé ce livre à Amsterdam en 1712. avec des Remarques, a recueilli depuis ce tems là de quoi faire un suplement considerable à cet Ouvrage de Naudé. Ce suplement contiendra, l'Apologie des Papes, Benoît X. Jean XX. Jean XXI. & Alexandre VI. des Marechaux d'Ancre, de l'abert & de Luxembourg, de Manassé Roi des Juifs, de Maxence, de Mahomet, de Catherine de Medicis, de Tages, de Simon le Magicien, d'Athenodore, de Fauste, de Luther, d'Urbain Grandier, des Fraticelles, des Manichéens &c.

(f) Lib. 34. Syntag. Juris univ. c. 21. n. 10. Tolosæ hoc anno 1577. tot maleficæ & sortilegæ in Senatu undique reæ peractæ sunt, ut omnium reorum qui à duobus annis ante fuerunt quorumcumque criminum, numerum superarent, & maleficiorum cumulo vincerent, feré plusquam quadringentæ, quarum pars Vulcano sacratæ; aliæ aliis tormentis sublatæ vel emendatæ; &, quod mirum est, omnes feré à Diabolo notam inustam certo loco habebant, prodierentque execrabilia plura & impia.

(g) Pythonibus & maleficis, pro dolor! hac nostra tempestate totum hoc Regnum plenum est. Trait. des Superst. P. 404. & 438. & 439.

(h) Una Sabaudica natio tot, tantos, tamque confertos horum hominum greges habet, ut exstirpari nullo modo possint, quidquid judicium illius loci severitas in puniendo, & diligentia in perquirendo conetur. Adeo ut vel in una civitate homines plus quam 80. numero unius anni spatio capitis pœna mulctat audiantur.

(i) Dans la Preface.

(k) Liv. 2. c. 8. & l. 3. c. 5.

(l) Liv. 1. de la Haine de Sathan contre l'homme, Disc. 10.

(m) Dialogo de Veneficis quos vulgò Sorciarios vocant. Affirmarunt, dic-il, fide digni homines etiam corpore mancos & debiles, quales cæci, in Veneficorum & Sortiariorum numero reperiri: Inter quos unus, nomine Honoratus, cæteris notior, capitis supplicio Senatus Decreto Lutetiæ affectus est, de quo planè incredibilia narrantur, cùm ipse è Sodalitio Quindecim Viginti-virorum, ut vocant, id est è 300. cæcorum collegio esset.

(n) Cap. 19.

(o) Cap. 20. Anima quæ declinaverit ad Magos, ponam faciem meam contra eam, & interficiam eam de medio populi sui.

(p) 2. Paralip. 33.

(q) Lib. 1. adversf. hæresf. cap. 20.

(r) Ibid. cap. 18. Marcus Magicæ imposturæ peritissimus, per quam & viros multos, & non paucas fœminas seducens convertit, Præcursor quasi verè existens Antichristi.

(s) Can. 36. Can. 68.

Saint Gaudence Evêque de Bresse, témoigne *que les fortileges sont des especes d'Idolatrie* (a).

S. Gregoire le Grand, louë le Notaire Adrien de ce qu'il donnoit la chasse aux Sorciers, qu'il appelle les Ennemis de JESUS-CHRIST, *Inimicos Christi*, & l'exhorte de continuër (b).

S. Eloi Evêque de Noyon conjure les Fideles de son Eglise, *de ne point ajoûter foi aux Magiciens* (c).

Le VI. Concile de Paris en 826. asseure que *la Magie & le Sortilege sont asseurement des restes du Paganisme, & qu'on les doit tres-severement punir selon la Loi de Dieu* (d).

Le Concile de Palence (e) en 1322. *defend tres-expressement à toutes sortes de personnes de consulter les Magiciens, & de leur demander avis ni pour soi, ni pour les autres, à peine d'excommunication.*

En 1484. le Pape Innocent VIII. par sa Bulle *Summis desiderantes affectibus.* donna un ample pouvoir au Pere Henri *Institor* & au Pere Jacques *Sprenger*, Religieux de l'Ordre de S. Dominique, & Inquisiteurs de la Foi Catholique, d'informer contre les Magiciens de la haute Allemagne, & de les punir, selon la grandeur de leurs crimes.

En 1521. le Pape Leon X. en usa de même à l'égard d'autres Inquisiteurs, contre les Sorciers du Diocese de Bresse, & de celui de Bergame, comme il se voit par sa Bulle *Honestis petentium votis.*

C'est ce que fit aussi Adrien VI. par sa Bulle *Dudum*, qui est du 20. jour de Juillet 1522. à l'égard de l'Inquisiteur de Cremone, contre les Sorciers qui se trouvoient en certains endroits de la Lombardie.

Le Synode de Treves (f) en 1548. *excommunie tous ceux qui se meslent de sortileges, & veut qu'on les mette en prison, & qu'on les y retiënne jusqu'à ce qu'ils soient delivrez des suggestions & des illusions des Demons, qui sont leurs maîtres.*

Monluc Evêque de Valence & de Die (g), ordonne aux Curez de refuser la Communion aux Sorciers, & de les avertir souvent de s'abstenir de l'art damnable & mauvais dont ils font profession.

Le premier Concile Provincial de Milan (h) en 1565. *veut que les Evêques punissent severement & excommunient les Magiciens & les Sorciers, & qu'ils les chassent de l'Assemblée des Fideles.*

Le Clergé de France assemblé à Melun (i) en 1579. *declare qu'on doit empescher avec toute la diligence possible, que les Magiciens ne se multiplient, & qu'il faut les exterminer selon les Canons des anciens Conciles.*

Le Rituel de Chartres de l'an (k) 1581. défend de recourir aux Enchanteurs & aux Magiciens.

Le Concile Provincial de Bourdeaux (l) en 1583. asseure que ceux là commettent un crime execrable, & sont excommuniez, qui se meslent de Magie.

Le Concile Provincial de Mexico dans l'Amerique (m) en 1585. défend de consulter les Sorciers & de se servir de leurs malefices, sous peine d'être mis en penitence publique.

Le Concile Provincial de Narbonne (n) en 1609. excommunie ipso facto, conformément aux Saints Decrets, les Magiciens & les Sorciers.

Le Synode de Ferrare en 1612. au titre de *Superstition & Magie artibus exterminandis.* 1. 3. 4. Art. (o) après avoir dit que Dieu commande que l'on fasse mourir les Magiciens & les Sorciers dés leur naissance, comme, dans la pensée de Philon Juif, on tue les viperes, les scorpions & les autres bêtes venimeuses aussi-tôt qu'on les apperçoit, pour prevenir le mal qu'elles peuvent causer, ordonne qu'on les chasse du Diocese, & qu'on ne les y soufre point, & il enjoint à tous les Curés de sa dependance de les chercher, de les denoncer à l'Evêque après qu'ils les auront decouverts, afin qu'il les excommunie & les punisse conformément aux Bulles des Papes.

Les Statuts Synodaux de quantité de Dioceses n'en usent pas autrement.

Enfin la pratique universelle de l'Eglise est de mettre la Magie & la Sorcelerie au nombre des Cas réservez, & de declarer excommuniez dans ses Prosnes les Magiciens & les Sorciers.

Le Code de Justinien (p) nous fournit plusieurs Loix Civiles contre ces sortes de gens. Pierre Gregoire de Toulouze (q), en rapporte aussi un trés-grand nombre, & témoigne que l'Empereur Charles-Quint (r), defendit qu'on enseignât publiquement la Magie à Salamanque, comme l'on faisoit autrefois, aussi-bien qu'à Tolede & à Seville, depuis l'incursion des Sarazins en Espagne, si nous en croyons le P. Delrio (s).

Aussi la Magie est-elle une science si infame & si detestable, que Henri Corneillie Agrippa, qui en a fait profession dans sa jeunesse, & qui en a été accusé par une infinité d'autres; mais particulierement par Paul Jove (t), par Thevet (u), par le Pere Crespet (w), & par le Pere Delrio (x), quoique Naudé (y) ait tâché de l'en défendre, reconnoît de bonne foi que les Magiciens, les Sorciers, les Enchanteurs & les Devins, doivent s'asseurer qu'ils seront damnez eternellement avec Jannés, Membres & Simon le magicien. Voyés cy-dessous ses propres paroles, qui sont bien considerables (z).

Les Sorciers sont coupables de quinze crimes énormes, selon la remarque de Bodin (a). ,, Car premierement, ,, dit-il, la profession premiere des Sorciers est de renier ,, Dieu & toute Religion. Le deuxiéme crime des Sor-

,, ciers, ariolos, Pythones consulentes, quærentes à mortuis veritatem sic abominatur Deus ipse, ut eos vix dum nascentes ac existentes, suæ justitiæ pænas præsenti morte dependere constituerit. Quemadmodum enim viperas, scorpiones, aliasque venenatas bestiolas (ut Philonis Judæi Verbis utamur) priusquam mordeant, aut etiam se commoveant, sine mora ad primum aspectum occidimus, præcavendo naturalem eorum malitiam, priusquam noceant; eodem modo hujusmodi homines plectendi sunt qui Magiciis suis artificiis incautos homines non solùm errore implicant, sed in graves calamitates intrudunt. Nos igitur, ut tam funestam ac nefariam pestem ab omnibus nostræ curæ creditis ac commissis depellamus, Magos omnes cæterosque maleficos, qui suis artibus corpora mentesque hominum, morbis aut insania levare aut opprimere se posse falso profitentur, ... universæ diæcesis nostræ finibus sic arcemus, ut nullibi consistere velimus. Parochis etiam omnibus virtute obedientiæ præcipimus eas ut diligenter pervestigent, inventos ad nos nominatim deferant, imo eos excommunicationis pæna, quæ mors est ecclesiastica, à Christi corpore exscindimus, atque abjicimus, aliisque pœnis a pontificiis legibus, & constitutionibus præscriptis, qua par est severitate afficimus.

(p) L. eorum, L. nemo, L. etsi. L. Quicumque. Cod. de Maleficis & Math. &c.

(q) L. 34. Syntag. Jur. Uni. c. 14. & 15.

(r) Ibid. c. 21. n. 10.

(s) In Prolog. Disquisit. Magic.

(t) Elog. Viror. Ill.

(u) Vies des Hommes Illust.

(w) L. 1. de la Haine de l'homme, &c.

(x) Disquisit. Mag. passim.

(y) Apolog. des grands Hommes, &c. c. 15.

(z) Lib. de Incertitud. & vanit. Scient, c. 48. Verùm de Magicis scripsi egó juvenis adhuc, Libros tres amplo satis volumine, quos *De occulta Philosophia*, nuncupavi. in quibus quidquid tunc per curiosam adolescentiam erratum est, nunc cautior hac palinodia recantatum volo: permultum enim temporis & rerum in his vanitatibus olim contrivi. Tandem hoc profeci quod sciam queis rationibus oporteat alios ab hac pernicie dehortari. Quicumque enim non in veritate, nec in virtute Dei; sed in elusione Dæmonum, secundùm operationem malorum spirituum, divinare & prophetare præsumunt, & per vanitates Magicas, exorcismos, incantationes, amatoria, agogima, & cætera opera Dæmoniaca & Iridololatriæ fraudes exercentes, præstigia & phantasmata ostentantes mox cessantia, miracula se se operari jactant, omnes hi cum Janné & Mambré & Simone Mago æternis ignibus cruciandi destinabuntur.

(a) Liv. 4. de la Demonom. chap. 5.

(a) Tract. 4. de lect. Exod.
(b) a Lib. 9. Epist. Indic. 4. Epist. 47.
(c) Lib. 2. Vit. a p. 15.
(d) Lib. 3. c. 12.
(e) Cap. 24.
  C. 6.
(g) In Reformat. Cleri Valent. & Dien. c. 25.
(h) Constit. p. 1. tit. 10.
(i) Tit. de Magic. Artib. &c.
(k) Dans le Prosne, fol. 150.
(l) Tit. 7.
(m) Lib. 5. tit. 6. num. 2.
(n) C. 3.
(o) Pessimum hominum genus, qui abjectà in Deum pietate ac Religione, fœdera cum dæmone ineunt, maleficos, incantato-

H

„ ciers eſt aprés avoir renoncé à Dieu, de le maudire,
„ blaſphemer & dépiter, & tout autre Dieu ou Idole
„ qu'ils ont en crainte. Le troiſiéme crime eſt encore
„ plus abominable, c'eſt qu'ils font hommage au Dia-
„ ble, l'adorent, ſacrifient, & les plus deteſtables font
„ une foſſe, mettent la face en terre, le priant & ado-
„ rant de tout leur cœur. Le quatriéme crime eſt en-
„ core plus grand, c'eſt que pluſieurs Sorciers ont été
„ convaincus, & ont confeſſé d'avoir voué leurs enfans
„ à Sathan, pour laquelle méchanceté, Dieu proteſte
„ en ſa Loi (a), qu'il embraſera ſa vengeance contre
„ ceux qui dedioient leurs enfans à Moloch. Le cin-
„ quiéme paſſe encore plus outre, c'eſt que les Sorci-
„ res ſont ordinairement convaincuês par leur confeſſion
„ d'avoir ſacrifié au Diable leurs petits enfans auparavant
„ qu'ils ſoient baptizés, les élevant en l'air, & puis leur
„ mettant une groſſe épingle en la tête, qui les fait
„ mourir, qui eſt un autre crime plus etrange que le
„ precedent. Et de fait Springer dit qu'il en a fait bruſ-
„ ler une qui en avoit ainſi fait mourir quarante & un.
„ Le ſixiéme crime paſſe encore plus outre: Car les
„ Sorciers ne ſe contentent pas de ſacrifier au Diable
„ leurs propres enfans, & les faire brûlé par forme de
„ ſacrifice, ains encore ils les conſacrent à Sathan dès le
„ ventre de la mere, comme le Baron de Raiz, auquel
„ Sathan dit, qu'il falloit lui ſacrifier ſon fils étant en-
„ core au ventre de la mere, pour faire mourir l'un &
„ l'autre, ainſi qu'il reconnut & confeſſa, qui eſt un
„ double parricide, avec la plus abominable idolatrie
„ qu'on peut imaginer. Le ſeptiéme & le plus ordi-
„ naire eſt, que les Sorciers font ſerment & promettent
„ au Diable d'attirer à ſon ſervice tous ceux qu'ils pour-
„ ront, comme ils font ordinairement. Le huitiéme
„ crime eſt d'appeller & jurer par le nom du Diable en
„ ſigne d'honneur, comme font les Sorciers qui l'ont
„ toûjours en la bouche, & ne jurent que par lui, ſi-
„ non quand ils renient Dieu. Le neufiéme eſt que les
„ Sorciers ſont inceſtueux, qui eſt le crime de toute
„ ancienneté, duquel les Sorciers ſont blaſmez & con-
„ vaincus. Car Sathan leur fait entendre qu'il n'y eut
„ oncques parfait Sorcier & Enchanteur, qui ne fût
„ engendré du pere & de la fille, ou de la mere & du
„ fils. Le dixiéme eſt que les Sorciers font meſtier de
„ tuër les perſonnes, qui pis·eſt d'homicider les petits
„ enfans, puis aprés les faire boüillir & conſommer juſ-
„ qu'à rendre l'humeur & chair d'iceux potable. Le
„ onziéme crime eſt que les Sorciers mangent la chair
„ humaine, & mêmement des petits enfans, & boivent
„ leur ſang avidement: Et quand elles ne peuvent avoir
„ des enfans, elles vont deterrer les hommes des ſepul-
„ chres, ou bien elles vont aux gibets pour avoir la
„ chair des pendus, comme il s'eſt verifié aſſez ſouvent.
„ Le douzieme eſt particulier de faire mourir par poi-
„ ſon ou ſortilege. Car c'eſt beaucoup plus griévement
„ offenſer de tuër par poiſon que à force ouverte, &
„ encore plus grief de faire mourir par ſortilege que par
„ poiſon. Le treiziéme crime des Sorciers eſt de faire
„ mourir le beſtail, choſe qui eſt ordinaire, Et pour
„ cette cauſe un Sorcier d'Ausbourg l'an 1569. fut te-
„ naillé pour avoir fait mourir le beſtail, ayant pris la
„ forme du cuir des bétes. Le quatorziéme eſt ordinai-
„ re, porté par la Loi, c'eſt à ſçavoir de faire mourir
„ les fruits, & cauſer la famine & ſterilité en tout un
„ païs. Le quinziéme eſt que les Sorcieres ont copula-
„ tion charnelle avec le Diable, & bien ſouvent prés
„ des maris, & toutes confeſſent cette méchanceté.
„ Voilà quinze crimes deteſtables, le moindre deſquels
„ merite la mort exquiſe, non pas que tous les Sorciers
„ ſoient coupables de telles méchancetes, mais il a été
„ bien verifié que les Sorciers qui ont paction expreſſe
„ avec le Diable, ſont ordinairement coupables de tou-
„ tes, ou de la plûpart de ces méchantez (b).
Au reſte on peut remarquer en paſſant avec Martin de

Arles (c) Archidiacre de Pampelonne, & avec Monſieur Benoît (d) Curé de S. Euſtache de Paris, qu'il
y a plus de femmes Sorcieres que d'hommes Sorciers.
Nider (e) en raporte trois raiſons. La premiere, parce que les femmes ſont plus aiſées à perſuader que les
hommes. La ſeconde, parce qu'étant d'une complexion
plus tendre & plus molle que les hommes, elles reçoivent plus facilement qu'eux les impreſſions qui leur viennent du dehors. La troiſiéme enfin, parce qu'elles ſont
plus babillardes & plus vindicatives que les hommes, &
qu'ainſi elles ſe declarent ſans peine les unes aux autres
ce qu'elles ſçavent, & mettent tout en œuvre pour
executer leur vengeance. Gerſon (f) dit dans le même
ſens, que les vieilles, les jeunes enfans, & les idiots,
ont plus de penchant à la Superſtition que les autres perſonnes, & que c'eſt de là qu'eſt venu le mot de *Vieilles
Sorcieres.* À quoi on peut ajoûter que le Recueil des
Traitez qui ont été faits par divers Auteurs contre les
Sortileges, eſt intitulé, non pas le Marteau des Sorciers,
Malleus Maleficorum, mais le Marteau des Sorcieres,
Malleus Maleficarum, à cauſe qu'il y a plus de Sorcie-
res que de Sorciers.

CHAPITRE V.

*Du malefice. Ce que c'eſt. Que c'eſt une eſ-
pece de Superſtition & un pecbé doublement
mortel. Qu'on ſe peut ſervir du malefice
en ſept manieres. Qu'il y a de trois ſortes
de malefice. Exemples de divers malefices.
Que les malefices ſont condamnez par l'E-
criture, par les Conciles, par les Peres &
par les Loix Civiles. Qu'il n'eſt pas permis d'ôter un malefice par un autre malefice. Que les Sorciers en ôtant un malefice à
un animal, le donnent à un autre. Quelles
ſont les armes dont nous devons nous ſervir contre les malefices. Exemples de diverſes pratiques ſuperſtitieuſes pour ôter
les malefices.*

LE malefice a tant de connexion avec la Magie, que
les Latins nomment ordinairement Magiciens ceux
qui uſent de malefices (g). C'eſt ce qui paroît par ces
paroles de S. Iſidore Evêque de Seville: *Magi vulgò
malefici ob facinorum magnitudinem nuncupantur.* Et par
les deux volumes intitulez *Malleus maleficarum,* qui
traitent de la Magie & des remedes qu'on y peut aporter,
ſous le nom de *malefices.*

Quoique ce nom ſignifie en general toutes ſortes de
crimes & de domages, & que l'on appellent *malfaiateurs*
tous ceux qui commettent de mauvaiſes actions, quelles
qu'elles puiſſent être; cependant la Magie eſt appellée
abſolument *malefice,* & les Magiciens ſont appellez ſimplement malfaicteurs, à cauſe de la grandeur & de l'e-
normité de leurs crimes, ainſi que nous venons de le remarquer, & qu'on le peut voir encore dans le Code de
Juſtinien au Titre *de Maleficis, & Mathematicis & ca-
teris ſimilibus.*

Le Cardinal Tolet definit le malefice, un art de nuire
aux autres par la puiſſance du Demon (b): Et cette definition fait voir manifeſtement que le malefice eſt une
eſpece de Superſtition, & un peché mortel pour deux raiſons, dit le Cardinal Cajetan; (i) *parce qu'il eſt une invocation du Demon, & qu'il nuit au genre bumain.*
Or

(a) Levit. 21. Deuter. 18.
(b) Il faut remarquer qu'entre ces crimes il y en a pluſieurs qui
ſont l'effet d'une imagination frapée.

(c) Tract. de Superſtit.
(d) Dans ſa Catecheſe de la Magie reprehenſible & des Magiciens, chap. 18.
(e) In præceptorio.
(f) Tract. contra Superſtitioſ. dierum obſervationem.
(g) Lib. 8. Origin. c. 9.
(b) Lib. 4. Inſtruct. Sacerdot. cap. 16. n. 3. Ars nocendi aliis
Dæmonis poteſtate.
(i) In Sum. V. Maleficium.

Or les Sorciers & les malfaiĉteurs , quand Dieu le permet ainſi , peuvent nuire au genre humain par le malefice en ſept manieres ſelon le P. Jean Nider Profeſſeur en Theologie de l'Ordre des Freres Preſcheurs. (a) 1. En donnant de l'amour criminel à un homme pour une femme , ou à une femme pour un homme. 2. En inſpirant des ſentimens de haine ou d'envie à une perſonne contre une autre. 3. En empéchant qu'un homme maleficié ou qu'une femme maleficiée ne ſe puiſſe ſervir de la puiſſance d'engendrer ſon ſemblable. 4. En rendant une perſonne malade en quelque partie de ſon corps. 5. En la faiſant mourir. 6. En lui ôtant l'uſage de la raiſon. 7. En cherchant avec ſuccés les occaſions de lui nuire de l'une de ces ſix manieres , ſoit en ces biens , ſoit en tout ce qui peut lui appartenir.

Mais de quelque maniere que l'on nuiſe aux autres, cela ne ſe fait que par le malefice ſomnifique , par le malefice amoureux , ou par le malefice ennemi , qui ſont les trois eſpeces de malefice que l'on diſtingue d'ordinaire.

Le malefice ſomnifique ſe fait par le moyen de certains breuvages , de certaines herbes , de certaines drogues , de certains charmes & de certaines pratiques dont les Sorciers ſe ſervent pour endormir les hommes & les bêtes , afin de pouvoir enſuite plus facilement empoiſonner , tuer , voler , commettre des impuretez ou enlever des enfans pour faire des ſortileges.

Le malefice amoureux , ou le Philtre , eſt tout ce qui ſe dit , tout ce qui ſe fait , & tout ce qui ſe donne par la ſuggeſtion du Demon , afin de faire aimer. Telle eſt la pratique de certaines femmes & de certaines filles , qui pour obliger leurs galans , lorſqu'ils ſont refroidis dans leur amour , de les aimer comme auparavant , & encore davantage , leur font manger du gaſteau où elles ont mis des ordures que je ne veux pas nommer. Il n'y a pas long-temps que l'on découvrit un Berger du Dunois qui avoit mis des mouches cantharides ſous un corporal pendant la Meſſe , à deſſein de ſe faire aimer des filles & des femmes ; Et il ſe trouve quelquefois des gens qui portent ſur eux quelque morceau des ſouliers , ou de la frange de la robbe de la perſonne qu'ils aiment , ou des rongneures de ſes ongles , afin de s'en faire aimer. D'autres pour la même fin ſe ſervent d'une Hoſtie non conſacrée , ſur laquelle ils écrivent certaines paroles avec du ſang.

Le malefice ennemi eſt tout ce qui cauſe , tout ce qui peut cauſer , & tout ce qui eſt employé pour cauſer quelque domage aux biens de l'eſprit , à ceux du corps , & à ceux de la fortune , lorſque cela ſe fait en vertu d'un pacte avec le Demon. Car ſi ce pacte ne s'y rencontre , ce qui cauſe du domage eſt bien un mal à la verité , mais ce n'eſt pas un malefice. Ainſi ceux qui donnent aux moutons des boutons emmiellez & empoiſonnez , qu'on appelle communément *des gobbes* , afin de les faire mourir , ſont veritablement des empoiſonneurs ; mais ils ne ſont pas toûjours des Sorciers , parce qu'il arrive ſouvent que ceux qui preparent ce poiſon , auſſi bien que ceux qui le donnent , n'ont aucune ſocieté expreſſe ni tacite avec le Demon pour cet effet. Ainſi les Borgia étoient de veritables empoiſonneurs , parce qu'ils avoient empoiſonné , ou fait empoiſonner deux bouteilles de vin qu'ils avoient deſtinées pour les Cardinaux , auſquels ils donnoient à manger ; mais on ne les a jamais accuſez de (b) magie pour cela , dautant que le poiſon qu'ils avoient meſlé ou fait meſler avec le vin , étoit naturel. Au lieu que les habitans de la Vallée Meſolcina dans la Suiſſe , étoient non ſeulement de veritables empoiſonneurs , mais auſſi de veritables Sorciers & de veritables malfaiĉteurs , puiſque par l'entremiſe du Demon , ils ſe ſervoient de malefices pour donner des maladies aux hommes & aux bêtes , & même pour les faire mourir , ainſi que le raporte le Doĉteur Juſſano , (c) dans la Vie de ſaint Charles Borromée.

Ces veritez ſuppoſées , on ne peut pas douter que ce ne ſoit un malefice.

Que d'empeſcher l'effet du Sacrement de Mariage par le noüement d'aiguillette , ou par quelqu'autre pratique ſuperſtitieuſe.

Que d'envoyer des loups dans les troupeaux de moutons & dans les Bergeries ; des rats , des ſouris , des charanſons ou calendres , & des vers dans les greniers ; des chenilles , des ſanterelles & d'autres infeĉtes dans les champs pour gâter les grains ; des taupes & des mulots dans les jardins , pour perdre les arbres , les legumes & les fruits.

Que d'empeſcher les gens de manger , en mettant à table ſous leur aſſiette une aiguille qui a ſervi à enſevelir un mort.

Que d'envoyer des maladies de langueur & de longue durée aux hommes & aux bêtes , en ſorte que les uns ou les autres s'affoibliſſent viſiblement , ſans qu'on les puiſſe ſecourir par les remedes ordinaires.

Que de faire mourir les hommes , les bêtes , & les fruits de la terre par le moyen de certaines poudres , de certaines eaux , & de certaines autres drogues magiques (d) , Gregoire de Tours en raporte un exemple terrible du fils du Roi Childeric , mort de la dyſenterie , que Mummole fut accuſé de lui avoir donnée par l'entremiſe de certaines Sorcieres Pariſiennes , qui avoüerent à la Reine qu'elles avoient ſacrifié la vie de ſon enfant pour conſerver celle de Mummole. Bodin en raporte un autre arrivé en Poitou l'an 1571. (e) ,, Le Roi Charles ,, IX. (*dit-il*) après diſner commanda qu'on lui amenât ,, Trois-Eſchelles *maître Sorcier* , auquel il avoit donné ſa ,, grace pour accuſer ſes complices. Et confeſſa devant ,, le Roi en preſence de pluſieurs Grands-Seigneurs , ,, que les Sorciers prenoient des poudres pour faire mourir hommes , bêtes & fruits. Et comme chacun s'étonnoit de ce qu'il diſoit , Gaſpar de Coligny lors ,, Amiral de France qui étoit preſent , dit qu'on avoit ,, pris en Poitou peu de mois auparavant , un jeune garçon accuſé d'avoir fait mourir deux Gentils-hommes. ,, Il confeſſa qu'il étoit leur ſerviteur , & les ayant veu ,, jetter des poudres aux maiſons , & ſur les bleds , diſant ces mots , *Malediĉtion ſur ces fruits , ſur cette* ,, *maiſon , ſur ce Païs* , ayant trouvé de ces poudres , ,, il en prit , & en jetta ſur le lit où couchoient les deux ,, Gentils-hommes , qui furent trouvez morts en leur ,, lit , tous enflez & fort noirs. Il fut abſous par les ,, Juges. Et Leonicer au Theatre , dit que deux Sorcieres ayant mis à part deux bouteilles en l'Hoſtellerie où elles étoient un jour arrivées , comme l'Hôte les eut entendu parler de faire mourir les bleds ,, & les vignes , il prit les deux bouteilles & verſa ,, l'eau ſur le lit où elles étoient , & ſoudain elles ,, moururent. Trois-Echelles alors en raconta beaucoup de ſemblables.

Que de faire ſecher une certaine herbe à la chéminée afin de faire tarir le laiĉt aux Vaches.

Que de tremper un balai dans l'eau , afin de faire pleuvoir , & de cauſer quelque dommage à ſon prochain : ce qui ne peut arriver que par l'entremiſe du Demon , dans le ſentiment de Martin de Arles Archidiacre de Pampelonne.

(f) Que de briſer les cocques des œufs mollets après en avoir avalé le dedans , afin que nos ennemis ſoient ainſi briſez. Je ſçai que bien des gens pratiquent cette Superſtition , ſans penſer à aucun mal ; mais je ſçai auſſi qu'il y en a qui le pratiquent pour l'effet que je viens de dire (g).

Que

(a). Lib. 5. Fornicarii de maleficis & eorum deceptionib. c. 3.
(b) On les en a accuſés , mais la diſcuſſion en ſeroit trop longue ici.
(c) L. 7. c. 4.

(d) L. 6. Hiſt. c. 35. Illæ confitentur , *dit cet Hiſtorien* , ſe maleficas eſſe & multus occumbere leto ſe feciſſe teſtatæ ſunt addentes illud quod nulla ratione credi patior , Filium , aiunt , tuum ô Regina ! pro Mummoli Præfeĉti vita donavimus.
(e) L. 3. de la Demon. c. 5.
(f) Traĉt. de Superſtitionib.
(g) Pline en parle de la ſorte : Huc pertinet ovorum , ut exſorbuerit quiſque , calices cochlearumque protinus frangi , aut coſdem cochlearibus perforari. L. 28. Hiſtor. natur. c. 2.

H 2

Que de se servir de l'os d'un mort pour faire mourir quelqu'un, en faisant certaines actions, & en recitant certaines paroles qu'il n'est pas necessaire de raporter ici.

(a) Que de faire mourir les bêtes en les frappant d'une baguette & en disant, *Je te touche pour te faire mourir*, ainsi que le pratiquoit une fameuse Sorciere nommée *Françoise Secretain*, & plusieurs autres, selon le témoignage de Henri Roquer Grand-Juge de S. Oyan de Joux, ou de S. Claude, dans le Comté de Bourgogne.

Que de faire des figures de cire, de boüe, ou de quelqu'autre matiere, de les picquer, de les approcher du feu, ou de les dechirer, afin que les Originaux vivans & animez ressentent les mêmes outrages & les mêmes blesseures dans leurs corps & dans leurs personnes. (b) Robert Guaguin General de l'Ordre de Nôtre-Dame de la Merci, rapporte que la femme d'Enguerand de Marigni Comte de Longueville & Sur-Intendant des Finances sous Philippes le Bel, fut accusée & convaincuë d'avoir fait jetter en cire les figures du Roi Louïs Hutin & de Charles Comte de Valois, par un Sorcier nommé *Paviot*, & par une Sorciere appellée *Claude*, afin de faire languir de maigreur ces deux Princes, parce qu'ils poursuivoient son mari à mort, & de les faire mourir ensuite. Le P. Crespet (c) rapporte quantité d'autres semblables Histoires.

Que d'attacher à une cheminée ou faire griller sur un gril, certaines parties d'un cheval, ou de quelqu'autre animal mort par malefice, & de les picquer avec des épingles, des aiguilles, ou d'autres pointes, afin que le Sorcier qui a jetté le malefice seche peu à peu & meure enfin miserablement: Pratique execrable, puisqu'outre qu'elle est superstitieuse, elle est accompagné de vengeance & de meurtre tout ensemble.

Que d'exciter des tempêtes, des gresles, des orages, des foudres, des tonnerres, & des ouragans, afin de vanger quelque injure receuë.

(d) Que d'empescher les personnes de dormir, en mettant dans leur lit un œil d'hirondelle.

Que de procurer la sterilité aux femmes, aux cavales, aux vaches, aux brebis, aux chevres, &c. afin de causer du domage à ses ennemis.

(e) Que de faire ce qui s'apelle *cheviller*, qui est un malefice dont Pierre Massé Avocat parle en ces termes: „ On pratique aujourd'hui bien fort un espece de ma- „ lefice qu'on appelle *Cheviller*. Par icelui on empesche „ les personnes de faire leur eau. J'en ai veu qui en sont „ morts, parce qu'on n'avoit pû trouver aucun reme- „ de, lequel est à ce qu'on dit en la puissance seulement „ de ceux qui ont fait le charme & malefice. Par icelui „ ils enclouent aussi & font clocher les chevaux; ils „ empêchent les vaisseaux pleins de vin, d'eau, ou au- „ tre liqueur de pouvoir être tirez, encore qu'on y „ fasse une infinité de pertuis.

Que de donner la malle-nuit aux hommes ou aux femmes en quelqu'une des 4 manieres suivantes.

1. Les uns achetent un fagot, mettent de l'encens dedans avec de l'alun blanc, & après y avoir mis le feu, ils disent: „ Fagot je te brule, c'est le corps, „ l'ame, le sang, l'entendement, le mouvement, l'es- „ prit de N. N. qu'il ne puisse demeurer en repos „ jusqu'à la moële de ses os, par la terre, par le „ ciel, par l'arc-en ciel, par les 12 signes, par Mars, „ Mercure &c. au nom de tous les Diables va fa- „ got, va proceder, va bruler le corps, l'ame, le „ sang, le mouvement, l'esprit, l'entendement de N. „ qu'il ne puisse rester en place; ni parler à person- „ ne, ni reposer, ni monter à cheval, ni riviere „ passer, ni boire, ni manger, jusqu'à ce qu'il soit „ venu accomplir mon desir & ma volonté, *quanto*. „ *guio. garaco*". Tandis que le fagot brûle, avant que la har soit rompuë, ils versent trois fois dessus du vin & du sel meslés ensemble, & disent *Ourne tourne*. Ils repetent la conjuration tandisque &c. ils font brusler le fagot à des heures non pair du jour ou de la nuit; & quand la personne à qui ils en veulent n'est pas assez pressée par le brûlement d'un fagot, ils en brulent neuf, trois par jour & observent le. . . . .

2. Les autres se mettent à genoux devant une étoile, & cherchent celle de . . . . qu'il faut saluer, la regardent fixement & disent, „ je te salue mille fois, „ ô étoile plus resplendissante que la Lune, je te con- „ jure d'aller trouver Beelzebuth . . . & lui dire „ qu'il m'envoye trois esprits, *Alpha, Rello, Jalde-* „ *richel*, & le *Bossu* du *Mont Gibel* . . . . afin qu'ils „ aillent trouver N. fille de N. . . . & que pour „ l'amour de moi ils lui ôtent le jeu, & le ris de „ bouche, & fassent qu'elle ne puisse aller, ni repo- „ ser, ni manger, ni boire, jusqu'à ce qu'elle soit ve- „ nuë accomplir la volonté de moi N. fils de N. &c.

3. Les autres achetent un fagot sans parler à personne &c. ou 9. 11. 13. ou 15. chandelles blanches &c. puis ils disent, „ Ce n'est pas pour vous que „ je brule, c'est le sentiment, le mouvement le bras, „ les jambes &c. de N. &c.

4. Les autres se tournent du coté d'Orient & sur les 4 heures & demi du soir regardent l'étoile la plus claire qu'ils rencontrent . . . . & lui disent par . . . fois . . . . , je te salue étoile limineuse &c. que tu „ ailles bailler la male nuit à N. selon mon intention. . . . . „ Va petite, Va petite, Va petite.

Que de faire des imprecations contre quelqu'un en éteignant toutes les lumieres du logis, en tournant le dos aux . . . . voisines, en se roulant par terre & en recitant le Pseaume 108.

Que de faire mourir les poux, & les autres vermines qui attaquent l'homme, en le frottant d'eau de puits ou de fontaine sous les aisselles & en recitant certaines paroles. Ce remede ne serviroit il pas aux Cap. s'ils en vouloient user?

Que de troubler les esprits des hommes, en sorte qu'ils perdent l'usage de la raison, ou de remplir leur imagination de vains phantosmes qui les fassent tomber en phrenesie, afin de tirer avantage de leur malheur, ou de les exposer au mespris des autres.

Il y a une infinité d'autres malefices que les Sorciers & les Empoisonneurs employent tous les jours, selon que le Demon leur en fait naître les occasions. Mais quels qu'ils puissent être, ils sont condamnez universellement, aussi-bien que ceux que j'ay alleguez jusques ici, par l'Ecriture-Sainte, par les Conciles, par les Peres de l'Eglise, & même par les Loix Civiles.

(f) Dieu défend à Moïse dans l'Exode de laisser vivre aucune personne qui use de malefices: *Maleficas non patieris vivere*; Dans le Deuteronome il défend à son peuple de souffrir qui que ce soit qui fasse profession de malefices (g): *Non inveniatur in te qui sit maleficus*; Et dans le Prophete Michée, il promet à ce même peuple, comme une faveur singuliere, (h) qu'il le délivrera des malefices:

(i) L'Apôtre S. Paul declare que les empoisonnemens magiques sont *des œuvres de la chair*; (k) Et S. Jean dans son Apocalypse asseure, que le partage des Empoisonneurs & des Idolatres, sera dans l'étang brûlant de feu & de souffre, qui est la seconde mort.

Origene, ou Jean de Jerusalem, témoigne, (l) „ Que „ tou-

(a) Discours des Sorciers c. 26.
(b) In Ludov. Hutino.
(c) L. de la haine du Diable contre l'homme, Discours 10. fol. 156. & 157.
(d) Mizauld. cent. 2. n. 61.
(e) Traité de l'imposture & tromperie des Diables, Devins, Enchanteurs, Sorciers, &c. l. 1. c. 10.

(f) C. 22.
(g) C. 18.
(h) C. 5. Auferam maleficia de manu tua.
(i) Gal. 5.
(k) C. 21. Veneficis & Idolatris pars illorum erit in stagno ardenti igne & sulphure, quod est mors secunda.
(l) Tract. 3. in Job.

„ toutes les personnes pieuses doivent sçavoir que les
„ malefices font des pieges & des tromperies du Diable,
„ des restes de l'Idolatrie, des illusions & des scandales
„ des ames; Et que celui qui s'appliquera à la vanité
„ des malefices sera troublé dans ses démarches, que
„ ses actions seront traversées, que Dieu ne le visitera
„ point, que les saints Anges l'abandonneront, que le
„ Diable demeurera avec lui, qu'il lui gâtera l'esprit,
„ qu'il lui endurcira le cœur, & qu'il le rendra insensi-
„ ble aux choses de Dieu.

S. Gaudence Evêque de Bresse témoigne aussi „ que
„ les malefices font des especes d'idolatrie.

Le 6. Concile de Paris en 829. (a) appelle le malefice ou l'empoisonnement „ un mal tres-pernicieux &
„ un reste du Paganisme; Et dit qu'il doit être tres-
„ severement puni selon la Loi de Dieu.

(b) De Monluc Evêque de Valence & de Die, asseure que le malefice „ est un pernicieux peché & une
„ invention du Demon & de l'idolatrie, & ordonne
„ expressément aux Curez de refuser la sacrée Commu-
„ nion à ceux qui s'en servent pour donner des maladies
„ aux bêtes, ou pour les leur ôter; pour semer des hai-
„ nes entre les personnes nouvellement mariées, & pour
„ se faire aimer de ceux qu'ils souhaitent.

Le Synode de Chartres en 1559. enjoint „ aux Cu-
„ rez d'annoncer à leurs Paroissiens, que c'est un tres-
„ grand peché mortel que de consulter ceux qui usent
„ de malefices, & d'ajouter foi à ce qu'ils disent.

Le 1. Concile Provincial de Milan en 1565. (e) veut
„ que les Evêques punissent severement, & qu'ils ex-
„ communient ceux qui se persuadent, ou qui promet-
„ tent aux autres qu'ils pourront troubler les esprits des
„ hommes, donner des maladies ou en guerir, & chan-
„ ger la figure & le temperament des corps.

Le Concile Provincial de Reims en 1583. (d) „ excom-
„ munie ceux qui empêchent l'usage du Mariage, ou
„ qui font quelqu'autre malefice.

Le Concile Provincial de Maxico (e), „ défend de
„ se servir de malefices sous peine d'être mis en peniten-
„ ce publique.

Le Rituel d'Evreux imprimé en 1609. par l'ordre
de Monsieur le Cardinal du Perron Evêque d'Evreux
dit, (f) „ Que c'est pecher contre le premier precepte
„ de la Loi que de servir de malefices.

Le Concile Provincial de Narbonne en 1609, (g)
excommunie ipso facto les Magiciens & les Empoisonneurs, & enjoint aux Curez apres trois monitions canoniques, „ de les declarer publiquement & notoirement
„ excommuniez, de leur défendre l'entrée de l'Eglise,
„ & de les en chasser en cas qu'ils y entrent.

La Bulle d'Innocent VIII. *Summis desiderantes affectibus*, celle de Leon X. *Honestis petentium votis*, celle
d'Adrien VI. *Dudum*, celle de Sixte V. *Cœli & terræ*, & celle de Gregoire XV. *Omnipotentis Dei*, condamnent positivement les malefices & ceux qui en usent.

Le Synode de Cave, qui fut tenu en 1628. sous Dom
Ange de Fondi, Abbé & Evêque de cette illustre Abbaye du Royaume de Naples, en fait autant par son Ordonnance (b).

(i) C'est aussi ce que font les Loix Civiles dans le
Code de Justinien, la Loi *Eorum*, la Loi *Nemo*, la
Loi *Multi*, la Loi *Etsi* & la Loi *Quicumque*. Il y a un
Edit d'Athalaric Roi des Goths, qui veut qu'on les pu-
nisse avec beaucoup de séverité. Il est rapporté par
Cassiodore (k).

Aprés tant de témoignages si decisifs, il n'y a nulle
apparence de croire, comme font quelques Theologiens,
quelques Canonistes & quelques Jurisconsultes, qu'il
soit permis d'ôter un malefice par un autre malefice, ou
par une autre pratique illicite & superstitieuse; & de se
servir d'un Sorcier, d'un Enchanteur, ou d'un Empoisonneur, afin qu'il rompe le sortilege, le charme, ou
le malefice qui a été jetté par un autre Sorcier, par un
autre Enchanteur, ou par un autre Empoisonneur. Car
il faut ici remarquer avec le P. *Sprenger*, & le P. *Institor*, (l) qu'il y a de trois sortes de Sorciers, d'Enchanteurs, ou d'Empoisonneurs, qui usent de malefices. Les
uns les donnent sans pouvoir les ôter, les autres ont le
pouvoir de les ôter, mais non pas celui de les donner,
les derniers enfin ont le pouvoir de les donner & celui
de les ôter. Mais on ne peut sans peché prier ceux qui
peuvent les ôter, de le faire.

1. Parce que selon la maxime de l'Apôtre S. Paul,
il n'est jamais permis de faire du mal, afin qu'il en arrive du bien (m).

2. Parce que la Faculté de Theologie de Paris aprés
avoir dit dans sa Censure du 19. Septembre 1398. (n)
que ceux-là se trompent qui s'imaginent „ qu'il soit per-
„ mis de se servir pour une bonne fin de l'Art magique
„ & des autres Superstitions que Dieu & l'Eglise con-
„ damnent", (o) declare nettement ensuite qu'on ne
peut soûtenir sans erreur qu'il soit licite, & même que
l'on doive permettre de chasser les malefices par d'autres
malefices:

3. Parce que le Rituel Romain de Paul V. celui de
Chartres en 1639. & en 1640. celui de Roüen aussi en
1640. & celui de Paris en 1646. le défendent expressement: (p)

Ce qui a trompé quelques Theologiens, quelques Canonistes, & quelques Jurisconsultes qui soûtiennent l'o-
pinion contraire, est qu'ils se sont imaginez, comme en
effet il y a apparence que cela soit ainsi, que par la Loi
Eorum, qui est du grand Constantin, il est permis de
se servir de malefices à bonne fin & à bonne intention
(q). Mais ils devoient considerer que cette Loi a été
expressément revoquée par la Constitution 65. de l'Empereur Leon, *Qui propter temulentorum*, & par consequent qu'on n'y doit avoir aucun égard. Joint que
Constantin n'étoit pas si bon Theologien qu'il étoit bon
Catholique aprés sa conversion, & que ses Loix ne sont
pas toûjours des regles de conscience.

Je ne pense pas même qu'on doive se servir des choses vaines pour ôter les malefices, parce qu'il y auroit en
cela du peché, selon la doctrine du Canon *Illud* (r),
qui

(a) L. 3. c. 1.
(b) In Reformat. Cleri Val. & Disc. 25.
(c) Constit. p. 1. tit. 10.
(d) Tit. de Sortileg. n. 2.
(e) L. 5. tit. 6. n. 2.
(f) Part. 1. tit. de exam. pœnit. circa 1. præcept. n. 7.
(g) Tit. 15. de Superstit. c. 3.
(b) Malefici, strigæ, & incantatores eò magis sunt detestandi quo Catholicæ fidei verum cultum ac rectum sensum præ se feren-tes pravis tamen & iniquis operationibus ab eadem longissime aber-rantes non solum in homines crudeliter, sed & in eorum multo-ties bona impié desæviunt, nec sua ipsorum pernicie contenti in-cautos quosque ac sapientiores scelestis Superstitionibus ac vanis promissis deceptos, secum in æternæ damnationis baratrum sata-gunt detrahere, tanquam Diaboli satellites &c. Hi ergo ut à di-nostris subditis, in virtute sanctæ obedientiæ præcipimus ac manda-mus, ut si quos noverint viros vel mulieres hujusmodi maleficiis & incantationibus delectari, vel de tali scelere suspectos esse, no-bis statim vel vicariis nostris denuncient, juxta sacrorum Canonum ac summorum Pontificum Constitutiones debitâ pænâ plectendos Sess. 1. C. 2.

(i) Tit. de maleficis & Math. & ceter. sim.
(k) L. 9. Variar. c. 18. Maleficos, vel eos qui ab eorum nefariis artibus aliquid crediderint expetendum, legum severitas insequatur. Quia impium est nos illis esse remissos quos cœlestis pietas non pa-titur impunitos. Qualis enim fatuitas est Creatorem vitæ relinque-re, & sequi potius mortis auctorem?
(l) In Mall. Malefi. p. 1. q. 9.
(m) Rom. 3. v. 8. Non faciamus mala ut veniant bona.
(n) Art. 5.
(o) Art. 6. Quòd licitum sit, etiam permittendum, maleficia maleficiis repellere. error.
(p) Tit. de exorcizand. obses. à Dæmon. Aliqui Dæmones osten-dunt factum maleficium, & à quibus sit factum, & modum ad il-lud dissipandum; sed caveat Exorcista ne ob hoc ad Magos, vel ad Sagas, vel ad alios quàm ad Ecclesiæ ministros confugiat, aut ulla Superstitione, aut alio modo illicito utatur.
(q) Voici les paroles de cette Loi : Nullis criminationibus impli-canda sunt remedia humanis quæsita corporibus, aut in agrestibus locis innocenter adhibita suffragia, ne maturis vindemiis metueren-tur imbres, aut venti, grandinisque lapidatione quaterentur : qui-bus non cujusquam salus, aut æstimatio læderetur, sed quorum proficerent actus, ne divina munera & labores hominum sterne-rentur.
(r) 26. q. 2.

I

qui est tiré de S. Augustin (a).

(b) On peut seulement dire qu'en cette occasion il est permis d'ôter & de détruire les signes magiques & superstitieux des malefices, pour empêcher le pacte qui pourroit avoir été fait avec le Demon, pour méprifer cet esprit malin, pour l'obliger de cesser de nuire, pour empecher que Dieu ne soit plus long-tems offensé, & même pour obtenir la santé du corps ou celle de l'ame. Le Cardinal Bellarmin raporte une histoire qui vient à propos: (c) un Jacobin (dit-il) ayant été choisi pour prêcher le Careme à Mont-Pulcien monta en chaire par trois diverses fois sans jamais pouvoir proferer une seule parole. Cela fit croire qu'il y avoit dans cette chaire quelque malefice qui l'empêchoit de parler. Pour le rompre il fit vœu à sainte Agnés Patrone du lieu, & après avoir accompli son vœu, il trouva dans cette chaire des cheveux entrelassés les uns dans les autres, & d'autres semblables signes de malefice. Il les jetta au feu, remonta en chaire, & prêcha sans aucune difficulté. C'est aussi pour cela que les Rituels que je viens de citer, ordonnent aux Exorcistes de commander au Demon (d) qu'il ait à declarer s'il est détenu dans le corps du possedé par art magique, par quelques signes, ou par quelques instrumens de malefices, & où ils sont, afin que le malade les jette, s'il les a dans sa bouche, & qu'on les brule:

Je sçai qu'il ne nous est pas permis d'artendre aucun effet du Demon par pacte que nous ayons fait avec lui; mais il n'a jamais été défendu de détruire les pactes que d'autres peuvent avoir fait, ni d'attendre les effets de cette destruction ou de Dieu, ou des causes naturelles, ou du Demon même, contraint par la puissance de Dieu de les produire. Si bien qu'on peut legitimement obliger un Sorcier, un Enchanteur, ou un Empoisonneur, d'ôter le sortilege, le charme, ou le malefice qu'il aura donné, par exemple de dénoüer l'aiguillette qu'il aura noüée, pourvû que cela se fasse sans aucun pacte avec le Demon, sans aucun sortilege, sans aucun charme, & sans aucun malefice. (e) Car autrement, selon la pensée de S. Jean Chrysostome & de S. Augustin (f), il vaudroit mieux souffrir tous les maux du monde & la mort même, que de racheter sa santé & sa vie à une condition si injurieuse à Dieu, & si préjudiciable au salut de l'ame.

Mais tout le monde n'entre pas dans de si justes sentimens. Car il y a bien des gens qui ne se soucient gueres de quelle façon ils soient délivrez des maux qui les travaillent, pourveû qu'ils le soient, & qui ne font nulle difficulté, lorsqu'ils ont des chevaux, des vaches, des bœufs, des moutons, ou d'autres animaux malades, de faire venir chez eux des Sorciers & des Empoisonneurs qu'ils connoissent pour tels, ou du moins qu'ils sçavent passer pour tels, de leur donner de l'argent & de leur faire bonne-chere, afin qu'ils ôtent le malefice qu'ils croyent que l'on a jetté sur ces animaux. Ils ne considerent pas que le Demon ne perd jamais rien, & que si le Sorcier ou l'Empoisonneur, qui est le funeste executeur de ses ordres, ôte le malefice à un homme, il le donne à un autre homme ou à une femme; que s'il l'ôte à un vieillard, il le donne à un jeune homme, ou à un jeune enfant; que s'il l'ôte au maître ou à la maîtresse du logis, il le donne au serviteur ou à la servante, ou bien il est lui-même en danger de sa vie; que s'il l'ôte à un animal, il le donne à un autre animal, enfin que s'il guerit le corps, il tuë l'ame.

Bodin rapporte les preuves de cette verité dans sa *Demonomanie*, lorsqu'il dit (g): ,, On tient que si les ,, Sorciers guerissent un homme maleficié, il faut qu'ils ,, donnent le sort à un autre. Cela est vulgaire par la ,, confession de plusieurs Sorciers. Et de fait j'ai veu ,, un Sorcier d'Auvergne prisonnier à Paris l'an 1569. ,, qui guerissoit les chevaux & les hommes quelquefois: ,, Et fut trouvé saisi d'un grand Livre plein de poils ,, de chevaux, vaches & autres bêtes de toutes cou- ,, leurs: Et quand il avoit jetté le sort pour faire mou- ,, rir quelque cheval, on venoit à lui & le guerissoit ,, en lui apportant du poil, & donnoit le sort à un au- ,, tre, & ne prenoit point d'argent; car autrement, ,, comme il disoit, il n'eût pas guery: Aussi étoit-il ha- ,, billé d'un vieil saye de mille pieces. Un jour ayant ,, donné le sort au cheval d'un Gentilhomme, on vint ,, à lui, il le guerit & donna le sort à son homme. On ,, vint à lui pour guerir aussi l'homme; il fit réponse ,, qu'on demandât au Gentilhomme lequel il aimoit ,, mieux perdre, son homme ou son cheval? Le Gen- ,, tilhomme se trouva bien empêsché: Et cependant ,, qu'il déliberoit, son homme mourut & le Sorcier fut ,, pris. Et faut noter que le Diable veut toûjours ga- ,, gner au change, tellement que si le Sorcier ôte le ,, sort à un cheval, il le donnera à un autre cheval qui ,, vaudra mieux: Et s'il guerit une femme, la maladie ,, tombera sur un homme: S'il guerit un vieillard, la ,, maladie tombera sur un jeune garçon: Et si le Sor- ,, cier ne donne le sort à un autre, il est en danger de ,, sa vie: Bref si le Diable guerit le corps, il tuë l'a- ,, me. J'en reciterai deux exemples. L'un que j'ai en- ,, tendu de Monsieur Fournier Conseiller d'Orleans, ,, d'un nommé Hulin Petit, Marchand de Bois d'Or- ,, leans, lequel étant enforcelé à la mort envoya que- ,, rir un qui se disoit guerir de toutes maladies, suspect ,, toutefois d'être grand Sorcier, pour le guerir; lequel ,, fit réponse qu'il ne pouvoit le guerir, s'il ne don- ,, noit la maladie à son fils, qui étoit encore à la ma- ,, melle. Le pere consentit le parricide de son fils, qui ,, fait bien à noter pour connoître la malice de Sathan. ,, La nourrice ayant entendu cela, s'enfuit avec son fils, ,, pendant que le Sorcier touchoit le pere pour le gue- ,, rir. Après l'avoir touché, le pere se trouva gueri. ,, Mais ce Sorcier demanda où étoit le fils, & ne le ,, trouvant point, il commença à s'écrier: *Je suis mort*, ,, *où est l'enfant!* Ne l'ayant point trouvé, il s'en va; ,, mais il n'eut pas mis les pieds hors la porte, que le ,, Diable le tua soudain. Il devint aussi noir que si on ,, l'eut noirci de propos déliberé. J'ai sçu aussi qu'au ,, jugement d'une Sorciere, qui étoit accusée d'avoir ,, enforcelé sa voisine en la ville de Nantes, les Juges ,, lui commanderent de toucher celle qui étoit enforce- ,, lée, chose qui est ordinaire aux Juges d'Allemagne, ,, & même en la Chambre Imperiale cela se fait sou- ,, vent: Elle n'en voulut rien faire, on la contraignit, ,, elle s'écria, *Je suis morte*. Elle fut condamnée d'ê- ,, tre brûlée morte. Je tiens l'histoire d'un des Juges ,, qui assista au jugement. J'ai encore appris à Toloze ,, qu'un Echolier du Parlement de Bourdeaux, voyant ,, son ami travaillé d'une fiévre quarte à l'extremité ,, lui dit, *Qu'il donnast sa fiévre à un de ses ennemis*: ,, Il fit réponse *qu'il n'avoit point d'ennemis*. *Donnez-la* ,, *donc*, dit-il, *à vôtre Serviteur*. Le malade en fit ,, conscience. Enfin le Sorcier lui dit, *donnez-la moi*. ,, Le malade respondit: *Je le veux bien*, La fiévre prend ,, le Sorcier, qui en mourut, & le malade rechappa.

Lors donc qu'un Chrêtien est affligé de quelque malefice, soit en sa personne, soit en ses proches, soit en ses biens, il faut qu'il ait particulierement recours aux re-

---

(a) L. 2. de Doct. Christ. Et selon ces paroles de Jean François Bonhomme Evêque de Verceil: ,, Qu'on n'ôte pas les malefices, ,, les charmes, ni les ligatures avec certaines pratiques, & avec ,, certains remedes inconnus, ou étrangers.

(b) 20. Decret. Visit. Tit. de Superstition.

(c) Concionator quidam Prædicatorum, quod me puerum vidisse memini in Monte Politiano, in Quadragesima, cum vellet concionari loqui non potuit. Accidit id secundò & tertiò. Videns id non esse rem naturalem, in Concione tantùm sibi vocem præcludi, votum vovit Sanctæ Agneti, quæ est loci Patrona: invenitque signa in suggestu, capillos inter se ligatos & similia. Comburit illa & vox illi restituitur. Concionem postea habuit. Il est fort permis au lecteur de juger comme il lui plaira de cette Histoire & de celles qui lui ressemblent.

(d) Ibid. Jubeat dæmonem dicere an detineatur in illo corpore ob aliquam operam magicam, aut malefica signa, vel instrumenta, quæ si obsessus ore sumpserit, evomat; vel si alibi extra corpus fuerint, ea revelet, & inventa comburantur.

(e) Homil. 6. advers. Judæos & Homil. 8. in Epist. ad Coloss.

(f) Tract. 51, in Johan.

(g) L. 3. c. 2.

remedes divins & Ecclesiastiques, qui seuls se peuvent pratiquer sans danger & sans peché, qui sont toujours utiles aux ames bien disposées, sans jamais nuire aux corps, & qui souvent nous délivrent ou nous preservent des malefices & des autres maux ausquels nôtre vie est si sujette. Tels sont la foy vive & animée de la charité, l'usage legitime des Sacremens que nous pouvons recevoir dans l'état où nous nous trouvons, les prieres des gens de bien, en la pieté desquels nous avons confiance, les Exorcismes & les Prieres de l'Eglise dont on trouve les Formulaires dans les Rituels & dans les autres Livres juridiquement approuvez, les œuvres de misericorde, l'aumône & le jeune, l'invocation du saint & terrible nom de JESUS, de celui de Marie, de ceux des bons Angés & des autres Saints, le signe de la Croix, les Reliques authentiques des Saints, l'eau, le vin, le pain, l'encens, les cierges, le sel & les fruits benis selon les ceremonies de l'Eglise.

Voilà les principales armes dont nous devons nous servir contre les attaques des Demons, & contre les malefices, au lieu d'user des remedes magiques & superstitieux pour nous en défendre. C'est pourquoi on ne sauroit exempter de peché.

Ceux qui pour se garantir, ou pour garantir les autres de malefices ou de charmes, vont cueillir de grand matin à jeun, sans avoir lavé leurs mains, sans avoir prié Dieu, sans parler à personne, & sans saluer personne en leur chemin, une certaine Plante, & la mettent ensuite sur la personne maleficiée ou ensorcelée.

Ceux qui crachent sur le soulié de leur pied droit avant que de le chausser, afin de se preserver de malefices, & qui se servent de leur salive pour les usages dont parle Pline (a).

Ceux qui croyent que la tête d'un loup un peu vieille, est capable de les preserver de malefices, & qui pour ce sujet l'attachent aux portes de leurs logis. Ceux qui attribuent la même vertu à la peau du coû toute seule & toute entiere de cet animal. (b) Le même Pline fait mention de ces deux remedes.

Ceux qui chassent les malefices avec du souffre & de la maniere que Tibulle le décrit dans une de ses Elegies (c).

Ceux qui mangent de la Joubarde ou Joubarbe, afin de rompre le nouement de l'aiguillette dont ils sont affligez.

Ceux qui mettent du sel dans la laissive, de crainte qu'on ne l'empêche de couler, ou dans la baratte, de peur qu'on n'empêche le beurre de se faire.

Ceux qui pendent à leur coû la vilaine figure que l'on faisoit autrefois porter aux petits enfans contre toutes sortes de charmes & de malefices.

Ceux qui font passer leurs chevaux, leurs vaches, leurs moutons, &c. par des feux faits de certains bois, & qui les font tourner certaine quantité de tours autour de ces feux, afin de les garantir de malefices toute l'année.

Ceux qui crachent une ou trois fois dans leur sein afin de n'être point charmez. Cette pratique étoit ordinaire aux anciens (d), & Theophraste ne l'a pas publiée dans les caracteres du superstitieux.

Ceux qui lavent leurs mains le matin avec de l'urine pour detourner les malefices, ou pour en empêcher l'effet. C'est pour cela que le Juge Paschase fit arozer d'urine sainte Luce, (e) parce qu'il s'imaginoit qu'elle étoit Sorciere, & que par ce moyen elle ne pouroit

(a) Lib. 28. c. 8.
(b) Ibid. c. 10. Veneficiis rostrum lupi resistere inveteratum aiunt, ob idque villarum portis præfigunt. Hoc idem præstare & pellis è cervice solida existimatur: quippe tanta vis est animalis, ut vestigia ejus calcata equis afferant torporem.
(c) L. 2. Eleg. 5.
Ille ego cùm tristi morbo defessa jaceres,
Te dicor votis eripuisse meis.
Ipseque ter circum lustravi sulphure puro,
Carmine cum magico præcinuisset anus.
(d) L. 1. Eleg. 2. Tibulle en parle aussi de la sorte:
Despuit in molles & sibi quisque sinus.
(e) Vit. S. Luciæ apud Surium, 13. Dec.

eluder la force des tourmens qu'il lui preparoit. Jean de Sarisbery, Evêque de Chartres se mocque avec raison de ce remede (f).

Ceux qui portent sur eux contre les malefices, une racine de chicorée qu'ils ont touchée à genoux avec de l'or, & de l'argent, le jour de la Nativité de S. Jean Baptiste un peu avant le Soleil levé, & qu'ils ont ensuite arrachée de terre avec un ferrement, & avec beaucoup de ceremonies, après l'avoir exorcisée avec l'épée de Judas Machabée, ainsi que parle Pictorius (g).

Ceux qui pour le même sujet crachent trois fois sur les cheveux qu'ils s'arrachent en se peignant; qui portent sur eux du sel non beni, & qui changent de demeure & de nom. Je suis persuadé que le changement de demeure peut quelquefois contribuer à la santé, l'air se trouvant plus pur & meilleur en un lieu qu'en l'autre; mais que peut faire le changement de nom & de demeure contre les malefices?

Ceux qui empruntent quelque chose d'un Sorcier ou d'une Sorciere, ou qui leur dérobent quelque chose, pour ôter les malefices que l'un ou l'autre a donné.

Ceux qui portent sur eux du sel, ou un noyau de datte poli, afin de chasser les malins esprits; (b) ce que Bodin dit être *une idolatrie.*

Ceux qui font passer les enfans nouvellement nez par le feu, afin de les preserver de quantité de malefices; ce qui est une Superstition des Amorrhéens & des Egyptiens, comme le témoigne le même Auteur (i).

Ceux qui pour se preserver de malefice frappent trois fois sur les cocques des œufs qu'ils ont mangé & les remettent ensuite dans le plat.

Ceux qui pour ôter le malefice d'amour emploient le malefice de haine en consacrant avec certaines ceremonies un pigeon noir qu'ils donnent ensuite à manger aux deux personnes qu'ils aiment, après l'avoir coupé en deux parties à peu près égales, ce qui est une Superstition & une impieté execrable.

Ceux qui pour guerir une personne maleficiée prennent trois mesures d'huile violat, font tenir le malade à l'opposite du Soleil avant qu'il soit levé, lui font prononcer son nom & celui de sa mere, nommer trois fois le jour pendant six jours les Anges de gloire qui sont dans le sixième degré, le font tenir tout nud le septième jour &c. puis écrivent sur une plaque les noms de ces Anges, &c. dans la creance qu'il sera gueri le 20. jour du mois.

Les femmes qui pour se faire aimer de leurs maris prennent de tous leurs cheveux, les offrent trois fois à l'autel, avec un cierge ardent & les portent ensuite sur leurs têtes.

Celles qui pour empêcher que leurs maris ne soient tués, ou qu'ils ne meurent de mort subite, prennent ces paroles sacrées .... & les écrivent sur un billet qu'ils cousent sur les habits de leurs maris.

Celles qui pour empêcher qu'ils ne soient submergés, s'ils vont sur mer, font écrire certaines lettres au bas de l'Euangile de la Fête de .... & les leurs attachent au cou.

Celles qui, pour ne point avoir le cochemar pendant qu'elles sont en couche, ou de peur que les Sorciers ne leur enlevent leurs enfans, font mettre sur leur lit un couteau, ou une couroye, &c.

Ceux qui font mettre sur les portes des maisons, ou qui font porter des Images du Nom de JESUS, sur lesquelles il y a un peu de terre qu'ils appellent *Sainte,* afin d'être garantis de malefices; (k) Remede extraordinaire en faveur duquel l'Eglise ne s'est point encore déclarée, & peut-être ne se declarera-t'elle jamais.

(f) Lib. 1. Polycrat. c. 8. Quis libenter non videat & rideat cùm præstigiatoris lotio perfusi ars deletur, & oculis, quos malitiâ suâ præstrinxerat, videndi facultas reparatur?
(g) Epitom. de Magia, c. 26. & 27.
(b) Demonom. l. 3. c. 5.
(i) Ibid.
(k) Il falloit dire remede superstitieux, où l'on ne reconnoit point l'esprit de l'Eglise.

TRAITÉ

DES

SUPERSTITIONS.

LIVRE TROISIEME.

CHAPITRE PREMIER.

De la Divination en general. Ce que c'est. Que celle qui se fait en vertu d'un pacte avec le Demon, est superstitieuse & condamnée par l'Ecriture, par les Conciles, par les Peres, par les Prelats de l'Eglise, & par les Empereurs Chrétiens. Que la Divination est un peché mortel de soi.

 LA connoissance certaine & infaillible que Dieu a des choses futures, s'appelle proprement *Divination*, parce qu'elle est en effet comme une *Divine action*, une action propre & particuliere à la Divinité. (a) Selon ce que dit aussi Tertullien dans son Apologetique (b).

Cette Divination est adorable, parce qu'elle est Dieu même: Dieu se plaît quelquefois à la communiquer aux hommes, en leur revelant les choses à venir, & même celles qui dépendent de leur liberté. C'est ce que l'Apôtre S. Paul entend par le mot de *Prophetie*, ainsi que l'expliquent ses Interpretes (c):

Mais il y a une autre espece de Divination qui est mauvaise & illicite. Elle consiste dans la connoissance que le Demon peut donner aux hommes, des choses cachées & éloignées de leur portée & de leur capacité naturelle. Et dautant qu'il ne leur peut donner cette connoissance, que par le moyen d'un pacte exprés ou tacite qu'ils font avec lui, & que tout pacte fait avec le Demon, suppose de necessité une Superstition, c'est à bon droit qu'elle est appellée superstitieuse, & qu'elle est mise par les Theologiens an nombre des Superstitions.

S. Thomas en parle de cette maniere (d): ,, On ,, est superstitieux, *dit-il*, non seulement lorsqu'on ,, offre des Sacrifices aux Demons par idolatrie, mais ,, aussi lorsqu'on se sert d'eux pour faire ou pour con- ,, noître quelque chose. Or toute Divination vient ou ,, d'un pacte exprés fait avec eux pour connoître les ,, choses futures, ou de ce qu'ils se mêlent dans les ,, vaines recherches que l'on fait pour cela, afin de ,, remplir de vanité les esprits des hommes. C'est de ,, cette vanité dont il est parlé au Pseaume 39. Il n'a ,, point regardé les vanitez & les folies pleines de men- ,, songes. Or on fait de vaines recherches pour connoî- ,, tre les choses futures, lorsqu'on s'efforce de les con- ,, noître par des voyes par lesquelles elles ne peuvent pas ,, être connuës. D'où il est clair que la Divination est ,, une espece de Superstition.

Voilà pourquoi Dieu dans l'Ecriture-Sainte défend de consulter les Devins; qu'il menace de mort & les Devins & ceux qui les consultent, & qu'il proteste qu'il les a en abomination (e).

(f) Il declare par la bouche de l'Ecclesiastique (g), que la Divination, les Augures & les Songes ne sont que des illusions, des mensonges, & des vanitez:

Il asseure dans Isaïe (h), qu'il rend inutiles les Divinations, & qu'il fait devenir furieux ceux qui se mêlent de deviner.

Il promet comme une grande grace aux Israëlites, qu'il n'y aura point ni de Devins, ni de Divinations parmi eux (i):

Enfin il nous donne des exemples de la punition qu'il a exercée contre ceux qui ont eu recours aux Devins. Après que Saül eut fait mourir tous les Magiciens & tous les Devins, il fut assez malheureux pour consulter une femme Pythonisse, qui rendoit des Oracles. Mais aussi est il remarqué dans le premier Livre des Paralipomenes (k), que ce fut-là une des causes de sa mort. Le Roi Ochosias mourut encore, parce qu'étant tombé malade, il avoit envoyé des gens pour consulter Beelzebuth le Dieu d'Accaron sur sa maladie (l).

C'est

(a) Cap. 41. Selon ces paroles d'Isaïe : Annuntiate quæ ventura sunt in futurum, & sciemus quia Dii estis.

(b) Cap. 20. Idoneum opinor testimonium Divinitatis, veritas Divinationis.

(c) Cor. 12. Aliis per Spiritum datur prophetia.

(d) 2. 2. q. 95. a. 2. in Corp.

(e) Cap. 19. & 20. Non declinetis ad magos, *dit-il dans le Levitique*, nec ab ariolis sciscitemini, ut polluamini per eos. Anima quæ declinaverit ad magos & ariolos, & fornicata fuerit cum eis, ponam faciem meam contra eam & interficiam eam de medio populi sui. Vir sive mulier, in quibus Pythonicus, vel Divinationis fuerit spiritus, morte morietur, lapidibus obruent eos: sanguis eorum sit super illos.

(f) C. 18. Non inveniatur in te, *dit-il encore dans le Deuteronome*, qui ariolos sciscitetur, nec qui Pythones consulat, nec divinos, aut quærat à mortuis veritatem. Omnia enim hæc abominatur Dominus, & propter istiusmodi scelera delebit eos in introitu tuo.

(g) Cap. 34. Divinatio erroris, & auguria mendacia, & somnia malefacientium, vanitas est.

(h) C. 44. Ego sum Dominus irrita faciens signa Divinorum & ariolos in furorem vertens.

(i) Mich. 5. Divinationes non erunt in te.

(k) Cap. 10. Mortuus est Saül propter iniquitates suas, eo quòd prævaricatus sit mandatum Domini quod præceperat, & non custodierit illud, sed insuper etiam Pythonissam consuluerit nec speraverit in Domino.

(l) 4. Reg. 1. Numquid non est Deus in Israël, ut eatis ad consulendum Beelzebuth Deum Accarum ? Quamobrem hoc dicit Dominus : De lectulo super quem ascendisti, non descendes, sed morte morieris.

C'eſt ſur ces paſſages & ſur ces exemples de l'Ecriture-Sainte, comme ſur des principes ſolides & inebranlables, qu'eſt appuyée la condamnation que les Conciles, les Peres, les Prelats de l'Egliſe & les Empereurs Chrétiens ont prononcée contre la Divination, contre les Devins, & contre ceux qui leur ajoûtent foi.

Le Concile d'Ancyre ou d'Angoure, celebré ſous le Pape S. Silveſtre vers l'an 314. condamne à cinq années de penitence publique, & les Devins & ceux qui les employent (a).

Origine, ou Jean de Jeruſalem, aſſeure que (b) „ les Divinations ſont des pieges & des tromperies du „ Diable, des reſtes de l'Idolatrie, des illuſions, & „ des ſcandales des ames.

Theodoſe, Gratien & Valentinien ont fait une Loy contre ceux qui conſultent les entrailles des Animaux, & les Devins (c).

Le Concile d'Agde en 506. (d) ordonne que l'on tienne pour excommuniez les Devins & ceux qui les conſultent.

Le premier Concile d'Orleans (e) en 511. ordonne la même choſe contre les Clercs, contre les Moines, & contre les Laïques qui ſe mêlent de Divination, d'Augures, & de Sortilege.

Le quatrième Concile de Tolede (f) en 633. veut que les Evêques, les Prêtres, les Diacres, & les autres Eccleſiaſtiques qui conſultent les Devins, & les Sorciers, ſoient dépoſez & condamnez à faire penitence pendant toute leur vie dans un Monaſtere, afin d'expier leur ſacrilege.

S. Eloy (g), Evêque de Noyon avertit ſes peuples, „ & les conjure avant toutes choſes, de n'ajoûter „ foy ni aux Devins, ni aux Sorciers, & de ne ſe „ point conſulter pour quelque ſujet, ou quelque ma- „ ladie que ce ſoit, parce que celui qui commet ce „ crime, perd auſſi-tôt la grace du Baptême,

Le Concile qui fut tenu en 692. (h) dans le Dome du Palais Imperial de Conſtantinople, ordonne que ceux qui conſulteront les Devins, feront penitence & ſeront excommuniez pendant ſix ans.

Le premier Concile Romain (i) ſous Gregoire II. en 721. fulmine des Anathemes contre ceux qui conſultent les Devins, les Aruſpices, & les Enchanteurs.

Le Concile que l'Empereur Charlemagne aſſembla en Allemagne, du conſentement de S. Boniface, Archevêque de Mayence (k) en 743. enjoint aux Evêques d'exterminer de leurs Dioſeces les Devins & les Sorciers.

Le ſixième Concile de Paris (l) en 829. met la Divination au rang *des maux très-pernicieux, qui ſont des reſtes du Paganiſme, & qui doivent être très-ſévérement punis.*

Le Concile de Londres ou de Weſtmunſter (m) en 1125. excommunie & note d'infamie perpetuelle les Sorciers, les Devins, & leurs adherans.

Jean de Sarisbery, Evêque de Chartres, & Pierre de Blois, Archidiacre de Bath en Angleterre ſon Disciple (n), refutent fortement les Divinations & les Augures. Mais comme ce qu'ils diſent ſur ce ſujet eſt trop étendu, je me diſpenſe de le rapporter ici.

Le Pape Leon dans ſa Bulle, *Supernæ diſpoſitionis arbitriu*, veut „ que les Clercs qui s'appliqueront à la „ Divination, ſoient notez d'infamie, & que s'ils con- „ tinuent dans leur peché, ils ſoient dépoſez, & ren- „ fermez dans des Monaſteres, & enfin privez de tous „ Benefices, & de tous Offices Eccleſiaſtiques ; & „ que les Laïques qui pratiqueront cet art illicite, „ ſoient excommuniez.

Le Synode de Sens en 1524. enjoint aux Curez „ d'avertir leurs Paroiſſiens, que c'eſt un grand peché „ que de conſulter les Devins.

Le Synode de Treves (o) en 1548. „ excommunie „ tous ceux qui obſervent les Divinations, *veut* „ qu'on les mette en priſon, & qu'on les y retienne „ juſqu'à ce qu'ils ſoient délivrez des illuſions & des „ ſuggeſtions des Diables.

Le Synode d'Ausbourg (p) en la même année, veut „ que les Curez refuſent l'abſolution à tous ceux qui „ devinent les choſes à venir, par des Livres de Ma- „ gie ou autrement, & qui s'arrêtent à ces ſortes de „ folies contraires à la Foy des Chrétiens, aux Com- „ mandemens & aux Canons de l'Egliſe.

Le Concile Provincial de Narbonne (q) en 1551. aſſeure „ que le principal ſoin des Evêques, doit être „ de bien prendre garde que les Divinations & les au- „ tres Impoſtures du Demon ne gâtent leurs Dioce- „ ſes.

Monluc, Evêque de Valence (r) & de Die, „ ordonne expreſſement aux Curez de refuſer la ſacrée „ Communion aux Devins, juſqu'à ce qu'ils ayent „ renoncé aux Divinations & aux Inventions du Dia- „ ble ; & d'avertir ſouvent leurs Paroiſſiens de s'abſte- „ nir de cet art damnable & mauvais.

Le Synode de Chartres en 1559. ordonne auſſi „ aux Curez d'annoncer à leurs Paroiſſiens, que c'eſt „ un très-grand peché mortel, que de conſulter les „ Devins, & d'ajoûter foy à ce qu'ils diſent.

Le premier Concile Provincial de Milan (s) en 1565. enjoint aux Evêques „ de chaſtier & d'exterminer tous „ ceux qui font profeſſion de deviner par l'air, par „ l'eau, par la terre, par le feu, par les choſes inani- „ mées, par l'inſpection des ongles & des lineamens du „ corps, par le ſort, par les ſonges, par les morts, & „ par les autres moyens que le Demon employe pour „ leur faire dire comme certaines, des choſes incertai- „ nes ; & tous ceux qui ſe mêlent de prédire l'avenir, „ de découvrir les choſes dérobées, & les treſors ca- „ chez, & de faire d'autres choſes ſemblables, dont les „ eſprits de tenebres ſe ſervent pour abuſer de la facili- „ té des perſonnes curieuſes & ignorantes. *Il leur en- „ joint encore*, de traiter auſſi rigoureuſement tous ceux „ qui conſultent les Devins ſur quoique ce ſoit, ou qui „ conſeillent aux autres de les conſulter, ou qui ajou- „ tent foy à leurs Divinations.

L'Egliſe Gallicane aſſemblée à Melun (t) en 1579. dit conformément aux Decrets des anciens Conciles ; „ qu'on doit empêcher avec toute la diligence poſſible, „ que cette peſte de gens qui conſultent les Devins ne „ ſe répande davantage ; & qu'il faut exterminer les „ Devins, les Diſeurs de bonne-avanture, les Sorciers, „ les Necromantiens, les Pyromantiens, les Chiroman- „ tiens, & les Hydromantiens.

De

(a) Can. 24. Qui vaticinantur & Gentilium conſuetudines ſequuntur, vel in ſuas ædes aliquos introducunt ad medicamentorum inventionem vel luſtrationem, in quinquennii Canonem incidant, ſecundùm gradus præfinitos, tres annos ſubſtrationis, & duos annos orationis ſine oblatione.

(b) Tract. 3. in Job.

(c) L. 1. Cod. Tit. de Paganis & Sacrif. & Templ. Ne quis mortalium ita faciendi ſacrificii ſumat audaciam, ut inſpectioni jecotis, extorumque præſagio vanæ ſpem promiſſionis accipiat, vel, quod eſt deterius, futura ſub execrabili conſultatione cognoſcat. Acerbioris etenim imminebit ſupplicii cruciatus ei qui contra vetitum præſentium vel futurarum rerum explorare tentaverit veritatem.

(d) Can. 42. Hos quicumque Clericus vel Laïcus detectus fuerit vel conſulere, vel docere, ab Eccleſia habeatur extraneus.

(e) Can. 30.

(f) C. 29. Ab honore dignitatis ſuæ depoſitus Monaſterii pœnam excipiat, ibique perpetuæ pœnitentiæ deditus, ſcelus admiſſum ſacrilegii luat.

(g) In Vit. l. 2. c. 15.

(h) Can. 61. Sexennii Canoni ſubjiciantur.

(i) Can. 12. Si quis ariolos, aruſpices, vel incantatores obſervaverit, aut phylacteriis uſus fuerit, Anathema ſit. Et reſponderunt omnes tertiò, Anathema.

(k) Can. 3.

(l) Lib. 3. c. 2.

(m) Can. 15. Excommunicari præcipimus, perpetuàque notamus infamiâ.

(n) Lib. 2. Polycrat. c. 27. Epiſt. 65.

(o) Can. 6.

(p) Stat. 19.

(q) Can. 57.

(r) In Reformat. Cleri Valent. & Dien. C. 25.

(s) Conſtit. part. 1. tit. 10.

(t) Tit. de Magic. artib. &c.

De Thou, Evêque de Chartres, dans son Rituel (a) de l'année 1581. exhorte ses peuples à „ mettre en „ Dieu leur esperance & entiere fiance en leurs affaires, „ necessitez & tribulations, sans recourir aux Devins, „ Necromantiens, & autres semblables Imposteurs.

Jean Baptiste de Constance, Archevêque de Cozence, dans ses *Avertissemens*, dit que „ les Divinations „ empêchent ceux qui les observent, d'avoir la foy „ aussi saine & aussi entiere qu'ils devroient, & les en„ gagent de très-grandes & très-dangereuses erreurs

Le Concile Provincial de Bourdeaux (b) en 1583. veut „ que les Curez avertissent très-souvent leurs „ Paroissiens, que ceux-là commettent un crime execra„ ble, & sont excommuniez qui se mêlent de Divina„ tion, ou qui ajoutent foi aux Devins; parce que, „ comme disent les saintes Lettres, le Seigneur à cela „ en horreur, & que les peuples sont exterminez sur „ la terre à cause de ce crime.

Le Concile Provincial de Bourges (c) en 1584. condamne generalement *tous les Devins*, & ordonne des peines très-severes contre les Ecclesiastiques & contre les Laïques, qui pratiquent les Divinations.

Le Concile Provincial de Mexico (d) en 1585. declare „ que c'est un grand crime que de consulter les „ Sorciers & les Devins, & de leur demander la con„ noissance des choses à venir; *& ordonne* que ceux „ qui seront coupables de ce crime, seront fouettez & „ punis ignominieusement, ou condamnez à des peines „ pecuniaires, selon que l'Evêque le jugera à propos.

Le Pape Sixte V. dans sa Bulle, *Cæli & terre*, enjoint „ aux Ordinaires des lieux & aux Inquisiteurs de „ punir ceux qui se mêlent de Divination.

Le Concile Provincial de Malines (e) en 1607. veut aussi qu'on les punisse suivant cette Bulle & or„ donne „ à tous les Juges Ecclesiastiques de les con„ damner ou de les faire condamner au bannissement, „ & de faire châtier rigoureusement ceux qui les con„ sultent, & encore plus ceux que l'on appelle ordinai„ rement Egyptiens ou Bohemiens.

Le Concile Provincial de Narbonne (f) en 1609. „ excommunie *ipso facto*, conformement aux saints De„ crets, les Devins, les Sorciers, les Diseurs d'Ho„ roscopes, ceux qui croyent aux Augures & les As„ trologues judiciaires.

Le Gouverneur, Evêque de saint Malo, dans ses Statuts Synodaux (g), dit que „ travaillant à la cor„ rection des vicieux pour en arracher le plus qu'il pour„ ra d'entre les griffes du Diable, il doit principale„ ment exterminer les Sorciers & les Devins, lesquels, „ pour ensorceler & deviner, pactizent avec ce malin „ & tortu serpent, qui gyre toujours comme un Lion „ pour trouver proye & devorer les ames.

De Solminiac, Evêque de Cahors (h). „ enjoint aux „ Recteurs de son Diocese, de dénoncer excommuniez „ à leurs Prosnes, non seulement les Devins, mais aus„ si tous ceux qui ont recours à eux; & leur fait très-„ expresses inhibitions & defenses de les absoudre, si „ ce n'est pour la premiere fois, après laquelle, s'ils re„ tombent en telle impieté, il leur enjoint qu'ils ayent „ à les renvoyer pardevers lui, ou son Grand-Vicaire „ en son absence pour recevoir l'absolution.

Les Statuts Synodaux de Sens (i) en 1558. & ceux d'Evreux en 1664. les *Constitutions & Institutions Synodales* de S. Fraînçois de Sales & de Monsieur d'Aranton d'Alex, Evêques de Geneve (k), & les *Statuts & Reglemens* du Diocese d'Agen, confirmez (l) en 1673.

„ condamnent les Divinations, les Devins & ceux qui les consultent.

Enfin les Rituels d'une infinité de Dioceses ordonnent que l'on dénonce pour excommuniez tous les Dimanches aux Prosnes des Messes Paroissiales, „ les De„ vins & les Devineresses, & que l'on les fasse sortir „ de l'Eglise, comme étant indignes de participer aux „ saints Mysteres & aux Prieres publiques ". Ce qui est un témoignage public & authentique de l'aversion que l'Eglise conserve jusqu'à present pour la Divination, puisqu'elle la punit par l'excommunication, laquelle étant la plus grande & la plus formidable de toutes les Censures, suppose necessairement un peché très-considerable.

Aussi est-elle un peché mortel de soy, quand elle est appuyée sur le secours du Demon, suivant la remarque du Cardinal Cajetan (m): Et il n'y a que la bonne foy, la simplicité, ou l'ignorance, qui la puisse rendre en quelque façon excusable; ce qui arrive lorsqu'on s'en sert, ou qu'on y ajoûte foy dans la pensée qu'il n'y a aucun pacte, pas même tacite, avec le Demon, & qu'on est dans la resolution d'y renoncer absolument, si l'on sçavoit, ou même si l'on doutoit qu'il y en eût quelqu'un.

Cela étant vray de la Divination en general, il n'est pas difficile d'en faire l'application à chaque espece de Divination en particulier. A la Necromancie, Necyomancie, Necye, ou Sciomancie, qui se fait en appellant les manes ou les ombres des morts qui paroissent ressucités; à la Geomancie qui se fait par les signes de la terre; à l'Hydromancie qui se fait par les signes de l'eau; à l'Aëromancie qui se fait par les signes de l'air; à la Pyromancie qui se fait par les signes du feu; à la Lecanomancie qui se fait par un bassin; à la Chiromancie qui se fait par l'inspection des mains; à la Gastromancie qui se fait par des Vases de terre ronds; à la Metoposcopie, ou inspection des traits du front, à la Cristallomancie qui se fait par le Cristal; à la Cleromancie qui se fait par le sort, à l'Onychomancie qui se fait par l'huile & la suye sur l'ongle; à la Coscinomancie qui se fait par le crible ou le sas; à la Bibliomancie qui se fait par un livre & particulierement par le Pseautier; à la Cephalonomancie qui se fait par la tête d'un ane; à la Capnomancie qui se fait par la fumée; à l'Axinomancie qui se fait par les haches; à la Botanomancie qui se fait par les herbes; à l'Icthyomancie qui se fait par les poissons; à celles qui se font par l'Astrolabe ou par le devidoir, ou par le laurier, ou par le trepié, ou par l'eau benite, ou par les serpens, ou par les chevres, ou par la farine ou l'orge, ou par la saliation qui n'est autre chose que le remuement & le tressaillement des yeux; ou à la Catoptromancie, qui se fait par des miroirs, ou à la Dactyliomancie, qui se fait par des anneaux, ou enfin à toutes les autres especes que nous expliquerons dans la suite. Majokus, Evêque de Ulturara en Italie, parle de la plupart de ces Divinations dans le second entretien du supplement de ses *Jours Caniculaires*, & il en rapporte fort doctement les explications.

Ainsi l'on peut dire qu'il n'y en a pas une qui soit exempte de peché, & cela doit-être plus que suffisant pour en donner de l'horreur aux veritables Chrétiens. Mais pour les prévenir encore d'avantage contre cet abus, il ne faut pas oublier ici la remarque que fait sur ce propos Martin d'Arles, qui temoigne que la source de tous les malheurs dont le Royaume de Navarre étoit affligé de son temps venoit de ce que les grands & les petits consultoient les Devins & les Necromanciens pour retrouver ou pour savoir les moindres choses (n).

Je

(a) Fol. 150.
(b) Tit. 7.
(c) Tit. 40. Can. 1.
(d) Liv. 5. tit. 6. num. 1.
(e) Tit. 15. cap. 1. & 2.
(f) C. 3.
(g) Art. 21.
(h) Stat. Synod. c. 26.
(i) Tit. des Const. Abusiv. n. 6. Tit. & n. eod.
(k) Part. 1. c. 11.
(l) Tit. 39.

(m) In Sum. V. Divinatio. Divinatio est ex suo genere mortale, pro quanto Dæmoniaco innititur auxilio.
(n) „ Ex quibus (*dit cet Archidiacre*) liquidé apparet ex qua „ origine hac nostrâ tempestate tot infirmitates, pestilentiæ, ste„ rilitates terræ, nascentium fructuum, frugum & vinorum ac„ cidant, totque millia pecudum, aliorumque pecorum continuò „ pereant, totque grandines, tempestates & intemperies aërum
„ &

Je ferois trop long fi je voulois expliquer en detail toutes les efpeces de Divination que la Superftion a introduites & autorifées. Pierre Maffé en a parlé avec affez d'étendue & de doctrine (a). Et Peucer en a fait un traité exprès qu'il a intitulé (b) *Commentaire fur les principaux genres de Divination.* Peucer pour le dire en paffant, eft un Lutherien, & la lecture de fes Ouvrages fe trouve defendu dans l'Index du Concile de Trente. Ragufæus a auffi écrit deux livres de *Divinatione*, qu'on peut lire avec fureté. Ils font compofés d'Epitres adreffées à diverfes perfonnes ftudieufes.

Je ne fcaurois cependant m'empécher de rapporter ici quelques manieres de deviner tirées d'un Manufcrit qui m'eft tombé entre les mains. En voici un extrait; „ Prenez un verre bien clair & net , plein d'eau claire „ & nette fortant de la fontaine , & en cas de neceffi„ té du puits ou de la riviere ; pofez ce verre fur un „ placet , ou fur quelque autre chofe couvert d'une „ ferviette blanche à l'oppofite d'une chandelle allumée, „ ou du Soleil , & faites regarder dans ce verre un „ jeune garçon ou une jeune fille, qui foient vierges, „ pendant un temps clair & ferain, felon que vous le „ jugerez à propos. (notez que pour la préparation „ vous devez être pur de toute pollution depuis huit „ jours) Enfuite vous appellerez un Genie , fuivant la „ qualité de la chofe que vous fouhaiterez : Du côté „ de l'Orient vous appellerez l'Ange Vriel, qui eft le „ premier de l'Orient & qu'on invoque pour cette „ fcience, pour trouver or, argent, & tréfors cachés „ en terre.

„ Si c'eft pour avoir cognoiffance de quelques per„ fonnes qui ayent commis quelque faute & que l'on „ defire favoir il faut tourner le vifage de l'enfant du „ coté du Midi, vers lequel on appellera l'Ange Iniel, „ qui eft le fecond Genie de cette fcience.

„ Quand c'eft pour voler ou larcin qui ait été „ fait de nuit , & que l'on veut connoître les Auteurs, „ & où ils ont mis la chofe dérobée il faut tourner le „ vifage de l'enfant du coté de l'Occident , & appeller „ Affuriel qui eft le troifième Genie pour cette fcien„ ce.

„ Mais quand il s'agit de la mort d'un amy & que „ l'on defire connoître l'homicide , il faut tourner le „ vifage de l'enfant vers le Septentrion & appeller l'An„ ge Gediel, qui eft le quatrième pour cette fcience.

„ Ces quatre Genies étant appellés de la maniere „ qu'on dira dans la fuite, rendront reponfe à toutes „ les interrogations qu'on leur fera.

„ Plus pour voir dans l'ongle , il faut racler l'ongle „ du pouce droit ou gauche de l'enfant, en commen„ çant par fon extremité & finiffant a la chair avec un „ couteau ou un autre inftrument neuf: cet ongle ain„ fi raclé vous le frotterez d'huile d'olive; ou de noix „ dans laquelle vous mettrez du noir à noircir, ou „ de la fuye de la cheminée en forme d'un miroir, ou „ de quelque autre chofe refplendiffante: Enfuite dequoi „ vous direz cette Oraifon : Uriel premier Seraphin je „ te commande & conjure par le grand Dieu vivant † „ par la Virginité de la Vierge , par la Virginité de „ Saint Jean-Baptifte, par la Virginité de cet enfant „ qui eft devant toy prefent, de lui faire apparoître „ fans retarder & tout prefentement ce que je te de„ manderai & requerai. Je te le commande encore par „ le pouvoir que Dieu m'a donné, par le Saint Sacre„ mant de Bapteme que j'ai reçu à l'Eglife & par tout „ ce qui y eft contenu. Il faut repeter ce que deffus „ par trois fois & jufqu'à ce que l'on voye ce que „ l'on demande. Quand on le verra on dira ce qui

„ fuit. *Aglati , Aglata , Calui , Cala ,* fois le bien ve„ *nu.* Je te commande par le Grand Dieu vivant †, „ par la juftice divine & humaine, par tous les noms „ ci deffus , & par *Scemhemfamphoras ,* que tu ayе à „ demeurer en ce lieu tant que je voudrai & que je „ fouhaiterai , & me repondre intelligiblement & fans „ ambiguité , ni équivoques , ou à cet enfant fur tout „ ce que je te demanderai. Mais auparavant leve la „ main , & prete le ferment de fidelité , à favoir que „ tu diras la verité fans équivoques , ni mots à deux „ ententes & double fens. Car derechef je te le com„ mande par le nom de Scemhemfamphoras & par les „ noms cabaliftiques qui font terminés en Jel & Jol, „ & par les 72 noms , en vertu desquels le divin mo„ teur m'a donné le pouvoir d'agir.

„ Si c'eft un autre Genie qu'Uriel que vous appel„ lez , vous changerez le nom, & au lieu de lui , vous „ mettrez le nom du Genie que vous appellez.

„ Afin que le Genie dife verité , il faut que la Lu„ ne foit en plein afpeGt avec Saturne ou bien difpo„ fée.

„ On peut dire auffi en moins de mots, pour ne „ point attiedir ni étonner le regardant. *Angele bel„ lo, Angele pure, Angele cæfte, conjuro te per Sancti„ tatem Veftram, per Virginitatem hujus pueri , ut des„ cendas in iftam ollam , & dicas fuper omnia verrum & „ veritatem.*

Autre conjuration fur le même fujet.

„ Uriel, Seraphin je te conjure par la Virginité de „ JESUS-CHRIST †, par la Virginité de la Vierge „ Marie la glorieufe Mere , par la Virginité de St. Jean „ Baptifte , par la Virginité qui eft devant toi; je „ t'exorcife Uriel, par les 72 noms de Dieu tout puis„ fant par *Agios , Adonai , Celin , Celes , Petas , Agla„ tas ,* & par toutes les chofes fusdites , de me faire „ voir , ou à cet enfant dans cette eau tout ce que je „ te demanderai fans fallace , ni tromperie. *Aftaroth ,* „ Prince d'Enfer je te conjure auffi & commande de „ la part du grand Dieu tout puiffant, & par toutes „ les chofes fusdites & par la Virginité de cet enfant „ qui eft devant toi, que tu m'envoye l'efprit que je „ conjure, ou quelque autre en fa place qui ait le mê„ me pouvoir, & qui gouverne les mêmes élemens, „ qui reponde promptement, intelligiblement, fans é„ quivoque, fallace, ni tromperie à toutes mes inter„ rogations, te proteftant en cas de defobéiffance & „ par la permiffion du Grand Dieu vivant, de te pre„ cipiter dans le feu d'enfer & redoubler tes tourmens „ & peines.

Par après & enfuite de ce deffus il faut dire:

„ *Ibris, Palamitis, Caudebat, Saudebat, Pagas, or„ bat, orbot. Amen.* Puis lui donner congé comme „ il s'enfuit.

„ Parce que tu m'as été obéiffant, je te rends grace, „ va t'en en paix au lieu qui t'eft deftiné du Grand „ Dieu, & fois prêt de venir toutes fois & quantes que „ je t'appellerai au nom du Pere † & du Fils † & du „ Saint Efprit †.

Autre conjuration pour le même effet.

„ Uriel je te conjure par le Grand Dieu vivant, par „ la Virginité de la Vierge Marie par la Virginité de „ Saint Jean Baptifte, par la Virginité de Saint Jean „ l'Evangelifte , par la Virginité qui eft devant toi , „ que tu ayes à faire voir dans cette eau tout prefente„ ment, fans tromperie, fans flaterie, fans menterie, „ les chofes que je fouhaite voir & favoir.

„ Et quand vous verrez quelque chofe dites.

„ *Aglatin , Aglata , Calin , Cala ,* foyez le bien ve„ nu, allez querir le livre que Dieu donna à Moife & „ jure que tu diras la verité, & que tu me feras voir

K 2

„ ou

„ & fulgurum veniant. Cum , (pro dolor) in hoc regno pro „ majori parte ad hos Divinos , Pythones & Necromanticos & „ pro re minima reperienda vel fcienda paffim concurrant pufilli „ & magni , *Tract. de Superft. Tit.* quod ad dignam flagellatio„ nem , &c.

(a) Dans fon Traité de l'*impofture & tromperies des Diables , Devins, Enabanteurs , Sorciers ,* &c.

(b) Commentarius de præcipuis Divinationum generibus.

,, ou à cet enfant ce que je vous demanderai & dirai
,, *Pater noster*, *Ave Maria*.

,, On peut aussi faire dire la conjuration par l'en-
,, fant, en cas que le Genie ne vienne pas pour celui
,, qui la fera.

Quoique l'impertinence de ces conjurations & de tout le manege qui le précede, qui les accompagne & qui les suit saute aux yeux des moins clairvoyants, il y a cependant une infinité de sots qui y ajoutent foi & qui en esperent sans aucun fondement des effets avantageux pour leurs desseins.

Il y a encore une autre maniere de retrouver les choses perduës, qui est fort en vogue. On dit qu'il faut pour cela prendre un morceau de pain, y mettre une poignée de sel dedans avec un sol marqué, le poser ensuite sur le manteau de la cheminée, & après qu'il y aura été quelque temps, le donner au premier pauvre qui viendra demander l'aumône. Mais si la chose arrive ainsi qu'on l'assure, il faut que le Diable y ait la meilleure part, aussi bien que dans ce que Pierre Massé rapporte. ,, J'ai vu, dit-il, (a) de jeunes fols aux Colleges de Paris, qui profanant notre Eau benite, en abusoient à Divination, comme, si quelque chose avoit été perduë, pour savoir celui qui l'avoit prise ou dérobée, ils faisoient ce que s'ensuit. Premierement ils avoient de l'eau benite qu'ils mettoient en un bassin ou plat profond qu'ils emplissoient : puis ils faisoient de petits écriteaux, en chacun desquels ils écrivoient un nom de ceux de la chambre, ou d'autres qu'ils avoient pour suspects dudit larcin & mettoient tout doucement lesdits écriteaux dedans ledit vaisseau plein d'eau, & si quelqu'un d'iceux enfonçoit & alloit au fond, celui dont il portoit le nom étoit tenu pour coupable du larcin.

Il faut maintenant parler des principales especes de Divinations qui ont eu autrefois beaucoup de vogue, & qui se pratiquent encore aujourd'hui assez communement dans le monde. Je commence par celles des Augures & des Auspices.

CHAPITRE II.

De la Divination des Augures ou Auspices. Ce que c'est. Qu'il y a des Augures naturels, & des Augures artificiels. Que les premiers sont permis, mais que les derniers sont defendus par l'Ecriture, par les Conciles, & par les Peres de l'Eglise.

L'Antiquité Payenne étoit si fort attachée aux Augures ou Auspices, qu'elle n'eût pas voulu faire la moindre chose, ni en public, ni en particulier, sans les avoir auparavant consultez, ainsi que l'assurent Tite-Live & Ciceron citez par Feneftella (b), & que le témoignent Valere Maxime (c) & Pomponius Lætus (d).

Elle appelloit Augures & Auspices les bons ou les mauvais présages qu'elle prenoit du vol, du cri, du chant, du trépignement, du manger, du boire, & de quelques autres mouvemens des Oiseaux sauvages & domestiques. C'est ce que nous marque l'etymologie des mots Latins *Augur*, *Auspex*, *Augurium*, *Auspicium* (e),

comme S. Isidore, Evêque de Seville le rapporte.

Neanmoins nous apprenons de l'Histoire naturelle de Pline (f), que les anciens tiroient aussi quelquefois leurs présages des Renards, des Rats & des Souris, des œufs & de quelques autres choses. Et Gaspar Peucer (g) traitant des Augures & des Aruspices, assure qu'ils se prenoient de cinq choses ; 1. du Ciel ; 2. des Oiseaux ; 3. des Bêtes à deux pieds ; 4. des Bêtes à quatre pieds ; 5. de ce qui arrive au corps humain, soit dans les maisons, soit à la campagne, soit dans les chemins ; de quelque maniere imprevuë & extraordinaire qu'il arrive.

On distingue ordinairement de deux sortes d'Augures ou de Présages ; les uns naturels, les autres artificiels.

Les Augures naturels dépendent de l'ordre que Dieu a établi dans la nature ; & l'on peut mettre en ce rang ceux que les Mariniers, les Laboureurs, les Vignerons & autres tirent des Elements, des Meteores, des Plantes & des Animaux, pour predire la tempête ou la bonace, la pluye ou le beautemps, l'abondance ou la disette des vivres, l'humidité ou la secheresse, & plusieurs autres semblables accidens. Ainsi quand les Plongeons quittent la mer, on peut dire que c'est un signe de calme & de bonace, & quand les Chauvessouris volent loin des maisons, que c'est une marque de beautems. Jean de Sarisbery, Evêque de Chartres en rapporte plusieurs exemples dans son *Polycratius* (b).

Les Augures artificiels dépendent de l'institution ou de l'artifice des hommes, & l'on s'en sert pour deviner les choses qui doivent arriver, non pas necessairement, mais librement & volontairement ; comme par exemple ce que l'on doit faire ou ne pas faire ; si l'on doit entreprendre un voyage, ou ne le pas entreprendre. Il y en a quantité d'exemples dans le même Livre de Jean de Sarisbery (i).

Les Augures naturels sont permis, pourvû qu'on n'en abuse pas, parce que d'ordinaire ils ont des fondemens solides & invariables. Mais les Augures artificiels sont defendus, parce qu'ils sont accompagnez de vanité & de folie.

C'est ce qui fait qu'ils ont été traités de ridicules par les plus sages d'entre les Payens, & que Ciceron même, qui étoit du College des Augures, s'en mocque, selon le rapport de S. Augustin (k), & qu'il reprend ceux qui reglent la conduite de leur vie sur le chant ou le cri des Corbeaux & des Corneilles : Cele paroît clairement dans les deux Livres qu'il a écrits *de la Divination*.

En effet, comme les Augures n'ont point de cause assurée, & qu'ils dépendent du hazard, on ne s'y peut fier sans temerité, puisqu'il y a autant de raison de les tourner d'un côté que de l'autre, je veux dire du côté de la bonne-fortune que du côté de la mauvaise, & de celui de la mauvaise fortune, que de celui de la bonne. Aussi l'Ecriture-Sainte, les Conciles & les Peres de l'Eglise les ont-ils très-expressement condamnez.

Dieu dans le Levitique (l) & dans le Deuteronome (m) defend à son peuple de les observer. Il fait la même defense dans Jeremie (n). Dans Isaïe il abandonne son peuple, parce qu'il a des Augures comme les Philistins (o) : Et Ecclesiastique (p) dit que les Augures ne sont que mensonge & vanité.

Les

(a) Traité de l'impost. & tromper. des Diables, L. 1. C. 8.
(b) C. 4. lib. de Magistrat. & Sacerd. Rom.
(c) L. 1. c. 1.
(d) L. 2. de Sacerdot. c. de Augurib. Apud Antiquos, *dit Valere Maxime*, non solùm publicè, sed etiam privatim, nihil gerebatur, nisi Auspicio priùs sumpto.
(e) Lib. 8. Orig. cap. 9. Augures sunt qui volatus avium & voces intendunt, aliáque signa rerum vel observationes improvisas hominibus occurrentes. Ibidem & *Auspices*: Nam *Auspicia* sunt quæ iter facientes observant. Dicta sunt autem *Auspicia* quasi *avium Auspicia*, & *Auguria* quasi *avium Garria*, hoc est avium voces & linguæ. *Item Augurium* quasi *Avigerium*, quod aves gerunt.

(f) Liv. 8. c. 28. L. 9. c. 16. & L. 10. c. 55.
(g) De Auguriis. & Aruspina fol. 200.
(b) L. 2. c. 2.
(i) L. 1. c. 13. & l. 2. c. 2.
(k) L. 4. de Civit. Dei c. 30. Cicero augur irridet auguria, & reprehendit homines Corvi & Corniculæ vocibus vitæ consilia moderantes.
(l) C. 19.
(m) C. 18. Non augurabimini ; non inveniatur in te qui observet auguria.
(n) C. 27.
(o) Cap. 2. Quia Augures habuerunt ut Philistiim.
(p) Cap. 34. Auguria mendacia, vanitas.

Les Conftitutions Apoftoliques attribuées à S. Clement, ne veulent pas que les Chrétiens fe mélent d'être Augures, parce que la fcience des Augures conduit à l'Idolatrie (a).

S. Cyprien (b) montre par plufieurs exemples la vanité des Augures que les Romains obfervoient, & ajoûte que les Demons n'ont introduit ces malheureufes pratiques que pour impofer à la folle credulité des peuples Idolatres.

S. Bafile expliquant le paffage d'Ifaïe que je viens de citer, dit fort à propos: „ (c) Ne voyez - vous „ pas combien de maux les Augures entraînent après „ eux? Ceux qui s'y appliquent font abandonnez de „ Dieu. Cependant la plûpart des Chrétiens ne font „ nulle difficulté de prêter l'oreille à ces folies & de „ s'en faire honneur, & ils n'ont point de honte de „ s'arrêter à cette Superftition ridicule & extravagan- „ te.

S. Cyrille, Patriarche de Jerufalem (d), parle en cette maniere aux nouveaux baptifez: „ Les Augures, „ les Divinations, les préfages, les prefervatifs, les „ brevets écrits fur des feuilles, & les autres pratiques „ fuperftitieufes & mauvaifes, appartiennent au culte „ du Demon. C'eft pourquoi évitez foigneufement „ toutes ces chofes. Car fi vous les obfervez après „ avoir renoncé au Demon, & avoir fait profeffion „ de la foi de JESUS-CHRIST, affurez-vous que „ le Demon vous traitera avec plus de rigueur qu'au- „ paravant.

S. Ambroife affure (e) que ceux qui partiquent les augures & les fortileges, & qui mettent leur confiance dans le chant des Oifeaux, feront damnez.

Origene, ou Jean de Jerufalem blâme les Augures en ces termes (f): „ Il y en a qui ajoutent foi à l'ap- „ pel & au rappel, à la rencontre & au chant des Oi- „ feaux, ne fachant pas, les miferables & les defefpe- „ rez qu'ils font, que c'eft Dieu qui conduit les pas „ de l'homme, & ne pouvant pas dire à Dieu avec les „ Saints: Dreffez mes pas dans la voye de vos precep- „ tes, afin qu'aucune iniquité ne domine en moi. Car „ quiconque parlera ainfi au Seigneur avec foi, il ac- „ complira cette parole: Le Seigneur fera dans toutes „ vos voyes, & conduira en paix tous vos pas. Mais „ celui qui s'adonnera à la vanité des augures, fera „ troublé dans fes démarches.

S. Gaudence (g), Evêque de Breffe, declare que les Augures font des especes d'Idolatrie.

Le 4. Concile de Carthage (h) en 398. excommunie ceux qui s'appliquent aux Augures & aux Enchantemens.

S. Auguftin (i) met les Livres des Arufpices & ceux des Augures au nombre des Superftitions, & des pactes que l'on fait avec les Demons.

Il y a parmi les Oeuvres de ce faint Docteur un Sermon intitulé *des Augures* (k), que S. Boniface, Archevêque de Mayence lui attribuë, & qui combat fortement la vanité des Augures, des Sortileges, des Enchantemens, & de quelques autres Superftitions. C'eft le 241 du Temps.

Le Concile de Vannes (l) en 461. & le Concile d'Agde (m) en 506. veulent que l'on tienne pour ex-

communiez les Ecclefiaftiques & les Laïques qui pratiquent les Augures, & ceux qui les confultent.

Le Concile d'Auxerre (n) en 578. dit qu'il n'eft pas permis d'avoir recours aux Sorciers ni aux Augures.

Le Concile de Reims (o) vers l'an 630. ordonne „ qu'on avertiffe generalement ceux qui fe mêlent des „ Augures, & que s'ils ne veulent pas fe corriger, on „ les mette en penitence.

S. Eloy, Evêque de Noyon, *conjure* fes peuples „ de ne point obferver les Augures, & quand ils fe- „ ront en chemin, de ne point prendre garde au chant „ de certains Oifeaux (p).

Gregoire II. dans le Capitulaire qu'il donna à l'Evêque Martinien & au Prêtre Gregoire (q) en les envoyant en Baviere, leur enjoint d'enfeigner au peuple qu'il ne doit jamais pratiquer les Augures, parce que felon les faintes Lettres, ce font des vanitez & des folies.

Le venerable Bede, dans les Canons qu'il a compilez pour les remedes des pechez, ordonne (r), que „ ceux „ qui s'appliqueront aux Augures & aux Divinations, „ s'ils font Ecclefiaftiques, feront penitence trois ans, „ & s'ils font Laïques, deux ans ou un an & demi.

Gregoire III. (s) dans fes Jugemens, „ foumet „ ceux qui pratiquent les Augures, à une penitence, „ ou de trois ans, ou de deux ans, ou d'un an, ou de „ fix mois, felon la qualité de leur crime.

Le Concile de Londres ou de Weftmunfter (t) en 1125. ordonne que „ les Sorciers, les Devins, ceux „ qui s'appliqueront aux Augures, & leurs adherans, „ feront excommuniez & notez d'infamie perpetuelle.

Le Concile de Palence (v) en 1322. „ défend très- „ expreffement à toutes fortes de perfonnes, fous peine „ d'excommunication, *ipfo facto*, de s'arrêter aux Au- „ gures, & de les pratiquer dans la conduite de leur „ vie.

Le 1. Concile Provincial de Milan (w) en 1565. exhorte les Evêques „ de punir tous ceux qui dans „ l'entreprife, dans le commencement ou dans le pro- „ grez d'un voyage ou de quelqu'autre affaire, obfer- „ vent la voix des animaux & le chant ou le vol des „ Oifeaux, & en prennent bon augure pour l'heureux „ fuccez de leurs deffeins.

Enfin le Concile Provincial de Narbonne (x) en 1609. „ excommunie, *ipfo facto*, conformément aux „ faints Decrets, ceux qui croyent aux Augures.

Si bien que ceux-là font veritablement excommuniez, qui s'imaginent qu'il leur arrivera quelque malheur, ou qu'ils recevront quelque facheufe nouvelle; s'ils mettent leur chemife de travers le matin, ainfi que parle Martin de Arles dans fon Traité des Superftitions; s'ils entendent le foir un Chat-huant crier fur le toit de la maifon de leur voifin; s'ils entendent la nuit le cri d'une Chauvefouris, d'un Orfraye, ou de quelqu'autre Oifeau qu'ils appellent de mauvaife augure: Si en certain temps un Chien vient à clabauder, un Loup à hurler, un Chat à miauler, un Coq à chanter, une poule à gloffer, un Corbeau à croaffer, une Pie ou un Grillon à crier. Cependant combien y-a-t'il de gens dans le monde, qui ajoûtent foi à toutes ces réveries & à toutes ces impertinences, & qui par confequent font excommuniez felon les Conciles, à moins que la bonne foi, la fimplicité, ou l'ignorance ne les rende en quelque façon excufables, dans le fens que nous avons propofé

(a) L. 8. c. 7. Ne fis augur; auguratio enim ad cultum Idolorum ducit.

(b) Lib. de Idolor. vanit. Horum omnium ratio eft illa quæ fallit & decipit, & præftigiis cæcantibus veritatem ftultum & prodigum vulgus inducit.

(c) In c. 2. Ifa.

(d) Catech. 1. Myftag.

(e) Ser. 33. Qui colunt augures & fortilegos, & qui confidunt in avium cantibus, damnabuntur.

(f) Tract. 3. in Job.

(g) Tract. 4. de Lect. Exodi.

(h) Can. 89. Auguriis vel incantationibus fervientem à conventu Ecclefiæ feparandum.

(i) L. 2. de Doctr. Chrift. c. 20. Ex quo genere funt, fed qua-fi licentiore vanitate, Arufpicum & Augurum libri.

(k) Ep. ad Zachar. Pontif. c. 6.

(l) Can. 16.

(m) Can. 42.

(n) C. 4. non licet ad Sortilegos vel ad Augures refpicere.

(o) C. 14.

(p) L. 2. Vit. c. 15.

(q) C. 8. Ut Auguria quia juxta divina oracula vana funt, non attendenda penitus doceantur.

(r) Can. 11.

(s) C. 16.

(t) C. 15.

(v) C. 24.

(w) Conftit. p. 1. tit. 10.

(x) C. 3.

posé sur la fin du Chapitre precedent, en parlant de la Divination en general.

CHAPITRE III.

De la Divination des evenemens ou des rencontres. En quoi elle consiste précisément. Qu'elle est condamnée par les Conciles, par les Peres & par les Prelats de l'Eglise. Exemples de cette Superstition.

S'IL y a de la vanité à consulter les augures pour en tirer de bons ou de mauvais presages, il n'y en a pas moins à regler sa conduite sur les evenemens & les rencontres qui peuvent arriver dans la vie.

On se rend coupable de ce peché lorsqu'une chose étant arrivée par hazard & sans dessein, on en tire des conjectures de bonheur ou de malheur, sur lesquelles on prend des mesures pour faire certaines actions, ou pour ne les pas faire.

Il n'y a pas grand sujet de s'étonner que la plûpart des Payens ayant été adonnez à cette sorte de Divination, ainsi que nous le remarquons dans Theophraste (a), dans Pausanias (b), & dans Ciceron (c), parce qu'ils n'étoient conduits que par un esprit d'erreur & d'égarement. Mais qu'il se soit trouvé autrefois des Chrétiens & qu'il s'en trouve encore à present en grand nombre, qui soient leurs imitateurs en cela, aprés avoir si solemnellement renoncé au Demon & à toutes ses œuvres dans leur Baptême, c'est ce qui paroît bien étrange.

Cependant qui en pourroit douter aprés ce que les Conciles, les Peres & les Prelats de l'Eglise en ont écrit en divers siecles?

Voici de quelle maniere S. Basile en parle: (d) ,, Quelqu'un a eternué comme je parlois: assurément cela ,, signifie quelque chose. On m'a tiré par derriere: je ,, ne m'étonne pas si je me suis trouvé dans cet emba- ,, ras. En sortant de chez moi, j'ai heurté mon pied ,, contre quelque chose, aussi ai-je été retenu par mon ,, manteau. L'insolence du Demon contre l'homme est ,, si grande, que souvent il l'oblige de s'en retourner ,, au logis, de se détourner de son chemin, ou même ,, de se boucher les yeux, lorsqu'il rencontre un chat, ,, ou qu'un chien vient à montrer sa tête, ou qu'il se ,, presente une personne, quoique de ses meilleurs amis, ,, qui a mal à l'œil, ou à la cuisse droite. Se peut-il ,, rien voir de plus miserable que la vie de ces sortes de ,, gens? Tout leur est suspect, tout leur fait peur, tout ,, les embarasse, au lieu qu'ils devroient revenir à Dieu ,, de toutes parts & mettre en lui toute leur confiance. ,, S. Jean Chrysostome est admirable sur cette matiere. ,, Il arrive souvent (*dit-il au peuple d'Antioche*) (e) Que ,, quand un homme rencontre un borgne ou un boiteux ,, au sortir de son logis, il en tire un mauvais présage. ,, C'est une des pompes du Diable, à qui nous avons ,, renoncé dans le Baptême. Car ce n'est pas la rencon- ,, tre d'un homme qui rend un jour malheureux, & il ,, ne devient tel que quand on le passe dans le péché. ,, Quand donc vous sortirez de chez vous, prenez gar- ,, de à vous défendre seulement de la rencontre du pé- ,, ché, qui est la seule chose qui vous peut faire tom- ,, ber, & sans laquelle le Diable n'a aucun pouvoir de ,, vous nuire. Que pretendez-vous par ce discours? ,, Vous tirez un mauvais présage de la seule veüe d'un ,, homme, & vous ne voyez pas le piége que le Diable ,, vous tend en vous portant à faire la guerre à un hom- ,, me qui ne vous a fait aucun tort, en vous rendant ,, l'ennemi de vôtre frere, qui ne vous a donné nulle

occasion d'avoir de la haine contre lui. Au lieu que ,, Dieu nous a commandé d'aimer même nos ennemis, ,, vous avez de l'aversion pour un homme qui ne vous ,, a point fait de mal, & dont vous n'avez aucun sujet ,, de vous plaindre. Et vous ne considerez pas combien ,, cela est honteux & ridicule, ou pour mieux dire à ,, quel danger vous vous exposez".

Il ne parle pas avec moins de force contre un autre présage plus extravagant, qui se pratiquoit dans Antioche (f). ,, Il y a encore quelque chose (*dit-il*) de plus ,, ridicule, & que je n'ose vous dire sans confusion & ,, sans honte, quoique je sois contraint de vous le dire ,, par la consideration de vôtre salut. Si l'on rencontre ,, une fille le matin, on dit que la journée sera sterile. ,, Si l'on rencontre une Courtizanne, on en prend un ,, bon présage pour tout le reste de la journée. Vous ,, vous cachez, vous vous frappez le visage & vous le ,, baissez contre terre. Mais cette posture n'est pas main- ,, tenant de saison, lorsque je vous reproche un si grand ,, abus; & il falloit plutôt vous cacher, lorsque vous ,, faisiez la chose que je vous reproche. Découvrez les ,, ruses du Diable qui nous donne de l'aversion pour ,, une vierge sage & modeste, & qui nous fait saluer ,, avec inclination & amour une femme impudique & ,, débauchée. Car comme d'une part il a ouï dire à Je- ,, sus-Christ, Que celui qui regarde une femme pour ,, en concevoir de mauvais desirs, a déja commis un ,, adultere dans son cœur; Et qu'il voit bien d'un au- ,, tre côté que plusieurs Chrétiens répriment les mou- ,, vemens deshonnêtes, il s'est avisé de chércher un au- ,, tre chemin pour le faire tomber dans le crime; Et ,, c'est en leur persuadant de regarder avec joye des ,, Courtizanes.

S. Augustin animé du même zele que S. Jean Chrysostome, a eu soin de nous marquer quantité de Superstitions de même nature, & qu'il appelle des pratiques tres-vaines, (g) *Inanissimas observationes:* ,, comme de ,, tirer des presages, lorsque quelque membre du corps ,, vient à tressaillir; lorsque deux amis se promenant ,, ensemble côte à côte, il se rencontre une pierre, un ,, chien, ou un enfant entre deux, & qu'on marche ,, sur la pierre, qu'on donne des soufflets à l'enfant & ,, qu'on bat le chien: comme si ces trois choses avoient ,, rompu l'amitié qui est entre ces deux personnes; de ,, marcher sur le seüil de sa porte lorsqu'on passe devant ,, son logis; de se remettre au lit lorsqu'on eternüe en ,, se chaussant; de s'en retourner au logis lorsqu'on se ,, heurte en chemin contre quelque chose; d'apprehen- ,, der davantage le soupçon du mal qui doit arriver, ,, que de s'attrister du dommage qui arrive effectivement ,, lorsque les souris ont rongé nos habits, ce qui donna ,, lieu à Caton de dire de fort bonne grace à une per- ,, sonne qui le consultoit sur ce que les souris avoient ,, rongé ses souliers, (h) qu'il n'étoit point surpris de cela ,, comme il le seroit si ses souliers avoient rongé les souris.

L'Auteur du Sermon *des Augures*, (i) ,, dit qu'on ,, doit bien se donner de garde de considerer & de pra- ,, tiquer les éternuemens, qui sont non seulement sacri- ,, leges, mais même ridicules; & que quand on est ,, dans l'obligation de faire quelque voyage, il faut ,, faire le signe de la Croix sur soi, dire avec foi le ,, Symbole ou l'Oraison Dominicale, & continuer son ,, chemin en se confiant dans le secours de la grace de ,, Dieu".

(k) S. Eloi Evêque de Noyon parle à ses peuples dans le même esprit & presque dans les mêmes termes que cet ancien Auteur, & ajoûte qu'il ne faut pas prendre garde en sortant de chez soi ou en y entrant, ni à

ce

(a) In Caract. Superstit.
(b) In Achaicis.
(c) In libr. de Divinat.
(d) In c. 2. Isa.
(e) Homil. 21. ad Pop. Antioch.

(f) Ibid.
(g) L. 2. de Doctr. Christ. c. 20.
(h) Unde illud eleganter dictum est Catonis, qui cum esset consultus à quodam qui sibi à soricibus erosas caligas diceret, respondit. Non esse illud monstrum; sed verè monstrum habendum fuisse si sorices à caligis roderentur.
(i) 241. de Tempore, inter August.
(k) Ser. ad. omnem plebem, vel. l. 2. Vit. c. 15. Quia qui hæc observat, ex parte Paganus dignoscitur.

ce que l'on rencontre, ni aux voix que l'on entend, ni au chant des oiseaux, ni a ce que les autres portent, parce que ceux qui observent ces choses, sont Payens en partie.

Jean de Sarisberi Evêque de Chartres raporte (a) une très-grande quantité de ces sortes de Superstitions ausquelles les Courtisans contre qui il écrivoit, ajoûtoient foi ; & il declare, ,, que l'homme doit se tenir bien ,, plus fort & bien plus asseuré contre les dangers, s'il ,, porte la foi de la Croix dans son cœur, la justice de ,, la foi dans sa tête, & s'il imprime sur son front le ,, signe salutaire de la Croix avec une main pure & in- ,, nocente, pensant toûjours à celui qui a dit à ses ser- ,, viteurs : (b) N'apprehendez point les signes du Ciel ,, que les Gentils apprehendent si fort, parce que je ,, demeure avec vous, moi qui suis vôtre Seigneur & ,, vôtre Dieu". (c) Puis il finit en disant : Que le nombre de ces vanitez est infini, & qu'il ne croit pas que ceux qui s'y arrestent, puissent être sauvez par le salut même.

Pietre de Blois Archidiacre de Batth a escrit une Lettre exprés à un de ses amis sur ce sujet: dans laquelle il lui parle de la sorte: (d) ,, Le Demon jette souvent des ,, illusions phantastiques dans l'esprit des hommes. Il ,, leur fait esperer la connoissance de l'avenir, tantôt par ,, le vol des oiseaux, tantôt par la rencontre de certai- ,, nes personnes, tantôt par des bêtes, tantôt par des ,, songes, & tantôt par d'autres moyens; & en leur ,, promettant des succés heureux ou malheureux, il trou- ,, ble le repos de leurs ames par une vaine curiosité, ,, il leur fait perdre quelque chose de la sincerité & de ,, la pureté de leur foi..... C'est pourquoi, mon tres- ,, cher ami, ne vous arrêtez point aux songes, & don- ,, nez vous bien de garde de tomber dans l'erreur de ,, ceux qui apprehendent la rencontre d'un liévre: qui ,, sont saisis d'horreur lorsqu'ils trouvent dans leur che- ,, min une femme échevellée, un aveugle, un boiteux ,, ou un moine; qui se flattent qu'ils recevront une vi- ,, site joyeuse, quand ils ont rencontré un loup ou un ,, pigeon, un bossu ou un lepreux; quand ils ont veu ,, voler de gauche à droite un oiseau de saint Martin, ,, & quand en sortant de leur logis ils ont entendu le ,, tonnerre de loin.

Le 1. Concile Provincial de Milan en 1565. (e) ordonne aux Evêques ,, de punir ceux qui dans l'entre- ,, prise, dans le commencement, ou dans le progrés d'un ,, voyage ou de quelqu'autre affaire, observent la ren- ,, contre des hommes ou celle des bêtes.

Le Concile Provincial de Bourdeaux en 1583. (f) enjoint aux Curez ,, de reprendre ceux qui à cause de ,, la rencontre de certains animaux ou de certaines per- ,, sonnes, ne continuent pas les ouvrages qu'ils ont ,, commencez.

Les Statuts Synodaux d'Agen confirmez en 1673. (g) declarent que c'est ,, un reste du Paganisme & de ,, l'Idolatrie, une invention du Demon, en un mot ,, une Superstition, que de s'imaginer que la rencon- ,, tre de certaines personnes ou animaux, soit heureu- ,, se ou malheureuse.

En effet, si une chose est superstitieuse, si elle suppose un pacte tacite avec le Demon, lorsqu'elle se fait avec certaines conditions vaines & inutiles, que l'on croit neanmoins necessaires pour obtenir l'effet que l'on se promet, ainsi que nous l'avons montré ; quoi de plus vain, de plus inutile, de plus frivole, de plus ridicule, que de regler

ses pas, ses actions, sa conduite & sa vie, sur des événemens & sur des rencontres qui n'ont point de cause certaine, qui ne dépendent que du hazard, & à quoi on peut donner également une bonne ou une mauvaise signification? N'est-ce pas ce qui paroît visiblement par ce que Pierre de Blois (b) raporte de S. Marc, de Jule-Cesar & de Guillaume le Conquerant Roi d'Angleterre? ,, S. Marc l'Evangeliste, dit- ,, il, allant precher l'Evangile à Alexandrie (i) rom- ,, pit son soulier en sortant du vaisseau, ensuite de ,, quoi il rendit graces à Dieu & asseura que son ,, voyage seroit heureux. Jules-Cesar, qui ne s'étoit ,, jamais arresté aux Superstitions ni aux augures, al- ,, lant à la conqueste de l'Afrique; tomba au sortir ,, de son Vaisseau, & expliquant ce presage en bonne ,, part. Je te tiens, dit-il, ô Afrique, ce qui arriva ,, en effet. Si-tôt que Guillaume le Conquerant Roi ,, d'Angleterre (k) eut mis pied à terre dans ce Royau- ,, me, son cheval qu'il voulut pousser, tomba sous ,, lui & le renversa par terre, & alors il dit: la ter- ,, re est à moi ; & effectivement il s'en rendit le ,, maître". Car ne faut il pas avoüer que des gens qui auroient eu plus de foi pour les rencontres superstitieuses, que S. Marc, Jules-Cesar & Guillaume le Conquerant, n'eussent pas manqué de donner une autre explication à ces trois évenemens, que celle qu'ils leur donnerent?

C'est donc une grande misere, & une illusion bien pitoyable que de s'appliquer à ces vanitez & de se figurer que quand on va à la chasse on sera heureux, si l'on rencontre une femme debauchée, ou si l'on s'entretient de choses deshonêtes, ou que l'on pense à des femmes debauchées & qu'au contraire l'on y sera malheureux si l'on rencontre un Moine.

Qu'afin de sçavoir en quel grain l'année sera fertile Il faut, le fair avant que de se coucher, netoyer son foyer, & le lendemain matin on y trouvera quelque grain de blé, d'orge, ou autre.

Que c'est un mauvais presage, quand le matin en se levant on voit un banc renversé, & quand quelqu'un crache dans le feu; qu'un couteau donné pour present à un ami rompt l'amitié qui est entre celui qui le donne & celui qui le reçoit.

Qu'il nous arrivera du malheur, si le matin nous rencontrons dans nôtre chemin un Prêtre, un Moine, une fille, un lievre, un serpent, un lezard, un cerf, un chevreüil ou un sanglier; si étant à table l'on renverse la saliere, l'on fait tomber du sel devant nous, ou que l'on répande du vin sur nos chausses; si un butor vole la nuit par dessus nôtre tête; si nous saignons de la narine gauche; si avant le disner nous rencontrons une femme grosse; si en sortant du logis nous bronchons; si nous chaussons le pied droit le premier ; si en chemin faisant nous trouvons certain nombre de pies, ou d'autres oiseaux à notre gauche.

Qu'il nous arrivera du bonheur, si nous rencontrons le matin une femme ou une fille débauchée, ou qui marche la reste nuë, un loup, une cigale, une chevre, ou un crapaut.

Que pour sçavoir si un malade mourra de la maladie dont il est travaillé, il n'y a qu'à lui mettre du sel dans la main, & que si le sel fond, c'est une marque qu'il en mourra; mais que s'il ne fond pas, c'est un signe qu'il n'en mourra pas.

Que pour connoître entre trois ou quatre personnes celle qui nous aime le plus, il faut prendre trois ou quatre têtes de chardons, en couper les pointes, donner à chaque chardon le nom de chacune de ces trois ou de ces quatre personnes, & les mettre ensuite sous le chevet de nôtre lit; & que celui des chardons qui marquera la personne qui aura le plus d'amitié pour nous,

pous-

(a) L. 1. Polycrat. c. ulti.
(b) Jerem. 10.
(c) Hæc sunt quibus totam vigilantiam suam videas accommodare quamplurimos.

Cetera de genere hoc adeò sunt multa, loquacem
Ut lassare queant Fabium.

Quibus quæcumque domus institerit, eam nec ab ipsa salute arbitror posse salvari.
(d) Epist. 65.
(e) Constit. p. 1. Tit. 20.
(f) Tit. 7.
(g) Tit. 39.

(b) Epist. 65.
(i) Sim. Metaphr. In Vit. S. Marci, tom. 2. Surii.
(k) Matth. Paris ad an. 1066. Cnyghton l. 2. de eventib. Angl. c. 1. Polydor. Virgil. l. S. Histor. Anglic.

pouſſera un nouveau jeſt, & de nouvelles pointes; que c'eſt ſigne de malheur, quand au lieu de poudre on met de la cendre ſur ſon écriture.

Que de deux perſonnes mariées enſemble celle-là mourra la premiere, du nom & du ſurnom de laquelle les lettres ſe trouveront en nombre non pair.

Qu'afin qu'il meure pluſieurs perſonnes en peu de temps dans une Paroiſſe, il n'y a qu'à trainer le drap mortuaire autour de l'Egliſe ou dans le Cimetiere, comme on dit que font certains foſſoieurs impertinents & intereſſés, en veuë de s'attirer de la pratique.

Qu'il ne faut pas mettre des couteaux en croix & ne pas marcher ſur des fêtus diſpoſés de certaine maniere, dans la crainte qu'il n'en arrive quelque malheur.

Que quand une femme nouvellement accouchée prend pour maraine de ſon enfant une femme groſſe, l'un ou l'autre des deux enfants, c'eſt-à-dire celui qui eſt venu au monde, ou celui qui y viendra, mourra auſſi-tôt ou vivra peu.

Que quand on enſevelit un mort ſur la table de la chambre où il eſt decedé, il meurt quelqu'autre perſonne de la maiſon dans l'année même. C'eſt pourquoi il faut l'enſevelir ſur un banc, ou à platte terre. On dit auſſi que la même choſe arrive, lorſque le deffunt a une jambe plus longue que l'autre aprés ſa mort.

Que c'eſt d'un mauvais augure quand dans une maiſon la poule chante avant le Coq, & la femme parle avant ſon Mari, ou plus haut que ſon Mari.

Que ce ſont des preſages de bonne ou de mauvaiſe fortune, quand un chien noir entre dans une maiſon étrangere; quand un ſerpent tombe par la cheminée; quand on éternuë le matin, à midy, ou au ſoir rarement ou ſouvent; quand on dit quelque nouvelle ou quelque parole affligeante dans un feſtin; quand on marche ſur le pied de quelqu'un; quand on entend le tonnerre à gauche ou à droite; quand en ſortant de la maiſon le premier pas que l'on fait, eſt du pied droit ou du pied gauche.

Qu'il ne faut pas qu'une femme groſſe voye habiller un Prêtre à l'Autel, & particulierement lorſqu'il met la ceinture de ſon aube, de crainte que ſon enfant ne naiſſe le boyau au coû, comme l'on parle d'ordinaire.

Que quand les roſes de Jerico que l'on fait venir des Indes, s'ouvrent étant miſes dans l'eau, les femmes groſſes qui les y ont miſes, auront un heureux accouchement; & qu'aucontraire quand elles ne s'ouvrent pas, leur accouchement ne ſera pas heureux. On m'a aſſeuré que cette Superſtition étoit en uſage parmi les femmes de Provence.

Que quand l'oreille gauche nous tinte, ce ſont nos amis qui parlent ou qui ſe ſouviennent de nous; & que le contraire arrive lorſque l'oreille droite nous tinte.

Que quand nous voyons une araignée qui file de haut en bas, ou que nous la voyons ſimplement, c'eſt ſigne qu'il nous viendra de l'argent de quelque maniere que ce ſoit: qu'il nous arrivera du bonheur, ſi la premiere fois que nous entendons le coucou chanter, nous prenons quelque choſe de ce qui ſe rencontre par hazard alors ſous nos pieds, & le portons quelque tems ſur nous.

Que quand le bois qui eſt dans le feu tombe & ſe derange; quand la chandelle allumée jette quelques bluettes ou eteincelles du feu, & quand un chien en dormant tourne le nez du côté de la porte de la chambre, c'eſt ſigne qu'il doit venir compagnie au logis.

Que quand une femme eſt accouchée d'un enfant mort, il ne le faut pas tirer de la chambre où elle eſt accouchée, par la porte, mais par la feneſtre, parce que ſi on l'en tiroit par la porte, la mere n'accoucheroit jamais que d'enfants morts-nés.

Que quand quelqu'un nous rencontre en chemin & nous demande où nous allons, nous devons nous en retourner auſſi-tôt, de peur qu'il ne nous arrive quelque malheur.

Que quand une femme groſſe laiſſe long-temps ſon cuvier à laiſſive vuide ſur ſon trépier, c'eſt ſigne qu'elle ſera long-tems en travail d'enfant; comme au contraire c'eſt ſigne qu'elle n'y ſera gueres, ſi elle ne l'y laiſſe gueres.

Que quand il y a quelque femme, ou quelque fille à marier dans une maiſon, il ne faut pas lever les tiſons du feu, de crainte de chaſſer les amans.

Et que quand on tuë un chien ou un chat, cela porte malheur ou à celui qui le tuë, ou à quelqu'un de la maiſon où il demeure.

Quelle raiſon, je ne dis pas plauſible, mais vrai ſemblable, ou apparente, peuvent apporter de toutes ces extravagantes pratiques ceux qui les obſervent? Il y a des gens qui s'offorcent de les juſtifier en partie, par deux exemples qui ſont rapportez dans l'Epître 65. de Pierre de Blois, par celui de S. Marc, dont nous venons de parler, & par celui de Judith, laquelle ſortant de Bethulie pour aller trouver Holofernes, dit aux Prêtres qu'elle les ſupplioit de ne lui pas demander quel étoit ſon deſſein, ni ce qu'elle alloit faire (a). Comme ſi l'interrogation qu'ils euſſent pû lui faire, eût été capable de rompre ſon deſſein & d'arrêter ſon voyage. Mais ces deux exemples ne favoriſent nullement leurs pretentions.

Car en premier lieu, outre que ce trait de la vie de S. Marc n'eſt appuyé originairement que ſur l'autorité de Simeon le Metaphraſte, qui n'examine pas toujours les choſes dans la rigueur de l'Hiſtoire, ainſi que le reconnoiſſent les Sçavans, Pierre de Blois remarque fort bien (b) que ce ne fut point par Superſtition que cet Evangeliſte fit la réponſe qui lui eſt attribuée, & que quand ſon ſoulier ne ſe fut point rompu en prenant terre, le ſaint Eſprit n'eût pas laiſſé de lui reveler l'heureux ſuccés de ſon voyage d'Alexandrie: En ſecond lieu, c'eſt donner un mauvais ſens à la priere que Judith ſortant de Bethulie fit aux Prêtres, puiſqu'elle ne la leur fit à autre intention, que pour empeſcher qu'ils ne l'arreſtaſſent plus long-temps par leur diſcours, ou qu'ils ne s'informaſſent trop curieuſement de ſon deſſein, qu'il y auroit eu peut-être du danger à divulguer, ſi Dieu n'en eût inſpiré la conduite & l'execution à cette ſainte & genereuſe Veuve, ainſi que l'ont obſervé les Peres de l'Egliſe, & les Interpretes de l'Ecriture ſainte.

CHAPITRE IV.

De la Divination qui ſe fait par les noms ou par les Armes des Cardinaux durant la vacance du ſaint Siege. De celles qui ſe font par le moyen d'un Aſtrolabe, d'un ſas, ou d'un crible, d'une hache, ou d'un anneau. De la Phyſionomie & de la Chiromantie.

LEs raiſons qui combattent la Divination des évenemens ou des rencontres, combattent auſſi pluſieurs autres eſpeces de Divinations, & ſur tout celles de certains Romains, qui pendant la vacance du S. Siege s'imaginent pouvoir dire par les noms & par les armes des Cardinaux qui ſont aſſemblez dans le Conclave, lequel d'entre eux ſera élu Pape. Cela eſt rapporté dans le Livre intitulé, ,, Hiſtoire des Ceremonies du Siege va,, cant,

---

(a) Judith. 3. c. Vos nolo ut ſcrutemini actum meum.
(b) Beatus Marcus Evangeliſta, *dit-il*, Evangeliſandi cauſâ navigio Alexandriam petens cum navem egrederetur, calceum rupit, atque Deo gratias agens iter ſuum expeditum eſſe perhibuit. Quidquid tamen alii credant, ego indubitanter credo ſanctum Evangeliſtam hoc non ex ſuperſtitioſa curioſitate dixiſſe: Cui etſi nunquam calceus ruptus eſſet, ei tamen ſui expeditionem itineris per Spiritum ſanctum Dominus revelaſſet. Sanè hujuſmodi præſtigioſa prognoſtica ſe plerumque in varios, aut forté contrarios eventus effigiant.

„ cant, ou Relation veritable de ce qui se passe à Ro-
„ me à la mort du Pape (a) ”. Et voici comme en parle l'Auteur de ce Livre: „ La Superstition de certains
„ Romains qui tiennent encore de l'esprit augural de
„ leurs Ancestres, va jusqu'à cet excès de foiblesse que
„ de chercher, comme par une espece d'onomance,
„ dans les noms mêmes des Cardinaux, des conjectures
„ de leur élevation: ne se pouvant persuader, qu'un su-
„ jet qui n'aura pas dans le nom de sa maison la lettre
„ R. quand le défunt Pape n'a point eu ladite lettre
„ dans le sien: Ou si ledit defunt Pape a eu ladite let-
„ tre dans le nom de sa maison, que le Cardinal qui l'aura
„ pareillement dans le sien, puisse être élevé à la Pa-
„ pauté, à cause d'une alternative succession de noms
„ de famille avec ladite lettre, & sans ladite lettre R,
„ dont on a fait la remarque sans interruption depuis en-
„ viron quatorze Pontificats. Il y en a même d'assez
„ foibles pour ne pas s'arrêter à cette seule Superstition;
„ mais qui cherchent encore matiere de deviner dans les
„ portes d'airain de l'Eglise de S. Pierre, qu'ils vont
„ consulter comme oracles par des recherches curieuses
„ qu'ils font dans la diversité des figures dont elles sont
„ remplies, des armes des Cardinaux aspirans au Ponti-
„ ficat, pour l'augurer à celui qui est assez chanceux
„ pour y avoir ses armes gravées en quelqu'endroit,
„ à cause que celles des derniers Papes défunts s'y sont
„ trouvées, que le peuple incontinent après leur élec-
„ tion a renduës remarquables pour les avoir polies &
„ netoyées en les montrant du doigt. Et il est certain
„ qu'il y a dans le College des Cardinaux beaucoup de
„ sujets, dont les armes se trouvent empreintes dans le
„ grand & divers nombre des figures qu'il y a ausdites
„ portes, sans aucun dessein de l'Ouvrier qui les a jet-
„ tées en fonte.

Il suffit de rapporter cette derniere Divination pour
la refuter. Quant à la premiere, la fausseté & la vanité
en font visibles par la succession immediate d'Innocent
X. d'Alexandre VII. de Clement IX. & de Clement
X. Car quoi qu'Innocent X. fût de la maison de *Pamphile*, qui n'a point d'R dans son nom, il n'a pas laissé
d'avoir pour successeur Alexandre VII. de la famille de
Chigi, qui n'en a point non plus dans le sien. Et Clement X. qui étoit *Altieri*, & qui par consequent avoit
un R dans son nom, a succedé immédiatement à Clement IX. qui étoit *Rospigliosi*, & qui avoit aussi une R
dans le nom de sa famille.

La Divination qui se fait par l'Astrolabe n'est pas
moins reprouvée. (b) Nous en avons un Chapitre exprés dans les Decretales, où le Pape Alexandre III. est
d'avis que l'on suspende de ses fonctions pendant un an
& plus, un certain Prêtre qui s'étoit servi d'un Sorcier,
non pour invoquer le Diable, mais pour découvrir avec
un Astrolabe, le vol qui avoit été fait à une Eglise. Et
il est remarquable qu'encore que ce Prestre n'eût suivi
en cela que le mouvement de son zele & de sa simplicité, Alexandre III. ne laisse pas de dire de lui, qu'il
est tombé dans un grand peché & dans une faute notable.

Les Canons Penitentiaux parlent aussi de cette maniere de deviner. Car ils ordonnent une penitence de
deux ans à celui qui cherchera des choses perduës dans
un Astrolabe (c):

Les Statuts Synodaux de S. Malo (d) en 1618. &

ceux d'Agen (e) en 1673. condamnent positivement la
Coscinomantie, ou la Divination qui se fait avec un crible ou un sas, que l'on fait tourner pour sçavoir les
choses dont on est en peine. Elle étoit fort en usage parmi les anciens. C'est ce qui a donné lieu au Proverbe Latin *Cribro divinare* (f), qui est tiré du Grec de Lucien
κοσκίνῳ μαντεύεσθαι, deviner par le moyen d'un crible ou
d'un sas. (g) Gasper Pucer, & le (h) P. Delrio décrivent
de qu'elle maniere cela se pratique: Et voici ce qu'en
dit Bodin dans sa Demonomanie: „ J'ai appris de
„ Maître Antoine de Laon Lieutenant General de Ri-
„ bemont, qu'il y eut un Sorcier qui découvrit un au-
„ tre Sorcier avec un tamis, après avoir dit quelques
„ paroles, & qu'on nommoit tous ceux qu'on soupçon-
„ noit. Quand on venoit à nommer celui qui étoit
„ coupable du crime, alors le tamis se mouvoit sans
„ cesse, & le Sorcier coupable du fait venoit en la
„ maison, comme il fut averé & depuis il fut condam-
„ né. Mais on devoit aussi faire le procés à celui qui
„ usoit du tamis. Tout cela se fait par art diabolique,
„ afin que ceux qui voyent cette merveille, passent
„ plus outre pour sçavoir toute la Sorcelerie.

Il en parle encore de la sorte dans le même ouvrage
(i): „ Me suis trouvé il y a 20. ans en l'une des pre-
„ mieres maisons de Paris, où un jeune-homme fit
„ mouvoir devant plusieurs gens d'honneur, un tamis
„ sans y toucher, & sans autre mystere, sinon en di-
„ sant certains mots françois que je ne mettrai point, &
„ les reïterant plusieurs fois. Mais pour montrer que le
„ malin esprit étoit avec cestuy-là, c'est qu'un autre
„ en son absence le voulut faire en disant les mêmes
„ paroles, & ne fit rien. Quant à moi je soûtiens que
„ c'est une impieté. Car premierement c'est blasphemer
„ Dieu que de jurer autre que lui, ce qu'il faisoit. En
„ second lieu, c'est un moyen diabolique, attendu qu'il
„ ne se peut faire par nature, & qu'il est défendu par la
„ Loi de Dieu. Et de dire que la vertu des paroles y
„ fait quelque chose, en voit évidemment que c'est
„ une piperie diabolique, de laquelle les malins esprits
„ ont accoûtumé d'user, pour attraper les ignorans &
„ les acheminer peu à peu à leur école. (k) Et même
„ Jean Pic Prince de la Mirande escrit que les mots
„ barbares & non entendus ont plus de puissance en la
„ Magie, que ceux qui sont entendus.

(l) Il explique ensuite l'*Axinomantie*, ou la Divination qui se fait avec une hache, & la *Dactyliomantie*,
qui se pratique avec un anneau. „ Par ainsi, *dit-il*, ceux
„ qui prennent la hache & la mettent droit à plomb, en
„ disant quelques paroles saintes, ou Psalmes, & puis
„ nommant les noms de ceux desquels on se doute,
„ pour découvrir quelque chose à la prolation de celui
„ qui est coupable, que la hache se mouve, c'est un
„ art diabolique, que les Anciens appelloient *Axino-
„ mantie*. Et en cas pareil la *Dactyliomantie* avec l'an-
„ neau sur le verre d'eau, de laquelle usoit une fameu-
„ se Sorciere Italienne en Paris l'an 1562. en marmo-
„ tant je ne sçai qu'elles paroles, & devinoit par fois
„ ce qu'on demandoit par ce moyen, & neanmoins la
„ plûpart y étoient trompez. Joachim de Cambrai
„ recite que Jerôme Maron, depuis qu'il fut Chance-
„ lier de Milan, avoit un anneau parlant, ou plutôt
„ un Diable, qui enfin paya son maître, & le fit chas-
„ ser de son Etat. Toutefois il y en a qui appellent cet-
„ te sorte, *Hydromantie*, & disent que la *Dactylioman-
„ tie*, s'entend des anneaux où les Sorciers portent les
„ esprits qu'ils appellent *familiers*, que les Grecs appellent δαίμονας παρέδρους.

A l'égard de la Physionomie, qui s'occupe à connoître

<hr>

(a) Ce Livre est imprimé à Paris en 1655.
(b) Cap. Extravag. l. 5. Tit. 21. Voici les propres paroles de
ce Souverain Pontife au Patriarche de Grade: Ex tuarum tenore
litterarum accepimus quod V. Presbyter cum quodam infami ad
privatum locum accessit, non ea intentione ut vocaret Dæmonium, sed ut inspectione Astrolabii furtum cujusdam Ecclesiæ
posset recuperari. Verùm licet hoc ex bono zelo & simplicitate se
fecisse proponat, id tamen gravissimum fuit, & non modicam inde maculam peccati contraxit. Mandamus quatenus talem ei pro
expiatione illius delicti pœnitentiam imponas, quod per annum &
amplius, si tibi visum fuerit, eum ab altaris ministerio præcipias
abstinere, & ex tunc liberum sit ei exercere officium Sacerdotis.
(c) In 1. præcept. Respiciens furta in Astrolabio annis duobus
pœnitens erit.
(d) Art. 21.

(e) Tit. 39.
(f) In Pseudomant.
(g) De incantation. v. fol. 160.
(h) L. 4 disquisit. Magic. l. 4. c. 2. Quæst. 6. Sect. 4. n. 9.
l. 3. c. 5.
(i) L. 2. c. 1.
(k) In positionib.
(l) Bodin ubi sup.

M

tre les mœurs & les inclinations des hommes par l'infpection des fignes exterieurs qu'elle remarque dans leurs
corps, comme on le reconnoît par les quatre Livres que
Jean Baptifte de la Porte a faits fur ce fujet, elle peut
être permife pourveu qu'elle fe renferme dans les bornes
de la Philofophie naturelle, & qu'elle ne devine les chofes que par conjecture & probablement; mais non pas
avec certitude. Car il arrive fouvent que la raifon corri-
ge dans les hommes les mauvaifes inclinations qui leur
peuvent avoir été imprimées par la nature, & qu'elle
donne à leurs ames des impreffions entierement oppofées
à celles qui paroiffent fur leurs vifages, & fur les autres
parties de leurs corps. La grace fait encore davantage,
puifqu'elle change les loups en brebis, & les Perfecu-
teurs en Apôtres, & que de criminels elle nous rend
innocens. Ainfi elle renverfe toutes les regles de la Phyfionomie, qui d'ailleurs ne fe peuvent étendre ni fur les
actions particuliers des hommes, ni fur leur liberté,
ni fur les chofes qui leur font exterieures; parce que
rien de tout cela ne dépend de leur temperament, ni de
la difpofition de leurs corps. Il faut raifonner de même
de la Chiromantie phyfique, qui fait partie de la Phyfionomie naturelle. Car pour ce qui regarde la Chiromantie aftrologique, elle eft abfolument défenduë par
la Bulle de Sixte V. *Cœli & terræ*, auffi-bien que les
Livres qui en traitent; (*a*) Et le fçavant François de
Valois en fait voir manifeftement la vanité & la folie.

CHAPITRE V.

De la Divination qui fe fait par les fonges. Qu'il
y a de quatre fortes de fonges. Que la Divi-
nation des fonges eft fuperftitieufe. Qu'elle eft
condamnée par l'Ecriture, par les Conciles,
& par les Ecrivains Ecclefiaftiques. Exem-
ples de cette Divination.

EPICURE & fes Sectateurs qui donnoient tout au
hazard, & qui croyoient que Dieu demeuroit dans
une oifiveté & une inaction continuelle, fans prendre
aucun foin des chofes de la terre, ne pouvoient s'imaginer que cet Eftre fouverain & indépendant envoyât des
fonges aux hommes (*b*) Tertullien parle de cette opinion
& il la refute enfuite non feulement par l'autorité des
faintes Lettres, mais encore par le témoignage des
Payens mêmes, qui ont eu des fonges tres-confidera-
bles dans l'Hiftoire (*c*).

Si bien qu'on ne peut nier fans crime qu'il y ait des
fonges dont Dieu foit l'Auteur, ou parce qu'il les envoye par le miniftere des Anges. (*d*) Ce que l'Ecriture
dit du Roi Abimelech, de Jacob, de Laban, de Jofeph, de Pharaon; de Salomon, de Nabuchodonofor,
de Daniel, de Judas Machabée & de S. Jofeph, en eft
une preuve très-convaincante. D'où vient que le S. Homme Job difoit à Dieu (*e*) *Vos fonges m'épouvanteront,*
& vos vifions me faifiront d'horreur. Et il eft remarqué
au premier Livre des Rois, (*f*) que Saül confulta le
Seigneur, & que le Seigneur ne lui répondit ni par les
fonges, ni par les Preftres, ni par les Prophetes.

Mais outre les fonges divins, il y en a encore de naturels, de moraux & de diaboliques.

Les fonges naturels viennent du temperament des perfonnes. Car les bilieux ont d'autres fonges que les fanguins, les fanguins que les melancholiques, & les melancholiques que les pituiteux ou phlegmatiques. (*g*)
Les bilieux fongent les couleurs jaunes, les querelles,
les difputes, les combats & les incendies. Les fanguins
fongent le fafran, les jardins, les feftins, les danfes,
les amourettes, les divertiffemens, & tout ce qui peut
donner de la joye. Les melancholiques fongent la fumée,
l'obfcurité, les tenebres, les promenades dans les lieux
folitaires, les promenades nocturnes, les fpectres horribles & affreux, les chofes triftes & la mort. Les pituiteux fongent la mer, les rivieres, les bans, les naviga-
tions, les naufrages, les fardeaux pefans, & les chofes
qui empêchent ou de marcher, ou de fuir abfolument,
ou de fuir auffi-tôt qu'on le fouhaiteroit. C'eft pour
cela, dit S. Thomas (*h*), que les Medecins affeurent
qu'il faut prendre garde aux fonges des malades, afin de
connoître leurs difpofitions interieures. Ce qui peut être
confirmé par ce que dit Gafpar Pucer fçavant Medecin
dans fon Traité (*i*) *de la Divination par les fonges.*

Les fonges moraux font produits par les inclinations,
par les actions, par les penfées, par les defirs & par les
mœurs d'un chacun. Car nous reconnoiffons fouvent
par nôtre propre experience que nos fonges font des fuites de ce que nous avons fait, de ce que nous avons
penfé, & de ce que nous avons defiré avec empreffement. C'eft pourquoi Platon jugeoit (*k*) tres-bien qu'il
falloit que les fonges d'un Philofophe fuffent differens
de ceux du refte des hommes.

Les fonges diaboliques font caufez par les Demons.
Tels font ordinairement les fonges qui portent à l'obfce-
nité, à la colere, à la vengeance, au defefpoir, au
meurtre, ou à quelqu'autre mal.

Quand on eft affeuré que les fonges viennent de
Dieu, ce feroit un grand peché que de ne les pas croire, & de ne pas obferver tout ce qu'ils prefcrivent,
d'autant que ce feroit s'oppofer à la volonté de Dieu,
laquelle doit être la regle fouveraine de toutes nos actions, ainfi que l'enfeignent les faintes Lettres & les
Peres de l'Eglife.

Il faut neanmoins remarquer que Dieu, n'envoye des
fonges que tres-rarement; & que quand il en envoye,
il ne le fait que pour de grandes raifons qui ne nous peuvent être connuës que par des revelations particulieres
du faint Efprit, puifque, comme parle le grand Apôtre (*l*), *Nul ne connoît ce qui eft en Dieu, que l'efprit*
de Dieu. (*m*) Voilà pourquoi le Moine Antiochus
qui vivoit du temps de l'empereur Heraclius, declare
qu'il ne faut pas ajoûter foi aux fonges, quoiqu'ils femblent être envoyez du Ciel, (*n*) à moins que d'avoir le difcernement des efprits, qui nous mette les chofes que
nous avons veuës, dans une entiere évidence: Le Scholiafte de S. Jean Climaque eft dans la même penfée. (*o*)
,, Il faut ufer d'une grande prudence, *dit-il*, pour bien
,, juger de ce qui nous arrive en fonge; Et j'eftime
,, que la caufe des fonges étant incertaine, on ne doit
,, s'y arrefter en aucune maniere, parce qu'il appartient
,, à peu de perfonnes d'en bien juger.
Si cela eft vrai des fonges en general, il ne l'eft pas
moins en particulier des fonges naturels, des fonges moraux, & fur tout des fonges diaboliques, qui, comme
les plus criminels, font le plus expreffement condamnez;
bien que les naturels & les moraux portent auffi le caractere de reprobation, lorfqu'on s'en fert pour deviner
les

(*a*) Lib. de facra Philof. c. 32.
(*b*) Voi. Tertullien Lib. de anima c. 46. qui rapporte cette impieté en ces termes: Vana in totum fomnia Epicurus judicavit,
liberans à negotiis divinitatem, & diffolvens ordinem rerum, &
in paffivitate omnia fpargens, ut eventui expofita & fortuita.
(*c*) Ibid. & c. 47. ac feqq.
(*d*) Genef. 20. 28. 3. 37. & 41. 2. Reg. 3. Daniel. 2. & 7.
2. Machab. 15. Matth. 2.
(*e*) C. 7.
(*f*) C. 28. Confuluit Saül Dominum, & non refpondit ei,
neque per fomnia, neque per Sacerdotes, neque per Prophetas.

(*g*) Pucer de divinat. ex fomniis p. 257.
(*h*) 2. 2. q. 95. a 6. in corp. Medici dicunt effe attendendum fomniis ad cognofcendum interiores difpofitiones.
(*i*) p. 263. & feqq.
(*k*) In Theetet. feu de fcient.
(*l*) 1. Cor. 2.
(*m*) C'eft ce que nous apprenons de ces paroles de S. Gregoire
de Nyffe: Lib. de opific. homin. c. 13. Quemadmodum cùm homines univerfi à mente propria regantur, pauci tamen quidam
exiftunt quibufcum Deus manifeftò propè familiarem in modum
verfatur: Sic cum vis imaginandi per fomnum omnibus æquè ac
fine difcrimine à natura fit indita, pauci ex univerforum cœtu
funt, quibus diviniora fe fomniorum vifa offerunt.
(*n*) Homil. 84. Nifi adfit difcretio Spirituum, certa nec fallax
interpres rei vifæ.
(*o*) Ad. graad. 15. n. 39.

les chofes futures qui dépendent de la liberté des hommes. Voici ce que l'Ecriture fainte, quelques Conciles & quelques Auteurs Ecclefiaftiques difent des uns & des autres.

Dans le Levitique (a) & dans le Deuteronome (b) Dieu défend à fon peuple d'obferver les augures & les fonges: Le Sage declare que les fonges font fuivis de quantité de chagrins (c): Et l'Ecclefiaftique affeure, (d) qu'ils ont fait tomber quantité de perfonnes dans l'erreur: Quelle feureté y a-t-il après cela de s'y fier?

S. Cyrille de Jerufalem nous apprend que (e) „ ce „ que font certains gens trompés par les fonges & par „ les Demons, afin de pouvoir obtenir la fanté du „ corps, regarde le culte des Idoles.

(f) S. Gregoire le Grand montre par le témoignage de l'Ecriture fainte, que les fonges font deteftables, quand ils font joints aux augures & à la divination, c'eft-à-dire quand on les employe pour deviner (g):

Gregoire II. dans fon Capitulaire veut (h) „ qu'on „ apprenne au peuples qu'ils ne doivent point obferver „ les fonges, parce qu'ils ne font que vanité, felon les „ divins Oracles de l'Ecriture.

Le 6. Concile de Paris en 829. dit (i) „ Que les „ conjectures que l'on tire des fonges, font des maux „ très pernicieux & des reftes du Paganifme.

Jean de Sarisbery Evêque de Chartres témoigne (k) que ceux qui obfervent les fonges, s'éloignent de la verité, & qu'ils perdent la foi & la raifon tout enfemble:

Pierre de Blois dit qu'il n'y a point de fonge qui l'oblige d'ajoûter foi aux fonges (l): Et il confeille à un de fes intimes amis de ne s'y point arrefter.

Le 1. Concile Provincial de Milan en 1565. (m) ordonne aux Evêques „ de chaftier & d'exterminer tous „ ceux qui fe meflent de deviner par les fonges.

Les Statuts Synodaux d'Agen confirmez en 1673. (n) enjoignent „ aux Archipreftres & aux Curez de „ reprefenter aux peuples que la créance aux fonges „ eft une Superftition, un refte du Paganifme & de „ l'Idolatrie, & une invention du Demon.

C'eft donc une Superftition, un refte du Paganifme & de l'Idolatrie, & une invention du Demon, que de prendre les fonges pour regle de fa vie & de fa conduite; Que de faire ou de ne pas faire certaines chofes que l'on eft obligé de faire ou de ne pas faire, parce qu'on a eu certains fonges; Que de croire que par les fonges l'on pourra connoître des chofes qui ne fe peuvent humainement connoître; comme par exemple, quel mari, ou quelle femme l'on aura; que de fe perfuader que les fonges reprefentent les chofes qui font arrivées ou qui doivent arriver, encore qu'on ne les en puiffe pas naturellement inferer; (o) Que d'être dans la penfée, que fi en rêvant on paffe un pont rompu, c'eft un préfage de danger; que fi l'on perd fes cheveux, cela fignifie que quelques-uns de nos amis font morts; que fi on lave fes mains, c'eft figne d'ennui & de chagrin; que fi on les voit falles, c'eft une marque qu'il nous arrivera quelque perte ou que nous ferons en quelque danger; que fi nous gardons des troupeaux de moutons, nous aurons de la douleur; & que fi nous prenons des mouches, on nous fera quelque injure. Enfin que de s'imaginer que quelqu'un de nos proches parens eft mort, ou qu'il mourra bien-tôt, lorfque nous avons fongé la nuit qu'il nous étoit tombé une dent; Que c'eft figne de bonheur quand un Moine fonge qu'on lui raze la tête, comme au contraire que c'eft un figne de malheur quand une perfonne mariée fonge que la même chofe lui arrive; que l'on fera mis en prifon fi l'on a fongé que l'on étoit chargé de liens & de chaînes; que l'on deviendra aveugle, fi l'on fonge que l'on n'eft éclairé que de la lumiere de la Lune; Et que l'on fera condamné à être expofé aux bêtes feroces, ou que l'on fera devoré par un ours, fi l'on fonge qu'au lieu de mains on a des pattes d'ours.

Il fe trouve une infinité de pareils exemples dans les Livres d'Artemidore, & dans ceux que l'on attribué fauffement à Abraham, à Salomon, (p) & au Prophete Daniel.

CHAPITRE VI.

De la Divination qui fe fait par le fort. Qu'il y a de trois fortes de Sorts; le 1. de divifion ou de patage; le 2. de confultation; & le 3. de divination. Que les deux premiers font permis avec certaines conditions. Que le dernier eft prefque toûjours un peché mortel, & que c'eft pour cela qu'il eft condamné par les Conciles & par les Peres, auffi bien que les Sortileges & les Sorciers.

PUISQUE l'Eglife ne condamne pas abfolument l'ufage des Sorts, & qu'il y en a qu'elle approuve, comme il y en a qu'elle rejette, il eft neceffaire de bien diftinguer ceux dont on peut legitimement fe fervir, d'avec ceux qui font illicites.

S. Thomas (q), Denys le Chartreux (r), le Cardinal Cajetan (s), & les autres Scholaftiques, diftinguant ordinairement de trois fortes de Sorts. Ils appellent le premier un Sort de partage ou de divifion, *Sors divifioria*, le fecond un Sort de confultation, *Sors confultatoria*, & le troifiéme un Sort de divination, *Sors divinatoria*. Le premier fe pratique pour connoître ce qui doit écheoir en partage à une ou plufieurs perfonnes, foit qu'il s'agiffe d'un heritage ou d'une Charge, d'une peine ou d'une recompenfe, de faire ou de fouffrir quelque chofe. Le fecond, pour fçavoir ce qu'il faut faire en certaines occafions & en certaines circonftances. Et le troifiéme, pour découvrir les chofes à venir & éloignées de la capacité naturelle des hommes.

Le Sort de partage ou de divifion eft permis, pourvû que ces trois conditions s'y rencontrent.

1. Pourvû qu'il ne s'y faffe rien contre la juftice. Car par exemple, il ne feroit pas permis à quatre perfonnes de jetter au Sort une chofe qui n'appartiendroit qu'à un d'eux, ou qui leur appartenant, appartiendroit auffi à d'autres qu'à eux.

2. Pourvû qu'il n'y ait rien contre le bien public, comme fi des perfonnes incapables d'exercer une charge jettoient au fort à qui l'auroit.

3. Pour-

(a) C. 19.
(b) C. 18.
Non augurabimini, nec obfervabitis fomnia
Non inveniantur in te qui obfervet fomnia.
(c) Ecclef. 5.
Multas curas fequuntur fomnia.
(d) 34.
Multos errare fecerunt fomnia.
(e) Catech. 1. myftag.
(f) Ecclef. 5. Levit. 19. & Ecclefiaft. 33.
(g) L. 8. Moral. in Job. c. 13. Somnia nifi plerumque ab occulto hofte per illufionem fierent, nequaquam hoc vir fapiens judicaret dicens: Multos errare fecerunt fomnia & illufiones vanæ. Vel certè, Non augurabimini, nec obfervabitis fomnia. Quibus profecto verbis cujus fint deteftationis oftenditur, quæ auguriis conjunguntur.
(h) C. 8.
(i) L. 3. c. 2.
(k) L. 2. Polycrat. c. 17. Quifquis fomniorum fequitur vanitatem, parum in lege Dei vigilans eft: Et dum fidei facit difpendium, perniciofiffimè dormit. Verum fiquidem ab eo longè factus eft. Quifquis credulitatem fuam fignificationibus alligat fomniorum, planum eft quod tam à finceritate fidei, quàm à tramite rationis exorbitat.
(l) Epift. 55. Ut fidem habeam fomniis, nulla fomnia me inducent. Idem, Somnia igitur ne cures, amice chariffime.
(m) Conftit. p. 1. Tit. 10.
(n) Tit. 39.
(o) Mizauld. cent. 6. n. 52.

(p) Cap. non obfervetis, 26. q. 7.
(q) 2. 2. q. 95. a. 8. in Corp.
(r) Lib. contra vitia Superft. art. 14.
(s) In cit. loc. S. Tho. & in Sum.

3. Pourvû qu'il ne soit pas question d'une Dignité ou d'un Benefice Ecclesiastique. Car cela est expressement défendu par le chapitre, *Ecclesia*, qui est du Pape Honoré III. (a).

Il est vrai que S. Matthias fut élu Apôtre par sort en la place de Judas, ainsi que le rapporte S. Luc au premier chapitre des Actes des Apôtres. Mais à cela on peut répondre plusieurs choses.

La première, qu'il n'est pas indubitable que le sort dont parle S. Luc, ait été un veritable sort. Car l'ancien Auteur du Livre *de la Hierarchie Ecclesiastique*, faussement attribué à S. Denys l'Areopagite, témoigne que ce fut un signe extraordinaire, par lequel Dieu fit connoître aux Apôtres qu'il appeloit S. Matthias à l'Apostolat (b).

La seconde, que quand ce sort auroit été un veritable sort; un exemple aussi singulier & aussi extraordinaire que celui de la vocation de S. Matthias, ne doit pas être tiré à consequence pour établir un usage general & ordinaire dans l'Eglise, puisque, comme dit fort bien S. Jerôme (c), les privileges des particuliers ne peuvent pas faire une Loi commune. Or ce fut un privilege particulier à S. Matthias d'être appellé à l'Apostolat par la voye du sort, que Dieu inspira lui-même à ses Apôtres pour leur faire connoître que S. Matthias n'étoit pas moins qu'eux, quoiqu'il eût été appellé aprés eux, & d'une autre maniere qu'eux.

La troisiéme, que les Apôtres garderent cette conduite pour se conformer en quelque façon à la discipline de la Loi de Moïse, sous laquelle ils vivoient encore, & selon laquelle l'usage du Sort étoit permis; ainsi qu'il est visible par le 26. chapitre du Levitique, par le 26. & par le 33. chapitre des Nombres, par le 7. & par le 18. chapitre de Josué, par le 14. chapitre du 1. livre des Rois, par le 1. chapitre de l'Evangile de S. Luc, & par le 1. chapitre de celui de S. Jean. Et en effet le venerable Bede (d) cité par S. Thomas (e), remarque que S. Matthias fut élu avant la Pentecoste, c'est-à-dire avant que le S. Esprit fût descendu sur les Apôtres, & par consequent avant que la Loi de grace eût été publiée; au lieu qu'aprés la publication de l'Evangile, suivant ce qui est rapporté dans les Actes (f), l'Ordination des sept premiers Diacres se fit par la voye de l'élection & non pas par celle du Sort, qui à la verité n'est pas de soi mauvaise, mais qui n'a pas laissé pour cela d'être défenduë aux Fideles, de crainte que sous pretexte de divination, ils ne retombassent dans l'Idolatrie, ainsi que parlent Gratien & la Glose du Droit Canon (g).

La quatriéme, enfin que S. Matthias & Joseph surnommé *le Juste*, sur lesquels les Apôtres jetterent les yeux pour remplir la place de Judas, étoient deux personnes égales en merite & en sainteté; & que rien n'empesche, quand la même chose se rencontre, qu'on ne puisse employer le Sort dans le choix des personnes sacrées pour les Benefices, parce que lorsque la prudence humaine est à bout, il est permis de recourir à Dieu, de consulter sa volonté, & de remettre tout à sa Providence.

C'est dans cet esprit que le Concile de Barcelonne (b) en 599. permet l'usage du Sort dans les elections Episcopales, & c'est dans cette vuë que S. Augustin (i) asseure que durant un temps de persecution les Prestres peuvent jetter au Sort à qui sortira d'une ville, ou à qui y demeurera, lorsqu'on ne sçauroit distinguer lesquels d'entre eux sont les plus necessaires à l'Eglise, & les plus disposez à souffrir le martyre.

Ce saint Docteur montre encore ailleurs, que dans l'exercice même de la Charité, qui n'a point acception de personnes, on peut se servir du Sort. (k) „ Si „ vous aviez une chose, *dit-il*, que vous fussiez obli- „ gé de donner à une personne qui en eût besoin, „ & que vous ne pussiez pas donner à deux, si vous „ rencontriez deux personnes dont l'une ne fût ni plus „ pauvre, ni plus de vos amis que l'autre, vous ne „ pourriez que faire une action de justice, de jetter „ au sort à laquelle de ces deux personnes vous devriez „ donner ce que vous ne pourriez pas donner à tous „ deux.

C'est par ce principe de l'égalité des personnes, au sujet desquelles on jette au Sort, que l'on justifie les elections des Magistrats seculiers qui se font par le Sort en certains lieux, & particulierement à Venize, comme il est rapporté dans l'Histoire de cette Republique par le Cardinal Contarin (l), par Sansovin, & par Jannot, & dans la premiere partie de l'*Histoire de son Gouvernement*, par Monsieur Amelot de la Houssaye (m), qui décrit fort au long de quelle maniere cela se pratique.

C'est par ce même principe que l'on justifie le procedé de ceux qui deciment, par le moyen du Sort, plusieurs personnes coupables d'un même crime; qui pendant la tempeste jettent au Sort pour sçavoir ceux que l'on doit noyer; & qui ayant une heredité, une charge, une commission, ou telle autre chose à partager

ta-

(a) L. 5. Decretal. tit. 2. de Sortil. Ecclesiâ vestrâ Episcopo destinatâ, vos convenientes in unum, ut de futuri tractareris electione Pontificis, unum elegistis ex vobis per sortem, qui tres auctoritate vestra elegit., per quos vice omnium Lucanensi provideretur Ecclesiæ de Pastore: quorum duo tertium Magistrum R. scilicet elegerunt: quod expressé licebat eisdem, secundum traditam à vobis omnibus potestatem. Procuratoribus igitur vestris super his in nostra præsentia constitutis: Nos tali examinato processu, licet nota non careat, quin imò multa reprehensione sit dignum, quod sors in talibus intervenit ..... Electionem celebratam de ipso, ad gratiam confirmationis admittimus, Sortis usum in electionibus perpetua prohibitione damnantes.

(b) C. 5. part. 3. Cùm autem de divina illa sorte, *dit-il*, quæ divinitus super Matthiam cecidit, alii ab aliis diversa senserint, meam ipse sententiam exponam. Mihi enim videtur Scriptura sortem appellare divinum illud munus quo declarabatur Choro hierarchico, quisnam divino suffragio electus erat. *Ce que George Pachymeres a paraphrasé de cette sorte:* Ego autem dico sortem fuisse signum aliquod revelationis aut afflationis sanctissimi Spiritus, quod cadebat super eum qui fortiebatur. Unde etiam de Iscariota maximus ille Petrus ait: Et acceperat nobiscum sortem ministerii hujus: Quamquam usitata vulgò sors non fuit adhibita à Domino cùm Apostolos elegit.

(c) In c. 1. Jona. Pravilegia singulorum non possunt facere legem communem.

(d) In Cap. 1. Actor.

(e) 2. 2. q. 95. a. 8. in Corp.

(f) Cap. 6.

(g) 26. q. 2. 2. paragr. his ita respondetur. Antequam Evangelium claresceret, *dit Gratien*, multa permittebantur quæ tempore perfectionis disciplinæ sunt penitùs eliminata: Copula namqua Sacerdotalis vel consanguineorum, nec Legali, nec Evangelica, vel Apostolica auctoritate prohibetur: Ecclesiastica tamen lege penitùs interdicitur. Sic & sortibus nihil mali inesse monstratur; prohibetur tamen fidelibus, ne sub hac specie divinationis, ad antiquos Idololatriæ cultus redirent.

(b) Can. 3. Cùm per Canonum conscripta tempora Ecclesiasticos per ordinem, speciali opere desudando, probatæ vitæ adminiculo comitante, conscenderit gradus ad summum Sacerdotium, si dignitati vita responderit, auctore Domino, provehatur. Ita tamen ut duobus aut tribus, quos ante consensus Cleri & plebis elegerit, Metropolitani judicio, ejusque Coepiscopis præsentatis, quam Sors præcunte Episcoporum jejunio, Christo Domino terminante, monstraverit, benedictio consecrationis accumulet.

(i) Epist. 180. Si inter Dei Ministros, *dit-il à l'Evêque Honorat*, inde sit disceptatio, qui eorum maneant, ne fuga omnium, & qui eorum fugiant, ne morte omnium deseratur Ecclesia. Tale quippe certamen erit inter eos, ubi utrique ferveant charitate, & utrique placeant caritati. Quæ disceptatio si aliter non potuerit terminari, quantum mihi videtur, qui maneant & qui fugiant, forte legendi sunt: Qui enim dixerint se potiùs fugere debere, aut timidi videbuntur, quia imminens malum sustinere noluerunt, aut arrogantes, quia se magis qui servandi essent, necessarios Ecclesiæ judicarunt. Deinde fortassis ji qui meliores sunt, eligent pro fratribus animas ponere, & hi servabuntur fugiendo, quorum est minus utilis vita, quia minor consulendi & gubernandi peritia. Qui tamen si piè sapiunt, contradicent eis quos vident & vivere potiùs oportere, & magis mori malle quàm fugere. Ideò sicut scriptum est: Contradictiones sedat sortitio, & inter ponentes desinit. Melius enim Deus in hujuscemodi ambagibus, quàm homines judicat, sive dignetur ad passionis fructum vocare meliores & parcere infirmis, sive istos facere ad mala perferenda fortiores, & huic vitæ subtrahere, quorum non potest Dei Ecclesia tantùm quantum illorum vita prodesse. Res quidem fiet minus usitata, si fiat ista sortitio. Sed si facta fuerit, quis eam reprehendere audebit? Quis non eam nisi imperitus aut invidus congrua prædicatione laudabit?

(k) L. 1. de Doctr. Christ. c. 28.

(l) Lib. 1. de Republ. Venet.

(m) Tit. du Grand Conseil, tome. 1.

tager ensemble, se servent du Sort pour le bien de la paix, & pour ôter toutes les contestations qui pourroient naître, lors principalement qu'ils n'ont pas d'autre moyen de s'accorder les uns avec les autres. Car l'Ecriture remarque que le Sort appaise les contradictions & les disputes, & qu'il regle les differens des plus puissans (a):

Le Sort de consultation est un peché mortel, quand ceux qui s'en servent, attendent du Demon la resolution de ce qu'ils ont à faire ; mais quand ils ne l'attendent que de Dieu, ils ne s'engagent à aucun peché. C'est en ce sens qu'il est dit dans les Proverbes, que le Sort est jetté dans le sein, mais que c'est le Seigneur qui le gouverne (b). Il faut neanmoins que le Sort ait trois conditions pour être exempt de peché.

La premiere, il doit y avoir necessité de le pratiquer ; car sans cela ce seroit tenter Dieu, & negliger les moyens humains qu'il nous presente, pour nous déterminer à faire, ou à ne pas faire quelque chose.

La seconde : il doit se pratiquer avec respect, parce qu'on ne doit jamais s'approcher de Dieu, ni le consulter autrement. C'est pourquoi le venerable Bede (c), dit, que quand on est obligé de consulter Dieu par le Sort, ainsi qu'ont fait les Apôtres dans l'election de S. Matthias, on doit se souvenir d'imiter la conduite de ces Hommes divins, qui ne se servirent du Sort, qu'aprés avoir assemblé les Fideles, & avoir fait de Prieres publiques à Dieu, afin qu'il lui plust de leur découvrir celui qu'il choisissoit pour prendre la place de Judas dans l'Episcopat:

La troisiéme, ceux qui s'en servent doivent en éloigner toutes sortes de Superstitions, & n'abuser en aucune maniere de paroles de l'Ecriture Sainte. On pratiquoit autrefois assez communément les Sorts d'Homere, ceux de Virgile, & ceux de Musée, en ouvrant les Livres de ces trois Poëtes, & en s'arrestant au premier Vers qui se presentoit à l'ouverture. Spartien (d) rapporte que l'Empereur Adrien se servoit de ceux de Virgile, & Herodote (e) parle de ceux de Musée. Mais aprés qu'on eut quité ces Sorts, quelques Fideles mirent en usage ceux des saintes Lettres, & les appellerent *les Sorts des Apôtres*, & *les Sorts des Saints*. Cependant S. Augustin (f) improuve cet usage, & ne veut pas qu'on employe les paroles sacrées de l'Ecriture en jettant au Sort ; quoiqu'il avouë que ce ne soit pas un si grand peché que de consulter les Demons.

Enfin, le Sort de Divination de quelque maniere, & avec quelques instrumens qu'il se pratique, est presque toûjours un peché mortel de soi, parce qu'il suppose presque toujours un pacte tacite ou exprés avec le Demon (g).

C'est de ce Sort à proprement parler, que sont venus les mots de *Sorcier* & de *Sortilege* ; quoique l'on appelle ordinairement un Magicien, *un Sorcier*, & que nous donnions le nom de Magie au *Sortilege*. De sorte que selon nôtre commune maniere de parler, le *Sortilege* étant la même chose que la Magie, & les *Sorciers* étant appellez Magiciens ; tout ce que nous avons dit contre la Magie & contre les Magiciens dans le chapitre 14. fait également contre le *Sortilege* & contre les *Sorciers*. On peut neanmoins y ajoûter encore quelques témoignages qui condamnent en particulier le Sortilege & les Sorciers.

Le Concile de Valence en Dauphiné, de l'année (h) 1248. veut *que l'on livre entre les mains des Evêques, ceux qui font profession de sortilege, & que s'ils ne veulent se corriger aprés avoir été avertis de le faire, on les retienne en prison, ou qu'on les punisse de telle maniere que les Evêques le jugeront à propos.*

Le Cardinal Campege dans la reformation qu'il fit du Clergé d'Allemagne (i) en 1524. ordonne que *les Clercs Sorciers seront notés d'infamie par leurs Superieurs, & que si apres avoir été avertis, ils ne renoncent à cet art diabolique, on les suspendra de leurs fonctions, on les renfermera dans des Monasteres, & on les privera de leurs Offices & de leurs Benefices.*

Le Concile Provincial de Bourges (k) en 1528. enjoint aux Curez *sous des peines arbitraires, de reveler à l'Evêque ou à son grand Vicaire, les Sorciers qu'ils connoissent dans leurs Paroisses.*

Le Concile Provincial de Narbonne (l) en 1551. dit que *les Evêques doivent avoir un soin particulier, que les sortileges & les autres tromperies du Demon, ne gâtent leurs Dioceses.*

Le Synode de Chartres en 1559. ordonne aux Curez *d'avertir leurs Paroissiens que c'est un tres-grand peché que de se servir des sortileges & du conseil des Sorciers, pour retrouver les choses perduës.*

Le Pape Sixte V. dans sa Bulle, *Cæli & terræ*, donne pouvoir aux Inquisiteurs de la Foi Catholique, *de punir ceux qui se meslent de sortileges.*

Le Concile Provincial de Toulouze (m) en 1590. veut que *l'on punisse rigoureusement selon les Canons de l'Eglise, tous les Sorciers, soit Ecclesiastiques, soit Laïques, & que l'on avertisse souvent les peuples de ne se pas servir de leur art.*

De Solminiac Evêque de Cahors dans ses Statuts Synodaux (n), *enjoint aux Recteurs de son Diocese, de dénoncer pour excommuniés à leurs Prosnes, non seulement les Sorciers, mais aussi tous ceux qui ont recours à eux.*

Mais quoique la condamnation des Sortileges & des Sorciers, emporte avec soi celle du Sort, le Sort ne laisse pas neanmoins d'être encore expressément condamné par les Conciles & par les Peres.

S. Gaudence Evêque de Bresse (o), declare qu'il fait partie de l'Idolatrie:

Le Pape Gelase dans un Concile de Rome, condamne le Livre inutilé, *Les Sorts des Apôtres*, parce qu'il traitoit des Sorts & des Sortileges, & il le met au rang des Livres apochryphes (p):

Le Concile d'Auxerre (q) en 578. dit qu'il n'est pas permis d'avoir recours aux Sorciers, ni aux Sorts qu'on appelle *des Saints*, ni à ceux que l'on fait avec du bois ou avec du pain:

Theodore, Archevêque de Cantorbery dans son Penitentiel (r), impose une penitence de quarante jours, à ceux qui se seront servis du Sort, soit dans des Tablettes, soit dans des Livres, soit dans d'autres choses, pour découvrir les larcins: Et il excommunie ceux qui pratiquent les Augures & les Sorts des Saints ; ordonnant neanmoins qu'en cas qu'ils reconnoissent leurs fautes, on les mette trois ans en penitence s'ils sont Ecclecle-

---

(a) Prov. 18. Contradictiones comprimit sors, & inter potentes quoque dijudicat.

(b) Sortes mittuntur in sinum, sed à Domino temperantur. Ibid.

(c) In c. 1. Actor. Si qui tamen necessitate aliqua compulsi Deum consultant sortibus, exemplo Apostolorum, videant hoc ipsos Apostolos non nisi collecto fratrum cœtu & precibus ad Deum fusis egisse.

(d) In Ælio Adriano.

(e) Lib. 7. in Polyh.

(f) Epist. 119. ad Januar. c. 20. Hi qui de paginis Evangelicis Sortes legunt, *dit-il*, optandum est ut hoc potiùs faciant quàm ut ad dæmonia consulenda concurrant, tamen etiam ista mihi displicet consuetudo, ad negotia sæcularia, & ad vitæ hujus vanitatem propter aliam vitam loquentia oracula divina velle convertere.

(g) In Sum. V. Sors. Sors divinatoria, *dit le Cardinal Cajetan*, damnata est, utpote dæmonum societati inixa, & propterea peccatum est mortale ex suo genere.

(b) C. 12.
(i) C. 31.
(k) Decret. 2.
(l) Can. 57.
(m) Part. 4. cap. 2. num. 2.
(n) C. 26.
(o) Tract. 4. de Lect. Exodi. Partes Idolatriæ sunt auguria, sortes.
(p) Can. Sancta Rom. dist. 15. Liber qui appelluntur, *Sortes Apostolorum*, Apocryphus.
(q) Can. 4. Non licet ad Sortilegos, nec ad sortes quas Sanctorum vocant, vel quas de ligno aut de pane faciunt, aspicere: sed quæcumque homo facere vult, omnia in nomine Dei faciat.
(r) Cap. in Tabulis l. 5. Docretal. tit. 21. In tabulis, vel codicibus, aut aliis, sorte furta non sunt requirenda. Qui contra fecerit quadraginta dies pœniteat.

clefiaftique, & un an & demi, s'ils font Laïques (a).

Le Pape Leon IV. (b) affeure que les Sorts que les Evêques de Bretagne pratiquoient dans leurs Jugemens, ne font autre chofe que des divinations & des malefices, & il les défend fous peine d'excommunication.

Le Concile Provincial de Mexico (c) en 1585. „ défend à toutes fortes de perfonnes, de quelque „ qualité qu'elles foient, de fe fervir du Sort pour „ connoître les chofes à venir, fous peine d'être foué„ tées, d'être traitées ignominieufement & d'être con„ damnées à une peine pecuniaire, ou à telle autre „ tre qu'il plaira aux Evêques de decerner.

Majolus (d) diftingue les Sorts un peu autrement que ne font Saint Thomas, Denis le Chartreux, le Cardinal Cajetan & les autres Scholaftiques, quoiqu'il n'en reconnoiffe, non plus qu'eux, que de trois Sortes, de Politiques, de Divins, & de Divination; mais de la manière qu'il les explique, il ne s'éloigne pas beaucoup de ce que nous venons de dire. Il explique auffi les conditions que les Lotteries doivent avoir afin qu'elles foient juftes & legitimes; & il parle des anciens Sorts, dont il eft affez fouvent fait mention dans les Auteurs prophanes tant Grecs que Latins.

CHAPITRE VII.

De l'Aftrologie judiciaire. En quoi confifte cette espece de Divination. Qu'elle eft defenduë par les Loix divines & humaines, Ecclefiaftiques & Civiles. D'où vient que les Aftrologues & les autres Devins difent quelquefois la verité. Qu'encore qu'ils difent la verité, nous ne les devons pas plus croire pour cela.

LA fcience que l'on peut avoir des chofes à venir par l'infpection des Aftres, & qui s'appelle en un mot *Aftrologie*, eft quelquefois permife, & quelquefois defenduë.

Elle eft permife, lorfqu'elle eft appuyée fur des principes univerfels, conftans & invariables. Ainfi on ne peut pas accufer de Superftition les Aftrologues, qui, felon les regles de leur Art, predifent, & même avec certitude, les chofes qui doivent neceffairement arriver felon le cours ordinaire que Dieu a établi dans la nature, comme font les Eclipfes du Soleil & celles de la Lune, les Revolutions des Saifons, le cours des Etoiles & des Planetes, leurs Conjonctions, leurs Afpects & leurs Oppofitions. La raifon eft que ces effets étant infaillibles & neceffaires, ils en peuvent auffi avoir une connoiffance infaillible & neceffaire (e).

Elle eft defenduë au contraire, quand elle eft fondée fur des principes inconftans & variables, & quand elle predit avec affurance les chofes cafuelles & non neceffaires, ou celles qui dépendent de la volonté de Dieu ou de la liberté de l'homme, comme fi elles étoient neceffairement caufées par les Aftres, ou par les autres Corps celeftes. Car toutes ces chofes n'ayant point une exiftence certaine & neceffaire, elles ne fe peuvent deviner certainement & neceffairement que par l'operation du Demon: Ce qui rend cette Divination fuperftitieufe & illicite (f).

Ainfi on ne peut pas douter que les Dames de la Cour de France, du temps de la Reine Catherine de Medicis, ne fuffent fuperftitieufes, puifqu'au rapport du Pere Delrio (g), qui dit en avoir été témoin, elles n'euffent pas ofé entreprendre quoique ce fût, fans avoir auparavant confulté les Aftrologues, qu'elles appelloient *leurs Barons*.

On appelle *Judiciaire* cette derniere efpece d'Aftrologie, tant pour la diftinguer de la vraye Aftrologie, qu'à caufe que ceux qui en font profeffion, & qui pour cela fe nomment Aftrologues, ou Mathematiciens, dans le langage des Conciles & des faints Peres, jugent des chofes futures avec autant de certitude, que fi elles étoient prefentes à leurs yeux ou à leur efprit, ou qu'elles fuffent appuyées fur des demonftrations Mathematiques.

Elle peut bien à la verité deviner certaines chofes accidentelles, qui dépendent ordinairement de l'influence des Cieux: telles que font par exemple, les maladies generales, les grandes chaleurs, les pluyes exceffives & les fechereffes extraordinaires. Mais elle ne le peut faire que probablement & par conjecture, parce qu'encore que ces effets foient naturels, & qu'ils arrivent affez fouvent, ils font neanmoins quelquefois arreftez par des caufes particulieres, qui empêchent qu'ils n'arrivent dans le temps marqué pour cela. Après tout, elle eft fi vaine, fi trompeufe, fi temeraire, fi folle, fi dangereufe, fi impie, fi criminelle, fi damnable, que c'eft avec beaucoup de juftice qu'elle a été unanimement condamnée par les Loix divines & humaines, Ecclefiaftiques & Civiles, pour ne rien dire des Payens, des Aftrologues mêmes, des Medecins & des Philofophes anciens & modernes, qui en ont découvert & publié les illufions & les impietez; ce qui a fort bien réuffi à Jean Pic (h) & à fon neveu Jean François Pic (i), Comtes de la Mirande.

Auffi la connoiffance des chofes à venir eft elle particuliere à Dieu felon Ifaïe (k): Et l'Ecclefiaftique affure que l'homme n'y peut arriver (l). De forte que c'eft une temerité infupportable aux creatures, que de vouloir s'attribuër ce qui n'appartient qu'à leur Createur.

De-là vient que le même Prophete Ifaïe (m) annonçant aux Babyloniens la defolation de leur Ville, leur dit comme par maniere de raillerie & d'infulte, que s'ils veulent favoir les malheurs qui leur doivent arriver, ils n'ont qu'à confulter les Augures & les Aftrologues en qui ils ont tant de confiance; mais qu'ils le feront inutilement, parce que ces fortes de gens ne font pas capables de les fauver, n'étant que comme de la paille qui eft bientôt confumée per le feu, & ne fe pouvant fauver eux-mêmes des flâmes.

Le Droit Civil condamne auffi expreffement les Aftrologues & l'Aftrologie. La Loy *Artem*, (n) qui eft de Diocletien & de Maximien, dit que l'Aftrologie eft un art damnable & entierement defendu: Conftance &
Ju-

(a) Art. 358. inter Capitula collecta ex Fragmentis p. 75. Tom. 1. Pœnitent. Theodori edit. Parif. an. 1677. Auguria vel Sortes quæ dicuntur falfe Sanctorum, qui eas obfervaverint, excommunicentur. Si ad pœnitentiam venerint, Clerici annos tres, Laïci unum & dimidium pœniteant.

(b) Epift. 2. ad Epifc. Britan. art. 4. Sortes quibus cuncta vos in veftris difcriminatis judiciis, nihil aliud quàm divinationes & maleficia effe decernimus. Quamobrem volumus illas omnino damnari, & ultra inter Chriftianos nolumus nominari, & ut abfcindantur, fub anathematis interdicto præcipimus.

(c) Lib. 5. tit. 6. num. 1.

(d) In Supplem. Dierum Canicul. colloq. 2.

(e) C'eft que S. Thomas enfeigne en ces termes: 2. 2. q. 95. a. 5. in corp. Eft ergo confiderandum quod per cæleftium corporum infpectionem de futuris poffit præcognofci. Et de his quidem quæ ex neceffitate eveniunt, manifeftum eft quod per confiderationem ftellarum poffunt præcognofci, ficut Aftrologi prænuntiant Eclipfes futuras.

(f) S. Thomas, ibid. Si quis confideratione Aftrorum utatur ad præcognofcendos futuros cafuales vel fortuitos eventus, aut etiam ad cognofcendum per certitudinem opera hominum, procedit hoc ex falfa & vana operatione, & fic operatio dæmonis fe immifcet: unde erit divinatio fuperftitiofa & illicita.

(g) L. 3. Disquis. Magic. p. 2. q. 4. fect. 6.

(h) Lib. contr. Aftrolog.

(i) Lib. de Prænot.

(k) C. 41. Annunciate quæ ventura funt in futurum & fciemus quia Dii eftis vos.

(l) C. 8. Homo ignorat præterita, & futura nullo fcire poteft nuncio.

(m) C. 47. Defecifti in multitudine confiliorum tuorum: Stent & falvent te Augures, cæli qui contemplabantur fidera, & fupputabant menfes, ut ex eis annuncient ventura tibi. Ecce facti funt quafi ftipula, ignis combuffit eos: non liberabunt animam fuam de manu flammæ.

(n) Cod. de Malefic. & Mathemat. &c. Ars Mathematica damnabilis & interdicta omnino.

Julien dans la Loi *nemo* (a), défendent de consulter les Aſtrologues, les Aruſpices & les Devins, à peine de la vie : Honorius & Theodoſe (b) veulent que les Aſtrologues ſoient bannis non ſeulement de Rome, mais auſſi de toutes les autres villes, & que s'ils ne viennent à reſipiſcence, & n'abandonnent leurs erreurs, on les tranſporte dans les Païs éloignez, pour y finir leurs jours.

Origene rapporté par Euſebe (c), fait voir les dangereuſes conſéquences de l'opinion des Aſtrologues, & dit fort nettement, que ſi les Aſtres ont quelque pouvoir ſur nôtre volonté, il s'enſuit, „ 1. Que nous ne „ ſommes pas libres, que nous ne pouvons ni meri„ ter, ni demeriter, & que nos actions ne ſont dignes „ ni de louange, ni de blâme. 2. Que nôtre foy, „ que la venuë de JESUS-CHRIST, que tous les „ travaux des Prophetes, que toutes les Predications „ des Apôtres ſont inutiles. 3. Qu'on ne peut pas „ avec juſtice nous imputer les plus grands crimes, „ puiſque nous y tombons par la dure néceſſité que „ Dieu nous impoſe. 4. Qu'il eſt inutile de prier, „ de faire des vœux, & de demander à Dieu le ſecours „ de ſes graces ". Il explique enſuite comment les Etoiles ſont des Signes, ainſi qu'il eſt porté au premier chapitre de la Geneſe : *Et ſint in ſigna* ; & il conclud qu'elles ne ſont pas la cauſe des choſes humaines.

S. Baſile refute les Aſtrologues par les Aſtrologues mêmes, & montre d'une maniere très-claire, combien leurs Obſervations ſont extravagantes, & particulierement celles qu'ils ſont ſur le point de la naiſſance des hommes, afin de juger par là de leur bonne, ou de leur maivaiſe fortune : „ Non ſeulement, *dit-il* (d), ceux-„ là ſont extremement ridicules, qui s'appliquent à cet „ art qui ne ſubſiſte que dans l'imagination de ceux „ qui en ſont profeſſion : mais auſſi ceux qui leur ajou„ tent foi, comme s'ils pouvoient leur predire ce qui „ leur doit arriver. τουτου τι αν γενοιτο καταγιλαϛοτερον? „ Leurs maximes ſont ſemblables aux toiles des arai„ gnées, ou les moucherons & quelques autres petits „ animaux ſe prennent, mais que les plus gros & les „ plus forts rompent facilement. Leurs diſcours ſont „ remplis de folie, mais encore plus d'impieté. Car „ ſi les Etoiles ſont malfaiſantes, le mal qu'elles ſont „ ne doit-il pas être attribué à leur Createur ? Quoi de „ plus injuſte & de plus déraiſonnable que de faire le „ partage du bien & du mal ſelon les diverſes poſitions „ & les divers aſpects des Etoiles ſous leſquelles les „ hommes naiſſent ? Si le bien & le mal que nous fai„ ſons, ne ſont pas en nôtre liberté, & qu'ils dépen„ dent de la néceſſité fatale de nôtre naiſſance, en vain „ les Legiſlateurs ont preſcrit ce qu'il faut faire, & ce „ qu'il faut fuïr ; en vain les Juges honorent la vertu „ & puniſſent le vice. Car ſi cela eſt ainſi, les voleurs „ & les meurtriers ne ſeront coupables d'aucuns cri„ mes, parce qu'ils auront été forcez, même contre „ leur gré, de les commettre ; & l'eſperance des Chré„ tiens ſera ruinée, d'autant que la Juſtice ne recevra „ aucuns honneurs, & que le vice ne ſera point châ„ tié, à cauſe que les hommes ne ſeront rien avec li„ berté. En effet on ne peut rien meriter, lorſqu'on „ agit par contrainte & néceſſité.

S. Epiphane (e) rapporte qu'Aquila fut chaſſé de l'Egliſe, c'eſt-à-dire qu'il fut excommunié, parce qu'il ne voulut pas renoncer à l'Aſtrologie judiciaire.

S. Ambroiſe employe les mêmes raiſons qu'Origene & S. Baſile, pour combattre la vanité de cette ſcience, & la folie de ceux qui s'y appliquent. „ (f) Si nous „ ſommes tels, *dit-il*, le reſte de nôtre vie que nous „ nous trouvons au point de nôtre naiſſance, à quoi „ bon travailler à regler nos mœurs & nôtre conduite „ & à devenir meilleurs ? Si nôtre naiſſance nous impo„ ſe une neceſſité d'agir, nous ne pouvons ni louer les „ gens de bien, ni blâmer les impies, & c'eſt en vain „ que Dieu a promis des recompenſes aux bons & des „ ſupplices aux méchans. Si on ne donne rien ni aux „ mœurs, ni à l'education, ni aux inclinations parti„ culieres des hommes, ne les dépouille-t-on pas en „ quelque façon d'eux-mêmes " ? Il pouſſe encore ce raiſonnement plus loin, & il entre tellement dans la penſée de S. Baſile, qu'il ſe ſert des mêmes comparaiſons, & preſque des mêmes termes que lui.

S. Auguſtin qui s'étoit appliqué pendant ſa jeuneſſe à l'Aſtrologie judiciaire, la condamne en divers endroits de ſes Ouvrages. „ Il y avoit à Milan, *dit-il dans* „ *ſes Confeſſions* (g), un Medicin fort expert & de „ grand credit. Ses diſcours ſans fard, pleins de vi„ gueur & de ſentences, m'avoient rendu ſa converſa„ tion ſi agreable, qu'elle m'étoit ordinaire. Comme „ il eut reconnu de mon entretien que je liſois avec „ beaucoup de curioſité les Livres de ceux qui ſont les „ Horoſcopes, il m'avertit avec une affection de pere, „ de laiſſer cette etude, & de ne pas employer mon „ temps & mes ſoins à ces bagatelles, en pouvant uſer „ utilement en des choſes plus importantes & plus ne„ ceſſaires. Il m'ajouta qu'étant jeune il avoit tant eſ„ timé cet art, qu'il l'avoit appris pour en faire pro„ feſſion. Mais que depuis il n'avoit point eu d'autre „ motif de s'adonner entierement à la Medecine, en „ quittant ces vaines curioſitez, ſinon qu'il les avoit „ reconnuës très-fauſſes, & qu'il jugeoit cette pratique „ infame, de gagner ſa vie parmi les hommes, en les „ trompant. Voila, mon Dieu ! ce que j'appris de „ lui, ou de vous par ſon entremiſe, juſqu'à ce que „ de moi-même je puſſe connoître la verité, à la fa„ veur des lumieres que vous aviez miſes dans mon „ ame.

Il témoigne dans le ſecond Livre de la Doctrine Chrétienne (h), que c'eſt une pernicieuſe Superſtition que de dire la bonne-aventure par l'inſpection des Etoiles ; que c'eſt tromper les hommes & les reduire à une miſerable ſervitude, que de leur predire ce qu'ils doivent faire, & ce qui leur doit arriver ; que c'eſt une grande erreur & une extreme folie que de pretendre deviner les mœurs (i), les actions, la bonne ou mauvaiſe fortune des hommes par l'obſervation des Aſtres qui preſident à leur naiſſance ; & que cela ne ſe peut faire ſans pacte avec le Demon.

Il dit dans le ſecond Livre *De la Geneſe* (k), que la foi de l'Egliſe rejette la neceſſité fatale que l'Aſtrologie impoſe aux hommes, parce que ſi cette neceſſité avoit lieu, il ne faudroit plus prier, & l'on pourroit imputer à Dieu, qui eſt le Createur des Etoiles, les plus méchantes actions & les crimes les plus énormes ; ce qui ſeroit très-impie. Il montre enſuite par l'exemple des enfans jumeaux, combien les regles de l'Aſtrologie ſont vaines & defectueuſes, & il ſe ſert du même exemple dans le cinquiéme Livre de la Cité de Dieu (l).

En-

(a). Ibid. Nemo Aruſpicem conſulat aut Mathematicum, nemo Ariolum. Sileat omnibus perpetuò divinandi curioſitas. Etenim ſupplicio capitis ferietur, gladio ultore proſtratus, quicumque juſſis noſtris obſequium denegaverit.

(b) L. Mathematicos, Cod. de Epiſcop. Audient.

(c) Lib. 6. de Præpar. Evang. c. 9. His ſatis demonſtratum eſſe puto ſtellas non eſſe cauſas humanarum rerum.

(d) Homil. 6. in Hexaëmer.

(e) Lib. de Ponderib. & Menſur.

(f) Lib. 4. Hexaëmer, cap. 4.

(g) L. 4. c. 3.

(b) C. 21.

(i) C. 22. Ex ea notatione velle naſcentium mores, actus, eventa prædicere, magnus error & magna dementia eſt. Quare iſtæ opiniones quibuſdam rerum ſignis humana præſumtione inſtitutis, ad eadem illa quaſi quædam cum dæmonibus pacta & conventa referendæ ſunt.

(k) C. 17. Talibus diſputationibus etiam orandi cauſas nobis auferre conantur, & impia perverſitate in malis factis, quæ rectiſſimè reprehenduntur, ingerunt accuſandum potiùs Deum auctorem ſiderum, quàm hominum ſcelera.

(l) C. 1, 2, 3, 4, 5, 6, 7 & 8. Verùm ut concedamus, *dit il*, Mathematicos ut debent loqui, non à Philoſophis accipere oportere ſermonis regulam ad ea prænuntianda, quæ in ſiderum poſitione ſe reperire putant, qui fit, quod nihil umquam dicere potuerunt cur in vita geminorum, in actionibus, in eventis, in profeſſionibus, artibus, honoribus, cæteriſque rebus ad humanam vitam per-

Enfin dans le Livre *des Herefies* (a) , il met au rang des heretiques les Prifcillianiftes, parce qu'entre plufieurs autres erreurs il foutenoient celles - ci ; Que les hommes étoient gouvernez par une fatale neceffité que les Aftres leur impofoient : C'eft cette même erreur que le II. Concile de Brague (b) en 563. a condamnée.

Les Fideles , dit S. Gregoire le Grand (c) , font bien éloignez de croire que les chofes d'ici bas fe conduifent par la deftinée. Il n'y a que Dieu qui a créé les hommes , qui les gouverne. L'homme n'a point été fait pour les Etoiles, mais les Etoiles ont été faites pour l'homme ; & fi les Etoiles font fa deftinée, il faut qu'il foit lui-même l'efclave de fes actions. Il fait voir enfuite combien les Mathematiciens fe trompent, lorfque par la confideration du point de la naiffance de l'homme, ils s'imaginent pouvoir deviner tout ce qui lui doit arriver durant fa vie , & enfin il les traite de fous (d).

S. Eloy (e) , Evêque de Noyon, exhorte les Fideles ,, de ne point croire ni au deftin, ni à la fortune, ,, ni aux predictions des Aftrologues.

Le VI. Concile de Paris (f) en 829. declare ,, que ,, l'Aftrologie judiciaire eft un mal très-pernicieux, & ,, un refte du Paganifme.

Jean de Sarisbery, Evêque de Chartres (g) affeure que les Aftrologues qui paffent les bornes de leur art, tombent malheureufement dans des menfonges pleins d'erreur & d'impieté ; qu'ils offenfent leur Createur ; que pour vouloir penetrer trop avant dans les chofes celeftes , ils deviennent fous ; qu'ils ôtent à l'homme fa liberté ; qu'ils ne peuvent efperer d'autre recompenfe de leurs travaux que la damnation eternelle ; & que l'Eglife Catholique les detefte & les punit avec juftice.

Le premier Concile Provincial de Milan (h) 1565. ordonne de grandes peines contre ,, les Aftrologues, ,, qui par le mouvement , par la figure, & par l'afpect ,, du Soleil , de la Lune, & des autres Aftres, predi- ,, fent avec une entiere certitude les chofes qui depen- ,, dent de la volonté & de la liberté des hommes, *&* ,, *contre* ceux qui leur feront le rapport de ces chofes.

Le Concile Provincial de Reims (i) en 1583. excommunie les Devins & les Aftrologues judiciaires, auffi-bien que ceux qui leur ajoûtent foi.

Le Concile Provincial de Bourdeaux (k) en la mê-

me année enjoint aux Prêtres ,, d'avertir très-fouvent ,, leurs peuples, que ceux-là commettent un crime ,, très-execrable , & font excommuniez, qui par l'in- ,, fpection des Aftres, à la façon des Chaldéens, fon- ,, gent plutôt temerairement qu'ils ne predifent les cho- ,, fes à venir, & par l'ufage facrilege de l'Aftrologie ,, judiciaire , étouffent la liberté de l'homme & la pro- ,, vidence de Dieu. C'eft pourquoi, *continuë-t-il*, s'il ,, fe trouve quelques Ephemerides ou Almanacs impri- ,, mez qui traitent de cette Aftrologie, & qui con- ,, tiennent autre chofe que les changemens des Saifons ,, & la difpofition du temps, nous les condamnons de ,, la même maniere que les Livres dont la lecture eft ,, mauvaife, & nous defendons à toutes fortes de per- ,, fonnes de les lire, de les retenir, & d'y ajoûter foi.

Ce que ce Concile prefcrit touchant les Ephemerides & les Almanacs , avoit été à peu près ordonné auparavant par Charles IX. (l). en 1560. dans les Etats d'Orleans, & par Henry III. (m) en 1579. dans les Etats de Blois. Voici les paroles des Etats d'Orleans : ,, Et parce que ceux qui fe mêlent de prognoftiquer ,, les chofes à venir, publient leurs Almanacs & Pro- ,, gnoftications (paffans les termes d'Aftrologie, contre ,, l'exprès commandement de Dieu). Chofe qui ne ,, doit être tolerée par Princes Chrétiens : Nous defen- ,, dons à tous Imprimeurs & Libraires, à peine de pri- ,, fon & d'amende arbitraire, d'imprimer ou expofer ,, en vente aucuns Almanacs & Prognoftications, que ,, premierement ils n'ayent été vifitez par l'Archevê- ,, que ou Evêque, ou ceux qu'il commettra : Et con- ,, tre celui qui aura fait ou compofé lesdits Almanacs ,, fera procedé par nos Juges extraordinairement, & ,, par punition corporelle". Voici pareillement ce que ,, portent les Etats de Blois : ,, Tous Devins & fai- ,, feurs de Prognoftications & Almanacs, excedans les ,, termes de l'Aftrologie licite, feront punis extraordi- ,, nairement & corporellement. Et defendons à tous ,, Imprimeurs & Libraires, fur les mêmes peines, d'im- ,, primer ou expofer en vente aucuns Almanacs ou Pro- ,, gnoftications, que premierement ils n'ayent été vûs ,, & vifitez par l'Archevêque, Evêque, ou ceux qu'ils ,, auront deputez expreffement à cet effet , & ap- ,, prouvez par leurs Certificats, fignez de leurs mains ; ,, & qu'il n'y ait auffi permiffion de nous, ou de nos ,, Juges ordinaires.

Le Concile Provincial de Toulouze (n) en 1590. ordonne auffi la même chofe. Le Pape Sixte V. a renfermé dans fa Bulle, *Cæli & terræ*, qui eft du 7. Janvier 1586. ce que l'Ecriture-fainte , les Conciles , & les Peres ont dit de plus exprès & de plus fort contre les Devins & les Aftrologues judiciaires, & a enjoint aux Ordinaires des lieux, & aux Inquifiteurs de punir felon les Conftitutions Ecclefiaftiques, & felon qu'ils le jugeront à propos, tous ceux qui fe mêlent de predire les chofes à venir, de quelque maniere qu'ils le faffent.

Urbain VIII. a confirmé cette Bulle par une autre qui commence *Infcrutabilis*, qui eft du 22. Mars 1631. & qui fe trouve dans le 4. Tome du grand Bullaire.

Le Concile Provincial de Narbonne (o) en 1609. ,, excommunie, *ipfo facto* , conformément aux faints ,, Decrets, les Devins, les Difeurs d'Horofcope & les ,, Aftrologues judiciaires.

Le Synode de Ferrare (p) en 1612. condamne l'Aftrologie judiciaire conformément à la Bulle de Sixte V. ,, Chaf-

---

pertinentibus, atque in ipfa morte fit tanta plerumque diverfitas, ut fimiliores eis fint, quantùm ad hæc attinet , muiti extrânei, quàm ipfi inter fe gemini , per exiguum temporis intervalium in nafcendo feparati, in conceptu autem per unum concubitum uno etiam momento feminati?

(a) Ad Quod vult. num 70. Aftruunt fatalibus ftellis homines colligatos , ipfumque corpus noftrum fecundùm duodecim Signa effe compofitum , ficut hi qui Mathematici vulgò appellantur.

(b) C. 8. Par ces mots : Si quis animas & corpora humana fatalibus ftellis credit adftringi, ficut Pagani & Prifcillianus dixerunt. Anathema fit.

(c) Homil. 10. in Evangel. lib. 1. A fidelium cordibus abfit ut aliquid effe fatum dicant. Vitam quippe hominum folus hic conditor qui creavit, adminiftrat. Neque enim propter ftellas homo , fed ftellæ propter hominem factæ funt. Et fi ftella fatum hominis dicitur, ipfis fuis minifteriis fubeffe homo perhibetur

(d) Hæc de ftella breviter diximus, ne Mathematicorum ftultitiam indifcuffam præteriiffe videamur.

(e) Lib. 2. Vit. cap. 15.

(f) Lib. 3. cap. 2.

(g) Lib. 2. Polycrat. cap. 19 & 26. Mathematici vel Planetarii, dum profeffionis fuæ potentiam dilatare nituntur, in erroris & impietatis mendacia perniciofiffimé corruunt ; in Creatoris prorumpunt injuriam , dum cæleftia quæ tractant ad fobrietatem non fapiunt, juxta Apoftolum ftulti fiunt ; arbitrii perimunt libertatem ; hunc fructum Mathefis fuæ afferunt, cum eo qui quafi Lucifer matutinus oriebatur, defcendunt in infernum viventes. Quid multa? Nonne fatis eft quod hanc vanitarem Catholica & univerfalis Ecclefia deteftatur, & eos qui ulterius eam exercere præfumpferint legitimis pœnis multatur.

(b) Conftit. p. 1. tit. 10.

(i) Tit. de Sortilegiis &c. num 2. Genethliaci & qui divinationibus feu prædictionibus ad artem judiciariam perninentibus, quas impiè prophetias appellant, utuntur, vel eisdem fidem adhibent, excommunicentur.

(k) Tri. 7.

(l) Chapitre de l'Eglife, art. 26.

(m) Chapitre de l'Eglife, art. 36.

(n) Cap. 12. n. 3. En ces termes : Qui rerum futurarum , à Deo liberàque hominis voluntate magna ex parte pendentium, prædictiones libri continent, iique quos Almanacos Arabico vocabulo vocant, omnino prohibeantur, ni forté prænunciationes ejusmodi expungantur, eaque folum relinquantur, quæ pluviarum, ventorum , fterilitatis, fertilitatis, eclipfeon, rerumque fimilium prognoftica attingunt ; quodque conftitutione fancta memoriæ Sixti V. ea de re promulgata cavetur, id ad amuffim obfervetur.

(o) C. 3.

(p) Tit. de Superft. n. 1 & 4.

„ Chasse du Diocese de Ferrare ceux qui en font pro-
„ fession, & ordonne aux Curez de les lui dénoncer,
„ s'ils en connoissent quelques-uns, afin de les frapper
„ de l'excommunication.

Les Statuts Synodaux de S. Malo (a) en 1618.
condamnent „ ceux que l'on appelle Bohemiens, qui
„ entreprennent de dire la bonne-aventure". Ce sont
ces sortes de gens que le premier Concile Provincial de
Milan nomme *Cingaros*, & qu'il prie les Princes & les
Magistrats seculiers de chasser de leurs Etats & des lieux
de leur Jurisdiction, à moins qu'ils n'ayent une demeure fixe, & qu'ils ne veuillent gagner leur vie à des
métiers honnêtes, & vivre en Chrétiens.

Le Concile Provincial de Malines (b) en 1607. les
appelle *Egyptiens*, & veut qu'on les punisse avec autant
de rigueur que les malfaicteurs & les enchanteurs: Et
le P. Crespet en parle de cette maniere (c): „ Au reste
„ ces Basteleurs & vagabons Egyptiens ainsi surnom-
„ mez, qui font mine de predire la bonne-aventure,
„ ne sont recevables. Car ce sont gens perdus & éga-
„ rez. Qui en voudra voir leur procès & impostures,
„ il faut lire Munster livre 3. de sa Cosmographie. Je
„ me suis enquesté de quelques uns en Allemagne où
„ ils sont plus frequens qu'en France, de leur divina-
„ tion, & m'ont assuré que tout ce que les femmes
„ font, n'est que pour amuser le peuple, & attirer ar-
„ gent pour vivre. Car ils n'ont aucune science pour
„ deviner, & ne sçavent ce qu'ils disent; si est-ce
„ qu'ils sont adonnez aux charmes & enchanteries, &
„ n'ont aucune Religion. Bien me montrerent-ils je
„ ne sçai quelles attestations comme leurs enfans avoient
„ été baptisez à l'Eglise; mais ils ne reconnoissent
„ aucun Dieu, vivent comme bêtes, se couplent com-
„ me chiens, grans & subtils Jarons, sans savoir d'où
„ ils sont & ce qu'ils deviennent, sinon qu'ils font
„ état d'un Comte qui est leur Chef, & se disent ha-
„ bitans de la basse Egypte, ou leurs peres étoient re-
„ tournez à l'erreur des Payens. Ils ont un jargon par-
„ ticulier, & neanmoins ils parlent toutes langues, &
„ font état de sorcelege, grands affronteurs & infames
„ vilains, laissons-les là.

Les Statuts Synodaux d'Agen de l'année (d) 1673.
declarent que *les predictions fondées sur l'Astrologie judi-*
ciaire sont des restes du Paganisme & de l'Idolatrie, &
des inventions du Demon. Enfin les Ordonnances Synodales du Diocese de Grenoble imprimées à Paris en
1690. excommunient par le pur fait les Devins & les
Astrologues conformement a la Bulle de Sixte V. *Cœli*
& terra: Voici ce qu'elles portent. „ (e) L'Eglise
„ fondée sur la parole de Dieu, qui assure que son
„ peuple ne doit point s'arrêter aux Devins ni aux Au-
„ gures, *Non est Augurium in Jacob neque divinatio in*
„ *Israël*, a justement excommunié non seulement tous
„ les Genethliaques & les Astrologues, qui pretendent
„ par le cours des Astres & leurs differens aspects, au
„ temps de la naissance des personnes, de tirer des Ho-
„ roscopes, & former des jugemens certains & assurés
„ sur des actions libres & sur toute la suite de leur Vie,
„ mais encore ceux qui consultent les Sorciers, les De-
„ vins & les Astrologues, & qui font faire leurs Ho-
„ roscopes. Ainsi les Curés avertirent leurs Parois-
„ siens, que ceux qui tomberont dans ces excès en-
„ coureront par le pur fait l'excommunication portée
„ par la Constitution de Sixte V. & ils tacheront de
„ leur faire comprendre l'énormité de ce crime & le
„ peu de solidité qu'il y a dans les sortes de pratiques.

Agrippa même, (f) qui a été si fort soupçonné de
Magie, parle de l'Astrologie judiciaire d'une maniere très-
desavantageuse. Cet art, (g) dit-il, n'est appuyé que
sur les conjectures trompeuses des gens superstitieux,
qui par un long usage se sont fait une science des choses incertaines, afin d'attraper l'argent des ignorans,
qu'ils trompent en se trompant eux-mêmes. Cependant
il est bien étrange que ces trompeurs trouvent des Princes & des Magistrats qui les croyent en tout ce qu'ils
disent, & même qui leur donnent des appointemens,
vû qu'il n'y a point de gens plus dangereux à un Etat
que ceux qui par l'inspection des Astres & des mains,
par l'observation des songes, & par d'autres divinations
semblables, se mêlent de predire les choses futures, &
que d'ailleurs ces imposteurs haïssent toujours & Jesus-
Christ, & tous ceux qui croyent en lui. Il ajoûte
(h) que c'est de l'Astrologie judiciaire que l'Heresie des
Manichéens & celle de Basilide ont pris naissance, &
qu'elle est la mere des Heretiques.

Ce n'est pas que les Astrologues & les Diseurs de
bonne-aventure, les Faiseurs d'horoscope & les autres
Devins, ne répondent quelquefois juste, & ne disent
quelquefois la verité. Mais cela arrive, dit admirablement S. Augustin (i), par un secret jugement de
Dieu, qui permet que ceux qui les consultent soient
ainsi trompez par les Anges prevaricateurs, & s'engagent de plus en plus dans une erreur très-pernicieuse,
après s'être attiré ce malheur par leur trop grande curiosité, & par le dereglement de leur vie. Et quoique
ces trompeurs disent quelquefois vrai, on ne les doit
pas croire plutôt pour cela, d'autant que l'Ecriture nous
les défend (k). Ainsi parce que l'ombre de Samuel après
sa mort prédit la verité à Saul, l'art qui fit parler cet
ombre, n'en étoit pas moins sacrilege & moins execrable. Parce que la Pythonisse rendit témoignage à la
verité dans les Actes, lorsqu'elle dit du bien des Apôtres de Jesus-Christ; S. Paul n'en traita pas avec
plus d'indulgence le malin esprit dont elle étoit possedée,
& cela ne l'empécha point de le chasser de son corps (l).
Il est donc vrai de dire, conclut ce saint Docteur, que
toutes ces sortes d'inventions badines & superstitieuses
ne proviennent que des pactes & des societez que les
hommes ont faites avec les Demons, avec lesquels les
vrais Chrétiens n'en doivent jamais faire (m): Il parle
encore dans le même sens dans un passage cité à la marge (n).

C'est

(f) Voi. dans *Naudé* la Justification d'Agrippa.
(g) Nil aliud est hæc ars quàm superstitiosorum hominum fallax conjectura, qui ob multi temporis usum de rebus incertis
scientiam fecerunt, in qua emungendæ pecuniæ gratià decipiunt
imperitos, atque ipsi simul decipiuntur. Et inveniunt circulatores
illi interim Principes & Magistratus, qui in illis credant omnia,
ac ornent publicis stipendiis: cùm revera nullum genus hominum
reipublicæ sit pestilentiùs quàm istorum, qui est astris, ex inspec-
tis manibus, ex somniis, consimilibusque divinationum artificiis,
futura pollicentur & vaticinia spargunt, homines insuper & Christo, & omnibus in illum credentibus semper infensi. Lib. de Vanit. Scient. c. 31.
(b) Hæc ideo narrata sunt ut cognoscatis Astrologiam etiam
Hæreticorum progenitricem esse.
(i) L. 2. de Doct. Christ. c. 23. Hinc fit ut occulto quodam
judicio divino cupidi malarum rerum homines tradantur illudendi
& decipiendi pro meritis voluptatum suarum, illudentibus eos
atque decipientibus prævaricatoribus Angelis. Quibus illusionibus
& deceptionibus evenit, ut implicati curiosiores fiant, & sese
magis magisque inserant multiplicibus laqueis perniciosissimi erroris.
(k) Hoc genus fornicationis animæ salubriter divina Scriptura
non tacuit, neque ab ea sic deterruit animam, ut propterea talia
negaret esse sectanda, quia falsa dicuntur à Professoribus eorum.
Sed etiam si dixerint vobis, inquit, & ita evenerit, ne credatis eis.
Deuter. 13. v. 2.
(l) Idem. Non enim quia imago Samuelis mortui Sauli Regi
vera prænunciavit, propterea talia sacrilegia quibus imago illa præsentata est minus execranda sunt. Aut quia in Actibus Apostolorum ventriloqua fæmina verum testimonium perhibuit Apostolis
Domini, ideò Paulus Apostolus pepercit illi Spiritui, ac non potius fæminam illius Dæmonii correptione atque ecclusione mundavit.
(m) Omnes igitur artes hujusmodi vel nugatoriæ, vel noxiæ
Superstitionis ex quadam pestifera societate hominum & Dæmonum, quasi pacta infidelis & dolosæ amicitiæ constituta, penitus
sunt repudianda & fugienda Christiano.
(n) L. 2. de Genes. ad liter. c. 17. Ideóque fatendum est quando

(a) Tit. 21. c. Constit. p. 2. n. 66. Ut vagum & fallax Cin-
garorum genus arceant, nisi certis sedibus collocati vitam honestis artibus, & in reliquis omnibus, ut Christianos homines decet,
agere velint.
(b) Tit. 15. de Superstit. c. 2. Multo graviùs animadvertant
Judices Ecclesiastici in maleficos & incantatores, & etiam omnes
qui vulgò Ægyptii vocantur.
(c) L. 1. de la haine de Satan contre l'homme, disc. 12.
(d) Tit. 39.
(e) Tit. 1. Art. 3. n. 13.

C'eſt dans cet eſprit que Pierre de Blois (a) montre par l'exemple de Saül, d'Ochoſias, d'Alexandre, & de Creſus, qu'on ne doit point donner de créance aux paroles des Aſtrologues & des Devins, & que les Chrétiens, bien loin de vouloir ſçavoir les choſes à venir, doivent s'en repoſer humblement ſur la providence de Dieu, qui regle toutes choſes avec douceur, qui ne prend con-

do ab iſtis vera dicuntur, inſtinctu quodam occultiſſimo dici, quem neſcientes humanæ mentes patiuntur, quod cum ad decipiendos homines fit, Spirituum ſeductorum operatio eſt: quibus quædam vera temporalibus rebus noſſe permittitur, partim quia ſubtilioris ſenſûs acumine, partim quia corporibus ſubtilioribus vigent, partim experientia callidiore propter tam magnam longitudinem vitæ, partim à ſanctis Angelis quod ipſi ab omnipotente Deo diſcunt etiam juſſu ſibi revelantibus, qui merita humana occultiſſimæ juſtitiæ ſinceritate diſtribuit. Aliquando autem iiſdem nefandi ſpiritus etiam quæ ipſi facturi ſunt, velut divinando prædicunt. Quo propter bono Chriſtiano ſive Mathematici, ſive quilibet impiè divinantium, maximè dicentes vera cavendi ſunt, ne conſortio dæmoniorum animam deceptam pacto quodam ſocietatis irretiant.

(a) Epiſt. 65. Sit igitur ſententia Chriſtiani, nihil de futuris inquirere, ſed illius diſpoſitioni humiliter obedire, qui diſponit omnia ſuaviter, cujus conſiliarius nemo fuit. Non poſſumus ei dicere cur ita facis?

ſeil de perſonne, & à qui nous ne pouvons dire: Pourquoi en uſez vous de la ſorte?

Le Pere Creſpet (b) rapporte quantité d'autres exemples de ceux qui ont été trompez par les Devins & les Aſtrologues.

Quelle confiance peut-on avoir aprés tout cela à ces impoſteurs, qui font profeſſion de deviner les choſes ſecrettes & éloignées de la connoiſſance ordinaire des hommes, & de découvrir les threſors cachez, les larcins & les voleurs? La Loi de Dieu les condamne poſitivement, ils ſont proſcrits par les Loix Civiles, les Canons de l'Egliſe les excommunient, les ſaints Peres n'ont pour eux que du mépris, de l'indignation & de l'horreur. On ne les doit point croire, quoiqu'ils diſent la verité, parce que c'eſt le Demon avec lequel nous ne devons avoir aucune ſocieté, qui parle par leurs bouches. Se peut-il rien imaginer de plus puiſſant que ces conſiderations pour nous éloigner d'eux, pour nous empêcher de les conſulter & de leur ajoûter foi?

(b) Liv. 2. de la Haine de Sathan contre l'homme, Diſc. 12.

TRAITÉ

DES

SUPERSTITIONS.

LIVRE QUATRIEME.

❖◖◉◗❖◖◉◗❖◖◉◗❖◖◉◗❖◖◉◗❖◖◉◗❖◖◉◗❖◖◉◗❖◖◉◗❖◖◉◗❖◖◉◗❖◖◉◗❖

CHAPITRE PREMIER.

De la vaine observance en general. Ce que c'est. Que c'est une Superstition. Pourquoi elle s'appelle vaine. Qu'elle ne se pratique gueres sans peché mortel ou veniel. Qu'il y a deux regles certaines par lesquelles on peut la reconnoître. Divers exemples de cette Superstition.

DIEU qui hait ceux qui s'occupent inutilement à des vanitez, selon la parole du Roi Prophete (a): ne peut qu'il ne soit ennemi de la vaine observance, qui est une espece de Superstition dans la pensée de tous les Theologiens, & qui suppose de necessité un pacte tacite ou expres avec le Demon.

La vaine observance, dit le Cardinal Tolet, (b) est la quatrième espece de Superstition, par laquelle on invoque tacitement le Demon, & on se sert de certains moyens qui n'ont aucune vertu pour produire les effets que l'on en espere. Bonacina est du même sentiment que le Cardinal Tolet, & il assure que telle est l'opinion commune des Theologiens (c). C'est aussi ce que l'on reconnoît par la definition de Jean Polman Chanoine Theologal & Penitencier de Cambray (d).

Elle s'appelle vaine par deux raisons; ou parce qu'elle n'obtient pas les effets qu'elle se promet, ce qui arrive très-souvent; ou parce que si elle les obtient quelquefois, ceux qui la pratiquent, en reçoivent plus d'incommodité que de profit, d'autant que pour un avantage temporel tout au plus qu'ils en retirent, ils interessent notablement leurs consciences & perdent miserablement leurs ames. Car il n'y a gueres de vaine observance qui ne soit un peché mortel ou veniel.

Elle est un peché mortel lorsqu'elle suppose un pacte expres avec le Demon, ou que celui qui la met en pratique, sçachant qu'elle en suppose au moins un tacite, ne laisse pas de le faire, quoi qu'il ait été averti de s'en abstenir.

Mais elle n'est qu'un peché veniel, si tant qu'on la pratique, on ignore qu'elle suppose aucun pacte avec le Demon, Ce qui se doit entendre de ceux qui ne font pas dans l'obligation de le savoir, ou qui n'en ont pas été suffisamment instruits, ou qui n'en ont jamais douté. Car encore qu'on ne fût pas d'une profession qui obligeât à le savoir, on est cependant obligé d'abord qu'on en doute, de s'en informer aux Sçavans; & il y a de la negligence à ne le pas faire, puisqu'on a pû le savoir, & par consequent qu'on ne l'ignore pas d'une maniere invincible.

Il pourroit neanmoins arriver quelquefois qu'il n'y auroit nul peché dans la vaine observance; comme, par exemple, si on ne la pratiquoit que par raillerie, sans préjudicier à personne, sans scandaliser personne, ou pour en faire voir l'illusion & la folie, ainsi que fit un jour le Cardinal Cajetan, selon ce que nous avons rapporté de lui dans le Chapitre dixième.

Mais au reste, je trouve deux regles infaillibles, par lesquelles on peut reconnoître la vaine observance.

La premiere. ,, Quand l'effet que l'on espere sur-
,, passe les forces de la nature, il faut considerer si se-
,, lon l'Ecriture Sainte, selon la definition de l'Eglise,
,, ou selon la Tradition approuvée par l'Eglise, il doit
,, être attribué à Dieu; Et en cas qu'il n'y ait pas lieu
,, de le lui attribuer, on peut dire qu'il est vain & su-
,, perstitieux, & qu'il suppose par consequent un pac-
,, te avec le Demon''. Telle seroit sans doute la re-
mission des pechez mortels hors l'usage des Sacremens, & l'assurance d'obtenir la perseverance finale & la vie eternelle, en recitant certaines prieres, ou en portant certains signes exterieurs de pieté.

La seconde. ,, Quand il est constant que la chose
,, à laquelle on attribué quelque effet, a recu de Dieu
,, ou de la nature la vertu de le produire, il n'y a
,, point de vaine observance du côté de l'effet qu'elle
,, produit, mais il y en peut avoir du côté des circon-
,, stances qui l'accompagnent, savoir lorsqu'elles sont
,, inutiles, ou ridicules, ou qu'elles n'ont été ordon-
,, nées ni de Dieu, ni de l'Eglise pour cela''. Ainsi ce ne seroit point une vaine observance à un Religieux, que de se donner la discipline pour mortifier sa chair & ses passions, parce que l'Eglise approuve l'usage de la discipline pour cette fin. Mais c'en seroit une assurement, s'il s'imaginoit que pour mortifier sa chair & ses passions il fût obligé de ne se donner que certaine quantité de coups de discipline, de ne se la donner qu'en certains temps & à certaines heures, qu'en presence de cer-

(a) Ps. 30. Odisti observantes vanitates supervacué.
(b) Instruct. Sacer. l. 4. c. 16. n. 1.
(c) Tom. 2. Tract. de legib. in part. cul. disp. 3. q. 5. punct. 4. n. 3. Vana observatio, *dit-il*, ex S. Thoma & aliis communiter est Superstitio, qua media inutilia adhibentur ad præstandum vel omittendum aliquid ad quod illa media nec à Deo, nec à natura virtutem ullam habent.
(d) Breviar. Theolog. p. 2. 2. Tit. de Superstit. &c. n. 979. Observantia vana est eventus fortuiti superstitiosa consideratio, mediique inefficacis adhibitio ad consequendum certum effectum, ad quem nullam habet efficiam naturalem nec ex instituto divino, neque Ecclesiastico.

O 2

cer-

certaines perſonnes, que de la main gauche, qu'avec un fouet de ſoye ou de lin, fait d'une certaine maniere.

Selon ces deux Regles, ceux-là tombent dans la Superſtition de la vaine obſervance, qui s'imaginent que l'on ſoulage la Lune dans ſon éclipſe, lorſque l'on crie bien haut, ou que l'on fait beaucoup de bruit. Voilà neanmoins ce que le Demon faiſoit faire autrefois à certaines gens dont parlent les Peres de l'Egliſe. *M'étant informé*, dit S. Ambroiſe à ſon peuple, ,, (*a*) ce que ,, ſignifioient les cris extraordinaires que vous faiſiez ,, ſur le ſoir il y a quelque temps, on me répondit ,, que vous prétendiez par-là donner quelque ſoulage- ,, ment à la Lune dans ſon éclipſe. Alors je me raillai ,, de cette folie, & je fus ſurpris au même temps de ,, voir que vous étiez aſſez bons Chrétiens pour prêter ,, ſecours à Dieu. Car vous criez de peur qu'il ne ,, perdît la Lune, ſi vous fuſſiez demeurez dans le ſi- ,, lence, vous imaginant qu'il ne la pouvoit ſoulager, ,, quoi qu'il en ſoit le Createur, ſi vous ne l'euſſiez ,, ſecourue. C'eſt bien fait à vous que d'aider ainſi la ,, divinité dans la conduite du Ciel: Mais ſi vous le ,, voulez encore mieux faire, je vous conſeille de veil- ,, ler toutes les nuits. Car combien de fois penſez vous ,, que la Lune a éclipſé tandis que vous dormiez, ſans ,, que pour cela elle ſoit tombée du Ciel? Penſez-vous ,, qu'elle éclipſe toûjours vers le ſoir, & qu'elle n'é- ,, clipſe jamais le jour? Selon vous elle n'a de coûtu- ,, me d'éclipſer que vers le ſoir, lorſque vous avez le ,, ventre plein, & la tête chargée du vin que vous ,, avez beu. Elle ne travaille que lorſque le vin vous ,, travaille. Elle n'eſt troublée par les enchantemens ,, que lorſque vos yeux le ſont par le vin. Comment ,, dont étant yvres pouvez-vous voir ce qui ſe paſſe ,, dans le Ciel à l'égard de la Lune, vous qui ne vo- ,, yez pas ce qui ſe paſſe en vous-mêmes ſur la terre? ,, Voilà juſtement ce que dit le Sage", (*b*) Que les fous changent comme la Lune. ,, Vous changez comme la ,, Lune lorſque ſon mouvement vous rendant fous & ,, inſenſez, de Chrétiens que vous étiez, vous deve- ,, nez ſacrileges. Car c'eſt commettre un ſacrilege ,, contre le Createur que d'attribuer des foibleſſes à la ,, creature. Vous changez comme la Lune, puiſque ,, de fideles vous devenez infideles.

Si lorſque la Lune éclipſe, dit l'Auteur du Sermon 215. *du temps*, qui eſt parmi ceux de S. Auguſtin, *vous voyez quelqu'un crier, avertiſſez le qu'il commet un grand peché s'il eſt dans cette penſée ſacrilege qu'il la peut ſoulager par ſes cris contre les maleſices, ne conſiderant pas que c'eſt par l'ordre de Dieu, qu'elle éclipſe en certains temps.*

C'eſt dans ce même ſens que S. Eloy, Evêque de Noyon (*c*) parle ainſi à ſes peuples: *Qu'aucun de vous ne crie corsque la Lune éclipſe, parce que c'eſt par l'ordre de Dieu qu'elle éclipſe en certains temps.*

Ceux-là tombent encore dans la même Superſtition, qui font ſemer du perſil par un enfant, par un imbe- cille, par un inſenſé, ou par quelqu'autre perſonne qui n'ait point de chagrin, dans la créance qu'il vient mieux que s'il étoit ſemé d'une autre main.

Qui mettent la plus groſſe piece d'argent qu'ils peu- vent avoir dans la main droite d'un mort, lorſqu'on l'enſevelit, afin qu'il ſoit mieux reçu en l'autre monde.

Qui ne veulent pas que l'on brule les morceaux d'un joug de bœuf rompu, parce que cet animal étoit pre- ſent à la naiſſance de Notre Seigneur.

Qui croient que ceux qui tranſplantent du perſil meu- rent l'année même qu'ils le tranſplantent.

Qui croient qu'il moura quelqu'un de la famille du défunt, ſi ſon corps ſe trouve.... dans le temps qu'on l'enſevelit.

Qui croient qu'ils auront des richeſſes en abondance,

ſi après avoir coupé la tête à une chauve-ſouris avec une piece d'argent, ils la mettent dans un trou bien bouché, l'y tiennent pendant trois mois & au bout de ce temps-là lui demandent ce qu'ils veulent.

Qui pour ſavoir le ſecret d'une perſonne écrivent ſur leur main gauche un Jeudi, un Vendredi, un Same- di, ou un Dimanche, une certaine figure qu'ils mon- trent enſuite à cette perſonne, en lui demandant ſon ſecret qu'elle ne fait nulle difficulté de leur dire.

Qui ne veulent ni coudre, ni filer, ni faire aucun autre travail dans la chambre où il y a un corps mort, s'imaginent qu'il eſt fête double & de commandement dans cette chambre.

Qui pour filer beaucoup en un jour, filent le matin avant que de prier Dieu & que de laver leurs mains, un filet ſans mouiller, & le jettent enſuite pardeſſus leurs épaules.

Qui ne veulent pas que l'on brûle des cocques d'œufs, de crainte, diſent-ils, de brûler une ſeconde fois S. Laurent qui a été brûlé avec de pareilles coc- ques.

Qui pour empêcher qu'un malade ne ſoit long-temps à l'agonie, dreſſent ſon lit en ſorte que les ſoliveaux du plancher de la chambre où il eſt malade, ne ſoient pas de travers, mais en long; car ſi une fois ils ſont de travers, le malade ſera long-tems à l'agonie.

Qui s'imaginent que ſi une femme groſſe demeure debout ou aſſiſe au pied du lit d'une perſonne agoni- zante, l'enfant dont elle eſt groſſe, ſera marqué d'une tache bleuë au deſſus du nez, appellée *la bierre*, qui ſignifie que cet enfant ne vivra pas long-tems.

Qui empêchent les Eunuques de tuer les animaux que l'on mange, & qui croyent que ceux-là auroient commis un grand crime qui en auroient mangé de tuez par ces ſortes de gens-là. C'eſt une des Superſtitions que le Pape Nicolas I. condamne dans certains Grecs (*d*).

Qui, quand quelqu'un eſt mort chez eux, mettent des croix dans les carrefours, afin que le mort retrou- ve le chemin de ſon logis, quand il y voudra revenir, ou quand il ira au jugement dernier.

Qui enterrent un cheval, un bœuf, une vache, une chevre, une brebis &c. morts les pieds en haut ſous le ſeuil d'une écurie, ou d'une bergerie, pour empê- cher les autres animaux de même eſpece de mourir.

Qui font une aſperſion de bouillon d'andouïlle, le Jeudi ou le Mardi gras autour d'une maiſon de cam- pagne, pour empêcher que les renards ne viennent man- ger les poules de cette maiſon.

Qui, quand une femme eſt accouchée d'un enfant mort né, ne le veulent pas faire ſortir de la chambre par la porte, pour l'enterrer, mais par la fenêtre, de crainte que tous ceux dont cette femme accouchera dans la ſuite ne viennent morts nés.

Qui ne veulent pas que les bergers & les bergeres touchent à la lampe du logis, ni qu'ils l'allument, parce que s'ils le faiſoient, les agneaux nés dans l'année ſeroient noirs.

Qui, lorſque le maître du logis eſt mort, jettent toute l'eau qui peut être dans les ſeaux, de crainte que ſon ame s'y étant baignée, on ne boive ſes pechés, & couvrent les ruches de mouches à miel d'un drap noir, de peur qu'elles ne meurent faute de porter le deüil de leur Maître.

Qui s'imaginent faire plaiſir aux morts ou leur met- tant entre les mains, ou en jettant ſur leurs foſſes, ou dans leurs tombeaux de petites cordes nouées de plu- ſieurs nœuds, & d'autres ſemblables, ce qui eſt expreſ- ſement condamné par le Synode de Ferrare en 1612 (*e*).

Qui mettent certain nombre de croix ſur les blés
avec

(*a*) Serm. 4. ad populum.
(*b*) Eccli. 27.
(*c*) In Vit. l. 2. c. 15.

(*d*) In reſponſ. ad Conſul. Bulgar. c. 57.
(*e*) Caveant parochi ne ſimplices fœminæ, aut Viri, in defunc- torum manibus aut feretro, ſuperſtitionis gratiâ quidquam depo- nant, quales ſunt chordulæ quædam frequentibus nodis aptæ & diſtinctæ, aut ejusdem generis alia quibus imprudentes ad inanes cultus & ſuperſtitiones à vera pietate deflectunt. *Au Tit.* de Su- perſt. & Magicis artib. exterminandis, n. 8.

avec certaines ceremonies afin de les conferver.

Qui font une croix à leur cheminée, pour empêcher que les poules ne fortent du logis.

Qui mettent du buis beni fur leurs fourages, afin de les preferver des bêtes qui les gâtent, ou aux quatre coins de leurs terres enfemencées en blé, pour les faire profiter davantage.

Qui croyent qu'un malade ne fçauroit mourir, parce qu'il eft couché fur un lit garni de plumes d'ailes de perdrix.

Qui offrent à quelque Saint, ou à quelque Sainte de la cire & du poil d'un certain animal, dans la penfée que cette offrande avancera la guerifon des malades en faveur defquels on la fait.

Qui tournent trois tours autour d'une charuë, tenant en leurs mains du pain, de l'avoine & de la lumiere avant que de commencer à labourer une piece de terre, afin que leur travail foit plus heureux.

Qui expofent quelques ferremens ou quelque autre meuble hors de leur logis, quand ils ont égaré quelqu'un de leurs beftiaux, afin qu'il revienne plus facilement, & que les loups ne lui faffent aucun mal.

Qui tournent les poules autour de la cremaillere afin qu'elles ne fe perdent point.

Qui s'imaginent qu'une femme qui eft en travail d'enfant fera plutôt delivrée de fon fruit, fi elle chauffe les bas & les fouliers de fon mary.

Qui, pour donner lieu de s'en aller aux gens qui les incommodent, levent en haut les tifons qui font dans le feu, & ne les levent jamais au contraire, lorfqu'ils veulent que la compagnie refte chez eux.

Qui, pour empêcher que le linge qui a fervi à un mort pendant fa maladie ne caufe la mort à ceux qui s'en ferviroient après lui, font une leffive exprès pour le blanchir.

Qui croyent que l'aiguille qui a fervi à enfevelir un mort mife fous une table empêche les gens qui y font affis de manger.

Qui ne veulent pas manger des volailles, ni d'autres animaux, à moins qu'ils n'ayent été tuez avec du fer. C'eft encore un des reftes du Paganifme que le même Pape reprend dans les Bulgares (a).

Qui pretendent faire fonner l'heure avec une bague fufpenduë dans un verre, par le moyen d'un filet, à caufe, difent-ils, qu'il y a du rapport entre le mouvement du Soleil & le battement de l'artere qui fait mouvoir le filet; comme fi ce filet favoit s'il faut fonner, par exemple, une heure ou treize heures après midi, cette diverfité de compter les heures étant purement arbitraire, puifqu'en France on compte une heure, deux heures, trois heures, &c. après midi; & qu'en Italie on compte treize heures, quatorze heures, quinze heures, & ainfi des autres. Joint que quand même la bague fufpenduë devroit marquer l'heure, elle ne pouroit pas le faire naturellement, en frappant plufieurs coups contre le verre dans lequel elle eft fufpenduë, parce que le partage des heures du jour en douze ou en vingt quatre eft une chofe d'inftitution humaine.

Qui enterrent *Carefme-prenant*, c'eft-à-dire un Phantôme qu'ils appellent Carefme-prenant, pour avoir moins de peine à jeûner.

Qui ne veulent pas que l'on dife que la leffive bout, mais qu'elle joue, & cela pour une raifon extravagante.

Qui font fortir les veaux de l'étable en arriere, ou comme l'on dit, à reculons, lorfqu'on les a vendus, afin que leurs meres n'y ayent point de regret.

Qui ne veulent pas acheter des mouches à miel, mais feulement les échanger, de crainte qu'elles ne profitaffent pas, s'ils les achettoient.

Qui croyent que les remedes que les malades prennent après s'être confeffez, & après avoir été communiez, ne font pas le même effet, & ne font pas fi

falutaires, que s'ils avoient été pris auparavant.

Qui font dans la penfée qu'un Sorcier ne peut ôter le malefice qu'il a donné, tant qu'il demeure lié, en prifon, ou entre les mains de la Juftice, mais qu'il faut qu'il foit en pleine liberté pour cela. Ce qui n'eft nullement vrai-femblable, parce qu'il peut rompre fon malefice, s'il en a le pouvoir d'ailleurs, tant qu'il n'aura pas renoncé au pacte qu'il a fait avec le Demon.

CHAPITRE II.

De l'Art notoire. Ce que c'eft, & quel eft l'ufage que l'on en fait. Qu'il eft Superftitieux. De l'Art de S. Paul. De l'Art des Efprits ou de l'Art Angelique.

CE que le Demon fit à nos premiers parens lorfqu'il les trompa en leur faifant efperer la fcience du bien & du mal, il le fait en quelque façon par *l'Art notoire*, par lequel il promet l'acquifition de certaines fciences par infufion & fans peine, pourvu que l'on pratique certains jeûnes, que l'on recite certaines prieres, que l'on révere certaines figures, & que l'on obferve certaines ceremonies ridicules.

Erafme a fait un Colloque intitulé, *Ars Notoria*, où il dit entre autres chofes.

1. Que par le moyen de cet Art un homme peut apprendre à peu de frais & fans beaucoup de travail tous les Arts Liberaux (b).

2. Qu'il a vû le livre qui enfeignoit cet Art, mais qu'il n'y a rien compris, parce qu'il n'a trouvé perfonne qui ait pû le lui expliquer (c).

3. Qu'il y avoit dans ce livre diverfes figures d'animaux, de dragons, de lions, de leopards, & quantité de cercles, dans lefquels étoient depeints divers caracteres de Lettres Grecques, Latines, Hebraïques, & des autres Langues Etrangeres (d).

4. Que le titre du livre promettoit la connoiffance des fciences en quatorze jours (e).

5. Qu'il n'avoit jamais connu perfonne qui fut devenu fçavant par cet art, & que qui que ce foit n'en a jamais vû ni n'en verroit jamais, qu'auparavant on eût vû quelqu'un devenu riche en foufflant l'Alchimie & cherchant la Pierre Philofophale (f).

Et il conclut enfin qu'il ne fcait point d'autre Art Notoire ni d'autres voyes pour devenir fçavant, que le foin, l'amour & l'affiduité qu'on peut apporter à l'étude des fciences. (g).

Voilà une condamnation formelle de l'Art notoire, fans aucun rapport à la Theologie, qui en parle d'une maniere un peu differente.

Ceux qui font profeffion de cet Art, affurent que Salomon en eft l'auteur, que ce fut par fon moyen qu'il acquît en une nuit cette grande fageffe qui l'a rendu fi celebre dans tout le monde, & qu'il en a renfermé les preceptes & la methode dans un petit Livre qu'ils prennent pour guide & pour modele.

Quoi qu'ils ne conviennent pas tous dans la maniere de l'enfeigner, & que les uns ayent des principes & des pratiques que les autres n'ont pas, neanmoins voici la me-

---

(a) Ibid. c. 50.

(b) Audio Artem effe quamdam notoriam quæ hoc præftet ut homo minimo negotio perdifcat omnes difciplinas libérales.

(c) Vidi Codicem, fed vidi tantùm quod non effet Doctoris copia.

(d) Continebat liber varias animantium formas, Draconum, Leonum, Leopardorum, variosque circulos & in his defcriptas voces *partim Græcas*, *partim Latinas, partim Hebraicas, aliasque Barbaricarum Linguarum.*

(e) Pollicebatur titulus Difciplinarum cognitionem intra quatuordecim dies.

(f) Noftine quemquam per iftam Artem notoriam evafiffe doctum? neque quisquam alius vidit unquam aut vifurus eft, nifi pofteaquam viderimus aliquem per Alchimifticam evafiffe divitem.

(g) Ego aliam artem non novi quam curam, amorem & affiduitatem.

methode la plus ordinaire & la plus uſitée dont ils ſe ſervent, ſelon le témoignage du P. Delrio (a).

Ils ordonnent d'abord à leurs Neophytes, s'il faut ainſi parler, de faire une confeſſion generale de tous leurs pechez, de s'approcher ſouvent de la ſainte Table, de ſe confeſſer le même jour qu'ils ſont tombez en peché, de garder exactement les jeûnes que l'Egliſe commande, d'y en ajoûter d'autres qui ſoient volontaires, de jeuner tous les Vendredis au pain & à l'eau, & de dire tous les jours les ſept Pſeaumes Penitentiaux, & quelques autres Prieres. Ils leur enjoignent d'obſerver toutes ces choſes dans la derniere exactitude pendant ſept ſemaines, & cependant de renoncer abſolument à toutes les affaires du monde.

Ces ſept ſemaines étant écoulées, ils leur preſcrivent certaines autres prieres, & leur font adorer certaines images, leur marquant certains jours & certain temps pour cela, ſçavoir les ſept premiers jours de la nouvelle Lune à Soleil Levant, ce qu'ils les obligent de faire par trois fois durant trois nouvelles Lunes.

Ils leur font choiſir puis après un jour où ils ſe ſentent plus pieux qu'à l'ordinaire, & plus diſpoſez à recevoir les inſpirations divines, & ce jour-là ils les font mettre à genoux dans une Egliſe, dans une Chappelle, dans un Oratoire, ou dans le milieu d'une Campagne; ils leur font dire trois fois, les mains & les yeux élevez au Ciel, le premier Verſet de l'Hymne *Veni Creator Spiritus*, &c. & ils leur perſuadent enſuite qu'ils ne ſeront pas moins remplis de toutes ſortes de ſciences que Salomon, que les Prophetes, que les Apôtres, & qu'ils ſeront autant ſurpris eux-mêmes d'un changement ſi ſubit & ſi extraordinaire, que s'ils étoient devenus des Anges, ou qu'ils fuſſent tout autres qu'ils n'étoient auparavant.

Pour peu qu'on ait de connoiſſance de la bonne & ſaine Theologie, on n'a pas de peine à s'appercevoir de la vanité de cet Art. S. Thomas l'appelle illicite & incapable de produire les effets que l'on en attend.

„ (b) Il eſt illicite, *dit-il*, parce que pour acquerir
„ de la ſcience il ſe ſert de certaines choſes qui n'ont
„ pas d'elles-mêmes la vertu d'en donner, comme par
„ exemple de l'inſpection de certaines figures, de la
„ prononciation de certains mots inconnus, & d'au-
„ tres ſemblables pratiques. Cependant il ne s'en ſert
„ pas comme des cauſes, mais ſeulement comme des ſi-
„ gnes de la ſcience. Or ces ſignes ne ſont pas inſtitués
„ de Dieu comme les Sacremens. Et ainſi ce ſont des
„ ſignes ſuperflus & qui concernent quelque pacte &
„ quelque ſocieté avec les Demons.

„ Il eſt auſſi incapable de donner de la ſcience. Car
„ n'en pouvant donner par une voye qui ſoit naturelle
„ à l'homme, je veux dire par acquiſition, il faut de
„ neceſſité qu'elle vienne ou de Dieu ou des Demons.
„ On ne peut pas nier que Dieu n'ait donné la ſageſſe
„ & la ſcience par infuſion à quelques perſonnes, com-
„ me à Salomon & aux Apôtres. (c) Mais auſſi eſt-il
„ conſtant que cette grace n'eſt pas accordée à tout le
„ monde, ni avec certaines ceremonies, mais ſelon qu'il
„ plaît à l'Eſprit-Saint, ainſi que l'enſeigne l'Apôtre.
„ (d) Pour ce qui regarde les Demons, comme il ne
„ leur appartient pas d'éclairer l'entendement, (e) ſui-
„ vant ce que nous avons dit dans la premiere partie de
„ cet Ouvrage, & que pour avoir de la ſcience & de
„ la ſageſſe il faut que l'entendement ſoit éclairé, il
„ s'enſuit que jamais perſonne n'a eu ni ſcience ni ſageſſe
„ par leur moyen. Ils peuvent bien à la verité en s'en-
„ tretenant avec les hommes, leur donner la connoiſſan-
„ ce de certaines choſes, mais cette connoiſſance n'eſt
„ pas ce que l'on cherche par l'Art notoire.

(f) S. Antonin Archevêque de Florence & Denis le

Chartreux employent le même raiſonnement que S. Thomas (g) contre cet Art, que l'on peut avec juſtice appeller une curioſité criminelle par laquelle on tente Dieu (h).

(i) C'eſt aſſeurément ce qui fait dire au Cardinal Cajetan, que cette maniere d'acquerir les ſciences eſt un peché mortel, parce qu'elle ſuppoſe neceſſairement un pacte avec le Demon, qui conſeille les jeûnes, les prieres, & les autres obſervances de cet Art, bien qu'il le faſſe inutilement, parce qu'il n'eſt pas en ſon pouvoir de verſer des ſciences dans nos ames.

Puis donc que cet Art ſuppoſe neceſſairement un pacte avec le Demon, & qu'il eſt illicite & incapable de produire les effets qu'il promet, il s'enſuit par une conſequence infaillible qu'il eſt ſuperſtitieux. Auſſi fut-il condamné comme tel par la Faculté de Theologie de Paris l'an 1320. (k) ſuivant le rapport du P. Delrio.

Mais au reſte on ne ſçait ce qu'on doit blâmer davantage dans les ſecrets qu'il renferme, dans les maximes ſur leſquelles il eſt appuyé & dans les circonſtances qui l'accompagnent. Car n'y a t-il pas de la folie à dire que Salomon en eſt l'Auteur? Ce ſage Roi a-t'il connu nôtre vendredy, nôtre Confeſſion Sacramentelle, nôtre Communion, nôtre Hymne *Veni Creator Spiritus*? N'eſt-ce pas démentir l'Ecriture ſainte que de ſoûtenir qu'il a acquis la Sageſſe en une nuit par le moyen de cet Art, puiſque l'Ecriture ſainte dit poſitivement qu'il la receut de Dieu qui s'apparut à lui en ſonge pendant la nuit, après qu'il la lui eut demandée, ainſi qu'il eſt porté au (l) troiſiéme Livre des Rois? Peut-on ſans blaſpheme mettre les Profeſſeurs de cet art en paralele avec Salomon, avec les Prophetes & avec les Apôtres? Si ces Profeſſeurs n'ont qu'un Livre qui ait été compoſé par Salomon, d'où vient qu'ils ne s'accordent pas tous dans leurs principes, dans leurs pratiques & dans leur methode? N'eſt-ce pas une temerité ſacrilege à eux d'abuſer des choſes les plus ſaintes & les plus ſacrées de nôtre Religion? Car enfin à qui rendent-ils hommage? A qui offrent-ils leurs jeûnes, leurs prieres & les autres choſes qu'ils obſervent, ſinon au Demon dans les myſteres duquel ils ſont initiez, & dont ils ſont les eſclaves?

Ce qui découvre encore la Superſtition de cet art, eſt qu'il ſe ſert de ceremonies, qui n'ont été établies ni de Dieu, ni de l'Egliſe pour la fin qu'il ſe propoſe; Qu'il obſerve les heures, les jours & les temps, quoique l'Ecriture, les Conciles & les Peres le défendent expreſſément, ainſi que nous le ferons voir dans le Chapitre ſuivant; & qu'il oblige d'adorer des figures qui ne ſont ni de Dieu, ni de la ſainte Vierge, ni des Saints, mais qui ſont aſſeurement des figures magiques & diaboliques.

Lorſque Dieu veut communiquer ſa ſcience & ſa ſageſſe aux hommes, il n'obſerve pas tant de ceremonies que l'Art notoire en preſcrit. Autrefois il a communiqué cette ſcience & cette ſageſſe à Adam, à Salomon, à ſes Apôtres, & à quelques autres; mais peut-être ne les communique-t-il

---

(a) Lib. 3. diſquiſit. Magic. part. 2. q. 4. ſect. 2.
(b) 2. 2. q. 96. 1. in corp.
(c) 3 Reg. 3. & 2. Paralip. 1. Luc. 21.
(d) 1. Cor. 12.
(e) q. 109. a. 3.
(f) In Sum. 2. p. p. tit. 12. n. 10.

(g) Lib. contra Vit. Superſtit. art. 15.
(h) Selon ces paroles de Gerſon: Tract. de direction. cord. conſider. 24. Contingit Deum tentari dupliciter. Uno modo ſine neceſſitate & abſque magna utilitate, quæ tentatio dicitur curioſitas ..... Ad eam ſpectat cum homo vult per aliquas orationes, vel jejunia acquirere ſcientiam aliquorum occultorum, vel eorum quæ non ſunt ſibi, vel ſtatui ſuo competentia, vel ut habeat gratias aliquas gratis datas, quæ non ſunt utiles ipſi petenti, ſed magis inutiles & noxiæ.
(i) In Sum. V. Superſtitio. Hæc Superſtitio eſt peccatum mortale propter initam ſocietatem cum Dæmone, de cujus inſtitutione hæc ſervantut, & inutiliter, quia Dæmonum non eſt infundere ſcientiam animabus noſtris.
(k) L. 3. Diſquiſ. Magic. Part. 2. q. 4. Sect. 2.
(l) C. 3. Dixit Dominus Salomoni: Quia poſtulaſti verbum hoc, & non petiſti tibi dies multos, nec divitias, aut animas inimicorum tuorunt, ſed poſtulaſti tibi ſapientiam ad diſcernendum judicium: ecce feci ſecundum ſermones tuos, & dedi tibi cor ſapiens & intelligens, in tantum ut nullus ante te ſimilis tui fuerit, nec poſt te ſurrecturus ſit.

il aujourd'hui à personne, ou qu'à très-peu de personnes. Cependant selon les maximes de l'Art notoire, tout le monde en peut avoir communication, si tout le monde garde exactement tout ce qu'il ordonne. Ainsi la communication que l'on en a, s'il est vrai que l'on en ait quelqu'une, ne vient ni de Dieu, ni des bons Anges, mais seulement des Demons, qui seuls seront la recompense de ceux qui esperent de devenir sçavans & sages par le moyen de cet Art.

Celui que quelques-uns appellent l'Art *de S. Paul*, parce qu'ils s'imaginent que Dieu l'enseigna à S. Paul lorsqu'il fut ravi au troisiéme Ciel, & que ce grand Apôtre l'apprit ensuite aux hommes, est quelque chose d'approchant de l'Art notoire; & quoi qu'on n'en connoisse pas bien les mysteres, on peut dire qu'il n'est pas moins superstitieux ni moins faux; tant parce qu'il est combattu par les mêmes raisons que nous venons de rapporter contre l'Art notoire, qu'à cause qu'il est tres-faux que S. Paul ait jamais revelé aux hommes ce qu'il ouït dans son ravissement, puisqu'il dit lui-même qu'il entendit des paroles ineffables qu'il n'est pas permis à un homme de raconter (a).

Il y a encore un autre Art qui a beaucoup de rapport avec l'*Art notoire*, bien qu'il ne promette pas la science par voye d'infusion. On le nomme l'*Art des Esprits*, ou l'*Art Angelique*, & on prétend que par son moyen un homme peut acquerir, avec le secours de son Ange-Gardien ou de quelqu'autre bon Ange, la connoissance de tout ce qu'il veut.

On en distingue de deux sortes; l'un obscur, qui s'exerce par voye d'élevation, de transport, de ravissement ou d'extase; l'autre clair & distinct, qui s'exerce par le ministre des Anges qui s'apparoissent aux hommes sous des formes visibles & corporelles, & qui s'entretiennent agréablement avec eux.

Il est rapporté dans la Vie du B. Jean de la Croix, qu'on peut appeller le Coadjuteur de sainte Therese dans la Reforme de l'Ordre de Nôtre-Dame du Mont-Car. (b), qu'il découvrit la fourberie & l'imposture d'une certaine Religieuse, qui ayant fait pacte avec le Demon, sçavoir tres bien la Theologie Scholastique & en disputoit avec les plus sçavans Maistres; ce qu'elle pouvoit faire par le moyen de l'Art Angelique.

(c) Ce fut peut-être de cet Art dont se servit le pere de Cardan, lorsqu'il disputa contre les trois Esprits Sectateurs d'Averoës, & c'est peut-être aussi ce qui a fait croire à bien des gens qu'il y avoit des Genies, des Esprits ou des Demons familiers, qui apprenoient à certaines personnes tout ce qui se passoit, tel qu'étoit celui du Philosophe Socrates, & celui que le Pere du même Cardan eut pendant environ 33. ans (d).

Quoi qu'il en soit, je soûtiens que cet Art est superstitieux & en soi, & en ses formules.

En soi, parce qu'il n'est autorisé ni de Dieu, ni de l'Eglise, & que les Anges par le ministre desquels on suppose qu'il s'exerce, ne sont autres que des Anges de tenebres & des Anges de Sathan, qui ne respirent que nôtre ruine & nôtre perte.

En ses formules, parce qu'elles ne font que des conjurations & des imprecations, par lesquelles on oblige les Demons, en vertu des pactes que l'on a faits avec eux, de dire ce qu'ils sçavent, & de rendre les services que l'on espere d'eux.

(a) 2. Cor. 12. Audivit arcana verba, quæ non licet homini loqui.

(b) L. 2. c. 33.

(c) L. 1. Magicorum. &c. p. 84. Vid. Cardan. lib. 16. de rerum variet. c. 93.

(d) Ibid.

CHAPITRE III.

De l'Observance des jours, des mois, des temps & des années. En quoi elle consiste. Qu'elle est superstitieuse & condamnée comme telle par l'Ecriture, par les Conciles & par les Saints Peres. Divers exemples de cette Superstition.

CEux qui n'observent les jours, les mois, les temps, & les années, que pour connoître les effets naturels qui sont produits par les influences celestes, & qui arrivent selon l'ordre que la Providence divine a établi dans le monde, comme font les Medicins dans les maladies, les Laboureurs, les Vignerons & les Jardiniers dans l'Agriculture, ne peuvent sans injustice être accusez de Superstition.

On n'en peut pas aussi accuser les Chrétiens, quoi qu'ils observent les années Jubilaires, les Quatre-Temps, l'Avent, le Carême, les Dimanches & les Festes; parce qu'ils ne le font que par l'ordre de l'Eglise, laquelle étant conduite par le S. Esprit les met à couvert de toute sorte de Superstition. Joint qu'à proprement parler, ils n'observent pas les temps, mais ce qui est signifié par les temps, selon la judicieuse remarque de S. Augustin (e).

Mais on ne peut pas exempter de Superstition ceux qui observent les temps par rapport aux choses qui ne dépendent ni des influences celestes, ni de l'ordre de la nature, & sur lesquelles les astres n'ont nul pouvoir, telles que les évenemens casüels, les operations de l'entendement & les actions de la volonté. On voit des gens, par exemple, qui s'imaginent qu'il y a des temps heureux, & qu'il y en a de malheureux, & qui dans cette imagination attendent certains temps, pour faire ou pour ne pas faire certaines choses, comme si tous les jours de l'année n'étoient pas bons, & qu'on ne pût pas avec la grace de Dieu, faire de bonnes actions tous les ans, tous les mois, tous les jours, & toutes les heures du jour.

C'est de cette Superstition dont s'est plaint l'Apotre S. Paul dés il y a plus de seize cens ans, comme d'une chose qui étoit capable de ruiner tout le fruit des travaux qu'il avoit entrepris pour la conversion des Galates (f), & de rendre inutiles toutes les peines qu'il avoit prises pour leur salut. *Vous observez*, leur dit-il, *les jours & les mois, les saisons & les années; j'apprehende pour vous que je n'aye travaillé en vain parmi vous.*

Je ne disconviens pas que la plûpart des Interpretes de cet Apôtre n'expliquent plus naturellement ces paroles, des observances legales, & des ceremonies Judaïques que les Galates pratiquoient encore aprés leur conversion. Mais il me suffit que S. Jean Chrysostôme, que S. Augustin, que plusieurs autres Saints Docteurs les ayent entendües des observances vaines, & des pratiques superstitieuses des Gentils, qui se persuadoient contre toute raison qu'il y avoit des temps heureux & des temps malheureux, & qui n'eussent pas voulu faire certaines choses en certain temps, parce qu'ils eussent crû qu'il leur en fût arrivé quelque mal, ou qu'ils n'y eussent pas si bien reüssi s'ils s'y fussent pris en un autre temps, ainsi qu'on le peut voir dans (g) Macrobe, dans Alexandre d'Alexandre, & dans Aulu-

(e) Lib. contr. Adimant. cap. 16. Ea serviliter observabant *Judæi* non intelligentes ad quarum rerum significationes & prænunciationes pertinerent. Hoc in eis culpat Apostolus, & in omnibus qui serviunt creaturæ potiùs quàm Creatori. Nam nos quoque & Dominicam diem & Pascha solemniter celebramus, & quaslibet alias Christianas dierum festivitates: Sed quia intelligimus quò pertineant, non tempora observamus, sed quæ illis significantur temporibus.

(f) Galat. 4.

(g) Lib. 1. Saturnal. c. 16. l. 4. genial. dier. c. 20. l. 5. Noct. Attic. c. 17.

lugelle. Vaine perſuaſion; car ils ne conſideroient pas que tous les temps ſont bons de leur nature, & qu'ils ne ſont appellez malheureux ou mauvais, qu'en égard aux malheurs ou aux maux qui y arrivent. Ce qui fait dire à S. Paul (a), *Qu'il faut racheter le temps, parce que les jours ſont mauvais*, & à nôtre Seigneur dans l'Evangile, (b) *Qu'à chaque jour ſuffit ſon mal.*

Or voici le ſens que S. Jean Chryſoſtome donne à ces paroles de l'Apôtre, *Vous obſervez les jours & les mois, les ſaiſons & les années*, dans une Homilie qu'il a faite au ſujet de la nouvelle Lune que le peuple d'Antioche paſſoit en feſtins & en débauches, afin d'en tirer un heureux préſage pour le reſte de l'année. Ce ſaint Archevêque preſche contre cette funeſte pratique comme contre une coutume qui l'afflige ſenſiblement, parce qu'elle eſt pleine d'impieté & d'intemperance. (c) „ Elle eſt impie, *dit-il*, parce que ceux qui commet„ tent cet abus, obſervent les jours, ſe ſervent d'augu„ res & de preſages, & ſe perſuadent que s'ils paſſent „ avec plaiſir & gayeté la nouvelle Lune de ce mois, „ ils ſeront joyeux tout le reſte de l'année. Cette cou„ tume eſt auſſi un effet d'intemperance & de débau„ che, parce que dés le point du jour les hommes & „ les femmes empliſſent de vin leurs pots & leurs taſſes „ pour en boire avec excés. Ces choſes ſont tout-à-fait „ indignes de la modeſtie & de la ſageſſe dont vous fai„ tes profeſſion, ſoit que vous les pratiquiez vous mê„ mes, ſoit que vous les regardiez faire par d'autres, „ par vos domeſtiques, par vos amis, par vos voiſins. „ N'avez-vous pas ouï dire à S. Paul: Vous obſervez „ les mois, & les temps, & les années, je crains d'a„ voir travaillé inutilement pour vous. C'eſt la dernie„ re folie de croire que ſi un ſeul jour a été heureux, „ tout le reſte de l'année ſera une ſuite de proſperitez. „ Mais ce n'eſt pas ſeulement un effet de folie & d'ex„ travagance, c'eſt auſſi la marque d'une operation dia„ bolique, de croire qu'il faut plutôt regler la condui„ te de vôtre vie par la ſuite & la ſucceſſion des jours, „ que par l'ardeur & le zele de vos bonnes actions. „ Toute l'année ſera heureuſe pour vous, non pas „ quand vous vous ſerez enyvré au commencement de „ la nouvelle Lune; mais ſi vous pratiquez ce jour-là „ & durant tous les autres jours de l'année, ce que „ Dieu demande de vous. Car les jours ne ſont ni „ bons, ni mauvais de leur nature, puiſqu'un jour „ n'eſt pas different d'un autre jour; mais c'eſt nôtre „ zele ou nôtre lâcheté qui leur donne cette difference. „ Le jour auquel vous ferez de bonnes œuvres, vous „ ſera heureux; mais vous n'y trouverez que des malheurs „ & des ſupplices, ſi vous l'employez à offenſer Dieu.

S. Ambroiſe parle dans le même eſprit lorſqu'il dit (d): *Ceux-là obſervent les jours qui diſent par exemple*; „ Il ne faut pas partir demain, car aprés demain on „ ne doit commencer aucun ouvrage; Ce qui fait „ qu'ils ſont davantage trompez. Ceux-là obſervent „ les mois, qui recherchent les raiſons du cours de „ la Lune en diſant: Il ne faut pas paſſer d'actes le „ ſeptiéme jour de la Lune; il ne faut pas mener „ chez ſoi un eſclave que l'on aura acheté le neu„ viéme jour de la Lune; Ce qui leur cauſe ordinai„ rement quelque malheur. Ceux-là obſervent les ſai„ ſons qui diſent, c'eſt aujourd'hui le commencement „ du Printemps, il eſt aujourd'hui feſte, aprés de„ main arrive la feſte de Vulcain, il y a du mal„ heur, il ne faut pas ſortir de la maiſon, Enfin „ ceux-là obſervent les années qui diſent, le premier „ jour de Janvier, eſt le nouvel an; comme ſi l'an„ née ne s'accompliſſoit pas tous les jours. Mais ils „ n'obſervent cette Superſtition dont les Chrétiens „ doivent avoir horreur, que pour honorer la me„ moire de Janus à deux viſages. Car quand on aime

„ Dieu de tout ſon cœur, la grace fait qu'on n'a ni „ crainte, ni ſoupçon de toutes ces choſes, & lorſ„ qu'on agit avec ſimplicité, & par un principe de „ veritable pieté, on peut reüſſir dans tout ce qu'on „ entreprend.

S. Auguſtin eſt du même ſentiment que ſon maître S. Ambroiſe. „ (e) Nous n'obſervons pas les jours, „ *dit-il*, les année, les mois, ni les ſaiſons, de crain„ te que l'Apôtre ne nous diſe, J'apprehende pour „ vous que je n'aye travaillé en vain parmi vous. „ Car il blaſme ceux qui diſent: Je ne partirai pas „ aujourd'hui, parce que c'eſt un jour malheureux, „ ou parce que la Lune eſt dans une telle poſition; „ *Ou bien*, je partirai afin de mieux reüſſir, parce „ que les Eſtoiles ſont diſpoſées de telle maniere; Je „ ne ferai point de commerce ce mois, ou j'en fe„ rai, parce qu'une telle Eſtoile domine; Je ne plan„ terai point de vigne cette année, parce que c'eſt „ une année biſſexte. Mais jamais les perſonnes ſages „ ne croiront que ceux-là obſervent ſuperſtieuſement „ le temps qui diſent; Je ne partirai pas aujourd'hui, „ parce qu'il s'eſt élevé une tempeſte; Je ne ferai „ pas voile, parce qu'il y a encore des reſtes de l'Hy„ ver; Il eſt temps de ſemer, parce que la terre eſt „ humectée des pluyes de l'Automne; Ou qui con„ ſidereront les effets naturels qui ſont cauſez par la „ diverſité des ſaiſons que Dieu a fait dépendre de la „ diſpoſition des Aſtres dont il a dit en les faiſant. „ (f) Qu'ils ſoient des ſignes, & qu'ils marquent les „ temps, les jours & les années.

„ (g) Qui croiroit, *dit-il ailleurs*, que ce fût un „ grand peché que d'obſerver les jours, les mois, les „ années & les ſaiſons, comme font ceux qui à cer„ tains jours, à certains mois & à certaines années „ veulent, ou ne veulent pas commencer quelque „ choſe, parce que ſelon la vaine doctrine des hom„ mes ils s'imaginent qu'il y a des temps heureux, „ & des temps malheureux, ſi nous ne conſiderions „ la grandeur de ce mal par ces paroles de l'Apôtre: „ J'apprehende pour vous, &c.

Il fait voir encore dans ſon Commentaire ſur l'Epître aux Galates (b), que ce paſſage de S. Paul, ſe peut auſſi-bien appliquer aux Gentils qu'aux Juifs, & „ il laiſſe au choix du Lecteur de ſuivre laquelle des „ deux opinions il voudra, pourveu, *dit-il*, qu'il „ ſçache que les obſervations ſuperſtitieuſes des temps „ cauſent tant de dommages à l'ame que l'Apôtre a dit „ ſur ce ſujet, *J'apprehende, &c*. Et bien que ſes pa„ roles ſe liſent dans les Egliſes avec beaucoup de ſo„ lemnité & beaucoup d'autorité, nos aſſemblées ne „ laiſſent pas d'être pleines de gens qui conſultent les „ Mathematiciens ſur ce qu'ils ont à faire, & qui ne „ font pas difficulté de nous avertir de ne pas com„ mencer à baſtir, ou à faire quelque choſe ſembla„ ble aux jours qu'ils appellent Egyptiens ” (i), c'eſt-à-dire aux jours malheureux, que l'on dit être le 1. & le 25. de Janvier; le 4. & le 26. de Février; le 1. & le 28. de Mars; le 10. & le 20. d'Avril; le 3. & le dernier de Mai; le 10. & le 17. de Juin; le 13. & le 27. de Juillet; le 1. & le 24. d'Août; le 3. & le 21. de Septembre; le 3. & le 22. d'Octobre; le 5. & le 28. de Novembre; le 7. & le 22. de Decembre.

Sur quoi l'on peut ici obſerver en paſſant que certains Auteurs attribuent la Remarque des jours malheureux au Patriarche Joſeph, enſuite de la viſion qu'il eut d'un Ange en Egypte; & que c'eſt pour cela qu'ils ſoûtiennent qu'on les appelle *Egyptiens*. Mais cette penſée eſt indigne & de l'Ange qui apparut à Joſeph, & de Joſeph même. Il y a bien plus d'apparence à ce que dit Mar-

---

(a) Epheſ. 5.
(b) Matth. 6.
(c) Homil. 33. ad. pop. in eos qui novi-lun. obſervant.
(d) In c. 4. ad Gal.

(e) Ep. 119. c. 7.
(f) Geneſ. 1.
(g) Enchirid. c. 79.
(b) In c. 4.
(i) Petr. Breſlayus l. 1. Notabil. c. 53.

Martin de Arles Archidiacre de Pampelonne, (a) qu'ils ont été appellez *Egyptiens*, ou à cause que ç'ont été les Egyptiens, peuples extrémement superstitieux, qui les ont marquez les premiers, ou à cause des neuf playes que Dieu envoya sur l'Egypte, & de la défaite de Pharaon Roi d'Egypte qui fut englouti dans la mer-rouge avec toute son armée. Car d'ordinaire on nommoit *malheureux* ou *noirs*, (b) les jours ausquels on avoit souffert quelque perte considerable.

C'est donc un grand mal dans la pensée de S. Augustin, que d'observer les jours & les mois, les saisons & les années, & que de s'imaginer qu'il y a des temps plus heureux de soi les uns que les autres.

Voilà pourquoi le 4. Concile de Carthage en 398. ,, (c) ordonne que l'on chasse de l'assemblée des Fideles ceux qui observent les Superstitions & les Feries ,, Judaiques", de la maniere que les Juifs les observoient, sans en considerer les raisons & les significations.

L'Auteur du Sermon *des Augures*, (d) que S. Boniface Archevêque de Mayence croit être S. Augustin (e), ,, ne veut pas que l'on observe à quel jour on sort de ,, la maison, ni à quel jour on y rentre, parce que, ,, comme l'Ecriture le témoigne, Dieu a fait tous les ,, jours.

Le Synode de Roüen que l'on croit avoir été tenu du temps du jeune Clovis, dit Anatheme à ceux qui observent les jours, la Lune, les mois & les heures (f).

S. Eloi Evêque de Noyon parle de la même maniere à ses peuples (g): ,, Qu'aucun Chretien, *dit-il*, n'observe à quel jour il sort de chez soi, ni à quel jour il ,, y revient, parce que Dieu a fait tous les jours. Ne ,, vous attachez ni au jour, ni à la Lune, lorsque vous ,, voulez commencer quelqu'ouvrage.

Le Pape Nicolas I. dit aux Bulgares (h), ,, Qu'ils ,, ne doivent observer aucuns jours, soit pour commen,, cer quelqu'entreprise, soit pour faire quelqu'autre ,, chose, sinon les jours de Dimanches, & des Festes; ,, & qu'ils ne doivent point mettre leur esperance dans ,, les jours, mais seulement en Dieu. *Il leur dit aussi* ,, (i), que l'observance des jours & des heures est une ,, des pompes & une des œuvres du Demon, ausquel,, les nous avons renoncé dans nôtre Baptême.

S. Thomas expliquant l'Epître aux Galates parle ainsi (k): ,, Vous observez les jours heureux & les jours ,, malheureux, les mois, les saisons & les années, c'est-,, à-dire les constellations & le cours des corps celestes, ,, & il est constant que toutes ces observances viennent ,, de l'Idolatrie, & par consequent qu'elles sont mau,, vaises & contraires au culte de la Religion Chrétien,, ne, d'autant que la difference des jours, des mois, ,, des saisons & des années se prend du cours du Soleil ,, & de celui de la Lune. Ainsi ceux qui observent ,, cette difference honorent les corps celestes, & reglent ,, leur conduite & leurs actions sur la disposition des ,, Astres, qui ne peuvent faire aucune impression di,, recte sur la volonté de l'homme, ni sur ce qui depend ,, de sa liberté. D'où il arrive qu'ils s'exposent à un ,, grand danger. C'est pourquoi l'Apôtre dit; J'ap,, préhende, &c. Ainsi il faut que les Fideles évitent ,, toutes ces observances.

Le Synode d'Ausbourg en 1548. (l) ,, veut que l'on refuse la Communion à tous ceux qui rejettent ,, certains jours, & qui s'arrêtent à ces sortes de folies ,, contraires à la foi des Chrétiens, aux Commande,, mens & aux Canons de l'Eglise.

Monluc Evêque de Valence & de Die (m), veut aussi ,, que l'on en use de même à l'égard de ceux qui ,, par une coutume superstitieuse & magique observent ,, les jours, les nuits, & les heures, comme si un cer,, tain jour, ou une certaine heure pouvoit changer la ,, vertu des Plantes, ou leur donner de nouvelles facul,, tez & de nouvelles forces.

Le 1. Concile Provincial de Milan en 1655. (n) ,, ordonne aux Evêques de punir tous ceux qui dans ,, l'entreprise, dans le commencement, ou dans le pro,, grès d'un voyage ou de quelqu'autre affaire, obser,, vent les jours, les temps & les momens.

Jean François Bonhomme Visiteur Apostolique & Evêque de Verceil, défend (o) ,, de cueïllir de la fou,, gere ou de la graine de fougere à certain jour ou à ,, certaine nuit particuliere, dans la pensée qu'il seroit ,, inutile d'en cueïllir en un autre temps; *Et il ajoûte:* ,, S'il se trouve quelqu'un qui pratique cette Supersti,, tion, qu'il soit severément puni selon la grandeur de ,, son crime, & selon qu'il plaira à l'Ordinaire des ,, lieux.

Le Concile Provincial de Bourdeaux en 1583, (p) recommande ,, aux Curez de reprendre ceux qui s'ima,, ginant qu'il y a des jours heureux & des jours mal,, heureux, observent les temps & les momens, pour ,, entreprendre, ou pour achever leurs affaires.

Les Statuts Synodaux de Sens en 1658. (q) & ceux d'Evreux en 1664. (r) condamnent ,, les preferences ,, ineptes de certains jours ou certains mois, soit pour ,, les mariages, ou pour les autres affaires, comme si ,, les uns étoient heureux & les autres malheureux.

Enfin les Statuts Synodaux d'Agen en 1673. (s) declarent que ,, ce sont des restes du Paganisme & de ,, l'Idolatrie & des inventions du Demon, que les dis,, tinctions des mois & des jours heureux ou malheu,, reux pour le mariage, *aussi bien que de* cueïllir ,, ou de porter des herbes sur soi certains jours ou certai,, nes heures.

Ainsi on ne peut, sans violer les Loix de l'Eglise, & sans tomber dans la Superstition,

Soûtenir qu'il y a des jours heureux & des jours malheureux pour faire certaines choses, comme sont les jours des Festes de S. Jean & de S. Paul, de S. Martial, des Innocens, & de la Translation de S. Martin; comme, par exemple, qu'il ne faut pas se baigner pendant la canicule, le jour de sainte Anne, le jour de S. Jacques le Majeur, ni le jour de la Magdelaine, parce que ces jours sont perilleux; ou qu'il ne faut pas bastir, ni envoyer les enfans à l'Ecole à certains jours que l'on croit malheureux.

Ne pas vouloir se marier le Mercredy, ni dans le mois de Mai, ni dans celui d'Août, pour les ridicules raisons que l'on en allegue d'ordinaire.

Refuser de travailler, de coudre, de filer, certains jours de la Semaine, comme les Jeudis ou les Samedis, de peur, dit-on, de faire soufrir le Fils de Dieu, de faire pleurer la sainte Vierge, ou de s'attirer quelque malheur. (t) S. Augustin donne le nom de *Sacrilege* à cette Superstition, & menace de la damnation eternelle les personnes qui la pratiquent. S. Eloi la condamne en ces termes: (u) ,, Ne passez point le Jeudi dans l'oisi,, veté ni pendant le mois de Mai, ni dans un autre ,, temps, à moins qu'il n'arrive ce jour-là quelque ,, feste.

Ne

(a) Tract. de Superstitionib.
(b) Ainsi qu'Ovide le dit des Romains.

> *Illis nam Roma diebus*
> *Damna sub adverso tristia Marte tulit.*

(c) Can. 89.
(d) Serm. 241. de temp.
(e) Epist. ad Zachar. Ro. Pont. c. 6.
(f) C. 13. Si quis in Calendis Jenuariis aliquid fecerit quod à Paganis inventum est, & dies observat & lunam & menses & horarum effectivâ potentiâ aliquid sperat in melius aut in deterius verti, anathema sit.
(g) L. 2. Vit. c. 15.
(h) Ad Consult. Bulgar. art. 34.
(i) Ibid. art. 35.
(k) In c. 4. Lect. 4.
(l) Stat. 19.
(m) In Reformat. Cleri Valent. & Diens. c. 25.
(n) Constit. p. 1. tit. 10.
(o) In Decret. Visitat. tit. de Superstition.
(p) Tit. 7.
(q) Tit. des coutumes abus. n. 6.
(r) Tit. & n. eod.
(s) Tit. 39.
(t) Serm. 215. de temp.
(u) Lib. 2. Vit. c. 15.

Ne pas tailler ni coudre des chemises les vendredis, parce qu'elles attirent des poux ; ne pas se peigner les mêmes jours pour la même raison.

Cuire un pain la Veille de Noël & en mettre dans le breuvage des Vaches après qu'elles ont jetté leur Veau, afin qu'elles poussent plus facilement au dehors ce qu'on nomme le delivre, ou l'arriere faix. Faire mettre des poules couver le jour du Mardy gras par une personne qui aura bien bû, afin que la couvée soit heureuse. Quand on change de logis aller dans le nouveau logis lorsque la lune est dans son croissant, afin d'augmenter son bien. Croire qu'il mourra quelqu'un dans une Paroisse sa semaine même lorsqu'il tonne le Dimanche. Ne point filer le jour de *Careme prenant*, de peur que les souris ne mangent le fil tout le reste de l'année. Ne point preter à credit au commencement de la journée, de crainte que toute la journée ne soit malheureuse, ni le premier jour de l'an, de peur que toute l'année ne soit aussi malheureuse. Quand un malade est à l'extremité le vouer à sainte Christine la premiere heure d'après minuit, afin d'obtenir de Dieu sa guerison par l'intercession de cette sainte, dans la pensée qu'elle a le pouvoir de rendre la santé, & de conserver la vie à une personne tous les jours de l'année, ce qu'elle ne fait neanmoins qu'à la premiere qui le demande, ou pour qui on le demande.

Ne pas chanter *Alleluia*, ni *Noël* en Carême, de crainte de faire pleurer la bonne Vierge.

Mettre du sel aux quatre coins des herbages le 1. jour d'Avril, afin de preserver les bestiaux de malefice.

Faire comme certaines femmes de Suede, lesquelles au raport du P. Jacques *Sprenger* & du P. Henri *Institor* (a), sortent de leurs logis le 1. jour de Mai avant le Soleil levé, & s'en vont cueïllir des feuilles de saules & de certains autres arbres, dont elles font de couronnes, qu'elles attachent à l'entrée des étables de leurs bestiaux, s'imaginant que par ce moyen elles les preserveront toute l'année de malefice.

Prendre douze grains de bled le jour de Noël, donner à chacun le nom d'un des douze mois, les mettre l'un après l'autre sur une pelle de feu un peu chaude, en commençant par celui qui porte le nom de Janvier & en continuant de même, & quand il y en a qui sautent sur la pelle, asseurer que le bled sera cher ces mois-là, comme au contraire qu'il sera à bon marché, quand il y en a qui ne sautent point sur la pelle. Il y a une double Superstition dans cette pratique, parce que l'on veut deviner d'une maniere induë, & que l'on s'attache pour cela au jour de Noël plûtôt qu'à un autre jour. (b) Antoine Mizauld rapporte la même pratique d'une autre façon, mais elle n'en est pas moins superstitieuse.

S'imaginer qu'en portant des brandons dans les champs le premier Dimanche de Careme, & en conjurant les mulots, on fera mourir ces animaux & on éloignera l'yvraie & la nielle. Laver les brebis la veille de la saint Jean, & les enfants le jour du vendredi saint & se persuader que cela les preservera de la galle. Ne point vouloir manger de choux le jour de saint Etienne parce qu'il s'étoit caché dans des choux, pour eviter le Martyre. Refuser du feu à ses voisins, depuis Noël jusqu'à la Circoncision, de peur de s'exposer à ...... sonner une cloche pendant 24 heures la veille de la saint Jean dés l'Aurore, pour empecher les malefices des Sorciers durant toute l'année.

Assembler le même jour dans un carrefour tous les moutons, toutes les brebis & tous les agneaux d'une Paroisse, & les enfumer avec des herbes cueillies l'année précedente, aussi le même jour avant le soleil levé, afin de les preserver de la ...... Amasser le même jour aussi avant l'Aurore ce que l'on appelle du chardon roulant, pour en picquer les bestiaux malades en veue de les guerir.

Prendre le même jour & dans la même circonstance

(a) Mall. Malefic. 2. p. q. 2. c. 7.
(b) Centur. 6. n. 64.

de temps une herbe appellée en quelques lieux, *de la latte*, la porter sur soi à la tête & à la ceinture, faire trois tours autour du feu de la saint Jean & un signe de croix, afin de se garantir toute l'année du mal de tête & du mal de reins. Prendre des rameaux benits le Dimanche des Rameaux, les ficher le même jour dans les terres ensemencées en blé, afin d'empecher les Sorciers de jetter quelque malefice sur le blé. Ne point cuire de pain entre les deux Noëls, c'est-à-dire, entre la Nativité de notre Seigneur & la Circoncision, parce que cela porte malheur.

Laisser en ce temps-là le pain sur la table le jour & la nuit, parce que la sainte Vierge y vient prendre son repas. Aller le premier au puits ou à la fontaine le premier jour de l'an, & offrir au puits ou à la fontaine une pomme & un boucquet, dans la pensée que l'eau en est beaucoup meilleure & plus salutaire. Ne pas filer le jour de saint Saturnin qu'on nomme en quelques endroits S. *Atorne* ou *Atorni*, de crainte que les moutons, les brebis & les agneaux n'ayent le coû tors. Ne pas garder chez soi du fil écru pendant la Semaine Sainte, parceque notre Seigneur en a été lié.

Ne pas amasser la nuit de devant la S. Jean de la fougere ni de la graine de fougere, ne pas en semer, ne pas couper ni arracher des herbes, & ne pas exposer à l'air ou à la rosée cette nuit là des draps de laine ou de lins, s'imaginant qu'ils ne seront point mangés des teignes, & que les herbes amassées cette nuit là seront plus salutaires qu'en un autre temps. Cette superstition est condamnée par le Synode de Ferrare en 1612 (c).

Se faire tirer du sang le jour de l'Assension ou le jour de la S. Jean, le même jour se laver les pieds, se baigner dans la Mer, amasser des chardons & de certaines herbes la nuit de devant la S. Jean. Ce sont des Superstitions condamnées par le Synode du Mont Cassin en 1626. (d).

Porter la nuit ou le jour de l'avoine à sainte Radegonde ou à une autre Sainte pour être gueri du mal de.... Croire que la veille de la S. Jean on trouve un charbon au pied de l'armoise ou du plantain, qui preserve ceux qui le portent de la peste, du charbon, de la foudre, de la fievre quarte, & du feu; mais qu'il n'y a que les petits enfants & les vierges qui le trouvent. (e) Mizauld en parle dans sa 3. Centurie n. 10. Faire mourir la nielle d'un champ, en en prenant le même jour cinq brins & en les mettant secher à la cheminée. A mesure qu'ils sechent la nielle seche & meurt. Empêcher que les souris ou les rats ne gâtent un tas de blé, en tirant à jeun le même jour un seau d'eau, dans lequel on mesle de l'eau beniste de Pasques & de Pentecôte, & en arrosant ensuite le tas de blé.

Empecher que les froments ne soient noirs & foudrez, en meslant dans les semences de la chaux cuite entre la fête de l'Assomption & celle de la Nativité de la Vierge. Se rouler sur de la rosée d'avoine le jour de S. Jean avant le soleil levé, pour guerir des fiévres. Jeuner au pain & à l'eau le jour de Pasques, pour se preserver de ce qu'on appelle en certains lieux, les Breluches. Prendre une hache le vendredi saint ou le jour de la S. Jean, & avec le dos de cette hache racler de la poussiere d'un arbre frappé de la foudre, en mettre dans l'arme à feu dont on veut tirer, & on

ne

(c) Prohibemus ac vetamus ne quis ea nocte quæ diem S. Joannis Baptistæ Nativitati sacrum præit, filices, filicùmque semina colligat, earumque, vel aliarum semina terræ mandet, neve pannos lineos aut laneos nocturno aëri aut rori excipiendo exponat, inani Superstitione ductus, fore ut tineæ aliave animaleula ea non attingant aut corrodant. Qui tale quid in posterum admiserint de iis supplicium arbitratu nostro pro gravitate culpæ sumemus. Tit. de superst. &c. n. 7.

(d) C. 4. Decret. 7.

(e) Sunt qui certam & constantem fidem mihi fæcere in Vigilia B. Joannis Baptistæ ad radices artemisiæ carbonem reperiri qui deferentes à peste, carbumculo, fulgure, quartana & incendio immunes reddat. Sed illum invenire solis puerulis & virginibus concessum esse aiunt. Audio etiam sub plautagine similem reperiri eodem die, sed hæc otiosis & curiosis quærenda relinquo.

ne manquera pas de tüer ce que l'on tirera. Se ceindre de certaines herbes la Veille de la S. Jean, precisément lorsque midy sonne, pour être preservé de toutes sortes de malefices. Couper du bois de…le même jour & en faire du charbon, en veue de s'en servir pour la guerison du mal de…… Croire que l'eau qui a été benite le premier Dimanche d'apres les quatre tems de…… a plus de vertu que celle qui auroit été benite un autre jour.

Tourner trois fois le jour de la Purification de la sainte Vierge autour d'une escabelle avec un cierge beni, ce jour là, afin d'être preservé du feu, de la foudre & de tout malefice. S'imaginer que quand le temps est clair ou pluvieux, le jour de…. l'année sera fertile ou sterile, & que l'été sera fort sec, ou fort abondant en pluies. Toucher les choux & les autres legumes d'un jardin avec un balai le jour de S.… afin qu'ils ne soient point gastés de chenilles. Se persuader qu'on n'aura aucun ulcere toute l'année, si l'on s'abstient de manger des prunes le jour de Noël. Mettre dans les jardins un tison de feu que l'on a accoutumé de faire le premier Dimanche de Careme, qui est le jour des *Brandons*, s'imaginer que cela fait beaucoup de bien aux jardins & y fait venir de gros oignons. Passer…. fois au travers de ce feu afin d'être preservé de la colique.

Croire que quand on dit un Evangile selon S. Marc le Dimanche à la grande Messe, il pleuvra toute la semaine. S'imaginer qu'en jettant du sel aux quatre coins d'un herbage ou paturage, le premier jour d'Avril, cela garentit les bestiaux de malefices. Croire, dire, & faire tout ce qu'on croit, tout ce qu'on dit, & tout ce qu'on fait du *Trefoir* ou de la *Bûche de Noël* & *du pain de Noël* en bien des lieux, sur tout en Provence. Ce *Trefoir* étant preparé toute la famille s'assemble la veille de Noël; on le va querir & on le porte en ceremonie dans la cuisine ou dans la chambre du maître ou de la maîtresse du logis. En le portant on chante à deux chœurs ces rithmes Provençales.

> *Souche baudisse,*
> *Deman sara panisse,*
> *Tout bon ca y entre,*
> *Fremes enfantan,*
> *Cabres Cabrian,*
> *Fedes aneillan*
> *Prou bla & prou farine*
> *De Vin une plene tine.*

C'est-à-dire

> *Que la Buche se rojouisse,*
> *Demain c'est le jour du pain.*
> *Que tout bien entre ici,*
> *Que les femmes enfantent*
> *Que les chevres chevrettent,*
> *Que les brebis agnellent,*
> *Qu'il y ait beaucoup de blé & de farine,*
> *Et de vin une pleine cuve.*

On fait ensuite benir le *Trefoir* par le plus petit & le plus jeune de la maison avec un verre de vin qu'il repand dessus, en disant *in nomine Patris &c.* apres quoi on le met au feu, & on le respecte si fort, qu'on n'ose s'asseoir dessus, de crainte que si on le profanoit ainsi, on ne s'attirat quelque malediction. On en conserve toute l'année du charbon, que l'on fait entrer dans la composition de plusieurs remedes, & on croit que ce charbon étant mis sur la nappe de Noël ne la brûleroit pas. On laisse cette nappe mise durant les trois fêtes de Noël, & on la couvre des meilleurs morceaux & des meilleurs mets que l'on peut avoir.

On fait aussi la veille de Noël un gros pain qu'on appelle le *pain de Calende*, on le fait le plus blanc que l'on peut & fort gros. On en coupe un petit morceau sur lequel on fait trois ou quatre croix avec un couteau. On le garde pour guerir plusieurs maux, & le reste on

le reserve pour le jour des Rois, auquel jour on le partage dans la famille, comme on fait ailleurs le gateau des Rois.

Croire que pour chasser les Sorcieres, il faut sonner les cloches de la paroisse la nuit de sainte Agathe, à cause que c'est particulierement cette nuit-là qu'elles courent. Cela se pratique quelque part en Espagne, selon le rapport de Martin de Arles (a), qui le condamne & de fausseté & de Superstition tout ensemble.

Ecrire de son sang sur son front la nuit des Rois les noms des trois Rois Gaspar, Melchior & Balthasar, se regarder ensuite dans un miroir, & croire que l'on s'y voit tel que l'on sera à l'heure de sa mort, de quelque genre de mort, & de quelque maniere que l'on meure.

Ne pas faire la lessive ni durant les Quatre-Tems, ni durant les Rogations, ni pendant les jours que l'on chante Tenebres, ni depuis Noël jusqu'aux Rois, ni pendant l'Octave de la Feste-Dieu, qu'on appelle en certains lieux *les Octoubres*, ni les Vendredis, de crainte qu'il n'arrive quelque malheur.

Croire que la pluye qui tombe durant l'Octave de la Feste-Dieu fait mourir les chenilles plutôt que celle qui tombe devant ou aprés, & que les bêtes à laine que l'on tond en ce temps-là, meurent dans l'année.

Ne pas mettre rouïr du chanvre ni du lin, & ne pas cueillir des fruits dans les Quatre-Temps de Septembre.

Allumer des feux & faire courir les enfans par les champs le 1. jour de Mars, afin de rendre les terres plus fertiles. (b) Polydore Virgile rapporte que cela se pratique tous les ans en Umbrie, & que la coutume en est venue de ce qui se faisoit autrefois à Rome le jour de la feste de Ceres. On en pourroit peut-être dire autant des *Brandons* que l'on porte allumez dans les champs certain Dimanche de l'année.

S'imaginer que le pain cuit la veille de Noël se peut garder dix ans sans se corrompre, & qu'il preserve les vaches de bien des maux, quand elles le mangent dans leur breuvage.

Ne pas filer depuis le Mercredi de la Semaine sainte jusqu'au jour de Pasques, de peur de filer des cordes pour lier nôtre Seigneur, ou parce que N. S. est en repos ce jour là, & par la même raison ne pas filer les samedis aprés midi. Ne pas sasser le jour de S. Thomas. Ne pas cuire du pain pendant les Rogations ou *Roisons*, comme on dit en certains lieux, de peur que quelqu'un de la maison où l'on cuit ne meure. Refuser du feu à ses voisins à certains jours de la semaine, parce qu'en en donnant on donne son bonheur. Ne pas souffrir que l'on tuë les grillons, dans la pensée qu'ils font le bonheur des maisons où ils se retirent. Remplir d'eau les tonneaux de cidre le vendredi, afin que le cidre ne perde point sa force.

Se persuader que quand on fait une fosse le Dimanche dans une Eglise, dans une Chapelle, ou dans un Cimetiere, pour enterrer quelqu'un, il moura plusieurs personnes la même semaine dans la Paroisse.

Cueillir certains simples, certaines fueilles, certains fruits, ou certaines branches d'arbres le 1. Jour de Mai, le jour de la Nativité de S. Jean Baptiste, ou quelqu'autre jour, avant le Soleil levé, dans la croiance qu'elles ont plus de vertu que si elles étoient cueillies dans un autre temps.

Croire qu'il vaut bien mieux enter ou greffer des arbres le jour de l'Annonciation de la Vierge, & saigner des chevaux le jour de la Feste de S. Etienne, qu'à tout autre jour.

Dire qu'infailliblement quand il pleut ou qu'il fait beau temps certains jours, comme le jour de S. Vincent le

---

(a) Tract. de Superstitionib. Sed hoc falsum est, y dit-il, & superstitiosum.
(b) L. 5. de Invent. rer. c. 2.

le jour de la Converſion de S. Paul, le jour de S. Gervais & de S. Prothais, le jour de S. Urbain, le jour de S. Medard, &c. il pleuvra ou fera beau temps vingt, trente, ou quarante jours de ſuite, qu'il y aura cette année-là mortalité, guerre, abondance ou diſette de vin, de fruits, de bled, de ceriſes, de prunes, &c. Ce qui a donné lieu à ces quatre vers ſuperſtitieux que l'on a faits ſur le jour de la Converſion de S. Paul, & qui ſe trouvent dans le Traité *des Divinations* de Pucer(a):

Clara dies Pauli bona tempora denotat anni;
Si fuerint nebulæ, pereunt animalia quæque;
Si fuerint venti, deſignant prælia genti;
Si nix & pluvia, deſignant tempora cara.

En voici quatre autres de même nature qui ſont rapportez par Martin de Arles dans ſon Traité des Superſtitions, les deux premiers regardent la Feſte de S. Vincent:

Vincenti feſto, ſi ſol radiet, memoreſto,
Para tuas cuppas qui multas colligis uvas.

Et les deux derniers, celle de la converſion de S. Paul:

Clara dies Pauli multos ſegetes notat anni;
Si fuerint nebulæ aut venti, ſunt præliæ genti.

C'eſt de cette ſource que ſont venuës ces obſervations: *Telles Rogations, telles fanaiſons. Tel S. Medard, tel Aouſt. Tel S. Urbain, telles vendanges. Autant d'orages on été, que de jours nebuleux en Mars. Autant de brouillards aprés Paſques & au mois d'Aouſt, que de roſées au mois de Mars.* Le même Pucer (b) témoigne que Frederic III. Duc de Saxe jugeoit de la durée des neiges par le nombre des jours qui reſtoient depuis le premier jour qu'il avoit neigé juſqu'à la nouvelle Lune ſuivante.

Ne pas vouloir couper ſes ongles le Vendredi, ni ſemer, ni planter, ni labourer ni faire voile, ni couper du bois, ni remuer du bled dans les grenieres, ni faire des Contraéts à certains jours.

Manger un Cocq le Jeudi-Saint en memoire de celui qui ayant chanté par trois fois, fit ſouvenir S. Pierre de ſon peché; ce qui outre la Superſtition, eſt une prévarication du precepte de l'Egliſe, qui défend de manger de la chair ce jour-là auſſi-bien que tous les autres jours de Carême.

Serrer les cendres à certains jours de la Semaine, afin que la leſſive en ſoit meilleure.

Ne pas ſortir de chez ſoi la veille d'un voyage que l'on a à faire, de crainte qu'il ne ſoit pas heureux.

Ne pas entrer chez ſoi le vendredi en revenant d'un voyage parce que c'eſt un ſigne de malheur.

Ne pas laiſſer un corps mort dans le logis où il eſt mort, de peur d'attirer par là quelque mal à ſa famille.

Cueillir certaines herbes le jour de la S. Jean, pour empêcher les Sorciers de faire du mal.

Pétrir le même jour de petits pains & les mettre ſecher au plancher, afin de n'être point mordu des chiens enragés.

Porter dans la nappe qui a ſervi le jour de Noël, le bled que l'on veut ſemer, afin qu'il vienne mieux & qu'il ſoit plus beau.

Ne pas vouloir ſe baigner les Mecredis ni les Vendredis, qui eſt une Superſtition poſitivement condamnée par le Pape Nicolas I. (c).

Refuſer de faire des œuvres de charité ou de neceſſité les Dimanches & les Feſtes. J'ai connu un Païſan, qui non pas de Cordonnier, comme celui de la Fable de Phedre (d), mais de Berger, s'étoit erigé en fameux Medecin, quoi qu'il ne ſçeut ni lire ni eſcrire, qui

avoit une ſi grande tendreſſe de conſcience qu'il n'eſt pas voulu rien ordonner aux malades les jours de Dimanches & de Feſtes, que Veſpres n'euſſent été dites à ſa Paroiſſe. C'étoit-là renouveller la Phariſaiſine que nôtre Seigneur a blâmé ſi hautement au Chapitre 12. de l'Evangile de S. Matthieu.

Ne pas ſouffrir que les chevaux ſortent de l'Ecurie le jour de la Feſte, & celui de la Tranſlation de S. Eloi, ainſi qu'il ſe pratique en quantité de lieux, contre les regles de la veritable pieté, & de l'honneur qui eſt deu à ce grand Evêque de Noyon, que les Laboureurs & les Maréchaux prennent ordinairement pour leur Patron, & habillent même quelquefois en Maréchal, dans la penſée qu'il a été de cette profeſſion, ce qui eſt une erreur fort groſſiere.

Ne pas vouloir ſemer du bled le jour de ſaint Leger, de peur qu'il ne vienne leger.

Ne remplir que les Vendredis un poinçon de Cidre doux, afin qu'il conſerve ſa douceur & qu'il ne s'aigriſſe point.

Sevrer les enfans le Vendredi-Saint, de crainte qu'ils ne tombent en langueur.

Apprehender le mois de Septembre, à cauſe que les grandes Revolutions des Etats arrivent d'ordinaire vers ce mois-là. En effet, (e) Bodin en rapporte un grand nombre d'exemples notables dans ſa Republique. Mais ſi l'on avoit bien examiné tous les évenemens que les Hiſtoires anciennes & modernes racontent, on trouveroit qu'il n'eſt guere moins arrivé de changement dans les autres mois de l'année qu'en celui de Septembre. De ſorte que, comme c'eſt Dieu qui permet les Revolutions des Etats pour des raiſons qui nous ſont impenetrables, & que ſa Toute-puiſſance n'eſt attachée ni aux jours, ni aux mois, ni aux ſaiſons, ni aux années, on doit être perſuadé qu'il les permet auſſi-bien en un temps qu'en l'autre, auſſi-bien au mois de Janvier, qu'au mois de Septembre.

Croire, comme fait Pierre Lenaudiere, dans ſon Traité des Doéteurs (f) au rapport de Rebuffe (g) que le bois coupé le dernier vendredi de Septembre, apres 25. jours de la même lunaiſon, ne ſera jamais mangé des Vers, & que ſi on en fait quelque vaſe ou quelque meuble, ce qu'on y mettra ne ſe corrompra jamais.

Enfin s'imaginer, comme fait encore le même auteur, (h) qu'il y a trois jours de l'année, ſçavoir le dernier de Janvier & les deux premiers de Fevrier, où il ne vient point de filles au monde, & que les corps des garçons qui naiſſent ces trois jours là ne ſe corrompront point en terre avant le dernier jugement, ce qu'il dit être rapporté dans le livre *de Natura rerum*, & que Rebuffe (i) eſtime avec raiſon ridicule.

CHAPITRE IV.

De l'obſervance des choſes ſacrées ou des Reliques. Ce que c'eſt. En quoi on peut reconnoitre qu'elle eſt ſuperſtitieuſe. Exemples de cette obſervance. Du port des Reliques & des Evangiles.

L'Abus qui ſe commet dans les choſes ſacrées, & particulierement dans la parole de Dieu, dans les Reliques, & dans les Croix, en les portant ſur ſoi d'une maniere ſuperſtitieuſe, ou en s'en ſervant avec de mauvaiſes circonſtances, eſt proprement ce que les Theologiens appellent *l'Obſervance des choſes ſacrées.* S. Thomas en traite lorſqu'il examine cette Queſtion (k): S'il eſt illicite de porter des paroles divines penduës au coû?

Ee

Et le Cardinal Tolet la nomme l'Observance des Reliques, *Observantia Reliquiarum.*

(a) Polman la fait consister dans l'usage que l'on fait des choses sacrées pour produire des effets qu'elles n'ont aucune vertu, ni naturelle, ni divine, ni Ecclesiastique de produire. Tel est le port des Evangiles, des Reliques, des billets ou brevets, des ceintures & des bracelets sur lesquels il y a des paroles sacrées ou des Croix écrites, avec assurance de ne point mourir de mort subite ni sans Confession, ni par le feu, ni par l'eau, de n'être jamais blessé à la guerre, de se maintenir toûjours bien dans les bonnes graces des Princes & des Grands de la terre, d'obtenir la santé de l'ame ou celle du corps, ou quelqu'autre effet extraordinaire.

Pour reconnoître quand cela arrive, il faut entendre parler S. Thomas. ,, (b) Dans tous les enchantemens,
,, dit ce Docteur Angelique, & dans toutes les écritures
,, qu'on porte sur soy, il faut bien prendre garde pre-
,, mierement à ce que l'on dit, ou à ce que l'on écrit,
,, parce que s'il y a quelque chose qui concerne l'invo-
,, cation des Demons, cela est superstitieux & illicite.
,, Secondement si ce que l'on dit, & ce que l'on écrit
,, ne contient point de mots inconnus, & ne renferme
,, point quelque chose d'illicite. Troisièmement qu'il
,, n'y ait aucune fausseté, d'autant que l'effet que l'on
,, en espere, ne pouroit pas venir de Dieu, qui ne
,, sçauroit être le témoin d'une fausseté. Quatrième-
,, ment qu'il n'y ait quelque vanité mêlée avec les pa-
,, roles sacrées, par exemple quelque autre caractere
,, que le signe de la Croix, ou qu'on n'ait confiance
,, dans la maniere d'écrire ou de lier ces paroles, ou
,, dans quelque autre vanité qui ne marque pas le respect
,, qu'on doit à Dieu, parce qu'il y auroit de la Super-
,, stition en cela.

D'où il est visible que l'on peut pecher en quatre manieres, en portant sur soy des choses sacrées.

1. En les portant en consequence d'un pacte tacite ou exprès fait avec le Demon, comme font ceux qui portent sur eux la mesure de la playe du côté de nôtre Seigneur, dans la croiance qu'elle leur procurera tous les avantages qui sont marquez à la fin de l'*Enchiridion manuale precationum Leonis Papæ*, parce qu'elle ne peut les leur procurer que par l'entremise du Demon (c).

2. En les portant accompagnées de mots inconnus, tels que sont ceux-ci, *Authos, Anostro, Noxio, Bay, Gloy, Affen*, qui se lisent dans le même Livre avec cette Preface que je renvoye à la note (d).

3. En les portant jointes avec quelque fausseté, comme qui porteroit cette rytme, dont quelques vieilles sorcieres se servent dans leurs enchantemens: *Beata virgo Jordanem transivit & tunc S. Stephanus ei obviavit & eam interrogavit &c.* ou l'Oraison prétenduë du Pape Leon, *Crux Christi quam semper adora, &c.* S'imaginant que le faux, l'impie, l'execrable préambule, qu'on voit ci-dessous, seroit veritable (e).

(a) Breviar. Theolog. p. 2. 2. n. Observantia Sacrorum, *dit-il*, est adhibitio rei sacræ consequendum effectum, cujus producendi non habet efficaciam naturalem, divinam, aut Ecclesiasticam.

(b) Loc. cit.

(c) Voici les propres termes de ce detestable Livre! Hæc est mensura plagæ quæ erat in latere Christi delata Constantinopoli ad Imperatorem Carolum Magnum in quadam capsula aurea, ut Reliquiæ pretiosissimæ, ne ullus hostis posset nocere ei. Ejus autem tanta est virtus, ut nec ignis, nec aqua, nec ventus, nec tempestas, nec lancea, nec ensis, nec diabolus possint nocere ei, qui vel ipse leget, vel legi jubebit, vel secum feret. Præterea mulier dolore partus non morietur quo die eam viderit, sed subito & facile liberabitur. Deinde quicunque eam mensuram secum geret, de suis inimicis victoriam reportabit, neque injuriam aut detrimentum pati poterit. Denique eo die quo quis eam legerit, improvisa morte non delebitur.

(d) Hæc sunt nomina omnipotentis Domini nostri Jesu Christi, quæ extracta sunt ex aliis ejusdem nominibus. Quisquis ea super se portaverit, sciat se omne negotium suum habiturum esse, nec unquam fieri posse ut proditione capiatur. Item si collo appensa ab aliquo portabuntur, ille ab omnibus diligetur.

(e) Hæc sunt verba quæ Leo Papa Carolo Magno Regi ac Imperatori misit, quorum virtus est probata. Quæcumque igitur persona ea supra se portaverit aut legerit, seu legi fecerit, eo die evadet pericula mala mortis, neque ignis, neque atquæ offensio-

4. En les portant ou mêlées avec quelque vanité, par exemple, avec des caracteres magiques, semblables à ceux qui se trouvent dans le même Ouvrage; ou afin de s'en servir pour de vains effets, comme pour faire tourner un sas, pour faire mouvoir un anneau sur un brin de fil, ou pour d'autres semblables, pour la production desquels on se sert des paroles de l'Ecriture-Sainte; ou enfin dans la pensée que si elles n'étoient écrites ou gravées par une certaine personne, à certain jour, en certain temps, d'une certaine maniere, sur un certain papier, sur un certain parchemin, ou sur une certaine autre matiere, elles seroient inutiles.

Ainsi à l'égard des signes de Croix, quoique ce soit une chose louable & pieuse d'en porter sur soy, il y auroit neanmoins de la Superstition à n'en vouloir porter que de ceux qui seroient faits d'une certaine maniere, ou par une certaine personne, ou avec l'Oraison qui commence *Barnaza* ✠, *Leutias* ✠, *Bucella* ✠ &c. ou à n'en vouloir porter que pour donner quelque malefice, que pour être preservé de quelque mal, ou que pour chasser quelque maladie par une voye induë. Car il est important de remarquer avec l'illustre Chancelier de l'Université de Paris (f), que toute observance qui est le moins du monde suspecte ou infectée d'Idolatrie, d'heresie, ou d'apostasie, quelque sainte ou salutaire qu'elle paroisse en dix, en vingt ou en trente de ses parties, doit passer pour entierement suspecte ou infectée de l'un de ces trois crimes, à moins qu'on ne distingue bien ce qui est vil d'avec ce qui est precieux.

Quant aux Reliques, l'Auteur de *la Somme* appellée *Angelique*, soutient qu'on n'en doit point porter penduës au cou. Car s'étant proposé la question (g), il se repond non. S. Thomas soutient au contraire qu'il n'est pas defendu d'en porter, & son opinion est suivie presque de tous les Theologiens. Cependant il y auroit de la Superstition, à ne vouloir porter des Reliques que dans une Reliquaire fait d'une certaine matiere ou d'une certaine figure, ou à y avoir tant de confiance que de croire qu'elles sont capables toutes seules de nous obtenir le pardon de nos pechez, & la grace de la perseverance finale, sans nous mettre en peine de faire de bonnes œuvres, ni de changer de vie.

Pour ce qui concerne les Evangiles, il semble que les Peres de l'Eglise n'approuvent pas qu'on les porte pendus au cou, pour guerir les maladies. Car voici comme en parle S. Jean Chrysostome (b), s'il est vray qu'il soit l'Auteur de l'*Ouvrage imparfait sur S. Matthieu*, que quelques Sçavans lui attribuent, quoique le Cardinal Bellarmin (i) & plusieurs autres ne soient pas de ce sentiment. ,, Quelques-uns, *dit-il*, portent é-
,, crite autour de leur coû une partie de l'Evangile.
,, Mais ne lit-on pas tous les jours l'Evangile dans l'E-
,, glise, afin que tout le monde l'entende? Si donc
,, celui à qui on lit tous les jours l'Evangile n'en pro-
,, fite point, comment en pourra-t-il profiter & en être
,, gueri, lorsqu'il le portera pendu à son coû? En
,, quoi consiste, je vous prie, la vertu de l'Evangile?
,, Est-ce dans les figures & les caracteres des lettres,
,, ou dans l'intelligence du sens qu'il renferme? Si elle
,, consiste dans les figures & les caracteres des lettres,
,, c'est bien fait que de le mettre autour de vôtre coû.
,, Mais si elle consiste dans l'intelligence du sens qu'il
,, ren-

nem ullam patietur, sed in honore & senectute morietur, & omnem honorem erit consequutus. Et si quæ mulier gravida portaverit super se dicta verba, quæ parturire non poterit, cito pariet, & non poterit ire ad perditionem.

(f) Gerson in Opusc. adverf. doctrinam cujusdam Medici, &c. propos. 5. Omnis observatio, *dit-il*, quantumcumque sancta & salubris videatur, in decem, aut viginti, aut triginta praticulis si habeat unicam particulam de Idololatria, vel hæresi, vel de apostasia suspectam, aut infectam, debet tota suspecta & infecta reputari, nisi fiat manifestatio pretiosi à vili.

(g) V. Reliquiæ, n. 4. Utrum Reliquiæ Sanctorum debeant portari ad collum? *Il la rejout en cette maniere:* Respondeo quod non.

(b) Homil. 43.

(i) Lib. de Scriptorib. Ecclef. in S. Jo. Chryf.

,, renferme, c'est encore mieux fait que de le mettre
,, à votre cœur, & il vous y fera plus de bien que si
,, vous l'attachiez autour de vôtre cou.

Du temps de S. Augustin il y avoit des gens qui
se faisoient mettre l'Evangile de S. Jean, lorsqu'elle leur faisoit mal, ou qu'ils ressentoient quelqu'autre douleur. Cette pratique étoit devote en apparence. Et neanmoins voici comme ce saint Docteur
en parle: ,, (a) Quoi donc? Lorsque la tête vous fait
,, mal, nous vous louons de ce que vous y appliquez
,, l'Evangile de S. Jean, plutôt que d'avoir recours
,, aux ligatures. Car la foiblesse de ceux qui y ont re-
,, cours, est reduite à un tel point, & nous fait si
,, grande pitié, que nous nous réjouïssons quand nous
,, voyons qu'une personne qui est dans son lit travaillée
,, de fiévres & de douleurs, ne met son esperance qu'en
,, l'Evangile de S. Jean qu'elle met à sa tête. Le su-
,, jet de nôtre joye ne vient pas de ce que cet Evan-
,, gile a été fait pour cela, mais de ce qu'on le prefere
,, aux ligatures. Si donc vous le mettez à vôtre tête,
,, afin de faire cesser vôtre migraine, pourquoi ne le
,, mettez vous pas à vôtre cœur afin de le guerir du
,, peché? Faites-donc. Mais que ferez-vous? Met-
,, tez-le à vôtre cœur; que vôtre cœur soit gueri, ce-
,, la est bon. Il est bon aussi de ne vous point mettre
,, en peine de la santé de vôtre corps, sinon de la de-
,, mander à Dieu. S'il voit qu'elle vous soit utile, il
,, vous la donnera. Mais s'il ne vous la donne pas,
,, c'est qu'il ne jugera pas qu'elle vous soit avantageu-
,, se.

S. Augustin n'approuve pas par ces paroles le procedé de ceux qui mettoient l'Evangile de S. Jean à leur
tête; il le blâme au contraire. Il compare ces deux
choses l'une avec l'autre: *Mettre l'Evangile de S. Jean
à sa tête*: Et *avoir recours aux ligatures*; Et il asseure
qu'il a bien plus de joye de voir faire la premiere que
la seconde. C'est-à dire qu'encore que ce soit un mal
que de mettre l'Evangile de S. Jean à sa tête, ce n'en
est pas toutefois un si grand que d'avoir recours aux
ligatures. Mais toûjours c'en est un, parce que l'E-
vangile de S. Jean n'est pas fait pour guerir les maladies: *Quia non ad hoc factum est*; Et qu'on ne peut en
attendre cet effet, sans aller contre l'intention du Saint-
Esprit, qui a dicté cet Evangile pour d'autres fins.

Ainsi je ne voy pas qu'il y ait de sureté de conscience à porter cet Evangile pendu à son coû dans un tuyau de plume d'Oye brodé par les deux bouts & orné
de frange de soye, quoiqu'on dise que quelques personnes conseillent de le faire pour la guerison de quantité
de maux.

Je ne vois pas non plus qu'il y en ait à porter écrit
sur du verre le Pseaume 9. *Confitebor tibi Domine &c.*
avec de certains caracteres inconnus & magiques, au nom
de JESUS-CHRIST & de S. Etienne, en les lavant
dans de l'huile rosat, & s'en frottant le visage.

Il n'y en a point aussi à s'imaginer qu'en portant un
Rosaire, un Chapelet, un Scapulaire, une Ceinture de
S. Augustin, un Ceinturon de S. Monique, un Cordon de S. François, une Ceinture de S. François de
Paule, ou quelque autre signe ou instrument de pieté,
on ne sera jamais damné, on recevra tres assurement les
Sacremens de l'Eglise à l'article de la mort & on fera
une sincere penitence, quoiqu'on ait negligé de la faire
pendant tout le cours de sa vie, & que se contentant
de ces signes & de ces instrumens exterieurs on ait renoncé à la veritable pieté. Cette imagination au contraire est entierement superstitieuse, dans la pensée du
P. Alexandre sçavant Theologien de l'Ordre de S. Dominique (b).

Il prouve ensuite cette pensée par le temoignage du
Concile Provincial de Cambray en 1565. (c) qui dit
qu'il faut enseigner aux peuples que ceux-là tombent
dans une vanité & une Superstition abominable, qui
promettent infailliblement, qu'on ne mourra point sans
avoir fait penitence & sans avoir reçu les Sacremens, si
on honore un tel Saint, ou une telle Sainte; qui assurent qu'on réussira très-certainement moyenant cela dans
tout ce qu'on entreprendra, & qui se flattent de semblables promesses. On doit aussi rebuter absolument
ceux qui promettent, qu'en faisant dire un certain
nombre de Messes, & en faisant certaines prieres, d'u-
ne certaine maniere, on delivrera toujours certaines ames
particulieres des peines du Purgatoire.

Mais au reste il ne faut pas oublier de rapporter ici
une regle que le Cardinal de Cusa donne pour reconnoître les Superstitions, qui se peuvent rencontrer dans
les choses sacrées. Il y a, dit-il (d), de la Superstì-
tion, lorsqu'on employe, ou qu'on applique les choses
sacrées à d'autres usages qu'à ceux auxquels elles sont
destinées. Cette regle peut être d'un fort grand secours dans la matiere que nous traitons.

CHAPITRE V.

*De l'observance des santez. En quoi elle
consiste. Qu'elle regarde aussi bien la santé
des animaux que celle des hommes. Qu'elle est superstitieuse. Qu'elle est quelquefois
un peché veniel, & quelquefois un peché mortel. Qu'elle est condamnée par les regles de
l'Eglise.*

LORSQUE nous employons des moyens vains &
inutiles pour avoir la santé ou pour la fortifier,
pour conserver nôtre vie ou pour nous preserver de
quelques fâcheux accident, nous tombons dans la Superstition appellée *l'Observance des santez*. Car voilà
justement comme le Cardinal Tolet la definit (e): Et
sa definition s'accorde parfaitement bien avec celle de
Polman (f).

Surquoi il faut remarquer, que lorsque les Theologiens parlent de santé, ils entendent aussi-bien celle des
animaux que celle des hommes (g). Ainsi tous les
moyens frivoles & disproportionnez dont on se sert
pour

pietatis abnegent, Theol. mor. & dogm. Tom. 9. C. 3. art. 14.
Reg. 22. p. 565.

(c) Doceatur populus abominandam esse eorum vanitatem ac
superstitionem qui certò pollicentur non ex hac vita migraturos
sine pœnitentia & Sacramentis illos qui hunc illumve ex Divis
coluerint, qui securitatem in rebus gerendis fortunæ certum ac
optatum eventum iisdem promittunt, & si qua alia hujusmodi
proferantur & credantur, veluti & illud quoque planereproban-
dum est, si qui certo numero, præscriptaque Missarum formâ aliquâ, aut precum, affirmant certas designatasque animas è Pur-
gatorio semper liberari, Tit. 9. de SS. C. 6.

(d) Si res consecratæ ad aliud quam proprium usum applicen-
tur, est superstitio. To. 2. Exercit. L. 2. ex Sermone ibaut Magi, &c.

(e) Instruct. Sacer. l. 4. c. 16. n. 1. Observantia sanitatum,
dit-il, est cùm homo ad sanitatem obtinendam vana media &
inutilia assumit, ut hi qui quibusdam orationibus sanant dolorem
capitis, & aliorum morborum, retinent sanguinis fluxum, sanant etiam alias infirmitates, etiam animalium.

(f) Breviar Theol. p. 2. tit. 2. Superstit. n. 982. Observantia
sanitatum est adhibitio medii inefficacis, ad obtinendum morborum curationem, vulnerum immunitatem. *Medii inefficacis*, v.
g. certorum signorum, verborum, aliorum, ut aiunt, nominum
Dei, insufflationis oculorum, ceremoniarum inutilium, &c.

(g) Comme il paroît par ces derniers mots du Cardinal Tolet
etiam animalum; par ces paroles de Cajetan: In Sum. V. Superstitio. Secunda est superstitio observationum, utendo lapidibus, herbis, lignis, animalibus, imaginibus, carminibus, ritibus ad faciendum aliquid, puta sanandum dolorem capitis, curandum caballum, sistendum sanguinem, mendendum vulnus &
cætera. Et par cette reponse de *Bonacina*, Tom. 2. Tract. de
legib. in parti. disp. s. q. 3. punct. 4. num. 3. Respondeo ob-
servationem sanitatum esse superstitionem qua adhibentur aliqua inania & inutilia ad sanandos morbos hominum vel animalium.

(a) Tract. 7. in c. 1. S. Johan.
(b) Superstitiosa erit Rosarii, vel Scapularis, aut sacrorum hujusmodi pietatis instrumentorum, signorumque gestatio, si ea
credulitate gerantur, quod numquam damnabuntur qui ea ferunt,
vel quod in mortis articulo Sacramentis Ecclesiæ certissimé pro-
curabuntur & sinceram pænitentiam agent quantumvis in toto vitæ curriculo negligant, & signis illis pietatis contenti veritatem

pour procurer la santé aux hommes & aux bêtes, ou pour éloigner des uns & des autres certains maux & certains dangers, sont superstitieux & illicites. La raison qu'en apporte S. Thomas (a), est qu'ils n'ont nulle vertu naturelle pour produire aucun de ces effets.

Or puisque ces moyens sont superstitieux & illicites, de quelque manière qu'on s'en serve, il y a du peché à s'en aider pour obtenir la santé. Le peché n'est que veniel, selon le Cardinal Tolet (b), lorsque ceux qui s'en aident, le font par ignorance ; mais il est mortel, lorsqu'après avoir été avertis du mal qu'il y a à s'en aider, ils ne laissent pas de le faire, car alors ils invoquent le Demon sciemment & avec connoissance.

Quoique le Prophete Roi asseûre (c), *Qu'il vaut mieux se confier au Seigneur que de fonder son esperance sur l'homme* ; & que le Seigneur dise lui-même par la bouche de Jeremie (d), *Que celui-là est maudit, qui met sa confiance dans l'homme, & qui s'appuyant sur un bras de chair détourne son cœur de Dieu*: Quoique l'Apôtre S. Paul defende absolument aux Chrétiens (e), *d'avoir aucune part ni aucune societé avec les Demons*: Il s'en trouve neanmoins de si aveugles, & de si mal persuadez de la verité des saintes Ecritures, & des Maximes de leur Religion toute pure & toute sainte, qu'ils ont plutôt recours aux hommes & aux Demons mêmes, qu'à Dieu dans les maladies & les autres accidens qui leur arrivent, & qu'ils se confient davantage à certains remedes superstitieux & diaboliques que l'Eglise a toûjours condamnez, qu'aux moyens qu'elle a saintement établis pour implorer le secours du Ciel dans le besoin.

On ne voit que trop de ces gens-là dans le monde. Qu'ils gemissent sous le poids de leurs pechez, qu'ils soient accablez de la multitude presque innombrable de leurs crimes, ils sont peu sensibles à ces maux. Parce que ce sont des maux spirituels, ils ne se mettent pas beaucoup en peine d'en être delivrez. Mais ils sont extremement tendres à l'égard des incommoditez corporelles, & ils n'en sont pas plutôt travaillez, qu'ils cherchent des remedes pour en être gueris. Si bien qu'on leur peut appliquer dans un bon sens ces excellentes paroles de S. Bernard (f), ,, si une anesse vient ,, à tomber, on ne manque pas de gens qui la relevent ; mais quand une ame se perd, il ne se trouve ,, personne qui y fasse la moindre reflexion ; nous ,, sommes plus vivement touchez de la perte des choses ,, perissables, que de la damnation de nos ames, qui ,, sont immortelles & incorruptibles.

Louïs XI. étoit un Prince fort superstitieux, si nous en croyons les Historiens de sa vie ; & à bien considerer ses pelerinages, ses fondations, & ses devotions, il semble qu'il ne les faisoit à autre intention qu'afin d'obtenir de Dieu des biens temporels, & sur tout la santé du corps, & une longue & heureuse vie. Claude de Seyssel, Archevêque de Turin (g), raporte de ce Roi, qu'un jour un Prêtre disant pour lui une Oraison à S. Eutrope, dans laquelle il étoit parlé de la santé du corps & de celle de l'ame, il lui commanda d'ôter le mot d'*ame*, ajoutant que c'étoit assez de demander à Dieu la santé du corps, sans qu'il fût nécessaire de l'importuner de tant de choses tout à la fois.

La Religion Chretienne n'est pas si fort ennemie de la nature, qu'elle empêche que nous ne nous servions des remedes que la Medecine nous presente dans nos maladies. Elle sçait au contraire, ce que dit l'Ecclesiastique (b), que c'est le Très-haut qui les a creées de la terre, & que l'homme-sage ne le rebutera pas: Et elle nous exhorte même à en prendre quelquefois par précaution (i) : Mais elle ne sauroit souffrir qu'on en employe d'autres que ceux qui sont dans l'approbation des Medecins, ou qui sont autorisez de Dieu ou de l'Eglise.

Voilà pourquoi elle rejette les Phylactères ou preservatifs, les ligatures, les brevets ou billets, les ceintures d'herbes, les figures, les caractères, les paroles & les oraisons, les pratiques & les ceremonies, par lesquelles certaines personnes superstitieuses entreprennent de guerir les maladies ; & elle regarde toutes ces choses comme des ouvrages de tenebres, des restes de l'Idolatrie, & des inventions du Demon.

S. Eloy, Evêque de Noyon dit aux Fideles (k) : ,, Avant toutes choses, mes Freres, je vous avertis & ,, vous conjure de n'ajouter foy ni aux Magiciens, ni ,, aux Devins, ni aux Sorciers, ni aux Enchanteurs, ,, & de ne les point consulter pour quelque sujet, ou ,, pour quelque maladie que ce soit, parce que celui qui commet ce crime perd aussi-tôt la grace du ,, Baptême.

Etienne Poncher, Eveque de Paris dans ses Statuts Synodaux (l) de 1515. enjoint aux Curez de son Diocese, de s'informer soigneusement de la foy & ,, de l'esperance de leurs Paroissiens, & des Superstitions contraires à ces deux vertus, pour la guerison ,, des maladies.

Le premier Concile Provincial de Milan (m) en 1565. donne pouvoir aux Evêques ,, de punir severement & ,, d'excommunier les Magiciens qui se persuadent, ou ,, qui promettent aux autres qu'ils pourront par le moyen des ligatures, des nœuds, des caractères & des ,, paroles secrettes, troubler les esprits des hommes, ,, donner des maladies ou en guerir, & changer la figure & la constitution des corps.

Jean François Bonhomme (n), Evêque de Verceil ,, defend de se servir de tableaux, d'images, d'anneaux, ,, d'oraisons écrites, ou de brevets sur lesquels il y ,, ait des caractères ou des mots inconnus, pour guerir ,, les maladies des hommes ou des bêtes.

Le Concile Provincial de Toulouse (o) en 1590. ordonne ,, aux Confesseurs & aux Predicateurs de deraciner des esprits des Fideles, les vaines observances qu'ils pratiquent pour la guerison superstitieuse ,, des maladies.

Les Constitutions Synodales de S. François de Sales, & d'Aranton d'Alex, Evêques de Geneve (p), ,, enjoignent à tous Curez & Vicaires d'enjoindre sous ,, peine d'excommunication à leurs Paroissiens, qu'ils ,, n'ayent aucun recours aux Sorciers & Devins, pour ,, guerir ou eux, ou leur bétail.

Enfin les Statuts Synodaux d'Agen (q) en 1673. assurent que ,, c'est un reste du Paganisme & de l'Idolatrie, que de procurer la guerison des hommes & ,, des animaux, en prononçant certaines paroles, ou ,, faisant certaines figures.

C'est ce qui paroîtra encore davantage dans les Chapitres suivans, où nous traiterons de ces paroles, de ces figures, & des autres remedes superstitieux en general & en particulier, & où nous tâcherons d'en donner des idées assez justes pour les connoître, pour les éviter, & pour en faire comprendre la vanité & l'illusion. Cependant il ne faut pas oublier ici que le Diable,

(a) 2. 2. q. 96. a. 2. ad 1. Si simpliciter adhibeantur res naturales, *dit-il*, ad aliquos effectus producendos ad quos putantur naturalem habere virtutem, non est superstiosum vel illicitum. Si verò adjungantur vel-characteres aliqui, vel aliqua nomina, vel aliquæ quæcumque variæ observationes, quæ manifestum est naturaliter efficaciam non habere, erit superstitiosum & illicitum.
(b) Sup.
(c) Ps. 117.
(d) C. 17.
(e) 1. Cor. 10.
(f) Lib. 4. de Considerat. c. 6. Cadit asina, est qui sublevet eam ; perit anima & nemo est qui reputet. Quàm intolerabilius rerum corruptibilium, quàm mentium sustineremus jacturam.
(g) Dans l'Histoire de Louïs XII. p. 91. & 92.

(b) C. 38. Altissimus creavit de terra medicamenta, & vir prudens non abhorrebit illa.
(f) Ibid. c. 18. Ante longuorum adhibe Medicinam.
(k) L. 2. Vit. c. 15.
(l) Tit. de Sacrament. pœnit.
(m) Constit. p. 1. tit. 10.
(n) In Decret. Visitat. tit. de Superstition.
(o) Part. 4. c. 12. n. 5.
(p) Part. 1. c. 11.
(q) Tit. 39.

ble, par le ministere d'une statuë d'Esculape, inspira autrefois plusieurs observances des santez aux Romains, ainsi qu'il paroît par (a) des paroles gravées sur une table de marbre, qui fut trouvée dans le Temple d'Exculape, & qui étoit encore gardée du temps de Majolus, dans l'illustre Famille des Maphées en Italie.

Il y a une infinité de semblables remedes également frivoles, tel qu'est celui de se mettre à genoux devant la lampe de l'Eglise, pour faire passer les fievres, celui de prendre la grosseur & la longueur d'un malade avec un brin de fil & le faire passer trois fois par le feu, afin de le guerir, & celui de donner des cloux & de petits morceaux de lard à S. Clou, afin de guerir de la galle.

(a) Majolus Tract. de Vaticino, fol. 533. Voyez aussi Jerome Mercurial. lib. 1. de Gymnastic. qui témoigne la même chose. Hisce diebus Laïco cuidam viro oraculum reddidit, veniret ad sacrum Altare, ut genua flecteret, à parte dextra veniret ad lævam & poneret quinque digitos super Altare, & elevaret manum & poneret super proprios oculos : & rectè vidit, populo præsente & gratulante, quod grandia miracula fierent sub Imperatore nostro Antonio. Sanguinem revomenti Juliano desperato ab omnibus hominibus ex oraculo respondit Deus, veniret & ex ara caperet nucleos pini, & comederet unà cum melle per tres dies, & convaluit, & vivens gratias egit publicè, præsentè populo. Valerio Apro militi cæco oraculum reddidit Deus, veniret & acciperet sanguinem ex gallo albo, admicens mel, & collyrium conficeret, & tribus diebus uteretur supra oculos, & vidit, & venit, & gratias egit publicè Deo. Lucio affecto lateris dolore & desperato à cunctis hominibus, oraculum reddidit Deus, veniret & ex ara tolleret cinerem, & unà cum vino commisceret, & poneret supra latus, & convaluit, & publicè gratias egit Deo, & populus congratulatus illi.

TRAITÉ

DES

SUPERSTITIONS.

LIVRE CINQUIEME.

CHAPITRE PREMIER.

Des Phylacteres ou preservatifs en general. Des diverses acceptions du mot de Phylactere. Que les Phylacteres sont des remedes superstitieux condamnez par les Conciles & par les Peres de l'Eglise.

EN Grec φυλακτηριον, περιαπτον, περιαμμος, ἀποτροπαιον, εγκόλπιον, en Latin *Phylacterium, periaptum, periamma, Pictaciolum, conservatorium, ligatura, amolimentum, amuletum,* ou pour mieux dire, *amoletum,* selon Vossius (a), qui le derive du verbe *amolior,* signifie en François ce que nous appellons *Phylactere* ou *preservatif.*

Dans l'Evangile de S. Mathieu (b) les Phylacteres, selon l'explication d'Origene, de S. Jean Chrysostome, de S. Jerôme, d'Euthymius, & de plusieurs autres Interpretes, se prennent pour des bandes de parchemin sur lesquelles les Commandemens de la Loi étoient écrits, & que les Scribes & les Pharisiens portoient autour de leurs têtes & de leurs bras, afin d'avoir toûjours la Loi de Dieu devant leurs yeux. Elles se nommoient *Phylacteres,* parce qu'elles étoient faites pour conserver la memoire de la Loi.

Quelques Auteurs Ecclesiastiques, & entr'autres S. Gregoire le Grand (c), & Helgaldus (d) Moine de Fleurí ou de S. Benoît sur Loire, donnent le nom de *Phylacteres* à ce qui s'appelle parmi nous *Reliquaires.*

Mais on entend plus ordinairement par *Phylacteres* ou *Preservatifs,* certains remedes superstitieux que l'on lie & que l'on attache au cou, aux bras, aux mains, aux pieds, aux jambes, ou à quelques autres parties du corps des hommes & des bêtes, pour chasser certaines maladies, ou pour détourner certains accidens. C'est de là qu'ils s'appellent aussi *Ligatures,* à cause qu'on les lie. Ainsi les *Phylacteres,* les *Preservatifs,* & les *Ligatures* ne sont qu'une même chose dans le fond.

Un Philosophe Chaldéen, nommé Julien, qui étoit un des plus fameux Magiciens de son temps, a écrit quatre Livres *des Demons,* où il parle de ces sortes de remedes pour toutes les parties du corps humain, ainsi que le témoigne Suidas (e).

L'Empereur Caracalla, comme le rapporte Spartien dans sa vie, vouloit que l'on punît ceux qui se servoient de ces remedes superstitieux contre la fiévre quarte & contre la fiévre tierce.

Ce sont ces mêmes remedes que les Conciles & les Peres de l'Eglise ont condamnez si positivement sous le nom de *Phylacteres* ou de *Ligatures.*

De là vient que le Concile de Laodicée (†) defend aux Ecclesiastiques, *de faire des Phylacteres, qui sont des liens des ames;* & qu'il ordonne *que l'on chasse de l'Eglise ceux qui en font.*

Origene, ou Jean de Jerusalem (g), loüe les amis de Job, ,, de ce qu'ils ne s'arrêtoient ni aux malefices, ,, ni aux preservatifs, ni aux placques caracterisées. Car ,, toutes les personnes pieuses, *dit-il,* doivent sçavoir ,, que toutes ces choses sont des pieges & des tromperies du Diable, des restes de l'Idolatrie, des illusions ,, & des scandales des ames. Ce que la plûpart des hommes ne reconnoissant pas aujourd'hui, aussi-tôt qu'ils ,, ont quelque incommodité, ils se servent de ligatures ,, & de preservatifs, ils écrivent certains caracteres sur ,, du papier, sur du plomb ou sur de l'étain, & ils les ,, lient à quelque partie du corps de la personne qui ,, ressent de la douleur. Ils se separent & s'éloignent de ,, Dieu pour attendre leur salut des choses insensibles & ,, inanimées. Ils semblent éviter l'Idolatrie, & ils adorent les restes des Idoles, je veux dire les preservatifs. ,, Ils detournent leur esperance de la misericorde de ,, Dieu tout puissant & vivant, & ils la mettent dans ,, des choses mortes & sans ame, dans des preservatifs ,, & dans d'autres Superstitions. Jettez les dans le feu ,, pour voir si elles pourront s'aider & se delivrer elles-mêmes du feu. Si elles ne peuvent s'aider elles-mêmes, comment pourront-elles nous aider? Si elles ne ,, peuvent se delivrer elles-mêmes du feu, comment ,, pourront-elles nous delivrer de nos infirmitez? Dites-,, moi, je vous prie, y-a-t'il un meilleur remede que ,, le pain qui réjouït le cœur de l'homme? Cependant ,, si vous l'attachez à vôtre cou, sans mordre dedans, ,, sans le manger, il vous sera inutile, il ne vous servira de rien. Si donc le pain, qui est la vie du corps, ,, étant attaché à nôtre cou, ne nous sert de rien, que ,, vous servirons les preservatifs & les caracteres écrits ,, sur des plaques mortes & inanimées, qui sont des effets de l'esclavage & de l'illusion du Demon, & une ,, par-

(a) In Etymologic.
(b) Cap. 23. v. 5.
(c) Lib. 12. Epist. 7.
(d) In vit. Robert. Regis.
(e) V. Julian. Julianus Chaldeus, *dit-il,* scripsit *De Dæmonibus* libros quatuor. Continet autem Phylacteria pro singulis corporis humani membris, quales sunt operationes seu incantationes Chaldaïcæ.

(f) Can. 36.
(g) Tract. 3. in Job.

S

„ participation de l'Idolatrie? Celui qui espere en une
„ statuë inanimée, est malheureux; mais celui qui es-
„ pere en des preservatifs morts, est encore plus mal-
„ heureux.

„ S. Cyrille Patriarche de Jerusalem (a), asseure que
„ les preservatifs & les caracteres appartiennent au culte
„ du Diable, & que nous devons les éviter après nôtre
„ Baptême, de crainte que le Demon ne nous traite
„ avec plus de severité qu'auparavant.

„ Lorsque nous sommes dans l'affliction, dit S. Ba-
„ sile (b), nous avons plutôt recours à toute autre cho-
„ se qu'à Dieu. Avez-vous un enfant malade, vous
„ jettez les yeux de toutes parts pour voir si vous ne
„ trouverez point quelque Charmeur, ou quelqu'autre
„ personne qui vous donne des caracteres vains & inu-
„ tiles pour les attacher au cou de vôtre enfant; ou bien
„ vous allez chercher un Medecin & des remedes, sans
„ vous mettre en peine de celui qui peut guerir vôtre
„ enfant.

„ S. Gregoire de Nazianze, intime ami de S. Basile,
rejette generalement tous les preservatifs, & veut que les
Fideles se contentent de l'invocation de la Tres-sainte
Trinité, pour se garentir de tout mal. „ Vous n'avez
„ que faire, dit-il (c), de preservatifs ni de charmes.
„ C'est une illusion dont se sert le Demon pour s'insi-
„ nuër dans les esprits des simples, & pour se faire ren-
„ dre comme en cachette & clandestinement l'honneur
„ qui est deû à Dieu. Contentez-vous de la Trinité.
„ C'est un grand & un beau preservatif.

„ S. Gaudence Evêque de Bresse dit aux Neophytes, que
„ les charmes & les ligatures sont des especes d'Idolatrie.

S. Ambroise (d) declare nettement que ceux qui mettent leur confiance dans les preservatifs & les caracteres,
seront damnez: „ Qui confidunt in Phylacteriis & cha-
„ racteribus damnabuntur.

S. Augustin (e) témoigne „ que les ligatures & les
„ remedes que la Medecine condamne, soit qu'ils con-
„ sistent dans les enchantemens, ou dans certains cha-
„ racteres, appartiennent à la Magie, & sont des ef-
„ fets de quelque pacte avec les Demons.

On peut juger de l'aversion que ce grand Docteur
avoit pour ces sortes de remedes, par ce qu'il dit dans
le premier Discours sur le Pseaume 70. lorsqu'il appelle
mauvaises & infideles (f) les meres qui ont recours aux ligatures, aux sacrileges & aux charmes, pour guerir leurs
enfans du mal de tête.

Il n'en parle pas avec moins de force dans un autre
Discours (g). „ Il y a maintenant, dit-il, une certai-
„ ne persecution du Diable, qui est plus cachée & plus
„ fine qui n'étoient celles de l'Eglise primitive". Un
Chrétien est au lit malade; il est tourmenté de grandes
douleurs, il prie Dieu; Dieu exauce ses prieres, ou
pour mieux dire, il ne les exauce pas, mais il l'éprouve,
il l'exerce, il le chastie, afin de faire voir qu'il le traite
comme son enfant. Dans le fort de ses douleurs, il est
tenté du côté de la langue. Une femme, ou un homme, si on le peut appeller homme, s'approche de son lit &
lui dit: „ Faites cette ligature & vous serez gueri, celui-ci
„ celui-là en ont été gueris, vous le pouvez sçavoir d'eux-
„ mêmes. Le malade ne se rend pas à ce discours, il
„ n'y obeit pas, il demeure ferme, il resiste, quoi-
„ qu'avec beaucoup de peine. Le mal qu'il souffre
„ lui ôte les forces; mais cela n'empesche pas qu'il ne
„ vainque le Demon. Il devient martyr dans son lit,
„ & celui qui a été attaché pour lui à une Croix, lui
„ donne la Couronne du martyre.

„ La vie de l'homme (dit-il encore) est exposée à
„ une perpetuelle tentation. Quelquefois un fidelle est
„ malade, & il est tenté dans sa maladie. Pour le gue-

„ rir on lui promet un sacrifice illicite, une ligature cri-
„ minelle & sacrilege, un enchantement abominable,
„ une conjuration magique. On l'asseure & on lui dit
„ que celui-ci ou celui-là ont été en même danger que
„ lui, & qu'ils en ont été delivrés par un semblable
„ remede. Faites-le donc, ajoute, t'on, si vous voulez
„ vivre. Si vous ne le voulez pas faire vous mourrez in-
„ falliblement. Prenez bien garde s'il n'y a point, Vous
„ mourrez, si vous ne reniez JESUS-CHRIST. Ce que
„ les persecuteurs disoient ouvertement aux Martyres,
„ le tentateur vous le dit secretement. Faites ce remede
„ & vous serez gueri. N'est ce pas la même chose que
„ s'il vous disoit, sacrifiez aux Idoles & vous serez
„ gueri. Si vous ne le faites, vous mourez, n'est ce
„ pas comme s'il vous disoit, Vous mourez, si vous ne
„ leur sacrifiez? Vous avez trouvé un combat, cher-
„ chez une pareille victoire. Vous étes dans votre lit
„ & vous étes dans la carriere. Vous étes couché &
„ vous combattez. Demeurez ferme dans la foi &
„ vous remporterez la victoire lors même que vous
„ serez fatigué (b).

Il dit ailleurs (i), que ceux qui ajoûtent foi aux
Graveurs de preservatifs, aux Devins, aux Aruspices,
aux Phylacteres & aux Augures, quoiqu'ils jeûnent,
quoiqu'ils prient, quoiqu'ils aillent continuellement à
l'Eglise, quoiqu'ils fassent de grandes aumônes, quoiqu'ils mortifient leurs corps, ne gaigneront rien,
s'ils ne renoncent à ces observances impies & sacrileges, qui étouffent & ruinent tout le bien qu'ils pourroient faire.

Il ne sera pas hors de propos d'observer ici, que le
mot Caragi, qu'on lit dans le passage de ce Pere, signifie ceux qui gravent des lettres ou des caracteres sur
les preservatifs. De là vient que les lettres & les caracteres s'appellent en Grec γραμματα, à cause qu'ils
font gravez ou écrits, & que caraxare en Latin veut
dire graver ou écrire, selon ces paroles du Poëte Prudence dans l'Hymne de saint Romein:

> Caraxat ambas ungulis scribentibus
> Genas, cruentis & secat faciem notis.

Le Concile Romain tenu sous le Pape Gelase l'an
494. déclare apocryphes tous les Phylacteres, qu'il asseure être faits par l'art du Demon (k):

Le Concile d'Agde (l) en 506. dit la même chose
des preservatifs, que le Concile de Laodicée que nous
venons de rapporter.

S. Gregoire le Grand, dans un Synode Romain (m),
fulmine des anathemes contre ceux qui se servent de preservatifs.

S. Eloi Evêque de Noyon (n), conseille à ses
peuples „ de ne point s'arrêter aux Graveurs de preser-
„ vatifs, qu'il, appelle, Caragos ou Caraïos, comme
„ fait saint Augustin (o), & de ne point attacher de
„ ligatures au cou des hommes ou des bêtes, quand
„ même ils verroient des Ecclesiastiques en user ainsi,
„ & qu'on leur diroit que cette pratique seroit sainte,
„ & qu'elle ne renfermeroit que des paroles de l'Ecri-
„ ture, parce que ces sortes de remedes ne viennent
„ pas de JESUS-CHRIST, mais du Demon.

Le Concile de Constantinople (p) en 692. veut que
ceux

(a) Catech. 1. Mystagog.
(b) Homil. in Psal. 45.
(c) Orat. 4. in S. Baptisma.
(d) Serm. 33.
(e) L. 2. de Doct. Christ. c. 20.
(f) Ibid. Quando filiis caput dolet, malæ & infideles matres ligaturas sacrilegas & incantationes quærunt.
(g) Serm. 23. in Fest. SS. Gervas. & Procha. in Suppl. Vigner.

(b) Serm. 25. inter editos à Sirmundo.
(i) Serm. 241. de Temp. Qui prædictis malis, id est cartagis &
divinis, aruspicibus vel phylacteriis, & aliis quibuslibet auguriis
credideria, etsi jejunet, etsi oret, etsi jugiter ad Ecclesiam currat,
etsi largus eleemosynas faciat, etsi corpusculum in omni afflictione
suum cruciaverit, nihil ei proderit quamdiu illa sacrilegia non reliquerit: quia impia illa sacrilegii observatio ista omnia bona obruit
& evertit.
(k) Phylacteria omnia, quæ non Angelorum, ut illi confingunt,
sed dæmonum magis arte conscripta sunt, apocrypha.
(l) Can. 68.
(m) C. 12.
(n) Lib. 2. Vit. cap. 15.
(o) Serm. 241. de Temp.
(p) Concil. Trullan. Can. 61. Sexennii Canoni subjiciantur A-
muletorum præbitores. Eos autem qui in iis persistunt, Ecclesia
om-

ceux qui donnent des preservatifs, demeurent excommuniez fix ans, & s'ils continuënt, qu'ils soient chassez pour tôûjours de l'Eglise, conformément à ce que les sacrez Canons ordonnent.

Le vénerable Bede (a) déplore la folie de certaines gens, qui dans un temps de mortalité, au mépris des Sacremens de la foi, ausquels ils étoient initiez, avoient recours à des remedes superstitieux & Idolatres; *comme si*, dit-il, „ par le moyen des charmes, des preserva-„ tifs, ou de quelques autres secrets de l'art magique „ & diabolique, ils eussent pû détourner une calami-„ té qui avoit été envoyée de la part de Dieu le Crea-„ teur.

S. Boniface, Archevêque de Mayence (b), se plaint au Pape Zacharie, de ce que des Allemans, des Bavarois, & des François, qui avoient fait le voyage de Rome, s'étoient scandalisez d'y avoir vû des femmes, qui à la façon des Payens, avoient des Phylacteres & des Ligatures aux bras & aux cuisses, & qui en vendoient publiquement à tous ceux qui en vouloient acheter, & de ce qu'ils prenoient de là occasion d'empêcher le fruit de ses predications. C'est ce qui l'oblige de le supplier d'abolir cette coutume Payenne. A quoi ce Souverain Pontife répond (c), qu'elle lui paroît detestable aussi bien qu'à tous les Chrétiens, & qu'elle est pernicieuse.

Le troisième Concile de Tours (d) en 813. „ or-„ donne aux Curez d'avertir les Fideles, que les liga-„ tures ne peuvent soulager en aucune maniere, ni les „ hommes, ni les animaux malades, boiteux, ou mo-„ ribonds, & qu'elles ne sont que des pieges & des „ embuches du Demon.

L'Empereur Charlemagne & l'Empereur Louïs le Debonnaire son fils, dans leurs Capitulaires, defendent aux Ecclesiastiques & aux Laïque l'usage des Phylacteres & des Ligatures, qu'ils disent être des marques de magie (e).

Le Pape Nicolas I. (f) defend aussi aux Bulgares, de pendre des ligatures & des preservatifs au cou des malades afin de les guerir, parce que ces remedes étant des inventions du Demon, on ne peut s'en servir sans crime. C'est pour cela, dit-il, que les Decrets Apostoliques veulent que l'on frappe d'anatheme, & que l'on chasse de l'Eglise les personnes qui en usent (g).

Le premier Concile Provincial de Milan (h) en 1565. enjoint aux Evêques „ de punir severement & d'ex-„ communier les Magiciens & les Sorciers qui se per-„ suadent, ou qui promettent aux autres qu'ils pour-„ ront, par le moyen des ligatures, des nœuds & des „ caracteres, donner des maladies ou en guerir.

Le Concile Provincial de Reims (i) en 1583. „ de-„ fend à toutes sortes de personnes, de se servir de si-„ gnes qui marquent un pacte tacite ou exprès avec le „ Demon, comme de ligatures ou de caracteres, quand „ même ils pourroient avoir eu quelquefois un heureux „ succez.

Le Concile Provincial de Bourdeaux, (k) en la même année, assure avec S. Augustin, „ que les liga-

„ tures, les caracteres, & les preservatifs, appartien-„ nent à la Magie, qu'ils sont des effets des pactes „ que l'on fait avec les Demons, & qu'un Chrétien „ les doit éviter, & les avoir en horreur.

Le Concile Provincial de Tours (l), aussi en la même année „ defend aux Ecclesiastiques, sous peine de „ suspense, & aux Laïques sous peine d'excommuni-„ cation, de se servir de preservatifs ou de caracteres, „ & d'y ajoûter foy en quelque maniere que ce soit. Il renouvelle ensuite le 42. Canon que nous venons de citer du troisième Concile de la même ville.

Le Concile Provincial de Narbonne (m) en 1609. excommunie *ipso facto*, ceux qui pretendent *guerir superstitieusement les maladies par des ligatures*.

Enfin les Statuts Synodaux de S. Malo (n) en 1618. Ceux de Sens (o) en 1658. Ceux d'Evreux (p) en 1664. Ceux de Geneve imprimez à Paris (q) en 1673. & ceux d'Agen (r) en la même année, condamnent expressément les Ligatures.

CHAPITRE II.

De quelques Phylacteres qui se font sans paroles. Des Talismans & des Gamahez. Des Plaques caracterisées. Des Caracteres. De la Croix ou medaille de S. Benoît. Quelle paroît superstitieuse pour plusieurs raisons.

MAis ce n'est pas assez d'avoir montré que les Phylacteres ou preservatifs en general, sont condamnez par l'Eglise, il faut faire voir en outre qu'ils le sont aussi en particulier.

Or j'en trouve de deux sortes, les uns qui se font sans paroles, & les autres qui se font avec des paroles. Cela est clair par (s) la remarque de Theodore Balsamon Patriarche d'Antioche. Nous expliquerons les derniers, après que nous aurons parlé des premiers, dans ce Chapitre & dans les suivans, entre lesquels je mets, d'abord

I. Les *Talismans* ou *Muthalsans*, comme les appelle Frey (t), quoiqu'il y en ait qui se font avec des paroles, ainsi qu'on le peut voir dans les Centuries d'Antoine Mizauld (v), mais on les peut mettre au rang des Conjurations ou Exorcismes. On appelle *Talismans* ou *Muthalsans* certaines figures, qui sont de l'invention des Philosophes Arabes, Almansor, Massahalha, Zahel, Albohazen, Halyrodoam, Albategnius, Homar, Zagdir, Hahamed, Serapion, & quelques autres. Elles sont faites sur des pierres ou sur des metaux de sympathie, qui répondent à certaines constellatiuions. Aussi l'Auteur annonyme & superstitieux du Livre intitulé, *Les Talismans justifiez*, les definit-il en cette sorte (w), „ Talisman, *dit-il*, n'est autre que le sceau, la figure, „ le caractere, ou l'image d'un Signe celeste, Planet-„ te ou Constellation faite, gravée ou cizelée sur une „ pierre sympathique, ou sur un métail correspondant „ à l'Astre, par un Ouvrier qui ait l'esprit arreté &
„ at-

---

omnino exturbandos decernimus, sicut & sacri Canones dicunt.

(a) L. 4. Hist. Anglor. c. 27.
(b) Epist. ad Zachar. Pontif. c. 6.
(c) Epist. 1. zachar. ad. Bonif. De Phylacteriis quæ Gentili more observari dixisti apud beatum Petrum Apostolum, vel in urbe Roma, hoc & nobis & omnibus Christianis detestabile & perniciosum esse judicamus.
(d) Can. 42.
(e) L. 6. art. 72. Ut à Clericis vel Laïcis Phylacteria, vel falsæ inscriptiones aut ligaturæ, quæ imprudentes pro febribus aut aliis pestibus adjuvare putant, nullo modo vel ab iilis, vel à quoquam Christiano fiant, quia magicæ artis insignia sunt.
(f) Responf. ad Consult. Bulg. art. 79.
(g) Hujusmodi quippe ligaturæ & phylacteria dæmoniacis sunt inventa versutiis & animarum hominum esse vincula comprobantur; ac ideo bis utentes anathemate Apostolica decreta percussos ab Ecclesia pelli præcipiunt.
(h) Constit. p. 1. tit. 10.
(i) Tit. 6. num. 3.
(k) Tit. 7.
(l) Tit. 4.
(m) C. 3.
(n) Art. 21.
(o) Tit. des Cout. abuf. num. 6.
(p) Tit. eod. & n.
(q) Part. 1. c. 11.
(r) Tit. 39.
(s) In can. 61. Trullan. Phylacterii, hoc est remediorum seu amuletorum præbitores dicuntur, qui fraude dæmonis, eis qui à se decipiuntur, vincula quædam ex sericis filis contexta, præbent; quæ aliquando quidem intus habent scripturas, aliquando vero falfa quædam alia, quæcumque inciderint. Dicunt autem hæc juvare si ex collis eorum qui illa accipiunt perpetuò pendeant, ad omne malum vitandum.
(t) In Admirand. Galliar. c. 10.
(v) Centur. 1. n. 45, 52 & 94. Centur. 2. n. 8, 44. & 99. Centur. 3. n. 58. Centur. 4. n. 100. & Centur. 9. n. 48.
(w) P. 20.

„ attaché à l'ouvrage & à la fin de son ouvrage, sans
„ être distrait ou dissipé en d'autres pensées étrange-
„ res, au jour & heure du Planette, en un lieu for-
„ tuné, en un beau temps & serain, & quand il est
„ en la meilleure disposition dans le Ciel qu'il peut
„ être, afin d'attirer plus fortement ses influences, par
„ un effet dependant du même pouvoir & de la ver-
„ tu de ses influences.

Les effets que l'on attribuë à ces figures sont tout-
à-fait merveilleux. On dit, par exemple, que la figure d'un Lion jettée ou gravée en or, le Soleil étant
dans le Signe du Lion, preserve de la gravelle ceux qui
la portent; & que celle d'un Scorpion faite sous le Signe du Scorpion garentit des blessures des Scorpions.
Le même Auteur (a) des *Talismans justifiez*, en apporte plusieurs exemples. „ *Pour les maux de tête* (b),
„ gravez, dit-il, la figure du Belier avec celle de
„ Mars, qui est un homme armé avec sa lance, & de
„ Saturne qui est un vieillard tenant une faux à la main,
„ toutes deux étant directes, & Jupiter n'étant point
„ en Aries, ni Mercure au Taureau: ou marquez
„ simplement le Belier, le Soleil y étant. *Pour les*
„ *maux de gorge & du col* (c), gravez la figure du
„ Taureau en la troisième face, le Soleil étant sur la
„ terre. *Pour les maux de reins & coliques* (d), gra-
„ vez la figure du Lion en la premiere face. *Pour la*
„ *joye, beauté & force de corps* (e), gravez la figure
„ de Venus, qui est une Dame tenante en main des
„ pommes & des fleurs en la premiere face de la Ba-
„ lance, des Poissons ou du Taureau. *Pour guerir la*
„ *goute* (f), gravez la figure des Poissons, qui sont
„ deux Poissons, l'un ayant la tête d'un côté, & l'au-
„ tre de l'autre, sur or, ou argent, ou sur de l'or
„ mêlé d'argent, quand le Soleil est aux Poissons, li-
„ bre d'infortune, & que Jupiter, Seigneur de ce Si-
„ gne, est aussi fortuné. *Pour acquerir aisément les*
„ *honneurs, grandeurs & dignitez* (g), faites graver
„ l'image de Jupiter, qui est un homme ayant la tête
„ d'un belier sur de l'estaing & de l'argent, ou sur
„ une pierre blanche, au jour & heure de Jupiter,
„ quand il est en son domicile, comme au Sagitaire,
„ ou aux Poissons; ou dans son exaltation, comme au
„ Cancre; & qu'il soit libre de tous empêchemens,
„ principalement des mauvais regards de Saturne ou de
„ Mars, qu'il soit viste & non brûlé du Soleil, en
„ un mot qu'il soit fortuné en tout. Portez cette
„ image sur vous, étant faite comme dessus, & avec
„ toutes les conditions susdites, & vous verrez ce qui
„ surpasse vôtre créance. *Pour être heureux en mar-*
„ *chandise au jeu* (h), gravez l'image de Mercure sur
„ de l'argent, ou sur de l'étaing, ou sur un métail
„ composé d'argent, d'estain & de mercure, au jour
„ & à l'heure de Mercure, portez-là sur vous, ou la
„ mettez dans un magazin de Marchand, il prosperera
„ en peu de temps d'une façon presque incroyable.
„ *Pour être courageux & victorieux* (i), gravez l'image
„ de Mars en la premiere face du Scorpion. *Pour avoir*
„ *la faveur des Rois, des Princes, & des Grands, &*
„ *même pour guerir les maladies,* (k), gravez l'image
„ du Soleil, qui est un Roi assis dans un trône, ayant
„ un lion à son côté, sur de l'or très-pur & très-raf-
„ finé en la premiere face du Lion, & qu'il soit fort
„ & fortuné. *Pour avoir l'esprit plus subtil & la me-*
„ *moire meilleure* (l), gravez l'image de Mercure, qui
„ est un jeune homme assis, tenant en main un Ca-
„ ducée & la tête ouverte d'un chapeau, en la pre-

miere face des Jumeaux ou de la Vierge, sur un
„ métail, comme nous avons dit ci-dessus. *Pour ac-*
„ *querir des richesses, & même pour guerir des maux*
„ *froids* (m), gravez la figure de l'Ecrevisse à l'heure
„ de Saturne, le Cancre étant au milieu du Ciel, &
„ Saturne à la seconde place, sur du plomb affiné, ou
„ sur de l'argent, ou sur de l'or.

Frey témoigne qu'il n'y a jamais eu de serpens ni
de scorpions dans la ville de Hampz, à cause de la figure d'un Scorpion gravé talismaniquement sur une des
pierres des murailles de cette ville.

Ce que Bodin rapporte dans sa Demonomanie (n),
revient assez bien à ce propos. Voici ses paroles: „ On
„ dit qu'au Palais de Venise il n'y a pas une seule mou-
„ che, & au Palais de Tolede, qu'il n'y en a qu'une.
„ Mais il faut juger, s'il est ainsi de Tolede & de Ve-
„ nise, qu'il y a quelque Idole enterrée sous l'esseuil
„ du Palais, comme il s'est découvert depuis quelques
„ années en une ville d'Egypte, où il ne se trouvoit
„ point de Crocodiles, comme és autres villes au long
„ du Nil, qu'il y avoit un Crocodile de plomb enter-
„ ré sous l'esseuil du Temple, que Mehemet Ben-
„ Thaulon fit brûler, dequoi les habitans se sont
„ plains, disant que depuis les Crocodiles les ont fort
„ travaillez.

Gregoire de Tours (o) témoigne que certaines gens
disoient que la ville de Paris avoient anciennement été
faite ou consacrée en sorte qu'elle n'étoit point sujette
aux incendies, & que l'on n'y voyoit ni serpens, ni
loirs; Mais que de son temps comme l'on nettoyoit
un des canaux ou une des voutes du Pont de Paris, &
que l'on ôtoit de la boüe dont elle étoit toute pleine,
l'on y trouva un serpent & un loir d'airain, que l'on
en tira, & que depuis on y vit une prodigieuse quantité de loirs & de serpens, & que cette ville commença
d'être sujette aux embrazemens (p).

Mais quelque vertu qu'ayent les Talismans, ils ne la
peuvent tirer que d'un pacte exprès ou du moins tacite avec le Demon, & on ne les doit regarder que comme des Phylacteres magiques & superstitieux, puisqu'ils
ne sont établis ni de Dieu ni de l'Eglise, & que la nature ne peut pas produire les effets extraordinaires qu'on
leur attribuë. Il sera très-facile d'en reconnoître la superstition, si l'on veut bien se donner la peine d'examiner la definition que nous en venons de rapporter;
selon les quatre regles que nous avons ci-devant expliquées. Tel étoit le *Palladium* de Troye (q), les Boucliers Romains, les Statuës fatales de Constantinople,
la Statuë de Memnon en Egypte, qui se mouvoit &
qui rendoit des Oracles aussi-tôt que le Soleil avoit
donné dessus; la Statuë de Fortune de Sejan, qui inspiroit le respect, & qui portoit bonheur à tous ceux
qui la possedoient; la Mouche d'airain & la Sangue
d'or de Virgile, par le moyen desquelles il empêcha
les mouches d'entrer dans Naples, & fit mourir les
sangsuës d'un puits; la figure de la Cicogne qu'Apollonius mit à Constantinople pour en chasser les cico-
gnes; la statuë d'un Chevalier, qui servoit de preservatif à cette même ville contre la peste; & la figure
d'un serpent d'airain qui empêchoit tous les serpens
d'entrer dans le même lieu. D'où il arriva que Mahomet II. après la prise de Constantinople, ayant cassé
d'un coup de fleche les dents de ce serpent, une multitude prodigieuse de serpens se jetta sur les habitans de
cette ville, sans neanmoins leur faire aucun mal, parce
qu'ils avoient tous les dents cassées comme celui d'airain.

Il

(a) Frey, Ibid.
(b) P. 109.
(c) P. 110.
(d) Ibid.
(e) P. 111.
(f) P. 112.
(g) P. 113.
(h) P. 115.
(i) P. 116.
(k) Ibid.
(l) Pag. 117.

(m) P. 118.
(n) L. I. c. 3.
(o) L. 8. Hist. Franc. c. 33.
(p) Nuper autem, *dit-il*, cùm cuniculus pontis emundaretur,
& cœnum de quo repletum fuerat, auferretur, serpentem, gliremque æreum repererunt, quibus ablatis & glires ibi deinceps
extra numerum, & serpentes apparuerunt, & postea incendia per-
ferre cœpit.
(q) Cic. 9 & 10.

Il n'en est pas de même des *Gamahez*, c'est-à-dire des figures naturelles qui se trouvent formées sur des pierres precieuses & communes, sur du marbre, sur du jaspe, sur des rochers, sur des metaux, &c. Car ces figures n'étant à proprement parler que des jeux de la nature, elles ne sont nullement superstitieuses. Pline (*a*) parle d'une Agathe du Roi Pyrrhus, laquelle representoit les neuf Muses & Apollon au milieu, qui tenoit une harpe: ce qui étoit un pur effet de la nature, où l'art n'avoit aucune part.

Majolus (*b*) asseure qu'à Venize il y a une autre Agathe, sur laquelle on voit la figure d'un homme naturellement formée. On dit qu'à Pise dans l'Eglise de S. Jean, il y a une Image de même genre, qui represente un vieil Hermite dans un desert, qui est assis sur le bord d'un ruisseau, & qui tient en sa main une clochette, comme l'on dépeint ordinairement S. Antoine. Dans le Temple de sainte Sophie à Constantinople, il y avoit autrefois sur un marbre blanc l'Image de S. Jean Baptiste couvert d'une peau de chameau, mais avec ce seul defaut que la nature ne lui avoit fait qu'un pied. A Ravenne dans l'Eglise de S. Vital, on voit un Cordelier naturellement figuré sur une pierre de couleur cendrée. Quelque temps aprés la Passion de nôtre Seigneur, on trouva en Italie la figure d'un Crucifix si naïvement representé dans un marbre, qu'on y remarquoit les clous, les playes, les goutes de sang, & toutes les particularitez que les plus excellens Peintres y eussent pû figurer. Cette figure est encore à S. George de Venize, si nous en croyons Gaffarel. On dit que le Marquis de Bade a une pierre precieuse qui represente toûjours un Crucifix, de quelque côté qu'on la tourne. A Sneiberg en Allemagne on a trouvé dans une mine un certain métail non épuré, sur lequel étoit la figure d'un homme qui portoit un enfant sur son dos, ainsi que l'on represente S. Christofle. On a aussi trouvé en Provence dans une mine quantité de figures naturelles d'oiseaux, d'arbres, de rats & de serpens. Enfin à l'entrée des parties Occidentales de la Tartarie, on voit sur des rochers divers Gamahez de chameaux, de chevaux & de brebis.

II. Origene, ou Jean de Jerusalem (*c*), condamne positivement les plaques d'étain & de plomb sur lesquelles étoient gravez certains caracteres, & dit *qu'elles sont des pieges & des tromperies du Diable, des restes de l'Idolatrie, des illusions & des scandales des ames.*

On doit faire le même jugement de toutes les autres sortes de plaques caracterisées, quelles qu'elles puissent être, d'or, d'argent, de cuivre, de bronze, d'acier, de fer, d'airain, de bois, de pierre, de marbre, de jaspe, d'os, d'ivoire, &c. parce qu'il n'y a pas plus de raison de se servir des unes que des autres. Si neanmoins le saint & terrible Nom de Jesus, le signe de la Croix ou quelqu'autre figure ou caractere que l'Eglise approuve, y étoit gravé, & que d'ailleurs on les portât dans un entier éloignement de superstition, il n'y auroit pas lieu d'en blasmer l'usage, à moins qu'il n'y eut des caracteres obscurs ou des figures inconnues, car en ce cas là elles me paroitroient suspectes.

III. On doit encore raisonner de la même maniere des figures ou caracteres, autres que ceux dont nous venons de parler, Hebraïques, Samaritains, Arabes, Grecs, Latins, connus ou incconnus, tels que sont ceux qui se trouvent dans l'abominable Livret intitulé *Enchiridion manuale precationum Leonis Papæ*, & dans quelques autres de même nature, parce que ces figures ou caracteres ne reçoivent la vertu qu'on leur impute ni de Dieu, ni de l'Eglise, ni de la nature, selon Gerson (*d*):

Si bien que l'on peut dire avec fondement, que ceux à qui les armes à feu ne peuvent nuire à cause de certaines figures ou caracteres qu'ils portent sur eux, sont veritablement sous la protection du Diable, qui arreste l'effet de ces armes en leur faveur; & que c'est cet esprit de tenebres qui soulage ceux qui ont des caracteres pour faire de grandes traites de chemin, & qui leur aide à marcher; ce qui toutefois n'empesche pas qu'ils ne se trouvent extremement fatiguez aprés que leur course est achevée.

C'est le même esprit de tenébres qui preserve ceux qui font un cercle lorsqu'ils se voient menacés des foudres, des ouragans, des orages, & de la pluie, même en pleine campagne. Sitôt qu'ils entendent gronder le tonnerre & souffler le vent avec impetuosité, & qu'ils voient venir un temps facheux, ils font sur la terre avec un couteau, un cercle simple capable de contenir tous ceux qu'ils veulent garantir; puis ils font une croix au milieu, y écrivent, *Verbum caro factum est*, & y fichent ensuite un couteau au milieu de la croix, le trenchant vers l'endroit d'où peuvent venir les foudres, les ouragans, les orages, & la pluie en biaisant un peu.

C'est le même esprit qui engage certains superstitieux à écrire des caracteres que je ne veux pas marquer sur une lame de plomb avec leur nom & le nom de la personne de qui ils attendent quelque chose, à les attacher à leur bras gauche, & à toucher cette même personne afin d'en obtenir tout ce qu'ils souhaiteront.

Enfin c'est le même esprit qui leur fait faire d'autres caracteres vrayement diaboliques pour corrompre des femmes & des filles, pour être aimés & se faire suivre par elles, pour les faire venir en quelque lieu que ce soit, pour se faire aimer de tout le monde & de leurs ennemis même; en un mot pour commettre une infinité d'autres crimes.

Il n'est pas bien difficile de juger aprés cela, que la *croix* ou *medaille* appellée de S. Benoît a tout l'air d'un preservatif superstitieux. Les Benedictins d'Allemagne l'ont decouverte les premiers, & l'ont mise en vogue depuis quelques années.

Les Benedictins de France l'ont preconisée aprés eux, & en ont publié les merveilles dans un livret intitulé. *Les effets des vertus de la croix ou Medaille du grand Patriarche S. Benoît extraits de l'imprimé d'Allemagne.* A Paris chez Nicolas Bessin, au bout du Pont de l'Hôtel Dieu proche la porte de l'Archevêché. M. D. C. LXVIII. avec Permission.

Ils y font d'abord un lieu commun sur les merveilles de la Croix & du signe de la Croix. Ils y rapportent ensuite l'histoire & l'explication de cette Medaille en cette maniere: „ La dévotion envers la „ croix s'est repandue dans l'Ordre de S. Benoît à „ proportion qu'il s'est étendu. Raban Maur nous en „ fournit de bonnes preuves dans son siecle, par ces „ croix ingenieuses qu'il nous a laissées; & c'est peut- „ être de l'exemple de S. Maur & de S. Placide, „ qu'on a pris occasion d'unir l'invocation de S. Be- „ noît avec le signe de la Croix & même de graver „ son nom sur des medailles en forme de croix. La „ pratique en étoit abolie & même la memoire en „ auroit été entierement eteinte, sans la decouverte „ qui s'est faite de nos jours de quelques unes de ces „ medailles dans l'Allemagne en la maniere qui s'en- „ suit.

„ L'an 1647. comme on fit recherche des Sorciers „ dans la Baviere & que même on en executa plusieurs „ dans la ville de Straubingen quelques uns d'entre eux „ dans leurs interrogatoires avouerent aux juges, que „ leur sortileges n'avoient pu avoir d'effet sur les person- „ nes ni sur les bestiaux, du Chateau de Nattemberg, „ voisin de l'Abaie de Metten de l'Ordre de S. Be-
„ noît,

(*a*) L. 37. c. 1. Pyrrhus habuisse traditur Achaten, in qua novem Musæ & Apollo Citharam tenens spectaretur, non arte, sed sponte naturæ ita discurrentibus maculis, ut Musis quoque singulis sua redderentur insignia.
(*b*) Tract. de Memorab.
(*c*) Tract. 3. in Job.
(*d*) In Opusc. advers. Doctr. cujusdam Medi. in Montepiss. &c. propo. 8. & 11. Caracteres, seu figuræ, vel literæ non habent de ratione sua quod ordinentur ad aliquos effectus, nisi mediante rationali vel intellectuali creatura. Significare enim est rem in intellectu constituere.... Constat quod talis observatio non est posita ab Ecclesia & sacris Doctoribus, tanquam eveniat effectus speratus per miraculum divinum, imò nec per sanctos Angelos Dei qui sunt administratorii spiritus propter electos Dei ad vitam æternam, magis quam ad curam corporalem.

„ noît, à raifon de quelques medailles facrées qui étoient
„ aux lieux qu'ils indiquerent. Elles y furent trouvées
„ en effet; mais comme perfonne ni même les Sorciers
„ ne pouvoient dechifrer les caracteres qu'elles portoient
„ gravés, on decouvrit enfin un Manufcrit ancien dans
„ la Bibliotheque de cette Abbaie, qui en donnoit un
„ parfait éclairciffement.　On fit rapport de tout ceci
„ au Duc de Baviere lequel voulant s'en informer exac-
„ tement fe fit aporter les medailles & le Manufcrit dans
„ la ville d'Ingolftad, & de là à Munich; & après avoir
„ confronté l'un avec l'autre, il affeura qu'on pourroit
„ ufer de ces medailles avec fruit, fans foupçons d'er-
„ reur, ni fuperftition, de quoi il fit dreffer un pro-
„ ces verbal.

„ Pour ce qui eft des caracteres qui font gravés fur
„ ces medailles, chaque lettre fignifie un mot.　Voici
„ (a) la figure d'une de ces medailles avec l'interpreta-
„ tion.

„ Dans l'une des faces de la Croix il faut lire„.

Crux facra fit mihi lux,
Non draco fit mihi dux.

„ ce qui fe peut ainfi tourner en notre langue.

Que la Croix éclaire mes pas,
Demon je ne te fuivrai pas.

„ les quatre lettres qui font aux quatre coins fignifient
„ ces mots.

Crux fancti Patris Benedicti.
La Croix du Bien heureux Pere S. Benoît.

„ Dans l'autre face ces deux vers font marqués.

Vade retro fatana, numquam fuade mihi mala,
Sunt mala quæ libas, ipfe venena bibas.
Retire toi Satan, ceffe de me tenter,
Garde bien ton poifon, je n'y veux pas gouter.

„ Le bruit de cette decouverte s'étant repandu dans le
„ Païs, chacun voulut avoir de ces medailles.　On fut
„ obligé d'en faire plufieurs fur le modele de celles qui
„ avoient été trouvées, lefquelles ayant été benites par
„ les Religieux de l'Ordre ont produit de merveilleux
„ effets, principalement contre les charmes & fortile-
„ ges, au rapport de ceux qui s'en font fervis, ou en
„ les portant au cou, ou en les trempant dans l'eau que
„ venoient boire les animaux enforcelés.

„ On ne peut pas douter que l'ufage n'en foit tres
„ utile, fi l'on s'en fert avec la foi & la devotion requi-
„ fe envers la fainte Croix & le glorieux S. Benoît,
„ dont les merveilles font fi connues d'ailleurs: & par
„ les effets fenfibles que produit cette pieufe pratique,
„ on peut juger des effets invifibles qu'elle opere dans
„ les ames de ceux qui en ufent avec les difpofitions
„ convenables„.

Voilà ce que ces Moines difent de leur Medaille :
mais pour donner quelque creance à ce recit & à cette
explication, il eût été fort à propos qu'ils y euffent
joint quatre chofes.　La premiere eft l'interrogatoire des
Sorciers de Baviere, qui avouerent que les fortileges n'a-
voient pu avoir d'effet fur les perfonnes, ni fur les bestiaux du Chateau de Nattemberg: La feconde, le procés verbal de perquifitions de cette Medaille qui fe trouva dans ce Château: la troifieme le Manufcrit ancien
de la Bibliotheque de l'Abbaie de Metten, *qui donnoit un
parfait eclairciffement des caracteres qui étoient gravés fur
cette Medaille.*　Et la quatrieme, le procés verbal que le
Duc de Baviere fit dreffer de la confrontation de cette
Medaille avec le Manufcrit de l'Abbaye de Metten.

Car premierement ce recit me paroît peu judicieux &
fort fufpect, par ce qu'on y rapporte du Duc de Ba-

viere; *qu'il affeura qu'on pouvoit ufer de cette Medaille
avec fruit, fans foupçon d'erreur ni de fuperftition.*　On
l'y fait parler en fçavant Theologien, qui decide une
queftion de Theologie affez delicate, fans avoir jamais
étudié en Theologie; on l'y fait parler en Evêque, lui
qui n'eft que Laïque; & on appuie fur fa decifion toute la verité de la Medaille de S. Benoît & du culte
qu'on lui doit rendre.　N'eft ce pas là lui faire mettre
la main à l'encenfoir?

Secondement qui empeche qu'on ne donne aux caracteres qui font dans les deux faces de cette Medaille un
fens tout contraire à celui que leur attribue le Manufcrit
de l'Abbaie de Metten? La fignification de ces caracteres n'eft point fixée.　Ce Manufcrit la fixe à la verité;
mais de quel poids & de quelle autorité peut être un
Manufcrit dont on ne marque ni l'auteur ni le temps?
C'eft vraifemblablement l'ouvrage de quelque Moine vi-
fionaire, qui a voulu autorifer fes imaginations en les in-
ferant parmi les Manufcrits de fon Abbaie: & qui ne
fait qu'on trouve tous les jours des Hiftoires apocryphes & fabuleufes dans les Bibliotheques des Moines?

Enfin les caracteres de cette Medaille ont des marques vifibles des Superftition. Ils n'ont aucune vertu naturelle de produire les effets que l'on en efpere
contre les charmes & les fortileges; & c'eft en premier lieu ce qui les rend fuperftitieux felon ces paroles de S. Thomas (b) „ fi les chofes qui fe font
„ pour produire quelques effets particuliers femblent ne
„ pouvoir naturellement les produire, il s'enfuit qu'on
„ ne les emploie pas pour les produire comme des cau-
„ fes, mais feulement comme des fignes; & de cette
„ maniere elles fe raportent aux pactes que l'on fait avec
„ les Demons„. Il raifonne enfuite de la même façon
„ (c) fi l'on fe fert dit-il, de certains caracteres ou de certai-
„ nes paroles, ou de quelque autre pratique qu'il eft vifi-
„ ble n'avoir nulle vertu naturelle pour produire les ef-
„ fets que l'on en attend, alors cela eft fuperftieux &
„ illicite.

Non feulement on ne peut pas attribuer à la nature
les effets qu'on pretend que les caracteres de cette Medaille produifent; mais on ne peut pas même raifonnablement les attribuer à Dieu. Et c'eft le fecond endroit
par lequel on peut juger qu'ils font fuperftitieux. Auffi
la faculté de Theologie de l'Univerfité de Paris declare
dans fa Cenfure de 1398. qu'il y a un pacte tacite dans
(d) toutes les pratiques fuperftitieufes, dont on ne
doit pas raifonnablement attendre les effets ni de Dieu,
ni de la nature. (e) Gerfon n'a pas d'autres fenti-
ments, & c'eft fur le même principe & conformement à la penfée des faints Docteurs, particulierement
de S. Auguftin, qu'il avance les paroles que je cite
du Traité des erreurs qui regardent la Magie & les
articles reprouvez (f).

En troifieme lieu, outre qu'on ne peut attribuer
ni à la nature ni à Dieu les effets que l'on efpere
de la Medaille de S. Benoît, on ne peut pas dire que
l'Eglife l'ait inftituée pour les produire.　Car où voit
on cette inftitution? Les Benedictins d'Allemagne &
ceux de France, qui s'intereffent à la reputation de
cette Medaille, n'en font nulle mention dans leur é-
crit, & nous ne trouvons point de livres ecclefiaftiques qui en parlent. Il eft neanmoins certain, qu'une
chofe

————

(a) Voiés de ces Medailles dans une des planches ci apre.

(b) 2. 2. Quæft. 96. Art. 2. in corp.
(c) Ibid. ad. 1.
(d) Intendimus pactum effe implicitum in omni obfervatione
fuperftitiofa, cujus effectus non debet à Deo vel à naturâ rationabiliter exfpectari.

(e) Omnis obfervatio cujus effectus exfpectatur aliter quam per
rationem naturalem aut per divinum miraculum debet rationabiliter reprobari, & de pacto Dæmonum expreffo vel occulto vehementer haberi fufpecta.

(f) Obfervatio ad faciendum aliquem effectum qui rationabiliter
exfpectari non poteft à Deo miraculofé operante, nec à caufis naturalibus, debet apud Chriftianos haberi fuperftitiofa & fufpecta
de fecreto pacto implicito vel expreffo cum Dæmonibus. Ifta eft
doctrina Sanctorum Doctorum & nominatim Auguftini in locis
pluribus. C. 11. N. 3. 1. part. Titr. 3.

chofe eft fuperftitieufe, comme nous l'avons montré dans le 9. Chap. du I. Livre, par les Conciles Provinciaux de Malines en 1570. & en 1607. par le Synode Diocefain de Namur en 1659. & par le temoignage d'un ancien Theologien rapporté par Denis le Chartreux, qu'elle eft, dis-je, fuperftitieufe, lorfque les effets qu'elle produit ne peuvent pas être attribués à la nature, & qu'elle n'a été établie ni de Dieu, ni immediatement de l'Eglife pour les produire.

En quatrieme lieu un des fignes les plus evidents auxquels on reconnoît qu'une pratique eft fuperftitieufe, c'eft lorfque pour produire certains effets on fe fert de caracteres obfcurs & de mots ridicules ou inconnus, dont on ne fçait pas la vertu. S. François de Sales & d'Arenton d'Alex Evêques de Geneve le declarent ainfi dans leurs Conftitutions & Inftitutions Synodales. (a) ,, Il ,, y a de la Superftition, fi les noms ou caracteres dont ,, on fe fert font iuconnus ou obfcurs, tels que font ,, ceux que l'on trouve dans les brevets dont on fe fert ,, pour guerir la fievre, ou autre maladie v. Le Cardinal le Camus Evêque de Grenoble fait la même chofe dans les ordonnances Synodales de fon Diocefe. ,, Les ,, Curés n'auront foin en general de faire connoître au ,, peuple, que c'eft une Superftition damnable dans la ,, practique, fi l'on fe fert de noms & de caracteres ,, obfcurs ou ridicules.

Or quels caracteres plus obfcurs peut on trouver que C. C. S. S. N. D. S. M. D. M. P. L. B. qui font dans une des faces de la Medaille de S. Benoît? Quels mots plus ridicules, plus inconnus, & dont on fcache, moins la force, que de V. R. S. N. S. M. V. S. M. Q. L. I. V. B. qui font dans l'autre face de cette Medaille? Ces caracteres & ces mots font fi inconnus & fi obfcurs, que perfonne, au raport des Benedictins dans leur écrit, ,, non pas même les Sorciers qui furent executez à Straubingen & qui indiquerent les lieux où étoit ,, cette Medaille, ne les purent déchiffrer". Si le Diable, qui étoit d'intelligence avec ces Sorciers, ne les a pû dechiffrer, comment l'Auteur du Manufcrit de l'Abbaye de Metten les a-t'il pû dechiffrer?

En cinquiéme lieu les Conciles & les Peres de l'Eglife condamnent formellement les caracteres, & cette condamnation fe doit particulierement entendre de ceux qui font obfcurs, inconnus, & dont on ne fcait pas la force. Cela eft évident. Par Origene. (b) ,, Les amis ,, de Job ne s'attachoient aux préfervatifs, ni aux ,, placques caracterifées, ni aux enchantements damnables, parce que toutes les perfonnes pieufes doivent fçavoir, que toutes ces chofes font des pieges ,, & des tromperies du diable, des reftes de l'idolatrie, ,, des illufions & des fcandales des ames; ce que la plupart des hommes ne reconnoiffent pas aujourd'hui. ,, Ils ecrivent certains caracteres fur du papier, fur du ,, plomb, ou de l'etain & ils les lient à quelque partie ,, du corps des perfonnes malades.

Par S. Blaife, (c) lorfqu'il s'eft plaint de ceux, qui au lieu d'avoir uniquement recours à Dieu, quand ils ont des enfants malades, ont recours à des charmeurs & à des gens qui attachent au coû de ces innocents des caracteres inutiles, ou de vaines figures, au mépris de celui qui leur peut rendre la fanté.

Par S. Auguftin. (d) ,, Il y a de la fuperftition dans ,, les charmes, dans les caracteres, dans les préfervatifs, dans la vaine obfervance & dans l'Aftrologie judiciaire.

Par S. Eloi Evêque de Noyon (e) ,, Avant toutes ,, chofes, mes freres, je vous avertis & je vous conjure de ne garder aucunes coutumes Païennes, de n'ajoûter foi ni aux graveurs de préfervatifs, ni aux enchanteurs, parceque celui qui tombe dans ce peché ,, perd auffi-tôt la grace du Batême.

Par le Concile Provincial de Bourges en 1528. (f) ,, Nous ordonnerons aux Curés & Recteurs des Paroiffes, ,, de declarer à l'Evêque, ou à fon Grand Vicaire, s'ils ,, connoiffent dans leurs Paroiffes des enchanteurs ou ,, d'autres perfonnes qui ufent de fuperftitions, foit en ,, cueillant des herbes, foit en faifant ou en portant des ,, caracteres par une coutume facrilege & damnable.

Par le 1. Concile Provincial de Milan en 1565. (g) ,, Que les Evêques puniffent févérement, & excommunient les Sorciers qui fe perfuadent, ou qui promettent aux autres, qu'ils pourront par le moien des ,, ligatures, des caractéres & des paroles fecretes donner des malefices ou en guerir.

Par les Decrets de la vifite de Jean François Bonhomme vifiteur Apoftolique & Evêque de Verceil, imprimés à Verceil en 1579. ,, (h) qu'on ne fe ferve point ,, de brevets où il y ait des caractéres ou des mots inconnus, pour en guerir les maladies des hommes ,, & des bêtes.

Par le Concile Provincial de Rheims en 1588. (i) ,, nous deffendons à toutes fortes de perfonnes de fe ,, fervir de fignes qui marquent un pacte tacite ou exprés avec le Demon, comme de ligatures ou de caractéres, quand même ils pouroient avoir eu autrefois un heureux fuccés.

Par le Concile Provincial de Bourdeaux de la même année (k) ,, que les Curés avertiffent tres fouvent ,, leurs paroiffiens, que ceux là commettent un crime ,, execrable & font excommuniés, qui ufent de Magie ,, &c. A quoi on peut rapporter dans le fentiment de S. ,, Auguftin, outre les ligatures, des remedes execrables que la medecine condamne, les oraifons, les fignes, ou caractéres, & les préfervatifs, puifquetoutes ces chofes ne fe font que par fuperftition, par Magie, & en vertu des pactes faits avec les Demons.

Par le Concile Provincial de Tours, auffi de la même année (l) ,, D'autant qu'il y a quantité de gens qui ,, confultent les Magiciens &c. qui par leurs avis, quoiqu'au grand prejudice & au grand danger de leurs ,, ames, portent des préfervatifs, des caractéres & certaines formules de priéres, conçues en des termes ,, inconnus &c. Nous deffendons à tous Ecclefiaftiques, fous peine de fufpenfion, & à tous Laïques ,, fous peine d'excommunication, de fe fervir de ,, ces remedes, & d'y ajoûter foi en quelque maniere ,, que ce foit.

Par les Statuts Synodaux de S. Malo, en 1618. (m) Les Sorciers ufent de moiens & fignes qui de leur ,, vertu naturelle ne peuvent caufer ni produire les effets ,, qu'ils promettent, & ne font autorifés d'ordonnance ni difpofition divine, comme quand ils portent ,, ou font porter des brevets, ligatures, caractéres, ,, billets, & avec des fignes ineptes & billebarés, ou ,, des noms barbares inufités & inconnus.

Par les Statuts Synodaux de Diocefe de Cahors en 1638. (n) ,, Declarons pour excommuniés tous Prêtres ,, & Clercs, qui fous pretexte de quelques maladies, ,, ou autres occafions que ce foit, donnent des brevets, billets, où il y a des paroles, caracteres ou ,, autres chofes reprouvées par les faints decrets.

Par les Conftitutions & Inftitutions Synodales de S. François de Sales & d'Aranton d'Alex Evêque de Geneve. (o) ,, Enjoignons à tous Curés & Vicaires ,, d'enjoindre, fous peine d'excommunication à leurs ,, Paroiffiens qu'ils n'ayent aucun recours aux Sorciers & Devins, pour guerir ou eux ou leur bétail, ,, & de fe fervir de brevets, & billets où il y a des
,, pa-

(a) Tit. 1. Art. 3. N. 11.
(b) Tract. 3. in Job.
(c) In Pfal. 45. cùm tribulatione quapiam afflictamur, ad omnia potius, quam ad Deum noftrum recurrimus &c.
(d) Lib. de Vera Relig. C. 55.
(e) Sermone ad omnem Pleb. & in ejus vita lib. 2. C. 15.

(f) Decret 2.
(g) Conft. p. 1. Tit. 10.
(h) Tit de Superft.
(i) Tit. 6. N. 3.
(k) Tit. 7.
(l) Tit. 4.
(m) Art. 21.
(n) C. 26.
(o) Part. 1. Tit. 3. C. 11. N. 1.

„ paroles & des caractéres, & telles autres chofes re-
„ reprouvées par les faints Cantons.
Enfin par les Statuts Synodaux du Diocefe d'Agen,
„ (a) les Archidiacres & les Curés s'informeront di-
„ ligemment des fuperstitions & abus locaux qui fe
„ pratiquent dans leurs detroits & Paroiffes &c. Ils
„ repréfenteront aux peuplees que ces abus font des
„ reftes du Paganifme & Idolatrie & des inventions
„ du Demon. Tel font les billets, brevets, carac-
„ teres &c.

CHAPITRE III.

*Des animaux fuperftitieux. De ce qu'on dit, que
les Chartreux n'ont point de punaifes dans
leurs cellules. Si cela eft vrai, & pourquoi.
De la corde de pendu, du tréfle à quatre
feuilles & du cœur d'hirondelle. Des ceintures d'herbes, des nerfs, des os, des pellicules; des herbes & des racines renfermées
dans du cuir. Des piéces teintes & du poil
d'ours. De la coëffe des enfants nouvellement
nés. Des œufs de poule pondus le jeudi ou le
vendredi faint & du pain cuit le même jour
du vendredi faint. De la figure d'Alexandre le grand. De la clef de S. Pierre pour
la rage des chiens & des autres animaux.*

ON peut aufli ranger parmi les prefervatifs qui fe
font fans paroles, les anneaux magiques & fuperftitieux. Garlæus (b) témoigne qu'il y a des anneaux
qui fervent de Phylactéres, & que l'on porte aux
doigts pour fe preferver de maladies & de dangers,
pour reüffir heureufement dans fes affaires, pour avoir
plus de facilité à faire certaines chofes, pour fe concilier l'amitié de certaines perfonnes, pour fçavoir des
chofes fecrettes, pour produire certains effets qui furpaffent les forces de la nature, & qui ne peuvent
être produits que par le pere de menfonge. Tels étoient
les fept anneaux qu'Jarchas Indien donna à Apollonius (c); les deux du Tyran Exceftus (d), qui par
le bruit qu'ils faifoient l'un & l'autre, l'avertiffoient
de ce qu'il avoit à faire; celui de Giges (e), qui le
déroboit aux yeux des hommes, quand il en tournoit
le chaton du côté de la main, & qui le faifoit voir
lorfqu'il le tournoit en dehors; ceux que donnoient
les Rois d'Angleterre (f) qui defcendoient en ligne
directe des anciens Comtes d'Anjou, pour guerir du
mal-caduc; celui d'Edoüard Roi d'Angleterre (g),
qui gueriffoit les membres engourdis & infenfibles;
celui dont fe fervoit le Juif Eleazar (h) pour chaffer le Demon; celui qu'Augufte donna à Agrippa (i)
pour guerir de grandes maladies; ceux des Rois d'Angleterre (k), que l'on confervoit autrefois dans les
Archives de l'Eglife de Weftminfter. Enfin celui du
Magicien Thebith, celui d'Alexandre de Tralle celebre Medecin, & celui où l'on enferme un morceau du nombril d'un enfant, celui que l'on
fait du premier Karlin (l), ou de la premiere piece
de monnoye prefentée à l'Offerte le Vendredi Saint à
l'adoration de la Croix, pour guerir le refferrement,

(a) Tit. 39.
(b) In Præloquiis ad Dactylothecam.
(c) Philoftr. l. 3. Vit. Apoll. Thyran.
(d) Clem. Alex. l. 1. Stro.
(e) Herod. l. 1. Cicer. l. 3. Offic. S. Greg. Naz. Hymn. 11.
(f) Du Laurent. de Strumis l. 1. c. 3.
(g) Ibid.
(h) Jofeph. liv. 8. Antiquit. c. 2.
(i) Du Laurent. ibid.
(k) Idem. ibid.
(l) Mizauld Centur. 5. n. 51. Centur. 6. n. 44. & Centur. 7.
n. 21.

le tremblement ou l'engourdiffement des nerfs, ainfi
que parle le Cardinal Cajetan (m), de qui j'ai appris
cet admirable remede. Enfin celui qui rend invifibles
les perfonnes qui le portent. Il doit être d'argent, il
faut y enchaffer une petite pierre qui fe trouve dans
le gozier d'un corbeau nouvellement éclos, & y ecrire par le dedans ces mots, *Beelzebuth incana Lofta*
&c.

De quelque matiere, & pour quelques ufages que
foient faits ces anneaux & les autres femblables, il eft
hors de doute qu'ils font reprouvez dans l'Eglife.

Le Pape Jean XXII. par fa Bulle *Super illius fpe-
cula*, excommunie *ipfo facto*, ceux qui en font,
ceux qui en font faire, & ceux qui s'en fervent.

Le Concile Provincial de Tours (n) en 1583.
„ défend à tous Ecclefiaftiques, fous peine de fufpen-
„ fe, & à tous Laïques fous peine d'excommunica-
„ tion, de fe fervir d'anneaux *en general*, & d'y a-
„ joûter foi en quelque maniere que ce foit.

Le premier Concile Provincial dè Milan (o) en
1565. ordonne aux Evéques „ de punir feverement
„ ceux qui fe trouveront avoir fait, ou vendu des
„ anneaux ou quelqu'autre chofe pour des ufages ma-
„ giques & fuperftitieux.

Et Jean François Bonhomme (p) Evêque de Verceil, „ ne veut pas que l'on fe ferve d'anneaux pour
„ guerir les maladies des hommes ou des bêtes,

Quelqu'un s'imagineroit peut être, qu'il y auroit
quelque figure aftronomique, ou quelques caractéres
inconnus & extraordinaires dans les Cellules des Chartreux, à caufe qu'on dit ordinairement qu'il ne s'y
trouve point de punaifes, quoiqu'il s'en trouve dans
les chambres de leurs domeftiques. Mais le Pere Jaques du Breul, Moine de S. Germain des Prez affeure que cela arrive par un privilege particulier que
Dieu a accordé aux Religieux de ce faint Ordre. (q)
„ Dieu n'a point voulu, *dit-il*, qu'ils foient affligés
„ & inquiétés de ces puantes beftioles, appellées pu-
„ naifes, & en a exempté toutes leurs Cellules defquel-
„ les autrement & difficilement ils fe pouroient garan-
„ tir, pour y avoir grande difpofition, à caufe qu'ils
„ couchent vêtus, n'ufent point de linge, changent
„ peu fouvent d'habits, ont leurs Cellules faites de
„ bois, par dedans leurs lits, & fermées de bois au
„ lieu de courtines, & le foüarre de leurs lits qu'ils
„ font fi peu curieux de changer, qu'il y en a qui ne
„ le changent pas en vingt ans une fois, Et Dieu pour
„ faire mieux paroître que ce n'eft pas une proprieté
„ ou difpofition naturelle des lieux, n'en a point exemp-
„ té les lieux où demeurent leurs ferviteurs domefti-
„ ques dans leurs Couvents.

Cardan témoigne (r) que cela vient de ce que les
Chartreux ne mangent point de viande. Mais Scaliger
le raille agreablement là deffus & traite ce fentiment de
fable & de bagatelle (s).

De forte que fi les Chartreux n'ont point de punaifes
dans leurs Cellules, ce n'eft ni parce qu'il s'y rencontre

(m) In Summa. V. Superftitio, & in 2. 2. q. 96. a. 3.
(n) Tit. 4.
(o) Conftit. p. 1. tit. 10.
(p) In Decret. Vifitat. tit. de Superftition.
(q) Antiquités de Paris L. 2. Tit de l'Ordre des Chartr. p. 449.
(r) L. 10. de fubtil.
(s) De Carthufianis cimicibus (*lui dit-il*) arrifere tibi fabellæ,
quarum nugas aufus es inferere fubtililatibus. Sed adjungis hifce
mendaciis caufas non minus vanas: non tentari ab illis, quia carnibus abftineant. Utinam Pythagoræ id fcire contigiffet! An non
meminifti canes à cimicibus non appeti? Ab equis fugere puli-
ces? mures tantum alere atque inferre pulicum, ut paulò minus
accuraté profpectanti pulicis interdum corio tecti effe videantur?
Efto cimicum incurfionibus nemo Cartufianus vellicetur, Reftat
illud tamen in eorum cubiculis an oriantur. Nam Tolofani lec-
tuli non efitant carnes, & tamen ea pefte infames funt. Magnam
vero fane rem fi Cartufianorum ἀναρκοφαγία exterminet ex illó-
rum toto cælo tam fætidam beftiam. Nam in Marfis viperæ funt:
fed illis quamquam infenfis non infeftæ. Nafcuntur in abiegnis
potiffimum cubilibus, maximéque ubi palea inveteravit. Si intra
telam coacta confutaque fuerit, non nafcuntur. Inter chartaceos
libros generantur. Sed mirum quantùm in caveis gallinarum,
odore cupreffi fugari perfuafum eft.

tre des Talifman, car il en faudroit une prodigieufe quantité pour toutes les Cellules, ni parceque Dieu les en a préfervé par un privilege fpecial, car où eft ce privilege? ni parcequ'ils ne mangent point de viande car il y a d'autres Religieux qui n'en mangent point, fi ce n'eft lorfqu'ils font infirmes, & qui ne laiffent pas d'avoir des punaifes dans leurs Cellules. Mais c'eft parce qu'ils ont foin de tenir leurs Cellules bien propres & bien nettes: & voilà l'unique raifon qu'en apporte Voffius dans fes Livres de l'Idolatrie (a) où il parle de ce fait comme d'une chofe fort incertaine & où il refute l'opinion de Cardan fur les punaifes des Chartreux par des preuves tout autres que celles de Scaliger.

V. Il y a des gens affez fous pour s'imaginer qu'ils feront heureux au jeu, & qu'ils y gagneront toûjours, pourvû qu'ils ayent fur eux un morceau de corde de pendu, ou du treifle à quatre-feuilles, ou un cœur d'hirondelle. Mais c'eft affez refuter cette vanité que de la rapporter, n'y ayant d'ailleurs aucune proportion entre le bonheur du jeu, & un morceau de corde de pendu, du treifle à quatre-feuilles, ou un cœur d'hirondelle, à moins que le Diable ne foit de la partie, comme il n'en eft que trop fouvent dans les jeux, & particulierement dans ceux de hazard, qui font tres-expreffement defendus par les Conciles, par les Peres de l'Eglife, & par les Loix Civiles, quoiqu'ils faffent aujourd'hui l'occupation de bien des gens du monde, & même, ce qui ne fe peut dire fans douleur, de bien des Ecclefiaftiques. Il y a un autre fecret pour gagner *à toutes fortes de jeux*, dans le Livre intitulé *le Secret des Secrets de nature*. Mais la fougere qu'il faut cueillir la veille de la S. Jean juftement à Medi, & le bracelet fait en la forme de ce caractere, HUTY, fentent trop la fuperftition pour qu'on doive mettre ce fecret en ufage.

VI. Le Synode de Bourdeaux fous Monfieur le Cardinal de Sourdis Archevêque de Bourdeaux (b) en 1600. les Statuts Synodaux de Cahors (c), ceux de S. François de Sales, & ceux d'Agen, ne veulent pas que l'on fe ferve de ceintures d'herbes pour la guerifon des maladies, parce qu'ils les confiderent comme des remedes fuperftitieux. Et ils le font en effet, lorfque les herbes qui font renfermées dans ces ceintures, n'ont nulle vertu naturelle de guerir les maladies pour lefquelles on les porte.

VII. Tatien (d) Difciple de S. Juftin martyr, parle des nerfs, des os, des pellicules, des herbes & des racines, que l'on renfermoit dans du cuir pour fervir de prefervatifs. Mais il declare que toute leur vertu venoit de l'operarion du Demon.

VIII. On promenoit autrefois des ours & certains autres animaux par les villes & par les campagnes, on leur attachoit à la tête & ailleurs des pieces d'étoffe teintes, & on donnoit de ces pieces & du poil de ces animaux à tous ceux qui en demandoient, pour les preferver de maladies, & pour empefcher qu'on ne leur charmât la veuë, ainfi que l'affeure Theodore Balfamon (e). Mais cette pratique fut condamnée par le Concile de Conftantinople (f) en 692. & la condamnation qu'il en fit fe peut appliquer avec beaucoup de juftice à la

pratique de certaines femmes fuperftitieufes, lefquelles, ainfi que le témoigne Martin de Arles (g), attachoient aux épaules de leurs enfans des morceaux de miroirs caffez, ou des pieces de cuir de renard ou de brebis, afin de les garentir de la veuë empoifonnée des Sorciers, ce qui eft une vanité & une fuperftition, qui n'eft fondée ni en raifon naturelle, ni en raifon Aftrologique, ni en raifon Theologique, comme parle le même Auteur, *Hoc vanum & fuperftitiofum eft & fine ulla ratione naturali, aut Aftrologica, aut Theologica.*

IX. Quelques enfans viennent au monde avec une pellicule qui leur couvre la tête, que l'on appelle du nom de *coëffe*, & que l'on croit être une marque de bonheur. Ce qui a donné lieu au Proverbe François, felon lequel on dit d'un homme heureux, *qu'il eft né coëffé*. On a vû autrefois des Avocats affez fimples pour s'imaginer que cette coëffe pouvoit beaucoup contribuër à les rendre éloquents, pourvû qu'ils la portaffent dans leur fein. Elius Lampridius en parle dans la vie d'Antonin Diadumene. Majolus dans le 2 entretien du fupplement de fes Jours Caniculaires attribuë cette fimplicité aux Advocats Romains, & dit, (h) qu'ils achetoient bien cher cette coëffe, dans la penfée qu'elle leur pouroit infiniment fervir pour gagner les caufes qu'ils plaideroient. Mais ce Phylactere étant fi difproportionné à l'effet qu'on lui attribuë, s'il le produifoit, ce ne pourroit être que par le miniftere du Demon, qui voudroit bien faire part de fa fauffe éloquence à ceux qu'il coëffe de la forte.

X. Je connois des gens fuperftitieux, qui gardent toute l'année des œufs de poule pondus le Vendredi Saint, qu'ils difent être tres-fouverains pour éteindre les incendies, dans lefquels ils font jettez. Je fuis perfuadé que le grand myftere dont l'Eglife celebre la memoire le Vendredi Saint, rend cette journée plus illuftre & plus venerable que bien d'autres. Mais je ne croirai jamais que les œufs dont il s'agit ayent la vertu d'appaifer les incendies, à moins que le Diable ne s'en mefle.

XI. J'en connois d'autres de même trempe, qui fe perfuadent que trois pains cuits le même jour, & mis dans un tas ou monceau de blé, empefchent qu'il ne foit mangé des rats, des fouris, des charenfons ou calendes, ni des vers. Si cela eft ainfi, comme des perfonnes dignes de foi qui en ont eu de l'experience, me l'ont affeuré, ce ne peut-être que le Demon qui opere cette merveille. Joint que cette pratique, auffi bien que la precedente, eft une obfervance des jours, & par confequent une autre fuperftition, qui a bien du rapport avec celle de ceux qui s'imaginent que le pain cuit la veille de Noël ne moifit point, & qu'il fert de medecine à beaucoup de maux.

XII. La figure d'Alexandre le Grand paffoit autrefois pour un grand prefervatif. Dans la famille des Marciens, qui ufurperent l'Empire du temps de Gallien & de Valerien, les hommes l'avoient toûjours fur eux en or ou en argent, & les femmes la portoient fur leurs coëffures, fur leurs braffelets, fur leurs anneaux, en un mot fur tous leurs ornemens, ainfi que le témoigne (i), Trebellius Pollion: Et cet (k) Hiftorien ajoûte qu'elle eft d'un grand fecours
pour

(a) Quòd verò Monachos fertur Carthufianos(*dit-il*)non divexari à cimicibus, id fi eft, munditiei quoque in Cellulis fuis curandis tribuerim. Sed metuo ne inanis ea fit quorundam jactatio. Perfuafum tamen id Cardano, qui aliunde caufam arceffit: nempe quia carnibus abftineant. Quafi non fi carne ipfi conftent, fufficiat, modò mundities abfit. Siquidem, ut Ariftoteles ait lib. 5. hiftor. Animal C. 31. Cimices funt è vapore qui confiftit in cute animalium. Et fanè è vivo etiam homine generari indicat illud quod Cornelio Gemmæ traditum eft Cofmocritices, five de divinis naturæ Characterifmis lib. 2. C. 4. Ubi narrat de cimicibus in fæminæ calvaria natis inter meninges. Adde jam quòd etiam generentur è lectis quando mollior eft eorum materies. Mirum verò fic variare etiam ortum cimicum pro cælo & folo. In infula etiam S. Thomæ pulicibus quidem infeftantur, at cimices in ea nulli. Cujus rei non aliam rationem quàm temperiem loci putandum. L. 4. de Idololat. C. 94.
(b) Ordonnances de Bourdeaux. &c. tit. 10.
(c) Dans les lieux citez ci devant.
(d) Orat. contra Gentil. p. 172. edit. Parif.
(e) In Can. 61. Trull.
(f) Trull. can. 6.

(g) Tract. de Superftit.
(h) Caufidici Romani multâ pecuniâ involucrum iftud emebant, fe illo ad caufæ victoriam juvari multùm arbitrantes.
(i) Videtur non mihi prætereundum de Macrianorum familia, quæ hodieque floret, id dicere, quod fpeciale femper habuerunt. Alexandrum Magnum Macedonem viri in auro & argento, mulieres & in reticulis & dextrocheriis & in annulis & in omni ornamentorum genere exfculptum femper habuerunt: eoufque ut tunicæ, & limbi, & penulæ matronales in familia ejus hodieque fint, quæ Alexandri effigiem deliciis variantibus monstrent. Vidimus proximè Corneliùm Macrum in eadem familia virum, cùm cœnam in Templo Herculis daret, pateram electrinam, quæ in medio vultum Alexandri haberet, & in circuitu omnem Hiftoriam contineret fignis brevibus & minutulis, pontifici propinare: quam quidem circumferri ad omnes tanti illius viri cupidiffimos juffit.
(k) Quod ideirco pofui, *dit-il*, quia dicuntur juvari in omni actu fuo qui Alexandrum expreffum vel auro geftitant, vel argento.

V

pour toutes les actions de la vie, à tous ceux qui la portent en or ou en argent:

Le peuple d'Antioche étoit dans la même superstition du temps de S. Jean Chrysostome. (a) Mais ce grand Archevêque la combat avec beaucoup de force, & ce qu'il en dit, est plus que suffisant pour en détourner les vrais Chrétiens. Voici comme il en parle: „ Que „ doit-on dire de ceux qui se servent de charmes & „ de ligatures, & qui lient autour de leurs têtes & „ de leurs piés des medailles d'Alexandre de Mace- „ doine? Quoi! est-ce là où toute nôtre esperance est „ reduite? Aprés la Croix & la mort de nôtre Sei- „ gneur, ne nous reste-t'il plus d'autre confiance que „ dans l'image d'un Roi Payen? Ne sçavez-vous pas „ combien la Croix a operé de merveilles? Elle a „ ruiné la mort, elle a éteint le péché, elle a épuisé „ l'enfer, elle a détruit la puissance du Diable, & „ vous ne croyez pas y pouvoir raisonnablement met- „ tre vôtre confiance pour le rétablissement de la san- „ té de vôtre corps? Elle a ressuscité toute la terre, „ & vous n'en esperez rien pour vous? De quel sup- „ plice n'étes-vous pas dignes pour ce manquement „ de foi?

Dans le Comtat d'Avignon, en Provence, en Dauphiné & ailleurs, il y a des prêtres qui font chaufer un merceau de fer ou une des clefs de l'Eglise, & qui l'appliquent aux hommes & aux femmes, aux chiens & aux bestiaux, pour les guerir de la rage & pour les en préserver. Ce morceau de fer ou cette clef s'appelle la *Clef de S. Pierre*, parceque l'on s'en sert plus communement dans les Eglises qui sont dediées sous l'invocation de S. Pierre, que dans les autres. On en marque d'ordinaire les hommes & les femmes dans les Eglises, les chiens & les bestiaux à la porte des Eglises.

Mais ce remede est superstitieux & condamné avec beaucoup de justice par les Ordonnances Synodales du Diocese de Grenoble (b). „ Les Curés auront soin „ d'abolir la coutume prophane & superstitieuse de „ faire appliquer par les Prêtres les clefs de l'Eglise, „ ou autres clefs, pour guerir les chiens qui sont en- „ ragés, ou pour empêcher qu'ils ne le deviennent, „ sur tout dans les Paroisses dédiées sous l'invocation „ de S. Pierre.

Il est aussi condamné comme superstitieux par Sainte-Beuve dans ses Resolutions des cas de conscience. Il y a (*dit-il*) (c) „ de la superstition d'amener des „ hommes & des femmes dans l'Eglise, ou des bes- „ tiaux à la porte des Eglises, pour les faire toucher „ par le Prêtre avec un fer chaud pour la rage: car „ cet attouchement n'a aucune vertu naturelle ni sur- „ naturelle pour produire l'effet qu'on en attend. Ce- „ la se pratique dans Avignon à la vuë du Prelat. „ Cela se pratique aussi en France en beaucoup d'en- „ droits; & on ne l'empeche pas; non qu'on estime „ que cela ait une vertu infaillible, mais parceque l'on „ considere la chose comme un acte de Religion, „ par lequel on se met sous la protection de S. Pier- „ re (on appelle ce fer chaud, *la clef de S. Pierre*) „ duquel on espere l'intercession pour être préservé „ de la rage. Cela est en pratique en plusieurs en- „ droits: On ne peut l'excuser en soi d'une super- „ stition superfluë, quoiqu'on puisse peut-être excu- „ ser de peché ceux qui le pratiquent pour les rai- „ sons ci-dessus exprimées, Tout consideré j'estime „ que c'est une chose à abroger avec prudence par les „ Prêtres & par les Prelats à cause que la chose à tout „ l'air de superstition.

On en peut dire autant des cors, appellés la *Clef de S. Hubert*, dont il est parlé dans le Placard que les quêteurs de la Confrairie de S. Hubert distribuent dans les Paroisses. Il est intitulé. „ Sommaire des miracles con- „ tinuels qui se font en l'Eglise & Monastere de M S.

„ Hubert en Ardennes de l'Ordre de S. Benoît, au „ Diocese de Liege & des graces & indulgences accor- „ dées a perpetuité par les souverains Pontifes de Ro- „ me, à la Confrairie dudit glorieux S. Hubert. *Voi- „ ci ce qu'on y dit de la* Clef de S. Hubert: Ne faut „ passer sous silence les cors ou cornets de fer (*qu'on „ appelle clefs de S. Hubert*) benits & touchés à la sain- „ te Etolle, qui servent aux chiens & autres animaux „ qui sont marqués, d'un préservatif singulier & reme- „ de asseuré contre le peril de rage & toutes mauvaises „ morsures tant inférées qu'à inférer; du moins s'il ar- „ rive qu'aprés avoir été marqués de cette clef, ils „ soient infectés de la rage ils meurent paisiblement sans „ faire aucun mal. Et par ce tant les personnes que les „ animaux trouvent audit lieu de S. Hubert un remede „ prompt & asseuré contre la rage, de laquelle sans „ doute ils seroient saisis, tourmentés, & affligés tôt „ aprés la blesseure ou morsure leur inférée par quelque „ bête enragée, sans ce remede.

CHAPITRE IV.

Exemples de diverses pratiques superstitieuses que l'on peut mettre au rang des Phylacteres ou preservatifs sans paroles, & dont on se sert pour procurer la santé aux hommes & aux bestes, pour être heureux, ou pour éviter quelque mal, quelque danger ou quelque perte.

JE mets encore au rang des Phylacteres ou préservatifs qui se font sans paroles, les vaines pratiques que l'on observe en quantité de lieux pour guerir les hommes & les bêtes de diverses maladies, ou pour les garentir de quelques accidens ou de quelques pertes qui leur peuvent arriver. Car comme l'on n'en peut rendre aucune raison naturelle, & que d'ailleurs elles n'ont été établies ni de Dieu, ni de l'Eglise, pour produire les effets que l'on en attend, il faut de necessité qu'elles soient illicites & superstitieuses, puisqu'elles ne peuvent point avoir d'autre vertu que celle qu'il plaît au Diable de leur donner. En voici divers exemples par lesquels on pourra facilement juger des autres que je ne rapporterai point; & qui sont en tres-grand nombre.

Ne point manger de chair ni d'œufs certains jours de Festes solemnelles, comme le jour de Pasques, afin d'être preservé de fiévres le reste de l'année; comme si ces jours, & l'abstinence de chair & d'œufs que l'on y fait, avoient plus de vertu pour cela qu'une pareille abstinence faite à d'autres jours. Aussi cette superstition est-elle condamnée par le Concile Provincial de Reims en 1583. (d) Et par celui de Toulouse en 1590. (e).

Laver ses mains le 1. jour de Mai dans du jus de fumier, & abatre trois fois le couvercle de la huche sur ses mains, pour empêcher qu'elles ne se jarcent en Hyver. Guerir la fiévre ...... en beuvant dans un seau d'eau aprés qu'un cheval y aura beu. Lors qu'une femme est preste d'accoucher, prendre sa ceinture, aller à l'Eglise, lier la cloche avec cette ceinture & la faire sonner trois coups, afin que cette femme accouche heureusement. (f) Martin de Arles Archidiacre de Pampe-lon-

---

(a) Homil. 21. ad pop. Antioch.
(b) Tit. 1. Art. 3. N. 9.
(c) Tom. 2. 12. cas.

(d) Tit. 6. n. 3. Nemo à carnibus superstitiose diebus solemnibus abstineat, ut sacro die Paschæ, ne toto anno febre laboret, aut simile quidpiam faciat, suadeat, aut credat.

(e) Part. 4. c. 12. n. 6. Quæ vana nonnullorum mentes invasit superstitio, carnibus ad vitandam febrim die Paschali abstinendum esse, ab uno quoque Episcopo in sua Diœcesi, diligenti disquisitione cognita tollatur & arceatur.

(f) Tract. de Superstitionib. Superstitiosum est quòd fere in omni hac nostra patria observatur, ut dum femina est propinqua partui, zonam vel corrigiam qua præcingitur, accipientes ad Ecclesiam occurrunt & cymbalum modo quo possunt corrigia illa vel zona circumdant, & ter percutientes cymbalum, sonum illum credunt valere ad prosperum partum, quod est superstitiosum & vanum.

homme affeure que cette fuperftition eft fort en ufage dans tout fon pays.

Frotter les verruës à un geneft & le lier le plus bas de terre que l'on pourra, afin de les faire tomber. Le même remede fert pour faire tomber les corps des pieds. Frotter les verruës avec de la bourre que l'on aura trouvée fortuitement dans un chemin, puis la jetter, & celui qui la ramaffera, aura les verruës. Prendre autant de pois qu'on a de verruës, les enveloper dans un linge, & jetter ce linge dans un chemin. Celui qui le ramaffera, aura les verruës, & celui qui les avoit auparavant ne les aura plus. Se froter les dens, quand elles font mal, d'une dent de mort & croire qu'on en guerira. Garder des morceaux de pain beni des trois Meffes de Noël & en prendre pour remede contre diverfes maladies. Prendre deux brins de feneffon, en faire une petite couronne la racine en haut, & la pendre au col avec un brin de fil, pour guerir des ecrouelles. Couper une pomme ou un morceau de bœuf en deux, en appliquer les deux morceaux fur les verruës, puis les lier enfemble & les jetter enfuite. A mefure qu'ils fe pourriront les verruës diminuëront. On attribuë le même effet aux feuilles de figuier, aux cœurs de pigeon, & aux grains de fel. Faire durcir un œuf au feu, & le mettre dans une fourmilliere, afin de guerir la J. Ballier une chambre . . . . fois à rebours pour chaffer les maux de . . . & de . . . . Cueillir certaines herbes entre la veille de la S. Jean & la veille de la S. Pierre, & les garder dans une bouteille pour guerir certaines maladies. Faire paffer par un écheveau de fil les perfonnes qui font malades de la coligne, & celles qui ont des defcentes de boyaux, &c. Frotter le front des enfans avec de la bouë pour empefcher qu'ils ne foient malades de . . . . Attacher des teftes de clous aux portes des maifons, afin que les gens & les beftiaux qui les habitent, foient prefervez de charme & de maladies (a). Froter le front des enfans avec de la bouë, pour empêcher qu'ils ne foient malades de . . . . S'imaginer, comme font quantité d'idiots & d'idiotes, que la toile faite de fil qui n'a point été filé le Samedi après midy, eft capable de reffufciter les enfans morts-nez qu'on y enveloppe. Se mettre dans l'un des plats d'une balance, & mettre fon pefant de feigle dans l'autre, pour être gueri du mal caduc; & clouer un clou dans une muraille pour être gueri du mal de dens. Ce font deux fuperftitions, dont Denys le Chartreux parle (b):

La premiere fois qu'on entend le coucou, cerner la terre qui eft fous le pied droit de celui qui l'entend, & la répandre dans les maifons afin d'en chaffer les puces. Faire fecher à la cheminée neuf fortes de bois, ou certaines herbes, afin que la fiévre & quelques autres maux diminuent à mefure que les neuf fortes de bois, & les herbes diminueront. Cueillir un certain fimple avant le Soleil levé & en frotter les pieds des vaches, des chevres, des truyes, de cavales, &c. afin qu'elles ayent beaucoup de lait. Cacher fous l'écorce d'un tremble avant le Soleil levé du poil d'un homme ou d'une befte qui aura été bleffée, & faire la même chofe pendant quelques jours, afin de faire tomber ou mourir les vers qui fe feront accueïllis à fa playe. (d). Faire boire les beftiaux au retour de la Meffe de minuit, avant que de rentrer au logis & avant que de parler à perfonne, pour les preferver de certains maux. Enterrer un bœuf, une vache, un bouc, une chevre, un porc, une truye, un cheval, une cavale, un mouton, ou une brebis morte, dans l'eftable même où elle eft morte, ou bien pendre fa . . . . à la cheminée, pour empefcher que les autres ne meurent. Croire qu'une bûche que l'on commence à mettre au feu la veille de Noël (ce qui fait qu'elle eft

appellée *le trefoir*, ou *le tifon* de Noël) & que l'on continuë d'y mettre quelque temps tous les jours jufqu'aux Rois, peut garentir d'incendie ou de tonnerre tout l'année la maifon où elle eft gardée fous un lit, ou en quelqu'autre endroit; qu'elle peut empêcher que ceux qui y demeurent n'ayent les mules aux talons en hyver; qu'elle peut guerir les beftiaux de quantité de maladies; qu'elle peut délivrer les vaches preftes à veler, en en faifant tremper un morceau dans leur breuvage, enfin qu'elle peut preferver les bleds de la rouille en jettant de fa cendre dans les champs. Se lier à certains arbres avec une corde ou avec quelqu'autre lien, de bois ou de paille, & demeurer quelque tems en cet état, pour être gueri des fiévres. Quelques-uns difent qu'il faut faire cela de grand matin & étant à jeun, laiffer pourir le lien autour de l'arbre, & mordre l'écorce de l'arbre avant que de fe retirer. Traîner un brin de fil dans du faint Chrême, ou cacher une image de terre fous un Autel, pour être gueri de certaines incommoditez. Saigner du nez fur certaine quantité de feftus difpofez d'une certaine maniere, afin d'étancher le fang qui coule du nez en abondance. Courir çà & là dans une Eglife pour guerir la pleurefie. Le Concile Provincial de Toulouse en 1590. (e) condamne cette pratique:

Faire changer les chevaux de Paroiffe, ou comme l'on dit en certains lieux, les faire changer de dimage, lorfqu'ils font malades des trenchées ou des avives, pour les en faire guerir, dans la penfée qu'ils n'en gueriroient point fans cela. Porter une perruque fait des cheveux d'un pendu, & trempée dans le fang d'une Pupu, afin de fe rendre invinfible. Couper l'ourelet du fuaire d'un mort, le paffer fous les reins, & en ceindre ceux qui ont la colique, ou quelque defcente de boyaux. (f) Traire une vache trois matins tout de fuite, fans laver fes mains & avant le Soleil levé; puis jetter le lait fur les . . . . . des beftiaux, ou le mettre fous le . . . . de leur étable, ou le verfer fur une . . . . . . : pour les preferver de mal. Remettre les os difloquez avec de l'ozier franc, lié d'une certaine maniere. Guerir les verruës que l'on a aux mains, ou en regardant le croiffant, ou en mettant dans un papier autant de petites pierres qu'on a de verruës, & en jettant ce papier dans un chemin, ou enfin en prenant de la bouë derriere foi & en les en frottant. Il y en a qui les frottent avec un morceau de . . . . . . qu'ils enterrent enfuite dans un lieu fecret, & à mefure que ce morceau de . . . . . . fe pourit, les verruës s'en vont. Frotter les loupes à l'habit d'un Bourreau peu de tems après qu'il a fait quelque exécution, afin de les diffiper.

Manger la premiere pafquerette que l'on trouve, ou fe frotter au premier houx que l'on rencontre, pour guerir la fiévre . . . . . Porter dans fa bource la tête d'une Pupu, afin de n'être point trompé par les Marchands & de gagner beaucoup (g).

Guerir un malade de la . . . . . en mettant bouillir dans l'eau qu'on lui donne à boire une pincée d'aiguilles que l'on aura prife au hazard & fans compter chez un Marchand.

Jetter fur une Aubefpine le lait qui fe caille trop tôt, afin qu'il foit plus long-temps à fe cailler. Faire porter fur foy à un mari un morceau de corne de cerf, afin qu'il foit toûjours en bonne intelligence avec fa femme. La même chofe peut fervir aux bœufs & aux chevaux, afin qu'ils ne foient jamais malades (b).

Paffer entre la Croix & la Banniere de fa Paroiffe, lorfqu'on fait la Proceffion à la grand'Meffe les Dimanches, afin de n'avoir point la fiévre . . . . toute l'année.

Faire faire les fers des chevaux des épées, avec lesquel-

<hr>

(a) Mizauld cent. 4. n. 66. & cent. 7. n. 42.
(b) Lib. contra vitia Superftit. art. 9. Ad Superftitionem pertinet ponderatio hominis ad æqualitatem filiginis contra morbum caducum, credulitas quod contra dolorem dentium valeat clavus infixus parieti.
(c) Mizauld cent. 4. n. 71.
(d) Mizauld cent. 8. n. 91.

(e) Part. 4. c. 12. n. 6. Quæ vana nonnullorum mentes invafit fuperftitio, ad temerè conceptam imaginariæ pleuritidis opinionem à noftris hominibus adhibetur, per Ecclefiam circumcurfatio, eàque omnia quæ anili fuperftitione hominum mentes detinere confueverunt, ab unoquoque Epifcopo in fua Diœcefi diligenti inquifitione cognita, tollantur & arceantur.
(f) Mizauld cent. 2. n. 73.
(g) Mizauld ibid.
(b) Mizauld. ibid.

quelles on aura tué quelques personnes, afin que les chevaux soient plus agiles à la course. Les rendre plus traitables & plus doux en leur faisant faire des mors de semblables épées (a).

Faire porter à un homme marié le cœur d'une caille mâle, & à sa femme le cœur d'une caille femelle, afin qu'ils vivent toûjours en paix (b).

Toucher à certains jours de l'année avec un balay les herbes & les legumes des jardins pour empêcher que les Fourmis, les Sauterelles, les Limaçons, les Chenilles, les Vers & les autres Insectes ne les gâtent. Arrêter le sang en mettant une clef creuse dans le dos. Arrêter le lait en mettant une pareille clef dans le sein.

Porter sur soy neuf Patenoftres d'Ambre . . . pour guerir certains maux.

Quand une femme eft en mal d'enfant, lui faire mettre le haut de chauffe de fon mari, afin qu'elle accouche fans douleur.

Pendre un Haren le Vendredi-Saint aux foliveaux d'une chambre, afin d'empêcher les mouches d'y entrer.

Ficher des épingles dans le fuaire d'un mort, porter fur foy ou une dent de loup, ou l'œil droit d'un loup, après l'avoir fait fecher, afin de n'avoir point de peur.

Fendre un chefne, & faire paffer trois fois un enfant par dedans, afin de le guerir de la hergne. Le pere & la mere de l'enfant doivent être chacun à un côté du chefne.

Brider certains animaux d'une ronce, afin de les guerir des maux de . . . . & de . . . .

Attacher une grande dent de loup au cou d'un cheval, afin de le rendre infatigable à la course.

Mettre feicher à la cheminée la pellicule d'un œuf, afin que les poules du logis ne perdent point leurs œufs.

Attacher une pierre percée au cou d'un cheval qui hannit trop, afin de le faire taire. Attacher à la queuë d'un afne une pierre afin de l'empêcher de braire (c).

Jetter du bouillon de Carême prenant dans les foffez, dans les mares, dans les étangs, &c. afin de faire taire toute l'année les grenouilles qui y font.

Tourner les chats & les poules autour de la cramaillere pour les attirer au logis, & pour les obliger de n'en pas fortir.

Mettre une grenouille de buiffon dans un pot de terre neuf, & enterrer ce pot au milieu d'un champ, afin d'empêcher les oifeaux de manger ce qu'on aura femé dans ce champ. (d) Mais il faut enterrer ce pot un peu avant la moiffon, de peur que les grains & les fruits ne foient amers.

Porter fur foy une feuille de . . . . comme font quantité de chaffeurs, de cavaliers, & de poftillons, pour empecher qu'on ne s'écorche le derriere quand on va à cheval.

Ouvrir & fermer la huche trois fois tous les matins durant neuf jours, faire du vent en l'ouvrant & en la fermant, & expofer à ce vent ceux qui ont des dartres ou du feu volage au vifage, afin de les guerir. Ou bien faire la même chofe en difant . . . . fois *Pater nofter*, &c. en diminuant à chaque fois que l'on ouvre la huche.

Guerir la galle en cette maniere. Se rouler tout nû dans une piece d'avoine, en arracher une poignée, s'en frotter le corps avec de l'eau de fontaine: après s'en être ainfi frotté la mettre feicher fur un arbre ou fur une haye. A mefure qu'elle feichera, la galle feichera auffi, & s'en ira. Ou la guerir de celle-ci: fortir le matin de fa maifon fans penfer à quoique ce foit, aracher une poignée d'avoine en grape & la mettre fur un arbre ou fur une haye. A mefure que cette avoine feiche, la galle feiche & diminue.

Peftrir un petit pain avec l'urine qu'une perfonne malade de la fiévre quarte aura renduë dans le fort de fon accès, le faire cuire, le laiffer froidir, le donner enfuite à manger à un pauvre afamé & faire trois fois la même chofe pendant trois accès, le pauvre prendra la fiévre quarte, & elle quittera la perfonne malade. Si cette perfonne eft un mâle, on donnera le petit pain à un . . . . fi elle eft femelle, on le donnera à une . . . . Lambin dans fon Commentaire fur ces paroles d'Horace (e),

Frigida fi puerum quartana reliquerit,

affure qu'il a appris ce remede fuperftitieux & illicite d'un Umbrois (f). Mais en parlant de la forte, il a montré qu'il n'étoit pas grand Theologien. Antoine Mizauld rapporte le même remede (g).

Mettre les pieds & les mains des enfans dans de la glace, ou, s'il n'y a point de glace, dans de l'eau froide, auffi-tôt qu'ils font nez & avant qu'ils ayent reçu le Baptême, pour empêcher qu'ils n'ayent l'onglée aux pieds ou aux mains, & leur faire boire du vin auffi-tôt qu'ils font venus au monde, pour empêcher qu'ils ne s'enyvrent.

Guerir une vache quand elle cloche d'un mal appellé en certains Païs, *le fourchet*, en lui arrêtant le pied dont elle cloche fur une motte d'herbe ou de gazon, en cernant cette motte de la grandeur du pied malade, & en la mettant feicher enfuite fur une haye.

Attacher un clou d'un crucifix au bras d'un épileptique, pour le guerir.

Faite durcir un œuf, le peler, le picquer de divers coups d'aiguille, le tremper dans l'urine d'une perfonne qui a la fiévre . . . . puis le donner à un . . . . . fi le malade eft un mâle; ou à une . . . . . fi le malade eft une femelle, & la fiévre s'en ira.

Monter fur un ours, & faire certains tours deffus pour être prefervé de la peur. Cela fe pratiquoit autrefois en France plus communement qu'aujourd'hui, ou parce qu'aujourd'hui on voit moins d'Ours en France qu'autrefois; ou peut-être parce qu'aujourd'hui les François font plus éclairez & moins fuperftitieux qu'ils n'étoient autrefois. Car c'eft une fuperftition toute pure que de croire qu'on n'eft plus fufceptible de peur, dès-lors qu'on a monté fur un ours.

Guerir un cheval encloué en lui tirant le clou du pied, en l'enfonçant dans une b, ou dans quelqu'autre morceau de b, & en piffant deffus.

Faire faire les premiers fouliers des enfans de cuir de loup, & les leur faite porter, afin qu'ils foient prefervez, &c. Le Synode du Mont-Caffin en 1626. (b) condamne expreffement cette pratique.

Guerir la fiévre . . . . . avec cet admirable remede. Prendre un morceau de linge neuf & qui n'ait point encore été mis à la laiffive, y enfermer un peu de fel, de la toile d'araignée, de l'oignon, & quelques autres drogues, puis le mettre fur le poignet du bras au commencement de l'accès, l'y laiffer pendant 12 heures, & enfuite le jetter au feu fans regarder dedans.

Partir du lieu où l'on fe trouve, fans faluer qui que ce foit & fans dire mot à perfonne, aller chercher une certaine herbe, l'arracher & la jetter au vent, pour guerir la fiévre quarte.

Ficher des aiguilles ou des épingles dans un certain arbre de l'Eglife de S. Chriftophe fituée fur une Montagne fort élevée proche la ville de Pampelonne, afin d'ê-

(a) Mizauld, ibid.
(b) Mizauld cent. 8. n. 18.
(c) Mizauld cent. 7. n. 79.
(d) Mizauld cent. 8. n. 16.

(e) Lib. 2. Saty. 3.
(f) *Lambinus in Horat.* Febris quartanæ depellendæ, *dit-il*, rationem miram & paucis fortaffe inauditam, quam cum in Italia effem à quodam Umbro accepi, hîc referre volo. Sumatur totum id lotium quod æger febre vigente, feu παροξυσμοῦ tempore femel effuderit. Hoc lotio, in locum aquæ, tantum farinæ quantum fatis fit ad exiguum panem conficiendum, temperetur, fubigatur ac pinfatur: panisque fiat & coquatur: coctus & refrigeratus . . . . mafculo efurienti, fi æger fit mas, feminæ, fi femina fit, præbeatur, idque ter fiat. Hoc facto æger convalefcet . . . . . febri quartana corripietur.
(g) Centur. 6. n. 38.
(h) C. 4. Decret. 2.

d'être prefervé du mal de tête toute l'année fuivante. Martin de Arles, Archidiacre de Pampelonne condamne cette pratique fuperftitieufe dans fon Traité *des Superftitions.*

Couper une paille avec une befaiguë pour guerir l'enflure des mains & des doigts.

Attacher un cheval pendant trois heures à une certaine racine d'arbre, ou à une branche qui n'aura jamais porté de fruit, afin de le guerir d'une certaine maladie.

Mettre le cœur d'un capaut fur la mamelle gauche d'une femme pendant qu'elle dort, afin de lui faire dire tout ce qu'elle a de fecret (a).

Jetter neuf grains d'orge, &c. dans une fiole de verre pleine d'eau claire pour guerir un .. de la .....

Empêcher qu'un Sorcier ne forte du logis où il eft, en mettant des balais à la porte de ce logis.

Prendre une branche de prunier & l'attacher à la cheminée, afin qu'elle féche pour guerir du mal de gorge.

Faire mordre un malade dans un coudre avant le Soleil levé pour être gueri des .... ou bien fendre un coudre & faire paffer le malade par la fente.

Derober une oreille de charuë, la mettre fous le feuil de la porte d'une bergerie, & faire paffer les brebis par deffus pour les guerir d'une maladie appellée *Becquereau*, qui eft une .... dont elles meurent affez fouvent.

Croire que les chevaux & les moutons feront gueris, fi on les fait changer de Paroiffe.

Quand un cheval eft deferré mettre pied à terre, & tourner l'étrier à l'envers, pour empêcher que la corne ne s'ufe.

Mettre deux pattes de .... l'une au-deffus de la porte d'une bergerie & l'autre au-deffous, pour guerir les moutons de la clavelée.

Derober un chou dans un jardin voifin, & le mettre feicher à la cremilliére, pour guerir la fievre ....

Pendre au coû d'un malade un os de trépaffé, que l'on aura pris dans un cimetiére, pour guerir le même mal.

Se frotter les mains au manteau d'un cocu pour guerir les verruës des mains.

Faire ce qu'on appelle des crepes ou bignets, avec des œufs, de l'eau, & de la farine, pendant la Meffe de la fête de la Purefication, en forte qu'on en ait de faites après la Meffe, afin de ne point manquer d'argent toute l'année.

Trouver inopinement une petite grenouille verte, appellée en certain païs, *râlet* ou *graiffet*, ne la point nommer & l'attacher au coû d'un febricitant, pour le guérir. Si cet animal meurt bientôt, c'eft figne que le malade fera bientôt guéri; mais s'il eft long-temps fans mourir, c'eft figne que le malade languira long-temps, & même qu'il fera en danger de mourir.

Paffer par le feu de la S. Jean, pour être gueri du feu volage.

Mettre des feuilles de blé en croix pour être gueri de la ....

Demander trois aumônes à l'honneur de S. Laurent pour être gueri du mal de dents.

Donner un foû & un morceau de l'habit d'un malade à un Medecin, afin que le malade gueriffe.

Attacher au coû des brebis de trois ou de neuf fortes de bois, pour faire tomber les vers qu'elles ont quelquefois.

Mettre du pain beni de la Meffe de Minuit, ou des miettes du pain beni de la Meffe Paroiffiale d'un Dimanche, dans le breuvage des beftiaux, pour les guerir, ou pour les delivrer du mal....

Tremper cinq feuilles de buis le jour des Rameaux dans le breuvage des vaches pour les purger.

Prendre un morceau du Cierge beni le Samedi faint pour empêcher qu'on ne charme les armes à feu.

Relever l'eftomach ou en baillant ou en appliquant un foc de charuë trempé fur une certaine partie du corps. Ce dernier remede guerit auffi du mal de gorge. Il y en a plufieurs autres de même nature que les deux premiers pour relever l'eftomach; mais ils font

tous contre la verité & abufifs, par la raifon qu'en rend André du Breuil, lorsqu'en parlant de certaines femmes qu'il nomme *eshontées & impudentes mentereffes*, il dit (b), „ Qu'elles fe vantent de relever la poitrine „ contre toute verité. Car la cartilage fcutiforme „ (ajoûte-t-il) femblable à une petite pomme de grenade que le vulgaire appelle, *Poitrine* ou *fourchette*, „ eft bien attaché à l'os du *Sternon*, & n'a garde de tomber. Et parce qu'il eft fitué droit fur l'orifice de „ l'eftomach, ou ventricule, qu'on appelle abufivement le cœur, quand il advient un vomiffement „ excité de quelque autre caufe, ces femmes abufent „ le peuple, perfuadant & faifant entendre, que c'eft „ la poitrine qui eft chute, & par ce moyen promettent faire merveilles. Et cependant comme vrayes „ hommicides meinent plufieurs à la mort qui étoient „ faciles de guérir au commencement, lesquels, pour „ s'être amufés & crû à telles follies, fe laiffent furprendre & augmenter la maladie, en telle forte „ qu'elle fuppedite & furmonte nature, & par confequen eft renduë incurable.

Avant que d'enfourner le premier pain au four, faire un figne de croix deffus, prendre enfuite une poignée de la pâte du milieu de ce premier pain, en faire un petit pain à part, le faire cuire dans le même four, & quand il eft cuit le donner, *au nom de Dieu & de* Mr. S. Alouri, au premier pauvre qui fe rencontre, c'eft, (dit-on) un remede infaillible pour guerir les enfans qui font en chartre. Mais je n'en crois rien.

Faire paffer un enfant malade du mal, qu'on appelle *de S. Gilles*, dans la chemife de fon pere & porter en fuite cette chemife fur un autel de S. Gilles afin que l'enfant gueriffe.

Guerir les enfans qui font en chartre ou en langueur en allant à l'autel des onze mille vierges, & en mettant de l'huile dans la lampe qui brûle devant le Saint Sacrement. Si la lampe ne jette pas une lumiére bien claire, c'eft figne que l'enfant mourra, fi au contraire elle en jette une qui foit bien claire, c'eft une marque qu'il guerira.

Guerir les fievres en affiftant un feul jour de Dimanche à trois Eaux benites en trois differentes Paroiffes.

Prendre les ourlets des linceuls dans lesquels on aura enfeveli un mort, & les porter au coû ou aux bras, pour guerir des fievres. Il faut que ces ourlets ayent été déchirés & non coupés.

Mettre une croix de bois fur un morceau de blé, pour empêcher les chats d'y faire leurs ordures.

Guerir un cheval, ou un autre animal boiteux, en lui faifant lever le pié tous les matins pendant neuf jours de fuite, & en donnant deux fois à celui qui lui a levé le pié pour faire fon offrande. Boire à jeun de l'eau benite de la veille de Pâques ou de Pentecôte, pour être gueri des fievres.

Guerir les fievres en partant de bon matin pour aller en voyage à une Eglife dediée à Dieu fous l'invocation de S. Pierre, fans fe laver les mains, fans parler à perfonne, fans boire ni manger, & fans prier Dieu qu'on ne foit arrivé à l'Eglife.

Faire paffer les moutons, les brebis & les anneaux par un cercle, afin de les preferver de la ....

Cerner le gazon qui eft fous le pié d'un cheval malade, afin de le guerir.

Prendre pour la fievre quarte de l'herbe appellée *bouïllon blanc*, après l'avoir cherchée en difant fon chapelet & fans faluer qui que ce foit, ni parler à perfonne. L'ayant trouvée, le malade le doit arracher avec fa racine, & la jetter au vent; puis la fiévre quarte ceffe auffitôt.

Souffler trois fois à jeun pendant neuf matins de fuite dans la bouche des enfans qui y ont du chancre, & dire certaines paroles pour les guerir.

Faire paffer un febricitant par la fente d'un arbre, afin de le delivrer de la fièvre....

Pren-

(a) Mizauld centur. 2. n. 61.　　　　(b) Police de l'Art & Science de Medéc. p. 67 & 68.

X

Prendre du poil d'une .... ou des ongles d'un malade, & les mettre entre un arbre & son écorce, & le malade guerira infailliblement, comme aussi si on le fait passer .... par dessus un chêne ou par dessus un sureau.

Guerir un rhumatisme appellé par quelques uns l'*Enchappe*, en faisant frapper trois coups d'un marteau de moulin proche du malade par un meûnier, ou par une meuniere de trois races, en disant, *In nomine patris*, &c.

Derober quelque chose à son voisin afin de faire cesser le mal qui nous tourmente.

Enfouïr une .... sous le seuil d'une écurie ou d'une étable, ou pendre dans l'une ou dans l'autre des briques en croix, pour empêcher que les chevaux & les autres bestiaux ne soient malades ou maléficiés, & que les vaches ne tarissent.

Tuer un coq en presence d'une personne qui est en langueur & qui semble ne pouvoir mourir, afin qu'elle meure où qu'elle guerisse bientôt.

Pétrir le gâteau qu'on appelle de S. Loup, en cette maniére, pour empêcher que les loups ne fassent aucun mal aux bestiaux & aux troupeaux que l'on laisse seuls dans les champs & les pâturages. On fait un gâteau triangulaire à l'honneur de la très Sainte Trinité, on y fait cinq trous en memoire des cinq playes de Notre Seigneur, & on le donne ensuite pour l'amour de S. Loup au premier pauvre qui se rencontre. C'est ce qui se pratique assez souvent proche Tillemont & Louvain ainsi que le raporte Majolus (*a*).

Employer quelqu'un des remedes exterieurs dont Fernel parle en cette sorte (*b*): „ Se scarifier les gen-
„ cives avec une des dents d'une personne morte d'une
„ mort violente, pour guerir le mal de dents. Boire
„ la nuit de l'eau de fontaine dans le test d'un homme
„ mort & brûlé, pour se délivrer du mal caduc. Se
„ faire des pilules du test d'un pendu pour se guerir
„ des morsures d'un chien enragé. Percer le toit de
„ la maison d'une femme qui est en travail d'enfant,
„ avec une pierre, ou avec une fleche, dont on aura
„ tué trois animaux, savoir un homme, un Sanglier
„ & une ourse, de trois divers coups, pour la faire aus-
„ si-tôt accoucher: ce qui arrive encore plus assuré-
„ ment quand on perce la maison avec la hache ou le
„ sabre d'un Soldat arraché du corps d'un homme,
„ avant qu'il soit tombé par terre. Manger de la
„ chair d'une bête tuée du même fer dont on a tué
„ une personne, pour guerir l'épilepsie. Avec les mains
„ de quelques personnes mortes d'une mort avancée
„ guerir les écrouelles, les glandes qui viennent autour
„ des oreilles & les maux de gorge, en les touchant
„ seulement. Dans l'accès de la fiévre tierce boire trois
„ fois dans un pot neuf, autant à une fois qu'à l'au-
„ tre, de l'eau de trois puits differens, mêlée ensem-
„ ble, & jetter le reste ensuite. Pour guerir la fiévre
„ quarte, envelopper dans de la laine, & nouer autour
„ du cou quelque morceau d'un clou de Croix. Boi-
„ re du vin dans lequel on aura trempé une épée dont
„ on aura coupé la tête d'une personne; ou envelopper
„ dans un linceuil les rogneures de ses ongles, puis at-
„ tacher ce linceuil au cou d'une anguille vive, & la
„ laisser aller aussi-tôt dans l'eau. Cracher dans la
„ gueule d'une grenouille de buisson, & la laisser aller
„ incontinent après toute vive, pour guerir la toux.
„ Se lier les temples d'une corde de pendu, ou se lier
„ le test d'un des rubans d'une femme, pour ne plus
„ sentir le mal de tête.

User des vaines observances que S. Bernardin de Sienne marque ainsi (*c*): „ Jetter la cremailliere de sa
„ cheminée hors de son logis pour avoir beau temps.
„ Mettre une épée nuë sur le mât d'un vaisseau pour
„ détourner la tempête. Danser jour & nuit en pre-
„ nant bien garde de tomber par terre, & faire quan-
„ tité d'autres folies dans l'Eglise aux Fêtes de l'As-

„ somption de la Vierge & de S. Barthelemy, pour
„ être gueri du mal caduc. Ne point manger de tê-
„ tes d'animaux, pour n'avoir jamais mal à la tête.
„ Faire ce qu'on ne peut dire, ni même penser honnê-
„ tement, pour guerir le mal d'oreilles. Toucher avec
„ les dents une dent de pendu, ou un os de mort,
„ ou mettre du fer entre les dents lorsque l'on sonne
„ les cloches le Samedi Saint, pour guerir le mal de
„ dents. Porter un anneau fait dans le temps qu'on
„ dit la Passion de nôtre Seigneur, contre la goutte
„ crampe. Prendre deux roseaux, ou deux noyaux
„ d'aveline, les faire joindre l'un à l'autre, & les por-
„ ter pendus à son cou, contre les dislocations de mem-
„ bres. Mettre sur un enfant qui est tourmenté des
„ vers, du plomb fondu dans l'eau, ou du fil filé par
„ une Vierge. Pour le feu sauvage, compter avec le
„ pied les pierres d'une muraille, en levant le pied
„ vers la muraille en courant, & enfin en la touchant
„ du genouil. Faire passer les enfans dans des racines
„ de chênes creuses, ou par un trou nouvellement
„ fait, afin de les guerir de certaines maladies. Dé-
„ couvrir le toit de la maison d'une personne malade
„ au dessus d'elle, lorsque quelqu'un lui souhaitte la
„ mort & qu'elle ne peut mourir, ou la lever de sa
„ place, dans la creance qu'il y a quelque plume d'oi-
„ seau qui l'empêche de mourir. Chasser les mouches
„ lorsqu'une femme est en travail d'enfant, de crainte
„ qu'elle n'accouche d'une fille.

Mais c'est assez parler des Phylacteres & des remedes qui se font sans paroles: Il est maintenant temps de parler de ceux qui se font avec des paroles.

CHAPITRE V.

Que les paroles, quelles qu'elles soient, n'ont nulle vertu naturelle pour guerir les maladies des hommes & des bêtes, ni pour les preserver d'aucun danger. Sentimens de Léonard Vair, d'Anne Robert & de du Laurent sur ce sujet.

QUELQUES Philosophes & quelques Medecins superstitieux, s'appuyant plutôt sur je ne sçay quelles experiences trompeuses & mensongeres, que sur de bonnes & solides raisons, se sont imaginé que les paroles avoient une vertu naturelle de guerir certaines maladies, de charmer les hommes & les bêtes, & de les preserver de certains dangers. Mais pour peu de connoissance que l'on ait de la vraye Philosophie & de la vraye Medecine, l'on n'aura pas de peine à juger que c'est en vain & sans aucun fondement que l'on attribuë cette vertu aux paroles quelles qu'elles puissent être, soit qu'elles signifient quelque chose ou qu'elles ne signifient rien; qu'elles soient simples ou compo-sées, en Prose, en Rime & en Vers, en langue Hebraïque, Grecque, Latine, Françoise ou autre, écri-tes, prononcées de vive voix, en marmottant, en sif-flant, en aspirant, ou de quelqu'autre maniere, en la presence des malades, ou en leur absence.

Voici les raisons qu'en donne Leonard Vair, Doc-teur en Theologie, & Prieur de sainte Sophie de Be-nevent, dans le Traité qu'il a écrit en Latin *des Char-mes*. Comme elles sont très-bien à mon sujet, je ne ferai pas difficulté de les transcrire ici tout au long se-lon la traduction Françoise qui fut faite de ce Traité par Julien Baudon en 1583. & qui m'est tombée de-puis un an entre les mains, sans qu'il m'ait été possible de trouver un exemplaire de l'original Latin, sur le-quel jaurois traduit plus purement & plus nettement ce qui suit.

„ Si les noms & les mots signifioient de leur nature
„ quelque chose de certain, (*d*) dit cet Auteur Es-
             „ pagnol,

(*a*) Suppl. dier. canic. Colloq. 3.
(*b*) Lib. 2. de abditis rerum causis, c. 18.
(*c*) Tom. 1. Serm. 1. in Quadrag. art. 3. c. 2.

(*d*) L. 2. c. 11.

„ pagnol, il n'y auroit pour tous les hommes qu'une
„ même signification, tout ainsi qu'entre nous tous il
„ n'y a qu'une commune & même nature, qui nous
„ incite à boire, à manger, à dormir, & à toutes au-
„ tres actions propres à nature, pour lesquelles exercer
„ nous n'avons que faire de maître qui nous les enseig-
„ gne, d'autant qu'elles sont entées & nées avec nous.
„ Or est-il que les mots ne sont pas tous de même par
„ toutes nations, mais la varieté en est fort grande :
„ tellement que non seulement en divers païs on use
„ de divers noms & paroles ; mais aussi plusieurs mê-
„ mes mots sont pris & usurpez par divers nations,
„ pour signifier des choses bien diverses & dissem-
„ blables.

„ En outre si les mots & devis nous étoient natu-
„ rels, on verroit que ceux qui sont naturellement
„ sourds sçauroient bien parler, jaçoit qu'ils n'eussent
„ jamais ouï deviser personne. Il faudroit aussi par le
„ même moyen que les lettres & syllabes dont ils
„ sont composez, le fussent naturellement : mais d'au-
„ tant que telles lettres & syllabes viennent de la vo-
„ lonté des hommes, & qu'il y a même une grande
„ difference entre elles parmi toutes nations, il faut
„ aussi inferer de-là que les noms procedent d'art &
„ non de nature. D'où s'ensuit que nous devons
„ nous déporter de leur attribuer une vertu de char-
„ mer, de tuër, & causer une infinité d'autres cala-
„ mitez.

„ Car tout ce que nous pouvons exprimer par pa-
„ roles & lui donner un nom, ou c'est Dieu, ou les
„ perfections & puissances qui lui apartiennent, ou
„ les Anges, ou les Cieux, ou le temps, ou les ele-
„ mens, ou les parties du monde, ou les animaux, ou
„ les plantes, ou ce qui se concrée és entrailles de la
„ terre, ou quelque autre chose que les hommes peu-
„ vent penser & rechercher. Or est-il que ni Dieu,
„ ni aucune de ses bontez & perfections, ni les An-
„ ges ne se mêlent de faire aucunes de toutes telles mé-
„ chancetez, ainsi qu'il est tout manifeste à chacun.

„ Ce ne sont pas aussi les Cieux : Car d'autant que
„ ce sont causes universelles, ils versent & distillent
„ une même vertu sur toutes choses, & ne peuvent
„ rien envoyer sur une chose artificielle.

„ Ce n'est pas le temps, veu qu'il n'est seulement
„ cause que du mouvement, ainsi que dit Aristote.

„ Ce ne sont pareillement les parties du monde : Car
„ on tient que l'Asie a pris son nom d'une Reine O-
„ rientale, nommée aussi Asie ; Et l'Afrique, d'Afer
„ l'un des survivans de Noë ; & l'Europe, d'une fille
„ d'Agenor, qui fut ravie (s'il faut croire aux Poëtes)
„ par Jupiter déguisé en Taureau.

„ Ce ne sont aussi les animaux, ni les plantes, ni
„ ce qui s'engendre au sein de la terre ; d'autant qu'el-
„ les ont tiré leur nom, ou d'une proprieté qu'on a
„ connuë en elles, ou de l'inventeur, ou du lieu, ou
„ d'une ressemblance qu'elles ont à d'autres choses, ou
„ de quelque autre cause, & par ainsi elles sont du
„ tout dénuées de la vertu d'enforceler ; & même si
„ elles sont mixtionnées ensemble, elles ne sçauroient
„ avoir une telle vertu qu'on vienne à penser ou croi-
„ re qu'elles puissent faire tant & de si étranges & mer-
„ veilleuses choses qu'on dit.

„ Cette puissance ne peut aussi être en l'homme à
„ cause de sa naissance & generation, car tous en se-
„ roient participans, & auroient une pareille vertu de
„ charmer : ce que toutefois nous voyons à l'œil être
„ faux.

„ L'homme n'a pas aussi cette vertu de charmer par
„ sa voix pour quelque particuliere puissance qui soit
„ dans son ame. Car elle ne se peut exercer par l'ima-
„ gination, & toutefois on pense qu'elle fait tant &
„ de si incroyables choses, que si cette puissance qu'on
„ pense être la plus propre pour avoir telle vertu en
„ soy, ne l'a aucunement, il n'est pas vraisemblable
„ qu'elle soit és autres puissances de l'ame qui lui sont
„ beaucoup inferieures.

„ Les mots aussi ne peuvent avoir aucune puissance
„ d'enforceler, ni pour l'espoir, ni pour la persuasion,
„ ni pour la foy qu'on y ajoûte. Car toutes ces af-
„ fections n'ont aucune action en elles qui puissent pas-
„ ser d'un sujet en l'autre, & ne peuvent aucunement
„ agir sur les choses exterieures, mais seulement elles
„ engendrent divers radotemens & folies sur les hom-
„ mes qui en sont agitez & troublez. Car telle foy
„ & persuasion, qui est une facilité de croire naturelle
„ à plusieurs, ne se trouve qu'en quelques superfti-
„ tieux, hors le corps desquels elle ne peut rien
„ faire.

„ Doncques les voix ni les paroles n'ont aucune au-
„ tre vertu que celle que nos premiers peres lui ont
„ baillée & imposée, à savoir que ce fussent des mar-
„ ques & signes par lesquels on découvriroit l'un à
„ l'autre ce que l'on a projetté dans l'esprit. Car l'O-
„ raison n'est qu'une certaine quantité qui ne peut être
„ le principe & motif de faire quelque chose.

„ Davantage ces choses ne peuvent avoir entre elles
„ une action naturelle, desquelles la matiere n'est pas
„ commune ; car la chaleur qui est au feu, n'est pas
„ contraire à la froideur qui s'imagine & conçoit en
„ l'esprit, mais bien à celle qui est en l'eau, ou en
„ quelqu'autre sujet. Or est-il que les mots & carac-
„ teres n'ont totalement rien de commun avec les cho-
„ ses exterieures, par le moyen dequoi tels mots puis-
„ sent agir, & les choses exterieures endurer. Il s'en-
„ suit donc que ce qu'on en dit sont purs menson-
„ ges.

„ En outre l'action qui est naturelle ne se peut
„ exercer si l'agent ne touche de son corps, ou de
„ quelque vertu & qualité qui soit en lui, la chose
„ qu'il veut alterer ; comme on voit que le Ciel par
„ sa clarté & mouvement qui passe à travers l'air qu'il
„ fraye, échauffe ces lieux bas. Or est-il que les mots
„ ne peuvent aucunement toucher les choses, & nom-
„ mément les absentes, vû qu'ils ne peuvent être por-
„ tez jusqu'à elles, comme est la fleche quand elle est
„ décochée de dessus l'arc. Il s'ensuit donc qu'ils ne
„ peuvent rien faire.

„ Avec cela si les mots avoient quelque vertu, ou
„ ils l'auroient de leur forme ou de leur matiere.

„ Or ce n'est pas de la forme, d'autant qu'elle est
„ artificielle, & connuë seulement à ceux qui l'ont
„ formé ; & toutefois maints superstitieux se servent de
„ je ne sçai quels mots si étranges & barbares, que non-
„ seulement ils ne les entendent pas eux mêmes, mais
„ qu'homme du monde n'y sçauroit rien connoître.
„ D'où nous inferons que tous tels caracteres & mots
„ dont ils usent, sont illusions du Diable.

„ Ce n'est pas aussi de la matiere que provient telle
„ vertu aux mots. Car comme ainsi soit que c'est un
„ esprit ou soufflement qui se forme & articule au la-
„ rinx, & provient de l'estomach passant par l'aspre
„ artere, elle ne peut avoir autre vertu que les autres
„ halaines de nôtre corps, lesquelles, si tôt qu'elles sont
„ poussées dehors, sont éparses & s'évanouissent telle-
„ ment, qu'elles n'ont aucune puissance.

„ Que si la matiere de la respiration & haleinement
„ avoit une vertu peculiere, elle l'auroit toûjours pa-
„ reille & égale sur toute matiere artificielle que ce soit ;
„ & partant il n'y auroit point de choix ni d'égard de
„ quels mots useroient les charmeurs, & même on
„ n'auroit que faire de mots, pour ce que le seul
„ soufflement suffiroit, & auroit d'autant plus de ver-
„ tu qu'il seroit poussé & jetté en plus grande abon-
„ dance. Si est-ce que plusieurs sont si superstitieux
„ qu'ils defendent opiniâtrément qu'il y a bien plus
„ grande vertu en certains mots exquis & choisis,
„ qu'ez autres prononcez à l'avanture.

„ Joint aussi que si les mots avoient une autre ver-
„ tu que d'exprimer les passions & affections de l'es-
„ prit, Aristote n'eût jamais dit que la chose n'est
„ pas vraye ni fausse pour nôtre affirmation ou nega-
„ tion ; mais alors nos propos sont veritables, quand
„ ils

,, ils font conformes à la chofe, tellement que nous
,, ne tâchons pas de rendre la chofe femblable aux pro-
,, pos, mais bien les propos à la chofe. Or comme
,, ainfi foit que les mots ne font caufes de rien, &
,, que nous voyons qu'il s'enfuit beaucoup d'effets,
,, quand quelques paroles font prononcées, comme les
,, enfans en devenir malades, les autres perir & deve-
,, nir éthiques, les maris être empêchez d'habiter avec
,, leurs femmes, l'avortement fe faire, les chevaux &
,, plus puiffans taureaux être domtez, & presque une
,, infinité d'autres chofes admirables & épouventables
,, advenir; il faut confeffer que ou tels mots font fi-
,, gnes de ces effets, ou quelque accident, comme
,, quand une pierre tombe de deffus quelque toit, lors-
,, qu'un homme fe promene. Que fi ce font fignes
,, de tels effets, pour un mutuel confentement qui eft
,, entre eux, il faut neceffairement qu'ils foient artifi-
,, ciels & non naturels; car tout figne naturel de quel-
,, que chofe que ce foit, ou la caufe d'icelle, ou l'ef-
,, fet dépend de la même caufe dont fe fait ce qu'il
,, fignifie: mais l'artificiel n'en dépend aucunement,
,, ains eft femblable aux tambours, fifres, trompettes
,, & autres inftrumens dont on fe fert en guerre. Or
,, nous ne lifons point que Dieu ait jamais promis de
,, faire telles chofes qui raviffent en admiration &
,, épouvantent, en ufant de certains & determinez
,, mots ou caracteres. Car fi c'étoit la volonté de
,, Dieu, il pourroit faire miracles enfemble avec quel-
,, ques mots, lesquels ne ferviroient de rien pour l'ac-
,, tion & execution de tels miracles. Comme nous
,, trouvons écrit au cinquième chapitre des Nombres,
,, où il eft traité des ceremonies dont on ufoit pour
,, verifier le foupçon d'adultere: esquelles entre autres
,, chofes avec de l'eau qui tomboit en un pot de ter-
,, re, on effaçoit certains mots décrits fur un petit li-
,, belle; & cette eau étant beuë par la femme qui
,, étoit foupçonnée, on lui voyoit arriver chofes étran-
,, ges & prodigieufes. On ne trouve point auffi en-
,, tre les hommes um femblable pact ni accord, par le-
,, quel on foit aftraint & obligé à l'autre de lui obeïr
,, en vertu de tels ou tels mots & caracteres.

,, Mais pour venir à une plus claire intelligence de
,, cette matiere, il faut favoir que les paroles s'adref-
,, fent ou à Dieu, ou aux hommes. En quelque ma-
,, niere que ce foit, elles peuvent être confiderées en
,, deux fortes, à favoir ou avec une intention de figni-
,, fier feulement quelque chofe, ou de la faire tout
,, enfemble.

,, Que fi les paroles s'adreffent en cette façon d'un
,, homme à un autre, elles peuvent faire que l'heri-
,, tage ou joyaux de l'un fe tranfportent en la puiffan-
,, ce & poffeffion de l'autre; quand on dit. Voilà
,, qui eft à toi, & cela à moi, & autres femblables;
,, ce qui fe fait ou par contract, ou par une fimple
,, affignation de la chofe laquelle paffe tout incontinent
,, en la chevance & domaine d'un autre, pource que
,, le maître avoit deliberé premierement de difpofer ain-
,, fi de fon bien, & puis après il l'a exprimé & ratifié
,, par paroles.

,, Que fi les paroles s'adreffent à Dieu, & qu'elles
,, foient bien & duëmement proferées par le Prêtre, elles
,, changent le pain & le vin au Corps & au Sang de
,, nôtre Saùveur JESUS-CHRIST, & font tous les
,, autres Sacremens: car les paroles étant jointes avec
,, l'element, elles parachevent & accompliffent le Sa-
,, crement. Dieu fit d'un rien tout le monde. Il ne
,, fit feulement que dire, & toutes chofes furent fai-
,, tes, non pas en prononçant quelques mots, mais le
,, commandant par fa volonté. Ainfi quand nôtre
,, Seigneur converfoit ici bas avec les hommes, il gua-
,, riffoit par fa parole toutes fortes de maladies, & fai-
,, foit venir les morts de trépas à vie. Cette vertu de
,, guarir n'étoit pas feulement en la parole de Dieu,
,, mais en la falive de JESUS-CHRIST, & en tout
,, ce qui étoit fur lui, comme il appert par fes vête-
,, mens. Doncques la parole de Dieu eft active & ou-

,, vriere de grandes chofes, & à laquelle toutes chofes
,, obéïffent.

,, Que fi les mots ne font feulement pris qu'avec
,, une intention de fignifier quelque chofe, nous di-
,, fons que cela eft commun à tous mots, à toutes
,, oraifons & énonciations, & ne peuvent faire autre
,, chofe que d'exprimer nôtre entreprife & conception.
,, Et que veut dire cela, qu'on adreffe quelquefois des
,, paroles, & applique l'on des caracteres aux chofes
,, fans entendement? Y connoiffent & entendent-elles
,, quelque chofe? N'eft-il pas plus clair que le Midi,
,, que ce font-là des pacts & conventions faites avec
,, les Demons? Et que la trop grande credulité des
,, hommes les a inventez par l'enfeignement & fugges-
,, tion de ces ennemis du genre humain?

Anne Robert, celebre Avocat au Parlement de Paris, prouve la même chofe dans le Plaidoyer (a) qu'il
fit pour les Medecins & pour les Apothicaires d'Orleans contre un Empirique, nommmé Hureau, qui fans
avoir jamais étudié en Medecine, fe mêloit de donner
des remedes qu'il preparoit en recitant de certaines
Oraifons.   ,, Quiconque, dit-il, foûtient que les pa-
,, paroles, les caracteres & les oraifons peuvent foulager
,, & guerir les malades fans fortilege, eft un menteur
,, & un impofteur (b).   En effet les operations de la
,, Medecine fe rapportent feulement à trois chofes, à
,, la Diéte, à la Pharmacie & à la Chirurgie. Or ni
,, les paroles, ni les oraifons, ni les caracteres ne fe
,, peuvent rapporter à aucune de ces trois chofes. Car
,, les paroles font des fons qui ne peuvent que frapper
,, & changer l'ouye, & dans la guerifon des maladies
,, les fens font changez, & fur tout le toucher; &
,, l'operation fe fait par l'alteration ou le changement.
,, Auffi tout ce qui guerit, altere & change; au lieu
,, que les paroles ne peuvent que faire concevoir des
,, idées. La forme des mots & des paroles eft artifi-
,, cielle; elle n'a nulle force, nulle activité d'elle-mê-
,, me; mais elle dépend de la volonté & de la liberté
,, de ceux qui les prononcent; & par confequent elle
,, ne peut rien faire par elle-même. Leur matiere n'a
,, pas plus de pouvoir pour chaffer les maladies. Car
,, la voix eft une efpece de fouffle ou haleine, qui
,, ne peut pas agir davantage fur les maladies que les
,, autres fouffles ou haleine du corps.   Et de vray,
,, il n'y a que les chofes qui ont une même matiere
,, & un même fujet, qui puiffent agir; par exemple
,, la chaleur du feu peut bien mouvoir & changer la
,, froideur de l'eau; mais elle ne peut pas agir fur la
,, chaleur de la fiévre, ni fur les autres qualitez du
,, corps. Or la voix & l'intemperie des humeurs
,, n'ont ni une même matiere, ni un même fujet.
,, C'eft pourquoi ces formules de prieres, & les ef-
,, fets imaginaires qu'elles produifent, font ou de pu-
,, res niaiferies & de pures impoftures, ou des tradi-
,, tions magiques, &, comme dit Pomponius Le-
,, tus (c), de folles maximes que nôtre credulité a
,, inventées.

Ce fçavant Jurifconfulte confirme enfuite ce raifonnement par le témoignage des Auteurs facrez & profanes.

Du Laurent, premier Medecin de Henry IV. eft
du même fentiment que Leonard Vaïr & Anne Robert fur la vertu des paroles. (d) *Que les paroles*,
dit-il, *n'ayent aucune vertu d'elles-mêmes, c'eft ce que je
prouve par ces raifons.*

,, 1. Les paroles font des quantitez. Or la quantité
,, n'a point de vertu d'agir.

,, 2. Les paroles font ou écrites ou prononcées. Cel-
,, les qui font écrites, font mortes & inanimées; celles
,, qui font prononcées, ne font que frapper l'air. Or le
,, fon

(a) Lib. 1. Rerum judic. c. 5.
(b) Quisquis verba, caracteres, conceptas orationem formu-
las ad levandas & fanandas ægritudines quidquam fine fortilegio
proficere affirmat, mendax eft & præftigiator.
(c) In Vita Conftantii.
(d) Lib. 1. de Strumis, c. 6.

,, fon n'a pas plus de pouvoir de changer le toucher,
,, que la couleur en a de changer l'ouie. C'eſt pourquoi
,, étant neceſſaire que le toucher ſoit changé dans les
,, gueriſons, les paroles ne les peuvent naturellement
,, procurer.

,, 3. Si les paroles avoient quelque vertu, elles l'au-
,, roient ou de leur forme, ou de leur matiere. Elles
,, n'en ont aucune de leur forme, parce qu'elle eſt arti-
,, ficielle, & qu'elle dépend de l'inſtitution des hom-
,, mes, & par conſequent qu'elle n'eſt connuë que de
,, ceux qui l'ont établie. Leur matiere eſt une vapeur,
,, un air, une haleine, qui n'eſt pas toûjours de même
,, nature, mais qui change ſelon les divers temperaments
,, du cœur, des poumons, & des organes neceſſaires
,, pour parler.

,, 4. Toute action étant produite par ſon contraire,
,, de même que les couleurs ne peuvent rien ſur le
,, goût, ni le gout ſur les odeurs, ni le ſon ſur les figu-
,, res, ainſi les paroles ne peuvent rien ſur les maladies.

,, 5. Si les paroles ont quelque pouvoir ſur les mala-
,, dies, elles l'ont ou de leur nature, ou de l'inſtitu-
,, tion des hommes. Si elles l'ont de leur nature, elles
,, doivent ſignifier une même choſe par tout le monde,
,, parce que la nature eſt la même dans l'Iſle de De-
,, los, dans la Scythie, dans l'Afrique, & dans l'Eu-
,, rope. Or non ſeulement il y a diverſes nations qui ſe
,, ſervent de differentes paroles; mais ſouvent les mê-
,, mes paroles ſignifient diverſes choſes en divers pays.
,, Si elles l'ont de l'inſtitution des hommes, elles
,, n'en peuvent pas avoir d'autre que celui d'exprimer
,, les penſées de l'eſprit. Et ainſi elles ne ſont que des
,, ſignes de nos penſées.

,, Vous me direz, (c'eſt une objection qu'il ſe fait à
,, lui-même,) les paroles ont un merveilleux empire ſur
,, les eſprits des hommes; & elles ſont capables de chan-
,, ger toutes leurs paſſions. La langue, dit l'Apoſtre
,, S. Jacques (a), n'eſt qu'une petite partie du corps;
,, cependant combien ſe peut-elle vanter de faire de
,, grandes choſes? Ne voyez-vous pas combien un petit
,, feu eſt capable d'allumer de bois? Les vaiſſeaux ſont
,, tournez de tous côtez avec un tres-petit gouvernail.
,, Ainſi quoique la langue ne ſoit qu'une petite partie du
,, corps, elle ne laiſſe pas d'exciter diverſement toutes
,, les paſſions de l'ame. Une langue immoderée eſt un
,, mal incorrigible, elle eſt pleine de poiſon mortel.

,, Mais à cela je répondrai que les paroles peuvent
,, bien à la verité exciter les paſſions de l'ame, & chan-
,, ger les eſprits, non pas par elles-mêmes, mais par les
,, choſes qu'elles ſignifient, par le poids des maximes
,, qu'elles contiennent, & par la conduite de la voix
,, de ceux qui les proferent. Auſſi le diſcours a-t-il
,, une tres-grande force pour entraiſner les eſprits; &
,, c'eſt de-là qu'eſt venu ce que les Anciens ont dit de
,, la Déeſſe de la Perſuaſion & de la chaîne d'or de
,, l'Hercules Gaulois. Si bien qu'il y a de l'apparence
,, que les grandes maladies de l'eſprit peuvent être ſou-
,, lagées & adoucies par les Vers, par les Chants &
,, par la Muſique. Mais il arrive ſouvent que les pa-
,, roles que proferent les Charmeurs, ſont des paroles
,, barbares, ridicules, qui ne ſignifient rien, qui n'ont
,, ni ordre, ni meſure, ni cadence. C'eſt ce qui fait
,, qu'elles ne peuvent ni ſe faire ſentir à l'ame, ni chan-
,, ger le corps.

Les raiſons de ces trois Ecrivains ſont ſi claires, ſi
fortes, & en ſi grand nombre, que ce ſeroit perdre le
tems que de vouloir les éclaircir davantage, & y en
ajoûter d'autres.

(a) Epiſt. c. 3.

CHAPITRE VI.

*Que les Phylacteres ou preſervatifs qui ſe font
avec des paroles, ſoit qu'elles ne ſignifient
rien, ou qu'elles ſignifient quelque choſe, ſont
ſuperſtitieux. Qu'ils ſont condamnez par les
Conciles & par les Peres. Exemples de divers preſervatifs avec paroles. Des Billets
ou Brevets. Qu'ils ne ſont pas moins illicites
que les autres preſervatifs. Des Lettres
qu'on appelle de Liberté. Qu'elles ſont ſuperſtitieuſes.*

SI donc les paroles en general, quelles qu'elles ſoient,
ne peuvent naturellement guerir aucune maladie,
ni des hommes, ni des bêtes; ſi elles ne peuvent naturellement les preſerver d'aucun danger; ſi elles ne peuvent naturellement leur donner ni leur ôter aucun charme; il eſt viſible que celles qui ſignifiant quelque choſe, & celles qui ne ſignifiant rien, produiſent neanmoins ces effets, ne peuvent les produire que par une
vertu ſurnaturelle. Or cette vertu ſurnaturelle ne leur
ayant été donnée ni de Dieu, ni de l'Egliſe, ainſi qu'il
paroît; parce que nous n'en voyons rien, ni dans l'E-
criture Sainte, ni dans la Tradition, ni dans les Livres dont l'Egliſe ſe ſert pour celebrer les divins Offices: il s'enſuit par une conſequence infaillible, qu'elles
ne la peuvent avoir que des Anges. Elles ne la peuvent avoir des bons Anges, parce qu'ils ſont toûjours
la volonté de Dieu, & que comme lui, ils ont de l'horreur pour le menſonge & pour la vanité. Il faut donc
qu'elles l'ayent des mauvais Anges, & que tous les effets qu'elles operent, ſoient produits par ces eſprits de
tenebres & d'erreur, en conſequence de quelques pactes
exprés ou tacites faits avec eux; & qu'ainſi elles ſoient
ſuperſtitieuſes.

Il n'y a pas lieu de s'étonner aprés cela ſi les Conciles & les Peres ſe ſont élevez avec force contre ceux qui
entreprennent de guerir les maladies des hommes & des
beſtes par des paroles. Nous avons déja rapporté pluſieurs
Decrets des Conciles, & pluſieurs témoignages des Peres ſur cette matiere (b); & nous en rapporterons encore davantage dans la ſuite de ce Traité, lorſque nous
parlerons des Charmes, des Benedictions, des Exorciſmes, des Conjurations, & des Oraiſons ſuperſtitieuſes.
Cependant nous ne ſçaurions nous diſpenſer de condamner de ſuperſtition ceux qui s'imaginent pouvoir

Eſtre gueris du mal-caduc en proferant ces paroles,
Dabit, habet, hebet; ou en portant à leur doigt un
anneau d'argent, au dedans duquel il y auroit écrit ✠
Dabi ✠ *habi* ✠ *haber* ✠ *habr* ✠; ou en portant ſur
eux les noms des trois Rois qui vinrent d'Orient pour
adorer Noſtre-Seigneur dans la créche de Bethleem,
Gaſpar, Melchior, Balthaſar: ce que l'on a exprimé
par ces vers que la ſimplicité & l'ignorance de quelques
Eccleſiaſtiques du paſſé avoient inſerez juſques dans les
Rituels, & entr'autres dans celui de Chartres (c) de
l'année 1500.

*Gaſpar fert myrrham, thus Melchior, Balthſar aurum.
Hæc tria qui ſecum portabit nomina Regum,
Solvitur à morbo Chriſti pietate caduco.*

On guerit auſſi du mal caduc, du mal de tête & des
fievres, & on eſt préſervé des malheurs des chemins,
de la mort ſubite, des ſorcelleries, & des maléfices, en
portant ſur ſoi une image qui repreſente l'adoration des
trois Rois, avec cette inſcription: *Sancti tres reges Gaſpar,*

(b) Dans les chap. 26. 28. 29. & 30.
(c) P. 169.

Y

par, *Melchior, Balthasar orate pro nobis, nunc & in horâ mortis nostræ.* En 1679. je trouvai une de ces Images enfermée dans un Phylactère d'étain pendu au coû d'un petit enfant.

Dire certaines paroles sur le toit de la maison, afin qu'une femme qui est en travail d'enfant accouche heureusement. Donner à quelqu'un un pain sur lequel on ait écrit certains mots pour le preserver ou pour le guerir du mal de.... Le Synode du Mont Cassin de 1626. rapporte & condamne ces pratiques comme superstitieuses.

Guerir de la brûlure & du feu sauvage, en disant ces paroles; *Feu, feu, pers ta chaleur, comme Judas fit sa couleur, lorsqu'il trahit nôtre Seigneur, au nom du Pere, & du Fils &c.* Dire la même chose quand on se brule.

Guerir de la.... en portant sur soi un billet où ces mots soient écrits, *Ecr, fer, carreau, reducat, Monarchus.* Ecrire sur quatre billets de papier ces paroles. *Ibi ceciderunt, expulsi sunt inimici mei,* ou bien, *expulsi sunt, quia non potuerunt stare,* & mettre ces quatre billets aux quatre coins d'un grenier où il y a du blé, ou dans le blé même, pour en chasser les charançons.

Mettre le pié sur la corne d'un cheval de ferré & dire, *os non comminueris ex eo,* pour empêcher qu'il ne se gâte le pié en marchant. Guerir le mal caduc en écrivant au dedans d'un anneau *Memento homo....,* & en portant cet anneau au quatrieme doit de la main gauche, ou bien en disant dans l'oreille gauche du malade *Jesus-Christ. est né, Jesus-Christ, est resuscité. &c.*

Attacher à son coû ces mots & ces croix ✠ *authos* ✠ *aortos* ✠ *noxio* ✠ *bay* ✠ *gloy* ✠ *aperit* ✠.... pour se faire aimer de tout le monde. Porter sur soi ces mots écrits sur du parchemin vierge ✠ *ibel* ✠ *Labes* ✠ *Chabel* ✠ *Habel* ✠ *Rabel,* &c. pour empêcher les armes à feu de blesser. Porter sur soi ces paroles écrites sur du parchemin vierge ✠ *Aba* ✠ *Alui* ✠ *Aba froi* ✠ *Agera* ✠ *Procha,* &c. pour gagner à toutes sortes de jeux.

Ecrire sur du pain, *Izioni Kirioni esseza kuder feze* &c. ou bien dans un morceau de pomme, *bax pax max Deus adimax* &c. Et faire avaler ce pain ou ce morceau de pomme aux personnes qui ont été morduës d'un chien enragé pour être gueries. Ecrire sur du papier *Cuzo ouzuze sanum redire reputa sanum Emanuël paracletus,* &c. puis avaler ce papier pour être gueri de la morsure des serpens. Faire uriner une femme en la regardant & en disant: *Verbum facias cum respicies Ascham sit Barascin serpe patericos velios abza ta factum,* &c.

Ecrire sur... billets les noms des trois Rrois & les attacher sous les jarets pour ne se point lasser en marchant. Ecrire sur du parchemin vierge un mercredi avant le soleil levé certains caractéres, quand on veut cheminer, ou mettre chacun un dans ses souliers, & dire *Veriniel, Jurimiel, Ruduel, Jaccel, Vianuel,* &c. pour faire autant de chemin en une heure qu'on a accoutumé d'en faire en un jour.

Ecrire sur trois feuilles de laurier ces trois mots: *Michaël O. Gabriël O. Raphaël O.* & les mettre ensuite.... pour faire qu'une fille ou une femme songe toute la nuit à nous. Ecrire sur...... ces lettres. p. g. e. b. a. x. x. C. p. p. p. p. & n. & les donner à ceux qui saignent, pour les porter sur leur tête, afin d'etancher le sang qui coule de diverses parties de leur corps, ou bien dire: *Longis mettant sa lance in latus Domine N. J. C. perforavit, & exinde exivit sanguis & aqua,* &c.

Ecrire sur du.... *Dum appropiant super me nocentes ut edant carnes meas, ipsi infirmati sunt & ceciderunt;* Le pendre au coû de ceux qui ont des vers, & dire.... *Pater &... Ave* pour les guerir. Dire..... jours durant.... *Pater* & autant d'*Ave Maria* à jeun, en memoire des cinq plaies de Nôtre Seigneur, & portes les paroles suivantes penduës à son coû. *Quand Dieu vit la croix où son corps fut mis, sa chair trembla, son sang s'emeut, les Juifs lui ont-dit, je crois que tu as peur, ou que les fievres te tiennent; je n'ai point peur, ni les fievres ne me tiennent-pas:* le tout pour guerir des fievres & de

la jaunisse. Ce merveilleux remede est ordinairement accompagné de cette legende: *Tous ceux & celles qui cette oraison diront, ou sur eux la porteront, jamais fievre ni jaunisse auront. Ibs* ✠ *Maria* ✠ *Amen* ✠.

Dire *Anna peperit Mariam, Elizabeth peperit Johannem, Maria autem Christum, in nomine Jesu cesset sanguis ab hoc famulo, vel, ab hac famula,* pour guerir le flux de sang. Dire *Pater noster* &c. jusqu'à *in cœlo & in terra* &c. *in nomine* &c. *Amen* en l'honneur de Dieu & de Mr. S. Eloi, pour guerir un cheval picqué ou encloué. Dire.... fois, *Le sang juste du Sauveur & Redempteur J. C. soit entre les parties,* & ensuite...; *Pater &.... Ave Maria* &c. pour empêcher qu'on ne se batte & qu'on ne se querelle.

Faire ce que font certains Juifs au rapport de (a) *Majolus* qui lient à leur tête & à leurs mains gauches & qui attachent aux portes du côté droit, des bandes de parchemin qu'ils appellent Thephilin, en sorte que la troisieme partie de ces bandes regarde le lit qui est dans la maison, afin que le Demon ne leur puisse nuire: Et qui dans la même ruë font un cercle avec de la craïe ou du charbon autour de la chambre dans laquelle il y a une femme en couche, écrivent ensuite sur toutes les murailles de cette chambre *Adam, havah, Chutz. Lilith,* & sur le dedans de la porte les noms de trois Anges, ou plutôt de trois Diables *Senoi, Sansenoi, Samangeloph;* comme ils l'ont apris du Lilith fameuse Sorciere, en voulant la noier dans la mer.

Oster le maléfice fait de poil d'animaux, d'aiguilles ou épingles, d'epines, ou d'autres choses semblables, non en les tirant du corps de ceux qui en sont affligés par le moien des incisions, mais en prenant tout le pus, ou toute la matiére, lorsqu'elle sort d'elle même, en la mettant dans un trou fait à un fureau ou à un chéne du côté de l'Orient; bouchant ensuite ce trou avec un coin, ou une cheville du même bois; & proferant certaines paroles. Se delivrer de toutes sortes de maladies causées par magie, en faisant deux hexagones sur l'un desquels est écrit, *Adonai,* & sur l'autre, *Jehovah,* ou *Tetragrammation.*

Guerir le noüement d'aiguillette en écrivant sur du parchemin neuf avant le soleil levé & en renouvellant pendant..... jours ces caractéres *Avigazitor.* &c. Guerir le même mal avec un fer de cheval qu'on aura trouvé fortuitement dans son chemin, & dont on aura fait forger une fourche un jour de Dimanche, en disant certains mots. Ces cinq derniers *Phylactéres* sont tirés des abominables Livres de Paracelse. *De cœlesti Medicina & de Characteribus,* où il en a ramassé quantité d'autres qui ne sont pas moins superstitieux. Pendre à son coû certains lacs de soye, & écrire par le dedans de ces lacs certains caractéres pour être préservé de tous maux. Ecrire, ainsi que quelques bergers & quelques porchers le pratiquent, sur un billet le nom de S. Basile; & attacher ce billet au haut d'une houlette ou d'un bâton, pour empêcher que les loups ne fassent aucun mal aux brebis & aux porcs. D'autres bergers & d'autres porchers, après avoir dit certains mots, plantent leurs houlettes ou leurs batons en terre, puis se retirent, & croient que les loups n'attaqueront point leurs brebis ni leurs porcs.

Empêcher quelqu'un que l'on veut retenir de s'enfuïr, en faisant ce que font les Turcs pour empêcher que leurs esclaves ne s'enfuient & ne les quittent. Ils écrivent sur un billet le nom de l'esclave, l'attachent dans sa chambre, & avec des paroles magiques & des imprecations qu'ils proferent sur la tête de ce pauvre esclave il s'imagine en s'enfuyant, qu'il va rencontrer des lions & des dragons qui le devoreront, que la mer & les riviéres vont se déborder pour l'engloutir, ou que l'air est si noir & si épais qu'il ne sait où il marche. Epouvanté par toutes ces vaines imaginations, il revient dans

(a) Supp. Dier. Canic. Colloq. 3.

dans la maison de son maître & rentre dans son ancien esclavage, ainsi que le témoigne Majolus (a).

Croire qu'une croix achetée d'aumones est plus sainte & a plus de vertu qu'une autre qui seroit achetée d'autre argent. Offrir aux saints de la cire ou quelqu'autre chose, & y mêler des cheveux d'un homme malade, ou du poil d'un animal malade afin de le guerir plus aisément. Plonger des images des saints ou des saintes dans l'eau afin d'avoir de la pluie. Faire des ligatures avec des .... afin que les vaches ayent toujours du lait & ne tarissent point. Mesurer la ceinture des malades afin de connoître à quel saint il les faut recommander, pour qu'ils guerissent, & pratiquer quelques autres cérémonies superstitieuses qu'il n'est pas necessaire d'expliquer ici. Dresser un bûcher de certains bois, y mettre le feu, y pousser les animaux que l'on veut guerir de certaines maladies, ou les faire tourner tout autour, & offrir aux saints le premier des animaux qui y est poussé, ou qui tourne tout autour. Empêcher qu'on ne s'enyvre en disant, avant que de boire, ce vers latin.

Jupiter his alta sonuit clementer ab Ida.

Guerir un cheval d'une entorse en faisant trois fois le signe de la croix avec le pié sur le pié du cheval malade, en prononçant autant de fois *Ante, parante, suparante in nomine patris* &c. & en frappant du pié le pié du même cheval, une fois à *Ante* deux fois à *parante* & trois fois à *suparante*. Porter sur soi & reciter ces paroles, *Nam & si ambulavero in medio umbra mortis non timebo mala, quoniam tu mecum es Domine Deus meus,* pour être gueri de la .... Ouvrir une serrure sans sa clef, en écrivant sur un billet ces caractéres. ✠ ✠ F. A. P. H. R. G. (A. P. H. Q.) mettant ce billet dans un linge neuf, le posant ensuite sur un autel où il doit être pendant neuf jours, & enfin en l'approchant de la serrure.

Etre preservez du mal de .... en disant, *La velere, rare, rari, quod explicare nequeunt omnes linguæ viventium.* Prendre grande quantité de poisson en pêchant, pourveu qu'ils disent *Jao Sabaoth,* &c.

Empêcher les Scorpions de faire du mal en prononçant ce monosyllabe *Bud,* lorsqu'on les apperçoit. Guerir les chevaux de certaines maladies en recitant certaines paroles de l'Ecriture, en suspendant un certain ver, & en le gardant un certain jour du Croissant, ou du decours de la Lune. C'est ce que l'on ne doit pas souffrir, selon la pensée de Martin de Arles (b), Guerir les morsures des chiens enragez, en disant ou en faisant dire, *Hax, pax, max,* &c. Chasser la peste & les fiévres pestilentielles en portant sur soi ce mot *Ananizapta,* ou tout seul, ou avec ces vers & leur suite, écrits d'une certaine façon.

Ananizapta ferit mortem quæ lædere quærit.
Est mala mors capta dum dicitur Ananizapta.

Ananizapta Dei miserere mei, à signis cæli quæ timent gentes nolite timere, quia ego vobiscum sum, dicit Dominus. Martin de Arles (c) Archidiacre de Pampelonne, parle de cette formule. Il avoit condamné un peu auparavant cette autre formule superstitieuse: *On ✠ Corission ✠ Matatron, Caladafon, Corobam, Ozcazo, Vriel, Vriel, Josiel, Jesiel, Michaël, Azariel, Raphaël, Daniel, Ja, Ja, Uba, Adonay Sabaoth, Heloim,* &c.

N'être point mordus des puces en disant *Oeb, Och,* en entrant dans un lieu où il y en a. Arrester le flux de sang en prenant un festu & en le laissant tomber à terre, en disant certaine quantité de fois.

Herbe qui de Dieu est créée.
Montre la vertu que Dieu t'a donnée.

Arrêter le sang qui coule du nez, en écrivant avec le sang sur le milieu du front de la personne qui saigne, *Consummatum est.* Remettre ou renoüer les membres disloquez en disant, *Danata, Daries, Dardaries, Astararies,* &c. Guerir le mal de .... en disant *Sista, Pista, Rista, Xista.* Guerir les maux de .... & de .... en recitant ces mots, *Abrac, Amon,* &c. ou ceux-ci, *Irioni, Khirioni,* qu'il faut porter écrits sur un morceau de pain.

Chasser le mal de dents en repetant .... fois au fort de la douleur, *Anasages, Anasages, Anasages;* ou en disant à S. Laurent ou à Sainte Apolline dans un certain tems de la Messe, *Ubi erit fletus & stridor dentium;* ou en s'écriant, lorsque l'on voit le Croissant, *Ah! qu'il est beau,* puis en prenant un peu de boue sous leurs souliers, & en la mettant sur leurs lévres, ou enfin en disant, *Galbes .... Galdes .... ou bien Gibel, Gott,* &c. ou en portant sur soi ces mots écrits sur un morceau de papier, *strigiles, falcesque dentatæ dentium dolorem preservate,* & les pendant à son ....

Empêcher que les Scorpions ne fassent tort aux pigeons d'un colombier, en écrivant aux quatre .... *Adam.* Etre preservez de quantité de maux, & sur tout du mal de .... & de celui de .... par le moyen de ce vers:

Φεύγετε κανταρίδες, λύκος ἄγριος ὕμμε διώκει.

Ne pas s'enyvrer en beuvant, pourveu qu'ils disent dés les premiers coups qu'ils boivent.

(d) Τρὶς δ' ἄ ρ' ἀπ' Ιδαίων ὀρέων κτύπε μητίετα Ζεύς.

Guerir le farcin en prenant trois petits morceaux de cire-vierge qu'il faut mettre dans un morceau de .... les lier trois neuds avec une corde de chanvre, & dire à chaque neud 5. fois *Pater & Ave Maria, Christus ✠ Christus vincit ✠ Christus ✠ Christus abicit ✠ Amalor ✠ Alcinor ✠ Descendat ✠ In nomine,* &c.

(e) Empêcher qu'une playe ne fasse mal, & que la gangreïne ne s'y mettre, en recitant cinq fois par jour les deux vers suivants, & en mettant la main sur la playe, lorsqu'on les recite:

Vulneribus quinis me subtrahe Christe ruinis:
Vulnera quinque Dei sunt medecina mei.

Empêcher que le fruit ne tombe d'un arbre, quelque vent & quelque violence qu'il fasse, en attachant ces mots à l'arbre:

(f) Χαλκέῳ δ' ἐν κεράμῳ δέδετο τρισκαίδεκα μῆνας.

Adoucir les douleurs de la goute, en disant ou en portant sur soi ces paroles,

(g) Τετρήχει δ' ἀγορὴ ὑπὸ δὲ στοναχίζετο γαῖα.

Guerir la fiévre quotidienne, en écrivant avec une cerraine encre sur une feuille d'Olivier cueillie avant le Soleil levé, & en portant à son coû ces mots, *Ca, Roi,* Faire sortir les ordures qu'on a dans les yeux, en crachant trois fois en un certain lieu, & en di-

(a) Supplm. dier. canic. celloq. 3.
(b) Qui dit: Tract. de Superstit. Si aliqua inutilia verba, & superstitiosa facta admisceantur verbis sanctis, ut isti incantatores equorum & jumentorum faciunt, vermem quemdam suspendentes, & die lunæ crescentis vel minuentis servantes, prohibendi sunt qui talia agunt, secundum illud Apostoli ad Thessal. 1. Ab omni specie mali abstinete vos.
(c) En ces termes: Tract. de Superstitionib. Sunt reprobanda quædam breviola quæ data fuerunt olim contra febres à quodam nebulone quæstore, quorum forma talis erat: *Ananizapta,* &c. Sunt suspectæ illæ schedulæ ex parte dantis. Nam erat ille homo Apostata à religione Fratrum Minorum, nunc sub habitu Canonici Regularis, nunc sub habitu S. Antonii, Prædicando indecens.
(d) Iliad. θ.
(e) Mizault cent. 2. n. 61.
(f) Iliad. θ.
(g) Iliad. β.

difant auffi trois fois, *Pain benit.* Faite tomber les verruës des mains en les faluant, & en leur difant au
matin *Bonfoir*, & au foir, *Bonjour*.

Empefcher que le beurre ne fe faffe, en frappant trois
fois avec un bafton fur la baratte, & en recitant un verfet du Pfeaume 31. fur quoi Bodin raconte cette Hi-
toire (a): ,, Me fouviens qu'étant à Chelles en Valois,
,, un petit laquais empefchoit la chambriere du logis de
,, faire fon beurre; elle le menaça de le faire foüetter
,, pour lui faire ôter le charme: ce qu'il fit. Ayant dit
,, à rebours le même vers, auffi-tôt le beurre fe fit,
,, combien qu'on y avoit employé prefque un jour en-
,, tier.

Etre prefervez de quantité de maladies en difant trois
fois *Pater* & *Ave* à cette fin, la premiere fois qu'ils
voyent le croiffant. Lever un homme de terre fans fentir prefque aucune pefanteur, en proferant certaines paroles que je ne veux pas rapporter ici. Quoique cela fe
fût fait affez de fois chez une perfonne de qualité de ma
connoiffance; cependant un Curé de mes amis, homme de merite & de vertu, y étant, & ayant foûtenu
qu'on ne le pouvoit faire en fa prefence, on employa
inutilement trois ou quatre perfonnes pour le faire, bien
qu'elles en fçeuffent fort bien le fecret. Mais peut-être
que le Demon étoit alors occupé ailleurs.

Eteindre le feu en difant, *In te Domine fperavi*, &c.
ou en écrivant certains autres mots avec du charbon fur
le manteau de la cheminée. Guerir la rage en portant
ces paroles penduës à fon coû, *Berfer Careau*, *reducat*,
&c. Ecrire certains mots fur un morceau de pain, &
le donner enfuite à manger à un malade, afin qu'il re-
couvre la fanté. Relever l'eftomach avec certains mots,
& avec une ronce de cinq feüilles, appliquée fur une
certaine partie du corps. Porter à fon coû le mot ABPA-
CAΔABPA, écrit en la manier qui fuit.

<pre>
        ABPACAΔABPA
         ABPACAΔABP
          ABPACAΔAB
           ABPACAΔA
            ABPACAΔ
             ABPACA
              ABPAC
               ABPA
                ABP
                 AB
                  A
</pre>

Le Cardinal Baronius (b) rapporte cette figure de Serenus ancien Medecin, avec les vers que nous citerons
dans le Chapitre 3 du livre fuivant, aufquels il ajoûte
ces deux vers:

Talia languentis conducent vincula collo,
Lethaléfque abigent, miranda potentia, morbos.

Guerir la maladie appellée *le Carreau*, en prenant un
pavé d'une Eglife, & en difant *Ave Pavé*, *Carreau*
tout ..... Se garentir du tonnerre, en mettant une branche d'aubefpine fur fa tête, & en proferant certaines
paroles. Arrefter le fang qui coule du nez en écrivant
avec de l'encre dans l .... d'un homme ou d'un garçon *Boris*, & dans c .... d'une femme ou d'une fille
Borus.

Guerir toutes fortes de fiévres en rompant dans le frif-
fon un petit bafton, en le jettant par la feneftre au commencement de l'accés, & en difant ..... ou bien en
liant le matin un .... avec un lien de paille, & en recitant à genoux devant cet .... cinq fois *Pater* & cinq
fois *Ave*. La perfonne qui déliera ce lien aura les fiévres, &
le malade en fera délivré. Faire enforte que des criminels
condamnez à la queftion ne reffentent aucun mal lorfqu'ils
y font appliquez, en difant ces vers:

Imparibus meritis tria pendent corpora ramis,
Difmas & Gefmas, in medio eft divina poteftas:
Aɛta petit Difmas, infelix infima Gefmas,
Nos & res noftras confervet fumma poteftas.
Hos verfus dicas, ne tu forte tua perdas.

Ou le premier verfet du Pfeaume .... ou, *Sicut lac Be-*
nedictæ & gloriofæ Virginis Mariæ fuit dulce & fuave
Domino noftro, &c. ou enfin, *Jefus tranfiens per medium*
illorum, *ibat*, *Os nos*, &c.

Arrêter l'effet des armes à feu, en difant à rebours
ces paroles de Nôtre-Seigneur à S. Paul, *Saule*, *Saule*,
quid me perfequeris? & en y ajoûtant trois mots qui ne
fignifient rien.

Empefcher qu'on ne lie les criminels, & qu'on ne
les retienne en prifon, pourveu qu'ils ayent certaines lettres *De liberté*, dont parle le venerable Bede (c) dans
fon Hiftoire d'Angleterre, & qu'il appelle *Literas Solu-*
torias.

Eviter & chaffer quantité de maladies, & détourner
quantité de dangers par le moyen des *Brevets* ou *Billets*,
qui font une efpece de prefervatifs avec paroles, non
moins fuperftitieux & reprouvez que les autres. Le Pere
Crefpet (d) affeure que les Reiftres qui vinrent en France durant la Ligue en avoient: Que les Japonois en
vendent à ceux qui font à l'agonie, les affeurant que s'ils
meurent avec ces brevets, ils ne feront point tourmentez
des malins efprits: Que Servius Novianus craignant de
devenir chaffieux, portoit penduës à fon coû ces deux
lettres Grecques α & ρ; & qu'il a veu à Avignon un jeune garçon que le Diable avoit poffedé, à caufe qu'on
lui avoit attaché au coû un brevet où il y avoit des
noms inconnus.

Le Concile Provincial de Roüen (e) en 1445. ,, or-
,, donne que ceux qui porteront des Brevets ou Billets
,, à leur coû, ou qui en feront porter aux bêtes, jeû-
,, neront & demeureront en prifon pendant un mois pour
,, la premiere fois; & que s'ils continuent dans leur
,, crime, qu'ils feront punis plus rigoureufement, felon
,, que l'Evêque le jugera à propos.

Il ne faut pas oublier ici ce qui eft rapporté dans la
vie de Saint Charles Baronnée. (f) Ce grand Archevêque *ayant oui quelque vent* (dit le Doɛteur Juffano,
traduit par le Pere de Soulfour) ,, que parmi le peuple
,, s'étoient coulées, par une invention diabolique,
,, quelques Superftitions pernicieufes, fous pretexte de
,, prefervatifs contre la peftilence; c'eft à favoir certains
,, billets ou bulletins écrits à la main, & d'autres im-
,, primez, mêmes gravez en anneaux & medailles, qu'on
,, alloit fonnant parmi le vulgaire ignorant & fimple, il
,, ne manqua pas incontinent de faire publier un Edit
,, prohibitif de toutes telles bagatelles, & autres fembla-
,, bles fauffetez & menfonges, comme fuperftitieufes
,, impoftures rejettées & condamnées par nôtre mere
,, l'Eglife, montrant combien griefue étoit l'offenfe
,, faite à la Majefté de Dieu par l'ufage de telles fauffe-
,, tez diaboliques. Ainfi par cette voye il remedia
,, promptement à ce mal qui pouvoit attirer ce Peuple
,, à de grands & énormes pechez.

C'eft dans ce même efprit que Jean François Bonhomme (g) Evêque de Verceil ,, ne veut pas que
,, l'on fe ferve de brevets où il y ait des Caraɛteres ou
,, des mots inconnus, pour guerir les maladies des hom-
,, mes ou des bêtes.

Le Concile Provincial de Tours (h) en 1583. ,, de-
,, fend à tous Ecclefiaftiques, fous peine de fufpenfe,
,, & à tous Laïques fous peine d'excommunication,
,, de fe fervir de brevets.

Le

(a) L. 2. de Demon. c. 1.
(b) In Appendic. te. 12. Annal. ad tom. 2. an. 120.

(c) L. 4. c. 22.
(d) L. 1. de la haine du Diable, &c. Difcours 10.
(e) C. 6.
(f) L. 4. c. 4.
(g) In Decret. vifit. tit. de Superftit.
(h) Tit. 4.

Le Concile Provincial de Maxico (a) en 1585. ordonne sous peine d'excommunication, „ que ceux qui
„ porteront sur eux, ou qui attacheront à leur cou cer-
„ taines paroles écrites, ou certains Oraisons, dans la
„ pensée qu'ils ne periront jamais, ni par l'eau, ni par
„ feu, & qu'ils obtiendront tous les biens qu'ils pour-
„ ront souhaiter, ayent à les mettre entre les mains des
„ Evêques, un mois après la publication de son Or-
„ donnance, afin qu'ils y apportent le remede necessai-
„ re.
Le Synode de Bourdeaux sous Monsieur le Cardinal
de Sourdis Archevêque de Bourdeaux (b) en 1600.
„ Declare pour excommuniez tous Prêtres ou Clercs,
„ qui sous pretexte de quelque maladie ou autrement,
„ pour quelque cause ou occasion que ce soit, donnent
„ des brevets, ceintures ou billets, où il y a herbes,
„ paroles ou autres choses reprouvées par les saints De-
„ crets.
Le même Cardinal (c) dans le Prosne qu'il a fait dresser pour son Diocese, enjoint aux Curez de dire: „ De
„ la part de Dieu Tout-puissant, & de l'autorité qu'il
„ lui a pleu commettre à Monseigneur le Cardinal nô-
„ tre Archevêque & Primat, Nous dénonçons pour
„ excommuniez tous faiseurs ou donneurs de brevets,
„ pour guerir de quelque maladie que ce soit.
De Solminiac Evêque de Cahors (d), repete dans ses
Statuts Synodaux de l'an 1638. ce que nous venons de
rapporter du Synode de Bourdeaux, contre les brevets
ou billets, qui sont encore condamnez en termes formels par les Statuts Synodaux de Sens en 1658. par
ceux d'Evreux en 1664. par ceux de Saint François
de Sales, & de d'Aranton d'Alex, Evêque de Genéve; par ceux d'Agen en 1673. & par les Ordonnances du Diocese de Grenoble. Il est clair que cette
condamnation se doit étendre à tous les brevets ou billets, de quelque matiere qu'ils soient, d'étoffe, de toile, de papier, de parchemin, liez, attachez, suspendus, roulez, pliez, taillez, couppez, seuls ou enfermez dans des plumes, dans du bois, dans de l'os, dans
de l'or, dans de l'argent, dans de l'yvoire, sur tout
lorsqu'ils contiennent quelque fausseté, ou qu'on y mêle des paroles saintes avec des vanités ou des caractéres
qui n'ont nulle proportion avec les effets qu'on en attend; ou que pour s'en servir on met son esperance,
dans la maniere de les écrire, de les lier, de les plier,
de les rouler, de les tailler, de les porter, de les attacher;
comme s'il falloit qu'ils fussent écrits sur du parchemin
vierge, ou à soleil levant, ou lorsqu'on lit l'Evangile
à la Messe; ou qu'ils fussent liés avec certain nombre
de fils, ou attachés par un homme vierge, ou qu'il fût
necessaire que personne ne les vit, ou enfin qu'on y observat quelque autre semblable folie. (e) Car il est sans
doute qu'ils seroient illicites & superstitieux.

(a) L. 3. tit. 18. n. 7.
(b) Ordonnances, &c. de Bourdeaux tit. 10.
(c) A la fin des Ordonnances cy-dessus p. 263.
(d) C. 26.

(e) Ainsi que l'asseure S. Antonin en ces termes. Cavendum ut
spes non ponatur in modo scribendi aut ligandi, puta quòd scribantur in charta virginea vel in ortu solis vel dum legitur Evangelium, vel quod opportet ligari cum tot filis vel appendi per virginem hominem, vel quòd nullus debet videre, & hujusmodi vanitatibus quæ ad Dei reverentiam non pertinent, quia illicita essent
& superstitiosa. in Sum. 2. p. Tit. 12. §. 13.

TRAITÉ

DES

SUPERSTITIONS.

LIVRE SIXIEME.

❖◉❖◉❖◉❖◉❖◉❖◉❖◉❖◉❖◉❖◉❖◉❖

CHAPITRE PREMIER.

Des charmes ou enchantemens. Ce que c'est. Ce que c'est qu'un charmeur ou un enchanteur. Que tout charme est de soy un peché mortel. Exemples de divers charmes. Que ceux qui se font avec des paroles qui ne signifient rien, aussi-bien que ceux qui se font avec des paroles qui signifient quelque chose, sont superstitieux & condamnez comme tels par l'Ecriture, par les Conciles, & par les Peres.

LA condamnation des Phylacteres, ou preservatifs, des billets ou brevets, & des autres vaines observances qui se font avec des paroles, enveloppe necessairement celle des charmes ou enchantemens. En effet, quoique tous les charmes ne soient pas seulement pour preserver de quelques maux, ainsi que les preservatifs & les brevets, & qu'il y en ait qui soient pour nuire au prochain, comme les malefices : Neanmoins il est clair qu'étant composez de paroles, ils sont combatus par les mêmes raisons que nous avons employées dans le Chapitre XXXI. pour montrer que les paroles, quelles qu'elles puissent être, n'ont nulle autre vertu que celle du Demon, pour produire les effets extraordinaires & surprenans que nous voyons qu'elles produisent, lorsqu'elles sont écrites ou proferées en consequence de quelque pacte avec cet ennemi de nôtre salut. Mais comme toutes les paroles ne sont pas des charmes, il faut expliquer ce que c'est proprement qu'un charme, afin que l'on juge de-là avec quelles paroles il se fait.

On appelle charme un certain arrangement de paroles en vers, en rithmes, ou en prose, dont on se sert pour produire des effets merveilleux & surnaturels. Voilà comme Diana le définit dans sa Somme (a).

Ainsi les Charmeurs, ou Enchanteurs sont ceux qui par le moyen de certaines paroles font des choses merveilleuses & surnaturelles. Voilà pourquoi S. Jerôme, S. Isidore, Evêque de Seville, & Jean de Sarisbery, Evêque de Chartres (b), disent qu'on appelle *Enchanteurs* ceux qui pratiquent l'Art magique avec des paroles. C'est en ce sens que Leonard Vair (c) assure *que le mot Latin* Incantator (qui signifie un Enchanteur) *est interpreté,* intus in corde cantator, *c'est-à-dire,* une personne *qui chante & prêche au dedans du cœur des autres.* Desorte que ceux qui guerissent les maladies des hommes & des bêtes, & qui se preservent eux & les autres de certains maux & de certains dangers, par des paroles, sont de veritables Enchanteurs (d).

Or tout enchantement, selon la remarque du Cardinal Cajetan (e), est de soy un peché mortel, parce qu'il ne s'en fait point sans une invocation, ou expresse, ou tacite du Demon, laquelle est un effet de la Superstition, qui veut rendre quelque honneur à cet esprit malin. ,, C'est pour cela, dit-il, que ceux qui ,, usent de charmes, quels qu'ils soient, ne peuvent être ,, excusez de peché, si ce n'est à cause qu'ils n'ont pas ,, eu intention d'invoquer le Demon, & qu'ils ne l'ont ,, invoqué que par accident, sans savoir qu'ils l'invoquoient, & dans la pensée que ce qu'ils faisoient, ,, étoit licite. Mais remarquez, ajoûte-t'il ensuite, ,, que cette ignorance n'a lieu dans les personnes simples ,, que jusqu'à ce qu'elles ayent été averties de renoncer à ces Superstitions. Car après qu'elles en ont été ,, une fois averties, elles sont inexcusables, parce qu'elles ,, ne sont plus dans la bonne-foy, & qu'il est aisé ,, de les convaincre qu'elles n'ont pas peché en cela par ,, ignorance, puis qu'après avoir sçeu qu'elles invoquoient le Demon, ou du moins après avoir douté ,, si elles l'invoquoient ou non, elles n'ont pas laissé ,, de se servir d'enchantemens. Ceux-là aussi ne sont ,, pas excusables, qui ayant fait autrefois quelque charme par ignorance, disent qu'ils n'en eussent fait ni ,, plus ni moins, quand même ils y eussent reconnu du ,, mal; d'autant que leur ignorance n'a pas été cause ,, de leur peché.

Si bien qu'on ne peut gueres, sans pecher mortellement: Eteindre des incendies, arrêter le sang qui coule

(a) V. Ensalmus. Ensalmus, *dit-il*, seu incantatio dicitur structura verborum, metro, vel solutâ oratione composita ad effectus miros & supernaturales edendos.

(b) S. Hier. in c. 2. Daniel. Isid. l. 8. Origin. c. 9. Joh. Sarisb. Polycrat. c. 12. Incantatores vocati sunt qui artem verbis peragunt.

(c) L. 2. c. 11.

(d) C'est aussi ce que nous signifient ces paroles de Theodore Balsamon, Patriarche d'Antioche : In Epist. Canonic. S. Greg. Nyss. ad S. Letoium ad can. 3. Dicuntur præstigiatores qui & incantatores appellantur, qui per aliquas magicas incantationes vel feras alligant, ad hominum vel detrimentum, vel utilitatem, ut videtur, aliqua facientes. Ad detrimentum quidem, morbos, vel deliria, vel paralyses inducentes: Ad apparentem autem utilitatem amores immittentes, vel amicitias resque prosperas Dæmonum invocatione efficientes.

(e) In Sum. V. Incantatio. Incantatio omnis peccatum est mortale ex suo genere, quia invocatio est Dæmonis manifesta, vel tacita, ex aliqua Superstitione adinventa ad nonnullum Dæmonis cultum.

le d'une cuiffe bleffée, guerir le mal de cuiffe, remettre les membres difloquez, guerir le mal de goute, ni empefcher qu'on ne verfe en caroffe, par le moyen de certains charmes (a).

Ni faire ce que Bodin raconte en ces termes (b): ,, Il ,, y en a en Allemagne qui mettent en un pot bouil- ,, lir du lait de la vache que la Sorciere aura tarie, ,, & en difant certaines paroles que je tairai, & frap- ,, pant contre le pot des coups de bâton, au même ,, inftant ils difent que le Diable frappera la Sorciere ,, par le dos autant de coups. C'eft chofe illicite, car ,, c'eft fuivre l'intention & volonté de Sathan, qui ,, par ce moyen attire celle qui n'eft pas Sorciere, ,, pour en être auffi, voyant chofe fi étrange.

Ni pratiquer quelqu'une des chofes, dont Leonard Vair (c) parle ainfi en Hiftorien feulement; puifque dans le Chapitre 11. du 2. Livre II prouve que les paroles n'ont pas d'elles-mêmes la vertu de charmer les maladies, ni de produire d'autres effets extraordinaires, ainfi que nous l'avons rapporté dans le Chapitre 31. ,, Ne fçait- ,, on pas affez que d'aucuns par la vertu de certains ,, mots fe font metamorphofez en bêtes, & ont pris le ,, vifage d'autres chofes? D'autres auffi ne fe font-ils ,, pas fait tranfporter d'un vol ifnel & prefqu'en un mo- ,, ment, en des lieux fort écartez de leur demeure? Ce ,, qui nous doit plus aifément être perfuadé, entant que ,, les animaux font arreftez, & mêmes pris par la force ,, de quelques mots. Les mulots, les fauterelles, & au- ,, tres vermines, qui nuifent aux blés, aux vignes, & ,, aux vergers, font-elles pas chaffées par mots & écri- ,, teaux; ou par certains caractéres que bien fouvent ,, on prononce fans y penfer? Les ferpens ne font-ils ,, pas arrêtez par la vertu d'aucuns mots? Et que ,, dirons-nous d'un certain Magicien, lequel aprés ,, avoir murmuré trois ou quatre paroles en l'oreille ,, d'un taureau, le fit tomber fi rudement & lourde- ,, ment à terre, qu'il fembloit être mort? Cela eft ,, d'abondant confirmé par ceux qui engravent fur du ,, pain certains caractéres, & le prefentent à manger ,, pour recouvrer quelque chofe perdue ou dérobée. ,, Il y en a auffi d'aucuns, lefquels aprés avoir pro- ,, noncé quelque charme, marcheront les piés nuds ,, fur des charbons ardens, & fur la plus pointue ,, épée que ce foit, & ne s'appuyant que fur un ,, doit, de l'autre main ils éleveront en haut un hom- ,, me, ou quelqu'autre plus pezant faix: ils dompte- ,, ront d'une feule parole les plus farouches chevaux ,, & les taureaux les plus furieux. On fait auffi mou- ,, rir les vers & arrêter le fang, encore qu'il coulât ,, de toutes parts, en difant certains mots. Bref, par ,, la prolation d'aucuns mots, toutes maladies font de- ,, jettées du corps de l'homme, les playes font gue- ,, ries, & les fléches qui tiennent aux os, font atta- ,, chées fans aucune douleur. Et il s'en trouve d'au- ,, cuns qui fe vantent de pouvoir guarir ceux qui fe- ,, ront mordus de chiens enragez, ou de ferpens, ou ,, qui feront tourmentez de quelque autre venin, en- ,, cor qu'ils foient abfens, & même bien éloignez ,, d'eux, & qu'ils ne s'aideront en cela d'aucun au- ,, tre remede que de la prononciation de quelques ,, mots.

Ni arrêter ou faire courir les chevaux, les caroffes, les chariots, les coches, & les charettes, en recitant certaines paroles, ou en les écrivant fur le lieu par où ils doivent paffer. S. Jerome (d) fait mention d'un Charmeur qui faifoit courir ou arrêter des chevaux quand il vouloit. Quand cela arrive, il faut faire rebrouffer chemin aux chevaux, & les faire paffer par un autre endroit.

Ni arrêter le fang qui coule du nez, en écrivant fur le front de la perfonne qui faigne, avec fon fang mê- me, certaines lettres & certaines paroles. Ou en lui faifant avaler un billet fur lequel on ait écrit ce mot A.... ni s'échapper d'une prifon en faifant ce qui fuit.

Le jour que l'on entre en prifon il faut manger fo- brement, & le lendemain avaler à jeun une croûte de pain fur laquelle on aura écrit ces paroles: *Senozam*, *Gozoza*, *Gober*, *Dom*, &c. Puis fe coucher & dormir fur le côté droit.

Ni arrêter les caroffes, les charettes &c. en mettant au milieu du chemin un petit bâton fur lequel on au- ra écrit ces mots. *Jerufalem omnipotens Deus*, *conver- tis toi*, *arreftes toi là*, *enfuite traverfe le chemin par où tu vois venir les caroffes & chevaux* &c. Ni tirer de cent pas loin dans un fol, & donner dedans en écri- vant fur un morceau de papier les noms des trois Rois, y envelopant la balle, puis en retirant fon ha- leine, en tirant le piftolet, le fufil &c. dire, *je te con- jure d'aller droit où je veux tirer* &c. Ni charmer les armes à feu & les empêcher de tirer.

1. En faifant un certain caractére fur du parchemin vierge de loup ou de bouc lorfque le Soleil entre dans le figne d'*Aries*, un mardi à la premiere heure du jour.

2. En difant ,, Arquebufe, piftolet, ou autre arme ,, à feu, je te commande que tu ne puiffe tirer de ,, par l'homme qui fouffrit mort & paffion à l'arbre ,, de la croix pour nous pauvres pecheurs, & qu'il te ,, foit donné par penitence de ne point tirer &c.

3. En decouvrant la bouche du Canon & de la plati- ne, & difant ces mots, *Lematrem Obftrahot Objire ma- ter* &c.

4. En difant S. Roch aroc forues, au nom du Pere &c. *Florido pondo pullo favem diatam ftum penigum penetralis diaboli qui quærunt mala mibi voco adjuro vos reges infer- nales & omnes fpiritus immundos, amen* &c.

5. En difant. ,, Je te conjure au nom de Dieu; ,, que tu ayes à perdre ta chaleur, comme Judas per- ,, dit fa couleur quand il eut trahi Notre Seigneur &c.

6. En portant fur foi, ou en difant ces mots, lorf- que l'on voit les armes. *Valcanda jacem raphit maphit efcorbis*, &c.

7. En portant fur foi ces lettres écrites dans un billet, envelopé d'un linge neuf, aprés qu'elles auront été neuf jours fur un autel: *. *. f. a. p. h. p. q. (a. h. q.* &c. Se garentir d'un coup d'épée en difant, *Iram quiram fran fraten fratesque*, &c. Se garentir de fon ennemi en difant *Sanguis Chrifti *. fit inter *. te *. & me.* &c.

Ni guerir un cheval encloué en mettant trois fois les pouces en croix fur fon pié, & en difant à chaque fois un *Pater* & un *Ave* au nom du dernier pendu qui a tué &c. Dire ces mots avant que de jouer aux cartes ou aux dez: *Partiti funt veftimenta mea, miferunt fortem contra me ad incarte ela a filii a Euiol Liebet Braja Bra- guefa & Belzebuth.* &c. puis faire trois fignes de croix fur les cartes & les dez, pour y gagner toujours.

Ni porter un enfant qui eft malade de la fievre fur le toit d'une maifon, ou le mettre fur une fournaife pour le guerir. Les femmes qui le font font condamnées à u- ne année de penitence, felon le Penitenciel de Bede, (e) Burchard Evêque de Wormes, & Ives de Chartres (f) dans leurs Decrets:

Ni chauffer toujours la jambe gauche la premiere pour fe preferver de la colique ..... Empecher les chaffeurs de rien prendre & de rien tuer à la chaffe en difant, *fi ergo me quæritis finite ....* &c. Appaifer la tempéte en écrivant *Confummatum eft* d'une certaine maniere, & en le

---

(a) Pline parle de ces charmes en cette maniere: Lib. 28. c. 2. *Etiam parietes incendiorum deprecationibus confcribuntur. Dixit Homerus, profluvium fanguinis vulnerato femine Ulyffem inhi- buiffe carmine; Theophraftus Ifchiadicos fanari. Cato prodidit luxatis membris carmen auxiliari, M. Varro Podagris. Cæfarem Dictatorem poft unum ancipitem vehicul cafum, ferunt femper, ut primùm confediffet; id quod plerofque nunc facere fcimus, carmine ter repetito, fecuritatem itinerum aucupari folitum.*
(b) L. 3. de la Demono. c. 5.
(c) L. 1. c. 5.
(d) In vita Hilarion.

(e) C. 11.
(f) L. 10. C. 14. & l. 19. P. 11. C. 41. *Mulier fi filium fuum ponit fuper tectum, aut in fornacen pro fanitate febrium annum unum pæniteat.*

le mettant enfuite fur la pointe d'un couteau à manche noir.

Ni charmer les armes en difant .... fois *Molatum*, & enfuite *Molatus dives*, *fulgiter*, *regina*, ... ou bien à *fignis Cæli* ... *nolite timere quia ego vobis jubeo* ..... ni guerir l'epilepfie ou le mal caduc en liant au bras du malade un des clous d'un crucifix. Ni guerir la goute en écrivant fur une plaque d'or ce vers latin traduit d'Homere

    Concio turbata eft , fubter quoque terra fonabat.

lorfque la lune eft dans la balance, ou plutôt dans le figne du lion. Ni guerir la fievre .... en écrivant fur une feuïlle d'olivier cueïllie avant le lever du Soleil, & portée au coû; CAROY, A...

Ni éteindre le feu qui eft dans une cheminée, en faifant trois croix fur le manteau de la cheminée, & en difant certains mots.

Ni s'expofer tout nud au Soleil levant, & en même-temps dire certaine quantité de fois *Pater* & *Ave*, pour guerir les fiévres. Il y a des femmes & des filles qui le pratiquent ainfi, ayant plus de foin de leur fanté que de leur honnefteté & de leur modeftie.

Ni fe mettre le coû fur une auge de porcs, en difant, *au nom du Pere, & du Fils, & du S. Efprit*, pour être guery des fiévres.... & de quelques autres maladies.

Ni étendre fur la ratte d'une perfonne qui en eft malade , la ratte d'une bête, en difant, *Que l'on fait un remede pour la ratte.*

Ni employer aucun des moyens que S. Bernardin de Sienne (a) décrit, & condamne de la forte : ,, Il y ,, en a qui étant fur mer, & voyant une certaine nuée ,, s'élever, la conjurent avec certaines paroles en te- ,, nant leur épée toute nuë en leurs mains. D'autres ,, pour être gueris du mal, ou de l'enfleure de gor- ,, ge, prennent un couteau qui a le manche noir, & ,, recitent certains mots. D'autres pour guerir le mal ,, de rein font coucher le malade le vifage contre ,, terre, puis une femme qui a eu deux enfans tout ,, d'une portée, tenant deux quenouïlles dans fes deux ,, mains lui marche fur les reins, & paffe trois fois par ,, deffus lui, en prononçant quelque charme. Quel- ,, ques-uns pour remettre les vaines de la cuiffe qui font ,, torfes & hors de leur fituation ordinaire, prennent ,, un baffin plein d'eau, & par le moyen de certaines ,, paroles font monter l'eau de ce baffin en haut dans ,, un pot de terre. Quelques autres pour guerir la fiévre ,, continuë, la fiévre tierce, ou la fiévre quarte, don- ,, nent à manger aux malades à jeun pendant trois jours ,, des feuïlles d'arbres, ou des pommes, fur lefquelles ,, ils écrivent certains mots. Il y en a enfin qui pour ,, guerir des bleffures recitent la formule qui commen- ,, ce par, *Longinus fuit Hebræus*, &c. ou celle-ci , ,, *Tres boni fratres*, &c.

Ni empefcher qu'un poulet à qui on aura percé la tête d'un coûteau ne meure, en difant, *Gaber fi loc, fendu.* Ni guerir d'autres fiévres .... en prenant d'un certain vin, dans lequel on a fait tremper quelque-temps, ces paroles écrites fur du papier, *Conceptio Immaculata Beatæ Mariæ Virginis.*

Ni ecrire en beaux caracteres ces paroles fur un billet , *Loûée foit l'Immaculée Conception de la tres-Sainte Vierge*, mafcher & avaler ce billet le Samedi matin, afin de garder tant qu'on voudra les remedes qu'on nous aura donnez, & de ne jamais vomir les medecines que nous avons prifes.

Ni mettre un bafton entre fes jambes & dire ces paroles , *Bafton blanc* , *Bafton noir*, &c. qui font celles que difent les Sorciers, lorfqu'ils veulent aller au Sabath, ainfi qne le témoigne Henri Boquet (b) dans fon difcours des Sorciers.

Ni empefcher qu'on ne tire droit avec un canon, un

fufil, ou une autre arme à feu , en recitant ces mots, *Malaton, Malatas Dinor.*

Ni enfin guerir des maladies des hommes ou des beftes, & faire des chofes furnaturelles & extraordinaires , en recitant des paroles, foit de l'Ecriture Sainte, foit des Offices divins, foit quelques autres que l'Eglife n'a point établies pour produire ces effets. Car cela eft pofitivement condamné parmi les Chrétiens, fous les noms de charmes & d'enchantements, de Charmeurs & d'Enchanteurs.

,, Lorfque vous ferez entrez dans la terre que je vous ,, montrerai *dit Dieu à fon Peuple* (c) donnez-vous bien ,, de garde d'imiter les abominations des Gentils, & ,, faites en forte qu'il ne fe trouve point d'Enchanteurs ,, parmi vous.

Le Roi Manaffes eft blafmé dans le fecond Livre des Paralipomenes (d), de ce qu'il avoit à fa fuite & à fa Cour des Magiciens & des Enchanteurs:

Le Prophete Ifaïe (e) prédit à la ville de Babylone qu'elle fera fterile & veufue, à caufe de la multitude de fes malefices, & de l'extreme dureté de fes Enchanteurs:

Saint Irenée (f) dit des Heretiques, appellez Simoniens, qu'ils fe fervoient d'exorcifmes & de charmes : & des Sectateurs de Bafilides (g), qu'ils mettoient en ufage les images magiques, les enchantemens, & les invocations du Demon : Nicephore (b) témoigne prefque la même chofe des Helcefeites, qui étoient les Difciples du faux Prophete Elxai.

Origene ou Jean de Jerufalem (i) , affeure que ,, les ,, enchantemens damnables font des pieges & des trom- ,, peries du Diable, des reftes de l'idolatrie, des illufions ,, & des fcandales des ames. Ce que la plûpart des hom- ,, mes (*dit-il*) ne reconnoiffent pas aujourd'hui , auffi- ,, tôt qu'ils ont quelque incommodité, ils ont recours ,, aux enchantemens & aux Enchanteurs. D'autres fe ,, fervent d'enchantemens contre les enchantemens des ,, ferpens , contre les fuggeftions & les blafphemes des ,, Demons. D'autres charment ceux-là même qui char- ,, ment les autres, ou qui font charmez. Et toutes ces ,, chofes font des inventions du Diable.

Le Concile de Laodicée (k) deffend aux Ecclefiaftiques *d'être Magiciens ou Enchanteurs*. S. Ephrem Diacre de l'Eglife d'Edeffe en Syrie (l) declare ,, que dans nô- ,, tre Baptéme nous avons reconcé aux malefices, aux ,, divinations & aux charmes.

S. Jean Chryfoftome (m) voulant empefcher fes Auditeurs de fe fervir des remedes extraordinaires & diaboliques que les Juifs leur prefentoient, & les exhortant à mourir plûtôt que de recouvrer la fanté par cette voye, leur adreffe ces paroles: ,, Quand vous voudrez détour- ,, ner un Chrétien d'avoir commerce avec les Juifs, ,, dites-lui que nous portons le nom de Chrétiens, & ,, que nous en avons la qualité, non pas pour avoir re- ,, cours à fes ennemis. Que s'il prend pour pretexte quel- ,, que maladie dont il recherche la guerifon, & s'il vous ,, repond qu'il ne va chercher des Juifs qu'à caufe qu'ils ,, promettent aux malades de les guerir, découvrez-lui ,, les fourberies, les enchantemens, les fortileges & les ,, breuvages empoifonnez dont fe fervent ces malheureux. ,, Ils n'ont pas d'autres fecrets que ceux-là pour guerir ,, les maladies en apparence ; car ils ne gueriffent pas ef- ,, fectivement. Et je ne craindrai pas d'avancer une ve- ,, rité qui paroîtra peut-être incroyable ; c'eft que quand ,, mê-

---

(a) Tom. 1. Serm. 1. in quadrag. art. 3. c. 2.
(b) C. 26.

(c) Deuteron. 18.
(d) C. 33. Habebat fecum Magos & Incantatores.
(e) C. 47. Venient tibi duo hæc fubitò in die una, fterilitas & viduitas Univerfa venerunt fuper te propter multitudinem maleficiorum tuorum, & propter duritiam Incantatorum tuorum vehementem.
(f) L. 1. adverf. beref. c. 20. Exorcifmis & Incantationibus utuntur.
(g) Ibidem c. 23. Utuntur & imaginibus, & incantationibus, & invocationibus.
(b) L. 5. Hiftor. Ecclef. c. 24.
(i) Tract. 3. in Job.
(k) Can. 36.
(l) De abrenunciatione.
(m) Hom. l. 6. adverf. Jud. eos.

„ même ils gueriroient veritablement les maladies, il
„ vaudroit mieux mourir, que de chercher sa guerison
„ en implorant le secours de ces ennemis de Dieu. Car
„ que sert-il de guerir le corps, si on laisse mourir l'a-
„ me? Et quel avantage y a-t-il de recevoir un peu de
„ consolation en ce monde, pour être ensuite precipité
„ dans les flâmes eternelles?

Il combat encore de semblables desordres dans la ville
de Constantinople, où les enchantemens étoient pratiquez par plusieurs personnes; & c'est ce qui l'oblige
d'y prescher, (a) „ Que comme les femmes qui aiment
„ mieux voir mourir leurs enfans que d'avoir recours à
„ ces Superstitions, lorsqu'il s'agit de leur guerison,
„ ou de celle de leurs maris, ou des personnes qui leur
„ sont les plus cheres & les plus intimes, ont la gloire
„ du martyre devant Dieu? ainsi les autres femmes qui
„ usent de ces moyens abominables pour le rétablissement
„ de leur santé, sont veritablement idolatres. Car, dit-
„ il, elles auroient sacrifié aux Idoles, si cela leur étoit
„ permis; & on peut dire qu'elles y ont sacrifié effec-
„ tivement, puisque ces remedes qu'elles pendent à
„ leur coû, sont une espece d'idolatrie, quoique les
„ personnes qui gagnent leur vie à faire pour elles ces
„ enchantemens, puissent dire mille fois qu'elles invo-
„ quent le nom de Dieu sans faire autre chose, & que
„ les femmes qui se servent d'elles dans leurs maladies
„ disent d'elles que ce sont de bonnes vieilles femmes
„ Chrétiennes & fideles.

„ Si vous avez la foi (c'est toujours S. Jean Chrysosto-
„ me qui parle) faites le signe de la Croix sur vous. Di-
„ tes, je n'ai point d'autres armes que celles-là; c'est
„ mon unique remede, & je n'en reconnois pas d'au-
„ tre. Mais dites-moi, je vous prie, si ayant fait venir
„ un Medecin, au lieu de se servir des remedes de la
„ Medecine dont il fait profession, il usoit d'enchante-
„ mens pour vous guerir, le prendriez-vous pour un
„ Medecin? Non certes, puisqu'il n'observeroit rien
„ des regles de la Medecine. C'est ici la même chose,
„ & ceux qui ont recours aux enchantemens ne gardent
„ nullement les régles du Christianisme. Il y en a d'au-
„ tres qui pendent à leur coû des noms de Fleuves, &
„ commettent mille autres excés de cette nature. Je vous
„ le dis, & je vous avertis tous par avance, que si
„ quelqu'un est convaincu de s'être servi de ces sortes
„ de moyens, je ne lui pardonnerai pas la seconde fois,
„ soit qu'il ait pendu quelque chose à son coû, soit
„ qu'il ait eu recours aux enchantemens, soit qu'il ait
„ pratiqué quelque autre moyen de cet art pernicieux.

„ Vous ne vous contentez pas de ligatures & de char-
„ mes (dit-il au Peuple d'Antioche) (b). Mais en outre
„ vous faites venir chez-vous de vieilles femmes toutes
„ yvres & chancelantes. Aprés cela n'êtes-vous pas char-
„ gez de confusion & de honte, en faisant reflexion sur
„ cette sagesse si relevée que l'on enseigne parmi nous?
„ Enfin expliquant ces paroles du Pseaume 9. „ Je
„ trouverai ma joie dans le salut que vous donnez, il est
„ dit à nôtre sujet: Ma couronne & mon Diademe
„ c'est de vous eriger un trophée, & d'obtenir de vous
„ mon salut, ô mon Dieu! Je parle ainsi à cause de
„ ceux qui se servent d'enchantemens dans leurs mala-
„ dies, & qui ont recours à d'autres impostures & à
„ d'autres prestiges, pour trouver quelque soulagement
„ dans leurs infirmitez. Car ce n'est pas là se guerir,
„ mais se perdre, puisque nôtre plus grande guerison
„ est d'être gueris de Dieu.

S. Gaudence Evêque de Bresse (c) asseure les Neophytes, que les malefices & les charmes sont des especes
d'idolatrie.

S. Ambroise (d) se moque des charmes des enchantemens en ces termes: „ Il y a bien des gens qui tentent
„ l'Eglise; mais les enchantemens qui se font par l'art
„ magique, ne lui peuvent nuire en aucune manie-

„ re, & les charmeurs n'ont nul pouvoir dans les lieux
„ où l'on chante tous les jours les loüanges de Jesus-
„ Christ. L'Eglise n'a point d'autre Enchanteur que
„ Jesus-Christ Nôtre-Seigneur, qui rend inutiles les
„ charmes des Magiciens & le venin des Serpens.

Le 4. Concile de Carthage (e) en 398. „ ordonne
„ que ceux qui s'appliqueront aux enchantemens se-
„ ront separez de l'assemblée des Fideles.

(f) Saint Augustin qui a été un des Peres de ce Concile, declare „ que les remedes que la Medecine con-
„ damne, soit qu'ils consistent dans les enchantemens,
„ ou dans certains caracteres, appartiennent à la Ma-
„ gie, & sont des effets de quelque pacte avec les De-
„ mons.

Le Concile d'Agde (g) en 506. ordonne la même
chose aux Ecclesiastiques que le Concile de Laodicée,
dont nous venons de parler.

Saint Gregoire le Grand (h) loüe le Notaire Adrien
de ce qu'il donnoit la chasse aux Enchanteurs, qu'il
appelle les ennemis de JESUS-CHRIST, aussi-bien
que les Sorciers, Inimicos Christi, & il l'exhorte de continuer à leur faire la guerre.

S. Eloi Evêque de Noyon defend aux Chrétiens
„ d'ajoûter foi aux Enchanteurs, & de les consulter
„ pour quelque sujet où quelque maladie que ce soit,
„ parce, dit-il, que celui qui commet ce crime perd
„ aussi-tôt la grace du Paptême.

Le Concile de Constantinople (i) en 692. „ veut que
„ l'on chasse de l'Eglise les Enchanteurs.

Gregoire II. enjoint à l'Evêque Martinien & au Prêtre Georges (k), qu'il envoye en Baviere, „ de ne pas
„ souffrir les charmes & les enchantemens, qui sont des
„ restes de l'erreur des Payens.

Le 3. Concile de Tours en 813. „ ordonne aux Curez d'avertir les Fideles que les charmes ne peuvent
„ soulager en aucune maniere, ni les personnes, ni les
„ bétes malades, boiteuses, ou moribondes, & que les
„ enchantemens ne sont que des pieges & des embusches,
„ dont le Demon qui est l'ennemi du genre humain,
„ se sert pour les tromper.

Le 6. Concile de Paris (l) en 829. appelle les charmes, „ des maux tres-pernicieux, & des restes de l'I-
„ dolatrie.

Le Pape Nicolas I. (m) defend aux Bulgares d'user
d'enchantemens & de charmes, „ parce que ce sont des
„ pompes & des œuvres du Demon, ausquelles nous
„ avons renoncé dans le Baptême, & dont nous nous
„ sommes dépouillez avec le vieil homme & avec ses
„ œuvres, lorsque nous nous sommes revêtus du nou-
„ veau.

Herard Archevêque de Tours (n) dans son Capitulaire de l'année 858. veut „ que l'on mette les Char-
„ meurs en penitence publique", comme étant coupables d'un grand crime.

Le Pape Etienne V. dans le discours qu'il fit au Peuple Romain, & qui est rapporté par Anastase le Biblio-
thecaire, dans sa vie, veut „ que l'on retranche de la
„ participation du Corps & du Sang de Jesus-Christ,
„ les Charmeurs & ceux qui usent d'enchantemens, jus-
„ qu'à ce qu'ils ayent fait penitence d'un si grand cri-
„ me; & qu'ils soient frappez d'un perpetuel Anathe-
„ me, s'ils perseverent dans un peché si énorme.

Le Concile d'Eanham en 1009. (o) est d'avis „ que
„ l'on chasse du païs les Charmeurs, afin que le Peuple
„ fidele soit plus pur & plus saint, à moins qu'ils n'en
„ veuillent sortir d'eux-mêmes avec tout ce qui leur
„ ap-

(a) Homil. 8. in Ep. ad Coloss.
(b) Homil. 21. ad pop. Antioch.
(c) Tract. 4. de lectione Exodi.
(d) L. 4. Haxaëm. c. 8.
(e) Can. 89.
(f) L. 2. de Doct. Christ. c. 20.
(g) Can. 68.
(h) L. 9. indict. 4. Epist. 47.
(i) Trullan. c. 61.
(k) In Capitulari Martiniano Ep. Georg. Presb. &c. c. 9.
(l) L. 3. c. 2.
(m) Responf. ad Consult. Buigar. c. 15.
(n) Cap. 3.
(o) Cap. 4.

„ appartient, ou qu'ils ne faffent une penitence propor-
„ tionnée à la grandeur de leur crime.

Les Canons Penitentiaux condamnent les charmes
& les Charmeurs, par ces mots (a): „ Celui qui
„ aura fait dés enchantemens & des divinations diaboli-
„ ques, fera penitence fept ans. Celui qui aura cueilli
„ des herbes medecinales avec des paroles d'enchante-
„ mens, fera penitence vingt jours. Celui qui purifiera
„ fa maifon avec des chanfons magiques, ou qui fera
„ quelque chofe de femblable, & qui y confentira, ou
„ qui le confeillera, fera en penitence cinq ans. Ce-
„ lui qui aura fait quelque fafcination par paroles, fe-
„ ra penitence trois Carêmes au pain & à l'eau. Le
„ premier, avant le jour de la Nativité de Nôtre-Sei-
„ gneur; le fecond avant Pasques; & le troifième,
„ les treize jours avant la Fête de Saint Jean-Baptifte.

Saint Bernard avoit tant d'horreur pour les enchantemens dès fa plus tendre jeuneffe, que s'étant trouvé
mal d'une grande douleur de tête, il ne voulut point
être gueri par leur moyen. „ Etant encore petit en-
„ fant (dit *Guillaume*, *Abbé de Saint Thierry de*
„ *Reims*, (b) il fe trouva mal d'une grande douleur de
„ tête, & fut obligé de fe mettre au lit : Et etant en
„ cet état, on lui amena une femme qui promettoit
„ d'adoucir fa douleur par fes enchantemens. Mais
„ quand il apperçût qu'elle approchoit avec les inftru-
„ mens de fes charmes, par lesquels elle avoit accoû-
„ tumé de tromper le Peuple, il l'éloigna de foy, en
„ criant, & la chaffa avec un grand mouvement d'in-
„ dignation. La mifericorde de Dieu ne manqua pas
„ de recompenfer le bon zele de ce faint enfant. Il en
„ reffentit l'effet auffi-tôt, & fe levant dans l'impe-
„ tuofité de l'efprit de Dieu, il fe trouva entierement
„ gueri de fon mal; ce qui lui fervit à faire croître fa
„ foi, & Dieu lui fit encore cette grace de lui appa-
„ roître & de lui découvrir fa gloire, comme il fit
„ autrefois à Samuël dans Silo, lorfqu'il étoit encore
„ enfant.

Le Concile de Palence (c) en 1322. „ defend très-
„ expreffement à toutes fortes de perfonnes de conful-
„ ter les Enchanteurs, ou de leur demander avis, foit
„ pour elles, foit pour les autres, à peine d'excommu-
„ nication, *ipfo facto*.

Le Concile de Frifingen dans le Duché de Baviere
(d) en 1440. declare *que les enchantemens font des cas
refervez à l'Evêque*, & par confequent de grands pechez, *& que les Enchanteurs doivent fe confeffer à l'E-
vêque ou à fon Penitentier*.

Le Concile Provincial de Rouen (e) en 1445. ordonne „ que les Charmeurs jeûneront un mois en pri-
„ fon pour la premiere fois, & que s'ils continuent de
„ fe fervir des charmes, ils feront punis plus rigoureu-
„ fement, felon que l'Evêque le jugera à propos".
Long-tems avant l'an 1445. un autre Concile de Rouen
qui fut tenu fous le jeune Clovis, avoit declaré que
les charmes étoient une Idolatrie, & qu'il falloit avoir
grand foin de les exterminer (f). Ce Concile a été publié par le P. Dom François Pommeraye dans fes Synodes de Rouen.

Innocent VIII. par fa Bulle (g) *Summis defideran-
tes affectibus*, Adrien VI. par fa Bulle *Dudum*, Leon
X. par fa Bulle *Supernæ difpofitionis arbitrio*, Sixte V.
par fa Bulle *Cæli & terræ*, & Gregoire XV. par fa Bulle *Omnipotentis Dei*, decernent de grandes peines contre
les Enchanteurs & contre ceux qui ufent d'enchantemens.

Le Concile Provincial de Bourges (h) en 1528.
„ enjoint aux Curez & Recteurs des Paroiffes, fous
„ des peines arbitraires qu'il remet au jugement des Or-
„ dinaires, de declarer à l'Evêque ou à fon grand Vi-
„ caire s'ils ne connoiffent point dans leurs Paroiffes des
„ Enchanteurs, ou d'autres perfonnes qui pratiquent de
„ femblables Superftitions.

Dans le Profne du Rituel de Meaux de l'année 1546.
& dans ceux de plufieurs autres Rituels, „ on declare
„ excommuniez les Charmeurs & Charmereffes, les
„ Devins & les Devinereffes, & ceux qui croyent &
„ ajoûtent foi à eux.

Le Synode d'Ausbourg (i) en 1548. dit „ Que l'on
„ doit refufer la Communion à tous ceux qui prati-
„ quent les enchantemens des Demons, à moins que par
„ l'avis de leur Confeffeur ils ne renoncent abfolument
„ à ces vaines pratiques, & n'en faffent penitence.

Le Synode de Treves en la même année, „ excom-
„ munie tous ceux qui obfervent les charmes, & veut
„ qu'on les mette en prifon, & qu'on les y détienne
„ jufqu'à ce qu'ils foient délivrez des fuggeftions & des
„ illufions des Demons qui font leurs maîtres.

Le Concile Provincial de Narbonne (k) en 1551.
protefte „ que le principal foin des Evêques doit être
„ de bien prendre garde que les enchantemens & toutes
„ les autres tromperies du Demon ne gâtent leurs Dio-
„ cefes.

Monluc, Evêque de Valence & de Die (l), „ or-
„ donne expreffement aux Curez de refufer la facrée
„ Communion aux Charmeurs, jufqu'à ce qu'ils ayent
„ renoncé aux Superftitions & aux inventions du De-
„ mon.

Le premier Concile Provincial de Milan en 1565. (m)
donne pouvoir aux Evêques „ de punir feverement &
„ d'excommunier les Magiciens, qui fe perfuadent ou
„ qui promettent aux autres qu'ils pourront par le mo-
„ yen de leurs enchantemens commander aux vents, aux
„ tempêtes, à l'air, & à la Mer.

Le Synode de Chartres en 1575. (n) enjoint aux
Curez „ de reprendre feverement les Enchanteurs, juf-
„ qu'à ce qu'ils foient degagez des filets du Demon,
„ qui les tient captifs comme il lui plaît.

L'Eglife Gallicane affemblée à Melun en 1579. (o)
„ defend aux Ecclefiaftiques de s'appliquer aux forti-
„ leges, aux malefices, & encore moins aux enchante-
„ mens, pour en faire un honteux commerce; *Et leur
„ enjoint*, que s'il fe prefente à eux quelques perfonnes
„ affligées de charmes & de malefices, ils les foulagent
„ par les prieres de l'Eglife, & par la participation fre-
„ quente des Sacremens de Penitence & d'Euchariftie.

De Thou, Evêque de Chartres, dans fon Rituel
de l'année 1581. (p) exhorte fes Peuples de „ mettre
„ en Dieu leur efperance & entiere confiance dans leurs
„ affaires, neceffitez & tribulations, fans recourir aux
„ Charmeurs, Enchanteurs, & autres femblables im-
„ pofteurs, étant affurez qu'il leur donnera indubitable
„ enfeigne, adreffe, conduite, & toute confolation.

Le Concile Provincial de Bourges en 1584. (q) condamne „ tous les Enchanteurs, *& veut* que les Eccle-
„ fiaftiques qui feront convaincus d'un fi grand crime,
„ foient fufpens des fonctions de leurs Ordres & livrez
„ au Bras Seculier, & que les Laïques foient excom-
„ muniez & dénoncez à leurs juges.

Le Concile Provincial de Mexico en 1585. defend
„ de confulter les Enchanteurs & de fervir de leurs
„ ma-

(a) In 1. præcept. Decalog.
(b) L. 1. vit. S. Bernard, cap. 2.
(c) C. 24.
(d) Capitul. 24.
(e) Cap. 6.
(f) Perfcrutandum, *dit-il*, fi aliquis fubulcus vel bubulcus, five venator, vel cæteri hujusmodi dicant Diabolica carmina fuper
panem, aut fuper herbas, aut fuper quædam nefaria ligamenta,
& hæc aut in arbore abfcondant, aut in bivio, aut in trivio pro-
jiciant, ut fua animalia liberent à pefte & clade, & alterius perdant, quæ omnia Idolatriam effe nulli fideli dubium eft, & ideo
fummoperé funt exterminanda.
(g) Cap. 4.

(h) Decret. 2.
(i) Stat. 19.
(k) Can. 57.
(l) In reformat. Cleri Val. & Dienf. c. 25.
(m) Conftit. p. 1. tit. 10.
(n) Tit. de Sortileg.
(o) Tit. de Cleric. honeft. tres caufæ ob quas malé audit Clerus.
(p) Fol. 150.
(q) Tit. 40. Can. 1.

„ malefices, sous peine d'être mis en penitence publi-
„ que.

Le Rituel d'Evreux en 1606. dit (a) „ Que c'est pe-
„ ché contre le premier precepte de la Loy que de se
„ servir d'enchantemens.

Enfin les Statuts Synodaux de S. Malo, ceux de
Cahors, & ceux de Geneve condamnent les charmes,
les Charmeurs, & ceux qui leur ajoutent foi.

CHAPITRE II.

*Des Exorcismes ou Conjurations, des Benedic-
tions ou Oraisons, pour guerir les maladies
des hommes & des bêtes; pour les preserver de danger, pour chasser les rats & les
souris, les taupes, les mulots, les serpens,
les sauterelles, les chenilles, &c. pour détourner les orages, les vents, les tempétes, les ouragans, &c. Que ces Exorcismes sont de veritables charmes. Qu'ils sont
condamnez par l'Eglise.*

Les Exorcismes ou Conjurations, les Benedictions
ou Oraisons, dont on se sert pour guerir les maladies des hommes & des bêtes, & pour les preserver
de certains dangers, sont de veritables charmes, selon
la definition que nous avons rapportée dans le chapitre
precedent, parce qu'ils produisent des effets merveilleux & surnaturels, qu'ils n'ont nulle vertu, ni naturelle, ni divine, ni ecclesiastique de produire.

Josephe rapporte que Salomon composa des charmes
contre les maladies, & qu'il fit des Exorcismes si puis-
fans pour chasser les Demons, que quand une fois ils
étoient chassez, ils n'osoient plus revenir (b). Il ajoûte, que ces charmes & ces exorcismes étoient fort en
usage parmi les Juifs, & qu'il a vû un certain Eleazar,
qui en presence de Vespasien, de ses enfans & de son
armée, guerit quantité de personnes possedées du Demon, ce qu'il faisoit en leur appliquant au nez un anneau, dans le chaton duquel étoit renfermée une certaine racine, que Salomon avoit découverte, laquelle ils
n'avoient pas plutôt sentie, que le Demon sortoit par
leurs narines, & qu'ils tomboient par terre; ensuite dequoi il conjuroit le Demon de ne plus revenir, & il
recitoit les enchantemens que Salomon a inventez (c).

Bien que j'aye beaucoup de foi pour Josephe, qui
a rendu un témoignage si authentique à nôtre Seigneur
Jesus-Christ, & que je le regarde comme un des
grands Auteurs Ecclesiastiques de l'ancien Testament,
ainsi que l'appelle le Cardinal Bellarmin (d), je ne puis
neanmoins souscrire à ce qu'il vient de raconter ici de
Salomon, dont l'Ecriture-Sainte ne dit rien de semblable; & les regles de la sainte Theologie me persuadent,
que, si Eleazar compatriote de cet Auteur a fait les
prodiges qu'il rapporte de lui, ce n'a été que par l'operation du Demon, qui cede assez souvent à la force des
enchantemens, afin de tromper les hommes, & de les
engager plus étroitement à son service.

Mais au reste on ne peut pas disconvenir que l'usage
des Exorcismes & des Oraisons, pour chasser les maladies des hommes & des bêtes, ne soit aussi ancien que
l'Eglise. Le fils de Dieu lui-même, ses Apôtres &
ses Disciples, les Evêques qui sont les Successeurs de
ses Apôtres, les Curez & les Prêtres qui sont les Successeurs de ses Disciples, l'ont pratiqué utilement dans
tous les siecles.

Saint Grat, Evêque d'Aouste, Suffragant de l'Archevêché de Tarantaise, qui vivoit sous Charlemagne,
& qui fut si illustre par les miracles qu'il opera avant
& après sa mort, selon l'Historique Chronologique de
Piémont (e), se servoit d'une Formule de benir l'eau
pour chasser les animaux qui nuisent aux biens de la
terre. Cette Formule fut imprimée à Chambery en
1615. Et le Pere le Cointe de l'Oratoire l'a publiée
dans le septième Tome des Annales Ecclesiastiques de
France sur l'année 814. Il est rapporté dans la vie de
S. Urse (f), que S. Grat a obtenu cette grace de
Dieu, qu'il n'y a point de taupes dans le païs d'Aouste, ni trois mille pas à l'entour.

Quoiqu'il en soit, si l'on s'est servi autrefois avantageusement des Exorcismes, on le peut faire encore avantageusement aujourd'hui.

Mais il faut avoir caractere & être approuvé de l'E-
glise pour cela. Nous en avons une preuve très-for-
melle dans le Concile Provincial de Mexico (g) en
1585. où il est dit: „ Nous defendons à toutes sortes
„ de personnes de faire à l'avenir l'office de ceux que
„ l'on croit guerir les maladies par paroles ou par be-
„ nedictions, & que les Espagnols appellent *Saludado-
„ res, Ensalmadores o Santiguadores*; & de reciter pu-
„ bliquement des Prieres ou des Oraisons, soit dans
„ les ruës, soit dans les Eglises, à moins qu'ils n'a-
„ yent été auparavant examinées par l'Evêque, &
„ qu'ils n'en ayent obtenu de lui la permission: autre-
„ ment ils seront punis selon les formes du Droit; afin
„ que l'on extermine quantité de Superstitions que ces
„ sortes de gens ont accoûtumé de pratiquer.

Le Concile Provincial de Malines (h) en 1607. defend aussi à toutes sortes de personnes d'exorcizer, c'est-
à-dire de reciter des Prieres pour chasser les maladies des
hommes & des bêtes, sans en avoir obtenu de l'Evêque la permission par écrit.

Le Rituel d'Evreux imprimé en (i) 1606. par l'ordre de Monsieur le Cardinal du Perron, Evêque d'E-
vreux, fait la même defense.

C'est avec beaucoup de justice que l'Eglise en use
de cette maniere. Car si chacun se donnoit la liberté
de dire des paroles & de reciter des Oraisons pour guerir les maladies, combien y auroit-il d'imposteurs & de
fourbes qui en feroient plein mêtier pour attraper de
l'argent? Combien y auroit-il de personnes simples &
stupides, qui se laisseroient surprendre par cet artifice,
& qui même, si elles venoient à guerir naturellement
de leurs maladies, après qu'on leur auroit dit quelques
mots ou quelques prieres, attribueroient toute la gloire
de leur guerison à ces trompeurs.

Témoin l'Histoire que raconte le P. Matthias Feli-
sius de Brouwershaven (k) en Zelande, Provincial des
Cordeliers de la basse Allemagne, & qu'il assure avoir
luë dans les Sermons de Godscalc de Rozemonde (l),
Docteur en Theologie & Theologal de Louvain.
„ Une certaine femme, *dit-il*, ayant grand mal aux
„ yeux, s'en alla à une Ecole, & ayant fait venir un
„ des

(a) P. 1. tit. de Examin. pœnit. circa 1. præcep. n. 7.
(b) L. 8. Antiquit. Judaic. c. 2. ante med. Eam rem, *dit-il*,
divinitus consecutus est Salomon ad utilitatem & medelam hominum, quæ adversus dæmones est efficax. Incantationes enim
composuit quibus morbi pelluntur, & conjurationum modos
scriptos reliquit quibus cedentes dæmones ita fugantur ut in posterum nunquam reveti audeant.
(c) Ibid. Atque hoc sanationis genus huc usque plurimum apud
nostrates pollet. Vidi enim ex popularibus meis quemdam Elea-
zarum in præsentia Vespasiani & filiorum, & Tribunorum, reli-
quorumque militum multos arreptitios percurantem. Modus verò curationis erat hic. Admoto naribus dæmoniaci annulo, sub
cujus sigillo inclusa erat radicis species à Salomone indicatæ, ad
ejus olfactum per nasum extrahebatur dæmonium, & collapso
mox homine, adjurabat id ne amplius rediret. Salomonis interim mentionem faciens, & incantationes ab illo inventas reci-
tans.
(d) Lib. de Scriptor. Ecclef.

(e) C. 43. n. 55.
(f) Ferrarius in Vit. S. Ursi 1. Februar. & Surius in Vit. S.
Grati.
(g) L. V. tit. 6. n. 3.
(h) Tit. 15. c. 4. Nullus omnino exorcizare præsumat, sine
licentia Ordinarii in scriptis obtenta.
(i) P. 5. tit. de Exorcis. n. 7. Caveat Sacerdos ne vel ipse
hoc munus exerceat, néve alios ad ipsum exercendum admittat,
nisi prius habita in scriptis facultate à Reverendissimo Domino
Ebroicensi Episcopo.
(k) In Elucidat. præceptor Decalog. Præcept. 1. c. 55.
(l) Serm. 3. de Domin. 5. post Epiphan.

„ des Ecoliers, elle lui demanda s'il ne pourroit point
„ lui écrire quelques lettres pour la guerir, & elle lui
„ promit un habit neúf pour sa peine. L'Ecolier, qui
„ ne vouloit pas perdre une si belle occasion de gagner
„ un habit neuf, lui répondit qu'il le feroit volontiers:
„ & aussi-tôt il écrivit quelques mots sur un billet,
„ qu'il enveloppa dans des chiffons, & qu'il lui don-
„ na pour le porter toûjours sur elle, lui défendant de
„ le developer & de regarder dedans. Au bout de
„ quelque tems cette femme guerit, & voyant qu'une
„ de ses voisines étoit malade de la même maladie, elle
„ lui donna ce même billet, & elle guerit aussi. Leur
„ curiosité les ayant ensuite portées toutes deux à re-
„ garder ce qui étoit écrit dans ce billet, elles y trou-
„ verent ces paroles: Que le Diable t'arrache les deux
„ yeux, & te bouche les places des deux yeux avec
„ de la boue. De quoi s'étant confessées, elles firent
„ penitence de leur peché.

Ce n'est pas encore assez, que ceux qui se servent
d'Exorcismes & d'Oraisons pour guerir les maladies, le
fassent avec l'agrément & la participation de l'Eglise, il
faut en outre que leurs exorcismes & leurs oraisons
soient approuvées de l'Eglise (a).

C'est dans cette vuë que le Rituel de Chartres imprimé en 1639. & en 1640. celui de Rouen de la même année 1640. celui de Paris de l'an 1646. & plusieurs autres ont sagement prescrit cette regle touchant
les benedictions: „ Que le Prêtre sçache qu'il ne
„ lui est pas permis de se servir d'aucune autre bene-
„ diction que de celles qui sont marquées dans le Ri-
„ tuel ou dans le Missel de ce Diocese, ni d'y ajoûter
„ d'autres ceremonies ou d'autres prieres, sous quelque
„ pretexte que ce soit.

Le Rituel d'Evreux de l'année (c) 1606. n'a pas
d'autres sentimens sur ce sujet. Aussi le Concile Provincial de Bourges (d) en 1584. ordonne aux Evêques
de prendre garde que sous pretexte de pieté il ne se fasse
des exorcismes qui ne soient pas approuvez de l'Eglise.

Le Concile Provincial de Mexico (e) en 1585. defend aux Sauveurs de reciter publiquement aucunes prieres, soit dans les ruës, soit dans les Eglises, qu'auparavant ils n'ayent été examinez par l'Evêque.

Le Concile Provincial de Toulouze (f) en 1590.
ne veut pas que sous quelque pretexte & sous quelque
couleur de devotion que ce soit, l'on fasse d'autres
exorcismes que ceux que l'Eglise a approuvez.

Le Concile Provincial de Malines (g) en 1607. ne
permet pas non plus que l'on se serve d'autres exorcismes que de ceux qui sont approuvez par l'Ordinaire.

C'est en execution de ce Reglement que le Pastoral

Romain à l'usage de Malines imprimé aussi en 1607.
declare qu'on ne doit point user d'autres Formules
d'Exorcismes & de Benedictions, que de celles qui
sont marquées dans le Pontifical & dans le Missel.
(b) Il faut, dit-il, s'arrêter à celles qui sont usitées
dans l'Eglise, & dans l'antiquité, non seulement afin
que nous soyons plus assurez contre les Superstitions &
les autres erreurs; mais aussi parce que nos prieres sont
plus efficaces & plus puissantes lorsqu'elles sont unies à
celles de l'Eglise, & qu'elles sont animées de son esprit. Ainsi il est necessaire de ne pas se servir, autant
qu'il sera possible, d'autres paroles que de celles de l'E-
glise (i).

Voilà pourquoi Maximilien d'Einatten, Chanoine
& Ecolastre d'Anvers, dit dans la Preface de son *Manuel des Exorcismes*, (k) que toutes les prieres, tous les
exorcismes, & toutes les benedictions qu'il y rapporte,
sont tirées du Missel, du Pontifical & du Rituel Romain, du Pastoral de Malines, & d'autres Ouvrages
approuvez. Et dans la troisième partie du même Livre (l), il assure qu'il propose diverses Formules de
Benedictions dont les Exorcistes prudens & sages se
pourront servir, afin d'exclure par ce moyen les Formulaires inventez par certaines personnes temeraires qui
y ont mêlé quantité de Superstitions. „ Et quoique
„ peut-être, *dit-il*, dans certains Auteurs, il se ren-
„ contre quelques-uns de ces Formulaires qui soient
„ bons, & qui ne sentent nullement la Superstition, il
„ est neanmoins plus à propos de se servir des Bene-
„ dictions & des Prieres que l'Eglise a reçuës, qui ont
„ été usitées dans l'Antiquité, ou qui approchent de
„ bien près de celles de l'Eglise, parce qu'elles sont
„ plus efficaces & d'un plus grand merite devant Dieu.
„ C'est pourquoi les Prêtres & les Exorcistes ne se ser-
„ viront que de celles-là, & il ne leur sera pas permis
„ d'en employer d'autres, de crainte que par le mau-
„ vais choix qu'ils pourroient faire, ils n'en employas-
„ sent quelques-unes de celles qui ne sont pas bonnes.

Cette Discipline au reste, est fondée sur ce qui se
pratique dans l'Ordination des Exorcistes. Le quatrième Concile de Carthage (m) en 398. assure que
quand on ordonne un Exorciste, l'Evêque lui doit
donner un Livre dans lequel les Exorcismes soient écrits,
& lui dire ces paroles: „ Prenez ce Livre, & l'appre-
„ nez par cœur, &c. *Exorcista cùm Ordinatur, accipiat de manu Episcopi librum in quo scripti sunt Exorcismi, dicente sibi Episcopo*, Accipe & commenda memoriæ, &c.

La même chose se trouve dans Raban (n), Archevêque de Mayence, dans Fortunat (o), Archevêque
de Treves, & dans Ives (p) de Chartres. Le Pontifical Romain de Clement VIII. & Urbain VIII. (q)
dit qu'au lieu du Livre des Exorcismes, on peut lui
donner *le Pontifical* ou *le Missel*, dans lesquels sont ordinairement les Formules des Exorcismes.

Or pourquoi est-ce que l'Eglise donne le Livre des
Exorcismes, le Pontifical ou le Missel au nouvel
Exorciste, sinon afin qu'il apprenne par cœur les Exorcismes qui y sont contenus, & qu'il reconnoisse par
cette ceremonie ce qu'il doit dire en faisant les fonctions

(a) C'est ce qu'on peut inferer des paroles de S. Hilaire, Evêque de Poitiers sur ce verset du Pseaume 64. Mon Dieu! c'est
dans Sion qu'on vous doit louer, & c'est dans Jerusalem qu'on
vous doit rendre des vœux. *Car voici comme il l'explique:* La
louange, *dit-il*, est digne de Dieu quand elle se fait dans Sion,
& qu'elle est accompagnée de Cantiques spirituels & Ecclesiastiques qui la rendent agreable à Dieu. Le Roi Prophete condamne
par là toutes les Superstitions, comme étant contraires à l'Eglise
de Dieu & à la Religion. En effet de toutes les prieres qui sont
au monde, il n'y a que celles de l'Eglise, qui nous soient utiles
& avantageuses. Or elles sont telles, lorsqu'étant composées de
Cantiques dignes de Dieu & approuvées de l'Eglise, elles nous
mettent en état d'avoir le saint Esprit pour nôtre Intercesseur auprès de Dieu. Vota enim tantùm Ecclesiasticæ religionis utilia
sunt, quæ cùm & dignis Deo cantionibus & propositæ in Ecclesia observantiæ studio probantur, tum digni erimus pro quibus
Deum sanctus Spiritus interpellet.

(b) Tit. de Benedict. Regul. general. Sciat Sacerdos non licere
sibi ullis aliis benedictionibus uti quàm iis quæ in hoc Rituali vel
in Missali præscribuntur, aut iis quovis prætextu alienas ceremonias, aut preces adjungere.

(c) P. 5. tit. de Exorcis. n. 7. Caveat Sacerdos ne aliis Exorcismis, præterquam istis utatur, vel ab ipso Episcopo approbatis.

(d) Tit. 40. can. 3. Provideant Episcopi ni prætextu pietatis
ulli exorcismi fiant nisi qui ab Ecclesia probati sint.

(e) L. 5. tit. 6. n. 3.

(f) P. 4. c. 12. n. 4. Qui quocumque pietatis prætextu & nomine fiunt exorcismi, nisi ab Ecclesia probati fuerint, omnino
prohibeantur.

(g) Tit. 15. c. 4. Nemo utatur aliis exorcismis quàm ab Or-
dinatio approbatis.

(b) Tit. Instructio advers. afflict. &c. p. 277.

(i) Formulæ Exorcismorum & Benedictionum ex Pontificali
& Missali in fine hujus Manualis apponuntur: Et quamquam etiam
aliæ à temerariis excogitari possint & sint excogitatæ, nullus tamen Sacerdotum & Exorcistarum illis uti præsumat; sed illas re-
tineat quæ ab Ecclesia in usum receptæ sunt, & à veteribus usitatæ: non tantum ut tutiores simus à Superstitionibus & erroribus aliis, sed etiam quia efficacior est oratio nostra, quando cum
Ecclesiæ precibus vivaciter conjungitur. Ad quam rem confert
etiam, ipsa verba ab Ecclesia usitata, in quantùm fieri potest, retinere.

(k) Tom. 2. Mallei Malefic.

(l) Tit. Formulæ benedicendi tam comestibilia, &c.

(m) Can. 7.

(n) L. 1. de Instit. Cleri. c. 10.

(o) L. 1. de Eccles. Offic. c. 9.

(p) Serm. de Excell. Sacræ. Ordin. & de Vit. Ordinand. in
Synodo habit.

(q) Tit. de Ordinat. Exorcist.

tions de son Ordre ; & comme il ne doit point se servir d'autres prieres que celles que l'Evêque lui met entre les mains, & qu'il lui ordonne d'apprendre par cœur.

Ainsi afin que les Exorcismes, les Benedictions & les Oraisons soient dans l'ordre de l'Eglise, & qu'on ne puisse les soupçonner de Superstition, elles doivent se faire par des personnes que l'Eglise autorise pour cela, & avoir elles mêmes l'approbation de l'Eglise. Sans ces deux conditions elles sont illicites, & il y a de la Superstition à s'en servir.

De-là vient que le Synode d'Ausbourg (a) en 1548. veut „ que l'on rususe la Communion à tous ceux qui „ recitent certaines Prieres singulieres & non approu„ vées de l'Eglise.

Le Concile Provincial de Tours (b) en 1583. „ defend à tous Ecclesiastiques sous peine de suspense, „ & à tous Laïques sous peine d'excommunication, „ de se servir de certaines Formules de prieres conçues „ en des termes inconnus, & qu'ils recitent tous bas, „ pour guerir les maladies, & d'y ajouter foi en quel„ que maniere que ce soit.

Le Concile Provincial de Narbonne en 1609. excommunie, ipso facto, ceux qui entreprennent de guerir les maladies par imprecations, par paroles, par ligatures, ou par quelqu'autre Superstition.

Le Cardinal de Sourdis, Archevêque de Bourdeaux, a fait ce Reglement sur le même sujet, dans une Congregation des Vicaires forains de son Diocese, tenuë à Bourdeaux (c) le 23. Octobre 1613. „ Pour le regard de ce qui a été representé par plusieurs des Vicaires forains & témoins Synodaux, de plusieurs personnes qui usent de conjuration pour guerir les maladies, ordonnons que Decret sera fait & delivré, portant excommunication contre telles personnes.

De Solminiac, Evêque de Cahors dit dans ses Statuts Synodaux (d). „ Sur ce qui nous a été representé, qu'il y a plusieurs personnes de diverses qualitez, qui usent de Conjurations pour guerir les maladies, Nous leur defendons très-expressement lesdites conjurations, comme n'étant que de vrayes Superstitions contre la Foi & Religion Chrétienne, sur peine d'excommunication contre telles personnes. Enjoignons à tous Recteurs & Vicaires de le publier au Prosne de leurs Eglises, autant de fois qu'ils le jugeront necessaire.

Le Rituel de Meaux de l'année 1645. denonce (e) pour excommuniez „ ceux qui disent ou qui font dire „ des Oraisons superstieuses pour guerir des maladies, „ tant des hommes que des animaux.

Vialart, Evêque de Chaalons sur Marne, ordonne aux Doyens & aux Promoteurs Ruraux (f) de son Diocese, de s'informer des Curez, s'il n'y a point quelques personnes dans leurs détrois, qui se mêlent d'exorciser les malades ou les bestiaux, & d'user de superstitions pour les guerir ; & il ne l'ordonne que dans le dessein d'arrester un si grand abus.

Les Statuts Synodaux de Sens en 1658. ceux d'Evreux en 1664. & ceux d'Agen en 1673. mettent au rang „ (g) des Superstitions, des restes du Paganisme „ & de l'Idolatrie, & des inventions du Demon, les „ conjurations de fiévres, chancres, feu-volage, avi„ ves & autres maux, par paroles, billets, ou ligatu„ res, & en quelqu'autre maniere que ce puisse être.

Et les Constitutions & Instructions Synodales de S. François de Sales & d'Aranton d'Alex, Evêques de Geneve, portent : „ Et parce qu'il se pourroit fai„ re qu'il y auroit des Ecclesiastiques, qui par simpli„ cité ou par ignorance usent de conjuration pour gue-

rir les maladies, Nous leur ordonnons de s'en abste„ nir sous peine d'excommunication.

Puis donc qu'il est defendu sous de grandes peines, & aux Ecclesiastiques & aux Laïques de guerir les maladies par conjurations ou oraisons, tous ceux qui entreprennent de le faire, ne sont-ils pas manifestement rebelles aux ordres de l'Eglise ? Cependant combien y a-t-il de gens dans les villes & dans la campagne, qui se mêlent impunément de ce métier, & qui croyent rendre de grands services à Dieu & à son Eglise, en s'en mêlant, soit parce qu'on ne les en reprend pas, ou qu'on ne les en reprend que foiblement, soit même parce qu'ils trouvent quelquefois des Ecclesiastiques assez ignorans pour approuver leur conduite, ou du moins pour n'y rien trouver à redire.

Je connois un Sergent de village, qui dit l'Oraison suivante pour tous les malades, & pour tous les blessez qui se presentent à lui, & qui le prient de la dire : „ Au nom du Pere, & du Fils, & du saint Esprit. „ Madame sainte Anne qui enfanta la Vierge Marie, „ la Vierge Marie, qui enfanta JESUS-CHRIST, „ Dieu te benisse & guerisse pauvre creature N. de re„ noueure, blessure, rompure, & d'enervure, & de „ toute autre sorte de blessure quelle que ce soit, en „ l'honneur de Dieu & de la Vierge Marie, & de Mes„ sieurs saint Cosme & saint Damian, Amen". Trois *Pater*, & trois *Ave*. Et ce qu'il y a de considerable est que cette Oraison guerit presque tous ceux pour qui elle est dite, ainsi que me l'ont assuré plusieurs personnes dignes de foi.

Neanmoins elle ne les guerit pas naturellement, puisque les termes dans lesquels elle est conçuë, n'ont pas la vertu naturelle de les guerir. Il faut donc qu'elle les guerisse sur-naturellement, & par consequent que les effets qu'elle opere soient *merveilleux & surnaturels*.

Elle en pourroit guerir surnaturellement, si l'Eglise l'avoit instituée pour de tels effets : Mais cela ne nous paroît point.

Elle en pourroit encore guerir surnaturellement, si Dieu lui avoit donné cette vertu, & qu'il y eût attaché sa toute puissance. Mais qui le pourroit dire sans une temerité criminelle, puisque nous n'en voyons rien ni dans l'Ecriture, ni dans la Traditon de l'Eglise, qui sont les deux fondemens inébranlables, & les deux principes infaillibles de nôtre foi.

Si donc elle guerit surnaturellement, & que ce ne soit ni par l'institution de l'Eglise, ni par celle de Dieu, cela se fait ou par l'assistance des Demons, ou par le secours des Anges.

Si c'est par l'assistance des Demons, elle suppose de necessité un pacte tacite ou exprès avec les Demons ; & ainsi elle est superstitieuse à cet égard, quand même elle ne le seroit point par d'autres raisons.

Quelle preuve pourroit-on alleguer que cela se fît par le secours des Anges ? Les Anges peuvent bien guerir des maladies, quand Dieu le leur permet. Mais où lisons-nous que Dieu leur ait permis de guerir de celles dont il est parlé dans cette Oraison, & d'en guerir avec cette Oraison ? A la verité ils connoissent quantité de remedes naturels dont les hommes n'ont nulle connoissance, & ils peuvent les leur indiquer, comme fit Raphaël au jeune Tobie (b), auquel il apprit les vertus du cœur, du fiel, & du foye du gros poisson qui sortit du Tigre pour le devorer. Mais outre qu'il ne s'agit pas à present de la vertu naturelle de cette Oraison, à qui est-ce que les Anges ont revelé qu'elle guerissoit surnaturellement *de renoueure, blessure rompure, & d'enervure, & toute autre sorte de blessure quelle que ce soit* ? Je ne pense pas que jamais personne ait eu cette revelation.

Le même Sergent se sert encore de cette autre Oraison pour guerir les maladies des yeux : „ Monsieur „ saint Jean, passant par ici trouva trois Vierges en „ son chemin, il leur dit, Vierges que faites vous ici, „ nous

---

(a) Stat. 19.
(b) Tit. 4.
(c) Ordonnances &c. de Bourdeaux tit. 10.
(d) C. 26.
(e) Dans le Prosne.
(f) 7. Mandement, 3. p. 7.
(g) 1. p. c. 11. n. 4.

(b) Tob. 6.

„ nous guerissons de la maille: O! guerissez Vierges,
„ guerissez l'œil de „ N. faisant le signe de la Croix
& soufflant dans l'œil, il continuë: „ Maille, feu
„ grief, feu quel que ce soit, ongles, migraine, &
„ aragnée, je te commande n'avoir non plus de puissan-
„ ce sur cet œil qu'eurent les Juifs le jour de Pâques
„ sur le corps de nôtre Seigneur Jesus-Christ.
Puis il fait encore le signe de la Croix, & souffle dans
l'œil de la personne malade, lui ordonnant de dire trois
Pater, & trois *Ave*, au nom du Pere, & du Fils, &
du Saint-Esprit.

Mais outre qu'elle attribuë des faussetez à S. Jean,
& qu'elle contient quelque chose de badin & d'impertinent, qui sont deux caracteres de superstition, ainsi
que nous l'avons remarqué dans le Chapi re X. de la
premiere partie de ce Livre, elle est combattuë par les
raisons que nous venons de produire contre l'Oraison
precedente, & elle n'est pas moins blâmable.

On peut former le meme jugement d'une infinité
d'autres Formules de prieres de même nature. Felix
Malleolus ou Hemmerlin Chanoine de Zuric, qui vivoit l'an 1454. selon Gesner dans sa Bibliotheque, s'est
déclaré hautement le protecteur de ces sortes de remedes extraordinaires dans ses deux Traitez *des Exorcismes.*
En voici trois qu'il rapporte & qu'il assure avoir beaucoup de vertu contre bien des maux. Le premier, *Si
sancta Maria virgo puerum Jesum verè peperit, libere-
tur animal hac passione, in nomine Patris,* &c Le deuxiè-
me, *Cristus fuit natus, Cristus fuit amissus, Christus
fuit inventus, ipse benedicat & consignet hæc vulnera, in
nomine Patris,* &c. Le troisième, *Ego adjuro vos ver-
mes! per omnipotentem Deum, ut illa civitas vel domus
sit vobis tam detestabilis quàm Deo est vir ille qui falsam
sententiam protulit & justam novit, in nomine Patris,*
&c.

Mais quelque peine qu'il se soit donnée de défendre
une si mauvaise cause, tout le fruit qu'il a remporté
de son travail, a été de tromper quelques idiots, de
faire tomber quelques superstitieux dans les pieges du
Demon, & de faire inscrire son nom dans l'*Indice des
Livres* defendus par l'autorité du Concile de Trente,
parmi les Auteurs de la premiere Classe, où j'apprens
qu'on ne met que les heretiques, ou ceux qui sont suspects d'heresie (a).

Delrio (b) rapporte vingt autres Formules semblables. Mais il les estime si dangereuses & si criminelles
qu'il n'en cite que le commencement & la fin, ne voulant pas, dit-il, les produire toutes entieres, de crainte que les impies & les curieux n'en abusent.

Il en rapporte encore une autre tout au long qu'il
témoigne avoir été en grande vogue parmi les Soldats
Espagnols. Elle étoit en Espagnol, il l'a traduite en
Latin, & la voici en François mot pour mot : „ Par
„ Jesus-Christ & avec Jesus-Christ & en Jesus-Christ,
„ à vous Dieu Pere tout-puissant apartient tout hon-
„ neur & gloire dans l'unité du Saint-Esprit, dans tous
„ les siecles des siecles. Prions. Etant avertis par les
„ preceptes salutaires, & étant conduits par l'institu-
„ tion divine nous osons dire, *Nôtre Pere qui êtes dans
„ les Cieux,* &c. Amen Jesus. Que la puissance du
„ Pere, la sagesse du Fils, la vertu du Saint-Esprit,
„ guerisse cette playe de tout mal. Amen Jesus. Mon
„ Seigneur Jesus-Christ, je croi que la nuit du Jeudi-
„ Saint à la Cene, après que vous eûtes lavé les pieds
„ de vos saints Disciples, vous pristes le pain entre vos
„ très-saintes mains, le benistes, le rompistes & le don-
„ nastes à vos saints Disciples, leur disant, *Prenez &
„ mangez, car ceci est mon corps.* Pareillement que vous
„ pristes le Calice en vos très-saintes mains, que vous
„ rendistes graces, & que vous le leur donnastes, di-
„ sant": Prenez & beuvez, car c'est mon sang du
nouveau Testament, qui sera répandu pour plusieurs en
remission des pechez. Toutes les fois que vous ferez
ceci, faites-le en memoire de moi. „ Je vous supplie
„ mon Seigneur Jesus-Christ, de guerir cette playe &
„ ce mal par ces saintes paroles, par leur vertu & par
„ le merite de vôtre sainte passion. Amen Jesus. Au
„ nom du Pere, & du Fils, & du Saint-Esprit. A-
„ men Jesus.

Il semble qu'il n'y ait rien dans cette Oraison que
de fort raisonnable. Elle paroît pieuse. La plûpart
des paroles dont elle est composée, sont prises ou de
l'Ecriture-Sainte, ou du Canon de la Messe. Ceux
qui la disoient pour les malades, vivoient saintement,
Salutatores sanctè viventes. Ils la disoient gratuitement
& indifferemment pour tous ceux qui le souhaitoient,
& sans aucune acception de personnes, *Omnes gratis cu-
rantes;* ainsi que le rapporte le Pere Delrio (c). Voilà
de beaux dehors & de belles apparences.

Neanmoins cette Oraison ayant été examinée par
Pierre Simon, Evêque d'Ipre & par son Conseil, à
cause qu'en la recitant on ne donnoit aucun remede naturel, elle fut declarée superstitieuse & illicite, & l'on
defendit à toutes sortes de personnes de s'en servir (d).

„ Plusieurs trouverent à redire à cette condamna-
„ tion, continuë encore le Pere Delrio (e), mais ce fut
„ sans raison.

„ Car premierement, on attend de Dieu seul tout
„ l'effet de cette Oraison par forme de miracle. Or
„ c'est tenter Dieu, que de lui demander ainsi des mi-
„ racles continuellement, & comme par habitude.

„ 2. Les Saints n'ont pas employé certaines Formu-
„ les de prieres pour faire des miracles, mais ils les ont
„ faits tantôt d'une façon, & tantôt d'une autre, se-
„ lon que le Saint-Esprit leur inspiroit de les faire.

„ 3. La sainteté de cette Oraison & de ceux qui la
„ disoient n'étoit pas assez bien justifiée. Car il ar-
„ rive d'ordinaire que les Sorciers veulent paroître Saints
„ aux yeux des hommes ; & il n'y avoit pas lieu de
„ faire des Soldats juges en matiere de sainteté, eux qui
„ appelent Saints ceux qu'ils voyent ne pas commet-
„ tre de grands pechez.

„ 4. Ceux qui ont recu de Dieu la grace de guerir
„ les maladies, ne l'ont pas recuë à condition de se ser-
„ vir de certaines formules de prieres faites à plaisir, ou
„ qui supposent quelque pacte, au moins tacite, avec
„ les Demons.

5. „ Il n'est pas permis à des particuliers d'inventer
„ des Formules de prieres, que ni les saintes Lettres,
„ ni l'usage de l'Eglise n'approuvent point, telle qu'est
„ celle dont il s'agit, laquelle abuse avec trop de li-
„ berté de quantité de paroles du très-saint Sacrifice de
„ la Messe.

„ Enfin elle applique les paroles de la Consecration à
„ une chose pour laquelle elles n'ont pas été instituées
„ (ce qui ne doit pas être permis) & elle veut en outre
„ qu'on lui accorde ce qu'elle demande en vertu de ces
„ paroles, bien que cette vertu ne leur ait pas été don-
„ née par nôtre Sauveur pour guerir les blessures du
„ corps, mais pour la Transubstantiation du pain & du
„ vin. Ajoutez à cela que l'Eglise & les Catholiques
„ ses enfans, ont toûjours eu tant de respect pour ces
„ saintes & sacrées paroles, qu'ils ont crû que c'étoit
„ un crime que de s'en servir autre part qu'à la Messe,
„ dans les Temples, dans les Ecoles & dans les Dispu-
„ tes ; au lieu qu'il n'y a rien dont le Demon & les
„ Sorciers, qui sont ses membres & ses suppôts, se ser-
„ vent plus ordinairement & avec plus de hardiesse pour
„ com-

(a) Fr. Foretius Præfat in Indic. libr. prohibit. In prima Classe non tam Libri, quàm Librorum Scriptores continentur, qui
aut hæretici, aut nota hæresis suspecti fuerunt.

(b) L. 3. Disquis. Magic. p. 2. q. 4. Sect. 9. Non adscribam
integras, ne curiosi & impii quærant abuti, sed tantum initium
& finem, omissis mediis & circumstantiis quas Autores earum re-
quirunt.

(c) Ibid.

(d) Ibid. De hac Formula, *dit le même Auteur*, mota fuit
Ipris anno superiore quæstio, maximè quia nullum naturale me-
dicamentum accedebat. Reverendissimus Episcopus Iprensis Si-
monius & Consiliarii ejus totam curationem judicarunt supersti-
tiosam & illicitam, & prohibuere ne quis ea uteretur.

(e) Ibid.

„ commettre leurs horribles sacrileges, que de la vene-
„ rable Eucharistie, & des autres choses qui la con-
„ cernent.

Parmi les Peres qui assisterent au Concile de Trente, il y avoit un Archevéque Grec qui presenta aux
Cardinaux Presidens du Concile en 1546. un remede
qu'il disoit être infaillible pour la peste. Ce n'étoit pas
çe Vers d'Homere,

(a) Φοῖβος ἀκερσεκόμης λοιμοῦ νεφέλην ἀπερύκει.

qu'un faux Prophete nommé *Alexandre*, dont Lucien
se mocque agreablement, faisoit écrire sur les portes
des maisons, afin de les preserver de cette maladie contagieuse : mais c'étoit une Oraison qui commençoit
par ces mots ; *Crux Christi salva me* : Celui qui la
presentoit, étoit un homme de grande sainteté, *magnæ sanctitatis*, & il est à croire qu'elle ne contenoit
rien de faux, rien de ridicule, rien d'impertinent.

Cependant Moura dans son Traité (b) *des Charmes
& des Enchantemens*, asseure qu'elle est *suspecte*, & Marchinus (c), qu'elle est *superstitieuse* ; & qu'elle a été
declarée telle par la Congregation des Cardinaux. Je tiens
cette histoire de Diana, qui la rapporte dans sa Somme (d).

Paul Jove, Evêque de Nocere en Italie rapporte une
autre histoire (e) d'un Grec nommé *Demetrius Spartanus*, qui emploioit un autre charme contre la peste. Il
dit que sous le Pontificat d'Adrien VI. la ville de Rome étant affligée d'une peste effroiable qui la remplissoit
de morts, Démetrius entreprit de la délivrer ; qu'il prit
pour cela un bufle, ou taureau sauvage, lui coupa la
moitié d'une de ses cornes, & lui dit à l'oreille droite,
je ne sais quelles paroles d'enchantement, qui le rendi-
rent si privé & si familier, qu'avec un brin de fil qu'il
lui mit à la corne entiere qui lui restoit, il le conduisit
par tout où il voulut ; qu'après l'avoir bien promené il
le mena dans l'Amphithéatre, où il en fit un sacrifice,
& que peu après cet abominable sacrifice la peste commença à s'appaiser.

Gilbertus Cognatus (f) raconte à peu près la même
chose en substance, mais il y ajoute quelques circonstances particulieres, comme que cela arriva l'an 1522.
Que Demetrius demanda aux Romains pour récompense
30. ecus d'or par mois, & qu'on les lui promit pour
lui & pour ses descendans ; qu'il fit promener le bufle
ou taureau sauvage par sept portes & par sept des plus
célebres ruës de la ville ; qu'il le laissa aller ensuite ; que
ceux qui furent presens à ce spectacle témoignerent que
lorsqu'il levoit les yeux au ciel, & qu'il proferoit certains mots inconnus, on vit tomber comme des étoiles
du firmament, & voler en l'air comme une infinité de
figures de chiens, de loups, & de semblables animaux ;
que ce Magicien étant rentré dans Rome il obligea les
Magistrats de cette ville de deffendre par un Edit public à toutes sortes de personnes de tuer aucune bête à
quatre piés pendant trois jours ; & qu'enfin la Cour de
Rome, qui étoit pour lors absente, fit prendre l'imposteur, le fit mettre en prison, le condamna au banis-
sement perpetuel, & fit brûler publiquement le livre
execrable dont il se servit pour ses Operations magiques.

Je ne vois pas bien après cela, comment on peut excuser de superstition ceux qui se servent des Oraisons &
des Conjurations suivantes.

1. Pour le mal caduc : *Oremus, Præceptis salutaribus
moniti* &c. *Pater noster*, &c.

2. Pour arrêter le sang : *Sanguis mane in tua vena,
sicut Christus in sua pœna. Sanguis mane fixus, sicut
Christus, quando,* &c. Ou bien : *De par Monsieur S.
Fiacre, je te fais commandement de* ... après avoir coupé des cheveux de la personne qui saigne du nez, & les
avoir mis dans la narine de laquelle elle saigne.

3. Pour guerir toutes sortes de maladies : „ Sainte
„ Marie mere de mon Sauveur Jesus-Christ, qui avez
„ été conceuë sans peché originel, priez pour moi
„ maintenant & à l'heure de ma mort. Priez pour ma
„ conversion, protegez moi dans toutes mes entrepri-
„ ses : Soyez toûjours ma consolation ; prenez soin de
„ mon salut ; j'ai mis en vous toute ma confiance, me-
„ re de misericorde, qui n'avez jamais eu aucune tache
„ de peché. *Tota pulchra es Maria, & macula non est
„ in te.* Cette Oraison est intitulée : Passeport de l'Im-
„ maculée Conception de la sainte Vierge.

4. Pour la bruslure. „ Nôtre saint Pere s'en va par
„ une voye, trouve un enfant qui crie. Pere qu'a cet
„ enfant ? Il est cheut en braise ardent. Prenez du sein
„ de porc, & trois haleines de vôtre corps, & le feu
„ en sera dehors. Ou bien : Feu pers ta chaleur, com-
„ me Judas perdit sa couleur, quand il trahit nôtre Sei-
„ gneur, &c.

5. Pour le feu volage : „ Feu, je te conjure de per-
„ dre ta fureur, comme fit Judas devant nôtre Sei-
„ gneur, &c. Ou bien : Je m'en entri dans un bois
„ blanc, j'y trouvi du feu blanc, ce feu blanc se mou-
„ rit, si fera celui cit”. Il faut dire ensuite trois *Pater*
& trois *Ave*, en .... trois fois.

6. Pour relever la forcelle, l'estomach, ou la poitrine :
„ La bonne Nôtre-Dame & Madame sainte Elizabeth,
„ leur entrerencontrirent sur les ponts de Jerusalem,
„ &c. *Ou bien* : Dans le Jardin de Josaphat, une Da-
„ me se trouva, S. Jean la rencontra, &c. *Ou bien en-
„ core* : La bonne vierge Marie s'en va dans son Simma-
„ get, en son chemin rencontre Madame sainte Elisa-
„ beth, leurs deux enfants des deux ventres se font en-
„ trefalués, & S. Jean dit à sa .... je vous prie de re-
„ lever poitrine, tendon, côté, (il faut ici nommer le
„ mal du patient) à l'honneur de Dieu. M. S. Côme,
„ & M. S. Damien, je vous prie de le soulager du mal
„ qu'il endure en disant *Ave Maria* ..... fois.

7. Pour toutes sortes de fiévres : *Potentia Patris, sa-
pientia Filii, virtus Spiritus sancti, sanet te ab omni febre
quintina, quotidiana, tertiana, quartana, orante beata
Salvatore pro te N. famulo suo, Amen. In Conceptione
tua Virgo immaculata fuisti, Dei genitrix intercede pro nobis apud Patrem cujus Filium* ..... Après quoi il faut
dire cinq fois *Gloria Patri*, & cinq fois *Pater & Ave*,
neuf jours durant, & porter ces paroles à son cou.

8. Pour la fiévre ..... „ Tremble, tremble, au
„ nom des trois personnes de la sainte Trinité”, &c.
Il faut dire ces paroles en liant un tremble.

9. Pour les femmes qui sont en travail d'enfant ;
*Anna peperit Mariam, Maria Christum Salvatorem nos-
trum, Elizabeth Johannem Baptistam, Maria Jacobo
Jacobum Regallium, sic mulier ista pariat Eliza & salva in nomine Domini ✝ Jesu Christi puerum qui est in
utero, sive sit masculus vel femella, venias foras, Christus
te vocat, lux desiderat te videre ut vivas, veni foras in*

<hr>

(a) In Alexand. seu ψευδόμαν.
(b) De Ensalmis & Incantat. Sect. 2. c. 13. n. 25.
(c) In Problematib. de peste, probl. 33. fol. 44.
(d) V. Ensalmus. Nota heic cum Moura suspectum esse illum
Ensalmum, quem ut præsentissimum contra pestem remedium
tradidisse dicunt magnæ sanctitatis Græcum Archiepiscopum unum
ex Patribus Concilii Tridentini DD. Cardinalibus Concilii Præsi-
dentibus an 1546. incipientem, Crux Christi salva me : cumque
tamquam superstitiosum damnat Marchinus, traditque sic declaras-
se sacram Congregationem. Nam illa litera marginalis cur poni-
tur, cum quidquid illa innuit exprimit versus illi respondens ?
Deinde cur exarandus in membrana ? Cur ad brachium appendi
debet potius quàm ad collum ? Cur recitari debet finita Missa &
non aliàs ?

(e) Exorta est in urbe (*ce sont les propres termes de cet Historien*)
pestilentiæ lues quæ cum severis legibus more nostro Pontifici (Ha-
driano) minimé coercenda videretur, contactu ægrorum ita exar-
sit, ut multa funera in compitis viserentur, appareretque vastari
urbem haud multo dierum spatio, nisi Græculus quidam nomine
Demetrius Spartanus sedandæ pestilentiæ, favente ei turba hominum, negotium suscepisset, nemine superstitionem vetare auso.
Nam ferum taurum cui dimidium cornu dissecarat magico carmine dextram in aurem prolato, repenté ita mansuefactum reddide-
rat, ut injecto tenui fils ad integrum cornu quò vellet perducens,
pestilentiæ placando numini ad amphitheatrum immolasset. Nec
credulæ multitudinis spem ex toto fefellit, cùm ab ea inanis sa-
crificii prospera litatione mitescere morbus cæpisset. Lib. 21. Histor. sui temporis.

(f) L. 8. Narration.

ne-

nemine Domine noftri ✠ *Jefu-Chrifti. Mulier cum parit, triftitiam habet, quia venit hora ejus, & cùm peperit filium ejus, non meminit pœnarum propter gaudium, quia natus eft homo in mundum* ✠ *Jefus autem tranfiens per medium illorum, ibat* ✠*. Titulus triumphalis* ✠ *Jefus* ✠ *Nazarenus* ✠ *Rex* ✠ *Judæorum* ✠ &c. Cette Oraifon doit être mife dans la main droite de la femme qui eft en travail d'enfant, après qu'elle lui a été leuë, & celui ou celle qui la dit, doit faire autant de fignes de Croix fur la femme, qu'il y en a de marquées dans l'Oraifon.

10. Pour les charbons, les tumeurs, & tous les autres maux qui paroiffent fur le corps: ,, Charbon pu-,, ant, mauvais, quelque mal que ce peut-être, je te ,, prie de t'en aller auffi doucement que tu es venu, ,, &c.

11. Pour la colique: ,, Mere Marie, Madame fainte ,, Emerance, Madame fainte Agathe, je te prie de re-,, tourner en ta place, entre le nombril & la rate, Au ,, nom du Pere, & du Fils, & du S. Efprit, &c.

12. Pour le chancre qui arrive aux bêtes à laine. ,, Chancre blanc, chancre noir, chancre rouge, chan-,, cre de toutes fortes, je te conjure de n'avoir non plus ,, à voir fur ce troupeau, que le Diable fur le Prêtre ,, quand il dit la Meffe, &c.

13. Pour empêcher que nos ennemis ne nous faffent mal, & pour être delivrez de toutes fortes d'infirmitez & d'averfitez: *In principio erat Verbum*, &c. *Pater nofter*, &c. *Dulciffime Domine Jefu Chrifte*, &c. *Domine Deus omnipotens Pater qui diffipafti*, &c. *Domine Deus omnipotens Pater qui de nihilo*, &c. *Domine Jefu Chrifte*. &c. *Mifericordiffime Domine Jefu Chrifte*, &c. *Rogo vos omnes Sanctos*, &c. qui eft l'Oraifon fuperftitieu-fe fauffement attribuée au Pape Leon, avec une grande Preface qui promet merveilles, & qui commence par ces mots, *S. Leo Papa compilavit feu ordinavit fequentem Orationem*, &c.

14. Pour être prefervé de toutes fortes de dangers: *Arcum conteret & confringet arma*, &c. *Monftra te effe matrem*, &c. *Dextera Domini*, &c. *O Theos in nomine tuo falvum me fac*, &c. *Miferator & mifericors Dominus*, &c. *Sancte Deus*, &c. *Deus qui in tot periculis*, &c. *Deus autem tranfiens*, &c. *Domine Jefu Chrifte Fili Dei vivi qui hora*, &c. ✠ *Agla Pentagrammaton* † *On* † *Athanatos* † *Anafarcon* † &c. ✠ *Crux Chrifti falva me* ✠ &c. *Perfcrutati funt*, &c. *Ave Virgo gloriofa*, &c. *Hagios invifibilis Dominus*, &c. *Per fignum* † *Domine Tau libera me. In nomine Patris*, &c. *Adonai Job Magifter dicit*. 91. *O bone Jefu*, &c. † *Ananizaptam* † *Johazath* † *LA Laus Deo femper, O inimici mei ad vos nemo*, &c. *In nomine Jefu*, &c.

15. Pour la même fin. *Beatus es Rex Abagar, qui me non vidifti, & in me credere voluifti* &c. Ou bien, *In nomine Patris* † *& Filii* † *& Spiritus fancti*, † *Amen. Surge caufa ad adjuvandum nos*, &c. *Obfecro te Deus mifericors*, &c. *Salutem ex inimicis noftris*, &c.

16. Contre les pierres. *Conjuro te lapidem per beatum Stephanum fanctum primum Martyrem*, &c.

17. Contre les fleches. *Conjuro te fagittam per caritatem & per flagellationem*, &c. *Pax Domini noftri Jefu Chrifti*, &c. *Judica Deus nocentes*, &c.

18. Contre toutes fortes d'armes. *Barnafa* ✠ *Leutias* † *Bucella* † *Agla* † *Agla* † *Tetragammaton* † &c. *Conjuro vos omnia arma*, &c. *Obfecro te Domine Fili Dei*, &c. *Abba Pater, miferere mei*, &c.

19. Pour obtenir la grace de Dieu. *O Dulciffime Domine Jefu Chrifti verus Deus, qui de finu fummi Patris*, &c. *Deus propitius efto mihi peccatori & cuftodi me, fis mecum omnibus diebus*, &c.

20. Pour le farcin. ,, Dire cinq fois *Pater nofter* & ,, *Ave Maria*, en l'honneur de Monfieur faint Eloi, ,, faifant une incifion au cheval entre les deux yeux, lui ,, mettant de la racine de .... en croix dans ladite inci-,, fion, & l'y laiffant quinze jours entiers. Ou bien: ,, Boear, au nom de Dieu, & de la benoîte Vierge, ,, & de Monfieur S. Eloi, je te conjure, c'eft farcin,

,, par nôtre benoît cher Jefus-Chrift, *Dominum noftrum*, ,, &c. Ou bien, C'eft lame *Ciere* † *ante* † *& fub ante*, ,, &c. Ou bien enfin: Nôtre Seigneur qui fut prins ..... ,, ainfi c'eft cheval, *in nomine*, &c.

21. Pour les avives: *In nomine Patris* † &c. ,, Bar-,, bel au nom de Dieu & de la benoîte Vierge Marie, ,, Monfieur S. Eloi te conjure les avives que plus de ,, mal ne te faffent, mais comment la Nôtre-Dame, ,, quand elle pleura au pié de la Croix, le Seigneur ,, qui pour nous prit mort & paffion le jour du grand ,, Vendredi, &c.

22. Pour guerir un cheval encloüé. ,, Morel, ou ,, Boyer, ou du poil qu'il fera, au nom de Dieu & ,, de la benoîte Vierge Marie, & de Monfieur S. Eloi, ,, je te conjure de pointure que plus de mal ne te faffe, ,, non plus que fit la pointure à nôtre benoît Jefus-,, Chrift, quand Longis le poignit de la lance au côté ,, dextre en l'arbre de la Croix; &c.

23. Pour guerir un cheval morfondu: *In nomine Patris*, &c. *Pater*, &c. *La fa la fol fa, leve le pié & puis t'en va*, &c.

24. Pour guerir un cheval entr'ouvert: *Sancte Elifius &c. In nomine Patris* † &c. *Amen* † † *Sancte Martine.*

25. Pour guerir un cheval éhanché; ,, Au nom du ,, Pere, &c. Hanche de cheval te veuille reconduire ,, au premier état, *Sancte Johannes*, &c. *Amen.*

26. Conjurer les ...... en ces termes: *Dominus dicit, pax in cælo pax in terra, pax fit in ifto, Alleon, Iraftem, Drachon, falus fibi Deus magnus, Deus mirabilis,* &c. *Conjuro te, alligo te per Ælim, per Olim & per Saboan, per Ælion, per Adonai,* &c. *Sitis alligati & conftricti per ifta fancta nomina Dei Alleluia, bir, elli, babet, fot, mi, filifgiæ, adrotii, gundi, tat, chamileram, dam, yrida, fat, Sathan de feptuaginta,* &c.

27. Conjurer les ...... par ces paroles: *Conjuro te Sabella quæ faciem habes mulieris & renes pifcis, caput tenens in nube & pedes in mari, feptem ventos bajulas, dæmonibus imperas. Adjuro te Sabella per ifta nomina, per Baleftaco, per Actiova,* &c. *Sabella, Sabella, alta & excelfa ventum validum contra illas quas de terminis noftris ejiciat,* &c.

Cet Exorcifme, auffi bien que le precedent, eft tiré d'un Livre damnable & à brûler, que Martin de Arles Archidiacre de Pampelonne, trouva dans une des Paroiffes de fa vifite, & qui commence par ces mots (a): *In nomine Domin' noftri Jefu Chrifti ad falvandum fructus terræ* † *Chrifti* † *Chrifti, fed fortiter defcendifti ad terram*, &c. Il témoigne enfuite combien cette derniere conjuration eft pernicieufe. *Ex quibus patet*, dit-il, *quod non folùm ex verbis iftis ignetis timendum eft in hoc tractatu effe multa fufpecta & fcandalofa verba: verùm etiam ex invocatione hujus monftri Sabella apparere multa falfa & fuperftitiofa, emò pernitiofa & piarum aurium offenfiva.*

28. Conjurer les nuës avec certains mots, & en jettant des pierres contre les nuës, ainfi que le même Auteur (b) dit avoir vû faire à un certain Prêtre.

29. Conjurer les fiévres avec cette Formule incongruë qui fe trouve manufcrite dans la Bibliotheque de l'Abbaye de S. Germain des Prez à Paris (c): *In nomine Dei Patris adjuro vos rigores febrium per Solem & per Lunam, & per omnem Creatorum, & per novem Abbates, & per novem Altaria, & per novem Epifcopos præparatos canere Miffas ante Deum, ut non ampliùs poffitis aftare in famulo Dei: per virtutem Domini noftri Jefu Chrifti & cætera. N. Adjuro vos rigores febrium per Patrem, & Filium, & Spiritum fanctum, & per fanctam Trinitatem nuum Deum verum, Deum veftrum, qui Adam, & Evam de limo terræ formavit & de cælo ad terram propter nos peccatores defcendit in fanctam Mariam, carnem affumpfit, & in ipfa carne punire fe* &

(a) Tract. de Superftition.
(b) Ibid.
bc) N. 289.

& affligere se fecit ad mortem, & tertia die à morte resurrexit: sic vivere non ulterius possitis stare, in famulo Dei virtutem Domini nostri Jesu Christi.

Adjuro vos rigores febrium per sanctam Mariam Virginem, & per Deum Filium ejus, & per omnes Angelos, & per Cherubim, & per Seraphim, & per omnia anima eorum, & per quatuor Evangelistes Marcum, Mathæum, Lucam, & Joannem, & per duodecim Apostolos Petrum, Paulum, & per Stephanum primum Martirem Dei, & per omnes sanctos Martires Dei, & per sanctum Hilarium, & per omnes sanctos Confessores Dei, & per sanctam Mariam Virginem, & per omnes sanctas Virgines, & per tres pueros de camino ignis ardentis Sidrach, Misach, & Abdenago, & per centum quadraginta quatuor millia Innocentes, & per septem Dormientes, & per omnes Papas Romæ, & per omnes Fideles Dei, & per omnes Heremitas qui corpora sua miserunt in martyrio pro Amore Dei.

30. Arrêter un serpent en le conjurant avec ces mots (a): *Adjuro te per eum qui creavit te, ut maneas; quod si nolueris, maledico maledictione qua Dominus Deus te exterminavit.*

31. Conjurer la grêle, les tempêtes & les foudres, en faisant le signe de la Croix, en pratiquant les autres ceremonies, en recitant ce qui est rapporté par Mizauld. (b) Ou bien en faisant le signe de la croix aux quatre parties du ciel, puis en disant. ,, Ton trô-,, ne grand Dieu est dans le siecle des siecles, la ver-,, ge de direction est la verge de ton royaume. Sain-,, te Barbe, S. Simon priez pour nous afin que cette ,, pluie & ces tonnerres soient divisés dans le ciel ", & ensuite, *in principio* vers les quatre parties du monde &c.

32. Conjurer le sang qu'on ne peut-arrêter, en disant (c): *Adjuro te per Dei omnipotentis veram, vivam & immortalem virtutem, & per eum sanguinem qui ex Christi in Cruce pendentis latere fluxit, ut quemadmodum rubrum mare Dei virtute divisum est, &c.*

33. Coujurer les fiévres en cette maniere: *Ante portam Jerusalem sedebat sanctus Petrus, & ecce supervenit Dominus Jesus & ait illi quid hic jaces Petre? Cui respondit, Domine jaceo mala febre. Ait illi Jesus. Surge Petre & dimitte hanc malam febrem, qui surgens recepta sanitate secutus est eum, & Petrus ait, Obsecro te Domine, & bone Jesu, ut quicumque hæc verba devoté dixerit, febris ei nocere non possit. Ait illi Jesus, fiat sicut petisti. &c.*

34. Conjurer le même mal en disant; *In nomine Domini Jesu Maria Amen. Deus Abraham † Deus Isaac † Deus Jacob † Deus Moyses † Deus Esaiæ † Deus autem: fievre quarte, tierce, continuë, quotidienne, &* toute autre fievre, je te conjure de sortir de dessus N. N *& que tu n'ayes non plus de puissance sur son corps, que le Diable en a sur le Prêtre lorsqu'il consacre à la Messe, &* que tu ayes à perdre ta chaleur, ta force, & ta vigueur, tout ainsi que Judas perdit sa couleur, quand il trahit Notre Seigneur. Au nom du Pere &c. Il faut dire neuf *Pater* & neuf *Ave* &c. pendant neuf jours au matin, & attacher au coû du malade le billet où cette oraison est écrite.

35. Le conjurer encore en recitant cinq *Pater* & cinq *Ave* &c. pendant neuf matins, & en y ajoûtant, ,, il est vrai que Dieu est le vrai Dieu, & la Vierge la ,, vraye Vierge, & que S. Pierre guerit des fievres .... ,, & de toutes autres maladies.

36. Conjurer les renards par cette Oraison, ,, Au ,, nom du Pere † du fils † & du S. Esprit † renards, ,, ou renardes, je vous conjure & charme, & vous ,, conjure au nom de la Trinité tres sainte & sur sainte, ,, comme nôtre Dame fut enceinte, que vous n'ayez à ,, prendre ni écarter aucun de mes oiseaux, de mon trou-,, peau, soit cocqs, poules, ou poulets, ni à manger

(a) Mizauld Cent. 2. num. 93.
(b) Ibid. núm. 100.
(c) Mizauld. Cent. 4. n. 98.

,, leurs nids, ni à succer leur sang, ni à casser leur œufs, ,, ni à leur faire aucun mal " &c. il la faut dire trois fois la semaine.

37. Pour conjurer les loups, ils faut réciter la même Oraison & dire *loups & louves*, au lieu de *renards & renardes*, & nommer les bestiaux que l'on veut preserver des loups & des louves.

38. Conjurer les épées & les poignards, en disant, ,, je vous conjure par la mort & passion de J. C. que ,, vous me soiez aussi doux, favorables & aimables, ,, que fut N. S. J. C. à la Vierge Marie sa mere &c.

39. Pour guerir des ecroüelles, une vierge à jeun n'a qu'à dire, en appliquant une certaine herbe sur la partie malade, *Negat Apollo pestem posse crescere, quam nuda Viergo restringat.*

40. Pour guerir un homme malade de la .... il faut prononcer trois fois ces paroles: *Dominus sit &c.* un certain temps, quand le soleil se leve, & qu'il promet un beau jour en se levant.

41. Pour faire accoucher promptement & heureusement une femme qui est dans les tranchées & les douleurs de l'accouchement, il faut lui faire certaines choses, & lui dire à l'oreille ces paroles *su cumy dur.*

42. Pour guerir un cheval malade de certaine maladie, on demande de quel poil il est, & si on repond qu'il est bai, on dit, *Spadix Spadix, si laboras tali vel tali morbo, tam veré saneris, quàm Joseph & Nicodemus, &c.*

43. Pour le même effet attacher un cheval pendant trois heures à une branche d'arbre qui n'aura jamais porté de fruit, & dire certains mots.

44. Pour guerir toutes sortes de maladies se lier les bras avec une corde de laine, *au nom de Dieu &c.* & en prononçant les noms des saints qui guerissent ces maladies, la corde s'accourcit & on guerit.

45. Guerir de .:... en touchant ses dents durant la Messe & en disant au même temps un verset de l'Evangile de la Passion.

46. Guerir un malade de ....' en le menant un vendredi & les deux jours suivants avant le Soleil levé du côté de l'Orient, & en le faisant tenir debout les mains étenduës vers le soleil en forme de Crucifix, dire: *Hodie dies illa est qua Dominus Deus ad Crucem accessit &c.* & reciter ensuite neuf fois trois *Pater noster* & trois *Ave Maria* &c.

47. Ecrire sur un .... *gustate & videte quod bonus est Dominus*, pour être gueri du mal de ....

48. Guerir le flux de sang de l'une de ces manieres. 1. en faisant dégouter .... goutes de sang du malade dans un verre d'eau froide, en disant *Pater Noster &c.* à chaque goute, en lui donnant ce verre d'eau à boire & en lui faisant certaines questions. 2. En ecrivant sur son front un certain verset avec son sang. 4. En disant *in sanguine Adig orta est mors † &c.* ou *o sanguis ut fluxum tuum cohibeas &c.* ou, *Christus natus est in Bethleëm & passus*, & pendant que l'on dît ces paroles, tenant le doigt du milieu dans la plaie, faisant certaines croix, & recitant cinq *Pater noster*, & une fois *Credo in Deum.* 4. en disant un certain verset de la Passion, ou *In nomine Patris, &c. Chunrat, carot, sarite &c.*

49. Faire qu'un Cheval ne soit point piqué des mouches, ni mordu des vers, en disant, étant monté sur le cheval, pendant trois jours avant le Soleil levé, *In nomine Patris, & Filii, & Spiritus Sancti, exorciso te vermem, per Deum Patrem † &c. ut nec carnem, nec ossa hujus equi edas*, recitant ensuite certaine quantité de fois, *Pater Noster & Ave Maria*, & en faisant certaines croix pendant que l'on dit quatre certaines paroles à l'oreille droite du cheval.

50. Découvrir & trouver un voleur, en pratiquant ce qui suit. 1, Faire une Croix sur un verre de cristal; ecrire sous cette Croix *Sancta Helena*, donner ce verre à tenir à un enfant de dix ans, qui soit chaste & né de legitime mariage, dire derriere lui à genoux trois fois l'Oraison de sainte Helene, *Deprecor te, Domina Sanc-*

ta Helena, Mater Regis Conſtantini &c. Amen : &
quand l'enfant verra un Ange dans le verre, lui demander qui eſt le voleur que l'on cherche. 2. S'approcher
d'une eau qui court, en tirer autant de petites pierres,
qu'on ſoupçonne de perſonnes avoir volé, s'en aller chez
ſoi, les faire chauffer auprés du feu, les mettre ſous le
ſeüil de la porte, &c. les jetter dans une écuelle pleine
d'eau avec certaines ceremonies. En nommant le premier
voleur, la petite pierre qui portera ſon nom féra boüillir l'eau. 3. Dire les ſept Pſeaumes avec les Litanies & une
Oraiſon terrible à Dieu le Pere, pour exorciſer le voleur, faire une croix en rond avec des noms barbares,
peindre un œil au milieu, enfoncer dans cet œil d'un
certain côté un clou d'airain avec un maillet de cyprés
& dire un certain verſet des Pſeaumes. En faiſant tout
cela on croit qu'on arrache un œil au voleur. 4. couper
une branche d'amandier un ſamedi avant le ſoleil levé,
en diſant, *ego te ramum hujus æſtatis reſeco,* &c. &
mettre une nappe ſur une table en proferant trois fois
ces paroles ..... 5. ſe ſervir de l'Exorciſme qu'on
nomme de S. Adalbert, qui commence ainſi ; *Ex auto-*
ritate Dei omnipotentis & qui finit par *Amen* ; le faire dire par tous ceux qui ſont preſens, chanter enſuite, *Me-*
dia vita in morte ſumus, &c.

51. Guerir un homme ou un cheval du mal de ....
en prenant un cierge beni, en le trempant par le bas
dans de l'eau benite, en cernant le mal tout autour
avec ce cierge, & en diſant cinq fois *Pater noſter,* &
cinq fois *Ave Maria.*

52. Guerir les fiévres en donnant au malade un billet
ſur lequel ſont écrites ces paroles : *Peo immaculatam con-*
ceptionem B. Virginis Mariæ, &c. Il faut couper ce billet en petits morceaux & les mettre dans un bouillon
qu'on fait avaler aux malades. Il y a des Religieux en
Provence qui ſe ſervent de ce remede, & quand on gron-
de contre, ils repondent que Dieu a dit, *Concede volu-*
men iſtud.

23. Porter ſur ſoi l'Oraiſon ſuivante, appellée *Paſſe-*
port de l'immaculée Conception de la ſainte Vierge, pour
être préſervé de quantité de dangers & de maux :

„ Sainte Marie Mere de mon Sauveur JESUS-CHRIST,
„ qui avez été conçüe ſans la tache du Péché Originel,
„ priez pour moi maintenant & à l'heure de ma mort.
„ Priez pour ma converſion, portegez moi dans toutes
„ mes entrepriſes, ſoiez toûjours ma conſolation, pre-
„ nez ſoin de mon ſalut ; j'ai mis en vous toute ma con-
„ fiance, Mere de miſericorde, qui n'avez jamais eu au-
„ cune tache de peché.

TOTA PULCHRA ES MARIA, ET MACULA NON EST INTE.

Je ne ſuis pas ſurpris que ces Oraiſons produiſent aſſez ſouvent les effets qu'elles promettent, parce qu'elles
tirent toute leur vertu du Demon, en conſequence des
pactes & des conventions que les hommes ont faites avec
eux. Mais ce qui me ſurprend eſt, qu'étant auſſi mal
digerées, auſſi ridicules, auſſi extravagantes, auſſi vaines & auſſi folles qu'elles ſont pour la plupart, elles trouvent encore aujourd'hui tant de créance dans le monde,
& même auprés de quantité de perſonnes de bon ſens,
quoique de peu de foi, qui ne ſe ſoucient gueres de
quelle maniere elles ſont gueries de leurs maladies, &
préſervées des dangers & des dommages qui leur peuvent
arriver, pourveu qu'elles le ſoient une fois. Ce qui eſt
un aveuglement d'autant plus déplorable qu'il eſt volontaire, & qu'on y tombe avec connoiſſance de cauſe.

Quelques Auteurs peu exacts ont accuſé le Cardinal
François Ximenes, Archevêque de Tolede & Miniſtre
d'Eſpagne, de s'être fait guerir de la fiévre par des conjurations & des Oraiſons, & d'avoir fait venir de Grenade pour cela une vieille femme âgée de plus de quatre-
vingt ans. Mais cette calomnie ſe refute pleinement,
par ce qu'Alvarez Gomecius rapporte ſur ce ſujet. Il
dit à la verité que ce grand Perſonnage (*a*) étant reduit à

une extréme maigreur, & deſeſperé de tous les Medecins, on lui fit venir cette vieille, laquelle après lui
avoir taſté le pouls & le ventre, lui promit de le guerir
dans huit jours. Ce qu'elle fit effectivement, (*b*) non
par des conjurations & des Oraiſons, mais en le frottant avec une certaine huile, & ſans reciter aucunes paroles.

Ceux qui n'ayant nul caractere pour cela conjurent
les rats & les ſouris, les taupes & les mulots, les mouches & les ſauterelles, les chenilles & les fourmis, les
ſerpens, les vers & les autres inſectes, les orages, les
nuées, les vents, les tempêtes & les ouragans, avec des
paroles & des Oraiſons qui ne ſont point approuvées de
l'Egliſe, ne ſont pas moins temeraires ni moins ſuperſtitieux que ceux qui conjurent les maladies, ou qui ſe
ſervent d'exorciſmes pour ſe delivrer de divers dangers.
C'eſt ce que l'on peut inferer de ce que nous avons dit
juſques ici des paroles, des charmes, des conjurations
& des Oraiſons. Ce que Leonard Vair rapporte d'une
maniere ſuperſtitieuſe de conjurer les ſauterelles, les chenilles, &c. merite bien qu'on en faſſe ici mention. „ Il
„ y a un abus, *dit cet Auteur Eſpagnol* (*c*), qui a cours
„ en quelques endroits, lequel merite d'être blaſmé &
„ ſupprimé. Car quand les villageois veulent chaſſer les
„ ſauterelles & autre dommageable vermine, ils choiſiſ-
„ ſent un certain Conjureur pour Juge, devant lequel
„ on conſtitue deux Procureurs, l'un de la part du peu-
„ ple, & l'autre du côté de la vermine. Le procureur
„ du peuple demande juſtice contre les ſauterelles & che-
„ nilles, pour les chaſſer hors des champs : L'autre ré-
„ pond qu'il ne les faut point chaſſer. Enfin toutes ce-
„ remonies gardées, on donne Sentence d'excommuni-
„ cation contre la vermine, ſi dans certain temps elle ne
„ ſort. Cette façon de faire eſt pleine de ſuperſtition
„ & d'impieté ; ſoit parce qu'on ne peut mener procez
„ contre les animaux qui n'ont aucune raiſon ; & com-
„ me ainſi ſoit qu'elles ſont engendrées de la pourriture
„ de la terre, elles ſont ſans aucun crime, ſoit pource
„ qu'on péche & blaſphéme grièvement, quand on ſe
„ moque de l'excommunication de l'Egliſe. Car de
„ vouloir ſoumettre les bêtes brutes à l'excommunica-
„ tion, c'eſt tout de même que ſi quelqu'un vouloit
„ baptizer un chien ou une pierre.

Ainſi S. Bernard ne parloit pas dans la derniere exactitude de la Theologie, lorſque ne trouvant aucun remede pour chaſſer la prodigieuſe multitude de mouches
qui importunoient & troubloient extrémément ceux qui
entroient dans la nouvelle Egliſe de Foigny, qui eſt
une des premieres Abbayes qu'il a fondé lui même dans
le Dioceze de Laon, il dit, (*d*) qu'il les excommunioit ; *Excommunico eas* ; puiſque ce ne fut pas par le
moyen de l'excommunication qu'il les fit mourir, mais
par

<hr>

(a) Erat formâ ad maciem extremam redactus Ximenius, Medicis omnibus nihil ſe amplius ad ejus ſalutem præſtare poſſe apertè profitentibus.

(b) L. 2. de geſtis Fr. Ximenez pag. 963. & 964. edit. Francof.
an. 1603. Accerſita illicò eſt vetula, *dit elegamment Gomecius,* quæ
venis exploratis & ventre pertentato, non eſſe Medicis inſultandum,
dicit, ſi morbum periculo & difficultate plenum, artis vi depelle-
re nequiviſſent : ſe tamen, Deo auxiliante, ſub cujus tutela tantus
vir ſpiritum ducebat, ſperare ante octo dies ad priſtinam ſalutem
Ximenium reducturam, unctionum duntaxat & herbarum beneficio. Unum tamen interea premii loco depoſcere, ut id Medicis
inſciis ageretur : qui autoritati ſuæ conſulentes, hujuſmodi mede-
las ab illiteratis hominibus profectas verbis atrocibus conſueſſent
improbare, ſtatimque ad arris ſuæ preſcripta, pugnis quibuſdam
verborum, quorum illa imperita erat, omnem rem deducendam
curarent. Quod etſi illa parum morabatur, remediorum ſuorum
nempe conſcia, permultùm tamen ægrotantis intereſſe, ne quid ei
ſcrupuli aut ſuſpicionis ex illorum dictis ſuboriretur : Quaſi verò dona ſanitatum, non magis numinis beneficio, quam ope ulla humana comparentur. Æquum poſtulare viſa eſt mulier : & ne quid
deinceps Medicis innoteſceret, curatum eſt. Ergo per noctis tenebras, jam omnibus digreſſis, ſedula anus ad Ximenium veniebat,
eumque nemine repugnante unctionibus fovebat, leviterque oleo
condito perfricabat : donec tandem aſſiduis medelis, intra octo
dierum præſcriptum tempus, fidem ſuam mulier liberavit. Namque omni febri liberum Ximenium hilaritati ſolitæ reſtituit, & qui
ſe in lecto vix movere poterat, jam pedibus ambulare geſtiebat
quod per probam ſervatricem facile conceſſum fuit.

(c) L. 2. c. 11.

(d) L. 1. vit. S. Bernardi c. 11. ſeu 14.

par la vertu de Dieu dont il étoit rempli , & par laquelle il operoit tant de miracles.

CHAPITRE III.

Que les Conciles, les Peres, les Theologiens, la Medecine & les Loix Civiles condamnent la guerifon des maladies qui fe fait par paroles & par Oraifons. Sentimens d'Hipocrate, Gallien &c.

A Toutes les autorifez fi expreffes & fi decifives , que nous avons produites jufques ici pour faire voir que les paroles n'ont nulle vertu pour guerir les maladies des hommes & des beftes, on peut ajoûter celle des Medecins. Car faint Auguftin nous apprend que toutes les ligatures & tous les remedes que la Medecine condamne , foit dans les enchantemens, foit dans les figures ou caracteres , fe rapportent aux Superftitions, & qu'ils font des fuites de quelque pacte que l'on a fait avec les Demons (a).

C'eft dans cet efprit que le Cardinal de Cufa (b) affeure ,, que c'eft être idolatre que de chercher fon falut dans les caracteres, dans les ligatures, dans les paroles & dans les autres chofes que les Medecins condamnent.

C'eft pour cela que le quatriéme Concile Provincial de Milan (c) en 1576. ordonne aux ,, Confeffeurs d'examiner avec foin fi les penitens, ,, pour guerir les maladies ou les playes, ne fe fervent point de certains remedes inconnus à la medecine & fuperftitieux ; & s'ils en trouvent qui foient coupables de ce peché , de les reprendre feverément, & de tafcher de les detourner de cette opinion vaine & erronée.

C'eft dans cette veuë que Jean François Bonhomme, Evêque de Verceil & Vifiteur Apoftolique dit (d): ,, Qu'on ne guerifle aucunes playes par le moyen de certain nombre de paroles, de fignes, ou de prieres, de linceüils, ou de certaines chofes que les Medecins n'approuvent pas.

C'eft encore par cette raifon, que le Concile Provincial de Bourdeaux (e) en 1583. fuivant la penfée de S. Auguftin , met au nombre des Superftitions ,, les Ligatures des remedes execrables que la Medecine condamne , les Oraifons, les fignes ou caracteres , & les prefervatifs" ; & que les Statuts Synodaux de S. Malo (f) en 1618. blafment ceux qui ,, fous pretexte de medicamens murmurent quelques charmes qu'ils appellent Oraifons, verfent de l'eau fur certaine herbe, fe fervent d'un ozier fendu ou d'une mefure de ceinture, ou exercent autres remedes que la difcipline des Medecins condamne.

Enfin c'eft pour ce fujet que le Synode Diocefain du Mont-Caffin (g) en 1626. ordonne aux Confeffeurs de s'informer foigneufement des penitens, & entr'autres de ceux qui font à l'article de la mort, s'ils ne fe font point fervis de quelques remedes fuperftitieux & inconnus à la Medecine , foit pour recouvrer la fanté , foit pour guerir des playes.

Voyons donc quels fentimens quelques-uns des plus fçavans & des plus celebres Medecins ont de la guerifon des maladies qui fe fait par paroles.

Hippocrate (b) fe mocque! de certains impofteurs & les detefte au même temps , de ce qu'ils fe vantoient de guerir le mal caduc par des Oraifons & par des facrifices.

Gallien (i) rejette ces fortes d'impoftures comme des contes de vieilles, & des preftiges des Egyptiens & des Babyloniens; & il invective contre un certain Pamphile , qui avoit accoutumé de marmotter certains mots en cueillant des herbes.

Jean Langius (k) Medecin des Princes Palatins du Rhin , refute par l'autorité de S. Auguftin, les guerifons qui fe font par le moyen de certaines paroles de l'Ecriture-Sainte , & affeure qu'il n'en fait aucun cas. Il fe plaint auffi (l) de l'avarice & de l'ignorance de certains Medecins charlatans , qui fe fervent d'enchantemens , de remedes magiques & fuperftitieux pour guerir les maladies, en corrompant ainfi la Medecine, qui eft un des plus grands biens que Dieu ait jamais fait aux hommes.

,, Il y a des remedes ridicules & extravagans , *dit Fernel* (m), & que j'appelle fuperftitieux, parce que les ,, efprits des hommes ont eté affez foibles pour fe laiffer ,, infatuër dés il y a longtemps, de leur fuperftition. ,, Ce font des remedes dont perfonne ne peut dire d'où ,, leur vient la vertu qu'on leur attribuë. En voici des ,, exemples. Guerir du mal caduc en prononçant, ou ,, en portant fur foi ces vers *Gafpar fert myrram*, &c. ,, Appaifer le mal de dent en touchant fes dents pendant la Meffe & en difant, *Os non comminueris ex ,, eo* ; guerir les écroüelles & remettre la luette quand ,, elle eft demife par le moyen des prieres qui font rapportées par Aëce; faire ceffer le vomiffement en obfervant certaines ceremonies , & en proferant certains ,, mots, quoiqu'en l'abfence du malade, dont il fuffit ,, de fçavoir le nom ; arrefter le flux de fang, de quel ,, que partie du corps qu'il coule , en touchant feulement la partie, & en prononçant certaines paroles que quelques-uns affeurent être celles-cy : *De latere ejus ,, exivit fanguis & aqua*; guerir la fiévre, ou en prenant ,, la main du malade & en lui difant, *Æque facilis tibi ,, febris hæc fit atque Mariæ Virgini Chrifti partus* ; ou en ,, fe lavant les mains avec lui, & en recitant tout bas le ,, Pfeaume, *Exaltabo te Deus meus rex* ; dire à l'oreille ,, d'un afne que l'on a été bleffé par un fcorpion, pour ,, faire paffer auffi-tôt la douleur de cette bleffure.

,, Que s'il y a de la fuperftition dans les paroles, *continuë le même Auteur*, il y en a auffi dans les écrits. ,, Pour la chaffie, on trouve des gens qui portent lié ,, avec du lin autour de leur cou, un billet dans lequel ,, font écrits ces deux lettres Grecques P A. D'autres ,, pour le mal de dents portent attachées fur eux ces ,, impertinentes paroles" : *Strigiles falcéfque dentatæ, dentium dolorem perfanate.* ,, D'autres enfin pour les fiévres , & particulierement pour celle que les Latins ,, appellent *Semitertianam*, les Grecs ἡμιτριταιον, & ,, qui eft compofée de la quotidienne, de la continue ,, & de la tierce intermittente , portent pendu à leur ,, cou un billet fur lequel ce mot *Abracadabra* eft ,, écrit en lettres Grecques majufcules, de la façon ,, que nous marque Q. Serenus ancien Medecin , & ,, fectateur de l'heretique Bafilides, par ces Vers:

Infcribes chartæ quod dicitur ABPACAΔABPA
Sæpius & fubter repetes : fed detrahe fummam

Ut

(a) L. 2. de Doctr. Chrift. c. 20. Ad hoc genus, *dit-il*, pertinent omnes etiam ligaturæ atque remedia quæ Medicorum quoque difciplina condemnat , five in præcantationibus , five in quibufdam notis quas characteres vocant.
(b) Tom. 2. l. 2. Exercitat. Serm. in illud, Ibant Magi, &c.
(c) Conftit. p. 1. tit. 2. n. 4.
(d) In Decret. Vifitation. tit. de Superftitio.
(e) Tit. 7.
(f) Art. 21.
(g) C. 4. Decret. 2. Diligenter à pœnitentibus , iis præfertim quos in mortis articulo vident conftitutos, inveftigent, num aliquod remedium valetudini , vel curandis vulneribus adhibuerint, non quod à medica arte, fed à fuperftitione promanaverit.

(b) L. de Morbo facro.
(i) L. de fimplic. remedior. poteftate.
(k) L. 1. Ep. 34. citat. de S. Auguft. Tract. 7. in Johan. 3. Meritò, *dit il*, aniles illos verficulos ex facræ Scripturæ verbis unà cum D. Auguftino defpuimus , &c. Ego eas præcipuè quæ verbis conftant , non affis facio.
(l) Præfat in epiftol. Quis non ab imo pectore ingemifcat Medicinam, tam facram Dei donum, avaritia & ignorantia Pfeudomedicorum in hominum perniciem converti? Salutare fummi Dei donum anus fatidicas, fycophantas quoque & agyrtas , fuis impofturis, arte magica, & idololatriæ fuperftitionibus & incantamentis ita profanare & confpurcare, ut nulla fit artium quæ tot impiis fcateat fuperftitionibus?
(m) L. 2. de Abdit. rer. caufis c. 18.

Ut magis atque magis desint elementa figuris:
Singula quæ semper rapies & cætera figes,
Donec in augustum redigatur litera conum:
His lino nexis collum redimire memento.

„ Pour moi, *dit du Laurent* (a), je raison
„ ne des paroles de la même maniere qu'Averroës écri
„ vant contre Algazel raisonne des caracteres, des fi
„ gures & des signes, & je soûtiens qu'elles ne peuvent
„ rien d'elles-mêmes, si ce n'est entant qu'elles sont
„ des pactes avec les Demons. Il n'est pas vrai qu'un
„ homme puisse nuire à un autre homme par le moyen
„ des paroles. En effet, qui lui auroit apris ces paro
„ les? Ce n'est pas un autre homme; car qui les au
„ roit aprises à cet autre homme? Ce n'est pas non
„ plus une Intelligence celeste; car qui oseroit dire
„ qu'une Intelligence celeste ait inventé les charmes &
„ les malefices? C'est donc par un mauvais Ange qui les
„ a inventez, non à dessein de rendre l'homme plus
„ puissant, mais afin de le tromper & de l'avoir pour
„ compagnon de son impieté & de son supplice eternel.
„ Quelle vertu ont donc les paroles? D'où vient qu'on
„ leur attribuë des effets si merveilleux? J'estime que
„ d'elles-mêmes elles n'ont aucune vertu, mais qu'elles
„ servent comme de signes pour attirer les Demons &
„ les obliger d'agir en vertu des pactes tacites ou exprés
„ qu'ils ont faits avec les hommes.

Les Loix Civiles anciennes & nouvelles sont aussi
contraires aux paroles & aux Oraisons superstitieuses,
dont on se sert pour guerir les maladies des hommes &
des bêtes, que les Reglemens des Conciles, les sentimens des Peres, des Theologiens & des Medecins.

Platon (b) a fait une Loi très-severe contre les Empoisonneurs, les Devins, les Aruspices & les Enchanteurs. Pierre Gregoire (c) de Toulouse, qui l'a traduite en Latin, la rapporte tout au long.

„ Nous lisons qu'en Athenes, *disent Leonard Vaïr*
„ (d) *& du Laurent* (e), il fut defendu par une Loi
„ expresse, que personne n'eût à faire profession de
„ guerir par certains mots; tellement que les Athe
„ niens étant un jour avertis qu'en Achaïe il y avoit
„ une certaine femme qui guerissoit avec quelques pa
„ roles dont elle usoit, ils la condamnerent à être la
„ pidée, disant que les Dieux immortels avoient bien
„ donné la puissance de guerir aux pierres, aux her
„ bes & aux animaux, mais non aux paroles.

Le Jurisconsulte Ulpien (f) dit „ qu'on peut ap
„ peller Medecins ceux qui promettent de guerir cer
„ taines parties du corps & certaines douleurs, com
„ me des oreilles, de quelques fistules, des dents;
„ pourveu qu'ils ne se servent point des charmes,
„ d'imprecations, ni d'exorcismes, pour user du ter
„ me ordinaire des imposteurs. Car toutes ces choses
„ ne sont pas de la Medecine, quoique quelques uns
„ asseurent hardiment qu'ils s'en sont bien trouvez.

Il y a *in posterum*, dans quelques Editions du Digeste; mais le sçavant Antoine Augustin, Archevêque de
Tarragone remarque fort bien qu'il faut lire *impostorum*.
Aussi est-ce de cette maniere qu'il se trouve dans les
Pandectes de Florence imprimées en 1553. Ulpien,
(g) qui étoit infidele, & qui vivoit sous Trajan & sous
Adrien, donne ce nom aux Chrêtiens, selon la remarque d'Anne Robert & de Denys Godefroi (h), à cause des Exorcismes dont ils se servoient assez souvent;
bien que dans la pensée de Pierre Gregoire de Toulouse (i), il appelle ainsi ceux qui guerissent les maladies
par des enchantemens, de exorcismes & des oraisons;

parce qu'ils sont de veritables imposteurs, ausquels il
est bien étrange qu'on se fie davantage qu'à Dieu même.

Charlemagne Empereur & Roi de France, dans
son Capitulaire d'Aix-la-Chapelle de (k) l'année 789.
defend aux Ecclesiastiques, conformément au trentesiéme Canon du Concile de Laodicée, *de faire des en*
chantemens ou des preservatifs, de peur d'être chassez de
l'Eglise.

Dans le sixiéme Livre de ses Capitulaires, il défend
également aux Laïques & aux Ecclesiastiques, de se
servir des preservatifs, des fausses inscriptions ou des ligatures, que les simples & les idiots s'imaginent avoir
quelque vertu pour guerir les fiévres, & les autres maladies contagieuses, parce, dit-il, que tous ces remedes
sont des inventions de la Magie: *Quia Magicæ artis in*
signia sunt. Aprés quoi il ordonne qu'on n'employera
pour la guerison des maladies que ce que les Apostres &
les Canons ont prescrit, sçavoir les prieres de l'Eglise
& l'onction de l'Huile sacrée (m).

Et dans son Capitulaire de la Paix (n), il veut que
l'on mette en prison les Enchanteurs, les Augures, &
les Devins, & qu'ils y demeurent jusqu'à ce qu'ils ayent
promis de se corriger de leurs crimes.

Les Loix des Wisigoths (o) ordonnent que ceux qui
usent de malefices ou d'enchantemens pour envoyer des
tempestes, pour faire tomber de la grêle sur les vignes
ou sur les moissons; pour nuire aux hommes & aux bêtes, ayent deux cent coups de foüet en public, que
leurs biens soient confisquez, & qu'ils soient mis en prison.

Charles VIII. Roi de France (p) veut qu'on se saisisse des Enchanteurs, des Devins & des Necromanciens, qu'on les mette en prison, qu'on les traite selon
la rigueur des Ordonnances, & qu'on en use de même
à l'égard de ceux qui les consultent, qui implorent leur
secours, ou qui ne les dénoncent pas à la Justice, de
quelque qualité qu'ils puissent être.

Enfin les Archiducs d'Austriche dans l'Edit que nous
avons rapporté dans le chapitre septiéme, declarent que
les guerisons qui se font par les Sorciers & les enchanteurs, ont *toûjours une fin pernicieuse & infauste*, qu'elles sont des „ pratiques, *des* impostures, *& des* inven
„ tions diaboliques, & des plus grands crimes & im
„ piétez qui se puissent perpetrer contre Dieu, contre
„ son honneur, & sa Doctrine.

CHAPITRE IV.

De la grace de guerir les maladies. Si les Sau
veurs ou Enchanteurs Espagnols, si les pa
rens de sainte Catherine, si ceux de saint
Paul, si ceux de saint Roch, si ceux qui
pratiquent l'art de saint Anselme, si les
enfans nez le Vendredi-Saint, si les septiémes
garçons, si les aisnez de la famille du Baron
d'Aumont, si les septiémes filles, si les en
fans posthumes, si les boureaux, si ceux
qui sont de la race de S. Hubert, ou qui
ont été taillez de son Estole, si les parens
de saint Martin; si ceux qui sont de la
Maison de Coutance, si certaines familles
de Provence ont cette grace, & ce qu'on
en doit croire. Que les Rois de France
l'ont pour les Ecroüelles.

APRES avoir combattu dans les neuf derniers Chapitres l'observance superstitieuse des santez en general

(a) Lib. 1. de Strumis cap. 6.
(b) L. 11. de Legibus.
(c) L. 34. Syntagm. Juris Universal. 14. n. 6.
(d) L. 2. c. 11.
(e) L. 1. de Strumis c. 6.
(f) ff. l. 50. tit. 13. leg. 1. parag. Medicos. Non tamen si incantavit, si imprecatus est, si. ut vulgari verbo impostorum utar,
exorcisavit; non sunt ista Medicinæ genera, tametsi sint qui hos
sibi profuisse cum prædicatione affirment.
(g) L. 1. rerum Judicat. cap. 1.
(h) In Notis ad hunc locum. ff.
(i) L. 34. Syntag. Juris univ. c. 9. n. 9.
(k) Cap. 18.
(l) Num. 72.
(m) Pro infirmitate illud quod Apostoli, & Canones sanxerunt,
id est Orationes & sacri Olei unctio fiat.
(n) Cap. 25.
(o) L. 3. de Malefic. l. 6. Cod. leg. Visigoth. tit. 2.
(p) Ordonnance de 1490. au. liv. 9. de la Confer. des Ordonn.
tit. 12.

neral & en particulier, il ne faut pas laisser passer sans réponse l'objection que l'on fait d'ordinaire en faveur de la plupart de ceux qui guerissent les maladies des hommes & des bestes, soit avec des paroles & des Oraisons, soit sans paroles & sans Oraisons, soit par leur haleine, soit par leur attouchement, soit de quelqu'autre maniere.

On dit qu'ils ont receu de Dieu la grace de guerir les maladies, cette grace dont parle l'Apôtre saint Paul dans sa premiere Epître aux Corinthiens (a).

Mais quelle preuve en sçauroit-on alleguer, qui ne puisse être justement & solidement contredite? Cette grace étant un don du saint Esprit, dans le sentiment de cet Apôtre des Nations, elle a besoin du témoignage de l'Eglise pour être reconnue, & elle merite bien pour cela d'être meurement examinée, sinon en plein Synode (ce qui toutesfois seroit à desirer) au moins dans le Conseil des Evêques. Car comme elle est pour l'edification de l'Eglise, c'est à l'Eglise ou à ses principaux Ministres à en connoître & à en juger, & jusqu'à ce que l'Eglise ou les Evêques, qui sont ses principaux Ministres, lui ayent donné leur approbation avec connoissance de cause, les Fideles sont en droit de la tenir pour suspecte. C'est pour cela que les Conciles Provinciaux de Mexico en 1585. & de Malines (b) en 1607. ainsi que nous l'avons cy-devant remarqué, defendent très-expressément à toutes sortes de personnes, d'exorciser les maladies par paroles ou par Oraisons, s'ils n'en ont receu la permission des Evêques.

Or qui de ceux qni se meslent de guerir les maladies par paroles, par Oraisons, ou autrement, ont été approuvez des Evêques pour cela? Qui des Evêques a examiné avec soin s'ils avoient la grace de guerir les maladies? Qui des Evêques l'a reconnuë? Qui des Evêques leur a donné quelque témoignage authentique?

Quelle apparence y a-t-il au reste, que ces sortes de Medecins extraordinaires & miraculeux ayent cette grace? Pour le Droit on en convient aisément; mais aussi faut-il demeurer d'accord que dans le fait il y a souvent bien de l'imposture: c'est-à-dire, pour parler plus clairement, qu'on ne fait pas de doute que Dieu ne la puisse communiquer, aussi bien que les autres graces gratuitement données aux méchans comme aux bons, ainsi qu'il paroît par l'exemple de Balaam & par celui de Caïphe; aux ignorans comme aux sçavans, parce qu'elles ne sont pas pour la sanctification de ceux qui les reçoivent, mais pour la sanctification des autres, suivant la Doctrine de S. Thomas (c).

Mais on auroit peine à trouver des preuves bien authentiques dans les monumens de l'Eglise, qui montrassent qu'il l'ait jamais communiquée à des gens qui n'ont ni science ni vertu, comme sont pour l'ordinaire ceux dont nous parlons, & il seroit bien étrange qu'il en eût usé de la sorte à leur égard, & qu'il ait gardé une autre conduite à l'égard de quantité de Saints, à qui il a fait part des plus profonds mysteres de sa Sagesse, & à qui il a donné le pouvoir de faire des miracles (d).

Je ne m'arreste point ici à examiner si les Psyl-

les, les Marses, & les Ophiogenes (e), ont la vertu naturelle que l'Antiquité (f) leur a attribuée de guerir les morsures & le venin des Serpens; ni si les Tentyrites (g) peuvent naturellement guerir les blessures des Crocodiles. Je ne m'arrête point non plus à examiner si les Empereurs Vespasien (h), Adrien (i) & Aurelien (k) & Pyrrhus (l) Roi des Epirotes, ont fait les guerisons qu'on leur impute. Car toutes ces relations sentent ou la Fable, ou la Superstition, dans le sentiment de du Laurent (m).

Mais pour revenir à nôtre sujet, quantité de Saints ont eu la grace de guerir les maladies, je l'avoüe. S. Cyrille Patriarche d'Alexandrie (n) témoigne qu'ils ont chassé les Demons au nom de JESUS-CHRIST, & que par la force de leurs Oraisons, ils ont delivré les malades de diverses maladies. S. Barses Evêque d'Edesse chassoit les maladies par sa seule parole, & le lit qu'il laissa dans l'Isle d'Arade avoit tant de vertu, que tous les malades qui s'y couchoient, en sortoient parfaitement gueris, ainsi que l'asseure Theodoret. (o) Protogenes Prestre d'Ecesse (p), par ses prieres & par son seul attouchement guerissoit les enfans qu'il instruisoit. Sozomene (q) & Nicephore (r) rapportent que le Moine Jean avoit receu de Dieu le don de guerir de la goutte, & de remettre les membres dénoüez & disloquez; & que le Moine Benjamin guerissoit toutes sortes de maladies en touchant seulement les malades de sa main, & en les oignant d'une huile qu'il avoit benite, bien qu'il ne se pût guerir lui-même d'une espece d'hydropisie qui le rendit si gros & si enflé, qu'il ne pouvoit plus passer par la porte de sa Cellule. Le Moine Moyse de Lybie, suivant le témoignage des mêmes Historiens (s), guerissoit les maladies par ses prieres, comme faisoit aussi Julien Moine d'Edesse (t), qui outre cela chassoit les Demons. Parthenius Evêque d'une ville de l'Hellespont, resuscitoit les morts, commandoit aux Demons, & guerissoit de diverses sortes de maladies. Copras, selon le rapport de Cassiodore (v), avoit le même pouvoir sur les maladies & sur les Demons. J'apprens de saint Gregoire de Nysse (w), que S. Gregoire Evêque de Neocesarée surnommé Thaumaturge, chassoit les Demons avec des billets qu'il mettoit sur un Autel, & où il écrivoit ces mots: γρηγόριος τῷ σατανᾷ εἰσέλθε, Gregoire à Satan, entre. J'apprens de l'Histoire de Paul Diacre, & de celle de Nicephore, que du tems de Justinien un certain serviteur de Dieu, Dei cultor, conseilla aux habitans de la ville d'Antioche (x) de se précautionner contre les tremblemens de terre, en mettant sur les portes de leurs logis ces paroles, Christus nobiscum stæte, ce qui leur reüssit heureusement. J'apprens de Sulpice Severe (y) dans la vie de S. Martin, que ce grand Archevêque de Tours a gueri miraculeusement plusieurs maladies. Enfin, j'apprens de l'Histoire de l'Eglise, qu'un grand nombre d'autres Saints ont eu le même privilege.

Mais ils étoient des Saints; mais ils se servoient de ce privilege, tantôt d'une façon & tantôt d'une autre; mais ils s'en servoient par l'ordre de Dieu; mais en s'en servant ils n'abusoient ni des paroles de l'Ecriture Sainte,

---

(a) Qu'il appelle Chap. 12. Gratiam sanitatum, ou curationum.
(b) Can. 34.
(c) 1. 2. q. 11. art 1. in Cor.
(d) Ainsi que dit le Cardinal Cajetan: In Sum. V. In Ant. Mirum est quod sanctis Viris, quibus Deus credidit secreta sapientiæ suæ, & virtutem potentiæ suæ in miraculis & sacramentis, & curam animarum, quibus promisit notitiam omnis veritatis, secretas has sacrorum virtutes negaverit, & vetulis ac personis qualibuscumque hæc communicaverit. Le Docteur Navarre est dans la même pensée, comme il est visible par ces paroles: In Manual. c. 11. n. 12. Jure quis miretur illorum hominum imprudentiam qui his & aliis similibus superstitionibus credunt, & quod Deus impartitus fuerit vetulis quibusdam, & hominibus ignorantibus (& ut plurimùm deliris) vitaque reprehensibili, ea quæ non est elargitus Sanctis, quibus in gradu adeo alto profunda suæ divinæ sapientiæ arcana, virtutemque suæ infinitæ potentiæ qua tot miracula fecerunt, communicavit.

(e) Plin. l. 7. c. 2. Aulus-gel. l. 16. c. 11.
(f) Strabo l. 13.
(g) Idem. l. 17.
(h) Sueton. in Vespas. & Corn. Tacit. l. 4. Histor.
(i) Spartian in Adrian.
(k) Vopiscus in Aureliano.
(l) L. 1. Plutarch. in Pyrrho & Plin.
(m) De Strumis c. 3. & 4.
(n) L. 6. in Julian.
(o) Theodoret. l. 4. hist. Ecclef. c. 15.
(p) Ibid. c. 16. & Nicephor. l. 11. c. 23.
(q) L. 6. c. 29.
(r) L. 11. c. 35.
(s) Sozom. ibid. Niceph. l. 5. c. 39.
(t) Idem l. 9. c. 15.
(v) Idem l. 8. c. 42. L. 8. Hist. Tripart. cap. 1.
(w) Orat. de Laud. S. Gregor. Thaumat.
(x) L. 16. Histor. Miscell.
(y) L. 17. c. 3.

te, ni de celles des divins Offices; mais en s'en servant ils ne s'attachoient point fcrupuleufement & fuperftitieufement à certaines perfonnes, à certains jours, à certaines heures, à certains mois, à certaines années, à certains tems, à certaines circonftances, à certaines ceremonies, à certaines paroles, ni à certaines Oraifons particulieres, & non approuvées de l'Eglife; mais c'étoit dans les premiers fiecles de l'Eglife qu'ils s'en fervoient; mais ils s'en fervoient pour confirmer la verité de la Religion Chrétienne, pour convertir les Infideles à la Foi Catholique, & pour donner plus de créance à l'Evangile qu'ils annonçoient: (a) Maintenant que la Religion Chrétienne & la Foi Catholique font établies fur des fondemens inébranlables, & que l'Evangile eft annoncé à toutes les creatures, qu'eft il befoin de femblables fignes, de pareils privileges? Quelle neceffité y a-t-il de croire que Dieu les accorde à des miferables, à des ignorans, à des impofteurs, à des efclaves du Demon? Mais enfin s'ils les ont receus de Dieu qu'ils nous en donnent de bonnes marques & nous les croirons : Sans cela ils ne meritent pas qu'on les écoute, qu'on ajoûte foi à leurs paroles.

On dira peut-être avec Pomponace (b), qu'ils ont receu de la nature la vertu de guerir les maladies, & qu'ils les gueriffent naturellement, comme naturellement la rhubarbe purge la bile, l'aiman attire le fer, la violette rafraichit, la flambe guerir de la toux.

Mais s'ils ont receu de la nature cette vertu fi admirable, c'eft ou parce qu'ils font hommes, ou parce qu'ils font d'un tel temperament, d'une telle complexion.

Si c'eft parce qu'ils font hommes, tous les hommes la devroient avoir receuë auffi bien qu'eux, d'autant que ce qui convient à un homme, entant qu'homme, convient à tous les hommes. Et neanmoins tous les hommes ne gueriffent pas les maladies.

Si c'eft parce qu'ils font d'un tel temperament, d'une telle complexion, d'où vient que la même diverfité ne fe rencontre pas dans la rhubarbe, dans l'aiman, dans la violette, dans la flambe, & que dans une même efpece il n'y a point d'individu de rhubarbe qui ne purge la bile, d'aiman qui n'attire le fer, de violette qui ne rafraichiffe, de flambe qui ne gueriffe de la toux? Qui pourroit croire que les qualitez des temperamens fuffent capables de produire tous les effets merveilleux & furnaturels que nous voyons que nos Medecins exorciftes produifent?

Puis donc que Dieu ne donne que très-rarement aux hommes la grace de guerir les maladies, & que d'ailleurs les hommes ne la peuvent avoir, ni à caufe de leur efpece, ni à caufe de leur individu, on doit extremement fe defier de ceux qui fe vantent de l'avoir de l'une ou de l'autre maniere, & tenir leurs guerifons pour fufpectes.

En Efpagne il y a des gens qu'on appelle Sauveurs ou Enchanteurs, *Saludadores*, *Enfalmadores*, *Santiguaderes*. Les Enchanteurs, *Enfolmadores*, *Santiguadores*, ainfi que le remarquent le Pere Delrio (c) & du Laurent, (d) gueriffent les malades avec certaines Oraifons qu'ils recitent pour eux & fur eux, comme eft celle que nous avons rapportée dans le chapitre 2. du L. V. & qui fut examinée par le Confeil de Monfieur Simon Evêque d'Ipre. Les Sauveurs, *Saludadores*, les gueriffent avec leur falive & leur haleine. Mais les uns & les autres paffent pour des fourbes dans l'efprit de bien des gens. Bodin (e) dans fa Demonomanie dit que ce font des *Sorciers* & des *Impofteurs*, & que *par un blafpheme qui n'eft pas moins abominable que fi l'on invoquoit Sathan, ils s'appellent* Sauveurs, *pour ôter la fiance en Dieu*. Le Pere Delrio (f) affeure qu'ils obfervent avec grand foin

certaines manieres de toucher les malades, certains nombres, & certaines ceremonies, & qu'ils emploient quantité de chofes pleines de fufpicion & de danger : du Laurent (g) parle de la même maniere, & ajoûte que leurs guerifons font magiques. Enfin le Concile Provincial de Mexico (h) en 1585. déclare qu'ils ont accoutumé de pratiquer quantité de Superftitions:

La plûpart de ces Sauveurs ou Enchanteurs ont empreinte fur quelque partie de leur corps la figure d'une rouë entiere, ou d'une rouë rompuë, qu'ils appellent *de Sainte Catherine*; & c'eft pour cela qu'ils fe difent parens de Sainte Catherine. Ils affeurent qu'ils ont apporté du ventre de leur mere cette figure, quoiqu'ils fe la foient faite à eux-mêmes, comme difent Leonard Vair (i) & le Pere Theophile Rainauld (k). Ils fe vantent que le feu ne leur peut nuire, & qu'ils le peuvent manier fans fe brufler.

Les Sauveurs d'Italie fe difent parens de S. Paul, & portent empreinte fur leur chair la figure d'un Serpent, qu'ils veulent faire croire leur être naturelle, quoiqu'elle foit artificielle, comme celle de la rouë des parens de fainte Catherine, felon les mêmes Auteurs. (l) C'eft pour cela qu'ils fe vantent de ne pouvoir être bleffez par les ferpens ni par les fcorpions, & de les manier fans danger. Ce qui neanmoins eft combatu par l'Hiftoire que Pomponace (m) raporte être arrivée a Modene dans le temps qu'il travailloit à fon Livre *des Enchantemens*. Car un de ces pretendus parens de S. Paul, aprés avoir manié plufieurs ferpens, fut enfin picqué d'un qui étoit horrible à voir, & mourut cruellement de fa bleffure. Gafpar Pucer dit qu'il eft fans doute que ces gens-là fe fervent de conjurations (n). Le P. Delrio les traite d'impofteurs (o). Du Laurent dit la même chofe d'eux & des parens de fainte Catherine (p):

Leonard Vair avoit écrit avant lui quelque chofe de plus précis fur ce fujet. Voici comme il s'explique. (q) ,, La puiffance de guerir les maladies par paroles ne peut ,, être en l'homme à caufe de fa naiffance & generation; ,, car tous en feroient participans, & auroient une pa,, reille vertu de charmer, ce que toutefois nous voyons ,, à l'œil être faux. Et' combien que quelques-uns fei,, gnent & veulent faire accroire qu'ils font de la race ,, & famille de faint Paul ou de fainte Catherine, d'au,, tant qu'ils portent la marque d'un ferpent ou d'une ,, rouë imprimée en quelque endroit de leur corps, fe ,, vantant partout que telle marque leur eft venuë na,, turellement : toutefois on a découvert & prouvé ,, qu'ils fe font faits & engravez eux-mêmes tels fignes, ,, d'autant que ceux qui rapportent leur race & genealo,, gie à faint Paul, n'ofent manier aucun venin, ni tou,, cher à ferpent, que premierement ils ne fe foient frot,, tez & munis de quelque fort & puiffant remede, où ,, qu'ils n'ayent arraché les dents aux ferpens qu'ils veu,, lent debailler. Quant eft de ceux qui fe font enrôler ,, au parentage de fainte Catherine, & tiennent en leurs
,, mains

(a) Ce qui fait dire à S. Jerôme: Efto figna fint Infidelium, qui quoniam fermoni & doctrinæ credere noluerunt, fignis adducantur ad fidem.
(b) De Incantationib. c. 4.
(c) L. 1. Difquif. Magic. c. 3. q. 4.
(d) L. 1. de Strumis c. 4.
(e) L. 3. c. 2. & 5.
(f) Supr. Sedulò obfervant modos tangendi certos, numerum

& aliàs ceremonias. Accedunt multa fufpicione plena & periculo.
(g) L. 1. de Strumis c. 5. Et fanè curationes eorum, quos Enfolmadores vocant, ego Magicas effe puto.
(h) L. 5. tit. 6. n. 3. Permultæ Superftitiones ab hujufmodi hominum genere permifceri folent.
(i) L. 2. des Charmes c. 11.
(k) Tract. de Stigmatifmo facro &c. fect. 2. c. 4.
(l) Ibid.
(m) De Incantat. c. 4.
(n) Voici fes proprss mots. De Incantationib. Certè eos qui in prehendendis & cicurandis viperis, harumque venenatis ictibus contemnendis donum fancti Pauli nunc falfò jactitant, eos inquam adjurationibus fefe munire minimè dubium eft.
(o) Q. 1. difq. Magic. c. 3. Quoad illos, *dit-il*, qui genus & cognationem B. Pauli tumidis buccis crepant, feque angues fine læfione contrectare poffe; jam plerifque impoftura cognita eft, folere prius contra morfum fefe antidotis præmunire.
(p) L. 1. De ftrumis. c. 4. Qui ex familia D. Pauli & S. Catharinæ fe effe jactitant, impoftores funt; nec enim nativa font illis figna, fed arte confecta. Et qui ferpentes contrectant, prius alexiteriis fe miniunt, dentefque fe pentibus evellunt. Qui verò carbones ignitos innoxiè tangunt, manus primum fuccis quibufdam illinunt, quibus ab igne per aliquod tempus fe tuentur.
(q) L. 2. c. 11.

„ mains pour quelque espace de tems des charbons ar-
„ dens, mettent le bras en de l'huile ou de l'eau bouïl-
„ lante, & entrent en un four chaud; ils font cela afin
„ de ravir le peuple en admiration, & l'attirer à croire
„ ce qu'ils disent. Car on a déja exprimenté qu'ils s'im-
„ priment tel signe de la roüe & se graissent de suc de
„ manne & de mercuriale ou foirolle, & d'autres her-
„ bes, par la vertu & resistance desquelles ils se defen-
„ dent & guarentissent du feu pour quelque intervalle
„ de tems seulement. Car un jour ainsi qu'un de ces
„ Gentils de sainte Catherine, qu'on nomme autrement
„ Salteurs, fut enterré en un four allumé, si-tôt que
„ le four fut fermé sur lui, il fut reduit en cendres.

On prétend que ceux qui sont de la race de S. Roch peuvent demeurer auprés des pestiferez, les gouverner, les servir, & quelquefois les guerir, sans être affligez d'aucune maladie contagieuse. Mais en attendant que ce privilege, pour lequel je sçai que d'honnêtes gens qui se disent de cette race, n'ont point de foi, ne leur soit point contesté, je leur conseille de ne pas s'exposer à un mal aussi grand & aussi dangereux qu'est la peste, à moins que la charité ou la necessité ne les oblige de le faire.

Certains Soldats Italiens guerissoient autrefois les playes les plus dangereuses; & je ne sçai s'il n'y en auroit point encore aujourd'hui qui les guerissent, en touchant seulement aux linceuls qui avoient été appliquez sur les playes. C'est ce qui s'appelle l'*Art de saint Anselme*, comme si saint Anselme en étoit l'auteur. Mais le Pere Delrio (a) témoigne que cet art est appuyé sur un pacte avec le Demon; qu'il est de soi un peché mortel; & qu'on ne peut sans blasphemer en attribuer l'invention à saint Anselme, puisque c'est Anselme de Parme, ce fameux Magicien, qui l'a trouvée. A quoi, dit-il, on peut ajoûter que ceux qui sont ainsi gueris, retombent ensuite dans de plus grands maux, & finissent d'ordinaire malheureusement leur vies, ce qu'il me seroit pas mal aisé de justifier par des exemples qui me sont connus, si je ne voulois pas épagner les noms & la memoire des morts (b).

On s'imagine en Flandre, que les enfans nez le Vendredi-Saint (c), ont le pouvoir de guerir naturellement des fiévres tierces, des fiévres quartes, & de plusieurs autres maux. Mais ce pouvoir m'est beaucoup suspect, parce que j'estime que c'est tomber dans la Superstition de l'observance des jours & des tems, que de croire que les enfans nez le Vendredi-Saint puissent guerir des maladies plutôt que ceux qui sont nez un autre jour.

Plusieurs croyent qu'en France (d), les septiémes garçons, nez de legitimes mariages, sans que la suite des sept ait été interrompuë par la naissance d'aucune fille, peuvent aussi guerir des fiévres tierces, des fiévres quartes, & même des écroüelles, aprés avoir jeûné trois ou neuf jours avant que de toucher les maladies. Mais ils font trop de fond sur le nombre septenaire, en attribuant au septiéme garçon, preferablement à tous autres, une puissance qu'il y a autant de raison d'attribuër au sixiéme ou au huitiéme, que sur le nombre de trois, & sur celui de neuf, pour ne pas s'engager dans la Superstition. Joint que de trois que je connois de ces septiémes garçons, il y en a deux qui ne guerissent de rien, & que le troisiéme m'a avoüé de bonne foi, qu'il avoit eu autrefois la reputation de guerir de quantité de maux, quoiqu'en effet il n'ait jamais gueri d'aucun. C'est pour-

quoi du Laurent (e), a grande raison de rejetter ce prétendu pouvoir, & de le mettre au rang des fables, en ce qui concerne la guerison des écroüelles.

Il y a encore grande raison de ne pas approuver ce que l'on dit (f) du Baron d'Aumont, Comte de Chasteauroux, savoir que le fils aîné de sa Famille, guerir des écroüelles, non par son attouchement, mais avec du Pain-beni, parce qu'il y a dans sa Seigneurie une Fontaine, proche laquelle on a fait reposer autresfois les Reliques des trois Rois.

On me disoit il y a quelque tems, que les septiémes filles avoient le privilege de guerir des mules aux talons. Mais ce rare privilege ne subsiste que dans l'imagination des personnes qui veulent railler, non plus que celui de guerir les louppes, lequel on attribuë aux enfans posthumes, & à la main d'un Boureau fraischement revenu de faire quelque execution de mort.

Il y a long-tems que les Fideles qui ont été mordus des chiens ou des autres animaux enragez reclament S. Hubert Evêque de Tongres, qu'ils font des pelerinages au Monastere qui porte son nom, & qui est situé dans la forêt des Ardennes dans le Diocese de Liege, où on leur fait une incision au front, dans laquelle on enferme une particule de l'Estolle de ce saint Prelat; & qu'ils reçoivent, dit on du soulagement dans leur mal, par le secours de son intercession auprés de Dieu, ainsi qu'on le peut voir dans l'Histoire des miracles de ce Saint, écrite par un Auteur anonyme vers la fin du onziéme siecle (g), & publiée par le Pere Jean Robert Jesuite, & par le Pere Dom Jean Mabillon Benedictin (h).

Mais qu'en cette consideration les parens de S. Hubert, & ceux qui ont été taillez de son Estolle, guerissent les malades du même mal pour lequel il est reclamé, ou leur donnent répit ou relasche, comme l'on parle d'ordinaire, & empeschent quelque tems qu'ils ne deviennent enragez, c'est surquoi l'Eglise ne s'est point encore expliquée jusqu'à present dans ses Conciles. Quand elle aura prononcé sur ce fait, & qu'elle aura approuvé autentiquement ces personnes-là & toutes les choses qu'elles pratiquent pour procurer aux malades la guerison de leurs maux, on pourra, sans craindre de tomber dans la Superstition, leur donner quelque confiance, & ajoûter foi à leurs benedictions, à leurs oraisons, & à tout ce qu'ils prescrivent. Mais tant qu'elle ne se declarera point en leur faveur, je pense qu'on doit plutôt avoir recours aux remedes que l'Eglise & la Medecine nous presentent, que de se servir de leur ministere.

J'ajoute même deux choses qui ne paroissent bien dignes de remarque.

La premiere, que ce n'est pas un remede fort sûr pour la rage que d'étre taillé de l'Estole de Saint Hubert, quoiqu'en dise le placard des Questeurs de la Confrairie de S. Hubert en ces mots: „ Les possedés &
„ obsedés sont délivrés, les dévoyés d'esprit recouvrent
„ leur parfaite santé, les mordus, navrés ou endommagés
„ de quelque béte enragée, sont, par la vertu de la
„ sainte & miraculeuse Estole, que l'Ange apporta du
„ ciel à S. Hubert, de la part de la glorieuse Mére de
„ Dieu, préservez du funeste accident de la rage. La-
„ quelle sainte Estolle depuis huit cens ans en ça & davan-
„ tage, quoique l'on ne cesse d'y couper pour le secours
„ & remede des affligés, persevére neanmoins en son
„ étre,

(a) Supra.

(b) De militari illa vulnerum curatione, audacter dico niti Dæmoniaco pacto, & ex genere suo id lethale crimen. Blasphemum quoque est vocare artem D. Anselmi, quæ fuit magi illius Anselmi Parmensis commentum: Accedit quod sic à vulneribus aut morbis sanati, postea in dolores gravissimos & sæpe morbos sæviores reincidant, & ut plurimùm vitæ exitum pessimum fortiantur; Quod possem mihi notorum multorum exemplis astruere. Sed parco nominibus mortuorum.

(c) Delrio & du Laurent sup.

(d) V. Antoine Mizauld Centur. 3. Memorabil. &c. n. 66.

(e) L. 1. de Strumis c. 2. Commentitia sunt, *dit-il*, quæ vulgus narrat omnes qui septimi nati sunt, nulla interveniente sorore in tota ditione Regis Franciæ curare strumas in nomine Domini & sancti Marculfi, si ternis aut novenis diebus jejuni contingerint. Quasi, ait Paschalius, sit hoc vestigium divinum legis Salicæ excludentis fæminas.

(f) Ident. Quæ de Barone d'Aulmont Comte de Chasteauroux in Sequanis circumferuntur non probo: curare scilicet strumas filium ejus familiæ primogenitum, non contactu, sed panis benedicti eulogiis, quia fons in ejus ditione ad quem requievere Reliquiæ trium Regum.

(g) C. 21. & 29.

(h) In histor. S. Huberti, Sæcul. IV. Actor. SS. Ord. S. Bened. part. 1.

„ être, fans fe confommer ni défaillir. Et quiconque
„ en eft muni eft affranchi de tous perils de rage,
„ pourvû qu'il obferve les regles de la neuvaine pref-
„ crite, parce que l'experience presque journaillere fait
„ foi indubitable que ceux qui ne les ont obfervées
„ ont été faifis de rage, & font morts miferablement;
„ & au contraire que ceux qui s'en font devotement
„ acquités ont été delivrés de tous dangers & perils.
„ C'eft chofe grande certainement & digne de très-
„ grande admiration, que cette celefte Eftolle chaffe &
„ terraffe ainfi la rage, mais beaucoup plus encore,
„ qu'une fi petite parcelle de la ditte fainte Eftolle en-
„ tée au front de quelque perfonne lui donne ce privi-
„ lege & prérogative qu'elle fufpend & empêche les
„ effets & malignité de la rage en un autre qui ayant
„ été offenfé par quelque bête enragée ne peut, ou
„ par la longueur & difficulté de chemin, ou pour
„ quelque maladie, ou pour infirmité de fon âge, ou
„ pour autre empêchement légitime, faire le voyage
„ audit S. Hubert, fitôt que la grandeur du peril émi-
„ nent le requiert, pour là y recevoir le remede con-
„ venable & accoûtumé; & ce en donnant à la per-
„ fonne ainfi offenfée, terme & repit de 40 jours a la
„ fois tant feulement; lequel terme ou repit fe peut
„ demander une, deux & plufieurs fois, même fe pro-
„ longer plufieurs années, fi ainfi la neceffité le re-
„ quiert: pendant toutes lesquelles quarantaines, la
„ rage (quoiqu'autrement très-certaine & inévitable)
„ ne peut operer ces effets, pourvû toutesfois que le
„ fusdit terme ou répit fe demande avant la fin de cha-
„ que quarantaine.

En 1687. au mois de Mars, j'affiftai à la mort un
de mes Paroiffiens de Champrond nommé *Damien Mon-*
tandouin, qui ayant été mordu d'un chien enragé,
mourut de la rage, où comme parlent les Medecins
de *l'hydrophobie.* Cependant il avoit fait le voyage de
S. Hubert, il avoit obfervé fort exactement tout ce
qui y eft prefcrit pour la neuvaine de S. Hubert: enfin il avoit été taillé de l'Eftolle de ce S. Evêque, ainfi
qu'il me l'affura lui-même, & que je le reconnus tant par
la cicatrice encore toute fraîche qu'il avoit au front,
que par l'atteftation autentique de D. Luc Crahea,
Treforier de l'Abbaye de S. Hubert, qui l'avoit taillé.
Cette atteftation m'eft demeurée entre les mains, & je
le rapporterai tout à l'heure.

La 2. chofe qui eft à remarquer, c'eft que la plupart des pratiques que l'on fait obferver à ceux qui
font taillés de l'Eftolle de S. Hubert, font fuperftitieufes. Elles font fpecifiées dans la feuille qu'on donne
aux pelerins, & qui contient ce qui fuit: „ La for-
„ me & la maniere de faire la Neuvaine de S. Hubert.
„ La perfonne à qui on a inferé dans le front une par-
„ celle de la fainte Eftolle, doit obferver les articles
„ fuivans.

„ 1. Elle doit fe confeffer & communier neuf jours
„ confecutifs.

„ 2. Elle doit coucher feule en draps blancs & nets,
„ ou bien toute vétuë.

„ 3. Elle doit boire dans un verre, ou autre vaif-
„ feau particulier & ne doit point baiffer fa tête pour
„ boire aux fontaines ou ruiffeaux.

„ 4. Elle peut boire du vin rouge, clairet, & blanc,
„ mêlé avec de l'eau, ou boire de l'eau pure.

„ 5. Elle peut manger du pain blanc, ou autre: de
„ la chair d'un porc mâle d'un an ou plus: des cha-
„ pons ou poules, auffi d'un an ou plus: des poiffons
„ portant écailles comme harengs forets, carpes, &c.
„ des œufs durs cuits; & toutes ces chofes doivent
„ être mangées froides.

„ 6. Il ne faut pas peigner fes cheveux pendant 40
„ jours.

„ 7. Le dixième jour on doit faire délier fon ban-
„ deau par quelque Prêtre, le faire brûler, & en met-
„ tre les cendres dans la Pifcine.

„ 8. Il faut garder tous les ans la Fête de S. Hu-
„ bert, qui eft le 3. de Novembre.

„ 9. Et fi la perfonne recevoit bleffure ou morfure
„ de quelques animaux enragés, qui allât jusqu'au
„ fang, elle doit faire la même abftinence l'espace de
„ trois jours, fans qu'il foit befoin de revenir à S.
„ Hubert.

„ 10. Elle pourra enfin donner répit ou délai de 40
„ à 40 jours à toutes perfonnes qui font bleffées ou
„ morduës à fang, ou autrement infectées par quelques
„ animaux enragés.

Je foufigné Religieux de S. Hubert certifie d'avoir tail-
lé Damien Montaudouin demeurant à Champrond, Evê-
ché de Chartres. Fait à S. Hubert ce 10. Fevrier
1687.

D. Luc Crahea, Treforier
de S. Hubert.

Or que la plupart de cés pratiques foient fuperftitieufes, c'eft ce qui a été fouvent décidé par les Docteurs en Theologie de l'Univerfité de Paris. M. de
Sainte Beuve en fait foi dans fes *Refolutions des Cas de*
Confcience, où l'on lit ces paroles (a).

„ La perfonne qui eft traité en l'honneur de S. Hu-
„ bert, & avec l'Etolle 1. doit fe confeffer & com-
„ munier neuf jours enfuivans; doit dormir feule en draps
„ blancs nouveaux lavés, ou toute vétuë, doit boire
„ feule; ne doit baiffer fon chef en bâvant aux fontai-
„ nes ou rivieres. *Item* peut boire vin rouge, blanc
„ & clairet, mêlé avec de l'eau, ou boire de l'eau
„ feule, peut manger pain blanc & autre, chair de
„ port d'un mâle ayant un an ou plus, chapon ou geli-
„ ne vieux d'un an ou plus, poiffons ayant écailles,
„ comme harengs forets, carpes, œufs durs cuits; &
„ tout ce devant nommé fe doit être mangé froid &
„ point autrement. *Item* ne peut peigner fon chef
„ pendant 40 jours; Et fi la perfonne recevoit bleffu-
„ re ou morfure de quelque bête jusqu'au fang, doit
„ faire la même abftinence l'efpace de trois jours, fans
„ retourner ici. *Item* au 10 jour doit faire délier fon
„ bandeau par un Prêtre, & le faire ardre & mettre
„ les cendres dans la Pifcine. *Item* doit feftoyer le
„ jour de S. Hubert tous les ans, qui eft le 3. de No-
„ vembre. *Item* pourra donner répit à toutes perfonnes
„ étant morduës de quelque bête enragée jusqu'au fang
„ de 40 jours à 40 jours.

Le foufigné Religieux certifie avoir taillé Jaques Lypos
de Fresne, proche Peronne, Evêché de Noyon le 23. Jan-
vier 1671.

D. Alexis Colart, Tréforier.

Meffieurs les Docteurs font fuppliés de donner leur avis
fur cette pratique, & fi elle peut être tolerée, ou fi elle ne
doit pas être retranchée.

„ Les Docteurs en Theologie fous-fignés declarent
„ avoir plufieurs fois répondu, que cette pratique eft
„ blâmable & fuperftitieufe, qu'elle ne peut être to-
„ lerée, mais qu'elle doit être retranchée: laquelle re-
„ ponfe a été faite après avoir vû l'avis des Docteurs
„ de la Faculté de Medecine de Paris, parmi lefquels
„ étoient Mrs. Brayer & Dodart, qui l'ont condam-
„ née à ce qui regarde le couché, la nourriture & au-
„ tres chofes qui appartiennent à leur Profeffion; com-
„ me les fous fignés l'ont condamnée en ce qui regar-
„ de les neuf Confeffions & Communions en neuf jours
„ confecutifs, le déliement du bandeau par un Prêtre,
„ l'obligation de faire la Fête de S. Hubert, le pou-
„ voir de donner répit de 40 jours, le tout étant fu-
„ perftitieux. En foi de quoi ils ont figné ce jourd'hui
„ 10. Juin 1671.

De Sainte Beuve.

Ceux

(a) Tome II. 293. Cas. p. 627, 628.

Ceux qui se disent de la race de S. Martin pretendent guerir du mal-caduc, en observant les ceremonies suivantes. Le Vendredi-Saint un de ces Medecins prend un malade, le mene à l'adoration de la Croix, la baise avant les Prêtres & les autres Ecclesiastiques, & jette un sou au bassin; le malade baise la Croix après lui, prend le sou qu'il a mis au bassin & en met deux à la place, puis il s'en retourne, il perce ce sou & le porte pendu à son cou. Mais si ces observances ne sont vaines, je n'entens pas bien ce que c'est que vaine observance, qu'observance des santez, qu'observance des choses sacrées, qu'observance des jours & des tems. Pour peu qu'on applique ce que nous avons dit ci dessus de ces quatre observances, à cette methode de guerir le mal-caduc, il sera facile de reconnoître qu'elle est superstitieuse pour plusieurs raisons.

Je n'ai jamais creu que ce que l'on attribuë à ceux qui sont de la Maison de Coutance dans le Vendômois, fût veritable, savoir qu'ils guerissent les enfans de la maladie appellée *le Carreau*, en les touchant. J'ai toujours été persuadé au contraire que cette guerison étoit ou imaginaire ou superstitieuse. Ainsi j'estime que c'est avec justice que Baronius (a) se mocque de la superstition des femmes & des païsans d'Allemagne, qui, pour honorer Waldemar, Roi de Dannemarck, lui presentoient leurs enfans, dans l'esperance que s'il les touchoit ils seroient heureux, & auroient une bonne éducation, & lui donnoient à jetter de la main droite des grains qu'ils devoient semer, dans la pensée qu'ils viendroient mieux.

Je sçai un Jardinier Provençal, qui se mêle de guerir les cors des pieds en les touchant & en disant quelques prieres, & qui assure que tous ceux de sa famille, & quelques autres familles de Provence ont le même pouvoir. Mais comme ni lui, ni ce qu'il fait, ni ce qu'il dit, n'est point approuvé de l'Eglise, j'aimerois mieux porter toute ma vie des cors aux pieds, si j'en avois, que de me les faire guerir par son ministere, que je croi absolument un ministere de superstition.

Il n'en est pas de même du pouvoir qu'ont les Rois de France de guerir les écrouelles par le seul attouchement; en disant à chaque malade, *Le Roi te touche, & Dieu te guerit*, & en faisant le signe de la Croix sur lui. Car il est hors de doute, que ce pouvoir est une grace gratuitement donnée, qu'ils reçoivent du saint Esprit, & qui est reconnuë par le témoignage non seulement des François, mais même des Etrangers, comme de Leonard Vair (b), de Valdesius (c), du (d) P. Delrio d'Anvers, qui avoit été Conseiller au Conseil Royal de Brabant, Auditeur ou Juge general de l'Armée Catholique, & enfin Vicechancelier de Brabant avant que de se faire Jesuite, & de plusieurs autres. L'Auteur (e) du Livre intitulé *Mars Gallicus*, quoique très-injurieux à la France & à nos Rois Très-Chrétiens, n'est pas disconvenu de cette verité, tout Flamand qu'il étoit & sujet du Roi d'Espagne. On peut voir cette matiere fort amplement traitée dans le Livre de du Laurent, *De mirabili strumas sanandi vi solis Galliæ regibus Christianissimis concessa.* Monsieur de Priezac Conseiller d'Etat ordinaire, en a aussi parlé dans le Traité qui a pour titre, *Vindiciæ Gallicæ adversus Alexandrum Patricium Armachanum Theologum*, & d'Espeisses, Président au Parlement de Paris, dans son (f) *Energumenicas.*

(a) Tom. 12. Annal. ad. an. 1162.
(b) L. 1. c. 11. & l. 3. c. 6.
(c) L. de dignitate Regum. &c. Hispaniæ.
(d) L. 1. Disq. Magic. c. 3. q. 4.
(e) *Patritius Armachanus*, qui est Jansenius. Au reste, malgré ces autorités, il sera toujours permis de douter de la verité de la guerison.
(f) Pag. 154. & 155. Ed. anni. 1571.

CHAPITRE V.

Refutation des vaines excuses qu'apportent ordinairement ceux qui consultent les Devins, qui font venir les Sorciers ou les Charmeurs chez eux pour ôter les malefices ou les charmes, qui portent des Preservatifs, des Ligatures ou des Brevets, &c. qui disent ou qui font dire des Oraisons pour guerir les autres ou pour se guerir eux-mémes de leurs maladies, & qui se servent d'autres pratiques superstitieuses. Avec combien de soin les Ecclesiastiques doivent veiller, afin de déraciner ces pratiques.

MAIS avant que de finir cet Ouvrage, il ne faut pas oublier à refuter ici les impertinentes raisons & les vaines excuses qu'alleguent pour l'ordinaire ceux qui consultent les Devins, qui font venir les Sorciers ou les Charmeurs dans leurs maisons, afin de rompre les malefices ou d'ôter les charmes qu'on peut leur avoir faits; qui portent des Preservatifs, des Ligatures, des brevets, des caracteres, des ceintures, des anneaux, des Talismans; qui cueillent des herbes à certaines heures & à certains jours; qui gardent des tisons & des cendres en certains tems; qui disent ou qui font dire des paroles ou des oraisons, pour guerir les autres, ou pour se guerir eux-mêmes, de leurs maladies; enfin qui se servent de quelqu'autre pratique superstitieuse.

I. Ils s'excusent sur ce que s'ils n'eussent consulté les Devins, s'ils n'eussent fait venir chez eux les Sorciers & les Charmeurs, &c. ils eussent été reduits à la mendicité, à la derniere misere.

Une objection si miserable & si indigne d'un Chrétien, ne meritoit pas de réponse (g). Neanmoins en voici deux qu'on peut faire. La premiere, que lorsque Dieu nous afflige de la pauvreté & de la perte des biens de la terre, nous devons nous consoler par ces paroles de l'Apôtre saint Jaques, qui dit (b): *Dieu n'a-t-il pas choisi ceux qui étoient pauvres dans le monde pour être riches dans la foi & heritiers du Royaume qu'il a promis à ceux qui l'aiment?* La seconde, qu'il vaut mieux être pauvres, & conserver la foi, que d'être riches en la perdant, parce qu'en la perdant, nous perdons tous les biens de l'ame, & toute l'esperance de nôtre salut; au lieu qu'en la conservant nous conservons le plus riche de tous les tresors, selon l'expression de S. Ambroise (i).

II. Ils disent que souvent les pratiques superstitieuses sont accompagnées de quantité de choses saintes & honnêtes, comme sont les jeûnes, les veilles, les prieres, les aumônes, les Confessions, les Communions; les Messes, les mortifications, & les autres exercices de pieté, & que cela les rend exemptes de peché, aussi-bien que ceux qui les observent.

Mais Gerson (k), leur fait faire cette reponse par un bon Catholique, Que plus la superstition est mêlée de bonnes choses, & plus elle est criminelle, d'autant qu'elle fait honorer le Diable par ce qui devoit servir à honorer Dieu.

Il leur répond aussi lui-même, (l) que „ c'est princi-
„ pa-

(g) Suivant ces avis du Sage, Prov. 26. Ne respondeas stulto juxta stultitiam suam, ne efficiaris ei similis.
(b) Ep. Cath. c. 2.
(i) Lib. 3. de Virginib. O thesauris omnibus opulentior fides!
(k) In Trilogio Astrologiæ Theologizatæ propos. 21. Respondebat unus verè & Catholicè, Superstitionem tanto pejorem esse, quanto plura miscentur bona, quoniam unde deberet honorari Deus, honoratur Diabolus.
(l) Tract. de errorib. circa artem magic. &c. dicto 3.

„ palement en cette rencontre que l'inquité menut con-
„ tre elle-même; Que l'on peut abuser des meilleures
„ chofes & des plus faintes, que l'abus que l'on en
„ fait, eft le plus dangereux & le plus deteftable de
„ tous; que le demon étant très-impur, nous ne de-
„ vons pas efperer qu'il nous fanctifie par ces pratiques
„ qu'il ne nous propofe qu'afin de fe faire adorer & de
„ fe faire offrir des facrifices pleins de facrileges; Et
„ que fi cela n'étoit ainfi, jamais Dieu ni les Saints
„ qui ont été infpirez de lui, ne nous euffent defendu
„ la Superftition avec tant de rigueur, jamais la Theo-
„ logie & les Theologiens, que l'on eft plus obligé
„ de croire que des femmelettes ignorantes, que des
„ impies, que des idolatres, que des gens abandonnez
„ à un fens reprouvé, ne l'euffent fi fortement con-
„ damnée qu'ils ont fait. Et il ne fert à rien de dire
„ qu'en pratiquant toutes ces chofes, on renonce au
„ Demon, & on n'a point d'autre intention que d'ho-
„ norer Dieu. Car par ce moyen il n'y auroit point
„ d'idolatres, & on ne pourroit imputer aucun peché
„ à ceux qui ont martyrifé les Apôtres, parce que
„ l'intention des idolatres eft d'adorer Dieu, ou ce
„ qu'ils croient Dieu, & non pas le Demon; Et que
„ ceux qui ont martyrifé les Apôtres, ont creu ren-
„ dre fervice à Dieu en le faifant. Or n'eft ce pas un
„ étrange aveuglement que de dire que l'on rend fer-
„ vice à Dieu lorfque l'on peche contre fes Comman-
„ demens?

La Faculté de Theologie de Paris montre encore la
vanité de cette objection par la Cenfure qu'elle publia
le 19. Septembre 1398. car voici comme elle parle dans
l'article XII. de cette Cenfure: „ *Dire* que les paro-
„ les facrées, les Oraifons devotes, les jeûnes, les ab-
„ ftinences corporelles que l'on fait faire aux enfans &
„ aux autres perfonnes, les Meffes que l'on fait dire,
„ & les autres bonnes œuvres que pratiquent ceux qui
„ ufent de Magie & de malefices, excufent le mal qu'il
„ peut y avoir dans l'ufage qu'ils en font, bien loin
„ de les accufer, *c'eft une erreur.* Car par ce moyen
„ on tâche de facrifier aux Demons les chofes faintes,
„ & Dieu même dans l'Euchariftie. Ce que les De-
„ mons font, ou parce qu'ils veulent être honorez
„ comme Dieu, ou pour cacher leurs tromperies, ou
„ pour furprendre plus facilement les fimples & les
„ perdre plus cruellement.

III. Ils croyent qu'il n'y a point de peché à fe fervir de Prefervatifs, de Ligatures, de Billets, d'Oraifons, &c. parce que toutes ces chofes font compofées
de paroles tirées de l'Ecriture-Sainte, ou des Offices
de l'Eglife.

Voilà l'artifice dont fe fert le Demon pour mieux
couvrir fa malice. Voilà comme il enfeigne l'abus des
chofes les plus faintes, pour engager la credulité des
peuples dans les pratiques fuperftitieufes. „ Les recep-
„ tes des Sorciers *dit Bodin* (a), font pleines de bel-
„ les Oraifons, de Pfalmes, du nom de Jefus-Chrift,
„ à tout propos de la Trinté, de Croix à chacun
„ mot, d'eau benite, des mots du Canon de la Meffe.
„ *Gloria in excelfis; Omnis fpiritus laudet Dominum:*
„ *A porta inferi: Credo videre bona Domini,* &c. qui
„ eft chofe d'autant plus deteftable, que les paroles
„ faintes font appliquées aux Sorceleries. Une Sor-
„ ciere fut brûlée à Paris, *dit le Pere Crefpet* (b), le
„ 19. de Janvier 1577. par Arreft de la Cour, la-
„ quelle confeffa avoir guari quelques-uns qu'elle avoit
„ enforcelez, après avoir fendu un pigeon & mis fur
„ l'eftomach du patient, difant ces mots": Au nom
du Pere, & du Fils, & du faint Efprit, de faint Antoine, & de faint Michel l'Ange, tu puiffes guerir du
mal, *Enjoignant de faire une neufvaine par chacun an à
l'Eglife du village.* Cet abus au refte eft d'autant plus
horrible & damnable, felon le premier Concile Provin-

cial de Cologne (c) en 1536. que la chofe dont on
abufe eft plus fainte & plus facrée. C'eft pour cela
que plufieurs Conciles de ces derniers tems ont fait divers Reglemens contre ceux qui profanent la parole de
Dieu, & qui en abufent pour faire des Superftitions.
Le Concile de Trente (d) ordonne „ aux Evêques
„ de punir fuivant les peines de Droit, & felon qu'ils
„ le jugeront plus à propos toutes les perfonnes qui
„ auront la temerité d'abufer des paroles & des penfées
„ de l'Ecriture-Sainte, de les tourner en raillerie, de
„ s'en fervir pour des Superftitions, des Enchante-
„ mens impies & diaboliques, des divinations, des for-
„ tileges & des libelles diffamatoires". Le premier
Concile Provincial de Milan (e) en 1565. Le Concile Provincial de Reims (f) en 1583. & le Concile Provincial de Bourges (g) en 1584. ont ordonné la même chofe.

IV. Ils fe perfuadent qu'il n'y a nulle offenfe à vouloir guerir les maladies des hommes & des bêtes, par
des Exorcifmes & des Oraifons, fous pretexte que le
nom de Dieu & celui de JESUS y font employez
& repetez fouvent.

Mais ils ne prennent pas garde que c'eft-là une autre rufe du Demon, pour les porter à la profanation
de ces noms fi auguftes & fi venerables. Car il ne fait
entrer ces faintes paroles dans les Charmes, qu'afin d'en
faire trouver le poifon plus agreable: en y mêlant un peu
de miel, pour ufer des termes de S. Auguftin (b).
C'eft dans cette vuë que S. Jean Chryfoftome dit ce qui
„ fuit (i): Ce que je trouve encore plus criminel que
„ l'abus dont je parle, eft que quand nous ufons de re-
„ monftrances pour nous détourner des enchantemens,
„ il fe trouve des perfonnes qui croient alleguer une ex-
„ cufe bien legitime, en difant, que la femme que
„ l'on employe pour chaffer les enchantemens par des
„ charmes tout contraires, ne fe fert que du nom de
„ Dieu. Et c'eft ce que j'ai le plus en averfion & en
„ horreur, de voir que l'on fe ferve du faint Nom de
„ Dieu pour lui faire un fi grand outrage, & qu'une
„ femme qui fait profeffion d'être Chrétienne, parois-
„ fe Payenne dans cette action. Certes quoique les
„ Demons proferaffent le nom de Dieu, ils ne laif-
„ foient pas d'être Demon: & dans le tems même
„ qu'ils difoient à Jefus-Chrift, Saint de Dieu nous
„ fçavons bien qui vous êtes, il les reprenoit avec
„ beaucoup de feverité, & les chaffoit honteufement".
C'eft auffi pour ce fujet que le Concile Provincial de
Bourges (k) dont nous venons de parler, condamne
les Devins, les Enchanteurs & les Sorciers, & fur tout
ceux qui abufent du nom de Dieu & des chofes facrées
pour commettre des Superftitions: „ & qu'il veut que
„ les Ecclefiaftiques qui feront convaincus d'un fi
„ grand crime, foient fufpens des fonctions de leurs
„ Ordres, & livrez au bras feculier, & que les
„ Laïques foient excommuniez & dénoncez à leurs
„ Juges.

Le Synode du Mont Caffin de 1626. dit (l) dans le
même efprit, qu'il ne faut pas fe laiffer tromper par ces
gens qui employent des paroles facrées pour mieux autorifer leurs mechancetés, parce que la Superftition a
toujours été la fauffe imitatrice de la veritable pieté,
& que ces loups affamés ne tromperoient jamais les
fimples & innocentes brebis, s'ils ne cachoient leur rage brutale fous le nom adorable de Jefus-Chrift.

V. Ils

(a) L. 2. de la Demonom. c. 1.
(b) L. 1. de la haine du Diable, &c. Dif. 10.

(c) P. 9. c. 16. Quanto res facratior, tanto abufus ejus dam-
nabilior.
(d) Seff. 4. Decret. de edit. & ufu Sacr. Libror.
(e) Conftit. p. 1. decret. 2.
(f) Tit. de fortileg. &c. n. 1.
(g) Tit. 4. Can. 3.
(b) Tract. 7. in C. 1. Joban. Mifcet præcantationibus fuis
nomen Chrifti: ut det venenum addit mellis aliquantulum.
(i) Homil. 21. ad Pop. Antioch.
(k) Tit. 40. Can. 1. Damnat hæc Synodus eos maximè qui
nomine Dei & rebus facris in Superftitionibus abutuntur.
(l) Animadvertant Parochi non effe ab iis decipiendos, qui facra verba mifcent, & non nifi facra continere contendunt. Su-
per-

V. Ils s'imaginent avoir l'excuse du monde la plus legitime, en disant: *Nous avons été obligez d'avoir recours aux Enchantemens, aux Preservatifs, aux Ligatures, aux Billets, aux Caracteres, aux Ceintures, aux Anneaux, aux Talismans, aux paroles & aux Oraisons superstitieuses, parce que sans cela nous eussions été très-long-tems, & très dangereusement malades, nous fussions demeurez perclus de la moitié de nous-mêmes, nous eussions été estropiez toute nôtre vie, nous fussions morts.*

Mais qui les a assurez que les remedes superstitieux les ont guéris & leur ont sauvé la vie? Je ne craindrai point, dit admirablement S. Jean Chrysostome (a), ,, d'avancer une verité qui paroîtra peut-être incroya-,, ble. C'est que quand même les Enchanteurs gueri-,, roient veritablement les maladies, il vaudroit mieux ,, mourir que de chercher sa guerison en implorant le ,, secours de ces ennemis de Dieu. Car que sert de ,, guerir le corps, si on laisse mourir l'ame? Et quel ,, avantage y a-t'il de recevoir un peu de consolation ,, en ce monde pour être ensuite precipité dans les fla-,, mes eternelles"? N'est-ce pas-là ce que le Fils de Dieu nous enseigne par ces mots de l'Evangile (b)? ,, Si vôtre main ou vôtre pied vous est un sujet de ,, scandale & de cheute, coupez-les & jettez les loin ,, de vous. Il vaut bien mieux pour vous que vous ,, entriez dans la vie n'ayant qu'un pied, ou qu'une ,, main, que d'avoir deux pieds & deux mains & d'ê-,, tre precipité dans le feu eternel. Et si vôtre œil ,, vous est un sujet de scandale & de cheute, arrachez-,, le & jettez-le loin de vous. Il vaut bien mieux pour ,, vous que vous entriez dans la vie, n'ayant qu'un ,, œil, que d'avoir deux yeux, & d'être precipité dans ,, le feu de l'enfer". N'est-ce pas-là aussi ce qui obli-gea S. Bernard d'éloigner de soi en criant, & de chas-ser avec un grand mouvement d'indignation, une fem-me qui usoit d'enchantemens, & qu'on lui amena pour le guerir d'une grande douleur de tête qui le travailloit: ainsi que le raporte Guillaume, Abbé de S. Thierry de Reims (c).

Sachez mes Freres, avant toutes choses, (dit S. Augustin dans le Sermon des Augures (d)) ,, Que le De-,, mon ne peut causer le moindre dommage, ni à vous, ,, ni à ceux qui vous appartiennent, ni à vos bestiaux, ,, ni à quoi que ce soit que vous ayez, si Dieu ne ,, lui en donne la permission. Car il ne pût nuire à ,, Job qu'après que Dieu le lui eût permis; Et nous ,, lisons dans l'Evangile qu'après que les Diables eu-,, rent été chassez des corps de ceux qu'ils possedoient, ,, ils demanderent au Fils de Dieu qu'il leur permît ,, d'entrer dans le corps des pourceaux. S'ils n'oserent ,, y entrer sans permission, qui de vous aura as-,, sez peu de foi pour croire qu'ils puissent nuire aux ,, bons Chrétiens, si Dieu ne leur permet de le faire? ,, Or Dieu le permet quelquefois pour deux raisons; ,, ou pour nous éprouver, si nous sommes justes, ou ,, pour nous corriger, si nous sommes pecheurs. Ceux ,, qui souffrent patiemment ce qui leur arrive de la ,, part de Dieu, & qui disent, lorsqu'ils ont perdu quel-,, que chose, Dieu me l'avoit donné, Dieu me l'a ,, ôté, il n'en est arrivé que ce qui lui a pleu, que ,, son nom soit beni; leur patience est recompensée, ,, s'ils sont justes, ou leurs pechez leur sont pardon-,, nez, s'ils sont pecheurs. Prenez bien garde à cela, ,, mes Freres. Parce que le Diable ayant dépouillé Job ,, de tous ses biens, ce saint homme, ne dit pas, le ,, Seigneur me les a donnez, le Diable me les a ôtez: ,, *Mais*, Le Seigneur me les a donnez, Le Seigneur

,, me les a ôtez. Il ne voulut pas donner cette gloire ,, au Diable, que de dire qu'il pouvoit les lui ôter ,, sans la permission de Dieu. Si cet ennemi de nôtre ,, salut ne pouvoit lui faire du mal ni en sa personne, ,, ni en celle de ses enfans, ni en ses chameaux, ni en ,, ses ânes, à moins que Dieu ne lui en eût donné la ,, permission, y-a-t'il lieu de croire qu'il puisse faire ,, plus de mal aux Chrétiens qu'il ne plaira à Dieu ,, qu'il leur en fasse. C'est pourquoi étant bien per-,, suadez que nous ne pouvons perdre que ce que Dieu ,, veut que nous perdions, abandonnons nous entiere-,, ment à sa misericorde, & après avoir rejetté les ob-,, servances sacrileges, mettons en lui toute nôtre con-,, fiance.

Mais vous me direz peut-être, c'est encore S. Jean Chrysostome qui parle de la sorte (e), ,, Laisserai-je ,, donc mourir mon enfant? Et moi je vous dis que ,, si vôtre enfant ne vit que par cet artifice criminel, ,, sa vie est une veritable mort, & qu'au contraire vous ,, le ferez vivre en le faisant mourir; plutôt que de con-,, server sa vie par ce moyen. Dites-moi je vous prie, ,, si quelqu'un vous disoit: Portez-le dans un des ,, Temples où l'on adore les Idoles, & je vous assure ,, qu'il vivra, le feriez-vous? Vous me répondriez ,, sans doute que vous ne l'y porteriez pas, & d'où ,, vient que vous n'oseriez l'y porter? Vous me repli-,, querez infailliblement, que c'est parce que vous se-,, riez contraint d'y commettre une idolatrie, & que ,, ce n'est ici la même chose, parce qu'il ne s'agit ,, que de charmes & d'enchantemens. Voilà certes une ,, pensée de Sathan; voilà une invention diabolique, ,, de cacher ainsi la fourberie & de presenter du miel ,, dans un breuvage empoisonné. Le Diable s'étant ap-,, perçu qu'il ne gagnoit rien sur vous en vous portant ,, directement à l'idolatrie, a pris un autre chemin pour ,, vous seduire, & vous a persuadé d'avoir recours à ,, ces choses que vous attachez à vôtre coû, & d'é-,, couter ces contes de vieilles. Ainsi la Croix est des-,, honorée, & les caracteres magiques sont reçus avec ,, respect. On chasse honteusement Jesus-Christ, & ,, on fait entrer en sa place une vieille radoteuse qui ,, est actuellement yvre. On foule aux pieds le my-,, stere de nôtre salut, & la fourberie du Diable est ,, triomphante. Peut-être me demanderez-vous? pour-,, quoi donc Dieu ne punit-il pas ceux qui en usent ,, ainsi? C'est que comme il voit qu'après les avoir ,, souvent punis, il ne les a pas persuadez, il vous aban-,, donne à vôtre erreur, comme saint Paul dit des Pa-,, yens, *Qu'il les a livrez au sens reprouvé.*

,, Le Roi David, *dit ce même Pere* (f), aimoit son ,, petit-fils, qui étoit fort malade. Il se couvrit de ,, sac & de cendres, mais il ne fit venir dans son Pa-,, lais ni Devins ni Enchanteurs, quoi qu'il y en eût ,, pour lors, ainsi que nous l'aprenons de l'Histoire de ,, Saul: il offrit seulement à Dieu ses prieres. Quel-,, que amitié que vous ayez pour vôtre fils, elle n'é-,, galera jamais celle que ce Prince avoit pour le sien. ,, Le paralytique qui demeura 38 ans dans son lit, se ,, faisoit porter tous les ans à la piscine probatique, & ,, tous les ans il étoit repoussé sans pouvoir obtenir la ,, santé. Mais il n'eut recours pour cela, ni aux De-,, vins, ni aux Enchanteurs, ni à ceux qui promettent ,, de guerir les malades par des ligatures. Il n'attendit ,, que le secours du Ciel, & ce fut là l'unique moyen ,, par lequel il reçut la santé d'une maniere admirable & ,, inouie. Le Lazare ne fut pas seulement 38 ans à ,, combattre la faim, la maladie & les ennuis; mais il ,, les combattit toute sa vie, & il mourut en cet état ,, à la porte du mauvais-riche, où il demeura baffoüé, ,, moqué, famelique & abandonné aux chiens. Son ,, corps étoit tellement affoibli, qu'il ne pouvoit pas ,, même chasser les chiens qui se jettoient sur lui, & ,, qui

---

Cap. II. Du C. — — — O. — —
perfidia enim vera pietatis falsa semper solet imitari: Non enim possent trucem illi lupi simpliciores fallere, nisi sub Christi nomine tegerent rabiem bestialem, C. 4. Decret 8.
(a) Homil. 6. advers. Judæos.
(b) Match. 18.
(c) — — — S. Bernard, — —
(d) 241. de tempore. S. Boniface, Archevêque de Mayence, l'attribue à Saint Augustin, Ep. ad Zachar. Rom. Pontif. cap. 6.

(e) Homil. 8. in Ep. ad Coloss.
(f) Homil. 20. in Ep. ad Coloss. Homil. 5. advers. Judæos.

„ qui venoient lecher ſes playes & ſes ulceres. Il ne
„ chercha pas neanmoins ni les enchantemens ni les
„ ligatures, ni les autres impoſtures du Demon, il
„ ne ſe ſervit ni de malefices, nì d'aucun autre mo-
„ yen illicite, mais il aima mieux mourir avec tous
„ ſes maux, que de faire la moindre choſe du mon-
„ de contre la pieté. Quelle miſericorde pourrons-nous
„ obtenir de Dieu après tous ces illuſtres exemples,
„ nous qui pour une petite fievre, pour une legere
„ bleſſure, avons recours aux ennemis de Dieu & aux
„ empoiſonneurs, & qui faiſons venir ces fourbes &
„ ces impoſteurs dans nos maiſons?

Voilà comment ce ſaint Archevêque fourniſſoit des remedes à un grand Clergé & à un grand Peuple, & des armes à tous les ſiecles à venir, pour combattre les pratiques ſuperſtitieuſes. Les Eccleſiaſtiques qui ont du zele pour le ſalut des Ames, ceux entr'autres qui ſont chargez de leur conduite & de leur inſtruction, doivent connoître ces remedes afin de les mettre en pratique, & ſavoir ſe ſervir de ces armes & de cel-les que l'Ecriture-Sainte, les Conciles, les ſaints Peres, & les Theologiens leur preſentent, afin de renverſer les deſſeins du Demon, qui veut regner dans le monde, en y faiſant regner les Superſtitions. Jamais leur zele & leur ſcience ne furent plus de ſaiſon que dans le tems où nous ſommes, parce que jamais ces abus n'eurent plus de vogue qu'ils en ont aujourd'hui parmi les peuples, comme le remarque fort bien Jean Polman, Chanoine Theologal & Penitencier de Cambray (a). C'eſt dans cet esprit que je me ſuis propoſé d'écrire ce Traité. J'espere que celui qui m'en a fait naître le deſſein, & qui m'a donné les forces de l'executer, ne me refuſera pas ſa divine protection, pour la continuation de cet Ouvrage. Ainſi ſoit-il.

(a) In Breviar. Theologic. 2. 2. Tit. de Superſtit. num. 984. Vanæ obſervationes, ſimiléſque Superſtitiones mirabiliter jam invaluerunt, & paſſim graſſantur per orationes, peregrinationes, Sanctorum novendialia, aliaque pia exercitia. Ideoque Epiſcopi Paſtores, Confeſſarii, Concionatores debent diligenter advigilare ut illæ radicitus exſtirpentur.

T A B L E

DES

C H A P I T R E S.

LIVRE PREMIER.

Sau-

❖≍(❂)≍❖≍(❂)≍❖≍(❂)≍❖≍(❂)≍❖≍(❂)≍❖≍(❂)≍❖≍(❂)≍❖≍(❂)≍❖≍(❂)≍❖≍(❂)≍❖≍(❂)≍❖≍(❂)≍❖

Approbation des Docteurs en Theologie de la Faculté de Paris.

J'Ai lû & approuvé le TRAITE' DES SUPERSTITIONS, composé par Monsieur Thiers, Bachelier de la Faculté de Theologie à Paris, & Curé de Champrond au Diocese de Chartres. A Paris, le 30. Janvier 1679.

MAZURE, Abbé de S. Jean de Chartres.

❖≍(❂)≍❖≍(❂)≍❖≍(❂)≍❖≍(❂)≍❖≍(❂)≍❖≍(❂)≍❖≍(❂)≍❖≍(❂)≍❖≍(❂)≍❖≍(❂)≍❖≍(❂)≍❖≍(❂)≍❖

Autre Approbation.

J'Ai appris d'un des plus sçavans Auteurs de nôtre siecle, que la Superstition n'oublie jamais de faire le plus d'honneur qu'elle peut à ses propres inventions; qu'elle affecte de les faire passer pour saintes & de les canoniser à sa mode; que Satan qui est son esprit, lui inspire d'en cacher le vice & d'en effacer l'horreur avec les couleurs de Religion, dont elle couvre leur superficie. Je puis assurer ceux qui liront le TRAITE' DES SUPERSTITIONS, composé par Mr. Thiers, Bachelier en Theologie de la Faculté de Paris, & Curé de Champrond, qu'il contient plusieurs exemples de ce genre d'impostures usitez parmi les Chrétiens populaires & charnels, lesquels sont ravis quand ils peuvent mêler quelque teinture de pieté & de culte divin sur leurs necessitez ou sur leurs voluptez, afin de se les rendre plus innocentes ou plus honnêtes. C'est la pensée de l'Auteur de cet Ouvrage lequel contentera les Sçavans, édifiera les simples & fournira aux Pasteurs des lumieres excellentes pour instruire les peuples. C'est le jugement que la verité m'oblige d'en porter. A Paris, en mon Presbytere de S. Martial, ce Dimanche 15. Janvier 1679.

N. PETIT-PIED, Docteur de la Maison & Societé de
Sorbonne, & Curé de S. Martial.

❖≍(❂)≍❖≍(❂)≍❖≍(❂)≍❖≍(❂)≍❖≍(❂)≍❖≍(❂)≍❖≍(❂)≍❖≍(❂)≍❖≍(❂)≍❖≍(❂)≍❖≍(❂)≍❖≍(❂)≍❖

Autre Approbation.

JE soussigné Docteur & Professeur en Theologie, de la Maison & Societé de Sorbonne; certifie avoir leu un Livre qui porte pour titre, *Traité des Superstitions*, avec une Preface; & n'avoir rien remarqué dans cet Ouvrage qui ne soit conforme à la Foi Catholique, Apostolique & Romaine, & aux bonnes mœurs. En Sorbonne, le 15. Octobre 1678.

PIROT.

❖≍(❂)≍❖≍(❂)≍❖≍(❂)≍❖≍(❂)≍❖≍(❂)≍❖≍(❂)≍❖≍(❂)≍❖≍(❂)≍❖≍(❂)≍❖≍(❂)≍❖≍(❂)≍❖

Autre Approbation.

NOus avons lû le *Traité des Superstitions* composé par Mr. Thiers, &c. que nous avons trouvé conforme à la doctrine de l'Eglise Catholique, & aux Maximes de la Morale Chrétienne. Nous le croyons non seulement très-utile à toutes sortes de personnes, mais même necessaire pour redresser dans la pieté & la vraye Religion beaucoup de Chrétiens, qui se trouvent engagez, & souvent même sans y penser, dans des pratiques Payennes, & dans un culte contraire à celui du vrai Dieu. Il seroit sans doute inutile de recommander la lecture de cet Ouvrage, puisqu'il n'est pas moins excellent, ni moins achevé que les autres Livres qui ont si generalement fait connoître le merite de l'Auteur qui le donne au Public, & qui a si heureusement gagné l'estime de tout le monde, qu'il n'y a personne qui ne soit avantageusement prévenu en sa faveur. Fait à Paris ce 20. Decembre 1678.

PH. DUBOIS.   LE FEVRE.

REMARQUES

Sur quelques endroits du Traité des Superstitions, par Mr.
Thiers, avec l'Explication de plusieurs Pratiques
Superstitieuses representées dans les Figures.

PAge 28. ligne 31. *Jean Garnier Loup-garou.*] Il
n'y a jamais eu de *Loup-garou.* Au lieu de les
bruler, comme on a fait autrefois, il auroit fallu les enfermer comme des fous. Les *Loup-garoux* sont des mise-
rables à qui d'ordinaire la solitude où ils vivent derange
l'imagination de telle façon qu'ils deviennent furieux &
courent les champs, comme des bêtes feroces. C'est
ce qui leur a fait donner le nom de *Loup-garou* : *Loup*
à cause de leur fureur, & *Garou*, comme qui diroit
gare, mot que l'on derive de l'Hebreû, & signifie
rapide. Telle est l'Etymologie que donne Borel du
mot *Garou.* Ainsi *Loup-garou* devroit signifier selon lui
un Loup qu'il faut éviter. Je crois que *Garou* doit
son origine à *Wer. Werdaar* en Alleman se rend en
François par *qui vive.* Du mot de Wer on a fait *gare*,
& de *gare* on a fait *Garou.*

Ibid l. 34 & suiv.] Tout ce que Mr. *Thiers* raporte ici de ce grand nombre de Sorciers ne sera crû que
des femmelettes & des enfans : au moins si par *Sorcier*
on entend une personne, qui se dévoue au Demon par
un pacte formel & en lui rendant ensuite un hommage
pareil à celui que l'on doit rendre à Dieu. Qu'il y ait
des gens assez méchans pour nuire aux autres par des
pratiques dangereuses que l'on appelle *Malefices*, empoisonnemens &c. personne n'en doute. Ici je dirai en passant, que selon la confession de quelques Sorciers exe-
cutés comme tels, ils avoient accoutumé d'adorer le
Diable & de lui prêter le serment de fidelité au milieu
d'un cercle tracé dans l'endroit où se tenoit le Sabat.
Le Diable le vouloit ainsi, disoient-ils, pour mieux
imiter la Divinité qu'on represente par un Cercle. Lequel des anciens Prêtres d'Egipte se seroit imaginé qu'un
de leurs hieroglyphes pourroit être un jour le principe
des hommages religieux que le Diable se feroit rendre
au Sabat?

Page 30. l. 63. *Les Sorciers ont copulation charnelle
avec le Diable.*] Voyez touchant les incubes & les suc-
cubes ce que j'ai remarqué sur un endroit du Chapitre
XVI. de l'*Apologie pour les grands hommes &c.* par Naudé, & Naudé lui-même, ibid. Les *Incubes* & les *Suc-
cubes* sont dûs à l'imagination du peuple, qui donne
dans deux extremités en attribuant tout ce qui est surnaturel, ou merveilleux, ou mysterieux aux Saints ou
aux Diables. C'est par la fable des *Incubes* que plusieurs
nations ont voulu relever l'éclat de leur origine, ou
plutot cacher la naissance honteuse de leurs fondateurs.
En Pologne cette fable a sauvé l'honneur de la mere
du premier des Jagellons que l'on fait naitre d'un Ours,
dans le Poitou celui de la Mere des Lusignans, & de
même en plusieurs autres endroits.

Page 31. ligne 8. *En empechant qu'un homme &c.*]
Nouer l'aiguillette se fait ordinairement, dit-on, par le
moyen d'une ligature accompagnée de certaines paroles
prononcées pendant la benediction nuptiale, & qui rendent l'homme impuissant. Mais l'aiguillette n'est jamais mieux nouée que quand l'imagination se frappe
d'une aversion subite ou de trop d'impatience & de précipitation en amour. L'aversion retient les esprits, un
amour impatient les dissipe. Certains alimens causent
aussi l'un ou l'autre de ces effets. Il est vrai-semblable
que quelque amant frappé d'une soudaine impuissance inventa sur le champ, & pour sauver son honneur, la fable de l'aiguillette; aimant mieux attribuer son impuissance au Demon qu'au manque de vigueur qui laissoit
une maitresse en défaut.

Page 35. l. 12. *Ceux qui portent sur eux du sel non
beni.*] Le sel entre dans plusieurs sortileges, & c'est à
cela qu'il faut attribuer toutes les Superstitions du vulgaire d'aujourd'hui au sujet du sel; comme le malheur
qui suit d'une saliere renversée, ou lorsqu'on a oublié
de mettre la saliere sur la table &c. L'origine des Superstitions touchant le sel est due au grand usage qu'on en
faisoit autrefois dans les sacrifices; on s'en servoit aussi
comme d'un signe de paix & d'union. C'est ainsi
que successivement repandre du sel ou renverser une saliere a été regardé comme une marque d'irreligion, ensuite comme un signe de rupture & de desunion, & en-
enfin comme un presage de toutes sortes de malheurs.
L'usage superstitieux du sel a été fort connu des Allemans & des Peuples septentrionaux. Je regarde comme
un reste de cette Superstition la coutume de presenter
du pain & du sel aux étrangers. Les Saxons & les Ba-
taves éprouvoient autrefois les criminels avec du sel & du
pain, ce qui se pratiquoit de la maniére suivante. Aprés
une priere & quelques conjurations prononcées sur du pain
& du sel, celui qui étoit accusé de quelque crime étoit
obligé de manger l'un & autre. Si l'accusé avaloit
sans peine le pain & le sel, il étoit absous. Dans la basse
Latinité cette pratique a été appellée *Offa judiciaria.*

Ibid ligne penultieme.] à la note que j'ai mise là
& qui commence, il falloit dire *remede superstitieux &c.*
ajoutés ce qui suit pour servir de supplement au Chapitre & expliquer en même tems la planche qu'on voit
ici. Pour trouver l'usage superstitieux des images, il
faut remonter au premier tems, repasser les *Theraphims*
des anciens Hebreux, & toutes les Idoles domestiques
des anciens peuples. Dans le tems moderne nous trouvons une partie de ces Superstitions chez les Indiens &c.
Les Juifs suppléent aux *Theraphims* par l'abus des *Mez-
zuzoth*, &, disons le à notre honte, les Chrétiens du
vulgaire par une confiance ridicule au Crucifix &
aux Images, comme ayant une vertu particuliere &
intrinseque : au lieu que le Crucifix & les Images ne
doivent servir qu'à fixer notre espérance & notre foi à
JESUS-CHRIST, rappeller dans notre memoire les
merveilles de sa vie & ses soufrances, les vertus & la piété des Saints. Les *Mezuzoth* des Juifs sont des morceaux de parchemin qu'ils cachent avec soin dans les
pôteaux des portes de leurs maisons, par une superstit-
tion qui leur fait prendre à la lettre ce que dit Moïse,
*vous graverés la Loi de Dieu sur les poteaux de vos portes
&c.* On doit donc à ce passage, aux fausses explications des Rabins, & enfin aux exagerations de ceux
qui, dans la Religion *declament plutôt les verités* qu'ils
ne les enseignent, ces morceaux de parchemin quarrés,
preparés exprés, ou sur lesquels quelques passages du
Deuteronome sont écrits d'une encre particuliere, &
d'un caractére bien quarré, roulés ensuite & mis avec
beaucoup de précaution dans un tuyau de roseau ou tout
simplement de bois, à l'extremité duquel on écrit *Sadai*,
qui est un des noms de Dieu. On attache ces tuyaux
aux batans de la porte, au côté droit: quand on entre
dans la maison, ou quand on en sort, il faut toucher
cet endroit du bout du doit, & baiser le doit par devotion.

Les differens signes ou caractéres, que l'on a représenté ici sur un fond noir sont des marques superstitieuses que les Indiens se font sur le front par un principe
de devotion avec du sandal de plusieurs couleurs, auxquelles on mêle souvent des cendres. Les signes de la

F f 2

pre-

premiere bande font rouges exepté les douze du milieu où les cendres font mélées avec du fandal : le penultieme de ces fignes eft un *Lingam*. Les fignes de la feconde bande font rouges comme ceux de la premiére, excepté le dernier, qui eft noir. Les Indiens fe font ces fignes fur le front, fur le cou prés des oreilles, quelquefois auffi fur le vifage. Non-feulement ils prennent ces marques pour honorer leurs fetes & leurs autres folemnités religieufes ; mais auffi pour fe mettre plus particuliérement fous la protection de leurs Dieux. Entre ces marques quelques unes font des fignes reprefentatifs des Dieux. On nous affure cependant, que les fignes de la troifième & de la quatrième bande font permis aux Indiens Chrétiens par les Miffionaires. Les fignes faits en double V, ou, fi l'on veut, comme le *Schin* des Hebreux, font des figures obfcenes du *Lingam*, auquel les Indiens attribuent la même vertu que les anciens Payens au *Phallus*, aux *Bullæ* des jeunes Romains &c. Ce même *Lingam* eft reprefenté dans la premiére figure de la premiére bande : les deux lignes jointes par la bafe y font blanches, celle qui traverfe l'V. dans le milieu eft rouge. On explique cela par *Vas muliebre meuftrua diftillans*. Enfin plufieurs de ces fignes marquent un devouement tout particulier à l'Idole de *Perimal* ou de *Wiftnou*. Les Indiens donnent le nom de *Tilacam* au rond qui fuit immediatement après. Ils fe font cette marque entre les fourcils. Les autres fignes n'ont rien de particulier.

L'Image de *Pulleyar*, qui eft la Divinité que les Indiens croient prefider au mariage eft fort reverée chez eux. Rien ne fe fait fans *Pulleyar* dans le mariage : Il y pourvoit à tous les befoins, & fur tout il garantit les mariés des malefices.

La figure marquée E. eft proprement une efpece de Talifman qui fert à decouvrir les threfors & à fe rendre la fortune favorable. On pretend qu'il faut toujours le porter fur foi, qu'on doit le faire de parchemin vierge fur une plaque d'etain fin, & fous l'afpect favorable de Jupiter.

Je n'oublierai pas l'Image de la Veronique dont plufieurs perfonnes font toujours munies dans l'efperance que cette Image les garantira de toutes fortes de dangers, pourvu qu'avec cela ils recitent regulierement l'Oraifon fuivante : *pax Domini* JESUS-CHRISTI *fit femper mecum per virtutem Eliæ prophetæ cum eficaci facie Domni noftri falvatoris & matris ejus Sanctiffimæ Mariæ femper Virginis ; per duodecim Apoftolos, per quatuor Evangeliftas, per fanctos omnes, martyres, confeffores, per caftas Virgines & fanctas viduas, per Archangelos, Angelos & cæteras cæleftes Hierarchias, Ave Maria Mater Dei Amen.*

Page 38. ligne 10. Je pourrois faire ici diverfes Remarques curieufes au fujet de la Divination : mais je renvoie cela à la fuite de cet ouvrage. Prefentement il fuffira de donner au lecteur quelque idée des deux figures qu'on voit ici marquées B. C. & qui ont fourni aux Aftrologues anciens & modernes bien des chimeres par lefquelles ils ont pretendu deviner tout le bonheur & tout le malheur des hommes. La premiere figure reprefente le raport de toutes les parties du corps de l'homme aux douze Signes du Zodiaque. Nous avons la premiere obligation de cette chimere aux Egyptiens. Ils tiroient de ces douze Signes & des differens afpects des Planetes à leur égard le fecret de decider du fort des hommes, de juger de la fertilité des chams, du bonheur des armes, de la decadence des Etats &c. Les Chaldeens, qui vinrent enfuite, partagerent, s'il faut ainfi dire, l'homme en douze pieces, qu'ils diftribuerent aux douze Signes, & inventerent de nouvelles abfurdités, pour trouver un jufte rapport entre le Signe celefte & la partie qu'ils lui donnoient : par exemple, entre le belier & la tête, les jumaux & les épaules, les poiffons & les pieds. Ces rares obfervations produifirent l'art des Horofcopes : les obfervateurs decouvrirent en même tems qu'une partie des Aftres du firmament n'envoioient fur nous que des influences malignes, que d'autres étoient toujours bienfaifans, que d'autres enfin étoient

tantôt bons & tantôt mauvais. Pour comble d'abfurdité on métamorphofa le Ciel en un livre où l'on prétendit trouver écrits tous les evenemens de la vie, le fort des Empires &c. C'eft là l'Ecriture celefte dont je parlerai dans une remarque.

La *Roüe de la vie & de la mort*, nommée autrement *Sphara Biantis*, eft compofée, comme on voit, de cinq cercles qui renferment l'alfabet onomantique avec les nombres qui correfpondent à cet alfabet, les caracteres des Planetes & les nombres qui leur conviennent. Les trois colonnes de nombres qui font le centre commun de tous ces cercles font coupées par le Diametre A. B. qui partage ces nombres en heureux & en malheureux. Tous ceux qui font au deffus du diametre font heureux & marqués de rouge, les autres font malheureux & marqués de noir. Les premiers ont reçu le nom de *nombres de la vie*, les autres de nombres de la mort.

Voici l'ufage de cette roue. Il faut prendre le nombre des lettres du nom de la perfonne qui confulte avec celui du jour & de l'heure de la confultation, y joindre enfuite celui du mois & du Signe du Zodiaque, divifer tous ces nombres combinés par trente & chercher fur la roue le furplus des nombres divifés. S'il eft au deffus du Diametre cela marque la vérité d'une chofe, fi au deffous cela prouve qu'elle eft fauffe. Pour verifier par exemple, fi une perfonne éloignée eft vivante ou morte, il faut chercher les lettres & les nombres de fon nom dans les deux cercles exterieurs qui renferment les nombres & les lettres onomantiques, y joindre le nombre du mois & celui des jours de fon depart, combiner le tout, y ajouter le nombre de l'année courante, en faire la divifion par 30. Si ce qui refte fe trouve au deffus du diametre, la perfonne vit, fi au deffous, elle eft morte. La roue divinatoire des anciens Egyptiens & celle des Hebreux avoient le même ufage & demandoient à peu prés les mêmes operations.

Page 38. ligne 30. *à la Geomancie, qui fe fait &c.*] Toutes les figures qu'on voit ici font prifes de la Geomancie des Arabes. Il y a deux fortes de Geomancie, l'une, dit-on, qui predit par les différens mouvemens de la terre ou de fes parties, & par les exhalaifons qu'elle envoie, l'autre qui confifte à deviner l'avenir par des points jettés ou marqués au hazard fur du papier ou fur le pavé avec de la terre. Les Arabes font preceder cette operation d'une invocation, & pretendent qu'une intelligence fecrete conduit la main de celui qui jette la terre, ou marque les points. Ces points compofent des figures arbitraires & irregulieres, tantôt en nombre pair, tantôt en impair. Elles font pourtant toujours en correfpondance avec les fignes du Zodiaque & avec les autres étoiles. On doit les faire du doit *index*. Selon les Arabes ces deux dernieres des quatre bandes fur lefquelles on voit ici des figures de *geomancie* reprefentent le raport des points aux douze Signes du Zodiaque dont les noms font exprimés en Arabe.

L'autre figure reprefente un arbre geomantique dont les branches comprennent felon ces mêmes Arabes, tout ce qui peut fe raporter au bon & au mauvais fort. Enfin la Géomancie nous eft donnée par les gens du metier pour une Aftrologie terreftre, où chaque point marque une étoile, chaque rangée de points une Conftellation &c.

L'Arbre Geomantique des Arabes a auffi beaucoup de conformité avec les *Sephiroth* de la Cabale, qui font les dix perfections de l'Etre fupreme liées les unes aux autres par le moyen de certains canaux qui conduifent les influences d'une perfection dans l'autre. Quelques-uns de ces canaux font chargés d'Anges. Il y en a plufieurs fur le canal de la mifericorde pour recompenfer les faints, & plufieurs autres fur le canal de la force pour châtier les mechans. Ce n'eft pas tout : fi chaque Sephiroth marque une perfection divine, elle correfpond en même tems à autant de noms de Dieu, à trois Cieux & à fept Planetes, à dix ordres d'Anges, aux dix parties vitales du corps humain & enfin aux dix preceptes du Decalogue. Le lecteur n'a qu'à jetter les yeux fur la planche

où

où l'on a gravé ces *Sephiroth*, pour voir combien ces raports sont justes & ingenieux. Il falloit la tête d'un Rabin pour imaginer ces merveilles.

Pag. 46. ligne 22. *Il faut raisonner de même de la Chiromantie physique.*] La Chiromantie est l'art de deviner par l'inspection de la main. On pretend la trouver dans deux passages de la Bible, l'un de Job, & l'autre de Salomon. Le premier semble dire quelque part que Dieu a mis des signes dans la main des hommes &c. Salomon dit, que les jours sont dans la droite du sage, & les richesses dans la main gauche. Les deux mains D. D. ont les signes suivans de mort violente. 1. La ligne de vie est coupée par une ligne qui la traverse à peu près à l'endroit qui se raporte à l'âge de 21. ans. 2. La ligne qui coupe auprès du mont de la lune indique le genre de mort dont la personne a été punie. 3. Les crimes & les mauvaises actions de la personne punie de mort se trouvent dans les lignes de l'espace marqué. 3. l'élargissement de la ligne vitale vers son commencement marque aussi la même chose. 4. Les signes qui se trouvent a l'endroit marqué 4. sont des preuves d'un temperament enclin à la luxure, qui a été le principe des crimes de la personne punie de mort. Mais en voila plus qu'il n'en faut sur ces deux premieres mains. On a representé sur les deux autres toutes les subtilités de ceux qui s'amusent à cette chiromancie. Les monts des sept planetes y sont indiqués par les signes qui indiquent communement les sept planetes dans la chimie. On y remarque les douze jointures qui soumettent les doits aux douze signes du Zodiaque. Pour refuter cet art il est inutile de dire comme on l'a dit aussi contre l'astrologie en général, qu'il n'y a ni raport ni proportion entre la liberté de nos actions & les signes que l'on veut qui les indiquent, ou plutôt qui les rendent dependantes d'un destin inevitable. Disons quelque chose de plus simple. Les lignes de la main directes & transversales, obliques, ou courbes sont d'ordinaire l'effet des fatigues & des travaux, sans parler de plusieurs autres accidens &c. qui les causent. Les mains des personnes riches & oisives ont beaucoup moins de lignes que celles des Artisans. On remarque aussi que dans les païs chauds les mains y sont coupées d'un plus grand nombre de lignes que dans les païs septentrionaux. Concluons donc qu'il faudroit une Chiromancie pour les riches & une autre pour les pauvres, une pour le Nord & une autre pour le Midi.

A l'égard de la Phisionomie, il faut avouer qu'on y rencontre plus juste, mais ce n'est que dans la phisionomie prise en gros, car dans le detail elle n'est gueres moins fausse que la Chiromancie. D'ailleurs à combien d'accidens le visage n'est il pas sujet? L'education & la reflexion d'un côté, les passions & les diferentes situations de l'autre dementiront toujours la phisionomie la plus expressive, & deconcerteront les regles des plus hardis physionomistes.

Pag. 60. ligne 55. *C'est-à-dire aux malheureux.*] Jean d'Espagne a recueilli divers exemples de la fatalité des jours. On y trouve des rencontres assés remarquables, & malgré cela je crois que cette fatalité pretendue a été le pur efet du hazard. Les jours critiques peuvent être mis aussi au rang des jours heureux ou malheureux, mais ces derniers ont aumoins pour eux l'experience des medecins.

Pag. 63. ligne 4. *Croire … qu'il faut sonner les cloches &c.*] Si croire qu'il faille sonner les cloches pour chasser les sorciers est un abus, c'en est un aussi de croire que le son des cloches chasse les esprits malins. Sur quoi pourroit être fondée la pretendue fraieur que le son des cloches inspire au demon, sinon sur une superstition populaire du Paganisme qui nous en a laissé bien d'autres. Mais dit on, la benediction & le baptême des cloches leur impriment cette vertu: puis qu'on avoit le secours des Exorcismes, quel besoin avoit on des cloches? avouons plutot qu'on a voulu sanctifier une opinion superstitieuse & paiene par une ceremonie de Religon.

Pag. 66. ligne 32. *Qui mettoient l'Euangile de S.*

Jean &c.] On voit ici la representation d'un de ces Rosaires superstitieux en usage chez quelques devots d'Allemagne. La Medaille a d'un côté le commencement de l'Euangile de S. Jean & de l'autre une espece d'Etoile. Certains Protestans s'imaginent que des superstitions de cette nature sont approuvées de l'Eglise Catholique, mais ils se trompent, & l'on peut dire en cette occasion ce que l'on dit generalement des arts & même de toutes les professions: *Non est artis vitium, sed artificis.* A côté de cette medaille on a representé un charme qui fait perdre la vue aux voleurs, & la leur rend quand ils ont restitué le vol. Ce charme est composé de blanc d'œuf mêlé avec du charbon & apliqué en forme d'œil sur un morceau de bois ou de parchemin que l'on pique ensuite avec une aiguille, après avoir recité trois fois l'Oraison dominicale, & une espece de conjuration. Autour de cet œil on écrit ces mots inconnus, *Raches* &c. La medaille de Saint Benoit, que l'on voit après le charme & celle de la planche suivante se raportent à la page 74. ligne 15. de ce Traité.

Pag. 67. ligne 11. *Les ceintures d'herbes.*] On pourroit faire une remarque fort etendue sur les plantes qui servent à des usages superstitieux. J'en ai fait graver six ici de celles que l'on s'est imaginé devoir être salutaires aux organes qu'elles representent. N. 1. L'*Authora*, qui est une espece d'acomit, dont les racines ressemblent au cœur, bonne contre les maux de cœur, N. 2. L'*Orchis* ou *Cynosorchis* propre à la generation, à cause que sa racine *testibus similis est.* N. 3. Le *Palma Christi* propre aux maladies des jointures & principalement des mains, à cause que la racine de cette plante est faite comme une main. N. 4. La *dentaire* qui guerit les maux des dens, parce que sa racine ressemble à une rangée de dens. N. 5. L'*Anathemis*, qui a la même vertu pour les yeux, parce que ses fleurs ressemblent aux yeux. N. 6. La *colutée* ou baguenaudier, bonne aux maux de la Vessie, parce qu'il se trouve quelque ressemblance entre les fruits de cette plante & la vessie.

Pag. 69. *Amuletum*, ou pour mieux dire, *amoletum.*] Les anciens en avoient de toutes les sortes. L'Egypte a fourni la premiere cette superstition à toutes les Nations de notre hemisphere. Je renvoie le lecteur au detail curieux que le P. *Kircher* a donné dans son Oedipe des amuletes des Egyptiens.

Si les amuletes donnés pour des maladies ont fait quelquefois des guerisons remarquables, elles n'étoient nullement dues à un morceau de papier ou de parchemin, ni à une pierre marquée de certains caracteres, ou de certaines figures, ni à quelques mots barbares & intelligibles, ni à des plaques & à des anneaux &c. La seule imagination du malade a pû lui procurer cette guerison que le vulgaire attribue ensuite à des pratiques superstitieuses: & combien de fois la confiance du malade n'a-t-elle pas fait la reputation d'un medecin?

Pag. 72. ligne 9. *Les efets que l'on attribue à ces figures.*] Je vais rassembler dans cette note tout ce qui a du raport aux Talismans, & je commence par l'*hippomanes.* On appelle *hippomanes* un morceau de chair, ou une excroissance qui est au front d'un poulain naissant. On veut que cet *hippomanes* soit le plus puissant de tous les philtres pourvu qu'on le porte assiduement sur soi après l'avoir bien fait secher. Pour se faire aimer, il sufit de le faire toucher à celle ou à celui qu'on aime, & si l'on en fait prendre seulement la valeur de demi once à la personne dont on veut obtenir des faveurs, elle se rendra sans resistance à la force de l'hippomanes. La chose a été souvent éprouvée, continue-t-on, & pour l'amour licite & pour l'amour illicite. Cet hippomanes est fort rare, à cause que la jument l'arrache à belles dens du front du poulain, aussi-tot qu'elle a mis bas; & comme en fait de charlatenie & de superstition une proprieté ne va jamais seule; on a pretendu qu'un peu d'hippomanes renfermé

G g

dans

dans un petit vase de cristal sellé hermetiquement, ou conservé de quelqu'autre maniere que ce puisse être rend constamment heureux celui qui le porte sur soi.

La *main de gloire* a des qualités bien plus dangereuses, s'il est vrai que les voleurs s'en servent pour endormir ou étourdir toutes les personnes d'une maison, afin de pouvoir ensuite les voler impunement. Cette operation se fait en presentant la *main de gloire* à ceux qu'on a dessein de voler. Cette *main de gloire* est la main d'un voleur executé pour ses crimes. Il faut en exprimer le sang, la préparer ensuite avec du salpetre & du poivre, après quoi on la fait sécher au soleil. Lorsqu'elle est bien séche, on s'en sert comme d'un chandelier où l'on met une chandelle faite avec de la graisse de pendu, de la cire vierge & du sesame.

La Mandragore est un des plus grans décrets que la superstition ait mis en œuvre. Celle qu'on voit auprès des hippomanes est une racine de *Bryonia* accommodée de telle façon qu'elle aproche de la figure humaine. Pour lui donner de la vertu, il faut avoir cueilli la racine au printems & un lundi lorsque la lune est en conjonction avec Jupiter ou avec Venus. Après l'avoir cueillie, il faut en couper les extremités, l'enterrer dans la fosse d'un mort & l'arroser soigneusement pendant un mois avant le soleil levé avec du petit lait de vache dans lequel on a noié une chauvesouris. Au bout du mois il faut faire secher cette racine dans un four chaufé avec de la verveine, & quand elle est bien sechée la serrer précieusement dans un morceau de vieux suaire. On peut s'assurer d'être heureux aussi longtems qu'on possedera cette misterieuse racine. D'autres voudroient nous persuader que la Mandragore est produite *ex semine hominis suspensi vel quovis alio supplicio morte mulctati. Dum capite plectitur, vel secundum alios, extremo halitu eflato semen guttatim stillat.* Il y a trois sortes de plantes qui portent le nom de *Mandragore:* La premiere est la blanche qu'on appelle aussi *Mandragore* mâle: La seconde est la noire, ou femelle, l'autre espece tient du solanum & de la *Mandragore* femelle. On lui donne le nom de *solanum mortiferum*, & les Italiens celui de *Belladonna*. Toutes ces plantes sont confondues sous le nom général de *Mandragore*. Les Alemans leur donnent celui d'Alrunnen, ce qui veut dire sorciers, les Hollandois celui de pis dieven, pour les raisons que j'ai alleguées en Latin. La *Mandragore* étoit nommée autrefois *Anthropomorphos* ou de forme humaine, a cause de la pretendue ressemblance de ses racines à la figure d'un homme: Le *P. Calmet*, qui a recueilli dans son *Dictionnaire de la Bible*, ce qu'on a dit de plus remarquable sur cette plante, rapporte après *Matthiole* que l'origine de cette erreur populaire vient „ de ce que la plûpart des racines de „ ces plantes sont fourchues depuis la moitié en bas, ce qui „ fait une maniere de cuisses; de sorte qu'en les cueillant, quand „ la *Mandragore*, jette ses pommes elles paroissent semblables à un „ homme qui n'a point de bras.'' Voilà la figure marquée B. Les Mandragores marquées A. A. A. &c. sont des productions de la fourberie des Charlatans.

La petite figure monstrueuses parquée D. est mise au rang des Mandragores dans l'impertinent livre connu sous le nom de *Secrets du petit Albert:* La maniere de faire naitre ce petit monstre y est decrite d'une maniere si infame, que je n'oserois la mettre ici, & tout ce que j'en puis dire c'est qu'elle ressemble à la detestable chimere de Paracelse, qui vouloit essaier de créer un homme *mixto semine humano cum sanguine menstruorum &c.*

Je n'aurois jamais fini si je voulois recueillir tout ce que l'on a debité sur les efets de la plante ou racine à laquelle on a donné le nom de *Mandragore*. Les *Teraphims* ou Dieux tutelaires de Laban étoient des *Mandragores* selon l'opinion hasardée de quelques Auteurs, & lui servoient d'Oracles dans ses entreprises. La Pucelle d'Orleans brulée par les Anglois comme Magicienne sauva la France par la vertu d'une Mandragore. On lui attribue la qualité d'engourdir les sens & de faire tomber en lethargie, ce qui la rend utile aux voleurs, comme la *main de gloire* dont j'ai parlé, & aux femmes infideles à leurs maris comme le *Dutroa* des Indiens, ou peut-être comme le *Nepenthes* d'Homere. Elle a été appellée *Circea*, parce qu'on a pretendu que Circe en faisoit usage dans ses operations magiques. Elle est aussi mise au rang des philtres. Enfin c'est un specifique pour la santé, pour la conception des femmes, pour rendre les femmes epuisées: aussi la met on en parallele avec le *ginseng*, marqué C au bas de la planche où l'on a representé plusieurs *Mandragores*.

La *Chandele de Cardan*. (Figure G) est composée de graisse humaine & sert à découvrir des tresors. L'anneau de *Pierre d'Abanno* ou *d'Apone* marqué K. a la vertu de fasciner les yeux. On peut lire au sujet de *Pierre d'Apone* le Chapitre 14. de *l'Apologie pour les grans hommes &c. de Naudé.*

Je n'ai garde de m'étendre ici sur les Talismans. Cela me meneroit trop loin. Ceux qui sont marqués E. E. ont été fabriqués par un imposteur Juif qui les fit, dans l'esperance de se rendre heureux en tout ce qu'il pourroit entreprendre. On en voit ensuite des sept Planetes marqués K. que les charlatans vantent beaucoup sous le nom de *Talismans de Paracelse*. Ceux que l'on trouve ici avec la lettre I. sont de la façon de quelques imposteurs d'Allemagne. K. K. pris dans la *Clavicule de Salomon* ga-

rantit de tous les dangers imaginables: & pour les deux marqués L. L. donnés sous le nom d'*Arbatel*, ou plutôt d'*Albategnius*, ou *Al-batani*, célébre Astronome Arabe du dixieme siécle, ils sont faits pour rendre heureux dans le négoce &c. Le Talisman de figure humaine sert aussi chez les Orientaux à procurer du bonheur. Celui qui a la figure d'un scorpion garantit des scorpions, & celui qui ressemble à un haneton garantit des hanetons & des chenilles &c. Selon les Arabes les Anges donnerent à Salomon le seau qui porte son nom, & avec lequel ils assurent que ce Prince a operé toutes les merveilles de son regne. Les six mots Arabes qu'on voit autour des triangles enfermés dans le cercle du seau sont autant de noms de Dieu. Il y en a six en memoire des six jours de la creation. Les Medailles Cabalistiques marquées F. F. & l'Annulete G. sont aussi des instrumens de superstition inventés pour procurer des richesses & du bonheur par des gens toujours gueux & toujours en bute à la mauvaise fortune.

Pag. 74. ligne 20. (*Crux Sacra, &c.*) On ne trouve sur les medailles que les lettres initiales de chaque mot.

Pag. 77. ligne 15. *qu'il est né coifé.*) Ce que l'on appelle communement la coiffe, c'est l'*Amnios*. Les enfans viennent quelquefois au monde la tête & même les épaules couvertes de cet *Amnios* comme d'un capuchon. Cette *coiffe* a tellement prevenu l'esprit du vulgaire qu'on l'a convertie en une espece d'art de deviner, sous le nom d'*Amniomancie*. C'est-à-dire qu'on a prétendu décider de la fortune d'un enfant nouveau né par la couleur & la qualité de cette membrane nommée *Amnios*. Sa rougeur a prédit le bonheur & sa noirceur le malheur. Mettons hardiment cette maniere de deviner & le pretendu bonheur de la *Coiffe* avec l'*Omphalomancie*. C'est ainsi que l'on peut appeller la maniere dont les sages-femmes connoissent par les nœuds du cordon qui attache l'enfant à l'arriere faix combien d'enfans une femme doit avoir encore, & même le sexe de ces enfans. Si les coupures du cordon tirent sur le noir, on nous dit que les enfans seront des mâles, & des femelles, si ces coupures sont blanches.

Pag. 86. ligne 25. *Lilith.*) Les uns traduisent ce mot par *sorciere*, d'autres par *Lamia* que je traduirois volontiers par *Ogresse*. Suivant la description que les anciens nous ont données des Lamies elles sont fort semblables aux *Ogresses* de nos *Contes des Feés*. Quelques-uns traduisent par *Spectre*, & quelques autres enfin par *strix* chauve souris. Peut-être que ceux-ci rencontrent mieux que les autres: ces deux mots *strix* & *lilith* ont beaucoup de report au cri de la chauvesouris.

Pag. 88. ligne 24. *Japonois &c.*) Il est parlé de ces billets à la page 320. de la seconde partie du Tome II. des *Cérémonies Idolatres.* Les Pretres & les Moines du Japon empruntent de l'argent des devots sur ces billets, & ceux-ci emportent les billets avec eux dans l'autre monde pour les y faire acquitter, pag. 103. ligne 2.) Ajoutons à toutes ces pratiques frivoles le secret de la poudre de sympatie qui avoit autrefois tant de credit chez les gens de guerre. Ceux qui la debitoient se vantoient de guerir toutes sortes de blessures par cette poudre, en l'appliquant sur un linge qui avoit couvert l'endroit blessé & auquel il étoit resté du sang ou autre chose de la blessure. On devoit plier ce linge & le serrer dans un endroit tempéré, mais si la plaie étoit enflamée, il falloit le mettre dans un lieu bien froid, & tout au contraire dans un lieu bien chaud, si la partie blessée étoit menacée de gangrene. Il falloit panser tous les jours la plaie de la même maniere avec cette poudre de sympatie jusqu'à ce qu'elle fut tout à fait guerie. Les charlatans ajoutoient qu'à quelque distance que la poudre fut de la plaie, elle ne laissoit pas que de faire également son efet. Cette poudre se faisoit avec du vitriol & de la gomme tragacante, ou avec de la gomme Arabique & quelques plantes vulneraires & astringentes. Il s'en faisoit une autre plus simple avec du vitriol Romain broié, exposé ensuite au Soleil lorsqu'il entre dans le signe du Lion. Il falloit le laisser ainsi exposé pendant quinze jours, c'est-à-dire 360. heures pour se conformer au nombre de degrés du Zodiaque que le Soleil parcourt en un an. Goclenius & quelques autres medecins avoient aussi essaié de mettre en vogue la *cure magnetique* des plaies en pansant les armes qui les avoient faites & leur appliquant les remedes convenables.

Pag. 107. ligne 50. *Les septiemes garçons.*) Ceux qui ont voulu justifier à quelque prix que ce fut cette erreur vulgaire ont dit que les septiemes garçons n'avoient cette vertu que pendant la septieme de leur vie.

Je finis par l'Alfabet celeste, dont on peut voir l'explication dans les *Curiosités inouies de Gafarel*. Selon lui les Etoiles sont autant de lettres qui sont comme gravées dans le firmament. De ces lettres on forme une écriture & cette écriture est le livre celeste, dans lequel on lit tout ce qui arrive de remarquable sur la terre. L'Ecriture donne-t'elle quelque preuve de cette opinion? Sans doute: Isaie & quelques autres Ecrivains sacrés ont appellé le Ciel un livre. Mais qui sont les lecteurs experts dans cette lecture ? Les Astrologues, les faiseurs de Talismans & d'Horoscopes, Gafarel lui même, qui se donne bien de la peine pour interpreter ce livre.

Avis au relieur.

Les deux Planches marquées
(a) (b) doivent être mises à la fin de l'*Histoire des Pratiques Superstitieuses*, &c.

HIS-

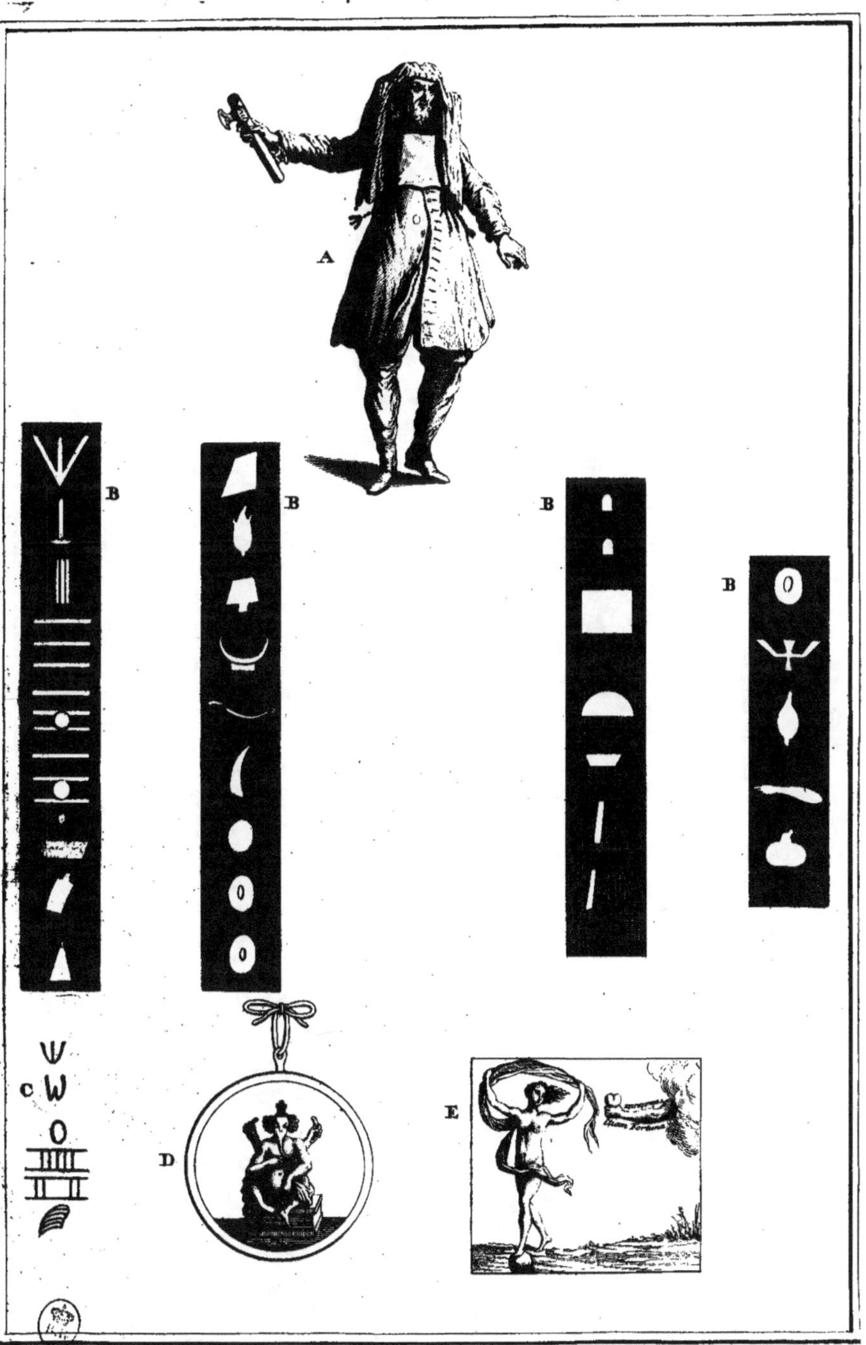

A. Juif tenant le Mezuzoth. B. Marques Superstitieuses des Indiens, avec leurs couleurs. C. Autres.
D. Pulleyar Idole des Indiens, qui protege les nouveaux mariés. E. Talisman qui aide à découvrir des thresors.

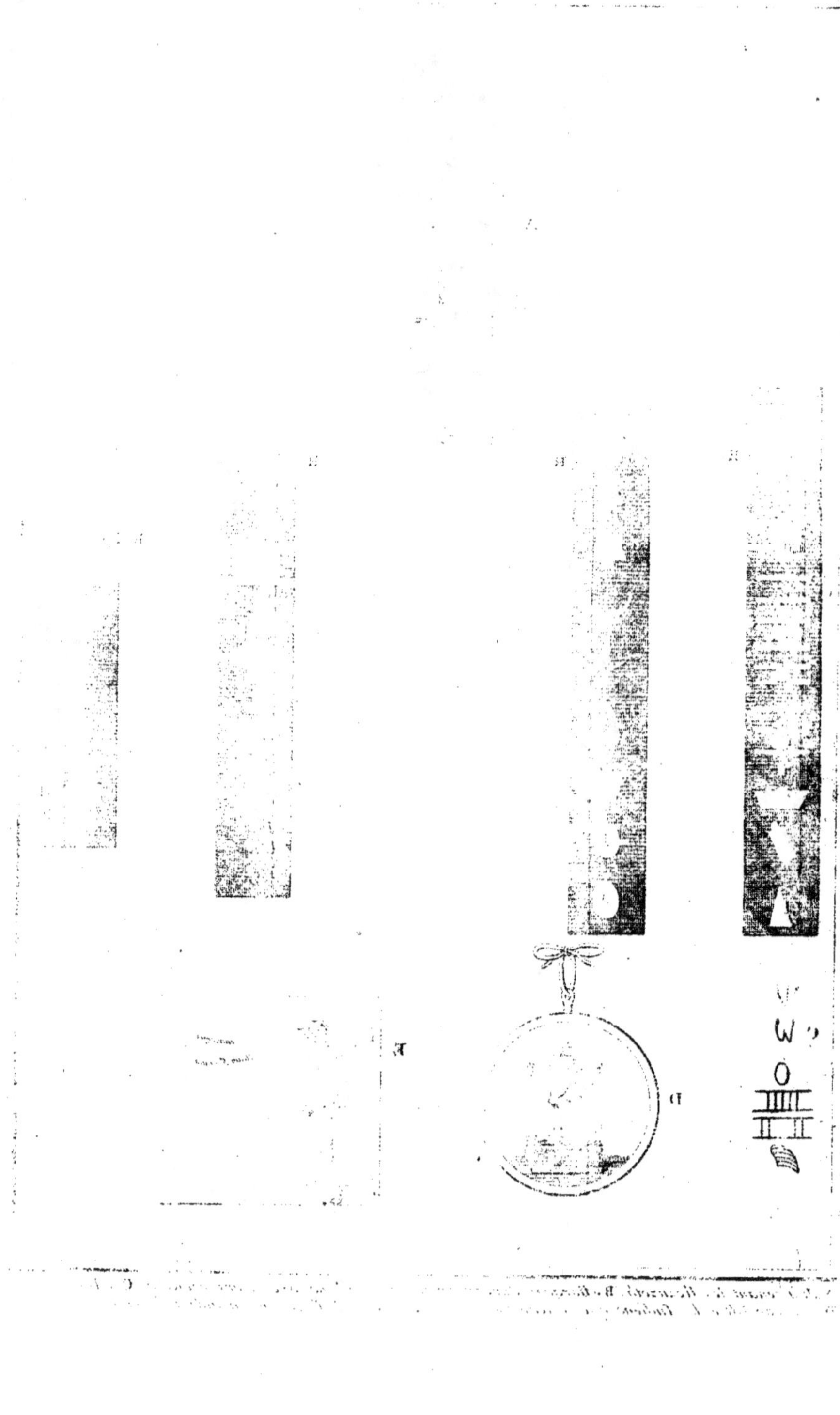

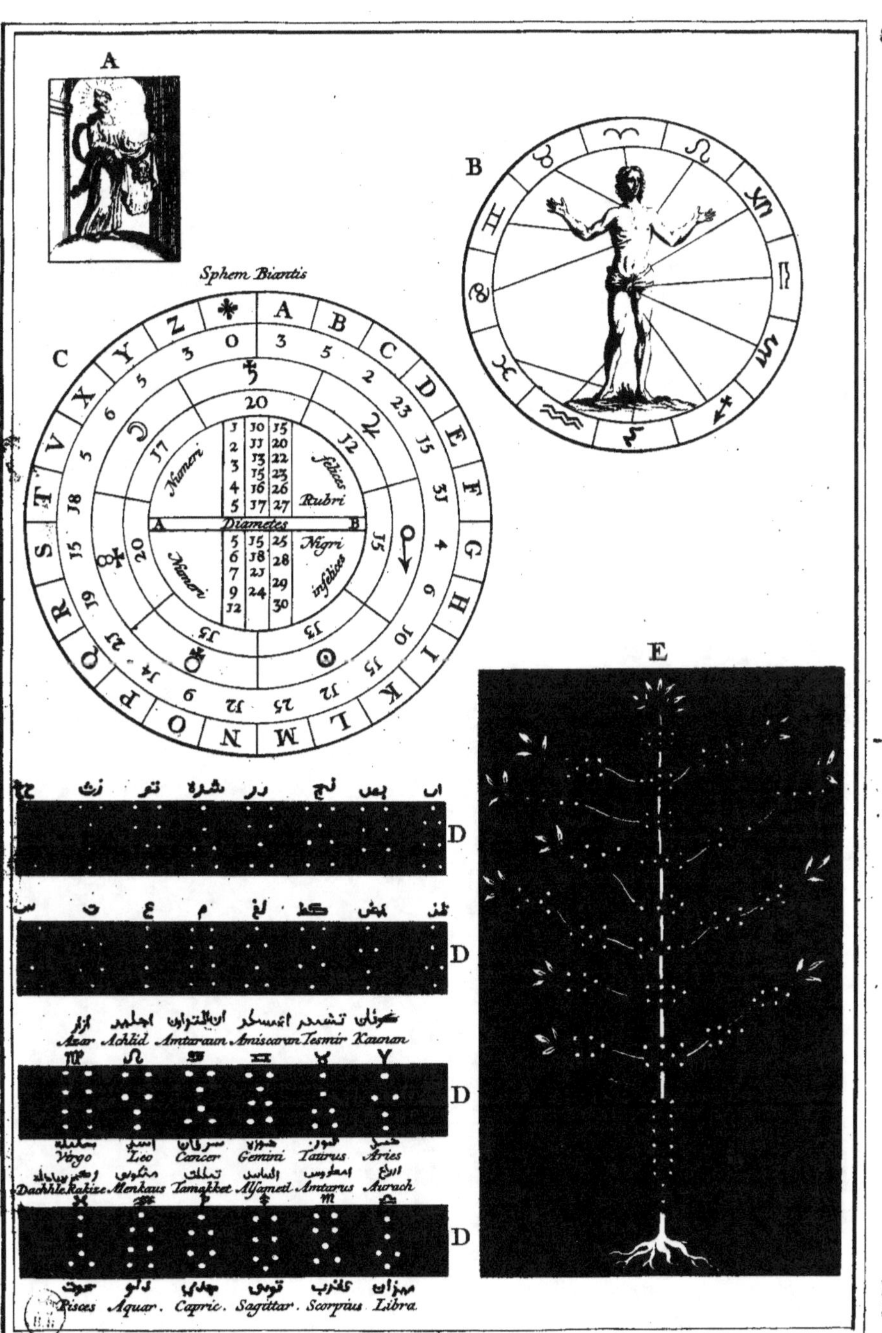

A. *Image de la Veronique*. B. *Raport de l'homme aux signes du zodiaque*. C. ROUE *de la* VIE *et de la* MORT, *ou la* SPHERE *de* BIAS.
D. SECRETS *de la* GEOMANCIE *Arabesque*. E. ARBRE *Geomantique*.

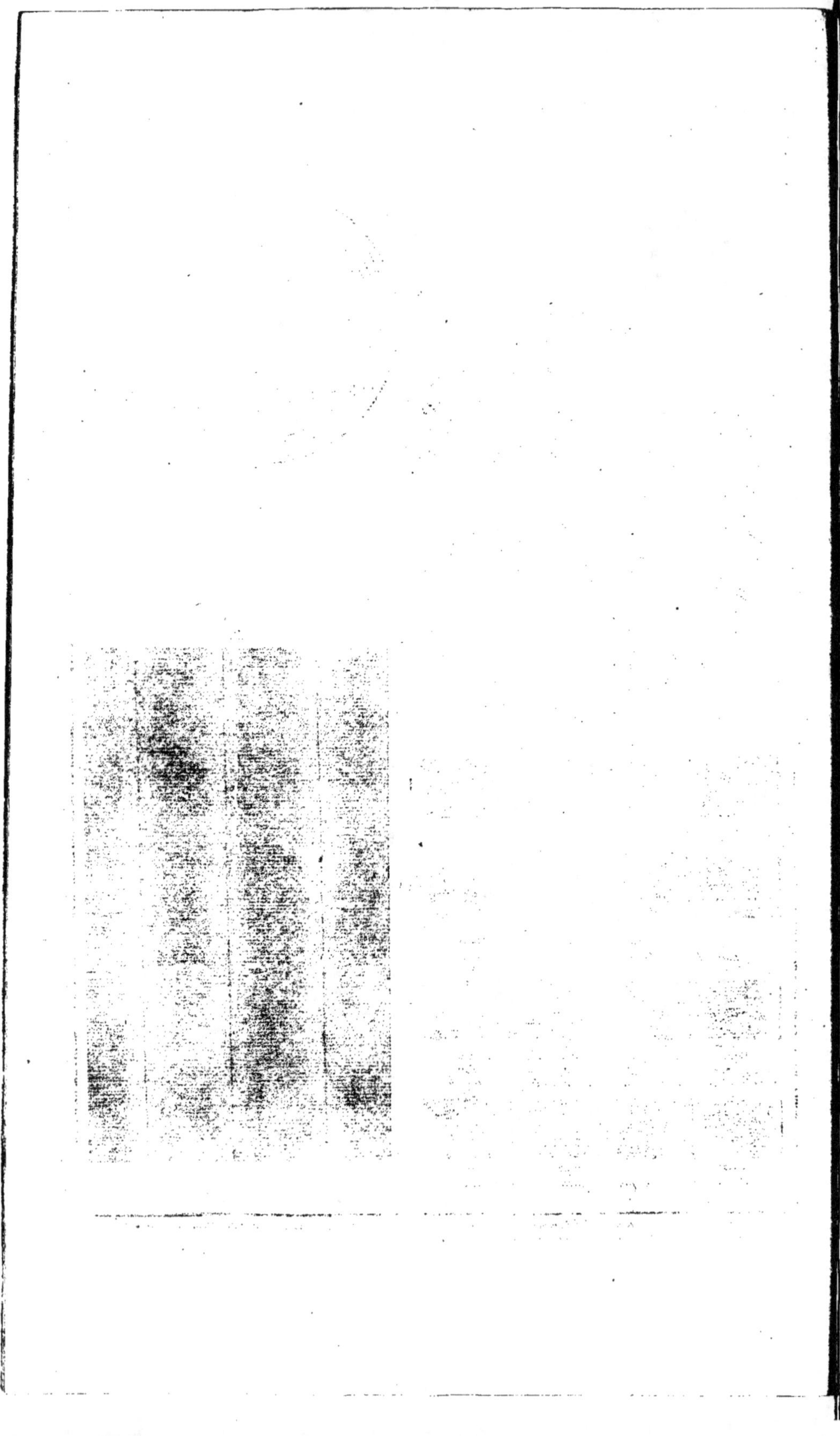

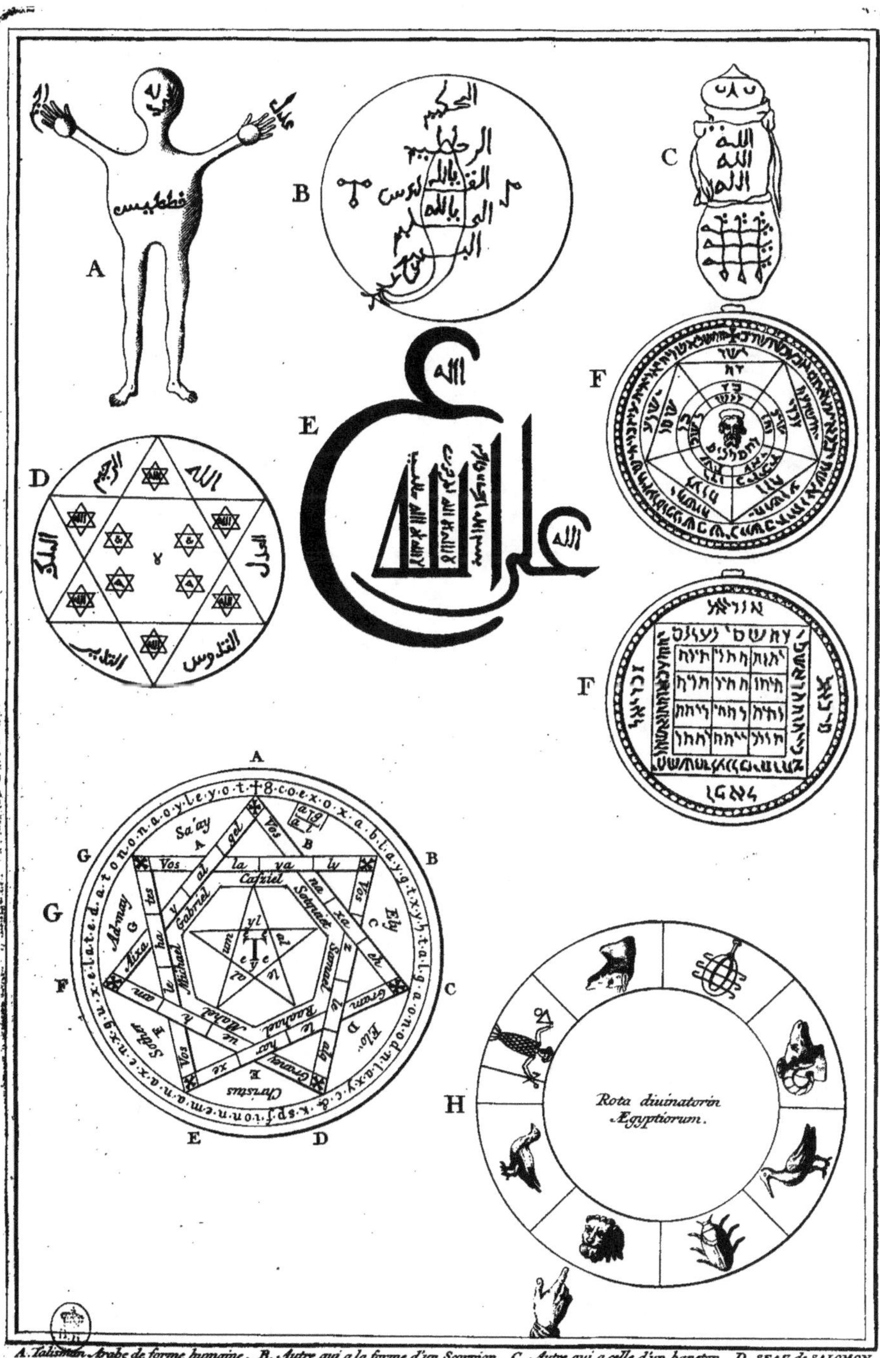

A. Talisman Arabe de forme humaine . B. Autre qui a la forme d'un Scorpion . C. Autre qui a celle d'un hanneton . D. SEAU de SALOMON .
E. SEAU ou CACHET dont les Turcs se servent pour se faire aimer . F.F. Medailles superstitieuses appellees Boucliers de David et seaux de Salomon .
G. Amulete heptagone Cabalistique qu'on trouve aussi dans la CLAVICULE . H. ROUE des EGYPTIENS .

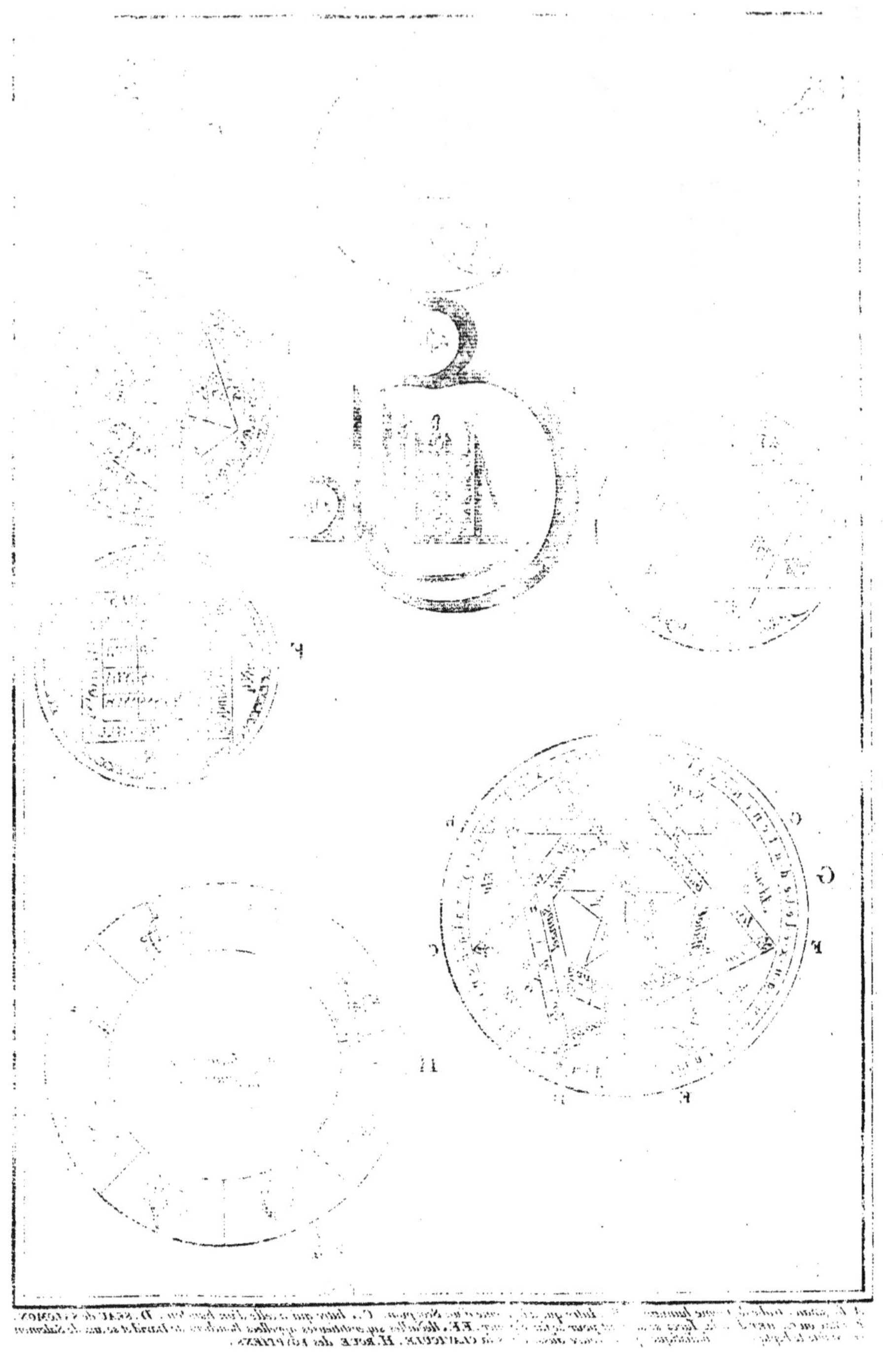

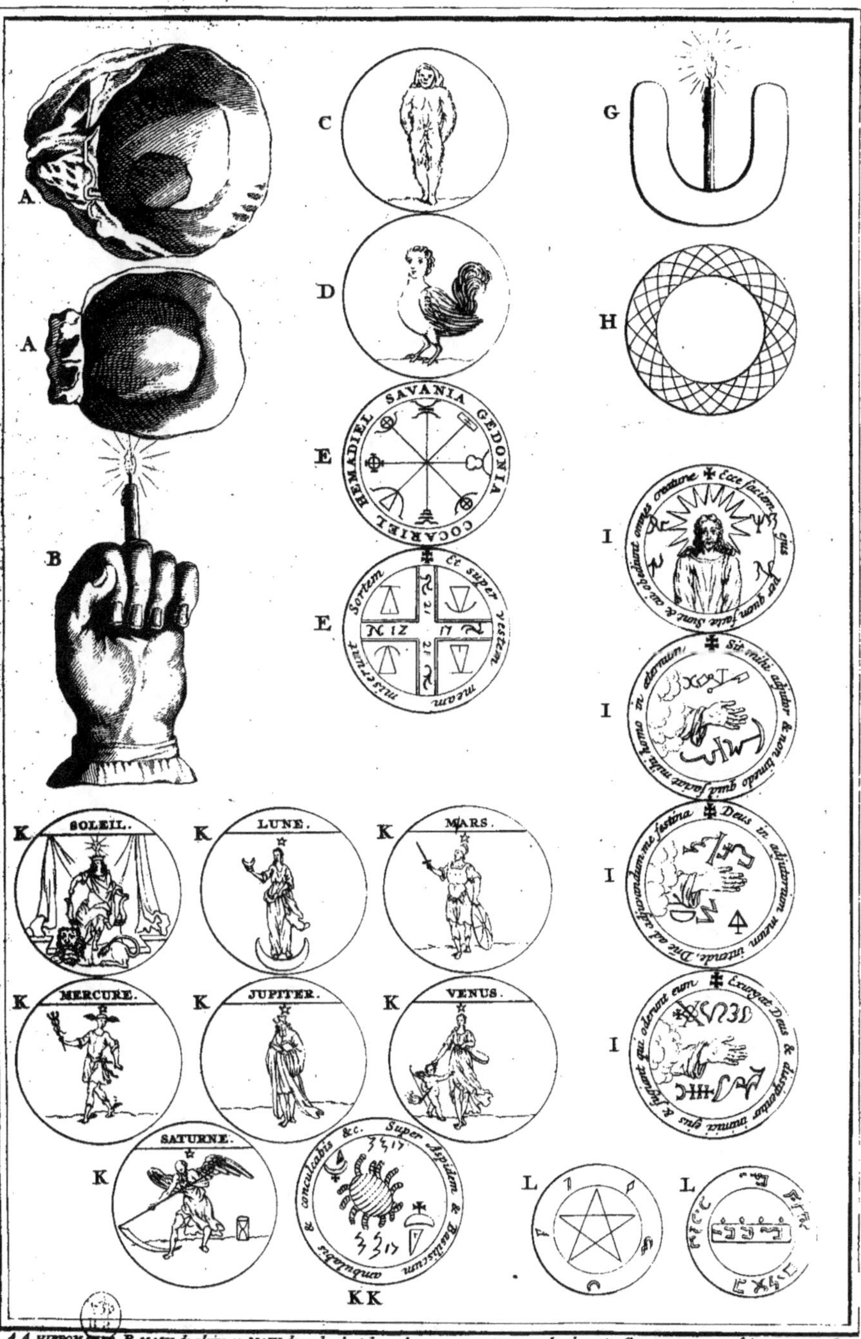

A A. HIPPOMANES. B. MAIN de gloire ou MAIN dependu dont les voleurs se servent pour voler la nuit. C. MANDRAGORE faite avec une Racine de Bryonia. D. Petite figure Monstrueuse. E E. TALISMANS fabriqués par des imposteurs Juifs. G. CHANDELE de Cardan. H. ANNEAU d'ABANO. IIII. TALISMANS vantés par des CHARLATANS d'ALLEMAGNE. KKKKKKK. TALISMANS des PLANETES. KK. TALISMAN pris de la CLAVICULE de SALOMON. LL. TALISMANS d'Arbatel.

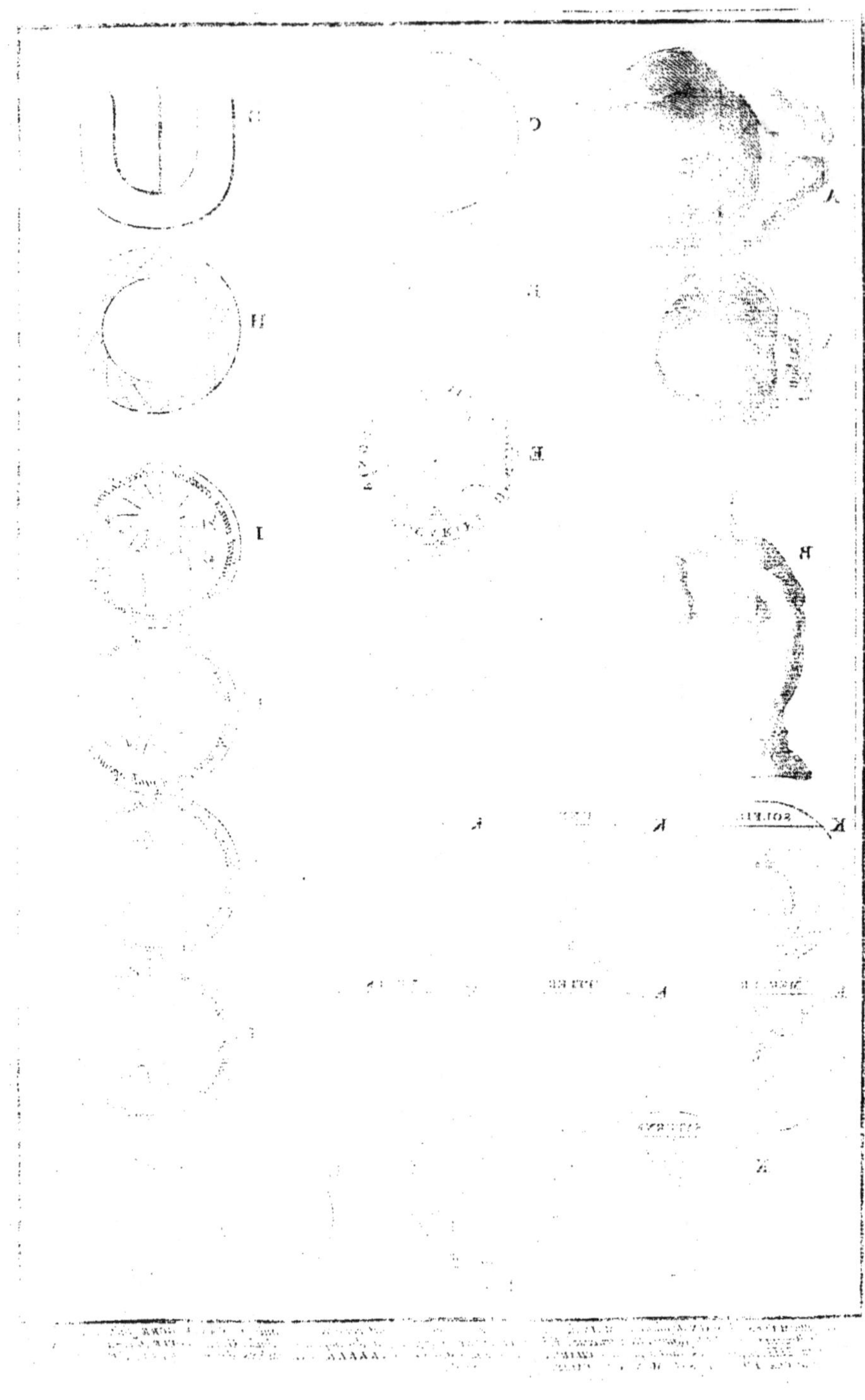

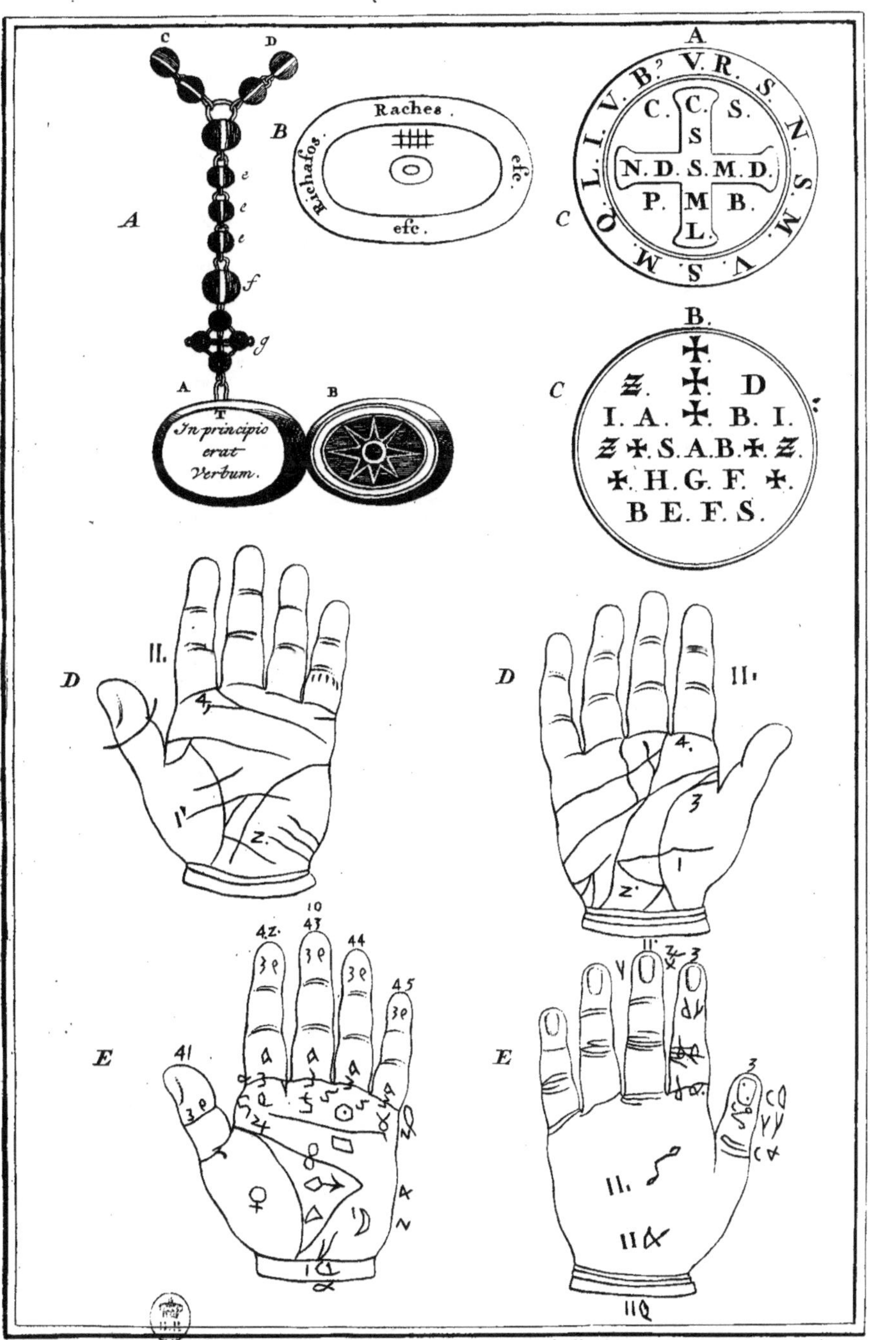

A. Rosaire Superstitieux. B. Charme qui fait perdre la vüe. C C. Medaille de S. Benoit. D D. Mains ou l'on de
Couvre des presages de mort violente. E E. description des parties de la main qui servent a la Chiromancie.

A. Mandragores artificielles nues et vétues.
B. Mandragore avec Ses fleurs et Son fruit.   C. Ginseng.

N.°I.
II.
III.
IV.
V.
VI.

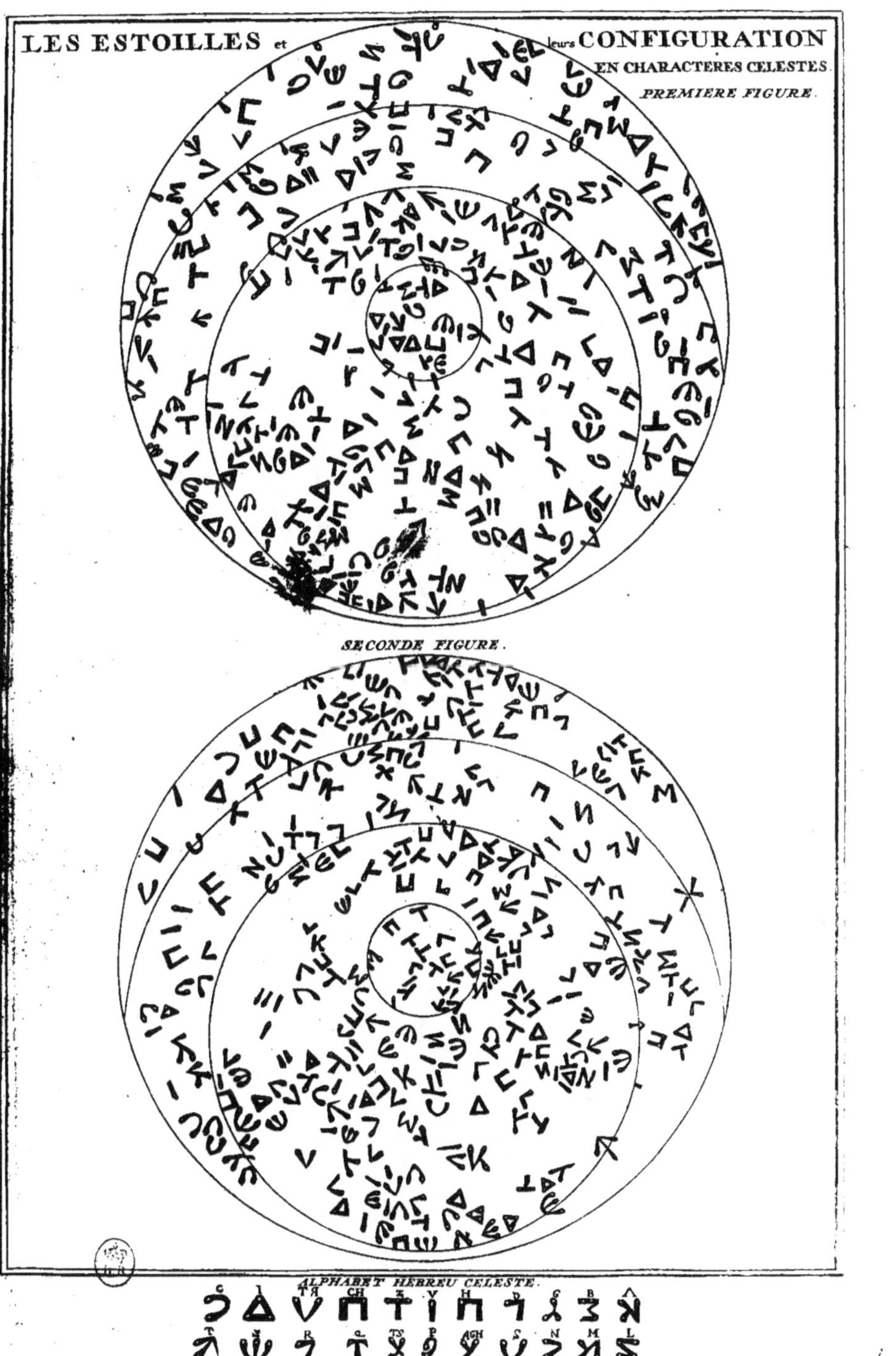

LES ESTOILLES et leurs CONFIGURATION
EN CHARACTERES CELESTES.
PREMIERE FIGURE.
SECONDE FIGURE.
ALPHABET HEBREU CELESTE.

TABLE ORDINAIRE DES DIX SÉPHIROTHS.

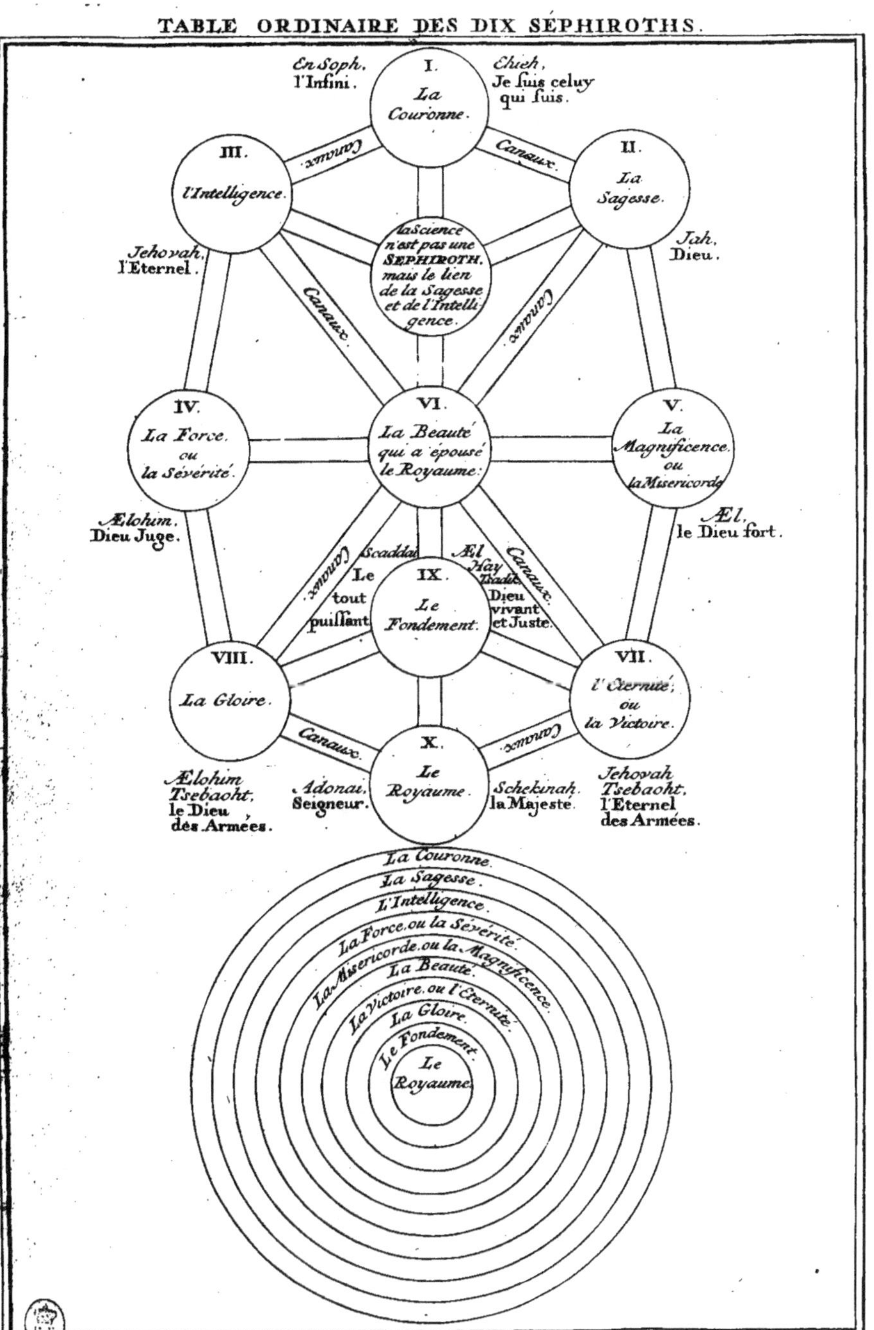

En Soph. l'Infini.
I. La Couronne.
Ehieh, Je suis celuy qui suis.
III. l'Intelligence.
II. La Sagesse.
Canaux
Canaux
Jehovah, l'Eternel.
Jah, Dieu.
la Science n'est pas une SÉPHIROTH, mais le lien de la Sagesse et de l'Intelligence.
Canaux
Canaux
IV. La Force ou la Sévérité.
VI. La Beauté qui a épousé le Royaume.
V. La Magnificence ou la Miséricorde.
Ælohim. Dieu Juge.
Æl. le Dieu fort.
Scaddai Le tout puissant
Æl Hay Dieu vivant et Juste.
Canaux
Canaux
IX. Le Fondement.
VIII. La Gloire.
VII. l'Eternité ou la Victoire.
Canaux
Canaux
X. Le Royaume.
Ælohim Tsebaoht, le Dieu des Armées.
Adonai, Seigneur.
Schekinah, la Majesté.
Jehovah Tsebaoht, l'Eternel des Armées.
La Couronne.
La Sagesse.
L'Intelligence.
La Force, ou la Sévérité.
La Miséricorde, ou la Magnificence.
La Beauté.
La Victoire, ou l'Eternité.
La Gloire.
Le Fondement.
Le Royaume.

TABLE DES DIX SÉPHIROTHS EN FORME DE CERCLE.

HISTOIRE

CRITIQUE

DES

PRATIQUES SUPERSTITIEUSES,

QUI ONT SEDUIT LES PEUPLES ET EMBARRASSÉ
LES SAVANS.

DISCERNEMENT

DES EFFETS NATURELS

D'AVEC CEUX QUI NE LE SONT PAS,

AVEC

L'HISTOIRE CRITIQUE

Des Pratiques Superstitieuses, qui ont séduit les Peuples & embarassé les Savans.

LIVRE PREMIER.

Du Discernement de la Vérité & de la Fausseté des Effets naturels.

CHAPITRE PREMIER.

Nécessité & difficulté de discerner les effets naturels d'avec ceux qui ne le sont pas. D'où vient cette difficulté. On ne tire des anciens Sages du monde que peu de secours sur ce sujet. Histoire naturelle confondue avec la Superstition.

 ON ne sent que trop souvent la nécessité de discerner les effets naturels d'avec ceux qui ne le sont pas, mais on ne s'applique pas davantage pour cela à chercher les moyens de faire ce discernement. Il suffit à plusieurs de savoir qu'il arrive des choses singulières dans le monde, pour croire sans examen tout ce qu'on leur dit; en vain leur propre expérience leur apprend-elle qu'on est souvent trompé, ils ne veulent pas se donner la peine de vérifier les faits, & l'indifférence produit en eux la crédulité. D'autres tombent dans l'excès opposé. Quoique la Religion leur enseigne qu'il y a des faits extraordinaires produits par la puissance de Dieu & le ministére des Anges, ou par le pouvoir qu'il a laissé au Démon; ils refusent d'ajouter foi à tout ce qui ne leur paroit pas naturel, & qu'ils s'imaginent ne pouvoir pas expliquer physiquement. D'autres plus sensez & plus raisonnables voudroient bien n'ê-

tre ni trop crédules, ni absolument incrédules, mais ils sont rebutez par la difficulté de faire un juste discernement.

Il faut avoüer qu'il n'est pas toujours aisé de porter un jugement exact & solide sur ce que l'on voit d'extraordinaire, & que ceux qui auroient dû fournir au reste des hommes les lumiéres & les secours nécessaires pour distinguer les prodiges d'avec les ouvrages de la nature, se sont égarez les premiers, en confondant l'Histoire naturelle avec la Religion & la Superstition.

Chaldéens, Perses, Assyriens, Egyptiens, Phéniciens, voilà les savans du monde après le Déluge, voilà les maitres qui ont instruit ces Grecs & ces Romains, tant vantez pour la beauté de leur génie & l'étendue de leurs connoissances, & voilà aussi les auteurs des fables les plus absurdes & des pratiques les plus extravagantes. On ne sauroit lire les Histoires qu'ils ont laissées, sans y trouver le faux & le ridicule. Je ne m'étonne pas que les Relations des voyages du nouveau monde, nous re-

repréfentent des peuples imbus des erreurs les plus groffiéres, & affujetties à mille ufages déraifonnables. Que
peut-on attendre d'une Nation fans fcience & fans étude? Mais il y a lieu d'être furpris que les Docteurs de
l'Univers ayent débité les opinions les plus infenfées,
qu'ils foient tombez dans les plus impertinentes fuperftitions, & qu'on trouve l'origine de la folie des hommes, parmi ceux qui ont été comme les dépofitaires
de la fcience du genre humain.

La caufe de l'égarement de ces anciens peuples, eft
l'abus qu'ils ont fait des plus grandes véritez. Quelque difficulté qu'il y ait d'être exactement informé
de leur Religion, un grand nombre d'anciens monumens ne nous permettent pas de douter qu'ils n'ayent
retenu trois articles (a) fondamentaux de la doctrine
des Patriarches, l'exiftence de la Divinité, de la Providence, & des Efprits intelligens qui font fes miniftres. Le mal eft qu'ils ont placé ces Intelligences
prefque dans tous les corps. C'eft-là l'origine du
culte rendu à tant de créatures matérielles & réellement inanimées. Ceux qui, fur l'autorité de Diodore de Sicile, ont dit qu'on adoroit le Soleil & la Lune, fans y reconnoitre autre chofe que de la matiére,
n'ont pas affez bien pris ce que cet auteur avance,
parcequ'ils n'ont pas affez réfléchi fur ce qu'il ajoute
qu'on offroit à ces Aftres des priéres & des facrifices.
On n'adreffe pas des priéres à une matiére inanimée.
Perfuaderoit-on à tout un peuple d'implorer le fecours
d'une horloge, à moins qu'il ne fe fût imaginé que cette machine eft animée par une Intelligence attentive à
nos befoins, & capable d'y pourvoir?

L'honneur que les anciens peuples ont rendu aux créatures, eft donc une preuve claire qu'ils les fuppofoient
animées. Zoroaftre & les Philofophes Chaldéens joignoient à la Philofophie une Théologie embrouillée, qui
leur faifoit placer des Intelligences prefque dans tous les
corps. Les Egyptiens qui n'ont pas été moins éclairez
qu'eux, les ont furpaffez en extravagance. Ce qui eft
très furprenant, ayant été inftruits par le Patriarche Jofeph, que Pharaon regarda comme le plus favant de tous
les hommes. Où pourrai-je, lui dit-il, (b) trouver
quelqu'un plus fage que vous, ou même femblable à
vous? Ce Roi l'établit (c) Premier-Miniftre de fon
Empire, afin qu'il inftruifît les Princes de fa Cour comme lui-même, & qu'il apprît la fageffe aux vieillards de
fon Confeil. Jamais gouvernement ne fût plus utile que
celui de Jofeph. En effet les Commentaires des Juifs
par Artabanus, dont Eufebe (d) rapporte les termes,
nous apprennent qu'avant ce Patriarche, tout étoit en
confufion en Egypte, qu'il fit défricher les terres,
qu'il enfeigna la meilleure maniére de les cultiver,
qu'il affigna aux Prêtres les champs qui leur feroient
affectez, qu'il inventa & fixa les mefures. Il laiffa
aux Egyptiens bien des connoiffances fur la Géome-
trie, fur l'Aftronomie, & fur d'autres fciences. C'eft
ainfi que Daniel longtems après inftruifit les Affyriens
& les Perfes, lorfqu'il fit bâtir à Sufe fous l'ancien
Darius ce magnifique Palais, qu'on admiroit encore au
tems de l'Hiftorien Jofeph (e).

Les Egyptiens, fi l'on en croit Diogene Laerce,
(f) connoiffoient la rondeur de la Terre & la véritable caufe des Eclipfes. On ne peut leur difputer
l'habileté en Aftronomie; mais au lieu de fe tenir aux
régles fures de cette fcience, ils y en ajoutérent d'autres, qu'ils fondérent uniquement fur leur imagination: & ce furent-là les principes de l'art de deviner,
& de tirer des horofcopes. Ce font eux, dit Herodote, qui enfeignérent à quel Dieu chaque mois &
chaque jour eft confacré, qui ont obfervé fous quel
afcendant un homme eft né pour prédire fa fortune,
ce qui lui arriveroit dans fa vie, & de quelle mort
il mourroit.

Ce font eux, pourfuit le même Auteur, (g) qui
ont plus inventé de préfages & de prodiges que tout
le refte des hommes enfemble, & pour comble de vanité & de menfonge, ils n'ont pas craint d'affurer
qu'ils ont fait de pareilles obfervations depuis une infinité de fiécles (b). Toutes ces rêveries, comme nous
l'avons déja remarqué, venoient du mauvais ufage qu'ils
faifoient des véritez que les Patriarches leur avoient en-
feignées. Ils avoient appris d'eux que Dieu avoit créé un
grand nombre d'Anges, que ces Efprits font les miniftres de Dieu, qu'il y en a de bons & de mauvais, que
les uns rendent divers fervices aux hommes, & que les
autres leur nuifent autant qu'ils peuvent. Inftruits de ces
véritez, ils ont fuppofé d'eux-mêmes que des Intelligences animoient les Aftres, les Elémens & prefque tous
les Corps. De là tous ces refpects rendus non feulement
aux Aftres, mais encore aux Animaux. De là l'invocation des Anges, l'application à découvrir quels étoient
les Génies bons ou mauvais qui préfidoient aux événemens, la diftribution des jours heureux ou malheureux,
l'extravagance des Prêtres qui fe flattoient de découvrir
les plus grands fecrets par le vol des oifeaux, les entrailles des bêtes, les pierres, & par tout ce que raporte
Jamblic dans la troifiéme fection des myftéres des
Egyptiens, ch. 16. & 17.

La fcience des Egyptiens avec leurs fuperftitions paffa
aux Grecs & aux Romains. C'eft des Egyptiens, dit
Herodote (i), que les Grecs tenoient les noms des
Dieux & prefque toutes les cérémonies de la Religion.
Ils admirent un fi grand nombre de Génies, qu'ils l'em-
portérent peut-être en ce point fur tous les peuples qui
les avoient précédez. Ils les faifoient préfider par tout,
aux forêts & aux arbres, aux fleuves & aux fontaines,
aux jours & aux mois, aux années & aux faifons, à la
pluye & au beau tems, aux nuées, aux foudres & au
tonnére, à la maladie & à la fanté. Qui pourroit jamais faire un dénombrement exact de tout ce qu'ils attribuoient aux Génies?

Des efprits ainfi difpofez trouvoient du myftére par
tout, & fe donnoient bien fouvent de la peine pour en
déveloper la fignification. Les événemens les plus for-
tuits leur paroiffoient tirer à conféquence, & mille autres phénoménes, qui font des fuites des loix ordinaires de mouvement, étoient regardez par ceux-mêmes
qui gouvernoient l'Etat, comme des prodiges & des
préfages de l'avenir.

C'eft pour cela qu'on chargeoit les Regiftres publics
de tout ce qui arrivoit d'extraordinaire, qu'on étoit
confterné quand le Soleil ou la Lune s'éclipfoient, &
lorfqu'on voyoit des parelies. Un accident inopiné, la
rencontre d'un ferpent ou d'un loup, un chien noir qui
entroit dans l'Hôtel de Ville, des drapeaux rongez par
les fouris, étoient capables de mettre en peine tout un
grand peuple, jufqu'à ce qu'il pût découvrir fi les
Dieux ne vouloient pas indiquer par ces fignes quelque
chofe de fecret.

Il fallut créer des Officiers, à qui l'on donna le titre
d'Harufpices & d'Augures, & qui par une vie retirée
puffent mériter la faveur des Dieux, connoitre leur volonté, & difcerner ce qui pouvoit être pris pour un préfage, d'avec ce qui étoit naturel. Prodiges, fonges, &
ora-

(a) Eufebe Prepar. Evang.
(b) Nunquid fapientiorum & confimilem tui invenire potero ?
Genef. XLI. 39.
(c) Conftituit eum Dominum domûs fuæ & Principem omnis
poffeffionis fuæ, ut erudiret principes ficut femetipfum, & fenes
ejus prudentiam doceret. Pfal. CIV.
(d) Præpar. Evang. l. 11. ch. 23. page 429.
(e) Jofeph. Antiq. l. 10. c. 12.
(f) In Proæm. pag. 3.

(g) Herodot. l. 2.
(b) Affyrii, Chaldæi … diuturnâ obfervatione fyderum, fcientiam putantur effeciffe, ut prædici poffet quid cuique eventurum,
& quo quifque fato natus effet. Ægyptii longinquitate temporum,
innumerabilibus fæculis eandem etiam artem confecuti putantur.
Cic. l. 1. de Divin. n. 2.
Condemnemus, inquam, hos, aut ftultitiæ, aut vanitatis, aut
impudentiæ, qui CCCCLXX. millia annorum, ut ipfi dicunt,
monumentis comprehenfa continent, & mentiri judicemus, nec
fæculorum reliquorum judicium, quod de ipfis futurum fit, per-
timefcere. Cic. l. 1. de Divin. n. 36.
(i) Lib. 2. p. 242.

oracles, c'étoit à eux à les interpréter : enfin ils devoient s'exercer continuellement à pénétrer dans les fignes de l'avenir, & fe mettre en état de décider fur l'événement de toutes les entreprifes. Il n'y avoit pour cela qu'à confulter férieufement & religieufement le foye des animaux, & favoir bien juger du vol ou du gazouillement des oifeaux, & d'autres fignes femblables. Quelques Savans, auffi fenfez que l'étoient Caton & Cicéron, avoient beau admirer que les Harufpices (a) ou les Augures puffent s'empêcher de rire en fe regardant ; ils ne rioient point, & loin de faire rire le peuple, ils l'avoient accoutumé à recevoir leurs décifions avec refpect.

Tel a été l'aveuglement & la fuperftition des peuples les plus anciens, & les plus illuftres qui ayent été dans l'Univers. Y auroit-il lieu d'attendre de tels maitres quelques régles de difcernement ?

CHAPITRE II.

Qu'on trouve peu de fecours dans les anciens Philofophes & dans les autres Naturaliftes, pour difcerner les effets naturels d'avec ceux qui ne le font pas. D'où vient ce défaut de difcernement.

LEs grands Philofophes que la Gréce & l'Italie ont produits, ne nous inftruifent pas mieux que les premiers Savans de l'antiquité, fur les moyens de difcerner les effets naturels d'avec ceux qui ne le font pas. Pour montrer combien ils étoient incapables de faire ce difcernement, il n'eft pas néceffaire d'entrer dans le détail de toutes leurs opinions ; il fuffira de relever quelques erreurs dans lefquelles les plus célébres d'entre eux font tombez.

Thalés (b), le premier des fept Sages de la Gréce, avoit une idée affez jufte des Aftres & de leurs mouvemens ; Il reconnut que les Eclipfes du Soleil ou de la Lune étoient des effets naturels ; il parvint même à les expliquer & à les prédire. Anaximandre fon difciple perfectionna ces connoiffances, par l'invention de la Sphére & des Cadrans folaires. Mais quand ils voulurent faire des fyftêmes du monde, ils ne débitérent que des extravagances, fans faire aucune mention de la fageffe infinie qui en a démêlé le cahos & fixé les loix immuables. Anaximéne autre difciple de Thalés ne reconnut pas non plus la première caufe du monde ; mais il y admit une Intelligence qu'il nomme Dieu, & qu'il prétend avoir été formé de l'air, comme fi un Corps pouvoit être changé en Efprit.

Anaxagoras, difciple d'Anaximéne, fut le premier qui enfeigna qu'une Intelligence avoit produit le mouvement de la matiére, & débrouillé le cahos. Ses idées fur l'Intelligence & fur l'Efprit en général, n'étoient pas fort juftes. Il admettoit dans toutes les bêtes une Ame, à qui il donnoit le nom d'Entendement, qu'il avoit donné au premier moteur de la nature. C'eft le reproche que lui faifoit Ariftote (c), qui obferve encore qu'Anaxagoras employoit une Intelligence en la production du monde, comme une machine à laquelle il recouroit en cas de néceffité, & lorfque les raifons lui manquoient. C'eft ce qui a fait dire à un Savant de notre tems, que les idées des anciens qui ont parlé du cahos, n'étoient pas moins embrouillées que le cahos même.

La plupart des Philofophes qui font venus après, ont mieux connu la nature des Subftances fpirituelles. Cependant ils ne nous fervent pas davantage à démêler leurs opérations d'avec celles des Corps. Pour s'en convaincre, il n'y a qu'à jetter les yeux fur les écrits des principales Sectes, qui font celles des Pythagoriciens, des Platoniciens, des Péripatéticiens, & des Epicuriens.

Pythagore ne confondoit point l'Efprit avec le Corps, il foutenoit que l'Ame de l'homme eft immortelle (d) : mais ne fachant que faire de cette Ame après la deftruction du Corps auquel elle eft unie, il la fait paffer indifféremment des hommes aux bêtes, & réciproquement des bêtes à d'autres hommes. C'eft pourquoi il défendoit à fes Difciples (e) de tuer les animaux, & de fe nourrir de leur chair. Delà les fuperftitions de tant de peuples qui révérent encore les animaux, & qui n'ofent bruler du bois, de peur de nuire aux infectes qui pourroient y être renfermez.

Platon, qui avoit confulté les plus fages d'entre les Juifs & les Egyptiens, admettoit l'exiftance de Dieu, & l'on croit même qu'il a connu fon Verbe. Il étoit perfuadé, comme Pythagore, de l'immortalité de l'Ame. Il ne plaçoit pas des Génies dans tous les Corps, ni même dans tous les animaux, mais il donnoit à toute la machine du monde une Ame intelligente ; enforte qu'en fuivant cette idée, on n'eft plus en état de difcerner (f) ce qui peut être opéré par la matiére qui la compofe, ou ce qui vient de l'Intelligence qui l'anime.

Ariftote ne s'eft pas affujetti à tout ce qui avoit été dit par Platon fon maitre & par Pythagore, & il a tant écrit fur la Philofophie, que bien des gens croiroient volontiers qu'il ne nous a rien laiffé à defirer. Cependant rien n'eft plus obfcur (g) que la matiére dont il explique les propriétez des Efprits & des Corps. On n'a ceffé d'agiter dans les écoles s'il a cru l'ame immortelle. Les uns l'affurent, les autres le nient, & d'autres foutiennent que cela eft douteux ; enforte que ce fera là un problême & une grande queftion, tant qu'on croira important d'être bien informé du fentiment d'Ariftote. Un des principaux point de doctrine, que les écoles fe font gloire de tirer de lui, eft que rien n'eft dans l'Efprit qu'il n'ait paffé par les fens. Ce principe n'a fervi qu'à confondre l'idée de l'Efprit avec celle des chofes fenfibles. Auffi a-t-on fouvent donné à l'Efprit une extenfion qui n'eft propre qu'à la matiére, & attribué à la matiére des inftincts, des defirs, des appetits qui ne peuvent convenir qu'à l'Efprit.

Lorfqu'Ariftote entre dans le détail, ainfi qu'il le fait dans fon Hiftoire des animaux, il nous expofe à la vérité des chofes fort curieufes ; mais en voulant remonter jufqu'à leur caufe, il tombe fouvent dans des erreurs groffiéres. Par exemple, en nous marquant l'origine & la formation de la plupart des bêtes, il dit que quelques unes fe forment de la pouriture. S'il y eût fait quelques réflexions, il auroit vu qu'une matiére, dont les parties fe dérangent en fe pouriffant, ne peut former des machines auffi parfaitement compofées & organifées.

Nous lui avons au moins cette obligation de nous avoir rapporté dans ce Traité beaucoup d'expériences fort inftructives fur cet article. Il auroit été à fouhaiter qu'il

eût

(a) Vetus, autem illud Catonis admodum fcitum eft, qui mirari fe aiebat quòd non rideret Harufpex, Harufpicem cum vidiffet. *Cic. l. 2. de Devin. n. 51.*

(b) Herodot, Diog. Laert. Cic. l. 1. de Divin. n. 12.

(c) Anaxagoras autem minùs de ipfis explanat : multis enim in locis boni rectique mentem caufam effe dicit : alibi autem animam ipfam mentem effe afferit : nam animalibus univerfis, tam parvis quàm magnis, tam præftabilibus quàm minùs etiam præftabilibus, mentem ineffe dicit. At ea mens tamen, & intellectus, cui prudentia tribuitur, non univerfis fimiliter animalibus, quin etiam cunctis hominibus ineffe videtur. *De Animâ lib. 1. cap. 2.*

(d) Quis nunc extremus idiota, vel quæ abjecta muliercula non credit animæ immortalitatem vitamque poft mortem futuram ? Quod apud Græcos olim primus Pherecydes Affyrius cum difputaffet, Pythagoram Samium illius difputationis novitate permotum ex athleta in Philofophum vertit. *Aug. Ep. 137. ad Voluf. l. 111.*

(e) Diog. Laert. l. 8. pag. 217.

(f) Diog. Laert. de vit. Philof.

(g) On peut voir ce qu'en a dit Gaffendi dans fes *Exercitationes Paradoxicæ adverfus Ariftotelem.*

Un Docteur Anglois, nommé Alexandre Neccam, a laiffé par écrit qu'on croyoit de fon tems (au XII. fiécle) qu'il n'y avoit que l'Antechrift qui dût bien entendre les livres d'Ariftote, dont il fe ferviroit pour convaincre tous ceux qui entreroient en difpute contre lui. *Alexand. Neccam lib. de natur. rerum, cité par la Motte le Vayer de la vertu des Payens. T. 5. p. 102. de fes œuvres, Edit. in 12.*

eût fait des recherches auſſi exactes ſur d'autres matié-res de Phyſique. Le crédit qu'il avoit auprés d'Alexan-dre lui en facilitoit les moyens. Il a compoſé un Trai-té des Merveilles de la nature : *De mirabilibus auſculta-tionibus*, mais ſans aucune critique, & ſans oſer même aſſurer la vérité des faits qu'il rapporte. Il a écrit ce qu'il avoit entendu dire, & qui ne ſait que les *oui - dire* ſont les dépoſitaires & les couriers des fables ?

Les Diſciples de Platon & d'Ariſtote, & tous ceux qui ont porté le nom d'Académicien, ont eu des idées ſi peu diſtinctes de tout ce qu'ils enſeignent, qu'ils ſont parvenus, comme le dit Cicéron, à ne plus rien croire, & à ſoutenir qu'il n'y avoit rien de certain, & que s'il y avoit des choſes vrayes, on n'avoit aucune régle pour diſcerner le vrai d'avec le faux (*a*).

Pluſieurs de ces Philoſophes avoient connu l'exiſten-ce de Dieu, ,, mais ne l'ayant pas glorifié comme ,, Dieu, *dit ſaint Paul*, (*b*) & ne lui ayant pas rendu ,, graces, ils ſe ſont égarez dans leurs vains raiſon-,, nemens, & leur cœur inſenſé a été rempli de téné-,, bres; enſorte qu'ils ſont devenus fous en s'attribuant ,, le nom de ſage.

Ce n'eſt donc pas de tels maitres qu'il faut conſulter pour apprendre à démêler les effets naturels d'avec les ſurnaturels. Nous l'apprendrions encore moins de De-mocrite, d'Epicure & de leurs Diſciples, qni ont pré-tendu que nos Ames & toutes les Intelligences ſont com-poſées d'atomes, & qu'elles peuvent par conſéquent ſe diſſoudre & périr. En effet quel diſcernement peut-on faire, lorſqu'on ne ſent pas la différence qu'il y a entre l'Eſprit & la Matiére ?

On peut dire en général de tous les Savans & de tous les Philoſophes dont nous avons parlé, qu'ils ne nous donnent point les lumiéres dont nous avons beſoin, pour faire ce diſcernement que nous cherchons. Quel ſecours pourroit on tirer de ceux qui ont autoriſé par des expli-cations frivoles les pratiques les plus ridicules ? C'eſt ce qu'ont fait ces prétendus Sages. Nous ne prendrons pour exemples que ce qu'ils ont dit des Augures, des Haruſ-pices, & de la plupart des autres moyens, que les peu-ples employoient pour découvrir les choſes les plus ca-chées, & pour deviner l'avenir. On ouvroit la poitri-ne des animaux, & l'on y cherchoit de ſens froid, ſi une armée ſeroit vaincue ou victorieuſe, ſi un vaiſſeau arriveroit à bon port, ou ſi l'on attenteroit à la vie du Prince. Nous ne ſerions peut-être pas fort ſurpris que des Philoſophes euſſent abandonné de telles obſerva-tions à la ſuperſtition & à la ſtupidité du peuple, ſans s'embaraſſer de le tirer de ſon erreur, comme nous ne ſommes pas fort étonnez de voir courir parmi le peu-ple les prédictions des almanacs, ſans qu'on daigne s'ap-pliquer à en montrer la fauſſeté. Ce qui nous étonne, c'eſt que des Philoſophes fameux ayent entrepris de juſtifier ce qu'ils n'auroient pas dû réfuter ſérieuſement. Que dirions-nous, ſi nous voyions les Caſſini, & les autres Savans de l'Académie des Sciences, entrepren-dre de montrer que les Auteurs des almanacs de Milan & de Liége peuvent faire par des régles de Phyſique les prédictions qu'ils ont la hardieſſe & la témérité de répandre parmi le peuple ?

Cicéron, qui avoit fait durant longtems des réfle-xions judicieuſes ſur les écrits des Philoſophes & ſur les ſuperſtitions populaires, dont ils oſoient donner des rai-ſons phyſiques, montra enfin dans ſes excellens Livres de la Divination, le ridicule de tous ceux qui croyoient pouvoir decouvrir les événemens futurs par l'inſpection du fiel d'un coq, du foye d'un taureau, du cœur ou du poulmon de quelqu'autre animal (*c*).

Quelques uns avoient beau dire, avec Démocrite, qu'on ne pouvoit (*d*) pas trouver dans les entrailles des animaux tout ce que le peuple y cherchoit, mais qu'on pouvoit du moins par la couleur, la figure, & les au-tres diſpoſitions du cœur & du poulmon, deviner ſi la récolte ſeroit bonne ou mauvaiſe, ſi l'air ſeroit ſain, ou s'il ne cauſeroit point de maladie, & prédire par ce moyen la peſte & la famine. Cicéron ne refute pas moins bien ces vaines prétentions, ſur quoi il dit agréa-blement que Democrite débite des niaiſeries avec l'éru-dition & la préſomption d'un Phyſicien (*e*). Il faudroit certainement perdre de vue toutes les vrayes notions de Phyſique, pour oſer juſtifier tous ces prétendus moy-ens de deviner ; & c'eſt ce que le même Cicéron reprochoit fort à propos à ceux qui vouloient ſoute-nir la ſcience des Haruſpices. Croyez-moi, leur di-ſoit-il, vous livrez la ville Philoſophique, pour dé-fendre quelques châteaux ; car en vous efforçant de juſtifier la ſcience des Haruſpices, vous bouleverſez tout la Phyſiologie (*f*).

Les Naturaliſtes nous ſeroient plus utiles que les Philoſophes, s'ils avoient eu ſoin de vérifier les faits extraordinaires qu'il ont rapportez. On pourroit com-parer ces faits avec ceux qu'on publie de notre tems, & dont on doit examiner la vérité & la fauſſeté, avant que d'en rechercher les vrayes cauſes. Pline, dans ſes trente ſix livres de l'Hiſtoire naturelle, a ra-maſſé un très grand nombre de choſes curieuſes. Il prétend (*g*) en avoir recueilli vingt mille, tirées d'en-viron deux mille volumes d'une centaine d'Auteurs. Mais peut-on bien compter ſur la vérité des faits qu'il tire de tous ces ouvrages ? Il nous dit lui-mê-me dans ce même livre que Diodore eſt le premier des Grecs qui ait ceſſé de badiner (*h*). Et quoique depuis Auguſte, il y eût parmi les Romains tant de bons eſprits capables des plus exactes recherches ſur l'Hiſtoire naturelle, le même Pline (*i*) nous dit encore qu'ils étoient bien plus occupez à s'élever par les digni-tez ou par les richeſſes, qu'à laiſſer des inſtructons uti-les à la République ſur ſes Arts & ſur les Sciences. La faveur & les emplois dont les Empereurs Tite & Veſ-paſien honnorérent Pline, ne l'empêchérent-ils pas lui-même de travailler à une Hiſtoire naturelle, plus ſure & plus exacte, que celle qu'il nous a laiſſée ? Saumaiſe l'accuſe d'avoir conſulté de mauvais garens, & d'avoir ſouvent mal entendu les Auteurs qu'il liſoit, ou plutot qu'il ſe faiſoit lire ; car Pline le jeune ſon neveu dit qu'il faiſoit ſes extraits en ſoupant, On trouve dans le Commentaire de Saumaiſe pluſieurs exemples de ſes mé-priſes. Ce n'en eſt pas une petite, par exemple, d'a-voir dit qu'on adoucit la férocité des éléphans avec du ſuc d'orge. Selon Dioſcoride, l'ivoire devient plus ma-niable quand il eſt trempé dans du ſuc d'orge. Le mot Grec *Elephas*, ſignifiant de l'ivoire auſſi - bien qu'un éléphant, a fait dire à Pline que le ſuc d'orge rend les éléphans plus traitables, au lieu de dire qu'il ſervoit à travailler plus facilement l'ivoire.

L'utilité qu'on peut retirer des merveilles qu'Ariſto-te, Pline & pluſieurs autres anciens ont rapportés, c'eſt qu'elles peuvent exciter la curioſité des Savans qui ont les moyens de faire des recherches pour découvrir la vérité. Tels ſont Meſſieurs de l'Académie des Scien-ces, dont toute l'Europe reconnoit la ſagacité & les lumiéres.

(*a*) Non enim ſumus îl quibus nihil verum eſſe videatur, ſed qui omnibus veri falſa quædam adjuncta eſſe dicamus, tantâ ſimi-litudine, ut nulla inſit certa judicandi & differendi nota. *Cic. Acad. quæſt. l. 4.*

(*b*) Rom. I. 21.

(*c*) Gallinaceum fel, vel tauri opimi jecur, aut cor, aut pul-mo, quid habet naturale quod declarare poſſit quid futurum ſit ? *Cic. l. 2. de Divin. n. 29.*

(*d*) Cic l. 1. de Divin n. 131.

(*e*) Democritus tamen non inſcitè nugatur ut phyſicus, quo genere nihil arrogantius. *Cic. l. de Divin. n. 30.*

(*f*) Urbem Philoſophiæ, mihi crede, proditis, dum caſtella defenditis. Nam dum Haruſpicinam veram eſſe vultis, Phyſiolo-giam totam pervertitis. *Ibid de Divin. n. 37.*

(*g*) Viginti millia rerum dignarum cura, (quoniam, ut ait) Domnitius Piſo, theſauros oportet eſſe, non libros.) ex lectio-ne voluminum circiter duum millium, quorum pauca admodum ſtudioſi attingunt, propter ſecretum materiæ, ex exquiſitis au-toribus centum, incluſimus triginta ſex voluminibus. *Plin. Hiſt natural. l. 1. p. 6.*

(*h*) Apud. Græcos deſiit nugari Diodorus.

(*i*) Ibid. L. 14. in proem.

CHA-

CHAPITRE III.

Nécessité de discerner entre les effets merveil-
leux, ceux qui sont vrais d'avec ceux qui
ne le sont pas. Crédulité & opiniâtreté
contraires à ce discernement. Fables que la
crédulité a fait recevoir.

LAissons les premiers Savans du monde, & les anciens Philosophes, puisqu'ils peuvent plutot nous
nuire que nous servir dans la recherche des moyens de
discerner les effets naturels d'avec ceux qui ne le sont
pas; & puisons dans la droite raison les lumiéres qu'ils
n'y ont pas trouvées, pour ne l'avoir pas assez consultée. Elle nous apprendra d'abord que, pour ne pas donner dans le ridicule de chercher la cause de ce qui n'est
pas, il faut examiner avec soin la vérité des faits dont
on veut connoître la nature. Elle nous trace ainsi le
plan que nous suivrons dans cet ouvrage, où nous dis-
cuterons premiérement comment on peut s'assurer de la
vérité des effets merveilleux, & ensuite comment on
peut reconnoître qu'ils sont naturels.

La premiére régle qu'on doit suivre dans la recherche
de la vérité, c'est d'écarter les préventions. Cette régle qu'on doit toujours avoir en vue dans toutes sortes
de sujets, est d'une nécessité toute particuliére, lorsqu'on examine l'existence de quelque effet extraordinaire. Car c'est alors que les préjugez sont plus à craindre, parcequ'ils sont plus fréquens. On peut diviser
la plupart des hommes en deux classes. Les uns sont
portez à croire sans preuve tout ce qu'on leur dit d'extraordinaire, les autres s'obstinent à le rejetter malgré
tous les témoignages qu'on leur apporte. Une crédulité puérile & une opiniâtreté superbe: voilà les deux
sources des erreurs des hommes, par rapport à l'existence des effets surprenans, & voilà aussi les déux écueils
que nous devons éviter, pour parvenir au discernement
que nous cherchons.

La crédulité est le défaut le plus commun, parceque
les hommes ont naturellement du gout pour le merveilleux, qu'ils entendent volontiers parler de ce qu'ils admirent, & qu'ils sont facilement portez à le croire, sur
tout s'ils ne se trouvent pas destituez d'autoritez. Or
quelle est la prétendue merveille quelque fausse qu'elle
soit, qui n'ait pas été rapportée par plusieurs auteurs?

La plupart de ceux qui composent des livres, pensent
plus à leur besoin qu'à l'instruction du Public & à leur
réputation, *fami non famæ*, comme disoit M. de Thou.
Plusieurs autres n'ont pour but que d'étaler leur érudition, & de montrer qu'ils ont recueilli tout ce qui
s'est dit, & qu'on peut dire sur le sujet qu'ils traitent.
Ceux-ci veulent paroître savoir beaucoup de choses,
ceux-là tâchent de grossir promtement leurs livres, &
n'ont pas le loisir d'examiner tout ce qu'ils avancent.
Les uns & les autres reçoivent & transmettent à la pos-
térité un grand nombre de faussetez, qu'on regarde ensuite comme appuyées par une espéce de consentement
général. De là vient la facilité qu'on a de croire les
fables, comme le remarque Gabriel Naudé dans son a-
pologie des grands hommes soupçonnez de magie.

Qu'il est fâcheux d'être toujours obligé de se défier
des Compilateurs & des Historiens mêmes qui ont eu
de la réputation dans le monde! Rien cependant n'est
plus nécessaire que cette défiance, si l'on en croit les
auteurs les plus graves. Diodore de Sicile traite d'écrivains fabuleux, tous ceux qui l'avoient précédé (a). Strabon accuse aussi de mensonge, ceux qui avoient donné
des Histoires des Indes (b); il n'excepte pas ce fameux

Megasthenes, dont l'ouvrage, qui a été cité par beaucoup d'anciens, s'est enfin perdu (c).

Selon Sénéque, être Historien & menteur, c'est à
peu près la même chose. „ On n'a pas beaucoup de pei-
„ ne, *dit-il*, (d) de rabaisser l'autorité d'Ephore,
„ c'est un Historien. Quelques uns cherchent à rehaus-
„ ser le mérite de leurs livres, par le récit de choses
„ incroyables, & réveillent par ce qu'elles ont de mer-
„ veilleux l'attention du Lecteur, qui ne daigneroit pas
„ lire un ouvrage où l'on ne parleroit que de choses
„ communes. Quelques uns sont crédules, d'autres sont
„ négligens. Quelques uns laissent glisser le mensonge
„ dans leurs écrits, d'autres l'aiment, ceux-là ne l'évi-
„ tent pas, ceux-ci le recherchent. C'est ce qu'on
„ peut dire de tout ce qu'il y a d'Historiens. Cette
„ nation s'imagine que ces ouvrages ne peuvent acqué-
„ rir l'approbation publique & se répandre, à moins
„ qu'ils ne soient assaisonnez de mensonges. Ephore qui
„ ne se fait pas scrupule de mentir, est souvent trom-
„ pé, & trompe souvent les autres.

C'est ce qui est arrivé à un grand nombre d'Auteurs. Ils se sont trompez les premiers, & ont trompé
après eux, non seulement le vulgaire, mais les Physiciens mêmes, qui ont cherché la cause de faits inexplicables, & dont on a ensuite reconnu la fausseté.

Ces Physiciens n'ont donc pas craint de s'exposer
à la risée des personnes intelligentes & sensées, en
expliquant des choses qui n'étoient point, pour ne
pas demeurer court, lorsqu'ils entendoient parler de
quelques merveilles. Au tems de Sénéque, quelques
uns de ces Physiciens vouloient donner des raisons
naturelles d'une pratique superstitieuse & bizarre des
Habitans de Cléone. Lorsque (e) quelque nuée paroissoit disposée à se résoudre en grêle, on immoloit
des agneaux, ou par quelque incision à un doigt on
faisoit sortir du sang, dont la vapeur montant jusqu'à
la nuée, l'écartoit ou la dissipoit entiérement. C'étoit
du moins ce que disoient ceux qui vouloient expliquer physiquement ce phénoméne. N'eût-il pas mieux
valu, disoit Sénéque, soutenir que c'est une folie &
une fable?

On a lieu de le dire très souvent, *Mendacium &*
fabula est. On ne doit plus s'aviser, par exemple,
de chercher des raisons physiques, & de faire de belles moralitez sur ce qu'ont avancé tant d'Auteurs
qu'un homme pése plus à jeun qu'après le repas,
qu'un tambour de peau de brebis se créve au son d'un
tambour de peau de loup, que les vipéres font mourir leurs méres en sortant de leur ventre, & donnent
occasion à la mort de leurs péres au premier moment
qu'elles sont formées, & plusieurs autres choses de cette nature. Car ceux qui ont eu la curiosité de s'en
éclaircir, ont trouvé que tout cela étoit contraire à
l'expérience.

Afin donc qu'on se garde de tomber dans de semblables bévues, je crois qu'on sera bien aise que je
montre ici avec quelque détail qu'on a cru légérement,
& qu'on a expliqué ridiculement, un grand nombre de
faits. Le récit des erreurs dans lesquelles la crédulité &
la présomption ont engagé ceux qui nous ont précédez,
nous inspire une juste défiance, nous porte à examiner
exactement les faits qu'on nous propose, & nous empêche

(a) Hellanicus & Cadmus, Hecatæus quoque & id genus prisci
omnes ad fabulosas assertiones declinarunt. *Diod. Sic. l. 1.*

(b) Omnes utique qui de Indiâ scripserunt pleraque mentiti sunt,
ac præ reliquis Daïmactus postque hunc proximè Megasthenes.
Strabo. l. 2.

(c) Annius de Viterbe en a forgé un sans y mettre le vrai nom
de l'Auteur, car il l'appelle Metasthenes au lieu de Megasthenes.

(d) Nec magnâ molitione detrahenda est autoritas Ephoro : His-
toricus est. Quidam incredibilium relatu commendationem pa-
rant, & lectorem, aliud acturum si per quotidiana duceretur, miracula excitant. Quidam creduli, quidam negligentes sunt : quibusdam mendacium obrepit, quibusdam placet. Illi non evitant,
hi appetunt. Et hoc in commune de totâ natione : quæ approbare
opus suum & fieri populare non putat posse, nisi illud mendacio
aspersit. Ephorus verò non religiosissimæ fidei, sæpè decipitur,
sæpè decipit. *Senec. Natur. quæst. l. 7. c. 16.*

(e) Alteri suspicari ipsos aiunt esse in sanguine vim quandam
potentem avertendæ nubis ac repellendæ. Sed quomodo in tam
exiguo sanguine potest esse vis tanta, ut in altum penetret, & eam
sentiant nubes? Quantò expeditius erat dicere, mendacium & fabula est? *Lib. 4. quæst. nat. c. 7.*

pêche d'hazarder de frivoles explications sur ceux dont nous ne sommes pas assurez.

Rien n'est plus singulier que ce qu'on dit d'un petit poisson nommé Remore, qu'il arrête tout court un vaisseau vôguant à pleines voiles. Aristote, Pline, Plutarque, Elien, & plusieurs autres en parlent un peu diversement & sur des oui-dire, mais sans révoquer en doute qu'il n'arrête tout court le vaisseau.

Toutes choses bien considérées, on peut assurer que cela n'est jamais arrivé, & il n'est pas difficile de voir l'impossibilité de cette prétendue merveille. Le sens commun montre que de deux forces extrêmement inégales, la plus forte doit l'emporter; & il est clair que la force d'une galére qui vogue, ou d'un vaisseau poussé par un grand vent, est incomparablement supérieure à celle d'un fort petit poisson. Cependant les Philosophes n'ont pas paru embarrassez de trouver la cause de ce prétendu fait.

Les Péripatéticiens (a), tels que les Conimbres & les autres Physiologistes de l'école, recourent à leur méthode ordinaire, & sans faire de grandes recherches, ils nous apprennent que cela se fait par une qualité occulte qui amortit l'activité du vaisseau. Aldrovand (b), dans son Traité des poissons, Gaspard Schot dans sa Physique curieuse, & divers autres sont assez contens de cette raison. Suarez admet cette qualité occulte, & pour la rendre plus efficace, il voudroit y joindre un peu d'influence céleste (c).

Jules Scaliger en ses exercitations sur la subtilité contre Cardan, reléve cette qualité occulte par les plus grands principes. Il remarque qu'il y a des Corps (d), qui par devoir sont toujours immobiles, comme les poles; qu'il y en a d'autres qui sont immobiles à cause du lieu qu'ils occupent, comme cette partie de la terre qui est au centre, & qui ne remuera pas naturellement; qu'il y a au contraire des corps qui par devoir sont mobiles, comme le ciel; qu'il y en a d'autres qui sont mobiles à cause de leur situation, comme les fleuves; qu'il y en a de même qui en peuvent remuer d'autres, comme fait l'aiman, & qu'il y en a qui ont une vertu toute opposée; tels sont tous ceux qui peuvent arrêter le mouvement des autres, & telle est la Remore. A quoi il ajoute que, comme on ne peut pas dire pourquoi le froid & le chaud sont contraires, de même on ne peut pas dire pourquoi la Remore a une vertu contraire au mouvement du vaisseau.

D'autres Philosophes, que nulle difficulté ne peut arrêter, ont voulu faire toucher au doigt la cause physique d'un tel prodige. Comprenez bien, dit Zara, ce que peut le combat des premiéres qualitez, & vous verrez tout d'un coup la cause du mystére. Le vaisseau a l'humidité en partage, le Poisson excelle en sécheresse. Le sec est plus actif que l'humide, n'est-t-il donc pas clair que la qualité du poisson doit vaincre la qualité du vaisseau, & par conséquent l'arrêter? De peur d'être trop long, nous passons quelques autres systèmes qui ont été fait pour expliquer cette merveille, ou plutot cette fable.

Les Voyageurs moins subtils que tous ces Philosophes dont nous venons de parler, ont observé que la Remore est un petit poisson nommé à présent Succet, qui par la figure de sa peau s'attache facilement au vaisseau, & que s'il s'en trouve une grande quantité, il l'empêche de couler légérement sur les eaux (e).

Si ce qu'on a rapporté de la Remore n'est pas vrai, il a au moins quelque fondement. Il n'en est pas de même de plusieurs faits qu'on a débitez comme vrais, & qui sont absolument faux. Solin a écrit qu'on ne voit presque jamais d'oiseaux en Irlande, qu'il n'y a point d'abeilles, & que si l'on porte de ce Pays en un autre de la poudre ou de petites pierres, & qu'on les répande autour du lieu où les ruches sont placées, les essains abandonnent le lieu. On lit la même chose dans les Origines d'Isidore l. 14. c. 6. Voilà une terre bien pernicieuse à des animaux qui font des ouvrages si beaux & si utiles. Faudroit-il examiner d'où vient cette malignité de la terre d'Irlande? Non, il n'y a qu'à dire que c'est une fable. On trouve en Irlande beaucoup d'oiseaux & beaucoup d'abeilles. Waræus nous l'apprend (f) dans ses Antiquitez, où il réfute les erreurs & les fictions de plusieurs anciens écrivains, & où il dit: *Avibus & apibus abundat Hibernia*, contre ce qu'a dit Solin copié par Saint Isidore.

En parlant des oiseaux d'Irlande, nous ne devons pas oublier ce qu'on a dit de ces espéces d'oisons ou canards qui sont en si grand nombre en Irlande, en Ecosse, & dans toute l'Angleterre. On les nomme du mot générique, *Aeseres*; on leur donne d'autres noms particuliers, & nous les appellons Macreuses. Les noms ne font rien à notre dessein. Ce qui nous intéresse, c'est qu'un grand nombre d'Auteurs ont assuré que ces oiseaux sont produits sans œufs & sans accouplement. Quelques uns (g) les font venir des coquilles qui se trouvent dans la mer. D'autres (h) n'ont pas rougi d'avancer qu'il y a des arbres semblables à des saules, dont le fruit se change en Macreuses, & que les feuilles de ces arbres qui tombent sur la terre produisent des oiseaux, pendant que celles qui tombent dans l'eau deviennent des poissons.

Le sentiment le plus commun & qui a prévalu durant longtems, & que ces oiseaux viennent de la pourriture des vaisseaux, c'est-à-dire, que les bois pourris se changent en vers & les vers en Macreuses. C'est ce qu'ont assuré ou rapporté, sans y contredire, Isidore dans Gesner, (i) Hector Boæthius, Vincent de Bauvais, Jaques d'Ancone, Maïolus, Olaus Magnus, Munster, Enée Sylvius, Ortelius, Turnerus, Odoric, Porta, Kircher, Delrio, Maïer (k), Gesner, Aldrovand, Nieremberg, Jonston, &c. D'où Fulgosus & quelques au-

---

(a) L. 7. Physic. 1.

(b) L. 3. de Pisc.

(c) Non dubium est quin ex virtute mirabili proveniat, adjuvante fortasse speciali aliquâ & connaturali influentiâ cæli. *Suarez disp.* 18. *Sect.* 8.

(d) Neque verò sine subtilitate sunt hæc prætereunda. Propter officium sunt immobilia quædam semper, ut poli. Quædam ratione loci, veluti terræ pars, quæ in centro est. Nunquam enim movebitur naturaliter. Contra officio quædam semper mobilia, ut cœlum. Quædam naturâ loci, ut flumina. Ita quibusdam esse movendi potestatem, ut magneti. Aliis contrariam facultatem. Videlicet ejusmodi sunt, quæ motu privant, ut Echeneis. Ratio autem in principiis. Quia sicuti quies & motus sunt contraria, sic sunt horum efficientes quædam causæ contrariæ. Neque reddi potest ratio cur calori frigus adversetur. Sic ne illis quidem. *Jud. Scalig. de Subtil. l.* 15. *exercit.* 218. *n.* 8.

(e) Le Succet que l'on juge assez vraisemblablement être la Remore, que ces bonnes gens du tems jadis (qu'on appelle vénérablement les anciens, & qui fort souvent ne savent pas trop ce qu'ils disent) ont rendue si fameuse & si redoutable; ce Succet, dis-je, a sur la tête, & même un peu avant sur le cou, une membrane cartilagineuse plate & ridée, par le moyen de laquelle il s'applique & se colle étroitement au dos des Requins & des Chiens de mer, & apparemment à des choses inanimées, puisqu'on le voit s'attacher quelquefois au bois sur le pont du vaisseau, (en se tournant le ventre en haut,) quand il est tout sortant de l'eau. Il y en a de deux espéces pour le moins, qui différent en grandeur & couleur, mais qui ont à peu près la même forme. Ils n'ont point d'écailles, & leur peau est gluante & visqueuse comme celle des anguilles. Ceux de la plus grande espéce, sont communément longs de deux ou trois pieds, & le dos d'un brun verdâtre qui s'éclaircit un peu sur le ventre. La longueur des autres ne passe pas celle des harangs, & l'atteint rarement; ils ont le museau fort court, & la couleur moins obscure. La chair des uns & des autres n'est pas ferme, mais d'un gout qui ne déplait pas. Comme ils sont pourvus de beaucoup de nageoires, & qu'ils sont d'une forme longue & menue, ils fendent aussi l'eau comme une fléche fend l'air. Leurs dents sont petites, arrondies par le bout, & si courtes qu'à peine les apperçoit on. Il est très certain que ces poissons s'attachent souvent aux vaisseaux dans l'eau, & quand le nombre en est grand, il ne faut pas douter qu'ils ne soient un obstacle à la course de ces édifices flotans, puisqu'ils les empêchent de couler légérement sur les ondes. *Voyage de F. Leguat aux Isles des Indes Orientales. Amsterdam.* 1708. *T.* 1. *pag.* 122.

(f) War. Antiq. Hibernicæ. c. 23.

(g) Worm: mus. l. 3. c. 7. Graindorge. pag. 15.

(h) Voyez Maïer in Epigramm. & plusieurs autres Auteurs citez par M. Hecquet dans le Traité des dispenses du Carême. T. 1. p. 283.

(i) L. 3. de animal.

(k) Non ipsi pater est materve, nec editus ovo semine nec fœtus, ova nec ulla serit; sed nova progenies naturæ proditur. *Mayer. in Epigramm.*

autres ont conclu qu'on pouvoit sans scrupule manger en carême de ces sortes d'oiseaux.

Des Auteurs plus raisonnables, comme Deusingius, dans sa Dissertation *De Anseribus Scoticis*, ont découvert que ces oiseaux pondoient des œufs comme les oyes. Ce qui a trompé la plupart de ceux qui les ont fait engendrer de la pourriture, est qu'après en avoir vu paroitre des troupes nombreuses auprès des vaisseaux pourris, ils s'avisérent de faire l'anatomie de tout ce qu'ils rencontrérent aux environs. Les uns crurent que la seule corruption produisoit ces animaux. D'autres y découvrant des champignons pleins de vers, crurent légérement que ces insectes se changeoient en oiseaux, comme les vers éclos sur la viande se transforment en mouches. D'autres trouvant des coquilles tout auprès des endroits où l'on voit ces animaux, crurent que c'étoit-là le corps de ces oiseaux, à qui il ne manquoit que des ailes, qu'ils devoient prendre bientot après.

Il est surprenant que toutes ces pauvretez ayent été souvent répétées, quoique divers Auteurs ayent remarqué & assuré que les Macreuses étoient engendrées de la même maniere que les autres oiseaux. Albert le Grand l'avoit déclaré en termes précis, après avoir rapporté ces imaginations dans l'Histoire des animaux. L. 23. (*a*) Enfin un Voyageur trouva au Nord d'Ecosse des esseins de Macreuses, & les œufs qu'elles devoient couver, & qui étoient de vrais œufs d'oyes, dont lui & son équipage mangérent.

On n'est pas fort surpris que les Physiciens & les Naturalistes donnent aux arbres & à la pourriture la vertu d'engendrer des oisons, quand on voit beaucoup d'Auteurs graves avancer sérieusement que le vent produit des poulains & des perdrix. Varron dit qu'en certaines (*b*) saisons le vent rend fécondes les jumens & les poules de Lusitanie. On pardonne à Virgile d'avoir donné ce conte pour une vérité, mais on ne peut excuser Columelle, Pline, Solin, & plusieurs autres Ecrivains fameux qui l'ont adopté, ni Saint Augustin même qui avoit lu sans doute le fait dans Varron, & qui le met au nombre de ceux qui sont constamment vrais, quoiqu'on n'en puisse rendre raison.

Tous ces Auteurs auroient bien dû voir que ce n'étoit qu'une pure fiction, propre à exprimer d'une maniére vive & spirituelle la légéreté des chevaux de Portugal. Comme on suppose que les enfans ressemblent à leurs péres, on a dit que le vent est le pére de ces animaux qui imitent sa vitesse. On pourroit peut-être dire la même chose des perdrix, si elles voloient mieux que les autres oiseaux. Mais quoique cela ne soit pas, Antigonus Carystius, dans son Histoire des Merveilles, dit nettement que les perdrix femelles, quoiqu'éloignées des mâles, deviennent fécondes, si le mâle est au dessus du vent.

On ne s'en est pas tenu à ces rêveries, & comme les fables font souvent de merveilleux progrès, on s'avisa de soutenir durant du tems en Dauphiné, qu'une femme étoit devenue grosse, non par le vent, mais par la seule imagination. Comme cette impertinence pouvoit avoir des suites, si elle étoit reçue dans le monde, le Parlement de Grenoble donna un Arrét pour empêcher de la débiter. C'est ce que nous apprenons de Thomas Bartholin, qui l'avoit appris lui-même de M. Boissier Maitre des Comptes.

Pourroit-on se promettre des Compilateurs de prétendues merveilles de la nature, qu'ils ne rapporteront plus dans leurs recueils, que du bois pourri, des coquilles, des champignons, & des feuilles d'arbres produisent des oiseaux; que le vent engendre des perdrix & des poulains, & que l'imagination peut rendre les femmes fécondes? On peut au moins, en relevant certaines faussetez insignes qu'ils ont données comme des faits incontestables, espérer de rendre les hommes plus circonspects au sujet des fables qu'ils lisent dans une infinité de livres, & de celles qu'on pourroit leur débiter dans la suite.

Il n'est pas inutile de remarquer ici que la plupart des Auteurs de ces fables, qui ont passé pour des véritez, ne les ont données que pour des fables. La maniére d'instruire par des apologues, qui étoient fort en usage parmi les Phéniciens & les Carthaginois, a fait souvent prendre pour des faits réels ce qui n'avoit été dit que par allégorie, & l'on a réalisé des jeux d'imagination & des fictions poëtiques. Peut-on aller plus loin que de croire le chant d'un homme & le son d'une lyre capables de changer le naturel des animaux, de donner du mouvement aux arbres, aux pierres, & aux montagnes? Cependant il s'est trouvé des gens qui ont pris Orphée & Amphion pour des musiciens dont les hymnes produisoient cet effet, à cause que des anciens Auteurs sembloient l'assurer. Les Poëtes avoient voulu dire que ces musiciens célébres avoient su gagner & civiliser les peuples les plus farouches (*c*), comme l'explique Horace.

Les Fables anciennes sont pleines de semblables allégories. Aussi Macrobe (*d*), Palæphat (*e*), Quintilien (*f*), Solin (*g*), & plusieurs autres, ne prennent cette fable que dans un sens moral. Mais Fabius Paulinus, quelque habile qu'il ait été, s'est imaginé qu'on pourroit bien la prendre à la lettre, & l'expliquer physiquement par les principes des Platoniciens. Il en fit l'essai & prouva son sentiment par sept raisons qu'il croyoit concluantes.

On a voulu faire de même une vérité de la fontaine fabuleuse nommée *Salmacis*, dont les Naturalistes & les Poëtes (*b*) ont dit qu'elle efféminoit les hommes. Tertulien (*i*) s'y est trompé après d'autres Auteurs. Ce prétendu changement consistoit, selon l'explication de Vitruve, en ce que les montagnards venant auprès de cette fontaine pour habiter avec les Grecs, apprenoient par la conversation des personnes civilisées à changer leurs mœurs rustiques en des maniéres plus douces & plus polies. Mais passons à une autre fontaine fabuleuse qui mérite plus d'attention.

CHAPITRE IV.

Terre brulante auprès de Grenoble, qu'on a nommée par erreur la fontaine qui brule. Pierre lumineuse & brulante, venue des Indes, décrite par M. de Thou dans son Histoire, & qui a donné beaucoup à penser aux Savans. Réflexion sur la fausseté des lampes perpétuelles.

Saint Augustin a dit quelque part que les mensonges dont on assaisonne le recit de certains faits, ont coutume de les changer en fables (*k*). C'est ce qui est arrivé à l'égard d'une merveilleuse du Dauphiné, à laquelle
on

(*c*) *Sylvestres homines, sacer interpresque Deorum,*
  Cædibus & victu fœdo deterruit Orpheus,
  Dictus ob id lenire Tygres, rabidosque Leones.
  Dictus & Amphion Thebanæ conditor arcis
  Saxa movere sono testudinis, & prece blandâ
  Ducere quò vellet.
Art. Poet.

(*d*) In somnio Scip. l. 3. cap. 3.
(*e*) De incredib.
(*f*) Institut. l. 1. c. 10.
(*g*) Cap. 13. Hebdomad.
(*b*) Ovid. Metam. l. 15.
(*i*) Salmacis, quæ masculos molles (facit.) Tertull. adv. Valentin. 15. pag. 296.
(*k*) Solent res gestæ aspersione mendaciorum in fabulas verti. De Civit.

(*a*) Et hoc omnino absurdum est, quia ego & multi mecum de sociis vidimus ea & coire & ovare & pullos nutrire.
(*b*) Res incredibilis est in Hispaniâ, sed est vera, quod in Lusitaniâ ad Occeanum, in eâ regione ubi est oppidum Ulysippo, monte Tagro, quædam equæ concipiunt è vento certo tempore: ut hic gallinæ quoque solent, quarum ova ὑπηνέμια appellant. Sed ex his equis qui nati pulli, non plus triennium vivunt. *Varro de Re rustic. lib.* 2.

on a joint fauſſement une particularité que des Auteurs fameux ont donnée pour un fait conſtant. Cette merveille eſt ce qu'on apelle la fontaine brulante, merveille que le ſieur de Belleforët regarde comme l'écueil de la Philoſophie, & le deſeſpoir des génies les plus pénétrans.

„ De même côté, *dit-il*, (a) & non guéres loin de „ Grenoble, eſt cette fontaine mémorable, laquelle „ eſt ſans ceſſe flamboyante & bouillante, & à laquelle „ tout ce qui attouche & en eſt approché, ne faut „ auſſi-tôt de brûler & être conſumé, non ſans mer- „ veille de miracles de la nature, & ne ſçache Philo- „ ſophe, tant ſoit-il ſubtil & expert ès cauſes de la na- „ ture, qui ſçût rendre raiſon de cet accord perpetuel, „ qui eſt de ſi long-tems entre choſes ſi diverſes entre „ elles, qui ſont l'eau & le feu, & leſquelles ſuivant „ l'ordinaire de la naturelle inclination ne peuvent être „ longuement enſemble, ſans que l'une ou l'autre ne „ voye ſa ruine. Et toutefois ici l'on voit le feu ſor- „ tir de l'eau & les bouillonemens d'icelle engendrer „ des flammes raviſſantes, & qui dévorent toute ma- „ tiere qui leur eſt offerte.

Il y a près de quatorze cens ans qu'on dit quelque choſe d'approchant à Saint Auguſtin. Comme ſur la fin du quatriéme ſiécle Grenoble devint célébre par le nom qu'elle reçut de l'Empereur Gratien, & par l'éminente piété de ſaint Domnin qui en fut le premier Evêque, & qui aſſiſta en 381. avec Saint Ambroiſe au Concile d'Aquilée: S. Auguſtin (b) eut lieu d'être informé des particularitez de cette nouvelle ville, & apprit qu'il y avoit tout auprès une fontaine qui allumoit les flambeaux éteints, & qui éteignoit ceux qui ſont allumez.

Ce récit n'eſt pas tout à fait auſſi éloigné de la vérité, que celui de Belleforët. Il eſt conſtant que l'eau du lieu dont on parle éteint les flambeaux allumez, & il s'eſt pu faire qu'auprès du ruiſſeau qui y coule, il y eût une ouverture où les flambeaux éteints s'allumaſſent; mais ce qu'on a aſſuré que l'eau même bruloit & allumoit les flambeaux, eſt une pure fable. En 1699. j'examinai ce lieu avec ſoin, & voici tout ce que je pus découvrir.

Dans l'endroit qu'on appelle la fontaine brulante, à trois lieues de Grenoble auprès du château de Miribel, on voit une terre d'environ 3 ou 4 toiſes quarrées, & d'où ſort ordinairement de la flamme ou de la fumée. Cette terre eſt rougeâtre, chaude au toucher; elle prend feu fort facilement, & répand toujours une odeur de ſoufre aſſez forte. Un tems chargé de nuages, quelquefois même une petite pluye ſuffiſent pour l'allumer, & une pluye rude avec un grand vent l'éteignent. Si on y préſente de la paille allumée, elle prend feu auſſitôt; & ſi l'on creuſe avec un bâton, il en ſort des flammes, à la faveur deſquelles on apprête aiſément à manger.

Un petit ruiſſeau coule au bas de cette terre, & c'eſt ce qui a donné lieu à la mépriſe. Car ce ruiſſeau ne pouvoit, ce ſemble, paſſer autrefois que dans l'endroit même où eſt la terre qui brule, parce qu'il y a d'un côté une montagne, & de l'autre de grandes motes de terre aſſez élevées & fort inégales. Comme ce ruiſſeau eſt actuellement aſſez avant dans la terre, je crois qu'il étoit couvert autrefois, & qu'il ne ſe montroit que dans l'endroit même où les flammes avoient fait quelque ouverture. Ainſi lorſqu'on préſentoit à cette ouverture des flambeaux éteints, ils s'allumoient; & lorſqu'on les plongeoit dans l'eau, il étoit tout naturel qu'ils s'éteigniſſent. C'en étoit aſſez pour faire

croire à quelques perſonnes que c'étoit l'eau même qn'on appercevoit par le trou, qui produiſoit ces flammes. Le bruit s'en répandit, & l'on appella cette eau, la fontaine qui brule.

Dans la ſuite il a été fort facile de découvrir que ce n'étoit pas l'eau qui bruloit; car des torrens après de grandes pluyes, ayant paſſé ſur les motes de terre en ont emporté une grande partie, ont découvert le canal du ruiſſeau, & lui ont fait prendre ſon cours un peu au deſſous de la terre qui brule.

Cependant le lieu a toujours conſervé le même nom, & ce qui eſt ſurprenant, c'eſt que des Auteurs de Grenoble même, ne ſe donnant peut-être pas la peine d'aller ſur les lieux, en ont parlé à peu près comme Saint Auguſtin & le ſieur de Belleforët. Les nouveaux Commentaires de Pline (c) ont été enrichis de ce qu'avoient dit M. Chorier dans l'Hiſtoire du Dauphiné, & M. Boiſſieux dans un beau Poëme Latin ſur les ſept merveilles du Dauphiné. M. Bartholin (d) paſſant par Grenoble reçut en préſent un de ces Poëmes, le porta en Allemagne, & comme s'il n'eût pas été content de ce que la liberté poëtique avoit fait dire M. Boiſſieux, il n'a pas fait difficulté d'écrire nettement dans ſes obſervations philoſophiques imprimées en 1678 que cette fontaine ſort d'un rocher, qu'elle eſt froide, & qu'elle ne laiſſe pas de bruler.

Voilà apparemment de quelle maniére il s'eſt répandu dans le monde une infinité de fables, qui produiſent plus de mal qu'on ne croit ordinairement, parce qu'il n'eſt rien qui donne plus de lieu à la fourberie des méchans, à la ſuperſtition des ſimples, & à l'obſtination de ceux qui veulent être incrédules ſur toutes choſes.

On rendoit un grand ſervice au public, ſi l'on faiſoit ſur tant d'autres prétendues merveilles rapportées par les Naturaliſtes, une revue ſemblable à celle que Meſſieurs de l'Académie Royale des Sciences ont fait faire à l'égard de la fontaine qui brule.

Dix ans après mes obſervations que je n'avois pas eu occaſion de communiquer, elle pria M. Dieulamant, Ingénieur du Roi au département de Grenoble, d'examiner ce lieu; elle (e) en reçut une relation ſemblable dans le fond à celle que nous venons de donner, & différente ſeulement en quelques circonſtances qui avoient pu changer pendant l'intervalle de dix années écoulées, depuis le tems que j'avois examiné cet endroit. Il dit, par exemple, que le terrain brulant eſt de ſix pieds de long ſur trois ou quatre de large; lorſque je le vis, il me parut un peu plus grand. M. Dieulamant n'apperçut point de matiére qui pût ſervir d'aliment à la flamme; il remarqua ſeulement qu'il ſentoit beaucoup le ſouffre, comme je l'avois obſervé, & qu'il y avoit en cet endroit une eſpéce de ſalpêtre blanc fort âcre. On l'aſſura que le feu qui brule cette terre, eſt plus ardent en hiver & dans les tems humides, qu'il diminue peu à peu dans les grandes chaleurs, & même qu'il s'éteint ſouvent ſur la fin de l'été.

Après ce que Belleforët & Bartholin ont dit d'une fontaine froide au toucher & capable de bruler, rien n'eſt plus divertiſſant que ce qu'on lit dans M. de Thou, touchant une prétendue pierre lumineuſe & brulante, venue des Indes & préſentée à Boulogne à Henri II. Roi de France. C'eſt une fable qui a embarraſſé un trop grand nombre de Savans, & qui a été inſérée en trop de livres, pour n'en pas marquer ici l'origine.

Fernel, premier Medecin de Henri II. compoſa un Traité *De abditis rerum cauſis*, où parmi pluſieurs choſes curieuſes, il s'aviſa pour ſe divertir de décrire en beau

---

(a) Coſmographie, Tit. I. pag. 322.
(b) De his autem quæ poſui non experta ſed lecta præter de fonte illo, ubi faces extinguntur ardentes, & accenduntur extinctæ, & de pomis terræ Sodomorum forinſecus quaſi maturis, intrinſecus fumeis, nec teſtes aliquos idoneos, à quibus utrùm vera eſſent audirem, potui reperire, & illum quidem fontem non inveni qui in Epiro vidiſſe ſe dicerent, ſed qui in Gallià ſimilem noſſent non longe a Gratianopoli civitate, *l.* 21. *c.* 7, *de Civit. Dei.*

(c) Harduin. Tome I. p. 257.
(d) Donavit me autem illuſtris Boiſſieux libello ſuo tecens edito de ſeptem miraculis Delphinatus ...., in quibus illud de ardente fonte curioſiſſimum, aqua ſcilicet ex rupe procurrit, & ipſa frigida, ſed ſulphure & bitumine leviter imbuta, cujus ſuperficiei, ſi ſulphuratum admoveris extinctum, ſtatim accenditur, ardetque luculenter. Ardet & admota palea, imprimis cœlo nubibus cooperto. *Barth. vol.* 3. *obſerv.* 84.
(e) Mémoires de l'Académie des Sciences an. 1699. pag. 23 & 24.

beau Latin les propriétez de la flamme d'un charbon allumé, comme si c'étoit une pierre lumineuse & brulante venue des Indes. La description est en dialogues, comme tout le reste de l'ouvrage. „ Permetez moi,
„ *dit-il,* (a) de quitter les matiéres sérieuses pour m'é-
„ gayer avec vous. Un de mes amis a depuis peu ap-
„ porté des Indes une pierre lumineuse, qui étant tou-
„ te entiére comme enflammée, jette un éclat mer-
„ veilleux, & qui par la splendeur des rayons qu'elle
„ répand de tous côtez, remplit de lumière l'air dont
„ elle est environnée. Elle ne peut souffrir la terre,
„ & s'éléve en haut par l'impétuosité de son propre
„ mouvement. On ne peut la renfermer dans un lieu
„ étroit; il faut la mettre dans un lieu spacieux & dé-
„ couvert. Sa pureté & son éclat sont extrêmes; au-
„ cune souillure ne la ternit, sa figure n'est pas tou-
„ jours la même, mais varie & change en un instant.
„ Rien n'est plus beau à voir; cependant elle ne se
„ laisse pas toucher, & si l'on s'obstine trop longtems
„ à la prendre, elle frappe rudement. Quand on en
„ ôte quelque chose elle ne diminue pas pour cela.
„ Mon ami ajoutoit que sa vertu étoit d'un grand usa-
„ ge & même très nécessaire. BR. Croyez vous avec
„ vos fables & vos énigmes avoir affaire à quelque Oe-
„ dipe? PH. Je ne vous conte point de fables, si
„ vous voulez voir la chose de vos propres yeux, vous
„ avouerez qu'elle est exactement vraye. BR. Il faut
„ que ce soit quelque petit animal, ou quelque oiseau
„ d'une nouvelle espéce. PH. Point du tout, c'est
„ une chose entiérement inanimée. BR. Elle est bien
„ nouvelle & bien surprenante; s'il y a des qualitez
„ occultes, c'est en elle sans doute qu'il en faut re-
„ connoitre, mais n'a-t-elle point de nom? PH. Elle
„ s'appelle feu, flamme. BR. Je suis attrapé, je me
„ doutois bien qu'il y avoit là-dessous quelque super-
„ cherie. PH. Pourquoi m'accusez vous de trompe-
„ rie & de supercherie? La chose dont je vous parle
„ est vraye. BR. Mais c'est une chose commune &
„ qu'on trouve par tout. PH. Si les Indes produi-
„ soient donc quelque chose de semblable qui fût rare
„ & cher, tout le monde en admireroit & en loueroit
„ les propriétez; mais parcequ'elle se trouve par tout,
„ & qu'elle ne coute pas beaucoup, doit on pour cela
„ n'en faire aucun cas?

Lorsque Fernel eut écrit ces lignes; Jean Pipin, médecin du Connétable Anne de Montmorenci, crut qu'une telle rareté seroit un mets délicieux pour Antoine Mizand, Médecin de Paris, qui n'avoit rien plus à cœur que de recueillir beaucoup de merveilles. Il lui écrivit donc la Lettre suivante, qui s'est trouvée dans les papiers que Monsieur de Thou laissa à Messieurs Dupuis, & d'où l'on voit bien que M. de Thou avoit tiré presque mot pour mot tout ce qu'il a rapporté de la pierre de Boulogne dans son Histoire.

Jean Pipin (b) *a son cher Antoine Mizand.*

„ Je me réjouis, mon cher Antoine, d'avoir occa-
„ sion de vous mander une nouvelle, digne de votre
„ admiration. Nous avons vu ici depuis peu une pier-
„ re d'une lumiére & d'un éclat merveilleux, qui étant
„ toute entiére comme enflammée, jette un éclat d'u-
„ ne beauté incroyable. Cette pierre répand de tous
„ côtez ses rayons, & remplit tout l'air qui l'environ-
„ ne d'une lumiére, que presque aucuns yeux ne peu-
„ vent supporter. Elle ne peut souffrir la terre; si
„ on tâche de la couvrir, elle s'éléve en haut d'elle-
„ même avec impétuosité. On n'a jamais pu par au-
„ cun moyen la contenir & la renfermer dans un lieu
„ étroit, elle ne se plait que dans les endroits spacieux
„ & découverts. Sa pureté & son éclat sont extrê-
„ mes, aucune tache & aucune souillure ne la ternit.
„ Sa figure n'est pas toujours la même, mais varie &
„ change en un instant. Rien n'est plus beau à voir.
„ Elle ne se laisse pas toucher; & si l'on s'obstine trop
„ longtems à la prendre, elle blesse, comme plusieurs
„ personnes l'ont bien senti & éprouvé en ma présence.
„ Que si par quelque effort on vient à bout d'en ôter
„ une partie, car elle n'est pas fort dure, son volume,
„ chose étonnante, n'en diminue pas. L'étranger qui
„ l'a apportée, homme, à ce qui paroit, fort barba-
„ re, ajoute que sa vertu est d'un grand usage, & mê-
„ me qu'elle est nécessaire sur tout aux Rois, mais
„ qu'il ne la découvriroit qu'après qu'on l'auroit bien
„ payé. Je vous dirai le reste de vive voix, lorsque
„ le Roi sera de retour. Il faut maintenant que vous,
„ & tout ce que vous avez avec vous de Savans, vous
„ recherchiez soigneusement ce que Pline, Albert,
„ Marbord, & les autres ont écrit touchant les pier-
„ res, afin que si celle-ci a été connue des anciens, on
„ puisse savoir exactement quelle est sa nature & son
„ nom. Tout ce qu'il y a de gens lettrez parmi nos
„ Courtisans, ont travaillé inutilement sur ce sujet. Je
„ m'estimerois heureux si je pouvois leur enlever la pal-
„ me. Car on ne sauroit croire avec quel empresse-
„ ment le Roi & toute la Cour attendent l'explication
„ de cette merveille. Adieu.

M. Mizand, avide de raretez, fut ravi d'apprendre celle-ci. Loin de croire que l'on le jouoit, il se fit fête de la lettre de Boulogne, & en régala M. de Thou, qui ne craignit pas d'insérer la relation de ce fait dans son Histoire qu'on achevoit d'imprimer. Les Com-

(a) Omissis seriis liceat mihi tecum parumper urbanius jocari. Nuper ex Indiâ quidam meus familiaris lapillum mirè luminosum deportavit, qui totus quasi incensus admirabili lucis splendore fulget, jactisque radiis ambientem aërem lumine quoquo versùs implet. Is terræ impatiens, suopte ipse impetu confestim in sublime evolat. Neque verò angustè haberi potest, sed amplo liberoque loco tenendus. Summa in eo puritas, summus nitor, nullâ sorde aut labe inquinato, figuræ species nulla certa, sed inconstans & momento mutabilis. Quumque sit aspectu longè pulcherrimus, sese tamen contrectari non sinit, & si diutius adnitaris feriet acriter, si quid illi demitur sit nihilo minor. Alebat insuper hujus vim esse ad plurima tum utilem, tum summè necessariam. BR. Itane fabulosis ænigmatibus cum Oedipodibus quibusdam te jocari putas? PH. Nihil fabularum texo: rem si ante te constitui voles oculorum fide verissimam fateberis. BR. Bestiolam aut novi generis aviculam esse oportet. PH. Nihil istorum, sed res est prorsus inanima atque muta. BR. Novam & admirabilem rem audio, cujus profectò, si cujusquam alterius, proprietas occulta debet censeri. At nullum ne illi est inditum nomen? PH. Ignis, flamma. BR. Captus sum; & quidem satis suspicabar quidpiam fallaciæ subesse. PH. Quid me fallaciæ aut vanitatis insimulas? Rem profero verissimam. BR. Sed tamen vilissimam & maximè protritam. Hoc uno maximè spem meam fefellisti, quod ex Indiâ allatum diceres. PH. Ergo Indiâ si quid ejusmodi rarum carumque sola protulisset, admirarentur scilicet omnes ac laudarent occultas ejus proprietates: nunc quoniam vulgare parvoque parabile, contemptum proinde erit & nullo in pretio. *Fernelii de abditis rerum causis,* l. 2. p. 242.

(b) Joannes Pipinus Antonio Mizaldo suo, S. P. D. Gaudeo mihi oblatam esse occasionem, carissime Antoni, qua rem novam ac plane admirabilem tibi nunciare sit datum. Nuper ex Indiâ Orientali Regi nostro allatum hic vidimus lapidem lumine & fulgore mirabiliter coruscantem, quique totus veluti ardens & incensus incredibili lucis splendore præfulget, micatque. Is jactis quoquo versùs radiis ambientem circumquaque aërem luce nullis ferè oculis tolerabili latissimè complet. Est etiam terræ impatientissimus, si cooperire coneris, suâ sponte, & ut facto impetu confestim evolat in sublime. Contineri verò includive loco ullo angusto nullâ potest hominum arte; sed ampla liberaque loca dumtaxat amare videtur. Summa in eo puritas, summus nitor; nullâ sorde aut labe coinquinatur: figuræ species nulla ei certa, sed incerta & momento commutabilis. Cumque sit aspectu longè pulcherrimus, contrectari tamen sese non sinit; & si diutius admiraris vel obstinatius agas, incommodum affert, sicuti suo non levi malo, me præsente, sunt experti. Quod si quid ex eo fortassis enixius conando adimitur aut detrahitur, (nam durus admodum non est) fit dictu minime nihilominor. Addit insuper is hospes qui illum attulit, homo, ut apparet barbarus, hujus virtutem ac vim esse ad quamplurima cum utilem, cum præcipue Regibus inprimis necessariam. Sed quam revelaturus non sit nisi pretio ingenti priùs accepto. Reliqua ex me præsente audies, cum primùm Rex ad vos redierit. Superest ut te, & si quos istic habes viros, diligentissimè orem, ex Plinio, Alberto, Marbodeo, aliisque qui de lapidibus aliquid scriptum reliquerunt, sollicitè disquiratis, quisnam sit hujusmodi lapillus, aut quod illi nomen (si modò antiquis fuerit cognitus) præscribi verè possit: nam in eo peranxiè nec minùs infeliciter ab aulicis nostris eruditis hactenus laboratur: quibus si palmam in eâ cognitione præripere possem, mecum felicissimè actum iri existimarem: incredibilis enim, & Regi inprimis & toti denique procerum aulicorum turbæ, eâ de re commota est expectatio. Vale. Bononiæ pridie Ascensionis Christi, M. D. L.

Compilateurs des merveilles de la nature, tels que Fabricius, Chioceus, Camerarius, &c. s'empreſſérent encore plus de groſſir leurs recueils de cette ſingularité; & l'autorité de M. de Thou lui donna tant de créance, qu'on ſe mit peu en peine de la vérifier.

Beaucoup de Savans, ou prétendus tels, firent preuve de leur eſprit en recherchant la cauſe des effets ſinguliers de la pierre lumineuſe & brulante. D'où vient qu'on eſt ſi ſurpris de cette merveille; diſoient quelques uns, eſt ce la premiére fois qu'on en a vu de ſemblables? Pline, Solin & S. Iſidore, ne décrivent-ils pas une pierre de feu qu'on appelloit *Pirites*? N'a-t-on pas trouvé par la Chimie ou par l'Aſtrologie, diſoient quelques autres, le ſecret de faire des pierres pareilles à celles que les anciens appelloient *Aſtroïs* ou *Aſteria*, parcequ'elles recevoient & conſervoient la lumiére des aſtres. Conſidérez, diſoient les autres, que celui qui a le ſecret eſt un ignorant, qui ne ſait ni l'Aſtronomie ni la Chimie. Ce ſera bien plutot ici quelque ſecret de magie, dont cet homme ruſtique eſt bien plus capable que d'aucune autre ſcience.

Ne paſſons point à des extrêmitez, repliquoit un autre. S'il falloit attribuer à magie ces ſortes de raretez, que diroit-on de tant de merveilles de la nature, qui reſſemblent tout-à-fait à celle-ci? Ce que cette pierre a de plus particulier, c'eſt de paroitre toute enflammée, de bruler & de ſauter. La pierre *Pirites*, dont on vient de parler, ne bruloit-elle pas, quoiqu'elle fût toute noire? Et une autre pierre nommé *Phlogites*, qui venoit de Perſe, ne paroiſſoit elle pas enflammée au dedans? Pline nous en dit tout autant de la pierre précieuſe appellée *Phlegontide*. Eſt-il rare de trouver des corps lumineux & enflammés? Voyez le détail qu'en fait Albert le grand dans le Traité des animaux. Vers, poiſſons, cigales, bois pourri; combien ne trouverez-vous pas de corps luiſans & enflammez qui ſeront agiles, parceque le feu les rend légers? Enfin, diſoient les autres, c'eſt une merveille, c'eſt un myſtére de la nature, qu'il faut mettre au nombre de ceux qui nous paſſent, & que nous ne ſaurions expliquer.

Tandis qu'on faiſoit tous ces beaux raiſonnemens ſur la prétendue merveille, M. de Thou apprit que le Sieur Mizand avoit été joué. Il fut fâché d'avoir été ſi crédule, & de s'ètre ſi fort preſſé d'inſerer dans ſes Hiſtoires cette piéce, qui n'étoit pas trop de ſon ſujet. Il obtint des Libraires de France qu'ils ne la mettroient plus dans les éditons poſtérieures, mais il ne trouva pas la même condeſcendance dans les Imprimeurs d'Allemagne. Ceux-ci ne purent ſe réſoudre à ſupprimer cette piéce curieuſe. Ils n'ont pas manqué de la mettre dans leurs éditions; enforte que pluſieurs s'y ſont trompez, & s'y tromperont encore.

Je ne dois pas obmettre ici que le Public eſt redevable de la découverte de cette ſuppoſition à Fortunio Liceti, l'un des hommes les plus curieux & les plus laborieux du ſiécle paſſé. Lorſqu'il travailloit à ſon Traité de la pierre de Boulogne, il ſouhaita d'être inſtruit de celle dont on avoit tant parlé à Paris. Il s'adreſſa au ſavant M. Naudé, qui lui découvrit tout le myſtére, & lui apprit que la deſcription du charbon de feu faite par Fernel y avoit donné lieu; que Pipin, qui étoit avec Fernel à la Cour de Henri II, crut en ſupprimant ſeulement le nom de feu en faire une merveille qui ſeroit un morceau friand pour M. Mizand, & que la lettre de M. Pipin avoit fourni à M. de Thou tout ce que celui-ci a dit de la prétendue pierre. M. Naudé pour prouver tout ce qu'il avançoit, envoya à M. Liceti la lettre même qui s'étoit trouvée dans les papiers de M. Dupuis. M. Liceti reçut la lettre en 1639. & la mit dans ſon Traité *De lapide Bononienſi*, d'où je l'ai tirée (a).

Nous lui ſommes donc redevables de nous avoir découvert l'origene de la fable. Si le public avoit été bien inſtruit du fait, on n'auroit pas vu encore pluſieurs

Savans parler de cette pierre, comme ſi elle avoit réellement exiſté. On le ſuppoſoit à Berlin, lorſqu'en 1676. les ſieurs Elsholz & Kraft publiérent des obſervations ſur les Phoſphores. On trouve dans les Journaux des Savans l'extrait des obſervations d'un de ces phoſphores artificiels, qui étoit une petite pierre, & on y lit ces paroles: ,, Elle (b) laiſſa tous les curieux ,, de ce Pays-là dans le doute, ſi c'eſt la même ou du ,, moins une pareille à celle dont il eſt parlé dans le ,, ſixiéme livre de l'Hiſtoire de M. le Préſident de ,, Thou, qui fut préſentée à Boulogne au Roi Henri II. par un étranger qui venoit des Indes.

Ces phoſphores me font ſouvenir que Liceti, qui a détrompé le public d'une fable, n'a pas laiſſé d'en répandre lui-même quelques unes. Il a donné un aſſez long Traité ſur les lampes perpétuelles. Comme en ouvrant quelques anciens tombeaux, tels que celui de la fille de Cicéron, on avoit trouvé des lampes qui répandirent un peu de lumiére pendant quelques momens & même pendant quelques heures: il a prétendu que ces lampes avoient toujours brulé dans les tombeaux. Mais comment l'auroit-il pu prouver? Car perſonne ne les y a jamais vu bruler. On n'a vu paroitre des lueurs, qu'après que les ſepulchres ont été ouverts, & qu'on leur a donné de l'air. Or il n'eſt pas ſurprenant que dans les urnes qu'on a priſes pour des lampes, il y eût une matiére qui étant expoſée à l'air devînt lumineuſe comme les phoſphores. On ſait qu'il s'excite quelquefois des flammes dans certaines caves, dans les cimetiéres, & dans tous les endroits où il y a beaucoup de ſels & de ſalpêtre. L'eau de la mer, l'urine, certains bois produiſent de la lumiére & même des flammes; & l'on ne doute pas que cet effet ne vienne des ſels qui ſont en abondance dans ces ſortes de corps. Liceti ſoutenoit que les anciens avoient le ſecret de préparer la matiére de ces lampes, de telle maniére qu'elle ne ſe conſumoit point; parcequ'en brulant elle exhaloit une fumée qui ſe condenſoit inſenſiblement, & qui ſe réduiſoit en huile comme auparavant. Mais Ferrari a fait une diſſertation qu'on a imprimée a Padoue, & où il a montré clairement que ce qu'on débitoit ſur ces lampes éternelles, n'étoit appuyé que ſur des contes & des hiſtoires fabuleuſes. Tant il eſt vrai qu'on doit être en garde contre les faits qui ne ſont rapportez & appuyez que ſur des oui-dire, & ſur ce qu'on imagine pour les ſoutenir. Les exemples ſuivans nous en convaincront davantage.

CHAPITRE V.

Origine & renouvellement fabuleux du Phénix, rapportez par des Auteurs reſpeċtables; d'où les Phyſiciens ont tiré bes induċtions fauſſes & abſurdes. Fables touchant l'aiman, auquel on attribue la vertu de ſoutenir en l'air des ſtatues & des tombeaux fort peſans.

QUOIQU'UNE merveille ſoit rapportée par un grand nombre d'Auteurs, on n'eſt pas obligé de la croire, ſi leurs témoignages ne ſont pas uniformes, & s'ils ne parlent que ſur des oui-dire. C'eſt ſur ce principe qu'il faut juger de ce qu'on a dit du Phénix, oiſeau qui eſt le ſeul de ſon eſpéce, qui ſe brule lui-même, & renait de ſes propres cendres à ce qu'on prétend.

Heredote eſt le premier (c) qui en ait fait mention.
,, il

____

(a) Cap. 51. ad.

(b) XXI. Journal de 1678.
(c) Le Pére Martinius rapporte dans ſon Hiſtoire de la Chine, qu'au commencement du regne de l'Empereur Xaobar IV. on vit paroître l'oiſeau du Soleil, dont les Chinois regardent l'arrivée comme un heureux preſage pour le Royaume. Sa forme, dit-il, le feroit prendre pour un Aigle, ſi la beauté & la varieté de
ſon

„ Il y a, *dit il*, (a) un autre oiseau sacré qu'on nom-
„ me Phénix. Je ne l'ai jamais vu qu'en peinture. Aussi
„ ne le voit-on pas souvent en Egypte. Les Heliopo-
„ litains disent qu'il y vient tout les cinq cens ans; lors-
„ que son pére est mort. S'il ressemble à la peinture
„ que j'ai vue, il est de la forme & de la grandeur d'un
„ aigle; son plumage est doré & entremelé de rouge.
„ Ils en rapportent des choses peu vraisemblables. Ils
„ disent que venant de l'Arabie dans le Temple du So-
„ leil, il y apporte son pére envelopé de myrrhe, &
„ qu'il l'enterre dans ce Temple; que pour le porter,
„ il fait premiérement avec de la myrrhe une masse en
„ forme d'œuf aussi grosse qu'il la peut porter, ce qu'il
„ essaye: qu'après cet essai il creuse cette masse &
„ met son pére dedans; qu'il la rend de même poids
„ qu'elle étoit auparavant; qu'il la referme avec de la
„ myrrhe, & qu'il l'apporte ensuite en Egypte dans
„ le Temple du Soleil. Voilà ce qu'ils racontent de cet
„ oiseau.

Orus Apollo, Ovide, Pomponius Mela, Appien,
Sénéque, Solin, Lucain, Stace, Dion Cassius, Phi-
lostrate, & Libanius, font aussi mention du Phénix,
& Claudien a fait un livre entier sur cet oiseau. On
peut joindre à ces Auteurs prophanes plusieurs Péres
Grecs & Latins; savoir, parmi les Grecs, S. Clement
Romain, S. Cyrille, S. Epiphane, S. Gregoire de
Nazianze; parmi les Latins, Tertullien, Lactance, S.
Ambroise, Rufin, S. Augustin & S. Isidore de Se-
ville.

Solin, S. Clement Romain & S. Cyrille de Jérusalem en parlent comme d'une chose certaine. „ C'est
„ chez ces mêmes peuples, *dit Solin* (b) *au sujet des*
„ *Arabes*, que nait le Phénix, oiseau grand comme
„ un aigle, & dont la tête est ornée de plumes qui for-
„ ment une espéce de cône, sa gorge est entourée d'ai-
„ grettes; son col est brillant comme l'or; le reste du
„ corps est de couleur pourpre, excepté la queue où
„ l'azur est mêlé avec l'éclat de la couleur de rose. On
„ a éprouvé qu'il vit cinq cens quarante ans". Il dit
un peu plus bas qu'un grand nombre d'Auteurs lui donnent jusqu'à douze mille neuf cens cinquante quatre ans de
vie, & ajoute. „ Sous le consulat de Plautius Sextius & de
„ Publius Apronius, le Phénix vint en Egypte, fut
„ pris l'an 800. de la fondation de Rome, & exposé
„ dans une assemblée par ordre du Prince Claude. Ce
„ fait est rapporté non seulement dans les actes de la
„ censure. *de Claude* qui subsistent encore, mais aussi
„ dans ceux de la ville de Rome".

Le témoignage de S. Clement Romain sur le Phénix
n'est pas moins précis, que celui de Solin. „ Considé-
„ rons, *dit-il*, (c) un prodige qui arrive en un pays
„ oriental, savoir en Arabie. Il y a un oiseau qu'on
„ appelle Phénix, qui est singulier & unique en son
„ espéce, & qui vit cent ans. Lorsqu'il est près de
„ mourir, il se fait avec de l'encens, de la myrrhe, &
„ d'autres aromates, un cercueil dans lequel il entre au
„ tems marqué & meurt. Lorsque sa chair est corrom-

„ pue, il en nait un ver qui se nourrit de l'humeur de
„ l'animal mort, & se revét de plumes. Ensuite deve-
„ nu plus fort, il prend le cercueil où sont les os de
„ son prédécesseur, & le porte de l'Arabie jusqu'à He-
„ liopolis ville d'Egypte. Il y vole de jour en présen-
„ ce de tous les habitans, & va le poser sur l'Autel du
„ Soleil, & s'en retourne. Les Prêtres consultent leurs
„ chroniques, & trouvent que cet oiseau vient tous les
„ cinq cens ans.

S. Cyrille de Jérusalem cite S. Clement Romain.
„ Cet oiseau, *dit-il*, (d) selon le rapport de Clement
„ & de plusieurs autres, est seul & unique de son espé-
„ ce, & va en Egypte tous les cinq cens ans, pour y
„ prouver la résurrection, non dans un desert, de peur
„ qu'on ignorat ce mystére, mais dans une ville fameu-
„ se, afin qu'on touche ce qu'on ne veut pas croire.
„ Car il se fait un tombeau avec de l'encens, de la myr-
„ rhe, & d'autres aromates, il y entre au tems marqué,
„ & il y meurt en public. Ensuite il nait de sa chair
„ corrumpue un ver, qui croît & prend la forme d'oi-
„ seau.

Ne doit-on pas se rendre à des témoignages si anciens,
si formels, & soutenus de tant d'autres. Ils ont plusieurs
modernes, entre lesquels on trouve Turrien, Pamelius,
Junius Patricius, Jules Scaliger. Mais Gesner, Aldrovand, Kirkmayer, Deusingius, Bochart, Schott, &
un grand nombre d'autres n'ont pas craint, malgré toutes ces autoritez, de traiter de fable l'Histoire du Phénix.

Le silence d'Aristote, de Diodore de Sicile, & de
Strabon, n'est pas une petite preuve de ce sentiment.
Car quoiqu'on ne doive pas ordinairement opposer le
silence de certains Auteurs à des témoignages positifs
d'autres Ecrivains, il y a néanmoins des occasions où
ce silence prévaut sur certaines preuves positives. C'est
ainsi qu'au sujet du Phénix, le silence d'Aristote, de
Diodore de Sicile, & de Strabon, l'emporte sur le témoignage d'un grand nombre d'Ecrivains sacrez & profanes.

En effet, pourquoi des Auteurs célébres qui se sont
appliquez à faire de grandes recherches sur les merveilles de la nature, ne disent-ils pas un mot sur un oiseau
fameux, distingué de tous les autres par sa singularité,
la beauté de son plumage, la longueur de sa vie, & sa
résurrection miraculeuse? Ils ont mis sans doute tout
cela au nombre des opinions populaires, qui ne méritent
pas d'être réfutées.

Que peut on alléguer qui détruise une preuve si solide? On rapporte des passages tirez, il est vrai, de
beaucoup d'Auteurs respectables, mais qui se contredisent les uns les autres dans la description qu'ils font du
Phénix. Les uns le font naitre en Arabie, les autres en
Egypte, plusieurs même en Ethiopie (e), les autres le
font sortir de la chair corrompue de son prédécesseur,
les autres le font renaitre de ses propres cendres. Les uns
lui donnent cinq cens quarante ans de vie, les autres
lui en donnent plus de douze mille. Les uns rapportent
qu'il se brule lui-même, les autres qu'il se laisse mourir
dans son nid.

D'ailleurs ils ne parlent tous que par oui-dire. Aucun
ne dit, je l'ai vu, j'en suis témoin. Et qui pourroit
dire qu'il a observé que le Phénix vit cinq cens ans?
Qui sont ceux qui depuis le déluge, ont vécu cinq siécles & plus? Et quand même quelqu'un auroit vécu
aussi longtems, comment auroit-il pu s'assurer que le
Phénix vit tant d'années? L'auroit-il tenu dans une cage? Comment auroit-il pu savoir qu'il est le seul de
son espéce?

Hérodote qui a parlé du Phénix le premier, ne l'a-
voit vu qu'en peinture. Tout ce que les Egyptiens lui
en avoient raconté ne lui paroissoit pas vraisemblable.

La

---

son plumage n'en empêchoit. Il ajoute que sa rareté lui fait croire
que cet oiseau est le même que le Phénix. Cependant nous avons
cru n'en devoir pas faire mention: car outre qu'il n'y a rien de
moins sûr que les anciennes Histoires de la Chine, nous ne voyons
pas quel rapport il y a entre le Phénix & un oiseau, qui selon l'o-
pinion des Chinois, ne vient que pour annoncer le bonheur de
leur Empire.

(a) Herodot. l. 2.
(b) Apud eosdem nascitur Phenix avis, aquilæ magnitudine,
capite honorato in conum plumis extantibus, cristatis faucibus,
citra colla fulgore aureo, posterà parte purpureus absque caudâ,
in qua roseis pennis cæruleus interscribitur nitor. Probatum est
quadraginta & quingentis eum durare annis. Rogos suos struit cin-
namomis, quos prope Panchaiam concinnat, in Solis urbem strue
altaribus superpositâ cum hujus vitâ, magni anni fieri conversio-
nem, rata fides est inter Autores, licèt plurimi eorum magnum
annum non quingentis & quadraginta, sed duodecim millibus non-
gentis quinquaginta quatuor annis constare dicant. Plautio itaque
Sextio, & P. Apronio Consulibus Ægyptum Phenix involavit;
captusque anno octingentesimo urbis conditæ, jussu Claudii Principis in Comitio publicatus est. Quod gestum, præter censuram
quæ manet, actis etiam urbis continetur. *Solin. Polyhistor. cap.* 33.
(c) Ep. 1. ad. Cor. n. 25.

(d) Cathechef. 18. n. 8.
(e) Philostorge le met au nombre des animaux qui naissent en
Arabie & en Ethiopie, sans déterminer clairement dans lequel de
ces deux pays il nait.

La plupart de ceux qui en ont parlé, ont donné lieu de douter de ce qu'ils en rapportoient. Tacite, par exemple, après avoir avancé que cet oiseau vint en Egypte du temps de l'Empereur Tibére, sous le Consulat de Paulus Fabius (a) & de Lucius Vitellius, & qu'il fournit aux habitans du pays & aux Grecs une grande matiére de dispute, avoue que plusieurs personnes le regardérent comme un faux Phénix, qui etoit entiérement différent de celui dont les anciens avoient parlé. Il ajoute qu'au reste personne ne doutoit qu'on ne vît quelquefois le Phénix en Egypte, mais il avoit remarqué auparavant qu'on en rapportoit plusieurs choses incertaines & contestées: *Plura ambigua.*

Pline a fait aussi mention du Phénix (b) qui vint en Egypte sous le regne de Tibére, & ne dit pas, comme Tacite, que plusieurs personnes le prirent pour un faux Phénix, mais que personne ne doutoit que ce ne fût un faux Phénix. Il ne fait même si ce qu'on dit du Phénix en général n'est pas une fable. Il fait appercevoir la cause de son doute dans un autre endroit (c) où il parle d'une espéce de palmier qui renaissoit d'elle-même à ce qu'on s'imaginoit, & dont on croit, dit Pline, que le Phénix a tiré son nom. En effet un Palmier se nomme en Grec *Phénix.*

Solin, qui a copié Pline au sujet du Phénix, auroit bien dû le copier entiérement, & ne pas donner pour un fait certain, ce dont Pline doutoit lui-même.

Les autres Ecrivains profanes qui ont parlé du Phénix, ont tiré d'Hérodote, de Pline, & de Solin ce qu'ils en ont rapporté. Solin n'a fait que suivre Pline. Ainsi Hérodote & Pline sont les deux sources où l'on a puisé tout ce qu'on a écrit sur le Phénix. C'est donc en vain que certains Auteurs comme Elien & Philostrate assurent le fait. Plus ils en parlent avec confiance, moins ils sont croyables, puisqu'ils ne le savent que sur le rapport de ceux qui en doutoient.

Pourquoi donc les Péres en ont-ils fait mention? Il n'étoit nullement nécessaire qu'ils entrassent dans la discussion du fait. Ils parloient à des personnes qui en étoient persuadées: & ils s'en servoient fort à propos pour leur faire entendre qu'il n'est pas impossible que nos corps ressuscitent après leur mort, puisque le Phénix reprend après sa mort une nouvelle vie.

Ce qui a contribué à en tromper quelques uns, c'est l'équivoque du mot Phénix, qui signifie une palme, comme nous l'avons remarqué, & ce qu'on racontoit de certains palmiers qui repoussoient après qu'ils étoient morts. Ceci n'étoit d'abord qu'une expression figurée, qui marquoit la grande fertilité de la terre où ces sortes de palmiers croissoient, & que plusieurs personnes prirent à la lettre dans la suite. L'arbre fut métamorphosé

en un oiseau qu'on nomma Phénix, du nom du palmier à qui il devoit son origine. On attribua à cet animal imaginaire, ce qu'on avoit dit du palmier. Les Rabins furent plus loin & crurent qu'il étoit parlé de cet animal dans l'Ecriture; ils ne se contentérent pas d'expliquer de lui quelques passages, mais ils tâchérent d'orner l'Histoire de cet oiseau de plusieurs traits merveilleux, & que nous nous dispenserons de rapporter, de peur d'ennuyer inutilement le Lecteur.

Ils ne sont pas les seuls qui ayent cru voir le Phénix dans l'Ecriture. Quelques Péres ont expliqué de lui ce passage du Pseaume 91. *Le juste fleurira comme un palmier*; ils ont lu, *le juste fleurira comme le Phénix.*

En général il y a peu de Péres qui ayent parlé affirmativement de cet animal. S. Clement Romain, Tertullien, S. Cyrille, Rufin, sont ceux qui débitent ce conte avec plus d'assurance. Mais comme Bochart le remarque (d), l'autorité de Rufin n'est pas frort grande. Le passage du Pseaume 91. mal interprété, en a imposé à Tertullien & à S. Epiphane. S. Cyrille de Jérusalem a suivi S. Clement Romain, & ce dernier a embrassé l'opinion vulgaire qui avoit été récemment confirmée par la prétendue apparition du Phénix sous le regne de Tibére.

Tous les autres Péres ne parlent du Phénix qu'en hésitant; quelques uns même le traitent de fable. S. Augustin, répondant à une objection tirée de cet oiseau, marque qu'il doutoit fort qu'il ressuscitat (e). S. Gregoire de Nazianze & Origene s'expriment à peu près de même.

Que penser d'un fait que la plupart des Auteurs n'ossent garantir, dont aucun n'a été témoin, dont les principales circonstances sont écrites d'une maniére toute opposée? Hérodote, qui en parle le premier, l'avoit appris des Egyptiens, c'est-à-dire, de gens du monde les plus fertiles en mensonge & en imposture. Peut-être les premiers d'entre eux qui ont inventé ce fait, ne l'ont ils point voulu donner pour véritable, mais seulement en faire un Hieroglyphe. C'est la pensée de Deusingius & de Kirkmaier. Quoi qu'il en soit, il n'y a presque plus de partage entre les Savans au sujet de cette prétendue merveille, & l'on convient assez communément qu'elle est entiérement fabuleuse.

Ce qui a porté à en parler avec assez d'étendue, c'est la multitude de ceux qui l'ont cru ou qui en ont douté. En exposant & en réfutant une Histoire qui a été si fort accréditée, nous avons fait voir jusqu'où va quelquefois la crédulité de certaines personnes instruites & éclairées, quel progrès peut faire une fable racontée d'abord par un seul Ecrivain, & en quelles occasions on doit tenir pour faux des faits autorisez, non seulement par le bruit public, mais encore par le témoignage d'Auteurs très respectables.

Après avoir montré la fausseté de l'Histoire du Phénix, il est aisé de détruire plusieurs opinions ridicules que des Auteurs assez récens ont avancées, & qui semblent être des conséquences toutes naturelles de la prétendue résurrection de cet oiseau.

On a soutenu dans le siécle dernier qu'il y avoit des sémences de résurrection dans les cadavres & dans les cendres des animaux, & même dans les cendres des plantes brulées: qu'une grenouille, par exemple, en se pourrissant engendroit des grenouilles, que les cendres des roses avoient produit d'autres roses fort petites à la vérité, & d'une consistance fort déliée, mais qui seroient parvenues à une juste grandeur si elles eussent été plantées. Et afin qu'il ne manquat rien à l'extravagance de ce sentiment, on n'a pas craint d'assurer que les morts pourroient revivre naturellement, & qu'on avoit des moyens de les ressusciter en quelque façon.

Vanderberéte, Gaffarel, Borelli, & plusieurs autres ont donné ces opinions pour des véritez si certaines, qu'el-

---

(a) Paulo Fabio, L. Vitellio Cosf. post longum sæculorum ambitum, avis Phenix in Ægyptum venit, præbuitque materiem doctissimis indigenarum & Græcorum, multa super eo miraculo differendi, de quibus congruunt & plura ambigua, sed cognitu non absurda promere libet .... De numero annorum varia traduntur; maximè vulgatim quingentorum spatium, sunt qui asseverent mille quadringentos sexaginta; unum in terris; priorefque alites Sesostride primum, post Amaside dominantibus, dein Ptolemæo, qui ex Macedonibus tertius regnavit, in civitatem cui Heliopolis nomen, advolavisse, multo cæterarum volucrum comitatu, novam faciem mirantium. Sed antiquitas quidem obscura, inter Ptolemæum ac Tiberium miniis ducenti quinquagenta anni fuerunt: unde nonnulli falsum hunc Phenicem, neque Arabum è terris credidere, nihilque usurpavisse ex his quæ vetus memoria firmavit. *Quelques lignes plus bas.* Cæterum aspici aliquando in Ægypto eam volucrem non ambigitur. *Tacit. Annal. l. 6. n. 28.*

(b) Æthiopes atque Indi, discolores maximé & inenarrabiles ferunt aves, & ante omnes nobilem Arabia Phenicem, haud scio an fabulosè, unum in toto orbe, nec visum magnopere. Aquilæ narratur magnitudine, auri fulgore circa colla, cætero purpureus, cæruleam rosis caudam pennis distinguentibus, cristis fauces caputque plumeo apice honestante ...... Cornelius Valerianus Phenicem devolavisse in Ægyptum tradit, Quinto Plautio, Sexto Papirio Cosf. Allatus est & in urbem, Claudii Principis Censurâ, anno urbis DCCC., & in Comitio propositus, quod actis testatum est, sed quem falsum esse nemo dubitaret. *Plin. Hist. nat. l. 10. c. 2. n. 2.*

(c) Una earum arbor in Chora esse traditur: una & Syagrorum. Mirumque de eâ accepimus, cum Phenice ave, quæ putatur ex hujus palmæ argumento nomen accepisse. *Plin. Hist. nat. l. 13. c. 4. n. 9.*

(d) De animal. l. 6. c. 5.

(e) Si tamen, ut creditur, de suâ morte renascitur. *August. de Orig. anim. l. 4. c. 33.*

qu'elles ne peuvent être conteftées que par des ignorans; & Vanderberête a compofé un fyftême pour expliquer de fi étranges merveilles.

Il prétend qu'il y a dans le fang des hommes (a) & des bêtes certaines idées féminales, c'eft-à-dire, des corpufcules qui contiennent en petit tout l'animal; qu'il y a, par exemple, dans le bras des idées féminales du bras, dans le cœur des idées féminales du cœur, & ainfi des autres parties. Toutes ces fortes d'idées font mêlées dans le fang, qui les porte dans les organes de la génération. La formation d'un animal n'eft que l'amas de certaines idées féminales, répandues auparavant dans toutes les parties de celui qui l'engendre. On aura fans doute bien de la peine à en croire Vanderberête là-defus; mais il en appelle à l'expérience. Quelques perfonnes ont diftillé du fang humain nouvellement tiré, & elles y ont vu ces idées féminales; elles y ont vu au grand étonnement des affiftans, faifis de frayeur, un fpeétre humain qui pouffoit quelques mugiffemens.

Qu'on n'aille pas rapporter ces effets au Démon, comme fait ordinairement la multitude des Phyficiens ignorans. Vanderberête nous affure que ces effets font tout naturels. En douter, c'eft, felon lui, faire injure à Dieu. Il tire même de là de grands avantages, pour convaincre de la réfurreétion les athées.

Ce qu'il avance que le fang contient les idées féminales des animaux, eft confirmé, à ce qu'il prétend, par les endroits de l'Ecriture, où Dieu défend aux Juifs de manger le fang des animaux, de peur, dit-il, que des efprits ou idées de leurs efpéces qui y font contenus, ne produifent d'étranges effets. Il rapporte plufieurs exemples de ces effets terribles.

Mais rien n'eft plus curieux que ce qu'il nous apprend enfuite, qu'en confervant (b) les cendres de nos ancêtres, nous pourrions exciter des phantômes qui nous en repréfenteroient la figure. Quelle confolation de faire paffer en revue fon pére, fon ayeul, & tous les autres hommes dont on defcend, & de le faire fans le fecours du Démon & par une nécromantie très permife! Quelle fatisfaétion pour les Savans de reffufciter en quelque manière les Romains, les Grecs, les Hébreux, & toute l'antiquité! Rien d'impoffible en tout cela, rien qui paffe les refforts de la nature, fi l'on en croit Vanderberête; il fuffit d'avoir les cendres de ceux qu'on veut faire paroitre.

Il nous avertit auffi de ne pas toujours attribuer aux Démons ou aux bons Anges l'apparition de certains phantômes qu'on apperçoit pendant la nuit dans les cimetiéres, puifque ces Phantômes peuvent fortir naturellement des corps de ceux qui font enterrez.

Cependant il ne nie pas que le Démon ne puiffe, par la permiffion de Dieu, fe cacher fous les idées féminales dont ces fpeétres font compofez, & s'en fervir pour tromper les hommes, en faifant paroitre ceux qu'on fouhaite voir. Il ofe citer pour exemple l'apparition de Samuel, dont il eft fait mention dans l'Ecriture.

Enfin il explique par le moyen de fes idées féminales comment fe fera la réfurreétion derniére. Mais nous avons affez parlé des fes folies, pourroit-on s'imaginer qu'elles lui ayent été communes avec plufieurs autres Ecrivains, & qu'elles ayent trouvé un affez grand nombre de leéteurs & peut-être d'approbateurs dans un fiécle auffi éclairé que le nôtre?

Tout ce qu'on a dit fur la prétendue réfurreétion des animaux ou des plantes, eft d'autant plus extravagant, qu'il n'a aucun fondement dans les loix de la nature & dans les propriétez des corps. On ne fauroit donc excufer ces fortes d'égaremens. Il eft jufte d'avoir plus d'indulgence pour des fables, qui n'ont trouvé quelque croyance dans le monde, que parcequ'on a exagéré les propriétez finguliéres de certaines chofes naturelles.

On a dit, par exemple, qu'on avoit fufpendu en l'air par le moyen de l'aiman des ftatues de fer fort pefantes.

C'eft ce qu'on lit dans le Poëte Aufone, qui rapporte que Dinocharès (c) (nommé ailleurs Dinocratès) fameux Architeéte, vint à bout d'en faire tenir une en l'air au milieu d'un Temple d'Egypte. S. Auguftin dit auffi qu'on voyoit (d) en un certain Temple au milieu de l'air une ftatue de fer, également éloignée du pavé & de la voute, parceque la pierre d'aiman qui attiroit par deffus, & celle qui attiroit par deffous, étoient de même vertu. Aufone & S. Auguftin ont pris pour un fait réel ce qui n'avoit été que projetté. Un Roi d'Egypte, (Ptolomée Philadelphe) felon le rapport de Pline (e), voulut faire fufpendre en l'air la ftatue de fa femme Arfinoë, qui étoit auffi fa fœur. Dinocharès entreprit de bâtir une voute d'aiman, qui produisît cet admirable effet. Mais Ptolomée & l'Architeéte mouru-

(a) Cum enim femen humanum omnium partium fignaturas continens in homine generetur, neque verò idea v. g. brachii, cordi vel alio membro formando apta fit, fequetur non effe perinde è quâ humani corporis portio generetur, fed neceffe erit ut feminis particula è quâ brachium v. g. in fœtu formatur, fit particula ideæ & fæminis habitantis in brachio parentis, & idea cordis in fœtu, particula fit ideæ cordis parentis & fic deinceps. Exiftimem, verò has fingularum partium particulares ideas, per univerfum corpus fanguini imprimus, atque hujus auxilio tanquam vehiculo quodam ad generationum organa tefticulos deferri; cui fidem facit quod in humano fanguine, revera ejufmodi ideas exiftere aliquoties deprehenfum fit, ab iis præcipuè qui eum recentem & calentem fpiritibufque ad huc turgidum cucurbitâ exceperant, ad fpiritum aliudve medicaminis genus inde parandum. Obfervarunt namque in eo varias humani corporis ineffe ideas, ac tandem quoque phantafma quoddam humanum, mugitum quemdam edens non fine terrore aftantium, quale exemplum in Borelli obfervat. legi poterit, aliorumque. Neque verò fieri unquam potuiffet, nifi hæ ideæ revera in fanguine extitiffent, nifi quis hæc præftigiis dæmonum accepta referre malit; qnod quotidie ab ignarâ naturarum plebeculâ fieri videmus, ut quorum rationes ac caufas non ftatim affequuntur, cum tamen revera naturales caufæ adfint. Injurii certè in univerfi creatorem, &c. *Vanderberêt. experim. circa natur. rerum principia l. 2. Edit. 2. pag. 256.*

(b) Quæ cuneta etfi apertiffimum teftimonium præbeant ideas in mortuorum cadaveribus revera fuperftites effe, tamen hoc notatu dignum erit in defunétorum hominum etiam cadaveribus, idearum fuperftitum figna obfervari. De fanguine humano in antecedentibus notavimus, quod in ejus diftillatione variæ interdum humanarum partium ideæ vifæ ac obfervatæ fint. Sed quid dicemus de his quæ Borellus habet, poffe nempe in phiolis, licitâ necromantiâ, patrem, avum, atavum, totamque profapiam, imo antiquos Romanos, Hebræos, quofcunque volueris, umbratili quadam refurreétione in lucem revocari, cum propriis figuris, modò earum cineres, offaque fervaris? Quæ certè adeo in naturæ videntur poteftate radicata effe, ut dubius circa hæc nullus effe poffit. Quòd fi enim feminales ideæ animantium brutorum, aliis etiam potentioribus formis fubjugatæ falvæ perfiftant, quidni ideæ humani corporis folo motore fpiritu diftitutæ integræ in cadavere quoque perfiftant, & ut dicam prout fentio phantafmata illa in cæmeteriis fub noétem confpeéta non femper pro fpeétris diabolicis, nec etiam Angelorum bonorum apparitionibus habenda videntur, cum naturaliter quandoque contingere poffit, ideas corporis mortui beneficio centralis cujufdam caloris elevari, quæ non noéturno faltem, fed diurno etiam tempore ibidem confpicerentur fi per majorem Solis lucem liceret, quæ eadem & fidera cæleftia de die in confpicua reddit. Neque tamen & hic negarim diaboli illufionibus interdum tale quid contingere, ut hominum credulorum fuperftitionem augeat, tandemque miferè decipiat & in fuos calles pelliceat. Fieri namque poteft, permittente Deo, ut diabolus corporis cætera quin oculis, quia fpiritus eft invifibilis demortui corporis feminalibus ideis indutus certam perfonam, Samuelem nempe aliumve referat cujus ideas induerit. Quæ cum ita fint quis non gaudeat in nobis demortuis etiam futuræ refurreétionis luculentiffima veftigia reperiri? *Vanderberêt. experim. circa natur. rerum princ. l. 2. Ed. nova pag. 310.*

(c) *Conditor hic forfan fuerit Ptolemaïdos Aulæ*
   Dinochares: quadro cui in faftigia cono
   Surgit, & ipfa fuas confumit pyramis umbras,
   Juffus ob incefti qui quondam fœdus amoris
   Arfinoem Pharii fufpendit in aëre templi.
   Spirat enim teéti teftudine vera magnetis,
   Affiétamque trahit ferrato crine puellam.
   Aufon. Edyllio 10. verf. 311.

(d) Quamobrem fi tot & tanta mirifica quæ μηχανήματα appellant, Dei creatura utentibus humanis artibus fiunt, ut ea quæ nefciunt opinentur effe divina, unde faétum eft, ut in quodam templo lapidibus magnetibus in folo & camerâ proportione magnitudinis pofitis, fimulacrum ferreum aëris illius medio inter utrumque lapidem, ignorantibus quid furfum effet ac deorfum, quafi numinis poteftate penderet ..... quanto magis Deus potens eft facere quæ infidelibus funt incredibilia, fed illius facilia poteftati. *Aug. de Civit. Dei. l. 21. c. 6.*

(e) Magnete lapide Dinochares architeétus, Alexandriæ Arfinoes Templum concamerare inchoaverat, ut in eo fimulacrum ejus è ferro pendere in aëre videretur. Interceffit mors & ipfius & Ptolemæi, qui id forori fuæ jufferat fieri. *Plin. hift. nat. l. 34. c. 14. n. 42.*

ᴛurent avant l'exécution de leur deſſein.

On a dit auſſi qu'on avoit ſuſpendu en l'air une ſtatue de Mercure, & une autre de Cupidon (a). Ce ſont des contes, auſſi bien que la prétendue ſuſpenſion du tombeau de Mahomet, rapportée par un grand nombre d'Auteurs Chrétiens, qui ont été aiſement trompez ſur ce ſujet, parcequ'il n'eſt pas permis à un Chrétien d'approcher de ce tombeau plus près que de dix lieues, & qu'ils n'ont pu par conſéquent reconnoitre par eux-mêmes ce qui en étoit. Il eſt conſtant que le cercueil de Mahomet n'eſt pas de fer, ni ſoutenu en l'air par le moyen de l'aiman, mais qu'il eſt de bonnes pierres de taille, poſé à platte terre, d'où il n'a jamais été remué. M. Tevenot en parle dans ſon voyage du Lévant. ,, De ,, la Méque, *dit-il*, (b) on va à Médine, où eſt le ,, ſépulchre de Mahomet, mais la grande dévotion eſt ,, au Kiabbe (c'eſt-à-dire, qu'on nomme le Temple de ,, la Méque.) Cependant pluſieurs croyent en chré- ,, tienté qu'ils n'entreprennent ce voyage que pour ,, voir le tombeau de Mahomet, en quoi ils ſe trom- ,, pent; car même pluſieurs n'y vont pas. Je ne ſais en- ,, core d'où eſt venue cette fable qui s'eſt ſi bien inſi- ,, nuée dans les eſprits, que le tombeau de Mahomet ,, eſt dans une chambre, dont les murailles ſont toutes ,, couvertes d'aiman, que ce cercueil eſt de fer & qu'il ,, reſte en l'air par la vertu de l'aiman qui l'attire de ,, tous les côtez; car non ſeulement cela n'eſt pas, mais ,, encore ne fut jamais, & lorſque j'en ai parlé à des ,, Turcs je les ai bien fait rire. Seulement ce cercueil ,, eſt tout entouré de grilles de fer.

L'Auteur d'un Traité ſur l'aiman imprimé à Amſterdam en 1687., croit que ce qui a donné lieu à la fable, eſt que dans la même Moſquée de Médine où eſt le tombeau de cet impoſteur, il y a un gros aiman attaché à l'un des côtez de la muraille, duquel pend un croiſſent d'argent qui y tient par une petite chaine d'acier. M. Bernier a démontré dans ſon abrégé de la Philoſophie de Gaſſendi qu'on n'a jamais pu ſuſpendre en l'air aucune maſſe de fer. ,, C'eſt une choſe, *dit-il*, ,, (c) qui ſurpaſſe toute l'induſtrie humaine, ou qu'on ,, ait pluſieurs aimans d'une même force, ou qu'on les ,, puiſſe appliquer de telle maniére, que le fer qui ſera ,, au milieu n'ait pas plus de force d'un côté que d'au- ,, tre, ou que le fer ſoit par tout de la même forme, ,, de l'épaiſſeur & de la temperature qu'il faudroit pour ,, être également attiré par tout. Cependant il eſt con- ,, ſtant que la moindre petite différence, ſoit dans l'ai- ,, man, ſoit dans le fer, ſoit à l'égard du lieu, feroit ,, qu'une partie l'emporteroit ſur l'autre.

En vain objectera-t-on que le P. Labeus Jéſuite vint à bout de ſuſpendre en l'air une éguille. Il lui falut pour cela un peu de tems & beaucoup d'adreſſe, & l'effet dura peu. Quel tems & qu'elle induſtrie faudroit-il donc pour ſuſpendre une ſtatue, ou un tombeau? Et quand on en viendroit à bout, comment prolonger un effet que la moindre agitation de l'air, le moindre changement dans l'aiman ou dans la choſe ſuſpendue peut faire ceſſer?

Cette prétendue ſuſpenſion eſt donc chimérique. On doit penſer de même ſur ce qu'ont avancé certains Auteurs, que par le moyen de deux aimans, des perſonnes abſentes & fort éloignées les unes des autres pourroient ſe communiquer leurs penſées. Il ſuffiroit, diſent-ils, que ces perſonnes euſſent chacune une bouſſole, ſur laquelle les vingt quatre lettres de l'alphabet ſeroient écrites; car en tournant l'aiguille d'une de ces bouſſoles vers une des lettres écrites ſur ſon bord, l'aiguille de l'autre bouſſole ſe tournera vers la lettre ſemblable.

Comment a-t-on pu avancer de pareilles rêveries? N'eſt il pas aiſé de reconnoitre que la ſphére d'activité d'un aiman eſt fort petite, & qu'un aiman ſi gros qu'il ſoit ne ſauroit agir ſur un autre aiman éloigné de deux

toiſes, bien loin qu'une aiguille aimantée puiſſe agir ſur une autre aiguille ſemblable, qui feroit à la diſtance de pluſieurs lieues.

Comme l'aiman étoit autrefois aſſez rare, on en racontoit bien des choſes qui n'étoient pas véritables; chacun ajoutoit inſenſiblement quelque particularité à ce qu'il entendoit raconter; & c'eſt ce qui a donné occaſion à cent contes abſurdes, inventez par les anciens Auteurs & copiez par les modernes. Ils ont dit, par exemple, que l'aimant ceſſe d'attirer le fer, lorſqu'il eſt tout auprès d'un diamant ou d'un morceau d'ail. Une ſeule expérience qui me convainquit, pourroit les détromper, comme elle a détrompé Porta, Aldrovand, Schot, & d'autres, qui après avoir mis de l'ail & des diamans auprès d'une pierre d'aiman, ſe ſont récriez ſur la hardieſſe de ceux qui avoient oſé les premiers publier que l'aiman perd ſa force dans ſes ſortes de circonſtances. Bacon admire qu'on n'ait pas fait réflexion que les Pilotes de vaiſſeaux ſont grands mangeurs d'ail, & que la bouſſole qu'ils ne quittent point ne perd point pour cela ſa vertu. Mais la plupart des naturaliſtes n'y regardent pas de ſi près, & l'aſſurance avec laquelle ils racontent des faits d'une fauſſeté ſi notoire, fait voir ce qu'on doit croire de tant d'autres faits qui ne peuvent être facilement examinez par des expériences.

CHAPITRE VI.

Autres faits fabuleux. Pente des anciens &
des modernes à débiter des fables.

LEs prétendues merveilles qu'on débite comme véritables, ont donné lieu à tant de mépriſes & à tant de faux raiſonnemens, qu'on ne ſauroit avoir devant les yeux trop d'exemples des fauſſetez répandues dans le monde, afin de ſe tenir toujours ſur ſes gardes, pour ne pas confondre le vrai avec le faux.

Ce que nous avons dit dans les chapitres précédens pourroit ſuffire, pour nous convaincre que les Hiſtoriens & les Philoſophes n'ont pas cru que les fictions ne fuſſent que du reſſort des Poëtes. En effet un Auteur ne croiroit pas pouvoir eſpérer l'approbation du Public, s'il n'aſſaiſonnoit ſon ouvrage de pluſieurs récits fabuleux.

Par exemple, comme le remarque Lucien, ,, Ctéſias dans ſon Hiſtoire des Indes dit des choſes qu'il ,, n'avoit jamais ni vues, ni ouies. Jambule compoſa ,, une Hiſtoire aſſez ingénieuſe des merveilles de l'O- ,, céan, ſans avoir plus d'égard à la vérité, & pluſieurs ,, autres rapportérent diverſes avantures inouies à l'exem- ,, ple des Poëtes ''. Lucien ne put s'empêcher de ſuivre une coutume ſi générale. Il voulut à ſon tour ſe donner la liberté de faire des contes. ,, Pour n'être pas le ,, ſeul au monde, *dit-il*, qui n'ait pas la liberté de ,, mentir, il m'a pris envie de compoſer quelque vo- ,, yage romaneſque à leur exemple; mais je veux me ,, montrer plus juſte qu'eux, & cet aveu me ſervira ,, de juſtification. Je vais donc dire des choſes que ,, je n'ai jamais ni vues, ni ouies, & qui plus eſt, ,, qui ne ſont point, & ne peuvent être; c'eſt pour- ,, quoi qu'on ſe garde bien de les croire ''. Il feroit à ſouhaiter que tous les menteurs euſſent eu la même franchiſe. On a ſouvent débité des Hiſtoires qui n'étoient pas plus véritables que celles de Lucien.

Aulu-Gelle venant de Gréce en Italie, aborda à Brindes en Calabre, où il acheta un fort grand nombre de vieux Livres (d) pleins de miracles & de faꞏ
bles

(a) Voyez Caſſiodore varior. l. 1. Epiſt. 45. & Auſon variorum de Tollius pag. 403.
(b) Voyage du Levant. *ch.* 19.
(c) Tome 6. p. 322. 323.

(d) Erant autem iſti omnes libri Græci miraculorum fabularumque pleni: res inauditæ, incredulæ (incredendæ): Scriptores veteres non parvæ autoritatis Ariſtæas &c.....Sub ipſis Septentrionibus eſſe homines unum oculum in frontis medio habentes, qui appellantur Arimaſpi.... Gentem eſſe corporibus hirtis & avium plumantibus, nullo cibatu veſcentem, ſed ſpiritu florum naribus hauſto victitantem, &c. *Noc. Attic. l. 9. c. 4.*

bles avec des noms d'Auteurs considérables, tels qu'A-riftée le Proconnesien, Ifigone de Nicée, Ctesias, One-sicrite, Polysthephane, & Hegesias. Il les parcourut avidemment & il lut entre autres chofes, que dans le Pays du Nord on trouvoit des hommes qui n'avoient qu'un œil au milieu du front, qu'en Albanie on voyoit des hommes dont les cheveux devenoient blancs dès l'enfance & qui voyoient mieux la nuit que le jour, qu'il y avoit en Afrique des familles entières dont la voix feu-le enforceloit: enforte que fi ces hommes s'arrétoient à louer particuliérement de beaux arbres, d'abondantes moiffons, des enfans agréables, de bons chevaux & des troupeaux gras, il n'en falloit pas davantage pour les faire tous mourir fans autre caufe. Il y lut auffi qu'en Illyrie on voyoit des hommes & des femmes dont le regard feul étoit mortel, & que ces perfonnes, dont les regards étoient fi pernicieux, avoient à chaque œil deux prunelles; que la tête d'une certaine efpéce d'Indiens reffembloit à celle des chiens, & qu'ils aboyoient; que d'autres étoient fans cou & fans tête ayant les yeux aux épaules; & ce qui furpaffe toute admiration, on voyoit une nation dont le corps étoit velu & couvert de plumes comme les oifeaux, & qui fe nourriffoient feulement de l'odeur des fleurs.

Aulu-Gelle retrouva les mêmes merveilles dans le VII. livre de l'Hiftoire naturelle de Pline, qui écrivoit foixante ou quatre vingts ans avant lui. Ce livre en effet eft rempli de toutes ces raretez fabuleufes. Je ne fais fi cet étranger qui répandit à Paris il y a environ quarante ans la figure d'un homme qui avoit une tête de chien, avoit lu ces fingularitez dans Pline ou dans Aulu-Gelle, mais on fait bien que le peuple fut affez fimple pour lui faire gagner plus de deux mille francs en achetant l'eftampe qu'il débitoit.

Combien de fables répandues touchant des vues prodigieufes, ou touchant des fecrets pour recouvrer la vue perduë? Antigonus & quelques autres ont dit que la Chelidoine rendoit la vue, & que ce beau fecret venoit des hirondelles qui s'en fervoient pour guérir leurs petits, lorfqu'on leur avoit crevé les yeux. Mais Redi a obfervé que c'étoit une fable dont le fondement eft, que l'humeur aqueufe épanchée par une picqure faite à la cornée, fe répare fans reméde fpécifique.

Il y a plufieurs années que des Médecins étrangers ont dit qu'on avoit un Elixir propre à faire revenir la vue aux aveugles. On apportoit en preuve la guérifon de l'Empereur Jean Paléologue, qui recouvra, dit-on, la vue lorfqu'il étoit à Ferrare pendant la tenue du Concile. Alexis Piémontois a parlé de cet Elixir ou de cette eau merveilleufe en ces termes. ,, Elle fera
,, retourner la vue claire & auffi pure qu'auparavant;
,, & fut ordonnée par une confolation & affemblée des
,, plus favans Médecins d'Italie, pour faire retourner
,, la vue de l'Empereur de Conftantinople l'an 1438.
,, lorfqu'il étoit au Concile à Ferrare avec le Pape Eu-
,, gene IV. & la vue lui retourna auffi belle que ja-
,, mais, par le moyen de cette eau.

Quelques perfonnes de diftinction m'engagérent à examiner le fait. Je confultai avec foin les Auteurs comtemporains, qui ont parlé de l'Empereur Jean Paléologue, & de ce qui fe paffa à Ferrare en 1438. Nous ne manquons pas d'Ecrivains qui nous en ayent laiffé l'Hiftoire. Blondus l'a fait jufqu'en 1440. Ducas jufqu'en 1455. Laonicus Chalcondyle jufqu'en 1460; mais on ne trouve ni dans ces Auteurs, ni dans plufieurs autres, aucun veftige de ce qu'on a débité, que Jean Paléologie perdit & recouvra la vue à Ferrare en 1438. Cet Empereur paroit avoir toujours eu de bons yeux. Ainfi le prétendu fait eft une fable. On eft très exactement informé de tout ce qui le concerne pendant le féjour qu'il fit à Ferrare. Sylveftre Scyropule Auteur Grec, qui a fait l'Hiftoire du Concile de Florence, & qui a toujours été à la fuite du Patriarche & de l'Empereur, a décrit presque jour par jour tout ce qui fe paffa depuis le départ de Paléologue jufqu'à fon retour. Cet Empereur partit de Conftanti-

nople le 24. de Novembre 1437. fur les galéres du Pape, pour aller au Concile. Il entra à Ferrare le 4. de Mars 1438, & y demeura jufqu'à la fin de Février 1439. De là il fe rendit à Florence où il réfida jufqu'au 26. d'Aout, qu'il partit pour s'en retourner à Conftantinople, où il mourut de la goute en 1448. Or, loin que Scyropule nous faffe entendre que l'Empereur pendant fon féjour à Ferrare & à Florence ait été aveugle, ou même qu'il eût le moindre mal d'yeux; il nous dit au contraire qu'il négligeoit les affaires du Concile parcequ'il étoit continuellement à la chaffe, ce qui ne convient gueres ni à une vue perdue, ni même à une vue affoiblie.

Ceux qui ont débité cette fable en France, ont pu croire qu'on ne feroit pas facilement informé de ce qui s'eft paffé fi loin de nous & depuis fi long-tems.

Mais que dirons-nous de ceux qui ont publié en 1725. qu'il y a actuellement à Lisbonne une femme dont les yeux font fi perçans. *1. Qu'elle voit l'eau dans la terre à quelque profondeur que ce foit. 2. Qu'elle apperçoit les différentes couleurs de la terre depuis la furface. 3. Qu'elle voit auffi à travers les habits & la peau les parties qui font dans le corps humain, le cœur, le foye, l'eftomac, la digeftion fe faire, le chyle fe former, & enfin toutes les différentes parties qui compofent, qui entretiennent la machine?* Peut-être ne croiroit-on pas qu'une telle rareté fi peu croyable eût trouvé place dans des Mémoires publics, fi nous ne rapportions la Lettre qui a été dans le Mercure de France au fecond volume de Septembre 1725. *page* 2120.

Lettre écrite aux Auteurs du Mercure fur la vue extraordinaire d'une femme Portugaiffe.

Voici, Meffieurs, de quoi régaler & de quoi occuper l'esprit des Savans, je me fuis cru obligé de leur faire part de ce que je viens d'apprendre. Comme je ne fuis nullement Phyficien, je vais vous rapporter fimplement le fait, fans m'amufer à faire d'inutiles réflexions.

,, Il y a une jeune femme à Lisbonne qui a de vrais
,, yeux de Lynx. Ce n'eft pas une exagération, elle
,, a la vue fi perçante, qu'elle decouvre l'eau dans la
,, terre à quelque profondeur que ce foit; elle en a
,, fait & en fait encore tous les jours des expériences
,, utiles à fes amis, & à beaucoup d'autres particuliers.
,, Cela lui attire une infinité de préfens; mais ce qui
,, lui fait le plus d'honneur, & ce qui en même tems
,, autorife le fait, c'eft que le Roi de Portugal ayant
,, befoin d'eau pour un nouvel édifice, & en ayant fait
,, chercher inutilement, cette femme en a découvert
,, plufieurs fources en fa préfence, fans autre fecours
,, que celui de fes yeux. Sa Majefté Portugaife lui
,, a donné une penfion, & l'a honorée de la Robe &
,, de la Croix de Chrift pour celui qu'elle époufera,
,, avec le titre de Dona. L'eau eft la feule chofe qu'el-
,, le peut voir à travers la terre; mais auffi on ne fau-
,, roit douter qu'elle ne la voye en effet. En voici
,, les preuves: 1. Elle dit à peu près, & autant qu'on
,, peut mefurer à l'œil, à quelle profondeur eft l'eau
,, qu'elle découvre. 2. Elle dit les différentes couleurs
,, de la terre, depuis fa furface jufqu'à l'eau qu'elle a
,, trouvée. 3. En marquant fur la terre les différens
,, endroits où l'on doit creufer: ici, dit-elle, vous
,, trouverez une veine d'eau à telle profondeur, d'une
,, telle groffeur; là, vous en trouverez une autre plus
,, petite: auprès de celle-là il y en a une plus groffe;
,, auprès de celle-ci, il y en a une plus groffe que les
,, autres: enfin tout ce qu'elle dit fe trouve vrai. El-
,, le ne fe fert point de baguette pour chercher l'eau;
,, encore une fois, c'eft en la voyant qu'elle la décou-
,, vre, mais il faut qu'elle foit à jeun pour cela. Cet-
,, te propriété qui lui eft particuliére, & qui tient du
,, prodige, lui eft auffi naturelle; ce n'eft ni par la
,, fcience, ni par l'étude qu'elle l'a acquife. C'eft
,, dommage qu'elle ne fache pas la Médecine; car voi-

                                             ,, ci

„ ci ce qu'il y a de plus furprenant, car, dis-je, elle
„ voit aufli dans le corps humain. Il eft vrai que ce
„ n'eft qu'en de certains tems, & felon que les pores
„ font moins refferrez. Elle voit le fang circuler, la
„ digeftion fe faire, le chyle fe former, & enfin tou-
„ tes les différentes parties qui compofent & qui entre-
„ tiennent la machine & leurs diverfes operations. Elle
„ découvre bien des maladies qui échappent au favoir
„ & à l'expérience des plus habiles Médecins, qu'à
„ bon droit on peut nommer aveugles auprès d'elle; on
„ la confulte aufli plutot qu'eux. Je le répéte: c'eft
„ dommage qu'elle ne puiffe guérir les maux qu'elle
„ découvre. Bien des maris lui font vifiter leurs fem-
„ mes, & bien des femmes, qui craignent les effets
„ funeftes du libertinage de leurs époux, ufent de la
„ même précaution. Je fuis perfuadé que bien des
„ perfonnes prendront ceci pour une fable, du moins
„ je ne l'ai pas inventée. Tout ce que je puis dire là-
„ deffus, c'eft que je tiens la chofe d'un François ar-
„ rivé nouvellement de Portugal; il m'en a fait un ré-
„ cit très circonftantié, que j'ai rapporté aufli fidelle-
„ ment qu'il m'a été poffible. Il m'a affuré qu'il avoit
„ vu cette miraculeufe femme, qu'il lui avoit parlé
„ plufieurs fois, & que même il lui avoit vu faire quel-
„ ques expériences, étant intime ami du mari. A beau
„ mentir qui vient de loin, dit le proverbe, cela eft
„ vrai ; mais quel intérêt auroit eu cet homme d'en
„ impofer fur une femblable matiére? Et puis com-
„ ment fe feroit-il avifé d'inventer une pareille fable?
„ D'ailleurs il m'a montré des lettres qu'il a reçues de
„ Lisbonne depuis fon arrivée en cette ville, dans les-
„ quelles on lui parle de cette femme. Quoi qu'il en
„ foit, j'ai cru devoir inftruire le public d'une chofe,
„ dont je ne crois pas qu'il y ait d'exemple dans l'an-
„ tiquité. Fable ou non, je la donne comme je l'ai
„ reçue. J'avoue ingénuement que j'ai cru mon Au-
„ teur de bonne foi, j'ai pris ce qu'il m'en a dit au
„ pied de la lettre. Ordinairement parmi les hommes,
„ ce qu'il y a de plus prodigieux, n'eft pas ce qu'ils
„ croyent le moins; il fuffit qu'une chofe mérite no-
„ tre admiration, pour que nous la trouvions digne de
„ notre croyance. J'efpère qu'on me pardonnera ces
„ réflexions, que je ne fais en paffant que pour excu-
„ fer peut-être mon trop de crédulité dans cette con-
„ jonĉture. Je dis donc que l'esprit de l'homme, ami
„ du beau, s'attache à ce qu'il y a de plus furprenant;
„ on diroit qu'il y va de fon intérêt que le merveilleux
„ foit véritable. J'ofe même dire que c'eft un effet
„ de l'amour-propre, d'ajouter foi à tout ce dont on
„ eft frappé, l'orgueil de l'homme ne fauroit fouffrir
„ que le faux lui eût caufé de l'étonnement. Cepen-
„ dant il eft vrai que dans le cas préfent, je n'ai pas
„ laiffé de douter un peu de la fincérité de mon nou-
„ veau débarqué. Comme je ne fuis pas affez habile
„ pour démêler le menfonge d'avec la vérité fur un pa-
„ reil fujet, & que felon moi la chofe peut être vraye,
„ comme il fe peut aufli qu'elle foit fauffe; je m'en
„ rapporte aux favans pour achever de me déterminer,
„ & je leur demande s'il eft poffible qu'il y ait une pa-
„ reille femme dans le monde. S'ils conviennent que
„ cela fe peut, pourquoi cela ne feroit-il pas? S'ils
„ nient que cela fe puiffe, qu'ils prouvent par de bon-
„ nes raifons que cela n'eft pas poffible. Au bout du
„ compte il ne feroit pas fi mal-aifé de s'éclaircir du
„ fait; je puis protefter du moins que je le tiens d'un
„ homme, qui a trop d'honneur & de probité pour
„ être de mauvaife foi. Que ceux qui fe picquent de
„ connoitre la nature, nous rendent raifon de ce nou-
„ veau phénoméne. En leur en faifant part, ils me
„ permettront de leur dire qu'il eft de leur devoir de
„ le developper au public. Je fuis, &c.

A Paris ce 27. Aout 1725.

On n'a fait en cela que renouveller un prétendu fait
qui exerça autrefois plufieurs Phyficiens, toujours prêts
à faire des fiftémes fur tout ce qu'on leur propofe. Il
y a environ cent cinquante ans qu'on parloit en Espagne de quelques hommes, qui voyoient, difoit-on, à
travers la terre à plus de vingt piques de profondeur,
& qui appercevoient les fources, les métaux & les cadavres, fans que des cercueils fort épais & fort enfon-
cez puffent les en empêcher. On disputa longtems
fur la poffibilité du fait, aufli-bien que fur la caufe du
phénoméne; & plufieurs Philofophes ne manquérent
point de trouver des raifons, pour fe perfuader qu'il
n'y avoit rien là qui ne fût croyable & poffible naturellement. Heureufement il ne fe préfente pas actuellement de femblables Philofophes, à qui il faille montrer
le ridicule d'une telle prétention.

Deux mois après la relation de la vue prodigieufe de
la Portugaife, on a feulement averti Meffieurs les Auteurs du Mercure qu'on avoit trouvé un autre exemple d'une vue presque aufli perçante. Un Révérend
Pére Minime le leur marqua en ces termes. „ Au res-
„ te, Meffieurs, fuppofant toujours le talent bien
„ prouvé de notre Portugaife, je vous dirai que ce
„ n'eft pas l'unique perfonne qui ait été pourvue du
„ rare avantage d'une vue fi pénétrante. On a vu à
„ Anvers un prifonnier, dont la vue étoit fi perçante
„ & fi vive, qu'il découvroit fans aucun fecours d'in-
„ ftrument, & avec facilité tout ce qui étoit caché &
„ couvert, fous quelques fortes d'étoffes ou d'habits
„ que ce fût, à l'exception feulement des étoffes tein-
„ tes en rouge.

„ Mon garant fur un fait fi fingulier eft M. Huy-
„ gens, ce célébre Mathématicien fi connu de tout le
„ monde favant, qui l'a écrit au Révérend Pére Mer-
„ fenne, Religieux de notre Ordre & fon intime ami.
„ Je n'ai pas befoin de vous dire qui étoit le Pére Mer-
„ fenne. La lettre de M. Huygens eft écrite de la
„ Haye le 26. de Novembre 1646.
Le témoignage d'un Savant tel que M. Huygens feroit bien fort, s'il avoit été lui-même témoin du fait,
ou s'il en avoit été convaincu. Cela m'a engagé à confulter l'original de cette lettre chez les Révérends Péres Minimes de la Place Royale, où toutes les lettres
qui ont été écrites à ce favant Religieux fi connu dans
toute l'Europe, font confervées en quatre porte-feuilles.
La lettre en queftion eft la huitiéme du troifiéme por-
te-feuille page 19. qui commence ainfi. „ Monfieur.
„ Mon Écolier fe trouvant ici à l'arrivée de vos let-
„ tres &c. Ce n'eft qu'après la lettre écrite, que
M. Huygens a mis dans la grande marge ce qui fuit.
„ P. S. En récompenfe du voyage du Paradis que vous
„ me communiquez, vous faurez pour chofe affez é-
„ trange, quoique vieille, que des gens férieux, d'â-
„ ge & de condition, déclarent avoir vu prifonnier à
„ Anvers, durant nos premiéres guerres, un homme
„ qui avoit la faculté de voir au travers des habits,
„ pourvû qu'il n'y eût point de rouge, qu'enfuite la
„ femme de fon Geolier l'étant venu voir avec d'au-
„ tres femmes pour le confoler dans fa calamité, elles
„ furent bien étonnées de le voir rire, & le preffant
„ de dire ce qui en étoit caufe, il répondit froidement,
„ parcequ'il y en a une d'entre vous qui n'a point de
„ chemife, ce qui fut avoué. Raifonnez là-deffus,
„ & faites que Kircherus ne l'oublie pas dans fa fecon-
„ de édition, car cela fe peut bien appeller par excel-
„ lence *Ars magna*.

N'eft-il pas affez vifible que M. Huygens n'a rien
vu de femblable, qu'il ne raconte que des ouïs-dire des
perfonnes, dont le témoignage ne lui paroit pas fort
impofant, qui ne donne ce conte au P. Merfenne que
pour lui rendre la pareille de quelqu'autre conte réjouis-
fant, & qu'il auroit voulu feulement voir ce qu'en
pourroit dire le P. Kirker dans lequel il trouvoit fouvent bien des chofes dont il ne pouvoit convenir? Le
Traité du Pére Kirker intitulé *Ars magna*, étoit tout
récemment imprimé; & M. Huygens a bien raifon de
dire que ce feroit un grand art de pouvoir former une
telle vue. On ne fe flatteroit pas apparemment de pouvoir

voir faire des yeux humains différens des notres, il faudroit seulement que les personnes à qui on attribue le rare talent de voir à travers la terre, les habits, & le corps humain, trouvassent le secret de rendre transparens les corps opaques. Un tel secret vaudroit bien celui de la pierre Philosophale.

Cela m'a fait penser qu'il ne seroit pas inutile de faire détromper le Public sur ce qu'on a débité touchant la vue si perçante de la femme Portugaise.

Le Public n'auroit-il pas été porté à croire qu'une femme étoit accouchée de plusieurs lapins en diverses fois, puisque cela avoit été mis dans plusieurs Gazettes sur le certificat du Chirurgien accoucheur, & sur l'autorité de l'Anatomiste du Roi, qui en avoit publié une relation comme d'un fait constant? Mais le Roi d'Angleterre prit de si justes mesures, qu'on découvrit l'imposture, & que le même Anatomiste du Roi en a fait des excuses publiques par l'Acte suivant traduit en François & inséré dans la Gazette d'Amsterdam du Vendredi 27. de Decembre 1726.

„ Ayant contribué en quelque manière à la croyance d'une imposture, par le narré que j'ai depuis peu publié d'un accouchement extraordinaire de Lapins fait par le sieur Howart, Chirurgien de Guillefort, & ayant été depuis employé dans la découverte d'icelle, ensorte que je suis présentement entièrement convaincu que c'est une très abominable fraude, je me crois obligé par un pur égard pour la vérité d'en informer le public, & de l'avertir que j'ai dessein de publier dans peu une ample relation de cette découverte, avec quelques considérations sur les circonstances extraordinaires de ce cas, lesquelles m'en ont fait avoir une fausse notion, & lesquelles doivent, comme je l'espére, excuser en quelque manière la bévue que j'ai faite moi-même, & qu'ont faite plusieurs autres qui ont visité la femme en question, &c. ce 19. de Décembre 1726. S. André.

Ce n'est pas seulement par des Gazettes qu'on a répandu des faits fabuleux; des Historiens ont eu la hardiesse d'ajouter à des événemens tout récens des circonstances, sur lesquelles il y a une infinité de personnes que peuvent les convaincre de faux. La Mothe le Vayer nous en donne deux exemples considérables, tirez des Historiens du seiziéme siécle. „ La victoire, dit-il, de l'Empereur Charles-Quint sur le Duc de Saxe au passage de l'Elbe, fut publiée par toute l'Europe, comme si le Soleil avoit visiblement retardé fort longtems son cours en faveur des Impériaux. Cela passa pour si constant, qu'Henri II. s'en voulut informer du Duc d'Albe, lorsqu'il vint le trouver pour le mariage d'Elizabeth de France avec Philippe II. La réponse du Duc fut digne de lui, & de celui qui l'interrogeoit; qu'à la vérité tout le monde contoit cette merveille, mais qu'il avouoit à Sa Majesté que le soin des choses qui se passoient alors sur la terre, l'avoit empêché d'observer ce qui se faisoit au Ciel, accompagnant son dire d'un souris qui témoignoit ce qu'on devoit croire touchant cela. Je prendrai le second exemple de ce qu'a écrit Baptiste le Grain, que j'estime beaucoup d'ailleurs, dans sa Decade de Louis le Juste. Il dit au sixiéme livre qu'il observa lui-même dans Paris l'an 1615. sur les huit heures au soir du 26. d'Octobre, des hommes de feu au ciel qui combattoient avec des lances, & qui par ce spectacle effrayant pronostiquoient la fureur des guerres qui suivirent. Cependant j'étois aussi-bien que lui dans la même ville, & je proteste pour avoir contemplé assidument jusques sur les onze heures de nuit le phénoméne dont il parle, que je ne vis rien de tel qu'il le rapporte, mais seulement une impression céleste assez ordinaire en forme de pavillons, qui paroissoient & s'enflammoient de fois à autre, selon qu'il arrive souvent en de tels météores. Infinies personnes qui sont encore vivantes, peuvent témoigner ce que je dis, & néanmoins dans un siécle l'on citera le prodige de la

Decade comme indubitable, & il passera de même que tous les autres de cette nature, pour un des plus constans qui soient dans notre Histoire.

Quelque Ecrivain s'avisera peut-être de parler ainsi de la lumiére boréale qui a paru cette année 1726. le 19. d'Octobre, depuis sept heures & demie du soir jusqu'au lever de la Lune deux heures après minuit. Il s'en est pourtant fait tant de descriptions exactes, que nulle personne qui aime la vérité, ne pourra à l'avenir être trompé sur ce phénoméne par des relations exagérées & fausses.

Comme il n'est pas si facile de juger de la vérité ou de la fausseté de ce qu'on nous rapporte des pays fort éloignez de nous, ce n'est qu'avec beaucoup de précautions qu'on doit ajouter foi aux relations des voyageurs; & ce seroit rendre un grand service au Public, que d'empêcher qu'ils répandissent des relations qu'on peut justement soupçonner de mensonge. Il y a quelque tems qu'on arrêta l'impression d'un de ces voyages fabuleux, & il seroit à souhaiter qu'on traitat de même tous les autres.

Il n'y en a que trop auxquels les Journalistes on fait l'honneur de donner place dans leurs extraits. Tels sont par exemple ceux qui ont pour titre les *Voyages de Jean Struys en Moscovie, en Tartarie, en Perse, & en plusieurs autres pays étrangers, avec des remarques sur la qualité, la Religion, &c. de tous ces pays, par M. Glanius*. On rapporte dans le 20. Journal, ce que l'Auteur dit d'extraordinaire de Madagascar & de Siam, après quoi on lit: „ Ce que l'Auteur (a) de ces Mémoires dit avoir vu de ses propres yeux dans l'Isle Formosa, & qu'on ne savoit jusques ici que par ouï-dire, est quelque chose encore de plus singulier; c'est que tous les Habitans de la partie méridionale de cette Isle ont derriere le dos une longue queue semblable à celle d'un bœuf.

Cette singularité est suivie des raretez de Moscovie, parmi lesquelles on parle d'une espéce de concombre qui se nourrit, dit-on, des plantes voisines. Cet Auteur (b) dit que ce fruit surprenant a la figure d'un agneau, avec les pieds, la tête, & la queue de cet animal distinctement formez, d'où on l'appelle en langage du Pays *Bonnaret* ou *Baranez*, (il faut peut-être lire *Borametz*, comme on lit ailleurs) l'un & l'autre de ces deux noms Moscovites signifient petit agneau. Sa peau est couverte d'un duvet fort blanc, aussi délié que de la soye. Les Tartares & les Moscovites en font grand état, & la plupart le gardent avec soin dans leurs maisons, où cet Auteur en a vu plusieurs. Il croît sur une tige d'environ trois pieds de haut. L'endroit par où il tient, est une espéce de nombril sur lequel il se tourne & se baisse vers les herbes, qui lui servent de nourriture, se séchant & se flétrissant aussitot que ces herbes lui manquent. Les loups l'aiment & la dévorent avec avidité, parcequ'elle ressemble à un agneau. Toute cette description ne contient rien jusques-là d'incroyable; mais ce que l'Auteur ajoute qu'on l'a assuré que cette plante a effectivement des os, du sang & de la chair, d'où vient qu'on l'appelle dans le Pais *Zoophité*, c'est-à-dire, plante animal, n'est pas si croyable, non plus que plusieurs autres particularitez qu'on en dit, peu vraisemblables à ceux qui ne les ont pas vues, & qui ne se repaissent pas de petits contes (c).

Voi-

(a) Page 320.
(b) Page 321.
(c) Le premier article des Transactions ou Mémoires philosophiques de la Societé Royale de Londres de l'année 1724. n. 390. contient une Dissertation Latine de M. Breyn, Médecin de Dantzic, & de la Société Royale de Londres, touchant l'agneau végétal de Tartarie, nommé vulgairement *Borametz*.
L'Auteur observe d'abord que plusieurs Naturalistes du premier ordre ont parlé fort sérieusement de ce prétendu Zoophyte. Scaliger fait la description de cette plante, & dit entre autres choses qu'elle rend du sang, lorsqu'on y fait quelque incision. Quelques Naturalistes en ont fait graver la figure suivant leur imagination, & ont prétendu en avoir la peau dans leur cabinet.
M. Breyn regarde ce fait comme fabuleux, parceque nul Auteur digne de foi n'assure avoir vu cette plante, que M. Kœmp-

Voilà un correctif judicieux, qui devroit toujours se trouver dans les extraits que les Journalistes ont donnez de tant d'autres fausses Relations, que nous pourrions ajouter ici. Messieurs de l'Académie Royale des Sciences ne manquent point de détromper le Public des fictions qu'ils découvrent. Nous nous contenterons d'en rapporter ici un exemple tiré de l'Histoire de l'année 1703. „ (a) Il vint une lettre de Cadis, qui „ portoit que l'on y avoit vu pendant quinze nuits de sui- „ te toute la mer brillant d'une lumiére claire, à peu „ près comme un phosphore liquide. Et pour rendre „ la comparaison du phosphore plus parfaite, que l'eau „ de la mer emportée dans des bouteilles, rendoit la „ même lumiére dans l'obscurité, que quelques goutes „ versées à terre y brilloient comme des étincelles de „ feu, & que des linges trempez dans cette eau deve- „ noient aussi lumineux. Le fait ayant été approfondi „ s'est trouvé faux. Tout au plus ce bruit qui se ré- „ pandit beaucoup, même en Espagne, aura eu pour „ fondement quelque couleur particuliére & plus vi- „ ve, dont la mer se sera teinte à un coucher du So- „ leil. L'Académie croit faire autant, en désabusant „ le Public des fausses merveilles, qu'en lui annonçant „ les véritables.

Il auroit, ce semble, fallu rendre le même service au Public par rapport à plusieurs faits fabuleux, dont le sieur Paul Lucas a voulu égayer les Relations de ses voyages. Mais cet Auteur n'a pas eu besoin d'être critiqué, parceque le Public s'est si fort désabusé de ce qu'il a débité, que la plupart ne veulent plus ajouter foi à ce qu'il a rapporté de véritable.

Voilà peut-être déja trop de fables de suite. Il s'en présentera encore assez en faisant le discernement des effets naturels, d'avec ceux qui ne le sont pas.

CHAPITRE VII.

Du milieu qu'il faut garder entre la trop grande credulité & l'incrédulité, ou l'obstination à ne rien croire d'extraordinaire & de merveilleux. Réflexions sur la maniére de discerner si ces faits extraordinaires sont vrais. Exemples.

TANT de fables qui ont trouvé créance dans le monde, ne prouvent que trop la nécessité de fer curieux observateur, qui a voyagé dans le Pays où l'on dit qu'elle nait, n'en a pu rien apprendre.

Le même M. Kœmpfer dit qu'en certaines Provinces voisines de la Mer Caspiénne, outre l'espéce ordinaire de brebis, il s'en trouve une qui est différente, & qui est recommandable par la beauté des fourures qu'elle produit. Plus les agneaux sont jeunes, plus les fourures sont fines & précieuses. C'est pourquoi les ouvriers tirent ces agneaux par incision du ventre de leurs méres. Ces peaux bien préparées, lorsqu'on en a rogné les extrémitez, ont si peu l'air d'une peau d'agneau, qu'on les prendroit plutot pour la membrane d'une courge garnie de son duvet. M. Kœmpfer est persuadé que quelques unes de ces peaux transportées en des Pays éloignez, ont pu être prises pour la peau du Zoophyte. Il y a plus, M. Breyn a dans son cabinet un prétendu *Borametz*, dont un curieux revenant de Tartarie lui a fait présent il y a quelques années. Ce *Borametz* étoit long d'environ six pouces. L'on y distinguoit une tête accompagnée de ses deux oreilles & de quatre jambes. Sa couleur tiroit sur le gris de fer. Elle étoit couverte d'une espéce de velouté soyeux, à l'exception des oreilles & des jambes qui étoient sans poil, & d'une couleur plus brune.

M. Breyn s'apperçut que la tête & une des jambes étoient postiches, & que tout le reste étoit une racine rampante, dont, avec un peu d'industrie, on avoit fabriqué une espéce de quadrupéde. L'Auteur n'a pu encore vérifier quelle sorte de plante fournit ce *Borametz* artificiel. Il soupçonne cependant que ce pourroit être quelque espéce de capillaire étrangère.

M. Sloane dans les Transactions Philosophiques, *n.* 287. *page* 261. dit avoir parmi les raretez de son cabinet un agneau végétal tout pareil, qui lui est venu des Indes, & dont il fait une description, d'où il résulte que le sien ressemble bien moins à un agneau naturel que celui de M. Breyn.

On conclut enfin que le Zoophyte est une racine dont on a fait un animal artificiel, à peu près comme les Charlatans font de la Mandragore une figure humaine.

(a) Histoire de l'Académie des Sciences, année 1703. page 22.

s'assurer des faits dont on veut trouver la cause, & de se défaire de cette pente que la plupart des hommes ont à croire, sans beaucoup d'examen, tout ce qu'on leur raconte de surprenant.

La crédulité est un plus grand mal qu'on ne pense ordinairement. Car en accréditant des récits & des Histoires, dont on vient à reconnoire ensuite la fausseté, on donne lieu à certaines personnes de douter de tout ce qu'ils entendent dire d'extraordinaire, & de nier les faits les plus constans, parcequ'on leur a donné pour certains & pour incontestables des faits douteux & incertains.

Cependant quelque dangereuse que soit la crédulité, elle est beaucoup plus excusable, & j'ose même dire plus raisonnable, qu'une obstination inflexible à ne croire que les choses ordinaires & communes.

La crédulité, comme nous l'avons déja remarqué, vient d'un gout naturel que l'homme a pour le grand & le merveilleux, & souvent même d'une certaine candeur d'esprit, qui fait que se sentant incapable de vouloir tromper les autres, l'on suppose aisément qu'ils ne veulent pas aussi nous tromper, & l'on croit facilement ce qu'ils assurent. Mais une obstination à ne rien croire, vient ordinairement d'un orgueil excessif qui porte à se mettre au dessus des autoritez les plus respectables, & à préférer ses lumiéres à celle des plus grands hommes & des Philosophes les plus judicieux.

Il y a un milieu qui doit paroitre, ce me semble, juste & raisonnable, le voici. Si ce qu'on nous rapporte n'est fondé que sur des oui-dire & sur des conjectures; s'il nous vient d'Auteurs suspects, ou même déja convaincus de faux sur plusieurs faits; si les Rélations ne conviennent pas entre elles: il est raisonnable de suspendre son jugement. Mais si les Auteurs se donnent pour témoins oculaires, s'ils parlent uniformément & avec assurance, qu'ils n'ont aucun intérêt de tromper, & qu'ils sont d'ailleurs exempts de reproches: on ne peut sans injustice refuser de les croire. Les témoignages constans, uniformes, & desintéressez de plusieurs personnes, qui assurent un fait qu'elles disent avoir vu, forment une certitude morale à laquelle il faut céder. Nous n'avons point d'autres moyens de nous assurer des faits que nous n'ayons pas vus de nos propres yeux, & il faut se rendre à ces témoignages, où nier tout ce dont nous ne sommes pas nous-mêmes les témoins.

On entend quelquefois certaines personnes dire, je n'ai jamais vu de prodiges, je n'ai jamais rien vu d'extraordinaire & de merveilleux, & se mocquer ensuite de tout ce qu'on en rapporte. Je leur répondrois volontiers ce que Cicéron dit dans son premier livre de la Nature des Dieux, où il apostrophe Epicure & lui adresse ces paroles. „ Rejettons donc (b) tout ce que „ l'Histoire nous apprend, & tout ce qu'on découvre „ de nouveau par le raisonnement. Que ceux qui ha- „ bitent le milieu des terres, croyent qu'il n'y a point „ de mer. Que les bornes de votre esprit sont étroi- „ tes! Si vous étiez né à Seriphe, & que vous ne „ fussiez jamais sorti de cette Isle, dans laquelle vous „ n'auriez vu que des liévres & des renards, croiriez- „ vous qu'il y a des lions & des panthéres, lorsqu'on „ vous en feroit la description? Mais si l'on vous par- „ loit d'un éléphant, penseriez-vous aussi qu'on se „ mocqueroit de vous?

Que peuvent opposer aux raisonnemens si simples & si naturels, ceux qui font gloire de nier tout ce qu'on leur apprend d'extraordinaire & de surprenant, sous près

(b) Numquid tale, Epicure, vidisti? Ne sit igitur sol, ne luna, ne stellæ: quoniam nihil esse potest, nisi quod attigimus aut vidimus. Quid? Deum ipsum numne vidisti? Cur igitur credis esse? Tollamus ergo omnia, quæ aut Historia nobis, aut nova ratio affert. Ita sit, ut Mediterranei mare esse non credant. Quæ sunt tantæ animi angustiæ, ut, si, Seriphi natus esses, nec unquam egressus ex insula, in qua lepusculos, vulpeculasque sæpe vidisses, num crederes leones, & pantheras esse, cum tibi, quales essent diceretur? Si verò de elephanto quis diceret, etiam irrideri te putares? *De Nat. Deor. l.* 1. *n.* 88.

prétexte qu'il n'ont rien vu de femblable? Diront-ils qu'il n'y a point d'autres merveilles que les merveilles ordinaires de la nature? Toutes les Nations dépofent contre ce fentiment. On leur allégue une multitude de faits furprenans, auffi bien conftatez pour le moins que certains faits naturels ou hiftoriques, qu'ils ne révoquent point en doute. N'eft il pas raifonnable qu'ils fe rendent aux preuves qu'on leur en apporte, à moins qu'ils ne les détruifent? En font-ils quittes pour traiter tous ces faits d'imagination, & ceux qui les croyent d'efprits foibles? C'eft une foibleffe d'efprit que de croire légérement tout ce qu'on débite dans le monde, & de s'expofer par fa crédulité à prendre l'erreur pour la vérité; mais ce n'eft peut-être pas une moindre foibleffe, que de rejetter fans preuve certains récits furprenans, quoique revêtus de toutes les circonftances qui peuvent affurer la vérité d'une hiftoire, & de s'expofer à traiter d'erreur des véritez qu'on ne veut pas, ou qu'on n'ofe pas examiner, parcequ'on ne fe trouve pas affez éclairé pour en découvrir les caufes.

Pour éviter ces deux excès & profiter des réflexions que nous venons de faire, nous allons pofer quatre principes, fur lefquels tout homme fage & prudent doit former fon jugement à l'égard de l'exiftence de toutes fortes de faits.

1. Comme on ne doit point agir fans raifon, il ne faut pas rejetter comme faux ce qui eft rapporté par des Auteurs graves, lorfqu'on n'a rien qui en prouve la fauffeté.

2. La multitude & l'uniformité des témoignages de perfonnes fenfées & défintéreffées qui difent avoir vu un fait, font des marques certaines de fa vérité.

3. Il faut rejetter un fait qui n'eft avancé que fur des conjectures, quand on a d'ailleurs d'autres fait certains, ou des expériences conftantes qui le contredifent.

4. Il ne faut pas décider qu'une chofe eft impoffible, à caufe que l'on croit communément qu'elle ne fe peut pas faire. Car l'opinion des hommes ne peut pas donner des bornes aux effets de la nature & de la toute-puiffance de Dieu.

Nous allons appliquer ces réflexions & ces principes à divers exemples, qui pourront en faire fentir l'utilité.

1. Bien des gens fenfez n'ajoutoient aucune foi durant longtems à ce que certains voyageurs rapportoient d'extraordinaire des pays fort éloignez; & ce n'étoit pas tout-à-fait fans raifon qu'on fe défioit de leurs récits, parcequ'on a été fouvent trompé, & qu'on n'a pas oublié le proverbe; à beau mentir qui vient de loin. Mais lorfqu'on a vu ces mêmes faits rapportez uniformement par plufieurs voyageurs dignes de foi, on n'a pu raifonnablement refufer de les croire. Ainfi par exemple, on ne doute plus de ce qu'on dit des Caftors & de la maniére admirable dont ils font leurs habitations, depuis que tant de perfonnes ont été en Canada, & qu'on nous a donné une (a) relation uniforme de ces animaux. Pourquoi le révoquerions nous en doute, lorfqu'on peut voir par tout des abeilles fe faire des loges merveilleufes avec un art qu'on ne fauroit affez admirer?

2. Une infinité de perfonnes n'ont pu croire qu'il y ait des Antipodes, c'eft-à-dire, des hommes qui habitent l'autre Hemifphére de la terre; enforte que leurs pieds fe trouvent oppofez aux notres. Lactance (b) le nioit, parcequ'il ne pouvoit croire que la terre fût ronde. D'autres, comme (c) S. Auguftin, qui ne nioient pas la rondeur de la terre, rejettoient pourtant comme une fable ce qu'on difoit des hommes qui nous feroient Antipodes, parcequ'ils ne pouvoient pas fe perfuader que le continent qui eft oppofé au notre fût habité. Mais tout homme raifonnable doit être convaincu préfentement, & de la rondeur de la terre, & que le continent oppofé au notre eft habité, furtout depuis que Chriftophe Colomb a découvert en 1492. l'Amérique,

à laquelle Améric Vefpuce donna fon nom en 1497., & qu'un grand nombre ont fait & font encore tous les jours le tour du monde.

3. Depuis que par les lunettes d'approche on a découvert dans les Cieux beaucoup de chofes finguliéres, qui avoient été inconnues jufqu'à nos jours, & qu'on a dit par exemple, qu'autour de la planéte de Jupiter il y avoit quatre Lunes, dont la plus petite égale la grandeur de notre Lune, bien des gens ont cru qu'on leur en donnoit à croire. Mais après les obfervations de beaucoup de Savans, & fur tout de M. Huygens, & de M. Caffini, qui a fait un fi bon ufage de ces Lunes, qu'on appelle Satellites, en obfervant leurs éclipfes pour régler les longitudes, on ne peut plus douter de ce qui paroiffoit fi extraordinaire.

4. Au contraire il y a beaucoup de chofes qui ont été données comme conftantes par un grand nombre de Savans, & qu'il faut rejetter, parcequ'elles n'ont été avancées que fur des conjectures, dont la fauffeté eft démontrée par l'expérience. On n'a ceffé de dire jufqu'au feiziéme fiécle que la Zone torride étoit brulée par les ardeurs du Soleil, & par conféquent inhabitable. Ariftote l'a affuré en plufieurs endroits de fes ouvrages. Qui n'auroit cru qu'il raifonnoit jufte, puifqu'on a lieu de penfer que, plus les pays font méridionaux, plus ils font chauds, & par conféquent que ceux qui font tout-à-fait fous la ligne équinoxiale, & qui ont le Soleil pour Zenit, doivent être chauds à l'extrême? Tous les Cofmographes affuroient la même chofe, & on l'a cru fi généralement, qu'on n'a vu aucun Commentateur de Pline qui l'ait repris de l'avoir dit (d) au livre fecond chapitre 68. en parlant des Zones.

C'eft pourtant là un fait abfolument faux, qui doit nous faire penfer qu'il faut fe défier de ce qui n'eft avancé que fur des conjectures. On fait à préfent par des relations fures, que la plupart des Régions qui font fous la Zone torride, abondent en eaux & en paturages, & que la chaleur, loin d'y être exceffive, eft fi modérée, qu'en plufieurs endroits elle fe fait à peine fentir, fi l'on a foin de fe mettre à l'ombre fous le moindre couvert de paille, de naté, ou de bois, quelquefois même on y a froid. Il n'y a qu'à voir ce qu'en dit Jofeph Acofta, célébre Miffionnaire Jéfuite, qui donna en 1590, l'hiftoire naturelle des Indes, qui a été traduite en plufieurs Langues. (e) Quand je paffai aux Indes; ,, il, ayant lu ce que les Poëtes & les Philofophes difent de la Zone torride, je me perfuadois qu'arrivant ,, y l'Equinoxe, je ne pourrois y fupporter cette ex-,, ceffive chaleur, mais j'y expérimentai tout le contrai-,, re; car m'y trouvant dans le tems que le Soleil y ,, étoit pour Zenit au mois de Mars, j'y fentis fi grand ,, froid, que j'étois contraint de me mettre au Soleil ,, pour m'échaufer. N'avois-je pas fujet alors de me ,, mocquer d'Ariftote & de fa Philofophie, voyant ,, qu'au lieu & en la faifon que tout devoit y être em-,, brafé de chaleur fuivant fes régles, moi & tous mes ,, compagnons avions froid? Il n'y a, à la vérité, Ré-,, gion plus douce, ni plus tempérée que fous l'Equi-,, noxe. Tout ce qui eft néanmoins fous la Zone tor-,, ride n'eft pas d'égale température. En quelques en-,, droits elle eft fort tempérée, comme en Quito & aux ,, autres parties du Pérou, en quelques autres endroits ,, fort froide, comme au Potofi; & en d'autres fort ,, chaude, comme en Ethiopie; au Brefil & aux Mo-,, luques.

Il eft vrai que la fituation de tout ce pays qui eft fous la Zone torride, portoit à croire que tout devoit y être brulé par l'ardeur du Soleil? mais la fageffe admirable du Créateur y a placé des montagnes qui fervent à tempérer le terroir; & M. Nieuwentit dans fa démonftration de l'exiftence de Dieu par les merveilles de la nature, n'a pas laiffé échaper cet exemple. ,, L'Ifle de S.
,, Tho-

(a) Voi. Les Journaux des Savans & les Mémoires de l'Acad. R. des Sciences. ann. 1704. page 62.
(b) Lib. 3. c. 24.
(c) S. Aug. de Civit. Dei l. 16. c. 9.

(d) Media verò terrarum, qua Solis orbita eft, exufta flammis & cremata, cominùs vapore torretur.
(e) Hift. nat. l. 2. c. 9.

„ Thomas, (a) *dit-il*, eſt ſituée ſous la ligne, au mi-
„ lieu de la Zone torride; tous ceux pourtant qui en
„ ont écrit, conviennent unanimement que l'air y eſt
„ fort ſain, & la terre très fertile. Qu'eſt ce donc qui
„ empêche que cette Iſle ne ſoit inhabitable ? C'eſt
„ qu'il y a une grande montagne ſituée au milieu &
„ couverte de beaucoup de bois, dont les ſommets ſont
„ enveloppez d'une ſi grande quantité de nuages, que
„ les eaux qui en deſcendent & qui ſe forment de ces
„ nuages, produiſent non ſeulement des fruits, mais
„ même des cannes de ſucre. On obſerve que durant
„ les plus grandes chaleurs, cette montagne paroit tou-
„ jours couverte d'un nuage. Cela vient de ce qu'alors
„ le Soleil attire de la mer une plus grande quantité de
„ vapeurs, & l'air étant auſſi beaucoup plus rarefié par la
„ chaleur, il entraine les vapeurs de l'eau, qui ſont mê-
„ lées avec lui, dans les endroits froids de la montagne
„ où il y a de l'ombre .... A Madagaſcar, il y a
„ auſſi des montagnes & des bois au milieu de cette
„ Iſle, d'où coulent des rivières de tous côtez, qui
„ rendent le pays, quoique ſitué dans l'endroit le plus
„ chaud du monde, eu égard au Soleil, auſſi fertile
„ que les meilleurs climats du monde.

On peut voir auſſi dans la (b) Géographie générale
de Varenne, que dans un aſſez grand nombre de pays
ſous la Zone torride, l'air y eſt communément tempéré
à cauſe des grandes & fréquentes pluyes, & qu'il y a même des endroits où il fait grand froid.

Ajoutons encore ici, par rapport à la chaleur que Joſeph Acoſta attribue à l'Ethiopie, qu'il ne laiſſe pas d'y
faire bien froid une partie de l'année. Car on voit dans
pluſieurs relations qu'à la fête de l'Epiphanie on eſt ordinairement obligé de caſſer les glaces, pour faire la bénédiction des eaux, & une eſpéce de renouvellement du
Batême. Tout cela montre qu'il ne faut pas établir des
jugemens ſur de ſimples conjectures. En voici un autre
exemple.

5. Combien d'Auteurs n'ont-ils pas dit qu'on pouvoit faire monter l'eau ſur une montagne, pour la faire
paſſer d'une vallée à l'autre, par le moyen d'un tuyau,
lequel paſſant ſur la montagne, feroit en deſcendant une
eſpéce de ſyphon recourbé ? Dans combien de recueils
n'a-t-on pas mis ce prétendu ſecret ſur une ſimple conjecture trompeuſe ? L'eau monte dans une pompe, elle
montera donc auſſi dans ce tuyau juſqu'au ſommet de
la montagne, & par ſon propre poids elle coulera dans
l'autre partie du tuyau, pourvû qu'il deſcende un peu
plus bas que l'endroit de la vallée où le tuyau commence à prendre l'eau. C'étoit pour pluſieurs une démon-
ſtration confirmée par l'expérience commune du ſyphon
recourbé. Il eſt vrai que cela peut ſe faire à l'égard
d'une hauteur d'environ cinq toiſes, en y faiſant paſſer
un tuyau qu'on rempliroit d'eau par un trou, pourvû
qu'on pût enſuite le bien fermer, & que l'air ne ſe mêlat point avec l'eau. Mais on ſe tromperoit ſi l'on croyoit qu'on pourroit le faire à toute hauteur.

Un certain Ingénieur y fut en effet trompé. Il oſa
parier mille ducats en préſence de la Reine Chriſtine de
Suéde, qu'il feroit venir l'eau d'une ſource qui étoit
au delà d'une montagne, en la faiſant paſſer par deſſus.
On fit inutilement beaucoup de dépenſes, & il perdit
lui même ſes mille ducats. Après quoi il apprit que
l'eau ne montoit dans les pompes ou dans quelque tuyau
que ce ſoit qu'à la hauteur de 32. ou 33. pieds ; &
nous devons apprendre auſſi que nous ne devons point
tenir pour vrai ce qui n'eſt avancé que ſur des conjectures.

6. Quelques Auteurs ont dit hardiment que Jule Cé-
ſar ſans quitter les Gaules voyoit d'un port de mer tout
ce qui ſe paſſoit dans l'Amorique, que nous appellons
Bretagne. Roger Bacon, célébre Cordelier Anglois du
treiziéme ſiécle, ne trouvoit en cela rien que de fort naturel. Cet Ecrivain, à qui pluſieurs ont donné le titre
de Docteur incomparable, & qui véritablement a eu
beaucoup de connoiſſances ſinguliéres, compoſa un petit
Traité, *De mirabili poteſtate artis & naturæ*, où il parle entre autres choſes des moyens d'appercevoir les objets les plus éloignez, & il y répéte (c) ce qu'on avoit
dit de Jules Ceſar.

La moindre attention auroit ſuffi pour détromper cet
Auteur. En effet il n'eſt pas difficile de remarquer qu'outre la hauteur des montagnes, la ſeule rondeur de la terre empêche de voir à cent lieues loin. Mais pourquoi dire à cent lieues loin ? Les objets ſe dérobent
à notre vue dans une bien moindre diſtance. Lorſque voyageant ſur mer on s'éloigne des plus hautes
tours & des montagnes, d'abord on perd de vue le
bas de ces objets, enſuite le milieu, & enfin le ſommet qui diſparoit inſenſiblement. De même lorſqu'on
ſe rapproche de ces tours & de ces montagnes, on en
apperçoit premiérement le ſommet, enſuite le milieu,
& enfin le tout d'une manière qui répond à la figure
ſphérique de la terre. Comment ſeroit-il poſſible de
voir à cent lieues loin ? Bacon n'avoit pas fait ces réflexions. Il avoit vu des miroirs qui rapprochoient des
objets aſſez éloignez, & il en a conjecturé qu'on pourroit voir à toute diſtance.

Jean-Baptiſte Porta l'a cru de même; car il (d)
avance, comme un fait conſtant, que Ptolomée avoit
des miroirs ou plutot des lunettes, par le moyen deſquelles il voyoit venir des vaiſſeaux éloignez de ſix
cens milles, c'eſt-à-dire, d'environ deux cens lieues.
Autre erreur, laquelle auſſi bien que les précédentes,
doivent nous faire conclure qu'il ne faut pas croire légérement tout ce qui eſt rapporté par les Auteurs.
Mais pour tenir le juſte milieu dont nous avons parlé, diſons auſſi qu'on ne doit pas rejetter le témoignage des perſonnes irreprochables, qui nous rapportent des faits extraordinaires dont ils ont été témoins,
quoique ces faits paroiſſent très ſinguliers, & qu'ils
puiſſent donner lieu de douter s'ils ſont naturels ou
non.

CHAPITRE VIII.

On établit des principes pour juger ſi un effet
eſt naturel, s'il tient du miracle, ou de la
ſuperſtition.

SI l'on ſuit exactement les principes que nous avons
établis, on diſcernera ſans peine entre les faits extraordinaires, ceux qui ſont vrais d'avec ceux que la
crédulité & l'impoſture ont répandus dans le monde.
Mais il n'en faut pas demeurer là. Il eſt important
de remonter juſqu'à leurs cauſes, & d'examiner ſi
ceux dont on eſt aſſuré doivent être mis au nombre
des productions de la nature, ou s'ils ſont d'un ordre
différent. Nous allons poſer ſur ce ſujet des principes
dont les perſonnes qui ont quelque teinture de Philoſophie, & quelque connoiſſance de la Religion, con-
viendront fort aiſément. Mais avant que de les déduire & de les expliquer, nous ſuppoſons les véritez
ſuivantes.

Il y a un Dieu auteur de toutes choſes, qui a créé
deux ſortes d'êtres; des corps & des eſprits. Les corps
forment par leur aſſemblage le monde viſible, & Dieu
leur a preſcrit des loix qu'ils ſuivent inviolablement
par une néceſſité naturelle & aveugle. Car ils ne ſont
ca-

(c) Poſſunt enim figurari perſpicua ut longiſſimè poſita appareant propinquiſſima, & è contrario. Ita quòd incredibili diſtantiâ
legeremus litteras minutiſſimas, & videremus res quantumcunque
parvas. Sic enim exiſtimant quòd Julius Cæſar per littus maris in
Galiis deprehendiſſet per ingentia ſpecula diſpoſitionem & ſitum
caſtrorum & civitatum Britanniæ minoris.
(d) Diximus de Ptolomæi ſpeculo, ſive ſpecillo potiùs, quo
per ſexcenta millia pervenientes naves conſpiciebat. *Magiæ natur.*
l. 77. c. 11.

capables d'aucune connoissance & d'aucune volonté. Les esprits agissent avec connoissance, avec réflexion, avec liberté. Ils ne peuvent être contraints, ils ne sont point entrainez par aucune nécessité naturelle, mais ils ont reçu de Dieu la puissance de produire d'eux-mêmes certaines actes, dont ils sont les maitres. Les ames humaines ne sont pas les seuls esprits que Dieu ait créez, il y a dans l'univers une multitude de pures intelligences, dont les unes portent le nom d'Anges, les autres sont appellées Démons. Les Anges sont toujours demeurez soumis à Dieu, les Démons ont abusé de leur liberté pour se révolter contre lui. Les uns & les autres ont quelque pouvoir sur les créatures matérielles, & produisent dans le monde plusieurs effets sensibles. Les Anges n'agissent que pour exécuter les ordres de Dieu, les Démons n'agissent que pour séduire & pour prendre les hommes.

Nous supposons toutes ces véritez, sans nous arrêter à les prouver, parcequ'elles ont été suffisamment démontrées dans beaucoup d'excellens Livres, & que d'ailleurs nous ne prétendons pas avoir affaire ici à des gens sans Dieu & sans Religion, mais à des Chrétiens instruits des principaux points de la Doctrine qu'ils font profession de croire, & par conséquent de toutes ces véritez fondamentales que nous supposons. C'est pour eux que nous écrivons. Nous commencerons par exposer ce que c'est qu'un effet naturel, un miracle, une superstition.

Tout effet est causé par les loix des communications ordinaires des mouvemens. Ou il vient immédiatement de Dieu, indépendamment de ces loix qu'il a établies, ou il procéde des Anges, ou il est produit par le Demon. S'il est une suite des communications des mouvemens, c'est un effet naturel. S'il vient de Dieu indépendamment de ces communications, ou par le ministére des Anges, c'est un vrai miracle. Et s'il procéde du Démon, on le met au rang des faux miracles, qui engagent les hommes dans ce qu'on appelle superstition.

Pour avoir une notion claire de ces termes, miracle, effet naturel, superstition, on doit tâcher de se représenter la maniere dont toutes choses sont produites, en remontant jusqu'au principe. Il faut pour cela faire réflexion, que Dieu est le seul de qui toutes choses ont reçu ce qu'elles ont, le seul qui conserve toutes choses, c'est-à-dire, qu'il les crée continuellement, qu'il leur donne à tout moment l'être, qu'il est le seul maitre des esprits & des corps, le seul dont les corps puissent exécuter la volonté, non pas qu'ils la connoissent, mais parcequ'il opére en eux suivant ses propres loix, & qu'ainsi il fait lui-même ce qu'il veut qu'ils fassent.

Les corps seroient donc toujours dans la même place, si Dieu ne les remuoit, c'est-à-dire, s'il ne les conservoit successivement en différens lieux.

Mais parceque ces corps doivent être très souvent en mouvement, pour produire la variété que nous remarquons dans le monde, Dieu veut qu'ils soient mus, il veut que leurs mouvemens soient distribuez d'une maniére réguliere, simple, digne de sa sagesse infinie, & qui soit à la portée de notre esprit. Il a établi pour ce sujet des loix générales qui réglent tous les mouvemens; ces loix s'exécutent à l'occasion seulement de la rencontre ou du choc des corps, & selon la proportion de leur grosseur & de leur solidité. Rien de plus simple & de plus accommodé à la portée de notre esprit, que de voir l'action de Dieu déterminée par de telles causes, & rien de plus varié, de plus étendu, & de plus beau que tout ce qui en résulte. Car ce sont ces loix, selon lesquelles tous les mouvemens sont communiquez, qui font cet admirable méchanisme du monde, à qui l'on a donné le nom de nature. Tout ce qui est donc produit par les loix de la méchanique du monde, est appellé effet naturel.

Outre ces loix, Dieu en a établi d'autres pour accomplir tous ses desseins. Car les desseins de Dieu

ne se terminent pas à l'arrangement des corps, & tout ce qui est produit en conséquence de celles-ci, est appellé effet surnaturel, c'est-à-dire, effet qui ne dépend point de la méchanique du monde. On l'appelle aussi miracle, c'est-à-dire, chose admirable, parceque l'on admire davantage ce qui arrive rarement, & que l'on connoit le moins.

Plusieurs ce ces loix nous sont cachées, quelques-unes nous sont connuës. Les Juifs (a) savoient, par exemple, que par les eaux de jalousie, Dieu découvroit & punissoit l'infidélité des femmes. (b) Ils savoient qu'en regardant le serpent d'airain, les morsures mortelles des serpens étoient guéries. Dieu nous a révélé qu'à l'occasion de quelques goutes d'eau & de quelques paroles prononcées il sanctifie les ames; & nous savons qu'il avoit donné aux Apôtres le pouvoir de chasser les Démons, & de guérir toutes sortes de maladies, c'est-à-dire, qu'à leur seul desir Dieu chassoit les Démons, & guérissoit les malades.

De ces loix, les unes doivent durer fort longtems, les autres peu, & il y en a qui subsisteront toujours. Ce qui s'opéroit à la vue du serpent d'airain, n'étoit que pour un tems. L'effet des eaux améres ou de jalousie, qui faisoit mourir les femmes adultéres, a cessé en même tems que les cérémonies légales. La guérison (c) d'un malade dans les eaux de la Piscine, qu'un Ange remuoit, ne doit pas avoir duré longtems. On peut en juger par le silence des Historiens. Mais nous savons que les loix de l'union de l'ame avec le corps, & celles de la communication des mouvemens à l'occasion de la rencontre & du choc des corps, sont des loix communes & de durée. Nous savons aussi que les loix générales, en vertu desquelles les volontez des Anges deviennent efficaces, sont des loix permanentes. Nous savons qu'à l'occasion de leurs desirs, il s'est produit & se produira quantité d'effets surprenans. Et ce sont là des effets auxquels on pourroit recourir, comme produits par des causes que Dieu a établies. Mais parceque parmi ces esprits il y en a qui se sont retirez de l'ordre, & dont les désirs sont devenus déréglez, Dieu veut que nous ayons de l'horreur pour toutes leurs œuvres. S'il leur laisse du pouvoir, pour des raisons qu'il n'est pas nécessaire d'examiner ici, il nous avertit que nous ne pouvons ni recourir à eux, ni recevoir quelque chose de leur part, sans être coupables du crime de superstition, que nous allons expliquer.

On appelle superstition, ce qui met du déréglement dans le culte qui est dû à Dieu; & ce qui cause ce déréglement, c'est tout ce qui ne se rapporte pas à Dieu. Car la notion que nous avons de Dieu développée dans le premier Commandement, nous montre que le culte est dû à Dieu seul, toujours & en toutes choses, & que celui qui ne se rapporte pas à Dieu, est un culte condamnable, un culte qui n'est pas dans l'ordre, & que l'on nomme d'un seul mot superstition, c'est-à-dire, culte excessif, culte déréglé. ((d) Cette idée bien entendue ne fait aucun tort au culte des Saints.)

Comme Dieu opére dans tout ce qui paroit agir, il nous est facile de lui rapporter tous les mouvemens & toutes les productions que nous appercevons dans les créatures. C'est Dieu qui éclaire & qui échauffe dans le Soleil; c'est Dieu qui nous raffraichit dans l'air & dans l'eau. Si nous vivons, c'est-à-dire, s'il y a entre l'ame & le corps des relations mutuelles, des déterminations réciproques, c'est Dieu qui les rend efficaces. Si nous existons, c'est que la volonté de Dieu nous crée continuellement; si nous sommes mus, c'est l'action de Dieu qui nous transporte. Enfin c'est Dieu (e) qui agit continuellement dans nous, & dans toutes les créa-
tu-

(a) Num. V.
(b) Ibid. XXI.
(c) Joan. V.
(d) Note de M. le Censeur.
(e) In ipso vivimus, movemur, & sumus. Act. XVII.

tures : dans tout ce qui eſt lumineux ou ténébreux , dans tout ce qui nous fait plaiſir ou qui nous incommode. Ainſi on trouve Dieu par tout (*a*).

Il n'y a que les choſes qui procédent du Démon , dans leſquelles il ne veut pas que nous le cherchions. Loin d'approuver les ouvrages auſquels le Démon a part, Jéſus-Chriſt eſt venu pour les détruire; & lorſque Dieu dit à ſon peuple que c'eſt lui ſeul qui fait tout , (*b*) il l'avertit en même tems qu'à l'égard de ceux qui s'appliquent aux curioſitez, dont le Démon eſt cenſé le maitre, il a mis le déſordre, la fureur & la folie dans leurs ſciences, auſſi bien que dans leurs œuvres.

On ne peut donc avoir recours à rien de tout ce qui vient du Démon, ſans pécher contre le culte qui eſt dû à Dieu. Comme il eſt eſſentiellement l'ordre & la ſageſſe, il ne veut être honoré que dans ce qui eſt réglé, & l'on ne peut recourir au pouvoir de celui qu'il a frappé d'un éternel anathême, ſans tomber dans la ſuperſtition, qui conſiſte à rendre à quelqu'autre le culte qui n'eſt dû qu'à Dieu, ou à le lui rendre en une maniére qui ne peut lui être agréable.

Quoique les Théologiens Scholaſtiques ne dévelopent pas ordinairement ces loix auſquelles nous avons cru devoir remonter, on en voit néanmoins tous les fondemens dans ce que S. Thomas a tiré de S. Auguſtin ſur la queſtion de la Religon (*c*). Et l'on peut trouver tous les éclairciſſemens néceſſaires dans le beau Commentaire, que Suarez a fait de cette partie de la ſomme de S. Thomas. Tout y conduit aux principes que nous avons établis, & ſur tout à la notion que nous avons donnée de la ſuperſtition.

Delà on pourra aiſément déduire toutes les eſpéces de ſuperſtitions. Dieu doit être honoré en toutes choſes; il veut que tout le culte ſe termine à lui, & que ce culte ſoit raiſonnable, qu'il ſoit réglé. Donc faire quelque choſe qui ne ſe rapporte point à Dieu, ou qui ne lui eſt rapporté que d'une maniére déraiſonnable, c'eſt ſuperſtition. Recourir à un effet qui ne peut être attribué, ni à Dieu immédiatement, ni aux communications des mouvemens qu'il a établies, ni aux eſprits dont les volontez ſont réglées, c'eſt ſuperſtition. Attendre d'une choſe créée ce qui ne peut venir que de Dieu, parceque Dieu ſe l'eſt réſervé, comme la connoiſſance de l'avenir, c'eſt une ſuperſtition. Attendre un effet d'une cauſe, lorſque Dieu n'a mis, ni par les loix générales, ni par une loi particuliére, aucune liaiſon entre cette cauſe & cet effet, c'eſt une ſuperſtition qui s'appelle maléfice lorſqu'on veut nuire, & vaine obſervance lorſque l'on ne ſait ſimplement qu'ajouter foi à quelques remarques ridicules. Vouloir honorer Dieu par des cérémonies forgées à plaiſir, & attendre que Dieu produiſe certains effets en vertu de ces pratiques ou de ces cérémonies, c'eſt une ſuperſtition, & ainſi des autres choſes.

Parmi les miracles, il y en a qui ſont ordinaires, c'eſt-à-dire, qui ſont de durée, & il y en a d'extraordinaires. Pour les premiers, tels qu'étoient autrefois ceux des eaux de jalouſie, & à préſent ceux des eaux du Bâtême, Dieu en a lui-même marqué le ſigne extérieur. Pour les extraordinaires, ils ſont aſſez rares, ils ne ſont produits que pour renouveller l'attention des peuples, pour affermir la Religion, pour en autoriſer les pratiques, & la doctrine de ceux qui en font profeſſion, pour attirer les hommes à Dieu, les mettre dans l'ordre, les détacher des créatures, de tout ce qui ne ſert qu'à exciter la curioſité, irriter l'avarice & flatter les ſens.

Loin de trouver ces avantages dans la plupart des uſages qui donnent lieu de douter s'ils ſont naturels ou ſuperſtitieux, on n'y trouve communément que des effets qui ne peuvent guéres ſervir qu'à l'avarice, à la curioſité, à la vanité, ou à faire découvrir des choſes que l'on peut découvrir ſuffiſamment par les voyes ordinaires. Et tout cela ſe fait par des perſonnes qui ne paſſent pas pour des faiſeurs de miracles, pour ne rien dire des impoſtures qu'on y a découvertes. Il faut donc voir ſeulement ſi ce qui ſe fait par cet uſage eſt naturel, s'il ne l'eſt pas, le voila parmi les pratiques ſuperſtitieuſes.

CHAPITRE IX.

Qu'il n'eſt pas toujours poſſible de diſcerner les effets naturels d'avec les ſurnaturels. Un effet peut être naturel quoiqu'on n'en puiſſe pas donner une bonne raiſon phyſique; il ne s'enſuit pas auſſi qu'il ſoit naturel de ce que des Philoſophes prétendent l'expliquer phyſiquement. Régles principales pour faire ce diſcernement.

Quelque notion claire qu'on puiſſe avoir de ce qu'on appelle effet naturel, miracle, & ſuperſtition, on ne laiſſe pas de trouver ſouvent de la difficulté à montrer qu'un tel effet particulier ſoit purement naturel. En effet il n'eſt pas toujours aiſé de diſcerner l'action d'une de ces intelligences créées qui ont plus de pouvoir que l'homme.

On ne peut douter que les Chrétiens ne ſoient protégez en mille rencontres par leur bon Ange. Eh qui ſait, par exemple, ſi ce n'eſt pas à une pareille protection qu'on doit attribuer la force que certaines perſonnes ont eu de ſupporter les jeûnes extraordinaires dont on eſt étonné?

Pendant que S. Charles Borromée eſt en priére, un malheureux décharge ſur lui un coup de mouſquet dans le deſſein de le tuer, la bale ou le carreau perce les habits du Saint & lui cauſe une grande douleur, mais ſans lui faire aucun mal qu'une ſimple impreſſion rouge ſur la peau. Un Officier d'armée (*d*) qui liſoit avec piété le Nouveau Teſtament, & qui en portoit toujours une partie dans une poche de ſa veſte, eſt atteint pendant la bataille d'une bale de mouſquet qui perce la poche & les feuillets du S. Evangile juſqu'à cet endroit: *Elle toucha le bord de ſon vêtement, & en même tems le ſang s'arrêta* (*e*).

On n'oſeroit abſolument décider ſi cela eſt naturel, ou l'effet d'une protection particuliére. Ce que je dis de la protection du bon Ange, les Chrétiens l'ont toujours reconnu. On voit que dès que S. Pierre (*f*) délivré de la priſon d'Hérodote par un Ange qui lui ouvrit la porte de fer, alla frapper à la porte de la maiſon de Marie, ceux qui étoient aſſemblez en priére, s'écriérent d'abord que ce devoit être ſon Ange. Cette protection, que nous ne pouvons pas nier en certains cas, & que les bons Chrétiens ont ſouvent éprouvée, quoiqu'inviſiblement, nous empêche quelquefois de diſcerner, comme nous avons dit, ſi un effet eſt purement naturel. C'eſt la premiére remarque que nous devions faire.

Une ſeconde remarque eſt que pour regarder un effet comme naturel, il n'eſt pas néceſſaire d'en pouvoir exactement montrer la raiſon phyſique. Dieu eſt ſi grand dans tout ce qu'il a fait, & qu'il produit tous les jours par les ſeules loix des communications des mouvemens, qu'il n'eſt pas poſſible de découvrir tous les reſſorts de ce qui s'exécute ſuivant ces loix. Lorſqu'on y fait une ſérieuſe attention, on en découvre

---

(*a*) Ego Dominus & non eſt alter, formans lucem & creans tenebras, faciens pacem, & creans malum. Ego Dominus faciens omnia hæc. *Iſaïæ XLV. 6. & 7.*

(*b*) Ego ſum Dominus faciens omnia, ſtabiliens terram & nullus mecum. Irrita faciens ſigna divinorûm, & ariolos in furorem vertens: convertens ſapientes retrorſum: & ſcientiam eorum ſtultam faciens. *Iſaïæ XLIV. 24. & 25.*

(*c*) 22. q. 92. a. 2.

(*d*) M. le Marquis de S. Genié. J'ai vu, comme pluſieurs autres perſonnes, ce nouveau Teſtament, & le rochet que portoit S. Charles, lorſqu'on lui tira le coup de mouſquet.

(*e*) *Luc. VIII.* 44.

(*f*) *Act. XII.* 10. & 15.

vre quelques unes avec une joye fenfible, mais on eft bien plus fouvent obligé de fe contenter de dire: *Vous (a) êtes admirable, Seigneur, dans toutes vos œuvres.* Pour s'en convaincre, on n'a qu'à lire attentivement quelques uns des excellens Traitez de l'exiftence de Dieu qui ont paru depuis quelque tems. Ces Traitez ont été néceffaires dans des pays où l'on s'eft fait une Religion à fa mode, & en fe donnant la liberté de révoquer en doute les véritez que l'Eglife nous enfeigne, on eft parvenu à ne plus rien croire, & à nier même l'exiftence de Dieu.

M. Boyle, dont l'Univers admire l'érudition & les libéralitez, touché de ces maux, fonda à Londres des lectures qui puffent convaincre les plus irreligieux de l'exiftence & de la grandeur de Dieu. En lifant plufieurs Traitez compofez depuis cette fondation, & quelques autres qui ont paru ailleurs, on voit que Dieu eft plus grand dans tout ce qu'il opére journellement fuivant l'ordre qu'il a établi en créant les corps, & felon lequel il les renouvelle réguliérement avec une variété prodigieufe, qu'il ne le paroit dans les miracles qu'il a faits de tems en tems. En effet la confervation du Soleil, des autres Aftres, & des Elémens, n'eft-elle pas quelque chofe de plus grand que le retardement du Soleil durant quelques heures fous (b) Jofué, ou fous (c) le Roi Ezechias? Et tout Philofophe attentif à la génération des hommes & des autres animaux, ne reconnoit-il pas fans peine qu'elle eft plus admirable que la réfurrection d'un mort?

La confidération d'une infinité de chofes qui fe paffent en nous, pouffe à bout la fcience du Philofophe le plus fubtil. Qui peut s'affurer de bien expliquer comment tant d'objets du Ciel & de la Terre, viennent fe peindre en un inftant dans le fond de l'œil, pour nous faire voir en même tems, tant & de fi différens objets; comment chacun voyant autant que l'autre, les objets ne paroiffent pas doubles: ou comment ils paroiffent droits, au lieu qu'ils devroient paroitre renverfez felon les régles de l'optique? Voit-on auffi par des raifons claires & phyfiques, comment les petites traces que les objets ont formées dans notre cerveau peuvent nous repréfenter intérieurement quand nous voulons un grand nombre de villes & de campagnes que nous avons vu, & des millions d'objets différens qu'elles contiennent (d)? Expliqueroit-on bien du moins comment fe forment les moindres productions de la terre? On jette dans un champ quelques graines & quelques noyaux comme ceux de cerifes; cela fuffit pour en voir fortir diverfes plantes & des arbriffeaux. Les fucs d'une même terre vont former ici une tulipe, là un œillet, diverfes fortes de légumes & des arbres. Les mêmes fucs qui font paroitre un cerifier, vont y former une fleur, puis une petite amande qui contient le germe qu'ils entourent d'un noyau affez dur & d'une chair molle & prefque liquide. Nous avons lieu d'admirer plutot que d'expliquer ces fortes de merveilles. Mais, pour être affurez que ce font-là des effets naturels, il nous fuffit de favoir qu'ils s'opérent réguliérement, fans qu'aucune autre action que celle des corps y contribuent.

Une troifiéme remarque eft que plufieurs Philofophes, accoutumez à rifquer des explications dont ils fe contentent trop facilement, ne craignent pas de rendre raifon de ce qui n'eft pas & qui ne peut être phyfiquement. On s'expoferoit donc à être fouvent trompé, fi l'on croyoit qu'un effet extraordinaire eft naturel, à caufe que certains Phyficiens prétendent l'expliquer. Ce que nous avons dit dans les chapitres précédens peut fuffifamment convaincre qu'il s'eft fait très fouvent des fyftêmes pour expliquer des phénoménes, ou conftamment fabuleux, ou naturellement impoffibles, & on doit s'attendre à voir fouvent la même illufion. Il n'y a pour

cela qu'à confidérer la difpofition de la plupart des Phyficiens. Comme ils tâchent de rendre raifon de toutes chofes, & que les matiéres de Phyfique font ordinairement fort compofées & fort obfcures, ils s'accoutument à fe contenter de quelques vraifemblances, & leurs prétendues découvertes fatisfont plufieurs perfonnes qui n'efpérent pas de trouver quelque chofe de meilleur.

D'ailleurs fi le fait qu'on propofe eft conftant, & qu'il ne foit queftion que d'en chercher la caufe, on eft bien plus difpofé à acquiefcer à la vraifemblance, que fi la queftion étoit purement fpéculative. Cela va même fouvent jufqu'à croire poffible par une vertu phyfique, ce qu'on foutiendroit être impoffible, fi le fait pouvoit être révoqué en doute.

Quand on propofoit à divers Phyficiens qui n'avoient jamais entendu parler de l'ufage de la Baguette, s'ils croyoient que ce qui s'exhale d'un louis d'or dût faire remuer un bâton, ils en rioient; mais les convainquoit-on que des baguettes fe tordoient certainement entre les mains de quelques perfonnes pour découvrir l'or & l'argent caché, les voilà férieux, & pour peu qu'ils y penfaffent, quelques uns d'eux croyoient voir que cela devoit être ainfi. Ce qui me furprit le plus, c'eft que M. Regis, entendant dire que Jacques Aimar, déja célébre par les découvertes qu'il avoit faites, fuivoit fur le Rhône avec fa Baguette les traces qu'un meurtrier pouvoit y avoir laiffées depuis plufieurs jours, ne craignit pas de faire un fyftême pour expliquer comment ce qui s'étoit exhalé du corps de ce meurtrier pouvoit fe tenir fufpendu en l'air pour remuer la Baguette. Son écrit fut inféré dans les Journeaux des Savans lorfqu'on imprimoit un petit Ouvrage intitulé: *Illufion des Philofophes fur la Baguette,* où je marquois ce qui me paroiffoit défectueux dans les réflexions de M. Regis. Ce qu'il y a d'affez remarquable, & ce que je dois dire à l'honneur de la modeftie de ce fage Philofophe, c'eft que dès qu'il eut lu dans fon lit, où il étoit détenu par la goute, ce que j'avois écrit fur fon fyftême, il me fit dire qu'il approuvoit de tout fon cœur ce que j'avois écrit, & qu'il étoit bien fâché d'avoir laiffé imprimer fes réflexions.

Il eft rare qu'on revienne fi facilement des fyftêmes qu'on a hazardez, quelque peu fondez qu'ils foient. Combien ne s'en eft-il pas fait autrefois pour montrer comment on pouvoit deviner par l'infpection des entrailles des animaux? Cicéron & quelques autres avoient beau en rire, on y revenoit toujours. On vouloit même qu'en fe rendant attentif au chant des oifeaux, on pût deviner l'avenir; & des Philofophes qui avoient de la réputation dans le monde, difoient là-deffus tant de pauvretez, qu'Origene fe crut obligé de les réfuter fort férieufement.

Le mal eft que la hardieffe avec laquelle on veut rendre raifon de tout, fait fouvent aurorifer des pratiques fuperftitieufes dont le peuple abufe. Combien en a-t-on fait paffer pour des fecrets de phyfique? On a vu durant longtems des Profeffeurs Catholiques enfeigner publiquement l'Aftrologie judiciaire, la Cabale numéraire, & beaucoup d'autres rêveries que les Juifs & les Arabes avoient répandues dans le monde.

Ceci fuffit pour fe perfuader que les Philofophes fe font fouvent laiffé éblouir, & qu'un effet ne doit pas être cenfé poffible, parcequ'ils croyent pouvoir en donner des raifons naturelles.

Dans la difficulté qui fe trouve à faire un jufte difcernement entre les effets naturels & ceux qui ne le font pas, rien ne me paroit plus utile que de recourir, s'il fe peut, à des régles fondées fur les notions communes & reçues prefque généralement par tous les Philofophes. Quelque raifon qu'on apporte pour prouver qu'un effet eft ou n'eft pas naturel, fi elle n'eft de ce caractére elle fervira de peu. Car qui choifira-t-on pour juger du poids de cette raifon? Le Stoïcien admire ce que l'Epicurien traite de folie. Ce qui femble fort raifonnable à un Péripatéticien, paroit extravagant à un Cartéfien. Et quelquefois tous ces Philofophes fe cenfurent les uns les autres avec fujet fur certains points. Mais il y a des véri-

(a) Magnus Dominus & laudabilis nimis. *Pf.* 47. Magna opera Domini exquifita in omnes voluntates ejus. *Pf.* 110.
(b) 4. Reg. XX. 11.
(c) 2. Paral. XXXII. 31.
(d) Voyez les Traitez de M. Clarke, traduits en François.

tez & des principes dont il faut qu'ils conviennent tous. Voyons si nous en pourrons trouver de cette nature.

Nous avons déja dit qu'on entend par un effet naturel, ce qui est produit par la communication des mouvemens à l'occasion de la rencontre & du choc des corps. Il n'est donc question ici que de trouver une régle qui puisse faire connoitre si un effet a été produit par l'action des corps, ou, ce qui est la même chose, si on peut l'attribüer à une cause physique & matérielle qui agisse nécessairement. Sur quoi voici, ce me semble, la régle la plus simple, & en même tems la plus générale.

Une cause physique & matérielle agit toujours de la même maniére & dans les mêmes circonstances.

Cette régle est appuyée sur les notions les plus communes, & sur un axiome généralement reçu; qu'une cause demeurant la même doit produire le même effet; or elle est la même lorsqu'elle subsiste dans les mêmes circonstances.

On peut distinguer trois sortes de circonstances: les physiques, les morales, & celles qui sont vaines. J'appelle circonstances Physiques, tout ce qui a rapport à la disposition des parties d'un corps. Ainsi un corps qui subsiste dans le même arrangement de ses parties, est dans les mêmes circonstances physiques.

Si au contraire il se trouve exposé à l'action de quelque corps qui donne à ses parties une disposition différente, il n'est plus dans les mêmes circonstances physiques.

On fait, par exemple, rougir de l'acier dans le feu, on le trempe dans l'eau. Les circonstances physiques changent, les pores se resserrent & cet acier acquiert la force élastique qu'il n'avoit pas auparavant. Une verge de fer exposée à l'action de la matiére magnétique, acquiert aussi une nouvelle vertu. Mais si on met cette verge de fer, ou une pierre d'aiman, dans le feu, les pores s'y ouvriront si fort, que la matiére magnétique passera au travers sans y faire aucune impression. Ainsi un nouvel arrangement dans les pores du fer lui donne ou lui ôte la vertu de se tourner vers le Nord. Et ce nouvel arrangement, est ce qu'on appelle de nouvelles circonstances physiques.

Les circonstances morales sont celles qui n'ont rapport qu'à un ordre établi par les hommes, & celles-là ne changent point les dispositions physiques d'un corps. Qu'un brave dans une juste guerre porte un coup mortel à un soldat ennemi, ou que par ordre du Prince il ôte la vie à un scélérat, tout ce qui se passe en cette occasion est physiquement le même que s'il avoit porté un pareil coup pour obéir à un traitre ou à un assassin. Il se meut, il s'agite, son épée est également maniée & poussée dans l'un & dans l'autre cas. Aussi perce-t-elle avec la même facilité l'homme du monde le plus innocent comme le plus coupable. Cependant ces deux actions considérées dans l'ordre moral sont bien différentes, mais physiquement tout y est de même.

Supposons aussi qu'un voleur prenne un louis d'or, une pierre d'aiman, & une montre. Ces corps volez ne changent que moralement. Ils demeurent physiquement les mêmes qu'auparavant. Le Louis d'or produira toujours les mêmes effets dont il pouvoit être capable, l'aiman ne laissera pas d'attirer le fer, & la montre de marquer les heures.

Enfin il y a des circonstances vaines; c'est-à-dire, qui n'ont nul rapport ni à l'ordre physique, ni au moral: & généralement tout ce qui ne changeant rien au corps, ne le rend pas capable d'aucun nouvel effet, peut être appellé une circonstance vaine.

Or comme les circonstances qui sont ou vaines ou morales, ne changent point la disposition du corps, il n'y a que le changement des circonstances physiques qui puisse faire produire à un corps ce qu'il ne produisoit pas auparavant, ou qui fasse cesser celui qu'il produisoit.

De là il est évident. 1. Qu'un corps doit produire le même effet dans les mêmes circonstances physiques; & que si elles changent, l'effet doit aussi changer.

2. Qu'un effet n'est pas naturel, s'il dépend des vues ou des intentions différentes des hommes, de quelques conventions, des signes d'institution divine ou humaine; en un mot, si des circonstances morales le font varier. Car les causes matérielles ne peuvent être déterminées que par des circonstances matérielles. C'est pourquoi l'effet doit varier si ces sortes de circonstances varient, & il doit être uniforme si elles ne changent point.

Rien n'est ni plus assuré ni plus simple que cette régle, & rien n'est plus propre à faire voir que bien des choses sur lesquelles on a disputé fort longtems, peuvent être décidées en peu de mots.

Cicéron jugeoit fort bien par cette régle, que les augures qu'on tiroit des oiseaux & de plusieurs autres choses, étoient de pures folies. Il suffisoit en effet d'observer qu'il n'y avoit rien d'uniforme dans les remarques que faisoient ceux qui se mêloient de deviner. Diversité dans ce qui servoit à la divination, diversité dans les signes, dans les observations & dans les réponses des Devins. Ne faut-il pas avouer, disoit Cicéron, (a) que toutes ces pratiques ne tirent leur origine que de l'ignorance, de la superstition, & de la fourberie des hommes?

L'Astrologie judiciaire est plus que suffisamment renversée par ce défaut d'uniformité dans toutes les superstitions des Astrologues. C'est aussi ce qui détrompa le célébre (b) Agrippa, qui en avoit été si fort entêté.

Si cette seule régle peut faire voir que bien des choses qui passent pour naturelles ne le sont pas, elle peut aussi faire connoitre que des secrets, dont quelques personnes pourroient se défier, sont très naturels, & qu'on doit en user sans scrupule, quand même aucun Philosophe ne pourroit en découvrir la raison.

Saint Augustin (c) dit avec sujet que la chaux est un miracle de la nature. ,, N'est-ce pas en effet quel-
,, que chose de bien surprenant qu'on l'allume quand
,, on veut l'éteindre? Car lorsqu'on lui veut ôter le
,, feu qu'elle cache, on verse de l'eau dessus, & alors
,, elle s'échauffe par cela même qui refroidit tout ce
,, qui est chaud. Ajoutons à cette merveille qu'elle
,, ne s'allume qu'avec de l'eau, & que l'huile ne peut
,, ni l'allumer, ni l'échauffer, quoique cette liqueur
,, soit l'aliment du feu.

Quelque admirable que cela soit, quand on n'en donneroit pas des raisons aussi satisfaisantes que celles qu'on peut voir dans plusieurs nouveaux Philosophes, quand même on ne pourroit en donner aucune, on ne laisseroit pas de voir clairement par la régle établie, que l'effet est naturel; puisque dans les mêmes circonstances physiques il est toujours produit de la même maniére.

Quelque personne qui jette de l'eau sur la chaux, elle s'allume également. Il ne faut pas chercher des gens nez sous le signe du Scorpion, ou du Verseau. Il n'est pas même nécessaire qu'une certaine personne verse cette eau, de quelque endroit que l'eau vienne, elle produit toujours le même effet. Si au lieu d'eau on substitue un autre corps tout différent, comme les circonstances physiques changent, l'effet n'est plus le même. En faut-il davantage pour s'assurer que l'effet est naturel?

Disons en de même de l'aiman, autre merveille de
la

<hr>

(a) Externa enim Auguria, quæ sunt non tam artificiosa quàm superstitiosa, videamus. Omnibus ferè Avibus utuntur, nos admodum paucis. Alia illis sinistra sunt, alia nostris. Solebat ex me Dejotarus percontari nostri Augurii disciplinam, & ego ex illo sui, Dii immortales quantum differebat! ...... Hæc quanta dissensio est? Quid, quod aliis Avibus utuntur, aliis signis? Aliter observant, aliter respondent? Non necesse est fateri, partim horum errorre susceptum esse, partim superstitione, multa fallendo. *De Divinat. lib.* 2. n. 2. n. 76 & 83.

(b) De vanit. scient. c. 30 & 31.

(c) De Civit. Dei. lib. 21. c. 4.

la nature. Il se tourne vers le Nord, & il attire le fer; mais c'est toujours dans les mêmes circonstances physiques. Il ne faut pas qu'une certaine personne le tienne à la main, l'intention, les circonstances morales n'y changent rien. C'en est assez pour juger que l'effet est naturel, quoiqu'on ait de la peine à le concevoir.

On doit préférer cette régle à toute autre, parce-qu'elle peut être très souvent d'usage, & qu'étant claire & incontestable, elle laisse aux Philosophes moins de lieu de s'écarter & d'embarasser la question par des termes obscurs, ou par des suppositions fausses. Voyons seulement avec un peu plus de détail de quelle maniére les corps agissent.

CHAPITRE X.

Des principes nécessaires pour l'explication des effets naturels, ou pour connoitre l'action des corps & la maniére dont leurs effets sont produits.

LE premier pas qu'on doit faire pour se mettre en état de discerner les effets naturels, c'est de ne confondre jamais dans nos jugemens l'esprit avec le corps, les propriétez de la matiére avec celles de notre ame, ou des autres esprits. Ce qu'on a remarqué dans les chapitres précédens, nous a fait voir qu'un grand nombre de Philosophes ont donné dans beaucoup d'erreurs pour n'avoir pas fait ce discernement, en voulant marquer la cause de plusieurs effets merveilleux; & l'on voit tous les jours que des préjugez trop communs font tomber dans les mêmes erreurs.

Il faut donc d'abord faire attention que nous ne concevons que deux sortes d'êtres, l'esprit & le corps; que ce sont-là deux substances qui existent indépendamment l'une de l'autre, & qui ont des propriétez toutes différentes. L'ame est une substance qui pense, à laquelle il convient de douter, de se souvenir, de vouloir, de raisonner, d'aimer, de desirer, ou de craindre. La matiére au contraire est simplement une substance étendue, incapable de penser, d'aimer, de desirer, ou de craindre; dont l'idée ne représente que l'extension, la figure, la mobilité, la divisibilité. Cette divisibilité est telle, qu'on peut démontrer géométriquement qu'elle s'étend à l'infini. La matiére est donc composée d'une infinité de parties capables de toutes sortes de figures, & par-là susceptible de toutes les formes des corps qui composent l'univers.

Plusieurs expériences physiques suffisent pour nous faire appercevoir dans tous les corps une petitesse inconcevable des parties qui les composent. Rohaut & plusieurs autres ont fait voir une division & une extension étonnante de l'or, sans autre secours que l'industrie humaine. Le Chevalier (a) Boyle, & après lui M. Nieuwentyt dans son excellent Traité de l'existence de Dieu démontrée par les merveilles de la nature, donnent un grand nombre d'exemples de la divisibilité des corps. Ils rapportent ce qui s'exhale d'une once d'eau par le petit trou d'une boule de cuivre (*Eolipile*) mise sur le feu. M. Nieuwentyt mesurant la pyramide formée par les vapeurs, ou les petites parties d'eau qui sortent à tout moment avec impétuosité de l'Eolipile, montre que dans une goutte d'eau, qui ne fait pas plus de la cinq-centiéme partie d'un pouce, il y a pour le moins vingt millions de particules d'eau. C'est encore tout autre chose, quand on considére les corps insensibles à nos yeux que les particules d'eau peuvent contenir. Les microscopes de Lewenhoeck, & d'autres qui sont devenus présentement assez communs, nous font appercevoir des animaux de différentes espéces en une goutte d'eau prise avec la pointe d'une épingle, &

où l'on a mis tremper du poivre ou quelqu'autre graine; & par des calculs exacts on infere qu'une goutte d'eau pourra contenir (b) mille fois mille millions de petits animaux. Qu'on se figure après cela la petitesse des organes nécessaires à ces petites bêtes, & sur tout celle des esprits animaux qui leur donnent le mouvement.

Comme nous ne sommes faits que pour connoitre particuliérement les corps qui ont rapport aux notres, l'imagination s'effraye, soit en considérant l'immensité des corps célestes tels que les Etoiles, ou la petitesse des corps que nos yeux ne peuvent appercevoir qu'à travers un microscope. Il suffit que nous remarquions ici de quelle division la matiére est capable, pour produire une infinité d'effets merveilleux.

De quelle petitesse ne doivent pas être les parties de la matiére magnétique qui entretiennent du rapport entre l'aiman & le fer, puisqu'elles agissent à travers le verre qui couvre une boussole? On considérera toujours avec admiration la divisibilité & la petitesse des particules de l'eau, de l'air, de la lumiére, & du feu, & de tous les autres corps qu'on observe avec le microscope. On est toujours nouvellement étonné, en entendant parler de tout ce qu'on apperçoit avec d'excellens microscopes dans la séve, les conduits, & les sucs des plantes, & dans diverses parties de la terre.

A cette divisibilité inconcevable des parties de la matiére, nous n'avons qu'à joindre l'idée de ce que Dieu a fait d'admirable en créant le monde. L'Ecriture nous dit que Dieu a créé en même tems (c) tout ce qui devoit paroitre sur la terre. Elle nous apprend qu'il n'a pas fait seulement les plantes de la première année de la création, mais encore la semence (d) pour toutes les autres.

(e) Un grand nombre d'observations de Philosophes célèbres a fait voir que les graines contiennent en petit les plantes, lesquelles renferment elles-mêmes les graines pour toutes les plantes à venir. Il en est de même des animaux, que Dieu a formez dans les germes.

Il ne sera peut-être pas hors d'œuvre de faire remarquer que tout a été formé de telle manière dans ces germes, que le nombre des mâles & des femelles est produit dans une admirable proportion. Il y a longtems qu'on marque à Londres des naissances & les morts. Or la liste des enfans males & femelles qui a été faite depuis environ cent ans, fait voir qu'il vient toujours dans le monde un peu plus de (f) garçons que de filles, ce qui paroit un effet de la Providence divine, parcequ'il périt ordinairement plus d'hommes que de femmes par les guerres, par les voyages sur mer, & par la maniére plus irréguliére dont les hommes vivent. On peut voir dans M. (g) Nieuwentyt la table des enfans mâles & femelles depuis 1629. jusqu'en 1710, où le nombre des enfans mâles excéde toujours celui des femelles. Ce qui se trouve de même dans les observations rapportées par les Gazettes jusqu'au mois de Janvier 1727.

On ne risquera rien en disant que Dieu dès le commencement a fait, pour ainsi dire, les moules de toutes choses, & qu'il se forme coutinuellement dans la terre des sucs propres à nourrir & à faire grossir tous ces corps. Ce qu'on ne peut assez admirer, c'est que ces moules sont faits de telle maniére, qu'ils n'admettent que les sucs qui leur sont convenables; & que dans une même terre où l'on voit croître de la cigue

&

(b) Page 505.
(c) Creavit omnia simul.
(d) Germinet terra herbam virentem & facientem semen & lignum pomiferum juxta genus suum CUJUS SEMEN IN SEMET-IPSO SIT SUPER TERRAM, *Gen-s. I.* 11. *&* 29.
(e) M. Dodart, Histoire de l'Academie des Sciences, Malle-branche, Malpighi, Lewenhoeck, Ray, Derham Théologie physique.
(f) Grant qui a donné des réflexions sur les Registres des naissances & des morts d'Angleterre, a montré que le nombre des mâles par raport à celui des femelles, est de treize à douze.
(g) Traité de l'exist. de Dieu, page 198.

(a) De effluv. subtilit.

& d'autres poifons, auffi-bien que du froment, de l'orge, & d'autres grains utiles à la nourriture & à la fanté de l'homme, le fuc qui devient fatal dans la cigue ne l'eft point dans les plantes falutaires. Les moules enfin font tellement difpofez, que les fucs qui entrent dans le pomier, n'y font point des poires, & que ceux qui entrent dans la vigne, n'y forment pas des grofeilles.

Tout cela fe fait par les feules loix de communication des mouvemens, par la rencontre & le choc des corps, en un mot par des caufes phyfiques & matérielles. Les morales n'ont point ici de lieu. Lettres, caractéres, defirs, ou intentions particuliéres des hommes, les corps incapables de connoiffance & de fentimens, de defirs & de crainte, ne peuvent refpecter ces moralitez, ni s'y foumettre. Nous le verrons en détail en parlant des effets qui font naturels.

Appliquons nous feulement ici à marquer un peu plus particuliérement ce qui convient à l'action des corps, pour écarter les fauffes idées qui empêchent le jufte difcernement qu'on en doit faire.

CHAPITRE XI.

Réflexions & Axiomes touchant l'action des corps.

NUL corps ne peut fe déterminer lui-même, ni au mouvement, ni au repos, ni changer de fituation.

1. Parceque l'idée du corps ne renferme aucune détermination pour le mouvement ni pour le repos.

2. Parceque le corps n'étant capable ni d'amour ni de connoiffance, ne peut fe déterminer à une fituation plutot quà une autre.

COROLLAIRE. I.

Donc un corps en repos, reftera toujours en repos, fi quelque chofe d'extérieur ne le met en mouvement.

COROLLAIRE. II.

Donc un corps qui eft en mouvement continuera toujours à fe mouvoir, fi quelque chofe d'extérieur ne fait ceffer fon mouvement.

COROLLAIRE. III.

Donc un corps qui eft mu vers un endroit, fe mouvra toujours vers cet endroit, fi quelque chofe ne le détermine vers un autre, & celui qui eft mu avec un tel degré de mouvement, fe mouvra toujours d'une égale viteffe, fi les corps qu'il rencontrera ne retardent ou n'augmentent fon mouvement.

OBJECTION.

Mais fi les corps n'ont point de force pour fe remuer, s'ils font indifférens pour le mouvement ou pour le repos, s'ils ne tendent pas plutot vers un endroit que vers un autre, d'où vient donc que tant de corps s'approchent les uns des autres, que d'autres femblent fe fuir, que quelques uns en attirent d'autres, qu'il s'en trouve qui vont toujours vers un endroit? Enfin d'où viennent tant de mouvemens uniformes dans des corps qui font affez éloignez les uns des autres, & tout ce que l'on attribue à la fympathie & à l'antypathie des corps?

REPONSE.

On ne prétend pas que ces notions fuffifent pour expliquer comment les corps opérent, elles doivent fervir feulement à empêcher que l'on n'attribue aux corps bien des chofes qui ne leur conviennent pas. Mais de ces notions & de l'expérience conftante que les corps font mus, il eft aifé de raifonner ainfi. Les corps ne peuvent pas fe mouvoir d'eux-mêmes, ils ne tendent, ni en un endroit, ni en un autre, ils changent pourtant de place, ils font très fouvent déterminez à aller plutot vers un endroit que vers un autre : dont il faut que Dieu ait donné à la matiére le mouvement qui étoit néceffaire pour produire tant d'effets. Il faut qu'il conferve toujours ce mouvement, & qu'il veuille qu'il fe communique à mefure que les corps fe rencontreront felon les loix qu'il a établies, & comme je vois les corps capables de toutes fortes de déterminations, ils peuvent être mus en toute forte de fens, & felon les différentes rencontres, & les différens chocs de ces corps ; ils pourront changer de place, de figure, de configuration, en gardant toujours cette loi néceffaire de parcourir une ligne droite, qui eft de toutes la plus fimple, fi rien ne les en empêche.

Mais ils ne fe porteront jamais en un endroit, s'ils n'y font déterminez ; & ils n'y feront point déterminez, fi d'autres corps ne les heurtent.

Donc fi je vois qu'un corps s'aproche d'un autre, c'eft qu'il y eft pouffé par d'autres corps, quoique je ne voye pas ce qui le pouffe; & fi je m'aperçois qu'un corps a fouffert quelque changement, je dois être convaincu que quelque corps en mouvement en a dérangé les parties.

Cela m'engage à examiner qu'eft-ce qui peut ainfi agir fur les corps fans que mes yeux puiffent l'appercevoir, & pour tâcher de voir par l'efprit ce qui ne fait point d'impreffion fur les yeux du corps, je fais réflexion que les corps folides font entourez d'une matiére fluide que nous fentons bien en certaines occafions; & confidérant la compofition des corps folides, je remarque ce que peuvent faire ces corps fluides qui les environnent. Il ne m'eft pas difficile de voir que les corps folides font compofez d'une infinité de parties jointes emfemble, que toutes ces parties ne font pas fortement jointes, qu'elles ne laiffent entre elles des intervales, ou de petits trous, que l'on appelle des pores. Je vois ces pores dans plufieurs corps groffiers, fans avoir befoin d'aucun verre qui groffiffe les objets. Un microfcope me les découvre dans les corps qui font plus compacts, & quand je ne faurois les voir, outre qu'une grande quantité d'expériences m'en convaint fuffifamment, la raifon me montre affez qu'il n'eft pas poffible qu'un nombre innombrable de parties, dont il y en a de pointues, d'émouffées, d'écornées, & de tant de figures différentes, foient fi bien ajuftées enfemble qu'il ne refte entre elles aucun petit efpace; pourquoi n'y concevrai-je pas la même chofe que j'apperçois dans un tas de bled, ou dans un monceau de pierres ?

Il ne faut pas que la petiteffe des parties nous en faffe juger autrement, car le fable le plus menu doit toujours être confidéré en fes petites parties comme un monceau de bled dans les grains qui le compofent. Il ne faut pas non plus qu'une fort grande dureté d'un corps nous faffe croire que peut être il n'a pas de pores, car la dureté ne dépend nullement du nombre des pores. Une brique a beaucoup plus de pores qu'elle n'en avoit lorfqu'elle n'étoit que de la glaife ; cette glaife ne s'eft ainfi durcie qu'à mefure que les parties aqueufes, plus flexibles, plus fufceptibles de mouvement que la terre, en ont été détachées par les parties du feu qui ont heurté contre ; ainfi cette brique en devenant dure eft devenue fort poreufe.

Après avoir remarqué que les corps font fort poreux, je conçois enfuite facilement que les pores ne font pas vuides de toute forte de matiére ; car ces pores qui font de petits efpaces ne peuvent pas être un rien. Ces petits efpaces font de diverfe figure, & un rien n'eft pas capable de figure ; les uns font ronds, les autres font quarrez, les uns font petits, les autres font grands,

grands, & un rien n'est pas plus grand ou plus petit qu'un autre, il n'y en a pas de rond ou de quarré. Il faut donc qu'il y ait une matiére assez subtile pour s'insinuer dans tous ces pores, & en remplir la capacité.

Si cette matiére subtile les pénètre avec rapidité, il n'est pas possible qu'elle ne produise du changement dans l'arrangement des parties, qu'elle n'en détache quantité, & qu'elle ne les entraine avec soi, & quelquefois assez loin.

Les effets de cette matiére subtile sont fort sensibles, là où elle est fort agitée, comme dans les endroits exposez au Soleil. Si l'on y met une fleur hors de sa tige, elle est d'abord flétrie & desséchée, parceque cette matiére subtile, à cause de son agitation, heurtant à diverses reprises contre cette fleur, passant même très souvent au travers, en détache incessamment des parties & la réduit bientot presqu'à rien. Le bois même & plusieurs autres corps exposez au Soleil ou au grand air, perdent en fort peu de tems par la même raison beaucoup de leur poids.

Si quelquefois on n'apperçoit presque pas de changement en certains corps, c'est qu'ils sont plus compacts, & qu'ainsi il s'en détache moins de parties, ou que celles qui se détachent sont extrêmement déliées. Tels sont les petits corps qui se détachent de l'ambre gris, dont une fort petite quantité donne beaucoup d'odeur à un grand nombre de peaux. Il n'en faut peut-être pas de la grosseur de la tête de la plus petite épingle pour une paire de ces grands que l'on appelle de frangipane, qui conservent leur odeur pendant neuf ou dix ans.

Les petits corps qui se détachent de ce baume exquis, qu'on nomme apopleétique, doivent être aussi d'une petitesse que l'imagination ne peut presque pas se représenter, puisqu'en ouvrant seulement une petite boëte, toute une chambre en est parfumée, & quoiqu'on l'ait ouverte fort souvent, à peine apperçoit-on quelque diminution après une année.

Si l'on se rendoit attentif à la composition des corps, à la configuration de leurs parties, à ce que peut une matiére subtile fort agitée, & à ce flux continuel de corpuscules qu'elle cause, on pourroit expliquer beaucoup d'effets sans avoir recours à des antiperstases, à des sympathies, & à tous ces grands mots qui expriment faux, ou qui n'expriment rien. Tâchons de le faire voir par quelques observations sur la cause des changemens des corps, & par la maniére dont plusieurs effets mérveilleux se produisent.

CHAPITRE XII.

Des causes des changemens des corps & de la production de plusieurs effets que l'on admire.

POur découvrir ces causes, il n'y a qu'à donner quelque étendue à ce qui a été dit. On peut déja voir pourquoi la plupart des corps ne demeurent pas les mêmes, qu'ils changent fort souvent; c'est qu'ils sont exposez au choc fréquent d'une matiére subtile & agitée qui en dérange les parties, y donne un nouvel ordre, & en emporte même beaucoup avec soi.

On voit d'où vient que les corps tendres & flexibles comme les fleurs, sont fort susceptibles de changement, & comment leurs parties peuvent être plus facilement enlevées & emportées bien loin.

On peut voir aussi comment les corps mêmes les plus durs peuvent souffrir du changement, si quelques corps bien subtils & fort agitez s'insinuent dans leurs pores; car on conçoit aisément qu'après plusieurs secousses, ces petits corps en mouvement en dérangeront les parties. On voit encore comment un nouvel arrangement peut rendre un corps tout-à-fait différent de ce qu'il étoit auparavant, sans qu'il lui arrive autre chose qu'un changement de figure, de configuration, de situation

de ses parties. Il n'en faut pas davantage pour changer le bled en pain & en chair. Du bled bien broyé devient de la farine, les parties de cette farine étant bien mélées avec de l'eau, c'est de la pâte, qui s'enfle si quelque corps âcre, distribué par le mouvement de l'eau chaude, la fait fermenter. Cette pâte devient du pain, si mise dans un four les petits corps qui sortent du feu, heurtant contre, détachent les parties d'eau qui sont plutot agitées, & laissent la surface séche & dure à cause qu'elle se trouve plus exposée au choc des petits corps que l'intérieur de la pâte.

Le pain se change en cette liqueur blanche que l'on appelle chyle, lorsqu'il est broyé avec les dents, & qu'une humeur acide s'insinuant dans ses plus petites parties, les divise, les agite, les remue, à peu près comme dans un moulin à papier. Du linge, des piéces de drap bien détrempées que des masses pressent, foulent, divisent, deviennent une espéce de bouillie blanche.

Le même chyle entrant dans les veines, & de là dans une des cavitez du cœur, dès qu'il est autant agité que la liqueur qui s'y rencontre, devient du sang dont les parties les plus subtiles sont les esprits animaux qui montent au cerveau, & les grossiéres à mesure qu'elles entrent dans de petits vaisseaux, qu'elles se coagulent, qu'elles se figent, deviennent chair, os, &c. Ainsi de la farine devient chair, par le seul nouvel arrangement que de petits corps lui ont donné.

C'est de cette même maniére que s'opérent dans le monde toutes ces admirables métamorphoses, qui l'entretiennent dans l'uniformité, & qui l'ornent par des décorations toujours nouvelles. C'est ainsi que se forment dans la terre des pierres de toute espéce, des métaux, des minéraux, & toute cette variété de différens corps que l'on y admire.

Non seulement on peut se persuader que tout se produit par l'action de ces petits corps, lesquels agitant une portion de matiére lui font prendre une nouvelle configuration. Mais les hommes mêmes font des transmutations surprenantes, lorsqu'ils savent l'agitation qu'il faut donner à un corps pour lui faire acquérir la configuration de celui auquel ils veulent les transformer; & si l'on pouvoit savoir quelle agitation il faut donner au plomb pour le diviser, le remuer, faire si bien changer de situation à toutes ses parties, qu'elles se rangeassent comme sont rangées les parties de l'or, on en feroit de l'or. Mais le malheur est que dans les essais que l'on fait, on est bien plus sûr de changer l'or en fumée que le plomb en or, & sage est qui résiste à la tentation d'en courir le risque.

On a trouvé plus facilement quel degré de mouvement il falloit pour la formation des animaux, en faisant éclore des œufs sans qu'aucun animal les couve. On l'a si bien su pratiquer en Egypte, qu'en peu de jours on fait sortir d'un seul four lentement échaufé 30. ou 40. mille poulets. C'est qu'il faut seulement pour ceci que quelques corps agitez s'insinuent dans l'œuf jusqu'au germe, où est le poulet en racourci, pour le dilater, le faire croître insensiblement, & lui faire prendre la forme que nous appercevons.

Presque tous les voyageurs parlent de cette invention des Egyptiens. M. de Monconis en a parlé assez au long dans son voyage. Les anciens en ont aussi fait mention, car Antigonus Caristius, (a) qui écrivoit il y a plus de cinq cens ans, dans son recueil des faits merveilleux, rapporte celui-ci au chapitre 103. Je m'étonne que cet usage étant si ancien chez les Egyptiens, ne se soit pas répandu parmi les autres peuples.

On ne fait en cela rien de plus singulier, que ce que l'on fait si communément pour avoir des vers à soye. Car ce que l'on appelle de la graine de vers à soye, ce

sont

(a) Excerpta Antig. hist. mirab. collect. Lugd. Bat. 1619.

font de vrais œufs qu'on fait éclore en les plaçant dans un lieu chaud.

Ainſi naiſſant une infinité d'animaux que nous voyons paroitre, ſans qu'aucun animal ait couvé les œufs d'où ils ſortent. Je dis les œufs, car après toutes les obſervations qui ont été faites en ce ſiécle ſur ce ſujet, on ne doit pas ignorer que tous les animaux viennent des œufs, & perſonne ne devroit plus oſer dire que pluſieurs ſe forment de la pourriture. L'abſurdité eſt tout-à-fait notoire, & il eſt important de la bien remarquer. Certainement ſi l'on conçoit que des animaux auſſi compoſez que le ſont des mouches, & mille autres inſectes ſi mépriſez par le commun du peuple, mais admirez par les ſavans & par tous ceux qui les ont conſidérez avec des microſcopes, ſe forment au hazard de la pourriture, l'on concevroit plus facilement que d'un gros tas de boue, il en devroit ſortir des bœufs & des éléphans; qu'en faiſant pourrir quelques vieux cayers on en verroit ſortir un livre de la plus belle impreſſion, & que d'un tas de vieille féraille il s'en formeroit une admirable horloge.

Un peu d'attention fera connoitre à tout le monde que les loix ſimples de communications des mouvemens ne peuvent pas former des corps qui ont une infinité d'organes. On conçoit ſeulement que les animaux étant tous formez en racourci depuis la création du monde, ils ſont de telle maniére dans le germe, que divers petits corps en mouvement peuvent les déveloper & les faire éclore. Mais il faut qu'ils ſoient dans ce germe. Les ſens extérieurs même & l'expérience peuvent convaincre tout le monde que s'ils n'y ſont pas, toute la pourriture imaginable, ni tout ce qui fait couver des œufs, ne ſauroient jamais les former. Si vous avez des œufs d'une poule qui n'ait point eu de coq, vous auriez beau mettre ces œufs ſous des poules, vous les feriez pourrir, & vous les mettriez dans tous les fours d'Egypte, que vous n'en verriez jamais ſortir un poulet. Ce poulet eſt dans le germe qui eſt venu du coq, & l'on peut appercevoir ce germe ſimplement avec les yeux, pourvû qu'on ne tombe pas dans la mépriſe commune. On prend communément pour le germe de l'œuf, une eſpéce de nœud blanchâtre & gluant qu'on apperçoit en caſſant des œufs. Ce n'eſt pas là le germe. Ce ſont deux petits cordons qui tiennent d'un côté à la pointe de l'œuf, & de l'autre au jaune de ce même œuf, pour tenir ainſi le jaune toujours ſuſpendu. Le germe n'eſt qu'un petit point, qui ſe tient toujours ſur le haut du jaune à cauſe de ſa légéreté. Ainſi de quelque maniére qu'on tourne l'œuf, il ſe trouve toujours au deſſus, afin qu'il puiſſe être immédiatement ſous le ventre de la poule qui couve, & qui doit l'échauffer pour le faire éclore.

Il y a une infinité de preuves qui montrent que tous les animaux ont été formez dès le commencement. Nous en avons donné plus haut quelques unes; & ce n'eſt pas ici le lieu d'en apporter de nouvelles preuves. Tant de ſavans ont dévelopé ce point, que les animaux & les plantes mêmes ſont dans leurs germes, qu'il ſuffit de renvoyer à tout ce qu'ont dit de beau ſur cette matiére MM. Redi, Malpighi, Lewenhoeck, Swaramerdan, Kerckrine, Derelincourt, M. Dodart, &c.

Je me ſers ſeulement de cette notion, pour expliquer comment ſe produiſent tant d'animaux que l'on voit tout d'un coup paroitre, ſans avoir vu aucun animal qui les ait engendrez. C'eſt que les œufs ont été quelquefois pondus ſur une feuille d'arbre, quelquefois ſur du fumier, ou ailleurs; & la chaleur du Soleil, celle du fumier, ou des autres corps d'alentour les fait éclorre.

On voit par là qu'après des pluyes il paroit en certains endroits tant de petits inſectes, & qu'il en tombe même quelquefois avec la pluye. Car ſi le Soleil a donné ſur un marais où ces inſectes ont répandu une grande quantité de petits œufs preſque imperceptibles, pluſieurs de ces œufs, remuez par quelques tourbillons & agitez par la chaleur, s'élévent en l'air auſſi bien que les vapeurs & les exhalaiſons, & retombent avec la pluye.

Ainſi lorſqu'il tombe quelque goute de pluye dans un tems chaud, on peut voir tout à coup à terre de petits animaux, ſoit qu'un grand chaud ait commencé de les faire éclorre en l'air, ſoit qu'à meſure que les œufs tombent ſur la ſurface de la terre, il s'y faſſe par la chaleur & les goutes de pluye, une fermentation propre à les faire éclorre fort vite. Des Philoſophes, (a) d'ailleurs habiles & fort verſez dans la phyſique, avoient dit bien des pauvretez & étoient tombez dans des contradictions manifeſtes, avant qu'ils euſſent fait attention à ces ſortes de principes.

On voit encore par-là comment arrive ce que quelques (b) hiſtoriens diſent, que de petits oiſeaux ou des hannetons ſortent du fruit de quelques arbres. C'eſt que de petits animaux y ont laiſſé des œufs, d'où ſortent d'abord des vers, leſquels quitant pluſieurs parties extérieures qui formoient le vers, paroiſſent ſous la forme d'oiſeau ou de hanneton, comme il arrive ſi ſouvent que des œufs de mouches, il s'en forme d'abord des vers d'où les mouches ſortent. On voit de même des vers à ſoye quitter leur forme, & paroitre ſous celle de papillons. C'eſt que tout cela eſt dans le germe qui ne ſe dévelope que peu à peu.

On entend auſſi par les mêmes notions comment dans une terre où l'on n'a rien ſemé, il y paroit quelquefois du bled ou d'autres grains. C'eſt que quelque moiſſon brulée a été emportée en l'air, que diverſes parties du grain ſont tombées ſur ces terres, & que les pluyes ſe ſont fait fermenter. Car on ne doit pas regarder un grain de bled comme renfermant ſeulement un épy, on doit le conſiderer plutot comme une de ces maſſes que l'on trouve dans les poiſſons, leſquelles renferment une infinité d'œufs, c'eſt-à-dire une infinité de poiſſons qui en écloſent. Ou bien, ſi l'on veut, on peut regarder un grain de bled, comme une figure qui ne contient pas ſeulement quelques figues ou un ſeul figuier; mais dont les petits grains qu'on apperçoit, & qu'on ſent ſous la dent, ſont autant d'œufs ou de germes qui renferment pluſieurs figuiers. C'eſt pourquoi ſi au lieu de mettre une figure en terre, on ſe contente de graiſſer une vieille corde avec une figue, & de la couvrir de terre, après que tous ces grains s'y ſont attachez, on en voit ſortir une pépiniére de figuiers (c). On voit auſſi fort facilement qu'un grain de bled en contient une infinité, ſi l'on conſidére que d'un ſeul grain il en ſort juſqu'à cent épis, lorſqu'il ſe trouve dans une terre bien préparée, où les ſucs & les ſels peuvent s'inſinuer à propos pour les développer ſans les rompre.

Avec ces connoiſſances, on peut expliquer & produire même des effets aſſez ſurprenans. Mais revenons à la maniére dont les plantes ſe forment, & ſemblent renaitre.

Comme les animaux doivent leur naiſſance à une matiére agitée, ils lui doivent auſſi leur vigueur. Son activité fait leur vie. D'où vient que ſi un grand froid fait ceſſer cette activité, la plupart des animaux ſe trouvent preſque dans le même état que lorſqu'ils étoient dans l'œuf, ils ne donnent plus de marque de vie juſqu'à ce qu'un air chaud agite de nouveau toutes les parties. Les Mouches qui ne ſont pas bien rares, peuvent ſervir d'exemple journalier. On les voit apres les premiers froids reſter trois ou quatre mois entiers ſans mouvement & ſans vie; mais leur petite machine n'eſt pas plutot réchauffée, qu'elle ſe remue comme auparavant. Beaucoup d'autres animaux ne différent pas en cela des Mouches. Souvent pendant les grands froids, on trouve dans des trous à la campagne des Serpens glacés après s'être bien entortillez, ils ſont ſi fort gelez, qu'on les caſſe comme du verre, cependant on en voit quelquefois revenir lorſque le Soleil du printems a rechauffé l'air, & bien
plu-

<hr>

(a) Deſcartes.
(b) Hector Boëtius. Aldrovand.
(c) On fait à peu près la même choſe pour les plans des meuriers, en graiſſant une corde avec des meurs.

plutot encore si on les met auprès du feu, ou dans quelque lieu chaud. Je sais que des personnes qui croyoient ces Serpens pétrifiez, ou devoir rester toujours dans le même état, ont été bien effrayées de les voir remuer aprés leur avoir donné rang parmi les curiositez d'un cabinet.

La même chose est arrivée à des arbres gelez, lorsque la pluye ou quelqu'autre accident n'y avoit causé aucune corruption. Les pores intérieurs n'étant ni bouchez, ni interrompus par quelque matiére étrangére, le suc y montoit & leur rendoit leur première verdure. On l'a remarqué sur-tout aux orangers, à des cyprès & à des oliviers que l'on avoit cru morts pendant de grands froids. Il est certain du moins à l'égard des plantes, que l'action des petits corps agitez dont nous avons parlé, leur fait prendre comme aux animaux la forme qu'elles ont. Ce sont eux qui s'insinuent dans la graine, qui font crever l'écorce par la fermentation qu'ils y causent, qui dévelopent le germe, cet admirable racourci de toute la plante, & le font croître par les sucs qu'ils y poussent continuellement.

CHAPITRE XIII.

Des Loix selon lesquelles les corps naturels sont produits. Comment il faut expliquer les mouvemens qu'on attribue à des sympathies ou à des attractions.

SI l'on admire qu'en supposant seulement une matiére susceptible de toutes sortes de divisions & de petits corps en mouvement, il se produise tant & de si merveilleux effets dans le monde, on a encore bien plus de sujet d'adorer la sagesse Infinie du Créateur, en considérant la manière simple & uniforme avec laquelle tout se fait. Car si l'on s'y rend attentif, on verra que les plantes ne se développent, & que tous les autres corps ne font produits, que suivant cette loi si simple & si naturelle, que *tout Corps doit se mouvoir du côté qu'il est moins pressé.*

Une autre loi également simple, générale, & féconde, nous ménera au principe de beaucoup de ressorts secrets qui font agir les corps. Cette loi est que *tout Corps doit se mouvoir en ligne droite, & ne s'en éloigner à la rencontre d'autres Corps que qu'il est possible.* La notion commune que Dieu ne veut rien d'inutile, qu'il agit par les voyes les plus courtes, nous montre que cela doit être ainsi, & l'expérience nous le confirme. Quelque détermination que l'on donne à un corps pour le faire circuler, il s'échapera par une ligne droite, s'il trouve quelque issue, & il fera effort pour parcourir un plus grand cercle qui approche plus de la ligne droite.

Dans les mails à double allée qui ont un coude fait en demi cercle, une boule poussée vers ce coude quoiqu'elle y reçoive une détermination à circuler, reprend néanmoins d'abord la ligne droite, & lorsqu'elle parcourt le demi cercle, on apperçoit un froissement qui marque l'effort qu'elle fait pour s'éloigner du centre du demi cercle, & pour parcourir ou une ligne droite, ou un plus grand arc de cercle, si elle n'étoit pas contrainte. Sur cette loi constante s'établit ce principe non moins constant, que *plus un Corps a de mouvement, plus il tend à s'éloigner du centre, & par conséquent à s'élever au dessus des autres Corps.*

Des personnes d'esprit ont trouvé bien de l'embarras dans les systêmes qu'on a donnez au Public touchant la pesanteur des Corps. Et véritablement il n'est pas aisé de donner un systême, qui fasse clairement expliquer la pesanteur des Planétes, & de tous les Corps de l'univers.

Mais quand on donne l'attention nécessaire au principe que je viens d'exposer, & qu'il est bien pénétré, il suffit pour dissiper un très grand nombre de difficultez. Cependant ce principe n'est nullement métaphysi-

que. Cent expériences familiéres le rendent présent à l'esprit. Que l'on mette auprès du feu une serviette mouillée, le parties d'eau plus flexibles que celles de la serviette seront facilement ébranlées, & bientot aprés détachées. Mais au lieu de tomber, on les voit monter à cause de la secousse qu'elles ont reçue. Les vapeurs tout de même qui s'élévent de l'eau ou de la terre échauffée par le Soleil, montent autant que leur agitation dure, & dès qu'elle cesse, on les voit retomber. Cela est fort sensible encore dans une buche que l'on met au feu, ou dans une chandelle qui brule; les parties du bois ou de la chandelle, ne sont pas plutot divisées & agitées qu'elles s'élévent, & plus est forte la secousse qui fait cette division, plus est grand l'effort que font ces parties pour s'élever, plus est rapide le mouvement avec lequel elles montent.

Ces exemples sont assez plausibles. Mais si quelque Apologiste d'un langage trop populaire, peu accoutumé à raporter de tels effets au principe qu'on vient de poser, vouloit nous dire que nous ne pénétrons pas le mystére, qui est que les vapeurs s'élévent parceque le Soleil les attire à soi, & que le feu ne monte, & ne fait monter l'eau que par l'amour naturel qu'il a de sa résidence dans le concave de la Lune, où il emporte avec soi tout ce qu'il trouve sur son chemin; nous nous contenterons d'ajouter que de la poussiére agitée dans une chambre s'éléve vers le plancher, & peut-être n'oseroit-on pas dire, qu'elle ne monte que parceque le plancher l'attire, ou parcequ'elle a de l'amour pour lui.

Encore une expérience commune, qui s'explique aisément par ce principe, servira à le confirmer, & à faire voir de quel usage il peut être pour expliquer plusieurs choses. Un morceau de sucre mis dans un verre d'eau va au fond, & à mesure qu'il se dissout, ses parties se répandent dans l'eau, & montent jusqu'à la surface. Cela surprend. Pourquoi, dit-on, toutes les parties du sucre ne restent-elles pas au fond? Si le morceau va au fond, parcequ'il est plus pesant qu'une égale masse d'eau, chaque partie du sucre, ne sera-t-elle pas aussi plus pesante qu'une égale partie d'eau? Comment donc montent elles dans l'eau? La difficulté est fort juste, mais le principe suposé, la réponse est facile. Les parties dissoutes montent, parcequ'elles ont été agitées en se détachant du morceau de sucre, & plus elles ont reçu de mouvement, plus elles doivent s'élever. Que ces parties acquiérent du mouvement par la dissolution, on n'en peut pas douter, si l'on considére de quelle maniére l'eau dissout le sucre: elle s'insinue dans les pores & presse si fort les côtez, qu'elle les sépare, & les écarte: elle leur donne donc du mouvement qui les fait monter. D'où vient que si l'eau est chaude & qu'ainsi elle entre dans les pores du sucre avec plus de vitesse, les parties du sucre étant plus agitées monteront, & plus haut & plus vite. Ce qui arrive à chaque partie du sucre, arriveroit au morceau entier, si l'eau agitoit toutes les parties sans les détacher. Car alors le morceau entier s'éléveroit, comme une bale de plomb qui a trempé dans un verre plein de vinaigre, s'éléve & surnage aprés de fréquentes secousses qu'elle a reçues par les parties du vinaigre.

Ce principe étant établi, que *plus les parties d'un Corps sont agitées, plus il doit s'élever, si rien ne l'en empêche*; on appercevra tout d'un coup la cause de la pesanteur & de la légéreté des Corps. C'est-à-dire, qu'on verra aisément d'où vient que plusieurs Corps montent & les autres descendent, sans que l'on ait recours à des instincts. Car voici tout le mystére. Les Corps les plus agitez s'élévant au dessus des autres sont appellez légers: ceux qui sont moins agitez sont affaissez par ceux qui s'élévent, & on les appelle pesans. Ainsi la matiére subtile, ou les petits Corps subtils, que nous ne voyons pas, étant plus agitez que tous les autres seront très légers, & s'éléveront au dessus de tous les Corps visibles, & tendront toujours à s'élever même au dessus de l'air. L'air qui contient beaucoup de ces petits Corps agitez doit s'é-

le-

lever au deſſus de tous les Corps groſſiers, & de tous les Corps groſſiers les plus poreux ſeront les plus légers, parcequ'ils ont dans eux-mêmes plus de matiére ſubtile qui ſert à les élever au deſſus des autres. S'il arrive que les parties des Corps mêmes les plus compacts, ſoient fort agitées par quelque cauſe que ce ſoit, & que quelques unes acquiérent plus de mouvement que n'en ont les parties de l'air, elles ne manqueront pas de s'élever au deſſus de l'air. Ainſi pluſieurs parties de mercure, quoique le plus peſant des minéraux, à cauſe qu'elles ſont dans une agitation continuelle, s'évaporent & s'élévent dans l'air. Un Corps même dont la ſurface n'a point de mouvement s'élévera en l'air, ſi l'on trouve le moyen de lui mettre au dedans quelque matiére fort agitée. Ainſi l'on fait monter le long d'un bâton un œuf expoſé au grand ſoleil, après l'avoir vuidé & rempli de roſée, dont les parties ſont très ſuſceptibles d'agitation.

Si avec quelque attention à ces principes on vouloit leur donner un peu plus de jour que nous ne devons le faire ici, on verroit la cauſe d'une infinité d'effets, & on léveroit les difficultez qui peuvent ſe préſenter à l'eſprit: & comme on ſeroit en état d'expliquer pluſieurs merveilles de la nature, on éviteroit l'inconvénient où tombent beaucoup de perſonnes qui ſe défient de tout, ou qui ne ſe défient de rien, parceque tout leur eſt également inexplicable.

Voyons comment il faut expliquer les effets, que l'on attribue à des ſympathies ou à des attractions.

Lorſque pluſieurs Corps étant ſéparez, on s'apperçoit que ce qui fait impreſſion ſur l'un, fait la même impreſſion ſur l'autre, ou qu'il arrive au premier tout le contraire de ce qui arrive au ſecond, ou qu'ils s'approchent ou s'éloignent l'un de l'autre, ou qu'enfin les joignent enſemble, quelques uns ſe réuniſſent & les autres s'éloignent; ce ſont-là des Corps entre leſquels on dit qu'il y a de la ſympathie ou de l'antipathie. Mais quand on ne ſe paye pas de mots, & qu'on eſt une fois bien convaincu que les Corps ne ſont pas capables d'amour ni de haine, de fuir quelque choſe ou de la rechercher, il eſt naturel qu'on cherche la cauſe phyſique de ces mouvemens que l'on remarque dans ces Corps, & il eſt bien juſte en même tems qu'on ſe faſſe une loi en cherchant ces cauſes, de ne dire jamais qu'un Corps s'approche d'un autre par l'amour qu'il a pour lui, & qu'il s'en éloigne par une horreur naturelle qui lui eſt particuliére; ainſi on doit recourir à d'autres principes. Voyons ſi ce qui a été dit dans les Chapitres précédens de l'arrangement des parties ſemblable ou différent qui ſe trouve parmi les Corps, du flux continuel des parties qui ſe détachent, & de la notion de la peſanteur & de la légéreté, pourroit être de quelque uſage pour expliquer ces mouvemens que l'on attribue à la ſympathie & à l'antipathie.

Pour commencer par les Corps qui ſe touchent, on met, par exemple, dans une même phiole de l'eau, de l'eſprit de vin & de l'huile. Quelque agitation que l'on donne à ces trois liqueurs pour les bien brouiller enſemble, elles ſe démêlent. Et ſuivant la notion que nous avons donnée de la peſanteur, l'eſprit de vin dont les parties ſont plus ſubtiles & agitées que celles des deux autres liqueurs, prend le deſſus. L'huile, dont les parties branchues & embaraſſées laiſſent une grande quantité de pores, & contiennent par conſéquent beaucoup de matiére ſubtile, prend le ſecond rang. Et l'eau moins agitée que l'eſprit de vin, & moins poreuſe que l'huile, ſe place au fond.

Ainſi ſans avoir donné à ces liqueurs un inſtinct ſecret qui leur faſſe chercher leur ſemblable, la ſeule diverſité de peſanteur les fait débrouiller, ſi elles ſont mêlées juſqu'à ce que celles qui péſent également ſoient réunies. Quelquefois la conformité qui ſe rencontre dans l'arrangement des parties de certains Corps les fait lier enſemble, lorſqu'ils s'uniſſent difficilement avec d'autres; ainſi l'eau & le vin, l'huile & la cire s'uniſſent facilement, au lieu que le vin s'unit difficilement avec l'huile.

C'eſt par cette raiſon que l'on remédie à la piqûre d'un ſerpent, d'une araignée, ou d'un ſcorpion, en mettent l'animal écraſé ſur la piqure; car le venin, qui entre dans la main, ſe joignent plus facilement avec ce qui eſt reſté dans l'animal qu'avec les humeurs qui ſe trouvent dans la partie piquée, ſe réunit à l'animal, pourvû que la chaleur qui eſt dans la partie bleſſée entretienne l'ouverture des pores fort libre.

Souvent la ſeule conformité qui ſe rencontre entre la figure des pores d'un Corps & celles des parties d'un autre Corps, eſt la cauſe de pluſieurs effets particuliers. Il n'en faut pas chercher d'autres pour expliquer comment certaines liqueurs ne ſont propres qu'à diſſoudre certains Corps, ou que l'eau s'imbibe plus facilement dans certaines terres que dans d'autres. On peut même par cette conformité des parties & des pores, expliquer d'où vient que l'eau & la chaux jointes enſemble s'échauffent ſi fort qu'elles brulent, au lieu que la chaux & l'huile, quoique plus combuſtibles, ne s'échauffent nullement. La raiſon en effet de cette différence remarquable, ne vient-elle pas de ce que les pores de la chaux ſont diſpoſez à donner entrée à l'eau, & ne le ſont pas pour la donner à l'huile? Les parties de l'huile craſſes & branchues ne peuvent pénétrer les pores de la chaux, elles les entourent ſeulement, & n'y produiſent aucun changement, au lieu que les parties de l'eau plus flexibles & plus déliées entrant bien avant dans les pores de la chaux, en preſſent comme autant de coins de tous côtez les parties, comme nous voyons que ſi de l'eau entre dans les pores du bois, elle en preſſe ſi fort les parties, qu'elle enfle les ais, les portes, & leur fait faire les mouvemens aſſez violens pour les contourner. Cet effet eſt fort remarquable; mais celui que l'eau produit dans la chaux doit l'être bien davantage. Car le feu ayant formé une très grande quantité de pores dans la pierre que nous appellons chaux, & s'étant fait des ouvertures de tous côtez, enſorte que toutes les parties tiennent fort peu les unes aux autres, il eſt clair que celles qui entreront dans les pores, & qui preſſeront de tous côtez les parties de la chaux, les déſuniront & les écarteront d'abord avec viteſſe. Ce qui arrivant dans la plupart des pores, il doit ſe faire un choc général de toutes les parties les unes contre les autres. Si l'on le conçoit ainſi, on doit voir qu'un ſi grand mouvement ne peut pas manquer de puiſer une grande chaleur, & que toutes ces parties ſi agitées doivent diviſer preſque tout ce que l'on jettera dans la chaux.

Il ne faudroit pas beaucoup s'écarter de ces notions pour expliquer comment un Corps eſt aiſément diſſous dans une liqueur, & ne peut l'être dans une autre, ou que de l'eau s'imbibe plus facilement dans certaines liqueurs que dans d'autres: comment des liqueurs mêlées enſemble ſe fermentent, au lieu que d'autres ne ſe fermentent point. On expliquera même, ſi l'on veut, comment certaines plantes peuvent être propres à purger la bile, & d'autres plantes les autres humeurs. Car ſans prendre parti dans cette grande queſtion agitée entre les Galeniſtes & les diſciples de Paracelſe, ſavoir ſi c'eſt par ſympathie ou par antipathie que cela ſe fait, on pourroit ſe contenter de dire que toute purgation étant une ſuite de quelque fermentation, il arrive ſouvent que la fermentation qu'excitent dans l'eſtomac certaines drogues, eſt générale, parcequ'il eſt bien difficile que ce qu'il y a d'adhérant dans l'eſtomac ſoit détaché & entrainé que par une agitation capable d'exciter toutes les humeurs, mais qu'il ſe peut faire auſſi que le ſuc de certaines plantes ne ſoit propre qu'à faire fermenter une telle humeur, & non pas l'autre, ſuivant ce que l'on expérimente dans le mélange des liqueurs.

A propos de plantes, je penſe que, ſans recourir à la ſympathie, tout le monde eſt capable de voir d'où vient que des plantes ſe nourriſſent dans certaines terres par la conformité de leurs pores avec les ſucs de la terre, au lieu qu'elles ne ſauroient croitre là où cette conformité ne ſe rencontre point.

Enfin c'eſt tantot par la peſanteur, tantot par le ſeul

ar-

arrangement des parties différent ou semblable, que se fait dans les Corps qui se touchent, ce que l'on attribue à la sympathie & à l'antipathie.

Pour les Corps qui sont éloignez, il faut faire attention à la communication que peut entretenir entre eux le flux continuel des petites parties qui se détachent de tous les Corps. Car par ce moyen, les uns peuvent agir sur les autres, & suivant les dispositions qui se rencontrent entre eux, les uns sont susceptibles de certaines impressions, & les autres ne le sont pas; ou bien ce qui fait une telle impression sur ce Corps, en fera une toute différente sur celui qui est autrement disposé. Et si l'on veut voir plus exactement d'où vient que ces petits Corps vont plutot d'un certain côté que d'un autre, & qu'ils se joignent plutot à ceux-là qu'à ceux-ci, il faut dire d'eux ce que nous avons dit des liqueurs, dont les unes se joignent facilement, & les autres fort difficilement.

Un autre principe fera connoître d'où vient que dans quelques Corps bien éloignez l'un de l'autre, on apperçoit des mouvemens fort semblables. On se tromperoit si l'on prétendoit qu'il y a toujours entre eux une communication de corpuscules, ils sont quelquefois si éloignez qu'il n'est pas possible de concevoir cette communication, & quand on seroit aussi capable de persuader & d'imposer agréablement que M. Digby, je ne pense pas qu'on pût se faire croire pendant longtems. Ces mouvemens à peu près semblables qu'on remarque dans quelques Corps fort éloignez, doivent être attribuez à ce principe : *Qu'une même cause agit également sur les Corps qui ont les mêmes dispositions*, comme une même vibration dans l'air fait résonner en même tems deux cordes de luth qui sont à l'unisson. Ainsi le Soleil excite le même mouvement dans deux plantes de même nature, quoiqu'elles soient fort éloignées l'une de l'autre. Ainsi si l'air est dans un degré de chaleur propre à faire fleurir les vignes, à exciter de la fermentation dans les groseilles, les franboises, & semblables, il pourra aussi causer de la fermentation dans le vin, quoique dans un tonneau, & dans des franboises ou des groseilles confites, parcequ'il reste encore beaucoup de parties dans le vin ou dans les fruits qui ont la même configuration, la même disposition intérieure, que ce qui est sur la plante. Car enfin s'il est vrai que le vin que les Anglois vont prendre aux Canaries, en Guyenne, & en Espagne, souffre quelque agitation ou fermentation lorsque les vignes sont en fleurs, est-il bien croyable que les petits Corps se détachant de la vigne qui fleurit en Espagne, viennent d'abord en Angleterre pour y produire cet effet? Et que ces flottes de corpuscules qui viennent d'Espagne, des Canaries, & de Guyenne, aillent chacune chercher fort distinctement le tonneau de leur vin, comme le Chevalier Digby a voulu le faire entendre? Cela paroît assez grotesque, & est néanmoins beaucoup plus supportable que ces instincts ou ces amours naturels que quelques uns donnent aux Coprs pour expliquer ce qui leur plait. Car ceux-ci confondent entièrement la notion de l'esprit avec celle du corps, & les autres outrent seulement l'expiration des Corps qui est certaine, pour expliquer une vérité dont tout le monde devroit convenir, *que c'est toujours par l'impression de quelque matière, quoiqu'insensible, que se produisent tous les mouvemens des Corps, qu'on appelle sympathiques, ou antipathiques.*

Il ne faut pas raisonner autrement de ce que l'on attribue à des attractions. Si un Corps va vers B. plutot que vers C, c'est qu'on le pousse, & qu'il est moins pressé du côté de B. que du côté de C. Il arrive toujours dans ces occasions ce que l'on remarque dans une pompe d'où l'on tire l'air en élevant le piston; l'eau monte dans la pompe parcequ'elle est pressée au dehors par l'air, & qu'elle ne l'est pas dans l'ouverture qui répond au piston. Comme il seroit absurde de dire que le piston l'attire, il doit l'être toujours de dire qu'un Corps en attire un autre. Le mouve-

ment d'attraction entre deux Corps qui ne sont pas attachez est inconcevable, c'est une vraye chimére ; mais parcequ'on ne voit pas ce qui pousse ces Corps, on dit qu'ils s'attirent. Cependant un esprit un peu attentif peut souvent appercevoir d'où vient l'impulsion, ou au moins d'où elle peut venir. On sait que tous les Corps sont entourez d'une matière fluide, & qu'ainsi on peut comparer ceux qui sont entourez d'air à ceux qui sont dans l'eau; qu'on considére donc ce qui arrive en cette rencontre. Si deux Corps sont dans l'eau à un demi pied l'un de l'autre, & qu'on écarte l'eau qui est entre A & B. pour y faire succéder un Corps plus subtil, on conçoit facilement que ces deux Corps doivent s'approcher, parcequ'ils sont moins pressez en A & B. que dans les côtez opposez. Or c'est ce qui arrive à la plupart des Corps que l'on voit s'approcher. Quand on s'y prend ainsi pour expliquer comment deux aimans, ou le fer & l'aiman s'approchent, on dit quelque chose de clair.

Enfin je ne puis me dispenser de dire que je ne suis pas moins surpris, que l'ont été Messieurs de l'Académie Royale des Sciences de Paris d'apprendre que de savans Anglois ont voulu renouveller le systême des attractions. M. de Montmort, Membre de la Société Royale de Londres, comme il l'étoit de l'Académie de Paris, ne put pas non plus gouter ce systême.

C'est ce qui fit dire à M. de Fontenelle (a) dans son éloge: A quelque point que le flatta l'honneur d'être membre de la Société Royale, il ne le séduisit pourtant pas en faveur des attractions, abolies à ce qu'on croyoit par le Carthesianisme, & ressuscités par les Anglois, qui cependant les cachent quelquefois pour l'amour qu'ils leur portent. M. de Montmort a eu de grandes querelles sur ce sujet avec M. Taylor son ami particulier, & composa même avec soin une assez longue dissertation, par laquelle il renvoyoit les attractions dans le néant, d'où elles tâchoient de sortir. M. Taylor y répondit peu de tems après. Il est certain que si on veut entendre ce qu'on dit, il n'y a que des impulsions, & si on ne se soucie pas de l'entendre il n'y a des attractions, & tout ce qu'on voudra ; mais alors la nature nous est si incompréhensible, qu'il est peut-être plus sage de là laisser pour ce qu'elle est.

CHAPITRE XIV.

Qu'il y a beaucoup de pratiques qu'on a regardé durant longtems comme des secrets naturels, & qu'on a reconnu dans la suite être superstitieuses.

TOus les prétendus secrets qui trompent les hommes, ne sont pas de même nature. Comme il y a des personnes qui ont ou peu de piété ou de peu d'esprit, quelque secret qu'on leur enseigne, pourvû qu'ils en espérent quelque avantage, ils ne font nulle difficulté de s'en servir, sans examiner s'il a de la proportion avec l'effet qu'ils en attendent.

Il y a au contraire des personnes d'esprit & de piété, qui n'useroient jamais d'aucun secret s'il ne paroissoit physique. Mais aussi la moindre ressemblance leur fait croire qu'il est naturel ; & quand ils ne peuvent appercevoir aucune raison qui les satisfasse, ils se rassurent sur la prétendue impénétrabilité des secrets de la nature, & recourent aux ressources des Stoïciens, qui prétendoient qu'on pouvoit naturellement deviner par les entrailles des bêtes, quoiqu'ils ne pussent en donner la raison. Qui est ce, vous (b) disent-ils, qui connoit la vertu de toutes les plantes? Qui sait d'où vient que la scammonée purge, & que l'aristoloche gué-

guérit ou préserve de la morsure des serpens?

Telle est la disposition de la plupart des hommes, & c'est ce qui leur a fait ajouter foi à une infinité de faux secrets, que la superstition ou l'imposture ont introduits dans le monde. On n'a pas craint de dire que parmi les plantes, il y en avoit qui donnoient la vertu de deviner, d'autres qui rendoient invisibles, & d'autres qui brisoient des serrures & faisoient ouvrir les portes, & mille autres folies de cette nature capables de brouiller toute l'histoire naturelle.

Pline, qui d'ailleurs a fait quartier à un fort grand nombre de fables & de pratiques superstitieuses, se plaint de ces abus, & reconnoit qu'il seroit important qu'on travaillat à démêler la vérité d'avec le mensonge, & qu'on s'appliquat à discerner les effets naturels d'avec ceux qui ne le sont pas. Mais c'est à quoi jusqu'à présent on s'est fort peu appliqué. Ceux qui ont ramassé des secrets de la nature, ont été la plupart moins exacts que lui, & tous les jours on voit augmenter le nombre des prétendues vertus des choses naturelles, sans examiner si tout ce qu'on en dit a quelqu'autre fondement que la crédulité ou la superstition des peuples.

Le même Pline a fait voir par des milliers d'exemples dans le 26. 27. & sur tout dans le 30. & 37. livre de l'Histoire naturelle, qu'il y avoit une infinité de prétendus secrets des Magiciens, où l'on n'appercevoit rien que de physique. Car pour produire des effets fort extraordinaires, il ne falloit souvent, disoit on, que couper une certaine plante, porter sur soi la dent d'une belette, l'ongle d'un certain oiseau, ou quelques morceaux de quelque pierre difficile à trouver, joignant quelquefois à tout cela l'observation des saisons, l'aspect des Astres, & certaines autres circonstances qui paroissent physiques.

On osoit avancer qu'on devinoit en portant dans sa bouche, sous la langue, une petite pierre qui se trouve à la tête des Tortues d'Inde. Cette pierre donnoit ordinairement la vertu de deviner depuis le lever du soleil jusqu'à midi. Le premier & le quinziéme de la lune on pouvoit deviner tout le jour; mais sur le déclin de la lune, elle ne faisoit deviner que la nuit. Pline a écrit cette folie, & Marbode, (a) Evêque de Rennes au onziéme siécle l'a mise en vers.

Il ne falloit ajouter à cela qu'un peu de galimathias sur les propriétez de la lune, & ses raports avec les corps sublunaires, pour faire croire à quelques personnes que cela pouvoit bien être naturel. Les peuples s'y laissent aisément tromper, & on a vu durant longtems regner dans le monde certains usages comme s'ils étoient naturels, qu'on a reconnu dans la suite être évidemment superstitieux. Les secrets de l'Astrologie judiciaire, dont les erreurs sont fort bien exposées dans la bulle de Sixte V, tiennent le premier rang dans cette classe; parceque durant très longtems une infinité de gens en ont été entêtez. On ne l'a guéres moins été des Talismans, des *Amulettes* ou préservatifs; cependant on a reconnu dans la suite que leurs prétendus effets étoient chimériques, ou ne pouvoient être naturels. L'usage en a été déclaré superstitieux, & il a été condamné non seulement par l'Eglise & par les loix des Princes Chrétiens, mais même par les Empereurs payens. Nous en parlerons dans la troisiéme Partie.

Ces Avocats dont parle Ælius Lampridius, qui pour réussir dans le Barreau achetoient la membrane que

les enfans en naissant ont quelquefois sur la tête, ne faisoient rien en cela que bien des gens ne crussent physique. Cet usage devint commun, & il a duré plusieurs siécles. On s'imaginoit que cette coëffe naturelle étoit une cause de bonheur. Saint Chrysostome a prêché contre cette erreur, & Balsamon (b) dit que de son tems des Evêques dans un Synode, s'appliquant à détruire les pratiques superstitieuses, découvrirent qu'un honnête homme portoit sur soi une de ces coëffes, & le mirent en pénitence. On l'accusoit pourtant pas d'avoir prononcé des paroles, ni d'avoir fait aucune autre chose qui marquat ouvertement la superstition; mais seulement d'avoir recherché un effet par un moyen qui ne pouvoit naturellement le produire. On est présentement revenu de cette folie, & il ne reste des traces de cet usage que dans le proverbe *il est né coëffé*, pour exprimer qu'un enfant a été heureux depuis sa naissance.

On a conservé un peu plus de foi pour les effets prodigieux attribuez à certaines pierres. Il y a encore des personnes qui croyent la turquoise capable de préserver des chutes, & de plusieurs autres accidens. Anselme Boëce (c), & François Rueus (d) en ont rapporté diverses merveilles, lesquelles pourtant de leur aveu ne sauroient être produites naturellement. Les PP. Kirker & Gaspard Schot ont remarqué qu'on s'est servi de l'aiman pour des usages évidemment superstitieux; & j'ai oui dire plusieurs fois que quelques personnes s'étoient communiqué des secrets à plus de cinquante lieues loin par le moyen de deux aiguilles aimantées. Deux amis prenoient chacun une boussole, autour de laquelle étoient gravées les lettres de l'alphabet, & on prétend qu'un des amis faisant approcher l'aiguille de quelqu'une des lettres, l'autre aiguille, quoiqu'éloignée de plusieurs lieues, se tournoit aussi vers la même lettre. Je n'assure point le fait. Je sais seulement que quelques personnes, comme (e) Salmut, l'ont cru possible; & que plusieurs Auteurs ont réfuté cette erreur; & qu'il n'est que trop vrai que des choses purement naturelles ont servi à produire des effets qui ne pouvoient être naturels, sans qu'on apperçût d'autre marque de superstition, que d'avoir voulu s'en servir pour produire un effet qu'on ne pouvoit naturellement se promettre.

Une des pierres dont on se sert depuis très longtems pour un usage qui ne peut être naturel, c'est l'Aëtite. Dioscoride dit (f) qu'on s'en servoit en cette maniére pour découvrir les voleurs. On la broyoit, & mêlant la poudre dans du pain fait exprès, on en faisoit manger à tous ceux qui étoient soupçonnez; & on assure que le voleur ne pouvoit avaler le morceau. Belon (g) rapporte que les Grecs font communément la même chose, si ce n'est qu'ils y joignent quelques priéres.

Cette superstition est fort ancienne, comme on peut le voir dans les Notes de M. Gale sur Jamblic, dans le Glossaire de Lindenbrok *in leges antiquas*, & dans ceux qui ont commenté ces paroles du canon du Concile d'Auxerre: *Qui sortes de ligno aut pane faciunt.*

Plusieurs ont écrit qu'on découvroit les larcins par diverses pratiques qui paroissoient naturelles, comme on a prétendu que les diamans, l'émeraude, & les perles, faisoient connoitre les adultéres.

Zara & Peucer disent qu'on découvroit les voleurs par le mouvement d'une hache plantée à un pieu, ou à une longue perche. Il y a eu des gens qui ont fait métier de découvrir les voleurs & les vols par le moyen d'un Astrolabe; & il s'est trouvé plusieurs Philosophes qui

---

(a) *Indica testudo mittit lapidem cheloniten*
   Gratum purpureo, varioque colore nitentem.
   Quem si sub linguâ, loto quis gesserit ore,
   Posse magi credunt tunc divinare futura.
   Orto mane die sextam duntaxat ad horam,
   Tempore quo lunæ succrescens cernitur orbis.
   Sed Lunâ primâ lapidis prædicta potestas
   Totius fertur spatio durare diei.
   Quintæ post decimam concordant tempora primæ.
   At decrementi lunaris tempore toto
   Ante diem lapidi tantùm manet illa potestas.

(b) In Can. 61. in Trulo.
(c) De lapid. & gemmis lib. II. cap. 116.
(d) De gemmis, cap. 18.
(e) Sed & duarum pixidum nauticarum operâ, quæ quidem alphabeto circumscriptæ sint, amico longè absenti, etiam carceribus occluso, poteris incumbentia nuntiare, *In Pancirolli nova reperta*, pag. 578.
(f) Lib. V. 118.
(g) Obs. lib. II. cap. 23.

qui croyoient voir bien clairement la raison de cette pratique: Le Ciel, difoient-ils, eft un livre dans lequel on voit le paffé, le préfent & l'avenir. Il eft dit dans Jofeph & dans Origene que Jacob avoit lu dans les Tables du Ciel, pourquoi ne pourroit-on pas lire auffi les événemens du monde dans des Tables qui repréfentent la fituation des corps céleftes? Combien de pauvretez ne s'eft-il pas dit en ce fiécle là-deffus par Poftel, par Flud, par Agrippa, & par l'Auteur des curiofitez inouies?

L'Eglife, qui ne peut être féduite par ces folies, les avoit condamnées il y a très longtems, & on lit dans plufieurs anciens Pénitentiaux, que celui qui aura cherché dans un Aftrolabe des chofes perdues ou dérobées, fera pénitence deux ans. Au douziéme fiécle, un Prêtre par fimplicité alla chez un Devin, non pas pour invoquer le Démon, mais pour favoir fi l'Aftrolabe indiqueroit le vol qui avoit été fait à une Eglife. Le Pape Alexandre III. en fut informé, & la fimplicité du bon Prêtre n'empêcha pas que fon action ne parût une faute confidérable, & qu'on ne l'éloignat de l'Autel durant plus d'un an.

Je ne fais fi le Saint Pére auroit été plus indulgent à l'égard de ceux qui veulent découvrir les meurtriers avec la Baguette. Quoi qu'il en foit, il n'eft que trop conftant qu'on fe laiffe fouvent tromper par des apparences phyfiques, & qu'il y a des pratiques fuperfticieufes où l'on ne voit point les marques ordinaires des fuperftitions groffiéres.

Voilà apparemment de quelle maniére il s'eft répandu dans le monde une infinité de fables, qui produifent plus de mal qu'on le croit ordinairement; parcequ'il n'eft rien qui donne plus de lieu à la fourberie des méchans, a la fuperftition des fimples, & à l'obftination de ceux qui veulent être incrédules fur toutes chofes.

On rendoit un grand fervice au public, fi faifant de fréquentes revues fur l'Hiftoire Naturelle, on s'appliquoit à la renfermer dans les bornes de la vérité. La matiére eft belle & abondante, & on remontoit jufqu'à l'origine des fables, elle deviendroit également curieufe & inftructive. Nous pouvons ajouter que le fujet feroit tout nouveau. Car quoique bien des gens ayent montré la fauffeté de plufieurs faits crus trop légérement, ce qu'ils en ont dit ne fe trouve qu'en divers endroits écartez, qui échapent prefque à tout le monde. Outre qu'il s'en faut beaucoup qu'on n'ait fait jufqu'à préfent ce qu'il faudroit pour démêler la vérité d'avec le menfonge, dans la plupart des merveilles de la Nature.

Il feroit à fouhaiter qu'une Compagnie, auffi éclairée que celle de M. de l'Académie Royale des Sciences, voulût bien s'y appliquer. Que ne pourroit-on pas efpérer d'une Affemblée compofée de tant de perfonnes habiles, qui par protection du plus grand Prince du monde, peuvent faire des expériences par toute la Terre? Et que ne devroit-on pas fe promettre des foins de fon illuftre Préfident, qui anime tous les Académiciens par fon exemple, & qui s'applique avec tant de fuccès à faire fleurir les Sciences & les beaux Arts? On reviendroit infenfiblement de bien des fables, qui font caufe que les uns n'ofent décider fur quoi que ce foit, & que les autres regardent comme naturels, des effets qui ne peuvent l'être.

DISCERNEMENT

DES EFFETS NATURELS

D'AVEC CEUX QUI NE LE SONT PAS,

AVEC

L'HISTOIRE CRITIQUE

Des Pratiques Superstitieuses, qui ont séduit les Peuples & embarassé les Savans.

❖⦅❀⦆❖⦅❀⦆❖⦅❀⦆❖⦅❀⦆❖⦅❀⦆❖⦅❀⦆❖⦅❀⦆❖⦅❀⦆❖⦅❀⦆❖⦅❀⦆❖⦅❀⦆❖

LIVRE SECOND.

Du Discernement de la Vérité & de la Fausseté des Effets naturels.

CHAPITRE PREMIER.

Quelle est la cause des Effets qui ne font pas naturels. Nécessité d'admettre des Esprits, & de leur attribuer ce qui ne peut être produit par les Corps. Source de l'incrédulité de plusieurs personnes, à l'égard des prodiges & des miracles.

 'IL y a des effets qui ne peuvent être produits par les Corps, il faut nécessairement qu'il y ait dans le monde autre chose que des Corps. Et si parmi ces effets prodigieux, il y en a qui ne portent pas les hommes à Dieu, & qui les fassent tomber dans l'erreur & dans l'illusion, c'est encore un argument invincible qu'il faut reconnoitre d'autres Etres que l'Etre tout parfait, & les Corps. Ainsi les effets extraordinaires, qui ne pouvant être révoquez en doute ne peuvent être attribuez ni à Dieu ni au Corps, font une preuve incontestable qu'il faut admettre des Esprits créez & finis, capables d'amuser les hommes, & de les séduire par des prestiges.

Donc quand la Religion ne nous auroit pas enseigné d'une manière aussi claire & aussi évidente l'existence des Esprits séparez des Corps, j'ose dire que des effets extraordinaires tels que la découverte de plusieurs choses cachées par le tournoyement de la Baguette, seroient une très forte preuve qu'il y a des Esprits séducteurs. Mais l'Ecriture ne nous permet pas de douter de ce point. C'est assurément de tous les articles de foi le mieux établi, le moins contesté, & le plus universellement répandu dans le monde. Maimonides (a) prouve avec beaucoup d'érudition & de jugement, qu'avant Moyse les Sabéens, les Egyptiens & les Chaldéens connoissoient des génies bons & mauvais. Tous les anciens Poëtes & Philosophes ont reconnu ce dogme, & nous voyons dans l'histoire de la conversion des peuples, qu'on l'a toujours trouvé bien établi parmi les nations les plus reculées.

On se tromperoit si on s'imaginoit que c'est une preuve de la grossiéreté de quelques nations. Les peuples les plus polis n'ont point été différens sur ce point de ceux qu'on appelloit barbares, & on peut voir dans les ouvrages de Porphyre (b), de Jamblic, & de Saint Clément (c) d'Alexandrie, combien la doctrine des Grecs étoit semblable à celle des Egyptiens touchant l'existence des bons & des méchans Esprits, c'est-à-dire des Anges & des Démons. Car comme l'ont remarqué (d) Origéne & S. (e) Augustin, *par tout où dans l'Ecriture on trouve ce mot de Démons,* il n'y est employé que pour signifier les malins Esprits; & ce sens est tellement passé en usage parmi les hommes, qu'il n'est presque personne qui ne le prenne en mauvaise part.

C'est donc un sentiment reçu par tout qu'il y a des Esprits occupez à séduire. Et certes dans les premiers siécles de l'Eglise, on en voyoit des preuves, qui ne laissoient aucun lieu d'en douter. Comme les miracles des Chrétiens étoient très fréquens, les Démons pour en diminuer la force séduisoient souvent les hommes

par

(a) More Nevoch. p. 3. cap. 46.

(b) De abstinentiâ epist. ad Amb. apud Jos. de prop.
(c) De mysteriis.
(d) Contra Cels. l. V. 233. & 234.
(e) De Civit. Dei, lib. IX. cap. 19.

par des prestiges. Il est vrai que ce qu'on racontoit de prodigieux, étoit souvent l'effet de l'imposture & de la fourberie des hommes. Mais il est constant aussi qu'il se faisoit de vrais prodiges par la puissance des Esprits trompeurs. Tout ce que l'antiquité a dit de Simon le Magicien ne peut être une fable, & quoiqu'il faille rabattre beaucoup du récit de tous ces effets prodigieux qui entretenoient la superstition des peuples, il ne laissoit pas d'y avoir des faits notoires, qui ne pouvoient être produits ni par les secrets ressorts de la nature, ni par la force & l'industrie des hommes.

Aussi les Chrétiens nouveaux convertis, qui, desabusez des folies du Paganisme, tenoient les yeux ouverts sur toutes les pratiques des Gentils pour en découvrir les fourberies, reconnoissoient qu'il se faisoit quelquefois des prodiges, & apprenoient souvent par une voix miraculeuse que c'étoient les Démons qui les opéroient. On peut voir ce qui en est dit dans l'Octavius de Minutius Felix. Cet excellent Orateur du second siécle, qui développant avec beaucoup d'esprit les folies & les mensonges des Idolâtres, a dit avec tant de grace & de vérité, que *les Oracles ont commencé à se taire, à mesure que les hommes ont commencé à se polir*, convaincu néanmoins que tous les prodiges qu'on racontoit, n'étoient pas une imposture. „ Je veux, „ *dit-il*, monter à la source de l'erreur, & découvrir „ l'abime d'où sont sorties tant de ténébres. Il y a „ des Esprits malins & vagabonds, qui ont gâté tou„ te la beauté de leur naissance par les souillures du „ monde. Ces misérables, après avoir perdu les avan„ tages de leur nature, & s'être plongez dans les vi„ ces, tâchent pour se consoler d'y précipiter les au„ tres: comme ils sont corrompus, ils ne se plaisent „ qu'à corrompre, & s'étant séparez de Dieu, ils ne „ peuvent souffrir que les autres s'en approchent. Les „ Poëtes & les Philosophes les appellent des Démons. „ Ce sont eux qui opérent ce que les Magiciens font „ d'admirable, qui donnent l'efficace à leurs enchante„ mens, qui font qu'on voit ce qu'on ne voit pas, & „ qu'on ne voit pas ce qu'on voit; enfin toutes ces „ autres merveilles dont on parle..... Ces Démons „ donc inspirent les Devins, se tiennent dans les Tem„ ples, se glissent quelquefois dans les entrailles des „ bêtes, gouvernent le vol des oiseaux, président au „ sort, rendent des oracles embrouillez de plusieurs „ mensonges. En effet ils trompent & sont trompez, „ comme ceux qui ne savent pas bien la vérité, & qui „ ne la veulent pas publier contre eux-mêmes..... Ces „ furieux que vous voyez courir par les rues, sont „ agitez par ces damnables Esprits, & vos Prophétes „ même, lorsqu'ils se tempêtent & qu'ils se roulent. „ L'instigation des Démons est pareille aux uns & aux „ autres, mais l'objet de leur fureur est différent. Ce „ sont eux aussi qui font ces illusions que vous avez „ racontées..... Plusieurs d'entre vous savent bien „ que les Démons sont contraints d'avouer ces choses, „ lorsque nous les tourmentons pour les chasser des „ corps, & que nous les faisons sortir par ces paroles „ qui les gênent, & ces priéres qui les brulent.

Tertullien, Origéne & presque tous les Ecrivains des trois premiers siécles, ont dit la même chose avec toute l'assurance que donne la vérité. Et ce qu'ont dit ces grands hommes est une fort bonne réponse à ce qu'on oppose quelquefois, que Jesus-Christ a détruit le Royaume de Satan, & que le Prince (a) du monde a été jugé.

S. Pierre, S. Paul, & Saint Jean, bien instruits des paroles du Fils de Dieu & du vrai sens qu'on devoit leur donner, ne laissent pas de nous dire que le Démon comme un lion rugissant tourne toujours autour de nous pour nous séduire; que nous devons recourir à la priére, & nous tenir fermes dans la foi, pour nous préserver de ses artifices & des piéges qu'il nous tend. Que *nous avons à combattre, non contre des hommes de chair*

& de sang, mais contre les Principautez & contre les Puissances, contre les Princes du monde, c'est-à-dire de ce siécle ténébreux, contre les Esprits de malice répandus dans l'air. Ephes. VI. 12. Le Démon n'est donc pas hors du monde, de telle sorte qu'il n'y agisse plus, mais il est chassé d'une infinité d'endroits où il dominoit; & comme il a été vaincu par Jesus-Christ, les Chrétiens doivent aussi le vaincre, & lui commander par la vertu de la Croix.

Avant la Résurrection du Sauveur, l'Esprit d'iniquité étoit dans le monde comme dans un fort où il faloit l'attaquer. Jesus-Christ l'a attaqué, il l'a vaincu; & l'Eglise se répandant dans toute la terre lui a enlevé une infinité de dépouilles. Il n'est donc plus le Prince du monde. Il assiége, il attaque les Chrétiens, & ne peut remporter aucune victoire que sur les enfans qui manquent (b) de foi. Lorsqu'on lui résiste il s'enfuit, & il est à l'égard des vrais fidéles comme un chien enchainé, (c) qui ne peut mordre ceux qui s'éloignent de lui.

Mais il est très constant qu'il travaille continuellement à détourner les hommes de chercher les vrais biens. En un mot, c'est une vérité de foi que Dieu a laissé du pouvoir aux Démons, & qu'il leur permet en plusieurs rencontres de le mettre en exécution. Les possessions fréquentes qu'on a vues dans les premiers siécles de l'Eglise, en sont un témoignage autentique; & les histoires les plus avérées depuis Jesus-Christ jusqu'à présent, aussi bien que mille pratiques superstitieuses qui ne produisent que trop véritablement des effets extraordinaires, fournissent des preuves incontestables du pouvoir & de l'opération des Démons.

S. Chrysostome a souvent (d) prêché contre les Chrétiens, qui, détrompez de l'idolatrie, recouroient encore à de prétendus secrets, Talismans, préservatifs, & autres choses de cette nature, qui passoient pour des secrets naturels, & qui neanmoins n'avoient aucune efficace que celle que leur donnoient les Esprits séducteurs. S. (e) Augustin & S. Jérôme, parlent en cent endroits du pouvoir des Démons. Et comme ils étoient bien persuadez que les Esprits de malice ne peuvent agir si Dieu ne le leur permet, ils ajoutent aussi qu'il leur est souvent permis de remuer les Corps, comme Jesus-Christ permit à une légion de Démons d'entrer dans un troupeau de pourceaux.

Mais quel est l'Ecrivain ecclésiastique qui n'ait ou prouvé, ou suposé cette vérité? Cassien l'a dévelopée bien au long dans la septiéme conférence; & les Dialogues (f) de Zachée & d'Apollonius, composez aparemment au commencement du sixiéme siécle, exposent en peu de mots ce que les Péres avoient dit sur ce sujet. On y voit de quelle maniére les Esprits de malice trompent ceux, qu'une curiosité démesurée porte à vouloir deviner ce qui est caché; & l'Auteur remarque fort judicieusement que le mal est d'autant plus difficile à guérir, qu'on se laisse éblouir par des apparences physiques. C'est ainsi, dit-il, que l'Astrologie Judiciaire a trompé une infinité de personnes.

Inutilement rapporterai-je d'autres témoignages, pour montrer l'uniformité de la Tradition sur ce point. Le savant Gerson nous dira ce qu'on en doit croire, & d'où vient que cette vérité fait si peu d'impression sur l'esprit de plusieurs personnes.

„ Certainement, (g) *dit ce grand homme*, c'est une „ impiété, & une erreur directement contraire aux „ saintes Lettres, que de nier que les Démons soient „ Auteurs de plusieurs effets surprenans, & ceux qui „ regardent tout ce qu'on en dit comme une fable, & „ qui se moquent des Théologiens, dès qu'il attri„ buent

(a). Princeps hujus mundi jam judicatus est, *Joan. XVI.* 11.

(b) In filios diffidentiæ. *Ephes. II.* 2. *Jac. IV.* 8.
(c) Aug. 11. Serm. 197. de temp.
(d) Homil. 8. & 20. in Epist. ad Coloss. Homil. 5. adversus Judæos. Homil. 55. in. c. p. 6. Matth. 8. in c. 4. ad Rom.
(e) Aug. de Genes. ad litt. lib. XI. c. 13.
(f) L. I. c. 30. Spicileg. tom. x.
(g) Part. I. de errorib. pag. 61.

,, buent quelques effets aux Démons, mériteroient une
,, sévére correction.

,, Quelquefois des Savans même sont susceptibles de
,, cette erreur, parcequ'ils laissent affoiblir leur foi, &
,, obscurcir les lumiéres naturelles. Leur ame toute oc-
,, cupée des choses sensibles, rapporte tout aux Corps,
,, & ne peut s'élever jusqu'aux Esprits détachez de la
,, matiére. C'est ce qu'a dit Platon, que rien n'empê-
,, che si fort de trouver la vérité, que de rapporter
,, toutes choses à ce que les sens nous présentent. Ci-
,, céron, S. Augustin au Traité de la véritable Reli-
,, gion, Albert le Grand, Guillaume de Paris, & sur
,, tout l'expérience, nous ont appris la même chose. On
,, peut en effet en voir une preuve dans les Saducéens
,, & les Epicuriens, lesquels n'admettant rien que de
,, corporel, se trouvent au nombre de ces insensez,
,, dont parle Salomon dans l'Ecclésiaste & dans la Sa-
,, gesse, qui ont poussé la folie jusqu'à ne pouvoir re-
,, connoitre qu'ils avoient une ame. & qu'il y a des ef-
,, fets qui ne peuvent être produits que par des Es-
,, prits.

Plût à Dieu qu'il ne se trouvat plus de personnes
de ce caractére! Mais on en verra toujours qui vous
diront de sang froid, qu'ils ne peuvent croire ni prodiges, ni miracles, parcequ'ils n'ont jamais rien vu
d'extraordinaire. Ne disputons point avec de telles
gens. Quand on veut être incrédule, on l'est même
parmi les prodiges & les miracles. Les Juifs qui mar-
choient, pour ainsi dire, dans les miracles, puisqu'ils
marchérent durant quarante ans dans le desert sans user
leurs souliers, ne laissoient pas de parler quelquefois
aussi insolemment que s'ils n'avoient jamais rien vu de
miraculeux. *Dieu*, disoient-ils, *pourra-t-il nous faire
trouver de la nourriture dans le Desert?* Quelques miracles qu'eût fait le Fils de Dieu, on étoit toujours
prêt à venir froidement lui demander un signe, &
ceux qui virent la résurrection du Lazare, & la mul-
tiplication des cinq pains, n'en furent pas moins incrédules. Il en est de même des miracles que faisoient
les Martyrs en présence des Juges idolâtres. Vous
diriez que ceux-ci craignoient que leurs propres yeux
ne les trompassent. Un corps déchiré de coups reprend en un moment son premier état, des statues
tombent en poudre sans qu'on y touche; on marche
sur des charbons ardens sans se bruler, un signe de
Croix ôte la force du poison le plus mortel, & une
parole brise les chaines les plus fortes. Qu'en dira-t-on?
Est-ce fourberie, est-ce illusion, est-ce miracle, est-ce
magie? Quelques uns croyent qu'il y a là quelque
chose de divin & se convertissent; plusieurs opinent
pour le sortilége; mais il se trouve toujours des gens
faits comme un Celse, ou un Lucien, qui traitent
tout de fable, d'illusion, d'imposture. Tant il est vrai
que s'il y a des gens qui croyent trop facilement, il
y en a aussi qui veulent absolument ne point croire.

Ne semble-t-il pas que ce que faisoit le grand Si-
méon Stylite au cinquiéme siécle, auroit dû fermer
la bouche aux incrédules? Combien de miracles lui
vit-on faire pendant quarante ans sur cette colomne fameuse où il étoit lui-même un prodige continuel?
On y court presque de tous les endroits de la terre,
d'Italie, d'Espagne, de France, d'Angleterre, des Is-
maëlites, des Perses & des Infidéles de toute Secte y
viennent, & ravis de tout ce qu'ils voyent, ils se
convertissent. Hérétiques, Catholiques, Moines,
Clercs, Prêtres, Evêques, tout y court, & tous s'en
retournent charmez, & convaincus des merveilles qu'ils
avoient auparavant entendu raconter. Cependant (a)

Théodoret ne se réfout qu'avec peine à écrire ce qu'il
a vu lui-même, & ce qu'une infinité de personnes
ont vu comme lui. Il craint les railleurs, bien assuré
qu'il s'en trouvera grand nombre, qui pouvant s'aller
convaincre par leurs propres yeux, ne voudroient pas
même faire cette démarche, de peur de donner en cela quelques marques de crédulité. Ils mesurent toutes
choses à ce qu'ils voyent ordinairement, & tiennent
pour faux tout ce qui passe les bornes de la nature.

Voilà comme sont encore faits bien des gens. Ils
croyent les faits, lorsqu'ils leur paroissent naturels.
Les convainquez-vous qu'ils ne peuvent l'être, vous
leur voyez bientot prendre le parti de dire qu'il y a
de la fourberie.

Nous n'avons pas besoin d'aller chercher des exemples fort anciens. Tant qu'on s'est imaginé qu'une
Baguette pouvoit naturellement se tordre, & qu'un
certain homme devoit avoir de poulx élevé, comme
dans une grosse fiévre, être ému, suer & pâmer dans
un chemin par où un voleur a passé depuis un mois,
on s'étonne qu'un tel fait trouve des incrédules. Mais
dès que vous démontrez que ce qu'un voleur a exhalé
le long d'un chemin, ne peut ni subsister en l'air durant
quelques jours, ni produire un tel effet, quand même
la vapeur ne seroit pas dissipée: combien en voyons-
nous qui concluent qu'il faut donc qu'il n'y ait en tout
cela qu'imposture, & qu'on doit en dire de même de
tous les autres effets de la Baguette?

Tout ce qu'on peut faire à l'égard des personnes de
cette sorte, lorsqu'il s'agit de quelque usage superstitieux, c'est de les engager à ne pas autoriser des pratiques par lesquelles ils croyent que les hommes se trompent les uns les autres.

Mais par rapport à ceux qui sont convaincus des faits,
& persuadez des principes que nous venons d'établir, la
question présente peut être bientot terminée en cette
manière.

Il est constant que nous ne concevons que deux sortes d'Etres, des Esprits & des Corps, & que ne pouvant raisonner que suivant nos idées, nous devons attribuer aux Esprits ce qui ne peut être produit par les
Corps. Or il est certain, comme nous le montrerons,
que la Baguette se tord, sans qu'aucun Corps lui imprime du mouvement. Donc quelque répugnance qu'on
ait à croire ce qu'on ne voit pas, il faut nécessairement
conclure que c'est un Esprit qui la remue.

Il ne reste donc plus qu'à connoitre si c'est un bon
ou un mauvais Esprit qui produit cet effet. Mais par
tout ce que nous avons déja dit dans ce livre second, &
principalement par les règles tirées de la Tradition, &
que nous avons exposées dans la sixiéme Lettre *De l'illusion des Philosophes;* il est évident qu'on ne peut attribuer un tel effet ni à Dieu, ni aux Anges: donc ce ne
peut être l'œuvre que du Tentateur.

Les Anges ne travaillent qu'à nous porter à Dieu, &
c'est le propre des Démons de séduire les hommes par
de vaines promesses, & de les attirer par la découverte
des richesses de ce monde. C'est pourquoi Tertullien
dit (b) que dans les siécles d'ignorance ils ont publié
quantité de secrets, répandu divers enchantemens dans
le monde, & enseigné des moyens de découvrir les métaux. On ne doit donc pas trouver fort étrange, ni
qu'ils ayent inspiré la pensée de les chercher avec une
Baguette, ni qu'ils fassent quelquefois réussir le prétendu secret.

_____

(a) Theodoret vita SS. Patr. c. 26.

(b) Nam cùm & materias quasdam benè occultas, & artes ple-
rasque non benè revelatas, sæculo multò magis imperito prodidis-
sent, si quidem & metallorum opera nudaverant, & herbarum in-
genia traduxerant, & incantationum vires promulgaverant, & omnem curiositatem usque ad stellarum interpretationem designave-
rant, &c. *Libro de babitu muliebri.*

CHA-

CHAPITRE II.

Si le Démon peut être l'auteur de quelques pratiques, quoiqu'on n'ait point fait de pacte avec lui.   Comment on a pu savoir qu'elles produiroient certains effets surprenans.   Et si en renonçant au Démon on pourroit recourir à des usages qui ne seroient pas naturels.   Des Loix de l'Eglise & des Princes sur cette matiére.

JEsus-Christ nous a dit qu'avant sa venue les Démons dominoient sur la terre, & toutes les défenses si souvent réitérées dans l'Ecriture contre un très grand nombre de superstitions, nous font voir clairement qu'ils séduisoient les hommes en mille maniéres. On ne peut donc pas douter qu'ils ne leur ayent appris plusieurs choses.

Comme il est certain qu'il y a eu des Magiciens & des possédez, ils ont pu par eux répandre diverses pratiques superstitieuses. D'ailleurs il ne leur est ni difficile d'inspirer aux hommes de faire des essais, ni impossible de les faire réussir. Quelquefois même en nos derniers tems, ils se sont montrez à des personnes trop curieuses, & l'on sait que Luther & Zuingle se sont fait honneur de pareilles visites.

L'Abbé Tritheme après un ardent desir de savoir des secrets inconnus à tout homme mortel, en aprit d'étonnans par une révélation qui n'a nullement le caractére des révélations divines. Je n'examine point si tout ce qu'il disoit avoir apris est naturel, je sais que quelques personnes l'ont prétendu, mais c'est aparement sans y avoir fait assez de réflexion. Quoi qu'il en soit, je parle seulement de la maniére dont Tritheme aprit ces secrets. Il l'écrivit confidemment à un Pére Carme de ses amis nommé Borstius, qui mourut à Gand avant que la lettre y arrivat. Elle fut ouverte & communiquée à plusieurs personnes, & Tritheme ne la desavoue point. *J'ai en main*, dit-il dans cette lettre, *un grand ouvrage qui étonnera tout le monde, si jamais il voit le jour. Il est divisé en quatre Livres, & le premier a pour titre*, De la Steganographie. *Tout l'Ouvrage est plein de choses grandes, étonnantes, dont on n'a jamais oui parler, & qui paroitront incroyables.*

,, Si vous me demandez comment je les ai aprises,
,, ce n'est point par les hommes, mais par la révéla-
,, tion je ne sais de quel Esprit. Car pensant un
,, jour de cette année 1499. si je ne pourrois point
,, découvrir des secrets inconnus aux hommes, après
,, avoir longtems révé à ceux dont j'ai parlé; persua-
,, dé enfin que ce que je cherchois n'étoit pas possible,
,, j'allai me coucher un peu honteux d'avoir porté la
,, folie jusqu'à tenter l'impossible. Pendant la nuit
,, quelqu'un se présente à moi, & m'appellant par
,, mon nom, Tritheme, me dit-il, ne croyez point
,, avoir eu en vain toutes ces pensées. Quoique les cho-
,, ses que vous cherchez ne soient possibles ni à vous,
,, ni à aucun autre homme, elles le deviendront. En-
,, seignez moi donc, repartis-je, ce qu'il faut faire
,, pour réussir. Alors il me développa tout le mystére,
,, & me montra que rien n'étoit plus aisé. Dieu m'est
,, témoin que je dis vrai, & que je n'ai appris ces secrets
,, qu'à un Prince, qui par une preuve évidente a été
,, convaincu de la possibilité. Il est important qu'il
,, n'y ait que les Princes qui sachent ces sortes de se-
,, crets, de peur que des traitres, des fourbes, ou
,, d'autres méchans hommes ne s'en servissent pour fai-
,, re beaucoup de maux.

Quoique l'Abbé Tritheme n'eût pas voulu ni contracter quelque pacte avec le Démon, ni rechercher son assistance, il me semble néanmoins que si ces prétendues révélations n'ont été qu'une pure illusion d'u-

ne imagination troublée, on ne peut les attribuer qu'à quelqu'un de ces Esprits, dont Saint Augustin dit (a), qu'aimant à séduire les hommes, ils leur procurent ce qui leur tient le plus au cœur.

C'est de cette maniére que les Démons entrent souvent en commerce avec les hommes. Il est rare qu'ils leur révélent ouvertement des secrets, mais il n'est pas rare qu'ils fassent réussir ce qu'une curiosité (b) déréglée fait expérimenter à ceux qui veulent découvrir ce qui ne leur convient pas de savoir. Ces Esprits d'erreur opérent pour cela quelques prodiges, & se transfigurant en Anges de lumiére, ils trompent quelquefois les gens de bien.

On doit donc se tenir sur ses gardes, & ne pas s'imaginer que le Démon n'agit jamais, que lorsqu'on fait quelque pacte avec lui. Son pouvoir ne dépend pas des hommes. On sait qu'il a tenté JEsus-Christ, & qu'il tente souvent les justes, quoiqu'ils n'ayent fait aucun pacte. Il peut remuer des Corps sans que nous le voulions, & il ne lui est pas toujours impossible d'introduire quelque usage qui fasse douter s'il est naturel ou non, pour faire tomber dans le péché ceux qui agiroient dans le doute. Car c'est une proposition reçue des Théologiens, & définie depuis longtems par la Faculté de Paris, qu'on péche, & qu'on contracte un pacte tacite avec le Démon, lorsqu'on a recours à quelques pratiques dont on ne peut raisonnablement attendre l'effet ni de Dieu, ni de la nature. Il ne serviroit de rien de dire qu'on renonce à tout pacte. Vous souhaittez que l'effet arrive, c'en est assez pour être censé vouloir l'action de la cause qui le produit, & entrer par-là avec elle dans un commerce prohibé.

On ne peut douter que l'imagination ne puisse empêcher l'usage du mariage. Sans nous arrêter à raporter ici des faits pour justifier ce que j'avance, je renvoye les curieux à la réponse aux questions d'un Provincial par M. Bayle *t*. 1. *p*. 295. Nous pourrions ajouter ici plusieurs autres exemples.

On a cru très anciennement qu'il y avoit des noueurs d'éguillette. Hérodote (c) & Tacite (d) en parlent, & il y a longtems que des personnes ont recouru à des secrets soit naturels, soit superstitieux, pour s'oposer au mauvais effet des prétendus noueurs d'éguillette. C'est pourquoi l'Eglise en a fait mention depuis très longtems dans ses Rituels, & a déclaré excommuniez tous ces noueurs.

L'Abbé (e) Guibert de Nogent dit que son pére & sa

(a) Illi enim spiritus qui decipere volunt, talia procurant cuique, qualibus eum irretum per suspiciones & consensiones ejus viderint. *Doct. Christ. lib.* 2. *cap.* 24.

(b) His ergo portentis per Dæmonum fallaciam illuditur curiositas humana, quando id impudenter scire quod nullâ ratione eis competit investigare..... Porro autem hoc est præstigium Satanæ, quo ut plurimos fallat, etiam bonos in potestate se habere confingit. Quod Apostolus inter cætera ostendit dicens. Ipse Satanas transfigurat se in Angelum lucis. Ut enim errorem faceret, in quo & ipse gloriaretur, in habitu viri justi & nomine se subornavit: ut nihil proficere spem, quam prædicabant, Dei cultoribus mentiretur, quando hinc exeuntes justos finxit in suâ potestate, &c. *&* *Caus.* 26. *q*. 5. *SS. nec mirum ex Ivone Decret. parte* 11. *cap*. 69.

Inest animæ per eosdem sensus corporis quædam non se oblectandi in carne, sed experiendi per carnem vana & curiosa cupiditas, nomine cognitionis, & scientiæ palliata ...... Hinc ad perscrutanda naturæ secreta, quæ præter nos est operata proceditur. Hinc etiam si quid eodem perversæ scientiæ fine per artes magicas quæritur. Hinc etiam in ipsâ religione Deus tentatur, cùm signa & prodigia flagitantur. *Confess. lib.* 10. *cap*. 35.

(c) Lib. 2.

(d) Lib. 4. Ann.

(e) Accidit igitur ut efficientia coujugalis in ipso legitimæ illius confœderationis exordio quarumdam maleficiis solveretur. Novercalis enim huic matrimonio non defuisse ferebatur invidia, quæ plurimæ speciei & generis cùm neptes haberet in iis aliquam paterno thoro moliebatur immergere. Quod cùm maximè processisset ad votum, pravis dicitur artibus effecisse, ut thalami omninò cessaretur effectus....... Voluto igitur post septennium & amplius maleficio, quo naturalis legitimique commercii copula rumpebatur, nimiùm planè credibile est, ut sicut præstigiis ocularis ratio pervertitur, ut de nullis, ut sic dicam, aliqua & de aliis alia fieri per magos videantur: ita enim populariter actitatur, ut jam ab rudibus quibusque sciatur. Cassatis, inquam, per anum quandam illis pravis artibus, eâ fide thalamorum officio deservivit, quâ diu-

fa mére avoient été arrêtez par un femblable maléfice qui dura fept ans, & qu'après cet intervalle, une vieille femme rompit le maléfice qui leur laiffa libre l'ufage du mariage. Cet Auteur ajoute que s'il y a plufieurs fecrets de magie fort cachez, celui des noueurs du mariage étoit connu & mis en pratique par les ignorans & le plus bas peuple.

L'Eglife a toujours fuppofé qu'outre l'imagination qui peut empêcher l'ufage du mariage, il peut y avoir auffi par la permiffion de Dieu des maléfices qui caufent cet empêchement pour punir l'infidélité, ou la concupifcence des mariez, (on pourroit ajouter ou pour éprouver leur vertu.) C'eft pourquoi tous les Rituels prefcrivent des priéres & des bénédictions contre ces fortes de maléfices. Le Rituel d'Evreux imprimé par l'autorité de Mr. le Cardinal du Perron en 1606., en parle *fol.* 34. (*a*).

Le même Rituel condamne deux moyens fuperftitieux que les Eccléfiaftiques même autorifoient mal à propos, le premier étoit que l'époufe laiffat tomber à terre l'anneau que l'époux lui donne dans l'Eglife, ce qui eft deffendu fous peine d'excommunication. *fol.* 32. (*b*).

Le fecond moyen fuperftitieux étoit de faire renoncer au premier mariage; quoiqu'il fût fait avec toutes les conditions requifes pour en contracter un nouveau devant un Prêtre (*c*).

Quelques perfonnes demandent s'il ne pourroit pas être quelquefois permis de recourir à un ufage qu'on ne croit pas naturel. Feroit-on difficulté, difent-ils, de fe fervir d'un ennemi ou d'un méchant homme pour apprendre quelque chofe? Pourquoi ne pourroit on pas auffi dans un befoin fe fervir du miniftére du Démon, pourvû qu'on le détefte, & qu'on le renonce de tout fon cœur?

Mais la queftion eft réfolue par les Saints Péres. Saint Bonaventure & S. Thomas l'ont fort bien traitée, & leur décifion fe trouve appuyée fur la défenfe expreffe de S. Paul (*d*), & fur l'exemple qu'il nous a donné (*e*) après JESUS-CHRIST (*f*), de ne pas recevoir le témoignage du Démon, lors même qu'il dit vrai. Point de commerce avec des ennemis dont nous ne connoiffons pas les rufes, & qui pourroient infenfiblement nous faire tomber dans des piéges que nous ne faurions prévoir. Tout ce qui vient de leur part doit nous être en horreur. Dieu a mis entre le Démon & les Chrétiens une inimitié irréconciliable (*g*). Il ne doit jamais y avoir entre eux & nous, ni paix ni tréve, & la priére que JESUS-CHRIST a eifeignée aux fidéles, leur prefcrit de demander chaque jour d'être délivrez des piéges du Démon, *fed libera nos à malo*, parcequ'il ne peut nous faire quelque bien que dans la vue de nous nuire.

C'eft là le crime qui attira la malédiction fur tous les

tinam virginitatem fub tantarum animadverfionum pulfatione fervavit. *Guibert de vitâ fuâ Lib.* I. *c.* XI. *p.* 467. & 8.

(*a*) Si quando accidit Deo ipfo permittente atque infidelitatem feu libidinem hominum vindicante, ut conjugati aliquo maleficio teneantur, adeò ut fibi invicem matrimonii debitum reddere nequeant, ad ecclefiaftica ftatim remedia confugiant. Ac primò generali totius vitæ examine facto, omnium peccatorum maculas falutari pœnitentiæ lavacro diluere fatagent poftea verò ad ipfum gratiæ fontem videlicet ad Sacro-fanctum Euchariftæ Sacramentum recurrent. Quod non fpiritualiter tantùm in Miffa quàm de Spiritu Sancto celebrare facient; (fi commodè poffint,) fed & facramentaliter percipere ftudebunt. Miffa autem celebratâ, Sacerdos fuperpelliceo ac ftolâ violacei coloris indutus fequentes preces fuper eos recitabit, &c.

(*b*) Ad depellendum perniciofum illum errorem quem pluribus in locis invaluiffe audivimus, quò Plerique majorem in fuperftione quàm in verâ pietate fiduciam habentes ad arcendum, (ut dicunt,) maleficium hoc vano utuntur remedio, ut fponfo annulum fponfæ fuæ tradente, fponfa ipfa datâ operâ annulum in terrâ cadere permittat.

(*c*) Cavendum maximè eft ab illo errore prorfus impio, quem pluribus in locis teneri etiam à quibufdam Ecclefiæ Miniftris audivimus, quo fubfidium maleficio vexatis præftari poffe dicunt, fi vir & mulier priori matrimonio legitimè alioquin & in facie Ecclefiæ contracto, mutuo confenfu renuntient, & aliud de novo coram facerdote contrahant.

(*d*) Nolo vos focios fieri Dæmoniorum. 1. *Cor.* 10. 20.
(*e*) Ibid. 6. 16.
(*f*) Marc.
(*g*) Inimicitias ponam inter femen tuum, & femen illius.

peuples que Dieu extermina pour mettre les Juifs à leur place. Auffi leur recommande-t-il d'avoir en horreur toutes les pratiques fuperftitieufes (*b*).

Les Livres Saints nous aprennent que Dieu frapa de mort Saül à caufe de fes iniquitez, & parcequ'il avoit confulté la Pythoniffe (*i*). Enfin l'Ecriture condamne tous les ufages fuperftitieux d'une maniére, qui ne permet à perfonne d'y recourir fous quelque prétexte que ce foit. Cette rigueur eft allée jufqu'à condamner à la mort celui ou celle qui avoit l'Efprit de Python (*k*), c'eft-à-dire l'efprit de divination.

Maimonides dans le *More Nevochim*, fait une finguliére attention fur cette défenfe fi expreffe, qui comprend nommément les hommes & les femmes: & il remarque que dans les autres défenfes, fous peine de mort, comme de violer le Sabath, il ne fait pas mention des femmes, au lieu qu'on la fait ici, pour montrer l'horreur que Dieu a des devins, des divinations, & des fortiléges.

L'Eglife en a toujours auffi marqué une extrême horreur, & les Princes (*l*) Chrétiens ont défendu les divinations fous peine de mort.

Les Empereurs payens même avoient déja plufieurs fois chaffé de Rome & de toute l'Italie tous ces Docteurs de fciences occultes, qui prenoient le nom d'Aftrologues ou de Mathématiens. Sur quoi Tertullien (*m*) difoit fort à propos qu'on ne faifoit à leur égard, que ce que Dieu avoit fait dans le Ciel à l'égard des Anges dont ils dépendoient. Les maitres & les difciples font condamnez à la même peine. Dieu chaffe ceux-là du Ciel, & les Rois banniffent ceux-ci de leurs terres.

L'Eglife fur ce principe les a chaffez de fon fein, & elle doit toujours travailler à faire ceffer toutes les pratiques fuperftitieufes. Car, comme le dit un des beaux efprits de ce fiecle (*n*) dans un difcours fur l'Aftrologie fait par ordre de Mr. le Cardinal de Richelieu: ,, C'eft ,, un crime de léze-Majefté Divine aux enfans de Dieu ,, & à fes fujets, d'avoir intelligence, quoique fecrette ,, avec fon ennemi, & encore contre fon commande- ,, ment, & dans fon Etat, qui eft fon Eglife; & c'eft ,, être ennemi de fon propre falut, d'écouter celui qui ,, nous veut perdre, & de s'y affocier. C'eft pourquoi ,, l'Epoufe de JESUS-CHRIST doit avertir fes enfans ,, de ce précipice, autant en ce fiécle que jamais; car ,, cet art diabolique eft encore fi commun, que j'ai vu ,, vendre publiquement des Almanachs, dont les figu- ,, res Aftronomiques étoient dreffées par fort, contre ,, l'ordre naturel des Cieux & toute la fcience de ,, leur mouvement. Elle fuccéde au Fils de Dieu, qui ,, a été envoyé fur la terre, comme dit l'Apôtre faint ,, Jean, *Ut diffolvat opera Diaboli.* Elle continue fa mif- ,, fion en ce monde, en détruifant le regne de Sathan, ,, & y établiffant celui de Dieu, en banniffant l'efprit ,, malin de la conduite des hommes, & introduifant l'ef- ,, prit de fanctification. C'eft à elle de reconnoitre & ,, de condamner le Prince des ténébres, de découvrir & ,, de diffiper fes confeils, & d'annéantir fa puiffance dans ,, la nature humaine, pour y faire vivre JESUS- ,, CHRIST. Et comme le Diable fe couvre fouvent ,, des chofes naturelles, & cache fon opération fous leur ,, vertu apparente ou véritable, pour entrer en commu- ,, nication avec les hommes quand il ne le peut ouver- ,, te-

(*b*) Non inveniatur in te..... qui ariolos fcifcitetur, & obfervet fomnia atque auguria, nec fit maleficus, nec incantator, nec qui Pythones confulat, nec divinos, aut quærat à mortuis veritatem. Omnia enim hæc abominatur Dominus, & propter iftius modi fcelera delebit eos in introitu tuo. *Deuteron. c.* 18.
(*i*) Mortuus eft Saül ... fed infuper etiam Pytoniffam confuluerit. 1. *Paral. c.* 10.
(*k*) Vir five mulier in quibus Pythonicus five divinationis fuerit fpiritus, morte moriatur. *Levit.* 20. 27.
(*l*) Sileat perpetuò divinandi curiofitas, etenim fupplicio capitis ferietur. q. *Cod. Theod. Tit.* 16.
(*m*) Expelluntur Mathematici ficut Angeli eorum. Urbs & Italia interdicitur Mathematicis ficut cælum & Angelis eorum. Eadem pœna eft exilii difcipulis & magiftris. *De Idolol. cap.* 9.
(*n*) Le P. de Condren, deuxiéme Général de l'Oratoire, pag. 242.

„ tement, à deſſein de les perdre; c'eſt à elle de dé-
„ tromper ſes enfans d'une telle ſéduction, par la lu-
„ miére divine qui la régit. Il a voulu regner au Ciel,
„ & près de trois mille ans il s'eſt fait adorer à la terre
„ en mille façons, ſous le nom & l'apparence des Aſ-
„ tres; elle ne doit pas ſouffrir qu'il ſe cache ſous leur
„ vertu, ni qu'il s'autoriſe de la puiſſance que les corps
„ céleſtes ont ſur ce bas monde. Les Anges l'ont chaſ-
„ ſé du Ciel; c'eſt à elle de le bannir de la terre, de
„ là ſociété des ſerviteurs de Dieu". Auſſi a-t-elle
toujours preſcrit des pénitences à tous les fidéles qui
auroient eu recours à quelques pratiques ſuperſtitieuſes. On peut voir là-deſſus ce que diſent (a) Zonare
& Balſamon ſur le 61. Canon du Concile *in Trullo*,
& les Canons de Laodicée, d'Ancyre, d'Auxerre,
d'Agde, &c. On n'en cite aucun, de peur d'être
trop long; outre que le Nomocanon de Photius, le Decret de Gracien, de Burchard, d'Yves de Chartres,
ſont des ſources communes où on les trouve aſſez bien
ramaſſez. Gonzalès ſur les Décrétales, Godefroy ſur le
Code, & pluſieurs autres, ont ſavamment expoſé &
expliqué les loix de l'Egliſe & des Princes ſur cette matiére, & l'on trouve un grand nombre d'autoritez dans
le ſavant Traité des Superſtitions que M. Thiers donna
au pulic en 1679.

Vous ne trouverez point dans tous ces endroits cette
diſtinction, ſavoir ſi l'on a fait un pacte avec le Démon
ou ſi l'on n'en a point fait. Il eſt fort rare qu'on faſſe
pacte avec le Démon. 1. Comment compter ſur le pacte fait avec celui qui eſt eſſentiellement menteur? 2.
Quand même il voudroit exécuter ſes promeſſes, ſouvent il ne le peut pas, Dieu ne le permettant pas.

CHAPITRE III.

*Plan d'un traité des ſortiléges. On explique la
nature du ſort, & ſes différentes eſpéces.
Maximes du Parlement de Paris ſur les
Sorciers & les ſortiléges.*

M. Bayle finit ſon extrait des deux traitez de Rich-
kius ſur l'épreuve de l'eau froide, en ſouhaitant
un bon traité des ſortiléges. Il en donne le plan que
nous ne devons pas obmettre, & qui nous donnera lieu
de développer cette matiére.

„ Il ſeroit à ſouhaiter (b) qu'à préſent qu'il y a de
„ grands Philoſophes au monde, quelqu'un nous don-
„ nat un bon Traité ſur les ſortiléges. On ſuppoſe com-
„ me un principe conſtant, qu'auſſitot que les Sorciers
„ & les Magiciens ont été ſaiſis par l'autorité de la
„ Juſtice, le Diable ne peut faire la moindre choſe pour
„ leur délivrance, & néanmoins en d'autres rencontres
„ il fait cent actions plus difficiles que n'eſt la rupture
„ d'une porte. On eſt contraint d'admettre cent autres
„ inégalitez bizarres. Il faudroit profondément raiſonner
„ ſur tout cela, & puiſque ce ſiécle eſt le vrai tems
„ des ſyſtèmes, il en faudroit imaginer un touchant le
„ commerce qui peut être entre le Démon & l'hom-
„ me. Il n'y a point de Philoſophie plus propre à cela
„ que celle de Mr. Deſcartes; ſur tout depuis qu'on
„ a ſi bien diſputé ſur les cauſes occaſionnelles. Il ſem-
„ ble que juſques ici la queſtion des ſorcelleries n'ait
„ été traitée que par des eſprits, ou trop incrédules,
„ ou trop crédules. Les uns & les autres ſont mal pro-

„ près à y réuſſir, & ſont la plupart du tems frapez du
„ même défaut, c'eſt de ſe déterminer ou a nier ou à
„ croire, ſans approfondir les choſes.

Réflexions pour un bon traité des ſortiléges.

Sans prétendre à la qualité de grand Philoſophe, nous
mettrons ici quelques réflexions ſur ce qui eſt néceſſaire
pour un bon traité des ſortiléges, & par-là nous ſuplé-
rons en quelque maniére à ce que nous pouvons avoir
obmis dans ce traité.

§. I.

Notion des ſorts & des ſortiléges.

1. Il faut avoir une notion exacte de ce qu'on appelle ſort & ſortilége. C'eſt à quoi pluſieurs manquent,
ce me ſemble; ſur tout divers Théologiens qui examinent s'il eſt permis d'uſer du ſort: *An ſortibus uti liceat?*

Tout le monde doit convenir qu'il faut entendre par
ſort ce qui arrive indépendamment de la volonté ou de
la connoiſſance des hommes. Mais cette notion dont le
monde convient aſſez, ſe brouille & s'obſcurcit lorſqu'on veut décider s'il n'y a point de mal de recourir
au ſort. Quelques Théologiens prétendent que le ſort
ne ſauroit jamais être exempt de péché. Car, diſent-ils,
jetter au ſort, c'eſt prendre le hazard pour arbitre. Or
ſi par le hazard on entend la Fortune, comme les Payens l'entendoient, on devient ſuperſtitieux comme eux.
Si l'on entend la volonté de Dieu, qui ſe manifeſte par
un tel ſigne, on exige donc que Dieu nous faſſe connoitre ſa volonté dans un tel cas, & par conſéquent on tente Dieu, & l'on tombe ainſi dans une autre eſpéce de
ſuperſtition. C'eſt par ces raiſons que Mr. de Ste. Beuve
& divers autres Théologiens condamnent la Lotterie &
les autres jeux de hazard, parceque tout y eſt décidé
par le ſort.

Le plus grand nombre des Théologiens marquant diverſes eſpéces de ſort, diſent qu'il y en a de licites &
d'illicites. Ils (c) en diſtinguent de trois eſpéces, le ſort
de partage, ou de diviſion, *ſors diviſoria*; le ſort de
conſultation, *ſors conſultoria*; & le ſort de divination,
ſors divinatoria. Ils n'excuſent celui de conſultation,
que lorſqu'il y a néceſſité, & qu'il ne s'y mêle rien de
ſuperſtitieux; & ils approuvent celui de diviſion, pourvû qu'il ne s'y faſſe rien contre la juſtice, qu'il ne s'a-
giſſe pas d'un Bénéfice eccléſiaſtique, & qu'on y procéde avec reſpect. Le ſort, ajoute-t-on, après S. Auguſtin, n'eſt pas une choſe mauvaiſe, puiſqu'il léve le
doute en marquant la volonté de Dieu (d).

Mais après tout cela, la difficulté n'eſt pas levée,
& la diviſion qu'on fait des différentes maniéres de ſorts
ne paroit pas exacte. Les membres de la diviſion ſont
renfermez les uns dans les autres. Car 1. on veut que
le ſort même de partage ou de diviſion ſe faſſe avec
reſpect: on ſupoſe donc qu'on y conſulte Dieu. Ainſi le ſort de partage eſt un ſort de conſultation. 2. Le
ſort de conſultation eſt ſouvent un ſort de divination,
comme le ſort de divination eſt un ſort de conſultation. Quand on veut deviner, on conſulte ou Dieu
ou le Démon, comme les (e) Théologiens l'enſeignent,
& quand on conſulte, ſouvent l'on veut deviner. Lorſque Joſué jetta le ſort pour découvrir qui étoit le pré-
varicateur de l'ordre de Dieu, on conſultoit Dieu,
mais en même tems on devina dans quelle Tribu, dans
quelle famille, dans quelle maiſon étoit le prévarica-
teur, & l'on ſut enfin préciſément par le ſort, qui étoit
le voleur. Donc ces notions de diverſes eſpéces de ſort
ne ſont pas juſtes.

Pour

(a) Quoniam verò audivi quemdam dicentem eis debere ignoſci
qui pro corporali medelâ, vel aliquâ alia re ſalutiferâ, hæc faciunt:
Dico quòd hæc quoque eſt occulta diaboli circumventio. Nam
quomodocumque eâ re uti eſt perniciociſſimum. Lege quæ in commentario 25. cap. 9. tit. præſentis operis poſitæ ſunt leges. Et
65. Novellam Imp. Domini Leonis Philoſophi hæc circa finem
expreſſè definientem: Si quis autem omninò hæc præſtigiatoriâ arte deprehenſus fuerit; ſive corporis medelæ prætextu, ſive à
fructibus noxæ extremum luat ſupplicium, apoſtatarum pœnam
ſubiens. *Balſamon in Conc.* 61. Quin 5.
(b) République des Lettres. *ibid. pag.* 891. *&c.*

(c) M. Thiers Superſt. p. 205. Le P. Alex. Mor. t. 9. p. 554.
(d) Sors non eſt aliquid mali; ſed res eſt in dubitatione humanâ divinam indicans voluntatem. *Aug. in Pſalm.* 29.
(e) S. Tom. 2, 2. q. 95. a. 8.

Pour en avoir une notion plus exacte, il faut distinguer trois espéces de sort, un sort naturel, un sort divin, & un sort superstitieux ou diabolique. Le sort naturel est celui qui se tire d'une pratique naturelle, dont le succès ne nous est caché qu'à cause des bornes de notre esprit. Deux personnes par exemple disputent à qui apartiendra un diamant qu'elles ont trouvé. On prend des dez, & l'on convient que celui qui aura le plus grand point, aura le diamant. C'est un sort fort naturel, car il est très naturel qu'en jettant les dez d'un certain côté dans un cornet, les y faisant tourner trois ou quatre fois, & les jettant ensuite avec plus ou moins de mouvement hors du cornet, ils s'arrêtent sur un des quatre côtez plutot que sur l'autre, & par conséquent qu'ils présentent un certain nombre de points plutot qu'un autre. Aussi y a-t-il, dit-on, des personnes assez habiles pour faire sortir les points qu'on veut. Lorsqu'on s'en défie, on fait battre les dez plusieurs fois dans le cornet, non pas qu'on puisse empêcher par-là que le point qui sortira ne sorte naturellemét, mais pour dérouter les joueurs & les empêcher de suivre par leur aplication tous les mouvemens des dez. Alors le point qui paroit, ne dépend, ni de l'adresse, ni de la connoissance de ceux qui usent de ce moyen, Ainsi ce sera un sort, parcequ'il ne dépend ni de l'adresse, ni de la connoissance de ceux qui y recourent, & ce sort sera naturel, parceque l'on ne veut rien deviner, & que l'on déclare seulement que celui qui aura le plus de point, aura le diamant.

De même encore si douze personnes ont un droit égal à une montre, & que pour terminer tout différend on écrive le nom de ces personnes en douze billets dans une boëte, & que dans une autre boëte on mette autant de billets, onze blancs & un noir avec cette condition, que celui qui aura le billet noir aura la montre : c'est un sort très naturel. 1. Il n'y a rien là que de naturel, parcequ'il faut nécessairement que le billet noir vienne à l'un des douze, & l'on pourroit même savoir auquel des douze noms il tombera, si l'on avoit remarqué l'ordre avec lequel on a mis les billets dans les deux boëtes, & qu'on pût compter combien de fois on leur à fait changer de situation en les remuant & les balotant. Mais 2. comme il n'y a point d'homme qui puisse apercevoir tous les mouvemens dans une boëte fermée, c'est un véritable sort, parcequ'il arrive indépendamment de l'adresse & de la connoissance des hommes.

Il est aisé d'inférer de là qu'on ne fait rien que de très naturel, lorsqu'on tire des Lotteries. Je ne sais comment M. (a) de Ste. Beuve & plusieurs autres personnes d'esprit se sont avisées de condamner les Lotteries précisément à cause du sort, comme si l'on recouroit au destin, ou si l'on consultoit la volonté de Dieu. S'il y a des personnes qui recourent à cette espèce de sort dans ces vues, elles péchent à cause de leur conscience erronée. Il faut les instruire, & leur faire déposer leur erreur, sans qu'il y ait lieu de tirer de-là quelque conséquence contre les Lotteries. Quand on veut montrer les inconvéniens qui naissent des Lotteries, il n'est pas difficile d'en découvrir plusieurs, & de faire apercevoir sur tout qu'elles font un moyen d'allumer & d'irriter même la cupidité des hommes, en leur faisant désirer de devenir riches sans travailler. Mais on ne doit pas assurer que la Lotterie est mauvaise par elle-même, & recourir pour cela à la raison du sort, qui certainement n'est pas bonne.

On peut se servir de cette espéce de sort, qui est proprement le sort de partage ou de division, pour terminer une infinité de différends sans scrupule. 1. Pour le partage des biens, ou des héritages, ainsi qu'on le fait tous les jours. 2. Pour terminer les différends qui se rencontrent entre deux concurrens à une charge séculiére, lorsque ces concurrens sont capables de la posséder. 3. Selon S. Augustin (b) on pourroit décider

par ce sort, dans un tems de persécution, quels sont les Prêtres qui demeureront dans une ville, & quels sont ceux qui fuiront la persécution, suposé qu'ils soient également forts & capables d'instruire & de soutenir les fidéles. 4. Par la même raison, si en tems de peste un trop grand nombre de personnes se présentoient pour secourir les pestiférez, on pourroit tirer au sort ceux qui doivent s'exposer, à moins qu'il n'y eût des personnes foibles & délicates qu'il fût plus à propos de ménager. On tire de même au sort sans aucun mal, ceux d'entre plusieurs coupables qui doivent être condamnez ou épargnez. 6. Si l'on vouloit donner à deux pauvres quelque chose qui leur fût nécessaire, & que vous ne pussiez pas donner à tous les deux, on pourroit alors tirer au sort auquel des deux vous devez le donner, si l'un n'est pas plus pauvre que l'autre, ni plus de vos amis, comme le dit S. Augustin (c). L'on peut enfin terminer par cette voye un sort grand nombre de disputes, & il seroit à souhaiter qu'on en usat ainsi pour n'être pas accablé par les chicanes, ni oprimé par le crédit des puissans (d).

Dans toutes ces occasions le sort est naturel. Ce n'est pas qu'il ne devienne quelquefois divin, les Saints Anges pouvant faire tourner le sort pour une personne plutot que pour une autre, suivant ce que (e) l'Ecriture dit. C'est pourquoi ce sort naturel peut être accompagné de priéres adressées à Dieu, qui est le maitre de tous les événemens. On prie Dieu en ces occasions, comme on prie Dieu pour le gain d'un procès, parceque Dieu peut changer en un moment les pensées & les dispositions des Juges. Aors le jugement peut devenir divin par accident, au lieu qu'il est en lui-même humain & naturel.

Le sort est véritablement & essentiellement divin, lorsqu'il est jetté par l'ordre de Dieu, pour apprendre sa volonté dans nos actions, ou pour découvrir quelque chose de caché. Je dis par son ordre, parcequ'autrement ce seroit un sort humain, superstitieux, tentant Dieu. Le sort doit donc être ordonné ou inspiré. Ainsi Eliezer Intendant d'Abraham se faisant un signe pour connoitre quelle femme Dieu destinoit à Isaac, ce signe étoit un sort divin, Dieu l'inspira, & le fit réussir : Abraham inspiré de Dieu ayant dit à Eliezer, *le Dieu en présence duquel je marche envoyera son Ange avec vous & dirigera vos pas* (f). De même lorsque Gedéon demanda un signe pour s'assurer que Dieu délivreroit Israël par sa main, il souhaite qu'une toison mise au serain soit mouillée, toute la terre demeurant séche, & ensuite que la terre étant mouillée, la toison seule soit séche (g). Mais il est dit auparavant que Dieu lui avoit parlé par un Ange, & qu'il l'avoit rempli de son Esprit.

Josué jette un sort, & devine la Tribu, la famille, la maison, & l'homme en particulier, qui avoit volé & caché un manteau, une régle d'or, & deux cens sicles. Le sort étoit divin, ordonné de Dieu (b). Il y a cent autres sorts dans l'Ecriture qui étoient divins, parcequ'ils étoient ordonnez ou inspirez : & dans ces mêmes exemples nous apprenons que ce seroit être téméraire que de s'assurer que Dieu nous fera connoitre sa volonté par un tel signe, s'il ne l'a inspiré.

Le sort superstitieux ou diabolique est celui qui, n'étant ni naturel ni divin, ne peut réussir que par l'opération du Démon. Et généralement tout ce qui produit

---

(c) Lib. I. de Doct. Christ. c. 28.
(d) Contradictiones comprimit sors, & inter potentes dijudicat. *Proverb. XVIII.*
(e) Sortes mittuntur in sinum, sed à Domino temperantur. *Proverb. XVI.* 33.
(f) Dominus in cujus conspectu ambulo, mittet Angelum suum tecum & diriget viam tuam. *Gen. XXIV.* 40.
(g) Fecitque Deus nocte illâ ut postulaverat, & fuit siccitas in solo vellere, & ros in omni terrâ. *Jud. VI.* 40.
(b) Hæc dicit Dominus ... Accedetisque mane singuli per tribus vestras : & quamcumque tribum sors invenerit, accedet per cognationes suas, & cognatio per domos, domusque per viros. *Jos. VII.* 14.

duit quelque effet indépendamment de l'adresse, ou des causes naturelles par la communication des mouvemens, ou sans un miracle marqué & inspiré, est un sort diabolique, qu'on nomme d'un seul mot, sortilége. Car comme il est assez rare qu'il y ait à présent des sorts miraculeux, & qu'au contraire les Intelligences déréglées séduisent les hommes par divers signes, qui doivent être mis au nombre des sorts, le mot de sort se prend ordinairement en mauvaise part pour un sort diabolique. Je crois que ces trois notions de sort naturel, divin & diabolique, seront assez claires à l'égard de ceux qui ont pris la peine de lire le huitiéme chapitre du livre premier, où nous avons expliqué ce que c'est qu'effet naturel, miracle, & superstition ou sortilége.

§. II.

De la cause des sortiléges, & des inégalitez bizarres de cette cause.

Ce que nous venons de dire supose qu'on est convaincu qu'il y a des Intelligences à qui Dieu laisse du pouvoir, par lequel elles font réussir les sortiléges; & véritablement on seroit incapable de dire un seul mot juste sur cette matiére, & sur le discernement des effets naturels d'avec ceux qui ne le font pas, si l'on n'étoit parfaitement convaincu de cette vérité. C'est pourquoi nous nous y sommes étendus au chapitre précédent.

L'Auteur de la République des Lettres, qui a donné lieu à ces réflexions, dit que, *puisque ce siécle est le vrai tems des systêmes, il en faudroit imaginer un touchant le commerce qui peut être entre les Démons & l'homme.* L'Auteur s'accommode sans doute en ce lieu au langage ordinaire de bien des gens, qui faute d'attention & de lumiéres voudroient qu'on mît toute la Religion en systêmes. Quelque considération que je doive avoir pour plusieurs de ces personnes, je ne dois pas craindre de dire qu'il n'y a point de systême à faire sur les véritez que nous devons apprendre distinctement par la foi; parcequ'il ne faut rien avancer en ce point que nous n'aprenions de l'oracle. Il faut faire des systêmes pour expliquer les effets de l'aiman, le flux & le reflux de la mer, le mouvement des Planettes, parceque la cause de ces effets n'est pas évidemment marquée, & qu'on peut en apercevoir plusieurs. Pour se déterminer on a besoin d'un grand nombre d'observations, qui par une induction exacte nous ménent à une cause qui satisfasse à tous les phénoménes. Il n'en est pas de même des véritez de la Religion, on n'y parvient pas en tâtonnant, & il seroit à souhaiter qu'on n'en parlat jamais qu'après une autorité décisive & infaillible. C'est ainsi qu'il faut parler du pouvoir des Démons, & du commerce qu'ils peuvent avoir avec les hommes. Il est de foi qu'ils ont du pouvoir, (*a*) qu'ils attaquent les hommes, & qu'ils tâchent de les séduire en plusieurs maniéres. On le voit dans Job, dans Tobie, & en mille autres endroits de l'Ecriture & de la Tradition. Il est certain aussi que le pouvoir qu'ils ont ne dépend pas de nous; qu'ils en peuvent avoir sur les justes, puisqu'ils peuvent les tenter, comme ils ont tenté Jesus-Christ; qu'ils n'en ont pourtant d'ordinaire que sur ceux qui manquent de foi, ou qui ne craignent pas de participer à leurs œuvres; & qu'à l'égard de ces derniers sur tout, les Intelligences déréglées tâchent de faire réussir assez exactement ce qu'ils souhaitent, en leur inspirant de recourir à certaines pratiques par lesquelles ces esprits séducteurs entrent en commerce avec les hommes. Tout cela se découvre sans systême.

Il n'y a de systême à faire que sur des points qui sont plus curieux que nécessaires; par exemple sur la maniére dont les Démons produisent certains effets, parcequ'on peut appercevoir diverses maniéres de les produire, & qu'une autorité infaillible ne décide point pour l'une plutot que pour l'autre. Ainsi lorsque Nebridius demandoit à Saint Augustin (*b*) comment le Démon pouvoit exciter des phantômes dans l'imagination des hommes, il y avoit lieu de faire un systême. Saint Augustin paroit en chercher un pour résoudre la question (*c*). C'étoit-là en effet un vrai sujet de systême, parceque ces phantômes pouvoient être produits par diverses voyes, qu'on n'aperçoit qu'après des vues, des conjectures, & des observations différentes. Au fond la question n'est pas bien importante, & l'on peut se tromper en la décidant. L'essentiel est qu'on sache qu'il y a des Démons, à qui Dieu a laissé du pouvoir; sur quoi il n'y a point de systême à faire.

Mais d'où vient qu'on apperçoit tant d'inégalitez bizarres dans les actions du Démon? Il fait quelquefois des choses prodigieuses, & souvent il semble qu'il ne peut rien opérer; on dit qu'il ne peut pas faire sortir les Sorciers des prisons, & il fait cent actions plus difficiles que n'est la rupture d'une porte.

R. Cette bizarrerie des Démons vient de trois causes. La premiére est qu'ils ne font pas tout ce qu'ils veulent. Leur pouvoir qui leur vient de Dieu, dit S. Augustin (*d*), est réglé par la volonté divine, & demeure soumis à celui des saints Anges. Cela paroit dans les prodiges que les Démons opérérent pour contrefaire les miracles de Moyse. Ils formérent des grenouilles & des serpens, & ne purent former de petites mouches. Est-ce qu'il est plus difficile de faire paroitre des serpens & des grenouilles, que des mouches? Nullement. Il n'est pas difficile de trouver une infinité d'œufs que les mouches pondent de tous côtez. Il n'y a qu'à les ramasser, & leur donner du mouvement & de la chaleur, pour les faire éclore, & en faire sortir une infinité de mouches. C'est par une semblable accélération de mouvemens, que se produisent les miracles & la plupart des prodiges. Ces sortes d'accélérations de mouvemens ne sont pas impossibles aux Démons. D'où vient donc qu'ils ne peuvent former des mouches? S. Augustin (*e*) en donne la véritable raison, c'est que Dieu les empêcha pour obliger les Magiciens de Pharaon à reconnoitre que le doigt de Dieu étoit là.

Tout le pouvoir de ces Anges est réglé, & soumis ordinairement à celui des saints (*f*) Anges. Ceux-ci les arrêtent quelquefois absolument, les laissant agir dans une occasion, & non pas dans une autre, à l'égard d'une telle personne, & non pas à l'égard d'une autre, par des raisons sans doute très justes, que nous ne pouvons pas pénétrer. Ils peuvent les chasser d'un endroit pour toujours, & établir des causes occasionnelles qui les fassent fuir: ainsi Raphaël donna à Tobie (*g*) pour préservatifs contre toutes sortes de Démons, le cœur d'un poisson. Enfin les saints Anges lient quelquefois si fort le pouvoir des Démons, qu'ils ne leur permettent d'agir que dans un petit endroit qu'ils leur marquent. Tout cela paroit dans le Livre de Tobie, où l'on voit qu'après qu'il a été permis à un Démon d'ôter la vie à sept hommes, le saint Ange Raphaël lui

<hr>

(*a*) Non est nobis colluctatio adversùs carnem & sanguinem, sed adversùs principes & potestates, adversùs mundi rectores, tenebrarum harum, contra spiritualia nequitiæ in cælestibus. *Ephes. VI. 12.*

(*b*) Epist. VIII. pag. 10. tom. 2.
(*c*) Epist. IX. pag. 11. tom. 2.
(*d*) Lib. 3. de Trinit. c. 6.
(*e*) Neque enim occurrit alia ratio, cur non potuerint facere minutissimas muscas, qui ranas serpentesque fecerunt, nisi quia major aderat dominatio prohibentis Dei per Spiritum Sanctum, quod etiam ipsi magi confessi sunt, dicentes digitus Dei est hic. *Lib. 3. de Trin. c. 9. tom. 8. pag. 802.*
(*f*) Sic & illi Angeli quædam possunt facere, si permittantur ab Angelis potentioribus, ex imperio Dei.
(*g*) Respondens Angelus dixit ei: cordis ejus particulam si super carbones ponas, fumus ejus extricat omne genus Dæmoniorum, sive à viro, sive à muliere, ita ut ultrà non accedat ad eos. *Tob. VI. 8.*

lui ôte tout pouvoir, & l'empêche d'agir autre part que dans un coin de la haute Egypte, qu'il lui assigna: dès que Tobie (a) eut eu recours au préservatif occasionnel.

Voilà donc la premiére cause des opérations du Démon, c'est qu'il ne peut pas agir toutes les fois qu'il veut. On l'en empêche.

Une seconde cause de la bizarrerie du Démon, qui agit ici & non pas là, aujourd'hui & non pas demain, qui dit tantot vrai, tantot faux, qui enseigne une chose & non pas l'autre; c'est qu'il est naturellement borné. Il ne voit pas tout, il ne sait pas tout, il n'est pas par tout. Il parle au hazard. Il a été ici, & pourra être ailleurs dans quelque tems, & ne fera pas par conséquent ici ce qu'il y opéroit il y a un mois.

Une troisiéme cause de la bizarrerie des actions du Démon, c'est la bizarrerie même de sa nature, depuis qu'il est sorti de l'ordre. Il est menteur, tentateur, séducteur, traitre, trompeur, moqueur : toutes épithétes que l'Ecriture lui donne, & qui pourroient suffire pour faire apercevoir la raison de la bizarrerie qu'on remarque dans ses œuvres.

§. III.

Des doutes raisonnables qu'on peut former sur les sortiléges, & de la certitude qu'on peut y trouver.

Rien n'est plus constant que la matiere des sortiléges est souvent traitée par des esprits trop crédules ou trop incrédules. Ceux qui croyent légérement, sans lumiéres & sans critique, sont trompez par les fourberies; & ces méprises sont cause qu'on a souvent lieu de se défier des faits que certaines personnes rapportent. D'autres se donnant un relief de bel esprit, affectent de ne rien croire, & quel discernement peut-on attendre de ces sortes de personnes?

L'homme sage & instruit sait qu'il y a dans le monde autre chose que des Corps. Il sait par la foi qu'il y a des Intelligences capables de produire des effets surprenans, & qu'il peut y avoir des sortiléges. Il sait même par la raison & par les sens, qu'il y en a eu, & qu'il y en a encore. Car on ne peut douter raisonnablement de diverses pratiques, dont nous parlerons au long, & il ne faut presque que des yeux pour savoir que ces pratiques ne peuvent être naturelles. Cet homme sage & instruit est seulement sur ses gardes, de peur d'être trompé par les fourberies des hommes, ou par les illusions qui accompagnent ordinairement les sortiléges. Comme il y a parmi les hommes des joueurs de gobelets, c'est-à-dire, des personnes qui aiment à jouer le monde, il faut s'en défier, & prendre pour examiner un fait toutes les précautions que nous avons tâché de prendre pour nous assurer de la vérité d'un fait. On découvrira sans doute ainsi des fourberies dans les pratiques superstitieuses; mais il ne faut pas d'abord conclure qu'il n'y a jamais que fourberie. Cela ne seroit pas raisonnable. On contrefait du vin d'Espagne, & l'on fait des fruits avec de la cire ou du sucre, qui trompent la vue, & quelquefois même le gout; ce qui n'empêche pas qu'il n'y ait du vrai vin d'Espagne, & de véritables fruits confits. Il y a de même de l'illusion dans les sortiléges, parceque les pratiques superstitieuses ne réussissent pas toujours, mais il ne s'ensuit pas de là qu'elles ne réussissent jamais. On doit seulement en conclure que la pratique n'est pas sure & constante, comme l'effet de l'aiman, & qu'elle a pour auteur un esprit fourbe & bizarre, qui ne veut pas toujours agir quand il le peut, & qui ne peut pas toujours quand il le veut, ainsi que nous avons dit au titre précédent.

(a) Recordatus itaque Tobias sermonum Angeli, protulit de cassidili suo partem jecoris, posuitque eam super carbones vivos. Tunc Raphaël Angelus apprehendit Dæmonium, & religavit illud in deserto superioris Ægypti. *Tob. VIII.* 2 & 3.

Enfin il faut de l'attention & de l'application avant que d'assurer ou de nier. Il ne faut pas dire en général, je n'ai jamais rien vu d'extraordinaire, & je ne croirai rien que je n'aye vu. Nous ne saurions voir toutes choses, & il y en a un trés grand nombre dont nous ne pouvons raisonnablement douter, quoique nous ne les ayons jamais vues. D'ailleurs bien des gens ne voyent rien d'extraordinaire, parcequ'ils n'y ont peut-être jamais été attentifs; semblables à ces Juifs qui paroissoient curieux de voir des signes au tems de Jesus-Christ, & qui ne se donnoient point la peine d'aller voir ceux dont ils pouvoient être si facilement les témoins.

Il y a toujours dans le monde plus de choses extraordinaires que l'on ne s'imagine. Outre bien des miracles qui se font sans éclat à la priére des fidéles; outre un grand nombre de pratiques superstitieuses qui réussissent assez souvent, on peut apercevoir de tems en tems des événemens qui peuvent fraper tout le monde. Que voudroit-on de plus extraordinaire que le fait arrivé depuis peu d'années à la Tournelle? Un homme a fait un sort pour faire mourir les bestiaux. On le lui fait avouer dans le vin; les fumées passées, il déclare que si l'on ôte le sort il faut qu'il meure. Celui qui ôte le sort déclare la même chose six lieues delà, & les procès faits à Pacy & à Paris, ne laissent aucun lieu de douter qu'à la même heure qu'on ôta le sort, ce malheureux qui l'avoit fait, & qui étoit trés vigoureux, fut saisi par des convulsions horribles qui lui donnérent la mort.

Voici la relation d'un fait moderne qu'on ne sauroit révoquer en doute. Elle m'a paru si curieuse, que j'ai cru devoir l'imprimer toute entiére.

,, Le Vendredi premier jour de Mai 1705. sur les ,, cinq heures du soir, Denis Milanges de la Richar- ,, diére, fils de Mr. Milanges, Avocat au Parlement, ,, âgé de dix huit ans, fut attaqué d'une grande ma- ,, ladie. Elle commença par une espéce de léthargie. ,, On le jetta sur son lit, où il fut l'espace de deux ,, ou trois heures sans paroles, sans mouvement & sans ,, connoissance, les yeux fermez & les dents serrées, ,, on lui mit du sel dans la bouche, & de l'eau de la ,, Reine d'Hongrie, sans qu'il revînt de son assoupis- ,, sement. Après cet intervale de tems, ses yeux s'ou- ,, vrirent, & la parole lui revint. Il demeura tran- ,, quille l'espace d'une heure. On lui donna un remé- ,, de d'eau tiéde qu'il ne rendit pas, & il retomba dans ,, le mal plus fort qu'auparavant, étant augmenté de ,, rêverie & de fureur; on eut besoin de cinq ou six ,, personnes pour le tenir toute la nuit, on le garda à ,, vue de crainte qu'il ne se jettat par les fenêtres, ou ,, qu'il ne se cassat la tête sur la montée ou contre les ,, murailles. Il se débatoit comme un furieux, & on ,, ne savoit si c'étoit délire ou folie. Il s'endormit ,, sur les quatre heures du matin jusques à neuf heu- ,, res, qu'il se trouva tranquille & en bon état. Son ,, médecin habile & expérimenté lui fit prendre huit ,, grains d'émétique en deux prises. Il rendit tant de ,, bile & autre matiére par haut & par bas, qu'on crut ,, qu'il étoit tiré d'affaire. Il eut ensuite quatre ou ,, cinq jours de bon pendant lesquels il fut saigné deux ,, fois, prit plusieurs remédes & des médecines sans ,, émétique. Le septiéme jour de la maladie, son mal ,, le reprit de nouveau; on recommença les remédes, ,, & pendant le mois de Mai il prit jusqu'à vingt deux ,, grains d'émétique sans les autres remédes, son mal ,, le reprenant toujours avec fureur & lui donnant de ,, tems en tems du relâche de deux ou trois jours.

,, A la fin du mois de Mai, les médecins ne sachant ,, plus que lui faire, l'envoyérent à la campagne pour ,, y prendre l'air. Son pére & sa mére l'emmenérent à ,, leur maison de Noisy-le-Grand, où il se trouva assez ,, tranquile pendant deux jours, après lesquels ses fu- ,, reurs le reprirent encore plus fréquemment qu'à Paris. ,, Il lui survint même de nouveaux accidens, outre ,, qu'il perdoit la raison à son ordinaire. Il tomboit

,, fré-

„ fréquemment en paralysie, elle le prenoit tantot au
„ bras, aux doigts, aux jambes & aux cuisses, quel-
„ quefois dans la tête, sur les yeux, ou sur la langue,
„ de sorte qu'il étoit muet, sourd, & aveugle. Tous
„ ces maux le quittoient d'heure à autre, & il reve-
„ noit dans son bon sens, mais ils le reprenoient sou-
„ vent. Tant d'accidens si extraordinaires, & qui n'af-
„ foiblissoient point le malade quand ils l'avoient quit-
„ té, firent comprendre à tous ceux qui le voyoient
„ dans son mal, qu'il y avoit du sort ou du maléfice.
„ On jugea que cette maladie ne pouvoit être naturel-
„ le, en ce qu'il n'eut jamais de fiévre, & qu'il con-
„ serva toujours toutes ses forces nonobstant tous ces
„ maux & tous les remédes violens qu'on lui avoit
„ faits; & comme chacun disoit qu'il étoit ensorcelé
„ principalement à cause des cris & des hurlemens qu'il
„ faisoit de tems en tems, on lui demanda s'il n'avoit
„ pas eu quelque démêlé avec quelque berger ou autre
„ personne soupçonnée de sortilége ou de maléfice. A-
„ lors il nous aprit que le 18. Avril précédent, tra-
„ versant le village de Noisy à cheval pour se prome-
„ ner, son cheval s'arrêta tout court au milieu de la
„ rue Feret vis-à-vis la Chapelle, sans le pouvoir faire
„ avancer quoiqu'il lui donnat plus de cent coups d'é-
„ perons, & qu'il y avoit un berger à lui inconnu qui
„ étoit arrêté & appuyé contre la Chapelle, lequel lui
„ dit, Monsieur, je vous conseille de retourner chez
„ vous; car votre cheval n'avancera pas. Ce berger lui
„ parut âgé de 45. à 50. ans. Il est grand de taille,
„ poil & cheveux noirs, & d'une mauvaise phisiono-
„ mie. Il avoit sa houlette à la main, & deux
„ chiens noirs à courtes oreilles auprès de lui. Le
„ sieur de la Richardiére, continuant de piquer son che-
„ val pour le faire avancer, répondit au berger qu'il
„ n'entroit point dans ce qu'il lui disoit, & une femme
„ du village qui étoit plus près du berger, assure
„ qu'il répliqua à demi bas qu'il l'y feroit bien entrer.
„ En effet, il lui donna un sort pour un an à commen-
„ cer au premier Mai, & après s'être lassé à piquer
„ son cheval sans pouvoir le faire avancer, ledit sieur
„ de la Richardiére fut obligé de mettre pied à terre &
„ de ramener son cheval par la bride dans la maison de
„ M. son pére.
„ Pendant le cours de cette cruelle maladie; M. Mi-
„ langes a fait une infinité de priéres, & dire grand
„ nombre de Messes, & entre autres une neuvaine au
„ Saint Esprit, une à Saint Maur, & une à Saint A-
„ mable, pour obtenir de la miséricorde de Dieu la
„ guérison de son fils.
„ M. l'Abbé Milanges Chanoine de la Sainte Cha-
„ pelle de Riom, oncle paternel dudit sieur de la Ri-
„ chardiére, a fait le neuvaine dans l'Eglise de Saint
„ Amable. Pendant cette neuvaine, la Communauté
„ des Religieuses Carmelites de la ville de Riom s'est
„ mise en priéres à la même intention. Les Religieuses
„ Bénédictines de Clermont, & plusieurs autres per-
„ sonnes de piété en ont fait de même.
„ Ledit Sieur de la Richardiére, quoiqu'accablé de
„ maux, eut la dévotion de se rendre à Saint Maur,
„ & d'assister à la première & à la dernière Messe de
„ la neuvaine, avec confiance que les priéres de ce grand
„ Saint obtiendroient sa guérison de la bonté divine.
„ Ses maux continuant après la neuvaine finie, il ne
„ se rebuta pas. Il retourna à Saint Maur la veille de
„ Saint Jean-Baptiste, toûjours accompagné de cinq ou
„ six personnes qui le soutenoient sur son cheval pen-
„ dant ses accidens. Il y entendit la Messe de minuit,
„ & en revint le matin encore malade, assurant pour-
„ tant qu'il guériroit le Vendredi suivant 26. Juin.
„ Au retour de Saint Maur, en arrivant dans la mai-
„ son de M. son pére à Noisy, il ouvrit sa chambre
„ dont il avoit la clef dans sa poche. Il y trouva ce ber-
„ ger assis dans un fauteuil avec sa houlette & ses deux
„ chiens. Effrayé de cette vision il descendit brusque-
„ ment, & alla chercher son monde. Plusieurs person-
„ nes montérent avec lui, personne ne vit le berger, &

„ il soutint toujours qu'il le voyoit. Il ajouta même
„ que ce berger s'appelloit Danis, qu'il en étoit sûr,
„ quoiqu'il ignore présentement qui peut lui avoir ré-
„ vélé son nom.
„ Tout le jour & toute là nuit le sieur de la Richar-
„ diére vit ce berger, & aucun de ceux qui étoient
„ avec lui ne le voyoit. Sur les six heures du soir étant
„ dans ses maux, il tomba par terre disant que le ber-
„ ger étoit sur lui & qu'il l'écrasoit, & en présence
„ de son escorte ordinaire il tira un couteau pointu de
„ sa poche dont il donna cinq coups dans le visage de
„ ce malheureux dont il s'est trouvé marqué.
„ Sur le soir M. de la Richardiére dit à ceux qui le
„ veillent qu'ils prissent garde à lui, qu'il alloit avoir
„ cinq foiblesses considérables qui augmenteroient tou-
„ jours, & qu'il succomberoit si on ne le remuoit
„ & tourmentoit continuellement. Il les eut en effet,
„ & la dernière dura près d'une heure. Il assura que si
„ on l'avoit moins sécoué elle auroit duré une demie
„ heure davantage, & qu'il y seroit mort. En un mot
„ il n'y a quasi point de sortes de maux & de douleurs
„ qu'il n'ait ressenti pendant les huit semaines qu'a du-
„ ré cette funeste maladie.
„ Le Vendredi matin vingt sixiéme Juin, le mala-
„ de alla à S. Maur pour faire dire une Messe, avec
„ une pleine confiance qu'il guériroit ce jour-là; il se
„ trouva mal trois fois dans l'Eglise en entendant la
„ Messe, à l'Evangile, à l'élévation de l'Eucharistie,
„ & au *Domine non sum dignus.* La Messe finie, Mr.....
„ lui mit l'Etole sur la tête, & dit l'Evangile. Pen-
„ dant cette priére, le malade vit S. Maur devant en
„ habit de Bénédictin, & ce malheureux berger à sa
„ gauche, le visage ensanglanté de cinq coups de cou-
„ teau, ayant sa houlette en sa main, & ses deux chiens
„ à ses côtez. Dans ce moment le malade cria tout haut
„ dans l'Eglise, miracle, miracle, quoiqu'il n'eût pas
„ dessein de crier, & assura qu'il étoit guéri; comme
„ il le fut en effet. Au sortir de l'Eglise, il s'en alla à
„ Paris accompagné de deux personnes seulement, trou-
„ ver Madame sa mére, pour lui apprendre & lui faire
„ voir qu'il étoit effectivement guéri, & renvoya le
„ reste de son escorte à Noisy apprendre sa guérison à
„ Mr. son Pére qui y étoit. On est obligé de remar-
„ quer en cet endroit que la neuvaine qui a été faite
„ à Riom dans l'Eglise de S. Amable, fut finie le Jeu-
„ di vingt cinquiéme Juin, veille de la guérison du
„ malade.
„ Le vingt neuviéme Juin, ledit Sieur de la Richar-
„ diére retourna à Noisy, où il se promena & chassa
„ l'après diné & les jours suivans. Le Mardi trente
„ Juin, ce malheureux berger le trouva dans des vignes
„ où il chassoit, & après qu'il eut tiré sur des grives,
„ ce berger se leva du pied d'un ceps de vigne, où il
„ étoit assis, & parut devant lui. Ledit Sieur de la Ri-
„ chardiére, surpris de cette vision, lui donna un coup
„ de la crosse de son fusil sur la tête, ce qui obligea ce
„ malheureux de crier, Ah, Monsieur, vous me tuez,
„ & ensuite s'enfuir. Nonobstant ce traitement, le
„ berger revint le lendemain le retrouver. Sitot qu'il
„ l'apperçut, il se jetta à ses genoux, & cria, Mon-
„ sieur, je vous demande pardon; ne me faites point
„ de mal, je vous dirai toutes choses. Ledit Sieur de
„ la Richadiére, l'ayant assuré qu'il ne lui en fetoit
„ point, le Berger lui dit s'appeller Danis, & avoua
„ lui avoir donné le sort dont il avoit été affligé, qu'il
„ le lui avoit donné pour un an: mais qu'il en é-
„ toit guéri par miracle au bout de huit semai-
„ nes, à la faveur des priéres & des neuvaines,
„ que lui & sa famille avoient fait faire au S. Es-
„ prit, à S. Maur, & à S. Amable; & quoiqu'on en
„ eût fait d'autres, le sorcier ne parla que de ces trois-
„ là; & ajouta que le sort dont il avoit été guéri par
„ miracle retombé sur lui Danis. Il en demanda
„ de nouveau pardon, & supplia ledit Sieur de la Ri-
„ chardiére de faire prier Dieu pour lui, disant qu'il ne
„ pouvoit espérer sa guérison que d'un miracle. qu'il

„ re-

,, reconnoiſſoit ne pas mériter. Peu de jours après on
,, écrivit au Sieur Abbé Milanges Chanoine de la Sain-
,, te Chapelle de Riom, d'avoir la charité de faire une
,, ſeconde neuvaine à Saint Amable en faveur de ce mal-
,, heureux; ce qu'il fit avec beaucoup de dévotion.

,, Cependant le bruit de ce ſort s'étant répandu en
,, divers endroits des environs de Noiſy, le Prévôt des
,, Maréchaux de Meaux mit ſes Archers en campagne,
,, à la recherche de ce malheureux qui étoit alors réfu-
,, gié à Torcy, où il fut reconnu. Mais enfin il évita
,, la Maréchauſſée, & paſſa déguiſé par Noiſy, où
,, après avoir tué ſes chiens, jetté ſa houlette dans un
,, bois, & changé d'habit, il vint trouver ledit Sieur
,, de la Richardiére le Dimanche treize Septembre, au-
,, quel il raconta la manière en laquelle il s'étoit ſauvé,
,, & avoit évité de tomber entre les mains des Achers
,, qui le pourſuivoient, que les bonnes priéres qu'il
,, avoit fait faire l'avoient guéri, & que Dieu lui avoit
,, fait miſéricorde, quoiqu'il y eût vingt ans qu'il n'eût
,, approché des Sacremens; qu'enfin il avoit été con-
,, feſſé à Torcy, & qu'après un mois de préparation & de
,, remiſe, il avoit reçu l'abſolution de ſes péchez, &
,, avoit enſuite été admis à la Sainte Communion, qu'il
,, ſe recommandoit toujours à ſes bonnes priéres, qu'il
,, ne le verroit plus, & qu'il s'en alloit ſans ſavoir où,
,, le plus loin qu'il pourroit.

,, Huit ou dix jours après, ledit Sieur de la Richar-
,, diére reçut une lettre d'une femme, ſe diſant parente
,, dudit Danis, portant qu'il étoit mort fort repentant,
,, qu'il l'avoit chargée en mourant de l'informer de ſon
,, décès, & de le prier de faire dire une Meſſe de Re-
,, quiem pour le repos de ſon ame, ce qui a été ponc-
,, tuellement exécuté.

Il ne faut point d'empreſſement pour voir des choſes extraordinaires, mais il ne faut pas auſſi les négliger lorſqu'elles arrivent. Il en faut tirer le bien qui en
revient, tâcher d'empêcher les maux qui en pourroient naître, & s'apliquer ſur tout à diſcerner s'il y
a de la fourberie, ce qu'il peut y avoir de naturel,
ce qui tient du miracle ou du ſortilege. Je crois que
tout ce que nous avons dit dans le premier livre,
pourra ſervir à faire ce diſcernement.

Au reſte quand on fait l'examen de quelque pratique
extraordinaire, il faut être ferme dans les principes; &
quand il eſt clair qu'un effet ne peut arriver naturellement, ne pas héſiter ſur ce point. Il y a par exemple
des perſonnes, qui ſoit la nuit ou le jour, devinent quelle heure il eſt, en tenant ſuſpendu dans un verre avec
de la ſoye ou du fil une bale de plomb, un anneau,
un cachet, ou un clou qui ſonne l'heure qu'il eſt; en
frapant contre le verre autant de coups qu'il eſt d'heures. Pour ſavoir ſi c'eſt-là un effet naturel ou non, il
faut premiérement examiner s'il n'y a point quelque
fourberie: car il me ſemble qu'il eſt fort poſſible qu'un
homme adroit faſſe ſonner imperceptiblement autant de
coups qu'il voudra. Mais ſi cela ſe fait entre les mains
de quelque perſonne ſans fraude & ſans adreſſe, comme
en effet j'ai vu des perſonnes de probité, qui ſe ſervoient
fort ſimplement de ce ſecret, ſoit pour deviner l'heure,
ſoit pour contenter la curioſité de quelques perſonnes
qui vouloient voir l'expérience: cela ſuppoſé, il eſt
certain que l'effet n'eſt pas naturel.

La raiſon en eſt évidente; c'eſt que les Corps agiſſent
néceſſairement de la même manière dans les mêmes circonſtances phyſiques, indépendamment de la convention des hommes. Or les heures que les horloges ſonnent, & qu'on veut faire deviner à l'anneau, ou au
clou, dépendent entiérement de la volonté des hommes,
qui pourroient changer la diviſion des heures. S'il plai-
ſoit au Roi, on pourroit faire ſonner la première heure
aux horloges, une heure après le Soleil levé, ſuivant
l'ancienne coutume. Alors les horloges ſonneroient ſix
heures dans le tems qu'elles en ſonnent à préſent douze.
On pourroit bien auſſi ſuivre la coutume d'Italie, où
l'on diviſe les jours en vingt quatre heures, en commençant par le ſoir. Ainſi tous les jours à midi, par exemple, les horloges d'Italie marquent dix ſept, dix huit
ou dix neuf heures ſelon les ſaiſons, lorſque celles de
France ne marquent que douze heures. Voudroit-on
que l'anneau ou le clou euſſent aſſez d'eſprit, pour ſavoir combien d'heures il plait aux hommes de faire ſonner aux horloges dans les Pays où l'on a recours à l'anneau, ou au clou, pour deviner quelle heure il eſt?

Mais, dit-on, c'eſt l'artére qui donne ce mouvement
à l'anneau. Or le mouvement du ſang peut dépendre
de celui du Soleil, qui régle les heures. Car il y a beaucoup de rapport entre le Soleil & le ſang.

Rép. Un tel raiſonnement ne doit tromper perſonne
après qu'on vient de voir que les heures des horloges que
l'on fait deviner à l'anneau dépendent de la volonté des
hommes, qui pourroient diviſer les heures du jour d'u-
ne toute autre manière. Si le mouvement de l'artére du
doigt faiſoit frapper l'anneau ou le clou, il fraperoit autant de coups à trois heures après midi, qu'à onze heures du matin; car l'artére ne bat pas moins aſſurément
trois heures après le repas, qu'une heure avant diner.
Diſons même que l'anneau ne ceſſeroit jamais de frapper, parceque le mouvement de l'artére ne s'arrête pas.
Mais ce ſont-là, comme nous venons de dire, des raiſonnemens qui ne demandent pas qu'on s'y applique,
& qui montrent ſeulement qu'il n'eſt rien ſur quoi certaines perſonnes ne puiſſent s'éblouir & ſe brouiller par
quelque galimatias. Ceux qui ne s'expoſent pas à en faire, avouent de bonne foi qu'on ne peut rendre aucune
bonne raiſon de ce prétendu ſecret. Ils doivent même
reconnoitre qu'on prouve clairement que l'effet n'eſt pas
naturel.

Mais, dit-on encore, que penſer donc de ceux entre
les mains de qui l'anneau ſonne? Ce ſont des perſonnes
de probité, de mérite, de diſtinction. Faut-il les mettre au nombre des ſorciers? Ils n'ont point fait de pacte, ils ne ſe ſont jamais donnez au Diable. Que direz-
vous donc d'eux? Nous dirons ce que nous avons dit.
en traitant des moyens de juger des effets ſurprenans, que
bien des gens s'excuſent mal à propos ſur ce qu'ils n'ont
point fait de paête. Que les Intelligences peuvent agir,
ſans que nous ayons fait de paête avec elles. Que le pouvoir des eſprits ne dépend pas de nous, puiſqu'ils peuvent tenter les juſtes malgré eux; qu'il faut qu'on s'en
défie. Que quand le Démon agit ſans que nous y donnions aucune occaſion, nous n'offenſons pas Dieu;
mais que ſi nous recourons à une pratique douteuſe, &
que le Démon y agiſſe, nous ſommes alors cenſez entrer en commerce avec lui. L'un tient l'anneau ſuſpendu, l'autre le remue; voilà le commerce qui eſt prohibé aux (a) Chrétiens. Il n'eſt pas néceſſaire d'examiner
ſi l'on dit des paroles, ou ſi l'on n'en dit point. On ne
prononce rien à préſent. Autrefois on diſoit un verſet
d'un Pſeaume, ainſi que le rapporte Cajetan, qui s'a-
pliqua à détromper quelques perſonnes de cet uſage ſuperſtitieux. Qu'on prononce des paroles, ou qu'on n'en
prononce point, l'effet n'eſt pas naturel, lorſqu'il arrive ſans adreſſe & ſans fourberie.

Mais comment ſe perſuader que des Intelligences agiſſent dans de ſemblables pratiques? *Rép.* On doit juger
par d'autres yeux que par ceux du corps, & raiſonner
ſur des principes conſtans ſur leſquels on demeure ferme.
On vient de voir que l'effet ne peut être naturel; d'où
il ſuit néceſſairement qu'il y a ici ou fourberie ou diablerie: il faut qu'on opte. Car la foi & la raiſon ne reconnoiſſent que deux Subſtances, une corporelle, l'autre ſpirituelle. Ce qui ne vient pas des Corps, eſt produit néceſſairement par les Eſprits bons ou mauvais,
Nous reconnoiſſons l'action des bons dans les ſignes qui
tendent à affermir la foi, ſoutenir la Religion Catholique, ſanctifier les Chrétiens; & nous appercevons les
effets des Intelligences déréglées dans les ſignes qui ne
ſervent qu'à amuſer les hommes, à contenter leur curioſité ou leur cupidité. Encore un coup il faut avoir des
principes ſolides, & s'y tenir ferme. Ceux que nous
avons

______

(a) Nolo vos fieri ſocios Dæmoniorum.

avons exposez dans cet Ouvrage pourront servir en une infinité de rencontres. Il ne faut que les appliquer aux pratiques qui sont encore en usage dans le monde, & qui paroissent embarrassantes.

Pour se convaincre de la fausseté de ce qu'on dit communément que le Parlement de Paris ne reconnoît point de sorciers, il suffit de rapporter les termes d'un Arrêt rendu en 1601. contre quelques Habitans de Champagne accusez de sortilége.

L'Arrêt veut qu'ils soient envoyez à la Conciergerie par les Juges subalternes ; *ains enjoint les envoyer incontinent & sans délais ès prisons de la Conciergerie, à peine de privation de leurs charges.* Et le Plaidoyer supposant que les devins & les sorciers doivent être rigoureusement punis, tend seulement à faire observer une procédure exacte & réguliére pour les découvrir & les punir.

Mr. Servin, Avocat-Général & Conseiller d'Etat, prouve au long par l'ancien & le nouveau Testament, par la Tradition, les Loix & les Historiens, qu'il y a des devins, des enchanteurs, & des sorciers, & réfute ceux *qui veulent couvrir leur doctrine de l'ombre de l'Astrologie judiciaire, & osent écrire qu'il n'y a point de sorciers, & que ce n'est qu'illusion d'humeur phantastique.*

Il montre en second lieu que les devins & ceux qui usent de sortilége, doivent être punis, non seulement par les Loix générales de l'Ecriture & des Saints Decrets, mais spécialement en France par les Constitutions de nos Rois: „ (*a*) A raison de quoi ils ont été jugez „ exécrables par les saints Décrets en suivant la Loi „ Mosaïque ; & spécialement par la Constitution qui est „ écrite au premier Livre des Capitulaires des Rois „ Charlemagne & Louis le Debonnaire, chap. 64". (*b*).

Toute la précaution que le Procureur-Général demande est, qu'on ne punisse qu'après des preuves certaines & évidentes. C'est ce que le Parlement de Paris observe, & voici, ce me semble, les maximes de ce Parlement, si distingué par sa sagesse, ses lumiéres, & son intégrité.

1. De peur de prendre des illusions pour des réalitez, le Parlement ne fait ni rechercher ni punir ces prétendus sorciers qui ne nuisent à personne, & qui vont, dit-on, invisiblement à des assemblées nocturnes. Il ne fait en cela que suivre les maximes des anciens (*c*) Capitulaires du neuviéme siécle, qui laissent à l'Eglise le soin de faire rougir de honte & de punir par l'excommunication ceux qui ont recours à des sortiléges, pour se procurer quelque avantage, & qui ne craignent pas d'attendre quelque bien du Démon.

Ces Capitulaires recommandent aussi aux Pasteurs de l'Eglise, d'instruire & de désabuser les fidéles sur ce qu'on disoit de plusieurs femmes qui alloient au Sabat, c'est-à-dire, qui croyoient se trouver à des assemblées nocturnes avec Diane, & faire pendant la nuit de fort longs voyages avec elle & un très grand nombre de femmes (*d*). On veut que l'on fasse entendre que ce sont-là des réveries de cerveaux creux, ou des illusions produites par l'Esprit séducteur.

On peut donc laisser à l'Eglise le soin d'instruire & de corriger ses enfans sur les sortiléges qui ne nuisent visiblement à personne. Il est seulement à souhaiter que les Parlemens & la police aident à l'Eglise, & empêchent qu'on ne souffre des gens qui font une espéce de profession de deviner, soit par l'eau, par le sas, ou par d'autres moyens. Nos Rois ont souvent ordonné à tous Juges de punir ces sortes de personnes par des peines pécuniaires, & par le bannissement. Les (*e*) Ordonnances de Charles VIII. en 1490. & de Charles IX. dans les Etats d'Orléans en 1560. sont formelles sur ce point, & elles se trouvent renouvellées par une Ordonnance qu'un des plus grands & religieux Rois donna en forme de Déclaration au mois de Juillet 1682. dont le second article *défend expressément toutes pratiques superstitieuses de fait, par écrit, ou de parole, soit en abusant des termes de l'Ecriture Sainte, ou des prières de l'Eglise, soit en disant ou en faisant des choses qui n'ont aucun raport aux causes naturelles, & ordonna que ceux qui les auroient mis en usage, & s'en seroient servis, seroient punis exemplairement suivant l'exigence des cas.* Il est en effet bien raisonnable qu'on interdise, autant qu'il est possible, toutes ces sortes de superstitions. Car si l'art de ces personnes qui devinent, ou prétendent deviner, réussit quelquefois par le secours du Démon, il est condamnable ; & s'il n'y a dans leur art que fourberie, il doit aussi être absolument interdit, parcequ'il ne faut pas permettre aux hommes de se tromper publiquement les uns les autres, sur tout par des pratiques, qui sous quelque avantage apparent, pourroient nuire à plusieurs personnes.

Le troisiéme article ordonne, *que s'il se trouvoit des personnes assez méchantes pour ajouter & joindre à la superstition l'impiété & le sacrilége, ceux qui en seront convaincus soient punis de mort.*

2. Le Parlement veut des preuves certaines & évidentes, & ne condamne pas facilement au feu, comme on le fait en Allemagne & en plusieurs autres endroits. Il est constant qu'il a infirmé ou modéré un grand nombre de Sentences des Juges subalternes, & qu'il a même plusieurs fois renvoyé absous des prétendus sorciers, qui avoient été condamnez au feu à Troyes & ailleurs, parcequ'on a craint de condamner des visionnaires plutot que des malfaiteurs.

3. Lorsqu'il est évident que quelques personnes ont porté préjudice au prochain par des maléfices, le Parlement les punit rigoureusement jusqu'à la peine de mort. Ce qui se fait non seulement par la Loi contre les homicides, mais encore par les autres Loix contre ceux qui usent de maléfices. Les Capitulaires de France publiez au Concile de Cressy en 873. l'ordonnent expressément (*f*).

Cela s'est observé & s'observe encore dans le Parlement de Paris, comme on peut le montrer par un grand nombre d'Arrêts. Bodin qui écrivoit en 1580. en a ramassé

(*a*) Pag. 220.

(*b*) Præcipitur ut incantatores, &c. ubicumque sint emendentur vel damnentur.

(*c*) Capit. XIII. de sortilegiis & Sortiariis. *tom. 2. col.* 365. Ut Episcopi Episcoporumque Ministri omnibus viribus elaborare studeant, ut perniciosam, & à Diabolo inventam, sortilegam & maleficam artem penitùs ex parochiis suis eradant, & si aliquem verum aut feminam hujusce sceleris sectatorem invenerint turpiter dehonestatum de parochiis suis ejiciant ..... subversi sunt & à Diabolo capti tenentur qui, derelicto Creatore suo, à Diabolo suffragia quærunt. Et ideo à tali peste mundari debet Sancta Ecclesia.

(*d*) Illud etiam non omittendum, quod quædam sceleratæ mulieres retrò post Satanam conversæ Dæmonum illusionibus & phantasmatibus seductæ credunt se & profitentur nocturnis horis cum Dianâ Paganorum Deâ, & innûmerâ multitudine mulierum equitare super quasdam bestias, & multa terrarum spatia intempectæ noctis silentio pertransire, ejusque jussionibus velut dominæ obedire. & certis noctibus ad ejus servitium evocari. Sed utinam hæ solæ in perfidiâ suâ periissent, & non multos secum in infidelitatis intentum pertraxissent. Nam innumera multitudo hac falsâ opinione decepta, hæc vera esse credit, & credendo à rectâ fide deviat, & in errorem Paganorum revolvitur, cùm aliquid divinitatis aut numinis extrà unum Deum esse arbitratur. Quapropter Sacerdotes per Ecclesias sibi commissas, populo cum omni instanciâ prædicare debent ut noverint hæc omnimodis falsa esse, & non à divino, sed à maligno Spiritu talia phantasmata mentibus infidelium inrogari, Si quidem ipse Satanas, qui transfigurat se in Angelum lucis cùm mentem cujuscumque mulierculæ ceperit, & hanc sibi per infidelitatem, & incredulitatem subjugaverit, illicò transformat se in diversarum personarum species, atque similitudines, & mentem quam captivam tenet, in somniis deludens, modò læta, modò tristia, modò cognitas, modò incognitas personas ostendens per devia quæque deducit; & cùm solus spiritus hæc patitur, infidelis mens hæc, non in animo, sed in corpore, evenire opinatur. *Ibid.*

(*e*) Conférences des Ordonnances. *tom.* 1. *Liv. IX. tit.* 12.

(*f*) Et quia audivimus quod malefici homines & sortiariæ per pluræ loca in nostro regno insurgunt, quorum maleficiis jam multi homines infirmati, & plures mortui sunt; quoniam, sicut Sancti Dei homines scripserunt, Regis ministerium est impios de terrâ perdere, maleficos & veneficos non sinere vivere, expressô præcipimus ut unusquisque Comes in suo comitatu magnum studium adhibeat ut tales perquirantur & comprehendantur. *Tom. 2. col.* 230.

maffé plufieurs. En voici quelques uns depuis cette datte, qui ont été tirez des Regiftres du Parlement, & qui n'ont été rapportez que dans deux Factums fort rares de 1688. & 1691.

Par Arreft du 6. Mai 1585., Simonne Renaud pour fortilége fut pendue & brulée.

Par autre Arreft du 7. Septembre 1585., Antoine Caron fut pendu & brulé.

Par autre du 14. dudit mois, François Jeffeaume fut auffi pendu & brulé pour même crime.

Par autre du 16. Fevrier 1591., Jeanne Darenne pour fortilége fut pendue.

Par autre du 28. Novembre 1593., Marguerite le Roux pour fortilége fit amande honorable, & fut pendue & brulée.

Par autre du 7. Décembre de la même année, Jeanne Rouffard pour fortilége fut pendue & brulée.

Par autre du 14. du même mois, Françoife Sufanne pour fortilége & maléfice fut pendue & brulée.

Par autre du 30. Décembre de la même année, Jeanne Collier pour fortilége fur des bêtes fut pendue & brulée.

Par autre Arreft du 4. Aouft 1601., Nicolas Guillaume fut condamné à faire amande honorable, & être pendu & brulé.

Par autre du 18. Aouft 1602., Jeanne Rolant fut condamnée au même fuplice pour femblables maléfices.

Par autre du 26. Novembre 1604., Philibert le Doux pour crime de léze-Majefté divine, maléfice & fortilége, avoir renoncé à Dieu & adoré le Diable, fut pendu & brulé.

„ Outre ces Arrêts on fait qu'en 1609. la Province
„ de Labour, qui eft dans le reffort du Parlement de
„ Bordeaux, s'étant trouvée infectée de forciers, dont
„ les crimes & maléfices abominables demeuroient im-
„ punis, parceque perfonne n'ofoit fe rendre leur par-
„ tie, le Roi Henri IV. fit expédier une Commiffion
„ au mois de Mai 1609., adreffée aux Sieurs Defpagnet
„ Préfident à Mortier au Parlement de Bordeaux, de
„ l'Ancre Confeiller en ladite Cour, (qui fut enfuite
„ Confeiller d'Etat) & à un Procureur Général, de
„ la Commiffion par elle nommé pour fe tranfporter fur
„ les lieux, & faire le procès aux coupables, & ces Ju-
„ ges firent bruler plus de fix cens perfonnes, qui
„ avoient fait des fortiléges horribles.

Ce fut vers ce même tems qu'on brula tout vif à Aix en Provence le 30. Avril 1611. Louis Gaufridi, *atteint, confez & convaincu d'un grand nombre de fortiléges*, pour me fervir des termes de l'Arrêt inféré au Mercure (a) François de la même année.

Quelque tems après le Parlement de Paris qui condamna la Maréchale d'Ancre à avoir la tête tranchée, & à être réduite en cendres, ce qui fut exécuté le 8. de Juillet 1617., mit au nombre des caufes de la condamnation le crime de fortilége. Mais plufieurs dirent que ce dernier grief n'étoit pas affez prouvé, & qu'il étoit furnuméraire.

Enfin pour venir aux Arrêts qui ont été donnez de nos jours, il faut dire quelques mots des procès criminels qui ont été faits à plufieurs Bergers de la Province de Brie, pour des fortiléges étonnans.

Depuis 1687. jufqu'en 1691, de miférables Bergers avoient fait mourir par des fortiléges pour plus de cent mille écus de beftiaux. Quelques uns de ces Bergers furent condamnez par la haute-juftice de Pacy, à Brie-Comte-Robert, qui eft à fix lieues de Paris, à être pendus & brulez. Il y eut appel de ces Sentences, & le Parlement de Paris les infirma, condamnant feulement les criminels aux galéres, parceque quelques juges trouvant lieu de douter fi la mort des beftiaux n'étoit point arrivée naturellement par des poifons qu'on appelle des gogues, les voix furent partagées, & l'avis paffa au plus doux. Mais enfin il n'y eut plus lieu de douter que la mort des beftiaux ne fût arrivée par fortilége, & qu'il

n'y eût du furnaturel dans les faits de ces Bergers. Cela fut connu en plufieurs maniéres, & parut fur tout évidemment par un fait étrange qui ne peut être révoqué en doute, rapporté dans les procès verbaux, & énoncé dans trois factums qui furent imprimez. Je crois qu'il eft bon de raconter ce fait, car les piéces imprimées dans lefquelles plufieurs perfonnes ont vu le détail, font devenues fi rares, & le feul exemplaire qui refte entre les mains de Mr. le Févre Sécretaire du Roi, eft déja fi ufé à force d'avoir été lui, qu'en peu de tems il ne fera plus poffible de le lire. Voici donc le fait que je pourrois raconter fur le recit de témoins oculaires, qui jufqu'alors n'avoient point cru aux fortiléges, & qui depuis ce tems ont bien changé de fentimens & de l'angage. Cependant de peur d'altérer quelques circonftances, je ne ferai que tranfcrire ce qui fut imprimé dans les Factums, qui produifirent l'effet pour lequel ils étoient compofez.

„ Un Berger nommé Hocque convaincu d'avoir fait
„ mourir beaucoup de beftiaux par des fecrets peu con-
„ nus, fut condamné aux galéres par Sentence de la
„ Haute Juftice de Pacy du 2. de Septembre 1687.
„ confirmée par Arreft de la Cour du 4. Octobre fui-
„ vant. On avoit cru d'abord que ledit Hocque ne s'é-
„ toit fervi que de gogues & d'autres voyes naturelles
„ pour faire mourir les beftiaux, & c'eft pour cela
„ qu'il fut feulement condamné aux galéres. Mais ce
„ qui s'eft paffé dans la fuite a bien fait connoitre le
„ contraire, parceque l'on a vu que depuis fa condam-
„ nation la mortalité ne ceffoit point fur les beftiaux,
„ dont la caufe s'eft découverte par des voyes furpre-
„ nantes, & comme par un effet de la Juftice de
„ Dieu.

„ Hocque étant à la chaine avoit pour camarade un
„ autre forçat attaché près de lui nommé Beatrix, hom-
„ me d'efprit avec lequel il buvoit ordinairement. Bea-
„ trix le faifant raifonner fur les moyens dont il s'étoit
„ fervi pour faire mourir un fi grand nombre de beftiaux,
„ tira de lui un aveu ingénu dans le vin de tout le mys-
„ tére; qui eft qu'il fe fervoit d'une charge d'empoi-
„ fonnement, appellée entre eux les neuf Conjuremens,
„ laquelle fubfiftoit toujours; lui dit que c'eft une cho-
„ fe en ufage parmi les Bergers de Brie, lui expliqua
„ même de quelle maniére cette charge étoit compofée.
„ Beatrix croyant que c'étoit une occafion de faire un
„ fervice confidérable au Seigneur de Pacy, & qu'il en
„ pourroit tirer quelque récompenfe, en avertit le Com-
„ mandant de la Tournelle, & ayant encore fait boire
„ ledit Hocque, lui confeilla de faire lever cette char-
„ ge, qui caufoit un mal dont il ne pouvoit tirer au-
„ cun profit, ce qu'il lui dit ne pouvoir faire en l'état
„ où il étoit, mais qu'il avoit un ami nommé Brafdefer
„ demeurant proche de Sens en Bourgogne, qui en fa-
„ voit les moyens, & auquel, à la perfuafion dudit
„ Beatrix, il écrivit une lettre, qu'il adreffa à Nicolas
„ Hocque fon fils, lui manda de fe tranfporter chez
„ Brafdefer, & lui défendit de lui dire que ce fût lui
„ qui avoit fait cette charge, ni l'état où il étoit. Cet-
„ te lettre étant partie, & les fumées du vin paffées,
„ Hocque fit réflexion fur ce qu'il avoit fait, & com-
„ mença à fe tourmenter, fit des hurlemens, & fe plai-
„ gnit d'une maniére étrange, difant que Beatrix l'avoit
„ furpris, qu'il feroit caufe de fa mort, & qu'il falloit
„ qu'il mourût à l'inftant que Brafdefer léveroit la
„ charge de Pacy, fe jetta fur Beatrix qu'il vouloit
„ étrangler, & excita même les autres forçats contre
„ lui, par la pitié qu'ils avoient du defefpoir de Hoc-
„ que: en forte qu'il falut que le Commandant de la
„ Tournelle vînt avec fes Gardes, les armes à la main
„ pour apaifer ce défordre, & qu'il tirat ledit Beatrix
„ de leurs mains.

„ En effet Brafdefer à fon arrivée à Pacy, étant
„ entré dans les écuries, & par des figures & des im-
„ piétez exécrables, ayant trouvé effectivement la
„ charge d'empoifonnement qui étoit fur les chevaux
„ & fur les vaches, la jetta au feu en préfence du
„ Fer-

„ Fermier de Pacy & de ses domestiques. Mais à
„ l'instant il témoigna y avoir grand regret, & que
„ l'Esprit lui avoit révélé que c'étoit Hocque qui
„ avoit fait ladite charge, & qu'il étoit mort à six
„ lieues dudit Pacy, dans le tems qu'il l'avoit levée,
„ sans savoir qu'il fût à Paris, ni en prison. Ce qui
„ se trouva véritable, tant par l'information faite par
„ le Commissaire le Marié au Château de la Tournel-
„ le, que par celle faite par le Juge de Pacy sur les
„ lieux, qu'au même jour & à la même heure que
„ Brasdefer avoit commencé à lever ladite charge,
„ Hocque qui étoit un homme des plus forts & des
„ plus robustes, étoit mort en un instant, dans des
„ convulsions étranges, & se tourmentant comme un
„ possédé, sans vouloir entendre parler de Dieu ni
„ de Confession. Ce qui fait voir sensiblement qu'il
„ y a quelque chose de surnaturel dans les maléfices de
„ ces Bergers.

„ Si la Cour desire s'éclaircir de ce fait concernant
„ l'étrange mort de Hocque, elle en trouvera la preu-
„ ve dans son Greffe, avec le procès qui a été depuis
„ fait, tant audit Brasdefer, qu'aux enfans dudit Hoc-
„ que, & aux nommez Petit Pierre & Jardin Ber-
„ gers, trouvez complices.

Tous ces complices & quelques autres Bergers furent condamnez aux galéres par divers Arrêts. Cependant le mal ne cessoit point, & l'on continua d'en
chercher la cause: „ On trouva des Bergers saisis de
„ Livres manuscrits, contenans plusieurs moyens de
„ faire mourir les bestiaux, attenter à la vie des hom-
„ mes, & à l'honneur des hommes. Et ceux qui fu-
„ rent pris & interrogez *reconnurent avoir fait des char-*
„ *ges d'empoisonnemens sur les bestiaux, appellées entre*
„ *eux le beau Ciel-Dieu, avec des parties de la Sainte*
„ *Hostie, qu'ils prenoient à la Communion, des excré-*
„ *mens d'animaux, & un écrit avec du sang des mêmes*
„ *animaux, mêlé d'Eau-benite, & les paroles mention-*
„ *nées au procès.*

Mr. le Févre, Sécretaire du Roi Seigneur de Pacy,
qui avoit souffert un grand dommage par ces misérables Bergers, en fit encore saisir deux en 1691. Pierre
Biaule & Medard Lavaux, qui avouérent leurs sortiléges, & furent condamnez à être pendus & brulez,
par Sentence du Bailly de Pacy le 26. Octobre 1691.
Cette Sentence fut confirmée en ce point par un Arrêt du Parlement de Paris, imprimé sous ce titre: *Ar-*
rêt de Nosseigneurs de la Cour du Parlement de Paris
rendu contre les nommez Pierre Biaule & Medard La-
vaux, Bergers forciers de la Province de Brie.

Vu par la Cour le procès criminel fait par le Bailly de
la Châtellenie de Pacy en Brie, à la requête du Procu-
reur Fiscal de ladite justice Demandeur & Accusateur,
contre Pierre Biaule & Medard Lavaux de la Province
de Brie, Defendeurs & Accusez prisonniers en la Con-
ciergerie du Palais, Appellans de la Sentence contre eux
rendue par ledit Siége le 26. Octobre dernier, par laquel-
le lesdits Biaule & Lavaux, sont déclarez duement at-
teints & convaincus de superstitions, d'impiétez, sacrilé-
ges, prophanations, empoisonnemens & maléfices mention-
nez au procès, & par le moyen d'iceux fait mourir de
dessein prémédité deux chevaux, quarante six moutons;
&c. pour réparation de quoi suivant l'article troisiéme de
l'Ordonnance du Roi du mois de Juillet 1682. condam-
nez de faire amande honorable nuds en chemise, ayans
la corde au cou … ce fait menez & conduits en la gran-
de Place dudit Pacy, pour y être pendus & étranglez à
des potences, qui pour cet effet y seront plantées … ce
fait leurs corps jettez au feu & les cendres au vent …
Ladite Cour renvoye lesdits Lavaux & Biaule prisonniers
par devant ledit Bailly de Pacy pour l'exécution. Fait en
Parlement le 18. Décembre 1691. prononcé & exécuté le
22. Décembre 1691. audit lieu de Pacy.

Voilà de quelle manière le Parlement en use, lorsque les faits sont constans. Il résulte de tout cela que
le Parlement de Paris reconnoît des sortiléges par lesquels on nuit au prochain, & qui doivent être rigoureusement punis.

La quatriéme maxime de cette auguste Compagnie,
est de ne faire examiner les personnes accusées de sortilége, que par des voyes naturelles & légitimes, & de
rejetter par conséquent celles qui ne le sont pas.

CHAPITRE IV.

Qu'il faut vérifier autant que l'on peut les
choses extraordinaires. Extrait d'une let-
tre de M. Nicole. Histoire de la Muette
qui disoit avoir recouvré la parole au tom-
beau de Jaques II. Roi d'Angleterre. His-
toire d'une fille cataleptique.

ON ne sait rien, quand on ne suit point de près
les événemens qu'on donne pour extraordinaires. Faute de preuves, les personnes judicieuses ne
font aucun usage de ces faits; & tout ce qui en résulte, c'est que les esprits forts en prennent occasion
de tourner en ridicule ceux qui sont incontestables. Il
importe donc de s'assurer de la vérité de ces choses extraordinaires.

M. Nicole (a) a écrit à ce sujet une lettre, dont
une partie mérite d'être insérée ici. Outre qu'elle est
pleine de principes solides, elle renferme des faits très
curieux.

„ Quittons, s'il vous plait, l'hypothése de M. Lec-
„ fédal, qui est plus embarassée, & prenons un autre
„ cas. Faut-il, par exemple, examiner, si ce qu'on
„ dit être arrivé à la sœur Ser …. est vrai ou non?
„ Je parle de cet enlévement extraordinaire devant tou-
„ tes ses sœurs. Si on le trouvoit faux ou incertain,
„ cela nuiroit au Monastére, si on le trouvoit vrai,
„ cela serviroit à l'Eglise. Que faut-il faire dans cette
„ espérance, & dans cette crainte? Je dis qu'il le faut
„ examiner. Si on n'examine aucune des choses extra-
„ ordinaires que Dieu fait en ce tems, & qu'il fait
„ sans doute à dessein qu'elles soient utiles, elles sont
„ toutes inutiles, non seulement aux gens de bien,
„ mais à toutes les personnes sensées. Car il y a un
„ tel mélange de vrai & de faux, par la crédulité,
„ l'imposture, le manquement de lumiére de ceux qui
„ les rapportent; qu'une chose extraordinaire que l'on
„ propose, & qui n'est pas distinguée de la foule des
„ autres par quelque marque particuliére, doit selon
„ la raison être rejettée; c'est-à-dire qu'on n'y doit
„ point avoir d'égard. Cela suposé, je demande; si
„ l'Eglise, les gens de bien, les personnes de bon sens
„ doivent être privées de l'utilité d'une merveille que
„ Dieu aura opérée, par cette seule considération,
„ qu'il se pourra peut-être faire que ces examens, ren-
„ dant certaines choses, qui passent pour merveilleuses,
„ incertaines, il y aura des étourdis qui en feront scan-
„ dalisez?

„ Car il ne faut point se tromper: toutes choses ex-
„ traordinaires non examinées & non prouvées, devien-
„ nent inutiles, & plus elles sont grandes, plus elles
„ se tournent facilement en ridicule. Il faut donc avoir
„ un soin extraordinaire de les bien établir, quand on
„ le peut; car quand on les néglige, c'en est fait. Je
„ me souviens sur ce sujet, qu'ayant lu dans la vie
„ d'un certain Carme déchaussé, nommé le Pére Do-
„ minique, qu'il fut élevé en l'air devant le Roi d'Es-
„ pagne, la Reine, & toute la Cour, & qu'il n'y
„ avoit qu'à souffler son corps pour le remuer comme
„ une bouteille de savon, je fis ce récit chez Madame
„ de Longueville pour la divertir. Diverses personnes
„ de fort bon esprit, ne manquérent pas de tourner
„ mon récit en ridicule; & leur principale raison étoit,
„ que ce miracle étant la chose la plus éclatante du
„ monde & la plus importante pour la Religion, on
„ en

(a) Tome VII. Let. 45. pa. 238.

Tt 2

,, en auroit dreffé des actes autentiques, on en auroit
,, fait bâtir quelque monument pour le conferver à la
,, poftérité.

,, Cette raifon n'eft pas fort certaine, car il y a dans
,, les hommes une négligence extrême à donner à la
,, vérité l'autorité qu'elle doit avoir; mais elle fuffit
,, pour faire voir que les plus grandes chofes du mon-
,, de deviennent non feulement inutiles, mais ridicu-
,, les, faute d'être pouffées jufqu'à la certitude.

,, Ne vous imaginez pas de même que fe foit une
,, petite chofe que ce que l'on dit être arrivé à la Sœur
,, Ser .... d'avoir été enlevée, enforte que quatre
,, perfonnes la tirant en bas, n'en purent venir à bout.
,, Cela ne prouve rien pour elle du tout: mais la cho-
,, fe bien vérifiée, prouve Dieu & le Diable, c'eft-à-
,, dire toute la Religion. Auffi ceux à qui l'on rap-
,, porte ces fortes de faits, ne les méprifent point com-
,, me n'étant rien, mais comme étant faux, & ils pren-
,, nent même la négligence que l'on a eue à les vérifier
,, comme une marque de fauffeté. Ainfi fi j'euffe eu
,, quelque autorité au lieu où l'on dit que cela eft ar-
,, rivé, j'aurois bien pouffé la chofe plus loin, & j'au-
,, rois cru rendre fervice à Dieu, en portant ce fait juf-
,, qu'à la dernière évidence.

,, Il eft vrai qu'il y a beaucoup de différence entre
,, la vérification d'une vifion & celle d'un événement
,, extérieur; car une vifion prouve peu quoique véri-
,, fiée, & un événement extérieur prouve beaucoup.
,, C'eft pourquoi, comme il y a moins à gagner &
,, plus à perdre, on y doit être plus retenu. Il y a
,, pourtant quelque chofe à conclure de toutes les dif-
,, férentes vues que M. de Lecfedal a eues; & pourvû
,, que cet examen fe fît avec prudence comme il eft
,, poffible, il ne feroit nullement impoffible d'éviter
,, ce que l'on craint, & de profiter de ce qu'on trou-
,, veroit de certain & d'affuré.

,, Il n'y a rien de fi facile que de fe tromper en ce
,, point, & de penfer que ce qui nous eft certain, le
,, fera auffi aux autres, & de négliger fur cela d'en ap-
,, porter les preuves.

,, Le Cardinal Jaques de Vitry, homme de poids
,, & de mérite, fait par exemple dans la vie de Marie
,, Dogny, le récit des chofes extraordinaires arrivées
,, à une fainte fille encore vivante, que l'on appelle
,, Chriftine l'admirable. Il étoit Confeffeur d'un Mo-
,, naftére où elle étoit, & apparemment le fien; &
,, fur cela il s'eft imaginé que l'on l'en croiroit. Ce-
,, pendant de quelque poids que foit fon autorité, ce
,, qu'il en dit eft fi extraordinaire, que l'on fe moque
,, quand on le rapporte, & M. d'Andilly s'eft cru o-
,, bligé de fe retrancher dans la vie de Marie Dogny
,, qu'il a donnée en François.

,, Si ce Cardinal eût fait autrement, & qu'aulieu
,, de nous payer de fon témoignage, il eût pris la pei-
,, ne de bien vérifier les faits par de bons témoins, &
,, de bien circonftancier ces chofes, on en jugeroit
,, tout autrement, & ces hiftoires ne feroient pas inu-
,, tiles à l'Eglife comme elles le font préfentement.

,, Ne feriez-vous pas bien aife, Monfieur, que les
,, bons Chanoines de Cracovie qui étoient du tems de
,, S. Stanislas, euffent dreffé des procès verbaux bien
,, autentiques de ce mort de trois ans, reffufcité, qui
,, vint rendre témoignage au Roi Boleslas d'une vérité
,, de fait, fur laquelle ce faint étoit calomnié, après
,, quoi le mort fut remis dans fon fepulcre: & de cet
,, autre fait qui n'eft pas moins étrange, que les mem-
,, bres de Saint Stanislas, jettez par morceaux dans les
,, champs, furent reconnus à une certaine lumière, &
,, remis en leur place, enforte qu'il n'y parut aucune
,, cicatrice, comme nous le lifions il y a peu de tems
,, dans le Breviaire? Mais faute de l'avoir fait, ce que
,, l'on dit, ne convaint perfonne.

,, Vous me direz peut-être; quel fi grand bien peut-
,, on efpérer de la vérification entiére, & fans repli-
,, que, d'un corps élevé en l'air un efpace notable,
,, & que quatre perfonnes ne peuvent rabaiffer, com-

,, me on dit qu'il eft arrivé à la Sœer Séraphine?

,, C'eft ce que les bonnes gens comme vous ne
,, comprennent pas, & je ne le comprens point du
,, tout auffi, par rapport à moi; car je n'ai que faire
,, du tout de tout ce miracle. Mais quand je confi-
,, dére de certaines gens, dont le monde eft plein, j'en
,, juge autrement.

,, Il faut donc que vous fachiez, que la grande hé-
,, réfie du monde n'eft plus le Calvinisme ou le Lu-
,, théranisme, que c'eft l'Athéisme; & qu'il y a de
,, toutes fortes d'Athées, de bonne foi, de mauvaife
,, foi, de déterminez, de vacillans, & de tentez. C'eft
,, être trop dur que de dire qu'il ne faut point avoir
,, égard à une fi méchante difpofition. Tout homme
,, vivant, étant fufceptible de la grace de Dieu, il ne
,, faut ni defefpérer du falut d'aucun, ni le priver des
,, moyens extérieurs qui y peuvent contribuer. Les
,, raifons fpéculatives peuvent peu fur l'efprit de ces
,, gens-là, elles n'y font qu'une impreffion fombre.
,, Il n'en eft pas de même d'un miracle, ils n'en dif-
,, putent d'ordinaire que la vérité. Car ils ne font
,, pas affez fins pour dire qu'un corps peut être natu-
,, rellement élevé en l'air un quart d'heure, ils difent
,, nettement que cela n'eft pas.

,, Que gagnera-t-on, me direz vous, quand on au-
,, ra prouvé que ce fait eft vrai? Vous gagnerez tout;
,, car vous les forcerez de conclure qu'il y a un Dia-
,, ble & un Dieu, & c'eft tout ce qu'ils ne croyent
,, pas.

,, Ils ne s'amufent pas à chicaner fur le refte. Cela
,, ne conclut donc rien pour la Sœur Séraphine; mais
,, cela conclut tout pour l'Eglife contre ces fortes de
,, perfonnes. C'eft pourquoi je vous affure que fi j'a-
,, vois eu quelque autorité, au lieu où l'on dit que
,, cela eft arrivé, j'aurois pouffé les chofes plus loin.
,, La plupart du monde ne fonge qu'à foi, ou à ceux
,, qui les environnent, & ils jugent inutile tout ce qui
,, ne leur fert pas, mais il faut étendre fes vues
,, plus loin.

,, Il faut regarder le général de l'Eglife, & toute
,, la poftérité; & les petits inconvéniens particuliers
,, paroiffent peu de chofe, quand on eft occupé de
,, ces vues plus étendues. Faute d'avoir ces vues gé-
,, nérales, on laiffe perdre & diffiper pour l'Eglife tout
,, ce que Dieu y a fait, toutes les marques de fa pré-
,, fence dans le monde & dans l'Eglife. Mais on ne
,, voit point, direz-vous, qu'on ait jamais pris ces
,, foins de vérifier tout jufqu'à la derniére exactitude.
,, Il eft vrai, mais vous en voyez l'effet, c'eft que
,, tout devient incertain & inutile à l'Eglife, & fe
,, tourne enfin en ridicule. Que favez-vous auffi fi
,, cette négligence qui paroit déraifonnable, n'eft point
,, un jugement de Dieu fur ceux qui méritent d'être
,, aveuglez, que Dieu veut par-là priver des lumiéres
,, qui les pourroient redreffer? Or quand cela arrive
,, ainfi par une permiffion de Dieu, la négligence de
,, ceux qui y contribuent n'en eft nullement blama-
,, ble.

Frapé des avantages que la Religion peut tirer de la
vérification des chofes extraordinaires, je me fuis attaché à connoître la vérité d'un miracle qu'on difoit
avoir été fait au tombeau de Jaques II. Roi d'Angleterre. On ne fera pas fâché que je tranfcrive ici un
mémoire, dont je répandis des copies en différens endroits, pour favoir fi cette muette difoit vrai.

,, Après avoir entendu dire qu'une fille, que nos
,, Miffionnaires de Saint Magloire avoient vue muette
,, à la Miffion du Diocéfe de Sens, venoit de recou-
,, vrer la parole au tombeau du feu Roi d'Angleterre,
,, fouhaitant de parler à cette fille pour pouvoir exa-
,, miner fi elle avoit été certainement muette, elle vint
,, à Saint Magloire le matin du 27. Aout 1702. Quel-
,, ques uns de nos péres l'ont interrogée, elle a répon-
,, du à toutes leurs demandes & aux miennes, & j'ai
,, écrit en fa préfence le récit fuivant.

,, Catherine Dupré, âgée de trente ans, fille de
,, Louis

„ Louis Dupré & de Louife Uré, née à Elbeuf à
„ cinq lieues de Rouen, & baptifée auffi à Elbeuf
„ dans la Paroiffe de Saint Jean, devint muette au
„ même lieu le 24. de Juin 1691. jour de Saint Jean-
„ Baptifte. La maniére dont elle perdit la parole, lui
„ donna lieu de croire que c'étoit par l'effet d'un for-
„ tilége, dont un homme déréglé l'avoit menacée fans
„ avoir aucun indice de maladie: deux heures après
„ qu'elle eut reçu un bouquet de cet homme, fa lan-
„ gué fe racourcit tout d'un coup, enforte qu'elle ne
„ pouvoit la porter jufqu'aux dents. Il lui vint fur
„ le creux de la poitrine une tumeur plus groffe que
„ deux poings fermez, fon corps devint noir, & fon
„ efprit tout égaré.

„ Elle demeura à Elbeuf cinq ans dans cet état fans
„ recevoir de foulagement d'aucun reméde, elle
„ paroiffoit folle, & comme on la croyoit enforcelée,
„ on la mena à M. l'Evêque d'Evreux, qui ne pou-
„ vant connoitre la caufe de fon mal, ni le faire gué-
„ rir par les médecins qui n'y comprenoient rien, fit
„ fur elle quelques priéres. Son efprit devint plus
„ tranquile, le corps reprit peu à peu la couleur natu-
„ relle. On la conduifit à Paris pour la faire traiter
„ par diverfes perfonnes, & elle demeura quelques
„ mois à l'Abbaye de Long champ près Paris, d'où
„ elle retourna à Elbeuf.

„ Les cinq ans étant paffez, fon pére & fa mére
„ morts, elle fe joignit à une proceffion pour aller à
„ Notre-Dame de Lieffe. Elle y fit quelques neuvai-
„ nes, & y demeura près de deux mois. Son efprit
„ qui n'étoit plus égaré lui permettant de fe confef-
„ fer, ce qu'elle n'avoit pu faire durant cinq ans; le
„ Curé du lieu la confeffa, en lui lifant un long exa-
„ men de péchez, & lui faifant faire un figne d'appro-
„ bation à l'égard de ceux qu'elle avoit commis.

„ Après plufieurs exercies de piété à Notre-Dame
„ de Lieffe fans recevoir de foulagement extérieur, on
„ lui confeilla d'aller à Sainte Reine autre lieu de dé-
„ votion en Bourgogne au Diocéfe d'Autun. Elle fe
„ mit en chemin demandant l'aumône, autant qu'elle
„ le pouvoit par le fon d'une clochette, par quelques
„ fignes & un billet de M. le Curé de Notre-Dame
„ de Lieffe. Lorfqu'elle fut à Châlons en Champa-
„ gne, on la détourna de continuer fon voyage, à
„ caufe des foldats qui étoient fur les chemins; & un
„ Fermier nommé M. de Montfort la prit pour fer-
„ vante à Satry, où elle a demeuré près de fix ans.
„ Après ce tems, la dévotion la preffant toujours d'al-
„ ler à Sainte Reine, elle y alla avec une de fes amies.
„ Elle y fit trois neuvaines, & y demeura près de
„ deux mois; le Prêtre de l'Hôpital eut beaucoup de
„ charité pour elle, il la confeffa à peu près de la ma-
„ niére qu'elle s'étoit confeffée à Notre-Dame de Lief-
„ fe, & la fit communier.

„ Son incommodité ne diminua point, & elle fouf-
„ frit même beaucoup intérieurement, parcequ'il y a
„ des gens affez fimples, ou affez vifionnaires, pour
„ affurer que ceux qui font en état de grace doivent
„ voir des lumiéres fur un certain Château auprès de
„ Sainte Reine. On demanda à cette fille fi elle vo-
„ yoit des lumiéres femblables à des flambeaux allumez,
„ elle n'en vit jamais, & l'on ne manqua pas de lui
„ dire qu'elle n'étoit pas en état de grace, & qu'elle
„ devoit avoir caché quelque péché. Cela l'embaraffa
„ beaucoup. Elle quitta ce pays, & apprit en s'en
„ retournant qu'il devoit y avoir une Miffion auprès
„ de Melun. C'eft la Miffion que les Péres de l'O-
„ ratoire de cette Maifon de S. Magloire avoient faite
„ à Blandy aux Mois de Juin & de Juillet 1702. Cet-
„ te fille logea chez un Fermier qui louoit une maifon
„ aux Miffionnaires, & qui blanchiffoit leur linge.
„ Un domeftique de S. Magloire, voyant qu'elle
„ blanchiffoit fort bien, lui demanda fi elle vouloit
„ venir à Paris. Elle en parut bien aife, & y étant
„ venue, elle fut placée chez le blanchiffeur de cette
„ maifon, qui demeure au village de Vanvres. La fem-

„ me du blanchiffeur, fes filles, & fes fervantes, ap-
„ percevant fur la poitrine de cette fille une groffe tu-
„ meur qui l'empêchoit de fe laffer, & d'ailleurs la
„ voyant muette, lui dirent qu'il fe faifoit depuis quel-
„ que tems plufieurs miracles à la Chapelle du Roi
„ Jaques, & qu'elle devoit y faire une neuvaine. On
„ l'y mena le jour de l'Affomption de la Sainte Vier-
„ ge, le 15. Aout 1702, & elle s'en retourna très in-
„ quiette, n'ayant pu fe confeffer. Elle n'eut pas le
„ loifir d'y venir les jours fuivans, & n'y revint que
„ le jour de l'Octave de la Vierge 22. Aout. Après
„ qu'elle eut paffé trois quarts d'heure devant la Cha-
„ pelle où repofe le corps du Roi, elle fentit fon corps
„ tout en eau, & tomba en pamoifon; en forte qu'un
„ petit garçon qu'on lui avoit donné pour l'accompa-
„ gner eut peur, s'enfuit, & la laiffa feule. Mais des
„ perfonnes qui étoient encore dans l'Eglife vers midi
„ vinrent à elle, la menérent hors la porte pour lui don-
„ ner de l'air, & tout à coup elle dit qu'elle avoit été
„ muette durant près de douze ans, & que Dieu ve-
„ noit de lui donner la parole par l'interceffion du Roi
„ Jaques. Sa langue qu'elle ne pouvoit avancer juf-
„ qu'aux dents, fe trouva allongée, & la tumeur tout
„ à-fait diffipée. Les perfonnes qui la connoiffoient,
„ ont été fort étonnées de lui voir la langue libre, &
„ la poitrine fans tumeur. Elle parle fort diftincte-
„ ment, mais néanmoins avec quelque peine, d'une
„ voix baffe & enrouée. Tel eft l'état préfent de cet-
„ te fille, & telle fa difpofition. Ce jourd'hui vingt
„ feptiéme Aout 1702. à huit heures du matin.

„ Le même jour à midi, cette fille s'eft préfentée
„ revenant de la Chapelle du Roi, ayant la voix claire
„ & haute, fans aucun embarras, & remerciant Dieu
„ de la guérifon entiére qu'elle venoit de recevoir.

Mes perquifitions aboutirent à reconnoitre que cette
Catherine Dupré étoit une fripone. Je fis écrire dans
tous les Pays où elle difoit avoir été. Elle fe difoit
d'Elbeuf, cependant fon nom n'y étoit pas connu.
Voici ce qu'une Religieufe Urfuline de cette Ville écrivit à une de fes parentes, le 7. Septembre 1702.

„ J'ai fait, ma très chére Coufine, la plus exacte
„ recherche qui fe puiffe faire en tout ce pays ci. On
„ a feuilleté tous les Regiftres baptiftaires depuis plus
„ de quarante années, il n'y a point de Louis Dupré,
„ & par conféquent point de Catherine Dupré. Il y
„ a deux ou trois ans qu'il fut fait une information fous
„ ce même nom de Dupré fur un prétendu miracle;
„ la fille difant avoir été muette, & avoir recouvré
„ l'ufage de la parole en paffant fous la Chaffe de Saint
„ Ovide aux Capucines à Paris, fe dit de même de là
„ paroiffe de Saint Jean d'Elbeuf, une Dame voulant
„ favoir la vérité du fait, envoya exprès une fille en
„ ce pays-ci avec la prétendue guérie miraculeufement.
„ Mais aux approches d'Elbeuf, ladite fille qui fe
„ nommoit Dupré, & s'étoit dite de la Paroiffe de
„ Saint Jean, s'évada adroitement; enforte que celle
„ qui étoit venue avec elle, fut furprife de ne la plus
„ voir, la fit chercher aux villages circonvoifins, fans
„ en pouvoir avoir nulle connoiffance. Elle pourfui-
„ vit fon chemin jufqu'à Elbeuf, où elle n'en eut pas
„ davantage. J'ai appris cette hiftoire en faifant cette
„ information . . . . .

J'appris dans le même tems que Catherine Dupré
avoit déja été célèbre fous le nom de *Devote de Beauvais*; qu'étant entrée en 1699. dans la maifon du Curé de Villambray à quatre lieues de Beauvais malgré
les cris & l'acharnement des chiens, elle vint à la cui-
fine où étoit la mére du Vicaire, qui admira fon filence
& fa tranquillité au milieu des chiens. Elle demeura
dix jours fans parler, docile au moindre figne, fobre,
donnant des marques d'une tendre dévotion. Le Vicaire l'admit à la Sainte Table, & après avoir commu-
nié elle parla rendant graces à Dieu du miracle qu'il
venoit de faire, & raconta fa vie, difant qu'un an auparavant elle avoit été poffédée & rendue muette. On
cria miracle; on fit une proceffion pour remercier Dieu.

V v

Qu'el-

Quelque tems après, elle vint à Foillé dans le Vicariat de Pontoise Diocése de Rouen, où elle fit la même chose; on la mena en triomphe à Notre-Dame de Liesse; enfin à Senlis elle fut reconnue pour larronesse dans une Hôtellerie.

Son imposture me fut entiérement confirmée par M. l'Abbé l'Aigneau Doyen de l'Eglise de Châlons sur Marne & Vicaire-Général. Comme la lettre qu'il me fit l'honneur de m'écrire le 12. Septembre 1702. est courte, j'ai cru devoir l'insérer ici. „ En attendant „ que j'aye, Mon Révérend Pére, le certificat de M. „ le Curé de Sarri pour vous l'envoyer, je vous dirai „ en deux mots que Marguerite Dupré (a) est une fri- „ ponne, qui abuse non seulement de la crédulité des „ gens de bien, mais aussi des Sacremens.

„ Elle n'a jamais été que six semaines ou environ à „ Sarri. C'étoit l'an passé en la saison où nous sommes; „ elle y contrefit la muette, & étant allée en pelerina- „ ge à Notre-Dame de Liesse le jour de l'Assomption, „ le même miracle lui arriva que celui dont vous parlez „ au tombeau du Roi Jaques. Elle revint à Sarri par- „ lant comme un autre; & comme le Curé s'en étoit „ déja défié, l'avanture acheva de le convaincre que „ c'étoit une trompeuse. Elle s'en apperçut, & desese „ péra de faire fortune dans cette Paroisse. Un soir el- „ le fit la malade, le monde s'assembla, & le chirurgien „ la crut à l'extrêmité. Il pressa le Curé de lui admi- „ nistrer en diligence tous les Sacremens, ce qu'il re- „ fusa, même de lui en donner un seul, remettant au „ lendemain, y craignant de la feinte & voulant l'éprou- „ ver. Quand il revint le matin, il la trouva délogée, „ avec cette circonstance qu'elle emporta beaucoup de „ linge de la maitresse de la maison où elle logeoit. Et „ oncques, on n'avoit entendu parler d'elle. Je quitte „ M. le Curé de Sarri qui m'a fait ce recit, & j'ai „ cru devoir sur le champ vous en avertir, pour em- „ pêcher les suites de l'imposture.

Il y avoit longtems que cette malheureuse trompoit le monde, on disoit que dès l'âge de seize ans elle n'a- voit entendu ni parlé depuis deux ans, n'ayant pas mê- me de langue qu'un petit bout de la longueur d'un tra- vers de doigt attaché à la machoire. Elle fit un voyage avec sa tante à Notre-Dame des Ardilliers à Saumur, elle revint à Bressuyre dans le Diocése de la Rochelle, parlant & entendant. Il paroit qu'elle étoit née dans ce bourg. M. l'Evêque sur l'attestation des chirurgiens du lieu, donna un certificat de cette prétendue guérison miraculeuse le 6. Décembre 1697.

Dès que cette fille découvrit que je faisois de sérieu- ses recherches, elle disparut. Je crus que la sincérité m'obligeoit de faire savoir à la Reine d'Angleterre ce qui se passoit.

La fille cataleptique qui parut sur la scène en 1710. excita encore ma curiosité. Pour satisfaire celle des lec- teurs, je vais mettre ici deux lettres que j'eus l'honneur d'écrire à Monseigneur le Duc de Noailles. Dans l'une j'expose le fait, & je le discute dans l'autre.

PREMIE'RE LETTRE.

A Monseigneur le Duc de Noailles, touchant une Fille cataleptique.

„ Monseigneur, il faut avoir autant d'étendue d'esprit „ que vous en avez, pour aimer à être informé de l'é- „ tat de la République des Lettres, & des nouvelles „ productions de la nature; lorsque votre vigilance pa- „ roit toute occupée à déconcerter les ennemis, & à „ gagner des victoires, sans répandre le sang de vos „ troupes. Il s'est passé à Paris depuis deux (b) ou „ trois mois quelque chose d'assez surprenant, soit ma- „ ladie ou fourberie, qui embarasse & partage un grand „ nombre de médecins, & divers Messieurs de l'Aca-

(a) Elle changeoit de nom de Batême.
(b) En 1710. vers Juin, & Juillet.

„ démi des Sciences, où l'on a rapporté plusieurs fois „ tous les symptômes qui ont été observez.

„ On a vu durant vingt six jours une fille, qui avoit „ trois maladies compliquées sans aucune marque de sen- „ timent, la Catalepsie, le Tetanos, & les affections „ hypocondriaques, ou plutôt des visions aussi bien „ exprimées par gestes sans parole, que pourroient le „ faire les meilleurs Pantomimes.

„ On prétend que depuis sept ou huit mois, cette „ fille souffroit une suppression de régles qui lui avoit „ causé beaucoup de maux; lesquels enfin se sont ré- „ duits à trois qui ont servi de spectacle au public.

„ La scène étoit au Faubourg S. Germain, rue du „ Four, & duroit quatre heures, depuis un heure „ après midi jusqu'à cinq. La principale actrice ou la „ souffrante est âgée de vingt cinq ans, bossue, sans „ esprit, dit-on, & sans beauté. Et il n'y avoit d'au- „ tres personnes dans la maison, qui ayent pu avoir „ quelque rapport au spectacle, que la mére, ses deux „ sœurs qui sont deux filles âgées, & un médecin de „ la Faculté de Montpellier nommé M. Grandval, qui „ loge dans la même maison.

„ La mére qui s'appelle Mademoiselle des Vignes „ veuve d'un Avocat au Conseil, & les deux tantes à „ qui j'ai parlé deux fois, sont des personnes d'un ex- „ térieur simple, nouvelles catholiques, qui ménent „ une vie assez retirée; & le médecin étoit la mére & „ la fille si incables de fourberie, qu'il veut, s'il y „ en avoit, qu'on l'impute à lui seul, & qu'on lui „ fasse souffrir les derniéres peines. Il est si vif là-des- „ sus, qu'il en a voulu donner une protestation par écrit „ à M. l'Abbé Bignon, à M. d'Argenson & à M. le „ Procureur-Général.

„ Quoi qu'il en soit, Monseigneur, voici ce que „ j'ai vu, car j'ai été du nombre des curieux. J'y fus „ le vingt quatriéme jour de l'accès, qui commença à „ une heure & finit à cinq.

„ Lorsque j'arrivai, il y avoit une demie heure que „ l'accès étoit commencé. La malade étoit comme à „ l'ordinaire couché sur son lit, sans aucune marque „ de sentiment, la respiration libre, les dents néanmoins „ fort serrées l'une contre l'autre, les yeux ouverts, la „ prunelle élevée & fixe, n'entendant ni ne voyant à „ ce qu'on assuroit. Et véritablement, quoi qu'on fit „ pour lui faire peur en avançant tout d'un coup les „ doigts vers les yeux, on ne lui faisoit jamais remuer „ la prunelle; & l'on voyoit seulement remuer tant soit „ peu les paupiéres quand on passoit la main fort près „ des yeux. On nous parla de diverses piqures d'é- „ pingle dans les bras & dans les cuisses, sans qu'elle „ eût aucune marque de sentiment. Et l'on nous dit „ qu'à une heure précise ce jour-là comme les précé- „ dens, elle avoit été surprise de cette maladie qu'on „ appelle la Catalepsie ou engourdissement de tous les „ sens & de tous les membres, qui laisse le malade dans „ la même posture où il étoit au commencement de l'ac- „ cès. Dans cette abolition des sens, les membres étoient „ flexibles. On lui remuoit les doigts, les bras & le „ corps sans aucune peine: soit qu'on levat les bras ou „ doigts horisontalement au dessus du lit, soit qu'on „ les élevat à la hauteur d'un pied ou de deux, ou „ qu'on les mît dans quelqu'autre situation, sans que „ personne les soutînt, ils demeuroient ainsi en l'air „ jusqu'à ce qu'on les abaissat. Ce qui me surprenoit „ encore davantage, c'est que le buste de son corps de- „ puis la tête jusqu'à la ceinture, étoit tout aussi flexi- „ ble & aussi léger que les bras. On le levoit sans au- „ cune peine deux doigts, un demi pied, ou un pied „ au dessus du chevet, & il demeuroit dans cette situa- „ tion si génante, au grand étonnement de tout le „ monde, jusqu'à ce qu'on l'abaissat sur le chevet, ce „ qu'on faisoit encore sans peine.

„ Quelques personnes de la compagnie sachant que la „ portée de mes yeux est fort bornée, on me fit ap- „ procher, & l'on m'obligea de m'asseoir au fauteuil „ qui étoit au chevet du lit. Je tâtai le pouls à la ma-
„ la-

,, lade. J'observai un pouls vif, fréquent, précipité,
,, mais tout à fait uniforme, sans fiévre & sans éléva-
,, tion. Le médecin, qui étoit toujours présent durant
,, l'accès, dit qu'en effet le pouls étoit tel dès le com-
,, mencement de l'accès, quoiqu'auparavant il fût lent
,, & foible. On vouloit que j'observasse avec quelle fa-
,, cilité le corps de la malade suivoit l'impulsion du mo-
,, teur extérieur, suivant l'expression de M. le méde-
,, cin. Je touchai en effet simplement avec un doigt,
,, l'extrémité de l'épaule droite de la malade. Je ne fis
,, certainement pas plus d'effort que j'en aurois fait pour
,, soulever le mouvement de mon doigt comme si c'eût
,, été une feuille d'arbre. Je laissai ainsi quelque tems
,, les épaules environ à un demi pied au dessus du che-
,, vet. Le visage de la malade rougit. La mére parois-
,, soit souffrir de voir sa fille dans cette posture génan-
,, te. Je touchai encore avec un doigt le haut de l'é-
,, paule, comme pour l'abaisser fort doucement; & le
,, buste suivit aussi fort doucement le mouvement de
,, mon doigt. Voilà les principales merveilles de la
,, première maladie, qu'on appelle Catalepsie.

,, Un demi quart d'heure après ces expériences, je
,, vis les prétendus effets d'une passion histèrique. Le
,, visage de la malade prit un air riant. Elle éleva la
,, main droite, l'étendit beaucoup, remua les doigts
,, comme pour appeller quelqu'un. Elle s'assit sur le
,, lit, remua de nouveau les mains & les doigts, de-
,, meura quelque tems comme en extase, prit le bout
,, d'un mouchoir qu'elle avoit à son cou, mit ses
,, mains sous ce mouchoir, & avança les mains & la
,, bouche comme pour communier. La communion
,, fut suivi de l'action de graces dans un grand re-
,, cueillement, les mains sur la poitrine. L'air riant
,, succéda au recueillement. La main droite s'étendit
,, en haut, comme pour prendre quelque chose qu'el-
,, le mit sur sa tête, & qu'elle ajusta de même que
,, si c'eût été une couronne. Ainsi couronnée, elle
,, écrivit avec son doigt sur le lit, le nom de Dieu.
,, Les quatre lettres furent formées exactemens sans
,, oublier le point sur l'i; la lecture spirituelle, l'au-
,, mône & le travail des mains, succédérent au cou-
,, ronnement. Elle parut prendre quelque chose sur
,, le lit & le tenir à la main, comme un livre devant
,, ses yeux. La prunelle étoit toujours fixe, & la
,, tête sembloit suivre les lignes d'un livre. Je mis
,, ma main entre ses yeux & sa main, sans que cela
,, troublat sa prétendue lecture. Elle parut quitter le
,, livre, prendre de l'argent, & le distribuer. Enfin
,, elle plia un endroit du drap, & parut coudre l'espa-
,, ce d'un *Ave Maria*; après quoi elle se laissa aller
,, doucement sur son chevet, & termina la vision. J'o-
,, sai dire tout haut qu'on ne cherchoit guéres une nape
,, de communion autour du cou, & que s'il n'y avoit
,, point d'autres particularitez dans cette maladie que
,, les visions, on opineroit aisément pour la fourberie.
,, Je ne sais quelle impression put faire ce que je dis a-
,, lors, mais il est constant qu'il n'y a plus eu de vision
,, après cela.

,, J'en avois assez vu de près, pour n'en pas souhai-
,, ter davantage. Je m'éloignai du lit, & je causai avec
,, diverses personnes d'esprit dont la chambre étoit dé-
,, ja pleine; quoiqu'on eût refusé bien du monde.

,, Peu de tems après, commença la troisiéme mala-
,, die, le Tétanos, c'est-à-dire un enroidissement de
,, tous les membres. Les bras parurent tendus, les
,, doigts fermez, & si fort serrez que personne ne
,, pouvoit les ouvrir. On prétend qu'un médecin deux
,, jours auparavant faisant effort pour les ouvrir l'a-
,, voit blessée, & qu'elle n'en sentit rien qu'après
,, l'accès.

,, On assuroit que tout son corps étoit alors roide
,, comme une barre de fer, & qu'on lui auroit plu-
,, tot cassé les bras & les jambes que de les fléchir
,, en aucune manière, & que si on la prenoit par un
,, pied, son corps ne fléchiroit pas plus qu'un bâ-
,, ton.

,, Dans cette situation elle paroissoit souffrir des
,, convulsions à la poitrine. On l'entendit trois ou
,, quatre fois tousser sourdement. Les dents jusqu'a-
,, lors très serrées s'ouvrirent, ce me semble, un peu.
,, La respiration étoit forcée. Et la mère & le méde-
,, cin paroissoient craindre qu'elle n'expirat dans ces
,, symptômes, qui durérent environ un quart d'heu-
,, re.

,, Elle revint dans son premier état cataleptique,
,, & en attendant quelque nouvelle scéne pour les cu-
,, rieux qui étoient venus tard, on admiroit & on
,, raisonnoit. Quelques médecins blâmoient fort un
,, ancien Directeur des filles pénitentes, qui avoit osé
,, dire deux ou trois jours auparavant qu'il connois-
,, soit de quoi les filles étoient capables, & qu'on pour-
,, roit aisément guérir celle-ci, en la soufflettant & la
,, châtiant durant quelques jours. Un homme qui se di-
,, soit médecin des armées, & député de la part des
,, Puissances, approuvoit à voix basse le sentiment du
,, Directeur, assura qu'il n'y avoit là que fourberie,
,, & que M. d'Argenson feroit bientôt enlever la fil-
,, le. Des médecins lui dirent qu'il ne convenoit pas
,, de décider sans examen. Je lui dis aussi que ces su-
,, jets de douter, ou plutot ces motifs de condamner
,, étoient trop vagues.

,, M. Bolduc nous dit ce qu'il avoit fait pour
,, éprouver, ou pour guérir la malade. Pendant un
,, accès, il ouvrit une fiole à demi pleine d'esprit de
,, sel armoniac, & la lui mit aux narines. Vous sa-
,, vez, Monseigneur, combien cette vapeur est véhé-
,, mente. On convient que l'homme le plus robuste
,, en seroit très ému, jusqu'à sauter sans se pouvoir
,, tenir sur ses pieds. Cette fille en fut émue. Tout
,, son corps s'éleva, & se porta vers M. Bolduc pour
,, le repousser, mais sans revenir, dit-on, de l'extase.
,, Je demandai si elle n'avoit pas alors ouvert les yeux.
,, On n'y avoit pas pris garde. Quelques uns joignoient
,, à cela des particularitez qui paroissoient exagérées.
,, Quoi qu'il en soit, on ajouta qu'il étoit surprenant
,, de voir comme étant levée, elle se soutenoit sur
,, ses pieds & marchoit, ce semble, artificiellement
,, quand on la pressoit. Madame la Duchesse de Boil-
,, lon, quelques autres personnes de distinction, &
,, des médecins, souhaitèrent de la voir dans cet état.
,, Il n'auroit pas été bien séant, ni pour moi, ni pour
,, d'autres ecclésiastiques d'assister au lever. Je sortis.
,, Il ne restoit plus qu'une demie heure jusqu'à cinq
,, heures, qui devoit être la fin de l'accès. Mais san
,, attendre cette fin, on savoit par le recit qu'on fai-
,, soit de tous les autres jours qu'elle paroissoit reve-
,, nir d'un extase, qu'elle regardoit les spectateurs avec
,, quelque surprise, se plaignoit d'un peu de mal de
,, tête, paroissoit ignorer tout ce qui s'étoit passé pen-
,, dant l'accès, & que peu de tems après elle se trou-
,, voit disposée à manger un poulet de bon appétit.
,, De sorte qu'il faut rendre cette justice à la fille,
,, à sa mére, à ses tantes, & à M. le médecin, qu'on
,, n'a pas prétendu faire passer ces symptômes pour
,, des miracles, & que la Religon ou la superstition
,, n'ont eu d'autre part à tout ce spectacle qu'en ce
,, que la mére paroissoit entendre avec quelque plaisir
,, ceux qui disoient que ce devoit être là une sainte
,, fille. Le vingt cinquiéme jour l'accès se passa sans
,, vision, le vingt sixiéme de même. Et ce jour là M.
,, d'Argenson fit enlever cette fille dans un carosse, es-
,, corté de plusieurs archers. On la mena aux Hospita-
,, liéres de la Place Royale, & on la mit dans la sale
,, des malades où elle a été deux jours.

,, Le lendemain vers le midi elle étoit en péine de
,, savoir s'il étoit près d'une heure. On ne la trompa
,, point, on lui dit précisément l'heure. Elle ajusta ses
,, coëffes & le drap de son lit, & à une heure elle entra
,, dans l'insensibilité qui a été décrite. La Communauté
,, fut curieuse de la voir dans cet état les yeux ouverts,
,, la prunelle fixe, nul sentiment apparens. C'est tout
,, ce qu'elle fit voir ce jour-là. La scéne dura un peu

V v 2

,, plus

,, plus de trois heures. Le médecin de la Communauté
,, crut cette fille vraiment cataleptique. Le Chirurgien
,, craignit quelque fourberie. Et le jour fuivant qui
,, étoit un famedi, les Religieufes prirent quelques pré-
,, cautions pour la découvrir. A une heure elles fermè-
,, rent les rideaux du lit, & quelques unes regardoient
,, de tems en tems par la féparation des rideaux en quel
,, état étoit la malade. Soit par quelque caufe qui m'eft
,, inconnue, foit que la malade fe laffat de foutenir fi
,, longtems le jeu fans fpectateurs, vers les trois heures
,, une Religieufe lui vit remuer les yeux, elle ouvrit
,, les rideaux, la malade parla, & dit que fon accès
,, étoit fini. Cela fut caufe que M. le Duc d'Orléans,
,, qui y alla vers les quatre heures, ne put voir aucun
,, de ces fymptômes qui devenoient fi célébres.

,, Le même jour M. d'Argenfon craignant encore le
,, concours & le fpectacle, fit enlever cette fille. L'E-
,, xempt la mena chez lui, & de-là dans un endroit
,, qui n'a pu être découvert durant plus d'un mois,
,, ni par les parens de la fille, ni par le médecin, quel-
,, ques mouvemens qu'ils fe foient donnez pour en être
,, informez. Depuis ce tems là on a dit de la part de M.
,, le Lieutenant de Police, que la fille avoit avoué de
,, vive voix & par écrit la fourberie. Quelques uns l'ont
,, cru, les autres n'ont pu le croire. Le médecin s'eft
,, plaint hautement du bruit qu'on faifoit courir, & a
,, défié publiquement qui que ce foit de donner aucune
,, preuve conftante de cet aveu. Chacun a continué à
,, raifonner comme il lui a plu. Quelques uns ont mêlé
,, dans les faits des miracles & du fortilége, & nul des
,, médecins ou des Académiciens qui ont été témoins
,, oculaires des faits, & qui en pouvoient parler exacte-
,, ment, n'en ont rien écrit. On n'en parlera peut-être
,, que dans le tems où l'on aura oublié ou altéré les cir-
,, conftances. C'eft ce qui arrive affez ordinairement,
,, & qui empêche enfuite les Phyficiens & les Théolo-
,, giens de difcerner, entre ce qu'a opéré la nature ou
,, la feinte.

,, Au défaut de ces Meffieurs, j'ai cru, Monfei-
,, gneur, que je ne devois plus différer de vous faire
,, part de ce qui embaraffe tant de perfonnes. J'ai l'hon-
,, neur d'être avec le profond refpect &c.

SECONDE LETTRE,

Touchant la fille cataleptique, écrite au même Seigneur.

,, Pour faciliter le jugement qu'on voudra porter tou-
,, chant la maladie extraordinaire que j'eus l'honneur de
,, vous expofer avant hier, Monfeigneur, je crois qu'il
,, ne fera pas inutile de marquer ici diverfes réflexions
,, pour & contre. Je commencerai par les raifons qui
,, peuvent faire paffer tous ces faits, pour des fyptô-
,, mes d'une vraie maladie, & enfuite j'expoferai les
,, moyens de découvrir la fourberie.

,, Pourroit-on foupçonner de fourberie le médecin,
,, qui rifqueroit de fe perdre de réputation en jouant le
,, public? On n'a rien caché. Beaucoup de médecins
,, ont examiné toutes chofes. On a laiffé donner des
,, remédes affez violens, & faire toutes les épreuves
,, qu'on a fouhaité.

,, 2. Après vingt cinq jours d'épreuve publique,
,, huit médecins ont déclaré dans une confultation par
,, écrit que la malade étoit atteinte d'une vraie catalep-
,, fie, compliquée d'autres maux; & l'on dit que di-
,, vers autres médecins auroient figné la confultation, fi
,, l'on n'avoit fait enlever la fille. Qui croira-t-on là-
,, deffus, fi l'on ne croit les médecins? Ne faut-il pas
,, s'en tenir à l'axiome, *cuique in arte fuâ perito creden-*
,, *dum eft*?

,, 3. La fille en queftion n'a dit-on ni affez d'efprit,
,, ni affez de force de corps, pour tout le manége qu'il
,, faudroit faire. Comment tenir durant quatre heures
,, les yeux ouverts toujours fixes, fans craindre les ges-
,, tes menaçans? Eft on infenfible aux piqures? Com-
,, ment fe foutenir un demi pied au deffus du chevet?

,, Nulle pofture n'eft plus génante. Peut-on par feinte
,, rendre le corps roide comme un bâton?

,, 4. Ce n'eft pas ici une maladie nouvellement for-
,, gée. Elle eft décrite dans les médecins. Et Mullai-
,, re, Riviere en parlent, & citent divers autres Au-
,, teurs. Menjot ancien & favant médecin de Paris en a
,, fait une ample differtation latine. Voici ce qu'on
,, trouve dans ces Auteurs.

,, Cette maladie (*a*) eft très rare & digne d'admira-
,, tion, & quelque Auteur que ce foit qui en ait vu
,, quelqu'une, ils ont tous jugé qu'elle étoit digne
,, d'obfervation, & en ont décrit l'hiftoire. Le premier
,, de tous eft Galien fur le commentaire des Porrétiques
,, fection 2. particule 56. qui propofe l'hiftoire de l'un
,, de fes condifciples, furpris d'une catalepfie pour s'a-
,, donner trop à l'étude.

,, *Il étoit*, dit-il, *du tout inflexible, étendu & roide*
,, *comme du bois, & fembloit tellement nous regarder*
,, *ayant les yeux ouverts, qu'il ne les clignoit point du*
,, *tout, il ne parloit pourtant point. Il dit auffi qu'il en-*
,, *tendoit tout ce que nous difions, quoique non bien évi-*
,, *demment ni clairement, & répetoit même quelque chofe*
,, *dont il fe fouvenoit, & il dit qu'il regardoit tous les af-*
,, *fiftans fi bien que fe fouvenant des actions de quelques*
,, *uns il les expofoit; mais il ne pouvoit parler ni remuer*
,, *aucune partie.* Et Fernel l. 3. *des maladies des parties*
,, chap. 2. rapporte deux hiftoires en ces termes. L'un,
,, pendant qu'il s'appliquoit affidument à l'étude & à
,, écrire, fut fubitement frappé de ce mal, & refta fi
,, roide, qu'étant affis, & preffant la plume avec les
,, doigts, ayant les yeux fixes fur fon livre, fembloit
,, s'appliquer à cette même étude; jufqu'à ce qu'ayant
,, été appellé & remué, on reconnut qu'il étoit fans
,, fentiment ni mouvement. Je vifitai un autre étant
,, comme mort, qui ne voyoit ni n'entendoit, & qu'on
,, le piquat, il ne le fentoit point. Il avoit pourtant la
,, refpiration libre, il avaloit pourtant tout ce qu'on lui
,, mettoit dans la bouche. Si on l'élevoit du lit, il fe
,, tenoit tout feul, & fi on le pouffoit, il marchoit,
,, & en quelque pofture qu'on lui mît la main, le bras
,, ou la jambe, il y reftoit fixe & immobile, vous euf-
,, fiez dit que c'étoit un phantôme, ou une ftatue,
,, qui marchoit par quelque artifice.

,, On peut voir femblables hiftoires dans Skemkius,
,, Marcellus Donatus, Rondelet, Jacotius, & plufieurs
,, autres. D'où on peut conclure que le plus fouvent
,, on remarque en cette maladie l'abolition des fens in-
,, térieurs & extérieurs, avec une roideur de membres.
,, Quelquefois portant les fens n'y font pas du tout
,, abolis: enforte que les malades entendent ceux qui
,, parlent, & quelquefois auffi les membres ne font pas
,, roides; mais qu'on les peut fléchir & placer en diver-
,, fes fituations.

,, Voilà ce que rapporte Riviere. N'a-t-on pas vu
,, dans notre malade tous ces fymptômes, & comme
,, toutes les maladies ne fe reffemblent pas, on ne peut
,, pas trouver étrange qu'il y ait ici quelques autres
,, fymptômes plus finguliers & plus curieux.

,, On entend, dit (*b*) Menjot, par la catalepfie, ou
,, le catoché, une affection qui ôte au malade la parole,
,, le mouvement, l'ufage des fens extérieurs & inté-
,, rieurs, le laiffe dans la même fituation de corps, dans
,, laquelle la maladie l'a faifi, les yeux ouverts, la pru-
,, nelle fixe, fans qu'on puiffe faire remuer les paupié-
,, res avec des geftes menaçans.

,, Maladie tout-à-fait étonnante, qui n'eft propre-
,, ment ni un fommeil, ni une veille, mais qui tient de
,, l'un & de l'autre.

,, Outre cette grande catalepfie qui ne laiffe d'autres
             ,, mar-

(*a*) Defcription de cette maladie dans la pratique de médecine avec la théorie imprimée à Lyon 1664. *Liv* 1. *ch.* 4. *du Catoché*
ou Catalepfie.

(*b*) Defcription de la maladie par M. Menjot, tirée de fa differtation latine *de Catalepfie*, que je mets en François. *Inter differta-*
nes patologicas pag. 168.

„ marques de vie que la respiration, l'Auteur (a) dit
„ qu'il y en a une moindre, qui ne suspend pas toutes
„ les opérations de l'animal, & n'empêche point que
„ les malades étant poussez ne marchent à peu près com-
„ me feroit une machine, & que leurs membres ne puis-
„ sent être fléchis, & demeurer dans la situation qu'on
„ leur veut donner.

„ Menjot (b) dit encore que quelques uns confon-
„ dent mal à propos la Catalepsie avec le Tétanos.

„ Enfin selon M. (c) Menjot, rien n'est plus rare
„ que cette maladie. Les plus vieux médecins n'en trou-
„ vent presque pas d'exemple dans les villes les plus peu-
„ plées. Et le mal est si pressant & si aigu, qu'en trois
„ ou quatre jours tout au plus il ôte absolument le mou-
„ vement & la vie au malade. Quelquefois il se change
„ en épilepsie, apoplexie, ou mélancolie. Et générale-
„ ment parlant, il y en a très peu qui en reviennent.
„ De sorte que si la malade en question avoit fait avoir
„ au public durant plusieurs jours la complication pério-
„ dique de ces trois maladies, la Catalepsie, le Téta-
„ nos, & la Passion histérique qui causoit les visions;
„ & qu'enfin elle eût été guérie par M. Grandval,
„ ç'auroit été peut-être l'exemple le plus rare & le plus
„ admirable de toute la médecine. Si ces Auteurs ad-
„ mirent si fort ces symptômes qu'ils décrivent, & qui
„ sont en effet si rares, n'avons nous pas lieu d'être ra-
„ vis du spectacle qu'on vient de donner au Public, en
„ lui en faisant voir qui sont encore plus considérables
„ par leur variété & par leur durée? Quoi qu'en dise
„ Menjot qu'ils doivent finir en trois ou quatre jours,
„ ceux-ci ont duré vingt six jours. Ils étoient même
„ en bon train de continuer. Et l'on peut bien dire que
„ si on avoit laissé M. Grandval travailler en repos &
„ à loisir à guérir sa malade, dont il a décrit durant si
„ longtems les symptômes surprenans, il auroit fait une
„ des plus rares & des plus admirables cures que toute
„ la médecine puisse nous fournir.

„ Un premier soupçon de fourberie est que la vision
„ de la Communion a cessé deux fois, une fois après
„ qu'une personne eut dit le septiéme ou le huitiéme
„ jour qu'il étoit indigne de mêler la Communion à ce
„ spectacle; il n'y eut plus de visions durant quelques
„ jours. Cette scéne étoit pourtant la plus jolie de tou-
„ tes. Elle recommença. Je m'avisai de dire tout haut
„ le vingt quatriéme jour que ces visions avoient l'air
„ d'une fiction, mais que la Catalepsie & le Tétanos
„ avoient quelque chose de singulier & d'étonnant, les
„ visions ne revinrent plus.

„ 2. Soupçon. Cette fille n'a-t-elle point essayé de
„ contrefaire les symptômes de la catalepsie, qu'elle a
„ pu entendre décrire si souvent? Le médecin étoit
„ dans la même maison, les livres aussi, n'a-t-elle point
„ voulu donner une scéne au Public? Du moins le
„ tems qu'on prenoit depuis une heure jusqu'à cinq,
„ étoit bien propre pour assembler du monde.

„ 3. Soupçon. La mére & la fille ne sont peut-être
„ pas fort à leur aise. N'a-t-on point voulu faire venir
„ quelque argent en faisant courir tant de monde? On
„ ne demandoit rien en entrant; mais on représentoit à
„ quelques personnes que cette maladie coutoit beau-
„ coup, qu'on étoit dans un grand embarras. La mére
„ acceptoit ce qu'on donnoit. L'Ecclésiastique qui
„ m'engagea à y aller, donna en sortant une piéce de
„ trente sols.

„ 4. Soupçon. L'accès a fort diminué dans la sale
„ des Hospitaliéres. Quand les rideaux ont été fermez,
„ & qu'il n'y a point eu de spectateurs, le jeu a été
„ plus court de moitié.

„ 5. Soupçon. Le pouls que je trouvai vif, préci-
„ pité, uniforme, sans fiévre & sans élévation, n'é-
„ toit-il point une marque d'une grande contention d'es-
„ prit, nécessaire pour soutenir un jeu fort pénible &

(a) Pag. 169.
(b) Pag. 171.
(c) Pag. 181.

„ fort difficile? Du moins un tel pouls convient beau-
„ coup mieux à un tel jeu, ou à une telle contention,
„ qu'à la catalepsie, à la passion histérique, & aux va-
„ peurs. Dans ces maladies j'ai lu & j'ai toujours en-
„ tendu dire que le pouls n'est nullement uniforme,
„ mais qu'il est au contraire intermittant & agité par
„ des secousses ordinairement inégales.

„ Parmi tous ces sujets de soupçon, il y a une ob-
„ servation qui m'a toujours paru une preuve decisive
„ de l'imposture. C'est la facilité avec laquelle le corps
„ de la prétendue cataleptique s'est élevé, soutenu, &
„ abaissé. Je l'ai dit à M. le Médecin les deux ou trois
„ fois qu'il m'a fait l'honneur de venir me voir. Il tâ-
„ cha de me faire entendre que ce qu'il y avoit d'ad-
„ mirable dans cette maladie, c'est que le moteur exté-
„ rieur faisant sans aucune peine en touchant la cata-
„ leptique, ce que l'ame auroit produit dans elle, si
„ l'usage de tous ses sens n'avoit été suspendu par la
„ catalepsie.

„ J'aurois souhaité de tout mon cœur qu'il eût pu
„ me donner quelque raison qui levat mes difficultez.
„ Mais je ne trouve rien qui satisfasse à ce que je lui
„ dis, le voici à peu près. Il n'est pas naturel (sans au-
„ cune feinte de la part de la fille) que j'aye pu élever
„ son corps aussi facilement que je l'ai fait. Il n'est pas
„ naturel que son corps se soit soutenu de lui-même,
„ quand je l'ai laissé élevé à un demi pied au dessus du
„ chevet. Et il n'est pas non plus naturel qu'après l'a-
„ voir laissée dans cette situation, j'aye pu l'abaisser
„ sans trouver aucune résistance. Tout cela est fort ai-
„ sé à prouver.

„ La mécanique suit toujours ses loix. Un corps de-
„ meure toujours dans la même place s'il n'est poussé;
„ & il n'est remué que par une force proportionnée à
„ son poids. On convient que tout le corps de la ma-
„ lade étoit pesant pendant la catalepsie, comme il
„ l'étoit auparavant. En effet, la létargie ne rend pas
„ plus léger que le sommeil. Tout son corps pesoit du
„ moins autant dans cet état létargique, qu'il pesoit a-
„ vant la létargie. Si tout le corps pesoit cent livres,
„ la moitié du corps depuis la tête jusqu'à la ceinture
„ pesoit donc environ cinquante livres. Il falloit donc
„ pour élever cette moitié de corps faire un effort pro-
„ portionné au poids de cinquante livres, & par consé-
„ quent il faut que cet effort ait été fait, ou par moi
„ lorsque je l'ai touchée à l'épaule, ou par elle. Cer-
„ tainement ce n'est pas moi qui l'ai fait, puisque je
„ n'ai pas employé plus de force qu'il en auroit fallu
„ pour lever une once. C'est donc elle qui a fait cet
„ effort proportionné au poids de cinquante livres. Or
„ si elle étoit vraiment & entiérement cataleptique,
„ avec une entiére abolition & suspension des sens cau-
„ sées par une interruption de la circulation des esprits
„ animaux, elle seroit incapable de faire cet effort. Elle
„ ne connoitroit pas même ce que je voudrois faire en
„ la touchant à l'épaule. Donc ce n'est point ici l'effet
„ d'une vraye maladie, mais d'une feinte & d'une im-
„ posture.

„ 2. Quand j'ai élevé cette moitié de corps à un de-
„ mi pied au dessus du chevet, qu'est ce qui l'a rete-
„ nue dans cet état si violent? Le corps naturellement
„ doit retomber par son propre poids, comme retombe
„ un homme qui dort, qui est en létargie, ou qui est
„ mort. Donc pour empêcher que ce poids de cinquan-
„ te livres ne tombe, il faut qu'on le soutienne. Qui
„ est-ce qui le soutient? Je le demande, & je l'ai de-
„ mandé plus d'une fois à M. le médecin. Il m'a dit
„ que les esprits animaux couloient alors dans les mus-
„ cles, les gonfloient, & soutenoient ainsi ce poids.
„ Mais en premier lieu comment accorder cette suppo-
„ sition, avec l'interruption du cours des esprits ani-
„ maux qui forme la parfaite catalepsie? N'est-il pas
„ visible qu'il faudroit au contraire que les esprits fus-
„ sent fort en mouvement, pour couler si vite dans les
„ muscles? En second lieu quand ils pourroient y cou-
„ ler si vite, il faut encore un effort pour les y retenir.

„ Il faut le même effort au second moment & au troi-
„ siéme, qu'il le falloit au premier. Or par la sup-
„ position de la catalepsie parfaite formée par la suspen-
„ sion de tous les sens, la prétendue cataleptique ne
„ fait aucun effort pour retenir les esprits qui gonflent
„ les muscles, & soutiennent le poids de cinquante li-
„ vres. Donc ce n'est pas ici un effet de la catalep-
„ sie, mais de la feinte & de l'imposture. Aussi la
„ voyoit-on rougir lorsqu'elle se soutenoit dans cette
„ posture, comme il arrive à ceux qui font un pareil
„ effort.
„ 3. Je dis enfin que s'il n'y avoit ici de la feinte,
„ je n'aurois pas pu abaisser si aisément cette moitié de
„ corps sur le chevet. Supposons que les esprits ani-
„ maux ayent gonflé & bandé les muscles pour soute-
„ nir cinquante livres pesant, il faut un effort supé-
„ rieur pour surmonter l'effort de ce gonflement; il
„ me faut donc faire un peu plus d'effort que je n'en
„ ferois pour remuer cinquante livres comme pour con-
„ trebalancer une livre, il faut un peu plus d'une li-
„ vre. Or je n'ai pas fait un tel effort, c'est donc
„ elle qui a cessé de déterminer les esprits animaux à
„ gonfler les muscles, & qui a abaissé son corps en

„ feignant de ne le pas faire, & par conséquent c'est
„ un effet de l'imposture.
„ Je crois qu'il ne faut pas insister davantage sur cet
„ article, j'apprens en écrivant ceci qu'on a enfin ren-
„ du la cataleptique à sa mére, après l'avoir tenue dans
„ un lieu, où elle a fait une rude pénitence. Il faut
„ qu'on ait connu sa faute pour l'avoir punie, &
„ qu'on n'ait pas cru cette faute assez grande pour
„ faire durer plus longtems la pénitence.
„ Véritablement ce n'est pas un grand mal que de
„ donner, durant quelques semaines; un spectacle à
„ diverses personnes simplement curieuses & peut-être
„ oisives; mais c'est un plus grand mal qu'on ne pen-
„ se que d'embarasser les médecins & les Physiciens,
„ jusqu'à leur faire prendre pour l'effet d'une maladie,
„ ce qui ne pourroit être naturel; & à répandre par-là
„ un grand nuage sur le discernement qu'on doit faire
„ en diverses occasions entre ce qui peut être produit
„ par les loix naturelles & ordinaires du mouvement,
„ & ce qu'il faudroit attribuer à des loix extraordinai-
„ res & surnaturelles, s'il n'étoit l'effet de la fourbe-
„ rie. J'ai l'honneur d'être, &c.

Fin du Livre second.

DISCERNEMENT

DES EFFETS NATURELS

D'AVEC CEUX QUI NE LE SONT PAS,

AVEC

L'HISTOIRE CRITIQUE

Des Pratiques Superstitieuses, qui ont séduit les Peuples & embarassé les Savans.

LIVRE TROISIEME.

Des préservatifs qui passent pour naturels ou miraculeux.

CHAPITRE PREMIER.

Erreurs des doutes sur les Talismans. Pourquoi les plus anciens Peuples s'en sont servis. Origine des Talismans. Les Philosophes aussi superstitieux que les Peuples. Détail de quelques préservatifs.

POUR montrer que ce qu'on attribue aux Talismans, ou petites figures gravées sur du métal, est une folie, il ne faut que rappeller la régle dont nous nous sommes déja servis: Savoir, *qu'une cause physique, & matérielle doit toujours agir de la même manière, dans les mêmes circonstances physiques.* On nous dit, par exemple, que s'il arrive des incendies à Paris, c'est parcequ'on n'y conserve plus le Talisman dont parle Gregoire de Tours (*a*), qui fut trouvé dans la riviére. La perte de cette piéce rare a fait gémir plusieurs personnes; & le plus savant défenseur des Talismans qui ait paru dans ce siécle, ne pouvant retenir ses soupirs: (*b*) *Nous soupirons tous les jours*, dit-il, *les dommages que le feu a du depuis si souvent faits dans cette ville; & auparavant la découverte de cette lame merveilleuse, tous ces malheurs y étoient inconnus.*

Je laisse à part les réflexions, par lesquelles on prouveroit clairement que les principes sur lesquels s'apuyent les défenseurs des Talismans, sont tous principes faux ou outrez. Je dis seulement qu'avec la régle établie, on doit être convaincu qu'une plaque ne peut par aucune vertu physique & naturelle préserver une ville du feu. Car quelque vertu qu'on lui attribue, empêchera-t-elle le bois de bruler? Si cela est, il ne sera donc plus possible de faire du feu en aucun endroit de la ville; & si l'on peut en faire, est-ce que le bois ne brulera que sous la chiminée, dans un four, ou en quelqu'autre endroit où le feu ne peut causer aucun dommage?

Est-ce que des fagots bien secs, des étoupes, du foin & de la paille seront incombustibles, si étant dans un grenier, un méchant homme va y présenter un flambeau allumé pour y mettre le feu? Et de la poudre à canon ne prendroit-elle point feu, si un étourdi y laissoit tomber quelque bluettes? Combien d'absurditez dans cette prétendue vertu de préserver du feu? Mais que faut-il pour les appercevoir & pour les refuter, que recourir à la régle proposée? Donc ou la prétendue vertu des Talismans empêchera toujours le bois de bruler, ou il brulera également, soit qu'on y mette le feu avec raison, & pour quelque besoin, ou qu'on le fasse par malice.

Cependant un habile Physicien a osé entreprendre d'expliquer physiquement les effets des Talismans. Cela fait bien voir que parmi les Philosophes les plus éclairez, on en verra toujours qui seront susceptibles d'illusion.

Je ne trouve pas étrange que les Sabéens, les Chaldéens & les Egyptiens ayent cru aux Talismans, & qu'ils se soient persuadez qu'une plante ou du métal, dévotement préparez sous une certaine constellation, pourroient les préserver de plusieurs malheurs, & leur procurer des avantages considérables. Leur physique toute superstitieuse (*c*) en étoit cause. Ils admettoient

par

(*a*) Hist. Fr. lib. 8. c. 33.
(*b*) Curios. inouies, page 112.

(*c*) Quòd si consideraveris opiniones illas antiquas & infirmas, aparebit tibi inconfesso, quasi apud illos fuisse, quòd per cultum stellarum exculta & fœcunda reddatur terra. Hinc sapientiores, Doctiores & religiosiores inter ipsos prædicabant & indicabant homi-

par tout des Intelligences. Selon eux les plus puissantes animoient les corps célestes, & c'étoient d'elles dont tous les autres Génies dépendoient. De-là le culte des Astres. De-là cette persuasion que tout venoit de leurs influences, & qu'il falloit leur demander la protection dans les adversitez, & des moyens pour les prévenir.

Le savant Maimonides, qui avoit vu plusieurs anciens Livres des Sabéens, remarqua que toutes leurs dévotions, & toutes leurs pratiques superstitieuses avoient rapport aux influences des Astres. Et comme il l'a fort judicieusement observé, c'est ce qui fit défendre (a) si expressément au Peuple Juif d'adresser jamais des vœux à la malice céleste, ainsi que faisoient les Sabéens. Ceux-ci s'imaginoient (b) qu'il y avoit des Etoiles qui prenoient un soin tout particulier des animaux, des plantes & des métaux, & qu'il ne falloit qu'invoquer ces Astres, & leur rendre quelque honneur particulier, pour faire produire aux métaux & aux plantes des effets tout-à-fait surprenans. C'étoit donc des Esprits, & non pas de la vertu naturelle des Corps, qu'ils attendoient ces effets.

Comme la créance des Esprits se répandit presque parmi toutes les Nations, & principalement parmi les Grecs & les Romains, ceux-ci, allant bien au de-là de tout ce que les anciens Patriarches avoient enseigné touchant les Anges Gardiens, multipliérent si fort le nombre des Génies, qu'ils en placérent indifféremment par tout. L'air, l'eau, le feu, les forêts, les métaux, & les autres productions de la terre, tout étoit dirigé par des Génies. Et Prudence reproche fort agréablement aux Romains, qu'ils en mettoient dans chaque recoin des maisons, & des Villes (c).

Dans la pensée que les Dieux, c'est-à-dire, les Génies agissoient dans les métaux, consacrez en leur honneur, les Amulettes, les Talismans n'avoient plus rien d'inconcevable. Car que ne peuvent pas faire des Esprits, à qui Dieu a donné le pouvoir d'agir sur les Corps? On étoit si persuadé que c'étoit par eux que les Talismans étoient efficaces, qu'on appelloit souvent ces Plaques, ces statues Talismaniques, les Dieux Conservateurs, les Dieux Tutelaires, *Dii Averrunci, Dii Tutelares*. En effet les Dieux des Gentils, c'est-à-dire, (d) les Démons, opéroient quelquefois des prodiges à l'occasion de ces Talismans, pour entretenir la superstition dans les esprits. Je dis la superstition; car pouvoit-on nommer autrement de telles erreurs?

Il est évident que tous ces Peuples se trompoient, qu'ils avoient outré la Théologie des anciens, & qu'ils tomboient dans des extravagances qui font honte au genre humain. Mais je ne crains pas de le dire; les Physiciens, qui ont prétendu pouvoir expliquer les ef-

fets des Talismans par la seule action des Corps, sont encore plus déraisonnables que ne l'étoient tous ces Peuples; parcequ'il n'est pas impossible que des Intelligences puissent s'accommoder à nos désirs, & opérer des prodiges, au lieu que la matière n'ayant ni connoissance ni liberté, elle doit agir toujours d'une manière uniforme dans les mêmes circonstances physiques, & ne peut absolument faire tout ce qu'on attribue aux Talismans.

Mais les Philosophes ont voulu trouver dans la matière tout ce que les anciens attribuoient aux Esprits, & c'est ce qui leur a fait dire tant de mauvaises raisons, & qui leur a fait retenir un langage qui dans leur bouche est tout à fait faux, & inintelligible.

Que la chute d'une maison ensevelissant trente personnes sous ses ruines, une de ces personnes se trouve heureusement sauvée sous deux poutres, ou sous deux grandes pierres qui s'ajustent en forme de voute, & qu'un Sabéen ou un Chaldéen me dise que c'est son Etoile qui l'a préservée du péril, je n'en ferai pas plus surpris, que si un Juif ou un Chrétien me disoit, que son bon Ange a empêché qu'il ne se blessat; parceque le Sabéen met dans l'Etoile une Intelligence capable de secourir les hommes dans le besoin.

Mais qu'un Philosophe qui prend l'Etoile pour ce qu'elle est, c'est-à-dire, pour un Corps inanimé, veuille néanmoins retenir le langage du Sabéen, qu'il s'avise de dire que c'est son Etoile; comme si l'Etoile devoit envoyer de petits Corps qui ajustassent les poutres & les pierres de telle manière qu'elles ne pussent le blesser; c'est assurément une prétention aussi déraisonnable que d'attendre quelque secours particulier d'un morceau de métal, à cause de quelques cérémonies superstitieuses avec lesquelles on l'aura préparé.

Je sais qu'il y a des personnes qui bannissent de la construction des Talismans, tout ce qui sent trop la superstition. Mr. Gadrois les réduit à du métal fondu dans un tems serain, sous une certaine constellation.

„ Premiérement, *dit* (e) *il*, je ne crois pas que l'im-
„ pression de la figure soit beaucoup nécessaire à l'usa-
„ ge du Talisman. Elle ne nous sert seulement que
„ pour nous apprendre, que le Talisman est fait sous
„ une certaine constellation, & pour nous en faire con-
„ noitre l'usage & les propriétez. Je ne crois pas non
„ plus que la grande attention que l'on demande à celui
„ qui fait la figure, soit aussi fort nécessaire à l'effet
„ du Talisman.
„ Ce qu'il faut ici considérer, est le soin que l'on
„ doit avoir de fondre le métal pendant que l'Astre
„ domine, & dans un tems serain. Car quoique les
„ influences soient capables de pénétrer les Corps les plus
„ épais, & de percer les lieux les plus profonds, elles
„ pourroient être néanmoins affoiblies par la densité des
„ nuages, & par les influences des autres Astres.
„ Cela supposé, on peut croire que la matière de
„ l'Astre qui domine descendant ici bas, pénétrera le
„ métal fondu, le percera d'une infinité de trous, &
„ en remplira tous les pores; desorte que ce métal après
„ même s'être figé, conservant tous ses trous y con-
„ servera aussi la matière céleste qui y sera restée.
„ Ainsi je croirois que les Talismans sont comme
„ des pierres d'aiman, & que comme la matière ma-
„ gnétique circule à l'entour de l'aiman, de même
„ l'influence céleste circule à l'entour du Talisman....
„ La matière de l'Astre, ajoute-t-il, qui est amassée
„ autour du Talisman, ne peut-elle pas être un poison
„ aux bêtes venéneuses, & ne peut-elle pas par ses ef-
„ fusions préserver quelque lieu de toutes sortes d'in-
„ sectes?
Mr. Gadrois explique si nettement sa pensée, qu'on voit bien qu'il n'a pas voulu se sauver sous l'obscurité de quelques termes. On ne peut assurément rien dire de moins mauvais sur cet article, ni éloigner avec plus
de

---

minibus quòd Agricultura quâ homines subsistunt & conservantur ab ipsorum voluntate dependeat, si nempe Solem, reliquaque astra debito cultu venerentur, si verò peccatis suis illa offendant, urbes & agros vastari. *More Nevoc. par.* 3. *c.* 30.

(a) Deuter. IV. 19.

(b) Existimant enim quamvis plantam suam habere stellam, quemadmodùm & omnibus animalibus & metallis certa sidera adscribunt. Arbitrantur etiam opera illa esse peculiares stellarum cultus, illasque tali actione, sermone, vel fumo delectari, & ejus gratiâ, quidquid optant, sibi præstare c. 37. Porro secundùm sententias illas Zabionum erexerunt stellis imagines & Soli quidem imagines aureas, Lunæ verò argenteas, atque ita metalla & clymata terræ inter stellas partiti sunt. Dixerunt N. Deum esse, stellam N. Deinde sacella ædificaverunt, imaginesque in illis collocarunt, arbitrantes vires stellarum influere in illas imagines, easque intelligendi virtutem habere, hominibus prophetiæ donum largiri, ac denique quæ ipsis utilia ac salutaria sunt, indicare. Ita dicunt de arboribus quæ sunt ex portione stellarum illarum, cùm arbor quædam stellæ alicui dedicatur, nomini ejus plantatur, & hoc vel illo pacto colitur, quòd virtutes spirituales stellæ in arborem illam infundantur. Atque ex hac imaginationum specie ortæ sunt sententiæ aliæ, e quibus fuerunt Præstigiatores, Augures, Astrologi, Incantatores, &c. *Idem cap.* 29.

(c) Cùm portis, dominibus, Thermis, stabulis soleatis
Adsignare suos Genios, perque omnia membra
Urbis, perque locos, Geniorum millia multa
Fingere, ne propriâ vacet angulus ullus ab umbrâ.
Contra Symm. lib. II. 445.

(d) Omnes Dii gentium Dæmonia. *Ps. CXLV.*

(e) Des Influences des Astres, Ch. 7.

de foin toutes circonstances vaines ou morales. Mais je dis encore que les Talismans ainsi réduits à ce qu'ils ont de physique, ne peuvent produire les effets qu'on leur attribue, & que ce qu'on en dit, tient de la superstition, ou de la fable; en voici la preuve.

Un Talisman est une piéce de métal fondu sous une certaine constellation: donc là où il se trouvera du métal fondu sous la constellation requise, l'effet attendu doit être produit. Or on peut assurer qu'il y a depuis longtems à Paris du métal fondu en tout tems, & sous toutes les constellations, outre qu'on en fond tous les jours à la Monnoye, & en vingt autres endroits de la Ville. Donc Paris doit être préservé de toutes fortes d'accidens fâcheux. Car rien ne manque à ce métal fondu que le dessein d'en faire un Talisman; circonstance qui n'étant pas physique, ne peut empêcher la vertu qu'on prétend que la constellation lui donne. Et puisqu'il y a des Talismans pour chasser les mouches, les rats, les serpens, préserver les maladies contagieuses, du feu, & de plusieurs autres miséres, Paris doit être exempt de tous ces maux. Or l'expérience montre le contraire: donc tout ce qu'on dit des Talismans est ou fable, ou superstition.

Seneque ne se crut pas obligé de réfuter sérieusement ceux qui de son tems vouloient donner des raisons physiques d'une pratique superstitieuse, & bizarre des habitans de Cléone. (a) Lorsque quelque nuée paroissoit disposée à se résoudre en grêle, on immoloit des agneaux, ou par quelque incision à un doigt, on en faisoit sortir du sang, dont la vapeur montant jusqu'à la nuée, l'écartoit, ou la dissipoit entiérement. C'étoit du moins ce que disoient ceux qui vouloient expliquer physiquement ce phénoméne; mais Seneque se mocquant d'eux, ,, ne vaudroit-il pas mieux, disoit-il, soutenir que c'est une folie & une fable?

N'en faudroit-il pas dire autant de ce que Marsile Ficin attribue au corail, après Metrodore & Zoroastre. Ces auteurs prétendent que le corail dissipe les terreurs paniques, écarte la foudre & la grêle. Et quelque peu vraisemblable que cela soit, le Philosophe (b) Fortunio Liceti qui s'est acquis beaucoup de réputation en ce siécle, ose bien en donner la raison physique. C'est, dit-il, que le corail exhale une vapeur chaude, qui s'élevant en l'air, dissipe tout ce qui peut causer le tonnerre ou la grêle.

On croyoit aussi autrefois que la peau d'un veau marin préservoit de la foudre. Plusieurs Auteurs l'ont assuré, & je ne doute point que du tems d'Auguste, il n'y eût des Philosophes qui donnoient des raisons physiques de ce prétendu phénoméne. C'est aparemment (c) ce qui engagea ce grand Empereur à se tenir toujours muni d'une pareille peau, comme d'un bon préservatif contre le tonnére & la foudre.

Quelques uns prétendoient encore que les figues devoient avoir la même vertu. Tant il est vrai que les Philosophes découvrent d'admirables vertus en toutes fortes de choses.

(a) Altera suspicari ipsos ajunt, esse in ipso sanguine vim quamdiu potentem avertendæ nubis ac repellendæ. Sed quomodo in tam exiguo sanguine potest esse vis tanta, ut in altum penetret, & eam sentiant nubes? Quantò expeditius erat dicere, mendacium & fabula est? *Lib. IV. quæst. nat. c.* 7.

(b) Si corallus insanos terrores amovet, si fulgura repellit & grandinem, id efficere per se valet calore sui temperamenti, dissolvens tum vapores tetros, terroris insani pueris & melancholicis effectores, tum frigiditatem, in ambiente fulgura per Antiperistasim, & grandines per se procreantem. *Tract. de annullis, cap. 10.*

(c) Tonitrua & fulgura paulò infirmiùs expavescebat, ut semper & ubique pellem vituli marini circumferret pro remedio. *Sueton. 90.*

CHAPITRE II.

De la disposition de la plupart des hommes à ne pas condamner ce qui ne paroit pas nuire au prochain.

LEs hommes sont tels à présent qu'ils étoient autrefois; toujours portez à ne pas condamner des effets quelque surprenans qu'ils soient, pourvû qu'ils ne paroissent pas nuisibles. On abhorre assez naturellement les maléfices, ou l'on ne les croit pas, ou l'on voudroit pouvoir les punir. Mais on ne voit ni l'on ne craint pas facilement le mal, lorsqu'on entend parler de certaines pratiques qui procurent quelque avantage temporel aux hommes sans nuire au prochain. Quelquefois on s'en divertit, & l'on se contente de se moquer de ceux dont les secrets ne réussissent pas. Et véritablement ils méritent bien qu'on se moque d'eux (d). Mais on ne se persuade pas facilement qu'on doive faire cesser ces sortes de pratiques. L'Empereur Constantin se trouvoit dans cette disposition, lorsqu'en 321. étant déja Chrétien il fit une Loi, par laquelle il condamnoit les superstitions qui nuisoient à la santé des hommes, ou qui les portoient à l'impureté. Mais par cette Loi il excusoit toutes les pratiques qu'on employoit pour la santé, ou pour détourner la pluye ou la grêle qui auroient gâté les fruits de la terre, à cause que tout cela étoit avantageux, & ne nuisoit à personne (e). C'étoit dans Constantin un reste de Paganisme, qui semble être tiré d'une Sentence (f) d'Apulée dans le même sens.

Cette Loi de Constantin a été inférée dans le Code Théodosien, mais elle fut abrogée par l'Empereur Leon dans la Novelle 65. & il paroit que longtems auparavant les Chrétiens avoient desaprouvé cette Loi de Constantin. Eusebe au III. Livre de la Démonstration (g) Evangélique, Saint Basile dans la lettre à Amphylochius (h), Saint Gregoire de Nysse dans la lettre à Letoïas, Saint Jérôme, Saint Chrysostome & Saint Augustin ont établi des principes bien opposez. Ils nous montrent combien on doit craindre les rufes des Esprits malins, qui sous l'aparence de quelques secrets qui ne paroissent pas mauvais, tâchent de séduire les hommes, & d'entrer en quelque commerce avec eux. Les Princes mêmes parurent si opposez à cette maxime de Constantin, qu'ils défendirent sous peine de mort de guérir des maladies par des enchantemens ou par des amulettes. Constantius en fit une Loi rapportée par Ammien Marcelin au Livre XVI & XIX, & cette Loi étoit exécutée si littéralement, que Valentinien punit de mort une vieille femme qui guérissoit des fiévres intermittantes avec des paroles, & qu'il fit couper la tête à un jeune homme qui touchoit un marbre & prononçoit sept lettres de l'alphabet pour guérir un mal d'estomach (i).

Ce-

(d) Quis miserebitur incantatori à serpente percusso? *Ecclef. XII. v. 13.*

(e) Eorum est scientia punienda & severissimis meritò legibus vindicanda, qui magicis adcincti artibus, aut contra hominum moliti salutem, aut pudicos ad libidinem defixisse animos detegentur. Nullis verò criminationibus implicanda sunt remedia humanis quæsita corporibus, aut in agrestibus locis, ne maturis vindemiis metuerentur imbres, aut ruentis grandinis lapidatione quatereptur, innocenter adhibita suffragia, quibus non cujusque salus aut existimatio lœderetur, sed quorum proficerent actus, ne divina munera, & labores hominum sternerentur. Dat X. Cal. Jul. Aquileiæ. Crispo & Constantino Cæs. Coss.

(f) Veteres medici etiam carmina, remedia vulnerum norant, ut omnis vetustatis certissimus author Homerus docet, qui facit Ulissi de vulnere profluentem sanguinem sisti cantamine. NIHIL ENIM QUOD FERENDÆ SALUTIS GRATIA FIT, CRIMINOSUM EST.

(g) Pag. 127.

(h) N. 83.

(i) Anum quamdam simplicem intervallatis febribus mederi leni carmine consuetam occidit & noxiam. Et visus adolescens in balneis admovere marmori manûs utriusque digitos alternatim

Cependant la disposition qui porte les hommes à ne pas condamner ce qui ne paroit point nuire au prochain, reprit bientot le deſſus; parceque pluſieurs ne jugent que par leurs yeux corporels. Les biens du corps éblouiſſent, & ce qui nuit à l'ame, ne s'apperçoit pas facilement. Pourvû qu'on ne ſe ſoit pas donné au Démon, on ne craint pas qu'il ſe mêle de nos affaires. En tout cas, dit-on, s'il y avoit du mal dans une telle pratique, je renonce à tout pacte, & après cela on ſe perſuade qu'il n'y a plus rien à apréhender. C'eſt ce qui a porté bien des gens à excuſer & à autoriſer même les ſecrets, dont on tiroit quelque avantage pour procurer la ſanté ou les autres biens temporels. Balſamon, Patriarche d'Antioche, expliquant le 6; canon du Concile *in Trullo*, dit qu'en ſon tems, c'eſt-à-dire ſur la fin de douziéme ſiécle, pluſieurs Conciles pour faire ceſſer les ſuperſtitions, impoſérent de ſévéres pénitences à ceux qui recouroient à des pratiques ſuperſtitieuſes, quoique ſous des apparences phyſiques; ainſi qu'en uſoit un Avocat qui portoit ſur ſoi la coëffe d'un enfant nouveau né pour ſe faire des amis. Alors quelques perſonnes avançoient, qu'il falloit épargner ceux dont les pratiques paroiſſoient utiles, & ne nuiſoient à perſonne. Mais ce ſavant Canoniſte remontre que le Démon ſe ſert de ces ſpécieux prétextes, & que rien n'eſt plus pernicieux que de s'y laiſſer ſurprendre. Il finit ſa remarque par la Novelle de l'Empereur Leon que nous avons citée plus haut, ſans en rapporter les paroles (a). On ne peut douter qu'on ne ſe ſoit laiſſé très ſouvent tromper, ſous une apparence de ſecrets phyſiques; & il a toujours fallu que les Conciles & des perſonnes attentives à tout ce qui bleſſe la Religion, ſe ſoient appliquez à faire connoitre l'erreur & l'illuſion des pratiques qui s'introduiſoient ſous ces dehors trompeurs. Il eſt important que nous les voyions dans le détail, & que nous remarquions principalement les ſuperſtitions qui ont été publiquement autoriſées durant pluſieurs ſiécles, ſoit qu'elles ayent enfin ceſſé, ou qu'elles ayent paſſé juſques à notre tems. Nous avons déja rapporté dans le premier Livre pluſieurs faits qui auroient fort bien pu trouver place ici; mais la matiére eſt ſi abondante, qu'il en reſte encore beaucoup à expoſer, ſans tomber dans des redites.

CHAPITRE III.

De la difficulté qu'il y a eu dans tous les ſiécles à deſabuſer le monde des anneaux, des amulettes, & autres ſecret ſinguliers qu'on a employez pour guérir les maladies. Raiſons des Conciles & des Péres contre ceux qui ne croyoient faire aucun mal. Les raiſonnemens de pluſieurs Phyſiciens n'ont pu empécher la défenſe.

PARMI les Juifs, auſſi bien que parmi les Gentils, au tems des Apôtres, il y avoit des perſonnes qui prétendoient avoir des ſecrets ſinguliers, pour guérir toutes ſortes de maladies, & chaſſer les Démons qui les cauſoient. On ne regardoit point ces ſecrets comme des effets entiérement naturels, parcequ'on ſe ſervoit de paroles qui faiſoient aſſez connoitre qu'on vouloit guérir par des enchantemens. Cependant les Juifs n'y trouvoient pas à redire. Joſeph (b) & pluſieurs autres Juifs s'imaginoient que Salomon, avec la permiſſion de Dieu, avoit inſtitué des exorciſmes merveilleux, pour guérir les maladies & chaſſer les Démons. Il y en avoit qui faiſoient profeſſion d'aller de ville en ville, & ſe nommoient *Exorciſtes*. S. Luc (c) nous apprend que Sceva un des Princes des Prêtres avoit ſept fils qui couroient le pays, & exerçoient cet art à Epheſe. Mais lorſqu'admirant que les linges qui avoient touché le corps de S. Paul guériſſoient les maladies, & chaſſoient les Démons, ils oſérent mêler le nom de Jesus-Christ & de cet Apôtre dans leurs enchantemens, Dieu permit que deux de ces Exorciſtes furent fort maltraitez par un poſſédé, & contraints de s'enfuir nuds & bleſſez. Cet événement toucha pluſieurs de ceux qui avoient exercé les Arts curieux. Ils apportérent leurs livres à S. Paul, (d) & l'on en brula pour une ſomme conſidérable.

Malgré cet exemple qui avoit produit un ſi bon effet, les Juifs ne laiſſérent pas de continuer leurs enchantemens. Joſeph qui les approuve, dit qu'ils étoient fort communs au tems de Veſpaſien, & il ajoute que ce Prince fut témoin de pluſieurs guériſons ſurprenantes. ,, (e) Cette manière, *dit-il*, de chaſſer les ,, Démons, eſt encore fort en uſage parmi ceux de no- ,, tre Nation; & j'ai vu un Juif, nommé *Eleazar*, ,, qui en la préſence de l'Empereur Veſpaſien, de ſes ,, Fils, & de pluſieurs de ſes Capitaines & Soldats, ,, délivra divers poſſédez. Il attachoit au nez du poſ- ,, ſédé un anneau, dans lequel étoit enchaſſée une ra- ,, cine, dont Salomon ſe ſervoit à cet uſage: & auſſi- ,, tot que le Démon l'avoit ſentie, il jettoit le malade ,, par terre & l'abandonnoit. Il récitoit enſuite les ,, mêmes paroles que Salomon avoit laiſſées par écrit, ,, & en faiſant mention de ce Prince, il défendoit au Dé- ,, mon de revenir.

Les Chrétiens ſuccombérent bientot à la tentation d'uſer de ſemblables moyens, pour prévenir ou guérir les maladies. Dès le ſecond ſiécle on voit en uſage des Talismans, c'eſt-à-dire, de petites figures ou des images gravées ſur du métal, les Bulles, c'eſt-à-dire, de petits ſceaux ou cachets qu'on portoit ſur ſoi, & généralement des amulettes, c'eſt-à-dire, des préſervatifs, pour ſe garantir de pluſieurs accidens fâcheux. Baronius (f) Chifflet, & quelques autres, ont publié les Abraxas, c'eſt-à-dire, les petites Médailles des Baſilidiens, dans leſquelles ils prétendoient attirer les vertus des Aſtres & des Anges. On trouve de ces Talismans avec les noms de Jesus-Christ, ou de St. Pierre, de S. Paul, ou de S. Michel, en quoi pluſieurs Catholiques ſe laiſſoient facilement tromper. C'eſt ce que remarque St. Auguſtin au ſeptiéme Traité ſur Saint Jean (g).

Origene (h) avoit parlé bien au long contre toutes ces ſortes de préſervatifs; mais il en fallut renouveller ſouvent la défenſe, & le Concile de Laodicée au quatriéme ſiécle fut obligé d'interdire ces pratiques ſuperſtitieuſes, ſous peine d'excommunication. On le voit dans le trente-ſixiéme Canon, où il eſt dit, *que les Prêtres & les Clercs ne doivent être ni Enchanteurs, ni Mathématiciens, ou Aſtrologues: Qu'ils ne feront point ce qu'on appelle des Amulettes, qui ſont véritablement des ligns*

(b) Lib. VIII. Antiq. c. 2.
(c) Act. XIX. 12. & ſeq.
(d) Multi autem ex eis qui fuerant curioſa ſectati, contulerunt libros & combuſſerunt coram omnibus; & computatis pretiis illorum invenerunt pecuniam denariorum quinquagenta millium. v. 19.
(e) Livr. VIII. Ch. 2.
(f) An. 120.
(g) Ut illi ipſi qui ſeducunt per ligaturas, per præcantationes, per machinamenta inimici, miſceant præcantationibus ſuis nomen Chriſti: quia jam non poſſunt ſeducere Chriſtianos, ut dent venenum, addunt mellis aliquid, ut per id quod dulce eſt, lateat quod amarum eſt, & bibatur ad perniciem. *Cap. 1. pag.* 344. *nouvelle edit.*
(b) Liv. VIII. cont. Celſ.

& pectori, ſeptemque vocales litteras numeraſſe ad ſtomachi remedia prodeſſe arbitratus, percuſſus gladio eſt. *Ammianus, lib. XXIX.*

(a) Nam quomodocumque eâ re uti pernicioſiſſimum eſt Lege quæ in commentario XXV. c. 9. tit. præſentis operis poſitæ ſunt leges & LXV. Novellam Imperatoris Domini Leonis Philoſophi, hæc circa finem expreſſè definientem: Si quis autem omnino hac præſtigiatoriâ arte uti deprehenſus fuerit, ſive corporis medelæ prætextu, ſive avertendæ à fructibus noxæ, extremum luat ſupplicium, Apoſtatarum pœnam ſubiens.

liens des ames; & que tous ceux qui en porteront sur soi, seront chassez de l'Eglise.

Ce Canon défend aux Clercs, non seulement d'être Enchanteurs, mais encore d'être Astrologues ou Mathématiciens; parceque plusieurs tâchoient de justifier des pratiques superstitieuses, en les faisant passer pour des secrets de Physique, ou d'Astrologie. On a toujours en effet essayé de se mettre à couvert des défenses de l'Eglise, sous de semblables apparences. Le Concile prévient aussi l'excuse de ceux, qui représentent souvent que par ces pratiques ils ne veulent nuire à personne, & qui demandent en quoi il peut y avoir du mal. Le Canon les avertit que ces prétendus préservatifs sont des liens, par lesquels le Démon s'attache insensiblement à eux.

S. Basile sur le Pseaume 75. & S. Chrysostome dans ses Homélies sur S. Matthieu & sur l'Epitre aux Collossiens, & au Peuple d'Antioche, ont parfaitement bien dévelopé cette raison du Canon. S. Chrysostome représente souvent que si l'on espére des guérisons extraordinaires, il faut les attendre de l'Eglise, & par la vertu de la Croix. Dans l'Homélie trente sixiéme, qui est la sixiéme contre les Juifs, il fait remarquer que le Paralitique de la Piscine n'avoit eu garde de recourir aux Amulettes & aux Enchanteurs, mais qu'il obtint la guérison de Dieu, après l'avoir attendue avec patience: Que les justes, tels que le Lazare, ne cherchoient pas la guérison par ces voyes; & que c'est avoir part à la gloire de martyr, que de souffrir les douleurs les plus vives, plutot que de recourir à ces pratiques superstitieuses.

Les Péres ne s'appliquoient pas toujours à prouver que ces préservatifs n'avoient pas une vertu physique & naturelle; ils supposoient que cela étoit facile à montrer, & que les habiles médecins ne manquoient pas de condamner cet usage, ainsi que le dit S. Augustin (*a*).

Ce saint Docteur & les autres Péres ne pouvoient pourtant pas ignorer qu'il y avoit des Physiciens qui approuvoient tous ces usages, parcequ'ils n'y voyoient rien que de Physique. En effet quelquefois, selon Joseph, on présentoit simplement à un malade une racine dans un anneau, pour le guérir & chasser le Démon de son corps; car les priéres qu'on ajoutoit à cette pratique, ne se disoient, que pour défendre au Démon de revenir, selon le même Joseph. L'on voit dans Pline une infinité de prétendus effets tout aussi surprenans, attribuez simplement au sang de Dragon, à une racine, ou à la vertu de quelque petite pierre. Mais ces saints Docteurs savoient aussi que c'étoient-là des illusions, & de prétendus secrets qui manquoient très souvent.

(*b*) Pline même quoique très facile & de fort bonne composition à l'égard du merveilleux, avoue que ce sont-là des pratiques vaines qui séduisent les hommes, parcequ'on se laisse éblouir par l'espérance de la guérison des maladies, & par une apparence de Religion sous laquelle on s'aveugle.

Un grand nombre de personnes pensoient sur ce point aussi sagement que Pline. On étoit persuadé que ces effets prodigieux qu'on attribuoit à de si petites choses, étoient ou des fables, ou des superstitions. Communément c'étoient des fables. Car on sait qu'au tems de Pline (*c*) rien n'étoit plus commun en Orient que *les A-*

mulettes, qu'on faisoit avec des petites pierres semblables à une émeraude, marquées au milieu, ou par une seule ligne blanche, ce qui les faisoit appeller *Grammatias,* ou de plusieurs lignes, ce qui les faisoit appeller *Polygrammos.* Ces pierres devoient préserver de tout mal, & servir beaucoup aux Orateurs. Cependant il y avoit assurément bien des maladies & de méchans Orateurs, à qui *ces Amulettes* ne servoient de rien. Aussi les personnes intelligentes se mocquoient de ces pratiques, & croyoient avec sujet qu'elles ne produisoient rien naturellement. C'est pourquoi ceux qui devoient se conserver sans reproche dans le Paganisme, comme les Prêtres, ne pouvoient pas se servir d'anneaux, à moins qu'ils ne fussent si simples, qu'on ne fût assuré qu'ils ne pouvoient point renfermer *d'Amulettes* (*d*). On punissoit de tems en tems ceux qui portoient des *Amulettes* au col, (*e*) pour guérir les fiévres tierces ou quartes. Et l'on a vu que sous les Empereurs Chrétiens, Valens & Valentinien, plusieurs personnes furent condamnées à la mort, pour s'être servies *d'Amulettes.*

L'Eglise ne demande pas ces sortes de punitions, mais elle a renouvellé souvent les anciennes peines ordonnées dans le Canon de Laodicée, contre ceux qui ont recours à de semblables pratiques. Le Concile de Rome sous Gregoire II. en 712. défendit les Phylactéres ou préservatifs, sous peine d'excommunication. Le Concile de Milan en 1565. & le Concile de Tours en 1583. ont absolument condamné l'usage des anneaux pour guérir les maladies.

Ainsi tous ces *Amulettes,* & ces anneaux, dont on vante tant l'effet contre l'épylepsie, contre la colique néfrétique, & autres accidens fâcheux: *le Pater de sang,* c'est-à-dire, ces espéces de grains de Chapelet, qu'on porte sur soi pour arrêter les hémoragies; ce sont tous remédes interdits aux Chrétiens, & les habiles médecins, tels que Fernel, ne révoquent pas en doute que ce ne soient-là des superstitions & des folies. C'est ainsi qu'il en parle dans son savant Ouvrage *De abditis rerum causis* (*f*).

,, Ce qui s'est passé dans une assemblée de la Faculté ,, de Théologie de Paris, au sujet du Livre intitulé, ,, *Vie admirable de Sainte Jeanne de la Croix Religieuse* ,, *du Tiers-Ordres de pénitence du Séraphique S. François,* ,, avec une relation touchant les grains benis, vulgaire- ,, ment appellez de Sainte Jeanne, appuye ce sentiment. ,, Le premier Octobre 1614. les (*g*) Docteurs Isam- ,, bert, Besse, Vassle, & Lambert, qui avoient été ,, chargez de l'examen de ce Livre, firent leur raport. ,, Ensuite la Faculté déclara que le Livre méritoit une ,, censure, parcequ'il contient plusieurs choses fausses, ,, scandaleuses, superstitieuses, fabuleuses, qui ne con- ,, viennent point à la doctrine Chrétienne, & qu'on de- ,, voit en deffendre la lecture. Cette censure contient ,, un précis de ce qui avoit paru aux Docteurs de plus ,, condamnable dans cet ouvrage.

,, Voici l'abrégé de la relation touchant les grains ,, benis. Les Religieuses du Monastére dont la bienheu- ,, reuse Jeanne étoit supérieure, la priérent un jour, ,, suivant cette relation, d'obtenir que J. C. meme be- ,, nît leurs chapelets. La bienheureuse Jeanne ayant de- ,, mandé cette grace, toutes les Religieuses mirent leurs ,, cha-

---

(*a*) Ad hoc genus pertinent omnes etiam ligaturæ atque remedia, quæ medicorum quoque disciplina condemnat, sive in quibusdam notis quas caractéres vocant, sive in quibusdam rebus suspendendis atque illigandis...... sicut sunt in aures in summo aurium singularum, aut de struthionum ossibus ansulæ in digitis. *L. 2. de Doct. Chr. c.* 20.

(*b*) Magicas vanitates sæpius quidem antecedente operis parte, ubicumque causæ locusque poscebant, coarguimus, detegemusque etiamnum: In paucis digna res est, de qua plura dicantur, vel eo ipso quòd fraudulentissima artium plurimùm in toto terrarum orbe plurimisque sæculis valuit. Auctoritatem ei maximam fuisse nemo miretur, quandoquidem sola artium tres alias imperiosissimas humanæ mentis complexa in unam se redegit. Natam primum è medicinâ nemo dubitat, ac specie salutari irrepsisse velut altiorem sanctioremque quàm medicinam; ita blandissimis desideratissimisque promissis addidisse vires religionis, ad quas maximè etiamnum caligat humanum genus. *Lib.* 30. *Cap.* 1.

(*c*) Totus verò oriens pro Amuletis traditur gestare eam, quæ ex iis smaragdo similis est, & per transversum lineâ albâ media præcingitur, & grammatias vocatur: quæ pluribus, polygrammos. Licèt obiter vanitatem magicam hîc quoque coarguêre, quoniam hanc concionantibus utilem esse prodiderunt. *Lib.* 37. *cap.* 9.

(*d*) Flamini Diali, annulo uti nisi pervio cassoque fas non est. *Aul. Gel. lib.* 10. *cap.* 25. *p.* 242.

(*e*) Damnati sunt & qui remedia quartinis tertianisque collo annexa gestarent. *Spartien Hist. Augustæ Tom. I. pag.* 716.

(*f*) Existunt autem & quædam inania verèque anilia, quæ quoniam hominum imbecillitatem nimiâ superstitione jamdiu occupant, superstitiosa dicimus. Ea sunt de quibus dicere nemo possit cur & unde creditas vires habent: neque enim à temperamento, neque ab aliis manifestis qualitatibus: neque à totâ substantiâ, neque à divinâ, vel magicâ potestate. Ejusmodi sunt scripta, signa, caractéres, annuli, qui nec Dei, nec Spirituum opem implorant. *Lib.* 2. *cap.* 16. *De morbis & remediis trans naturam.*

(*g*) Journal des Savans, Aout 1728. pag. 1479. Extrait du Livre intitulé: Collectio judiciorum de novis erroribus. &c.

„ chapelets dans un coffre, dont une d'entre elles con-
„ serva la clef.

„ La bienheureuse Jeanne étant en oraison, un An-
„ ge enleva ces chapelets, & les porta au Ciel : desorte
„ que la Dépositaire de la clef ayant ouvert le coffre,
„ on n'y trouva point de chapelets ; mais sur la fin de
„ l'oraison de la Supérieure, il se répandit une odeur
„ très agréable dans toute la maison. On ouvrit le cof-
„ fre, & on trouva les chapelets que la Supérieure dit
„ à ses Religieuses avoir été touchez & benis de la main
„ même de Notre-Seigneur Jesus-Christ. On
„ ajoutoit à la relation que la bienheureuse Jeanne avoit
„ obtenu qu'il y eût des graces particuliéres attachées
„ non seulement à chacun de ces chapelets, mais enco-
„ re à chacun des grains dont ces chapelets étoient com-
„ posez, & que les mêmes graces fussent attachées à
„ tous les grains qui auroient touché quelques grains de
„ ces chapelets benis, même à ceux qui auroient tou-
„ ché des grains benis par l'attouchement des chapelets ;
„ & ainsi à l'infini. Ces graces étoient, selon l'Auteur
„ de la relation. 1. De délivrer les possédez, 2. D'é-
„ teindre les incendies & les embrasemens 3. De garan-
„ tir du tonnére, d'apaiser les tempêtes, de guérir de
„ la peste, de la fiévre, de la paralysie, de délivrer des
„ scrupules, des inquiétudes d'esprit, des tentations
„ contre la foi, du desespoir, des magiciens, & des
„ sorciers.

„ L'Auteur ajoutoit que les faits qu'il rapportoit
„ étoient avérez dans quatre vingts dix informations
„ par plus de 1400. témoins, que ceux qui visitoient
„ certains jours l'Eglise de sainte Croix obtenoient plus
„ d'indulgence qu'il n'y avoit à deux milles aux envi-
„ rons, de feuilles, de fleurs, de pailles & d'herbes ;
„ que la bienheureuse Jeanne avoit fait la fonction de
„ Docteur & de Prédicateur, & que les oiseaux venoient
„ de tous côtez pour l'entendre prêcher ; que les ames
„ du Purgatoire accouroient à elle pour se recommander
„ à ses priéres ; & que les ames faisoient leur Purgatoire
„ dans des vases de sa celulle où elle mettoit des fleurs,
„ & que les vases s'inclinoient toutes les fois qu'elle di-
„ soit le *Gloria Patri*. Enfin que son Ange Gardien lui
„ avoit révélé qu'un grand Prélat avoit été changé en
„ colombier pour faire son Purgatoire, parcequ'un Pré-
„ lat doit servir de réfuge aux ames foibles, comme le
„ colombier sert de réfuge aux pigeons contre les mi-
„ lans.

Si des Savans entreprennent la défense de ces folies,
outre qu'ils manquent de respect à l'Eglise, ils méritent qu'on leur montre qu'ils sont encore plus peuple,
plus superstitieux & moins raisonnables que le peuple
même ; parcequ'ils apuyent sur des raisonnemens ridicules, ce que le peuple ne fait que par ignorance, par in-
advertance, & sur l'autorité de quelques personnes qui
passent pour habiles.

Il n'est pas étrange de voir des Peuples s'appliquer à
faire cesser les Eclypses de la Lune, par un bruit semblable à celui des charrivaris, croire que les Eclypses du
Soleil prédisent la mort d'un Grand, & que le Signe
céleste qu'on appelle la Canicule, cause les grandes chaleurs, & produit des effets funestes. Mais il est honteux
pour le genre humain, que des Philosophes ayent prétendu trouver la raison de ces vaines imaginations ; & il
n'est pas moins fâcheux que des personnes croyent voir
que ce qu'un grain de chapelet, ou un petit anneau d'u-
ne matiére dure & compacte, peut exhaler, arrête l'é-
pylepsie, remet les boyaux en leur état naturel, & épais-
sit le sang jusqu'à l'empêcher de couler. On prouveroit
bien plus facilement qu'il ne faudroit que porter sur soi
un demi grain de rhubabe, pour être purgé quand on
le voudroit, ou présenter aux malades desespérez un anneau qui renfermeroit tant soit peu d'antimoine, sans
leur faire prendre l'émétique.

Mais nous ne devons pas entrer ici dans un détail,
qui nous obligeroit de montrer qu'on bouleverse toutes
les notions de la Physique, pour autoriser des puérili-
tez. La régle que nous avons établie dans le premier

Livre, que les Corps n'ayant ni intelligence, ni liberté,
doivent toujours agir de la même maniére dans les mêmes circonstances physiques, est un moyen facile de se
détromper de tous ces prétendus secrets. Car si les
grains, par exemple, qu'on appelle des *Pater de Sang*,
arrêtent le sang parcequ'ils l'épaississent, ils le rendront
moins fluide en tout tems, soit qu'on le veuille, ou
qu'on ne le veuille point, & deviendroient par conséquent beaucoup plus nuisibles qu'utiles.

Il ne faut pas beaucoup s'appliquer, pour voir combien il étoit ridicule d'approuver l'usage de certains anneaux qu'on portoit autrefois, pour se préserver des
chutes & d'autres accidens. Car lorsqu'on étoit muni de
ces sortes d'anneaux, ou qu'on portoit au col *une Bulle
ou Amulette*, les chemins devenoient-ils moins raboteux,
certains pas moins glissans, les chevaux incapables de
broncher ? Si une pierre se détachoit du tout, ou qu'elle fût jettée imprudement par quelques personnes, n'a-
voit-elle plus la force de casser la tête ? Vouloit-on que
la pierre se détournat, ou qu'elle s'amolît, ou que la
tête devint plus dure ? Toutes folies qu'il est aisé d'a-
percevoir, lorsqu'on veut examiner s'il n'y a rien de
moral dans ces usages.

CHAPITRE IV.

*Des préservatifs superstitieux des Villes, ex-
cusez par des Savans, & justement condamnez par l'Eglise.*

LEs Villes & les Provinces ont eu leurs préservatifs
aussi bien que les particuliers. L'antiquité Payenne
a fort vanté les *Palladium*. C'étoient de petites Statues
qu'on gardoit avec respect, & qui devoient préserver
les Villes de l'incendie. Le *Palladium* de Troye étoit
très célébre ; mais les Chrétiens n'ont pas été embaras-
fez sur ce point. Ils voyoient le Paganisme trop ouvertement dans ces figures, & d'ailleurs l'événement les
convainquit qu'elles n'avoient pas préservé les Villes de
feu, mais qu'elles avoient eu besoin elles-mêmes d'une
main étrangére pour être préservées de l'embrasement,
ainsi que le remarque (a) Firmicus Maternus.

On a été un peu plus en peine à l'égard des préservatifs d'Apollonius de Thyane. Il en fit un grand nombre à Rome, à Thyane, à Bizance, à Antioche, &
dans plusieurs autres Villes, tantot contre les Cygognes,
contre les Scorpions, & les autres animaux incommodes
ou venimeux, tantot contre le débordement des riviéres, contre les vents fâcheux & les incendies. Des Savans ont prétendu qu'il n'y avoit rien en cela que de
naturel. Mais les réflexions que nous avons faites touchant des Talismans, dans les Chapitres précédens de ce
Livre, font assez voir qu'on ne peut autoriser toutes ces
pratiques, quand on y pense un peu sérieusement. Nous
pouvons ajouter ici que ce qu'on observoit dans la composition de ces Talismans, peut aisément persuader que
ceux qui en étoient les Auteurs ne pensoient pas qu'ils
produisissent leurs effets par une cause physique & naturelle. Jean Malela, ancien Auteur d'Antioche, nous
apprend avec quelle cérémonie Apollonius dressa un Talisman, pour préserver la Ville des moucherons : il ordonna une procession à cheval avec des cérémonies tout-
à-fait vaines, faisant crier continuellement par les Cavaliers, (b) *que la Ville soit exempte de moucherons.*

S'il

(a) Ut Deus fieret, qui Urbes, & Regna servaret. Sed nec fervavit aliquando, nec profuit, & quid se maneat, ex Urbium, in
quibus fuit, casibus vidit. Incensa est Troia, à Græcis, à Gallis
Roma, & ex utraque incendio Palladium reservatum est. Sed reservatum non propriis virtutibus, sed humano præsidio : ab utroque enim loco homines liberarunt, & translatum est ne humano
flagraret incendio. *De errore Proph. Religionum.*
  (b) On ne sera pas fâché de voir ici l'endroit tout entier de la
Version latine de M. Hodius, qui a donné cet Auteur au public
pour la premiére fois à Oxfort en 1691. Telesmata ibi plurima
confecit ; nempe adversus Ciconias & Lycum fluvium qui urbem
se-

S'il est vrai qu'Antioche n'ait plus été incommodée par les cousins, après cette procession talismanique, cela n'a pu arriver que par le pouvoir de quelqu'une de ces Intelligences, qui apprirent à Apollonius la mort de l'Empereur Domitien, lorsqu'étant à Ephese & parlant au Peuple, il cria tout d'un coup, *Frape le Tyran*, & dit ensuite plus nettement que Domitien venoit d'être assassiné à Rome, ce qui se trouva véritable: comme Dion l'assure au Livre 67. pag. 768.

Les autres préservatifs des Villes, s'établissoient sans doute aussi avec des superstitions évidentes. Lorsque Gregoire de Tours parle des préservatifs qu'on trouva à Paris contre les rats, les loirs, & les incendies, il fait assez entendre (a) que la Ville avoit été consacrée pour ce sujet ; & que les rats & les loirs d'airain qu'on trouva en nettoyant la riviére, n'étoient que des signes de cette consécration superstitieuse.

Je ne sais si au tems de Gregoire de Tours il y avoit des personnes qui regrettoient le déplacement & la perte de ces petites figures d'airain, comme il y en a eu dans notre siécle. Cela est assez possible, car on a vu autrefois des Savans s'imaginer qu'on pouvoit non seulement préserver les Villes contre les animaux & les incendies, mais que par les secrets des Enchanteurs, qui se donnoient le titre de Mathématiciens, on pouvoit empêcher qu'une Ville ne fût prise ou assiégée. On faisoit l'horoscope des Villes comme des hommes. Hephæstion, Vettius, Valens, & quelques autres firent celle de Constantinople, presque aussitot qu'elle eut été bâtie & dédiée par Constantin; & l'on prétendoit savoir ce qui devoit arriver à la Ville, & les moyens d'en prévenir les malheurs. Lorsque Rome fut assiégée par Alaric Roi des Goths sur la fin de l'année 408. pour la première fois, des Enchanteurs Toscans, se disans Mathématiciens, convinrent avec Pompeïanus, Préfet de Rome, que par les secrets des *Aruspices* ils mettroient les Goths en fuite. Si l'on en croit Zozime, (b) Historien Payen, non seulement le Préfet & les Sénateurs Romains permirent aux prétendus Mathématiciens leurs enchantemens, mais ils le firent du consentement même du Pape Innocent premier; & si les Toscans n'achevérent pas leurs cérémonies, ce fut parcequ'ils voulurent faire renouveller les anciens Sacrifices qu'on faisoit autrefois au Capitole & à la Porte de la Ville, & que le Peuple Romain n'y voulant pas assister, aima mieux qu'on se délivrat d'Alaric en lui donnant de grosses sommes.

Zozime impose sans doute au saint Pape Innnocent premier. Orose (c) & Sozomene (d) qui ont parlé de ce fait, font assez entendre que le saint Pape étoit incapable d'une semblable illusion. Et après les observations de Baronius sur ce point, Godefroy dans son troisiéme tome sur le Code de Théodose, prouve fort bien que le saint Pape au contraire se joignant à la Légation du Sénat de Rome vers l'Empereur qui étoit à Ravenne, exposa à Honorius l'horreur qu'on devoit avoir de recourir à de telles pratiques, & fut le principal Auteur de cette belle Loi que l'Empereur donna peu de jours après le 25. Janvier 409., où il déclare que tous les Mathématiciens qui ne feroient pas profession de la Foi Catholique, & qui ne bruleroient pas tous leurs écrits erronnez en présence des Evêques, seroient chassez de Rome & de toutes les Villes de l'Empire (e).

Le saint Evêque qui fit proscrire les prétendus Mathématiciens, ne fut pas assez heureux pour abolir entiérement les Lupercales, autre cérémonie superstitieuse qu'on régardoit anciennement comme un preservatif contre les loups & la stérilité des femmes, & qu'on crut dans la suite devoir procurer l'abondance dans les campagnes, bannir la peste & les autres malheurs publics. Nous expliquons l'origine des Lupercales dans le Commentaire sur les anciens Calendriers (f). Il suffit de dire ici que le 15. de Février des hommes à demi nuds, couvrant seulement avec quelques morceaux de peau de chévre ce que la pudeur oblige de cacher, couroient par la Ville comme des foux, & frapoient avec des peaux de chévre sur le ventre des femmes grosses qu'ils rencontroient. On prétendoit par là préserver les troupeaux de brebis ou de chévres contre les loups, & procurer la fécondité aux femmes. Quoique le Paganisme fût aboli à Rome au quatriéme siécle, cette impertinente cérémonie dura jusqu'à la fin du cinquiéme. Le Pape Gelase la fit cesser. Plusieurs personnes distinguées en murmurérent, & un Sénateur nommé Andromaque, qui étoit pourtant Chrétien, suivant la remarque de Baronius, (g) eut la hardiesse de faire un Traité en faveur des Lupercales; mais il fut réfuté comme il le méritoit, par un autre Traité attribué au Pape Gelase même, & imprimé au cinquiéme tome des Conciles sous ce titre: (h) *Gelasius Papa I. adversus Andromachum Senatorem cæterasque Romanos, qui Lupercalia secundùm morem pristinum colenda constituebant.* Le Sénateur avoit prétendu que la disette des fruits, & plusieurs autres malheurs de Rome, venoient de la supression des Lupercales. Le Pape répond 1. Que les Lupercales n'avoient pas été établies originairement pour l'abondance des fruits de la terre, ou pour la santé des habitans, mais pour la fécondité des femmes. 2. Qu'il étoit faux que les Lupercales eussent quelque rapport avec l'abondance ou la disette, ou la peste des hommes & des animaux. Si vous attribuez la stérilité, disoit-il, (i) au retranchement des Lupercales, pourquoi voit-on une si grande abondance de toutes choses en Orient, où l'on n'a jamais célébré les Lupercales? Prétendez vous que ces cérémonies ne doivent avoir de force & de vertu qu'à Rome: mais combien de malheurs sont-ils arrivez à Rome même, avant le retranchement des Lupercales? Ne les y célébroit on pas, lorsque Rome fut prise par les Gaulois, ravagée par Alaric, & desolée durant la guerre civile d'Anthemius & de Ricimer (k).

Le

---

secat mediam, testudines item & equos (ferocientes) alia etiam mirabilia operatus est Byzantio, deinde discedens, aliis etiam in urbibus Telesmata confecit..... Rogatus verò à civibus Antiochenis uti Telesma adversùs culices, urbem suam infestantes, conficeret; votis eorum annuit. Telesmate itaque, ipso Novilunii die mensis Junii, confecto; uti mensis ejusdem die 7. equestre certamen, Graftense dictum, menseque Junio agitari solitum, celebraretur, ad hunc modum dicto solennitatis Graftensis die, mandavit; ut unusquisque civium plumbeam imagunculam solidam, Martis vultus referentem, calamo affixam gestaret; hinc verò scutum à calamo demissum, pelli russeæ alligatum illinc gladiolum, filo lineo similiter annexum haberet: ad hunc autem modum instructi omnes, inter equitandum inclamarent; *vacet Urbs culicibus.* Peracta verò celebritate, domi apud se imagunculam reponeret unusquisque. Hoc factum est; nec deinceps Antiochiæ culex apparuit unquam. *Pag.* 343.

(a) Aiebant enim hanc urbem quasi consecratam fuisse antiquitùs, ut non ibi incendium prævaleret, non serpens, non glis adparuisset. Nuper autem cùm cuniculus pontis emundaretur, & cœnum de quo repletum fuerat, auferretur, serpentem, gliremque æreum repererunt. Quibus ablatis, & glires ibideinceps extra numerum, & serpentis adparuerunt; & postea incendia per ferre cœpit. *Liv.* 8. *ch.* 33. *p.* 407. *nouv. édit.*

(b) Lib. 5.
(c) L. 2. c. 39.
(d) L. 9. ch. 6.

(e) Cette Loi mérite bien d'être rapportée ici en propres termes.

IMPP. HONOR. ET THEOD. AA.
CÆCILIANO PP.

Mathematicos, nisi parati sint, codicibus erroris proprii sub oculis episcoporum incendio concrematis, Catholicæ Religionis cultui fidem tradere, nunquam ad errorem præteritum redituri, non solùm Urbe Româ, sed etiam omnibus civitatibus pelli decernimus: Quòd si hoc non fecerint, & contra clementiæ nostræ salubre constitutum in civitatibus fuerint deprehensi, vel secreta erroris sui & professionis insinuaverint, deportationis pœnam excipiant. Dat. VIII. Cal. Feb. Rav. Honor. VIII. & Theod III, AA. Coss. *In Cod. Theodof. tit.* 16. *de Maleficiis & Mathematicis. l.* 12.

(f) Concordance des tems, première Partie.
(g) An. 496. n. 29.
(h) Col. 1234.
(i) Si pro sterilitate jactatis, cur nunc Oriens omnium rerum copiis exuberat, & abundat; qui nec celebravit unquam Lupercalia nec celebrat? *Col.* 1238.
(k) Numquid cùm hæc celebrarentur, à Gallis Roma non capta est; & sæpenumero ad extrema quæque pervenit? Numquid Bellis civilibus sub hac celebritate non concidit? Numquid Lupercalia deerant quando urbem Alaricus evertit? Et nuper cùm Anthemii & Ricimeris civili furore subversa est. Ubi sunt Lupercalia? Cur istis minimè profuerunt? *Ibid.*

Z z

Le Sénateur s'étoit autorifé de la tolérance de cette pratique, & du filence des Evêques fur ce point jufqu'alors. A quoi l'on répond qu'on ne fait pas ceffer tous les defordres en même tems, comme la médecine ne guérit pas en un moment toutes les maladies (a). On répond en fecond lieu que les Evêques fes prédéceffeurs rendroient chacun raifon à Dieu de leur conduite; qu'ils avoient peut-être fait des efforts pour fupprimer ces pratiques, & qu'ils avoient peut-être auffi trouvé de fortes oppofitions auprès des Puiffances temporelles; puifqu'en fon tems on s'oppofoit encore par des efforts fi déraifonnables.

Tout cela nous montre la difficulté qu'il y a de faire ceffer les fuperftitions; qu'il n'en eft prefque point qui ne trouvent des défenfeurs, tels que ceux qui s'imaginoient que quelques petits coups de peau de chévre, donnez à quelques femmes groffes, pouvoient non feulement être utiles a ces femmes, mais encore rendre toutes les autres femmes fécondes, & toutes les terres de la campagne fertiles.

On a cru auffi que les maux dont les habitans d'une Ville étoient menacez, ou affligez, pouvoient fe transporter à une feule perfonne, ou à un animal. L'Hiftoire Grecque fournit beaucoup de faits touchant les Villes, où l'on donnoit des malédictions à un homme, pour lui faire porter tous les maux que le Peuple avoit méritez. Valere Maxime (b) rapporte l'exemple d'un jeune Chevalier Romain, nommé M. Curtius, qui voulut attirer fur lui-même tous les malheurs, dont Rome étoit menacée. La terre s'étoit épouvantablement entr'ouverte au milieu du marché, & l'on crut qu'elle ne reprendroit fon premier état, que lorfqu'on verroit quelque action de valeur extraordinaire. Le jeune Chevalier monte à cheval, fait le tour de la Ville à toute bride, & fe jette dans le précipice, que l'ouverture de la terre avoit produit, & qu'on vit fermer enfuite prefque en un moment. L'on voit dans Servius fur Virgile, qu'à Marfeille, dès qu'on appercevoit quelque commencement de pefte, on nourriffoit un pauvre homme des meilleurs alimens durant une année, qu'on le faifoit promener par toute la Ville, en le chargeant hautement de malédictions, & qu'on le chaffoit enfuite, afin que la pefte & tous les maux fortiffent avec lui.

Il n'eft pas furprenant qu'on trouve dans le Paganifme des imitations de la cérémonie du Bouc Emiffaire, que le Grand-Prêtre (c) envoyoit au défert, après l'avoir chargé des péchez de tous les Ifraëlites. On fait que le Demon eft le finge de Dieu, & qu'il donne fouvent à la fuperftition les dehors de la Religion véritable. Mais il eft étrange que des Philofophes entreprennent de prouver, qu'on peut guérir des maladies en les faifant paffer à d'autres hommes, à des bêtes, ou même à des arbres; qu'on ofe expliquer phyfiquement les effets vrais ou faux de ces pratiques fi évidemment fuperftieufes; & qu'on ne craigne pas de faire des fyftêmes pour expliquer la tranfplantation des maladies. En quoi ils font beaucoup moins raifonnables, que ne l'étoient les Marfeillois Payens.

Je ne fais fi quelques perfonnes ne penferont point qu'on voit encore à Marfeille, des reftes ou quelque imitation de ce que le Paganifme y avoit introduit autrefois; à caufe que la veille & le jour de la Fête Dieu, on proméne par la Ville au fon des flutes, des mufettes & des timbales, un Bœuf orné de rubans & de colifichets; mais cette cérémonie n'eft pas affez ancienne, pour avoir fuccédé au Paganifme. M. de Ruffi dans fon Hiftoire de Marfeille, rapporte un Acte en Provençal du quatorziéme fiécle, où l'on voit que ce Bœuf tire fon origine d'une délibération des Affociez à la Confrairie du S. Sacrement, qui voulant régaler les pauvres, & fe régaler eux-mêmes, réfolurent d'acheter un Bœuf, & trouvérent à propos d'en avertir le peuple, en le faifant promener par la Ville. Ainfi l'on ne peut, ce femble, blâmer cette rérémonie, qu'à caufe que de vieilles femmes s'avifent de faire baifer ce Bœuf aux petits enfans, & que diverfes perfonnes peu inftruites s'empreffent pour avoir de la chair de ce Bœuf, dès qu'on le tuë le lendemain de la Fête Dieu.

M. Marchety a tâché de fpiritualifer cette cérémonie, & l'on dit qu'il a fait plaifir aux Marfeillois fes concitoyens. Je crois néanmoins que le Peuple de Marfeille n'eft pas fi attaché à la cérémonie du Bœuf, qu'il ne fe confole aifément, quand il plaira à M. l'Evêque de défendre qu'on le méne à une proceffion auffi augufte que celle du S. Sacrement. Quoi qu'il en foit, on a foin d'inftruire le Peuple que ce Bœuf ne guérit de rien.

Les Chrétiens d'Orient n'étoient pas autrefois fi bien inftruits, ou ils n'étoient pas fi dociles, car on promenoit de Ville en Ville des ours ornez de petits morceaux d'étoffe de viverfes couleurs, & malgré les défenfes de l'Eglife, on diftribuoit des brins ou filets de ces piéces teintes avec un peu de poil de la bête, comme un merveilleux préfervatif contre les maladies. Les femmes ne manquoient pas de donner de l'argent pour en avoir, & par deffus le marché on faifoit toucher à leurs enfans le derriére de la bête, pour les préferver de tous maux; ainfi que le dit Zonare, fur le foixante & uniéme Canon in Trullo Ce Canon dreffé l'an 602. défend ces fortes de pratiques, fous peine d'être chaffé de l'Eglife durant fix ans; & de tems en tems il falut renouveller la défenfe, fuivant la remarque de Balfamon & de Zonare.

S. Charles renouvella auffi la défenfe contre les Amulettes ou préfervatifs qu'on introdulfit à Milan, pour fe préferver de la pefte, dont cette Ville fut fi fort affligée. ,, Ce faint Archevêque apprenant, dit (d) l'Auteur de fa Vie, qu'on avoit répandu parmi le peuple ,, quantité de billets & de caractéres, en forme de mé- ,, dailles, que l'on difoit être bons pour préferver du ,, mal, il publia incontinent une défenfe de s'en fervir ,, comme étant des chofes fuperftitieufes & condamnées ,, par l'Eglife, faifant voir combien c'étoit un grand ,, péché que de mettre fa confiance en de femblables ,, bagatelles; & par ce moyen il prévint le mal, & il ,, le déracina dès fon commencement.

CHAPITRE IV.

Des pratiques fuperftitieufes qui ont été publiquement autorifées, pour chaffer les bêtes, pour avoir de la pluye, pour les préferver de la rage, par les clefs de faint Pierre, &, par celles de S. Hubert.

Nous avons vu au Chapitre précédent l'abus que plufieurs Juifs faifoient des Exorcifmes, pour guérir les maladies. On a auffi abufé dans la fuite des Exorcifmes que l'Eglife employe, en faifant l'Eau benite, ou en d'autres cérémonies. L'Eglife ne prétend pas faire en cela un Sacrement; elle invoque feulement le fecours de Dieu pour préferver le peuple Chrétien des maux que le Démon pourroit lui faire; toujours avec foumiffion aux ordres de Dieu, n'attendant l'effet des priéres & des Exorcifmes, qu'autant qu'il peut être utile aux ames, plutot qu'aux corps des Chrétiens.

Mais des perfonnes qui auroient dû être inftruites, fe font imaginé que les Exorcifmes & les Excommunications, que les Ecaléfiaftiques employent, devoient
avoir

(a) Multa funt quæ à fingulis Pontificibus diverfo tempore fublata funt noxia vel abjecta. Non enim fimul omnes in corpore curat medecina languores. *Col.* 1239.

(b) L. 5. de pietate erga Patr.

(c) Offerat hircum viventem, & pofita utrâque manu fuper caput ejus, confiteatur omnes iniquitates Filiorum Ifraël, & univerfa delicta atque peccata eorum: quæ imprecans capiti ejus, emittet illum per hominem paratum, in defertum. *Levitic. cap.* 17. *v.* 21.

(d) L. 4. ch. 4. p. 338.

avoir un effet extérieur à l'égard des hommes, & des créatures mêmes irraisonnables. On voit dans plusieurs (a) Auteurs, qu'en diverses Provinces où les fruits de la terre étoient gâtez par de petites bêtes, on les conjuroit de sortir du territoire; & quand elles ne se remdoient point à ces conjurations, on croyoit les faire obéir ou crever, par une Sentence du Juge Ecclésiastique: quelquefois on avoit assez de condescendance pour faire plaider juridiquement la cause des habitans & des bêtes par des Avocats qui devoient exposer les raisons des deux Parties avant qu'on prononçat la Sentence. Le Père Theophile Raynaud, dans le Traité (b) des Monitoires & des Excommunications, cite plusieurs Sentences de cette nature, rendues au quinziéme siécle par les Officiaux de Lyon, de Mâcon, & d'Autun; & il en raporte une tout au long prononcée par Jean Milon Official de Troyes en 1516. qui déclare maudites & anathématisées toutes les petites bêtes qui gâtoient le terroir, si dans six jours elles n'en sortent, ou ne cessent de faire du mal dans tout le Diocése. (c) On ne sera peut-être pas fâché de voir ici un extrait de cette Sentence.

Le Père Theophile Raynaud ne manque pas de montrer que c'est un abus. C'étoit sans doute une superstition évidente, si l'effet arrivoit, comme c'étoit une folie visible, s'il n'arrivoit pas. Nous ne remarquons cette superstition, que pour faire observer de quelles illusions plusieurs personnes distinguées sont capables, en matiére de superstition.

On demande quelle doit être la pratique en pareil cas. Ne peut-on pas faire jetter de l'eau benite dans un champ, dans une maison, ou dans un vaisseau, pour tâcher de faire mourir des sauterelles ou d'autres animaux dont on est incommodé?

Je répons qu'il ne peut pas y avoir du mal de recourir aux priéres de l'Eglise, & aux moyens par lesquels elle fait espérer des graces; mais il faut user de ces moyens avec des précautions sages & respectueuses. On doit en premier lieu recourir aux moyens naturels que nous pouvons avoir, pour remédier à nos maux, & dissiper ce qui nous peut nuire. Si pour faire sortir un chien de sa chambre, on s'avisoit de faire des priéres, & de prendre de l'eau benite, cela seroit tout-à-fait téméraire; il faut commencer par ouvrir la porte, & ensuite prendre un bâton à la main, ou jetter au chien quelque chose à manger hors la porte, cela suffit ordinairement pour le mettre dehors. Si les moyens humains ne pouvoient suffire, alors on a recours aux priéres, & l'on demande à Dieu des graces, s'il veut bien par sa miséricorde nous les accorder.

(d) Le Pape Etienne V. nous a appris par son exemple, comment on doit se comporter, lorsque les campagnes se trouvent désolées par des sauterelles ou d'autres animaux. Vers la fin du neuviéme siécle en 885. il y en avoit un très grand nombre, qui désolérent tous les environs de Rome. D'abord pour essayer si par des moyens humains on pouvoit faire périr toutes ces bêtes, il fit déclarer qu'il donneroit six deniers à quiconque lui en apporteroit un septier. A cette déclaration, les peuples coururent, & pour tâcher de les exterminer, & pour gagner quelque argent. Mais cela ne pouvant faire tarir ces bestioles, il entra dans l'Eglise, se mit en priéres, benit ensuite de l'eau, & en fit jetter dans les champs. Anastase ajoute que dans tous les endroits où on jetta de l'eau benite, il ne resta plus aucune sauterelle.

Martin de Arles fit un Traité contre les superstitions de son tems en 1560. (e) où parmi plusieurs superstitions, qui ne trompent que le petit peuple, & qu'il vaut mieux taire ordinairement, de peur de les apprendre à des personnes qui en abusent, il en expose d'autres qui étoient publiquement autorisées par le Clergé & par les Magistrats. Telle étoit celle qui l'engagea à écrire. En quelques endroits du Royaume de Navarre, on alloit en tems de sécheresse demander de la pluye à l'Image de Saint Pierre; & pour presser davantage le Saint de faire pleuvoir, on portoit l'Image en procession sur le bord de la riviére: là quelques-uns crioient, ou chantoient: Saint Pierre, secourez nous dans le besoin, & obtenez nous de la pluye, une fois, deux fois, trois fois; & comme l'Image ne répondoit rien, on avoit la hardiesse de crier, qu'on plonge l'Image du très bienheureux Pierre. Alors les premiers du lieu représentoient qu'il ne faloit pas en venir là: que le Saint, comme un bon pére, ne manqueroit pas de leur obtenir de la pluye. On donnoit caution, laquelle étant acceptée, il ne manquoit jamais, dit-on, de pleuvoir, dans l'espace de vingt quatre heures (f).

Après cet exposé, Martin de Arles prouve au long que cette cérémonie étoit superstitieuse, sacrilége, & qu'on y tentoit Dieu. Cela s'est pourtant fait dans quelques autres endroits en ce siécle; & ce qui surprend, c'est qu'il ait falu faire des Traitez, pour desabuser quelques personnes de ces sortes de pratiques.

Il y a un autre usage assez commun dans les Provinces de France, qui mériteroit d'être entiérement interdit: c'est qu'on a recours à un fer rouge, qu'on appelle les Clefs de S. Pierre, pour se préserver de la rage, M. de Sainte Beuve fut consulté sur ce point par un Evêque en 1674, & répondit fort sagement en ces termes: ,, Il y a de la superstition d'amener des hommes ,, & des femmes dans l'Eglise, ou des bestiaux à la ,, porte de l'Eglise, pour les faire toucher par le Prêtre ,, avec un fer chaud pour la rage. Car cet atouchement ,, n'a aucune vertu naturelle ni surnaturelle, pour pro- ,, duire

---

(a) Malleolus de Exorcismis. Vairus de Fascin.

(b) De Monitoriis Ecclesiasticis ex timore excommunicationis.

(c) In nomine Domini. Amen. Visâ supplicatione seu requesta pro parte habitantium loci de Villanoxa Trec. Diœcesis nobis Officiali Trec. in judicio factâ adversùs bruchos seu erucas, vel alia non dissimilia animalia, Gallicè *Hurebets* nuncupata, fructus vinearum ejusdem loci à certis annis, & adhuc hoc præsenti anno ut fide dignorum testimonio, & quasi publico rumore asseritur, cùm maximo incolarum loci, & vicinorum locorum incommodo depopulantia, ut prædicta animalia per nos moveantur, & remotis Ecclesiasticis mediantibus compellantur à territorio dicti loci abire, &c. vissique &c. Nos autoritate quâ fungimur in hac parte, prædictos bruchos & erucas, & animalia prædicta quocumque nomine censeantur, monemus in his scriptis, sub pœnis maledictionis, & anathematisationis, ut infra sex dies à monitione, in vim Sententiæ hujus à vineis & territoriis dicti loci de Villanoxa discedant, nullum ulteriùs ibidem nec alibi in diœcesi Trecensi nocumentum præstitura. Quòd si infra prædictos dies jam dicta animalia huic nostræ admonitioni non paruerint cum effectu ipsis sex diebus elapsis, virtute & autoritate præfatis illa in his scriptis anathematisamus, & eisdem maledicimus. *Cap. 12. de Monit. & Excomm. p. 480.*

(d) Primùm quidem divulgavit ut si quis de iis locustis unam sextarium caperet & sibi attulisset, quinque vel sex denarios ab eo perciperet: hoc autem populi audientes ceperunt huc illucque discurrere easque capere, & misericordissimo patri ad emendum portare. Sed cùm illas tali argumento delere nequisset, ad Domini misericordiam confugiens, in Oratorium Beati Gregorii ubi ejus lectus habetur, juxta Ecclesiam Principis Apostolorum veniens, sese cum lacrymis in orationem dedit, cùmque diutiùs orasset, surrexit & aquam propriis manibus benedicens, mansionariis præcepit, dicens, tollite, & singulis distribuite, monentes, ut in no-

mine Domini agros suos circumeant, & hanc aquam spargant per sata & vineas, petentes divinum sibi suffragari subsidium. Quo facto tanta Omnipotentis Dei subsecuta est misericordia, ut ubicumque ipsa aqua aspersa est, nulla penitùs locusta remaneret. *Anastas. in vitâ Steph.*

(e) Tractatus de superstitionibus contra maleficia seu sortilegia quæ hodie vigent in orbe terrarum. Authore D. Martino de Arles Archidiacono Pampel. in 12. Romæ 1560.

(f) Est antiquus usus in oppido quodam Archidiaconatûs de Ussum ut cùm aliqua necessitas tempore siccitatis fructibus terræ ingruerit, magnâ cum devotione processionaliter Clerus & coloni cum hymnis & canticis ad Sanctum Petrum de Ussum se conferunt: ibique Missâ celebratâ & orationibus Imaginem B. Petri, ad altare in dorso vel brachiis ad oram fluminis cum canticis & laudibus deferunt; aliqui tamen eorum quærunt ab ipsâ Imagine, dicentes: Sancte Petre succurre nobis in hac necessitate positis. ut impetres nobis à Deo pluviam &c. hoc I. hoc II. hoc III. & cùm ad singula nihil respondeat, clamant dicentes; submergatur Beatissimi Petri Imago, si nobis apud Deum omnipotentem gratiam expostulatam pro eminenti necessitate non impetraverit. Respondent aliqui de Primatibus, non equidem ita fieri; nam tanquam bonus Pastor impetrabit gratiam præfatam, & interdecet apud Deum, & ita datis fidejussoribus pro parte B Petri, (ut asserunt ipsi coloni) nunquam fuerunt decepti, neque destituti in necessitate & desiderio suo, præsertim pluviæ quin infra 24. horas pluviam habuerint. *De Arles pag. 1.*

,, duire l'effet qu'on en attend. Cela fe pratique dans
,, Avignon, à la vue du Prélat: cela fe pratique auffi
,, en France en beaucoup d'endroits, & on ne l'empê-
,, che pas; non qu'on eftime que cela ait une vertu in-
,, faillible; mais parceque l'on confidére la chofe comme
,, un acte de Religion, par lequel on fe met fous la pro-
,, tection de S. Pierre, duquel on efpére l'interceffion,
,, pour être préfervé de la rage ". M. de Sainte Beuve
cite affez à propos Cajetan, fur la 2. 2. queftion 96.
art. 4. qui déclare fuperftitieufes diverfes pratiques
femblables, quoiqu'il tâche d'excufer de péché plufieurs de ceux qui y recourent par fimplicité. Et
après cette autorité, il continue en ces termes. ,, Ce-
,, la eft en pratique en plufieurs endroits; on ne peut
,, l'excufer en foi d'une fuperftition fuperflue, quoi-
,, qu'on puiffe peut-être excufer de péché ceux qui le
,, pratiquent, pour les raifons ci-deffus exprimées. Tout
,, confidéré, j'eftime que c'eft une chofe à abroger avec
,, prudence, par les Prêtres & par les Prélats, à caufe
,, que la chofe a tout l'air de fuperftition. T. 2. caf.
,, 12. p. 40.

J'ajouterai feulement à la décifion judicieufe de ce fage
& favant Docteur, que l'origine de cet ufage a pu
être pieufe; car elle fe trouve, ce me femble, dans
l'hiftoire des miracles qui fe faifoient au Tombeau, ou
aux Oratoires de S. Martin. Gregoire de Tours rapporte qu'aux environs de Bordeaux, les chevaux étant attaquez d'un mal très dangereux, on alla à l'Oratoire de
Saint Martin, faire des vœux pour demander la guérifon, offrant au Saint la dixme de tous ceux qui écha-
peroient. On s'avifa auffi de marquer tous les chevaux
avec la clef de la Chapelle, & tous ceux qui en furent
marquez, ou n'eurent point de mal, ou furent parfaitement guéris (a).

En cette occafion ce fut un miracle, femblable à une
infinité d'autres qui s'étoient faits au Tombeau de S.
Martin. La clef de la Chapelle, avec laquelle on marqua les chevaux, n'étoit qu'un figne de la protection du
Saint qu'on imploroit. Mais on ne peut pas fe promettre
que le miracle arrivera toutes les fois qu'on ufera de ce
même figne. C'eft tenter Dieu que de fe faire une pratique qui exige que Dieu faffe un miracle.

Les fignes qui ont été employez dans les miracles,
ne produifent pas néceffairement les effets qu'ils ont paru produire une fois, les figues ne guériffent pas toutes
les maladies mortelles, à caufe que le Prophéte s'en fervit en guériffant Ezechias (b). Un peu de farine n'ôte
pas tout le venin de la coloquinte, quoiqu'elle l'ait ôté
une fois (c). Tous ceux qui fe feroient lavez fept fois
dans le Jourdain, n'auroient pas été guéris de la lepre
comme Naaman. Et l'on n'oferoit prétendre qu'un peu
de boue dût faire voir clair aux aveugles; parceque JE-
sus-Christ donna la vue avec ce figne. Ce feroit
une fuperftition.

Voilà donc en quoi confifte la fuperftition de l'excommunication des bêtes, des guérifons par un fer chaud,
& femblables pratiques, c'eft qu'on exige des miracles
en recourant à des fignes arbitraires, que Jesus-

Christ & les Saints ont joints en quelques occafions
à une vertu divine, fans qu'il y ait aucune promeffe que
les mêmes miracles fe feront à l'avenir par ces fignes.
Que des Saints fe foient fait obéir aux bêtes, il n'y a
rien là que d'admirable. Ils peuvent fe faire obéir aux
montagnes même, felon la parole de Jesus-Christ.
Un faint Prêtre qui étoit toujours détourné en offrant
le Saint Sacrifice, par le bruit des grenouilles, les rendit
muettes, en leur ordonnant de fe taire, ainfi que le dit
S. Ambroife (d). Un noyer, felon le témoignage de S.
Ouen, (e) fécha par une parole de S. Eloy; à peu près
comme le figuier à qui Jesus-Christ dit, Nunquam ex te fructus nafcatur; & S. Bernard fit mourir
toutes les mouches qui rendoient infuportable l'Abbaye
de Foigni, dans le Diocefe de Laon, en difant, je les
excommunie (f). Mais il étoit ridicule que les Officiaux
prétendiffent que leurs Sentences juridiques devoient
avoir le même effet fur les animaux, que les paroles d'un
Saint. Il n'eft pas moins fâcheux que des perfonnes prétendent qu'un fer rouge doive infailliblement préferver
de la rage & d'autres maux, parcequ'il eft arrivé une
fois que des perfonnes qui avoient fait des vœux à Dieu,
& employé l'interceffion d'un Saint, avoient été guéris
par cette voye.

Ce que nous difons des Clefs, qu'on apelle de S.
Pierre, on peut le dire auffi des Clefs de S. Hubert.
On appelle ainfi un fer qu'on aplique en l'honneur de
ce Saint, pour préferver de la rage les animaux, qui
ont été mordus par des chiens enragez. Ce fer apelle la
Clef de S. Hubert, n'eft pas fait par tout en forme de
Clef, à Liége c'eft un anneau, à Utrecht c'eft une
Croix de fer: tous fignes qui ont dépendu de l'inftitution des hommes. Ce fer eft appliqué à la playe, quand
elle paroit, ou à la tête quand la playe ne paroit pas. A
l'égard des hommes qu'on taille à l'honneur de S.
Hubert, nous nous réfervons d'en parler dans le Livre
fuivant.

Je ne fais fi l'on peut excufer de fuperftition le préfervatif contre les rats, introduit par les Religieux du
Monaftére de S. Hubert aux Ardennes. On prétend
que dans le territoire de l'Abbaye & de fes dépendances,
il n'y a point de rats, & qu'on eft redevable de cette faveur aux mérites de S. Udalric Evêque d'Ausbourg,
dont cette Eglife poffède quelques Reliques. En recon-
noiffance, les Religieux chantent tous les ans, le quatriéme de Juillet jour de la fête de S. Udalric, une
Meffe particuliére, & donnent aux pauvres quelques
mefures de grains. On ajoute que de toute antiquité on
a accoutumé audit Monaftére de benir du pain, & de
le faire toucher à la Relique, en faveur de ceux qui veulent participer à ce rare privilége.

Dans une inftruction imprimée où l'on explique la
maniére de fe fervir du pain beni contre les rats, on exhorte les Fidéles à faire des priéres & des aumônes; fur
tout le jour de la Fête de S. Udalric. ,, Et quant au-
,, dit pain benit, ajoute-t-on, ils le répartiront en petits
,, morceaux par tous les coins & endroits de leurs mai-
,, fons, où les rats hantent, & fréquentent le plus, les-
,, quels par cette comeftion ne manqueront pas de mou-
,, rir ou de quitter le lieu ". Outre que ce privilége
accordé par faint Udalric a tout l'air d'une fable, il paroit que l'ufage de ce pain beni eft indécent & fuperftitieux; y ayant tant d'autres moyens naturels pour faire
mourir les rats.

(a) In Burdegalenfi autem regione hoc anno gravis caballorum
extitit morbus. Apud villam verò Marciecenfem, quæ in hoc ter-
mino continetur, fubdita ditionibus beati Martini, Oratorium eft
ipfius & nomine & virtutibus confecratum. Denique adveniente
fupradictâ clade, accedebant ad Oratorium, vota facientes pro
equis, ut fcilicet fi evaderent, ex ipfis decimas loco conferrent.
Cùmque his hæc caufa commodum exhiberet, addiderunt ut de
clave ferreâ quæ oftium Oratorii recludebat, caracteres caballis im-
ponerent. Quo facto ita virtus Sancti prævaluit, ut & fanarentur
qui ægrotaverant, & qui non incurrerant, nihil ultra perferrent.
Lib. III. de miraculis Sancti Martini cap. 33. col. 1097.
(b) Ifai. 38. v. 21.
(c) 4. Reg. 4. v. 41.

(d) Lib. 3. de Virginit.
(e) S. Audoen. Vita S. Eligii. l. 2. c. 22.
(f) Nullo igitur occurente remedio, dixit excommunico eas,
& mane omnes pariter mortuas invenerunt. Sanctus Guillelm. Ab-
bas Vit. S. Ber. l. 1. c. 12.

Fin du Livre Troifiéme.

HISTOIRE CRITIQUE

DES

PRATIQUES SUPERSTITIEUSES,

QUI ONT SÉDUIT LES PEUPLES ET EMBARRASSÉ LES SAVANS.

LIVRE QUATRIEME.

Histoire Critique des Pratiques observées en l'honneur de S. Hubert, pour se préserver de la rage, où l'on parle de l'attouchement des Rois de France pour guérir les écrouelles.

CHAPITRE PREMIER.

Histoire de S. Hubert. Origine de la Neuvaine. Pratiques qu'il faut observer. Sentimens des Théologiens de Louvain & de Paris.

 L y a bien des choses dans l'Histoire de S. Hubert, Evêque de Liége, qui demanderoient un examen critique. Je me borne à discuter ici, ce qui regarde la guérison de la rage. C'est par la Sainte Etole envoyée du Ciel à S. Hubert, que s'opérent ces miracles continuels. On dit (a) qu'étant allé à Rome avec le consentement de Saint Lambert, Evêque de Mastricht, Dieu révéla au S. Pape Serge la mort de S. Lambert, par un Ange qui lui ordonna de sacrer Evêque son Disciple nommé Hubert, pour remplir sa place, lequel il trouveroit le matin au tombeau de S. Pierre ; & pour lui ôter tout sujet de douter de la volonté de Dieu, l'Ange mit à son chevet le Bâton pastoral de S. Lambert, qui avoit effectivement été assassiné. Serge s'étant éveillé trouva une Crosse d'ivoire, qui se garde encore aujourd'hui dans le Monastére de S. Hubert des Ardennes ; il se hâta de venir à l'Eglise de S. Pierre, & ayant trouvé Hubert, il le força de recevoir l'Ordination. L'Auteur ajoute que pour vaincre l'humilité du Saint, les Anges apparurent au milieu de l'Eglise avec les habits pontificaux de S. Lambert. Pendant l'Ordination un Ange apporta du Ciel une très belle Etole ; disant au S. Evêque : *Hubert, la Vierge vous envoye cette Etole ; elle vous sera un signe que votre priére a été exaucée, & un signe perpétuel de ce qu'elle ne défaudra jamais ; vous aurez une parfaite science de tout ce qui regarde les fonc-*

tions de votre ministére. S. Pierre lui apporta une clef d'or, pendant qu'il célébroit la Messe de son Sacre, l'assurant que Dieu le favoriseroit d'un pouvoir spécial contre les Esprits malins.

L'Auteur de l'abrégé de la vie & des miracles de S. Hubert s'étend ensuite sur les miracles opérez par la sainte Etole. ,, Depuis l'an 855. *dit-il, pag* 24, on ,, a coupé chaque année hors de cette Relique une par- ,, celle notable, dont on a tiré les petites que l'on a ,, insérées dans le front d'un nombre incroyable de per- ,, sonnes jusqu'à présent, lesquelles étant rejointes suf- ,, firoient sans difficulté pour plusieurs grandes Etoles. ,, Cependant celle-ci subsiste toujours pour la consola- ,, tion des fidéles selon la promesse de l'Ange qui l'ap- ,, porta du Ciel ; & ce qui est remarquable, elle con- ,, tinue dans son lustre sans corruption, quoique tous ,, les ornemens de l'Eglise où elle repose se corrom- ,, pent fort facilement à cause de l'humidité à laquelle ,, elle est sujette. Cette incorruption se voit encore ,, par une autre expérience, puisque les parcelles que ,, l'on insére dans les fronts des personnes infectées de ,, rage, y demeurent dans leur entier, & sans que la ,, nature les pousse dehors comme elle fait à l'égard des ,, autres substances jusqu'à la moindre pointe d'une ,, épine. De plus en vertu de la parcelle de cette E- ,, tole toute miraculeuse qu'une personne a reçue dans ,, son front, elle a le pouvoir de donner repit, c'est- ,, à-dire, d'arrêter les effets du venin de la rage dans ,, une autre mordue ou autrement infectée par quelque ,, animal enragé, & cependant quarante jours pour lui ,, donner le tems de se rendre commodément à l'Egli- ,, se

<hr>

(a) Histoire de S. Hubert, in 12. pag. 5 & 6. Liège 1697.

A a a

,, fe du S. dans les Ardennes , & y être guéri en la
,, maniére accoutumée par l'incision de la meme Etole.
,, Que fi après ces quarante jours il y avoit quelque
,, empêchement légitime d'entreprendre le voyage, el-
,, le peut renouveller ledit repit de quarante en qua-
,, rante jours aufli longtems que durera l'empêchement ,
,, comme de guerre, de tems trop difficile , d'infirmi-
,, té , d'incapacité de fe confeffer & communier , foit
,, à raifon du bas âge , foit pour quelque autre obfta-
,, cle. Il faut ici remarquer qu'après avoir pris le re-
,, pit , on ne doit facilement négliger le pélerinage à
,, Saint Hubert, de quoi plufieurs ont fourni des preu-
,, ves funeftes, fe figurant qu'un long laps de tems les
,, avoit mis en affurance, & qu'en continuant de pren-
,, dre repit par cérémonie, il n'y avoit rien à crain-
,, dre, jufqu'à ce que la rage reprenant fon cours les a
,, defabufez. La maniére de prendre le repit eft d'al-
,, ler trouver ou faire venir chez foi une perfonne foit
,, homme , foit femme , autrefois taillée de la fainte
,, Etole, devant laquelle il faut fe mettre à genoux,
,, comme repréfentant Saint Hubert en cette occafion,
,, & lui demander repit au nom de Dieu , de la Sainte
,, Vierge , & du glorieux Saint Hubert. Ce que la
,, perfonne autrefois taillée lui accordant, lui répond
,, en formant le figne de la Croix; *Je vous donne repit*
,, *au nom de Dieu , de la fainte Vierge , & du bienheu-*
,, *reux faint Hubert.* Quand la perfonne n'eft pas ca-
,, pable de le demander foi-même, une autre le peut
,, demander pour elle en fa préfence. Si l'on trouve
,, plus commode de fe rendre à faint Hubert pour ob-
,, tenir un repit de plufieurs années en faveur d'un en-
,, fant, on peut s'y acheminer avec ledit enfant, & on
,, évitera la réitération de quarante en quarante jours.

,, Les Cornets , Médailles, Bagues, Chapelets, &
,, autres dévotions touchées à cette Etale célefte, é-
,, tant portées avec refpect & dévotion , font aufli pa-
,, roitre combien Dieu fe plait à faire refpecter faint
,, Hubert , puifque par leur moyen il préferve ordi-
,, nairement les perfonnes qui s'en pourvoyent des atta-
,, ques des chiens & autres bêtes enragées, comme l'ex-
,, périence journaliére en fait foi.

,, C'eft encore de cette Etole fi admirable que les
,, Cornets de fer, appellez ordinairement Clefs de faint
,, Hubert , reçoivent le privilége de guérir & préfer-
,, ver de rage les bêtes qui en font flâtrées , en obfer-
,, vant ce qui eft ordonné par le billet qui en marque
,, l'ufage; mais qui n'ont aucun effet à l'égard des per-
,, fonnes , & feroient profanées fi l'on s'en fervoit au-
,, trement que pour flâtrer les beftiaux , & fi l'on les
,, gardoit fans refpect ni diftinction d'autres clefs ou
,, inftrumens profanes , ce qui n'arrive que trop fou-
,, vent. D'où provient que l'on n'en reçoit pas les
,, effets ordinaires.

Telle eft la vertu qu'on attribue à l'Etole apportée
du Ciel. Ce qui fait de la peine, c'eft qu'il eft difficile d'ajufter avec la Chronologie , le voyage de S.
Hubert à Rome. Il eft vrai que Nicolas Chanoine de
Liége en fait mention : mais (a) ni l'Anonime fon
contemporain auteur de la vie de Saint Hubert, ni Go-
defchalc , ni Etienne , ni Anfelme, qui ont écrit avant
lui les actes de S. Lambert & la vie de S. Hubert , ne
parlent point de ce voyage au tombeau de Saint Pierre.
D'ailleurs l'ordre des tems ne permet pas de l'admettre.
Le Pape Serge eft mort en 701. & Saint Lambert a été

martyrifé en 708 , ainfi fi lui a furvécu fept ans entiers. Il n'eft donc pas poffible , que S. Serge ait ordonné S. Hubert pour fuccéder à S. Lambert. Comme la datte de la mort de ce Pape eft inconteffa-
ble, Pucherius , & quelques autres modernes, ont a-
vancé la mort de S. Lambert , afin de faire quadrer les
événemens. Mais , ajoute le P. le Cointe, de qui j'ai
tiré ces remarques , il ne faut pas s'arrêter au témoignage du Chanoine Nicolas, il n'a fait que multiplier les
fables.

Cela fait voir qu'on a imaginé infenfiblement toute
cette Hiftoire. Il eft probable que lorfqu'on a commencé à tailler les hommes mordus par des chiens enragez, c'eft-à-dire à leur faire une petite incifion au
front pour enfermer fous la peau & dans la chair un
brin de l'Etole de Saint Hubert, on a d'abord employé l'Etole dont ce Saint fe fervoit ordinairement , &
que pour la rendre plus refpectable , on a feint qu'elle
avoit été apportée par un Ange. Mais l'Auteur de
cette pieufe fupercherie étant un très mauvais chrono-
logifte , n'a pas fu arranger fa fiction. On (b) ne
peut douter cependant que cet ufage de tailler, ne foit
très ancien , puifque l'Anonyme qui a écrit vers la fin
du onziéme fiécle les miracles arrivez à la Tranflation
du corps de Saint Hubert faite en 825 , parle d'un
homme & d'une femme qui avoient été taillez. Il faut
pourtant remarquer que Jonas, Evéque d'Orléans , Auteur contemporain, qui a écrit l'Hiftoire de cette translation , ne dit rien , ni de l'Etole , ni de l'ufage de
tailler ceux qui avoient été mordus par des chiens enragez.

A l'égard de la neuvaine qu'on pratique aujourd'hui
après l'incifion , il faut avouer qu'elle eft obfcurément
défignée dans l'Auteur anonyme du onziéme fiécle ; il
eft difficile de pouvoir marquer le tems où elle a commencé. La maniére dont elle fe fait, a été condamnée
par Gerfon comme on verra dans la fuite. Il paroit
que les Théologiens de Paris l'ont toujours regardée
comme fuperftitieufe ; on en peut juger par la décifion
qui fut faite en 1671. Je rapporterai l'expofé , & la
réponfe des Docteurs (c).

,, La perfonne qui eft taillée en l'honneur de Saint
,, Hubert & avec l'Etole , premiérement fe doit con-
,, feffer & communier neuf jours enfuivans ; doit dor-
,, mir feule en blancs draps nouveaux lavez , ou toute
,, vetue; doit boire feule ; ne doit baiffer fon chef en
,, buvant aux fontaines ou riviéres. Item peut boire
,, vin rouge, blanc & clairet, mêlé avec de l'eau, ou
,, boire de l'eau feule ; peut manger pain blanc & au-
,, tre chair, de porc d'un mâle, ayant un an ou plus :
,, chapon ou geline d'un an vieux , ou plus ; poiffons
,, ayant écailles : comme harangs forets, carpes, œufs
,, durs cuits : & tout ce devant nommé doit être
,, mangé froid , & point autrement. Item ne peut
,, peigner fon chef dedans quarante jours , & fi la per-
,, fonne recevoit bleffure, ou morfure de quelque bête
,, jufques au fang , doit faire la même abftinence l'ef-
,, pace de trois jours , fans retourner ici. Item au
,, dixiéme jour, doit faire délier fon bandeau par quel-
,, que Prêtre , & le faire ardre & mettre les cendres
,, dans la Pifcine. Item doit fêtoyer le jour de Saint
,, Hubert tous les ans , qui eft le troifiéme de No-
,, vembre. Item pourra donner repit à toutes perfon-
,, nes étant mordues de quelque bête enragée jufques
,, au fang , de quarante jours à quarante jours. Le
,, fouffigné Religieux certifie avoir taillé Jaques Ly-
,, pos de Frene, proche Péronne, Evéque de Noyon,
,, le vingt-troifiéme Janvier 1671. D. *Alexis Colart,*
,, *Tréforier.*

,, Les Docteurs en Théologie fouffignez déclarent
,, avoir plufieurs fois répondu , que cette pratique eft
,, blâmable & fuperftitieufe, qu'elle ne peut être to-
,, lérée , mais qu'elle doit être retranchée. Laquelle
　　　　　　　　　　　　　　　　　　　　　　　　　　,, ré-

(a) Apud Anonymum coetaneum , qui vitam Sancti Huberti
confcripfit , nullum eft verbum de illius peregrinatione ad limina
Apoftolorum , quam certè filentio præterire non debuit, fi verè
fufcepta eft. Nullam quoque prædictæ peregrinationis mentionem
fecerunt, Godefchalcus , Stephanus, Anfelmus, aliique qui vel
acta Sancti Lamberti , vel vitam Sancti Huberti ante Nicolaum
fcriptis commendarunt. Præterea Sergio Papæ cujus obitus in
annum Chrifti feptingentefimum primum incidit , ætas Sergii
Papæ quæ nullatenus in dubium revocari poteft , præcipuum videtur argumentum fuppeditaffe, cur Bucherius , Fifenus, cæteri-
que Neotericorum quibus narratio Nicolai non difplicuit , obi-
tum Sancti Lamberti præverterint. At Nicolaus hoc loco nihil
nos movet, quoniam aliorum commenta novis adhuc fabulis ad-
augere ftuduit. *Le Coint. ann. T. 4. n. 488.*

(b) Act. Sanct. Ord. S. Bened. fæcul. 4. p. 303. To. I.
(c) Tome II. Cas de Sainte Beuve. Cas *193.* pag. 627.

„ réponse a été faite, après avoir vu l'avis des Doc-
„ teurs de la Faculté de Médecine de Paris, parmi les-
„ quels étoient Mrs. Brayer & Dodart, qui l'ont con-
„ damnée, en ce qui regarde le couché, la nourritu-
„ re, & autres choses qui appartiennent à leur profef-
„ fion; comme les foufIignez l'ont condamnée en ce
„ qui regarde les neuf ConfefIions & Communions en
„ neuf jours confécutifs; le déliement du bandeau par
„ un Prêtre; l'obligation de faire la fête de Saint Hu-
„ bert; le pouvoir de donner repit de quarante jours,
„ le tout étant fuperftitieux.   En foi de quoi ils ont fi-
„ gné ce jourd'hui 10 Juin 1671.

La conféquence qu'on doit tirer de cette réfolution,
c'eft qu'il faut défabufer le Peuple de ces ufages, &
faire en forté, s'il fe peut, qu'on ne voye plus de perfonnes courir les Villes & les Villages, pour toucher
ceux qui ont été mordus, & leur donner *Repit*, comme on le fait fi communément dans toute la Picardie.
Il faut qu'on fe réduife à implorer l'interceffion de S.
Hubert, avec foumiffion à la volonté de Dieu.   On
approuvera toujours, qu'on recoure dévotement aux
Reliques de S. Hubert, qu'on reçoive même un petit
brin de l'Etole de ce Saint, dans l'efpérance d'être
préfervé de la rage.   On fait que Dieu relève la gloire de fes Saints par les miracles que leurs Reliques produifent.   (a) Les mouchoirs & les ceintures, ou les
autres linges qui avoient touché le corps de Saint Paul,
guériffoient les malades, & faifoient fortir les efprits
malins des corps des poffédez.   On a vu dans tous les
fiécles de femblables effets des Reliques des Saints; &
l'on voit encore tous les jours à Riom en Auvergne
ce que Grégoire de Tours avoit appris, & vu même
que les Energuménes étoient délivrez, que ceux qui
font piquez par des ferpens font infailliblement guéris,
dès qu'on leur fait toucher la dent de Saint Amable.
La cérémonie fe fait au fon de la cloche, pour avertir
le peuple de fe rendre à l'Eglife, où l'on fait quelques
prières, fans aucune obfervation fuperftitieufe, & fans
employer aucun remède.

Il feroit à propos qu'on fît de même à l'égard de
S. Hubert; qu'on ne fe fervît point de fer rouge, &
qu'on n'entendît plus parler des obfervations énoncées
dans l'expofé du cas de confcience.   Car ce qui fe fait
fimplement & innocemment par quelques perfonnes
fimples, fe fait avec fuperftition par d'autres.   D'ailleurs tous ces fignes arbitraires embarraffent quelquefois
les Savans, & empêchent qu'on ne décide facilement,
parcequ'on doute s'ils n'ont pas quelque vertu particuliére.   Les Docteurs Théologiens fe croyent obligez
de confulter des Phyficiens & des Médecins; & il
pourroit s'en trouver qui leur diroient des pauvretez,
pour faire attribuer à des caufes phyfiques & matérielles, des effets qui ne peuvent être produits par les
Corps.   Il y en a qui font toujours portez à expliquer
de cette maniére toutes fortes d'effets, quand même
une autorité infaillible les affureroit qu'ils ont été produits par un Ange.   En effet, Thomas Bartholin a
bien ofé faire une Differtation, pour prouver que l'eau
de la Pifcine probatique étoit naturellement agitée de
tems en tems, & qu'elle guériffoit auffi naturellement
un des malades qui le premier defcendoit dans l'eau,
foit qu'il fût paralitique, qu'il eût les membres fecs,
ou qu'il fût aveugle.   Cette Differtation a été jugée
digne d'être réimprimée, au (b) cinquiéme Tome du
nouveau Recueil fait à Rotterdam en 1695.   Bartholin
n'ignoroit pas ce que nous apprenons de l'Evangile de
Saint Jean, (c) que la guérifon furprenante fe faifoit,
lorfque l'Ange venoit agiter l'eau.   Il favoit auffi qu'il
fe fait beaucoup de miracles, & il déclare par une affez mauvaife expreffion qu'il aime mieux les relever (d)
que les rabaiffer.   Mais après ce début qui n'eft ni fi

dévot ni fi fenfé qu'il le croit, il fe propofe nettement
la difficulté tirée de l'Evangile de Saint Jean (e).   Cet
endroit fi formel, que Bartholin avoit lu dans l'Evangile, ne l'embaraffe point.   Il croit qu'il n'y a qu'à
dire *que par un Ange* il faut entendre les vents fouterrains qui agitoient l'eau (f).   Après ce dénouement fi
particulier, il fe contente de rapporter quelques explications d'autres endroits de l'Ecriture à tort & à travers, auffi bien que divers exemples vrais ou faux des
Fontaines miraculeufes, & croit par là s'être merveilleufement tiré d'affaire.

L'Abbé & les Religieux du Monaftére de Saint Hubert voulant empêcher qu'on ne continuat à regarder
cette neuvaine comme fuperftitieufe, ajoutérent des explications à chaque article, & les firent approuver par
l'Evêque de Liége, par plufieurs Docteurs & Médecins de Louvain.   Comme cet écrit a donné lieu à un
examen férieux de ces pratiques, je crois qu'on ne fera pas fâché de trouver ici la maniére de faire la neuvaine de Saint Hubert avec ces explications.

1. *Elle doit fe confeffer & communier neuf jours confécutifs.*

Sous la conduite & le bon avis d'un fage & prudent
Confeffeur, à qui il appartient de juger de la difpofition de la perfonne tant pour la Confeffion que pour
la Communion.

2. *Elle doit coucher feule en draps blancs & nets, ou
bien toute vetue.*

Seule; crainte d'accident fâcheux tant pour foi que
pour autrui, n'y ayant pas une certitude fi abfolue
de fa guérifon & de fa fanté, que l'on ne doive prendre des précautions fi naturelles.   *En des draps blancs
& nets*; pour éviter les inconvéniens qui n'arrivent
que trop fouvent après avoir dormi dans des draps
infectez.   *Ou bien toute vétue*; pour la même raifon
& par mortification.

3. *Elle doit boire dans un verre ou autre vaiffeau particulier, & ne doit point baiffer fa tête pour boire aux
fontaines & riviéres.*

Doit boire dans un vaiffeau particulier; pour éviter tout
péril pour foi & pour autrui.   *Sans fe baiffer pour
boire aux fontaines & riviéres*; foit à caufe de la violence qui pourroit faire fortir la parcelle de la fainte
Etole qui eft dans le front, foit pour éviter la fen-
fualité, d'avaler quelques bêtes venimeufes par
mégard.

4. *Elle peut boire du vin rouge, clairet & blanc mêlé
avec de l'eau, ou bien de l'eau pure.*

Le mélange de l'eau avec le vin, l'eau pure, & le retranchement de toute autre boiffon, marquent la
mortification, & le foin que la perfonne doit apporter pour éviter tout excès & échaufement du fang,
fi contraires à la guérifon de la rage.

5. *Elle peut manger du pain blanc, ou autre; de la
chair d'un porc mâle d'un an ou plus: des chapons ou
poulles auffi d'un an ou plus: des poiffons portant écailles, comme harangs-forets, carpes, &c. des œufs durs
cuits; & toutes ces chofes doivent être mangées froides.*

On permet certains alimens retranchant les autres, par
es-

<hr>

(a) Act. XIX. v. 12.
(b) Fafcic. 5. Opufcul. p. 390. & feq.
(c) Chap. V. v. 4.
(d) Malui femper Divina opera extollere, quàm impiè elevare.

(e) Si verò naturali internoque feu externo principio pifcina
Probatica mota & turbata fuit, cur Angelus dicitur defcendiffe.
Johan. V. 4. Princeps hoc ferè eft argumentum, quo miraculum pifcinæ adftruunt Theologi, in vero Angelo, incorporeâ
illà fubftantiâ, uno ferè ore confentientes.
(f) Ἀγγελος caufam moventem aquarum notat, five vim à
Deo naturæ infitam, five externam internamve ventorum com-
motionem.

esprit de pénitence & d'abstinence, comme on peut voir par l'article neuviéme; & on ordonne de manger froid, ce que l'on permet, par esprit de mortification. Qui ne voit que l'on retranche la chair des jeunes animaux en permettant de manger celle des âgez d'un an ou plus, pour faire pratiquer la pénitence en faisant abstinence des délicatesses qui se trouvent dans les plus jeunes, & que c'est le même esprit d'abstinence qui exclut les poissons sans écailles, les œufs assaisonnez, &c?

6. *Il ne faut pas peigner ses cheveux pendant quarante jours.*

Cette mortification est assez connue & reçue, outre qu'avec une dent du peigne on pourroit faire sortir du front la parcelle de la sainte Etole, contre quoi on ne sauroit aporter trop de précaution.

7. *Le dixiéme jour on doit faire délier son bandeau par quelque Prêtre, le faire bruler, & mettre les cendres dans la piscine.*

Parcequ'il a servi à contenir la parcelle de l'Etole miraculeuse dans le front de la personne taillée, & qu'il peut arriver que ladite parcelle sorte de la cicatrice avec le sang, & s'attache au bandeau quoiqu'on ne la voye pas.

8. *Il faut garder tous les ans la fête de saint Hubert qui est le troisiéme de Novembre.*

Il est bien juste de reconnoitre tous les ans celui duquel on a reçu un si grand bienfait.

9. *Et si la personne recevoit blessure ou morsure de quelques animaux enragez qui allat jusqu'au sang, elle doit faire la même abstinence l'espace de trois jours, sans qu'il soit besoin de revenir à saint Hubert.*

Cet article marque que cette Neuvaine est ordonnée en esprit de pénitence, puisqu'il la qualifie du nom d'abstinence.

10. *Elle pourra enfin donner repit ou délai de quarante à quarante jours à toutes personnes qui sont blessées ou mordues à sang, ou autrement infectées par quelques animaux enragez.*

Ce pouvoir est tout-à-fait merveilleux, & si ordinaire qu'il est hors de doute & de contestation, les effets journaliers en faisant foi dans tout le Christianisme où S. Hubert est connu.

L'Evêque de Liége dans son Jugement du 4. Octobre 1690. s'explique ainsi. ,, Nous avons vu avec ,, plaisir qu'à l'égard de la Confession & Communion ,, prescrites dans cette Neuvaine, on laisse le tout au ,, jugement & conduite d'un sage & prudent Confes- ,, seur, & que l'exposition des autres articles marque ,, & inspire l'esprit de pénitence avec des précautions ,, justes & naturelles. C'est pourquoi nous jugeons ,, que ladite neuvaine se peut observer & pratiquer en ,, toute sureté & sans aucune superstition.

Jugement des Docteurs de Louvain.

Ayant vu & examiné les cérémonies & articles de la Neuvaine, que l'on fait observer aux personnes taillées de la sainte Etole du grand saint Hubert, avec l'explication ci dessus jointe, & étant bien informez de l'ancien usage de cette Neuvaine observée jusqu'à présent par tant de personnes savantes & pieuses de toute sorte de conditions tant séculiéres que réguliéres. Nous soussignez Docteurs en Théologie dans l'Université de Louvain, déclarons ne trouver aucun sujet d'attribuer à quelques Esprits malins de si grandes merveilles, qui ne servent qu'à augmenter la gloire de Dieu, loué & reconnu comme le premier Auteur qui a la bonté de répandre sur nous des bénédictions si signalées par l'entremise du grand saint Hubert. L'explication jointe aux articles nous incline encore davantage à ne pas décrier ladite Neuvaine comme superstitieuse. En foi de quoi nous avons signé la présente le 6. de Septembre 1690.

G. Huigens.
H. Charneux.
J. L. Hennebel.
F. Lamb. Ledrou, *S. T. D. & Prof.*
M. Steyeris, *S. T. D. & Prof.*

Jugement des Examinateurs Synodaux de l'Evêché de Liége.

Nous sommes du même sentiment que dessus, considéré particuliérement ce qui se dit dans l'explication du premier Article de la Confession & Communion de neuf jours consécutifs, qui se laisse au jugement d'un sage & prudent Confesseur. Donné à Liége le 22. Septembre 1690.

Signé

Theodard Cochet, *Exam. Synod.*
Jean le Beau Hen. Denys, *Exam. Synod.*
Fh. Ferd. Cuvelier, *Exam. Synod.*

Jugement des Docteurs en Médecine.

Nous soussignez Docteurs & Professeurs de la Faculté de Médecine en l'Université de Louvain, avons vu & examiné la forme & maniére de faire la Neuvaine de saint Hubert, comprise sur ce billet en dix articles. Le premier article, aussi bien que le huitiéme, concerne les Directeurs de conscience: & le dixiéme est purement dépendant d'un miraculeux Privilége qu'il plait à Dieu de donner par l'intercession du grand saint Hubert. Quant aux sept autres articles qui réglent la diéte & précaution à ceux qui prétendent par ledit miraculeux Privilége être garantis & guéris des fâcheux & horribles symptômes de la rage, ils ne sont aucunement superstitieux, ains (comme l'on offre de faire voir) conformes aux régles & principes de la Médecine. Fait à Louvain le 17. Juin 1691.

Signé

L. Peters, *Med. Doct. & Prof. Primarius.*
N. Somers, *Med. Doct. & Prof. Primarius.*
Renault, *Med. Doct. & Prof. Regius.*

Cette décision fut imprimée dans l'abrégé de la vie & des miracles de Saint Hubert imprimée à Liége en 1697. Elle donna lieu à une lettre d'un savant Docteur en Théologie, & une réponse comme nous dirons dans le chapitre suivant.

CHAPITRE II.

Lettre écrite à M. Hennebel, Docteur de Louvain, par M. G. Chanoine de Reims. Jugement sur cet écrit.

QUELQUES années après qu'on eut publié l'abrégé de la vie & des miracles de Saint Hubert, M. G. Chanoine de Reims écrivit une lettre à M. Hennebel, Docteur de Louvain, qui avoit approuvé la Neuvaine de Saint Hubert avec les explications. Comme cette matiére est traitée au long dans cette dissertation, j'ai cru devoir l'imprimer ainsi telle qu'elle a été composée; l'Auteur ayant eu peut-être ses raisons pour l'écrire en latin.

EPIS-

EPISTOLA

Domino Hennebel Facultatis Theologiæ Lovianensis Doctori.

Poteram dicere quod illa mulier quærenti caput Sebæ legitur respondisse, proverbium est, inquit, (2 *Reg.* 20. v. 10.) ut qui interrogant, interrogent in Abela. Qui interrogant interrogent Parisiis, ubi difficilium quæstionum nodi intricatissimi resolvuntur. *Ita Petrus Blesensis quærenti amico, Epistolá* 19.

Eximie Domine.

Prodiit anno 1690. *decisio quædam certè brevissima, at gravissima, nisi fallor, quæstionis, cui ipse subscripsisti, cum eximiis Dominis Huygens, & Decharneux. Complures ex amicis meis illa commovit: hac de responsione loquor, qua Novendialis Hubertini ritus & instituta decretorio modo probastis. Quamobrem patere, amabo, ut quæ argumenta stuporem illum cierint, tibi significem; qui debitorem te sapientibus & insipientibus, ut Theologum decet, catholicá charitate profiteris. Spero autem fore ut si vaná scrupuli religione detineamur, ego atque amici mei, eá nos solvere non graveris: idque eò firmius expectamus à te, quòd non solá discendi cupiditate illecti doceri eam rem cupiamus, verùm etiam officii nostri necessitate constricti. Hos enim Pastores instituimus, quos antiquæ Parisiensium Theologorum, unâ & Medicorum sententiæ, an Lovaniensium Theologorum, quæ recens prodiit responsioni circa Novendium Hubertinum adhærere oporteat, ignaros esse non licet, quippe ejus Diæceseos, quæ Andaginensi seu Hubertino Monasterio vicina est. Cæterum ut cum Parisiensibus conseatur, duo præcipuè movent. Alterum est quòd Novendialis observatio non videatur esse congruum adversus rabiem antidotum; alterum, quòd eos contineat ritus & præscribat leges, quas superstitionibus non scatere perdifficile est, ne quid amplius dicam, ostendere. Quod ad primam difficultatis caput attinet; sinas velim, Eximie Domine, percontor à te quibusnam momentis adducti fueritis, ut probaretis Novendium cum suis ritibus. Num fulá solá consuetudine Cænobii Andaginensis, cujus unius in nostrá responsione meministis? An aliquot aliis argumentis, & quibus consuetudinem illam tanti ponderis esse perfunderi queat? Supponere videtur illa, quod Andaginenses referunt sacram stolam, ut vocant, de cœlo per Angeli ministerium missam esse ad sanctum Hubertum, cùm Romæ ordinaretur à Sergio Papa.* I. *(Quòd ratio temporum credere non permittit, ut videre est in Annalibus Cointii ad an.* 708.) *supponit quoque eam, quantumvis particulæ majores ad usum quotidianum ab illustrissimo Abbate, ex illá decerptæ imminuantur in dies, ac tandem omnino consumantur, minimè tamen imminui. Supponit denique, nullam unquam fraudem dolo malo cujusquam, aut Monachorum stolæ sacræ custodum simplicitate factam esse, quá videlicet stola quædam recens antiquæ substitueretur. Tametsi non adeo difficile fuerit ejusmodi fraudem fieri, spectatá præsertim comitate Monachorum, qui eam stolam facilè exhibent omnibus, & facilitate Abbatum, qui ipsius custodiam uni duntaxat commiserunt, penes quem est eam tractare, & è vase malè clauso extrahere. Major sanè diligentia in sacris reliquiis conservandis adhibetur, quas nempe in thecis accuratè obsevatis & obsignatis recondi præcipiunt leges Ecclesiæ. At verò de hac stolá cælitus missá nihil nobis reperire licuit in scriptoribus sancto Huberto coævis ac supparibus. Porro istud eorum silentium loquitur nobis. Equidem in libro de miraculis sancti Huberti Autor Anonymus, circa annum* 1080. *aut auxesim scribit cap.* 14. *est eo in loco certissima, (non ita loqui audent moderni Andaginenses,) salus hujus horrendi discriminis, si adsit verá fides periclitantis, & observetur dictata conditio collatæ sanitatis. Verùm tanta non est hujus scriptoris authoritas, ut prudentis ac cauti Lectoris assensum necessariò extorqueat. Etenim ille paulò recentior est, quàm ut certam fidem faciat eruditis circa antiquitatem ejus, de qua impræsentiarum...*

consuetudinis. Tamen audiendus est quod morem spectat sui sæculi, quo non multum absimilia iis, quæ nunc apud Andaginenses in usu posita esse liquet, facta esse refert his verbis: auro igitur sacratæ stolæ capite periclitantis de more insito, & se observandi ordine dictato, &c. *At illum autorem exigui judicii hominem fuisse suspicantur nonnulli, ex eo quòd decem miracula referat, pro vindicandis temporalibus bonis Abbatiæ Andaginensis aut privatorum. Certè vix seriò legi potest, quod narrat capite* 21. *videlicet Energumenum in dolio aquæ frigidæ collocatum vexatione Dæmonis liberatum hac ratione fuisse, quæ ad risum ipsum etiam commoveret Heraclitum. Coactus Dæmon, inquit, per posteriora egredi talem dedit crepitum, ut omne dolium à compage suá resolveretur. Eodem quoque capite describit Josbertum quemdam curatum à rabie, quá jam vexabatur: simile quid hodie nequaquam accidit. Tandem quis fuerit se observandi ordo, ut loquitur, minutim non describit, haud taciturus profectò concedendarum adversus rabiem induciarum prærogativam, si tunc temporis cognita fuisset. Nunc verò ut recipiatur, eò gravioribus momentis demonstranda est, quò insigniorem esse constat. Decem & amplius anni sunt ex quo probati fuerunt à vobis Novendii decem articuli, neque tamen, quod non defuturum putabatur, ex vestrá Facultate aut ex Hubertiná Abbatiá ullus publici juris fecit momenta, quæ vos inclinarunt, ut eorum usum probaretis velut justá reprehensione carentem.*

Sacramenti Unctionis Extremæ eam vim esse ex sacris litteris & traditione demonstratur quæ ægrotantium sanitatem restituat, ubi animæ expedierit. Sanè ut propè parem virtutem tribuere liceat Novendii ritibus, qualecumque argumentum non sufficit. Nullum sacri codices suppeditant, nullum sancti Ecclesiæ Doctores. Usus profertur: at quæ illum certum faciant & antiquum probent, argumenta hactenus desiderantur, nimirum chartæ & instrumenta authentica, & alia id genus quibus certa curationum fides fiat. Si quæ ejusmodi asservantur in tabulario Andaginensi, edantur in lucem ac probentur acutioris judicii viris; tunc demùm causam obtinebunt adversùm Parisienses Theologos ac Medicos R. R. P. P. Hubertini. Interim famæ publicæ testimonium ut pote caducum per paucos abducet à Parisiensium sententiá, & revera nulli hodie apud sanctum Hubertum curantur ut olim à rabie quá jam correpti fuerint, nulli quoque servantur ab ipsá, prope cervicem ab animali verè rabioso graviter vulnerati: nihil tamen hîc præter auditum habeo. Adhuc plurimi imperiti peregrinantur ad Sanctum Hubertum, ut secundùm morem receptum incisi, ut loquuntur, & sacræ stolæ particulá communiti, rabiem quam inaniter verentur, evadant, quippe quibus illa non erat formidanda: quòd nempe eos levissimè momorderint canes nondum planè rabidi, seu tales ut saliva illorum fuerit letifera. Nonnulli apud sanctum Hubertum de more incisi à rabie divinitùs servatos se esse prædicant, qui tametsi domi manentes nullum omnino remedium adhibuissent, aut antidotum, nullum prorsus sensissent detrimentum ex morsu canis rabidi vel alterius bruti, utpote quibus tum ubi sanguis in eorum venis ferbuerit agitatione vehementi, canis venenum non nocuerit, quàm nec viperæ obfuisset, cujus nonnunquam innoxium esse hac ex causá morsum observant peritiores Medici. Tandem non desunt exempla eorum, qui incisi pro more etiam post accurate servatas Novendii leges rabie correpti sunt. Unum protulisse satis erit, quem in Parochiá Campi Diæcesis Carnotensis 1687. *se offendisse testatur Dominus Joan. Bapt. Thiers Doctor Theologus in alterá editione dissertationis suæ de superstitionibus, quæ Lutetiæ Parisiorum vulgata est paucis abhinc annis (videsis tom. 2. lib. 6. c. 4.). Aliud exemplum proferre possem quod lego in epistolá ad me missá per vigilantissimum Pastorem Parochiæ sancti Huberti* 18. *Novemb.* 1700. *cujus vobis nota integritas est ac solertia. Equidem constanter animadversum esse affirmant eos omnes, qui incisi fuerint apud sanctum Hubertum, ad homines aut bruta rabie agitata propius accedere absque ullo sui nocumento vel periculo, quod tamen cæteris imminet. Ferunt quoque illos, in quorum frontibus sacræ stolæ particula inserta fuerit, absque ner-*

*nervorum convulfione animam tranquillè agere; ubi conti-
gerit eos ex rabie, adverfùs quam antidotum quæfierunt,
interire. Verùm quî horum prius conftat? Famâ. At fa-*
ma nomen incerti locum non habet ubi certum eft, *ut
verbis Tertulliani utar ex cap. 7. Apol. oculatorum teftium
relatione? Vereor ut non probetur in eis effe finceritatem
hanc & prudentiam, quarum ergo, ipforum teftimonium
fit omni exceptione majus. Quam multis de caufis fraus,
in ejufmodi fieri poteft incautis ac minùs fagacibus, fingu-
las perfequi inutilis operæ foret, fcientibus loquor. Quod
attinet ad alterum, fortaffis non rabiei ægritudine, fed febre confuetâ ufti moriuntur illi, quos extremum diem pla-
cipè claufiffe dicitur. Quis Medicus genus morbi, quo de-
funêti funt, dijudicavit? Neque aliud quàm rabiem effe
pronuntiavit? Novi Medicos minimè imperitos qui putant
fedatæ mortis hujus caufam refundendam effe in confump-
tionem virium per febris ardorem.*

*Gloriofum, ut è diverticulo in viam redeam, fibi effe
autumant vulgò homines, fi miraculum in fui gratiam factum fuerit. Quamobrem infinitus propè modum eft eorum
numerus, qui fe beneficio Novendii Hubertini adverfùs rabiem munitos inaniter jaêtitant; feu quòd non conftet à venenatis animantibus fuiffe læfos, feu quid nec omninò liqueat
illos naturæ beneficio rabiem nequaquam propulfaffe. Quidquid id eft, cum fanationum miraculi, ut dicitur, plena-
rum veritatem vix ac ne vix quidem contingat, fedulò
difcuti & recognofci à Theologis, Medicis, virifque pru-
dentibus, quorum ut fagax judicium ita mens fit abs re
propriâ penitus aliena. RR. PP. Hubertini levi fundamen-
to gloriantur de curationibus innumeris, quafi Dei beneficio fingulari, de quotidiano penè miraculo (quod hodiernus
Ecclefiæ ftatus non poftulat, vix quoque illa nafcens vidit)
per fanêti Huberti interceffionem & Novendii cerimonias
impetratis. Saltem proferant perfcripta rerum geftarum five
curationum ejufmodi aêta, fed talia qualia Epifcopi ut miraculorum fides fiat & memoria certò transmittatur ad pos-
teros, primùm vulgare, tunc fuis in fcriniis recondere confueverunt. Interim cohibebimus affenfum circa jaêtata à
RR. PP. Hubertinis prodigia. Jaêtata dixi, fed verbo fit
venia, quo ufus fum ideo, quia nulla admittenda funt
miracula .... nifi recognofcente & approbante Epifcopo ...... adhibitis in confilium Theologis & aliis piis
viris (ex Trid. feff. 25. decreto de invocatione &c.) De-
mum ejufmodi fanationes attribuentur fingulari miraculo,
vel naturæ beneficio & Medecinæ opitulationi: alterutrum
fentire oportet, nihil medium. Si in naturam ac medicinam refundantur, de bis judicium effet penes Medicos.
At verò illi rident ac fugillant Novendii inftituta tanquam
inania & perridicula. Quî autem miraculorum plenæ di-
cerentur præfatæ curationes? Profeêtò, fi ita eft, vaniffimæ
funt Novendii leges, plurimæ faltem. Quando quidem Deus
fimilibus non anneêtat Ecclefiæ fuæ omnipotentiæ opera. Neque dubio procul fineret iftud quod ad fuam gloriam promo-
vendam ac fanêti Huberti merita celebranda faceret, iftud,
inquam, adeo obfcurari, ut etiam inter Catholicos Theologos, Medicofque piiffimi ac eruditiffimi, per tot fæcula
poft accuratum examen ac pluries iteratum pernegarent, imo
fuperftitionis expers non effe fcriberent. Porro Parifienfes
refponfionem veftræ contrariam fuper eam rem conftanter dederunt, ut teftis eft Sam-Beuveus tom. 2. refponfionum
moralium Nº. 193. Ecquis ergo in gratiam impiorum ac
per impios idcirco fuperbientes induciarum, quos Novendii
ultimus articulus incifis permittis dare cuiquam, miracula
quotidiana fieri à Deo aufit affirmare? Non certè anonimus
fcriptor fæculi XI. jam citatus, neque etiam nunc temporis
RR. PP. Hubertini, verumtamen induciarum beneficium
naturæ vires apertè fuperat. Quonam igitur paêto defendi
poteft? Minimè. Alioquin par experientia probaret fuperftitionis expertes effe obfervationes plurimas nulli Theologo
non fufpeêtas, imò ab omnibus reprehenfas, quibus tamen
videre eft rufticanos homines jumentis ægrotantibus incaffum
non fuccurrere. Porro quàm elumbe fit ac frivolum argumentum pro Novendio Hubertino repetitum à curationibus
quotidianis, vel hinc patet quòd non defuerint pares, fi quæ
fint fanationes, quando inter Novendii leges dierum novem
& quidem continuorum confeffio ac communio prorfus necef-*

*faria exiftimabatur, neque etiam ab impiis omittebatur un-
quam, tantum abufum nondum præcaventibus RR. PP.
Hubertinis per folemnem declarationem. Heu diutius perfe-
veroffe hanc corruptelam quis in hifce regionibus ignorat?
Eapropter nihil impedit quominus fanationes, fi quæ fint,
Dæmoni vel naturæ potiùs afcribantur cum Parifienfibus
Theologis ac Medicis omnibus, quàm fingulari beneficio Dei
ac miraculo.*

*Quæ cùm ita fint, inane eft profeêtò argumentum eorum
qui putant à Deo Optimo Max. deceptum iri illos qui ad
imminentem fibi rabiem avertendam fanêti Auberti Abba-
tiam petunt, viêturi fecundùm Novendii leges tempore præ-
finito: nifi fuerit id omnis vitii expers efto enim utcumque
videretur Deus ipfe approbare ufum inter Parienfes & Lo-
vanienfes controverfum. Si particula facratæ ftolæ fronti in-
fita ac obfervatis accuratè Novendii ritibus miraculo quo-
piam femper arceretur rabies; non patet fieri prodigium ullum, quod fupra naturam fit. Dixi, utcumque, ratus
Deum fraudem non facere ullam tametfi divinitùs præferva-
rentur à rabie nonnulli ex bis qui ad fanêti Huberti patro-
cinium, facrâ ftolâ muniendi & novendia obfervaturi, con-
fugiunt fimplici fide ac religione. Quippe, nifi forte afcri-
bendum eft fanationis fiduciæ quam concipiunt (quantùm
enim in depellendis morbis illa valeat nemo medicorum
nefcit) tribuendum hoc foret ipforum pietati, quam inter-
cedente beato Huberto remuneraret Deus, non autem ipfis Novendii ceremoniis quibus vim fanationis corporalis
dederit, ut Extremæ Unêtionis Sacramento. Quemadmodum igitur non decipit Deus, quando implentur prædiêtiones
cujufdam vatis ab ipfius cultu avertentis; eò quòd lex naturalis ad fidem obtinendam majus authoritatis pondus habeat quàm ille Propheta: (Deut. 13.) ita perrarâ curatione
illius, qui obfervaret novendium, haud quaquam probatur
illud, utpote plenum fuperftitionis, quam naturalis lex ac
pofitiva repudiare, apertiùs inhibent, Sed cur perraram ap-
pello fanationem eam quæ quotidiana creditur, atque mira
à vobis, examinatoribus Diæcefis Leodienfis & ordinario
vocitatur in approbatione datâ quarto Oêtobris 1690. hæc
me ratio movet, quòd non deceat Theologos prodigiofas dicere curationes illas, quin exploratum fit animalia à quorum morfu timetur rabiei, verè rabida fuiffe, cùm mo-
morderunt, ac lethale venenum, quo fanguinis maffa cor-
rumperetur, dente ac falivâ communicaffe: & illos qui ad
S. Hubertum peregrinati funt, reipfa curatos fuiffe. Horum
pofterius non adeò frequens liquere poteft propter fubitum peregrinorum ad lares proprios reditum: multò minùs primum.
Si quidem abfunt animalia illa, atque medicis aut viris pe-
ritis rariffimè fuerunt fatis cognita.*

*Pondus aliquod habet, ut ingenuè loquar, momentum
pro Novendiali Hubertino adduêtum ex authoritate Abbatum Andaginenfium atque inter eos S. Theoderici (qui XI.
fæculo illuftravit Monafterium Hubertinum) & Epifcoporum
Leodienfium. Enimvero bos, ut credere par eft, non fuge-
runt leges Novendii, eas quoque & ipfarum originem &
effeêta indagare illis facillimum, ut dicitur, fuit. Nihilominus argumentum iftud quantamcumque verì fpeciem præ
fe ferat, ineluêtabile effe non arbitror. Epifcoporum quidem
Diæcefanorum qualecumque fuffragium five filentium valdè
imminuitur propter complurium abfentiâm à Diæcefi fuâ,
aliorum feneêtutem ac negotiorum quibus nonnulli in ampli-
fimâ Diæcefi gravabantur multitudinem, ut taceam Novendii ritus multis de caufis latere potuiffe plurimos Antifti-
tes Leodienfes; neque inter decem articulorum approbatores
recenferi poffunt antiquiores, quin conftet eos omnes articu-
los effe quoque vetuftos. Id verò ut fuadeatur, non vul-
garia defiderantur argumenta. Quòd fi Andaginenfis Ab-
batia fit aut fuerit immuni
jure vel faêto ab ordinarii ju-
rifdiêtione, Leodienfes Præfules Novendio patrocinatos fuiffe difficiliùs oftendetur. Jam verò quâ ratione fi non effi-
tur omnino argumentum ab Ordinarii Leodienfis filentio
duêtum, faltem non adeo firmum effe fuadetur. Eâdem
nè Abbatum Andaginenfium autoritatem imminuere eft
circa iftud, de quo agitur, inftitutum. Omitto toleriari plura quæ non approbantur, modò non appareant evidenter fuperftitiofa. Non dicam per aliquot fæcula elanguiffe apud
Monachos Andaginenfes litterarum ac monafticæ difciplinæ*

ftustudium illud quo nunc temporis fervent. Multò minùs suspicabor à serio examine spe lucri, quod Hubertini quæstores (an contra sacri Tridentini decreta sess. 2. c. 9. discere tamen malim quàm dicere ut censuerunt P. P. Synodi Remensis an. 1564. præside Carolo à Lotharingiâ) longè lateque cursitantes reportant, unquam impeditos fuisse. Satis erit adnotasse tardiùs emendatum esse abusum circa communionem Eucharisticam inter Novendii leges repositam. Cùmque id debeatur pietati illustrissimi Abbatis moderni, spes non mediocris affulget fore ut non ægrè ferat discuti inter Theologos Novendii ritus, & originem indagari, imò, si quid emendatione dignum videatur, tanquam superstitionis plenum aut suspectum, ipse pro suâ religione ac sapientiâ corrigat.

Quod spectat nunc ad alteram quæstionis partem, christianissimus Joannes Gersonius agri Remensis felix partus ante annos circiter trecentos Hubertinum Novendial, quod eum procul dubio non latebat, sic improbavit: Quidam sanctorum cultus ut plurimùm superstitionis habere videtur; ut quòd novena fiat, & non septimana; quod ad sanctum Hubertum pro morsu canis rabidi sint inventæ particulares observantiæ, quæ nullam habere videntur rationem institutionis, & talis ritus transit in superstitionem. Quod nihil aliud est, quàm vana religio. *Hæc ille tractatu de directione cordis relata à Bocchello lib. 4. Decretorum Ecclesiæ Gallicanæ cap. 50. Porro veritati consonum esse tanti Theologi judicium agnovere semper, ac datâ occasione professi nunquam non sunt Parisienses Magistri suffragantibus Medicis quoad illa quæ juris ipsorum sunt. Mirum certè est R. R. P. P. Hubertinos qui tot ac tantas indulgentias obtinuere à Romanis Pontificibus in peregrinorum gratiam, Novendii sui approbationem ab iisdem Pontificibus non petivisse; ut relati Theologorum ac Medicorum judicii vim prorsus elliderent. At quæ generatim attigit Gersonius, sigillatim prosequi juvat. Ergo de singulis Novendii articulis.*

Prior est hic. Is cujus in fronte insita fuit sanctæ stolæ particula, confiteatur Sacerdoti peccata sua atque sanctissimæ Eucharistiæ particeps fiat per novem dies continuos. *Eccur per novem dies? An quia Novendial à paganis, apud quos solemne erat, translatum est ad nos? Habuit semper Ecclesia octavas suas primitus, Novendia celebrasse non video. Haud putem occurrere illa ante institutionem Ordinum mendicantium, sive decimum tertium sæculum. Equidem si constaret cælitùs edoctum fuisse quemdam à sanctis Andaginensium Abbatibus qui hunc numerum desideraverit, ut indubitatum est divino instinctu Eliseum Prophetam præcepisse Naamani Syro, ut lavaretur in Jordane septies* (4. Reg. 5.) *hîc hærere nihil esset aliud quàm tricare. Id verò hactenus non liquet. Ex mirabilibus effectis hoc colligitur? At quàm fluxum sit hoc fundamentum ex dictis aliundè patet. Sed quare præter antiquum morem toties infra paucos dies iteratur confessio, plerumque profectò delictorum velialium? Inde novitatis non leve argumentum est in Novendio Hubertino. Lethalium confessionem, quam communio Eucharistica certâ lege sequeretur protinus præscribere nefas esse tandem consuerunt RR. PP. Hubertini. Etenim communionem toties repetitam intra novem dies à prudentis Confessoris arbitrio pendere volunt in nuperâ explanatione. Equidem tardiùs illa prodiit; verùm hac potissimum de causâ, ut tacitè innuitur in suffragio Ordinarii Leodiensis approbata est. Quid quòd hic articulorum primus vix quiverit unquam ab ullo religiosè servari, adeoque supervacaneus sit, imò tanquam nulli non inciso, ut vocant, propositus vix ferendæ temeritatis plenus videatur.*

Alter articulorum his verbis concipitur. Solus dormiat in linteaminibus albis ac nitidis aut propriis indutus vestimentis. *Hujus verò ista expositio est.* Solus, metu casûs infausti sibi aliisve formidandi; cùm adeo certa non sit sanitas, & curatio ut ejusmodi cautione utpote consuetâ uti non oporteat. In linteaminibus mundis ac nitidis, scilicet ad declinanda incommoda quæ contrahuntur sæpius ubi in linteis sordidis dormitur: aut propriis indutus vestibus, eadem ex causâ & carnis maceranda ergo. *Videas hoc in articulo matrem quæ filium suum iter facturum in longè dissitas plagas admoneat, ut ad sum-*

mum Medicum sanitati consulentem, at rabiei discrimen arte suâ utcumque propulsantem adeat; non verò Monachum religiosi ritûs Doctorem ac ministrum; ad hæc expositio re jam confectâ tardiùs superveniet, maximè qua parte carnis afflictationem prædicat. Credat Judæus Apella, non ego. Sed quod caput est, miraculum non admittunt expositionis authores; cùm sanationem certam esse non audent confiteri; & id circo vestræ responsionis momento non unice suffragantur, imovero non obscurè reluctantur.

Tertio loco positus articulus iste est. Bibat in vitreo sypho aut altero vase peculiari; nec caput inclinet, ut in fontibus, fluviisve bibat. *Quæ ad præcedentem articulum observavimus, circa hunc quoque adnotari possunt; ut liquet ex ipsius declaratione, quæ sic habet.* Bibat in vase peculiari, ut arceat omne periculum sibi aut aliis imminens. Nec inclinetur ut bibat in fontibus & fluviis, *seu ne violento motu sacræ stolæ particula fronti insita exeat; seu ne voluptati serviat ille, deglutiatve imprudens venenatum animal. Ridicula planè videtur admonitionis ea pars, qua cavetur ne quisquam canum instar lambendo aquam hauriat in fontibus aut rivis. Pellucidum profectò est illud explicationis velum, quo has ineptias celare oculatos viros nituntur R. R. P. P. Hubertini. Opportuniùs fortè dixissent propterea bibere canum instar in fluminibus ac fontibus periculosum, quòd imago sui in aquâ velut in speculo resultans tunc offenderet à cane, vel alio animali rabioso vulneratos, atque infestam ipsius animalis memoriam altiùs eorum animo infigeret. Hac namque de causâ rabiosorum ægritudinem, hydrophobiam appellitarunt Midici veteres. Taceo superfluas voces, in vitreo sypho, quæ explanationem non postulant, expugendas fuisse, ne timidis ac rudibus peregrinis facessant molestiam.*

Vinum rubrum, rubellum, albumve aquâ dilutum bibere potest, aut aquam meram. *Sic isto articulo 4. miraculo antidoti contra rabiem, dum naturali cautione saltem obscuratur, ab ipsismet R. R. P. P. Hubertinis fides apud sagaces viros tollitur. Atque id apertiùs quàm ut dubitationi supersit locus, insinuat expositio articuli bis concepta termini. Mixtio aquæ cum vino, aqua pura, ac cujuslibet alterius potûs subtractio, indicant tam cupiditatum coercitionem, quàm sollicitudinem in devitandâ quavis immoderatione, & sanguinis calefactione, utpote curandæ rabiei valde infensâ. Revera carnis mortificationem, ut dicitur, sapit aquæ mixtio, sed quâ dilutiùs bibitur: talem non innuit articulus, quo peregrini docentur absque ullâ explanatione; dum chartæ plagula Novendii ritus continens iis recedentibus per R. R. P. P. Andaginenses humaniter datur. Hæc verò quid ni putent inopes sibi cervisiam interdici; ex eâ licèt non effervescat sanguis.*

Panem primarium aut alterum, *ut fert articulus quintus,* manducare non prohibatur, neque carnem porci; dummodo maris & annui, aut grandioris. Similiter carnes caponis aut gallinæ, quæ annum attigerint superarintve: squammatos pisces, puta harengos etiam infumatos, cyprinos, & id genus, ova quoque dura; singula verò hæc non comedantur nisi refriguerint. *Porro expositione hujus articuli Theologis & animarum rectoribus non satisfit, offendit verò hæc medicos. Sic illa habet:* permittuntur quædam alimenta cæteris interdictis ex pœnitentiâ & abstinentiâ, ut istius Novendii articulus nonus manifestum facit. Quis autem non videat interdici carnibus juniorum animalium, indulto aliorum usu, seu, ut major sit carnis maceratio, subtractis junioribus tanquam delicatioribus; atque eodem abstinentiæ spiritu removeri pisces non squammatos atque ova condita & similia. *Sic dum affligendæ carnis umbra retinetur, reipsa delicatioribus cibis non interdicuntur peregrini sacratæ stolæ particulâ communiti. Quippe carnium pisciumque condituram minimè removet articulus & ejus glossa. Ovorum quidem condimentum ista proscribit, at præterquam quòd celatur peregrinos, actum agit, seu re jam confectâ adversus Novendial, accessit serius. Delectum porci maris & gallinæ annua futilem sentiunt Medici, maceranda carni inutilem non ægrè pronuntiabunt confessarii; ne frustra torqueat peregrinorum animos, verentur non imprudentes viri.* A cæsarie pectandâ per dies quadraginta est abstinendum. *Nota est, ut in*

ex-

explicatione hujus articuli sexti dicitur, & usitata isthæc mortificatio. Quòd pectinis dente excuti posset è fronte sacratæ stolæ particula; id verò nimiâ diligentiâ caveri nequit. *Ut non reponam peregrinos, ne excutiant sacræ stolæ particulam, incassum prohiberi usu pectinis per quadraginta dies; cùm decimo liceat fasciam deponere. Insolitum planè arbitramur istud macerationis genus; immunditiem potiùs dicere placet, tam diuturnum comæ neglectum. Solis morionibus relinquendus est.* Certè non desideratur tantus ad arcendam sacræ, ut dicunt, particulæ excussionem; redintegratâ citiùs frontis incisâ pelle. *Ista affligendæ carnis ratio tonsos vix decet, sanè non alios. Quapropter ista articuli interpretatio revocat in memoriam quæ eleganter scripsit Canariensium antistes Melchior-Canus: Ecquis,* ait, *credat divum Franciscum Assisiatem videlicet, pediculos semel excussos in seipsum solitum esse immitere?* Quod ad sanctitatem viri scriptor pertinere putavit, equidem non puto, qui paupertatem sciam viro sanctissimo placuisse semper, sordes nunquam. *Hæc ille L. XI. de loc. Theol. c. 6.*

Si credatur articulo 7. die ab incisione decimo accedat, *incisus nimirum,* ad sacerdotem, qui fasciam tollat, comburat, ejusque cineres in piscinam mittat; quia nempe inservivit illa, *ut prosequitur explanatio,* ad continendam in fronte incisâ sacratæ stolæ particulam. Potest quoque accidere ut ista nondum cicatrice clausâ adhæreat fasciæ cum sanguine, tametsi nemo id advertat. *Quare sacerdos postulatur? Nescivere Parisienses. Sacram Stolam à laïcis, dummodo saltem aliquo loco nati sint, tractari sinunt RR. PP. Hubertini. Quidni ergo laïci fasciam exsolvere possint? Diaconi in Ecclesiâ gerunt corpus Domini in sacrâ pixide, olim sanguinem distribuebant; subdiaconi ferunt reliquias sacras: eccur sacerdotis ministerium foret ad solvendam fasciam necessarium? Vereor ut ad hoc desit sana responsio. Vereor iterum ne tot ritibus gravati, qui sacratæ stolæ particulâ munitos se gaudent, plus æquo impediantur, ac gravibus curis & anxietatibus teneantur sæpissime v. g.; si sacerdotem offendere nequiverint statâ die &c.* Sancti Huberti festum diem, *seu Novembris tertium,* quot annis celebrare oportet, *ait articulus octavus.* Etenim, *ut interpretatio admonet,* æquissimum est singulis annis venerari eum, cujus præcibus & intercessione tantum beneficium impetratum fuerit. *Pium fuerit, non imus inficias. At memorem animum erga sanctum Hubertum festi celebratione testificari oportet; neque lege Ecclesiæ neque voto constringuntur, qui incisi fuerint, peregrini; ut Parisienses supra citato loco animadvertunt. Videre est autem plerumque non pietatis operibus sed venatione continuâ, ludis & comessationibus diem Novembris tertiam transigi ab iis qui à rabie se divinitus servatos jactitant, cùm perrarò indiguerint curatione ullâ, nunquam fortassis prodigiosâ sint adjuti. Quod nihilominus hîc secum ipsi pugnando supponere videntur istius glossematis autores.*

Et si denuo ab aliquo animali rabido laceretur mordeaturve, ita ut sanguis effluat, eamdem abstinentiam teneat per triduum: neque enim necesse est D. Huberti ædem in Arduennâ sylvâ iterum petere. *Ita articulus nonus, ad quem hæc pauca habet explicatio.* Iste articulus denotat Novendium istud institutum pœnitentiæ causâ, si quidem vocatur abstinentia. *Luditur in verbo,* enimvero nullane est politica abstinentia? *In aquilonaribus regionibus receptior est, quàm ut illam hîc describere sit necessum. Est certè medicinalis altera, ex pœnitentiæ spiritu neutiquam profecta. Sed cui trium dierum requiritur abstinentia & sufficit? Quærunt Medici Parisienses, quærunt Theologi,* nec rationem ullam hi vel illi reperiunt. Si primum, necessaria erat diuturnior observatio, cur secundo brevior est satis? *In alterutro capite erratur, aut cœlitus discrimen est istud traditum.* Quoad nos timemus hîc nugas & superstitionem. Medici non modò à graviori vulnere rabiem metuunt, verumetiam à leviori cùm animalis salivâ corrupta verè fuerit ac maligni veneni plena: tunc enim satis est ad corrumpendam sanguinis massam.

Poterit tandem iis omnibus qui vulnerati fuerint, ac sanguinolento morsu vel aliter infecti per aliquod rabio-

sum animal, dilationem ac induciasquadraginta dierum pluries concedere. *Ut videlicet tempore oportuno iter illi faciant ad sanctum Hubertum.* Hæc verò facultas, si articuli hujus decimi & ultimi interpretibus creditur, prodigiosa omnino ac quotidiano usu probata, extra dubium est & controversiam; quippe effecta ipsius fidem faciunt. In quacumque christianitatis plagâ notus est ipse Beatus Hubertus. *Verùm ut RR. PP. Hubertini sibi tutò applaudant, editis tùm historicis, cùm Theologicis lucubrationibus controversiam eliquent omnino; mirabilem hanc concedendarum adversùs rabiem induciarum prærogativam invictis argumentis demonstrent, oportet.* Enimvero de miraculo quotidiano agitur; istud verò ut amoliantur articulo secundo, cautionem nonnullam præscribunt etiam iis qui sacratæ stolæ particulâ muniti fuere: hîc autem quod valde mirum, nullum suadent; tantum abest ut requirant ab iis qui summum conceperunt desiderium peregrinandi ad sanctum Hubertum. Siccine obliviscuntur illud Spiritûs Sancti oraculum. Altissimus creavit de terrâ medicamenta, & vir prudens non abhorrebit illa. *(Eccl. 38. v. 4.)* Donec huic difficultati plenò responderint RR. PP. Hubertini, qui magiam ac Dæmonis operam in Novendii cerimoniis non reprehendunt, verebuntur, nec absque causâ, superstitionem & ineptias. Non sit verò, ut *S. Augustinus* nos edocet, nobis religio in phantasmatibus nostris: melius est enim qualecumque verum, quàm quidquid pro arbitrio fingi potest. *Cap. 55. de verâ Religione.*

His paulò fusiùs observatis, Eximie Domine, quærimus 1°. *utrùm dissentientibus circa Hubertinum Novendial Lovaniensibus, & Parisiensibus, posset tutâ conscientiâ Pastor animarum permittere, aut fidelis quisquam servare præfatos Novendii ritus; sed maximè uti induciarum concedendarum, vel accipiendarum prærogativâ, etiam neglecto, ut assolet, Medicinæ præsidio, quo tamen aliquos à rabie servatos esse Medici quidam experti sunt. Ut de utroque ambigamus, facit, quòd non liceat indebiti cultus ac superstitionis, & vanæ observantiæ discrimini se committere: nefas quoque videatur Ecclesiæ Ministris suo silentio sinere, ut istud periculum adeant Christiani suæ curæ crediti, præsertim quia non deest efficax atque innoxium in Oceano remedium, imò ubique rabiem vitare possunt qui ab animali rabioso vulnerati protinus sanguinem extra naturalia vasa positum, quoad licet, suxerint, ac vulnus sale condierint. Quod in more positum esse apud rusticanos Neustriæ homines testatur clarissimus Hamelius in Historiâ Regiæ Academiæ artium & scientiarum, quæ Parisiis typis à duobus circiter annis prodiit in lucem.*

2°. *An saltem pastores inculpatè possint sinere, vel etiam tolerare, ut qui incisi fuerint, induciarum gratiam largiantur: cùm tamen vix contingat eos idcirco superbiâ non intumescere, superstitionibus quoque sub quadam religionis larvâ, satis probabiliter quoad hæc in epistolâ demonstratum esse confido, putentur addicti, denique illos apud Deum difficile excuset peccati, si quod sit, ut suspicamur, ignorantia, quam per pastores opportunè & importunè propulsandam rentur benè multi.*

3°. *Quanam ratione consuetudo, quæ inolevit; (si eradicanda est velut corruptela) valeat aboleri, ut quoad fieri potest, abusus emendetur absque Fidelium murmure ac scandalo, Ecclesiæ quoque Leodicensis & Abbatiæ Andaginensis contumeliâ & opprobrio. Pergratum verò nobis esset, si unde malum quod formidamus, inde quoque proficisceretur, quod peroptamus, remedium.*

Cæterum tametsi nonnulla quæ adduxi, minùs ponderis haberent seorsim, singula nihilominus simul juncta vim majorem propterea habent, quòd non satis sit aliquem Novendii articulum deffendi posse; necesse est, ut probetur nullos esse reprehensione obnoxios; quòd sufficiens ac naturale remedium adversùs imminentem rabiosam ægritudinem contineant miraculumve propter ollorum è cœlo originem operetur usus ipsorum & observatio. Porro dum cogito Novendium de quo disputavi, ejus generis rem esse quæ ut plurimùm ex levibus initiis decursu temporis, quibusdam accessionibus factis excrescens, vires acquirit eundo: Metipsius haud quaquam immemor enixè peto, ut ignoscere non dedigneris, si quid in longioris epistolæ serie asperum exciderit

mi-

mihi. Id præter intentionem factum putes velim. Qui fecus, quàm ego in hac parte sentiunt ac faciunt, Lovanienses Theologi & Andaginenses Monachi : hos impensè veneror paratus in eorem ire sententiam, ubi primùm pro suâ solertiâ dubium quo implicor, excusserint. Quapropter ut verbis Tullii utar, tantùm abest ut scribi contra nos nolimus, ut id etiam maximè optemus ..... & refelli sine iracundiâ parati sumus. *(Lib. 2. Tusc. quæst.) Quamvis ut stylo decretorio quædam dicerem superiùs, disputationis lex obtinuerit.*

Itaque, Eximie Domine, à te potissimam amicisque tuis edoceri etiam atque etiam rogamus, utpote non immemores hujus effati ; Consuetudo sine veritate vetustas erroris est. *(apud sanctum Cyprianum Epistolâ ad Pompeium) Dum vestrum responsum sustineo, profiteor me tibi semper addictissimum fore, & ad officia paratissimum. Vale & pro me ora.*

Dabam Durocortori Remorum in Seminario Archiepiscopali. 12. *Cal. Maias.* 1701.

G. ** *Canonicus*
Ecclisiæ Metrop. Rem.

L'Auteur de cette dissertation découvre avec raison dans cette neuvaine beaucoup d'observations vaines, ridicules, & superstitieuses. C'est pourquoi il paroit qu'elle doit être tout-à-fait interdite. Si la neuvaine ne consistoit qu'à faire une priére pendant neuf jours, il pourroit y avoir lieu de la justifier. La simplicité des Fidéles fait quelquefois joindre à ces neuvaines des usages, qui, pris à la rigueur, peuvent être censez superstitieux; mais qui peuvent aussi être excusez par rapport aux vues & aux dispositions qui les accompagnent. Alors on peut user d'indulgence à l'égard de ceux qui font ces sortes de neuvaines. Cependant il est encore mieux de les porter à supprimer ces sortes de pratiques, pour ne laisser attribuer l'effet qu'on attend, qu'à la seule protection de Dieu implorée par la priére. Au reste cette dissertation est très curieuse, la critique en est exacte, les raisonnemens solides, & fondez sur les principes de la saine Théologie.

CHAPITRE III.

Réponse à la Dissertation par un Religieux du Monastére de S. Hubert. Jugement sur cette réponse.

LA Dissertation latine que nous avons imprimée dans le Chapitre précédent, ayant été communiquée aux Religieux du Monastére de S. Hubert des Ardennes, ils jugérent à propos d'y répondre. Il est juste de publier cette réponse ; elle servira du moins à faire voir le soin qu'ils ont de purger la Neuvaine de toute superstition.

,, Il y avoit lieu d'espérer que ceux qui paroissoient
,, les plus contraires à la Neuvaine de S. Hubert, &
,, qui ne cessoient point de la regarder & de la décrier
,, comme superstitieuse, seroient portez à en juger plus
,, favorablement après l'explication qu'on en avoit don-
,, née. Il y avoit d'autant plus de sujet de l'espérer,
,, qu'on voit la Neuvaine avec l'explication y jointe ap-
,, prouvée tant par l'Evêque Diocesain, que par les
,, Docteurs en Théologie & en Médecine de la fameu-
,, se Université de Louvain. La chose y a été examinée
,, mûrement, & on n'a pas sans doute manqué de pré-
,, voir, & de peser les objections qu'on pouvoit for-
,, mer contre cette Neuvaine: cette question a été sou-
,, vent agitée dans leur école, & comme les articles ont
,, quelque chose qui choque d'abord, quand on n'en
,, connoit pas le vrai sens, les difficultez ont été éclair-
,, cies plusieurs fois. L'explication qu'on a donnée n'est
,, pas nouvelle, comme quelques uns se l'imaginent,
,, il y a longtems qu'on s'est expliqué de la même ma-
,, niére, & on l'a toujours fait lorsqu'on s'y est vu
,, obligé pour satisfaire aux objections des esprits criti-
,, ques. Le P. Roberti Jésuite & Docteur en Théolo-
,, gie a fait un livre il y a environ 80. ans de la vie &
,, des miracles de S. Hubert ; il parle entre autres cho-
,, ses de la Neuvaine, & il donne à chaque article à
,, peu près la même explication, qu'on y a donnée il y
,, a quelques années. Cet Auteur a recueilli avec beau-
,, coup de soin ce qui pouvoit servir à composer son
,, histoire, qu'il a tirée de plusieurs Manuscrits, & de
,, plusieurs autres Auteurs qui ont écrit avant lui. Il
,, répond, en traitant de la Neuvaine, presque à toutes
,, les difficultez que l'on forme aujourd'hui, & comme
,, il fait profession de ne rien avancer de lui-même, on
,, peut bien croire que l'explication qu'il donne aux ar-
,, ticles de la Neuvaine est conforme à celle qu'on y a
,, donnée dès le commencement. On n'a donc pas rai-
,, son de nous objecter, comme on fait, que l'explica-
,, tion qu'on s'est vu obligé de donner il y a quelques
,, années, est nouvellement inventée & donnée après
,, coup, & qu'ainsi il n'y faut avoir aucun égard. Com-
,, me cette explication leve une grande partie des diffi-
,, cultez qu'on forme contre la Neuvaine, & qu'elle
,, sert à desabuser bien des esprits, & à leur faire voir
,, le tort qu'ils ont eu de l'accuser de superstition, on
,, ne peut s'imaginer qu'elle soit naturelle & conforme à
,, ce qui s'est pratiqué de tout tems, & par-là on don-
,, ne à entendre qu'on seroit disposé à juger plus favo-
,, rablement de la Neuvaine, si on étoit bien persuadé
,, qu'on a toujours entendu & expliqué les articles de
,, la Neuvaine comme on fait aujourd'hui. Mais qui
,, peut mieux savoir quel en est le vrai sens que ceux
,, qui l'ont approuvée ? Il y a près de neuf cens ans
,, que ce qui se pratique aujourd'hui touchant la Neu-
,, vaine, est en usage, & cela à la vue de tout le mon-
,, de. Cela s'est fait sous les yeux des Evêques Dioce-
,, sains à qui il appartenoit d'en connoitre & d'en ju-
,, ger, sans que jamais aucun d'eux se soit récrié contre
,, cette Neuvaine, quoique plusieurs d'entre eux ayent
,, été de saints Evêques, qui ne manquoient ni de lu-
,, miéres pour voir si l'usage en étoit superstitieux, ni
,, de zéle pour l'abolir s'ils l'avoient cru tel. *Nous som-*
,, *mes tout à fait persuadez,* dit l'Evêque Diocesain
,, dans son approbation du 14. Octobre 1690., *aussi*
,, *bien que nos prédécesseurs, que les effets merveilleux*
,, *qu'on a vu arriver depuis tant de siécles, ne doivent au-*
,, *cunement être attribuez à la superstition ou à l'ennemi*
,, *du salut des hommes : mais bien plutot à la puissance*
,, *de Dieu, lequel se plait à faire éclarter les mérites du*
,, *grand S. Hubert.* Voilà quel à été de tout tems le
,, sentiment des Evêques Diocesains, qui étoient infor-
,, mez exactement de tout ce qui se passoit ici. Mes-
,, sieurs les Docteurs de Louvain parlent à peu près de
,, la même maniére, & comme ils ont une connoissan-
,, ce exacte de ce qui regarde la Neuvaine, toute per-
,, sonne de bon sens préférera sans doute leur sentiment
,, à celui de quelques Docteurs de Sorbonne, qui étant
,, plus éloignez & moins curieux à s'informer de ce qui
,, se passe ici, n'ont condamné la Neuvaine comme su-
,, perstitieuse, que parcequ'ils n'en pénétroient ni l'es-
,, prit ni le vrai sens. C'est pour ceux qui sont prévenus
,, contre cette Neuvaine, & qui ont peine à se rendre
,, au vrai sens, que nous donnons cette nouvelle décla-
,, ration. Nous y parlerons premiérement de son ori-
,, gine, & puis en continuant de l'expliquer de plus en
,, plus, nous répondrons aux objections.

,, On a toujours cru ici que la Neuvaine de Saint
,, Hubert tire son origine de la translation de son saint
,, corps en ce lieu qui se fit en 825. Un écrivain
,, qui a fait le catalogue des Abbez de ce Monastére,
,, remarque qu'au tems de S. Thierry qui en étoit Ab-
,, bé dès 1055. l'usage en étoit déja ancien. *Istius*
,, *sancti viri tempore,* dit-il, *jam in usitato erat in Mo-*
,, *nasterio sancti Huberti singulare privilegium probatæ ve-*
,, *ritatis inscindendi & muniendi sacrâ stolâ, morsos ab*
,, *ani-*

Ccc

„ *animante rabido : quia eo tempore cubicularius Adeleï-*
„ *dis Comitiſſæ Areleonis ad ſuffragium ſanĉti Huberti*
„ *adduĉtus inciſus legitur.* Si l'uſage dès lors en étoit
„ ancien, il y a bien de l'apparence qu'il tiroit ſon
„ origine du tems même que le ſaint corps fut tranſ-
„ féré. Ce Saint Abbé étoit bien éloigné de regarder
„ la Neuvaine comme ſuperſtitieuſe, puiſqu'autrement
„ il ne l'auroit jamais ſoufferte. Il attribuoit donc les
„ merveilles qu'il voyoit tous les jours, non à la ſu-
„ perſtition, mais à la puiſſance de Dieu, lequel ſe
„ plait à faire éclater les mérites du grand Saint Hu-
„ bert, comme parle l'Evêque Dioceſain dans ſon ap-
„ probation. Le ſentiment d'un Saint Abbé qui étoit
„ informé à fond de ce qui regarde la Neuvaine, n'eſt
„ pas d'un petit poids, & il n'y a perſonne qui ne
„ juge qu'on doit le préférer à celui de Gerſon d'ail-
„ leurs très pieux & très éclairé, mais qui n'étoit pas
„ aſſez informé de cette affaire. Nous en dirons un
„ mot ci-après.

„ J'entrevois ici une objeĉtion qu'on pourra former.
„ En effet on l'a déja faite à une autre rencontre. Dans
„ les paroles de l'Auteur, que nous venons de rappor-
„ ter, il eſt bien parlé, dira-t-on, de l'inciſion,
„ mais non pas de la Neuvaine, qui peut n'avoir été
„ en uſage que longtems après. Mais il eſt aiſé de ré-
„ pondre que, quoiqu'il n'en parle pas poſitivement,
„ il le ſuppoſe comme une choſe conſtante. En effet
„ il eſt certain qu'elle étoit en uſage longtems aupara-
„ vant. Un miracle arrivé en 879. en fera foi. Un
„ homme du voiſinage qui avoit été mordu d'un loup
„ enragé, eut recours à Saint Hubert ſous promeſſe,
„ s'il guériſſoit, de donner au Monaſtére un cheval
„ qu'il montoit ordinairement. Après s'être fait tail-
„ ler, & avoir obſervé ce qui eſt de coutume, il ob-
„ tint une parfaite guériſon. Nous obmettons les au-
„ tres circonſtances d'un miracle qui arriva pour l'obli-
„ ger d'exécuter ſa promeſſe, & nous allons voir que
„ la Neuvaine étoit alors en uſage. *Auro igitur ſacra-*
„ *tæ ſtolæ,* dit l'Auteur qui rapporte ce miracle, *ca-*
„ *piti periclitantis de more inſito, & ſe obſervandi ordine*
„ *diĉtato domum rediit.* On ne peut entendre autre-
„ ment ces paroles: *& ſe obſervandi ordine diĉtato,* que
„ de la Neuvaine dont on donnoit alors les articles par
„ écrit, au lieu qu'on les donne aujourd'hui dans un
„ petit imprimé. L'Auteur vivoit du tems de Saint
„ Thierry, & il y a de l'apparence que ce fut ce Saint
„ Abbé qui lui fournit les mémoires dont il ſe ſervit,
„ pour continuer l'Hiſtoire de Saint Hubert en rap-
„ portant les miracles qu'il a faits après ſa mort. Il
„ trouva donc dans ces anciens mémoires ce que nous
„ avons rapporté ci deſſus, *& ſe obſervandi ordine dic-*
„ *tato….* Ces autres paroles qui ſont de l'Auteur mê-
„ me ſont remarquables: *Eſt enim,* dit-il auſſitot a-
„ près, *co in loco certiſſima ſalus hujus horrendi diſcri-*
„ *minis, rabiei, ſi adſit vera fides periclitantis, & ob-*
„ *ſervetur diĉtata conditio collatæ ſanitatis.* Elles nous
„ apprennent d'un côté, qu'au tems de Saint Thierry
„ la Neuvaine étoit en uſage comme il a été dit ci-
„ deſſus, & de l'autre côté pourquoi il y en a quel-
„ quefois qui ne guériſſent point, quoiqu'ils ayent eu
„ recours à Saint Hubert. On croyoit en ce tems-là
„ anſſi bien qu'aujourd'hui, qu'un défaut de foi, ou
„ une négligence à obſerver les articles de la Neuvai-
„ ne, accompagné de quelque mépris, en peut être
„ la cauſe. Aureſte ſi la Neuvaine étoit en uſage dès
„ 879, il eſt à préſumer que ce qu'on a toujours cru
„ ici touchant ſon origine eſt véritable: ſavoir qu'elle
„ a commencé dès 825, le ſaint corps ayant été tranſ-
„ féré avec ſes habits pontificaux, les Evêques qui aſ-
„ ſiſtérent à la Tranſlation en ôtérent la Sainte Etole
„ pour la faire ſervir à l'uſage auquel elle ſert encore
„ aujourd'hui. Et certes qui l'auroit oſé faire ſans leur
„ participation, ou ſans l'aveu au moins de l'Evêque
„ Dioceſain? On n'avoit obtenu le corps du grand
„ Saint Hubert qui repoſoit auparavant dans l'Egliſe
„ de Saint Pierre à Liége, que par beaucoup de prié-

„ res & de ſollicitations.

„ L'Evêque Walcaud de qui la choſe dépendoit, &
„ qui auroit bien voulu en gratifier les Religieux de
„ ce Monaſtére qu'il avoit établis lui-même tout nou-
„ vellement, crut qu'il ne pouvoit rien faire ſans en
„ parler à l'Empereur, qui avoit ſon Palais proche de
„ Liége. Celui-ci en parla au Métropolitain, & ils
„ crurent qu'il ſeroit à propos d'en parler dans un Con-
„ cile d'Evêques qui ſe devoit tenir à Aix-la-Chapel-
„ le. Ce fut dans ce Concile qu'il fut arrêté que le
„ ſaint corps ſeroit tranſféré, ce qui ſe fit avec beau-
„ coup de ſolemnité. Les Evêques donc qui aſſiſté-
„ rent à la Tranſlation, réglérent entre eux ce qui ſe
„ pratique aujourd'hui touchant la Neuvaine. Ils n'i-
„ gnoroient pas le grand pouvoir que notre Saint avoit
„ exercé de ſon vivant même ſur la rage, & ſur les
„ autres maux qui en approchent. Un Auteur dont
„ le Pére Roberti fait mention, parlant de ce qui ar-
„ riva immédiatement après ſon retour de Rome, rap-
„ porte de lui qu'il fit quantité de miracles, & parti-
„ culiérement touchant la rage, dont Dieu punit en
„ ce tems-là pluſieurs perſonnes pour vanger la mort
„ de Saint Théodard & de Saint Lambert, auſſi bien
„ que pluſieurs autres crimes qui étoient l'effet d'une
„ paſſion enragée. *Diverſa patrat miracula, & præ-*
„ *cipuè circa rabiem canum, luporum & urſorum, qui-*
„ *bus tunc temporis juſto Dei judicio puniebantur Tun-*
„ *gria, Taxandria & viciniores ſylveſtres Provinciæ: ra-*
„ *bioſe enim ſive princeps ſive populus occiderant ſanĉtum*
„ *Theodardum, Epiſcopum ſuum Lambertum: fecerant*
„ *exules ſanĉtum Amandum, ſanĉtum Remaclium Epiſ-*
„ *copos: bona Eccleſiæ prædati fuerant.* Cela s'acorde
„ parfaitement avec ce que les Hiſtoriens racontent de
„ pluſieurs viſions que notre grand Saint eut à Rome,
„ qui l'aſſuroient du pouvoir qu'il exerceroit un jour
„ ſur les Démons, ſur la rage, & les autres maux qui
„ en approchent. Il ſemble donc, tout cela bien con-
„ ſidéré, que ce ne fut pas ſans raiſon ni ſans un in-
„ ſtinĉt particulier de l'eſprit de Dieu, que les Evê-
„ ques réſolurent entre eux d'employer la Sainte Eto-
„ le pour effet que nous voyons encore aujourd'hui.
„ Ils jugérent ſagement que pour ne pas tenter Dieu,
„ il ne falloit pas ſe contenter de faire une ſimple inci-
„ ſion dans le front en y inférant une parcelle de la
„ Sainte Etole, mais qu'il falloit employer les moyens
„ naturels & ſurnaturels pour arrêter un mal ſi dange-
„ reux. Et comme il eſt clair qu'une partie des arti-
„ cles de la Neuvaine appartient à la Théologie, &
„ l'autre à la Médecine, ils réglérent entre eux le pre-
„ mier point ſur les principes de la Théologie, & pour
„ l'autre ils s'en rapportérent aux Médecins. Voyons,
„ cela ſuppoſé, ce qu'il faut répondre aux objeĉtions,
„ en donnant en même tems un éclairciſſement plus
„ ample aux principaux articles de la Neuvaine. Le
„ premier & le dernier article ſont ceux que l'on com-
„ bat davantage; c'eſt auſſi par ceux-là que nous com-
„ mencerons. Voici ce que porte le premier article
„ avec ſon explication.

„ La perſonne à qui on a inféré dans le front une
„ parcelle de la Sainte Etole, doit ſe confeſſer & com-
„ munier neuf jours conſécutifs.

„ Sous la conduite & le bon avis d'un ſage & pru-
„ dent Confeſſeur, dit l'explication, à qui il appar-
„ tient de juger de la diſpoſition de la perſonne, tant
„ pour la Confeſſion que pour la Communion.

„ L'article ainſi expliqué ne ſouffre pas la moindre
„ difficulté. Car la Confeſſion & la Communion étant
„ choſes bonnes en elles-mêmes, on ne peut ſans im-
„ piété accuſer une Confeſſion & Communion de neuf
„ jours, ſi elle ſe fait ſur l'avis d'un ſage & prudent
„ Confeſſeur, & comme on ſuppoſe, avec les diſpo-
„ ſitions requiſes dont il appartient au Confeſſeur de
„ juger. Et parcequ'on n'a jamais entendu autrement
„ cet article, & que c'eſt ſans aucun fondement qu'on
„ ſuppoſe le contraire pour avoir quelque prétexte de
„ condamner la Neuvaine; c'eſt pour cela que le Pére
„　　　　　　　　　　　　　　　　　　　„ Ro-

,, Roberti ne fait pas difficulté de dire, après avoir
,, rapporté cet article, qu'il n'y a qu'un hérétique,
,, qui y puiſſe trouver à redire: *boc caput*, dit-il, *ne-*
,, *mo arrodere auſit præter hæreticos.* En effet, comme
,, il remarque judicieuſement, tous les Catholiques re-
,, connoitront ſans peine qu'il a été très ſaintement or-
,, donné que celui qui veut obtenir de Dieu la ſanté
,, corporelle, travaille premiérement à guérir les mala-
,, dies de ſon ame. *Catholici facilè agnoſcent, ſanctiſſi-*
,, *mè inſtitutum, ut qui corporis ſanitatem orat, animi*
,, *priùs morbos depellat.* D'où vient donc que de pieux
,, & ſavans Catholiques forment aujourd'hui tant de
,, difficultez contre ce premier article? Car il n'y en
,, a preſque point contre lequel on ſe ſoit tant récrié en
,, ces derniers jours. C'eſt principalement cet article
,, qui a donné lieu à quelques Théologiens de condam-
,, ner la Neuvaine comme ſuperſtitieuſe, parceque, ſe-
,, lon ceux ci, on faiſoit dépendre la guériſon de plu-
,, ſieurs Confeſſions & Communions qui ſouvent étoient
,, des ſacriléges, pouſſant indifféremment toutes ſortes
,, de perſonnes à une Communion de neuf jours, en
,, quelque diſpoſition qu'elles fuſſent. Voilà ce qu'il
,, a plu à ces Meſſieurs de ſuppoſer ſans le moindre
,, fondement & contre toute apparence. Car il faut
,, pour appuyer une telle ſuppoſition, que ceux qui
,, ont inſtitué la Neuvaine fuſſent les plus groſſiers &
,, les plus ignorans que l'on puiſſe jamais ſe figurer. Il
,, faut qu'il ſoient convenus entre eux d'une choſe qui
,, eſt contraire aux principes des plus relâchez. Voici
,, quel a dû être leur ſentiment, ſelon ceux qui con-
,, damnent la Neuvaine. Tous ceux qui ſe préſente-
,, ront pour être taillez, s'ils veulent être préſervez de
,, la rage par les mérites & les interceſſions du grand
,, Saint Hubert, ſe confeſſeront & communieront neuf
,, jours conſécutifs, en quelque diſpoſition qu'ils ſe
,, trouvent, c'eſt-à-dire, quand ils ſeroient dans une
,, ignorance groſſiére & inſupportable des premiers prin-
,, cipes de la foi, ou dans une habitude criminelle &
,, entiérement volontaire, ou actuellement dans l'occa-
,, ſion prochaine du péché, qu'ils ne voudroient pas
,, quitter, ou dans l'obligation de reſtituer, ou enfin
,, dans quelqu'autre cas pour lequel ſelon les régles de
,, l'Egliſe il faut refuſer ou différer l'abſolution. Or
,, on demande à toute perſonne de bon ſens s'il y a la
,, moindre apparence de faire une telle ſuppoſition, &
,, ſi ce n'eſt pas une choſe qui parle d'elle-même, qu'il
,, faut entendre, & qu'on a toujours entendu cet ar-
,, ticle de la maniére qu'on l'a expliqué il y a quel-
,, ques années. Cette explication donc n'eſt pas nou-
,, velle, ni donnée après coup, comme quelques uns
,, le prétendent, & on n'auroit jamais cru qu'il ſeroit
,, néceſſaire de publier l'explication d'une choſe qui eſt
,, ſi claire d'elle même. Ceux qui ont oſé cenſurer la
,, Neuvaine ſous ce beau prétexte qu'elle pouſſoit in-
,, différemment toutes ſortes de perſonnes à une Com-
,, munion de neuf jours, nous y ont cependant obli-
,, gez pour deſabuſer les eſprits capables de ſe laiſſer
,, ſurprendre. Il y a bien de l'apparence qu'au tems
,, qu'écrivoit le Pére Roberti, aucun Catholique ne
,, s'étoit encore aviſé de condamner la Neuvaine ſous
,, ce prétexte, & c'eſt pour cela, comme nous avons
,, vu, qu'il dit nettement qu'il n'y a qu'un hérétique
,, qui y puiſſe trouver à redire. *Hoc caput nemo*
,, *arrodere auſit præter hæreticos.* Il demeure donc con-
,, ſtant qu'on a entendu dès le commencement le pre-
,, mier article dans le ſens qu'on lui donne maintenant.
,, Ceux qui inſtituérent la Neuvaine, crurent que
,, pour engager la bonté de Dieu à accorder la grace
,, qu'on lui demandoit par les mérites du grand Saint
,, Hubert, il falloit avant toute choſe ſe mettre en état
,, de la recevoir par une vie aſſez pure pour continuer
,, la même choſe pendant neuf jours. Leur deſſein n'a
,, jamais été de pouſſer à la Sainte Table ceux qui s'en
,, ſeroient trouvez indignes. Ils étoient trop bien in-
,, ſtruits de cette régle divine: *Nolite dare ſanctum ca-*
,, *nibus.* Et de ce que dit l'Apôtre, *probet autem ſe*

,, *ipſum homo, & ſic de pane illo edat & de calice bibat.*
,, Que s'il arrivoit que quelqu'un ſe préſentat pour
,, être taillé qui ne fût pas en état de s'approcher de
,, la Table du Seigneur, pour empêcher d'un côté
,, qu'il ne s'en approchat indignement, & ne lui point
,, ôter de l'autre côté l'eſpérance de guériſon, ils pour-
,, vurent à l'un & à l'autre par le dixiéme article, dont
,, nous parlerons après avoir répondu à une autre ob-
,, jection que l'on forme contre le premier article.
,, Voici en quoi elle conſiſte.
,, Il eſt certain, dit-on, quoi qu'il en ſoit de l'ex-
,, plication qu'on donne au premier article, qu'au
,, moins la pratique y a été contraire, & que pendant
,, un tems l'on a pouſſé toutes ſortes de perſonnes in-
,, différemment à la Confeſſion & Communion de neuf
,, jours & néanmoins pendant ce tems-là on n'a pas
,, laiſſé d'être préſervé de la rage, quoique cette prati-
,, que fût viſiblement ſuperſtitieuſe.
,, R. On ſeroit bien aiſe de ſavoir d'où ceux qui
,, nous font cette objection, ont appris ce qu'ils avan-
,, cent ſi hardiment. S'il s'eſt trouvé des Confeſſeurs
,, relâchez & peu inſtruits des régles de l'Egliſe, qui
,, ont donné trop légérement l'abſolution, & qui ont
,, permis à des perſonnes qui en étoient indignes, une
,, Communion de neuf jours conſécutifs, ils ont agi
,, contre l'eſprit de la Neuvaine, & contre l'intention
,, de ceux qui l'ont inſtituée. Mais il ne paroit pas
,, qu'on en puiſſe conclure, comme on fait, que cette
,, pratique étoit ſuperſtitieuſe. Il faudroit pour cela
,, que le Confeſſeur & le pénitent euſſent été dans cet-
,, te malheureuſe opinion, que des confeſſions & com-
,, munions faites en mauvais état, & ſans apporter les
,, diſpoſitions requiſes, pourroient ſervir à leur obte-
,, nir de Dieu, par les mérites de Saint Hubert, une
,, guériſon miraculeuſe, & c'eſt ce qui ne tombera ja-
,, mais dans l'eſprit de perſonne. Un Confeſſeur peut
,, ſe tromper touchant la diſpoſition de ſon Pénitent,
,, le Pénitent peut ſe tromper lui-même; mais il n'ar-
,, rive guéres qu'un Confeſſeur donne l'abſolution à
,, un pécheur qu'il en juge indigne, & que le pécheur
,, la demande voyant bien qu'il ne peut la recevoir,
,, ſans ſe charger d'un nouveau crime. Si celui-là la
,, donne à une perſonne qui en eſt indigne, ils peuvent
,, pécher, tant celui qui la donne, que celui qui la
,, reçoit; mais peut-on les accuſer pour cela de ſuper-
,, ſtition, comme s'ils vouloient faire dépendre la gué-
,, riſon d'une confeſſion & communion mauvaiſe? C'eſt
,, ce qui ne paroit nullement.
,, On ne peut nier, dit-on, que pluſieurs de tems
,, en tems ne faſſent des Confeſſions & Communions
,, mauvaiſes, & cela étoit fort fréquent avant qu'on
,, eût publié l'explication de cet article; & cependant
,, ceux qui en ont fait, n'ont pas laiſſé d'être préſer-
,, vez de la rage. Peut-on prétendre que Dieu faſſe
,, des miracles en faveur de ces gens-là?
,, R. Pour répondre plus pertinemment à cette ob-
,, jection, il faut remarquer que les cas auſquels on
,, abuſe des Sacremens, ne ſont pas ſi fréquens, qu'on
,, pourroit d'abord ſe l'imaginer. Pluſieurs ſont mor-
,, dus qui ne ſe trouvent dans aucun des cas, pour leſ-
,, quels, ſelon la doctrine de l'Egliſe, il faut différer
,, ou refuſer l'abſolution. D'autres qui s'y trouvent
,, actuellement dans le tems qu'ils ſont mordus, ſon-
,, gent ſérieuſement, à cauſe du péril qui les menace,
,, à changer de vie, & il n'y en a guéres qu'un tel ac-
,, cident ne faſſe rentrer en eux-mêmes. La plupart
,, ſont obligez de demander repit; un terme de 40
,, jours qu'on leur accorde & réitére en cas de beſoin
,, peut ſervir à les diſpoſer à la confeſſion & commu-
,, nion de neuf jours.
,, Aureſte il eſt difficile qu'il n'arrive que quelques
,, uns abuſent des Sacremens, quelque meſure, & quel-
,, que précaution que l'on puiſſe prendre à leur égard;
,, & alors s'ils ſont préſervez de la rage, il faut l'attri-
,, buer, non à l'abus qu'ils font des choſes ſaintes,
,, mais à une bonté extraordinaire de Dieu. Il ne pu-

Ccc 2

,, nit

,, nit pas toujours par des châtimens visibles les déré-
,, glemens des hommes, mais les attendant à pénitence
,, avec une patience infinie, il diffère ordinairement de
,, les châtier jusqu'après leur mort. S'il n'y avoit que
,, ceux qui s'approchent dignement des Sacremens qui
,, fussent préservez de la rage, & si tous ceux qui en
,, abusent même sans le savoir mouroient dans la rage,
,, cela auroit de grands inconvéniens. Les premiers se-
,, roient tentez d'une présomption dangereuse, & les
,, seconds mourroient dans le desespoir. On ne veut
,, point pourtant assurer qu'il n'arrive jamais que quel-
,, qu'un meure dans la rage, en punition des confes-
,, sions & communions indignes qu'il auroit faites.
,, Car si un défaut de foi, ou une obmission volontaire
,, quelqu'une des observances, accompagnée de quel-
,, que mépris, peut empêcher la guérison, suivant ce
,, qui a été dit, combien davantage la profanation que
,, quelqu'un feroit des Sacremens? Il est tems que
,, nous disions quelque chose touchant le repit, dont il
,, est parlé dans l'article dixième.

,, On ne peut pas dit-on, reconnoître un privilege
,, miraculeux, tel qu'est celui-ci dans les impies, sans
,, en avoir de très grandes raisons. Or on accorde ce
,, pouvoir de donner repit à toutes sortes de personnes
,, qui ont été taillées, & cela sans en avoir de bonnes
,, raisons, au moins qu'on sache.

,, R. Nous ne répéterons pas ce que nous avons dit,
,, touchant l'origine de la neuvaine. Il est à présumer:
,, comme nous avons dit, que ceux qui en ont dressé
,, les articles, l'ont fait par l'instinct de l'esprit de Dieu.
,, Après en avoir réglé les neuf premiers, il fallut son-
,, ger aux moyens de pourvoir aux besoins de ceux qui
,, ne se trouveroient pas en état de se transporter inces-
,, samment à Saint Hubert, ou qui ne pourroient pas
,, actuellement pratiquer cette observance. Tels que
,, sont les enfans, qui n'ont pas atteint l'âge compétant
,, pour communier. Tous ceux qui se trouvent dans
,, quelqu'un des cas pour lesquels, selon les régles de
,, l'Eglise, il faut refuser ou différer l'absolution. Ceux
,, qui sont trop éloignez pour se rendre ici aussitot
,, qu'ils le devroient; ou qui ne le peuvent à cause de
,, quelque maladie ou infirmité, ou autre empêchement
,, considérable. Il fut donc résolu qu'on accorderoit
,, dans tous ces cas un certain terme à ces sortes de
,, personnes, par une humble confiance dans les méri-
,, tes du grand Saint Hubert. Il fallut désigner en mê-
,, me tems les personnes qui pourroient accorder ce dé-
,, lai, & on n'en pouvoit désigner d'autres plus raison-
,, nablement que les Religieux de cette maison & ceux
,, dont il est parlé dans l'article. On ne pouvoit res-
,, traindre le pouvoir d'accorder le repit aux seuls Re-
,, ligieux ou autres personnes de ce Monastére, com-
,, me il est clair, puisqu'il n'auroit servi qu'a ceux du
,, voisinage. On y ajoute donc ceux qui auroient été
,, taillez, & dont il seroit facile de rencontrer quelqu'un
,, dans tous les endroits, où le grand saint Hubert se-
,, roit connu. Une infinité de merveilles ont fait voir
,, jusqu'ici qu'on ne s'est pas trompé dans la confiance
,, qu'on a eue dans les mérites de ce grand saint, car
,, ceux à qui on donne repit sont également préservez
,, de la rage, tout le tems que dure le repit, comme
,, ceux qui ont fait la neuvaine. Le terme que l'on
,, donne, est de 40 jours. Il le falloit ainsi pour ceux
,, qui sont un peu éloignez, & d'ailleurs un plus long
,, terme accordé indifféremment à tous, seroit la cause
,, que plusieurs négligeroient de se rendre ici aussitot
,, qu'ils le peuvent, ce qui seroit dangereux; & parce-
,, que ce terme ne suffit pas toujours, c'est pour cela
,, que l'article porte que la personne taillée pourra don-
,, ner repit ou délai de 40 jours à 40 jours. Si ceux
,, qui ont institué la neuvaine, n'avoient su le grand
,, pouvoir que Dieu avoit accordé à Saint Hubert de
,, son vivant même, on auroit pu les accuser de vou-
,, loir tenter Dieu, & risquer l'honneur du saint, aussi-
,, bien que la vie d'une infinité de personnes. Mais les
,, merveilles que ce grand Saint avoit opérées de son

,, vivant, & les miracles qu'il faisoit encore après sa
,, mort, furent un motif suffisant pour les porter à ce-
,, la, & il y a tout sujet de croire qu'ils furent con-
,, duits de Dieu en cela, & en tout ce qui regarde la
,, neuvaine. On ne peut raisonnablement former d'au-
,, tre jugement, quand on considére ce qui s'est pas-
,, sé depuis près de 900 ans. Car oseroit-on dire que
,, tout cela n'est qu'une pure illusion de l'Esprit ma-
,, lin, & qu'une chose qui s'est passée aux yeux de
,, tout le monde, non seulement de l'aveu des Evê-
,, ques Diocesains, mais avec l'approbation de tant de
,, personnes savantes & pieuses, est une superstition
,, damnable? Dieu qui se plait à glorifier ses Saints
,, devant & après leur mort, & qui a rendu le nom
,, du grand Saint Hubert si célébre par toute la ter-
,, re, aura-t-il permis que le Diable ait trompé & sé-
,, duit une infinité d'ames sous le nom de ce grand
,, saint, dans le lieu même où repose son saint corps,
,, & où il a été si souvent chassé par l'invocation de ce
,, même nom?

,, Peut-être, dira-t-on, qu'encore que tout ce qui
,, se pratique ici soit en effet une pure superstition,
,, Dieu ne laisse pas de récompenser la simplicité de la
,, foi de quelques personnes, qui par une ignorance
,, fondée sur l'exemple & l'autorité de tant de person-
,, nes savantes & pieuses, & par conséquent invinci-
,, ble, pratiquent cette Neuvaine, & espérent la gué-
,, rison des mérites du grand Saint Hubert. C'est en
,, effet ce que disent quelques uns, & nous avons vu
,, un petit écrit latin qu'on assure être d'un Docteur
,, & Professeur en Théologie qui parle en ces termes.
,, *Qui tam in inculpatâ ignorantiâ, quàm cum pietate in*
,, *sanctum Hubertum Novendianos ritus observat, atque*
,, *etiam procrastinationis inducias, quod tamen difficilius*
,, *approbatur, concedit, superstitionis potest non insimu-*
,, *lari, imò ex fidei merito immunitatem à rabie obtinere*
,, *valet interdum à Deo per preces sancti Huberti.*

,, Il avoue dans le même écrit qu'il n'est pas évi-
,, dent que la pratique de la Neuvaine soit superstitieu-
,, se, sur-tout après l'approbation de l'Evéque Dioce-
,, sain & des Docteurs de Louvain. *Apertâ corruptelâ*
,, *vacat,* dit-il. On laisse à juger aux savans si ce
,, qu'il dit est soutenable, & conforme aux principes
,, de la Théologie. Savoir si en supposant, comme il
,, fait, que la pratique de la Neuvaine est une pure su-
,, perstition, on peut dire en même tems que Dieu ne
,, laisse pas de recompenser la simplicité de la foi de
,, quelques personnes qui l'observent. Ne sembleroit-
,, il pas appuyer, si cela étoit, cette observance super-
,, stitieuse, & travailler à tenir des gens simples &
,, idiots dans l'erreur? Cela s'accorde-t-il avec la doc-
,, trine commune des Théologiens, qui enseignent que
,, Dieu ne peut pas faire des miracles qui tendroient à
,, appuyer une doctrine erronée? *in confirmationem er-*
,, *roris* Mais n'est ce pas fournir, sans y penser, des
,, armes aux hérétiques, pour combatre ce que l'Egli-
,, se enseigne touchant l'invocation des Saints, & l'hon-
,, neur que nous rendons à leurs Reliques? Nous nous
,, servons pour appuyer ce dernier point de plusieurs
,, passages de l'Ecriture; par exemple de ce qui est dit
,, dans l'Evangile de cette femme qui avoit une perte
,, de sang, & de plusieurs autres qui par un saint em-
,, pressement s'approchoient du Sauveur pour toucher
,, le bord de son vêtement dans l'espérance qu'ils se-
,, roient guéris de leurs maladies. *Rogabant eum, ut*
,, *vel fimbriam vestimenti ejus tangerent, & quicumque*
,, *tetigerunt salvi facti sunt. Math. XIV.* Nous nous
,, servons de même de ce que nous lisons aux Actes
,, des Apôtres chap. 5. que le peuple apportoit les ma-
,, lades dans les rues, & les mettoit sur des lits & des
,, paillasses, afin que lorsque Pierre passeroit, son om-
,, bre au moins couvrît quelqu'un d'eux, & qu'ils
,, fussent guéris de leurs maladies. Et au chap. XIX.
,, que les mouchoirs & les linges, qui avoient touché
,, le corps de Saint Paul étant appliquez aux malades,
,, ils étoient guéris de leurs maladies, & les Esprits
     ,, ma-

,, malins fortoient. Ces argumens tirez de l'Ecriture
,, font convaincans, & prouvent d'une maniére invin-
,, cible que l'honneur que nous rendons aux Saints &
,, à leurs Reliques eft agréable à Dieu, & infiniment
,, éloigné de toute fuperftition. Voici cependant ce
,, que pourroient dire les Hérétiques conformement à
,, ce que l'on dit de notre Neuvaine. Ce qu'on vient
,, de rapporter de l'Ecriture n'étoit dans le fond qu'une
,, pure fuperftition, & Dieu en guériffant ces malades
,, a voulu récompenfer la fimplicité de leur foi fans ap-
,, prouver le moyen dont ils fe fervoient. Mais qui
,, des Catholiques l'oferoit dire, ou à qui eft-il ja-
,, mais venu dans la penfée? Il ne paroit donc pas
,, qu'on puiffe dire que Dieu récompenfe la fimplicité
,, de la foi de quelques perfonnes, pendant qu'on fou-
,, tient que la Neuvaine eft une pratique fuperftitieufe.
,, Il faut dire tout d'un coup qu'il n'y a rien de mi-
,, raculeux en tout ce qui s'eft paffé ici depuis près
,, de 900 ans, que ç'a été une illufion perpétuelle du
,, Démon qui s'eft joué d'une infinité de perfonnes
,, au deshonneur de notre Sainte Religion, & à la
,, honte du grand Saint Hubert, pendant même qu'il
,, fe faifoit un grand nombre de miracles à fon tom-
,, beau qui a été longtems expofé à la vénération des
,, fidéles. Il faut dire que Dieu a permis que l'Ef-
,, prit de menfonge ait trompé & féduit de très fain-
,, tes Ames, qui étoient difpofées à mourir plutot
,, mille fois que de rien faire qu'elles auroient fu dé-
,, plaire à Dieu. Voilà ce qu'il faudra dire, fi on
,, continue de foutenir que la pratique de la Neuvai-
,, ne eft fuperftitieufe. Venons aux autres objections.
,, Il n'eft pas conftant, dit-on, que les guérifons
,, qui fe font ici, foient miraculeufes, puisqu'on ne
,, fait point d'information avec les Théologiens & les
,, Médecins fur chacune, qu'on ne fait point de pro-
,, ces-verbal de la rage du chien, de la morfure de
,, l'homme, de fa guérifon &c. En vérité, ajoute-
,, t-on, il faudroit pour s'en affurer prendre les mê-
,, mes méfures que prennent les Prélats, avant que de
,, fouffrir qu'on publie un nouveau miracle dans leurs
,, Diocéfes.
,, R. Cette objection feroit de quelque poids &
,, pourroit avoir lieu, s'il ne s'agiffoit que de quelques
,, cas particuliers & de la guérifon d'un petit nombre
,, de perfonnes. Mais où il s'agit d'un miracle journa-
,, lier, pour ainfi dire, comme celui-ci, elle perd tou-
,, te fa force, comme on efpére qu'on en demeurera
,, convaincu fi on examine la chofe à fond. A-t-on
,, befoin en premier lieu de procès-verbaux pour être
,, affuré qu'il court affez fouvent des chiens ou autres
,, bêtes enragées, & qu'un grand nombre de perfonnes
,, en font mordues à fang, & par-là expofées à un
,, danger évident? Quand on fuppoferoit qu'entre ceux
,, qui viennent ici pour être taillez, il s'en trouveroit
,, qui n'auroient point été mordus, ou qui ne l'au-
,, roient été que légérement, & fans aucun danger; il
,, demeure toujours certain qu'au moins une grande par-
,, tie l'eft, & même dangereufement: il n'eft pas moins
,, évident que la plupart, & presque tous, font préfer-
,, vez de la rage. Il eft fi rare qu'une perfonne meure
,, après avoir obfervé la Neuvaine, que les adverfaires
,, femblent vouloir triompher parcequ'un Auteur qui a
,, écrit nouvellement des fuperftitions, affure qu'il a
,, rencontré en 1687. un homme dans la Paroiffe de
,, Charenton qui avoit été taillé, & avoit obfervé la
,, Neuvaine, qui cependant n'a pas laiffé de mourir
,, dans la rage. Les cas étant fi rares, les morfures fi
,, fréquentes, le concours des gens qui viennent ici
,, pour être guéris fi grand, depuis tant de fiécles,
,, n'eft-ce pas fe mocquer que de parler de procès-ver-
,, baux dans une chofe qui eft connue de tout le mon-
,, de? Que ceux qui nous font cette objection, confi-
,, dérent de plus qu'on ne s'y prend pas fi légérement
,, ici, qu'ils femblent fe l'imaginer. On eft pleinement
,, inftruit, pour s'en être informé des Médecins, des
,, marques ausquelles on peut reconnoitre fi une bête

,, eft enragée, ou fi celui qui eft mordu eft en quelque
,, danger. Ceux qui viennent ici apportent de bons
,, témoignages de leur Pafteur, ou de la Juftice du
,, lieu, & fouvent ils font plufieurs qui expofent fin-
,, cérement la vérité du fait. Ce n'eft qu'après s'être
,, informé exactement du tout qu'on les admet, & on
,, en renvoye plufieurs, quand les marques qu'ils don-
,, nent de la rage de la bête ne font pas fuffifantes, ou
,, qu'ils n'en ont été mordus que légérement. On
,, prend occafion de ce qu'il y en a quelquefois qui
,, meurent dans la rage, de nous faire une nouvelle ob-
,, jection à peu près en ces termes.
,, Puisque la guérifon n'eft pas infaillible, & que
,, les précautions que l'on prend font infuffifantes, quel-
,, le preuve a-t-on que les guérifons font miraculeufes?
,, R. On a déja dit ci-deffus qu'encore que les ef-
,, fets qu'on voit tous les jours, foient tout-à-fait mer-
,, veilleux, & qu'on y remarque affez clairement le
,, doigt de Dieu qui opére toutes ces merveilles pour
,, faire éclater les mérites de fon Saint; cependant il
,, ne s'enfuit nullement que l'effet foit infaillible. Un
,, défaut de foi, a-t-on dit, une obmiffion volontaire
,, de quelques articles accompagnée de quelque mépris,
,, l'abus & la profanation des Sacremens, ou quelqu'au-
,, tre chofe, pourroient être la caufe qu'une perfonne
,, n'obtiendroit point la guérifon. D'où il ne s'enfuit
,, nullement, comme il eft clair, que les guérifons ne
,, foient pas miraculeufes. Et fi les précautions que
,, l'on prend font d'elles-mêmes infuffifantes, c'eft une
,, preuve affez grande qu'il y a ici quelque chofe de
,, furnaturel & de divin, à moins qu'on ne demeure
,, arrêté à foutenir après tout ce que nous venons de
,, dire, que tout ce qui s'eft fait depuis tant de fié-
,, cles, n'a été qu'une pure illufion du Démon, ce
,, qui feroit bien dangereux. Voici une autre objec-
,, tion.
,, Pourquoi, dit-on, tant de cérémonies, fi l'effet
,, eft miraculeux? A quoi on ajoute que la Neuvaine
,, enferme des précautions peu néceffaires; & des om-
,, bres de mortification, affez finguliéres.
,, R. On a déja dit que ceux qui ont inftitué la
,, Neuvaine ont eu en vue de ne point tenter Dieu,
,, & que c'eft pour cela qu'ils drefférent fur l'avis des
,, Médecins quelques articles, que ceux-ci jugérent
,, propres, pour apporter quelque reméde à un mal fi
,, redoutable. Ce fut pour engager Dieu à benir ce
,, reméde, qu'ils ordonnérent la Confeffion & la Com-
,, munion de neuf jours. Et comme il a plu au Sei-
,, gneur de benir vifiblement cette conduite dès le com-
,, mencement qu'on avoit inftitué la Neuvaine, on a
,, cru qu'il falloit continuer à pratiquer la même ob-
,, fervance fans y rien changer. Le Pére Roberti ré-
,, pond folidement à cette objection, & il fait voir que
,, Dieu fait fouvent dépendre les guérifons miraculeu-
,, fes qu'il opére, des moyens naturels dont on fe fert,
,, qui d'eux-mêmes feroient infuffifans. Entre plufieurs
,, exemples tirez de l'Ecriture qu'il rapporte, il fe fert
,, de ce que nous lifons au livre IV. des Rois chap. V.
,, de la guérifon de Naaman, à qui le Prophéte Élifée
,, ordonna de fe laver fept fois dans le Jourdain. On
,, ne peut nier, dit-il, quelque miraculeufe que foit
,, cette guérifon de Naaman, que les eaux courantes
,, n'ayent quelque vertu. *Præter Dei manum quæ facit*
,, *mirabilia, non eft neganda vis fluvialium aquarum.*
,, Il fe fert auffi de ce qui eft dit au chap. XX. du
,, même livre de la guérifon du Roi Ezechias, où on
,, voit que le Prophéte Ifaïe fit apporter des figues
,, pour appliquer fur fon mal. *Miraculum grande fuit,*
,, dit fur cela le Pére Roberti, *fed ficus potiùs adhibita*
,, *quàm aliud quidpiam, quia vim habet difcutiendi tu-*
,, *mores, emolliendi ad fupurationes,* & il le dit après
,, les Médecins. Il en dit autant de la guérifon du
,, vieux Tobie qui recouvra la vue, non fans un grand
,, miracle, mais pourtant après que fon fils lui eut ap-
,, pliqué fur les yeux ce que l'Ange avoit ordonné.
,, *Adoranda in tanto miraculo, Dei benignitas: cæterum*
                    D d d   ,, *fci*

„ fel ad abstergendas albugines utile esse tradit Plinius , L
„ 23. c. 11.   Mais il est inutile de s'arrêter ici davan-
„ tage.   On trouve à redire de ce que la Neuvaine
„ renferme des précautions peu nécessaires , comme de
„ coucher seul en draps blancs & nets , ou bien tout
„ vétu , & ne point baisser la tête pour boire aux fon-
„ taines , ou riviéres.   Mais il est facile de répondre
„ que s'il y en a plusieurs à qui ces précautions parois-
„ sent peu nécessaires , il y en a d'autres qui sont si
„ grossiers , qu'il faut leur marquer jusqu'aux moin-
„ dres choses , & c'est pour cela qu'on a pris tant de
„ soin de régler ce qui regarde le boire , le manger , &
„ le dormir.   Entre plusieurs raisons que le Pére Ro-
„ berti donne pourquoi on ordonne de coucher seul ,
„ il en rend celle-ci: afin , dit-il , de se conserver d'au-
„ tant plus pur pour s'approcher pendant les neufs jours
„ de la Sainte Table.   *Ne quid immunditiæ animus ex*
„ *corporis alieni contagione contrahat , quem animum No-*
„ *vendiali hoc tempore purissimum servare , ratio , & Sa-*
„ *cramentorum quotidie percipiendorum sanctitas , suadet.*
„ C'est sans raison qu'on nous objecte , que la neuvai-
„ ne renferme des ombres de mortification assez singu-
„ liéres. La mortification ne consiste pas , comme ils
„ se l'imaginent , à manger , par exemple , de la chair d'un
„ porc mâle d'un an ou plus , ou de chapons , ou pou-
„ les d'un an ou plus.   On s'étonne qu'ils puissent
„ avoir cette pensée , après l'explication qu'on a don-
„ née.   C'est dans le retranchement de tout autre cho-
„ se qu'elle consiste , ceux qui appellent cela une om-
„ bre de mortification n'ont qu'à l'éprouver , & on ne
„ doute pas qu'ils ne diront aussi - bien que ceux qui
„ en ont fait l'expérience , que la mortification est très
„ réelle.   Qu'ils se souviennent de plus que cet article
„ appartient à la médecine , aussi-bien que plusieurs au-
„ tres , & qu'ainsi encore qu'il soit vrai qu'il renfer-
„ me quelque chose de bien mortifiant , on y doit don-
„ ner le même sens , & la même raison qu'en a donné
„ le Pére Roberti , il y a 80 ans.   *Optimi succi , dit-*
„ *il , censentur suis carnes à Medicis , & nutrimenti con-*
„ *venientissimi.   Porro ante expletum annum , humidio-*
„ *res , & prodigiosores sunt , & ad putrefactionem faci-*
„ *liores , quo nihil perniciosius esse potest iis quibus rabies*
„ *minatur.*
„ On continue de former plusieurs objections. Une
„ des principales est celle-ci.   Tout le fondement qu'on
„ a pour appuyer cette neuvaine , est un miracle non
„ approuvé touchant la sainte Etole qu'on dit être en
„ son entier.   *Quis non miretur observantiam miram ,*
„ *miraculo non probato , nimirum stolæ integræ consuetu-*
„ *dine solâ defendi.*
„ R. On répond que cela est entiérement faux. On
„ permet aux adversaires de croire ce qu'ils voudront
„ touchant la sainte Etole.   Il importe peu qu'elle soit
„ encore entiére ou non ; c'est assez qu'elle vient cer-
„ tainement de Saint Hubert , pour que Dieu opére tou-
„ tes les merveilles que nous voyons.   Il a toujours
„ passé pour constant ici que c'est la même avec la-
„ quelle il fut sacré à Rome , & que les Historiens as-
„ surent unanimement avoir été apportée du Ciel.
„ Voici ce qui est très constant.   Il y a près de neuf
„ cens ans qu'on en coupe , & cependant elle paroit
„ avoir encore aujourd'hui la même longueur , que cel-
„ les dont on se sert ordinairement.   On laisse à un
„ chacun à en tirer la conséquence.   On ne la déplie
„ point , parceque quelques uns ayant entrepris de le
„ faire , entre autres un Nonce du Pape , s'y sont trou-
„ vez trompez , & se sont vus obligez de se désister ,
„ par un mouvement subit de tremblement ; dont ils
„ furent saisis.   Il a plu au Seigneur de nous conserver
„ jusqu'à présent ce précieux trésor , par une espéce de
„ miracle , nonobstant plusieurs ravages que les Barba-
„ res & les Hérétiques ont faits dans ce Monastére ,
„ qui a été presque tout réduit en cendres plus d'une
„ fois.   Nous soutenons donc indépendamment de ce
„ miracle touchant la sainte Etole , que non seulement
„ on ne peut accuser la neuvaine de superstition , mais

„ que l'effet merveilleux qui en résulte , doit être at-
„ tribué à la toute-puissance de Dieu , qui l'accorde
„ aux mérites & aux priéres du grand Saint Hubert.
„ C'est comme nous avons vu le sentiment de Mes-
„ sieurs les Docteurs de Louvain , que nous croyons
„ avoir raison de préférer à celui des Docteurs de Pa-
„ ris , parcequ'ils sont mieux informez du fond de cet-
„ te affaire , & que la question a souvent été agitée
„ dans leur école.   Si les Médecins de Paris ont cru
„ que notre neuvaine est superstitieuse , il nous suffit
„ pour être très persuadez qu'il n'y a pas l'ombre de
„ superstition pour les articles qui regardent la Méde-
„ cine , que les Docteurs en Médecine de Louvain
„ soutiennent le contraire de ceux de Paris.   A quoi
„ on doit ajoûter que les Médecins qui ont ordonné
„ dès le commencement ce régime , ont sans doute
„ été du même sentiment. On ne s'avisera jamais d'ac-
„ cuser de superstition une personne qui se régle sur
„ l'avis des Médecins , quoique les sentimens soient
„ partagez.
„ Après avoir satisfait aux objections que les Théo-
„ logiens forment contre plusieurs articles , nous ne
„ pouvons nous empêcher de témoigner l'étonnement
„ où nous sommes de voir que les Docteurs de Pa-
„ ris , non contens d'avoir décrié la confession & la
„ communion de neuf jours , forment en partie le ju-
„ gement desavantageux qu'ils ont porté de la neuvai-
„ ne , sur ce qui est dit dans l'article septiéme , savoir:
„ que le dixiéme jour on doit faire délier son bandeau
„ par quelque Prêtre , le faire bruler ; & mettre les
„ cendres dans la piscine ; & qu'il faut garder tous les
„ ans la fête de Saint Hubert , qui est le 3. de No-
„ vembre.   Certainement il faut être prévenu d'une
„ maniére étrange , pour en venir jusques là.   Le cas
„ pouvant arriver , comme dit l'explication du premier
„ de ces deux articles , que la parcelle qu'on insére
„ dans le front , *Relique si considérable* , en sorte avec
„ le sang , & s'attache au bandeau ; qu'y a-t-il de
„ plus juste que de prendre cette précaution par res-
„ pect pour une Relique si considérable? Il n'est pas
„ moins juste que la personne qui a été préservée de la
„ rage par les priéres de Saint Hubert , en conserve
„ toute sa vie les sentimens de reconnoissance , & en
„ donne des marques au moins une fois l'an au jour
„ de la fete.
„ Il est bon que nous ajoutions ici un mot touchant
„ un passage de Gerson qu'on nous objecte.   Voici
„ comme on l'a cité dans un écrit dont nous venons de
„ parler.   *Quidam sanctorum cultus & plurium supersti-*
„ *tionis habere videntur , ut quod novena fiat , & non*
„ *septimana.   Quod ad sanctum Hubertum præ morsu ca-*
„ *nis rabidi fiant inventa particulares observantiæ , & ta-*
„ *lis ritus transit in superstitionem.* Tract. de cordis di-
„ rectione.
„ R. L'autorité de ce pieux & savant homme seroit
„ plus considérable , s'il avoit été instruit à fond de ce
„ qui se pratique ici.   Aureste il paroit beaucoup plus
„ modéré que ceux qui l'ont suivi , puisqu'il propose
„ son sentiment en témoignant qu'il ne le tient point
„ assuré , *videtur* , dit-il , il se seroit bien gardé de l'ac-
„ cuser de superstition s'il avoit eu une parfaite con-
„ noissance du sens qu'il faut donner aux articles , &
„ de l'origine de cette Neuvaine.   On avouera , par
„ exemple , que c'est sans fondement qu'on l'accuse de
„ superstition , parcequ'on ordonne plutôt neuf jours
„ qu'une semaine.   Car qu'y a-t-il de plus facile que
„ de répondre qu'il a fallu fixer le tems , qu'on ne pou-
„ voit pas le laisser indéterminé , ce qui auroit exposé
„ des Pelerins à mille peines: qu'on auroit pu égale-
„ ment le déterminer à une semaine comme on a fait à
„ neuf jours , & qu'enfin on n'a pas fait un mistére de
„ ce nombre de neuf ? Si on accuse cela de supersti-
„ tion , il faudra de même en accuser la plupart des pé-
„ nitences que les Confesseurs ordonnent , & qui con-
„ sistent en un certain nombre de priéres , ou en cer-
„ taines mortifications à pratiquer pendant un nombre
„ de

,, de jours déterminez. Le Prophéte Elisée n'en sera pas
,, exemt, lui qui ordonne à Naaman de se laver sept
,, fois dans le Jourdain; car pourquoi, dira-t-on, sept
,, fois plutot que cinq ou six &c. ?

,, Nous espérons après ce nouvel éclaircissement que
,, nos adversaires cesseront de décrier notre Neuvaine,
,, & de jetter de vains scrupules dans les ames. Ils loue-
,, ront avec nous la bonté infinie de Dieu, qui s'est ren-
,, du admirable dans le grand Saint Hubert depuis tant
,, de siécles, pour la consolation d'une infinité de per-
,, sonnes affligées. Ils aimeront mieux reconnoitre ici le
,, doigt de Dieu, que d'attribuer à l'Esprit malin cette
,, foule de merveilles, qui obligent les peuples à lui en
,, rendre de continuelles actions de graces.

Il faut avouer que l'Auteur de cette réponse n'a rien
oublié pour purger de superstition la Neuvaine de Saint
Hubert. Il abandonne l'Histoire de l'Etole envoyée du
Ciel, ou du moins il n'en parle pas. On peut conjectu-
rer de ce silence que cette Etole n'est pas aussi miraculeuse qu'on le dit. Si cela est, on ne doit plus dire
qu'elle ne s'use jamais, & l'on a droit de penser que depuis tant de tems qu'on taille les gens mordus par des
animaux enragez, on a substitué plus d'une Etole. Mais
il s'appuye sur des Historiens qui ne méritent aucune
créance; ainsi que le fait voir l'Auteur de la Dissertation latine. Cet écrit paroit avoir été composé pour diminuer la force des raisonnemens qui se fait sentir dans
l'ouvrage latin, & on ne rapporte rien qui établisse par
des preuves incontestables, les faits qui seuls pourroient
autoriser la Neuvaine. Je persiste donc à dire qu'elle est
pleine de pratiques superstitieuses, & qu'il faudroit s'en
tenir à faire toucher quelque Relique du Saint; ainsi
que je l'ai marqué dans le chapitre précédent.

CHAPITRE IV.

*Ce qu'il faut penser de ceux qui se disent
Chevaliers de Saint Hubert, & issus de
sa race. De la guérison des écrouelles par
les Rois de France & d'Angleterre. Quelques autres vertus attribuées à ces derniers
Princes.*

CE que nous venons de dire sur la Neuvaine de
Saint Hubert, nous engage à éclaircir un autre
fait. Outre le miracle opéré dans le Monastére de Saint
Hubert aux Ardennes, on a dit pendant longtems qu'il
y avoit une famille issue de ce S. Evêque, laquelle avoit
la vertu, en touchant à la tête, au nom de Dieu, de
la Vierge, de préserver de la rage, & de guérir par le
seul attouchement ceux qui avoient été mordus par des
animaux enragez, quand même ce seroit au visage & au
sang. Cette famille avoit encore droit de relever du repit, & de toucher avec la clef de Saint Hubert, toutes
sortes d'animaux sans la chauffer. Tous ces priviléges se
trouvent dans un billet imprimé que répandit un célébre
Chevalier de Saint Hubert. Il s'appelloit George Hubert
Chevalier issu en droite ligne de la race du glorieux
Saint Hubert d'Ardennes, Gentilhomme de la maison
du Roi. Ce sont les titres qu'on lui donne dans l'extrait
baptistaire de son fils nommé Jean-Louis, qui après avoir
été ondoyé reçut en 1681. les cérémonies du baptême
dans la Paroisse de Saint Merry.

En 1649. le dernier jour de Décembre ce George
Hubert obtint des Lettres Patentes, pour pouvoir exercer tranquillement son merveilleux talent. Comme elles
contiennent quelques faits particuliers, je crois devoir
en rapporter ici la substance. Il y est dit que Louis XIII.
s'étoit fait toucher, qu'il avoit ordonné à ce Chevalier
de demeurer à sa suite, que Louis XIV. le Duc d'Orléans son Oncle, les Princes de Condé & de Conti,
tous les Officiers de la Couronne, & tous ceux de la
maison du Roi, s'étoient fait toucher, & que par le

seul attouchement ils avoient été préservez de toutes sortes de bétes enragées. Ces Lettres Patentes sont dattées
de Paris le dernier jour de Décembre 1649. & le sept
du regne de Louis XIV. signées Louis, & plus bas par
le Roi, la Reine Régente sa mére présente.

Il faut remarquer que dans ces Lettres Patentes, aussi-
bien que dans le billet imprimé, il est nommé *le Chevalier de St. Hubert issu de la lignée & génération du glorieux S. Hubert d'Ardenne, fils de Bernard Duc d'Aquitaine,* avec cette différence que dans le billet imprimé
en 1701. il se dit *seul issu de la noble race du glorieux
S. Hubert;* & s'associe une sœur qui avoit aussi la même vertu. Il est dit expressément dans les Lettres Patentes, que ce Chevalier avoit le privilége *de guérir toutes
les personnes mordües de loups ou chiens enragez, & autres
bestiaux atteints de la rage, en touchant au chef sans aucune application de remède ni médicament.*

En conséquence de cette permission, il fit courir dans
Paris des billets imprimez, où il marquoit son adresse à
ceux qui voudroient se faire toucher. Nous apprenons
par la permission que lui accorda M. Jean-François de
Gondy premier Archevêque de Paris le 2. Aout 1652.
que George Hubert jeunoit la véille du jour qu'il devoit toucher; & que le jour de l'attouchement, il se
confessoit & communioit. Ce Prélat lui accorde par la
même permission, la Chapelle de Saint Joseph située
dans l'étendue de la Paroisse de Saint Eustache, pour y
toucher ceux qui se presenteroient. ,, Il déclare que par
,, grace spéciale de Dieu, de la Sainte Vierge, & de
,, Saint Hubert, il touche toutes personnes de l'un &
,, de l'autre sexes qui sont mordus de chiens, loups, &
,, autres animaux enragez, en touchant au chef sans ap-
,, pliquer aucuns médicamens ni autres remédes, &
,, qu'étant arrivé il y a quelques années qu'un chien en-
,, ragé avoit mordu tant en sa maison de Gondy & Saint
,, Cloud, qu'au Château de Noisy & és fermes dudit
,, Château, quelques chiens, chevaux, porcs, & au-
,, tres bestiaux, il avoit convié ledit Sieur Chevalier de
,, s'y transporter pour toucher tous ces domestiques,
,, qui furent tous garantis, & lesdits bestiaux guéris.

M. Hardouin de Perefixe son successeur accorda le
26. Mai 1666. la même permission à ce Chevalier de
Saint Hubert, précisément à cause de la prétendue guérison des domestiques de M. de Gondy. En 1689. M.
de Harlai la lui accorda simplement; ainsi que fit le
14. Juin 1691. M. Louis-Antoine de Noailles qui
étoit alors Evêque de Chalons.

M. Henri de Gondrin dans la permission qu'il accorda le 2. d'Avril 1654 au Chevalier de Saint Hubert
de toucher ses Diocesains, déclare que George Hubert
,, en a fait l'expérience devant le feu Seigneur d'heureu-
,, se mémoire Octave de Bellegarde son prédécesseur,
,, & devant lui plusieurs fois, spécialement en la Ville
,, de Provins, Brai-sur-Seine, & autres Villes & Bourgs
,, de son Diocése, dont il a pleine & entière connois-
,, sance, à raison même que le sieur du Rollet, jadis
,, Grand Vicaire de sondit feu Séigneur & Oncle, au-
,, roit deslors certifié que l'un de ses neveux étant en
,, frénésie de rage, en avoit été guéri par ledit sieur de
,, S. Hubert; pourquoi ledit feu Seigneur avec ledit
,, sieur du Rollet avec ses Officiers se seroient deslors
,, fait toucher par précaution; ce qui l'auroit invité,
,, bien informé desdits faits, de se faire toucher pareil-
,, lement, & ses Officiers.

Ces certificats & les Lettres Patentes engagérent M.
Henri Arnauld Evêque d'Angers à accorder la même
permission au Chevalier de S. Hubert: il se fit toucher
lui-même, & ses domestiques. C'est ce qu'il déclare
dans sa permission du 2. d'Octobre 1657., où il est
dit expressément que ce Chevalier ,, par le seul attou-
,, chement préserve de toutes les betes enragées, après
,, toutefois que ledit Chevalier de S. Hubert a jeûné la
,, vigile, & le lendemain reçu les saints Sacremens de
,, Pénitence & de l'Eucharistie, que même il touche &
,, guérit ceux qui ont pris repit, sans être obligez de
,, plus prendre aucun repit, ni aller faire le voyage de

„ S. Hubert; touche & guérit pareillement les bestiaux
„ mordus, & malades de rage.

Il ne paroit pas par les Lettres, patentes qu'on ait
constaté aucune guérison. Si cela étoit, on n'auroit pas
manqué de marquer qu'on avoit appellé des Médecins
qui avoient décidé que les loups ou les chiens étoient
véritablement enragez, & que ceux qui avoient été mordus, étoient en danger. Il paroit qu'on se faisoit toucher
par précaution. A l'égard des faits citez par M. de Gondy & par M. de Gondrin, on ne voit pas non plus
qu'on se soit assuré du fait. Le premier dit simplement
que ses domestiques furent garantis de la rage, & les
bestiaux guéris; mais il n'a été fait aucun examen là-dessus; c'est un bruit des fermiers, & des domestiques.
Le fait rapporté par M. de Gondrin est un peu plus
embarassant; mais comme il ne paroit aucun certificat de
Médecin qui atteste la rage, on peut le rejetter, &
soutenir qu'on a cru le jeune homme atteint d'une maladie qu'il n'avoit pas. M. l'Evêque d'Angers se laissa
éblouir par les Lettres Patentes, & par les certificats de
MM. les Archevêques de Paris, & de Sens.

La même permission fut accordée par M. de la Salle
Evêque de Tournai en 1694. le 4. de Mai, par M.
de Seve de Rochechouart Evêque d'Arras la même année le 29. de Mars, par M. de Valbelle Evêque de S.
Omer la même année le 22. de May, par M. Colbert
la même année le 10. de Novembre, par M. de la Fre-
zeliére Evêque de la Rochelle en 1699. le 12. de Juin,
par M. de Brias Archevêque de Cambrai le 2. de Juillet 1693., & par le Prieur de l'Abbaye de Fecamp en
1701. Il y eut encore plus de trente Évêques & Archevêques, qui donnérent de semblables permissions; mais
il paroit qu'ils furent entrainez par l'exemple des premiers.

Outre ce George Hubert si fameux en France, il y
a eu une Religieuse à l'Abbaye aux Bois qui se disoit
Chevaliére de Saint Hubert, & qui touchoit plusieurs
personnes; il y en avoit une autre de Gentilly aux Hospitaliéres. On m'a dit qu'il y en avoit une actuellement
à Lille. Dans le *Fureteriana*, il est parlé d'une prétendue Chevaliére de S. Hubert, qui touchoit, dit-on,
avec succès. Je ne sais s'il y a encore en Flandre de ces
prétendus Chevaliers & Chevaliéres; du moins n'en en-
tend-on point parler.

A l'égard du Chevalier qui se dit de la race de Saint
Hubert, c'est une prétention tout-à-fait supposée & imaginaire. 1. Il y a déja mille ans que Saint Hubert est
mort, qui-est-ce qui pourroit faire une généalogie de
mille ans? A moins qu'on n'en fasse une depuis Adam,
comme celle qu'on fit de Charlequint par Japhet, &
d'abord on en fit d'autres, comme celle que fit un des
plus beaux esprits de ce siécle, qui pour montrer le ridicule de la grotesque généalogie de Charlequint, en
fit une, où il se faisoit descendre d'Adam par Japhet,
& se trouvoit parent de Charlequint au 2080. degré.
Il est aisé de voir l'impossibilité de cette généalogie
avant l'an mille; alors les fiefs n'étoient pas héréditaires,
& les noms n'étoient point fixes. Alors tout étoit aux
Rois, les Duchez, les Seigneuries, les Fiefs, tout étoit
au Seigneur dominant à qui ceux qui avoient les Fiefs,
devoient fournir des troupes dans le besoin. C'est donc
une idée de s'imaginer que le Chevalier de S. Hubert,
soit issu de la race de S. Hubert fils de Bernard Duc
d'Aquitaine. Le P. le Cointe (a) ne parle qu'obscuré-
ment des Ancêtres de S. Hubert; il dit qu'il étoit d'A-
quitaine, & que sainte Ode femme de Bogges Duc d'A-
quitaine étoit sa tante maternelle. Voilà tout ce qu'on
fait de certain touchant l'origine du Saint.

2. Au onziéme siécle où l'on a fait l'Histoire de toutes les merveilles du Saint, on voit bien qu'on alloit déja à son tombeau, qu'on y étoit taillé, & qu'on mettoit à l'incision un petit brin de l'Etole; mais nul vestige du Chevalier errant.

On oppose l'usage des Rois de France, qui guéris-
sent des écrouelles. Cet usage, dit-on, a été généralement approuvé & respecté par les Auteurs de toutes les
nations qui en ont parlé. Il ne faut donc pas trouver
mauvais que des personnes d'une certaine race guéris-
sent de certains maux.

Je répons 1. que la guérison des écrouelles par les
Rois de France est constante & très ancienne, & qu'il
n'en est pas de même des guérisons des prétendus Chevaliers de S. Hubert. Je répons en second lieu, que les
Auteurs qui ont parlé avec admiration de la guérison des
écrouelles, ont cru que ce miracle s'étoit opéré depuis
le tems de Clovis, & ont attribué cette vertu à l'huile
céleste de la sainte Ampoule, dont on suppose que le
grand Clovis fut sacré. S. Thomas (b) au 2. liv. *de
regimine Principium*, tire de cette origine, la cause de cette merveille. Je repons en 3. lieu, que quoique la guérison des écrouelles ne vienne pas du tems de Clovis, &
ne puisse pas être rapportée au Sacre de nos Rois, elle
ne laisse pas d'être très ancienne & très respectable. Véritablement il n'y a pas lieu de rapporter la cause de cette
merveille au premier Sacre de Clovis. On ne sauroit
prouver que ce premier Roi Chrétien ait reçu quelqu'autre onction que celle du Baptême, & de la Confirma-
tion. On ne voit pas même qu'aucun des Rois de la
première race ait jamais été sacré. Pepin l'a été le premier à Soissons par S. Boniface l'an 751., & le fut encore à S. Denis en France trois ans après par le Pape
Etienne III. Depuis ce tems-là l'auguste cérémonie des
Sacres n'a jamais été interrompue. Je ne vois pourtant
pas qu'on puisse rapporter à cette époque du premier Sacre, la guérison des écrouelles. On ne lit nulle part que
Charlemagne & Louis le Débonnaire son fils ayent guéri ces sortes de maladies, quoiqu'un très grand nombre
d'Historiens nous ayent fait le détail de toutes leurs actions. Mais cela n'empêche pas que cette vertu merveilleuse ne soit très ancienne. Il y a plus de 600. ans, que
Guibert de Nogent en a fait mention. Il en parle comme témoin oculaire; car il avoit souvent vu le Roi
Louis le Gros guérir les écrouelles en touchant les malades, & faisant sur eux le signe de la Croix (c).

Il y a plusieurs remarques à faire sur cet endroit. La
première est, que la vertu de guérir les écrouelles étoit
connue avant Louis le Gros, puisqu'elle avoit été exercée par le Roi Philippe premier.

La seconde est, que cette vertu peut cesser, & qu'elle cessa en effet durant plusieurs années en la personne de
Philippe; ce qui se rapporte sans doute au tems que ce
Prince demeura excommunié pour avoir épousé Bertra-
de, femme du Comte d'Anjou, qu'il ne porta point de
couronne, ne se trouva à aucune des fêtes solemnelles
royales, & se contenta d'assister tous les jours à une
Messe basse avec le consentement des Evêques. Ainsi
que le dit (d) Orderic Vital Auteur contemporain,
qui

(b) Sanctitatis sacræ unctionis argumentum assumimus ex gestis
Francorum, & B. Remigii super Clodoveum Regem, ex dela-
tione olei desuper per columbam, quo Rex præfatus fuit inunctus,
& inunguntur posteri, signis, portentis ac variis curis apparenti-
bus in eis ex unctione prædictâ.

(c) Les paroles de cet Auteur n'ont jamais été citées par du Laurent, ni par aucun autre Auteur qui ait traité de la guérison des
écrouelles, & elles méritent bien d'être rapportées ici. Quid, quòd
Dominum nostrum Ludovicum Regem consuetudinario uti videmus prodigio? Hos planè qui scrophas circa jugulum, aut uspiam
in corpore patiuntur, ad tactum ejus, superaddito crucis signo,
vidi catervatim me ei cohærente, & etiam prohibente, concurre-
re. Quos tamen ille ingenitâ liberalitate, serenâ ad se manu obun-
cans, humillimè consignabat. Cujus gloriam miraculi cum Philip-
pus pater ejus alacriter exerceret, nescio quibus incidentibus cul-
pis, amisit. Super aliis Regibus qualiter se gerant in hac re super-
sedeo. Regem tamen Anglicum neutiquam in talibus audere scio
Guibert de pignoribus Sanct. lib. I. *cap.* I. *p.* 331.

(d) Tempore igitur Urbani & Pascalis Romanorum Pontificum,
ferè xv. annis interdictus fuit, quo tempore nunquam diadema
portavit, nec purpuram induit, neque solemnitatem aliquam regio more celebravit. In quodcumque oppidum vel urbem Gallia-
rum Rex advenisset, mox ut à Clero auditum fuisset, cessabat
omnis clangor campanarum, & generalis cultus Clericorum: luc-
tus itaque publicus agebatur, & dominicus cultus privatim exer-
cebatur, quamdiu transgressor Princeps in eadem diœcesi com-
morabatur. Permissu tamen Præsulum, quorum Dominus erat,
pro regali dignitate Capellanum suum habebat, à quo cum privat.
familiâ privatim missam audiebat. *Lib.* VIII. *hist. Eccles. pag. 99*

(a) Coint. Ann. Eccl. Franc. T. 4. p. 198.

qui fut fait Prêtre en 1108. un an avant la mort du Roi Philippe.

La troisiéme remarque est, qu'il n'est pas vrai que Saint Louis ait usé le premier du signe de la croix en touchant les malades, & qu'ainsi Guillaume de Nangis s'est trompé sur ce point dans la vie de Saint Louis, lorsqu'il a dit que les Prédécesseurs de ce Saint se contentant de toucher les malades, il avoit ajouté à cette cérémonie le signe de la croix, afin que la guérison ne pût être attribuée qu'à la vertu de ce sacré signe. Ce témoignage donne pourtant lieu de croire que la cérémonie du signe de la croix avoit été interrompue, & que Saint Louis la renouvella (a).

La quatriéme remarque est, qu'au tems de Guibert, c'est-à-dire vers l'an 1100. les Rois d'Angleterre ne croyoient pas avoir la grace de guérir des écrouelles, comme ils l'ont cru dans la suite avec peu de succès.

Si l'on veut remonter à l'origine de cette grace que Dieu fait à nos Rois, il me semble qu'on peut la rapporter au S. Roi Robert qui fit dans sa vie un très grand nombre de miracles, & qui mourut très saintement, vingt sept ans avant le Sacre du Roi Philippe son petit-fils. Il n'y a entre ces deux Princes que le Roi Henri premier, qui fut très brave & très religieux.

Quoi qu'il en soit, la vertu de guérir les écrouelles fut visiblement autorisée de Dieu, & canonisée en la personne de S. Louis. Ce grand S. a très souvent touché, & guéri les écrouelles. Il l'a fait comme Roi de France, par la cérémonie établie & pratiquée longtems auparavant. Le Pape Boniface en fait mention dans la Bulle de la Canonization de ce Saint Roi (b). Cela peut suffire pour montrer que c'est une grace gratuite; & ce Saint Roi ayant prescrit l'usage que nos Rois ont observé depuis, pourquoi ne croiroit-on pas que cette grace a été continuée par l'intercession de ce grand Roi?

Il ne sera pas inutile d'observer qu'il y a trois cens ans, lorsque les Rois de France guérissoient les écrouelles, ils benissoient de l'eau qu'on faisoit boire à jeun aux malades pendant neuf jours. On le voit dans Etienne de Conty Moine de Corbie dans l'Histoire manuscrite des Rois de France écrite vers l'an 1400. & citée par Dom Luc d'Achery, dans les notes sur Guibert de Nogent (c).

Nos Rois ont touché les gens affligez des écrouelles, non seulement en France, mais encore dans les Pays étrangers. Charles VIII. en toucha, & en guérit plusieurs à Rome & à Génes l'an 1493, sur quoi le Continuateur de Monstrelet raporte que, *ceux des Italies voyant ce mistére, ne furent oncques si émerveillez.* François I. en fit autant à Boulogne en présence du Pape le 15. Décembre 1515., & pendant qu'il fut prisonnier en Espagne, il toucha avec le même succès. (d) Cru-

sius dans son Traité de la Prééminence cite les mêmes faits, & les fait valoir contre un Médecin François qui a osé dire qu'il avoit souvent vu nos Rois toucher des gens qui avoient des écrouelles, mais qu'il n'avoit jamais vu aucun malade guéri. Ce même Ecrivain cite l'exemple de Philippe de Valois qui au rapport de quelques Historiens, en a guéri quatorze cens. Il observe ensuite judicieusement que l'expérience dément ceux qui disent qu'il n'y a jamais eu aucun malade guéri, mais qu'on ne doit pas avancer que tous soient guéris d'abord après avoir été touchez, puisqu'il y en a qui se font toucher plusieurs fois. J'ajouterai que les exemples de guérison sont incontestables; & que les enfans entiérement guéris ne permettent pas de croire que la force de l'imagination ait part à ces cures extraordinaires.

Le privilége de guérir les écrouelles a été regardé comme particulier à nos Rois. C'est ainsi que Raoul de Prelles Confesseur de Charles V. s'en explique dans une lettre à ce Monarque. ,, Sire, vos devanciers & vous ,, avez telle puissance, qui vous est donnée & attribuée ,, de Dieu, que vous faites miracles en votre vie, tels, ,, si grands & si aperts, que vous guarissez d'une hor- ,, rible maladie qui se appelle les écrouelles, de laquelle ,, nul autre Prince terrien ne peut guarir fors vous ". Il y a pourtant longtems qu'on a accordé la même vertu aux Rois d'Angleterre (e). On prétend qu'Edouard le Confesseur qui monta sur le thrône en 1042., reçut du Ciel le privilége de guérir les Ecrouelles, & qu'il l'a transmis à ses Successeurs. C'est de-là qu'est venue la coutume pratiquée par les Rois d'Angleterre, de toucher en certains tems de l'année ceux qui sont affligez de ce mal, qu'on appelle en Anglois *la maladie du Roi.*

Ce qui paroit avoir donné lieu de dire tout cela, est un miracle de S. Edouard rapporté par Guillaume de Malmsberi Auteur du XII. siécle. Voici ses termes. ,, (f) Une jeune femme mariée à un homme du même ,, âge qu'elle, n'avoit point d'enfans, & étoit affligée ,, de certaines humeurs au cou, qui y formoient de ,, grosses tumeurs. En songe elle reçut ordre d'aller prier ,, le Roi de laver son mal, elle y alla. Le Roi ayant ,, fait ses dévotions, trempa ses doigts dans de l'eau, ,, & en lava le cou de cette femme. Il eut à peine ôté ,, sa main, que la patiente s'en trouva mieux; la gale ,, puante se dissolvant, il en sortit beaucoup de vers, ,, & de matiére purulente. Cependant l'ulcére ne se ,, fermant pas aussitot, elle demeura encore à la Cour, ,, jusqu'à ce qu'elle fût entiérement guérie. Cela se ,, fit en moins d'une semaine. La playe se ferma, la ,, peau reprit si bien sa premiére beauté, que les tra- ,, ces même du mal ne parurent plus, & au bout ,, d'un an cette femme accoucha de deux enfans ". Le

---

(a) In tangendo infirmitates quæ vulgò sodelæ vocantur, super quibus curandis Franciæ Regibus Dominus contulit gratiam singularem, Pius Rex modum hunc præter reges cœteros voluit observare. Cùm enim alii reges prædecessores tangendo solummodo locum morbi, verba ad hæc consueta & appropriata proferrent. quæ sancta sunt atque catholica, nec facere consuevissent aliquod signum crucis: Ipse super consuetudinem aliorum hæc addidit, quòd dicendo verba super locum morbi sanctæ Crucis signaculum imprimebat, ut sequens curatio virtuti crucis potiùs tribueretur, quam regiæ dignitati.

(b) Inter alia miracula strumosis beneficium liberationis impendit.

(c) Prædicti Reges singulares, quilibet ipsorum fecit pluries miracula in vitâ suâ, videlicet sanando omnino de venenosâ turpi & incommodâ scabie, quæ gallicè vocatur *écrouelles*. Modus sanandi est iste: postquam rex audivit missam affertur ad eum vas aquæ plenum; statim tunc facit orationem suam ante altare: & postea manu dextrâ tangit infirmitatem, & lavat in dictâ aquâ. Infirmi verò accipientes de dictâ aquâ, & potantes per novem dies jejuni cum devotione, sine aliâ medicinâ omnino sanantur. Et est rei veritas, quòd innumerabiles sic de dictâ infirmitate fuerunt sanati per plures Reges Franciæ p. 563.

(d) Nec video quâ fronte Petrus de Crescentiis Medicus Gallus scribere non erubescat multoties se quidem Reges vidisse pro more tangere strumosos, sed qui inde sanatus fuerit, vidisse neminem: cùm contradicant ipsi omnes melioris notæ Historici, & Scriptores Gallici, ac ipsa experientia. Constat enim quòd Carolus VIII. anno 1493. Romæ ac Genuæ strumis laborantes tetigerit & sanaverit, & Franciscus I. Bononiæ die decimâ quintâ Decembris anno 1515. præsente Pontifice, & postea captivus in Hispaniâ ipsâ idem virtuosé egerit. Regem quoque Philippum Valesium 1400, hoc morbo laborantes curasse Galli Scriptores testantur. Thevet. *Liv.* 15. *de la Cosmographie universelle chap.* 2. *p.* 568. Sané nullum sanari, experientia reclamat. omnes sanari, ab illis metipsis refellitur, qui secundâ vel tertiâ vice, ut iterum tangantur, redeunt, & quandoque cum ipso malo ad finem usque vitæ luctantur. *Crusius de Præminentiâ p.* 445.

(e) Hist. d'Anglet. de M. Rapin Thoyras T. 1. p. 378. 2. Edit.

(f) Adolescentula juxta parilitatem natalium virum habens, sed fructu conjugii carens luxuriantibus circa collum humoribus, turpem valetudinem contraxerat. glandulis protuberantibus horrenda. Jussa somnio lavaturam regis exquirere. curiam ingreditur; Rex ipse per se opus pietatis adimplens digitis aquâ intinctis collum pertractat mulieris. medicam dextram sanitas festina prosequitur, lethalis crusta dissolvitur, ita ut vermibus cum sanie profluentibus, omnis ille noxius tumor recederet. Sed quia hiatus ulcerum fœdus & patulus erat, præcepit eam usque ad integram sanitatem, curialibus stipendiis sustentari; verumtamen ante septimanam exactam, ita obductis cicatricibus venusta cutis rediit, ut nihil præteriti morbi discerneres; post annum quoque geminam prolem enixa sanctitatis Edwardi miraculum auxit. Multoties eum in Normanniâ hanc pestem sedasse ferunt. Unde nostro tempore falsam insumunt operam, qui asseverant, ipsius morbi curationem non ex sanctitate, sed ex regalis prosapiæ hæreditate fluxisse. *Willelm Malmesbur. Lib.* 2. *p.* 51.

Le même Hiſtorien s'éléve contre ceux qui prétendent que la guériſon de cette maladie n'eſt pas l'effet de la ſainteté d'Edouard, & qu'elle eſt attachée à la maiſon Royale. Ces derniéres paroles ſont remarquables; il y avoit du tems de Guillaume de Malmsberi, des gens qui regardoient ce miracle de Saint Edouard, comme l'effet d'un privilége déja accordé aux Rois d'Angleterre, ce qu'il nie: il n'ajoute pas non plus que le Saint Roi ait tranſmis cette vertu à ſes ſucceſſeurs. Il faut pourtant avouer que Jean Bromton mort en 1198. dit expreſſément, que les Rois d'Angleterre tiennent de S. Edouard le privilége de guérir par le ſeul attouchement la maladie qu'on appelle *le ver*, ou *la maladie du Roi* (a).

(b) M. Beckett Chirurgien, & membre de la Société Royale de Londres, qui a publié en Anglois des Recherches libres & deſintéreſſées ſur la guériſon des écrouelles par l'attouchement des Rois d'Angleterre, n'a rien oublié, pour anéantir le témoignage de Guillaume de Malmsberi. Il prétend que la maladie décrite par cet Hiſtorien, n'eſt pas la même que celle dont il eſt queſtion, les tumeurs dont il parle, étoient pleines de vers, & il n'y en a point dans celles qui ſont purement ſcrofuleuſes. Ce que j'ai cité de Bromton, juſtifie cette obſervation. Il oppoſe encore le ſilence d'Ingulfe contemporain d'Edouard, & qui paroit avoir été plein de reſpect pour lui pendant ſa vie, & de vénération pour ſa mémoire après ſa mort. ,, Seroit ,, il poſſible, *dit M. Beckett*, qu'il n'eût pas dit un ,, mot de ces guériſons prétendues, ou qu'il n'en eût ,, pas oui parler, ſi elles avoient été faites? On doit ,, faire la même reflexion ſur Marianus Scotus & Flo ,, rent de Vorceſter, qui écrivirent avant Guillaume ,, de Malmsberi, & qui paroiſſoient avoir ignoré ce que ,, le dernier débite avec tant de confiance".

Cependant dès la fin du douziéme ſiécle, on diſoit que les Rois d'Angleterre avoient le privilége de guérir les écrouelles. Pierre de Blois, Archidiacre de Bath, dans une lettre au Clergé de la Cour, parle clairement de la guériſon des écrouelles. Il reconnoit qu'il eſt avantageux qu'il y ait des Clercs & des Evêques dans les Cours des Rois, pourvû qu'ils n'abandonnent point leurs troupeaux, & qu'ils ne prennent point les vices de la Cour. ,, J'avoue, *dit-il*, (c) que c'eſt une action ,, ſainte de ſe tenir auprès du Roi. Car il eſt l'Oint du ,, Seigneur, & n'a pas reçu en vain l'Onction ſainte ,, dont la vertu ſe manifeſte par la guériſon des écrouel ,, les". M. Beckett (d) qui ſemble croire qu'Edouard III. a le premier touché des gens affligez des écrouelles, conclut que de cela même que Pierre de Blois parloit de la ſorte, la choſe ne devoit pas encore être établie, ou par la coutume des Princes, ou dans l'opinion des peuples; & la raiſon qu'il donne de cette conſéquence, c'eſt que l'Archidiacre de Bath pouvoit bien ſe paſſer d'apprendre cette nouvelle à des gens de Cour, qui en devoient être mieux informez que lui. Ce raiſonnement me paroit frivole. Eſt-ce qu'il n'arrive pas que dans une lettre, on parle de certains faits à une perſonne qui en eſt exactement informée?

Mais de tous les Rois d'Angleterre, il n'y en a point qui ſe ſoit rendu plus célébre par la guériſon des écrouelles qu'Edouard III. qui monta ſur le trône en 1327. Je ne doute point que ſes prétentions ſur la Couronne de France, n'ayent excité le zéle qu'il avoit pour toucher des malades. Bradwardin qui

étoit ſon Confeſſeur, & qui l'avoit ſuivi dans ſes guerres, parle avec emphaſe des cures merveilleuſes de ce Prince. ,, Vous qui niez les miracles, venez en An ,, gleterre, *dit-il*, amenez à notre Prince quelque chré ,, tien que ce ſoit, affligé *de la maladie du Roy*, il le ,, guérira au nom de Jéſus-Chriſt en lui impoſant les ,, mains, & en faiſant le ſigne de la croix, quelque ,, invétéré que ſoit le mal". Il ajoute qu'Edouard a guéri une infinité de gens en Angleterre, en Allemagne & en France. Il prend à témoin les peuples & les nations (e). Il paroit par le témoignage de ce Théologien, qu'on donnoit aux écrouelles le nom de maladie du Roi, puiſqu'il ajoute que les Rois de France jouiſſoient du même privilége. Une autre remarque à faire ſur le texte de Bradwardin, c'eſt qu'il ne laiſſe pas même ſoupçonner qu'Edouard III. a guéri les écrouelles, en qualité de Roi de France; puiſqu'il dit clairement, *Quod & omnes Reges Chriſtiani Anglorum ſolent divinitus facere & Francorum*. C'eſt donc ſans fondement qu'on a prétendu que ce Prince ſe regardant comme Roi de France, a commencé la guériſon des écrouelles.

Il faut pourtant reconnoitre qu'il eſt peut-être le premier qui ait réglé les cérémonies pratiquées en cette occaſion, & qu'à l'exemple des Rois de France, il a attribué cette vertu de guérir à Saint Marcoul; car dans le Palais de Weſtminſter, il y avoit, *camera ſancti Marculphi*; il eſt ſouvent parlé de cette ſale, dans les Registres du Parlement ſous Edouard III. On peut voir dans la réponſe de M. Heylin à l'Hiſtoire Eccléſiaſtique de Fuller p. 47. la Liturgie dont les Rois ſe ſont ſervis lorſqu'ils ont touché des malades, à qui on donnoit de l'argent. Dans les comptes de l'Hôtel des anciens Rois d'Angleterre, on lit: *Pro infirmis benedictis à Rege*, & quelquefois on ajoute, *& per gratiam Dei curatis, cuilibet unum denarium*.

Les Rois d'Angleterre même après la prétendue réformation de l'Egliſe Anglicane, ont touché des gens affligez des écrouelles. Tucker (f) rapporte un fait aſſez ſingulier, mais dont il auroit dû citer la preuve; c'eſt qu'un Catholique fort incommodé d'une humeur ſquirreuſe fut guéri par l'attouchement de la Reine Elizabeth. Guillaume III. (g) s'étant frayé le chemin au trône, par les moyens que tout le monde ſait, ne ſe mit point en peine d'exorcer ce privilége. George I. George II. ont ſuivi cet exemple. Mais la Reine Anne, (h) en montant ſur le trône, ſe ſaiſit avidement de toutes les prééminences qui y ſont attachées, & toucha les malades qui ſe préſentérent. On dit que le Chevalier de Sainte George fils de Jacques II. a opéré des guériſons extraordinaires en Italie, où il eſt reconnu Roi de la Grande Bretagne.

Non ſeulement les Rois d'Angleterre ſe mêloient de guérir les écrouelles, mais encore ils beniſſoient des anneaux qui préſervoient de la crampe & du mal caduc. Cette cérémonie ſe faiſoit le Vendredi Saint un peu avant l'adoration de la Croix; ces anneaux benis ſe diſtribuoient le même jour. Dans l'oraiſon, (i) on demande a Dieu que tous ceux qui les porteront ne ſoient

at-

(a) Voici ſes paroles. Ex iſto Rego Edwardo quaſi jure hæreditario Reges Angliæ dicuntur habere, ut ipſi quoddam genus morbi, quem vermem ſive modò morbum regium vulgariter dicunt, ſolo tactu curent; hanc gratiam illum Edwardum primò dicitur habuiſſe. *Chronic. col.* 950. *in T.* 1. *ſcript. Hiſt. Anglic.*

(b) Bibl. Angl. Tome X. p. 99. & 100.

(c) Fateor quidem, quòd ſanctum eſt Domino Regi aſſiſtere! Sanctus enim & Chriſtus Domini eſt: nec in vacuum accepit unctionis regiæ Sacramentum, cujus efficacia, ſi neſcitur, aut in dubium venit, fidem ejus planiſſimam faciet .... curatio ſcrophularum. *Petrus Bleſ. Epiſt.* 150. *ad Clericos Aulæ Regiæ p.* 235.

(d) Bibl. Angl. T. X. p. 97.

(e) Quicumque negas miracula Chriſtiana ... veni in Angliam ad Regem Anglorum præſentem, duc tecum Chriſtianum quemcumque habentem morbum Regium quantumcumque invetetatum, profundatum & turpem, & oratione fuſa, manu impoſitâ, & benedictione ſub ſigno crucis datâ, ipſum curabit in nomine Jeſu Chriſti. Hoc enim facit continuè & fecit ſœpiſſimè viris & mulieribus immundiſſimis, & catervatim ad eum ruentibus, in Angliâ, in Alemanniâ & in Franciâ circumquaque, ſicut facta quotidiana, ſicut qui curati ſunt, ſicut qui interfuerunt, & viderunt, ſicut populi nationum & fama quàm celebris certiſſimè conteſtantur. Quod & omnes Reges Chriſtiani Anglorum ſolent divinitus facere & Francorum, ſicut libri Antiquitatum & fama Regnorum concors teſtatur: unde & morbus Regius nomen ſumpſit. *Bradward. de causâ Dei coroll. pars* 32, *fol.* 39.

(f) De Chariſmate. c. 6. p. 92.

(g) Hiſt. d'Anglet. par M. de Rapin Thoyras T. 1. p. 378. 2. Edit.

(h) Bibl. Angl. Tome X. p. 93.

(i) Ut omnes qui eos geſtabunt, nec eos infeſtet vel nervorum contractio, vel comitialis morbi periculum. *Reg. de la Jarret. T.* 2. p. 223. par *M. Anſtis.*

attaquez ni de la crampe, ni du mal caduc. Le Roi pour communiquer aux anneaux cette vertu falutaire, les frotte entre fes mains en difant: *Manuum noſtrarum confricatione, quàs olei facri infufione externâ fanctificare dignatus es, pro miniſterii noſtri modo confecra.* Ces anneaux qui étoient d'or ou d'argent, étoient envoyez dans toute l'Europe, comme des préfervatifs infaillibles. Il en eſt fait mention dans différens monumens anciens. Voici ce qui eſt marqué dans le dernier chapitre des réglemens pour la maifon du Roi faits fous le regne d'Edouard II. *Item le Roi doit offrer de certein le jour de grant Vendredy à crouce 5. S. queux il eſt acuſtumez receive devers lui à la mene le Chapelein a faire ent anulx a doner par Médicine.* M. Anſtis fouverain Roi d'Armes, de qui j'ai emprunté ce paffage, cite plufieurs comptes des Controleurs de la maifon du Roi, où il eſt fait mention de ces anneaux (*a*). Par ce que j'ai

rapporté des priéres de la bénédiction de ces anneaux, il paroit que leur vertu fe tiroit de l'onction des mains des Rois. Ce qui donna occafion à cet ufage, fut un anneau qui étoit précieufement gardé dans l'Abbaye de Weſtminſter. On dit qu'Edouard le Confeffeur l'avoit donné à un pauvre qui lui avoit demandé l'aumône au nom de Saint Jean l'Evangélifte, & qu'un étranger qui revenoit de Jérufalem, rendit le meme anneau à ce Roi, ce qu'il regarda comme un préfage de fa mort. C'eſt ainfi que Carion rapporte le fait (*b*). Polydore en parle à peu près de même dans le huitiéme Livre de fon Hiſtoire d'Angleterre. Chopin fait auffi mention de cet anneau. Cet ufage a été conſtamment pratiqué vers le commencement du quatorziéme fiécle; mais il feroit difficile d'en marquer la fin.

(*a*) Je me contenterai de tranfcrire ce que marque Jean d'Ipre, Controleur fous Edouard III. In oblationibus Regis factis adorando crucem in Capellâ fuâ infra caſtrûm fuum de Wyndefore die Parafceves in pretio trium nobilium auri & quinque folidorûm Sterling XXV. S. In denariis folutis, pro eisdem oblationibus reaffumptis *pro annulis medicinalibus* inde faciendis ibidem eodem die XXV. S.

(*b*) Anno 1065. Eduardus Rex Angliæ obit, divinô, ut fertur vicinæ mortis præfagio admonitus; annulo quem is paulô ante, cuidam pauperi D. Joannis Evangeliſtæ nomine elemofynam ab eo petenti dederat, à peregrino quodam Hierofolymâ redeunte, fibi reddito. Sepultus eſt in Weſtmonaſterii templo ac paulopoſt inter divos relatus, annulusque ille in ejusdem templi archivis reconditus, comitiali morbo laborantibus, mirificè, ut aiunt, falutaris: & hinc natum, ut Angliæ Reges quot annis annulos folemni cœremoniâ facratos, contracta membra divinâ virtute folventes populo erogent. *Joan. Carionis Chronicon, Lib.* 3.

Fin du Livre quatriéme.

HISTOIRE CRITIQUE

DES

PRATIQUES SUPERSTITIEUSES,

QUI ONT SÉDUIT LES PEUPLES ET EMBARRASSÉ LES SAVANS.

LIVRE CINQUIEME.

Histoire Critique de diverses Pratiques, pour connoitre l'avenir, & pour discerner les innocens d'avec les coupables : où l'on marque l'origine & le progrès des épreuves de l'eau bouillante & du fer chaud.

CHAPITRE PREMIER.

De la coutume de consulter les Livres Saints, pour deviner l'avenir. On étoit en peine si c'étoit une superstition ou un miracle. Abus à retrancher sur ce point.

ON trouve parmi les payens, dans tous les siécles, la coutume de recourir aux Oracles pour deviner l'avenir. Il n'y avoit presque pas de Pays où il n'y eût divers Oracles, que l'on alloit consulter de toutes parts pour apprendre l'issue de tout ce qu'on entreprenoit. Il y avoit aussi des livres qui tenoient lieu d'Oracles. Les anciens Auteurs (a) ont souvent parlé des sorts Virgiliens. (b) S. Augustin nous apprend qu'on devinoit en consultant les livres de plusieurs Poëtes, & il se moque agréablement de ceux qui croyoient que des écritures mortes devineroient tout ce qu'on souhaitoit (c). Outre ces livres, que tout le monde pouvoit avoir facilement, on consultoit de tems en tems les Oracles Sibyllins, qui étoient conservez avec un très grand soin dans le Capitole. L'Histoire des quatre premiers siécles de l'Eglise nous fait voir plusieurs consultations célébres de ces livres, pour apprendre ce que la République ou la Monarchie devoit faire, & ce qui devoit lui arriver, jusqu'à ce que tous ces vers Sibyllins furent enfin brulez par ordre de l'Empereur Honorius l'an 400.

Les Chrétiens se donnoient bien de garde de recourir aux Oracles du Paganisme, pour savoir ce qu'ils devoient observer dans leurs entreprises. Mais plusieurs d'entr'eux peu instruits, se persuadoient que les Oracles Divins, c'est-à-dire, les Livres Sacrez, devoient leur apprendre l'avenir. On voit cette coutume assez répandue au cinquiéme siécle. Il semble que des personnes habiles toléroient cet usage, pour détourner insensiblement les nouveaux Chrétiens des superstitions qui ressentoient ouvertement le Paganisme. Janvier consulta sur ce point S. Augustin, & ce Saint Docteur lui répond dans la Lettre 119. que quoiqu'il soit à souhaiter que les Chrétiens recourent plutot à ses Saints Livres qu'aux Démons, il ne peut pourtant approuver que pour des affaires temporelles on recoure aux Oracles Divins, qui ne sont écrits que pour nous apprendre la vie future (d).

Quoique cet usage fût moins dangereux, & par conséquent plus tolérable que les pratiques du Paganisme, on ne pouvoit pourtant l'excuser de superstition. C'étoit tenter Dieu que de prétendre qu'il doit découvrir l'avenir, lorsqu'il nous plaira d'ouvrir un Livre pour en être informé. Les Juifs jusqu'au tems de la Captivité de Babylone, pouvoient en certaines occasions aller à l'Oracle, parceque Dieu (e) avoit promis qu'il feroit entendre sa voix de la Table d'or qui étoit jointe à l'Arche, & qu'il feroit connoitre sa volonté par le Pectoral du Grand Prêtre. Mais Dieu n'a jamais dit que les premiéres paroles de la page d'un Livre qu'on ouvriroit au hazard, montreroient des événemens futurs qu'on voudroit

---

(a) Spartien.
(b) Conf. lib. 4. c. 3.
(c) Quòd si peritiæ illorum volunt tribuere, dicant artificiosè divinare etiam mortuas membranas scriptas, quaslibet de quibus plerumque pro voluntate sors exit. *Lib.* 83. *quæst.* 45.

(d) Hi verò qui de paginis evangelicis sortes legunt, etsi optandum est ut hoc potiùs faciant quàm ad Dæmonia consulenda concurrant; tamen etiam ista mihi displicet consuetudo, ad negotia sæcularia, & ad vitæ hujus vanitatem propter aliam vitam loquentia oracula divina velle convertere. *Ep. aliàs* 119. *nunc* 55.
(e) Exod. 25. & Num. 7. 88.

droit favoir. C'eft pourquoi c'étoit une fuperftition vifible, qu'on ne pouvoit pas juftifier en la colorant du titre fpécieux du fort des Saints. On nommoit ainfi cette efpéce de Sort, *Sortes Sanctorum*, à caufe qu'on ne confultoit que les chofes faintes.

Auffi le Concile de Vannes, qu'on croit avoir été tenu au cinquiéme fiécle, & le Concile d'Agde en 506. condamnent expreffément cette pratique (a). Et le premier Concile d'Orléans (b) en 511. renouvelle cette défenfe fous peine d'excommunication. Cependant ce qui eft affez furprenant, on voit au même fiécle que cela fe faifoit publiquement en quelques endroits, fans qu'on y trouvât à redire. Car Gregoire de Tours raporte au Livre 4. Chapitre 16. que Chramnus Fils du Roi Clotaire, voulant favoir fi fa revolte contre le Roi fon pére auroit un bon ou un mauvais fuccès, vint à Dijon où les Clercs confultérent pour lui le Livre des Prophétes, les Epitres de Saint Paul, & les Evangiles, & lui apprirent ce qui arriva (c).

Au Livre cinquiéme l'an 577. le même Gregoire de Tours blâmant fortement ceux qui alloient confulter une Devinereffe fameufe en fon tems, ne defaprouve pas qu'on recourût aux Livres Saints pour favoir l'avenir. Il le fit lui-même cette année (d). Et il rapporte au long commment Merovée, Fils de Chilperic, confulta trois Livres, le Pfeautier, le Livre des Rois, & des Evangiles, pour favoir s'il feroit Roi (e). Ce fait fut fans doute connu à Auxerre, où Merovée alla d'abord après, & c'eft aparement ce qui engagea les Péres du Concile d'Auxerre, affemblez l'an 578., à condamner de nouveau cet ufage au quatriéme Canon. De tems en tems on revenoit à ces fortes d'épreuves, en Orient auffi bien qu'en Occident. L'Empereur Heraclius s'avifa de confulter les Livres Saints, pour favoir quel quartier d'hiver il devoit affigner à fon Armée, il en fit l'épreuve, & il trouva, à ce qu'on prétend, que l'Armée devoit paffer l'hiver en Albanie, ainfi que le raporte Cedrenus (f).

Pour faire ceffer cet ufage, il fallut en renouveller la défenfe. Les Capitulaires de Charlemagne la renouvellérent l'an 789. (g). Depuis cette défenfe on trouve fort peu d'exemples de cet ufage fuperftitieux.

Il eft peut-être à propos de remarquer que ces expériences qui ont été condamnées, ne doivent pas faire blâmer la coutume de plufieurs perfonnes pieufes, qui ouvrent des Livres de piété, pour y rencontrer quelque chofe qui leur foit propre. Comme les Livres Sacrez, ou les Livres pieux, ne font faits que pour édifier & pour inftruire, il eft affez naturel qu'on y cherche à s'édifier auffi bien à l'ouverture du Livre, qu'à une lecture fuivie.

Je fais que des Auteurs ont ofé accufer S. Auguftin de s'être contredit, & d'être tombé dans la fuperftition qu'il avoit condamnée, à caufe qu'il confulta les Epitres de S. Paul, fupofant qu'il y rencontreroit ce que Dieu demandoit de lui. Véritablement on voit au huitiéme Livre des Confeffions chap. 12. que S. Auguftin ouvrit le Livre des Epitres de S. Paul dans cette vue (b). Mais on doit faire attention que cette interprétation avoit été précédée par la voix du Ciel, *Tolle, lege*, Prenez, & lifez, ce qui lui fait dire, *Divinitùs mihi juberi*. D'ailleurs les Livres Saints font faits pour porter tous les hommes à Dieu; & heureux ceux qui fe font appliquez auffi faintement ce qu'ils en ont lu ou entendu, que l'ont fait S. Antoine, S. François, S. Nicolas de Tolentin, & que fe l'appliquent encore tous les jours ceux qui prennent de faintes réfolutions, en lifant le nouveau Teftament, ou l'Imitation de Jesus-Christ.

Je fouhaitterois qu'on pût juftifier auffi aifément la fimplicité des perfonnes qui ont recours à l'*Obfecro Te* & à l'Oraifon de trente jours, pour favoir l'heure de leur mort, ou pour obtenir tout ce qu'elles defirent pourvû qu'on dife durant trente jours cette priére, ou l'on a marqué le lieu précis de la demande. *Demandez ce qu'il vous plaira*. Il eft fâcheux que de telles priéres s'impriment tous les jours avec privilége, pour paffer entre les mains de tout le monde. Il eft vifible que c'eft tenter Dieu, que de prétendre qu'il nous doit révéler ce que nous fouhaittons, lorfque nous aurons répété une Oraifon un certain nombre de fois; & qu'il y a lieu de dire aux perfonnes qui recourent à cette pratique, ou qui l'autorifent, ce que Judith reprocha aux Anciens de Bethulie, qui attendoient le fecours de Dieu en cinq jours (i). *Qui êtes-vous, pour tenter ainfi le Seigneur?* Ce n'eft pas là le moyen d'attirer fa miféricorde, mais plutot d'exciter fa colére, & d'allumer fa fureur. Vous avez prefcrit à Dieu le terme de fa miféricorde, felon qu'il vous a plu, & vous lui en avez marqué le jour.

CHAPITRE II.

De la coutume de faire jurer dans les Eglifes, ou fur les faintes Reliques, pour découvrir les parjures, & les autres criminels. Superftition des grands Hommes fur ce point. Introduction des Duels, pour connoitre la bonne caufe, & les faux témoins.

LE plus ancien ufage d'examiner la vérité d'un fait, lorfqu'on manquoit de témoins & de preuves étoit de recourir au ferment. Mais parcequ'on craignoit qu'on ne fe parjurat, on alloit, autant qu'il étoit poffible, en des lieux où il fe faifoit des miracles. Durant les fix premiers fiécles de l'Eglife, il s'en faifoit en beaucoup d'endroits pour punir les parjures. Véritablement Dieu qui eft par tout, dit S. Auguftin, peut auffi par tout opérer des miracles; mais il ne les opére pas par tout, parcequ'il diftribue fes graces comme il lui plait

S. Auguftin renvoya à cette épreuve deux perfonnes de fon Monaftére, c'eft-à-dire des Clercs de fon Séminaire, parcequ'il ne pouvoit s'affurer d'un fait, dont ils fe chargeoient mutuellement. Le Prêtre Boniface avoit accufé d'un crime fecret un Clerc nommé Efpérance, & celui ci dit au contraire que Boniface avoit commis la faute. Comme il n'y avoit point de preuve, & que le Clerc demandoit d'être avancé aux Ordres, ou que s'il en étoit éloigné, le Prêtre fût fufpendu de fon Miniftére; S. Auguftin manquant de preuve pour terminer ce différend, qui l'affligeoit très fenfiblement, permit qu'ils allaffent purger leurs confciences par le ferment en quelqu'un de ces endroits où Dieu faifoit des miracles terribles contre les parjures (k). Il choifit le Tombeau de S.

Fe-

(a) Ac ne id fortaffe videatur omiffum quòd maximè fidem Catholicæ Religionis infeftat, quòd aliquanti Clerici, five Laïci, ftudent Auguriis, & fub nomine fictæ Religionis per eas quas Sanctorum Sortes vocant, divinationis fcientiam profitentur, aut quarumcumque Scripturarum infpectione futura promittunt; hoc quicumque Clericus aut Laïcus detectus fuerit vel confulere vel docere, ab Ecclefia habeatur extraneus. *Canon.* 42.

(b) Canon 30.

(c) Pofitis Clerici tribus Libris fuper altarium, id eft, Prophetiæ, Apoftoli atque Evangeliorum, orarunt ad Dominum, ut Chramno quid eveniret, oftenderet, aut fi ei felicitas fuccederet, aut certè fi regnare poffet, divina potentia declararet &c. *Pag.* 157.

(d) Ego verò referato Salomonis Libro, verficulum qui primus occurrit, arripui.

(e) Merovecus verò non credens Pytoniffæ, tres Libros fuper fancti Sepulchrum pofuit, ideft, Pfalterii, Regum, Evangeliorum: & vigilans totâ nocte petiit ut fibi beatus confeffor quid eveniret, oftenderet, & utrùm poffet regnum accipere an non, ut Domino indicante cognofceret. *Lib.* 5. c. 14.

(f) Hift. 672.

(g) Ut nullus in Pfalterio, vel in Evangelio, vel in aliis rebus fortire præfumat nec divinationes aliquas obfervare. *Capit. tom.* 1. p. 243.

(b) Nihil aliud interpretans nifi divinitùs mihi juberi, ut aperirem codicem, & legerem quòd primum capitulum inveniffem.

(i) Qui eftis vos qui tentatis Dominum? *Judith* 8.

(k) Elegi aliquid medium, ut certo placito fe ambo conftringerent ad locum fanctum fe perrecturos, ubi terribiliora opera Dei

Felix à Nole, d'où il pouvoit avoir facilement des nouvelles de ce qui arriveroit au Prêtre & au Clerc. Et ce Saint Docteur nous apprend en même tems qu'à Milan un voleur qui se parjura pour cacher son vol, avoit été contraint de l'avouer, mais qu'en Afrique il n'y avoit point de Tombeau, où il se fît de ces sortes de miracles, parceque Dieu ne faisoit pas les mêmes graces à tous les Saints (a).

(b) S. Gregoire le Grand dit en général que les parjures étoient punis, lorsqu'ils venoient jurer sur le Tombeau des Martyrs. Et (c) Gregoire de Tours dit en particulier du Tombeau de S. Pancrace auprès de Rome, qu'il s'y faisoit des miracles contre les parjures.

C'étoit un usage assez commun dans les Gaules, qu'on allat jurer dans les Eglises; mais on ne voyoit pas toujours que les parjures y fussent punis. Il paroit au contraire qu'il y avoit des malheureux, qui commettoient effrontément des crimes, dans l'espérance de purger par le serment dans une Eglise. Gregoire de Tours parle d'un scélérat, qui osant ainsi se parjurer, fut une fois obligé d'avouer son crime dès qu'il entra dans l'Eglise (d).

Dans le même endroit il est parlé d'un Incendiaire, qui osa venir à S. Martin pour jurer qu'il n'avoit pas brulé une maison, quoique le crime fût assez connu (e). Le même Saint Gregoire, qui croyoit qu'il l'avoit brulée, tâcha de l'intimider, & enfin pour punir sa faute, *eh bien*, lui-dit-il, *si une vaine confiance te fait croire que Dieu & les Saints ne punissent pas les parjures, te voilà devant le Saint Temple, jure comme tu voudras, car je ne permettrai pas que tu y entres*. Alors ce malheureux levant les mains, jura par le Dieu tout-puissant, & par la vertu de S. Martin, qu'il n'avoit pas brulé la maison, & tout à coup il se vit entouré de feu, se renversa par terre, & cria que S. Martin le bruloit; il expira en rendant ce témoignage (f).

Quelquefois la punition n'arrivoit que quelque tems après le parjure. Le même Gregoire de Tours dit au Chap. 40. du même Livre, qu'un méchant homme, qu'il avoit été obligé d'excommunier, n'ayant jamais pu le gagner, voulut se purger d'un crime par serment, avec douze de ses amis. Le Saint Evêque permit seulement à ce malheureux de jurer, c'étoit alors le premier mois, c'est-à-dire, le mois de Mars (comme nous le montrerons ailleurs (g) & au commencement du cinquiéme mois, c'est-à-dire de Juillet, lorsqu'on fauche les prez, il fut frapé de mort; & ce qui est plus surprenant, le tombeau qu'il s'étoit fait faire dans l'Eglise de S. Martin fut trouvé en piéces.

Communément on s'attendoit à voir la punition sur le champ. Il y avoit un grand nombre de Villes en France où se faisoient ces sortes de miracles. Nous nous contenterons d'en marquer ici quelques unes avec Gregoire de Tours. Dans l'Eglise de la Sainte Vierge, & de Saint Jean-Baptiste à Tours, *Lib. 1. de Glor. Martyrum cap.* 20. Dans l'Eglise de Saint Etienne à Bourges, *cap.* 33. A Châlon sur Saône dans l'Eglise de Saint Marcel, *cap.* 53. A Alby au Tombeau de Saint Eugene, *cap.* 58. A Iserre auprès de Tours, *cap.* 59. Auprès de Tarbes en Bigorre dans l'Eglise de Saint Genest, *cap.* 74. Au Tombeau de Saint Mitre à Aix en Provence, *de Gloriâ Conf. cap.* 71. On voit aussi de semblables exemples parmi les miracles de Saint Julien, *au chap.* 17. 19. 39. (h). Nous pourrions en citer plusieurs autres tirez de la vie de Saint Eloi par Saint Ouen, *Liv. 2. chap.* 56., de la vie de Saint Nisier de Lyon, de Saint Prix ou Prejet, *num.* 20: mais nous n'y aprendrions rien de plus particulier. Nous voyons seulement dans tous ces endroits que Dieu, pour relever la gloire des Saints, & pour recompenser la foi de quelques personnes pieuses, punissoit sur le champ les parjures, & faisoit reconnoitre miraculeusement l'innocence de ceux qui étoient injustement accusez.

Mais comme ces sortes de miracles n'arrivoient pas nécessairement, n'étant pas fondez sur la promesse de Dieu, c'étoit un mal d'en faire une pratique commune, & de prétendre qu'en jurant sur les Saintes Reliques les parjures seroient punis. De-là vinrent des usages superstitieux & plusieurs abus. Quelques uns usoient de tromperie, jurant sur des Chasses d'où ils tiroient les Reliques, prétendant ensuite qu'ils n'étoient pas tenus à leur serment, parceque les Chasses étoient vuides.

Les Continuateurs de la Chronique de Fredegaire, accusent d'une pareille faute deux grands Evêques, Agilbert & Saint Reol de Rheims; car ils disent qu'Ebrouin envoya ces deux Evêques vers le Duc Martin, pour l'engager à sortir de Laon par un serment qui ne pût lui servir de rien, étant fait sur des Chasses sans Reliques. Martin qui ne se défioit pas de la tromperie, sortit de Laon pour aller à Ecry où il fut tué (i).

Le Pére le Cointe sur la fin du troisiéme tome l'an 680. ne peut croire ces Evêques capables d'avoir fait un tel serment; mais on ne trouve pas des preuves suffisantes, qui montrent la fausseté du fait. Il vaut peut-être mieux dire que les Saints ont fait quelquefois des fautes, & qu'on se laissoit éblouir alors, jusqu'à croire que les sermens qu'on devoit faire sur les Saintes Reliques n'obligeoient point, lorsqu'ils étoient faits sur des Chasses vuides.

C'est aparemment dans la même idée que le Roi Robert craignant que les faux sermens faits sur les Reliques, ne nuisissent à ses Sujets, fit faire une Chasse de cristal bordée d'or, sans y enfermer aucune Relique. Les Grands du Royaume juroient sur cette Chasse, sans être avertis de la pieuse fraude de ce bon Roi. Il fit faire un autre Reliquaire pour faire jurer les Roturiers, dans lequel au lieu de Reliques, il ne fit enfermer que l'œuf d'un certain oiseau extraordinaire (k).

Cette

---

non sanam cujuscumque conscientiam multò faciliùs aperirent, & ad confessionem vel pœnâ vel timore compellerent. *Ep.* 78. *Num.* 3.

(a) Multis enim notissima est Sanctitas loci ubi beati Felicis Nolensis corpus conditum est, quò volui ut pergerent; quia inde nobis faciliùs fideliùsque scribi potest quidquid in eorum aliquo divinitùs fuerit propalatum. Nam & nos novimus Mediolani apud memoriam Sanctorum, ubi mirabiliter & terribiliter Dæmones confitentur, furem quendam qui ad eum locum venerat ut falsum jurando deciperet, compulsum fuisse confiteri furtum, & quod abstulerat reddere. Numquid non & Africa Sanctorum Martyrum corporibus plena est ? Et tamen nusquam hîc scimus talia fieri. Sicut enim, quod Apostolus dicit, non omnes Sancti habent dona curationum, nec omnes habent dijudicationem spirituum : ita nec in omnibus memoriis Sanctorum ista fieri voluit, ille qui dividit propria unicuique prout vult. *Ibid. pag.* 184.

(b) Homil. 32. in Evangel.

(c) Glor. Mart. c. 39.

(d) Alius verò qui plerumque in furtis diversisque sceleribus commixtus pejerare consueverat, cùm aliquando à quibusdam pro furto argueretur, ait : Ibo ad basilicam beati Martini, & Sacramentis me exuens, innocens reddar. Quo ingrediente, elapsâ securi de manu ejus, ad ostium ruit gravi cordis dolore perculsus : confessusque est miser verbis propriis quæ venerat excusare perjuriis. *S. Greg. Hist. Franc. lib.* 8. *c.* 16.

(e) Vadam ad Templum Sancti Martini, & fide datâ insons rediturus ero ab hoc crimine. *Ibid.*

(f) Tamen si ita te vana fiducia cepit, quòd Deus vel Sancti ejus in perjuriis non ulciscantur, ecce Templum sanctum, è contra jura ut libet. Nam calcare limen sacrum non permitteris. At ille elevatis manibus ait : Per omnipotentem Deum & virtutem Beati Martini antistitis ejus, quia hoc incendium non admisi. Datis ita Sacramentis, dum recederet, visum est ei quasi ab igne circumdari : & statim ruens in terram, clamare cœpit se à Beato Antistite vehementer exuri. Aiebat enim miser : Testor Deum, quia ego vidi ignem de cœlo cadere, qui me circumdans validis vaporibus conflat, & dum hæc diceret, spiritum exhalavit. Multis hæc causa documentum fuit, ne in hoc loco auderent ulterius pejerare. *Ibid.* 390.

(g) Concordance des Tems.

(b) Greg. Turon Mir. Mart. lib. 2.

(i) Martinus ideoque Lugduno-Clavato ingressus, se infra muros ipsius urbis munivit, persecutusque eum Ebruinus veniens Erchreco villâ, ad Lugdunum-Clavatum nuntios dirigit, Ægilbertum ac Reulum Remensis urbis Episcopum, ut fide promissâ in incertum super vacuas capsas sacramenta falsa dederent, qua in re illo credens eos, à Lugduno-Clavato egressus cum sodalibus ac sociis ad Erchrecum veniens, illuc cum suis omnibus interfectus est. *Ducbesne tom.* 1. *& apud Greg. Tur. pag.* 667. *nov. Edit.*

(k) Fecerat unum phylacterium olocristallinum in gyro auro puro adornatum, absque alicujus sancti pignorum inclusione : super quod jurabant sui Primates hac piâ fraude nescii; aliud quoque jussit parari, in quo posuit ovum cujusdam avis quæ vocatur gripis,

Cette simplicité qui supposoit que les sermens ne pouvoient nuire, que lorsqu'ils étoient faits sur de saintes Reliques, étoit une superstition. Souvent il n'arrivoit aucun mal extérieur à ceux qui se parjuroient sur les Reliques ; & quelquefois les parjures étoient frapez de mort, quoiqu'ils n'eussent pas étendu leurs mains sur des Chasses. Le Concile de Meaux en 845. fait assez entendre que ceux qui se parjuroient sur les Reliques, n'étoient ordinairement possédez du Démon qu'intérieurement (a). D'autres au contraire après le tems de ce Concile, portoient sur le champ la peine du parjure qu'ils faisoient seulement devant une Eglise, ou un Tombeau, sans mettre la main sur les Reliques, ainsi qu'on le voit dans Guillaume de Malmsbery, & dans Baronius l'an 924.

Quelques exemples de cette nature faisoient croire à des gens simples qu'il en arriveroit toujours de même aux parjures, comme si Dieu devoit à tous momens faire des miracles, & ceux qui avoient peu de religion, sachant que ces exemples étoient rares, ne craignoient pas de se parjurer, pour se procurer quelque avantage temporel. C'est ce qui donna lieu à tant de faux actes, & de faux sermens aux X & XI siécles ; (b) car lorsqu'un homme produisoit un faux acte pour ôter une terre à quelqu'un, le possesseur avoit beau représenter que le titre étoit faux, il perdoit sa terre, si le faussaire juroit sur les saints Evangiles qu'il n'y avoit point de falsification dans le titre. L'Empereur Othon se trouvant au Concile de Rome sous le Pape Jean XIII. condamna cet usage, & l'obolit par une nouvelle Loi. Mais ce Prince qui ôta le mal que causoient les sermens, en défendant d'y ajouter foi, ne voulut pas qu'on se défiat de la vérité d'un fait, lorsqu'il étoit prouvé par le serment, & par le duel. (c) C'est pourquoi ayant envoyé des Ambassadeurs à Rome, pour se purger des crimes qu'on lui avoit imputez, il déclara que si le Pape ne se contentoit pas du serment, ses Ambassadeurs prouveroient son innocence par le duel. Sous le Pape Gregoire VII. & l'Empereur Othon III. Hugues, Abbé de de Farfe, refusa de payer une pension, que l'Eglise de Rome vouloit exiger de son Abbaye. Il soutint qu'à la réserve de la consécration, le Pape n'avoit aucun domaine sur le Monastére (d). Les Prêtres de Rome nioient ce privilége, & l'Avocat de l'Abbé répondit qu'on étoit prêt de le prouver par le duel, & par les autres preuves (e).

C'est ici une autre superstition qui a trompé beaucoup de personnes durant plusieurs siécles. On se persuadoit que quand le duel étoit joint au serment, la cause n'étoit plus douteuse ; & que celui qui disoit vrai, & qui avoit bon droit, devoit toujours se trouver le plus fort dans le combat. Sur la fin du V. siécle, Gondebaud Arien de Secte, & Roi des Bourguignons, fit mettre par écrit la Loi qui porte son nom, *Lex Gondebada*, *Lex Burgondionum*, & il ordonna dans cette Loi qu'un Bourguignon ne seroit jamais jugé sur le serment de qui que ce soit ; mais que s'il étoit soupçonné de quelque crime, il se purgeroit par le jugement de Dieu, par le serment, ou par le duel. Saint Avitus de Vienne, (f) qui travailla inutilement à la conversion de ce Prince, ne put faire changer cette Loi, & elle subsista même après la conversion de Sigismond, Fils de Gondebaud. Au contraire les François, les Allemans, & les Lombards firent des Loix toutes semblables en ce point.

On voit dans Gregoire de Tours, que Guntchram Boson demanda au Roi Guntran l'épreuve du duel, qu'il appelloit le jugement de Dieu (g). Cette épreuve est aussi appellée le jugement de Dieu dans Fredegaire (h). Le même Auteur nous apprend qu'on recouroit même au duel, pour juger de l'innocence d'une tierce personne. La Reine Gundeberge, Sœur du Roi Clotaire, étant accusée d'avoir voulu empoisonner le Roi Charoaldus son Epoux, on convint que deux hommes se battroient, l'un pour la Reine, l'autre pour le Roi, pour savoir si elle étoit coupable, ou non (i). L'homme de Charoaldus fut vaincu, & par conséquent Gundeberge déclarée innocente.

L'Eglise a souvent condamné ces épreuves ; cependant elle les toléroit alors dans les causes civiles. Les Capitulaires de France, dressez ordinairement par les Evêques, & recueillis par l'Abbé Ansegise, rapportent la Loi, *de falsis testibus convincendis*, qui ordonne qu'on découvrira les faux sermens, ou les faux témoins par le duel. Si l'on juroit de part & d'autre, & qu'on ne pût savoir quels étoient ceux qui disoient vrai, on choisissoit deux hommes qui devoient se battre ; un pour chaque parti opposé, & l'on comptoit si fort sur cette épreuve, que le Champion qui étoit vaincu, étoit condamné à avoir la main coupée. & tous ceux de son parti obligez à racheter la leur comme faux témoins (k). Ce Capitulaire veut que cela s'observe dans toutes les causes séculiéres, & dans celles mêmes qui sont miparties entre les Ecclésiastiques & les Séculiers (l). Il n'y avoit que les causes purement Ecclésiaques entre Clercs & Clercs, où ces preuves fussent absolument défendues.

Mais si des personnes qui devoient être éclairées, se laissoient éblouir par ces preuves qui réussissoient quelquefois, il y avoit aussi de savans hommes qui en portoient un jugement plus équitable. Agobard, Archevêque de Lyon au neuviéme siécle, fit un Traité exprès contre cette pernicieuse pratique (m). Il adresse son Livre à l'Empereur Louis le Pieux, & lui représente combien il est fâcheux que pour la Loi d'un Hérétique, tel qu'étoit Gundebaud, on ne se contente pas du serment d'un Chrétien (n). Il paroit surprenant à ce savant Evêque qu'on préfére le serment d'un Arien à celui d'un Catholique, ou qu'il faille terminer le différend par le duel. Cette épreuve lui paroit déraisonnable. 1. Parcequ'elle est tout à fait opposée à l'esprit de douceur du Christianisme, & à la charité que les Chrétiens doivent garder entr'eux. 2. Parceque dans ces combats, les hommes les plus méchans, & les plus déterminez sont ordinairement plus forts, & plus robustes que les innocens, & que divers exemples de l'Ecriture nous font voir que de saints hommes ont souvent succombé sous la force & la puissance des impies. 3. Parceque Dieu n'a promis nulle part qu'on dé-

---

pis, super quod minùs potentes & rusticos jurare præcipiebat. *Elgaldus ap. du Chesne Tom. 4. pag. 66.*

(a) Tantum namque hoc malum est, ut ad Sanctuaria Martyrum, ubi diversorum ægritudines sanantur, ibi per uri licèt manifestè interdum vexari non videantur, justo Dei judicio à Dæmonibus arripiantur. *c. 39.*

(b) Goldast. Consuet. Imperial. legum Longob. li. 2. tit. 35.

(c) Apud Baron an. 963.

(d) Ut Pontifex Romanus nullum dominium in jure ipsius Monasterii haberet, exceptâ consecratione. *Mus. Ital. Tom. I. pag. 59. & Ann. Bened. Tome V. page 119.*

(e) Insuper per pugnam, & per testimonia.

(f) Apud Agobard. Tom. 1. pag. 120.

(g) Ponens hoc in Dei judicio, ut ille discernat, cùm nos in unius campi planitie viderit dimicare. *Greg. Tur. Hist. Franc. lib. 7. c. 14.*

(h) Jungamus ad prælium, à Domino judicemur. *Cap. 25.*

(i) Ut judicio Dei his duobus confligentibus cognoscatur, utrùm hujus culpæ reputationis Gundeberga sit innoxia, an fortasse culpabilis. *Idem cap. 51. pag. 629.*

(k) Quòd si ambæ partes testium ita inter se discenserint, ut nullatenus una pars alteri cedere velit, eligantur duo ex ipsis, id est, ex utrâque parte unus, qui cum scutis & fustibus in campo decertent utra pars falsitatem, utra veritatem suo testimonio se quatur. Et campioni qui victus fuerit propter perjurium quod ante pugnam commisit, dextera manus amputetur. Cæteri verò ejusdem partis testes, qui falsi apparuerint manus suas redimant. *Capitul. Lib. IV. c. 23.*

(l) Et in seculari quidem causâ hujuscemodi testium diversitas campo comprobetur. In Ecclesiasticis autem causis ubi de unâ parte seculare, de alterâ verò Ecclesiasticum negotium est, idem modus observetur. *Ibid.*

(m) Sous ce titre, Adversùs legem Gundobadi, & impia certamine quæ per eam geruntur.

(n) Quæ utilitas est ut propter legem quam dicunt Gundobadam, cujus auctor extitit homo hæreticus, & fidei Catholicæ vehementer inimicus, cujus legis homines sunt perpauci, non possit super illum testificari alter etiam bonus Christianus ? *Agob. Tom. I. pag. 113.*

découvriroit la vérité par les armes, que le difcernement des mérites n'eft promis que pour l'avenir, & que nul Chrétien ne doit prétendre que Dieu lui révélera les faits cachez, par de l'eau chaude, ou le fer chaud, bien moins encore par des combats auffi cruels, que l'étoient les duels (a).

Quoique tout cela foit fondé fur l'Ecriture, fur la raifon, & fur l'autorité de S. Avite de Vienne, qu'Agobard ne manque pas de citer, cet ufage dura néanmoins encore longtems. Reginon l'inféra dans fa Difcipline Eccléfiaftique, fuivant le Capitulaire de nos Rois, que nous avons rapporté plus haut: & les Savans paroiffant partagez fur ce point, il fe trouvoit des perfonnes qui louoient & autorifoient ces abus. Les Princes n'ofoient refufer l'épreuve du duel, & il falloit que les Saints Anges foutinffent quelquefois les fidéles, qui fe trouvoient obligez de combattre; ainfi que plufieurs exemples de l'Hiftoire, fort mémorables, nous l'apprennent. Cette damnable coutume n'a enfin ceffé qu'après les deffenfes de l'Eglife fort fouvent réitérées, & lorfqu'au lieu d'y recourir, comme au jugement de Dieu, on l'a vu dégénérer en une fureur diabolique, qui a fait prononcer une condamnation par le faint Concile de Trente (b).

CHAPITRE III.

Hiftoire des épreuves du fer chaud, & de l'eau bouillante, qui ont été en ufage durant plufieurs fiécles, pour connoitre les faits douteux, ou conteftez. On en marque l'origine, les progrès & la fin, avec les difputes qu'elles ont excitées.

EN plufieurs endroits l'épreuve des duels, qu'on appelloit le jugement de Dieu, n'a ceffé qu'en y fubfiftuant celle du fer chaud, & de l'eau bouillante, qu'on nommoit auffi le jugement de Dieu. Rien de plus commun depuis le fixiéme fiécle jufqu'au treiziéme, que de voir prouver un fait, & fe juftifier d'un crime par l'épreuve du feu, d'où eft venue cette maniére de parler affez ufitée, *j'en mettrois la main au feu*. Les effets étonnans qu'on appercevoit dans ces épreuves, embarraffoient plufieurs perfonnes, les empêchoient fouvent de décider, & ont donné lieu dans la fuite à plufieurs difficultez contre les principes qui doivent faire connnoitre & rejetter les pratiques fuperftitieufes. Pour en pouvoir juger avec connoiffance de caufe, nous allons faire l'hiftoire de ces épreuves, depuis qu'elles font en ufage parmi les Chrétiens. Nous verrons les principales expériences qui ont faites, ce qu'en penfoient les Savans, le tems auquel on a fait ceffer ces épreuves; & nous tâcherons de réfoudre les difficultez que cette matiére peut faire naitre.

Si l'on en croit la Chronique Orientale, qui a été donnée en Latin par Abraham *Ecchellenfis*, & imprimée au Louvre dans le Recueil de l'Hiftoire Bizantine, il faut remonter jufqu'au fecond fiécle pour y voir ces fortes d'épreuves. Car felon l'Auteur de cette Chronique, (c) Demetrius, onziéme Evêque d'Alexandrie, qui donna la Prêtrife à Origene, voulant prouver quand on le fit Evêque, quoiqu'il fût marié depuis quarante huit ans, qu'il avoit toujours vécu avec fa femme comme avec fa fœur, fit mettre du feu dans les habits de fa femme fans qu'ils en fuffent brulez. Mais ce fait n'eft pas rapporté par les Anciens Auteurs.

La première épreuve autentique que je trouve parmi les Chrétiens, eft rapportée par Gregoire de Tours, *au Chapitre LXXVI. de la Gloire des Confeffeurs*, touchant Saint Simplice, Evêque d'Autun. Ce Saint qui vivoit au quatriéme fiécle, avoit été fait Evêque étant marié. Sa femme qui étoit très chafte ne put fe réfoudre à quiter fon époux, quoiqu'Evêque. Elle coucha toujours dans la même chambre: le peuple en murmura, & accufa le Saint d'ufer du mariage. Mais l'époufe entendant murmurer le peuple fur ce point le jour de Noël, fe fit apporter du feu, & le tenant dans fes habits durant près d'une heure, le mit enfuite dans les habits de l'Evêque, en lui difant: *Recevez ce feu, qui ne vous brulera point, afin qu'on voye que le feu de la concupifcence n'agit pas plus fur nous, que ces charbons agiffent fur nos habits.* Le peuple admira cette merveille, & peu de jours après plus de mille perfonnes demandérent, & reçurent le Baptême.

Au (d) commencement du cinquiéme fiécle, Saint Brice, Evêque de Tours, fucceffeur de Saint Martin, ufa d'une pareille épreuve pour fe purger d'un crime qu'on lui imputoit. Ce Saint Homme fauffement accufé d'être le pére d'un enfant, dont on ne connoiffoit point la mére, à qui les domeftiques du Saint faifoient laver les habits de l'Evêché, fe juftifia devant le peuple par deux miracles: le premier en faifant parler l'enfant qui n'avoient que trente jours, & lui faifant dire que Brice n'étoit pas fon père: le fecond, en prenant des charbons ardens dans fes habits, & les portant ainfi fans fe bruler jufqu'au Tombeau de Saint Martin. Le peuple ne parut pas fatisfait de ces épreuves. Il les prit pour des preftiges. Ce qui nous fait affez voir que l'épreuve du feu n'étoit pas alors en ufage parmi les François Chrétiens, pour faire connoitre l'innocence; mais qu'on regardoit ces fortes d'événemens, ou comme un miracle extraordinaire, ou comme un effet de la magie.

En Orient un Evêque Orthodoxe ne pouvant répondre aux fubtilitez d'un Evêque Arien fort exercé dans la Dialectique, crut devoir demander à Dieu un femblable miracle, pour convaincre l'Arien. Théodore le Lecteur, Auteur du fixiéme fiécle, dit (e) que l'Evêque Orthodoxe offrit à l'Arien d'entrer chacun dans un feu, pour prouver de quel côté étoit la faine doctrine, l'Arien refufa cette condition, & le Catholique fe jettant avec foi dans le feu, difputa merveilleufement avec fon Adverfaire du milieu des flammes fans en être endommagé.

Peu de tems après un Solitaire qui demeuroit fur une colomne auprès de la Ville d'Hieraple, & qui étoit tombé dans l'héréfie de Severe, rejettant le Concile de Calcedoine, eut la hardieffe de demander une femblable épreuve pour autorifer fon erreur. (f) Comme Saint Ephrem, Patriarche d'Antioche, homme très zélé & fervent dans la foi, étoit allé au pied de la colomne pour conjurer ce Stilite de rentrer dans la Communion de la Sainte Eglife, ce Solitaire penfant étonner le Saint Patriarche lui dit, que s'il vouloit entrer avec lui dans un feu, on reconnoitroit pour Orthodoxe celui qui ne feroit point endommagé, & que l'autre feroit obligé d'embraffer la même croyance.

Rien de plus fage & de plus pieux que la réponfe de Saint Ephrem: elle mérite bien d'être inférée ici toute entiére avec l'hiftoire du miracle qu'il opéra.
,, Mon fils, *répondit ce Saint Patriarche*, vous devriez
,, m'obéir comme à votre pére, fans vouloir qu'un mi-
,, racle vous y oblige. Mais quoiqu'étant, ainfi que
,, je le fuis, un pauvre pécheur, vous defiriez de moi
,, une chofe qui eft au deffus de mes forces, j'ai une
,, telle confiance en la miféricorde du Fils de Dieu,
　　　　　　　　　　　　　　　　　　　　　　　,, que

(a) Non enim eft in præfenti meritorum retributio, fed in futuro. Non oportet mentem fidelem fufpicari, quòd omnipotens Deus occulta hominum in præfenti vitâ per aquam calidam, aut ferrum revelari velit. Quantò minùs per crudilia certamina? *Ibid. pag.* 116.

(b) Deteftabilis duellorum ufus fabricante Diabolo introductus, ut cruentâ corporum morte, animarum etiam perniciem lucretur, ex Chriftiano orbe penitus exterminetur. *Seff.* 25. *de Reform. cap.* 19.

(c) De Patriarchis Alex. pag. 113.

(d) Greg. Tur. Hift. Franc. Liv. II. ch. 1. nouvelle édition, pag. 43.
(e) Liv. II. edit. Valef. pag. 566.
(f) Sophron. feu Mofchus Prat. Spir. c. 36.

„ que je ne refuse point de m'engager à cela pour pro-
„ curer votre salut ". Ensuite de ces paroles , il dit
en presence de tout le monde : „ Le Seigneur soit be-
„ ni : Apportez du bois ". Ce qui ayant été fait,
il commanda qu'on allumat un grand feu devant la colomne : puis dit au Solitaire : „ Descendez donc main-
„ tenant , afin que suivant votre desir nous entrions
„ ensemble dans le feu ". Le Solitaire épouvanté de
la constance du Patriarche, ne voulut jamais descendre.
Sur quoi le Saint , après lui avoir reproché de n'oser
exécuter une proposition qu'il avoit faite , prit sa tunique , & en s'aprochant du feu , fit sa priere en ces termes. „ JESUS-CHRIST notre Seigneur & notre
„ Dieu , qui avez daigné pour l'amour de nous vous
„ revêtir de notre chair dans le sein de Marie , votre
„ Sainte Mére , & toujours Vierge , faites nous con-
„ noitre la vérité". Ayant achevé ces paroles , il jetta sa tunique au milieu du feu , dont le bois étant tout
consumé , on la retira trois heures après sans que la
violence des flammes y eût donné la moindre atteinte.
Le Solitaire voyant un si grand miracle , & ne pouvant
plus douter de la vérité, prononça anathême contre la
personne & l'hérésie de Severe ; & étant retourné dans
l'Eglise Catholique , il reçut la Sainte Communion par
les mains de ce bienheureux Patriarche, & rendit à Dieu
la gloire qui lui étoit due.

Gregoire (a) de Tours apprit d'un témoin oculaire
un exemple assez semblable , qui confirma plusieurs Catholiques dans la Foi. Un Orthodoxe ne pouvant convaincre un Hérétique par les plus fortes raisons , voulût le persuader par un miracle. Il jetta son anneau dans
un grand brasier où il devint aussi rouge qu'un charbon de feu , & se tournant vers l'Hérétique , lui dit :
si votre croyance est véritable , tirez cet anneau du feu.
L'Hérétique n'osa faire l'essai , & le Catholique après
avoir fait sa priere à Dieu pour demander sa protection , & le garda longtems dans sa main sans en être
incommodé.

Le même (b) Auteur rapporte une pareille dispute
entre un Prêtre Arien & un Diacre Catholique , où
l'on demanda encore une décision miraculeuse. On alluma du feu dans une place publique , & faisant bouillir de l'eau dans une chaudiére , on convint qu'on y jetteroit un anneau , & que le Catholique & l'Hérétique
qui disputoient , enfonceroient le bras nud dans la chaudiére d'eau bouillante , pour y chercher l'anneau dans
le fond. Après quelques contestations , pour savoir qui
le premier devoit faire l'expérience , un Diacre de Ravenne , Catholique zélé , voyant que l'Arien insultoit
au Catholique , à cause que par timidité il avoit froté
le bras d'huile & d'onguent , plongea lui-même son bras
dans l'eau bouillante , & y chercha durant près d'une
heure l'anneau qu'il en retira enfin sans se bruler. L'A-
rien crut qu'il pourroit faire la même chose , il enfon-
ça son bras dans la chaudiére , & sur le champ toutes ses
chairs furent consumées jusqu'aux os.

Ce que fit le Diacre de Ravenne , semble montrer
que ces épreuves n'étoient pas inconnues en Italie. Il
y a d'autres exemples de cette nature dans Gregoire de
Tours ; & ces expériences qui avoient souvent réussi ,
pour prouver la fraye foi , donnérent sans doute lieu
de croire qu'on pourroit ainsi éprouver les Reliques.
Plusieurs Catholiques craignant que les Ariens qui se
convertissoient ne fissent passer les Reliques de quelques
Hérétiques pour des vrayes Reliques de Saints , demandérent qu'on les éprouvat par le feu. Le Concile
de Saragosse tenu en 592. ordonna , que les Reliques
seroient aussi éprouvées , & qu'on n'honoreroit que celles que le feu auroit respectées. Cette cérémonie étoit
accompagnée de plusieurs priéres , qui se trouvent dans
un ancien Manuscrit de Saint Remi de Reims , & que
le Reverend Pére Ruinart a fait imprimer à la fin de la

belle édition de (c) Gregoire de Tours, qu'il a donnée
au public.

Ces merveilles furent peut-être aussi cause que les
François Chrétiens ne furent pas surpris de trouver dans
les Loix de Frisons, des Ripuariens , & des autres
Peuples qui leur devinrent soumis, qu'on examinoit
par ces épreuves les personnes accusées de crime. Dans
une addition que les Rois Childebert & Clotaire firent
en 593. à la Loi Salique , il est dit qu'un homme accusé de vol , en sera jugé coupable , s'il se brule à l'é-
preuve du feu (d).

En 630. sous le Roi Dagobert , après la Préface qui
précéde les Loix des Allemans, des Bavarois , & des
Ripuariens , où il est dit qu'on réforme leurs Loix ,
autant qu'il est possible , sur celles du Christianisme,
on reçoit cette Loi des Ripuariens , qui porte , que si
quelqu'un est cité devant un Juge pour répondre de la
faute de son serviteur , il sera jugé coupable , si la main
de son serviteur est endommagée par le feu (e).

La Loi 31. des Ripuariens *num* 5. veut encore qu'un
homme qui seroit obligé de répondre pour une personne qui auroit pris la fuite , prouve son innocence
par le feu (f).

Au huitiéme siécle les Lombards , dont les Loix a-
voient été mises par écrit au septiéme , vaincus par
Charlemagne répandirent de nouveau ces usages, ils devinrent fort communs à la fin du huitiéme siécle , &
au commencement du neuviéme. Charlemagne voulut
qu'on y ajoutat foi , & il fit pour cela ce Capitulaire
en 808. *Ut omnes judicio Dei credant absque dubita-*
tione.

Plusieurs motifs portérent ce grand Empereur à recevoir ces usages. Le premier , parceque c'étoit un
moyen d'empêcher plusieurs crimes qui pouvoient être
découverts par ces épreuves, & qu'il étoit difficile d'arrêter & d'intimider par d'autres voyes ces Nations barbares. Le second , que ces épreuves réussissant ordinairement , & ne servant qu'à faire punir les coupables,
& à sauver les innocens , plusieurs croyoient que Dieu
devoit sans doute s'en mêler , & qu'il faisoit dans la
Religion Catholique , ce qui se faisoit auparavant par
superstition chez les Ripuariens & les Lombards.

Louis le Debonnaire entra dans les mêmes sentimens
que son Pére ; car en l'an 819. il ordonna , pag. 598.
que le serviteur qui examine par l'eau bouillante se bruleroit , seroit mis à mort (g).

Agobard , Archevêque de Lyon ne regarda pas ces
épreuves comme quelque chose d'indifférent. Il les
crut injurieuses à Dieu & à la Religion , & il composa
un Traité intitulé : (h) *Contra damnabilem opinionem*
putantium divini judicii viritatem , igne , vel aquis , vel
conflictu armorum patefieri. Il se récrie d'abord contre
le nom de jugement de Dieu , qu'on a osé donner à ces
épreuves , comme si Dieu les avoit ordonnées , ou s'il
devoit servir à nos volontez , pour nous révéler tout
ce qu'il nous plait de savoir. *Où est-ce* , dit il, *que*
Dieu a conseillé ou ordonné ces pratiques (i) ? En second
lieu: c'est une grande témérité de vouloir pénétrer
dans les secrets jugemens de Dieu, l'Ecriture (k) nous
di-

(a) Greg. Tur. de Glor. Conf. c. 14.
(b) Idem de Glor. Mart. lib. I. c. 81.

(c) Col. 1366.
(d) Si homo ingenuus in furto inculpatus, ad æneum provo-
catus manum incenderit , quantum inculpatur furtum componat.
Capit. Tom. I. pag. 15.
(e) Si servus in ignem manum miserit , & lætam tulerit, Dominus ejus, sicut lex continet, de furto servi culpabilis judicetur.
Capit Tom. I. pag. 34.
(f) Quòd si in Provinciâ Ripuariâ juratores invenire non potuerit , ad ignem, seu ad fortem se excusare studeat.
(g) Si proprius servus hoc commiserit , judicio aquæ ferventis
examinetur utrùm hoc sponte an se defendendo fecisset , & si manus ejus exusta fuerit , interficiatur.
(h) Agobard. Opera pag. 301. ex edit. Baluz. Tom. I.
(i) Mitte unum de tuis qui congredietur mecum singulari certamine , & probet me reum tibi esse, si occiderit. Aut certé:
jube ferrum, vel aquas calefieri, quas manibus inlæsus attrectem.
Aut : constitue cruces, ad quas stans immobilis perseverem. *Idem.*
pag. 302.
(k) Ps. 35.

Ggg

disant si souvent que les volontez sont impénétrables (*a*). La troisiéme raison est, que si les faits cachez devoient être découverts par ces épreuves, la sagesse, l'expérience, & la prudence des hommes ne seroient plus d'usage dans le monde, & il ne faudroit plus ni Juges, ni Magistrats.

Il est vraisemblable que les raisons d'Agobard firent quelque impression sur l'esprit de Louis le Debonnaire, car l'année même que ce Traité fut composé, en 828, il consulta tous les Evêques du Royaume touchant une semblable épreuve de l'eau froide, dont nous parlerons plus bas, & la condamna l'année suivante. Cependant celles du fer chaud, & de l'eau bouillante, recommencérent bientot après ; & l'on fait l'éclat que fit en 860. celle de la Reine Thietberge à l'égard du Roi Lothaire son Epoux. Lothaire vouloit rompre le mariage. Il accusa Thietberge d'avoir commis un horrible inceste avec son frére. (*b*) Elle nia d'abord le fait, & prouva son innocence par un homme qui fit pour elle l'épreuve de l'eau bouillante sans se bruler. Cette épreuve fut faite solemnellement avec le consentement du Roi, & l'avis des Evêques & de plusieurs personnes de qualité : sur quoi Thietberge fut rétablie en grace.

Lothaire trouva pourtant le moyen de faire déclarer Thietberge coupable, après lui avoir fait avouer ce crime, & gagna quelques Evêques en 862. qui la condamnérent au second Concile d'Aix-la-Chapelle. Hincmar fut consulté, pour savoir si l'on s'en devoit tenir à l'épreuve ou à la confession qu'on avoit extorquée de la Reine, & cela lui donna lieu de faire le Traité qui a pour titre : *De Divortio Lotharii & Tetbergæ*, qu'il adresse au Roi, aux Evêques & à toute l'Eglise. On voit dans cet Ouvrage qu'on étoit fort partagé sur ce point, & que plusieurs croyoient qu'il ne falloit point s'arrêter à l'épreuve de l'eau bouillante, parceque c'étoient-là des inventions purement humaines, dans lesquelles ou mêloit souvent des malefices pour confondre le vrai & le faux (*c*).

Hincmar au contraire fut d'avis qu'il falloit s'en tenir à ces sortes d'épreuves. Il tâche de le prouver par divers exemples de l'Ecriture, & il cite plusieurs personnes d'esprit, qui n'étant pas tout à fait de ce sentiment, ne révoquoient pas en doute que l'épreuve de l'eau bouillante ne fît discerner les coupables d'avec les innocens, en brulant les premiers, & épargnant les autres, par cette raison dont ils se contentoient un peu trop facilement, que les justes devoient être préservez du feu, comme l'avoient été Loth & les Enfans de la Fournaise. Cependant Hincmar, ni ces autres personnes d'esprit, ne croyoient pas qu'on dût recourir à ces sortes d'épreuves, pour la décision des difficultez & des doutes qu'on pourroit résoudre par d'autres voyes.

Peu d'années après ces disputes, tout le monde trouva fort mauvais que le Moine Gottescalc, après avoir été condamné par les Evêques, & enfermé durant longtems, eût osé demander la permission de prouver ses sentimens par l'épreuve du feu. Il prétendoit entrer dans quatre tonneaux pleins d'eau bouillante, d'huile, & de poix, & passer ensuite dans un grand feu sans se bruler. Il souhaitoit de faire cette expérience en présence du Roi, des Evêques, des Clercs, des Moines, & de tout le peuple, ainsi qu'il l'exprime dans sa seconde Confession de Foi (*d*). Cette expérience lui fut refusée. Hincmar le traita d'homme furieux & d'esprit diabolique, semblable en ce point à Simon le Magicien, & il nous fait entendre que Gottescalc avoit demandé cette terrible épreuve en diverses maniéres, & en plusieurs Ecrits (*e*).

Raban, Archevêque de Mayence ne traita pas plus favorablement cette vaine confiance de Gottescalc. Il l'attribua plutot à une enflure de son cœur, qu'à la constance de sa foi (*f*).

Ce fut le jugement qu'on porta généralement de la demande de Gottescalc, & je ne vois personne qui aye reproché à Hincmar de ne lui avoir pas accordé cette épreuve, parcequ'on convenoit alors qu'il n'étoit pas raisonnable de terminer par une expérience surnaturelle, des questions qui doivent se décider par l'Ecriture & la Tradition. Aussi le refus qu'on fit à Gottescalc & l'horreur qu'on parut avoir de cette épreuve, n'empêchérent pas qu'on n'y recourût dans d'autres occasions, où les disputes ne pouvoient être terminées par les Juges ordinaires.

En 876. Louis le Germanique étant mort, & ayant laissé la Germanie à Louis son second Fils, Charles le Chauve qui crut que son Frére n'en avoit pu disposer voulut s'en emparer. Louis tâcha de gagner son Oncle, & ne pouvant y réussir, il prouva son droit par l'épreuve de trente hommes, dont dix firent celle de l'eau froide, dix celle de l'eau chaude, & les dix autres tinrent un fer rouge sans se bruler (*g*). On ne se rendit pas à cette expérience ; cependant il paroit qu'elle fut approuvée, comme on le voit dans les Annales de saint Bertin. D'autres (*h*) anciennes Annales ajoutent que le Ciel parut aprouver le même droit, car l'Armée de Charles le Chauve, quoique de beaucoup supérieure en force & en nombre, fut saisie d'effroi en la présence de celle de Louis : nuls éperons ne purent faire avancer les chevaux, & l'Historien semble faire entendre qu'il arriva à cette Armée, ce qui étoit autrefois arrivé à celle de Sennacherib.

Depuis cette Epoque toutes ces épreuves devinrent encore plus communes, parcequ'il y eut moins d'Auteurs habiles qui en fissent apercevoir les inconvéniens. Nous ne finirions point s'il faloit raporter toutes celles qu'on trouve dans les Historiens jusqu'au milieu du treiziéme siécle. Il suffit que nous exposions en peu de mots la maniére dont se faisoient ces épreuves, & que nous marquions quelques faits très considérables aus-

---

(*a*) Hæc piè, humiliter considerantibus apparet non posse cædibus, ferro, vel aquâ occultas & latentes res inveniri. Nam si possent, ubi essent occulta Dei judicia ? *Idem. pag.* 306.

(*b*) Quæ ipsa denegans, probationis auctore, testibusque deficientibus, judicio laïcorum nobilium & consultu Episcoporum, atque ipsius Regis consensu, vicarius ejusdem fœminæ ad judicium aquæ ferventis exiit, & postquam incoctus fuerat ipse repertus, eadem fœmina maritali thoro, ac conjugio regio, decreto quo suspensa fuerat, est etiam restituta. *Apud Hincmarum de Div. Loth. & Tetb. pag.* 302. & 303. *ex edit. Cordes, & ex Sirmond. pag.* 568.

(*c*) Quoniam quidam decunt nullius esse auctoritatis, sive credulitatis judicium quod fieri solet per aquam calidam sive frigidam, neque per ferrum calidum, sed adinventiones sunt humani arbitrii, in quibus sæpissimè per maleficia, falsitas locum obtiuet veritatis, ideò credenda esse non debent. *Ibid. Interrogatio VI.*

(*d*) Utinam placeret ..... coram undique electâ populorum timentium multitudine, præsente etiam istius regni Principe, cum Pontificum & Sacerdotum, Monachorum, seu Canonicorum venerabili simul agmine, concederetur mihi, si secùs hanc Catholicæ fidei de prædestinatione tuâ veritatem nollent recipere, isto quo dicturi sumus, favente tuâ gratiâ, id approbarem cernentibus cunctis examine. Ut videlicet quatuor doliis uno post unum positis, atque ferventi sigillatim repletis aquâ, oleo, pingui, & pice, & ad ultimum accenso copiosissimo igne, liceret mihi, invocato gloriosissimo nomine tuo ad approbandam hanc fidem meam, immò fidem Catholicam, in singula introire, & ita per singula transire, donec te præveniente, comitante, ac subsequente, dexteramque præbente, ac clementer educente, valerem sospes exire : quatenus in Ecclesiâ tuâ tandem aliquandò Catholicæ hinc fidei claritas claresceret, & falsitas evanesceret ; fidesque firmaretur, & perfidia vitaretur. *Apud Usser. Hist. Gottesc. pag.* 233.

(*e*) Quapropter his quæ Gottescalcus, alter videlicet pro modulo Simon Magus, in scriptis suis frequenter posuit spiritu furioso exagitatus, exaltato corde, & elatis oculis se mendaciter promittens in mirabilibus super se ambulaturum, petendo ut sibi tria dolia parentur, unum videlicet dolium plenum ferventi adipe, aliud plenum ferventi oleo, & tertium plenum bullienti pice, & cùm vicissim in unumquodque dolium usque ad collum intrans de illis tribus doliis illæsus exierit, credatur ab omnibus assertio illius esse verissima. *Hincm. de Trinâ Deitate. pag.* 433.

(*f*) Hoc autem quod idem erroneus quasi ad Deum loquens, petit examen ignis, ut per illud veritas ejus fidei, immò perfidia comprobetur, magis mihi videtur ex elatione cordis prolatum esse quàm ex constantiâ fidei. *Raban. Epist. ad Hincm.*

(*g*) Du Chesne, Tome III. pag. 249.

(*h*) Ann. Franc. Baron. 876. num. 28.

ausquels elles ont donné lieu, jusqu'à ce qu'on aye condamné généralement ces usages, & que les Eveques se soient appliquez à les faire cesser par tout.

(a) L'épreuve de l'eau chaude se faisoit simplement en plongeant le bras dans une chaudiere bouillante, pour y prendre un anneau, un clou, ou une pierre qu'on y suspendoit. Il y avoit des causes pour lesquelles on enfonçoit la main jusqu'au poignet, d'autres jusqu'au coude, & dans les Formules de saint Dunstan, il est même dit qu'on enfonçoit quelquefois la pierre jusqu'à la hauteur d'une aune. Les Roturiers faisoient l'expérience par eux-mêmes, & les personnes qualifiées pouvoient la faire faire par d'autres. Ceux qui se bruloient étoient jugez coupables, & ceux qui étoient préservez, déclarez innocens.

L'épreuve du fer chaud, qu'on appelloit le jugement du feu, se faisoit en diverses maniéres Quelquefois on prenoit à la main un fer rouge, ou plusieurs successivement qu'on portoit à quelque petite distance. Le fer devoit être ordinairement semblable à un soc de charrue, & s'apelloit pour ce sujet *Vomer.*

La seconde maniére étoit de marcher sur ces fers rouges, ayant les pieds & les jambes nues jusqu'au genouil. On préparoit quelquefois six de ces fers, tantot neuf, & tantot douze, selon la grandeur du crime imputé.

3. On se servoit aussi d'une espéce de gand de fer rouge, qui alloit jusqu'au coude, comme on le voit dans Saxon (b) le Grammairien.

A mesure que ces épreuves devinrent plus fréquentes, on les accompagna de beaucoup de cérémonies. Au dixiéme & onziéme siécles il y avoit des Abbayes qui regardoient comme un droit singulier celui qu'elles s'attribuoient de benir le feu, & de conserver les fers & les chaudiéres destinées à ces usages; *æneum & caldaria.* On ne faisoit alors ces expériences qu'après la Messe, & avec des Bénédictions & des Exorcismes qu'on voit dans les Formules de Marculfe, (c) & de saint Dunstan qui vivoit au dixiéme siécle.

Le Concile de Tibur en 895. avoit permis ces épreuves aux Laïques en quelques occasions; & le Pénitenciel Romain du dixiéme siécle veut qu'un serviteur accusé d'avoir tué un Prêtre, se justifie en marchant sur douze fers (d).

On voit après ce tems des exemples fort mémorables des épreuves par le feu. Telle est celle d'une Dame, dont le Mari, qui étoit un Comte de la Cour avoit eu la tête coupée, comme ayant attenté à l'honneur de l'Impératrice femme d'Othon III. Rien n'étoit plus faux que ce prétendu crime. Toute la faute étoit du côté de l'Impératrice, qui ne pouvant souffrir d'avoir en vain sollicité ce Comte, le fit condamner à la mort. La veuve désolée porta la tête de son mari à l'Empereur, & prouva l'injustice de cette punition par l'épreuve du fer ardent. L'Empereur fut touché d'avoir cru si légérement son Epouse; & l'Impératrice, qui étoit fille du Roi d'Aragon, reconnue coupable devant toute la Cour, fut brulée toute vive. Baronius après plusieurs anciens Auteurs, décrit au long cet exemple l'an 996., & Sponde l'an 998. après Crantzius. Il raporte aussi en 1024. celui de sainte Cunegunde Femme de l'Empereur saint Henri, qui faussement accusée d'adultére, se justifia pleinement en prenant entre ses mains des fers ardens aussi facilement qu'un bouquet de fleurs.

En 1063. un Disciple de saint Jean Galbert préchant avec beaucoup de zéle contre la simonie qui regnoit alors, soutint que Pierre Evêque de Florence étoit simoniaque. Il offrit de le prouver en entrant dans un grand feu. Il y entra en effet nuds pieds, & y retourna pour ramasser son mouchoir qui étoit tombé au milieu du brasier, sans que le feu fît jamais la moindre impres-

fion sur lui, ni sur ses habits. Ce Religieux devenu célébre sous le nom de Pierre du Feu, *Petrus Igneus,* fut fait Evêque & Cardinal d'Albano, & mis ensuite au nombre des Saints. L'Evêque simoniaque fut déposé, & mena une vie fort pénitente. Ce fait est raporté par les Auteurs contemporains, citez dans Baronius, & au troisiéme tome (e) de l'Italie Sacrée par Ughelli.

Dans le tome cinquiéme du beau Recueil des Ecrivains d'Italie par M. Muratori, on trouve dans une Histoire de Milan dont Landolphe le jeune est l'auteur, un semblable fait touchant Grosulan Archevêque de Milan. En 1103. le Prêtre Luitprand oncle de Landolphe, accusa publiquement ce Prélat de simonie; & passa impunément au travers des flammes pour vérifier le crime qu'il lui imputoit. Le fait est rapporté au 9. 10. & 11. chapitres; & les circonstances ont quelque chose de singulier. Luitprand s'étoit lui-même offert à soutenir son accusation par la preuve du feu: cependant la confiance qu'il avoit dans l'équité de sa cause n'étoit pas si inébranlable, qu'il ne craignît la mort, & qu'en cas de malheur il ne crût devoir user de précaution, dresser son testament, & marquer jusqu'au lieu où il desiroit qu'on l'inhumat Cela fait, sa résolution alla jusqu'à prendre sur lui les frais du bucher. L'argent lui manquoit, il mit en gage une peau de loup cervier, qui étoit vraisemblablement une espéce d'aumusse Mais les amis de l'Archevêque n'étoient pas si vifs pour en venir à l'exécution. Lui même tâcha de rompre le coup par quelques pourparlers, qui ne donnérent que plus d'éclat à la fermeté de Luitprand. (f) Alors voyant les malédictions du peuple se multiplier contre lui par ses délais, lui & les siens s'avisérent d'étendre & de charger à un tel point les deux piles de bois, qui étoient disposées en long avec un passage fort étroit, qu'il ne seroit pas possible d'échapper à la violence du feu. Luitprand nuds pieds & revêtu de ses habits Sacerdotaux, affronta d'un bout à l'autre cette affreuse carriére. Les tourbillons de flammes, au rapport de Landolphe, se coupoient devant lui, & se répandoient au midi & au nord, comme si du centre de l'embrasement il se fût élevé deux vents contraires qui les y eussent poussez. On le reçut avec acclamation au sortir du bucher, où ses habits de lin & de

soye

(e) De Archiep. Florent. p. 95.

(f) Tunc Grosulani, & Reipublicæ Ministri quercina ligna, ad flammam, & ad calorem aptissima, triginta solidis denariorum emerunt; quæ in campo ante atrium Ecclesiæ sancti Ambrosii in duabus congeriebus respicientibus se composuerunt: longitudo quarum decem cubitorum fuit altitudo & latitudo major staturâ hominis cubitorum quatuor. Via verò inter ipsas congeries unius cubiti & semis. His itaque dispositis, & quibusdam lignis in viâ interpositis, in quartâ feriâ Presbiter indutus cillicio, camisio atque casulâ more Sacerdotis, ab Ecclesiâ sancti Pauli usque ad Ecclesiam sanctorum Martyrum Protasii & Gervasii, & beatissimi Ambrosii, nudis pedibus crucem portavit. Super quorum sanctorum altare, cæteris sacerdotibus deficientibus, ipse sibi missam cantavit, & missâ cantatâ Grosulanus quoque gerendo crucem eandem Ecclesiam intravit.... Et illico apprehendit cappam Grosulani, ipsamque quassavit, dicens: iste Grosulanus qui est sub illâ cappâ, & non de alio dico, est Simoniacus de Archiepiscopatu Mediolani per munus à manu, per munus à linguâ, per munus ab obsequio. Et cùm illis videbatur sufficere addidit: Et ego a l fi juciam maleficii, aut incantationis, vel carminis, non intro hoc judicium, sic me Deus adjuvet, & ista sancta Evangelia in isto sancto judicio. Facto hoc sacramento Grosulanus concorditer equum ascendit, & ad Ecclesiam sancti Joannis, quæ dicitur ad Concham, venit. Arialdus verò de Meregnano inquirens, & expectans plenitudinem ignis presbyterum tenuit, & tenendo manum suam læsam procul ab ipso calore ignis sensit. Et tamen ad presbyterum inquit: Presbiter Liprande vide mortem tuam in igne, convertere ad Dominum meum Archiepiscopum, habitâ securitate vitæ tuæ: Alioquin vade, & arde te cum Dei maledictione. Et presbyter ad illum: Satana retro vade. Illo retrocedente, presbyter prostratus à terrâ levavit, & signo crucis sibi apposito, ingens flamma ignis in meridiem, & septemtrionem se divisit, & via apparuit quam presbyter intravit, transiens per ipsos carbones ignis, ceu arenam calcaret, sensit & dum per ipsam viam transibat flamma post ipsum coibat, & ut ipse mihi dixit, & bene intellexi, donec in viâ hujus ignis fuit, hanc orationem Deo protulit, dicens, Deus in nomine tuo salvum me fac, & in virtute tuâ libera me; Deus in nomine tuo salvum me fac. Et dum tertiò proferret hoc verbum fac, se extra ignem vidit, nec in se, nec in suis sacerdotalibus vestibus lineis ac sericis, quibus erat indutus, sive in cilicio læsionem ullam sensit. *Landulphi Junioris Hist. Mediolan. cap. X. p.* 482. *Tom.* 5.

(a) In aquâ fervente accipiat homo lapidem qui per funem suspendatur, in simplâ probatione per mensuram palmæ in triplâ autem unius ulnæ. *Capit. tom.* 2. *pag.* 654.
(b) Hist. Daninicæ L. 10.
(c) Tom. 2. Capit. Franc.
(d) Super duodecim vomeres ardentes se expurget. c. 1.

G g g 2

foye n'avoient souffert aucun dommage. On observa seulement que la main avoit souffert quelque atteinte du feu, au moment qu'il y avoit jetté de l'eau benite & de l'encens; & que par un second accident le pied d'un cheval avoit froissé le sien dans la place. C'en fut assez aux partisans de l'Archevêque pour faire prendre le change à la multitude. On prétexta que l'épreuve étoit insuffisante; & le Pape dont le coupable implora la protection, ne jugea pas qu'on dût s'en prévaloir. On a soupçonné Luitprand d'avoir molli à Rome, lorsqu'il vit qu'on y penchoit à la douceur; & Landolphe avoue qu'il se contenta d'y notifier le fait. Aussi aima-t-il mieux se retirer dans la Valteline, que de retourner à Milan y essuyer la vue de l'Archevêque absous.

Ces sortes d'épreuves n'avoient pas toujours un succès si heureux & si convaincant. En 1098. lorsque la célébre armée des Croisez étoit devant Acre, huit mois après la prise d'Antioche, & quelque tems avant celle de Jérusalem, il s'éleva une grande dispute touchant la lance, qui fut trouvée dans l'Eglise des saints Apôtres d'Antioche, après une prétendue révélation. Un Ecclésiastique de Provence nommé Pierre Barthélemy, qui croyoit avoir eu la révélation, & qui en avoit averti les Evêques avant la recherche & la découverte de la lance, soutenoit que c'étoit la vraie lance dont le côté de J. C. avoit été percé. Un grand nombre de personnes, se fondant sur les indices de la prétendue révélation qui s'étoit trouvée véritable, soutenoit la même chose. Mais un aussi grand nombre d'autres personnes prétendoit que ce ne pouvoit être à cette sainte lance, principalement à cause qu'on la croyoit à Constantinople. La dispute s'échaufa. Pierre Barthélemy s'offrit à passer dans le feu, pour prouver sa révélation; les Evêques après quelque difficulté y consentoient. (a) Le Vendredy-Saint, on alluma en pleine campagne un grand feu qui fut beni par les Evêques. Pierre Barthélemy étant nud en chemise, passa hardiment au travers, portant à la maiin la lance couverte d'un linge fort fin. Raymond *de Agiles* qui étoit présent, décrit combien ce feu étoit terrible, & avec quelle solemnité l'épreuve fut faite, en présence de plus de quarante mille personnes.

(b) Dès que Pierre Barthélemy fut sorti de ce grand

feu sans avoir été suffoqué par les flammes, on crut avoir une bonne preuve de la révélation. Mais la dispute ne fut pas pour cela terminée; parceque plusieurs soutinrent qu'il avoit été endommagé par le feu, & le doute augmenta beaucoup lorsqu'on aprit que cet homme étoit mort le douziéme jour. Guillaume Archevêque de Tyr auteur exact & judicieux, expose nettement le trouble & l'embarras dans lequel la mort de Barthélemy jetta le peuple, les uns soutenant qu'il étoit mort de la brulure, & les autres protestant qu'il n'étoit mort que des contusions & des playes que la populace lui avoit faites, en se jettant sur lui un moment après l'expérience.

(c) Albert ou Alberic Chanoine d'Aix, qui écrivoit son Histoire de la guerre de Jérusalem sur le rapport même de ceux qui y étoient, fait entendre que le succès de l'épreuve fit d'abord généralement révérer la lance, & que la mort seule de Barthélemy diminua cette vénération, en fortifiant les doutes que plusieurs avoient formez contre la révélation & la découverte.

(d) Les discours qui coururent alors donnérent lieu à Fulcher de Chartres d'écrire décisivement que Barthélemy passa fort vite par le feu, & qu'il fut néanmoins tellement brulé au dehors, & desséché au dedans, qu'en douze jours il mourut de la brulure.

Mais Raymond *de Agiles*, témoin oculaire de l'épreuve, nie que le feu ait été la cause de la mort de Barthélemy. (e) Il prend à témoin ceux qui virent que le

curator: de quo in sequentibus multa dicenda occurrent. Cùmque diu super hoc in populo sermo hic discurreret contradictorius, hic qui eam revelationem sibi factam fuisse asserebat, ut populo fidem faceret, & omnem tolleret ambiguitatem, rogum copiosum præcepit accendi pollicens se auctore Domino certo per ignem experimento fidem se facturum incredulis, quòd nihil confictum, nihil commento adumbratum in eo facto intercessisset; sed solâ revelatione divinâ, ad notitiam hominum, & eorum consolationem, totum esset procuratum. Accenso igitur rogo copioso admodum, cujus incendii fervor etiam circumpositos terrere poterat; convenit universus populus à majore usque ad minorem, in eâ sextâ feriâ, quæ sanctum Domini Pascha præcedit, in qua & mundi Salvator pro nostrâ salute passus iste legitur, ut tantæ rei plenum haberet experimentum. Qui tam periculosum examen sponte subiturus erat, dicebatur Petrus Bartholomæi, clericus quidem, sed modicè litteratus, & quantùm ad humanum diem dijudicare pertinet, homo simplex videbatur. Qui oratione factâ in conspectu circumpositarum legionum, assumptâ secum lanceâ prædictâ, per ignem transivit, quantùm populo videbatur illæsus. Verùm hoc ejus factum non solùm non amputavit quæstionem, sed majorem suscitavit: nam infra paucos dies vitâ decessit, cujus accelerati obitûs occasionem, cùm homo sanus & vitalis priùs videretur, quidam asserebant tentatum incendium, dicentes, quòd in eo tanquam fraudis patronus, mortis causam collegisset. Alii verò dicebant, quòd ab incendio sanus evaserat & incolumis; sed egressum ab igne, turbæ causâ devotionis irruentes, oppresserant; & contriverant eatenus, ut vitæ finem ministrarent. Sicque res quæ in dubium venerat, nullam recipiens decisionem, majus induxit ambiguum. *Guillelmi Tyrens. Arch. hist. lib.* VII. *pag.* 739.

(c) Illic in eâdem obsidione facta est contentio, quæstio de lanceâ Dominicâ: utrùm ea fuerit qua latus Domini apertum est, an non. Nam plures dubitabant, & schisma erat in eis. Quare auctor, & proditor ejusdem inventionis per ignem transiens, ut aiunt, illæsus abivit, quem ipse Raymundus Comes de provinciâ, & Raymundus Pelleiz à manibus & pressurâ invidorum abduxerunt. Lanceam verò cum omni comitatu suo ab eâ die venerati sunt. Posthæc à quibusdam relatum est, eumdem clericum, hac examinis exustione adeo fuisse aggravatum, ut in brevi mortuus, & sepultus fuerit. *Alberti Aquens. Hist. Hierosol. lib.* v. *pag.* 168.

(d) Benedictione judiciali super ignem ab Episcopis factâ, inventor lanceæ per medium rogi flammantis ultrò celeriter transmeavit: quo transacto illum hominem quasi reum in cute flammis crematum viderunt, & in interiori parte corporis læsum morti intellexerunt. Quòd rei exitus monstravit, cùm die duodecimo ipse angore obiit. Et quia ad honorem Dei & amorem omnes lanceam venerati fuerant, hoc indicio peracto facti increduli, contristati sunt valdè: Comes tamen Raymundus tamdiu eam servavit, donec eam nescio quo eventu perdidit. *Fulchertus Carnot. Gesta peregrinat. Francorum. pag.* 392.

(e) Ut verò Petrus Bartholomæus de igne egressus est, ita ut nec tunica ejus. combusta fuerit, nec etiam ille subtilissimus pannus de quo lancea Domini involuta erat signum alicujus læsionis habuisset, accepit eum populus, cùm signasset eos cum lanceâ Domini, & clamasset altâ voce, *Deus adjuva.* Accepit, inquam, & traxit eum per terram, & conculcavit eum omnis multitudo illa populi, dum quisque volebat eum tangere, vel accipere de vestimento ejus aliquid, & dum credebat eum esse quisquam apud alium. Itaque tria vulnera vel quatuor fecerunt ei in cruribus, abscidentes de carne ejus, & spinam dorsi confringentes, crepuerunt eum. Expirasset autem ibi Petrus, sicut nos credimus, nisi Raymundus Peleiz nobilissimus miles & fortis, facto agmine sociorum irrupisset in agmen tur-

---

(a) Placuerunt hæc omnia nobis, & indicto ei jejunio diximus, quòd eo die fieret ignis, quo *Dominus noster pro salute nostrâ, plagatus & in cruce fuit. Et post diem erat Parasceve. Itaque illucescente die constitutâ, ignis paratus est post meridiem. Convenerunt eò Principes & populus, usque ad quadraginta millia virorum, fueruntque ibi Sacerdotes nudis pedibus & induti sacerdotalibus vestimentis, factus est ignis de oleis siccis, & habuit in longitudine quatuordecim pedes, & erant duo aggeres, & erat inter utrosque duos aggeres spatium quasi unius pedis, atque in altitudine aggerum erant quatuor pedes.* Cùm verò vehementer ignis accensus esset, dixi, Ego Raymundus coram omni multitudine: Si Deus omnipotens huic homini locutus est facie ad faciem, & beatus Andreas lanceam Dominicam ostendit ei, cùm ipse vigilaret, transeat iste illæsus per ignem. Sin autem aliter est & mendacium est, comburatur iste cum lanceâ, quam portabit in manibus suis. *Et omnes flexis genibus responderunt: Amen. Exæstuabat ita incendium ut usque ad triginta cubitos aerem occuparet, accedere verò propè nullus poterat. Tunc Petrus Bartholomæus indutus solummodo tunicâ, & flexis genibus ante Episcopum Albariensem Deum testem invocavit,* quòd facie ad faciem ipsum in cruce viderit, & hæc quæ supra scripta sunt ab eo audierit, & à beatis Apostolis Petro & Andrea, & neque quicquam eorum, quæ ipse sub nomine sancti Andreæ, vel sancti Petri, vel ipsius Domini dixit, se composuisse, & si quicquam mentitus erat, præsens incendium nunquam transisset. Cætera quæ ipse commisisset in Deum & in proximum, dimitteret ei Deus, & pro his oraret Episcopus atque omnes alii sacerdotes & populus qui ad hoc spectaculum convenerant. *Post hæc cùm Episcopus posuisset ei lanceam in manu flexis genibus, & facto signo crucis cum lanceâ viriliter & imperterritus incendium ingressus est, atque spatio quodam in medio ignis demoratus est, & sic per Dei gratiam transivit.* Raymund. de Agiles. Hist. Hierusal. p. 168.

(b) Renovata est ibi quæstio de lanceâ quæ apud Antiochiam reperta fuerat; utrùm ea esset, qua de latere Domini sanguis & unda profluxit: an res esset commentitia. Dubitabat enim valdè super hoc populus: sed & majores penitus fluctuabant incerti: aliis dicentibus quòd verè ipsa esset, quæ Domini cruce manduerat, ejus latus aperiens, & per inspirationem divinam in consolationem plebis revelata: aliis asseverantibus, quòd versutiarum Tolosani Comitis esset argumentum, & gratiâ quæstûs adinventio ficta. Hujus autem dissentionis auctor erat præcipuus quidam Arnulphus, Domini Normannorum Comitis familiaris & capellanus, vir quidem litteratus, sed immundæ conversationis, & scandalorum pro-

le feu n'avoit fait aucune impreſſion ni au linge fort fin qui couvroit la lance, ni à la tunique de Barthélemy, ni à ſa tête, ni à tout le reſte du corps, ſi ce n'eſt aux jambes où il y avoit quelque légére marque de brulure; ce qui n'étoit rien en comparaiſon des playes qu'il reçut d'une foule de peuple qui faillit à le déchirer tout vif, pour avoir de ſes reliques, & qui ne ſuffiſoit que trop, pour le faire mourir.

Fulcher de Chartres dit que Barthélemy paſſa fort vite par le feu, & cet Auteur dit au contraire qu'il s'y arrêta quelque tems. Quoi qu'il en ſoit, il y avoit quelque choſe de ſurprenant dans l'expérience. Car il eſt difficile de concevoir comment il put paſſer au travers d'un auſſi grand feu que tous les Auteurs contemporains le décrivent, ſans être étouffé par les vives flammes qu'il auroit avalées, & attirées avec d'autant plus de force qu'il auroit fait plus d'effort pour traverſer le feu fort vite. Ce Prêtre auroit dû naturellement ſortir tout grillé de ce feu, & mourir preſque ſur le champ. Peut-être Dieu ne le punit pas à cauſe de ſa ſimplicité & de ſa bonne foi. Mais il ne fut pas non plus tout à fait préſervé, de peur que le miracle complet n'eût fait paſſer pour une vraye Relique ſa lance, qui peut-être ne l'étoit pas. L'ambiguité dans laquelle tout le monde ſe trouva après cette épreuve, devoit apprendre qu'on y avoit recouru mal à propos : mais le monde ne ſe détrompe pas ſi facilement,

Le ſuccès de ces ſortes d'épreuves étoit admiré avec raiſon, mais des merveilles ſi étonnantes ne pouvoient pas faire approuver aux perſonnes éclairées les uſages de l'eau bouillante & du fer chaud, auſquels on recouroit ſi ſouvent pour toutes ſortes de choſes & dont on abuſoit viſiblement. On en revint enfin. (a) Yves de Chartres à la fin du onziéme ſiécle, écrivit pluſieurs lettres contre ces uſages. Il montre qu'ils étoient abſolument interdits aux Eccleſiaſtiques, que les Conciles & les Papes les condamnoient même généralement, & cite une lettre du Pape.(b) Etienne V. à Lambert Evèque de Mayence.

Les paroles de ce Pontife ſont auſſi rapportées dans le Decret de Gratien, où ces épreuves ſont condamnées. 2. parte. cauſ. 2. q. 5. & par Saint Thomas. 2. 2. q. 95. art. 8. ad 3.

Les Papes Celeſtin III. Innocent III. & Honorius III. réitérérent les défenſes, comme on le voit au cinquiéme Livre des Decretales. Tit. 35. de purgatione vulgari. Toutes ces déciſions firent ceſſer ces uſages. Les Scholaſtiques convinrent en même tems qu'on y tentoit Dieu viſiblement, & tout le monde en parut enfin perſuadé.

C'eſt auſſi vers ce tems qu'on ſe détrompa des épreuves du fer chaud en Orient. Juſqu'alors elles y avoient été aſſez communes. Pachymere (c) qui écrivoit au treiziéme ſiécle ſous le Regne de Michel Paleologue & d'Andronic ſon Fils, dit que l'Empereur Michel étant attaqué d'un mal que les médecins ne connoiſſoient guéres, & qui le rendoit fort inquiet, accuſa comme auteurs de ſon mal un grand nombre de perſonnes, qui ne pouvoient ſe juſtifier que par l'épreuve du fer rouge. La cérémonie ſe faiſoit à peu près comme en Occident, ſuivant la deſcription qu'en fait Pachymere. Celui qui devoit faire l'épreuve, jeûnoit trois jours, pendant leſquels on le gardoit à vue ſa main envelopée dans un linge ſous le ſceau de l'Empire, de peur qu'il ne ſe ſervît de quelque onguent contre la brulure. Les trois jours paſſez, on lui marquoit un eſpace durant lequel il devoit marcher par trois fois, portant à la main le fer ardent. Pachymere ajoute qu'étant jeune il avoit vu faire l'épreuve à pluſieurs perſonnes qui ne ſe brulérent point, au grand étonnement des aſſiſtans.

Georgius (d) Logotheta, qui écrivoit dans le même tems une Chronique du treiziéme ſiécle, nous fait entendre que tout le monde ne s'aveugloit pas ſur ce point, car il parle d'un homme d'eſprit qui ſut fort bien ſe diſpenſer de faire l'épreuve du fer chaud, à laquelle Michel Comnene vouloit l'engager. Il répondit qu'il n'étoit ni ſorcier ni charlatan, & ne ſe tira pas mal d'affaire à l'égard de l'Archevêque qui lui faiſoit quelque inſtance. Il lui dit qu'il porteroit volontiers le fer ardent, pourvû que revêtu de ſon étole, il voulût avoir la bonté de le lui mettre entre les mains. L'Archevêque ne ſe trouva pas diſpoſé à faire cette cérémonie, il convint que cet uſage venoit des Barbares, & qu'il ne falloit pas tenter Dieu.

Cela ne ſervit pas peu à deſabuſer le peuple. Mais ſur la fin du même ſiécle treiziéme, Andronic regnant après la mort de ſon pére Michel Paleologue, on eut encore lieu de ſe détromper entiérement, par l'épreuve téméraire d'un grand nombre d'Eccleſiaſtiques, qui vouloient décider par le feu pluſieurs diſputes Théologiques. Comme preſque tout le Clergé étoit diviſé, & qu'on ne s'accordoit point ni ſur l'élection du Patriarche, ni ſur pluſieurs autres articles, on convint enfin pour terminer toutes choſes que chaque parti écriroit toutes ſes raiſons dans un cahier, qu'on jetteroit enſuite les deux cahiers dans le feu, & que le cahier qui ne ſe bruleroit pas, donneroit gain de cauſe au parti qui l'avoit écrit. La cérémonie fut faite fort exactement. On alluma du feu le Samedi Saint en préſence d'un grand peuple. Chaque parti s'attendoit à voir bruler le cahier des adverſaires, & préſerver le ſien. Mais la ſurpriſe des deux partis fut égale. Les deux cahiers furent réduits en cendres, & l'on ſe moqua tant de ces Eccleſiaſtiques, qu'ils n'eurent pas envie d'approuver jamais ou recourût à cette épreuve. Le fait eſt rapporté par Nicephore (e) Gregoras Auteur contemporain, qui a été imprimé au Louvre avec une magnificence qui répond aux autres volumes de l'Hiſtoire Byzantine. Ce devroit être ici la fin de toutes ces épreuves en Orient & en Occident. Cependant on diſputa de nouveau ſur ce point plus de deux cens ans après, comme on va le voir au Chapitre ſuivant.

CHAPITRE IV.

Diſputes ſur les épreuves par le feu, renouvellées à Florence. Hiſtoire de Savonarole, & du feu dans lequel un Dominicain & un Cordelier devoient entrer.

L'Hiſtoire que nous avons faite des épreuves par le feu depuis leur origine, nous engage à ne pas oublier une diſpute qui fut excitée ſur la fin du quinziéme

---

turbæ turbatæ, & uſque ad mortem pugnando liberaſſet eum. Sed nos in ſollicitudine & anguſtià modò poſiti, amplius de his ſcribere non poſſumus. Cùm verò detuliſſet Raymundus Pelez Petrum ad domum noſtram colligatis vulneribus ejus, cœpimus quærere ab eo quare moram feciſſet in igne. Ad hæc ipſe reſpondit : occurrit mihi Dominus in medio igne, & apprehendens me per manum, *dixit mihi :* Quia dubitaſti de inventione lanceæ, cùm beatus Andreas eam tibi oſtendiſſet, non ſic tranſibis illæſus, ſed infernum non videbis. Et hoc dicto dimiſit me. Videte itaque ſi vultis aduſtionem meam, & erat aliqua aduſtio in cruribus, verùm non multa, ſed plagæ erant magnæ. Poſt hæc convocavimus omnes qui de lanceà Domini dubitaverant, ut venirent, & viderent faciem ejus, & caput, reliqua membra, & intelligerent quòd verum eſt, quicquid ipſe dixerat de lanceà, & de aliis, cùm pro teſtimonio eorem non extimuiſſet introire tale incendium. Viderunt itaque multi, & videntes faciem ejus atque totum corpus, glorificabant Deum dicentes, *bene poteſt nos Dominus cuſtodire inter gladios inimicorum noſtrorum, qui hominem iſtum liberavit de tanto incendio flammarum. Certè non credebamus quòd ſagitta aliqua ſic tranſire poſſet illæſa per ignem, quomodo iſte tranſivit. Ibid.*
(a) Epiſt. 74. 205. & 252.
(b) Ferri candentis, vel aquæ ferventis examinatione, confeſſionem extorqueri à quolibet ſacri non cenſuerunt Canones, & quod ſanctorum patrum documento ſancitum non eſt, ſuperſtitioſà adinventione non eſt præſumendum. Spontaneà enim confeſſione, vel teſtium approbatione, publica delicta, habito præ oculis Dei timore, commiſſa ſunt regimini judicare: occulta verò & incognita illius ſunt judicio relinquenda, qui ſolus novit corda filiorum hominum.
(c) Hiſt. Mich. Paleol. lib. 1. c. 12. ex edit. Rom. 1666. pag. 17. & 18.
(d) Chronic. Conſtant.
(e) L. 6. ex edit. Baſ. pag. 78.

me-siécle à Florence. Jérome Savonarole Dominicain célébre, & Vicaire-Général de la Congrégation de Saint Marc, avoit étonné un grand nombre de personnes par la sévérité de ses discours, par la hardiesse avec laquelle il prêchoit la nécessité de la Réformation de tout le Clergé, & surtout par des prédictions qu'il faisoit de tems en tems en Chaire. Le Pape Alexandre VI. le censura au mois de Mai 1497, principalement à cause des Prophéties; & s'adoucissant un peu sur des lettres de quelques Magistrats de Florence, il lui défendit seulement de prêcher, par un Bref du 16. Octobre 1497. Peu de tems après il parut une Excommunication en forme contre Savonarole; & sa conduite & sa doctrine, après avoir excité divers murmures, firent enfin proposer l'épreuve du feu de la manière que nous allons dire, après Jean-François Pic de la Mirande, Nardi, l'Ammirato, Perusin, & quelques autres Auteurs contemporains.

Durant tout le tems que Savonarole n'osa prêcher, il substitua en sa place un Religieux de son Ordre, Dominique de Pescia, lequel prenant assez le caractére véhément, & le style prophétique de Savonarole, avança distinctement ces propositions.

Que l'Eglise avoit besoin de Réformation, & qu'elle seroit affligée & renouvellée.

Que la Ville de Florence seroit châtiée, & qu'après les châtimens, elle seroit aussi renouvellée & florissante.

Que les Infidéles se convertiroient, & que tous ces événemens arriveroient de son tems.

Que l'Excommunication contre le Pére Savonarole étoit nulle, & qu'on n'étoit pas obligé de s'y soumettre.

Un Religieux des Fréres Mineurs nommé (a) le Pére François de la Pouille, prêcha vigoureusement au contraire que l'Excommunication étoit valide, & que tout ce que le Dominicain avançoit étoit chimérique. Si l'on en croit Pic de la Mirande, Auteur de la vie de Savonarole, le Dominicain s'offrit à prouver la vérité de ces propositions par le feu. D'autres Auteurs contemporains tels que Nardi, l'Ammirato, & Perusin, font entendre que le Franciscain fut le premier à demander cette épreuve. Quoi qu'il en soit, ils convinrent qu'on en viendroit à une semblable expérience, & furent citez devant la Seigneurie. Là après plusieurs disputes, le Cordelier ne voulant entrer dans le feu qu'avec le Pére Savonarole, on dressa (b) un Acte par main de Notaire le 6. Mars 1498. dans lequel il fut arrêté que le Pére Dominique de Pescia entreroit dans un feu, duquel il prétendoit sortir sain & sauve, pour soutenir la cause de Savonarole, & la vérité des propositions ci-dessus énoncées; & qu'en même tems un Frére Mineur présenté par le Pére François de la Pouille y entreroit aussi, assurant qu'il s'y bruleroit avec le Dominicain, pour détromper le peuple.

Cet Acte authentique étant devenu public, donna lieu à diverses disputes. Plusieurs personnes assuroient que ces expériences étoient défendues par les saints Canons, que c'étoit tenter Dieu, & que des doutes sur la validité de l'Excommunication qui devoient être résolus par les connoissances ordinaires, ne devoient pas exiger des preuves surnaturelles & des miracles.

D'autres au contraire prétendoient qu'on ne pouvoit résoudre la difficulté que par cette voye, qu'on suivroit en cela ce qui s'étoit fait en plusieurs rencontres, & citoient sur ce point deux ou trois exemples assez mal choisis; l'un d'Helenus Evêque d'Heliopolis au second siécle, lequel, disoit-on, s'étoit jetté dans un feu, & en étoit sorti sans se bruler, pour mettre fin à une hérésie; l'autre d'un Moine nommé Coprès, qui avoit demeuré une demie heure dans un feu, pour réfuter miraculeusement l'hérésie de Manés. Ces faits ne se trouvent pas

dans les anciens Auteurs; mais la critique n'étoit pas alors fort cultivée. D'ailleurs on alléguoit un autre fait, & d'autres raisons qui donnérent lieu au partage des sentimens, & engagérent les Magistrats de Florence à consulter Rome sur ce point. Le Pape Alexandre VI. assembla le Consistoire, où il fut déclaré que ces sortes d'épreuves ne pouvoient être permises. Mais cette décision vint trop tard. Le premier d'Avril à l'issue d'un Sermon pathétique du Dominicain, tous les Religieux & les Associez du Couvent de Saint Marc, & un grand nombre de Citoyens dirent hautement qu'ils étoient prêts d'entrer dans le feu, & quelques uns même s'y obligérent par des écrits de leurs mains. Deux ou trois Religieux des Fréres Mineurs s'obligérent aussi par écrit à la même épreuve, & le peuple empressé de voir lequel d'entr'eux se bruleroit, la Seigneurie, sans attendre la réponse de Rome, ordonna que l'expérience seroit faite le Samedi suivant veille des Rameaux 6. d'Avril à une heure après midi. Cette nouvelle se répandit de toutes parts, & l'on prépara un feu d'une dimension étonnante, dans la grande Place de Florence, où un monde infini de la Ville & de tous les lieux voisins se rendit, en sorte qu'il falut faire mettre beaucoup de Soldats sous les armes, pour garder les avenues, & empêcher le tumulte.

Le jour venu, quatre Huissiers de la Seigneurie allérent annoncer l'heure aux principaux Acteurs du spectacle. Le Franciscain se rendit à la Place sans cérémonie; mais Savonarole & Dominique, qui avoient passé tout le matin à chanter solemnellement l'Office & la Messe, sortirent de l'Eglise en procession, suivis d'un très grand monde. Le Pére Dominique qui devoit entrer dans le feu ayant un Crucifix à la main, marchoit entre un Diacre & un Sous-Diacre, & le Pére Savonarole portoit le Très Saint Sacrement. Dès qu'ils furent arrivez à la Place, & que tout le monde s'attendoit à l'épreuve, le Franciscain François de la Pouille desapprouvant ce grand appareil, demanda que le Pére Dominique n'entrat pas dans le feu avec la Sainte Hostie, & voulut même qu'il changeat d'habit, de peur de quelque enchantement. Les habits furent changez, mais on ne relâcha rien sur l'autre article, & les contestations durant jusqu'au soir, le peuple fort mécontent de ne voir entrer personne dans le feu, auroit fort maltraité le Pére Savonarole & son Compagnon, si le respect dû au Saint Sacrement, & la crainte qu'excitoient les Soldats, n'eussent été pour eux une sauvegarde, qui les mit à couvert de toute insulte jusqu'au Couvent de saint Marc. Ils ne furent pas si heureux le lendemain; car leurs ennemis & le peuple soulevé profitant de cette occasion, engagérent la Seigneurie à les faire saisir la nuit du Dimanche des Rameaux au Lundi. Leur procès fut fait assez vite, & ils furent brulez vifs le 23. de Mai suivant, veille de l'Ascension dans la même Place où s'étoit dû faire la célèbre épreuve. Le peuple qui sembla se réjouir de les voir bruler, auroit sans doute été plus aise qu'ils eussent été préservez du feu le 7. d'Avril, lorsque le Pére Dominique avoit promis d'en sortir sain & sauf. Mais ce sont là des miracles rares; & il est étrange qu'après tout ce qui avoit été dit depuis deux siécles, pour montrer que c'étoit tenter Dieu que de recourir à une semblable épreuve, elle ait été pourtant encore demandée & approuvée par des personnes qui passoient pour habiles. Si cette expérience s'étoit faite avec le succès qu'on desiroit, elle auroit peut-être fait renouveller toutes les épreuves de l'eau bouillante, & du fer chaud. Plaise à Dieu qu'on n'y revienne jamais, & qu'on ne lise ces histoires, que pour se convaincre que des personnes d'ailleurs habiles, se laissent souvent éblouir par des pratiques superstitieuses, & pour se tenir soi-même sur ses gardes, de peur d'approuver des usages superstitieux, qui s'introduisent de tems en tems dans le monde. Tâchons présentement de résoudre les difficultez que les épreuves du feu ont fait naitre.

CHA-

(a) Francisco da Pouglia.

(b) On peut voir cet Acte tout au long, & l'extrait des Auteurs que nous avons citez, dans les additions à la vie de Savonarole, imprimées chez Billaine en 1674. par le R. P. Quetif Dominicain.

CHAPITRE V.

Résolution des difficultez ausquelles toutes les épreuves du feu, de l'eau bouillante, & du fer chaud ont donné lieu.

LEs personnes qui savent combien on doit se défier de ceux qui rapportent des événemens extraordinaires, ne manqueront pas d'avoir quelque doute sur la certitude des épreuves par le feu assez étonnantes. D'autres supposant les faits, demanderont quel jugement on en doit porter : s'il faut les mettre au nombre des miracles, ou des superstitions. Si c'étoient des miracles, pourquoi, dira-t-on, les faire cesser, en défendant toutes ces épreuves extraordinaires : & si c'étoient des superstitions, comment les a-t-on si longtems souffertes parmi les Chrétiens ? Que penser des Conciles qui les ont autorisées ? Mettons ces difficultez dans leur jour & en ordre, pour tâcher de les résoudre plus distinctement.

PREMIE'RE DIFFICULTE'.

Touchant la certitude & la nature des faits.

LEs faits sont-ils bien assurez, & n'y a-t-il point lieu de craindre l'imposture & la fourberie ? Le peuple qui aime naturellement le merveilleux, se laisse souvent éblouir, & croit facilement les effets les plus extraordinaires. Le feu discernoit-il les innocens d'avec les coupables ; & doit-on croire constamment que diverses personnes ne se bruloient point, sans user de fraude & d'artifice ? Cela n'arrivoit-il pas de même qu'à ceux qui touchent souvent les choses les plus chaudes, & le feu même sans se bruler, soit à cause de l'habitude, ou parce qu'ils usent de préparatifs, comme les Mangeurs de feu, les Ciriers, & les Plombiers ?

RE'PONSE.

I.

IL y a des faits si autentiques & si extraordinaires, qu'ils ne donnent lieu à aucune de ces difficultez. On ne peut pas raisonnablement douter des faits qui nous apprennent que des personnes sont entrées, & ont demeuré quelque tems dans un grand feu sans se bruler. Or il n'y a point de préparatif qui conserve naturellement un homme avec sa barbe & ses cheveux dans un feu semblables à ceux qu'on alluma à Milan & à Florence, où les habits Sacerdotaux de soye, avec lesquels les Prêtres y entrérent, ne furent nullement endommagez. Il y a donc des faits qui n'ont pu arriver naturellement, & qui sont néanmoins indubitables.

II.

A l'égard des épreuves plus communes du fer chaud & de l'eau bouillante, il n'est pas non plus possible de les révoquer toutes en doute. 1. Parcequ'elles se faisoient avec trop de solemnité, & en présence de plusieurs personnes éclairées, qui avoient intérêt d'empêcher l'imposture. On voit au neuviéme Tome des Conciles en 928. l'assemblée générale faite par Adelstan Roi d'Angleterre, dont le cinquiéme Chap. régle la maniére de faire les épreuves. Vient ensuite la publication des Loix de ce Roi Adelstan qui commencent ainsi : *Ego Adelstanus Rex consilio Wilfelmi Archiepiscopi.* Le Chapitre VIII. mérite d'être rapporté ici tout entier (a) ; afin qu'on voye toutes les cérémonies qu'on pratiquoit dans les épreuves de l'eau bouillante & du fer chaud. Le Prince régle les différentes maniéres de plonger la main dans une chaudiére d'eau bouillante selon l'exigence des cas, & l'espace que devoit parcourir celui qui faisoit l'épreuve du fer chaud. Le Prêtre jettoit de l'eau benite sur ceux qui se soumettoient à ces épreuves, leur faisoit baiser le saint Evangile, & leur donnoit sa bénédiction. Enfin on prioit le Seigneur de découvrir la vérité. Quiconque violoit ces Loix, étoit condamné à une amende considérable.

Dans les Loix de saint Edouard Roi d'Angleterre au milieu du onziéme siécle, le Titre IX. est de ceux qui sont jugez (b) par ces épreuves. Et l'on voit sous ce Titre que ces épreuves devoient être faites devant l'Official de l'Evêque, accompagné des Clercs, & en présence des Officiers de la Justice séculiére, afin qu'il n'y eût point de méprise, & qu'on connût exactement ceux que Dieu déclaroit innocens ou coupables (c). 2. Il se faisoit des épreuves pour les Rois, & en des causes très considérables, où il s'agissoit quelquefois d'une partie d'un Royaume. Telles étoient les épreuves que fit faire Louis de Germanie, contre Charles le Chauve ; & dans ces sortes d'occasions l'on y regardoit sans doute de bien près. 3. Les personnes qui faisoient ces expériences, n'avoient pas toujours accoutumé de manier des choses chaudes. La Comtesse, dont nous avons parlé au III. Chapitre, & l'Impératrice sainte Cunegonde, n'étoient pas fort exercées à toucher du feu. 4. On obligeoit quelquefois des personnes à se justifier par le feu, sans leur avoir donné le loisir de penser à aucuns préparatifs ; & l'on prenoit ordinairement des précautions pour empêcher qu'on en usât. Car dans le Recueil des anciennes Loix de Suéde, par l'Archevêque André Suenon au treiziéme siécle, il est ordonné qu'avant que de toucher le fer ardent, on fera laver les mains avec de l'eau fraîche, sans laisser ensuite toucher autre chose que le fer rouge (d). On marque ensuite dans le même Chapitre, qu'on

mensurati novem pedes à (a) stacâ usque ad (b) marcam, ad inensuram pedum ejus qui ad judicium ire debet. Et si aquæ judicium sit, calefaciat donec excitetur ad bullitum, & sit (c) alsetum ferreum, vel æreum, vel plumbeum, vel de argillâ, & si (d) *anseale il y a* sit, immergatur manus post lapidem, vel examen usque ad (e) *Wryste*, & si triplex accusatio sit, usque ad cubitum. Et quando judicium paratum erit ingrediantur ex utrâque parte duo homines, & certi sint ut ita calidum sit, sicut prædiximus, & introeant totidem ex ambâ parte, & consistant ex utrâque parte judicii de longo Ecclesiæ, & sint omnes jejuni, & ab uxoribus suis se continuerint ipsâ nocte, & aspergat presbyter aquam benedictam super eos omnes & humilient se singuli ad aquam benedictam, & det eis omnibus osculari textum sancti Evangelii, & signum sanctæ Crucis. Et nemo faciat ignem diutius quàm benedictio incipiat, sed jaceat ferrum super carbones usque ad ultimam collectam : postea mittatur super staplas, & non sit illic alia locutio quàm ut precentur sedulò Deum Patrem omnipotentem, ut veritatem suam in eo manifestare dignetur : & bibat accusatus aquam benedictam, & inde conspergatur manus ejus qua judicium portare debet, & sic adeat. Novem pedes mensurati distinguantur inter ternos. In primo signo secus stacam teneat pedem suum dextrum. In secundo transferat dextrum pedem, in tertium signum, quando ferrum projiciet, & ad sanctum altare festinet, & insigilletur manus ejus, & inquiratur die tertiâ, si munda vel immunda sit intra siggillationem, & qui leges istas fregerit, sit ordalium, idest judicium vel examen, fractum in eo, & reddat regi centum viginti solidos (f) Witæ p. 587. tom. IX. Concil.

(a) Pieu, ou bâton qu'on plantoit à l'endroit d'où celui qui devoit faire l'épreuve mesuroit les neuf pieds.
(b) Lieu où finissoient ces neuf pieds.
(c) Chaudiére.
(d) Si l'accusation est simple.
(e) Le poignet.
(f) Amende.
(b) De his qui ad judicium ferri vel aquæ judicati sunt per justitiam Regis.
(c) Die illo quo judicium fieri debet, veniat illuc minister Episcopi cum Clericis suis, & similiter justitia Regis cum legalibus hominibus Provinciæ illius, qui videant & audiant, ut æquè omnia fiant : & quos Dominus per misericordiam suam, non per merita, salvare voluerit, quieti sint & liberè recedant : & quos iniquitas culpæ, non Dominus damnaverit, justitia regis de ipsis justitiam faciat. *Concil. Tom.* IX. *Col.* 1022.
(d) De judicio candentis ferri : Gestaturus ferrum lotâ manu nihil debet contingere, priùs quàm ferrum levet, nec caput, nec crines, nec aliquod vestimentum, ne per tactum alicujus succi vel unguenti per fraudem potiùs quàm per innocentiam, ferri candentis effugiat læsionem. *Lib.* 7. *Legum Sveic. cap.* 15.

(a) De Ordalio præcipimus in nomine Dei, & præcepto Archiepiscopi, & omnium Episcoporum meorum, ne aliquis intret Ecclesiam, postquam ignis infertur, unde judicium calefacere debet præter presbyterum, & eum qui ad judicium iturus est. Et sint

qu'on mettra la main ou le pied avec lequel on avoit touché le feu dans un linge, fous le fcellé du Juge. Et l'on voit dans les Formules imprimées au fecond tome des Capitulaires de France, que le fcellé ne devoit être levé qu'après trois jours (a). On en ufoit ainfi lorsqu'on avoit enfoncé le bras dans de l'eau bouillante; & le même ordre étoit obfervé à la fin de l'Exorcisme du fer chaud (b). Toutes ces précautions ne laiffent pas lieu de douter des faits.

Enfin il y en avoit qui fe bruloient malgré eux, & d'une maniére tout à fait miraculeufe. Des perfonnes qui avoient voulu prouver les erreurs par le feu, avoient été ainfi brulées. En 1127. (c) Godefroi de Cologne Moine de faint Pantaleon, rapporte en fa Chronique qu'un Clerc qui foutenoit les erreurs des Stercoraniftes contre la Préfence réelle, & diverfes autres héréfies, voulut les prouver par le feu, en préfence de l'Evêque d'Arras & de l'Archevêque de Reims, qui y avoit été invité. Ce malheureux Clerc fit l'épreuve du fer chaud, & fe brula vivement, non feulement à la main qui avoit touché le fer ardent, mais aux deux mains, aux pieds & au ventre, & reffentit de très grandes douleurs. Peu d'années après on vit arriver à Strasbourg une punition auffi furprenante à l'égard de quelques Hérétiques, qui avoient voulu fe juftifier par l'épreuve du fer chaud, ainfi que le rapporte (d) Céfaire d'Heifterbach.

Il y en avoit qui fe bruloient dans l'eau d'une riviere, quelque froide qu'elle pût être. On le voit dans la vie de faint Pons Abbé près d'Avignon. (e) Quelques perfonnes étant en dispute touchant un foc de charrue qui avoit été volé, on expofa la difficulté au bienheureux Abbé Pons. Ce faint homme dit qu'on n'avoit qu'à mettre un foc de charrue dans le Rhône, de telle maniére qu'on pût le voir, & le retirer avec la main: cela fut fait. Il benit l'eau, & demanda à Dieu de faire connoitre le voleur. Celui qui étoit foupçonné, mit hardiment la main dans le Rhône, & la retira bien vite toute brulée comme s'il l'avoit enfoncée dans une chaudiére d'eau bouillante. D'autres fe bruloient en touchant un fer tout froid (f). Mais fans rapporter de nouveaux faits, ceux qui ont été expofez au Chapitre III. font affez voir que la plupart des effets qui fuivoient ces épreuves, n'étoient pas naturels.

III.

Il faut ajouter une troifiéme réponfe. C'eft qu'avec tous ces faits merveilleux, qui faifoient difcerner quelquefois les innocens d'avec les coupables, on ne lais-

foit pas d'y être trompé, le feu épargnent des coupables, & brulant des innocens. Des perfonnes habiles & attentives l'avoient remarqué, & c'eft ce qu'allégue Yves de Chartres à l'occafion d'un Soldat qui s'étoit brulé en touchant un fer ardent, pour fe juftifier d'un adultere qu'on lui imputoit. Ce Canonifte affure que cette épreuve n'étoit pas fuffifante, pour convaincre le Soldat, parcequ'elle confondoit fouvent les innocens avec les coupaqles (g).

Longtems avant Yves de Chartres, bien des perfonnes croyoient qu'il pouvoit y avoir de l'illufion dans ces épreuves, & fe perfuadoient que des criminels arrêtoient l'activité du feu par des fecrets naturels ou diaboliques. De-là vinrent les bénédictions & les exorcismes de l'eau & du feu, & toutes ces priéres qu'on faifoit faire à l'Eglife, dans lesquelles on demandoit que le feu agît malgré tous ces enchantemens. Rien n'eft plus fouvent répété dans toutes les formules imprimées au fecond Tome des Capitulaires, que ces fortes de priéres qui fuivent les conjurations (h).

Plufieurs prétendoient auffi que ceux qui étoient coupables d'un crime, pouvoient ne pas fentir l'activité du feu, s'ils s'en étoient confeffez, ou s'ils n'avoient pas l'intention intérieure de faire cette expérience pour le crime, ou pour la perfonne dont il s'agiffoit. Tout cela fut dit & difcuté au tems d'Hincmar, à l'occafion d'un homme, qui prenant un fer chaud pour difculper la Reine Thietberge, ne fe brula point. On avança que cet homme ne s'étoit pas brulé, à caufe que la Reine s'étoit confeffée (i). On trouve à la fin du douziéme fiécle l'exemple d'une perfonne qui s'étant confeffée, ne fut point endommagée par le fer rouge, & fe brula enfuite dans de l'eau froide, lorsqu'elle fe vanta de ce fuccés. Céfaire (k) d'Heifterbach rapporte ce fait tout au long. Mais pour ne pas interrompre ce que nous lifons dans Hincmar, on avançoit encore que l'homme de la Reine ne s'étoit pas brulé, parcequ'en faifant faire l'expérience, elle avoit détourné fon intention vers un autre de fes fréres qui n'étoit pas coupable (l).

Hincmar répond que ni la confeffion, ni cette diverfité d'intention ne pouvoit pas empêcher la vérité de l'expérience, mais cela ne laiffe pas de faire voir que plufieurs croyoient qu'on pouvoit par quelque fecret, ou par quelque adreffe, éviter l'effet du feu, & qu'ainfi ce n'étoit point un moyen infaillible de connoitre les auteurs des crimes.

Voilà donc la réponfe à tous les chefs de la premiére difficulté. Il y avoit des faits furprenans & merveilleux qui arrivoient fans impofture, mais qui donnoient quelquefois le change, confondant les innocens avec les coupables.

SECONDE DIFFICULTE'.

FAut il mettre tous ces faits parmi les miracles, ou parmi les fuperftitions?

R E-

<hr>

(a) Pofteà cum magnâ diligentiâ fic fiat involuta manus fub figillo judicis fignata ufque in die tertio quo vifa fit viris idoneis & ftæimata. *Col.* 644.

(b) Et ferrum proferatur, quod à culpato coram omnibus accipiatur, & per menfuram novem pedum portetur, manus figilletur, fub figillo fervetur, & poft tres noctes aperiatur. Et fi mundus eft, Deo gratuletur. Si autem infanies crudefcens in veftigio ferri inveniatur, culpabilis & immundus reputetur. *Col.* 634.

(c) Apud Piftorium. Tom. I.

(d) Miracul. Lib. III. c. 17.

(e) Statim ante eum (Pontium) adveniunt terræ cultor, & cuftos boum fuorum, in manu tenens vomerem, altercando cum focio fuo, proclamando illum latronem; fi quidem nudius tertius idem vomer non longè ab aratro fub terrâ ab eodem aratore coopertus fuerat, nemine præfente vel vidente, nifi fuo focio, qui juxta aderat. Requifitus in craftinum, non eft inventus per triduum; qua de re alter contra alterum conquerendo, impetebat unus alterum furem vomeris proclamando ...... Prædictus vir Domini fupra dictam ante fe audiens querimoniam, ambobus fubridens hanc indixit fententiam: mittatur propè ripam, fic ut videri poffit, vomer in aquâ Rhodani, & confignabimus eam in nomine Domini. Quod viri Dei dictum facto eft celeriter adimpletum. Tunc namque vir Domini figno fanctæ Crucis aquam fanctificans, inquit: nudatis brachiis ille de quo plus dubitatur, prior ab aquâ vomerem elevet, & fi reus furti fit, Deus juftus & verax, hoc fuâ bonitate revelet. Audacter itaque fibi furti confcius ad extrahendum vomerem ex aquâ, manum intulit, quam, velut in cacabum bullientis aquæ mififfet, crematam & fine vomere retulit. *Apud Dacherium in notis ad Guibertum*, pag. 662.

(f) Miracul. Lib. X. c. 35.

(g) Cauterium militis nullum tibi certum præbet argumentum, cùm per examinationem ferri candentis, occulto Dei judicio multos videamus nocentes liberatos, multos innocentes fæpè damnatos. *Epift.* 74.

(h) Qui tres Pueros fupradictos & Sufannam de falfo crimine liberafti, ita Domine omnipotens, fi culpabilis fuerit, & incraffante Diabolo cor obduratum, manum in hujus tui elementi ferventis creaturam miferit, tua veritas hoc declaret, ut in corpore manifeftetur, & anima per pœnitentiam falvetur. Etfi ex hoc fcelere culpabilis fuerit, & per aliquod maleficium aut per herbas, aut per diabolicas incantationes hanc peccati fui culpam occultare voluerit, vel tuam juftitiam contaminare vel violare fe poffe crediderit, magnifica tua dextera hoc malum evacuet, & omnem rei veritatem demonftret. *Col.* 644.

(i) Qui dicunt quòd pro fecretè facta confeffione ab eadem fœminâ, Vicarius ejus de judicio incoctus evafit. *VII. Interrog. de Divort. Hlot. & Tetb.*

(k) Lib. X. Cap. 35.

(l) Alunt quoniam intentio illius fœminæ fuit de altero ejusdem nominis fratre fuo, quando Vicarium fuum in judicium pro fe mifit, & idcercò fe in judicio isdem Vicarius ejus non coxit. *Int. de Divort. Hlot. & Tetb.*

RE'PONSE.

I.

JE répons en premier lieu, que l'usage commun de toutes ces épreuves étoit superstitieux, ainsi qu'on le reconnut généralement au treiziéme siécle. La preuve en est assez claire. 1. Parceque c'est tenter Dieu, que d'exiger qu'il fasse des miracles, pour nous découvrir des faits cachez, toutes les fois qu'il nous plaira de les savoir. On voit dans l'ancien (a) Testament l'épreuve des eaux de jalousie, pour faire connoitre le crime des femmes, soupçonnées d'adultére. Mais cela étoit ordonné par la Loi de Dieu, & ce n'étoit que pour ce seul crime. Des hommes ne peuvent pas faire des Loix qui engagent Dieu à de semblables miracles. 2. Parcequ'on vient de voir que ces épreuves trompoient souvent. Or dès qu'il y a de l'illusion & du mensonge dans les effets qui ne sont pas naturels, toute difficulté est levée; il est évident que l'esprit séducteur s'en est mêlé. C'est la régle que nous avons exposée après S. Augustin & les autres anciens Auteurs dans l'illusion des Philosophes. Le Démon séduit souvent les hommes sous prétexte d'enseigner des choses utiles. Quelquefois on est embarrassé. Mais on doit cesser de l'être, dès qu'on aperçoit de l'erreur & de la tromperie. Il n'y a que l'esprit du mensonge qui confonde le vrai avec le faux, sous le prétexte spécieux de discerner la vertu d'avec le vice. 3. Parcequ'il est assez évident que ces usages venoient du Paganisme. Nous avons vu que les Ripuariens, les Allemans & les Lombards introduisirent les épreuves du feu parmi les Chrétiens; & nous voyons dans les anciens Auteurs, qu'autrefois ces épreuves étoient connues parmi les Grecs & les Romains. Strabon au *Livre V.* de la Géographie, parle d'un lieu assez près de Rome, où l'épreuve du feu se faisoit souvent. On trouve de pareilles épreuves dans Aristote au *Livre des faits merveilleux*, dans la Bibliothéque de Diodore de Sicile *Livre II,* dans Pline *Livre VII Chap.* 2. & *Livre XXXI,* dans la vie d'Apollonius de Thyane par Philostrate *Livre I,* Denis d'Halicarnasse *Livre II,* Pline *Livre XXVIII. Chap.* 2, Valere Maxime *Livre VII Ch.* 1, qui parlent de la maniére dont une Vestale prouva la pureté d'un inceste dont on l'accusoit, en portant de l'eau dans un crible.

Presque toutes les relations des Indes, du Japon, & de Siam, font mention des épreuves par le feu fort communes en ces pays-là; & cette uniformité parmi tant de peuples idolâtres, marque assez quel est l'Auteur, à qui on doit rapporter ces pratiques.

II.

Je répons en second lieu que parmi tous les effets surnaturels que nous avons exposez, il y en avoit pourtant beaucoup qui étoient de vrais miracles. Tels sont les faits que nous avons tirez des Auteurs des six premiers siécles, où nous avons vu des Saints entrer dans un feu, ou y jetter des habits qui ne se bruloient point, pour convaincre des Hérétiques. Il se faisoit aussi des miracles dans ces épreuves de l'eau bouillante & du fer chaud, qu'on appelloit vulgaires ou populaires. Car si les Démons, esprits d'illusion & de mensonge, faisoient épargner quelquefois des coupables, & punir des innocens, par le pouvoir que Dieu leur laisse jusqu'à la fin du monde, ou s'ils préservoient quelquefois du feu les innocens, aussi bien que les coupables pour séduire les hommes & les empêcher de condamner ces pratiques; les bons Anges protégoient sans doute aussi des innocens, qui étant forcez de subir ces épreuves, auroient été punis de mort comme coupables, sans une protection miraculeuse. C'est à un miracle qu'on

attribue le succès de l'épreuve de la Reine Emme, rapportée par Gofcelin, (b) Guillaume de Malmsbery, & par d'autres écrivains. Cette Reine, mére d'Edouard III. Roi d'Angleterre étant accusée d'un adultére, fut d'abord enfermée dans un Monastére, & ensuite menée à l'Eglise de Saint Winthon, Evêque de Winchester pour y subir l'épreuve du fer chaud. Elle passa toute la nuit en priéres au tombeau du Saint. Dès qu'il est jour, on lui ôte les souliers & sa longue robe, & ayant deux Evêques à ses côtez, elle marche sans se bruler sur neuf fers ardens qui étoient sur le pavé de l'Eglise, ce qui remplit d'étonnement le Roi & toute l'assemblée. Ce miracle engagea & la Reine & le Roi son fils à offrir des présens à Saint Winthon. On pourroit rapporter divers autres faits de cette nature, qu'il n'y a pas lieu d'attribuer aux malins Esprits. On voit dans tous les siécles la puissance des Anges & des Démons exercée en diverses maniéres? Durant les premiers siécles de persécution, lorsque les Hérétiques Montanistes & autres étoient trompez par de fausses visions, soit de la part des Démons, ou des hommes imposteurs, Dieu instruisoit de vrais Chrétiens par des visions tout à fait claires, & leur apprenoit ce qui devoit arriver à l'Eglise. Origene & Saint Cyprien le disent en cent endroits. Tantot, dit Saint Cyprien écrivant à son Clergé, Dieu montre les événemens à l'âge tendre & innocent des enfans (c). Et tantot il fait ces révélations à des Prêtres, ou à des fidéles d'une sainte vie, & d'une maniére qui ne peut être équivoque (d).

Il y a presque toujours eu des personnes qui ont été guéries de diverses maladies par des secrets superstitieux, & il y en a encore davantage qui obtiennent la guérison par le secours divin. Le tems d'enchaîner le Démon n'est pas encore venu, & il y aura toujours lieu de dire aux fidéles avec le Prophéte Elie: (e) *Pourquoi recourez vous à Belzebub, le Dieu d'Accaron, comme s'il n'y avoit pas un Dieu en Israël à qui vous puissiez faire vos demandes?* Comme dans le champ de l'Eglise, il y aura toujours de l'ivraie & du bon grain, il y aura aussi dans le monde des esprits bons & mauvais, il se fera par conséquent toujours des miracles, beaucoup plus qu'on ne pense, quoiqu'ils soient peu éclatans. Dieu se rendant propice aux ames justes & aux priéres de l'Eglise, fait agir les Anges ses Ministres pour le bien des fidéles. Il y aura aussi toujours des superstitions inspirées & autorisées par le Tentateur, mais au milieu de ces superstitions interdites aux hommes, parceque l'ennemi de l'Eglise en est l'auteur, Dieu fait paroitre quelquefois son pouvoir spécial d'une maniére sensible.

C'étoit sans doute une superstition abominable que de prétendre faire parler les morts pour apprendre l'avenir. Dieu avoit dit distinctement que c'étoit consulter le Démon, & que ce crime méritoit la mort. Cependant Saül après avoir renouvellé la défense & la peine, osa consulter une Pythonisse, & lui demanda de ressusciter & faire paroitre Samuël. Quoique le Démon n'eût aucun pouvoir sur ce Prophéte, & qu'il pût seulement contrefaire sa figure & sa voix, Dieu (f) permit néanmoins que Samuël même vînt parler à Saül, lui reprochat ses crimes, & lui annonçat sa perte. Je sais que l'on dispute si ce qui apparut alors étoit l'ombre de Samuël ou le Prophéte lui-même: je sais aussi que

(a) Num. Ca. V. v. 13. & seq.

(b) Monast. Anglic. pag. 37. & in secundâ part. sæc. 4. Bened. pag. 71.
(c) Per dies quoque impletur apud nos Spiritu sancto puerorum innocens ætas, quæ in extasi videt oculis, & audit, & loquitur ea quibus nos Dominus monere & instruere dignatur. *Lib. III. Epist.* 14.
(d) Sancto Spiritu suggerente, & Domino per visiones multas & manifestas admonente, quia hostis nobis imminere pronunciatur & ostenditur. *Epist. ad Cornel. Ep. R.*
(e) Misisti nuntios ad consulendum Beelsebub Deum Accaron, quasi non esset Deus in Israël à quo posses interrogare sermonem. 4. *Reg. Cap. I. v.* 16.
(f) 1. Reg. XXVIII.

que des personnes mettent en doute s'il y eut la du surnaturel, ou si ce n'étoit pas une pure imposture. Mais c'est un point sur lequel il ne doit y avoir ni question ni doute. Ceux qui disputent, n'ont pas fait attention à ce qui en est dit dans l'Ecclésiastique; car ce Livre sacré nous apprend distinctement que Samuël étant mort fit savoir au Roi ce qui lui arriveroit. *(a) Il dormit ensuite dans le tombeau, il parla au Roi, & lui prédit la fin de sa vie; & sortant de la terre, il baussa sa voix pour prophétiser la ruine que l'impieté du peuple avoit méritée.* Voilà Samuël qui prophétise après sa mort, & Dieu qui fait parmi les superstitions abominables de la Pythonisse, ce que tout l'art diabolique n'auroit pu opérer.

Ce fut encore une superstition bien marquée, que la divination à laquelle Nabuchodonozor, Roi de Babylone eut recours, pour savoir s'il devoit attaquer Ammon ou Jérusalem. Mais c'est une superstition que Dieu prédit, & qu'il fit réussir. Il avertit le Prophéte qu'il veut punir les péchez de Jérusalem. *Me voici sur toi,* dit-il, *je tirerai l'épée du fourreau pour en fraper tous les habitans (b).* Le Roi de Babylone consultera les Sorts sur la guerre qu'il doit entreprendre. *La divination est déterminée sur Jérusalem, afin qu'il se résolve à tout perdre, qu'il applique le belier aux portes, & qu'il dresse des machines pour ruiner la Ville (c).* Il semblera qu'il a consulté l'Oracle en vain, n'avançant pas plus par ses travaux, que les Juifs dans l'oisiveté des Sabats. *Mais Dieu se souviendra des péchez du Peuple, pour le faire prendre (d).* Rien ne montre mieux que Dieu agit dans les superstitions les plus sensibles, qu'il préside aux Sorts, & que la puissance qu'il laisse au Démon pour séduire les peuples, est modérée comme il lui plait.

Il ne faut donc pas être surpris, si Dieu par le ministére des Saints Anges, a quelquefois agi dans les épreuves du feu, qui ont duré quelques siécles. Mais comme il n'étoit pas facile de discerner ce qui venoit de Dieu, d'avec ce qui venoit du Démon, & que d'ailleurs c'est tenter Dieu que d'exiger qu'il fasse à tout moment des miracles, il faut toujours conclure que l'usage commun de toutes ces épreuves étoit superstitieux.

TROISIE'ME DIFFICULTE'.

D'Où vient que l'Eglise a souffert si longtems ces épreuves, & que des Conciles les ont autorisées?

RE'PONSE.

I.

JE répons premiérement que ces usages n'ont été admis que dans quelques Eglises particuliéres. Si l'Eglise ne les a pas fait cesser d'abord, c'est qu'elle ne peut pas ôter tous les maux qu'elle connoit. Elle gémira toujours de voir les peuples courir après des amusemens & des folies, dont elle ne peut les détromper qu'après bien du tems & des discours: & quelquefois les abus qu'elle n'empêche pas, deviennent utiles en quelque sens. Jamais tant d'épreuves superstitieuses qu'au dixiéme & onziéme siécles. Car outre celles que nous avons exposées comme les plus communes,

& qui embarrassoient davantage les Savans, il y en avoit plusieurs autres moins usitées, comme celles du morceau judiciel, & du tournoyement du pain, pour lesquelles des Ecclésiastiques simples & ignorans introduisirent des Formules. On faisoit manger un morceau de fromage, ou de pain d'orge, à un homme soupçonné de de vol, & l'on prétendoit que ce morceau ne pouvoit être avalé par le voleur. D'où est venue cette imprécation assez commune parmi le peuple, *que ce morceau puisse m'étrangler.* Quelquefois on faisoit seulement l'épreuve du tournoyement du pain. Alors on demandoit que si l'homme en question étoit coupable, le pain se tournat en rond, & qu'il demeurat immobile, s'il n'étoit pas coupable *(e).* Nous verrons les épreuves de la Croix & des Baguettes condamnées avec l'épreuve du pain, *sortes de pane & ligno,* dont il falut encore renouveller la défense au troisiéme Concile de Latran. Mois toutes ces épreuves même les plus communes, & véritablement superstitieuses, ne furent pas inutiles durant ces siécles, où l'on n'étoit pas fort instruit. Elles intimidoient plusieurs personnes, & les empêchoient de faire du mal. Elles faisoient aussi connoitre à d'autres qu'il y a dans le monde autre chose que de la matiére, puisque tous ces effets ne peuvent être produits par les Corps; qu'il y a des Esprits qui agissent sur ces Corps, & qui doivent nous faire tenir sur nos gardes; qu'il y en a des bons qui protégent les justes, mais qu'il y en a de séducteurs qui tâchent de tromper tous les hommes. Et cette vérité n'est pas de peu de conséquence.

II.

Je répons en second lieu, qu'on ne peut pas dire proprement que les Conciles ayent autorisé ces épreuves. Il est vrai que le Concile de Saragosse en 592. voulut qu'on discernat par le feu les Reliques véritables d'avec les fausses, que les Ariens avoient confonducs. Mais cette épreuve n'étoit pas alors commune parmi les Chrétiens. Et comme il n'étoit pas possible de discerner naturellement toutes ces Reliques, les Evêques d'Espagne crurent pouvoir demander à Dieu un miracle semblable à ceux que des personnes pieuses avoient déja opérez. Il n'en fut pas de même lorsque ces épreuves devinrent vulgaires. Je sais qu'alors des particuliers firent par le feu l'épreuve de quelques Reliques. Guibert de Nogent rapporte que ses compatriotes doutant qu'un bras qu'on leur avoit apporté comme une Relique du bienheureux Arnoul Martyr, fût véritablement de ce Saint, le jettérent dans le feu, d'où il sauta soudainement *(f).* On voit de pareilles épreuves dans l'Appendice des Piéces ajoutées aux œuvres de Grégoire de Tours, & dans le troisiéme Tome du trésor des Anecdotes du P. *(g)* Martene. En 1022. Leon Marsicanus dit qu'au Mont-Cassin on éprouva par le feu un linge, qu'on disoit avoir servi à JESUS-CHRIST lorsqu'il essuya les pieds de ses Apôtres, & que le linge ne s'étant pas brulé, ils crurent que c'étoit effectivement le linge que JESUS-CHRIST prit lorsqu'il voulut laver les pieds aux Apôtres: *linteo præcinxit se.* Mais c'étoient-là des particuliers dont les pensées ni la pratique ne tiroient pas à conséquence. Il n'en est pas de même des Papes & des Conciles; bien qu'il les autorisassent, ils les condamnérent fort souvent. Nous avons cité les défenses de plusieurs Papes sur la fin du Chapitre III, avec les paroles du Pape Silvestre II. qui condamna si expressément les épreuves de

---

(a) Et post hoc dormivit: & notum fecit Regi, illi finem vitæ suæ, & exaltavit vocem suam de terrâ in prophetiâ delere impietatem gentis. *Eccle.* 46. 23.

(b) Hæc dicit Dominus Deus: Ecce ego ad te, & ejiciam gladium meum de vaginâ suâ, & occidam in te justum & impium. *Ezech. XXI.* 3.

(c) Ad dexteram ejus facta est divinatio super Jerusalem, ut ponat arietes, ut aperiat os in cæde, ut elevet vocem in ululatu, ut ponat arietas contrà portas, ut comportet aggerem, ut ædificet munitiones. *v.* 22.

(d) Eritque quasi consulens frustrà Oraculum in oculis eorum, & Sabbatorum otium imitans: ipse autem recordabitur iniquitatis ad capiendum. *v.* 23.

(e) Si veritas est quòd culpabilis sit de hac re undè reus putatur, tornet se panis iste in gyro, & si veritas non est, non se tornet panis.

(f) Brachium B. Arnulphi Martyris in oppido, undè eram oriundus, habebatur; quod à quodam locis illis illatum cùm oppidanos reddidisset ambiguos, ad probationem ignibus est injectum, sed exindè saltu subitò est ereptum. *Guibert de Novig. de vitâ suâ.* pag. 524.

(g) Sæc. VI. Bened. Tom. I. pag. 101.

de l'eau chaude & du fer chaud. Yves de Chartres consulté par Hildebert Evêque du Mans, rapporta ces autoritez, & y ajouta la décision du Pape Alexandre II. au onziéme siécle, insérée dans le Decret par Gratien, *Causâ 2. Quæstione 4.* mais que Gratien a mal à propos attribuée à Saint Gregoire le Grand, comme l'ont remarqué les Correcteurs Romains, aussi bien qu'Antonius Augustinus, dans les Dialogues sur le Decret de Gratien (a). Dans le recueil des (b) Decrets qui est imprimé à la fin du troisiéme Concile de Latran en 1179., & qui est presque tout tiré des Lettres d'Alexandre III. & de quelques autres Papes du douziéme siécle, on voit la décision du Pape Luce III. consulté par un Evêque touchant un Prêtre soupçonné d'un homicide, qui s'étoit justifié par l'épreuve de l'eau froide; ce Pape déclare que cette justification n'étoit pas suffisante, parceque ces sortes d'épreuves étoient défendues par les saints Canons.

Il est donc assez clair que les Papes ni les Conciles n'autorisoient pas ces épreuves. On ne peut proprement opposer que le Concile de Tribur, tenu sur la fin du neuviéme siécle, dans lequel l'épreuve du fer chaud paroit approuvée & ordonnée. Mais quelque attention sur le Canon fait appercevoir aisément que le Concile ne permet cette épreuve, qu'à cause que les Loix civiles le permettoient, & qu'on n'en avoit pas encore pu désabuser les peuples, & ne l'approuve pas absolument (c).

On voit que le Concile ne permet cette épreuve, qu'en cas qu'il ne soit pas possible à un homme de se justifier par aucune autre voye. Alors n'y ayant plus d'autre ressource, & le peuple n'étant pas appaisé, les Juges ecclésiastiques, aussi bien que les séculiers n'osoient se dispenser d'accorder les épreuves communément reçues, quoiqu'elles ne fussent pas infaillibles. Dans l'ancien Testament, si un nouveau marié accusoit son épouse de n'avoir pas gardé la virginité jusqu'au lit nuptial, les parens pour se justifier avec leur fille, portoient aux Juges les draps de la premiére couche teints de sang; (d) & sur cette preuve l'épouse étoit justifiée, & le mari condamné au fouet. Cependant ces signes pouvoient tromper, suivant les observations des habiles Médecins, mais on n'avoit rien de meilleur. Le Concile de même n'ayant point d'autre voye, pour connoitre le crime, approuve le moyen qui justifioit dans l'esprit des peuples l'innocence de l'accusé. Les Evêques de ce Concile se trouvoient sans doute dans les sentimens qu'Yves de Chartres a développez dans la suite, lorsque croyant superstitieux l'usage commun de toutes ces épreuves, il reconnoit néanmoins qu'on ne peut se dispenser d'y recourir en certaines rencontres, à cause de l'incrédulité des peuples (e). C'est par cette raison que le Concile renvoye à cette épreuve; encore veut il qu'on recoure à l'Evêque. Or le plus grand nombre des Evêques étoit d'avis de rejetter ces épreuves comme Hincmar l'avoue contre son propre sentiment. Ainsi c'étoit le moyen d'abolir peu à peu toutes ces épreuves, ou du moins de les rendre fort rares.

(a) Voici les paroles d'Alexandre II. *Vulgarem denique, ac nullâ canonicâ sanctione sultam legem, ferventis scilicet,* ou *frigidæ aquæ, ignitique ferri contactum, aut cujuslibet popularis inventionis (quia fabricante hæc sunt omninò ficta invidiâ) nec ipsum exhibere, nec aliquo modo te volumus postulare, immò Apostolicâ auctoritate prohibemus firmissimè,* ou *severissimè, selon*

(b) *Conc. Tom. 2. col.* 1729.

(c) *Si quis fidelis libertate notabilis aliquo crimine aut infamiâ deputatur, utatur jure, juramento se excusare. Si verò tanto talique crimine publicatur, ut criminosus à populo suspicetur, & propterea super juretur: aut confiteatur & pœniteat, aut Episcopo vel suo Misso discutiente per ignem candenti ferro examinetur. Canon.* 22. *anno* 895.

(d) *Ecce hæc sunt signa virginitatis filiæ meæ. Expandent vestimentum coram senioribus civitatis, apprehendentque senes urbis illius virum, & verberabunt illum. Deut.* xxii. *v.* 17. 18.

(e) *Non negamus quin ad divina aliquando recurrendum sit testimonia, quando præcedente ordinariâ accusatione omninò desunt humana testimonia, non quòd lex hoc instituerit divina, sed quòd exigat incredulitas humana Epist.* 252.

Fin du Livre Cinquiéme.

HISTOIRE CRITIQUE

DES

PRATIQUES SUPERSTITIEUSES,

QUI ONT SÉDUIT LES PEUPLES ET EMBARRASSÉ LES SAVANS.

LIVRE SIXIEME.

De l'origine, & du progrès de l'épreuve de l'eau froide, renouvellée en nos jours, pour découvrir les sorciers.

CHAPITRE PREMIER.

De la Difficulté que plusieurs Savans ont trouvé durant quelques siécles à juger de l'épreuve de l'eau froide, par laquelle on punissoit comme coupables ceux qui jettez dans l'eau, ne pouvoient y enfoncer.

'EPREUVE de l'eau froide se faisoit en cette maniére. On dépouilloit un homme entiérement, on lui lioit le pied droit avec la main gauche, & le pied gauche avec la main droite, de peur qu'il ne pût remuer; & le tenant par une corde, on le jettoit dans l'eau. S'il alloit au fond, comme y va naturellement un homme ainsi lié, qui ne peut se donner aucun mouvement, il étoit reconnu innocent, mais s'il surnageoit sans pouvoir enfoncer, il étoit censé coupable.

Les anciennes Formules, que M. Baluze a ramassées, & fait imprimer au second Tome des Capitulaires de France, nous apprennent les cérémonies de cette épreuve, & la créance commune, que les criminels ne pouvoient enfoncer dans l'eau (a).

(b) Hincmar dit qu'on lioit celui qui devoit faire l'expérience, & qu'on le tenoit avec une corde pour deux raisons. La première, pour lui ôter tout moyen d'user d'artifice : la seconde, pour pouvoir le tirer facilement de l'eau, si étant innocent il enfonçoit.

On faisoit souvent cette épreuve dans une rivière, & quelquefois dans un tonneau plein d'eau. Car la maniére dont on lioit celui qu'on jettoit dans l'eau, le réduisoit à un si petit volume, qu'un tonneau de trois ou quatre pieds de diamétre pouvoit suffire pour l'expérience. Cela se faisoit toujours devant bien du monde; & l'on ne peut pas raisonnablement douter des faits rapportez, comme ils le sont par un grand nombre d'Auteurs contemporains.

Il n'y a pas lieu non plus de douter, si l'effet étoit naturel, ou non. On convenoit, & il est assez évident, qu'il y avoit du surnaturel dans l'expérience. 1. La posture de celui qu'on éprouvoit, ne lui permettoit pas de surnager. On en peut être aisément convaincu, en jettant les yeux sur la figure qui fait assez facilement entendre ce que nous venons d'exposer.

2. Lorsqu'un homme étoit éprouvé pour plusieurs crimes, dont il étoit soupçonné, on le voyoit tantot enfoncer dans l'eau, & tantot surnager, selon qu'il étoit innocent ou coupable de ces diverses fautes ; c'est pourquoi on réitéroit plusieurs fois l'épreuve, ainsi que nous l'apprend Hincmar (c), Or le même homme ne devient pas naturellement plus ou moins pesant, selon qu'il plait à un Juge de l'interroger sur un fait, plutot que sur un autre,

3. On voyoit des personnes qui sachant qu'elles enfonçoient dans l'eau se présentoient hardiment à l'épreuve,

---

(a) Post has autem conjurationes aquæ exuantur homines qui mittendi sunt in aquam propriis vestimentis, & osculentur singuli Evangelium & Crucem Christi, & aqua benedicta super omnes aspergatur, & qui adsunt omnes jejunent & projiciantur singuli in aquam. Et si submersi fuerint inculpabiles reputentur, si supernataverint rei esse judicentur. *Capitul. Tom. II. Col.* 652.

(b) Ob duas causas conligari videtur, scilicet ne aut aliquam possit fraudem in judicio facere, aut si aqua illum velut innoxium receperit, ne in aquâ periclitetur, ad tempus valeat retrahi. *De Divort. Loth. & Thet. Et in Epist. ad Hildegar. Tom. II. pag.* 681.

(c) Si fuerit fortè super plura suspectus, iterato est judicio examinandus, quousque inveniatur emendationis confessione probatus. *Tom. II. Opus. & Epist. pag.* 682.

ve, & se trouvoient ensuite bien surprises de se voir demeurer sur l'eau, malgré qu'elles en eussent.

Hermanus au Traité des Miacles, Loccenius au deuxiéme Livre des Antiquitez de Suéde, & un Manuscrit (a) de l'Eglise de Laon du douziéme siécle, font mention de quelques voleurs, qui après avoir éprouvé pendant la nuit qu'ils enfonçoient dans l'eau, crurent se justifier entiérement par l'épreuve de l'eau froide; mais qui malgré leur attente demeurérent ensuite sur l'eau comme du liége, lorsqu'on fit l'épreuve juridiquement & devant le monde. Ce Manuscrit rapporté par Juret, est d'Hermanus même, que D. Luc d'Achery a fait imprimer à la fin des œuvres de l'Abbé Guibert. On ne sera peut-être point fâché de voir ici en propres termes (b) cette histoire, qui est assez remarquable.

Tout cela leve le doute qui pourroit naitre dans l'esprit, que ceux qui n'enfonçoient pas dans l'eau, avoient peut-être la poitrine plus large que les autres. Comme les hommes n'enfoncent dans l'eau, que parcequ'ils pésent environ huit onces plus qu'un volume d'eau égal à leur corps, il pourroit se faire qu'un homme ayant la poitrine fort large, renfermeroit en lui-même assez d'air pour faire un tout un peu moins pesant qu'un égal volume d'eau. Dans cette supposition il surnageroit nécessairement. Mais outre qu'on ne trouveroit peut-être pas un homme dans toute la France, qui pût demeurer un quart d'heure sur l'eau sans enfoncer, sur tout étant lié comme nous avons vu, il est constant que les hommes que l'on éprouvoit par l'eau froide, ne surnageoient que lorsqu'on vouloit savoir s'ils étoient coupables ou non, & coupables d'un tel crime. Il en étoit à l'égard de cette épreuve, comme de ces Augures, dont parle Seneque, qui n'aprenoient rien, si l'on n'avoit l'intention de deviner quelque chose (c). Aussi l'on convenoit que l'effet n'arrivoit pas par une vertu naturelle. On reconnoissoit qu'il y avoit du surnaturel. D'où vient qu'on appelloit cette épreuve le Jugement divin.

Il n'y a donc de la difficulté sur ce point, qu'à savoir en quel tems l'épreuve a commencé, & si elle devoit être permise. On la voit fort en usage au neuviéme siécle, & si l'on en croit quelques Auteurs anciens & nouveaux, le Pape Eugene II. en fut l'Auteur. On le voit en effet à la fin de la formule du Jugement de l'eau froide, que M. Baluze a insérée au Tome second des Capitulaires (d).

La Formule que le Révérend Pére Mabillon a fait imprimer au Tome premier des Analectes, finit aussi par une observation qui prouve ce fait (e).

Cependant il y a tout lieu d'assurer que le Pape Eugene n'est point Auteur de cette épreuve, & que ces observations, qu'on a jointes à la Formule, ont été mises assez tard par quelque Auteur peu exact, qui vouloit faire respecter & approuver le jugement de l'eau froide. On ne disoit point encore au tems d'Hincmar, que le Pape Eugene en fût l'Auteur. On croyoit alors que l'usage avoit été reçu avant le Pontificat de ce Pape; car Hincmar qui auroit été ravi de trouver une telle autorité, n'avoit pu savoir autre chose touchant cette épreuve, si ce n'est que Charles-Magne, mort plusieurs années avant le Pontificat d'Eugene, l'avoit admise (f).

L'Auteur de l'observation est donc sans doute postérieur à Hincmar. Le Pére (g) Cellot, dans l'Appendix de l'Histoire de Gottescalc, avoit montré que cet Observateur étoit un ignorant. Le Pére le Cointé au Tome huitiéme des Annales, l'a fait voir aussi fort clairement. En effet Eugene fut fait Pape à la fin de 824, il est mort en 827, & cette même année on parle de l'épreuve de l'eau froide, comme d'un usage déja ancien. L'Empereur Louis le Débonnaire est si éloigné d'avoir demandé cette épreuve au Pape, qu'ayant indiqué quatre Conciles pour l'année 829. à Mayence, à Paris, à Lyon, & à Toulouse, il voulut qu'entr'autres chefs (h) qu'il prescrivit, on examinat le jugement de l'eau froide. Ces. (i) Conciles furent tenus dans l'octave de la Pentecôte; & leur résultat fut envoyé secrétement à l'Empereur Louis, qui la même an-

---

(a) Apud Juret. Nod. ad Ivon. pag. 154 & 155.

(b) Protinus ergo generalis conventus Canonicorum & Civium convocatur, quid opus sit facto, discutitur, & præ omnibus magister Anselmus, tunc temporis totius urbis lucerna, consulitur. Ille ut divinæ legis peritissimus, continuò Josue replicat historiam, quo modo scilicet furtum in Jerico, nullo sciente factum, Dominus jussit forte perquiri, primò per tribus, deinde per familias ac domos, ad ultimum sigillatim per viros. Instar hujus tam subtilis perquisitionis consulitur magister Anselmus, ut tanti facinoris auctor judicio aquæ perquiratur, ac de singulis urbis parochiis unus infans innocens in vase aquâ benedictâ repleto poneretur, & quæcumque parochia forté culpabilis inveniretur de singulis domibus ejusdem parochiæ unus infans in aquâ poneretur, & quæcumque domus deprehensa fuisset, omnes viri vel fœminæ ad eam pertinentes judicio aquæ se purgare cogerentur. Hoc consilio magistri Anselmi Germanique ejus magistri Radulphi comperto perterriti cives, licèt innocentiæ suæ conscii, ad Episcopum confluunt, & non longè remotos, sed potiùs Ecclesiæ custodes, & prope templum manentes, ad judicium primò debere vocari conclamant.

Annuit Episcopus, & sex viros, de quibus major erat suspicio, ad faciendum examen vocat, inter quos etiam ipse solus præfatam Anselmum nominatim compellat, dicens se contra eum exinde moveri suspicione. Respondet Anselmus se multùm mirari quomodo Episcopus de tanto scelere contra se suspicionem habere potuerit, præsertim cùm & se Dei servum esse sciret, & ante aliquot annos priusquam ipse pontificatum suscepisset aurificem, qui sibi maculam similis criminis imponebat, à se in duello fuisse superatum non ignoraret. Responsioni ejus universus populus adclamat, eumque virum sanctum, & Dei cultorem esse protestantes, omnes pariter unâ voce non debere eum ad judicium vocari, subjungunt. Tunc ab antiquo naturæ statu visus est mutari Episcopus: nunquam enim vel antea, vel post idem pontifex inventus est pertinax in aliquo fuisse, sed semper precibus aut dictis aliorum à suâ sententiâ facilè flecti consuevit. In hac verò solâ causâ tantæ fuit constantiæ, ut cùm nullus Anselmum accusaret, immo penè cuncti contra Episcopum ei faverent, Dei tamen nutu nullo modo ad eum dimittendum flecti potuerit.

Cùm ergo præsul eum custodiri usque ad præfinitam diem examinis jussisset, quidam miles ei vehementer favens, nomine Guillelmus, rogavit Episcopum ut eum sibi servandum committeret, sicque ad domum suam, eo concedente, illum duxit. Ubi dum servaretur; quadam nocte vas maximum aquâ impleri, seque in eo ligatum fecit deponi, tentare scilicet volens utrùm in aquâ totus mergeretur, an supernataret. Cùm verò se sine ullâ dilatione vidisset ab aquâ receptum fuisse, & ad vasis fundum pervenisse, exhilaratus dixit, se nihil ultra timere, sed sponte in aquam ingressurum fore. Quid longiùs moror? Venit dies constitutus, confluit ad Ecclesiam innumera multitudo clericorum, militum, & rusticorum diversi sexûs & ætatis, juvenes & virgines, senes cum junioribus invocant nomen Domini, ejusque gloriosissimæ genitricis. Qui ergo primus in aquam positus est, salvus & gaudens exiit, secundus autem corruit, tertius salvus, quartus inventus est reus, quintus liberatur, sextus idem Anselmus culpabilis invenitur, sicque probavit nihil sibi profuisse quòd priùs Deum tentaverit, sed plurimùm hanc aquam distare ab eâ, in qua priùs, dum in custodiâ esset, se deponi fecerat.

Mox ergo vinculis religatus, usque thesaurum furatum redderet, ab Episcopo commonitus publicè imprecatus est, ut sic suspendi mereretur sicut Judas, qui Deum tradidit, si aliquid ex eo haberet, vel furatus fuisset. Videns Pontifex, quòd nihil exhortando posset proficere, Nicolao Castellano eum tradidit, præcipiens ei, ut torquendo thesaurum reddi, cogeret, ille nudatum terræ, & prostratum atque ligatum lardo calido fecit profundi, sed nihil extorquere potuit. Inde jubente præsule fecit eum suspendi, non ut interficeretur, sed tantummodo ut torqueretur. *Herman. in appendice Guiberti Novrig. pag. 558.*

(c) Auspicium est observantis. Ad eum itaque pertinet qui in ea direxerit animum.

(d) Hoc judicium autem petente Domino Hludovico Imperatore constituit beatus Eugenius, præcipiens ut omnes Episcopi, Comites, Abbates, omnisque populus Christianus, qui infra ejus imperium est, hoc judicio defendant innocentes, & examinent nocentes, ne perjuri super reliquias Sanctorum perdant suas animas in malum confentientes. Col. 646.

(e) Hoc autem judicium creavit omnipotens Deus, & verum est, & per Dominum Eugenium Apostolicum inventum est, ut omnes Episcopi, Abbates, Comites, seu omnes Christiani per universum orbem eum observare studeant, quia à multis probatum est, & verum inventum est. Ideo enim ab illis inventum est & institutum, ut nulli liceat super sanctum altare manum ponere, neque super reliquias vel Sanctum corpora jurare. Pag. 51.

(f) Si hujusmodi judicium, quod, ut audivimus, Charolus Magni nominis Imperator de suæ vitæ credulitate recepit, per consilium Laïcorum Nobilium, &c. Hinom. de Divort. Tom. I. pag. 612.

(g) Hist. Gottes. pag. 582.

(h) Capitul. Tom. I. pag. 653.

(i) Conc. Tom. VII. Col. 1581.

année défendit abfolument l'épreuve de l'eau froide par
ce même Capitulaire (a).   Faut-il croire que l'Empereur condamnoit dans cet endroit ce qu'il venoit d'établir, comme on le fuppofe, avec le Pape Eugene? Difons plutot avec le Pape Alexandre II. dont nous avons
cité plus haut les paroles, que ces épreuves ne font fondées fur aucune autorité canonique, & ne doivent leur
origine qu'à une invention purement arbitraire, ainfi
qu'on le difoit au tems d'Hincmar (b).

La Loi de Louis le Pieux, qui interdifoit cet ufage, auroit dû le faire ceffer entiérement.   Cependant
on y revint bientot après, & l'on voit fous Charles le
Chauve des difputes excitées entre les Savans fur ce
point.   Tant il eft vrai que les perfonnes habiles fe lai-
fent quelquefois furprendre par les fuperftitions populaires.   Le Savant Hincmar de Rheims, qui tâcha de juftifier les épreuves de l'eau bouillante & du fer chaud
dans le Traité du divorce de Lothaire & de Thietberge, s'arrêta davantage à l'épreuve de l'eau froide. (c) Il
n'ignoroit pas qu'elle avoit été condamnée par le Capitulaire que nous venons de citer.   A quoi il répond fimplement que cet article n'étoit pas certainement tiré des
Affemblées Synodales.   Il pouvoit pourtant remarquer
que ce Capitulaire étoit le réfultat de quatre Conciles
que l'Empereur venoit de faire tenir, & où l'on examina
ce point.   Quoi qu'il en foit, Hincmar entreprit de juftifier l'épreuve de l'eau froide, & prétendit l'autorifer,
en rapportant un grand nombre de miracles, qui avoient
fait éclater la puiffance de Dieu, & fa protection particuliére fur les juftes.

Quelques perfonnes convenant de l'épreuve de l'eau
bouillante & du fer chaud, avouoient à Hincmar que
l'exemple des Enfans de la fournaife, & quelques autres
femblables, pouvoient faire efpérer que les innocens feroient préfervez du feu.   Mais on lui oppofoit qu'aucun exemple de l'Ecriture ne peut faire voir que les
coupables ne doivent pas enfoncer dans l'eau.   Ne voyez vous pas, lui difoit-on, qu'au tems de Noé tous
les méchans furent fuffoquez par les eaux du Déluge,
& qu'au paffage de la Mer Rouge les Egyptiens pourfuivant les Juifs, loin de furnager, furent punis de
leur crime, en enfonçant dans l'eau comme du
plomb (d).   Pourquoi Dieu feroit-il donc à préfent furnager ceux qui font coupables?

(e) Quoiqu'Hincmar faffe paroitre dans ce Traité
beaucoup de brillant & d'érudition, il a pourtant bien
de la peine à fe tirer de cette difficulté.   Sa principale
reffource eft que depuis JESUS-CHRIST plufieurs
chofes ont été changées, & que l'eau deftinée à fancti-
fier les hommes par le baptême, & confacrée par l'attouchement du corps de JESUS-CHRIST dans le
Jourdain, ne doit plus recevoir dans fon fein les méchans, lorfqu'il eft néceffaire d'être informé de leurs
crimes.

Il prétend que des hommes divins ont trouvé ce fecret, de connoitre par l'eau froide certains faits cachez.
Mais il auroit été bien en peine de nous dire quels ont
été ces hommes divins, & de nous marquer en quelle

Hiftoire on avoit vu de femblables miracles.   Affurément on ne trouvera nulle part avant le neuviéme fiécle, que des Saints ayent demandé que les juftes enfonçaffent dans l'eau pour y être fuffoquez, fi on ne les
en tiroit promptement, & qu'au contraire les méchans
ne puffent s'y noyer.   Qu'elle nouvelle espéce de miracle, qui n'opére qu'à l'égard des perfonnes actuellement
crminelles?

Ceux qui ont fait des remarques fur Gregoire de
Tours, croyent qu'on peut rapporter à l'épreuve de
l'eau froide deux miracles qu'il décrit au Livre de la
gloire des Martyrs.   Mais il eft aifé de voir que ces
miracles font au contraire tout oppofez à l'épreuve de
l'eau froide.   Voici ce que c'eft.   Au Chapitre LXVIII
& LXIX. Gregoire de Tours parle des miracles de
Saint Geneft d'Arles, qui fouvent fecouru des perfonnes qui devoient fe noyer naturellement.   (f) Une
femme injuftement accufée d'un crime par fon mari,
fut condamnée par les Juges à être noyée.   On la jette
dans le Rhône avec une groffe pierre au col.   Elle invoque Saint Geneft, le prie de faire poroitre fon innocence, & malgré la groffe pierre, elle demeure fur l'eau
fans enfoncer.   Le peuple ravi de ce miracle, mena cette femme à l'Eglife, & les Juges confus auffi bien que
le mari, ne lui firent plus de procès.

Si l'on eût fait en cette occafion l'épreuve de l'eau
froide, ou qu'au tems de Gregoire de Tours elle eût
été en ufage, cette femme loin d'être reconnue innocente, auroit paffé pour la plus grande pécherefle du
monde, puifqu'une fort groffe pierre ne pouvoit la faire enfoncer dans l'eau.

Au Chapitre fuivant LXX. on voit encore une femme
accufée injuftement d'adultére, & condamnée trop légérement à être précipitée dans la Saone avec une meu-
le de moulin au col.   Mais Dieu, dit Saint Gregoire
de Tours, prenant foin de l'innocence de cette femme
qui l'invoquoit, ne permit pas qu'elle fe noyat, & la
conferva miraculeufement au milieu des eaux.

Ces exemples montrent feulement qu'on noyoit les
femmes adultéres, & que Dieu fit un miracle pour préferver deux femmes injuftement condamnées.

On ne doit pas non plus rapporter à l'épreuve de
l'eau froide, un miracle que Mr. Baluze a tiré d'un
Manufcrit (g) de la Bibliothéque de Saint Germain
des Prez.   Après la mort de Gafton de Bearn, fa femme fœur du Roi de Navarre demeurant groffe, fit une
fauffe couche qu'on attribua à un crime.   On vouloit
qu'elle fût brulée ou noyée (b).   On la lie en effet
comme on lioit ceux qu'on éprouvoit par l'eau froide,
& du haut d'un pont d'une hauteur prodigieufe on la
précipite dans la riviere.   Mais par l'interceffion de la
très fainte Vierge, elle demeura toujours fur l'eau qui
la porta faine & fauve fur le fable, d'où on la tira avec
la joye de tous fes proches (i).

Il eft affez évident que ces miracles font oppofez à
l'épreuve de l'eau froide.   Par ces miracles les innocens
n'enfonçoient pas dans l'eau, foutenus par une protection vifible de Dieu, qui a paru dans cent autres miracles pareils.   Mais par une bizarrerie furprenante, qui
fit introduire l'épreuve de l'eau froide, il plut à des
per-

(a) Ut examen aquæ frigidæ, quod hactenus faciebant, à Mif-
fis noftris omnibus interdicatur ne ulteriùs fiat. *Conc. Tom. VII.
Col. 1587. pag. 667.*

(b) Adinventiones humani arbitrii.

(c) Nec prætereundum, quia legimus in capitulis Auguftorum
fuiffe vetitum frigidæ aquæ judicium, fed non illis Synodalibus
quæ de certis accepimus Synodis. *Tom. I. pag. 611. & Tom. II.
pag. 684.*

(d) Submerfi funt quafi plumbum in aquis vehementibus.

(e) Et quoniam ficut fupra oftendimus divinâ auctoritate bap-
tifmum effe judicium, unde & Jordanis baptifma defignans interpretatur rivus judicii, quo princeps mundi mendax & pater
ejus feras ejicitur, & baptifmus Dei eft confilium, divini viri ad
ignota inveftiganda invenerunt judicium aquæ frigidæ: in quo
aquæ frigidæ judicio ad invocationem veritatis quæ Deus eft, qui
veritatem mendacio cupit obtegere, in aquis, fuper quas vox
Domini Dei majeftatis intonuit, non poteft mergi, quia pura natura aquæ, naturam humanam, per aquam baptifmatis ab omni
mendacii figmento purgatam, iterum mendacio infectam, non
recognofcit puram, & ideo eam non recipit, fed rejicit ut alie-
nam. *Tom. 1. pag. 609.*

(f) Ferunt etiam in hac urbe fuiffe mulierem cui à viro crimen
Inpactum, nec omnino probatum, à judice ut aquis immerge-
retur dijudicata eft.   Cui cùm ad collum lapis immenfus funibus
colligatus fuiffet, in Rhodanum de navi præcipitata eft. Illa verò beati Martyris auxilium precabatur, & nomen ejus invocans,
aiebat: Sancte Genefi gloriofe Martyr, qui has aquas natandi pul-
fu fanctificafti, erue me juxta innocentiam meam: & ftatim fuper aquas ferri cœpit. Quod videntes populi fufceperunt eam in
navi, & ad Bafilicam Sancti deduxerunt incolumem, nec ulteriùs
à viro vel à Judice eft quæfita. *Cap. 69. Col. 799.*

(g) De miraculis B. Mariæ Rupis amatoris apud Cadurcos. *Lib.
I. c. 36.*

(b) Quapropter diverfo tormento affici vel igne cremari, vel
fub undis ligatam mergi dicernunt.

(i) Illa verò fuper undas profundiffimi torrentis miferatione Domini, & ejusdem matris glorioffimæ fubventione, plusquam ter
poffet arcus fine merfione delata confedit arenis, undè fui cum
gaudio reportaverunt liberatam ad propria. *Not. ad Agobard. pag.
104.*

perſonnes que les innocens enfonçaſſent dans l'eau, & que les coupables n'y puſſent enfoncer. Cela ſeul devoit faire comprendre à la plupart des hommes, ce que les plus ſenſez diſoient au tems d'Hincmar, que c'étoit-là des inventions de l'eſprit humain purement arbitraires (a). Mais c'étoient des inventions que le Tentateur, qui aime à lier commerce avec les hommes, faiſoit quelquefois réuſſir. ,, Car ces eſprits ſéducteurs, *dit ſaint* (b) ,, *Auguſtin*, pour pouvoir ſéduire les hommes, opérent ,, quelquefois ce qu'ils paroiſſent deſirer". L'illuſion & le menſonge étoient ſouvent viſibles dans cette pratique, autre preuve de ſon origine, & il ſemble que le peuple craignoit, & y ſentoit même l'action du malin Eſprit: d'où vient que preſque auſſitot que ce prétendu ſecret eut été mis en uſage, on demanda des priéres & des exorciſmes à l'Egliſe, pour empêcher dans cette expérience tout ce que le Démon y opéroit. Un peu plus d'application & de lumiére auroit dû la faire interdire, en montrant que ces hommes divins auſquels Hincmar en attribue l'invention, étoient des Devins qui avoient tenté de ſavoir des faits cachez, par une voye qui n'étoit pas naturelle, non pas des hommes divins, c'eſt-à-dire, Saints & inſpirez de Dieu, dans le ſens que le prend Hincmar dans ſon Traité.

Peu de tems après qu'il eut expoſé ces raiſons dans le Traité du divorce, il eut une conférence avec Hildegar Evêque de Meaux, ſur l'épreuve du Jugement de l'eau froide. Cet Evêque vouloit ſavoir ce qu'il penſoit d'un Ecrit compoſé ſur ce point par Raban Archevêque de Mayence, lequel apparemment condamnoit cette épreuve. Cela donna lieu à Hincmar d'écrire à Hildegar une aſſez longue lettre qui eſt la trente neuviéme dans l'édition du Pére Sirmond, & qui a pour titre: (c) *Du Jugement de l'eau froide.* Mais il ne fait proprement dans cette lettre qu'un extrait de ſon Traité du divorce. Il rapporte de nouveau les miracles de l'Ecriture Sainte, il en tire pluſieurs des Dialogues de Saint Gregoire, cite ceux de Saint Benoit & de Saint Maur ſon diſciple, & conclut qu'après tout cela le Lecteur ne doit plus être ſurpris de voir que dans le Jugement de l'eau froide, les innocens enfoncent, & que les coupables n'y peuvent entrer (d).

(e) Je crois que le Lecteur verra encore beaucoup mieux qu'Hincmar, tout ſavant qu'il fût, ſoutenoit une mauvaiſe cauſe, & la défendoit aſſez mal. Ce qu'il y a de louable & de meilleur dans ſon Traité, c'eſt qu'il y fait paroitre beaucoup d'humilité, & qu'il finit en déclarant qu'il eſt prêt d'entrer dans le ſentiment de ceux qui par des réflexions plus propres au ſujet, voudront l'inſtruire ſur cette matiére.

Mais il ne ſe fit point de Traité après Hincmar, où l'on montrat le foible de ſes raiſons. Ce qui l'avoit trompé, trompa encore diverſes perſonnes. Pluſieurs furent entrainez, ou par ſon autorité, ou par le bien qu'ils croyoient voir dans cette épreuve. D'autres qui auroient pu porter un jugement ſolide, aimoient mieux croire que c'étoient des illuſions qui amuſoient le peuple, ſans ſe mettre en peine d'y remédier. Et Dieu qui n'ordonne pas à ſes Anges d'empêcher tous les maux que font les méchans hommes & les Démons, laiſſa croitre cette

ivraye avec les autres mauvais grains que l'ennemi ſéme, & qui ne peuvent être arrachez que peu à peu, & par l'application des Paſteurs de l'Egliſe. Il étoit indifférent de jetter dans l'eau les perſonnes qui devoient ſe juſtifier, ou de prendre un enfant pour faire l'épreuve. (f) Le P. Mabillon rapporte qu'en 1021. des perſonnes qui avoient envahi des biens à l'Abbáye de Saint Victor de Marſeille, ne furent déterminez à les rendre qu'après avoir vu qu'un enfant qu'on avoit mis dans l'eau, ne pouvoit enfoncer. Il ſe trouvoit des perſonnes qui examinoient leur conſcience par l'épreuve de l'eau froide, & cherchoient cette voye la déciſion du cas de conſcience. Les parens du Saint Pape Leon IX. examinérent par l'épreuve de l'eau froide, s'ils avoient payé entiérement les dixmes. C'eſt ainſi qu'en parle l'Auteur contemporain de la vie de Leon IX., en relevant leur piété & leur exactitude dans les devoirs de la Religion (g).

On continua donc encore au dixiéme, onziéme, & douziéme ſiécles, les épreuves de l'eau froide, quoique ſuperſtitieuſes. Cependant Dieu qui préſide aux Sorts, dit l'Ecriture, ne permit pas que ces épreuves, qui pouvoient tromper nuiſiſſent à la Foi de l'Egliſe, en confondant les Hérétiques avec les Catholiques. Ce fut par l'épreuve de l'eau froide qu'en 1114. on découvrit les Manichéens d'auprés de Soiſſons, qui cachoient leurs héréſies en ſe parjurant comme les anciens Priſcillianiſtes. (h) Guibert Abbé de Nogent qui en pluſieurs endroits paroit oppoſé aux ſuperſtitions, fut le principal auteur de cette épreuve. Il engagea Liſiard Evêque de Soiſſons à dire la Meſſe, & à faire lés exorciſmes accoutumez pour le jugement de l'eau froide. Ce bon Evêque ſuivit l'avis de Guibert; il donna l'Euchariſtie comme la première épreuve à ceux qui étoient ſoupçonnez d'héréſie; on les mit enſuite dans une cuve pleine d'eau, où l'on jetta d'abord Clementius chef de la ſecte qui ſurnagea comme le bois le plus léger. Cela ſervit de conviction, & le peuple brula tous ces Hérétiques, ſans attendre le jugement du Concile de Beauvais, auquel l'Evêque de Soiſſons avoit deſſein d'expoſer la difficulté. C'eſt Guibert même qui rapporte le fait au troiſiéme livre de ſa vie, chap. XVI. p. p. 520.

(i) Peu d'années après ce fait, au tems de Saint Bernard,

(a) Sed adinventiones ſunt humani arbitrii, in quibus ſæpiſſimè per maleſicia falſitas locum obtinet veritatis. *Hincm. t.* 1. *p.* 599.

(b) L. 2. de Doct. Chriſ. c. 24.

(c) Epiſt. 39. ad Hildegarium Epiſc. Meldenſem de Judicio aquæ frigidæ. T. 2. p. 676.

(d) Hæc diligens Lector legat, & non mirabitur in Judicio aquæ frigidæ, innocentes ab aquâ recipi, nocentes verò non recipi, ſicut & in aquâ calidâ coquuntur noxii, innoxii verò reſervantur incocti. *pag.* 684.

(e) Hæc autem dicimus, non quòd quemquam reprehendamus, quia nec ibi ſcriptum eſt, cur hoc judicium non debeat fieri, ſed tantummodo dictum ne fieret, aut noſtra quaſi ſapientiùs prolata quam alii invenire ex Sanctorum documentis prævaluerint ſive prævaleant, defendere fatagamus. Unuſquiſque enim in ſuo ſenſu, abundat; tantùm quilibet hoc cautè provideat, ut à Fide Catholicâ & Traditione Apoſtolica Sedis non diſcrepet, ſed quæ ſentimus humiliter proferentes parati ſimus, ſi quis convenientiùs nobis oſtenderit, ſine contentione ſano intellectui cedere, & libentiſſimè non modò conſentire, quin etiam diſcere. *Pag.* 685. *ſub fin.*

(f) Duo alii reſtitutioni obſiſtentes, acceptum puerulum è ruſticulâ in ſtagnum demittunt, at ubi eum in aquam non receptum viderunt, ſpe ſuâ fruſtrati mox aliam partem Allodii reddiderunt. *Ann. Bened. Tom.* VI. *p.* 282.

(g) Nam ut modò de multiplici eorum ergà Deum vigilantiâ taceamus, utrùm integrè reddidiſſent rerum ſuarum decimationem ſub judicio aquæ frigidæ perſcrutabantur. *Acta Ord. S. Bened. ſæc.* VI. *part.* 2. *pag.* 54.

(h) At quia talium eſt negare, & ſemper hebetum clam corda ſeducere, addicti ſunt judicio exorcizatæ aquæ. Cùmque in ipſo apparatu rogaſſet me Epiſcopus, ut ab eis ſecretò quid ſentirent elicerem, & eis baptiſma infantium proponerem, dixerunt: *Qui crediderit, & baptijatus fuerit, ſalvus erit.* Cùmque in bonâ ſententiâ magnam quantùm ad ipſos intelligerem latere nequitiam, interrogavi quid putarent ſuper his qui ſub aliorum fide baptiſantur .. & illi, propter Deum ne nos adeo profundè ſcrutari velitis. Itidem ad ſingula capitula addentes, nos omnia quæ dicitis, credimus. Tunc recordans verſûs illius, in quem Priſcillianiſtæ olim conſenſerant, ſcilicet: *Jura, perjura, ſecretum prodere noli:* Dixi ad Epiſcopum, quoniam teſtes abſunt, qui eos talia dogmatizantes audierunt, cœpto eos addicite judicio, erat enim matrona quædam, quam per annum Clementius dementaverat, erat & Diaconus quidam qui ex præfati ore alia capitula maligna audierat.

Miſſas itaque egit Epiſcopus, de cujus manu ſub his verbis ſacra ſumpſerunt, corpus & ſanguis Domini veniat vobis ad probationem hodie. Quo facto piiſſimus Epiſcopus, & Petrus Archidiaconus vir fide integerrimus, qui ut non ſubjicerentur judicio, eorum promiſſa reſpuerat, ad aquas procedunt. Epiſcopus cum multis lacrymis lætaniam præcinuit, deinde exorciſmum fecit. Inde ſacramenta dedere contra fidem noſtram credidiſſe, aut docuiſſe. Clementius in dolium miſſus, ac ſi virga ſupernatat. Quo viſo, infinitus gaudiis tota effertur Eccleſia. Tantam enim ſexûs utriuſque frequentiam opinio iſta conflaverat, quantam inibi nemo præſentium ſe vidiſſe meminerat. Alter confeſſus errorem, ſed impœnitens, cum fratre convicto in vincula conjicitur. Duo alii è Duramantiis villâ probatiſſimi hæretici ad ſpectaculum venerant, pariterque tenti ſunt. Interea perreximus ad Concilium Belvacenſe conſulturi Epiſcopos, quid facto opus eſſet: ſed fidelis interim populus clericalem verens mollitiem concurrit ad ergaſtulum, rapit & ſubjecto eis extra urbem igne pariter concremavit. Quorum ne propagaretur carcinus, juſtum erga eos zelum habuit Dei populus.

(i) *Plerumque fideles injectis manibus aliquos ex eis ad medium*

nard, on fit fubir l'épreuve de l'eau froide à de femblables Hérétiques qui nioient leurs erreurs. Ils ne purent enfoncer dans l'eau, & l'on reconnut par-là qu'ils étoient des menteurs & des impofteurs, ainfi que le dit St. Bernard qui décrit le fait hiftoriquement, fans en porter aucun jugement.

Il ne paroit nulle part que Saint Bernard ait condamné ces fortes d'épreuves. Mais il ne paroit pas auffi formellement qu'il les ait aprouvées comme Guibert de Nogent, qui dela prouvant l'ufage du duel, parle avec respect du jugement de l'eau froide pour découvrir non feulement des Hérétiques, mais encore des voleurs. Il raporte qu'un certain Anfel déroba des Croix & des Calices dans l'Eglife de Notre Dame de Laon, & les vendit en fecret à un Marchand, qu'il fit jurer de n'en rien dire. (a) Celui-ci entendant que dans toutes les Paroiffes du Diocèfe de Soiffons, on excommunioit ceux qui avoient eu part au facrilége, vint à Laon, & déclara au Clergé ce qu'il favoit. Le voleur comparoit, & nie le fait. Le Marchand offre à le prouver par le duel. Le voleur accepte le parti, & tue le pauvre Marchand. Sur quoi l'Abbé Guibert dit, ou que le Marchand avoit peut-être mal fait de violer fon ferment, ou plutot qu'il avoit mal à propos fubi l'épreuve du duel, qui n'eft nullement canonique.

(b) Il ne cenfure pas de même le jugement de l'eau froide. Il dit au contraire qu'Anfel ayant encore ofé voler le thréfor de Notre Dame de Laon, le bruit de ce vol fit recourir à la célébration du jugement de l'eau facrée, pour me fervir de fon expreffion. Anfel fut jetté dans l'eau avec les Marguliers, & ne pouvant enfoncer, il fut convaincu du vol auffi bien que divers autres complices qu'on pendit.

On voit divers autres faits de cette nature dans la fuite du douziéme fiécle, mais au treiziéme on fit ceffer entiérement cette pratique, auffi bien que les épreuves de l'eau chaude & du fer chaud. Le Concile de Latran en 1215. défendit abfolument à tous les Eccléfiaftiques, de faire aucune bénédiction, ni aucun exorcifme pour ces épreuves ; & Durand Evêque de Mande témoigne que celles de l'eau froide, & par conféquent la bénédiction que l'on faifoit pour cela, n'étoient plus en ufage de fon tems. Tout le monde convint alors que cette pratique eft tout-à-fait fuperftitieufe, & elle ceffa entiérement. En effet Cujas, qui écrivoit au fiécle paffé en 1579., fait mention des épreuves vulgaires, (c) & dit que celle de l'eau froide avoit été introduite par les Lombards, & n'étoit plus en ufage ; fi ce n'eft, comme on lui avoit dit, dit vrai; que l'épreuve venoit de fe renouveller en Weftphalie pour découvrir les Sorciers, & qu'elle fe répandit bientot ailleurs.

CHAPITRE II.

Renouvellement de l'épreuve de l'eau froide pour connoitre les Sorciers. Pratique d'Allemagne & difputes des Savans fur ce point. L'ufage paffe en France.

ON ne peut pas fe promettre que les pratiques qui ont trouvé des Défenfeurs dans un tems, ne fe renouvelleront pas dans la fuite, quelque foin qu'on ait pris de montrer qu'elles étoient fuperftitieufes. Celle de l'eau froide, qui avoit ceffé depuis le treiziéme fiécle, recommença vers la fin du feiziéme en plufieurs endroits d'Allemagne & de France, non pas pour découvrir les voleurs & les autres criminels comme l'on faifoit autrefois, mais uniquement pour connoitre les Sorciers, & principalement les Sorciéres. L'épreuve commença en Weftphalie vers l'an 1560. L'on s'y perfuada fortement que les Sorciers n'enfonçoient pas dans l'eau; & ce qui eft déplorable, plufieurs Juges approuvant ce prétendu fecret, le mirent en pratique, & condamnérent au feu un grand nombre de femmes, qui jettées dans l'eau n'enfonçoient pas. Cette pratique fut approuvée par quelques Savans, & blâmée par d'autres. Wier qui donna fon Traité *des Preftiges des Démons* en 1568. eft le premier Auteur qui ait fait mention de cette ridicule perfuafion des Magiftrats, & qui l'ait traitée comme elle méritoit. (d) Il ne doutoit pas que l'expérience ne fût trompeufe, que les mêmes caufes de pefanteur & de légéreté ne convinffent également aux innocens & aux coupables, & que le Démon ne fe mêlat dans cette pratique pour tromper les Juges qui admettoient une telle preuve.

L'autorité de Wier, & cette réflexion faite en paffant, n'eurent pas beaucoup d'effet. Malgré les difficultez que l'on trouvoit à rendre raifon de l'expérience, elle devint fort commune en Allemagne, où il y avoit beaucoup de femmes foupçonnées de forcellerie. Les Juges croyoient le crime certain dès qu'ils avoient réitéré l'épreuve trois fois, & que ces femmes jettées dans l'eau pieds & poings liez, fuivant la Figure de la page 220., avoient toujours furnagé durant un efpace de tems confidérable. Ainfi l'on voyoit fouvent dans le même jour des perfonnes paffer de l'eau au feu, fi les Juges ne différoient le fuplice pour découvrir des complices.

Ces terribles exécutions donnérent lieu à des difputes publiques. En 1583. Adolphe Scribonius, qui paffoit pour un fort habile Philofophe, étant allé à Lemgow dans le Comté de Lippe en Weftphalie, y vit bruler trois Sorciéres, & emprifonner en même tems trois autres femmes, (e) qui furent menées le lendemain à l'épreuve, & qui jettées par trois fois dans la riviére n'enfoncérent pas plus qu'un morceau de bois. Le Philofophe étonné de voir cet effet fi furprenant, fut prié par les Magiftrats d'en chercher la caufe. Il s'y appliqua, & donna en peu de tems au public un Syftéme dans lequel

---

traxerunt. Quæfiti fidem, cùm de quibus fufpecti videbantur, omnia prorfus fuo more negarent, examinati judicio aquæ, mendaces inventi funt, cùnque jam negare non poffent (quippe deprehenfi) aquâ eos non recipiente &c. Serm. 66. in Cantica. pag. 1499.

(a) Quod is animadvertens Laudunum venit, rem Clero prodidit. Quid plura? Conventus ille negavit. Is contra datis vadibus eum pugilaturus impetit. Nec diftulit, erat aut Dominica quibus Clerici præparatione commiffis, ille qui furem compellaverat, victus ruit, in quo duo conftant, aut eum qui furem pejerando prodiderat, minùs rectè feciffe, aut quod multò verius eft, legem illegitimam omnino fubiiffe ; huic enim certum eft nullum Canonem conveniffe. *Guibert. Abb. de vitâ fuâ. lib. 3. cap.* XIV. *p.* 518.

(b) Victoriâ denique Anfellus tutior ad tertium prorupit facrilegium. Nam ineffabili commento gazophilacium prorupit, & copiofiùs aurum gemmafque tulit. Quibus toltis celebrato jam facri laticis judicio, in hunc cum aliis matriculariis injectus eft, fuperque natando convictus, cum quo & alii primi damni cognitores: quorum furcis illati aliis verò parfum. *Ibid.*

(c) Quod tamen primum omnium exolevit in Longobardiâ Leg. 32.... Id hac ratione fumebatur, quam & vigere adhuc in Saxoniâ Occidentali narrant, ut in flumen demiffum & emerfum pro fonte, fubmerfum pro infonte haberent, *Comment. in l. 1. de feud. tom.* 2. *pag.* 807.

(d) Lamias maleficii reas, quæ injectas nunquam fubmergi ac fupernatare, velut certum experimentum nec fallax judicium effe, apud magiftratum & carnifices in plerifque ditionibus obfervatur. Næ illud nimis eft ridiculum, mirumque huic infulfæ perfuafioni ullum hominem, vel leviter rationis fenfu præditum, fidei tantillum apponere. Natationis fiquidem caufas uti levitatem, raritatem, fpiritûs fuftinentis conclufionem, corporis vivi habilitatem, idque genus reliquas naturales occafiones, non magis ineffe his corporibus, etiam fontibus, ut quidem fateor, ita afferere audeo: fi quid ejufmodi præter naturæ ordinem videatur, id fieri fuffulciente feminas, de quibus etiam falfa eft fufpicio, Diabolo ne fubmergantur, (conveniente Deo ob incredulitatem Magiftratûs fallax hoc experimentum admittentis,) quo in fententiam iniquam, judicem tandem inducat hac fraude impoftor ille, ab initio fanguinarius. *Lib.* 6. *cap.* 7. *p.* 589. *De præftigiis Dæmonum.*

(e) Nempe pedibus manibufque ligatæ & veftibus priùs exutis, hac ratione vinctæ erant, ut dextri lateris manus finiftri pedis pollici, & viciffim finiftra manus dextro pedi arctè colligaretur, ut ne nimium quidem fe aut corpus fuum movere poffent. *Scribonii Epift. de purgat. Sagarum fuper aquam frigidam projecti.*

quel il prétendit que les Sorciers étoient nécessairement plus légers que les autres-hommes, parceque le Démon, dont la substance est spirituelle & volatile, pénétrant toutes les parties de leur corps, leur communiquoit de sa légéreté, & qu'ainsi devenus moins pesans que l'eau, il n'étoit pas possible qu'ils enfonçassent.

Quelque ridicule que fût ce Systéme, il fit condamner bien des gens au feu sans scrupule. Le raisonnement étoit sans doute absurde. Car quand il seroit vrai que le Démon posséde corporellement ceux qui usent de sortilége, ce qui se dit sans preuve, il ne les rendroit naturellement ni plus légers, ni plus pesans, parceque la nature du Démon n'a nul rapport de pesanteur, ou de légéreté, avec l'eau ni avec aucun autre corps. C'est une idée de chercher en ce cas une raison physique & naturelle. On pourroit dire avec plus de fondement que si le Démon entroit dans le corps des Sorciéres, il les rendroit peut-être plus pesantes, & les feroit enfoncer dans l'eau, puisque nous voyons dans le *Nouveau Testament*, (a) que lorsque JESUS-CHRIST permit aux Démons d'entrer dans un troupeau de pourceaux, on les vit bien vite se précipiter dans l'eau, où ils se noyérent.

L'imagination de Scribonius parut ce qu'elle étoit à plusieurs Savans, qui avoient de la peine de voir autoriser une pratique si pernicieuse. Newalds en fit une réfutation sous ce titre: *Exegesis purgationis sive examinis Sagarum super aquam frigidam, &c.* Il représente combien il est surprenant que des Magistrats se fient à une expérience aussi téméraire que celle-là: qu'il en faut diré de même que des épreuves de l'eau bouillante & du fer chaud, qui ont été condamnées, qu'on y tentoit Dieu: qu'on convenoit assez que l'effet du surnagement de ces femmes venoit du Démon, qui veut séduire les hommes, & non pas de la légéreté de sa nature. 1. Parcequ'un pacte avec le Démon ne change rien à la substance du corps. 2. Parceque la pesanteur ou la légéreté ne dépendent pas de l'introduction d'une forme.

Newalds remontre encore que le Démon ayant part à cette épreuve, personne ne doit s'y fier, parceque le Démon est un esprit de mensonge, qu'on ne peut y recourir sans offenser Dieu mortellement, & que l'ignorance sur ce point ne peut excuser les Juges, qui doivent savoir que les épreuves vulgaires ont été proscrites.

Ce Traité ne fit pas changer de sentiment à Scribonius. Il le soutint de nouveau dans un plus long Ouvrage en 1588. au second Livre des moyens de connoitre les Sorciers, & mérita d'être réfuté aussi de nouveau par divers Auteurs. Godelman célèbre Jurisconsulte en cite plusieurs trois ans après dans le (b) Traité des Magiciens. Il s'étonne (c) que Scribonius ose encore porter des Juges ignorans à ordonner cette épreuve, qui pourroit faire périr plusieurs innocens, & ne doute pas que ces Juges ne dussent être pris à partie, en réparation d'injures, comme s'ils avoient fait emprisonner ou punir quelqu'un injustement.

Il ajoute contre Scribonius & tous ceux qui croyoient l'épreuve infaillible, qu'elle étoit au contraire fort trompeuse, & le prouve par des expériences dont il avoit été témoin : des femmes Sorciéres convaincues de crimes énormes & condamnées au feu, ayant enfoncé dans l'eau. C'est pourquoi (d) il espéroit que Scribonius reviendroit enfin de son sentiment.

Tout cela ne fit revenir ni cet Auteur, ni la plupart des Juges. Un Magistrat de la Ville de Bonn près de Cologne, voulut meme justifier cette épreuve par un ouvrage exprès sous ce titre: (e) *Défense de l'épreuve de l'eau froide, dont la plupart des Juges se servent aujourd'hui dans l'examen des Sorciéres.*

Cet Auteur, ou ce Juge, nommé Rickius, entreprend de réfuter ceux qui avançoient que cette épreuve étoit incertaine, qu'elle étoit défendue, qu'on y tentoit Dieu, que les Juges qui l'ordonnoient, péchoient mortellement, & que l'effet venoit du Démon, qui pouvoit tromper, & faire condamner des innocens.

Il prétend que si l'expérience a quelquefois trompé, cela étoit peut-être venu de la faute des Juges, ou des Exécuteurs peu circonspects, qui faisoient l'épreuve trop vite, & ne laissoient pas les femmes assez longtems dans l'eau. Car des innocentes pourroient demeurer d'abord quelques momens sur l'eau par des accidens imprévus, mais elles enfoncent bientot après, au lieu que les vrayes Sorciéres jettées dans l'eau, vont quelquefois au fond tout à coup, mais elles ne manquent pas de revenir bientot au dessus de l'eau. Il ne doute pas que l'épreuve ne soit certaine & tout-à-fait miraculeuse, plusieurs faits constans ne lui permettent pas d'en douter.

(f) Le premier est que plusieurs personnes ayant été jugées Sorciéres, parceque elles ne pouvoient enfoncer dans l'eau, les parens de ces personnes croyant que tout le monde pouvoit peut-être ainsi demeurer sur l'eau; demandérent à subir l'épreuve. On la leur accorda, mais ils allérent bien vite au fond de l'eau, comme y vont naturellement tous les corps vivans qui ne peuvent se donner aucun mouvement, & furent les premiers à croire leurs parens vrais Sorciers.

Un autre fait l'avoit persuadé que les Sorciers étoient d'une légéreté étonnante sur l'eau. (g) Une femme, dont on avoit fait mourir le mari & la sœur pour sorcellerie, fut seulement exilée, avec défense sous peine de mort de revenir jamais à sa première demeure. Elle y revint, & fut condamnée à être noyée. Mais ce qui étonna une infinité de personnes, le Bourreau ne pouvoit venir à bout de la noyer. Quoiqu'il l'eût bien liée avec une grosse pierre, cette femme demeuroit sur l'eau comme une plume. Il falut qu'il la poussat souvent dans l'eau avec une perche, & qu'il la tînt ainsi avec violence, jusqu'à ce qu'elle fût suffoquée ; ce qui fit dire au bon Rickius qu'il auroit falu bruler cette femme plutot que de la noyer.

Ce

(a) Exierunt ergo dæmonia ab homine, & intraverunt in porcos: & impetu abiit grex per præceps in stagnum, & suffocatus est. *S. Luc. cap.* IX. v. 33. *& Matth.* VIII. v. 32.

(b) De Magis veneficis, & Lamiis cognoscendis & puniendis. Francof. 1591.

(c) Admiratione itaque dignum est Scribonium contra jura manifesta, & communem Jurisconsultorum, Medicorum, & Philosophorum sententiam, hanc abrogatam consuetudinem in lucem revocare, & imperitis judicibus eamdem inculcare, eosque in discrimen adducere. Dubium enim non est Judicem, qui hac exploratione furiosa, diabolica & prohibita utitur, conveniri posse actione injuriarum, non minùs, quàm si aliquem injusté in carcerem conjecisset. *Lib.* III. *cap.* v. *p.* 42.

(d) Quapropter non dubito Scribonium, virum aliàs doctissimum, tandum sponté veritati locum daturum.

(e) Defensio probæ, ut loquuntur, aquæ frigidæ, qua in examinatione maleficarum plerique Judices hodie utuntur.

(f) Accidit insuper apud nos quòd tam veri quàm fœminæ videntes cognatos suos & nudos, & pedibus manibusque ligatos super aquas instar plumæ ferri, quantumvis neque arte, neque ullo motu natandi instructos, volentes insuper, & sensum tactus in semet experiri, veniâ à Magistratu obtentâ, ac flumini traditi, penéque ad fundum mersi (homines enim & cætera animata pleraque sensim & non illico ut lapis vel plumbum subsidunt & demerguntur, cùm non solida, sed concava & mixta corpora sint) ipsi cognatorum suorum & accusatores extiterunt ac vindices, & probam illam minùs, quàm cætera fallere edixedunt indicia. *Num.* 29. *Defens. Probæ. p.* 13.

(g) E diverso contigit vetulam quamdam stipite arundineo nixam, quæ ante complures annos maleficii unà cum marito & sorore insimulata, ac comprehensa: his supplicio absumptis, illam quòd & leviora tum contra se quàm cæteras præsumptiones militarent, pariterque gravida, & proxima partui esset, in exilium fuerat relegata, (ubi contra identidem geminatum ac sub pœnâ Magistratûs interdictum provinciæ ac habitationi suæ veteri se intulisset) comprehensam, ac aquæ ad submergendum hoc anno 1594. adjudicatam carnificique traditam, tantâ potentiâ aquis sese sæpius interdum & usque ad humeros videndos extulisse, & quasi ebullisse seu profiluisse, ut demergente & obtrudente eam sæpius conto carnifice, sub aquis vix contineri potuerit, extititque tum multorum sermo, ipsam, nisi tantâ vehementiâ conto per carnificem fuisset depressa, ac in aquis detenta, facili, & quidem celeriori negotio quàm homini esset possibile, enataturam ac evasuram fuisse. Quod nos uti fabulosum quemadmodum ridebamus, ita mirari satis non potuimus, mulierem illam & grandi lapide prægravatam, ligatam, ac uti videbatur coram prætorio semimortuam, senio ac præsenti terrore viribus prope omnibus destitutam, in aquis tantam vim & laborem exercere potuisse, planéque maleficam ac cremandam quàm submergendam illam potius fuisse censebamus. *Num.* 30. *&* 31.

Ce fait qui d'un côté confirmoit son sentiment, l'embarrassoit extrêmement d'un autre, parcequ'il ne pouvoit pas concevoir que Dieu permît au Démon de soutenir cette Sorciére dans l'eau, tandis qu'elle étoit entre les mains de la Justice, & déja condamnée par les Juges. C'est pourquoi après avoir raisonné sur ce point avec beaucoup de Savans, il ne peut s'empêcher de s'écrier: *Ecquis scrutabitur vias Domini?*

Il rapporte un autre fait qui n'est guéres moins surprenant que les précédens. (a) Une vieille femme voyant deux jeunes personnes jugées Sorciéres, parcequ'elles n'enfonçoient pas dans l'eau, demanda instamment aux Juges d'agréer qu'elle fût *baignée* publiquement, comptant qu'elle enfonceroit infailliblement, & que personne n'oseroit plus la soupçonner d'être Sorciére. Les Juges y consentirent, & cette pauvre malheureuse fut bien surprise de se voir dans l'impossibilité d'enfoncer dans l'eau, quelque effort qu'elle fît. On l'interroge juridiquement, elle avoue que le Diable lui avoit mis dans l'esprit qu'il la délivreroit, sur quoi on l'alloit bruler, si elle ne s'étoit étranglée dans la prison.

Après tous ces faits, Rickius persuadé de la certitude de l'épreuve, ne peut l'attribuer au Démon. Il ne lui paroit pas croyable que le Démon voulût ainsi trahir ceux qui lui sont dévouez. (Comme si la bonne foi étoit une qualité bien essentielle au Séducteur.) Il aime mieux croire que Dieu opère en cette occasion un vrai miracle en faveur de Juges qui se trouvent embarrassez. Ainsi il lui paroit que les Juges ne peuvent être coupables en ordonnant cette épreuve, pourvû qu'ils n'agissent point par curiosité, qu'ils procédent avec toutes les circonspections requises, & seulement dans la vue de prononcer un jugement certain sur des soupçons & des accusations de sorcellerie, où souvent l'on manque de preuves.

Il n'y avoit qu'à dire à Rickius & aux Magistrats, qui pensoient & parloient comme lui, que les Juges ne sont obligez de juger que de ce qu'ils connoissent, que rien ne les engage à demander dès miracles, qu'ils doivent surtout se garder de recourir à des moyens extraordinaires qui pourroient les tromper, & qu'ils ne sont nullement excusables lorsque ces sortes de moyens ont été généralement condamnez par l'Eglise. Mais il faut répéter cela bien des fois, avant que d'en être cru. Divers Juges d'Allemagne ont persisté dans cette pratique jusqu'à présent. Car des Officiers François assurent qu'en Westphalie, au Diocése d'Osnabruc, ils ont vu plusieurs femmes subir l'épreuve de l'eau, surnager & encourir la peine du feu.

Sur la fin du siécle passé, cet usage vint en France, où l'épreuve de l'eau froide n'étoit plus connue depuis le treisiéme siécle. Si quelques Savans de ce tems ont dit qu'on y *baignoit* autrefois les Sorciers, & qu'on les connoissoit par le jugement de l'eau froide, ils l'ont dit sans preuve & par méprise. A Toulouse depuis un tems immémorial, on a *baigné* les Blasphémateurs dans une cage de fer, qu'on tient toujours suspendue sur la riviére, & qui s'éléve & s'abaisse dans l'eau par le moyen d'une bascule. Il y a plus d'un siécle qu'on a étendu cette peine aux femmes de mauvaise vie. L'Exécuteur les fait aller par la Ville en chemise jusqu'au bas du Pont neuf où est cette cage de fer, dans laquelle il les fait

entrer, & les plonge ainsi dans l'eau, dont elles ne peuvent éviter de boire quelques traits. Mais cela ne se fait que pour les punir, & leur faire une confusion publique pour le feu de la concupiscence qu'elles foment, & non pas pour connoitre leurs crimes, ou pour découvrir quelque fait caché.

Autrefois on jettoit dans la riviére les personnes convaincues de sorcellerie, non pour savoir si elles en étoient coupables ou non, mais pour les noyer. Lorsque Lothaire se rendit maitre de Châlon en Bourgogne en 834, & que les Soldats mirent tout à feu & à sang, on jetta dans la Saône une Religieuse nommée (b) Gerberge, à cause qu'elle étoit sœur du Duc Bernard & fille du Connétable Guillaume. L'Auteur de la vie de Louis le Pieux dit qu'on la noya comme si elle avoit été empoisonneuse ou Sorciére (c). Nithard qui écrivoit dans le même tems, dit aussi que c'étoit le suplice des Sorciers (d).

Quoique l'épreuve de l'eau froide fût alors en usage, on ne disoit pas, on ne pensoit pas même que les Sorciers dussent surnager. On les jettoit dans l'eau, afin qu'ils y enfonçassent & y périssent; ils y enfonçoient en effet, & s'y noyoient. Mais les idées changent, & les expériences qui ne sont pas naturelles changent aussi. Celle de l'eau froide a changé bien des fois. Au tems de Pline (e) on disoit qu'en Scythie & ailleurs ceux qui fascinoient & donnoient la mort par un regard, ce qu'on appelleroit à présent des Sorciers, n'enfonçoient pas dans l'eau.

Parmi les Celtes, comme le dit Saint Gregoire de Nazianze, on éprouvoit les enfans qui venoient de naitre en les mettant sur le Rhin couverts d'un bouclier: s'ils demeuroient fermes sur l'eau, ils étoient censez légitimes, & s'ils enfonçoient, on n'en faisoit aucun cas. C'est l'épreuve superstitieuse dont parle Claudien (f).

Les Fidéles ont toujours cru avec raison qu'il falloit un miracle pour préserver ceux qu'on jettoit dans l'eau, & des personnes innocentes & pieuses, implorant le secours de Dieu, ont été souvent préservées des eaux où on les avoit jettées pour les noyer.

Au neuviéme siécle on s'imagina au contraire superstitieusement que les coupables de vol ou d'adultére, & généralement ceux qui avoient fait quelque injustice, ne pourroient pas s'enfoncer dans l'eau. Cela fut en usage durant cinq cens ans, & fit découvrir plusieurs criminels, à la réserve des Sorciers, qu'on ne jettoit dans l'eau que pour les noyer, comme on le vient de voir. Au milieu du seiziéme siécle on ne savoit pas encore en France qu'ils devoient demeurer sur l'eau, & l'on ne se servoit point alors de l'épreuve de l'eau froide à l'égard des Sorciers, ni de quelque autre personne soupçonnée de crime. Cujas nous a dit positivement que ce jugement étoit hors d'usage, *plané exoletum;* & Bodin qui donna son Traité *de la Démonomanie* en 1580. dit (g) assez clairement que cette maniére de connoitre les Sorciers n'est en usage qu'en Allemagne. C'est de-là que cette pernicieuse pratique est venue en France. Voyons le progrès qu'elle y a fait, & le jugement qu'on en a porté.

CHA-

<hr>

(a) Quemadmodum hac adhuc æstate in præfecturâ Linnensi Diocæseos inferioris Coloniensis accidisse dicitur, quòd vetula quædam videns duas mulierculas aquâ tentatas non subsedisse, sed supernatasse, ipsa ad præfectum loci accurrens ac interpellans, eò usque tam ipsum, quàm cæteros justitiæ ministros præsentes permovet, volens ac acerrimè instans, ut & ipsa aquis tentaretur, se licèt apud populum suspecta admodum sit de hac maleficiali hæresi, jam tamen innocentiam suam per hoc coram populo testatam facere, indignâque hac suspicione publicè se eximere velle. Annuit importunè efflagitanti Præfectus & cæteri, sed hanc in aquam projectam evidentiùs supernatasse, neque ut demergeretur vel fundum peteret, (quamvis id studiosè suo motu super aquas tentans,) efficere ullâ ratione potuisse dicitur. Extracta .... respondit, amasium suum sibi suasisse, ut hoc aquæ periculum subiret, se illam liberaturum, & in ipsis aquis famam, vitamque ejus adservaturum esse. *Num.* 102.

(b) Thegan. cap. §. 2. ap. Du Chesne. tom. 2.

(c) Sed & Gerberga, filia quondam Willelmi Comitis, tanquam venefica aquis præfocata est. *Histor. Franc. Du Chesne tom.* 2. *p.* 312.

(d) Gerbergam more maleficorum in Ararim mergi præcipit. *Ibid. p.* 362.

(e) Esse ejusdem generis in Triballis & Illyriis, adjicit Isigonus, qui visu quoque effascinent, interimantque quos diutius intueantur .... hujus generis, & feminas in Scythiâ, quæ vocantur Bithiæ, prodit Apollonides Phylarchus & in Ponto Thybiorum genus, multosque alios ejusdem naturæ: quorum notas tradit in altero oculo geminam pupillam, in altero equi effigiem. Eosdem præterea non posse mergi, ne veste quidem degravatos. *Plin. lib.* 7. *cap.* 2.

(f) *Et quos nascentes explorat gurgite Rhenus.*

(g) Le Juge bien entendu joindra toutes les présomptions pour recueillir la vérité, pourvû toutefois qu'il ne fasse comme plusieurs Juges d'Allemagne qui .... font lier les deux pieds & mains à la Sorciére, & la mettre doucement sur l'eau, & si elle est Sorciére, elle ne peut aller à fond .... car le Diable fait par ce moyen une sorcellerie de la Justice qui doit être sacrée. *L.* 4. *c.* 4.

CHAPITRE III.

Comment l'épreuve de l'eau froide se répandit en France. Des Juges l'aprouvent. Le Parlement de Paris la condamne.

IL est vraisemblable que ce que Bodin avoit entendu dire, ou ce qu'il écrivit, donna occasion à l'épreuve. Quoiqu'il eût remarqué que les Magistrats ne devoient pas suivre le méchant exemple d'Allemagne, plusieurs Juges eurent la curiosité de voir l'expérience, & la mirent en pratique. En effet depuis ce tems là on la voit en usage en France, principalement en Anjou, d'où étoit Bodin, & auprès de Paris où son Livre fut imprimé. Il falut que le Parlement de Paris s'opposat à cette pratique superstitieuse, comme on le voit dans un Arrêt donné en l'Audience de la Tournelle le premier Décembre 1601., dans lequel *sur les conclusions de Maitre Louis Servin Avocat du Roi, est défendu à tous Juges de Champagne & autres du ressort de la Cour, de plus faire d'épreuve par immersion en eau.* L'arrêt est imprimé sous ce titre: *Arrêt de défenses de faire épreuve par eau en accusation de sortilége,* & il est joint au Plaidoyer de Mr. Servin où l'on peut apprendre plusieurs particularitez remarquables.

La première, que les Juges subalternes se donnérent bien vite la liberté d'ordonner cette épreuve contraire aux régles de l'Eglise, & à l'honnêteté, & qu'ils faisoient raser par tout le corps ceux qui devoient être jettez dans l'eau. C'est ce que demanda le Procureur-Fiscal de Dinteville en Champagne le quinziéme Juin 1594. *Que les accusez mari & femme fussent tondus, & tout le poil qu'ils avoient sur eux rasé, ce fait eux conduits & menez en la rivière pour y être jettez, suivant ce qu'il est en ce cas accoutumé pour éprouver le sortilége* (a). Ce qui fut ordonné par le Juge à l'égard de la femme, & exécuté devant une multitude de personnes de tout état. *Elle auroit été dépouillée par Ordonnance du Juge, lequel lui avoit fait lier les pieds & mains, & après jetter en l'eau, étant de hauteur d'environ sept ou huit pieds, & ce par trois diverses fois, à chacune desquelles sitôt qu'elle auroit été jettée, elle seroit revenue au dessus sans se mouvoir, & à chacune des fois qu'elle fut retirée, étant admonétée en présence de tous les assistans de dire la vérité, elle auroit persisté en ses premières réponses, & dénégations* (b). Cependant quoiqu'elle niat toujours d'avoir jamais été au Sabat, & d'avoir fait aucun maléfice, on la tourmenta si fort qu'elle mourut en prison, & fut encore après sa mort pendue & brulée.

La seconde remarque à faire est que l'épreuve étoit en usage en plusieurs endroits, ainsi que Monsieur Servin le dit en faveur des Juges. (c) *Que non seulement en Champagne où la Seigneurie de Dinteville est assise, mais en plusieurs autres Provinces, il s'est pratiqué maintefois si comme ès Pays d'Anjou & du Maine, sur ce que l'on a dès longtems observé que les corps des Sorciers & Sorciéres étant jettez dedans l'eau n'alloient point au fond, mais surnageoient: d'où l'on tiroit un argument que ces gens là avoient fait paction de ne pouvoir être noyez en se donnant à ce mauvais, duquel nous prions tous les jours que Dieu nous délivre.* C'est ce prétendu pacte qu'on énonce ainsi communément en manière de Proverbe ou de Sentence: *Garde-toi du feu, je te garderai de l'eau.*

3. Mr. Servin montre fort savamment que ces sortes d'épreuves n'ont été introduites que *par erreur populaire,* qu'elles sont téméraires, pernicieuses & interdites aux Chrétiens. D'où il conclut que la (d) *Procédure de l'immersion de Jeanne Simony accusée, faite par Ordonnance du Juge dont est appel, est nulle & insoutenable, &*

qu'il est facile de faire une régle pour l'avenir. C'est pourquoi (e) il *requiert que défenses soient faites à tous Juges du Ressort de faire ces sortes d'épreuves.* Il est bon d'observer que Mr. Servin avoit vu le Livre de Rickius, dont il parle ainsi. (f) *Encore que quelques uns ayent cherché des raisons pour défendre telles épreuves, même J. Rickius au livre n'a guéres publié à Cologne, qui est inscript, defensio Probæ, &c. Si est-ce que telles procédures ne peuvent être jugées bonnes par bons Juges.*

La quatriéme remarque est que le Parlement de Paris avoit déja condamné ces épreuves, comme on le voit dans l'Arrêt: *la Cour ... faisant droit sur les Conclusions du Procureur-Général du Roi, a fait & fait inhibitions & défenses aux Juges de Dinteville, & à tous autres Juges de ce ressort conformement à autres Arrêts cidevant donnez en pareille cause, en jugeant les Procès criminels des accusez de sortilége, d'user d'épreuves par eau.*

Ce que cet Arrêt a de particulier, est qu'il devoit être registré dans tous les Greffes, & publié dans tous les Siéges du ressort, & qu'il ordonne que les Juges intimez qui avoient fait faire l'épreuve, comparoitroient devant la Cour.

CHAPITRE IV.

Continuation de l'épreuve de l'eau froide en quelques endroits de France, principalement en Bourgogne. Procès-Verbal fait à Montigny-le-Roi, où l'on a jetté dans l'eau beaucoup de personnes soupçonnées de sortilége.

J'Apprends de plusieurs personnes, que l'épreuve est en usage en bien d'autres endroits qu'en Westphalie. Un Officier de considération la vit faire il y a deux ans à Mayence, où l'on jetta des personnes dans le Rhin, pour savoir si elles étoient Sorciéres. Un Savant (h) d'un mérite très distingué a vu la même épreuve, il y a longtems à Sedan; & une autre personne digne de foi qui demeuroit il y a trente ans sur les confins de Lorraine & de Champagne, a aussi vu faire l'expérience plus de trente fois dans ces quartiers d'une maniére qui l'étonnoit. Comme bien des gens passoient pour Sorciers, les Magistrats ordonnoient assez souvent qu'on feroit cette épreuve, & l'on voyoit des personnes maigres, qui en toute autre occasion auroient enfoncé comme une pierre, demeurer néanmoins tout-à-fait sur l'eau comme du liége; & ce qui est plus étonnant, on ne pouvoit quelquefois les faire enfoncer dans l'eau, ni avec une perche, ni en pesant ou sautant sur eux. Alors tout le monde convaincu que c'étoient-là des Sorciers, on les faisoit évader sans bruit si c'étoient des personnes considérables, ou bien on les exiloit dans les formes.

Depuis cent dix ans que l'épreuve est renouvellée en France, elle n'a jamais cessé en plusieurs endroits de Bourgogne. Quelquefois on l'a fait sans autorité de Justice, & quelquefois des Juges peu instruits se sont avisez de l'ordonner. Je ne parlerai que des faits arrivez depuis peu, & que je sais avec toute la certitude qu'on peut souhaiter, dans les faits qu'on n'a pas vus soi-même.

Il y a près de trois ans qu'auprès de la Ville de Saint Florentin en Bourgogne, un Ouvrier qu'on soupçonnoit d'être Sorcier, fut menacé par le peuple d'être baigné. Cet homme qui ne se croyoit nullement Sorcier, & qui savoit d'ailleurs qu'il enfonçoit dans l'eau, lorsqu'il ne se donnoit aucun mouvement, croyant pouvoir faire cesser tous les bruits qu'on répandoit contre lui, s'avisa de dire tout haut qu'on le baigneroit quand on vou-

---

(a) Pag. 213.
(b) Pag. 218.
(c) Pag. 218.
(d) Pag. 229.

(e) Pag. 231.
(f) Pag. 224.
(g) Pag. 232.
(h) Le R. P. Mallebranche.

voudroit, & qu'il feroit volontiers l'expérience. Le lieu de l'épreuve, & le jour furent affignez. On s'y rendit de tous les Villages d'alentour; & ce pauvre malheureux jetté dans l'eau pieds & poings liez, demeura toujours fur l'eau, lors même que des enfans fe jettèrent fur lui pour tâcher de le faire enfoncer. Cela eft caufe que cet ouvrier, qui tenta fi mal à propos cette épreuve, eft réduit préfentement à l'indigence, perfonne ne voulant le faire travailler, parcequ'il paffe plus que jamais pour Sorcier, quoique le Curé du lieu attefte qu'il eft des plus réglez & des plus dévots de la Paroiffe.

Mais l'épreuve qui s'eft faite à Montigny-le-Roi à trois lieues d'Auxerre, a fait beaucoup plus de bruit. Plufieurs perfonnes de ce lieu, hommes & femmes, accufées depuis longtems de fortilége, dirent à Mr. le Curé de la Paroiffe de Montigny, qu'elles étoient difpofées à faire l'épreuve de l'eau froide, pour fe juftifier devant tout le monde des calomnies dont on les noirciffoit, & s'offroient à être baignées publiquement. Le peuple curieux de ces fortes de fpectacles en parut ravi, & l'épreuve fe fit le Mercredi fuivant cinquiéme de Juin dans la riviére de Senin, près de l'Abbaye de Pontigny. Le jour venu, on fonna la cloche pour la folemnité de l'expérience, plutot que pour avertir le peuple, que la curiofité n'attiroit que trop. On alla en foule à une lieue de-là près de l'Abbaye de Pontigny, fur le bord de la riviére de Senin, où l'on vit un grand nombre de perfonnes des lieux voifins, Curez, Religieux, Gentilshommes, & autres perfonnes de tout fexe & de tout âge.

Là ceux qui devoient faire l'épreuve, quittèrent leurs habits. Des hommes leur lièrent les bras & les mains aux jarrets & aux pieds, & leur paffèrent une longue corde fous les aiffelles, pour pouvoir tirer de l'eau ceu qui enfonceroient. On les jetta ainfi dans la riviére, les uns après les autres. Il y en eut deux qui enfoncèrent. Tous les autres demeurèrent toujours fur l'eau comme du liége, ou felon l'expreffion du Notaire, comme des gourdes, c'eft-à-dire, des citrouilles féches & vuides, fans qu'il leur fût poffible d'enfoncer. Quelques uns confus de fe voir fur l'eau contre leur efpérance, fe récrièrent que les cordes dont on les avoit liez étoient enforcelées, on en changea plus d'une fois, & cela ne fervit qu'à augmenter leur confufion. Quoique la préfence des Religieux Bernardins de l'Abbaye de Pontigny, & de plufieurs autres perfonnes de confidération, rendît l'expérience bien autentique, on voulut la faire juridiquement par un Acte dans les formes. Un Notaire fut chargé d'en dreffer le Procès-Verbal, à la réquifition même de ceux qui voulurent faire l'épreuve, efpérant d'enfoncer dans l'eau. Voici le Procès-Verbal, dont on m'a envoyé la copie collationée par le Notaire.

,, Ce jourd'hui cinquiéme jour du mois de Juin mil
,, fix cens quatre vingts feize, à l'heure d'environ huit
,, heures du matin, fe font adreffez pardevant moi Clau-
,, de Hay Notaire Royal en la Prévôté Royale de Mon-
,, tigny-le-Roi pour Monfeigneur le Prince de Condé
,, Seigneur dudit lieu, Vincent Baudot Maréchal,
,, Jeanne Manteau fa femme, Suzanne d'Appougny
,, veuve de Claude des Bœufs, tous demeurans audit
,, Montigny, Etienne d'Appougny Laboureur demeu-
,, rant à Merry Paroiffe dudit Montigny, & Marie
,, Liger fa femme, lefquels m'ont dit & fait entendre
,, que plufieurs Habitans dudit Montigny les traitent
,, & qualifient tous de Sorciers, & difent qu'ils le font;
,, & pour leur faire voir & connoitre qu'ils ne font de
,, cette qualité de Sorciers, & qu'ils ne l'ont jamais été,
,, ils fe font foumis & fe foumettent tous volontairement
,, de fe faire baigner dans un endroit qui fe trouvera le
,, plus profond dans la riviére de Senin, pour voir s'ils
,, n'iront point au fond de l'eau, ou y allant ou non,
,, en dreffer mon Procès-Verbal. C'eft pourquoi ils
,, m'ont tous prié & requis de me vouloir transporter
,, avec eux à ladite riviére de Senin avec mes témoins
,, ci-après nommez, ce que je leur ai octroyé, dont
,, Acte fait & paffé en préfence de Maitre Jean Bous-

,, fard Lieutenant au Baillage de Blegny y demeurant....
,, la Minute des préfentes eft fignée defdits d'Appougny
,, & Baudot, & defdits autres témoins & de moi No-
,, taire fufdit fouffignez.

,, Ce fait & à l'inftant je Notaire fufdit & fouffigné,
,, affifté des témoins ci-deffus nommez, me fuis tranf-
,, porté avec lesdits Baudot, fa femme, Etienne d'Ap-
,, pougny veuve des Bœufs, Claude Regnard, &
,, Claudine Rian veuve de Jean Jolliton tous dudit lieu
,, de Montigny à ladite riviére de Senin au deffus du
,, gué du bras des pierres proche & au deffous de l'Ab-
,, baye de Pontigny, où étant fur le bord de l'eau de
,, ladite riviére, qui eft un endroit le plus profond
,, qu'ils ont pu trouver, tous lefquels fe font fait bai-
,, gner volontairement, & iceux fait lier aux mains &
,, aux pieds par Claude Maffe Cordonnier, & Jean
,, Thibault Laboureur demeurant audit Montigny &
,, Nicolas Rouffeau Laboureur demeurant à Venouffe,
,, qui s'y eft trouvé, & autres; & enfuite ont été jet-
,, tez les uns après les autres dans ladite riviére, en pré-
,, fence de plus de fix cens perfonnes, par lequel bain
,, s'eft trouvé que ledit Vincent Baudot a enfoncé dans
,, l'eau une fois feulement, en ayant été trouvé délié,
,, en le retirant, & l'autre fois n'a été au fond de ladite
,, eau, à l'égard de ladite veuve des Bœufs a enfoncé
,, deux fois dans l'eau avec la femme dudit d'Appou-
,, gny, & quant aufdits d'Appougny, Regnard & la-
,, dite veuve Jolliton n'ont nullement enfoncé dans
,, l'eau (a) & dont & de tout ce que deffus ai Notaire
,, fufdit fouffigné, dreffé le préfent Procès-Verbal pour
,, fervir en tems & lieu ainfi qu'il appartiéndra, dont
,, j'ai fait Acte ... La Minutte des préfentes eft fignée
,, par lefdits ..... & de moi Notaire fufdit fouffigné.
,, Icelle controlée à Seignelay par Noiret Commis
,, le onziéme Juin 1696.

Comme ce Procès-Verbal eft extrêmement fuccinct, parcequ'avant de le faire controler, on en ôta, dit-on plufieurs circonftances, foit parceque le Notaire s'étoit mal énoncé, foit pour diminuer la confufion de quelques perfonnes, il eft bon d'ajouter ici: 1. Que l'expérience fe fit plus modeftement qu'elle ne fe faifoit autrefois; car au lieu que les perfonnes que l'on jettoit dans l'eau étoient toujours toutes nues, on leur laiffa en cette occafion la chemife, ce qui rend plus excufables du côté de l'honnêteté, plufieurs perfonnes qui affiftérent à l'épreuve. On nous a pourtant écrit de nouveau que quelques uns de ceux qui ne pouvoient enfoncer, craignant que la chemife ne les empêchat, la quittérent, mais ils ne laiffèrent pas de furnager.

2. Que les perfonnes qui ne purent enfoncer dans l'eau, étoient plutot maigres que graffes, & qu'il y en avoit même de fort maigres. Je me fuis informé de cette circonftance, parceque les hommes maigres doivent aller au fond de l'eau plus vite que ceux qui font gras.

3. Qu'on les jetta plus d'une fois dans la riviére, & qu'on les laiffa furnager durant un tems confidérable, environ une demie heure. On jetta même quelques uns des furnageans jufques à quatre & cinq fois fans qu'ils enfonçaffent.

Après cette épreuve étonnante où il y a vifiblement du furnaturel, toutes ces perfonnes ainfi liées, devant aller naturellement au fond, ceux qui avoient furnagé, paffèrent pour Sorciers. On n'en douta point, & l'on ne fut en peine que de la procédure qu'on devoit garder à leur égard. Mr. M... qui étoit Receveur de la Terre de Montigny-le-Roi, & chargé par fon Bail des Procès criminels, pour éviter un trop grand embarras, empêcha qu'on ne pourfuivit ces prétendus Sorciers. D'ailleurs les Juges de Montigny ayant donné avis de l'épreuve au Confeil de Mr. le Prince, ce Confeil fage & éclairé répondit que ce n'étoit pas là une conviction, & qu'il ne faloit plus réitérer ces fortes d'épreuves. Ainfi on laiffa ces malheureux

<hr>

(a) Non plus que des gourdes, dont les enfans fe fervent pour aprendre à nager.

reux en repos, & quelques uns ont quité le pays avec leur famille.

Huit ou neuf ans auparavant il s'étoit fait une semblable épreuve par l'autorité du Bailli de Montigny; & ceux qui avoient succombé à l'épreuve, ne furent pas non plus poursuivis en Justice, toutes choses ayant été assoupies par une voye qui appaise beaucoup de différends.

C'est un bien qu'en toutes ces occasions les Juges n'ayent pas poursuivi & passé outre. Car selon les maximes équitables du Parlement de Paris, dont le Ressort comprend le Présidial d'Auxerre, les Juges qui autorisent ces sortes d'épreuves, peuvent être pris à partie en réparation d'injure. Tout ce que nous avons dit aux Chapitres précédens suffit pour convaincre toutes personnes que l'épreuve n'est pas naturelle, qu'elle est superstitieuse, capable de confondre les innocens avec les coupables, qu'on y tente Dieu, qu'elle est défendue expressément par l'Église, & que les Curez qui l'autoriseroient, mériteroient d'être mis en pénitence par leur Evêque. Mais il y a lieu d'espérer que ces épreuves qui ont été si communes au voisinage d'Auxerre, ne seront jamais renouvellées.

Quoi de plus singulier qu'un grand nombre de personnes qui s'accusoient mutuellement de sortilége, n'ayent pu enfoncer dans l'eau, où elles avoient été jettées pieds & poings liez, comme le Procès-Verbal de ce Chapitre en fait foi?

Cet usage ne cesse point; car Mr. le Curé d'Hery qui est le lieu de la résidence du Notaire qui a dressé le Procès-Verbal en question, envoyant à Paris une nouvelle copie de ce Procès, écrit du 17. de ce mois de Mars 1701. que dans la Parroisse de Cheu, Diocése de Sens, plusieurs personnes de différent sexe, pour se justifier des reproches qu'on leur faisoit qu'ils étoient Sorciers, demandérent d'être baignez publiquement. Il dit qu'on les lia à la maniére ordinaire, qu'on les jetta dans un endroit profond de la riviére d'Armanson, assez près de Saint Florentin; & que ces malheureux ayant la confusion de demeurer toujours sur l'eau sans pouvoir enfoncer, furent par-là reconnus vrais Sorciers. Il ajoute que l'épreuve se fit l'Eté dernier en présence de plus de huit cens personnes.

Cette lettre & une autre relation plus détaillée nous apprennent une maniére singuliére dont on s'est avisé depuis plus de cent ans, de lier ceux qu'on y jettoit dans l'eau. La posture est plus génante que celle que nous avons exposée plus haut, & elle est aussi plus propre à faire enfoncer dans l'eau. On leur lie les coudes sous le jarret, & les mains avec les pieds, ensorte que le pouce de la main droite est lié au gros orteil du pied gauche, & le pouce de la main gauche au gros orteil du pied droit. La (a) figure le fera plus facilement entendre.

Les épreuves de l'eau bouillante & du fer chaud, qu'on a eu bien de la peine à faire cesser parmi les Chrétiens, sont encore en usage parmi divers Peuples barbares, comme on le voit dans plusieurs relations, & dans la description historique (b) des Royaumes de *CONGO, MATAMBA & ANGOLA*, dans la basse Ethiopie. Voici ce qui est dit de ces épreuves dans *l'Histoire de l'Isle de Ceylan, présentée au Roi de Portugal en 1685. par le Capitaine Jean Ribeyro*, & donnée en François au commencement de cette année (c) 1701. Lorsqu'une femme est accusée ou soupçonnée de quelque faute contre son honneur & qu'il n'y a point de preuve, ,, on la cite devant le Mareillero, (ou le Juge) si elle nie, on l'oblige d'enfoncer le bras dans ,, une chandiére d'eau bouillante, ou de prendre un fer ,, chaud, & de le tenir quelque tems entre ses mains; ,, si elle ne se brule pas, on la renvoye chez ses parens, ,, qui n'osent plus lui rien reprocher, & tous ses parens ,, & ses amis viennent se réjouir avec elle, de ce qu'el-

,, le a si bien prouvé son innocence; mais si elle se brule on la livre à ses parens qui la font mourir sur l'heure.

Dans le Procès de Marie Bucaille, qui a fait tant de bruit en Normandie, parmi plusieurs faits douteux, il y en a un fort singulier qui demandoit une attention particuliére, c'est que la Bucaille ait paru en même tems & dans la prison où elle étoit enfermée, & ailleurs, suivant la déposition des témoins, sa propre confession, & le jugement de Mr. de Sainte Marie, Lieutenant-Général de Valogne.

Il y a actuellement à *** une personne dont on dit des choses très singuliéres, qui seront sans doute examinées avec beaucoup de soin & de lumiére par des personnes sages & éclairées, qui en savent des particularitez surprenantes.

Dès qu'on eut introduit l'épreuve de l'eau en Westphalie, en Saxe & en Allemagne, un grand nombre de Savans la condamnérent. Outre ceux que j'ai citez, je viens de lire un Traité fort rare d'un Auteur Saxon nommé *Conradus ab Anten*, qui déplorant l'aveuglement des Magistrats qui autorisoient cette épreuve, fit un Livre intitulé : (d) *Le Bain des femmes, ou l'Epreuve par l'eau froide*, & le dédia à l'Archevêque de Brême.

Cet Auteur montre qu'il y a eu beaucoup d'épreuves superstitieuses parmi les Payens, & ne doute pas que celle-ci n'en soit une. Il ne parle pas exactement de l'origine & du progrès de l'épreuve, non plus que les autres Auteurs que nous avons citez, parcequ'il n'avoit pas vu les disputes excitées sur ce point au neuviéme siécle, & les autres faits que nous avons observez. Mais il aperçoit distinctement que l'épreuve de l'eau, aussi bien que celle du feu, étoient superstitieuses, parcequ'un effet est superstitieux & diabolique, lorsqu'il n'est produit ni naturellement, ni par un miracle. (e) ,, Il n'est personne si stupide, *dit-il*, qui ne voye que ,, naturellement le feu brule, & que les choses pesantes ,, vont en bas. L'épreuve n'est donc pas naturelle, & ,, l'on voit aussi clairement que ce n'est pas un mira- ,, cle, mais plutot une tentation de Dieu condamnée ,, par le Droit Canon.

2. (f) Il remarque que l'épreuve est trompeuse, & que l'on ne doit pas être surpris que diverses personnes soient trompées & tombent en confusion en surnageant. Elles le méritent bien, ne craignant pas de s'en rapporter à la décision de l'esprit de mensonge.

3. (g) Il appelle avec esprit cette épreuve par l'eau, une hidromantie plutonique, puisqu'elle ne sert qu'à faire bruler les femmes qui l'ont subie.

Cette réflexion me remet dans l'esprit ce que j'ai peut-être dit quelque part, qu'il est étrange qu'on ait pris un surnagement qui n'est pas naturel pour une preuve du crime, au lieu que dans toutes les autres épreuves, le prodige ou le miracle étoit la preuve de l'innocence. En quoi l'on voit la bizarrerie des superstitions, qui réussissent selon les desirs ou les différentes pensées des hommes, comme le dit Saint Augustin (h).

Con-

(d) Mulierum lavatio, quam purgationem per aquam frigidam vocant: Item vulgaris de potentiâ Lamiarum opinio, quôd utraque Deo, naturæ, omni juri & probatæ consuetudini sit contraria. Autore Conrado ab Anten. J. V. L. Lubecæ 1590. 8.

(e) Quod porro effectus hi ex naturâ non sequantur, sed ignem utere, gravia deorsum vergere, vel Terebinthus intelligat; ex divino miraculo, seu voluntate sequi, quis dixerit? cùm in manifestam Dei tentationem vergant, comonochiam. 2. q. 4. quæ ab ipso Dei filio interdicta, legitur Math. & Lucæ 4. c. fin. de purg. vulg. dum quis habeat quod rationabili consilio faciat, ut D. Augustinus conqueritur. 22. q. 2. & fabricante diabolo, nata sit purgatio. c. Mennam. 2. q. 4. seu ut quidam. q. 5.

(f) Quæ si penitius quis rimetur, non admirabitur, si Dominus Deus in hujusmodi institutis & exercitiis, quæ à se aliena & prohibita, sed à diabolo exhita & demonstrata sunt, connivent, ut ab eo cui crediderunt, ludantur, rideantur, & non secus naso, ut auriculis asini, ducantur & suspendantur; volenti & consentienti injuriam fieri leges negant. L. cum donationis. c. de transf.

(g) Plutonicâ istâ ὑδρομαντείᾳ delatas veneficii fœminas damnare (quis enim purgare dixerit, cùm nulla sic lota flammas evitaverit.)

(h) Et ideò diversis diversè proveniunt secundùm cogitationes & præsumptiones suas. *Doct. Christ. l. 2. c. 24.*

M m m

(a) Voyez Planche (h) Fig. 1.
(b) In Bologna, in fol. 1687.
(c) A Trevoux & à Paris chez Boudot.

Conrad Anten se propose au cinquiéme Chapitre de refuter Scribonius, qui autorisoit cette épreuve. Il dit une partie de ce que nous avons vu dans Newalds & dans Godelman; & conclut enfin son Ouvrage par une détestation de l'épreuve, & par une priére fervente à Dieu, le conjurant d'empécher que les Juges n'autorisent cet usage (a).

Si des personnes croyent encore avoir quelques raisons pour justifier une telle épreuve, elles trouveront peut-être la résolution de leurs doutes dans le Chapitre suivant.

CHAPITRE V.

Eclaircissement des difficultez proposées par l'Auteur de la République des Lettres sur l'épreuve de l'eau froide.

IL y a quelques années qu'on réimprima en Allemagne deux (b) Traitez sur l'épreuve de l'eau froide qui avoient paru depuis un siécle, & dont nous avons parlé au Chapitre précédent. L'Auteur des Nouvelles de la République des Lettres fit l'extrait de ces Traitez, & forma des difficultez & des doutes qui demandent quelque éclaircissement dans un Ouvrage où nous venons de traiter le sujet qui les a fait naitre. Rickius Auteur du premier de ces Traitez, qui vouloit que l'épreuve de l'eau froide fût légitime, se proposa cette objection; qu'on y tente Dieu, & entreprit de la résoudre le moins mal qu'il put. Mais l'Auteur de la République, qui est toujours prêt à fournir de son esprit au défaut de ses Auteurs, raisonne ainsi sur la difficulté proposée. ,, Cette objection, *dit-il*, ne seroit pas considérable, si on étoit ,, assuré que l'épreuve dont il s'agit n'a jamais été ,, fautive. Car on auroit lieu de croire en ce cas-là ,, que Dieu a établi l'immersion des gens confédérez ,, avec le Diable, cause occasionelle de la découverte ,, de ce complot, en s'engageant d'empécher l'effet ,, naturel de la pesanteur. Une expérience constam,, ment réitérée seroit une révélation assez significati,, ve de cette institution de Dieu, de sorte que sans ,, le tenter on y pourroit recourir quand cela seroit ,, nécessaire. Il y a cent exemples dans l'Ecriture qui ,, montrent que Dieu n'a pas desaprouvé qu'on ait ,, voulu de lui des signes & des prodiges pour bien ,, s'assurer d'un fait, & il faut tenir pour indubita,, ble, que l'Eglise n'auroit jamais condamné les épreu,, ves du fer chaud, si l'on n'eût eu de fortes raisons ,, de douter qu'elles fussent un bon garant de la jus,, tice ou de l'injustice.

RE'FLEXION OU RE'PONSE.

I.

Quoiqu'un effet qui n'est pas naturel soit arrivé plusieurs fois sans aucune variation, on n'a pas pour cela droit d'assurer que c'est un miracle que Dieu opére, jusques à ce qu'on sache indubitablement que le Démon n'y a aucune part. Lorsqu'on lit dans l'Evangile de Saint Jean que les malades qui descendoient dans la Piscine étoient guéris, on voit que l'agitation de l'eau étoit établie comme la cause occasionelle de la guérison des malades; & l'on ne peut douter que ce ne fût un vrai miracle, parcequ'il est dit au même endroit que l'Ange descendoit, (c) & que l'eau étoit mue. Cela est décisif.

Mais comme le Démon qui est le singe de Dieu, contrefait quelquefois ses opérations, par le pouvoir que Dieu lui laisse, il y a souvent lieu de douter si là cause de certains effets merveilleux ne doit point être rapportée au Démon, ou si elle vient de Dieu par les bons Anges. On se tromperoit en plusieurs rencontres si l'on jugeoit sur les premiéres apparences. Donnons en un exemple. Le saint Livre de Tobie (d) nous apprend que Sara fille de Raguel fut mariée successivement à sept hommes, qui moururent tous la première nuit de leurs noces. Cet événement si tragique arrivé sept fois sans aucune variation me donne-t-il lieu de croire que Dieu fait connoitre par là qu'il ne vouloit pas que Sara se mariat, & qu'il avoit établi son lit cause occasionelle de la mort de tous ceux qui l'épouseroient? Si je le croyois ainsi, & que j'assurasse que cet effet ne pouvoit venir que de Dieu par les bons Anges, je me tromperois & je reconnoitrois mon erreur dans le même endroit de Tobie, où il est dit que le Démon avoit tué ces sept hommes, & que ce Démon ne pouvoit être arrêté que par le secours des priéres ferventes & par l'opération du saint Ange Raphael. Donc quand un grand nombre de personnes auroient demeuré sur l'eau contre toute raison physique; on ne peut pas conclure de-là que c'est un miracle que Dieu opére, à moins qu'on ne fût bien assuré que le Démon n'y a aucune part.

II.

Quand il seroit constant que Dieu a produit un même effet en plusieurs rencontres à la priére de quelques Saint, soit pour soutenir la foi, ou pour empécher l'oppression d'un innocent, comme il a certainement arrêté l'activité du feu en plusieurs rencontres que nous avons marquées au Chapitre III.; il ne s'ensuivroit pas que Dieu dût produire le même miracle, lorsque nous le souhaiterions. Il est certain qu'on tente Dieu, lorsque sans aucune inspiration, sans ordre, sans Loi, sans qu'il ait parlé, on exige qu'en telle occasion & en tel tems précisément il agisse pour nous secourir, ou pour nous révéler quelque fait caché. L'heure des miracles est marquée, ainsi que le dit (e) JESUS-CHRIST aux noces de Cana. Ce Divin Sauveur nous apprend, en parlant du Démon qui l'excitoit à changer les pierres en pain, que c'est tenter Dieu que de vouloir des miracles sans ordre. Et Judith avoit reproché aux habitans de Bethulie, (f) qu'ils tentoient Dieu en prétendant qu'il devoit les secourir le cinquiéme jour. Cette sainte veuve n'ignoroit pas que tout est possible à Dieu, & qu'il fait une infinité de miracles: mais il les fait quand il lui plait, & pour qui il lui plait; ce n'est pas à nous à lui prescrire le tems auquel il doit les faire. Donc quoique Dieu ait fait plusieurs fois des miracles, lorsque des Saints qui suivent sa volonté l'ont demandé, il ne s'ensuit pas que tout le monde doive attendre le même miracle, surtout d'une maniére aussi précise qu'on l'attend dans l'épreuve de l'eau froide, sur laquelle on condamne un homme au feu. Ainsi quand l'épreuve auroit réussi autrefois d'une maniére constante, ce seroit tenter Dieu que d'exiger la même chose dans une telle occasion, & quand il plaira à un tel Juge.

Si l'on ne veut pas appeller cela tenter Dieu, ce sera du moins faussement présumer que Dieu doit agir dans une telle rencontre, & mériter par cette présomption té-

---

(a) Et hæc sunt quæ in præsentiarum de diabolico, detestando legibus & moribus legitimis improbato mulierum balneo, seu mavis lavatione, item de impiâ hæresi potestatis anilis, & sathanicæ dicere habui. Supernus ille Judiciorum præses Deus qui magistratui gladium ceu Pelei hastam, ad bonorum securitatem & malorum terrorem ac punitionem commisit, per Filii sui Salvatoris nostri J. C. faxit innocentiam, ne cuspide obversâ pro medicamine vulnus, pro vulnere remedium detur, sed excussis diaboli præstigiis, justitiam non ex proprio, uti Palladem ex Jovis fingant cerebro, sed ut per legitimos scripti juris tramites calumniantium iniquitates opprimantur, bonique tutelâ & digno patrocinio perfruantur.

(b) Tractatus duo singulares de examine sagarum super aquam frigidam projectarum. Francof. & Lipsiæ. 1686. in 4.

(c) Angelus autem domini descendebat secundùm tempus in Piscinam, & movebatur aqua. *Joan. v.* 4.
(d) Tob. 6.
(e) Nondum venit hora mea. *Joan.* 2.
(f) Qui estis vos qui tentatis Dominum? *Judith.* 8.

téméraire que l'Ange de ténébres qui se transfigure en Ange de lumiére, comme dit Saint Paul, se mêle dans l'épreuve, pour faire admirer son pouvoir, ou pour tromper les Juges, & confondre les innocens avec les coupables.

Mais, dira-t-on, plusieurs exemples de l'Ecriture montrent que Dieu ne défend pas de demander des signes.

Rép. Oui à des personnes inspirées, telles qu'Abraham, Moïse, Josué, Gedeon, Samuël, & les Prophétes, à qui Dieu parloit, qui savoient sa volonté & suivoient ses ordres. Achaz étoit très blâmable de ne pas demander un signe, lorsqu'un Prophéte le lui ordonnoit. Son scrupule qui lui faisoit craindre de tenter Dieu, *non petam & non tentabo Dominum*, étoit tout-à-fait mal placé. Il faut suivre ce que Dieu ordonne ou inspire; mais si l'on veut des signes sans ordre & sans nécessité, pour savoir des choses qu'on doit apprendre par d'autres voyes, ou l'on est puni comme cette génération perverse dont Jesus-Chrit parle (a), ou l'on s'expose à être trompé par des signes produits par le Tentateur, avec lequel nous ne devons avoir nul commerce. Donc quand les épreuves vulgaires auroient constamment réussi, il faudroit les interdire par cette première raison, qu'on y tente Dieu, & qu'on présume mal à propos qu'il y agit & les rend efficaces.

Mais ces sortes d'épreuves vulgaires ne réussissent jamais si constamment, qu'elles ne se démentent par bien des endroits. Il y a ordinairement de l'erreur & de l'illusion, la fausseté y prend souvent la place de la vérité, & alors il n'y a plus lieu de douter que l'effet ne soit produit par l'esprit fourbe & menteur. Autre raison très forte de condamner l'épreuve, puisque tous les Chrétiens doivent avoir en horreur les œuvres du Démon, auxquelles ils ont renoncé dans le Baptême.

A cette nouvelle raison qui suppose que le Démon soutient sur l'eau les personnes qui n'enfonceroient pas naturellement, on oppose une autre difficulté. *L'objection*, poursuit-on, *qu'on fonde sur la supposition que c'est le Diable qui tient suspendues les Sorciéres à la superficie de l'eau, est pitoyable; car il est contre toutes les lumiéres du bon sens que le Démon employe ses forces à trahir les créatures qui lui sont les plus dévouées, & à faire triompher de ses sujets les Juges qui ont pour but de les envoyer au feu.*

Rép. Cela seroit contre le bon sens, s'il faloit supposer de la bonne foi & de la droiture dans le Démon. *Mais* (b) *celui qui ne cesse de pécher, celui qui est homicide dès le commencement, qui dit des mensonges qu'il trouve dans lui-même, parcequ'il est menteur & pére du mensonge*, comme dit Jesus-Christ (c); celui-là s'embarrasse peu de trahir les personnes qui lui sont dévouées. Elles tiennent assez à lui sans qu'il s'applique à se les attacher davantage. Il aime mieux former de nouvelles liaisons. Son but est de séduire les hommes en leur faisant craindre & respecter quelque autre chose que Dieu. Cet esprit superbe veut leur faire entendre qu'il agit, que son pouvoir est fort étendu, qu'il peut faire du bien & du mal, qu'il faut par conséquent le respecter & le craindre. Voilà ses vues, disent les Péres. Il ne tend qu'à prendre dans l'esprit des hommes la place de Dieu. C'est ce qui le porte à tromper les hommes, sous l'apparence de faire exercer la justice, ou de procurer quelque autre bien temporel. Il n'est donc nullement contre les lumiéres du bon sens, que le Démon agisse dans ces épreuves, pour faire découvrir quelques méchans, pouvant se dédommager en les faisant confondre avec les bons, s'il est l'arbitre de l'épreuve.

(a) Generatio mala & adultera signum quærit, & signum non dabitur ei. *Math. XII.* 39. *XVI.* 4. *Luc. XI.* 29.

(b) I. Joan. III.
(c) Joan. VIII. 44.

Fin du Livre Sixiéme.

HISTOIRE CRITIQUE

DES

PRATIQUES SUPERSTITIEUSES,

QUI ONT SÉDUIT LES PEUPLES ET EMBARRASSÉ LES SAVANS.

LIVRE SEPTIEME.

Histoire critique de l'origine, & du progrès de l'usage de la Baguette parmi toutes les Nations.

CHAPITRE PREMIER.

Ce que c'est que la Baguette. De quelle matiére elle est. Quelle en est la figure. Comment on la tient. Et quel est son mouvement.

ON entend communément par la Baguette une petite branche fourchue, qui tenue des deux mains tourne sur l'eau, sur les métaux, & sur plusieurs autres choses qu'on veut découvrir.

Il faloit autrefois qu'elle fût de coudrier ou d'amandier; mais on se sert à présent de toute sorte de bois. Il y en a même qui prennent une verge de fer, d'argent, de côte de baleine, ou de toute autre chose qui se présente à eux. Jacques Aimar de Dauphiné, connu par les expériences qu'il fait depuis plusieurs années, en use ainsi. Mr. le Royer (a) l'avoit pratiqué de même avant lui en Normandie, & nous voyons par le Livre qui a pour titre: *l'Art de trouver les Trésors* (b), que c'est à présent la pratique ordinaire. ,, Il y a des personnes, *disent les Auteurs de cet Ou-* ,, *vrage*, qui veulent que l'on choisisse un certain bois ,, à l'exclusion d'un autre, & pour cet effet ils pré- ,, tendent que le verd prévaut au sec, & que parmi le ,, verd celui qui a le plus de moële & le plus de suc, ,, est toujours d'un plus grand effet .... mais c'est une ,, erreur qui se peut prouver par la raison ... & qui se prou- ,, ve encore par l'expérience, d'autant qu'elle nous ap- ,, prend que toutes sortes de bois de quelque espéce ,, qu'il soit, ont un mouvement aussi violent & aussi ,, rapide, & qu'il est indifférent qu'il ait été coupé ,, par celui qui le met en usage, ou par un autre, qu'il

,, soit moëlleux ou non ... non seulement le bois sec de ,, quelque nature qu'il soit, tourne aussi facilement que ,, le verd, mais aussi le fer, l'argent, le fil d'archal, la ,, côte de baleine, & autre matiére souple & solide.

Comme tous ceux qui se servent de la Baguette, ne prennent pas d'une même matiére, tous non plus ne lui donnent pas la même figure. Une houssine, un bâton ordinaire qu'on porte à la main suffit à quelques uns, la plupart néanmoins se servent d'une Baguette fourchue, cette figure leur a paru plus efficace & plus commode. Comme on a cru que la main communiquoit quelque vertu à la Baguette, on s'est facilement persuadé qu'en tenant de chaque main une des branches, l'impression qui se réuniroit à la pointe, ou à la tête de la Baguette, seroit bien plus puissante. La commodité s'y trouve aussi, en ce qu'une Baguette fourchue désigne plus précisément par la pointe ce que l'on cherche.

On voit assez comment on doit tenir la Baguette, & la figure le montrera tout d'un coup. On la tient ou élevée la pointe en haut, ou couchée la pointe en bas, ou on lui fait garder le milieu, la pointe à l'horison.

Lorsqu'on la tient de la première façon, elle s'incline vers la terre: si on la tient de la seconde, elle remonte: & si on la tient de la troisième, elle tourne indifféremment d'un côté ou d'autre (c).

Elle tourne si fort à quelques personnes, qu'elle roule, c'est-à-dire, qu'elle tournoye dans leurs mains, s'ils ne la tiennent pas fort serrée, & qu'elle se rompt, s'ils la serrent beaucoup.

La maniére la plus commune de Flandres; à ce qu'on écri-

(a) Au traité de l'inclination des arbres vers les eaux, & les métaux: en 1673.

(b) A Lyon chez Baritel. 1693.

(c) Voyez Planche (b) Fig. 2.

écrivit par des lettres du mois de Mai 1700, est de porter la Baguette assez haute, la pointe parallelle à l'horison, de la maniere que la Figure suivante va le représenter. C'est ainsi qu'en use ordinairement un Religieux Prémontré nommé M.... Prieur.... Il passe pour habile dans la découverte des sources, & de plusieurs autres choses cachées, & il a fait plusieurs expériences avec la Baguette à Boufflers en Picardie, où M. le Maréchal a fait bâtir un magnifique Château.

Il y en a qui ne tiennent pas la Baguette entre les mains, ils se contentent de la poser sur une main ouverte & étendue. *Ayant ouï dire à un de mes amis*, dit M. le Royer, *qu'il avoit vu en Hollande un homme, lequel portant sur sa main une Baguette de coudre qui étoit fourchée, elle tournoit quand il passoit sur un cours d'eau qui étoit en terre; & voulant me servir en 1661. de cette inclination du coudre vers l'eau, afin de faire preuve du mouvement vers le pole où je travaillois pour lors, je fis dessein d'en faire expérience, & dès la premiere fois cela réussit, & ensuite je mis ce secret dans une plus grande perfection.*

Pour trouver donc de l'eau en terre, il faut prendre une branche fourchue, soit de coudre, de chesne, d'ormeau, ou d'autres arbres tels qu'ils soient, d'environ un pied de longueur, & grosse comme un des doigts, afin que le vent ne la fasse pas librement remuer, & la mettre sur une des mains en équilibre, & le plus en balance que faire se pourra, puis marcher doucement, & quand on passera par dessus un cours d'eau, elle se retournera, ce qu'il faudra marquer. Voici la figure de cette fourchette, & comme il la faut porter, supposant que la main soit couchée, & que la fourchette soit dessus parallele à l'horison (a).

L'Auteur de l'art de trouver les Trésors, dit-même qu'il suffit de porter sur la paume de la main une Baguette toute droite semblable à celles qu'on porte ordinairement à la main. *Pour connoître, (b) dit-il, si une personne a véritablement cette faculté, on lui fait tenir la main ouverte avec une Baguette pareille à celle dont nous venons de parler, sur la paume de la main ouverte; & au cas qu'elle tourne on donne du mouvement en passant sur les choses qu'on cherche, on conclut aisément qu'il a cette faculté ou plus, & que l'expérience est sans supercherie (c).*

Cette maniére de tenir la Baguette est en effet fort propre à éloigner le soupçon qu'on pourroit avoir qu'elle se remue par un tour de poignet. C'est apparemment pour la même raison, qu'on a inventé en Allemagne une autre maniere de la tenir & de la préparer. On prend une petite baguette droite d'un seul jet sans nœud, on la diverse en deux, & creusant un des deux bouts, on coupe l'autre en pointe pour pouvoir l'enchasser. On tient ensuite ce bâton par l'extrêmité des deux doigts, entre lesquels on dit qu'elle tournoye dès que l'on passe sur du métal. Voyez la figure, elle est telle, que l'a donnée le Pére Kirker, (d) après avoir vu préparer de ces sortes de Baguettes (e).

Il y a en France plusieurs personnes qui ne se servent que d'une Baguette droite. Ils la tiennent à la main par un bout, la présentent aux endroits où ils croyent qu'il y ait des métaux, s'apperçoivent lorsqu'il y en a qu'elle s'en approche, & qu'elle échaperoit de la main s'ils ne la tenoient bien serrée, & le sentent eux-mêmes poussez vers l'endroit où est le métal.

Dans une lettre écrite de Mons le 6. Mai 1700. le Pére Delbécque Dominicain d'un mérite connu, dit qu'il a vu un jeune homme auprès de la Ville de Braine-le-Comte entre Mons & Bruxelles, chercher les miniéres en enfonçant un bâton en terre, lequel se mettoit en mouvement dès qu'il y touchoit avec la main,

en cas qu'il y eût quelque chose dans la terre. On y ajoute que par cette voye il a découvert une miniére fort précieuse, mais qui n'étoit pas dans sa maturité, pour pouvoir en profiter.

Enfin il y en a d'autres qui se servent toujours de quatre Baguettes fourchues. Ils croyent trouver en cette maniére un avantage considérable, qui est que si dans l'endroit où on cherche un trésor, il y en avoit plusieurs, les Baguettes se tourneroient les unes d'un côté les autres d'un autre. Jean-Baptiste Porta, Strozzi Cicogna, & Mr. le Royer ont parlé de cette pratique, & il y a actuellement des gens à Paris qui cherchent ainsi les métaux & les sources.

Mais comme on se sert plus communément d'une Baguette fourchue, qui tourne entre les mains de la maniére décrite, c'est principalement de celle-là donc nous parlerons.

Du reste quoiqu'on prenne quatre Baguettes ou une seule, il ne paroit à présent rien dans l'usage qui ressente évidemment la superstition, au lieu qu'autrefois, c'est-à-dire, au commencement de ce siécle, on y mêloit des cérémonies tout-à-fait superstitieuses.

Vyer dit (f) qu'en tenant à la main une Baguette de coudre pour découvrir des trésors, il faloit prononcer le Pseaume *De profundis*......... *Credo videre bona Domini in terrâ viventium.*

Bodin (g) dit à peu près la même chose, & c'est ce que Jean Belot dont on auroit bien dû proscrire les œuvres impies, appelle la Corylomantie. Plusieurs faisoient sur ces Baguettes des figures mystérieuses. Quelques uns y gravoient des Croix; & l'on voit dans un Cabinet de Paris quatre Baguettes assez anciennes, sur lesquelles on avoit écrit *Baltazar, Gaspar, & Melchior.* C'étoit sans doute dans la vue d'invoquer les Rois Mages, dont il est dit (h) qu'ouvrant leurs trésors, ils offrirent des présens. La Tradition populaire a donné à ces Rois les noms qu'on vient de voir, & je crois que Bede est le premier Auteur qui ait écrit leurs noms, comme il est le premier qui ait décrit leur taille, leur visage, la figure de leur barbe, l'arrangement de leurs cheveux, & la forme de leurs souliers.

CHAPITRE II.

De l'examen du fait, s'il est bien certain que la Baguette tourne sans art & sans fraude sur plusieurs choses cachées. Précautions à prendre contre l'obstination & la trop grande crédulité.

NÉ nous arriveroit-il point de faire l'histoire d'une imposture, & de vouloir découvrir la cause de ce qui n'est pas? Ces sortes de fautes sont si anciennes, si communes, & exposent à tant d'inconvéniens, qu'on ne sauroit assez se mettre en humeur de critique sévére, lorsqu'on veut philosopher sur un secret aussi surprenant que l'est celui de trouver de l'eau, des métaux, les bornes des champs, les meurtriers, les voleurs, & tant de choses cachées, par le moyen d'une petite Baguette de quelque bois que ce soit.

N'est-ce pas un tour de quelques fourbes qui cherchent à vivre aux dépens des crédules, ou un jeu de ceux qui se font un plaisir de tromper quelques personnes, pour se consoler d'avoir été trompez les premiers? Ne se sert-on point de quelque espéce de bois, dont les fibres soient d'un certain sens, à faire aisément tourner la Baguette? Enfin ce tournoyement ne se fait-il pas par un tour de poignet, ou une certaine pression des doigts? Voilà ce que nous avons appréhendé avec d'autant plus de sujet, que la Baguette a manqué en
plu-

(a) Voyez Planche (a) Fig. B.
(b) Pag. 15.
(c) Voyez Planche (a) Fig. C.
(d) De Arte Magnet. Lib. III. pag. 635.
(e) Voyez Planche (a) Fig. 4.

(f) De præstig. Dæmon. Lib. IV. c. 9.
(g) Dæmon. Lib. II. cap. 3.
(h) Matth. II. v. 11.

plufieurs rencontres. Mais voici ce qui ne nous permet pas de douter qu'elle ne tourne fans art & fans fraude entre les mains de quelques perfonnes.

1. L'on fe fert de toute efpéce de bois, on fe fert même d'une Baguette de fer, ou de toute autre matiére. Il n'y a donc nul fujet de fe défier des fibres d'un certain bois.

2. De peur d'être la dupe d'un homme qui l'auroit adroitement avec un tour de poignet faire tourner la Baguette, je m'en affure par deux moyens. Le premier eft que deux perfonnes lui tiennent les mains bien ferrées. Comme on empêchera qu'il ne puiffe donner du mouvement à fes doigts, on empêchera auffi qu'il n'en puiffe donner à la Baguette. Le fecond eft d'obferver de quelle maniére la Baguette tourne. (a) Voyez la figure. Si c'eft par adreffe qu'on fait tourner la Baguette, vous la verrez tourner en même tems en A. B. A. Mais fi les deux bouts A. A. demeurent immobiles à caufe que celui qui tient la Baguette la ferre avec force entre fes doigts, & qu'elle fe torde néanmoins en C. C. il n'y aura pas lieu ce me femble de craindre la furprife. Or c'eft ce que j'obfervai, dès que je voulus m'affurer fi le tournoyement de la Baguette n'étoit point l'effet de quelque tour d'adreffe.

Un Préfident du Parlement de Grenoble, auffi refpectable par fa probité, fon efprit, & fon érudition, que par fes Charges & par fa qualité, voulut bien permettre qu'on lui tînt les mains, lorfqu'étant à Grenoble & entendant parler des expériences de la Baguette, je ne pouvois croire le fait. Mr. le Préfident me fit l'honneur de me dire qu'il n'avoit point examiné ce qu'on difoit du tournoyement de la Baguette fur les bornes, non pas même fur les métaux, mais qu'il ne pouvoit pas douter qu'elle ne tournat fans fraude à quelques perfonnes fur les eaux, parcequ'ayant fait cette épreuve plus d'une fois à la campagne, elle avoit tourné fortement entre fes mains fur des fources. L'occafion fe préfenta peu de jours après de faire l'expérience au Villart près de Tencin l'une de fes terres. Je lui tins la main droite avec mes deux mains, une autre perfonne lui tînt la gauche dans une allée de jardin fous laquelle il y avoit un tuyau de plomb qui conduifoit de l'eau dans un baffin. En un inftant la Baguette fourchue qu'il avoit entre fes mains, la pointe tournée vers la terre, s'éleva & fe tordit fi fort en C. C. (b), que Mr. le Préfident demanda quartier, parcequ'elle lui bleffoit les doigts.

Plufieurs perfonnes m'ont affuré que fouvent elle fe rompt en fe tordant. Mr. Hirnhaïm écrit la même chofe, (c) & tout cela m'empêche de craindre la fourberie. Car il eft aifé de voir qu'il eft impoffible qu'un homme tenant une Baguette des deux mains, puiffe la faire tordre en C. C.

3. Il y a des perfonnes qui portent la Baguette fur la paume de la main ouverte & étendue, quelle eft l'adreffe qui pourroit en cette fituation la faire tourner?

4. Je cache dans un jardin quelque piéce de fer, de plomb, d'or, d'argent, & de cuivre, & je dis à un homme à Baguette de chercher s'il n'y a point de métal dans ce jardin. Loin de favoir ce que j'y ai caché, il ne fait pas même fi j'ai caché quelque chofe. Toutefois il prend fa Baguette, elle tourne dès qu'il paffe fur les endroits où j'ai caché du métal, & après avoir fait ce que fon art lui enfeigne: ici, me dit-il, il y a de l'or, là du cuivre, en cet autre endroit de l'argent, je vois qu'il dit vrai, dois-je encore craindre la fourberie?

5. Deux voifins conteftant fur l'étendue de leur champ: ils ont en vain cherché les bornes, elles ne paroiffent point: un homme à Baguette eft appellé, tel peut-être qu'on n'avoit jamais vu ni connu; fa Baguette tourne, on creufe, & on trouve la borne qu'on

cherchoit. On a fait mille fois cette expérience dans le Dauphiné, ai-je fujet de m'en défier?

6. Je ne vois pas qu'on puiffe traiter de fable l'hiftoire de la découverte du meurtre de Lyon. L'homme à la Baguette auroit-il pu impofer à tant de témoins, habiles critiques, attentifs? Comment auroit-il pu deviner tout ce qu'il a dit? D'où auroit-il fu que les meurtriers s'étoient affis fur tels & tels bancs, avoient couché dans tels lits, parlé à telles perfonnes, & qu'ils avoient paffé le Pont de Vienne fous une arche où nul bateau ne paffoit? La Baguette eft entrée dans un détail furprenant, & tout s'eft trouvé conforme aux réponfes du criminel découvert. Elle a même fait connoitre la ferpe qui avoit fervi au meurtre, quoiqu'on l'eût mêlée avec quelques autres, & cachée tantot en terre, tantot dans le foin, que peut-on en dire?

Ajoutons à tout cela que c'eft ici un fecret dont on ne fait point de myftére, connu en mille endroits, & pratiqué indifféremment par toutes fortes de perfonnes, dont plufieurs ne peuvent trouver aucun avantage à tromper. En vérité, il me femble qu'il faudroit être fait comme le redoutable Dialecticien dont parle Balzac (d), pour ofer dire qu'on donne dans l'illufion en croyant le fait.

Je ne doute pas néanmoins qu'il ne fe trouve des perfonnes plus raifonnables que le Dialecticien qui en douteront encore: mais quel moyen de les en empêcher? Si ces perfonnes fe font mifes fur le pied de juger de tout, pour peu que ce fait dérange leurs idées, on auroit beau faire, ils le nieront à coup fûr, & traiteront tout cela de folie, c'eft le plus court moyen de fe tirer d'affaire, & c'eft s'en tirer en efprit fort, en génie qui fe met au deffus de la crédulité. Le fait eft trop extraordinaire, il en couteroit trop pour en découvrir la caufe; on le nie, & on eft éloquent à prouver qu'on a raifon (e).

Mais ces perfonnes devroient faire réflexion qu'il y a des chofes qui paroiffent incroyables, & qui ne laiffent pas d'être produites, ou par les communications infenfibles des mouvemens des corps, ou par la puiffance de Dieu qui éclate quelquefois par des miracles, & par le pouvoir qu'il a laiffé aux Anges & aux Démons. Rien de plus extraordinaire que le Démon ait tranfporté JESUS-CHRIST fur le pinacle du Temple, rien cependant de plus vrai. Ne nous infcrivons donc pas en faux contre tout ce qui paroit furprenant. Comme la précaution eft louable & néceffaire, la prévention & l'opiniâtreté doivent être évitées, parcequ'elles nous peuvent faire rejetter des biens, ou nous empêcher de remédier à des maux qui pourroient avoir de dangereufes fuites.

Il y a beaucoup de gens qui croyent trop légérement; il y en a qui croyent tout, & il s'en trouve qui fe font un honneur de ne rien croire. On outre tout, la plupart ne fauroient garder de milieu: s'ils ont été trompez une fois en quelque chofe, tout ce qu'on leur dira fur cette matiére fera toujours faux. L'Auteur (f) de la fauffeté des Oracles des Payens a découvert qu'on avoit eu recours autrefois à l'artifice pour faire parler des Statues: cela lui fuffit pour conclure qu'il ne fe fait jamais rien par le miniftére du Démon. Il défie (g) les plus habiles de pouvoir lui faire changer de fentiment; mais les uns ont pitié, & les autres rient d'un tel entêtement, comme on a ri de cet homme qui dit à Monfieur Voffius, qu'après de longues & de fortes méditations, il avoit compofé un Livre où il montroit par des preuves invincibles que jamais Céfar n'a été au deça des Alpes, & que tout ce qui eft

---

(a) Voyez Planche (b) Fig. 5.
(b) Voyez la fig. précédente.
(c) Voyez plus bas Chap. VI.

(d) Socrat. Chr. D. 5.
(e) Difficultas laborque fciendi difertam negligentiam reddidit. Malunt enim differere nihil effe in aufpiciis, quam quid fit edifcere. *Cicero Lib. I. de Divinat.*
(f) Monfieur van Dale.
(g) République des lettres du mois de Mai 1687. Il vouloit favoir comment le Pére Thomaffin s'y prendroit pour le faire changer d'avis.

eſt contenu dans ſes Commentaires touchant la guerre des Gaules, eſt faux. On ſe ſéduit quelquefois à force de vouloir critiquer, & traiter de fable tout ce que l'on n'a point vu. Si vous ne croyez qu'à vos yeux, (a) *Ne croyez donc point de Dieu*, dit le Stoïcien de Ciceron; *car avez-vous jamais vu Dieu? Plus de créance à l'hiſtoire, ni à tout ce qu'on pourra nous rapporter de nouveau. Imitons ces habitans de pleine terre qui ne peuvent croire qu'il y ait une mer.* Encore une coup il faut aſſurément beaucoup de circonſpection avant que d'ajouter foi à ce qui ſe dit d'extraordinaire, parcequ'on eſt ſouvent trompé. Mais il y a une certaine notoriété à laquelle on ne ſauroit raiſonnablement réſiſter.

Or à l'égard des faits dont il s'agit, trois choſes me paroiſſent inconteſtables.

La premiére: que la Baguette tourne ſans art & ſans fraude entre les mains de quelques perſonnes. Les expériences dont j'ai parlé, & dont j'ai été témoin, ne me permettent pas d'en douter.

La Seconde: qu'elle ne tourne pas toujours, & qu'il y a ſouvent, ou fourberie, ou illuſion dans cet uſage. Il eſt conſtant qu'en pluſieurs occaſions elle n'a tourné à Aimar, ni ſur l'eau, ni ſur les métaux, ni ſur l'endroit où il s'étoit fait des vols & des meurtres. Dans les (b) *Lettres que decouvrent l'illuſion des Philoſophes ſur la Baguette*, nous avons cité pluſieurs faits qui en ſont des preuves autentiques. Je puis ajouter ce qui ſe paſſa en préſence d'une perſonne d'auſſi grande conſidération que l'eſt le Révérend Pére Mabillon, car il fut témoin que la Baguette ne tourna point à Aimar dans une Sacriſtie de l'Abbaye de Saint Germain qui étoit pourtant toute entourée d'armoires remplies d'argenterie. Elle ne tourna pas non plus dans un endroit, où quelques jours auparavant le Pére Mabillon avoit vu la Baguette ſe tordre & ſe rompre entre les mains d'une perſonne.

La troiſiéme remarque ſur laquelle on peut compter, eſt que la Baguette a ſouvent tourné en des endroits où il ne s'eſt trouvé ni eau, ni métaux, ni aucune des choſes qui la font tourner ordinairement. Dans un jardin de Monſieur le Prince où l'on avoit caché de l'or, de l'argent, des cailloux, & du cuivre en quatre endroits différens, on ſait qu'elle ne tourna que ſur les cailloux. Je ſais auſſi qu'en des endroits où l'on cherchoit de l'eau les Baguettes s'agitérent avec tant de force qu'elles ſe rompirent, & que ceux qui les tenoient en ſuoient à groſſes goutes; en ſorte qu'on croyoit trouver ou quelque tréſor, ou quelque grande ſource à cinq ou ſix pieds de profondeur. Cependant après avoir creuſé plus de vingt cinq toiſes, on ne trouva que de la terre & des pierres. Ceux qui ont viſité un lieu de dévotion qui eſt auprès de Salon en Provence, ont pu voir des puits d'une effroyable profondeur, creuſez inutilement ſur les indices trompeurs qu'avoit donnez la Baguette.

Elle a encore trompé bien des perſonnes à Boufflers, où l'on ſouhaittoit fort de trouver de l'eau, ſans être obligé d'en faire venir par machine, pour l'embelliſſement du grand & beau Château que Mr. le Maréchal de Boufflers a fait bâtir. M. de Ximenès, Gouverneur de Maubeuge, y envoya un Religieux Prémontré de ſa connoiſſance, nommé Mr. le Gentil Prieur de Dorenic près de Guiſe, qui paſſe pour très habile à découvrir les ſources. Il a demeuré trois ſemaines à Boufflers; il a fait là & aux environs du Château pluſieurs expériences, & la Baguette fourchue qu'il tenoit des deux mains tourna ſi fortement en pluſieurs endroits, qu'il en trembloit d'effroi & en changeoit de couleur, à ce qu'ont rapporté des perſonnes qui étoient préſentes. On marqua tous ces endroits avec ſoin, mais après y avoir creuſé juſqu'à ſoixante piez, on n'a trouvé que de la terre ſéche. C'eſt ce qui engagea Mr. le Curé d'Houdane en Bray près de Boufflers, à conſulter à Paris quelques Savans, pour ſavoir ſi l'on pouvoit ſe fier à ces ſortes de recherches, & s'il eſt permis d'y recourir. Sa lettre qu'on m'a fait lire eſt du 19. Juin.

Je ne dois par obmettre ici un fait dont je fus témoin il y a près de 33 ans. En 1695. au mois de Septembre Mr. de Francine Grand-Maiſon, Prévôt de l'Iſle de France, & Intendant général des Eaux; Mr. l'Abbé de Châteaufort, & Mr. le Lieutenant de Roi de Charleroi, m'amenérent un garçon de douze ans qui avoit fait des expériences devant le Révérend Pére de la Chaize, pour diſcerner avec la Baguette les vrayes médailles d'avec les fauſſes. Ce garçon devenoit fameux à Paris, & le Pére Moret de l'Oratoire avoit été témoin de quelques faits très cachez qu'il avoit découverts avec la Baguette. On crut donc que je ſerois bien aiſe d'obſerver quelques particularitez. Je repréſentai à ces Meſſieurs que dans la perſuaſion où j'étois qu'il n'y avoit que fourberie, illuſion, ou ſuperſtition dans toutes ces expériences, je ne pouvois y être préſent, ſi ce n'eſt pour tenir les mains de celui à qui la Baguette tourne, & empêcher les tours d'adreſſe. Mr. l'Abbé & Mr. le Lieutenant étoient fort ſurpris que je me défiaſſe de la ſimplicité du jeune garçon; cependant ils vouloient bien que je priſſe toutes les précautions poſſibles; & Mr. de Francine aſſez aiſe de me voir diſpoſé à critiquer l'expérience, me fit entrer dans ſon carroſſe pour aller au Château d'Eau près l'Obſervatoire. M. de la Hyre, & un autre habile Phyſicien & Mathématicien, dont j'ai oublié le nom, voulurent bien être témoins de l'expérience. (Mr. Caſſine n'étoit pas alors à Paris).

On coupa des Baguettes qu'on diſoit devoir ſe rompre entre les mains du jeune homme, car pour éviter cet inconvénient, il ſe ſervoit ordinairement d'une Baguette de fil d'archal qui ſe tordoit ſans ſe rompre. Il prit une de ces Baguettes fourchues entre les mains. Mr. de la Hyre lui tint une main, je tenois l'autre; & quoique nous fuſſions dans l'endroit même où toutes les eaux d'Arcueil paſſent, & immédiatement ſur un tuyau de cent pouces d'eau, la Baguette fut immobile au grand étonnement de Mr. l'Abbé & de Mr. le Lieutenant. Ils nous priérent de laiſſer les mains libres, & de cacher tout ce que nous voudrions, ne doutant pas que le petit garçon ne le découvrît. Il falut conſentir. Mr. de la Hyre & moi nous entrames dans un petit jardin, que nous fermames ſur nous, & après avoir caché diverſes piéces d'or, d'argent & de cuivre, & remué la ſurface de la terre en pluſieurs endroits où il n'y avoit rien pour lui donner le change, Mr. de la Hyre fit paſſer le petit garçon ſur tous ces endroits; la Baguette ne tourna nulle part. Deux ou trois mois après, ce garçon ne parut plus à Paris, & l'on m'a dit qu'il étoit devenu hébété.

Il faut conclure de tout ceci qu'il y a beaucoup d'illuſion dans les ſignes que la Baguette donne; mais je ne puis pas nier qu'elle ne tourne véritablement ſans art & ſans fraude entre les mains de quelques perſonnes, & qu'elle n'ait découvert pluſieurs choſes cachées. Voyons quelques uns des faits les mieux connus, & les plus aſſurez.

CHAPITRE III.

Quelles ſont les choſes que la Baguette indique en France.

PLuſieurs perſonnes trouvent de l'eau par ce moyen: quelques uns connoiſſent ſi l'eau qu'ils ont trou-

---

(a) Quid Deum ipſum numne vidiſti? Cur igitur credis eſſe? Tollamus ergò omnia quæ aut hiſtoria nobis, aut nova ratio affert. Ita ſit ut mediterranei mare eſſe non credant. Quæ ſunt tantæ animi anguſtiæ ut ſi Seriphi natus eſſes, nec unquam egreſſus ex inſulâ in qua lepuſculos, vulpeculaſque ſæpè vidiſſes, non crederes Leones & Pantheras eſſe, cùm tibi quales eſſent diceretur? Si verò de Elephanto quis diceret, etiam irrideri te putares? *Cicero* 1. *de Naturâ Deor.*
(b) Chez Boudot à Paris 1693. & à Amſterdam 1699.

trouvée eſt croupiſſante, ſi c'eſt quelque amas d'eau produit par les pluyes, ou ſi c'eſt une ſource, ſi elle ſera abondante, combien il faudra creuſer, ſi l'on rencontra du ſable, de la roche, ou de la terre glaiſe. Il y a des Payſans qui comptent ſi fort ſur toutes ces connoiſſances que la Baguette leur donne, qu'ils prennent hardiment des prix faits pour creuſer des puits, & je ſais certainement que dans un endroit où l'on craignoit de ne trouver de l'eau qu'avec de grands frais, un Payſan après quelques épreuves de la Baguette aſſura que l'on trouveroit une bonne ſource à huit toiſes. Il s'offrit à creuſer pour une aſſez petite ſomme, on en convint, & l'eau fut trouvée à la profondeur qu'il avoit marquée.

On fait la même choſe à l'égard des métaux & des minéraux. Il y a ſeulement cette différence entre l'eau & les métaux, que la Baguette ne tourne jamais ſur de l'eau qui eſt à découvert, au lieu qu'elle tourne ſur des métaux cachez ou en évidence.

J'excepte quelques perſonnes, leſquelles s'étant perſuadées que le ſecret ne devoit ſervir qu'à découvrir ce qui eſt caché, la Baguette ſe conformant à leur penſée, ne leur tourne point ſur du métal, ſi on ne le cache, il faut du moins le couvrir d'un linge, ou d'une feuille de papier. Tels ſont ceux qui ſuivent ce qui eſt preſcrit dans l'Art de trouver les tréſors.

Des métaux, des mineraux, & des choſes d'un uſage ſingulier, comme le verre, le criſtal, le talc, le jaſpe, le marbre, & autres choſes ſemblables, on en eſt venu aux pierres qui ſervent de limites pour le partage des fonds. Cette Baguette par ſon mouvement les indique. Si les bornes ſont dans la même place où les avoient miſes les poſſeſſeurs des fonds, la Baguette ne tourne pas ſeulement ſur les bornes, elle tourne auſſi ſur l'eſpace qui eſt entre les deux, & fait ainſi paſſer celui qui la tient par la ligne que l'on appelle de ſéparation. Que ſi la borne n'eſt plus dans ſa première place, la Baguette tourne ſeulement ſur cette borne & ne tourne point lorſqu'on s'en éloigne; on parcourt alors le champ, juſqu'à ce que la Baguette par un tournoyement indique l'endroit d'où on l'a malicieuſement tirée.

Avant la défenſe de Monſieur le Cardinal le Camus, l'uſage en étoit très commun dans le Dauphiné. Beaucoup des gens de la campagne, hommes, garçons, & filles, vivoient du petit revenu de leur Baguette; & une infinité de différends touchant les limites ſe terminoient par cette voye; on avoit volontiers recours à ces Juges, qui portoient en leur main la juſtice, & toutes les loix de leur tribunal. La ſentence étoit promptement expédiée, & les frais en étoient modiques, cinq ſols étoient le prix fixe de la découverte, auſſi bien que de la *vérification* d'une limite.

Comme ces gens à la Baguette paroiſſoient ſimples & incapables de tromper, on s'en rapportoit à leur déciſion. Sur leur parole on remuoit des bornes, on les tranſportoit d'un lieu à un autre. Quelle joye pour ceux dont les fonds augmentoient par ces changemens? Ils ne ſe laſſoient point de louer l'admirable vertu de la Baguette, & les autres n'oſoient ſe récrier contre une pratique autoriſée par la plupart des Curez & des Officiers ruraux. Quelques Curez faiſoient eux-mêmes tourner la Baguette: & on ne parloit plus de l'uſage que comme d'un effet ſingulier des graces gratuites. (a) Ce fut ce qui obligea Mr. le Cardinal le Camus à défendre cet uſage, ſous peine d'excommunication dans le Synode du 12. Avril 1690. La défenſe a eu beaucoup d'effet, ainſi que pluſieurs perſonnes me l'ont aſſuré. Cependant la pratique étoit ſi commune, qu'il y a encore lieu de travailler à la faire ceſſer. Mr. le Curé de Saint Louis m'écrivit de Grenoble le 27. Juin 1700. que malgré tout ce qu'on a dit aux Prônes contre cet uſage, pluſieurs perſonnes bien perſuadées

qu'elles n'ont point fait de mauvais pacte, ne font nul ſcrupule de ſe ſervir de la Baguette, aſſurant que ſi l'uſage n'eſt pas naturel, c'eſt un don du Ciel. C'eſt pourquoi Son Eminence, qui depuis trente ans ne ceſſe de bannir du Diocéſe toutes ſortes de deſordres & de ſuperſtitions, a ordonné de nouveau aux Archiprêtres, Curez, & autres Eccléſiaſtiques, d'être attentifs à ces ſortes d'abus, par le Mandement du 24. Février 1700. qui commence ainſi. *La Bonté Divine nous donnant encore la force & le mouvement d'entreprendre une dixiéme viſite générale de ce Diocéſe, afin que le Seigneur y répande ſes Bénédictions, & qu'elle contribue au rétabliſſement du bon ordre, & de la Diſcipline Eccléſiaſtique, à l'extirpation des erreurs & des ſcandales, &c. . . . vous nous marquerez ſi l'on ſe ſert de la Baguette, ou d'autres artifices du Démon pour découvrir les limites ou trouver les choſes perdues.*

Ceux qui découvroient les bornes des champs, ſavoient auſſi trouver par la Baguette, les chemins perdus, & faiſoient quelquefois des expériences ſemblables à celle qui ſe fit dans une terre, dont le Seigneur étoit en peine s'il n'y avoit point eu autrefois quelque grand chemin auprès du Château. Un homme qui cherchoit des limites ſe trouva heureuſement dans ces quartiers, on l'appelle, il fait tourner ſa Baguette, reconnoit qu'il y avoit eu un chemin, & déſigne l'endroit préciſément, & la largeur, & aſſure même qu'il eſt pavé, & qu'on le trouvera à cinq pieds de profondeur, on creuſe, & on eſt tout ſurpris qu'il ne reſte aucun lieu de douter de ce qu'avoit dit le devin.

Toutes ces pratiques firent penſer à quelques perſonnes que la Baguette pourroit bien leur ſervir à meſurer les diſtances des lieux, comme on le feroit par le bâton de Jacob, ou quelque autre inſtrument de Géométrie, ils l'eſſayérent & réuſſirent en cette maniére.

Pour ſavoir la longueur d'un champ, ils ſe mettent auprès d'un arbre, ou d'une muraille, la Baguette aux mains, & ſouhaitent qu'elle tourne juſqu'à une diſtance dans laquelle il ſe trouve autant de pouces qu'il y a de toiſes, dans le champ; la Baguette ſoumiſe à leurs deſirs tourne lorſqu'ils s'éloignent de l'arbre, ou de la muraille, & s'arrête à une certaine diſtance; on la meſure, on y trouve cinq pieds, c'eſt-à-dire ſoixante pouces, & on voit par-là que la longueur du champ eſt de ſoixante toiſes.

Une perſonne m'a aſſuré qu'il avoit fait cette expérience avec ſuccès, & qu'il l'avoit appriſe d'un homme déguiſé en Hermite qui devinoit mille choſes avec la Baguette. Paſſons à quelques expériences qui ont fait plus d'éclat.

Il y a déja plus d'un ſiécle que Delrio (b) a mis l'uſage d'une Baguette de coudre parmi ſes pratiques ſuperſtitieuſes, auſquelles on recouroit de ſon tems pour découvrir les voleurs. Mais il n'y a que peu d'années qu'on connoit cet uſage en France, & je crois qu'Aimar eſt le premier qui en ait fait l'épreuve publiquement. Ce qu'il a fait à Lyon & ailleurs a donné lieu à un fort grand nombre d'expériences. On dit enſuite qu'il ſe trouvoit beaucoup de perſonnes, à qui la Baguette tournoit auſſi-bien qu'à Aimar, & tous les jours on entendit raconter certains faits extraordinaires, dont quelques uns mériteroient d'être écrits. Néanmoins comme la première épreuve qu'Aimar ait faite en préſence des Officiers de juſtice, eſt une des plus autentiques, & celle en même tems dont je ſuis le mieux informé, parceque je l'ai appriſe du Magiſtrat même qui étoit préſent, ce ſera auſſi celle qu'il me ſuffira de rapporter. Le fait ſe paſſa à Grenoble en 1688. de la maniére que je vais dire.

On avoit volé des hardes à Mr. . . . dans un tems où l'on diſoit dans la Ville que ceux qui trouvoient les bornes, ſavoient auſſi découvrir les vols; le deſir d'en voir l'expérience, & de recouvrer ce qui avoit été

pris,

(a) Recueil des Ordonnances chez Pralard 1691.

(b) Diſquiſ. Mag. Lib. III. ſect. ult.

pris, fit demander un homme à Baguette. (a) Aimar est rapellé, & conduit dans l'endroit où l'on croyoit que le vol avoit été fait. La Baguette y tourne, elle continue à tourner en sortant du logis, & en avançant dans les rues, on vient aux prisons, & on passe même jusqu'à une porte qu'on ne pouvoit ouvrir sans la permission de Mr. le Juge. On va demander cette permission. Ce qu'on expose pour l'obtenir, étonne Mr. le Juge. Il veut être témoin de l'expérience, il se rend donc à la prison, & fait ouvrir la porte. Aimar entre, & guidé par sa Baguette, il va vers quatre fripons qu'on avoit enfermez depuis peu de jours. Il les fait ranger sur une ligne, met son pied sur le pied du premier, la Baguette ne rémue point, il le met sur le pied du second, la Baguette tourne, Aimar assure que c'est-là le voleur, quelque serment qu'il fît pour se disculper. On passe au troisiéme, la Baguette ne se meut point, mais elle tourne rapidement sur le quatriéme. Celui-ci tout tremblant avoue le fait, déclare le second complice, ils confessent tous deux que le vol étoit dans une grange auprès de la Ville. On y va, & les Fermiers interrogez ne donnant pas la satisfaction qu'on souhaitoit, la Baguette découvrit sur le champ ce qu'ils avoient caché avec soin.

Le Magistrat (b) qui étoit présent, & qui m'a fait ce récit, est d'un mérite si reconnu, & il examine toutes choses avec tant de discernement & d'exactitude, qu'il ne m'est pas possible de douter du fait.

Aimar alors n'étoit pas agité, comme il l'a été dans la suite. Il disoit seulement qu'en passant sur les bornes, ou sur les autres choses qu'on lui faisoit chercher, il sentoit aux orteils un trémoussement qui l'avertissoit aussi bien que l'auroit pu faire le tournoyement de la Baguette. Mais on ne le voyoit ni suer ni pâmer, & tous ces symptômes ne sont venus qu'après qu'on s'est défié de lui, & qu'on a appréhendé quelque fourberie. On a pu voir dans le récit de la découverte des Auteurs du meurtre de Lyon, de quelle maniére ces convulsions le prennent. Je ne répéterai pas ici cette histoire, parcequ'elle est décrite dans les (c) Illusions sur la Baguette, & en tant d'autres endroits qu'elle ne peut être ignorée. On ne s'apperçut d'aucune émotion de cette nature, lorsqu'auprès de Grenoble on lui fit faire une expérience aussi extraordinaire que celle qu'on va voir.

Vers la fin de l'année 1689. le Fermier des Dames Religieuses de sainte Cecile fut fort surpris de voir mourir les bœufs & les vaches qu'on avoit fait paitre dans un certain pré. Il en mourut vingt trois en peu de jours, quoique l'herbe de ce pré fût des meilleures de tout le terroir. Etonné d'un tel accident, & empressé d'en découvrir la cause, il lui vient dans l'esprit que ce pourroit bien être un maléfice, & que la Baguette qui découvroit tant de choses cachées, pourroit aussi découvrir ce que c'étoit. Comme Aimar passoit pour un des plus habiles devins, on le fit venir. La Baguette fut mise en usage, elle tourna par tout dans le pré, & nullement aux environs, si ce n'est sur un petit sentier qui aboutissoit au pré. Cela fait dire à Aimar que pour s'assurer si c'est un maléfice, il faloit prier Mr. le Curé de faire les Exorcismes. Le Curé accompagné des plus notables de la Paroisse vient au pré, & fait en habits de cérémonie les priéres accoutumées. Aimar reprend la Baguette, elle ne tourne plus dans le pré. Elle se remue néanmoins sur le sentier, le mouvement continue, on avance, & on vient jusqu'à une hute où la Baguette cesse de tourner. Un homme d'assez méchante réputation y logeoit ordinairement, lequel informé de ce qui se passoit n'a plus paru dans ces quartiers. On n'en fit aucune recherche. Le Fermier se contenta de ne voir plus mourir ses bestiaux

qu'il fit entrer dans le pré dès le même jour, par le conseil de Mr. le Curé & d'Aimar.

Si on est surpris de voir consulter un bâton pour découvrir les maléfices, on le sera peut-être encore davantage de voir consulter le même bâton, pour connoitre les ossemens des Saints. Aimar se pique de faire de ses sortes de découvertes, & quelques uns y réussissent mieux que lui.

Depuis qu'on s'est informé avec quelque soin des choses que la Baguette a fait découvrir, ou en a appris tant de singularitez, qu'il faudroit pour les décrire faire un gros Livre, qui seroit peut-être dangereux pour quelques personnes, & trop ennuyeux pour d'autres. Il suffit de dire en général qu'on s'est servi de la Baguette pour découvrir l'infidélité des femmes, les faux contrats, & un grand nombre de choses purement morales.

Le Révérend Pére Menetrier, Jésuite écrit (d) que depuis les expériences célébres qu'on a fait faire à Aimar, *on a vu des essains de chercheurs de sources par le moyen de la Baguette, suivre comme lui les pistes des voleurs, découvrir l'or & l'argent caché.... A combien d'effets, pourfuit-il, s'étend aujourd'hui ce talent? Il n'a point de limites. On s'en sert pour juger de la bonté des étoffes, & de la différence de leur prix, pour démêler les innocens d'avec les coupables, & coupables d'un tel crime. Tous les jours cette vertu fait de nouvelles decouvertes inconnues jusqu'à présent.*

Mr. du Verdier, Docteur de Sorbonne reçut une lettre de Toulouse, le 26. Mai 1700, dans laquelle on lui faisoit le détail des expériences que quelques personnes faisoient avec la Baguette. On lui parloit d'un Curé qui devinoit ce que faisoient des personnes absentes, si un homme avoit de l'argent, en quelles espéces, & combien. On consultoit la Baguette sur le passé, le présent & l'avenir. Elle baissoit pour répondre oui, & elle s'élevoit pour la négative. Il étoit indifférent d'exprimer sa demande de vive voix ou mentalement ; ce qui surprendroit davantage si la personne judicieuse qui écrivoit, n'ajoutoit que plusieurs réponses s'étoient trouvées fausses.

Il y a quelques années qu'on me montra une lettre de Dauphiné, où l'on parloit de Mademoiselle Alouard qui devinoit aussi avec la Baguette ce qui se passoit en des lieux fort éloignez. Mais en voilà trop sur cet article.

CHAPITRE IV.

Comment on distingue les différentes choses sur lesquelles la Baguette tourne, & ce que l'on fait pour la déterminer à tourner pour une chose, plutôt que pour une autre.

LE secret s'est étendu à tant de choses, qu'il ne faloit plus pour y donner beaucoup de cours, que des moyens aisez de connoitre sur quoi la Baguette tourne. Plusieurs personnes s'en sont prescrit à leur fantaisie, qui n'ont pourtant pas laissé de s'accommoder avec l'expérience. En voici trois des plus usitez.

Le premier est que la Baguette ne tourne que sur ce qu'on veut découvrir. Un homme qui cherchoit des bornes, m'avoua que c'étoit-là tout son secret. Car lui ayant demandé comment il connoitroit si la Baguette tourneroit sur une borne, puisqu'il se pourroit faire qu'il passat sur quelque source, sur une piéce de métal, sur un clou, sur un fer de cheval, ou enfin sur quelqu'une des choses qui font tourner la Baguette, il me répondit qu'ayant intention de chercher une borne, elle ne tournoit jamais sur quelque autre chose qui se rencontrat sur son chemin. J'observai aussi en

deux

(a) Il demeuroit pour lors dans la Paroisse de Crôle près de Grenoble.

(b) M. Basset, pour lors Juge, & ensuite Premier-Président du Bureau de Messieurs les Trésoriers de France.

(c) Illusions des Philosophes.

(d) Réflexions sur les indications de la Baguette. A Lyon 1694. pag. 46.

deux occasions où je fus témoin de quelques expériences, que la Baguette s'accommodoit aux desirs de ceux qui la tenoient, ou qui la consultoient; & tout le monde a pu remarquer la même chose dans le récit de la découverte des meurtriers de Lyon. Quand on cherchoit autre chose que des métaux, on avoit beau se tenir sur une serpe, ou auprès de quelque métal que ce fût, la Baguette ne tournoit point.

Cette manière est de toutes la plus aisée; & elle a contenté plusieurs personnes. Mais presque tout le monde voit bien qu'une pensée ou un desir ne peuvent naturellement faire remuer un bâton; on suit donc communément la maxime suivante, qui paroit mieux fondée sur la Physique.

Lorsqu'on veut savoir s'il y a de l'eau ou des métaux dans l'endroit où la Baguette tourne, on met sur la Baguette du linge ou du papier mouillé. Si elle continue à tourner, c'est une marque qu'il y a de l'eau, & si elle ne tourne plus, on juge qu'il y a autre chose. Pour connoitre ensuite s'il y a du métal, & de quelle espéce il est, on enchasse successivement à la tête de la Baguette diverses piéces de métal; c'est un principe constant pour plusieurs personnes que la Baguette tourne, lorsqu'elle touche du même métal que celui qui est dans la terre: & qu'elle cesse de tourner si on lui fait toucher d'un métal différent.

La plupart trouvent cette pratique fort spirituelle, & tout à fait Physique. Ceux qui se payent de sympathie ou d'antipathie en découvrent là de fort efficaces. Plusieurs même qui n'expliquent les effets naturels que par un écoulement de corpuscules, croyent y trouver entiérement leur compte. Il leur semble voir à peu près la même chose, que ce qui arrive à l'aiman à l'égard du fer. Comme l'on sait que l'aiman donne du mouvement au fer, à cause de la communication qui se fait entre eux par les petits corps qui sortent de l'un & de l'autre, on croit qu'il se fait à peu près la même chose entre les parties qui s'exhalent, par exemple, de l'or qui est en terre, & celles qui sortent de la Baguette, & de l'or qu'elle touche; au lieu que si l'on mettoit auprès de la Baguette un autre métal, la vapeur différente empêcheroit l'effet de cet écoulement. On se repose aisément sur ces sortes de raisons, & quoiqu'il y reste bien de l'obscurité, on croit que les habiles Physiciens y verront clair, ou bien que c'est-là un des secrets de Physique que l'on ne peut encore bien pénétrer.

Il faut une troisiéme manière toute contraire, pour contenter ceux qui raisonnent tout autrement. Quelques uns ont cru que la Baguette ne se remuoit sur les métaux & sur les sources, que par un penchant naturel qui la portoit à s'y aller joindre; tout de même, ont-ils dit, que les corps pesans se portent vers la terre, comme à leur centre. Contens de cette pensée, ils se sont persuadez que la Baguette ne tourneroit jamais pour des métaux cachez, lorsqu'elle en toucheroit de même espéce. Car pourquoi se trémousseroit-elle pour s'aller joindre à une espéce de métal qu'elle touche? Ils en ont donc fait une maxime différente de la seconde, qui n'a pas laissé de leur réussir. Les Auteurs de la *Verge de Jacob, ou de l'Art de trouver des Thrésors*, l'ont suivie, & ils vont nous dire eux-mêmes ce qu'ils ont observé là-dessus.

„ Il faut, *disent-ils*, (a) convenir de deux principes également incontestables, qui serviront de base à toutes
„ les découvertes, & de fondement à tout ce que nous
„ en dirons. Le premier, que la Baguette tourne sur
„ une chose cachée de quelque nature qu'elle soit, sour-
„ ce, mine, métal, minéral, limites, & autres de
„ cette nature. Le second, que les choses apparentes de
„ même nature arrêtent le mouvement l'une à l'autre,
„ lorsqu'on en fait la recherche. Ainsi l'eau, les mé-
„ taux, & les autres choses cachées ne donnent aucun
„ mouvement à celles de même nature qui sont appa-
„ rentes. En un mot la chose apparente de même na-

„ ture que la cachée, ôte & arrête le mouvement que
„ la Baguette avoit sur la chose cachée.... Par exem-
„ ple, lorsqu'on veut savoir si c'est pour de l'eau, pour
„ un métal, pour une limite, ou pour quelque autre
„ chose cachée; on la peut distinguer & en connoitre
„ la nature, en appliquant successivement au bout de la
„ Baguette plusieurs espéces différentes, comme de
„ l'or, de l'argent, du cuivre, du plomb, un linge,
„ ou un papier mouillé de la grandeur d'un pouce,
„ &c. jusqu'à ce qu'on en ait trouvé une qui arrête ce
„ mouvement. Alors par le principe que nous avons
„ établi ci-dessus, il faut tenir pour constant que la
„ chose cachée est de même nature que celle qui se
„ trouve au bout de la Baguette, & que l'effet cesse
„ par la même cause qui le produit.

„ Ce principe est certain lorsqu'il n'y a qu'une seule
„ chose cachée capable de produire ce mouvement.
„ Mais s'il s'y en trouve plusieurs différentes, qui
„ causent le même effet, on reste toujours dans la mê-
„ me incertitude, parcequ'une espéce seule n'arrête pas
„ pendant qu'il s'en trouve d'autres cachées qui ont la
„ même faculté de mouvoir la Baguette. Par exemple,
„ une source qui coulera dans une mine, ou dans un
„ tuyau de plomb & de cuivre, fera tourner la Ba-
„ guette, mais la mine, le plomb, le cuivre, ou des
„ soudures d'étain qui sont au fond le feront aussi; de
„ sorte que l'attouchement d'une espéce n'arrêtera pas
„ le mouvement, pendant qu'il y en a d'autres qui le
„ causent.

„ Quand donc on aura mouillé un linge au bout de
„ la Baguette, elle ne laissera pas de tourner pour le
„ plomb, pour le cuivre, pour les soudures, ou pour
„ le seul tuyau, quand la source ne couleroit plus. On
„ ne peut donc découvrir toutes ces différentes espé-
„ ces, qu'en mettant au bout de la Baguette, ou dans
„ le creux de la main, en sorte qu'elle les touche, au-
„ tant de différentes espéces qu'il y en peut avoir de
„ cachées, comme du plomb, de l'étain, du cuivre,
„ &c. parcequ'alors elle s'arrêtera, & n'aura plus de
„ mouvement.....

„ (b) Pour se tirer d'embarras, on tâche avant tou-
„ tes choses de savoir s'il n'y a point de source dans le
„ lieu où la Baguette tourne, & pour le découvrir, on
„ se précautionne au moment de la recherche, d'un
„ linge mouillé au bout de la Baguette; quand on ap-
„ perçoit que ce linge n'arrête pas ce mouvement, on
„ connoit d'abord qu'il n'y a pas de l'eau, ou que s'il
„ y en a, elle est jointe avec quelque autre matiére
„ qui continue ce mouvement. Cette matière ne pou-
„ vant être qu'un métal, un minéral, &c. après lui
„ avoir fait toucher de plusieurs métaux, ou minéraux,
„ &c. sans que cela l'arrête, l'on tire encore cette con-
„ séquence qu'il n'y a point de métaux, ou de miné-
„ raux en ces endroits, ou qu'avec eux il y a encore
„ quelques autres espéces qui continuent ce mouve-
„ ment, comme pourroit être un corps mort, une li-
„ mite, &c. Pour (c) le corps mort il lui faut faire
„ toucher de la mumie, pour les limites il lui faut fai-
„ re toucher une piéce d'une véritable limite, ou quel-
„ que peu de la terre que l'on trouve dans l'espace de
„ la longueur des limites; & si la Baguette s'arrête,
„ conclure avec certitude qu'il y a une limite dans cet
„ espace.

On croit que toutes ces pratiques sont appuyées sur des raisons physiques. Nous avons déja dit quel en est le fondement; mais il vaut mieux qu'on le voye dans les propres paroles des Auteurs déja citez.

„ La cause de cet effet, *disent-ils* (d), est évidente,
„ parceque l'espéce qui touche ou qui apparoit, atti-
„ rant, ou réunissant à soi ces particules, *qui par la*
„ *séparation totale de leur centre, ou de leur commune*
„ *matrice, étoient dans une agitation violente pour s'y*
réu-

„ réunir) les met dans le repos, & fait cesser leur agi-
„ tation par leur réunion à l'espéce de même nature
„ qu'elles touchent en la Baguette. C'est ainsi que le
„ fer aimanté, qui naturellement se tourne toujours du
„ côté du Pôle du Nord, où est le centre de l'aiman,
„ arrête son mouvement, & cesse d'y tourner, pour se
„ ranger du coté & se réunir à l'aiman prochain qu'on
„ lui présente.

Reste encore à voir comment on juge de la profondeur des sources, & des mines. Disons en deux mots. Celui qui a trouvé la source ou la mine, marque l'endroit où la Baguette a tourné, réprend la même Baguette, & s'éloigne jusqu'à ce qu'elle cesse de tourner. Alors on mesure la distance qu'il y a de-là à l'endroit marqué, & on prétend qu'elle est la même que la profondeur de la source. Les Auteurs déja citez jugent de la longueur & de la profondeur des sources, par la maniére dont la Baguette tourne, tantot en baissant, tantot en remontant. Je sais qu'il y en a d'autres qui ont fait d'autres observations, & se sont prescrit d'autres loix. Mais en voilà déja trop sur ce sujet. Voyons si dans les autres pays la Baguette est mise en usage, aussi-bien qu'en France.

CHAPITRE V.

De l'usage de la Baguette en Allemagne & en Flandre.

EN quelques endroits d'Allemagne on fait un usage fort singulier d'une Baguette de coudre ou de frêne, car on s'en sert pour remettre les os disloquez ou rompus, pour guérir les playes, & étancher les hémorragies. La plupart préférent le frêne à tout autres bois, & ils l'appellent pour ce sujet, *dat vundholts*; bois à guérir les playes. Il ne faut pourtant pas s'imaginer que tous croyent le bois seul capable de produire ces effets. Les pratiques que plusieurs joignent à cet usage font bien connoître que ce n'est pas de la propriété du bois qu'ils attendent la guérison, & qu'ils se mettent peu en peine qu'il y paroisse des marques évidentes de leur superstition; mais il est vrai aussi que quelques uns tâchent en préparant la Baguette de n'observer que des circonstances qui puissent paroître Physiques. (a) Telles sont celles que Borel rapporte après le Médecin Laigneau, lequel, dit-il, sans se servir d'autre reméde que d'une Baguette de coudre préparée, s'étoit lui même remis le bras écrasé sous la roüe d'un chariot. On ajoute qu'il faisoit une infinité de semblables cures avec de petits bâtons qu'il conservoit, biens munis des influences de la constellation qui les rendoit si bienfaisans. Tout son secret consistoit à couper d'un seul coup une petite verge de coudre, lorsque le Soleil entroit dans le signe du Belier, & à en sceller les deux bouts avec de la cire d'Espagne, de peur que la vertu ne s'évaporat. Il ne falloit ensuite que frotter la contusion avec une de ces Baguettes, pour faire remettre les os dans leur place, comme si on s'étoit servi de quelque enchantement. Le même Médecin préparoit ainsi des Baguettes de frêne

(a) Ad contusiones & fracturas solo coryli contractu curandum. Novam & insolitam fracturarum & contusionum curam ut & hemorragiarum hic referam, sed experientiâ alienâ millies comprobatam, nempe à Justo Lagneo medico non obscuro, qui innumeros ait se baculorum suorum frictione solâ curasse, semetque ipsum à brachii fracturâ, à currûs rotâ, absque ullo remedio liberasse. Sunt autem baculi magici seu constellati, qui ad certam astrorum dispositionem resecantur, unde vires eorum procedere ait. Ut ut sit ejus arcani quod maximi facit, ecce descriptionem Coryli virgultum ab inter nodio uno ad aliud, digiti minimi ad manûs crassitiem æquans, idque Sole in arietis signum ingressum faciente unicoque ictu secetur, & cerâ Hispanicâ utrinque sigilletur, ne vires ac spiritus amittat, sicque servetur ad usum. Fracturas autem, sed præcipuè luxationes cum contusione baculo illo aliquoties perfricabis & sofficiet, sicque ait quasi incantamento curati. Observ. 78. idem Medicus alium baculum eod. modo parat ex fraxino, cùm Sol & Luna in arriete conjunguntur. ex solâ ejus admotione omnes asserit sedari hemorrhagias. *Borellus Centur.* 3. *Observ.* 77.

au tems de la conjonction du Soleil & de la Lune dans le signe du Belier, & prétendoit par leur seul attouchement arrêter toutes sortes d'hémorragies.

Vellenius qui faisoit imprimer en Langue Allemande en 1671. *La Relation véritable de la Verge de Mercure*, & qui voudroit bien en justifier l'usage par celui du bois à guérir les playes, appréhendant qu'on ne trouve quelque superstition dans la manière de préparer les Baguettes, prétend que le frêne seul sans autres précautions guérit les playes, & il se récrie fort contre ceux qui ont introduit des abus dans cette pratique.

A cet usage près, on ne se sert guéres à présent de coudre en Allemagne, que pour chercher des métaux. Les mines qu'ils croyent cachées dans leur pays les ont déterminez à s'attacher uniquement à les découvrir, d'où vient que la Baguette, que l'on nomme en Latin *Virgula divina*, *Virgula Mercurialis*, la Verge de Mercure, la Baguette Devineresse, se nomme communement en Allemand, *Ruthe eines bergmans*, la Baguette d'un Métailler, ou d'un homme qui cherche des mines. Ils lui donnent plusieurs autres noms, qui expriment presque tous le desir qu'ils ont de s'en servir pour devenir riches; car tantot ils l'appellent *Gold-Ruthe*, Verge d'or, tantot *Glück Ruthe*, Verge de fortune, ou *Glück Vuunschel*, desir de trouver fortune.

Ce qu'on observe dans l'usage de la Baguette varie extrémement, & quelques uns ne font point de difficulté d'observer certaines choses qui sont évidemment superstitieuses. Voici les pratiques les plus communes qui se trouvent dans plusieurs Auteurs Allemans.

Pour la matiére de la Baguette, les uns ne se servent que de coudre, les autres que de frêne, les autres de sapin ou de pin, & les autres de poirier ou de cerisier. Il y en a qui se servent de la même Baguette, quelque chose qu'ils cherchent: les autres prennent de différentes Baguettes pour découvrir diverses choses. Ils se servent d'une verge de fer pour chercher de l'or, de coudre pour l'argent, de frêne pour le cuivre, de pin sauvage pour le plomb, & de la tige de laitue pour le fer.

On observe aussi bien des choses en la coupant. Il faut pour quelques uns qu'elle soit coupée un Dimanche avant le Soleil levé à la pleine Lune, ou bien le Vendredi Saint, le jour de l'Annonciation, ou la nuit de Noël, ou au moins le mois de Septembre ou d'Octobre à la pleine Lune. Les autres n'observent que l'aspect des Astres.

Dans l'usage actuel de la Baguette, la plupart prononcent certaines paroles, s'ils ne les ont prononcées en les coupant. Quelques uns récitent l'Evangile de Saint Jean *In principio*. Les autres marmotent certains mots, ausquels Agricola (b) attribue la vertu de la Baguette, & qu'il a dans cette pensée prudemment obmis. Il y en a qui prononcent des paroles qui ne font qu'exprimer leurs pensées & leurs desirs. Je ne ferai pas de difficulté de mettre en François celles-là, telles que Fomman les rapporte en Allemand dans le troisième Livre de *Fascinatione*.

„ Coudrier je te romps, & te conjure par la vertu
„ du Dieu très haut de me montrer où est l'or, ou l'ar-
„ gent, ou les pierres précieuses &c. Je te conjure que
„ tu me montres que tu as autant de vertu, que la
„ Baguette de Moïse, dont il fit un serpent. Je te
„ conjure de me montrer que tu as autant de puissance,
„ qu'en avoit Aaron lorsqu'il conduisoit les Enfans d'Is-
„ raël pour traverser la Mer rouge … Item. Baguette
„ je te romps à cette heure, afin que tu me découvres
„ ce qui est caché, au nom de Dieu, &c.

Il se trouve néanmoins plusieurs personnes qui n'observent pas toutes ces circonstances, qui portent si ouvertement le caractére de la superstition.

Les gens d'esprit & de conscience ne se laissent engager que par des apparences un peu plus Physiques, aussi ceux-là réussissent-ils sans observer toutes ces minuties ridicules.

(b) Lib. de re met.

Tel

Tel étoit un Savant d'Allemagne, que le Pére Schott Jésuite avoit consulté. Comme il étoit fort expérimenté dans l'usage de la Baguette, le Pére Schott l'avoit prié de lui marquer tout ce qui s'observoit dans cet usage, & il en reçut cette réponse qu'il a inférée dans la quatriéme Partie de la Magie Naturelle.

„ Je ne m'attache point scrupuleusement à chercher „ une Baguette d'une certaine longueur ou grosseur. Je „ bannis en la coupant toutes cérémonies superstitieuses. „ Je n'observe ni l'année, ni le jour, ni l'heure. J'ai „ seulement remarqué que le coudrier en pleine Lune „ avoit plus de force qu'en un autre tems. Cette Baguette est fourchue, & on la croit meilleure si elle „ est coupée presque à rez de terre sur les miniéres. „ D'où vient que les Métailliers l'appellent, *eins grund-* „ *Ruthen*, Baguette qui croît sur les mines. Elle indique non seulement toutes sortes de métaux & de mi- „ néraux ; mais à ce que quelques uns pensent, elle „ tourne aussi sur les sources, ce que je n'ai pourtant „ jamais pu éprouver.

„ Si on veut savoir distinctement ce qui est caché „ dans la terre, dans des murailles, ou en quelque au- „ tre lieu, un peu de métal de la même espéce que l'on „ fera toucher à la Baguette, découvrira tout le mysté- „ re. Supposons par exemple que la Baguette indique „ par son mouvement un trésor dans une maison, & „ que l'on en veuille savoir la quantité & la qualité, „ voici ce que je ferois. Je mettrois dans une de mes „ mains une piéce d'or ou d'un autre métal, & tenant „ la Baguette avec les deux mains je m'approcherois „ ainsi de l'endroit où elle a tourné : s'il y a du fer, „ & que je tienne dans la main une piéce de cuivre qui „ touche la Baguette, elle ne tournera point ; si au „ contraire je tiens du métal de la même espéce que ce- „ lui qui est en terre, on la verra d'abord pancher avec „ violence. Par le même artifice je vous dirois sans me „ tromper combien d'argent il y a dans une bourse. Car „ si la quantité d'or ou d'argent que je tiens dans la „ main, excéde ce qui est dans la bourse, la Baguette „ ne se remuera jamais ; mais si j'en ai moins dans la „ main qu'il n'y en a dans la bourse, la Baguette tour- „ nera vers la bourse, parcequ'elle en contient davan- „ ge. Ce sont-là des secrets qu'on ne révéle pas facile- „ ment, & tout cela est si certain, que si je voulois „ écrire toutes les expériences que j'en ai faites, j'en „ remplirois plusieurs feuilles de papier. Il faut encore „ remarquer qu'une Baguette de coudrier en attire à „ soi une semblable, car si on place deux Baguettes à „ quelque peu de distance, & qu'on les tienne comme „ il faut, vous les verrez s'approcher l'une de l'autre.

„ Je viens présentement au tems que doit avoir la Ba- „ guette. Je vous avoue que j'ai toujours eu soin d'en „ avoir une qui ne fût que d'une année ; c'est pour- „ quoi j'avertis ceux qui veulent en choisir, de faire at- „ tention aux nœuds qui font connoitre l'âge de la Ba- „ guette : car si elle étoit de deux ans, elle ne pourroit „ leur servir de rien. Quant à la maniére de la tenir, la „ Figure que je joins à cette Lettre le fait assez voir.

„ Plût à Dieu que vous m'eussiez dit un mot de ce- „ ci le Carême dernier, j'aurois éclairci de vive voix „ bien des difficultez, & j'aurois fait voir clairement „ que c'est là un effet naturel. Je disconviens pas „ néanmoins que cette Baguette ne trompe quelquefois; „ mais n'en puis-je pas rapporter beaucoup de raisons? „ Ne puis-je pas dire avec beaucoup de fondement, „ que le Démon transporte souvent les trésors d'un lieu „ en un autre ? N'aurai-je pas aussi raison si je dis que „ la symphathie du coudrier ne nous est pas entiére- „ ment connue ? Votre Révérence pourra trouver plus „ de secours & de lumiére dans les lettres des Savans „ qu'elle consultera, que dans la courte réponse que je „ lui fais. Je puis au moins expliquer fort facilement „ d'où vient que la Baguette tourne plutot entre les „ mains d'une personne que d'une autre ; car qui em- „ pêche d'attribuer cette différence à la diversité du „ tempérament qui se trouve dans le sang & dans les

„ mains de ces personnes? Est-il d'objection qui puisse „ tenir contre cette réponse?

Voilà un Savant qui prétendoit bannir toutes les observations qui pouroient avoir quelque apparence de superstition ; il en rejettoit en effet beaucoup ; mais il observoit la pleine Lune, & ne pouvoit se servir d'une Baguette qui auroit eu plus d'une année quand on l'avoit coupée. Libavius autre Savant en l'art de la Baguette, & qui passoit pour un fort habile homme, ne faisoit aucune attention à la Lune, & ne croyoit pas qu'il falût nécessairement d'un certain bois. Quand il avoit de quoi choisir, il préféroit le chêne au coudrier ; mais il choisissoit toujours une Baguette d'une année. C'est de lui-même que nous l'apprenons, *in Append. Syntagm.*

L'usage de la Baguette passa fort aisément d'Allemagne en Flandre. Les lettres de Mons du mois de Mai 1700. nommoient plusieurs personnes qui découvroient & cherchoient tous les jours publiquement des eaux, des métaux, des miniéres, du charbon de terre, & plusieurs autres choses cachées, sans qu'on apperçoive aucune marque extérieure de superstition.

Voyons ce qu'on observe en plusieurs autres pays.

CHAPITRE VI.

Des autres Pays où l'on se sert de la Baguette, en Bohême, en Suéde, en Hongrie, en Angleterre, en Italie, en Espagne. Usage fort singulier d'une Baguette de coudrier en Egypte.

LEs Pays les plus voisins d'Allemagne sont ceux où l'usage de la Baguette est plus connu. Monsieur l'Abbé Hirnhaïm, Vicaire-Général & Visiteur de Prémontré en Bohême, Silesie & Moravie, écrit (*a*) qu'on se sert assez communément dans tous ces Pays d'une Baguette de coudre, pour découvrir les métaux cachez, & il assure avoir vu souvent ces Baguettes se rompre à force de se tordre entre les mains de ceux qui les tenoient.

L'usage n'est pas moins connu en Suéde, & le Pére Stengelius savant Jésuite ajoute, (*b*) qu'outre la découverte des métaux, il y avoit de son tems des personnes qui s'en servoient pour découvrir beaucoup de choses cachées : une Baguette toute droite se pliant en rond comme pour faire un cercle, lorsqu'on prononçoit le nom de ce qu'on vouloit savoir ; mais ordinairement on ne s'en sert que pour découvrir les métaux. Paracelse & Galenius n'ont attribué à la Baguette que cette seule vertu, & c'est ce que les Mineurs Allemans (*c*) ont enseigné, lorsqu'ils sont allez travailler aux mines des Pays étrangers. Fludd a été témoin que les Allemans cherchoient avec la Baguette les mines en Angleterre dans la Province de Cornouaille. On en faisoit autant dans celle de Sommerset, suivant ce que rapporte Monsieur Childrey dans l'Histoire naturelle d'Angleterre.

„ Les Montagnes de Mendin qui sont, dit-il, dans „ cette Province, produisent quantité de plomb. J'ai „ oui dire que l'on en trouve la mine en cet endroit-là „ d'une

(*a*) *De Typho generis humani. c.* 7. Metalla terræ visceribus vel murorum, aut ædificorum latibulis abscondita, bifurcum coryli virgam violentissimè movent. Et cap. 10. Vidi sæpius virgas ex corylo, in aliorum manibus adeò violenter ad metalla fuisse inflexas, ut fuerint confractæ.

(*b*) Neque enim Sueci tantùm velut divinâ quadam virgulâ, aurum argentumque ubi lateat norunt hariolari, sed alii quoque conceptis verbis efficiunt ut virgula recta ad nomen rei quam indagant, sponte suâ junctis extremitatibus in circulum coeat, & à cornibus velut lunetur. *Mundi Theoric. p.* 2. *cap.* 36.

(*c*) Si tempore quodam statuto virga corylina in extremitate furcata, ex arbore suâ colligatur, & utraque pars furcata manu utrâque sustineatur, eâ tamen lege ut truncus directè seu perpendiculariter erigatur, atque istius modi baculi positione ille qui virgam seu baculum tenet montis summitatem in quo minera auri vel argenti excogitatur esse, pertransit ; cùm autem directè super metalli venam ambulet.

» d'une étrange maniére. Il y a, dit-on, des hommes
» qui se proménent avec une fourchette de coudrier en
» la main, tout au travers de ces montagnes & aux en-
» virons des lieux où ils croyent qu'il y a de la mine.
» La nature de cette fourchette est telle, que quand ils
» passent à l'endroit où est la mine, elle se baisse d'elle-
» même vers la terre, & la découvre. On dit pourtant
» que toutes sortes de branches de coudrier n'ont pas
» cette vertu-là, & qu'il n'y a que celles qui sont pré-
» parées d'une certaine maniére particuliére, dont le
» mystére n'est connu que de fort peu de personnes qui
» gagnent leur vie à ce métier-là, & à chercher des
» mines pour ceux qui les employent. Cette histoire est
» bien étrange, & j'aurois eu de la peine à le croire, si
» je n'avois autrefois lu dans la Cosmographie de Mun-
» ster que l'on trouve les mines d'argent en Allemagne
» de la même façon. Cela m'a aussi fait ressouvenir que
» les Necromanciens ont une espéce de Baguette qu'ils
» appellent la Verge de Moïse, qui n'est autre chose
» qu'une branche de coudrier coupée à un certain jour
» de l'année sous une certaine constellation, & prépa-
» rée avec plusieurs cérémonies, la plupart impies &
» ridicules; ils disent que ces sortes de Baguettes ont
» la vertu de trouver les trésors cachez.

Ce secret fit tant de bruit en Angleterre, que l'A-
cadémie des Sciences résolut d'examiner le fait. La question à résoudre fut mise dans les mémoires de l'Académie, & inférée dans les Actes Philosophiques de
1666. (a).

Monsieur Boyle qui avoit dressé cet article, fit quelques recherches là-dessus; mais ne voyant pas assez clair
ni dans le fait, ni dans la cause, lorsqu'il composoit ses
Essais de Physiologie, il avoue qu'il ne sait ce qu'on
doit penser sur cette difficulté (b). De sorte qu'après
avoir cité Agricola & le Pére Kirker, il se contente de
dire ce qu'il apprit (c) de plusieurs personnes dignes de
foi. On voit du moins que cet usage n'est pas bien ancien en Angleterre, & qu'il n'y a été introduit que par
les Allemans.

Je ne doute pas que ce ne fussent aussi des Allemans,
qui cherchoient avec des Baguettes les mines de Trente
& du Tyrol du tems de Basile Valentin il y a deux cens
ans. On ne savoit ce que c'étoit que cette pratique dans
les autres endroits d'Italie. Cardan ni Mathiole Auteurs
fort avides de secrets n'en font aucune mention, & ce
qu'en disent quelques autres Auteurs Italiens, fait bien
voir qu'on ne regardoit pas l'usage de la Baguette comme un secret de Physique. J. B. Porta (d), qui avoit
lu ce qu'Agricula en avoit écrit, parle de ceux qui cherchent des trésors comme de gens qui ne faisoient pas façon d'user de sortiléges, & je vois par une histoire que

(a) Utrùm virgula divinatoria adhibeatur ad investigationem venarum propositarum fodinarum, & si sic, quo id fiat successu?

(b) Quid de arduo hoc experimento statuendum sit, fateor me
etiamnùm ignorare.

(c) Non contemnendi autores, & inter eos conterraneus noster
Industrius Gabriel Plat, etsi in Chymicos aliquando iniquior, virgulæ huic Divinatoriæ multùm attribuunt: & multi, alias minimé
creduli suâ αὐτοψία compertam sibi experimenti veritatem asserue-
runt. Vir nobilis non procul à plumbi fodinis Somersettensibus de-
gens, me super illas fodinarum partes quibus venas Metallicas subesse sciebamus, unâ secum transeuntem, repenté de incurvatione
virgulæ admonuit, utique simul ac venæ metallicæ institerat, pro-
fessus etiam manûs suæ motum nihil ad virgulæ flexionem contu-
lisse; verùm aliquando fortiùs detentam, tam vehementi nisu in-
curvatam fuisse, ut subitò rumperetur. Et ut fidem suam mihi
evinceret, hisce auspiciis fretus magnos in novis fodinis aperiendis
sumptus impendit; sed quo successu, nondùm mihi significavit.
Erant sanè inter ipsos metallurgos qui virgulâ hujusmodi uteren-
tur: alii autem risu explodebant. Equidem unum est de hoc experimento peculiariter notandum, nimirum quòd summi ipsius pro-
pugnatores in quorundam hominum manibus non succedere fa-
teantur, quoniam occulta quædam utentis proprietas, (ut aiunt,)
vim baculi inclinatoriam vincat & inhibeat. Adde quòd celeberri-
mus quidam Chymicus, qui multâ se ejus ope, præter ea quæ vulgò innotescunt, explorasse profitetur, mihi seriò ex fide suâ affir-
mavit, certas esse horas minùs propitias certorum planetarum &
constellationum (quarum nomina non satis credentis memoriam
effugerunt) regimini subjectas, in quibus virgula operationem
suam non edet etiam in illis manibus gestata, quæ aliàs ipsius in-
curvationem manifestò experiuntur. *Tentamina Physiol.* pag. 131.

(d) Mag. Natural.

rapporte (e) Strozio Cicogna, que ceux qui ont recours
à cet usage font assez connoitre qu'ils ne le croyent pas
naturel. Voici le fait.

Un Hermite qui cherchoit des métaux cachez pour
le Duc de Ferrare, promit au Sieur Lavoreius Archiprêtre de Barberini, de trouver avec ses Baguettes le metal
qu'on avoit caché. L'offre est acceptée, l'Archiprêtre
cache un écu d'or avec soin, & l'Hermite prend quatre
Baguettes d'olivier qu'il dispose suivant son secret. Il
en tient deux dans ses mains, fait tenir les autres à l'Archiprêtre, & l'avertit de se laisser aller au gré de l'impression qu'il pouvoit sentir. Après cet avis, l'Hermite
commence le Pseaume *Miserere*, &c. à ces mots *incerta
& occulta sapientiæ tuæ manifestasti mihi*, l'Archiprêtre
se sent poussé par une force invincible. L'impression le
porte avec l'Hermite dans l'endroit du jardin où étoit
l'écu d'or. Elle cesse dès qu'ils touchent l'endroit, &
les Baguettes se remuérent alors dans les mains avec tant
d'impétuosité, que l'Archiprêtre épouvanté s'enfuit
bien vite, laissa là l'Hermite, les Baguettes, & son argent.

J'apprens néanmoins qu'il y a des gens présentement
en Italie, qui cherchent les métaux & les sources avec
une simple Baguette de coudrier, sans autre cérémonie
que ce qu'on pratique en France. Cet usage s'introduit
aussi en Espagne, & peu à peu on le voit se répandre
dans un grand nombre d'endroits où il n'avoit jamais été
connu. Je ne sais s'il ira jusqu'en Egypte où l'on fait
beaucoup de cas du coudrier, parcequ'on le regarde
comme le bois dont Moïse se servit pour adoucir les
eaux améres de Sur, & pour faire sortir de l'eau du
rocher, mais où l'usage que l'on en fait est bien différent de celui que nous avons décrit; car au lieu de se
servir d'une Baguette de coudrier pour trouver l'eau &
les métaux, ils s'en servent pour faire sortir l'eau qui
incommode les animaux enflez. On peut l'apprendre de
Mr. de Monconys, qui l'apprit lui-même au Mont Si-
naï. » Le Sieur Archevêque, (f) *dit-il,* m'envoya des
» gérides, des palmiers tachetez fort agréablement, &
» des bâtons de coudrier, qu'on dit être du même bois
» que Moïse mit dans les eaux pour les adoucir, & avoir
» à présent cette propriété, que si l'on fait boire de
» l'eau où il y en a trempé à une femme qui soit en
» travail d'enfant, & qu'elle ait difficulté, elle est in-
» continent délivrée; & si quelque animal est enflé, en
» lui faisant dessus le signe de la Croix, & en lui don-
» nant un petit coup sur le ventre, il guérit par éva-
» cuation divine.

Voyons si l'on n'a point fait autrefois quelque usage
d'une Baguette, qui vaille ceux dont nous avons parlé.

CHAPITRE VII.

*Si les Baguettes ont été de quelque usage dans
les anciennes superstitions. Effets produits
avec des Baguettes. Usage des Scythes,
dès Perses, dès Médes, des Alains, des Illyriens, des Esclavons, des anciens Allemans,
& de plusieurs autres Peuples qui devinoient
avec des Baguettes.*

UN Bâton ou une Baguette ont été de tout tems
le signe le plus ordinaire de la puissance donnée
aux hommes. Le pouvoir de faire des miracles, que
Dieu avoit donné à Moïse, étoit, ce semble, attaché
à la Baguette que son frére Aaron ou lui-même portoient à la main; & le Démon, vrai singe de Dieu &
de la nature, en a presque toujours usé de même, à l'é-
gard de ceux à qui il a fait opérer des prodiges. Il est
peu d'opérations magiques attribuées aux Divinitez fa-
bu-

(e) Theatr. Univers.
(f) Voyage d'Egypte, t. I. pag. 24.

buleufes, où les Poëtes ne faffent entrer des Baguettes.

Si Pallas donne à Ulyffe (a) tantot la forme d'un jeune homme, & tantot celle du vieillard; c'eft en le touchant avec une Baguette. Mercure ne fait fouffler les vents, n'excite des tempêtes, n'envoye les ames aux enfers, ou ne les en retire que par la vertu de la Verge d'or (b). Et fi la plus fameufe des Sorciéres, la célebre Circé, change Picus en oifeau (c), transforme en pourceaux les amis d'Ulyffe (d), rend à tous leur premiére forme, c'eft toujours en les touchant avec une Verge enchantée.

Je n'examine point fi ces métamorphofes font des contes faits à plaifir, ou fi l'on peut les prendre à la lettre, comme Saint Auguftin & plufieurs autres Savans l'ont cru. Vrayes ou fauffes, elles font voir que c'eft par une Baguette que fe faifoient les effets les plus furprenans de la magie. Car les Poëtes n'ont fans doute exprimé de fi grandes chofes que par les pratiques les plus ordinaires des Magiciens.

L'Ecriture Sainte nous (e) apprend que les Magiciens d'Egypte fe fervoient de Baguettes. Strabon (f) nous dit que les Brachmanes de Perfe ne faifoient leurs imprécations, conſécrations, ou divinations, qu'en tenant à la main de petites branches d'arbre. Et Philoftrate rapporte (g) que les Brachmanes des Indes n'étoient jamais fans bâton, & qu'ils s'en fervoient pour faire des opérations tout-à-fait prodigieufes.

Les peuples qui étoient les plus verfez dans les divinations, ufoient d'une efpéce de bois qu'ils croyoient privilégié. Ceux de l'Ifle fameufe de Metelin, fe fervoient d'une Baguette de Tamaris, & croyoient qu'Apollon avoit donné à cette plante la vertu de deviner. Le Scholiafte de Nicandre dit que les Medes s'en fervoient dans cette perfuafion. Mais il y avoit des peuples qui choififfoient d'une autre efpéce de bois. Plufieurs fe fervoient indifféremment des branches d'un arbre fruitier.

Hérodote (b) dit que parmi les Scythes, il y avoit beaucoup de Devins qui avoient appris de leurs ancêtres l'art de deviner avec des Baguettes de faules. Le même Hiftorien ajoute que les Scythes comptoient fi fort fur la connoiffance que leurs Devins pouvoient avoir des chofes cachées, qu'ils leur faifoient découvrir fi quelqu'un avoit juré, & que fur leur témoignage on faifoit mourir par les parjures.

Les Alains qui occupoient une partie de la Scythie devinoient avec des Baguettes d'ofier. Ammien Marcellin dit (i) qu'après les avoir difpofées avec des fecrets enchantemens, ils connoiffoient diftinctement l'avenir.

C'eft apparemment des Alains & des autres peuples de la Scythie, que les Illyriens leurs voifins apprirent à deviner par quelque morceau de bois. L'Auteur du Livre des fix cens treize préceptes cité par le favant Drufius (k), leur attribue cette pratique.

Des Illyriens elle paffa aux Efclavons (l) qui leur ont fuccédé, & fe répandit enfin parmi tous les peuples de la Germanie. Nous apprenons de Tacite (m) qu'ils étoient fort adonnez aux Augures & au Sort, & que leur maniére de deviner la plus ufitée confiftoit à couper une Baguette d'un arbre fruitier, à la divifer en plufieurs parties, & à y faire quelques marques particuliéres. Cette coutume s'eft confervée durant très longtems. Adam de Brême qui écrivoit dans l'onziéme fiécle, la décrit toute (n) entiére de la même maniére que Tacite. Elle a eu cours parmi les Ruffes (o) & les Frifons, & lorsque tous ces Peuples eurent embraffé le Chriftianifme, ils ne firent qu'ajouter quelques cérémonies religieufes à leurs anciennes maniéres de deviner.

Le 14. Titre de la Loi des Frifons porte que pour découvrir l'auteur d'un homicide, l'épreuve des Baguettes fe feroit dans l'Eglife, & qu'auprès même de l'Autel & des faintes Reliques on demanderoit à Dieu un figne évident qui feroit difcerner le vrai coupable d'avec ceux qu'on accufoit fauffement. (p) Cela s'appelloit le fort de la Baguette, ou d'un feul mot, Tan, Teen, Teenon, Teni ou Tenus, la Baguette, ou les Baguettes.

Une ignorance groffiére, ou une trop grande fimplicité, faifoit tolérer ces pratiques, & pourvû qu'elles fuffent revêtues de quelques marques de Religion, elles féduifoient quelquefois la piété des fidéles, & celle même des Pafteurs.

Au lieu de certaines épreuves que faifoient les Gentils avec quelques morceaux de bois, on promettoit aux nouveaux convertis de faire de femblables épreuves auprès de quelque Croix. Charlemagne permit qu'on terminat certains différends touchant les bornes des champs par le jugement de la Croix (q). Mais des Capitulaires dreffez du tems même de ce Prince interdirent ces ufages, & plufieurs Conciles en ont fait d'expreffes défenfes. Les Conciles d'Auxerre, d'Orléans, & le troifiéme de Latran ont profcrit les forts qu'on faifoit avec du bois ou avec du pain pour découvrir les voleurs. Ce qui fe faifoit avec du bois, les Savans (r) l'expliquent de la Rabdomancie, ou divination par une Baguette, & ce feul nom qui fe trouve dans plufieurs anciens Auteurs, ne permet pas de douter que cet ufage ne fût fort connu parmi les Grecs. Il me fuffira de dire que Saint Chrifoftome (s) rapportant plufieurs fortes de divinations, fait mention de celle qui fe faifoit avec des Baguettes.

Paffons à ce qui s'eft pratiqué chez les Romains.

CHAPITRE VIII.

De la Baguette recourbée, dont les anciens Romains fe font fervis pour deviner.

L'Ufage de deviner avec une Baguette étoit fi connu parmi les Romains, qu'il avoit donné lieu à un proverbe. Il faudroit, difoit-on, avoir le fecret de la Baguette, pour pouvoir s'enrichir fans peine; & c'eft apparemment à ce proverbe que Ciceron (t) fait allufion, lorfqu'il fait dire à quelques perfonnes qu'elles pourroient fe donner entiérement aux fciences, fi quelque divine Baguette pouvoit leur fournir tout ce qui eft néceffaire à la vie.

Si l'on ignore ce que Ciceron entendoit par cette Baguette, on fait du moins que les Augures fe fervoient du *Lituus* dans les divinations les plus folemnelles. Au-
lu-

(a) Hom. Odyff. 13. & 16.
(b) Odyff. 24. Virg. Æneid. 4.
(c) Ovid. Metam. lib. 14. Virgil. Æneid. lib. 7.
(d) Ibid.
(e) Exod.
(f) Lib. 15.
(g) Vita Apoll. lib. 3.
(b) Lib. 4.
(i) *Lib.* 31. *pag.* 21. *ex Henr. Val.* Futura miro præfagiunt modo. Nam rectiores virgas vimineas colligentes, eafque cum incantamentis quibufdam fecretis præftituto tempore difcernentes, apertè quid portendatur, norunt.
(k) In c. 4. Ofeæ.
(l) Grotius in 21. Ezech.
(m) Aufpicia fortefque ut qui maximè obfervant. Sortium confuetudo fimplex : virgam frugiferam arbori decifam in furculos amputant, eofque notis quibufdam difcretos fuper candidam veftem temerè ac fortuitò fpargunt. Mox fi publicè confulatur, facerdos civitatis, fin privatim, ipfe pater familias precatur Deos cælumque fufpiciens ter fingulos tollit, fublatos fecundùm impreffam notam interpretatur. *De moribus German.*

(n) Hift. Eccl. c. 6.
(o) Saxo Gramm. lib. 14.
(p) Saumaife croit que c'eft de-là que vient l'ufage de tirer à la Baguette, ou à la courte paille. *In Tertull. de pall. p.* 164.
(q) Les deux perfonnes qui conteftoient demeuroient debout auprès d'une Croix; celui dont la caufe étoit mauvaife, ne pouvant fe foutenir fur les pieds tomboit à la renverfe; au lieu que celui dont la caufe étoit bonne, demeuroit ferme, & c'eft ce qui s'appelloit, *Stare ad judicium Crucis. V. Gretfer tom.* 1. *de Cruce.*
(r) *Furet, Lindenbrog, Du Cange,* &c.
(s) Dans la chaine des Péres Grecs fur Jérémie.
(t) Quod fi omnia nobis quæ ad victum vel habitum pertinent, quafi, VIRGULA DIVINA, ut aiunt, fuppeditarentur, tum optimo quifque ingenio, negotiis omiffis omnibus, totum fe in fcientiâ & cognitione collocaret. *L.* 1. *de Offic.*

lu-Gelle (a) & Macrobe difent que le *Lituus* étoit une Baguette recourbée dans l'endroit le plus fort & le plus épais. Plutarque dans la vie de Romulus, & Servius (b) fur les Géorgiques, difent la même chofe. Ainfi par la figure cette Baguette n'étoit pas fort différente de celle dont on fe fert à préfent.

Tite Live nous apprend l'ufage que l'on fit du *Lituus* à l'élection du fecond Roi de Rome. Il dit que Numa Pompilius étant choifi par les Péres & le Peuple de Rome pour regner après Romulus, voulut faire confulter les Dieux comme l'avoit fait fon prédéceffeur. (c) Il fit donc venir un Augure qui le conduifit à une citadelle fort élevée; là cet Augure ayant à fa main droite le bâton recourbé, fe plaça à la gauche du Prince, & s'y tint couvert. Il obferva l'afpect de la Ville & du Champ, pria les Dieux, & marquant l'Orient & l'Occident, il fe tourna vers l'Orient pour avoir le Midy à fa droite, & le Septentrion à fa gauche, fans fe prefcrire d'autres bornes que les endroits où fa vue ne pouvoit s'étendre. Après quoi il prit le *Lituus* à fa main gauche, mit fa droite fur la tête du Prince défigné, & fit cette priére: Pére Jupiter, fi l'équité demande que Numa Pompilius, dont je touche la tête, foit Roi des Romains, faites que nous en ayons des fignes évidens dans la divifion que je viens de faire.

Savoir fi le bâton courbé devoit fe tourner vers le Pays deftiné au nouveau Prince, ou s'il donnoit quelqu'autre figne, c'eft ce que Tite-Live n'a pas dit, & que nous ne faurions déterminer.

On ne fait pas non plus qui a été le premier auteur de cet ufage; on fait feulement que Romulus en avoit le fecret, qu'il le mit en pratique lorfqu'il bâtit Rome, & qu'il s'en fervit pour la diftribution des Régions. (d) Les Stoïciens, que fait parler Ciceron, n'en favoient pas davantage. C'étoit bien affez pour leur donner occafion de le faire révérer. Penfez vous, *difent-ils*, d'où vous eft venu le *Lituus*, cet inftrument le plus augufte de la divination? Romulus lui même s'en fervit pour le partage des Régions, lorfqu'il bâtit la Ville. C'eft ce même *Lituus* lequel étant dans l'Hôtel de Mars qui eft renfermé dans le Palais, fut trouvé entier après Romulus fous le regne de Prifcus Tarquinius. Quel eft l'ancien Ecrivain qui n'a pas parlé de la defcription des Régions que fit Actius Navius, par le moyen du *Lituus*?

Si ces Ecrits de ces anciens, dont parle Ciceron, avoient été confervez, nous pourrions favoir diftinctement quels ufages on faifoit du *Lituus*: du moins voyons-nous par le peu qu'en a dit Ciceron, qu'on confultoit ce bâton fur bien des chofes. Et Plutarque (e) nous fait entendre que Romulus en tiroit beaucoup de connoiffances. *On tient*, dit-il, *que Romulus étoit fort religieux, & très habile dans les divinations: c'eft pour*

ce fujet qu'il fe fervoit du Lituus, qui eft un bâton recourbé.

Le mérite que s'étoit fait Romulus par l'ufage de cette Baguette, étoit fi grand dans l'efprit de ceux qui étoient entêtez de l'Art de deviner, qu'on le conferva comme une chofe facrée, & que l'on ne permettoit point à des mains profanes d'y toucher, fur-tout après que les Barbares ayant pillé & brulé la Ville, on trouva ce beau refte de l'ancienne fuperftition échapé de l'incendie.

Cette particularité eft affez remarquable, pour mériter qu'on la voye dans Plutarque; qui l'a mieux éclaircie que Ciceron. ,, Les Prêtres, *dit-il*, que Camilius avoit chargez de vifiter les lieux facrez, & ,, de remettre chaque chofe en fa place, trouvérent ,, en vifitant le Palais, le petit Temple de Mars pil- ,, lé & brulé par les Barbares, comme tout le refte. ,, Néanmoins en fouillant dans ce lieu, ils découvri- ,, rent fous un tas de cendres le Bâton dont Romu- ,, lus fe fervoit dans les Augures. Comme il étoit ex- ,, périmenté en cet art, il s'en étoit même fervi pour ,, la defcription des Régions Céleftes. Romulus en- ,, fuite ne vivant plus parmi les hommes, les Prêtres ,, ferrérent ce Bâton comme une chofe facrée, & ne ,, permettoient pas à tout le monde de le voir. Quel- ,, le confolation pour les Romains de retrouver ce ,, Bâton? Ce fut pour eux une agréable efpérance de ,, la durée éternelle de Rome.

Voilà des déférences bien particuliéres pour la Baguette avec laquelle Romulus devinoit. Peut-être croyoit on qu'avant ce Prince perfonne n'avoit jamais fu un femblable fecret; mais outre ce qui a été dit des divinations des Scythes & des autres peuples, nous allons voir que longtems avant Romulus les Chaldéens & les Juifs ont deviné avec des Baguettes.

CHAPITRE IX.

Divination par une Baguette, enfeignée par les Chaldéens, fort en ufage parmi les Juifs. Explications tirées des anciens Ecrivains, & des Péres de l'Eglife fur le Chapitre quatriéme du Prophéte Ofée qui rapporte cet ufage.

LEs Chaldéens ont toujours paffé pour les premiers favans du monde. Prefque toutes les Nations ont fait gloire d'avoir puifé des fecrets chez eux, & on peut les regarder comme la fource principale des fuperftitions qui fe font répandues dans le monde. Ainfi plufieurs de leurs coutumes étant préfentement inconnues, quand aucun Auteur ne leur attribueroit l'ufage de deviner avec une Baguette, nous aurions quelque droit de les en croire les auteurs, fi nous le trouvions chez leurs voifins.

Mais outre (f) ce que l'on a rapporté des peuples qui ont fuccédé aux Chaldéens, le Scholiafte de Nicandre nous apprend que, felon le raport de Dion, les Scythes & les Mages devinoient avec du bois de tamaris, & qu'ils exerçoient leur art en plufieurs endroits avec des Baguettes.

On n'entend, dit (g) Grotius, par ces Mages, que les Chaldéens, c'eft ainfi qu'ils font appellez dans les Auteurs, & c'eft en ce fens que Claudien dit:
. . . . *rituque juvencos*
　　　Chaldæo ftravere Magi.
Les alliances que les Juifs faifoient avec eux, & le féjour qu'ils firent à Babylone, leur donnérent occafion d'apprendre beaucoup de pratiques fuperftitieufes; & Saint Jérôme & Saint Cyrille ne doutent pas qu'ils n'a-
yent

(a) Lituus eft virga brevis in parte qua robuftior eft incurva, qua Augures utuntur. *A. Gellius* 6. 8. *Macrob.* 5. 8.

(b) Lituus erat Augurum baculus aduncus fine nodo. *In l.* 3. *Georgic.*

(c) Accitus, ficut Romulus, Augurato urbe condendâ, regnum adeptus eft, de fe quoque Deos confuli juffit. Inde ab Augure (cui deinde honoris ergo publicum id perpetuumque Sacerdotium fuit) deductus in arcem, in lapide ad meridiem verfus confedit. Augur ad lævam ejus capite velato fedem cepit, dextrâ manu baculum fine nodo aduncum tenens, quem Lituum appellaverunt. Inde ubi profpectu in urbem agrumque capto, Deos precatus, regiones ab Oriente ad Occafum determinavit, dextras ad Meridiem partes, lævafque ad Septentrionem effe dixit: fignum contra quod longiffimè confpectum oculi ferebant, animo finivit. Tum Lituo in lævam manum tranflato, dextrâ in capite Numæ impofitâ precatus eft ita: Jupiter Pater, fi eft fas, hunc Numam Pompilium, cujus ego caput teneo, Regem Romæ effe, ut tua figna nobis certa ac clara fint inter eos fines quos feci. *Tit. Liv. l.* 1.

(d) Quid Lituus ifte vefter, *dit-il*, quod clariffimum eft infigne Auguratûs, unde vobis eft traditus? nempe eo Romulus regiones direxit, tum cùm urbem condidit. Qui quidem Romuli Lituus cùm fitus effet in curiâ quæ eft in palatio, eaque deflagraffet, inventus eft integer. Quid multis annis poft Romulum Prifco regnante Tarquinio? Quis veterum fcriptorum non loquitur, quæ fi ab Actio Navio per Lituum, regionum facta defcriptio? *Lib.* 1. *de Divinatione.*

(e) Vie de Romulus.

(f) Drufius. Grotius in Ezech. 21.
(g) Ibid.

yent appris des Chaldéens la divination avec des Baguettes. Elle devint fort commune parmi ce peuple. Dieu la traita de faute énorme, & mit dans la bouche du Prophéte Ofée ce terrible reproche. (a) Mon Peuple a confulté un morceau de bois, & une Baguette lui a indiqué ce qu'il defiroit d'apprendre, parceque l'efprit de fornication les a féduits, & ils fe font proftituez en quittant leur Dieu. La verfion de Junius & de Tremellius explique fort littéralement ce Verfet du Prophété (b).

Je fais que par ces paroles, *Mon Peuple a confulté du bois*, plufieurs entendent une Idole, parceque le mot de bois en Hébreu, lorfqu'il a raport au culte, fe prend ordinairement pour une ftatue. C'eft pourquoi des Savans ont cru que le Prophéte condamnoit en cet endroit deux pratiques, celle de confulter une Idole, & celle de confulter un Bâton. Peut-être étoit-on cenfé confulter en même tems un Bâton & une Idole, fi l'on fe fervoit d'un Bâton où fût gravée la figure de quelque Idole, comme les Magiciens l'ont fouvent pratiqué.

Quoi qu'il en foit, je vois que les mieux inftruits dans les pratiques des Juifs, ont expliqué cet endroit de l'ufage de deviner par des Baguettes, ou par un Bâton. Les Septante ne l'ont entendu qu'en ce fens; & les pratiques des Juifs dans les divinations déterminent à le fuivre. Saint Jérôme, Saint Cyrille, Théodoret, & quelques autres s'y font attachés.

On peut les voir dans le Recueil qu'en a fait le favant Rabin du treiziéme fiécle Maimonides, au Traité de l'Idolâtrie. ,, Celui, *dit-il*, qui ufera des pratiques de ,, Python, ou de quelque Devin que ce foit, s'il le ,, fait avec connoiffance de caufe, mérite d'être excom- ,, munié.... Quelle eft cette pratique de Python? Il ,, y a une qui confifte à offrir un certain parfum, à ,, remuer dans la main une Baguette de myrthe, & à ,, prononcer quelques paroles. Enfuite celui qui tient la ,, Baguette fe baiffe, comme s'il vouloit confulter quel- ,, qu'un qui fût fous terre, & qui lui répondît d'une ,, voix fi baffe, qu'il pût feulement comprendre en ef- ,, prit les réponfes, fans ouir rien de diftinct. *c.* 6.

Et dans le Chapitre onziéme où il traite encore des divinations, il fait mention de celle dont il prétend que le Prophéte Ofée parle. ,, Il y en a, *dit-il*, qui devi- ,, nent en cette maniére. Ils prennent un Bâton à la ,, main, ils s'y appuyent, & en frapent la terre jufqu'à ,, ce qu'ils connoiffent ce qu'ils fouhaitent. C'eft de ,, cette pratique que le Prophéte (c) dit: Mon Peuple ,, a confulté fon bois, afin que le Bâton lui indique ce ,, qu'il defire.

Comme les Juifs fe fervoient tantot d'une Baguette de Myrthe, tantot d'un Bâton ordinaire pour deviner, Saint Jérôme expliquant cet endroit d'Ofée, y rapporte la divination par le bois, ou par des Baguettes. (d) ,, Le Prophete, *dit-il*, s'écrie dans l'étonnement dont ,, il étoit faifi: Mon Peuple, qui a eu l'honneur de ,, porter mon nom, a interrogé du bois & des Baguet- ,, tes, ce qui eft un genre de divination que les Grecs ,, appellent Rabdomancie; d'où vient que nous lifons ,, dans Ezechiel que Nabuchodonofor méla fes Baguet- ,, tes, pour favoir s'il devoit porter les armes contre ,, Ammon, on contre Jérufalem.

Dans l'endroit d'Ezechiel que cite Saint Jérôme, (e) on ne voit pas que le Roi de Babylone ait deviné avec des Baguettes, il ne fe fervit que de fléches, mais Saint Jérôme ne laiffe pas de parler de cette pratique comme

de celle qui eft dans Ofée, parcequ'au fond, c'eft affez la même chofe de deviner avec une Baguette fimple, ou par une Baguette fimple, ou par une Baguette qui a un fer pointu au bout.

D'ailleurs les Chaldéens ou Babyloniens, dont Nabuchodonofor étoit Roi, fe fervoient indifféremment ou de fimples Baguettes, ou de fléches, & ceux qui leur ont fuccédé, ont choifi comme il leur a plu.

Je crois que chaque Peuple a fuivi fon caprice ou ces préjugez. Les Arabes voifins de la Chaldée ne fe fervoient autrefois que de fimples Bâtons, quelques Nations qui ont fuccédé aux Babyloniens, ont préféré des fléches à toute autre Baguette, pour des raifons qu'il nous importe fort peu de favoir, & les Turcs ont retenu cette pratique. Marc Paul de Venife, fameux Voyageur, dit qu'elle regne prefque dans tout l'Orient. Collenucius dans l'Hiftoire des Indes, la décrit à peu prés felon ce que fit Nabuchodonofor, & l'on peut en voir des particularitez remarquables dans une relation (f) de Mr. Thevenot. L'on y verra en même tems que nos Devins à Baguettes ne font pas les feuls, dont le fecret manque en plufieurs rencontres.

,, Il y a parmi les Turcs plufieurs perfonnes qui fe ,, mêlent de deviner, & ils réuffiffent fort bien. On ,, voit de ces gens-là en plufieurs coins des rues, affis ,, à terre fur un petit tapis, avec une quantité de livres ,, étalez à terre à l'entour d'eux. Or ils devinent de ,, trois façons. La premiere fe fait ordinairement pour ,, la guerre, quoiqu'elle fe faffe encore pour toute au- ,, tre chofe, comme pour favoir fi un homme doit en- ,, treprendre un voyage, acheter telle marchandife, ou ,, autre chofe femblable. Ils prennent quatre fléches ,, qu'ils dreffent en pointe l'une contre l'autre, & les ,, font tenir à deux perfonnes: puis ils mettent fur un ,, couffin une épée nue devant eux, & lifent un certain ,, Chapitre de l'Alcoran; & alors ces fléches fe battent ,, durant quelque tems, & enfin les unes montent fur ,, les autres. Si les victorieufes ont été nommées Chré- ,, tiennes (car ils en appellent deux, les Turcs, & ,, donnent aux deux autres le nom de leur ennemi) c'eft ,, figne que les Chrétiens vaincront; fi autrement, c'eft ,, une marque du contraire..... Ils ne vont jamais à la ,, guerre qu'ils ne faffent cette expérience auparavant, ,, qu'ils appellent faire le Livre, & même ils ne font ,, aucun voyage, ni autre chofe de conféquence com- ,, me j'ai déja dit, qu'ils ne faffent le Livre, difans: ,, Si telles fléches font victorieufes, je le ferai; fi elles ,, font vaincues, je ne le ferai pas. Depuis que je fuis ,, de retour à Paris, ayant trouvé un François qui avoit ,, été de Loi Turque, & puis l'avoit laiffée, & s'étoit ,, fauvé en Chrétienté; comme il me dit qu'il favoit ,, faire le Livre, je fus curieux de le voir. Il fit des ,, fléches, qu'il donna à tenir à une autre perfonne, & ,, à moi, puis il mit une épée nue fur la table où étoient ,, les fléches, il nomma deux de ces fléches, ,, Chrétiens, & les deux autres Turcs, & me dit qu'il ,, vouloit favoir fi l'Empereur auroit la guerre contre le ,, Turc, ou non: il prit un Alcoran, & lut tout le ,, Chapitre qui eft pour cela: mais encore qu'il nous ,, dît que les fléches fe battroient malgré nous, quoique ,, nous les en vouluffions empêcher, elles ne fe branlé- ,, rent jamais, il s'en prit à ce que nous en riions; de ,, forte que nous tâchames de nous mettre fur notre fé- ,, rieux, & il recommença trois ou quatre fois fans ,, qu'il fe fît de combat, dont il fut fort furpris, car ,, il nous jura qu'il l'avoit fait des millieurs de fois, mê- ,, me pour rendre réponfe à des Chrétiens, & qu'il ,, avoit toujours réuffi. Je ne fais fi ce fut à caufe que ,, nous n'avions pas la foi, ou parcequ'il n'étoit plus ,, Turc, mais nous nous en mocquames fort.

(g) On peut ajouter au récit de Mr. de Thevenot,
qu'en

(a) Populus meus in ligno fuo interrogavit, & baculus ejus annuntiavit ei: fpiritus enim fornicationum decepit eos, & fornicati funt à Deo fuo. *c.* 4. *v.* 12.

(b) Populus meus lignum fuum confulit, ut baculus ejus indicet ipfi; nam fpiritus fcortationum in errorem agit ut fcortentur averfi à Deo fuo.

(c) Ofée. 4. 11.

(d) Unde & Propheta quafi ftupet, & mirabundus eloquitur. Populus meus qui quondam meo vocabatur nomine, lignum interrogavit, & virgas, quod genus divinationis Græci ῥαβδομαντείαν vocant. Unde in Ezechiele legimus quòd virgas fuas mifcuerit in Jerufalem.

(e) Cap. 21.

(f) Voyage du Levant. c. 26.

(g) Refertis quòd Græcorum quibufdam codicem accipientibus in manibus claufum, unus ex eis accipiens parviffimam particulam ligni, hanc intra ipfum codicem condat, & fi undecumque aliqua

qu'en Orient la divination la plus commune s'appelloit faire le Livre; parcequ'on enfonçoit dans un Livre fermé un petit morceau de bois qui indiquoit ce qu'on vouloit savoir. Lorsque les Bulgares quittérent le Paganisme, pour embrasser la Foi Catholique, le Pape Nicolas premier fut consulté s'ils pouvoient conserver cet usage. Ce Saint Pape leur répondit qu'il n'y avoit pas à contester sur ce point, parcequ'il est écrit: Bienheureux est celui qui met en Dieu toute son espérance, & qui méprise les pratiques fondées sur la vanité & le mensonge.

· C'est-là ce que les Grecs ont appellé Belomancie. D'autres peuples n'ont employé dans leurs divinations qu'un morceau de bois, & c'est la Zulomancie dont plusieurs Auteurs ont parlé. Gonzales de Mendora ayant remarqué (a) avec soin les pratiques ordinaires dont usent les Chinois dans leurs divinations, dit que la plupart les font par des morceaux de bois disposez en différente manière.

Comme toutes ces pratiques se terminent à consulter du bois, elles sont toutes renfermées dans la plainte du Prophéte Osée, contre l'usage de consulter du bois, ou des Baguettes, ce qui a varié en cent maniéres différentes, selon les différentes rêveries des peuples ausquels le Démon savoit s'accommoder.

· Combien de variété dans le choix des Baguettes que l'on mettoit en usage? Tout bois étoit bon pour quelques uns, & il en falloit d'un particulier pour les autres. Les uns laissoient l'écorce aux Baguettes, les autres les dépouilloient entiérement ou en partie. Les uns prenoient des bâtons droits, les autres en prenoient de fourchus ou de recourbez. Les uns se servoient du bâton qu'ils portoient à la main sans aucune distinction, & les autres y gravoient des caractéres, ou y enchassoient quelque figure d'idole. Combien de variété encore dans les indices que l'on attendoit de ces Baguettes? Il falloit pour quelques uns que la Baguette se pliat en rond, ensorte que les deux bouts se joignissent; c'étoit assez pour d'autres qu'elle tournat en leur main, vers un certain côté. Quelques uns qui se contentoient de jetter des Baguettes en l'air, croyoient trouver la résolution de leurs doutes par quelques remarques sur leur chute; d'autres plaçoient les Baguettes dans un endroit, d'où les seuls enchantemens étoient capables de les faire tomber. Telles étoient, selon Saint (b) Cyrille, les pratiques que reprend Osée.

Theophilacte (c) a suivi le même sens dans son Commentaire sur ce Prophéte. Quelques uns ont pu expliquer cette pratique d'une autre manière, à cause de toutes ces différences que nous nous sommes contentez de nommer, pour ne pas changer ce Chapitre d'une érudition qui ne pourroit être qu'ennuyeuse & inutile. Il suffit que l'on aye pu remarquer que presque tous les peuples se font exercez à deviner avec du bois; soit que ce fût une Baguette, un bâton, une fléche, ou qu'il eût quelque autre figure, & qu'une inflexion, une inclination, un tour, ou enfin un certain mouvement, étoit pour eux l'indice de ce qu'ils souhaitoient. Ce font-là des préjugez qui font de mauvais augure pour la Baguette. Il faut néanmoins instruire son procès plus à fond, avant que de la condamner.

qua vertitur ambiguitas, per hoc affirment se scire posse quod cupiunt. Vos verò consulitis, si sit hoc tenendum an respuendum. Utique respuendum: Scriptum est enim: Beatus vir cujus est nomen Domini spes ejus: & non respexit in vanitates & insanias falsas. Nicol. Resp. 77. ad Conf. Bulg. Conc. T. 8. p. 542.

· (a) Hist. Chin. l. 2. c. 4.
· (b) S. Cyril. in cap. 4. Oseæ.
· (c) Theophilact. ibid.

CHAPITRE X.

De l'origine des divers usages que l'on fait à présent de la Baguette. Qui est-ce qui a pu faire naitre la pensée de s'en servir pour chercher les sources, les métaux, les bornes des champs, les chemins perdus, les voleurs, les meurtriers, &c.

SI l'usage de la Baguette étoit évidemment mauvais, il auroit eu peu de défenseurs, & n'auroit osé se montrer en public. C'est le sort des pratiques dans lesquelles l'impiété, ou l'extravagance paroissent à découvert; elles ne font reçues que de peu de personnes, & ne font en usage qu'en des lieux secrets. Mais lorsque certaines pratiques, quelque superstitieuses qu'elles soient, ont l'apparence de quelque miracle, que nous trouvons dans l'Ecriture, ou des dons que Dieu a quelquefois communiquez aux hommes, ou des effets surprenans de la nature, elles trouvent aisément créance dans les esprits, & deviennent bientot communes. Combien de gens ne se font-ils pas laissez éblouir par les superstitions inférées dans la Mischna, & dans tout le Thalmud, à cause des rapports qu'elles ont avec ce que Moïse avoit appris au Peuple de la part de Dieu? Combien de personnes d'esprit & de piété, qui ont été séduites par les épreuves superstitieuses de l'eau froide, de l'eau bouillante, & du fer chaud; parcequ'on s'imaginoit qu'il falloit en raisonner de la même maniéré que des eaux de jalousie dont Dieu avoit prescrit l'usage? Quelques uns prétendoient même que l'eau froide devoit naturellement faire discerner l'innocent du coupable, un vrai Magicien d'avec celui qui ne l'étoit pas. C'est assurément s'y bien prendre pour autoriser un usage, que de le faire passer pour un vrai miracle, ou pour un secret dont les Savans peuvent découvrir la raison physique.

L'usage de la Baguette n'a pas dû manquer de ces beaux dehors. Un rapport à quelque chose de divin a pu le faire introduire, & des raisons physiques, bonnes pour quelques personnes, ont mis l'usage dans l'état qu'il est à présent.

Moïse s'est servi d'une Baguette, en faisant sortir de l'eau d'un Rocher. C'en est assez pour faire croire à plusieurs personnes qu'une Baguette de même bois, doit avoir quelque vertu singuliére pour faire trouver de l'eau. On n'est en peine que de savoir de quel bois étoit la Baguette de Moïse. On consulte les Interprétes de l'Ecriture; presque tous les Rabins & autres disent qu'elle étoit d'amandier, & prouvent leurs sentimens par le dix huitiéme Chapitre des Nombres, où l'on voit que Moïse se servit de la Baguette d'Aaron, & que cette Verge ayant fleuri, elle avoit poussé des amandes. Après cette découverte on prit sans hésiter une Baguette d'amandier pour trouver les sources, & on s'en est tenu à ce choix, tant que l'on n'a eu en vue que la Baguette de Moïse.

D'autres ensuite moins occupez de l'action de Moïse, que du rapport physique que la Baguette devoit avoir avec l'eau, se font persuadez qu'il falloit choisir du bois qui se nourrit dans les lieux aqueux. On pouvoit prendre du saule ou du frêne (d): mais pour ne pas s'éloigner si fort de l'amandier, on prit du noisetier, dont le fruit est assez semblable aux amandes. Ce choix a paru de bon sens, & il a été d'autant plus suivi qu'il paroit fondé sur la Physique, & sur un rapport à la Baguette de Moïse, que quelques uns croyent avoir été de coudrier. Comme néanmoins, selon la plus commune opinion, elle étoit d'amandier, on
s'est

(d) Fluminibus falices crassisque paludibus alni nascuntur. Virg. Georg. 2.

s'eſt tenu en pluſieurs endroits à l'alternative de l'amandier, ou du coudrier (*a*).

Mais lorsqu'on a fait réflexion qu'il falloit tenir la
Baguette à la main, & qu'elle ne tournoit qu'à quelques perſonnes, on en a conclu que la vertu d'indiquer
les ſources ne venoit que du tempérament : que le mouvement de la Baguette n'étoit qu'un ſigne d'une certaine impreſſion qui ſe faiſoit dans la maſſe du ſang, &
qu'on pouvoit ſe ſervir indifféremment de toute eſpéce de bois. Voilà comment on a raiſonné dans les endroits où la Baguette ſert à trouver les ſources.

L'origine de l'uſage de la Baguette, pour trouver les
métaux & les minéraux, n'eſt pas la même. Ce n'eſt
pas un rapport à la Baguette de Moïſe qni a introduit
cet uſage en Allemagne ; mais le rapport à celle d'un
autre Moïſe, je veux dire de Mercure, à qui les anciens Allemans & les Gaulois rendoient un culte plus
ſingulier qu'à aucune autre Divinité (*b*).

J'appelle Mercure un Moïſe fabuleux, ou un autre
Moïſe, parcequ'il eſt aſſez viſible que pluſieurs Nations ont donné à Mercure ce qu'ils avoient entendu
dire de grand de Moïſe. Au moins eſt-il aſſez clair
que le Caducée de Mercure, eſt la Baguette de Moïſe, avec l'explication du premier prodige qu'elle opéra.
Cette Baguette ſe changea en ſerpent, reprit ſa premiére forme, & dévora les Baguettes des Magiciens d'E-
gypte changées en ſerpent. Comment pouvoit-on
mieux exprimer ce prodige, qu'en liant deux ſerpens à
une Baguette pour en former ce qu'on appelle le Caducée de Mercure ?

Si l'on fait réflexion que la Baguette de Mercure eſt
une Baguette d'or, on pourra s'appercevoir aiſément
qu'un vieux reſte du culte ſuperſtitieux que les Allemans rendoient à Mercure, a pu leur faire eſpérer de
trouver de l'or, en ſe ſervant d'une Baguette qui pourroit être une expreſſion de la verge d'or de Mercure.
Il ne faut pas beaucoup rêver pour former cette conjecture, ou pour en trouver quelque preuve. Il n'y a
qu'à remarquer que les Allemans nomment la Baguette
dont on ſe ſert pour chercher les métaux, *Virgula
Mercurialis*, la Baguette de Mercure. Les Auteurs
qui en ont traité, & qui ont tâché d'en juſtifier l'u-
ſage, (*c*) ne l'appellent pas autrement : & ce qui confirme cette conjecture, c'eſt que l'on ne s'en ſervoit
d'abord que pour chercher de l'or, d'où vient qu'on
l'appelloit *Virga aurifera* (*d*), *Virgula ad ſcrutandum
aurum* (*e*), & que les peuples l'appellent encore communément, *Gold-Ruthe*, Verge d'or, à cauſe du rapport à la Verge d'or de Mercure & de ſon uſage à faire
trouver de l'or. On s'en eſt ſervi enſuite pour l'argent. (*f*) Et ceux qui ont crû qu'il n'y avoit pas plus
de raiſon qu'elle tournat ſur l'or & ſur l'argent que ſur
les autres métaux, ont étendu le ſecret à tout ce qui
ſe rencontre dans les mines.

Comme en chaque métal il s'y trouve de ce Mercure, que les Chymiſtes appellent le principe, la mére, & la ſemence des métaux, les habiles ſcrutateurs
des ſymphathies ne pouvoient manquer d'en découvrir
de ſinguliéres entre la Baguette de Mercure, & ce Mercure des métaux.

Ainſi on n'a pas douté qu'on ne pût chercher avec
la Baguette de toute ſorte de métaux. Tantot on a vu
réuſſir l'expérience, & tantot on l'a vu manquer. Quelquefois la Baguette a tourné en des endroits où il ne
s'eſt trouvé que de la terre & des pierres, car elle eſt aſſurément fort trompeuſe ; quelquefois il s'y eſt trouvé
des oſſemens de morts, & cette découverte a donné
occaſion à des recherches tout-à-fait ſinguliéres. Per-

ſuadé qu'on étoit que ces oſſemens avoient fait tourner
la Baguette, les uns ont cru qu'elle indiqueroit les Reliques, les autres qu'elle tourneroit ſur tous les cadavres, principalement ſur tous les hommes aſſaſſinez, &
enfin on eſt venu juſqu'à lui vouloir faire découvrir les
meurtriers.

Que l'on ait auſſi eu la penſée de lui faire indiquer
les voleurs, l'Hiſtoire fabuleuſe a pu en être la cauſe.
Mercure a été regardé comme un Dieu formidable aux
voleurs. Sa Statue miſe ſur la porte des maiſons paſſoit pour une merveilleuſe ſauvegarde contre leurs inſultes. Sa Baguette devoit donc auſſi leur être formidable, découvrir leurs crimes, & ce qu'ils ont volé (*g*).
Pourquoi ne lui pas faire découvrir tout de même les
vols, qui ſe commettent en uſurpant du terrain au-de-
là des bornes qui ne paroiſſent point, ou qui ont été
malicieuſement déplacées ?

Si l'on a cru encore que cette Baguette de Mercure
indiqueroit les chemins perdus, c'eſt que Mercure a
été révéré comme le Dieu qui préſidoit aux chemins ;
d'où vient qu'il eſt ſouvent nommé le Dieu des chemins, (*b*) *Deus ſemitalis*, ἐνόδιος, *itenerum præſes*, &
que ces tas de pierres que l'on faiſoit ſur les chemins
pour ſervir de guide, s'appelloient des Mercures ; ſoit
parcequ'ordinaires on y mettoit une Statue de Mercure, ou parcequ'ils lui étoient conſacrez. Dans l'E-
criture Sainte même ces monceaux de pierre retiennent
le nom de Mercure (*i*).

Enfin ceux qui ont voulu deviner pluſieurs autres
choſes, ont pu croire que la Baguette de Mercure devoit être d'uſage dans les divinations, puiſqu'Apollon
avoit appris à Mercure l'art de deviner.

Si les premiers Auteurs de ces uſages avoient laiſſé
leurs penſées par écrit, peut-être y trouverions-nous la
vérité de nos conjectures. Quoi qu'il en ſoit, de
ſemblables ſecrets pouvoient venir dans l'eſprit de certaines perſonnes imbues des vieilles ſuperſtitions, & trouver créance parmi les peuples de la Germanie & des
Gaules, où Mercure étoit révéré comme le Maitre des
Arts, le Guide des chemins, & le Diſtributeur des
richeſſes.

Il ne reſte plus qu'à faire réflexion à la liaiſon que
l'on trouve en mille endroits entre les Hiſtoires fabuleuſes & les influences des Aſtres, pour juger que bien
des gens ont dû ſe perſuader que pour avoir le don de
la Baguette de Mercure, il falloit avoir reçu les influences de la Planette qui s'appelle Mercure.

En effet la principale qualité que demandent quelques Auteurs dans ceux à qui la Baguette doit tourner,
c'eſt que Mercure ait dominé à leur naiſſance. Si l'on
prétend d'ailleurs qu'il faut être né ſous le ſigne du
Verſeau, ou ſi le ſecret ſe trouve attaché à des conditions toutes différentes, cela ne ſervira qu'à confirmer
la remarque qu'on a déja pu faire, que la cauſe qui
fait tourner la Baguette, ſait s'accommoder au génie &
aux différentes vues de ceux qui s'en ſervent.

Quand on s'eſt perſuadé qu'il n'y avoit qu'à demander part à la vertu de la Baguette de Moïſe, il n'y
avoit pour réuſſir qu'à prononcer les paroles que l'on a
rapportées ci-deſſus ch. IV. Quand on n'a point penſé à
Moïſe, & que l'on s'eſt imaginé qu'il falloit être né
ſous Mercure, ce don n'étoit communiqué qu'à ceux
qui en naiſſant avoient eu part aux influences de cet
Aſtre. Et quand d'autres ont cru que le ſeul deſir feroit tourner la Baguette dans ceux, dont l'imagination
aſſez forte exciteroit des eſprits propres à remuer ce
qu'ils tiendroient à la main, la Baguette a tourné indifféremment à toutes ſortes de perſonnes, ſans prononcer des paroles, ſans influence des Aſtres, & on ne
s'eſt plus reſtraint à chercher certaines choſes. On a
cru qu'il n'y avoit qu'à porter ſes ſouhaits à tout ce
que

<hr>

(*a*) Utuntur, *dit le Pére Decbales*, virgâ amydalinâ aut coryli.
Lib. II. de Fontib. nat. Prop. 26.
(*b*) Deum maximè Mercurium colunt. *Tacit. Mor. Ger. Cæſar.
Bell. Gall. Lib. VI.*
(*c*) Willen, Kicmaier, Fromman.
(*d*) Kirker.
(*e*) Sperling.
(*f*) Flud. Schott. Conrad.

(*g*) Phurnutus de nat. Deor. in Merc.
(*b*) Ibid.
(*i*) Sicut qui mittit lapidem in acervum Mercurii, ita qui tri-
buit inſipienti honorem. *Proverb. XXVI.*

que l'on voudroit. On l'a fait, & on a réuffi.

Il en a été de même pour le choix du bois. Quand on a entendu dire qu'il falloit néceffairement prendre une Baguette de coudrier, & la difpofer d'une certaine maniére, on ne réuffiffoit point fans cette précaution. Lorsque d'autres examinant de plus près la nature des métaux & des plantes, ont prétendu qu'il falloit prendre de différentes Baguettes pour des métaux différens, du coudrier pour l'argent, du pin pour le cuivre, & de la tige de chou pour le fer, il a fallu s'y affujettir. Mais quand on a dit que le defir ou le tempéramment étoit la caufe du tournoyement de la Baguette, on a pris indifféremment toute forte de bois, & on n'a pas moins réuffi.

La même chofe eft arrivée à l'égard de ceux, qui fe font prefcrit d'autres régles. Aimar, par exemple, s'eft imaginé qu'il devoit toucher avec le pied ce qui faifoit tourner la Baguette. Cette cérémonie eft devenue céceffaire, & pour lui, & pour ceux qui ont appris fon fecret. On nous l'affure ainfi, après plufieurs expériences faites à Lyon, & cette obfervation a fervi de fondement à plufieurs fyftèmes, dans lesquels on prétend qu'Aimar s'aimante par le pied, comme du fer s'aimante lorsqu'on le fait toucher à un aiman.

Le même Aimar fe trouva-t-il faifi par des convulfions & des fymptômes, lorsque la Baguette à la main il pourfuivit des criminels; quoique de tels fymptômes ayent été autrefois inouïs, ils font devenus préfentement affez communs. Il y a même, dit-on, quelques perfonnes qui depuis peu découvrent, fans Baguettes, par de femblables agitations l'or & l'argent caché.

Enfin on peut voir affez clairement que de nouvelles penfées, de nouveaux defirs, ont donné occafion à de nouveaux phénoménes, & que des vues différentes ont fait appliquer la Baguette à des ufages différens. Remarquons-le encore dans la diverfité de l'ufage d'une Baguette de coudrier en Europe & en Orient.

On s'eft perfuadé en Europe que la Baguette de Moïfe ayant fait trouver à tout un Peuple de l'eau dans le Defert, une Baguette de bois femblable devoit encore fervir à faire trouver de l'eau. Mais on a eu d'autres vues en Orient. Comme Moïfe fit fortir de l'eau d'un rocher en le frapant avec la Baguette, on a cru qu'en frapant doucement avec une Baguette le ventre d'un animal enflé, on en feroit fortir les eaux qui l'incommodent. C'eft l'ufage qu'ils tirent d'une Baguette de coudrier qu'ils appellent le bois de Moïfe, comme on l'a vu fur la fin du Chapitre VI.

Ceux des Orientaux qui mettent ce fecret en pratique; font apparemment bien éloignez de regarder cet ufage comme une fuperftition. Il ne paroit pas que (a) Mr. de Monconys, de qui nous l'avons appris, fe foit informé fi quelqu'un d'entr'eux le defaprouvoit; s'il eft commun en plufieurs endroits, & s'il y eft commun depuis fort longtems. Nous ne nous mettrons pas non plus en peine de faire cette recherche, qui nous feroit auffi difficile qu'inutile. Il nous importe un peu plus de favoir fi l'ufage de la Baguette pour trouver de l'eau & des métaux, eft bien ancien, parcequ'il plait à quelques perfonnes de dire que ce fecret a été pratiqué de tout tems, & que l'on n'y a jamais trouvé à redire.

CHAPITRE XI.

Suite de l'origine de l'ufage de la Baguette. S'il y a longtems que l'on s'en fert pour trouver de l'eau & des métaux.

ON a lieu de croire qu'il n'y a que deux cens ans qu'on fe fert de la Baguette pour chercher les métaux, Bafile Valentin qui écrivoit fur la fin du quin-ziéme fiécle, eft apparemment le premier Auteur qui en a parlé. Il eft vrai qu'il en parle comme d'une chofe affez connue de fon tems; mais il n'a pas dit que l'ufage fût ancien. Le Pére (b) Dechales eft peut-être le feul d'entre les Savans qui ait dit en faveur de ceux qui cherchent de l'eau avec une Baguette de coudrier, que ce bois de tout tems avoit été l'indice des fources. C'eft un mot qui lui a échapé plutot fur un bruit commun, que fur la lecture de l'Hiftoire Naturelle. Ce qu'une infinité de perfonnes difent fans l'avoir examiné, l'a fait ainfi parler; & c'eft fans doute ce qui a fait dire encore au Révérend Pére Meneftrier: (c) *Eft-il croyable que depuis tant de fiécles que l'on fe fert de la Baguette pour chercher des fources, il ne fe foit trouvé perfonne qui ait pu faire des découvertes femblables à celles qu'a faites Jaques Aymar?* Mais pour parler exactement, il faut avouer que l'ufage de découvrir de l'eau avec une Baguette, eft très récent, & de ce fiécle. On ne trouve aucun veftige d'un tel fecret dans les anciens Naturaliftes. Columelle, Varron, Vitruve, Caffiodore, Pallade, & plufieurs autres qui depuis Theophrafte ont cherché & mis par écrit les moyens de trouver les fources, n'ont pas dit un mot de la Baguette. On n'en voit rien non plus dans les anciens Traitez des métaux & des minéraux, où l'on trouve divers fecrets pour découvrir les mines. Quel moyen donc de fe perfuader qu'une Baguette de coudrier eût paffé de tout tems pour l'indice des métaux & des eaux?

Mr. (d) Ray, qui ne céde à nul autre en exactitude, après avoir parcouru un nombre prodigieux de Traitez des plantes & des arbres, bien loin de croire que cette faculté ait jamais été attribuée au coudrier, ni qu'elle puiffe lui convenir, ne fe difpenfe d'en traiter à fond, que parcequ'il eft perfuadé avec Agricola que l'ufage de la Baguette ne tire fon origine que de la Magie.

Il me femble même que dans les Naturaliftes il ne fe trouve rien d'aprochant de l'ufage en queftion, que ce que dit Ctefias (e) d'une Baguette du bois *Parebus* qui attiroit l'or, l'argent, les autres métaux, les pierres & plufieurs autres chofes. Cette vertu vaudroit bien celle de la Baguette de coudrier, mais on ne fait cette rareté que par Ctefias, Hiftorien fort décrié par Strabon, par Antigonus, par Plutarque, & même par Pline.

Si l'on ne fe fervoit pas autrefois de la Baguette pour trouver les métaux, on ne laiffoit pas de s'en fervir pour deviner plufieurs chofes cachées. Du tems de Tacite les Allemans ne cherchoient pas des mines; car cet Hiftorien nous dit qu'ils ne favoient pas alors s'il y en avoit chez eux. Cependant nous avons déja vu que la divination par la Baguette ne leur étoit pas inconnue, non plus qu'aux autres Nations. On n'a donc tenté la découverte des métaux avec la Baguette, qu'après qu'on s'en étoit fervi très longtems pour deviner mille autres chofes. Et voici en peu de mots la tradition de l'ufage de la Baguette.

Nous apprenons par les Livres les plus anciens, que parmi plufieurs Nations on fe fervoit de Baguettes pour deviner l'avenir, & généralement toute forte de chofes cachées. C'eft pourquoi le Prophéte Ofée dit en général, *Mon peuple a confulté du bois, & la Baguette lui a découvert ce qu'il defiroit d'apprendre.* Les Allemans qui n'ignoroient pas cet ufage, l'appliquérent à deviner l'or & l'argent cachez, lorsque bien perfuadez qu'il y avoit chez eux des mines, ils s'appliquérent à les découvrir. Ravis que la Baguette eût fait trouver quelques mines, on lui donna des noms tout-à-fait magnifiques. Après l'avoir appellée, *Verge de Mercure, Verge d'or,* les plus religieux la nommérent *Verge de Moïfe,* ou *d'Aaron,* & ce nouveau nom a été la prin-

principale cause qui a déterminé plusieurs personnes à s'en servir pour chercher des sources. Comme Moïse se servit de la Baguette pour procurer au Peuple Juif une source abondante, & non pas pour chercher des métaux, on a cru que la Baguette qui portoit le nom de *Verge de Moïse*, devoit servir à faire trouver de l'eau plutot que des métaux. D'autres ne se sont déterminez à chercher de l'eau que par les mêmes raisons qui ont fait chercher cent autres choses, lorsque creusant sur les indices de la Baguette, au lieu de trouver des trésors, on ne trouvoit que de l'eau, on s'est imaginé que la vapeur de l'eau avoit fait tourner la Baguette, comme d'autres avoient cru qu'elle avoit tourné pour les ossemens des morts, pour les bornes, ou pour les autres choses qui s'étoient rencontrées par hazard. Ce qui est constant, c'est que l'on ne s'est avisé que bien tard de chercher de l'eau avec une Baguette. Car on peut juger par le Traitez des Jardins, de la Science des Eaux, la Maison Rustique, & d'autres Livres de cette nature, que cet usage ne s'est établi qu'en ce siécle.

Il faut donc se détromper si on avoit cru que de tout tems le coudrier avoit été l'indice des sources. Je crois que les premiers qui ayent prétendu trouver de l'eau avec des Baguettes sont le Baron de Beau-Soleil, & la Dame de Bertereau sa femme. Ils vinrent de Hongrie en France en 1630. pour chercher des mines, publiant hautement qu'ils avoient de merveilleux instrumens pour connoître tout ce qu'il y a dans la terre. Le grand Compas, la Boussole à sept angles, l'Astrolabe minéral, le Géotrique minéral, le Rateau métallique, &c.: mais sur tout sept Verges Métalliques & Hydroïques, par lesquelles ils prétendoient découvrir & discerner les métaux, les minéraux, & toutes les différentes sortes d'eaux.

Comme la Dame de Bertereau étoit une fort grande causeuse, elle en imposa d'abord à quelques personnes, & obtint à son mari une Commission pour travailler aux Mines du Royaume. En 1640. elle dédia un Livre au Cardinal de Richelieu, sous le titre *de la Restitution de Pluton*, dans lequel voulant porter ce grand Ministre à fournir l'argent nécessaire pour creuser des Mines, elle fait une longue énumération de celles qu'elle assure avoir trouvées en France. Mais on ne fit pas grand cas de ses discours, & bien des gens furent scandalisez d'entendre dire qu'elle découvroit avec des Baguettes les métaux, les eaux, & tant d'autres choses cachées dans la terre.

Quelque soin qu'elle prît pour faire entendre que c'étoit un don des Astres, que ceux qui étoient nez sous la Constellation favorable pouvoient trouver les sources & les metaux avec une simple Baguette de coudrier ou de palmier, & que les autres n'avoient besoin que de savoir le secret d'attirer les influences sur les Baguettes, elle ne put faire revenir le monde; il ne paroit pas même qu'elle ait eu raison de sa plainte formée contre le Prévôt de Bretagne, qui l'accusant de sortilége avoit fait ouvrir ses coffres, & enlever quelques Grimoires, & diverses Baguettes préparées avec grand soin sous les constellations requises.

Cependant comme le Baron & sa femme avoient parcouru toutes les Provinces du Royaume, & que l'on avoit entendu dire de tous côtez qu'on cherchoit de l'eau avec certaines Baguettes, la cupidité & la curiosité engagérent diverses personnes à découvrir un secret inconnu jusqu'alors. Chacun suivit dans l'essai qu'il en fit, ou ce qu'il avoit entendu dire, ou ce qu'il jugeoit plus raisonnable. Les uns prirent une Baguette toute droite qu'ils portoient sur la paume de la main; les autres prirent une Baguette fourchue semblable à celles qui étoient déja en usage pour chercher les métaux. Enfin chacun fit des essais selon ses desirs & ses maniéres de raisonner, & il arriva de ses diverses pratiques, ce que Saint (a) Augustin a dit de celles qu'une trop grande curiosité introduit dans le monde. ,, Destituées de tou-
,, te vertu physique avant qu'on en fasse une regle, el-

,, les en acquiérent après qu'on l'a desiré, & elles réus-
,, sissent différemment à diverses personnes selon leurs
,, divers desirs; parcequ'il y a des causes intelligentes
,, & invisibles qui profitent de cette occasion pour sé-
,, duire les hommes en plusieurs rencontres, après avoir
,, contenté leur curiosité". Mais avant que nous examinions d'où peut venir le monvement de la Baguette, voyons ce qu'en ont pensé les Savans.

CHAPITRE XII.

Sentimens de ceux qui ont approuvé cet usage, ou qui n'ont pas osé décider. Maiolus, Peucer, Fludd, Libavius, Willenius, Frommann, le Pére Dechales, M. Hirnbaïm, Mr. de Saint Romain, &c.

NOus ne dirons rien des Auteurs de qui la prétendue vertu du coudrier n'a tiré que des exclamations, sur la puissance de la Nature, & sur l'impossibilité de pénétrer ses secrets, pour ne rapporter que le sentiment de ceux qui prétendent rendre raison de cet effet.

On s'attend à en trouver de convaincantes, quand on voit que l'Auteur du Suplément de Maiolus, & quelques autres qui ont copié Peucer, sans le citer, placent ce qu'ils ont dit de la Baguette sous ce titre: (b) *Des Divinations dont on peut rendre des raisons solides & naturelles.* Mais tout ce que l'on apprend d'eux, est qu'ils conjecturent qu'il y a entre le coudrier & les métaux une symphatie fortifiée par les sucs qui sortent des mines.

Fludd, Auteur de la *Philosophie Mosaïque*, nous fait espérer, non pas des conjectures qu'il y a de la sympathie entre le coudrier & les métaux, mais des raisons infaillibles de cette symphatie, aussi bien que de toutes les autres. Son titre vaut la peine d'être lu (c). Il répond assez au galimathias mistagogique qui regne dans tous ses Ouvrages. Jamais Auteur n'a dit des impertinences avec plus de hardiesse & de confiance que celui-ci. Rien n'est capable de lui faire craindre l'embarras. Loin d'en trouver à expliquer les effets de la Baguette, il s'en sert merveilleusement pour déveloper une harmonie générale qu'il établit entre tous les étres végétaux & minéraux, & qu'il fait entretenir par des passions concupiscibles & irascibles. Souvent ces seules passions qu'il donne au corps, lui suffisent pour expliquer tout ce qu'il lui plait, & quelquefois il s'éléve jusqu'au Ciel, pour y trouver ce qui donne la force à ces passions. Il a eu besoin de ce dernier renfort, pour bien expliquer en sa maniére les effets de la Baguette. Il joint l'émanation céleste avec ce qu'il appelle les rayons des métaux & du coudrier, & il en fait une combinaison qu'on se donnera la peine, si l'on veut, de lire tout au long dans ses propres termes.

Libavius, qui n'étoit pas un faiseur de galimathias comme Fludd, avoue qu'il ne voit pas clair dans la cause de la Baguette. Mais persuadé par l'usage qu'il en avoit fait lui même, qu'elle indiquoit les métaux sans aucune cérémonie superstitieuse, il le croit licite, & en met l'effet au nombre de ceux que les Physiciens n'ont pas encore pu démontrer. Savoir s'ils pourront jamais en designer quelque cause naturelle, c'est ce que Libavius n'ose pas faire espérer. Car quand il veut rendre raison d'où vient que la Baguette ne tourne pas entre
les

(a) De Doct. Christ. l. 2. C. 24.

(b) De Divinationum speciebus quarum certæ atque constantes rationes è naturâ peti possunt.

(c) Philosophiæ Mosaïcæ sectio secunda in qua fundamenta radicalia tam sympathiæ, sive attractionis naturalis aut coitionis concupiscibilis, & consequenter omnis magneticæ curationis, quàm antipathiæ, sive odibilis expulsionis, atque adeò cujuslibet morbi & infirmitatis infallibilibus naturæ rationibus probantur, Philosophorum ac Cabalistarum sapientissimorum assertionibus sustinentur, &c.

les mains de toutes fortes de perfonnes, il vous renvoye à la divine providence qui s'eft réfervée la communication de cette vertu.

Willenius n'a pas cru qu'on dût fe faire tant de peur de cette difficulté. Il croit que la raifon pour laquelle la Baguette ne tourne pas fi quelqu'un ne la tient, ou qu'elle ne tourne qu'entre les mains de certaines perfonnes, vient de ce que la vertu de la Baguette doit être aidée de celle du tempéramment, qui eft différent dans la plupart des hommes, felon les Planettes aufquelles ils ont relation. Il prétend même expliquer d'où vient que la Baguette ne tourne pas toujours de la même manière entre les mains d'une même perfonne; mais que tantot elle tourne avec force, tantot foiblement, & quelquefois elle ne tourne point. C'eft, dit-il, à caufe des influences des Aftres, lefquelles s'uniffent & fe fortifient quelquefois, & quelquefois elles fe combattent. Sur ces principes il fit en 1671. un Traité en Allemand pour juftifier l'ufage de la Baguette.

Frommann a fait un extrait de ce livre, & il lui a fans doute fervi de quelque chofe pour conclure que l'ufage de la Baguette étoit naturel. Il déclare dans le troifiéme Livre *De Fafcinatione* (a), que cet ufage l'a tenu fort longtems en fufpens, mais qu'enfin il a pris le parti de ne le pas condamner. Voici fes raifons.

1. Nous ignorons une infinité de chofes, & il n'eft pas raifonnable de condamner un effet, à caufe que nous n'en pouvons point rendre de bonne raifon.

2. Si la Baguette ne tourne pas toujours, ni à tout le monde, c'eft peut-être qu'on n'obferve pas tout ce qu'il faut.

3. Quoique plufieurs mêlent des pratiques fuperftitieufes dans celle de la Baguette, on ne doit pas pour cela conclure qu'il y ait du mal à chercher des métaux avec une Baguette. On fait que la fuperftirion fe mêle dans des chofes très naturelles, il n'y a qu'à rejetter tout ce qu'on y a fait glisser, regarder ce fecret comme une faveur de la divine bonté, & en profiter en rendant gloire à fes largeffes.

4. Quelle apparence que le Démon indique des tréfors, lui qui eft fi avare, qui n'enrichit prefque jamais fes plus fidéles ferviteurs, qui les trompe fouvent, leur donnant de l'argent qui n'eft de mife que parmi ceux qu'il enchante? Voilà les raifons qui ont fait entrer Frommann dans le fentiment de ceux qui approuvent cet ufage.

Le P. Dechales n'a pas pris parti fi facilement. Les expériences qu'on avoit faites en fa préfence l'avoient mis dans un embarras, dont il ne croyoit pas pouvoir fe tirer. Quand il confidéroit que la Baguette ne tournoit pas à toutes fortes de perfonnes, & qu'elle tournoit également fur les eaux & fur les métaux, il étoit fort porté à croire qu'il y avoit du fortilége. Mais quand on lui difoit que le coudrier avoit été de tout tems l'indice des fources, & que d'ailleurs il n'appercevoit dans la pratique ni parole, ni aucune circonftance fuperftitieufe, il ne favoit que conclure. Il inclinoit bien plus néanmoins à croire cet ufage naturel, par cette raifon que fi nous commencions une fois à nous défier de ce qui eft au deffus de la portée de notre efprit, nous n'oferions pas remuer le pied.

Deux ans après que le P. Déchales eut fait imprimer ce qu'on vient de voir, il parut à Prague un Livre intitulé (b), *De Tipho generis humani*, où l'Auteur qui eft Mr. l'Abbé Hirnhaïm, Vifiteur & Vicaire-Général de Prémontré en Bohéme, &c. bien loin d'avoir quelque doute fur les effets de la Baguette, les croit au contraire fort propres à donner quelque autorité à une infinité de faits douteux, faux & fuperftitieux, qu'il a ramaffez dans fon livre fur la foi de quelques Auteurs qui auroient grand befoin de caution.

Il croit que la raifon pour laquelle la Baguette ne tourne pas à plufieurs perfonnes, c'eft parcequ'ils ont une qualité d'antipathie qui s'oppofe à la vertu de la Baguette, & qui en arrête l'effet. Tout de même, dit-il, qu'on ôte à l'aiman toute fa force, lorfque l'on met auprès de lui un diamant ou de l'ail.

Mr. de Saint Romain Auteur (c) *de la Science Naturelle dégagée des chicanes de l'Ecole*, n'aimant point qu'on ait recours à la fympathie ou à l'antipathie, trouve la caufe du mouvement de la Baguette dans les atomes qui fortant de l'eau & des métaux, viennent, dit-il, aggraffer la Baguette. On verra dans fes propres paroles comment il difpofe & réfout les difficultez qu'il a prévues.

,, La Verge d'Aaron, *dit-il*, n'eft pas la moindre
,, des expériences qui nous furprennent, car en effet il
,, eft furprenant de voir qu'une Baguette qu'on tient
,, ferme entre les mains, fe panche, & fe tourne vifi-
,, blement du côté où il y a de l'eau ou du métal, plus
,, ou moins promptement, felon que l'eau ou le métal
,, font plus proches de la fuperficie de la terre. Et ce
,, qui paroit furprenant, c'eft que cette Baguette n'a
,, aucun mouvement à cet effet qu'entre les mains de
,, ceux qui ont quelque vertu particuliére pour cela,
,, qui les diftingue des autres, fans qu'on puiffe dire
,, qui leur a donné cette vertu, & pourquoi la Baguet-
,, te fait ce mouvement entre les mains d'une perfonne,
,, & ne le fait pas entre les mains d'une autre. Ce qui
,, eft encore à remarquer fur ce fujet, regarde la caufe
,, de ce mouvement, qui ne peut pas être attribué à la
,, fympathie, parceque la fympathie étant une caufe né-
,, ceffaire, ce mouvement arriveroit toujours & entre
,, les mains de tous indifféremment, ce qui n'arrive
,, pas. Il faut donc chercher une caufe plus naturelle,
,, je la tire des efprits minéraux ou aquatiques qui for-
,, tent des lieux où fe trouvent des mines ou des eaux,
,, qui venant à rencontrer la Baguette, dont les pores
,, font proportionez à leurs aggraffes, l'attirent en fe
,, retournant par le mouvement perpendiculaire qui leur
,, eft naturel, la font courber comme fi c'étoit des filets
,, de foye ou des chainettes d'or.

,, La difficulté eft touchant la main qui tient la Ba-
,, guette, car toute main n'y eft pas bonne, ni toute
,, forte de bois, s'il n'eft de coudre ou du bois appro-
,, chant de fa qualité. Au regard de la main, il eft
,, certain que les mains étant auffi différentes que les
,, perfonnes, les efprits qui en fortent font auffi diffé-
,, rens que les mains. Ainfi il ne faut pas s'étonner s'il
,, y a des efprits, qui retiennent la Baguette & empê-
,, chent ce mouvement, & qui fortent des mains de l'un,
,, & que tout bois ne foit pas propre à être agraffé par
,, toute forte d'atomes.

Mr. de Saint Romain auroit donc été bien en peine d'expliquer le tournoyement de la Baguette, s'il avoit fu qu'on fe fert de toute efpéce de bois. Quoi qu'il en foit, il a fuivi le chemin ouvert, depuis que les qualitez occultes ont été bannies des Difcours Philofophiques. Il n'a eu recours qu'à ce qui s'exhale de l'eau, des métaux, & des perfonnes qui tiennent la Baguette. Chacun fait agir ces écoulemens comme il l'entend, l'on fait combien de divers fyftêmes la Baguette a fait naitre. Nous n'en dirons rien ici, parcequ'outre ce qu'on en a vu dans les *Illufions de la Baguette*, nous examinerons exactement dans la fuite ce que peut produire la vapeur des corps, c'eft-à-dire, tout ce qui pourroit donner lieu à faire quelques fyftêmes. Voyons feulement ce qu'a dit Mr. le Royer grand défenfeur de la Baguette, qui s'eft beaucoup appliqué à faire valoir le fecret.

<hr>

(a) Tractatus de Fafcinatione. in 4. Norimb. 1674.
(b) Pragæ. 1676. in 4.

(c) A Paris chez Celier. 1679.

Rrr   CHA-

CHAPITRE XIII.

L'ufage de la Baguette enfeigné & défendu par Mr. le Royer. Expériences faites devant les PP. Jéfuites, par lefquelles il prétend les avoir fait entrer dans fon fentiment.

MOnfieur le Royer étoit un Avocat de Rouen, Juge des Gabelles, qui n'a rien oublié pour découvrir des fecrets capables d'enrichir la France.

Après en avoir plufieurs fois préfenté au Roi & à fes Miniftres, qui n'ont pas eu le fuccès qu'il en attendoit; fans fe rebuter, il préfenta en 1674. à Mr. le Duc de Roquelaure un Traité du Bâton univerfel, qu'il croyoit bon à toutes fortes de chofes (a). Il ne fit alors qu'indiquer l'utilité qu'on pourroit tirer de la Baguette, & en dévelopa tous les ufages en 1677. Il la croit propre non feulement à trouver les mines, mais à découvrir un très grand nombre d'autres chofes cachées; il ne lui manqua que de s'en fervir pour la découverte des bornes, des larcins, & des meurtres, car avec cela Mr. le Royer auroit été fans doute l'homme du monde le plus habile dans la fcience de la Baguette. Si quelqu'un en a porté les effets plus loin que lui, il n'eft perfonne qui fache auffi facilement trouver par tout des Baguettes qui lui foient propres. Or, argent, fer, bois, tronc de chou, yvoire, corne de bœuf ou d'autre animal, tout lui eft bon. Prendre quatre Baguettes, ou deux, ou une feule, les tenir entre les mains, ou les mettre fur une main ouverte ou étendue, c'eft à fon égard la même chofe. S'il en tient plufieurs dans les mains, elles tendent vers l'endroit où eft ce que l'on cherche: s'il n'en tient qu'une couchée fur la main étendue, elle fe tourne & s'incline fur ce qui eft caché.

Il prend grand foin d'éloigner tout ce qui pourroit paroitre fuperftitieux, établiffant pour principe que toutes chofes s'aiment ou fe haïffent, fe repouffent ou s'attirent mutuellement. Mais il vaut mieux l'entendre parler lui-même. „ Venons, *dit-il*, aux expériences particuliéres qui nous confirment encore que les arbres „ s'inclinent vers les métaux, les minéraux, & les eaux, „ & fpécialement à celles qui coulent en terre.

„ Plufieurs Philofophes ont dit que la coudre s'inclinoit à l'or & à l'argent, & nous voyons dans un „ Livre intitulé, *Chaire des Pafteurs*, que l'Auteur „ prend occafion de dire que la Croix de JESUS-„ CHRIST eft une aimable coudriére, qui nous montre les tréfors du Ciel, de même que la coudre nous „ montre ceux de la terre.

„ J'ai vu un petit Livre intitulé, *La Reftitution de Pluton à fon Eminence*, fait par un Allemand que Mr. „ le Cardinal de Richelieu avoit fait venir en France „ pour y trouver des mines, où il parle de plufieurs „ qu'il y avoit trouvées en différens endroits par des „ Baguettes qu'il difoit avoir, & qui avoient été faites fous diverfes conftellations, (on les appelle des „ Verges d'Aron, ou d'Araton) les unes pour découvrir les mines d'or, les autres pour celles d'argent, „ & d'autres pour d'autres mines, dont néanmoins il „ n'y décrit point le moyen de les faire; & afin de „ prouver que cela étoit naturel contre un Grand-Prévôt, dont il fe plaignoit qu'il avoit pillé fes meubles, „ fes effets & fon cabinet, fous prétexte qu'il devoit „ être Magicien, & qu'il étoit naturellement impoffible de trouver des mines dans le fein de la terre, fans „ avoir fait une paction avec le Diable, il rapporte quelques raifons, entr'autres il dit que la coudre coupée „ fous fa Conftellation s'incline à l'eau fouterraine, fans

„ toutefois dire quelle étoit cette prétendue Conftella-„ tion. Et ayant oui dire à un de mes amis qu'il avoit „ vu en Hollande un homme, lequel portant fur fa „ main une Baguette de coudre qui étoit fourchue, el-„ le tournoit quand il paffoit fur un cours de l'eau qui „ étoit en terre, & voulant me fervir en 1661. de „ cette inclination de la coudre vers l'eau, afin de faire „ preuve du mouvement de l'aimant vers le Pole, où „ je travaillois pour lors, je fis deffein d'en faire l'expérience, & comme je ne favois pas le tems où la „ conftellation fous laquelle on devoit couper cette coudre, je réfolus d'en couper en divers tems, & dès „ la première fois cela réuffit; & enfuite je mis ce fecret dans une plus grande perfection, & je fis voir „ par expérience que plufieurs perfonnes qui cherchoient „ des tréfors avec des Baguettes, faifoient bêcher fur „ des cours d'eau.

„ Pour trouver donc de l'eau en terre, il faut prendre une branche fourchée, foit de coudre, de chêne, &c. *Nous avons mis la pratique au premier Chapitre.*

„ Non feulement la coudre & les autres arbres, dont „ nous avons ci-devant parlé, mais prefque toute forte „ de chofes, s'inclinent aux eaux qui coulent naturellement fous terre, ou en des canaux, enforte que par „ le moyen des fourchettes ou même des Baguettes „ qui ne feroient point fourchées, ou de quelque autre chofe que ce puiffe être, étant portée en équilibre fur une des mains, on peut remarquer les cours „ d'eau qui coulent en terre, & même trouver le lieu „ au jufte où les canaux ou aqueducs font rompus, ayant obfervé que l'eau, l'argent, le fer & autres „ métaux, les troncs de choux, & de girofole, les os, „ la corne, foit de bœuf, ou d'autres animaux, l'yvoire & plufieurs autres chofes qu'il feroit trop long de „ dire, s'inclinent à l'eau & en montrent les cours qui „ coulent en terre, pour la raifon que nous avons rapportée, qui eft que ces eaux jettent des vapeurs qui „ leur font propres & néceffaires pour leur confervation, „ & plus ces branches d'arbres, ou autres chofes font „ feiches, plus leur inclination eft grande de s'incliner à „ l'eau fouterraine, en ayant plus de befoin pour lors „ afin de tempérer leur ardeur, & étancher leur foif, „ que quand elles font encore humides, ou pleines „ d'eau.

„ Je ne fçai point pourquoi le Pére Kirker, & après „ lui le Pére Jean-François dans fa *Science des Eaux* (b), „ dit que pour trouver de l'eau en terre, il faut fe fervir d'une Verge qu'il appelle Divinatoire, faite en „ partie d'un être fimpathique à l'eau, & l'autre partie „ de quelque matiére indifférente, & fans aucune fympathie ni antypathie avec l'eau, & dont il décrit le „ moyen de la faire où l'on le pourra voir, & dit que „ l'aune s'incline à l'eau; le coudrier à l'or & à l'argent, „ le frêne à l'airain, l'arbre de poix au plomb, & généralement que le génièvre, le lierre & les arbres qui „ portent épine, ont une affinité avec les métaux. Il „ ajoute qu'Agricola fe mocque méritoirement de ceux „ qui font de cette opinion-là, bien que l'Auteur cité „ (c'eft-à-dire Kirker) montre que les plantes & les arbres fe reffentent des mines qui font deffous, & en „ reçoivent les impreffions & en portent les marques. „ Le terme méritoirement, dont il fe fert, fait voir „ qu'il n'ajoutoit point foi à cette inclination des arbres „ vers les métaux & les eaux, ce qui fut caufe que je „ m'en voulus éclaircir avec lui en 1662. que j'étois à „ Rennes, lequel avoua ingénuement en la préfence de „ cinq ou fix perfonnes favantes & curieufes, & dont „ entr'autres il y avoit deux Péres de la même Société, „ qu'il n'en avoit point fait l'expérience, & qu'il n'en „ avoit pas été perfuadé par raifon, & s'en étoit rapporté à ce qu'Agricola en avoit dit & affuré en avoir „ fait l'effai; & n'y avoir jamais réuffi, comme il l'employe en fon Livre; mais lui ayant fait voir par ex-

„ pé-

(a) Dans le Traité des influences & des vertus ofcultes des êtres terreftres.

(b) C'eft un petit in 4. imprimé à Rennes en 1653.

,, périence qu'une fourchette du premier arbre qui se
,, rencontra se tournoit sur des cours d'eau souterraine,
,, & un de mes amis à qui j'en avois appris le secret du
,, précédent, & même ces deux autres Péres Jésuites
,, en ayant fait plusieurs expériences, il en demeura d'ac-
,, cord, & dit seulement que ces actions-là étoient na-
,, turelles, & qu'il étoit prêt de le soutenir contre ceux
,, qui voudroient dire le contraire, ce qui n'est pas dif-
,, ficile, étant appuyé de l'expérience & de la raison.

,, Nous avons déja dit que les arbres s'inclinent aux
,, métaux & aux minéraux, & pour le faire voir par
,, expérience, prenons quatre Baguettes de coudre four-
,, chées (je dis de coudre, tant à cause qu'on s'en est
,, servi en premier lieu, que parcequ'elle est plus pro-
,, pre pour cet effet qu'aucun autre arbre, étant bien
,, droite & les branches étant fourchues également, &
,, en forme d'un grand T, & les autres arbres ne sont pas
,, fourchées si justement) dont le tronc soit de l'année
,, derniére, & les petites branches qui constituent cette
,, fourche soient de l'année présente, & ayant coupé
,, chaque tronc d'environ un pied, & les branches de
,, deux doigts de longueur, il faut cacher ou faire ca-
,, cher de l'or ou de l'argent aux environs du lieu
,, où l'on veut faire l'opération: ce fait, il faut que
,, deux personnes prennent chacun deux de ces Ba-
,, guettes, & les tenant contre leur estomach, les ap-
,, puyer les uns contre les autres en ligne droite, & les
,, laisser se remuer en liberté quand elles voudront, ou
,, qu'elles commenceront à se mouvoir, & on verra
,, qu'elles tendront toutes quatre du même côté, vers
,, lequel étant allé quelques pas, il faut encore faire une
,, semblable opération, & si elles tendent vers le lieu où
,, l'on a commencé, il faut y revenir & faire ces ex-
,, périences jusqu'à ce que ces Baguettes se croisent &
,, s'inclinent, ou descendent en bas, qui est une mar-
,, que qu'elles sont directement dessus cet or, ou ar-
,, gent, c'est la même chose d'un trésor, & si elles ten-
,, dent en haut, c'est signe que ce trésor ou cet argent
,, caché est en haut; & s'il est dans une muraille, on
,, peut aussi découvrir le lieu où il est, en mettant ces
,, Baguettes les unes sur les autres, & faisant des obser-
,, vations semblables à celles que nous venons de dire,
,, car ces Baguettes feront les mêmes choses que lors-
,, qu'elles sont portées parallelles à l'horison, & étant
,, entre deux trésors, ou de l'argent caché en deux en-
,, droits, deux des Baguettes iront vers l'un, & les
,, deux autres iront vers l'autre; en voici les figures.

,, Soit l'or ou l'argent ou les trésors A en terre ou
,, bien ailleurs, les Baguettes étant en B tendent vers
,, ce lieu-là, & étant sur ou dessous A au point C,
,, elles se croisent & tendent en bas s'il est en terre, ou
,, en haut, s'il est dans le plancher ou voute d'un bâti-
,, ment, & étant entre deux trésors D, ou au milieu
,, de deux pareilles quantitez d'or ou d'argent A E,
,, deux Baguettes iront vers A & les deux autres vers B.
,, Ce secret fait non seulement connoitre s'il y a
,, beaucoup d'or ou d'argent caché dans un endroit,
,, afin de voir s'il vaut la peine de faire de la dépense
,, pour le découvrir, mais aussi de savoir s'il y a quel-
,, ques métaux mêlez avec l'or ou de l'argent de quel-
,, que ouvrage considérable, & les deviner sans les voir
,, & les peser ou les mettre dans l'eau..... on pourra
,, aussi connoitre ce qui sera dans plusieurs caisses pa-
,, reilles & également pesantes, dont une sera pleine
,, d'argent, l'autre de fer, une autre de vin, une au-
,, tre de cidre ou de lait, & une autre de choux ou
,, de pommes, & enfin une pleine de pierres, ou de
,, terre, ou de bois, sans les peser, ou les mettre dans
,, l'eau.
,, Et pour cet effet, il est constant par expérience
,, que ces Baguettes s'inclinent davantage à l'or qu'à
,, l'argent, & plus à l'argent qu'au plomb, ainsi celle
,, qui sera pleine d'or attirant les Baguettes de plus loin,
,, ou bien elles y tendent davantage qu'aux autres,
,, quand elles seroient toutes ensemble, on découvrira
,, la caisse où est l'or. La première qu'on ôtera d'au-

,, près les autres, & ensuite celle pleine d'argent, &
,, comme les Baguettes s'inclinent presque également au
,, plomb & au fer, on connoitra celle qui est pleine de
,, fer par le moyen d'une aiguille aimantée, car lors-
,, qu'on l'en approchera, elle s'inclinera vers le fer,
,, comme nous avons dit ci devant, & ainsi on recon-
,, noitra ce qui est dedans, & partant on saura aussi où
,, est le plomb.
,, En voilà quatre découvertes, allons aux autres,
,, & pour y réussir & découvrir celles où est le vin, le
,, cidre & le chou, il faut se servir de pareilles Baguet-
,, tes, faites les unes de vigne, & les autres de troncs
,, de choux, celles de vigne s'inclinent au vin, & évi-
,, tent & se retirent du chou quand on les en approche,
,, & celles de troncs de choux font un effet contraire,
,, car elles tendent & s'inclinent vers le chou, & évi-
,, tent & se retirent du vin, le fuyant comme leur en-
,, nemi, & les unes & les autres s'inclinent au cidre ou
,, au lait, & non à la pierre, terre ou bois, pendant
,, qu'il y aura une des autres matiéres dont nous avons
,, parlé, qui sera proche; & par ce moyen on décou-
,, vrira toutes ces différentes choses, qui seront dans
,, ces huit caisses....
,, Ces Baguettes de coudre, ou d'autres arbres s'in-
,, clinent aussi aux minéraux, comme il se voit par ex-
,, périence sur des morceaux de mine, telle qu'elle puis-
,, se être, faisans les mêmes choses que nous avons dé-
,, crites ci-devant, & en font aussi de semblables sur
,, les mines qui sont en terre, en telle sorte qu'on les
,, peut découvrir, ainsi que leur grandeur, ces Baguet-
,, tes se croisant quand on est dessus, comme elles font
,, étant sur des métaux, pour les mêmes raisons que
,, nous avons rapportées après ce que nous avons dit de
,, la sympathie, & antypathie. Il n'est pas bien diffici-
,, le à comprendre pourquoi ces diverses sortes de Ba-
,, guettes font les différens effets que nous avons fait
,, observer; savoir pourquoi les Baguettes des vignes
,, s'inclinent au vin, & haïssent & se retirent du chou,
,, & au contraire pourquoi le chou tend au chou, &
,, se retire du vin, & ainsi des autres, étant constant
,, que les choses d'une même nature s'entraiment & se
,, recherchent, & celles qui sont contraires se fuyent,
,, & se retirent les unes des autres; ainsi la vigne aime
,, le vin comme son fils bien aimé, & le chou aime le
,, chou comme son frére; la vigne étant comme le vin
,, d'un tempérament chaud, hait le chou qui est d'une
,, humeur froide, & le chou a une aversion récipro-
,, que pour la vigne & le vin, à cause de leur contra-
,, riété d'humeur, & c'est d'où procéde leur haine &
,, leur inimitié naturelle, qui est reconnue de tout le
,, monde, la vigne ne s'alliant point avec les choux,
,, quand elle est plantée auprès, pendant qu'elle peut
,, trouver d'autre chose pour se soutenir.
Je crois qu'en voilà bien assez pour voir ce que Mr.
le Royer veut dire en faveur de la Baguette. Ceux qui
penseront qu'il ne raisonne pas trop juste, auront sujet
d'admirer que la Baguette n'a pas laissé de s'accommoder à sa maniére de philosopher, & de se remuer suivant
ce qu'il souhaittoit.

CHAPITRE XIV.

*Sentiment de ceux qui ont condamné cet usa-
ge. Agricola, Paracelse, Roberti, Sten-
gellius, Cæsius, Forerus, Fabri, Kirker, Aldrouandus, Schott, Courad, Sperling, le Pére Menetrier, le Pére Alexandre, & le Commentateur des Lettres de
M. Tullius.*

AGricola est un des premiers qui ait mis par écrit
le sujet qu'on avoit de se défier de l'usage de la
Baguette. Il en rapporte les pratiques les plus ordinaires
                                dans

dans le fecond Livre du Traité des métaux, & après avoir balancé les raifons qu'on alléguoit pour & contre, il ne fait point de difficulté de regarder cet ufage comme un refte de celui que les anciens Magiciens faifoient des Baguettes enchantées, non feulement pour trouver les chofes utiles à la fociété civile, mais pour produire des métamorphofes tout-à-fait furprenantes.   Il paroit fort perfuadé que ceux à qui la Baguette indiquoit des mines prononçoient certaines paroles & que ceux qui n'ufoient d'aucun enchantement, ne trouvoient jamais des mines que par hafard, & qu'ils ne faifoient même tourner la Baguette que par une maniére de la tenir qui féduifoit les fimples. Enfin pour faire revenir ceux qui fe perfuadoient que la vertu des mines pouvoit agiter la Baguette tout de même que l'aiman attire le fer, & le gés les pailles, il ajoute que fi cela étoit, on ne verroit pas faire plufieurs tours à la Baguette, comme on ne voit pas que l'aiman ni aucun des corps magnétiques faffe rouler ce qu'on leur préfente.

Paracelfe contemporain d'Agricola, quoiqu'il paffe pour l'homme du monde le moins fcrupuleux, n'a pas laiffé d'être embaraffé fur l'ufage de la Baguette, & de déclarer fouvent qu'il le croyoit mauvais.   A n'en juger que par ce qu'en rapporte le P. Kirker, ce fameux Médecin Suiffe a cru l'ufage naturel , & c'eft lui qui a prefcrit de quelles Baguettes il falloit fe fervir pour chercher de différens métaux. Mais fi le Pére Kirker ne s'eft pas trompé, il faut dire que Paracelfe a changé de fentiment : qu'il avoit dit d'abord ce que ce Pére lui attribue, & qu'enfuite il a été d'un avis contraire; car dans le recueil le plus ample de fes Ouvrages imprimé à Genéve en 1658., où il eft fait plufieurs fois mention de la Baguette, on voit toujours qu'il la condamne.

Dans le petit Traité *de rebus ex fide homini accidentibus*, en parlant des pratiques inconftantes & fuperftitieufes, il y place celle de la Baguette devinereffe. Dans celui *de la nature des chofes*, fous le titre *des fignos des minéraux*, il avertit tous ceux qui voudroient en faire la recherche, de fe donner de garde de plufieurs moyens trompeurs inventez par le Démon, dont un des principaux eft celui de la Baguette.   Et dans le Traité de la Philofophie occulte, fous le titre *des Tréfors cachez*, après avoir fait une diftinction apparemment chimérique des tréfors cachez par des hommes, & de ceux qui font amaffez & gardez par des Sylphes, il avertit encore ceux qui font tentez de les chercher, qu'on y eft fouvent trompé : (a) que l'ufage de la Baguette eft un moyen trompeur, & qu'il en faut dire la même chofe que de plufieurs pratiques aufquelles les Nécromanciens ont recours pour découvrir des tréfors.

Après cela il eft furprenant que Goclenius, difciple zélé de Paracelfe, ait ofé fuppofer comme une chofe non conteftée que la Baguette de coudrier indiquoit naturellement les métaux. Auffi ne l'a-t-il pas fait impunément, car pour avoir rempli fes Traitez *de la vertu des Plantes*, *& de l'Onguent aux armes*, d'un fort grand nombre de fauffetez & de fuperftitions, il lui fallut effuyer une fort dure & fort véhémente réfutation du P. Roberti Jéfuite Flamand. Ce Pére lui dit au fujet de la Baguette, qu'il y a fans doute entre lui & le feu vangeur bien plus de fympathie, qu'entre le coudre & les métaux; qu'on auroit pu l'excufer s'il fe fût contenté de dire qu'il y a de la fympathie entre le coudre & quelque métal, mais qu'il n'y a point de patience qui ne foit pouffée à bout, lorfqu'on lui voit étendre cette fympathie à tous les métaux, comme fi on ne favoit pas que les métaux ayant des qualitez bien différentes font bien plus antipathiques que fympathiques. Enfin pour ne point entrer dans une plus longue difpute avec un homme qui ne méritoit pas fa colére, il lui ordonne de fe taire, & de fe réfoudre à entendre chanter ce Diftique, à l'imitation de celui de Corydon.

Goclen amat Corylos , illas dum Goclen amabit ,
Nec myrthus vincet Corylos , nec laurea Phœbi.

Le Pére Cæfius (b) dans le Traité des minéraux examine la difficulté avec plus de tranquillité, mais comme il ne voyoit rien de mieux que ce qu'en avoit dit Agricola, il fe tient uniquement à fa décifion. Il en repete les paroles dans le premier Livre chapitre 7. Sect. 4., où il traite des moyens de trouver les veines des métaux & des minéraux : & encore dans le premier Chapitre du quatriéme Livre, où il demande s'il ne pourroit point être permis de chercher de l'or avec la Baguette.

Forerus autre Jéfuite a fuivi Agricola avec la même exactitude, dans le *Viridarium Philofophicum*. Le Pére Kirker ne s'eft pas non plus bien éloigné du fentiment d'Agricola; mais il ajoute des particularitez qui méritent bien que nous ne paffions pas fi légérement ce qu'il en dit.

Cet Auteur, que l'on n'accufera jamais d'avoir manqué de curiofité pour les chofes naturelles, toujours prêt à faire de nouvelles expériences, & à fouiller dans tout ce que les Arts, les Sciences, & tous les Elémens ont de plus caché, n'avoit garde d'obmettre l'éxamen que mérite la célébre vertu de la Baguette. Comme la prétendue fympathie entre le coudrier & les métaux, ne céde pas à celle de l'aiman à l'égard du fer, il en traite dans l'Ouvrage, *De Arte Magneticâ*. Il expofe d'abord les deux fortes de Baguettes, l'une fourchue & l'autre droite, compofée de deux bâtons, & reconnoiffant qu'on joint à la pratique beaucoup de fuperftitions, il paroit être du fentiment d'Agricola, auquel il renvoye fon Lecteur.

Pour toucher néanmoins la difficulté en Phyficien, il examine fi toute fuperftition ceffant, il n'y a pas quelque vertu dans le coudrier qui le faffe pancher vers l'argent, ou qui le difpofe à fe laiffer attirer aux exhalaifons qui s'élévent des métaux. *Mais après avoir expérimenté plufieurs fois que les Baguettes du bois que l'on difoit être fympathique avec certains métaux, mifes fur un pivot en équilibre auprès de ces mêmes métaux , ne remuoient en aucune maniére;* il en conclut que la prétendue fympathie entre une Baguette & les métaux étoit chimérique. Et dans (c) *le Monde fouterrain*, qu'il mit au jour plus de vingt ans après le Traité de l'Ayman, il ajouta que quand des Baguettes mifes en équilibre s'inclinoient vers un métal, il ne s'enfuivoit nullement qu'une Baguette que l'on ferreroit entre les mains, pût fe remuer naturellement, fur-tout avec un mouvement auffi fort que celui que l'on apperçoit dans la Baguette fourchue.   C'eft pourquoi il décide nettement que le mouvement de la Baguette, s'il n'eft un effet de l'adreffe & de la fourberie de celui qui la tient, ne fauroit être naturel, parcequ'il n'eft pas poffible que la vapeur des métaux cachez imprime tant de force à une Baguette qu'on tient ferme entre les mains. (d) Il prend à témoin ceux qui font intelligens dans les communications fympathiques, & qui favent avec quel foin, avec quelle adreffe il faut difpofer les corps, les mettre en équilibre pour en appercevoir le mouvement. Il conclut enfin que c'eft fe rendre ridicule d'ofer dire qu'une fubtile exhalaifon qui fe détache des métaux, puiffe faire tourner une Baguette que l'on ferre des deux mains.

Aldroüandus après le Pére Kirker, ou plutot l'Auteur du *Mufæum Metallicum*, fous le nom de ce Médecin célébre, qui étoit mort avant que Kirker eût jamais rien fait imprimer, a examiné la queftion dans le fecond Livre de l'Ouvrage que nous venons de citer; mais comme il n'ajoute rien aux fentimens des deux Auteurs

---

(a) Virgula divinatoria fallax eft. *De Philof. occultâ p.* 490.

(b) Cæfii minerologia. Lugduni 1636.
(c) De Mundo fubter. l. 10. Sect. 2. c. 7.
(d) Ut enim fympathicæ rerum naturalium actiones effectum habent, dici vix poteft quanto ingenio & induftriâ opus fit ; & præcifâ æquilibratione, ut proinde omnes ridendi fint qui Virgulas illas bifurcatas manibus apprehenfas , à tam fubtili habituum vi concitari poffe fibi imaginantur.

teurs qu'il cite , Agricola & Kirker , il suffit de dire qu'il est tout-à-fait de leur avis.

Le Pére Gaspard Schott, Jésuite, autrefois collégue du Pére Kirker à Rome , & ensuite Mathématicien à Wurtzburg en Franconie, a fait encore plus de recherches pour voir clair dans le fait & dans la cause. Les Villes d'Allemagne où il avoit demeuré, & où la Baguette étoit fort en usage, ne lui permettant pas de douter que la Baguette ne servît à plusieurs personnes pour découvrir l'or & l'argent cachez, il assure qu'il n'est rien de plus constant, & que toute la difficulté consiste à en connoitre la cause. Il suit sur cela le sentiment du P. Kirker , le confirme par quelques faits , & par une lettre du Pére Conrad, que nous avons traduite & insérée dans l'ouvrage de *l'Illusion des Philosophes sur la Baguette*.

Quelques uns ont douté si le Pére Schott n'avoit pas changé de sentiment, à cause que dans sa Physique curieuse , se proposant de nouveau s'il est naturel qu'une Baguette tourne pour découvrir les métaux, & qu'un anneau suspendu par un fil dans un verre, fasse deviner quelle heure il est, en frapant contre le verre autant de coups qu'il s'est écoulé d'heures depuis midi ou minuit ; il répond qu'il ne voudroit pas dire universellement que le Démon produit toujours l'un & l'autre effets ; parceque quelques personnes d'une probité connue l'avoient assuré qu'elles avoient fait plusieurs fois avec succès la même épreuve. Mais il ajoute que ces personnes ne l'ont pourtant pas persuadé que ces sortes d'effets soient naturels.

On l'auroit bien moins persuadé au Pére Stengelius. Ce savant Jésuite déplore l'aveuglement de ceux qui ne font aucun scrupule d'user de plusieurs secrets superstitieux, sous prétexte qu'ils n'ont fait aucun pacte avec le Démon. Comme, dit-il, s'il n'étoit point à craindre d'avoir quelque commerce avec le Tentateur par des pactes tacites. Il croit que l'usage de la Baguette a séduit beaucoup de Peuples, & se plaint que les Chrétiens retiennent & autorisent des superstitions qui tirent leur origine des Payens.

L'Auteur (a) du Traité des Sorts des Juifs paroit encore plus touché de ce qu'on tolére ces abus, inspirez , dit-il , par le Démon , pour irriter l'avarice, & faciliter aux Soldats & aux Voleurs de profession les moyens de voler ; la Baguette leur découvrant ce que l'on a caché avec beaucoup de soin. Nous avons rapporté tout au long les propres termes de cet Auteur, dans *l'Illusion des Philosophes*.

Mr. Grégoire Michel, dans les Notes qu'il a faites sur les Curiositez inouies de Mr. Gaffarel, ne parle pas avec moins de force contre cet usage. Des ames, dit-il, avides de richesses, ont fait naitre cet usage, & la folie aussi bien que la superstition l'autorisent.

Mr. Ray, dans son beau Traité des Plantes, a dit aussi fort ouvertement que c'étoit une pratique superstitieuse. Et Sperling l'a prouvé bien au long dans un petit Traité que je n'ai pu voir , mais qui est cité par Hoffman , par Lippeni , par Gregoire Michel, & par Mr. Hennin dans ses Notes sur Tollius.

Le Pére Malebranche, Prêtre de l'Oratoire, a toujours été persuadé que la vapeur de l'eau ni des métaux, ni de quelque autre chose que ce soit, ne pouvoit pas faire tourner naturellement une Baguette, & que cet usage devoit absolument être interdit, comme un effet ou de l'imposture des hommes, ou du pouvoir des Intelligences qui portent les hommes à la superstition.

Cette autorité est d'un poids qui ne peut être ignoré. Tout le monde sait quelle est l'habilité de l'Auteur de la Recherche de la Vérité dans les matiéres de Physique, avec quelles précautions il décide , & combien il est éloigné de croire aisément les superstitions.

Le R. P. Menestrier Jésuite a fait un Ouvrage exprès, intitulé: *Réflexions sur les usages & les indications*

de la Baguette, à Lyon 1694. pour montrer que l'usage de la Baguette est superstitieux. Il déclare que les Péres Professeurs de Lyon s'élevérent fortement contre cet usage ; & il croit qu'après toutes les expériences qu'on a faites avec la Baguette : (b) *Il est impossible de ne pas concevoir qu'il y a quelque chose de diabolique en ces opérations*.

S'il paroit douter touchant la découverte de l'eau , c'est parcequ'il croyoit que de tout tems le coudrier avoit indiqué les sources ; & toutes choses considérées, il finit ainsi. (c) Je conclurai toujours en Théologien qu'il n'est nullement permis de se servir de la Baguette, non pas même par jeu & par forme de divertissement, sans y ajouter aucune foi , parceque c'est un sortilége évident....

Le R. P. Alexandre Dominicain prouve la même chose (d) au neuviéme Tome de la Théologie Morale pag. 548.

Ce savant Auteur établit comme une chose constante, que l'usage de la Baguette pour découvrir les trésors, est superstitieux, & que tous ceux qui recourent à cette pratique , péchent mortellement. 1. Il prétend que la Baguette, & toutes les circonstances qui en accompagnent l'usage, ne sont pas la cause de la découverte des métaux, mais seulement des signes. 2. Que l'argent ne peut être découvert naturellement avec la Baguette dans tous les endroits où il est caché, & par conséquent que cela ne peut se faire sans une espece de pacte implicite , suivant le Decret de la Faculté de Paris du 19. Septembre 1498. , où il est dit qu'un effet qui raisonnablement ne peut être attendu ni de Dieu ni de la nature, est une suite d'un pacte implicite. 3. Enfin que quand il ne seroit pas constant que l'usage de la Baguette fût superstitieux, il seroit au moins douteux , & qu'on ne peut agir avec ce doute sans pécher mortellement.

Sentiment de Mr. Tollius & de Mr. Hennin.

MOnsieur Tollius dans ses Lettres (e) Itinéraires posthumes Lettre 1. pag. 13. dit, que visitant les mines de la Haute-Saxe , il trouva les Ouvriers de ces mines persuadez qu'avec la Baguette on découvroit l'or, l'argent & les autres métaux, & quand on leur demandoit d'où vient qu'ils ne devenoient pas riches par ce moyen, ils répondoient que le Démon les trompoit souvent, transportant les trésors d'un lieu à un autre. Le Journal des Savans de France du 24. Mai 1700. en a parlé.

(f) Dans la Lettre cinquiéme à l'occasion des mines de Hongrie, Mr. Tollius parle d'un lieu où l'on avoit vu de l'or qn'on ne put retrouver, non pas même avec la Baguette (g). Sur cet endroit, M. Hennin, qui vient de donner au public les Lettres de son ami Tollius avec des Notes savantes, a pris occasion d'en faire de fort étendues sur la découverte des métaux avec la Baguette, où malgré les sentimens de plusieurs de ses amis, il s'est déclaré contre cet usage.

Quoiqu'il ne paroisse pas faire cas de tout ce que les Philosophes Péripatéticiens ont pu dire en faveur de la Baguette par leur systéme des qualitez occultes, il a pourtant la complaisance de répondre à leurs raisons. Il leur montre en premier lieu qu'ils s'autorisent mal à propos sur certaines prétendues merveilles de la Nature, qui sont fabuleuses. En second lieu lorsqu'ils disent qu'il y a sympathie entre la Baguette & les métaux, il leur re-

<hr>

(a) Tractatus de Sortitione veterum Hebræorum. Authore Martino Mauritii. Basileæ 1692.

(b) Pag. 66.
(c) Pag. 74. & 75.
(d) Lethalis superstitionis rei sunt, qui adhibito certæ cujusdam arboris ramo, seu baculo certæ figuræ certá sub constellatione ex arbore abscisso vel avulso, certisve caracteribus notato ; thesauros absconditos scrutantur , & ubi sunt absconditi divinant. Lethalis pariter superstitionis rei sunt, qui hujusmodi hominum arte & operâ ad inveniendos & detegendos thesauros occultos utuntur.
(e) Tollii Epistolæ Itinerariæ ex Authoris Schedis posthumis. in 4. Amstelodami 1700.
(f) Pag. 193.
(g) Licèt Virgulâ etiam Mercuriali quæsiti.

repréfente que la fympathie, qui eft un amour déterminé , ne peut pas s'étendre à tant de chofes que la Baguette indique. L'expérience de l'aiman ne leur eft pas
favorable, puifqu'il n'attire que le fer. D'ailleurs la fympathie de l'aiman & du fer, quoique bien forte, n'agit
nullement à fix pas loin ; comment voudroit-on qu'un
tréfor caché bien avant dans la terre, agît fur une Baguette ? Il leur fait quelques autres réponfes tirées du
Pére Kirker & d'Agricola, que nous avons rapportées
ailleurs, & que nous ne devons pas répéter ici.

Des Péripatéticiens, il paffe aux Philofophes Car-
tefiens , qui ont voulu expliquer les effets de la Baguette par une émanation de corpufcules, & il eft
tout-à-fait furpris que parmi ces Philofophes où l'on
devroit trouver plus de raifon qu'ailleurs, on découvre néanmoins chez eux en cette matiére un vafte
champ d'ignorance raifonnée (a).

Tout ce que ces Meffieurs ont dit , pour montrer
que ce qui s'exhale dans les chemins après un meurtre arrivé depuis longtems, pour faire mouvoir la Baguette, & découvrir les meurtriers, l'étonne, & il
ne peut s'empêcher de dire que c'eft vouloir raifonner dans le délire (b). Enfin il expofe les raifons
particuliéres qu'il a de nier la prétendue vertu de la
Baguette, avec la permiffion de fes amis qui en font
les défenfeurs (c).

1. Il a vu des perfonnes à Baguette qui ne permettoient pas qu'on leur bandat les yeux , ou qui fe
trompoient en faifant les expériences les yeux ban-
dez.

2. La Baguette tourne fouvent dans des endroits où
l'on ne trouve ni or , ni argent, mais feulement de la
terre & des pierres. Tout cela rend déja le fecret fort
fujet à caution.

3. Les arbriffeaux croiffent, & s'élévent en haut fur
les terres minérales de même qu'ailleurs, & fi quelquefois les branches chargées de feuilles paroiffent pan-
chées vers la terre, c'eft uniquement à caufe du poids
des exhalaifons qui tombent fur les feuilles. Où font
donc ces corpufcules qui donnent tant de mouvement à
la Baguette?

4. S'il y a quelque rapport Phyfique entre la Baguette & les métaux, femblable au rapport de l'aiman & du
fer ; d'où vient qu'on fe fert d'une Baguette qui n'a
pas crû fur les mines, & qu'on peut fe fervir de toutes
fortes de bois de différente efpéce? L'aiman eft agité
par le fer, mais nullement par l'or; par l'argent, ou
par le cuivre.

5. La Baguette tourne quelquefois pour une feule
petite piéce de monnoye , quoiqu'affez éloignée. Qui
croira qu'il forte de cette monnoye , de quoi faire tordre la Baguette ? Ajoutez que cela fe fait fouvent auprès des mines, qui devroient la faire tourner plutot que
cette piéce fur laquelle on fait l'expérience.

6. La Baguette mife auprès des métaux avec tout l'é-
quilibre poffible , demeure toujours immobile. Dites-
vous qu'il faut qu'elle foit entre les mains d'un homme ?
Mais d'où vient qu'elle tourne entre les mains de fi peu
de perfonnes ? Vous recourez au tempéramment & aux
influences des Aftres, c'eft-à-dire, qu'il faut ranger ce
qu'on dit de la Baguette avec les pauvretez de l'Aftrologie Judiciaire.

7. M. Hennin combat l'ufage de la Baguette , par
une obfervation qui faute aux yeux, & que nous avons
faite plus d'une fois dans l'Illufion des Philofophes. On a
pu cent fois remarquer que la Baguette tourne pour les
chofes qu'on cherche, & ne tourne pas pour les mêmes
chofes , fi on ne les cherche point. On fait chercher
dans une maifon , ou dans une chambre une piéce de
métal, que quelqu'un a cachée à deffein; la Baguette
ne tourne que pour indiquer cette piéce de métal. Cependant on eft quelquefois tout auprès d'une perfonne
qui a de l'argent dans la poche. On paffe près d'une

porte, où il y a beaucoup de fer ; mais comme ce n'eft
pas ce qu'on cherche, la Baguette ne tourne pas. Voilà
ce qui fait croire à M. Hennin que l'ufage de la Baguette eft une folie. Il y a déja quelques années , que presque tout ce qu'il y a d'habiles gens à Paris font dans la
même penfée. On eft convaincu que les effets de la Baguette ne peuvent être expliquez méchaniquement.
C'eft pourquoi plufieurs nient le fait , & prennent le
parti de dire que tout doit être fourberie , de peur d'a-
vouer qu'il y a peut-être en quelque rencontre de la
diablerie cachée.

CHAPITRE XV.

D'où vient que les Auteurs font fi partagez. Et
fi tous ces différens fentimens doivent empêcher
qu'on décide.

IL eft difficile que dans les chofes un peu compofées,
fur-tout fi elles tiennent du Phyfique & du Moral,
on ne foit fouvent embarraffé, & que bien des gens ne
prononcent des jugemens tout différens. Chacun a fon
fens , fes vues, & fon penchant. La coutume , les liai-
fons différentes, l'étude à laquelle on s'applique, ce que
l'on a crû fans examen, une infinité de préjugez font
des impreffions qui dominent fans qu'on s'en apperçoive.

Un Naturalifte occupé à faire des liftes des miracles
de la nature, vrais ou faux, croit tout fans que rien
lui paroiffe extraordinaire. Quelque effet prodigieux que
vous lui expofiez, il fera toujours pret d'en produire
quelqu'un qui vaudra bien le votre ; & la principale
raifon que vous aurez de lui, c'eft que la nature fe plait
quelquefois à fe jouer de nous.

D'autres ne croyent rien que ce qu'ils voyent ordinairement. Leur dire un fait un peu fingulier , & prétendre les perfuader, c'eft perdre fon tems, les engager à
rapporter quelques faits faux, crus trop légérement, &
vous expofer à etre tourné en ridicule.

Parmi ceux qui ne rejettent pas les faits, chacun les
accommode à fes principes. Le Péripatéticien les ajufte
avec des qualitez & le nouveau Philofophe avec des
corpufcules. L'Aftrologue veut trouver la raifon de toutes chofes dans l'harmonie qu'il apperçoit entre les Aftres , & dans les fecrets rapports qu'ils ont avec nous.
Enfin il n'eft que trop conftant qu'il y a une infinité de
gens qui s'entetent de certaines études, de certaines
maximes qui leur font particuliéres. Il faut que tout re-
vienne-là. Leur imagination qui en eft frapée, les mele
dans tous les objets qu'ils confidérent, & c'eft la variété des
maximes qui fait la variété des fentimens. Platon expliquoit toutes chofes par des triangles. Pythagore par les
nombres , & des Péres de l'Eglife prévenus pour la vertu des nombres, ont prétendu trouver au nombre de
trente huit que le Paralytique de la Pifcine étoit naturellement incurable.

Il ne faut donc pas s'étonner qu'il y ait tant de fentimens différens touchant la Baguette. Il fuffit aux uns
que le fait foit fort extraordinaire pour le nier. Les autres s'étonnent que l'on trouve ces effes fi furprenans ;
ils ont vu beaucoup de chofes qui leur paroiffent bien
autrement prodigieufes, & qui ne laiffent pas à leur
avis d'être naturelles. Pourquoi s'embarraffer d'une fi
petite difficulté, difent ceux-ci, ne fait-on pas qu'il y
a une infinité des qualitez cachées, c'en eft-là une. Il y
a tant de chofes inanimées qui fympathifent, pourquoi
ne voulez vous pas qu'un certain bois ait de la fympathie pour les métaux & pour les eaux ?

Cela eft trop vague, dit Paracelfe, une même plante
ne peut pas avoir de la fympathie pour tant de chofes
différentes. Comment voulez vous qu'une feule Baguette indique tous les métaux ? Chacun a fes amours
particuliers. Le frêne aime l'airain, le coudrier aime l'argent, & le pin fympathife avec le plomb.

De

De quoi s'avise-t-on, dit un autre, de vouloir rapporter les effets de la *Baguette* à la sympathie d'un certain bois, avec l'eau ou les métaux? Ne voit-on pas que le tempérament de celui qui tient la *Baguette* est l'unique cause de tous ces effets, puisque tout le monde ne peut avoir ce don?

Admirez tous ces gens-là, dit l'Astrologue. Pas un qui sache porter les yeux où il faut. Ne sont-ce pas les Astres qui donnent aux plantes leurs principales vertus, & qui forment dans les hommes des tempéramens différens? Il ne peut concevoir qu'on ose dire sa pensée, sans savoir quel est l'Astre qui domine sur le coudrier, & quelle est la constellation qui a présidé à la naissance de la personne qui touche les eaux. Pour lui, c'est uniquement ce qu'il examine. Il apprend qu'une de ces personnes est née sous le Signe du *Verseau*, & il va vous prouver dans les formes que c'est-là la vraye cause de cette vertu.

Ainsi chacun rapporte cet effet au principe qu'il s'est formé, & il s'en sert même pour fortifier ce principe, ou plutot ce préjugé.

Il paroit un peu plus surprenant que ceux qui ne s'entêtent pas facilement, & qui conviennent dans les principes généraux, ne s'accordent quelquefois pas mieux que ceux dont nous avons parlé. Ils ont presque les mêmes vues, les mêmes inclinations. Cependant les uns sont embarrassez, & les autres ne le sont pas; les uns sont d'un sentiment, & les autres d'un autre; mais la cause de cette diversité n'est pas bien difficile à trouver. C'est que les uns considérent une circonstance, & les autres donnent leur attention à une autre; les uns en considérent plusieurs, & les autres fort peu.

Quand on ne considére qu'une seule circonstance, on décide sans peine, parcequ'ordinairement une seule circonstance paroit d'abord bonne ou mauvaise. Quand on en considére plusieurs, on est embarrassé, parcequ'il arrive souvent que les unes semblent être pour, & les autres contre. Ce n'est qu'après avoir fait toutes les observations nécessaires, & apperçû tous les rapports d'une chose avec les autres, qu'on voit clair, qu'on convient, & qu'on décide avec une assurance fondée en raison. Mais comme il arrive souvent qu'on juge sur la premiére apparence qui frape, il ne faut pas s'étonner si les jugemens sont différens, si l'on acquiesce à de fort méchantes raisons; en un mot si l'on ne juge bien que par hasard.

Quelques uns, par exemple, ayant considéré que la *Baguette* tournoit à des personnes de piété; le Démon ne s'en mêle donc pas, ont ils dit; car ces personnes n'ont fait aucun pacte avec lui. Mais ne pourroit-on pas dire à ceux qui tirent cette conclusion, peut-être le Démon a-t-il le pouvoir d'agir sur nous sans aucun pacte? Ne tente-t-il pas les justes, & n'a-t-il pas tenté JESUS-CHRIST? Je sais, ont dit quelques autres personnes, qu'il y en a qui prononcent des paroles en tenant la *Baguette*, il y a donc de la diablerie dans cette pratique. Mais peut-être ne prononce-t-on ces paroles que pour cacher le secret? S'il se trouvoit des gens qui proférassent quelques mots en cherchant le Nord avec une aiguille aymantée, faudroit-il pour cela croire l'usage de l'ayman superstitieux?

Il y a beaucoup de sujet de se défier de la *Baguette*, disent encore quelques uns; mais oserions nous remuer le pied, si l'on en condamnoit l'usage? Rien n'est plus caché que les ressorts de la Nature. Ses mystéres ne nous sont pas dévoilez, & il y a de la témérité à vouloir déterminer ce qu'elle peut ou ne peut pas faire.

Voilà le langage le plus ordinaire; & qui peut être l'effet d'une modestie louable. Mais c'est un langage dont on pourroit abuser. Car enfin faudra-t-il donc souscrire à toutes les fables qu'on nous débitera? Et ne pourrons nous plus examiner si l'on ne veut point faire passer des pratiques superstitieuses pour des secrets naturels? Il est vrai qu'il y a des choses que nous ignorons; mais il y en a que nous pouvons savoir, & quand on s'y applique, on peut voir qu'il n'y a point de mal

à remuer le pied, & qu'il peut y en avoir de recourir à certains prétendus secrets qui séduisent plusieurs personnes. Voyons si étant bien instruits de l'usage de la *Baguette*, nous pourrons découvrir dans la suite, s'il y a quelque cause Physique & corporelle qui la fait tourner pour découvrir des choses cachées.

CHAPITRE XVI.

Que la Baguette ne peut naturellement indiquer ni les bornes, ni les voleurs, ni les meurtriers, ni les choses dérobées.

UNe pierre devint borne, lorsqu'étant mise en terre, deux personnes conviennent qu'elle servira à marquer la séparation d'un champ. Or cette convention est une circonstance morale. Donc par tout ce qu'on a dit dans le livre premier, elle ne peut lui donner une vertu Physique qu'elle n'avoit pas auparavant.

Comme cela ne peut pas être raisonnablement contesté, ceux qui osent soutenir qu'il sort des bornes une vapeur capable de faire tourner la *Baguette*, voudroient bien pouvoir rapporter ce tournoyement à quelqu'autre cause qu'à la convention. Voyons donc avec eux tout ce que les bornes ont de particulier.

Quand on plante une borne, on frotte, dit-on, avec du fer deux des côtés de la pierre; on met du charbon au dessous des gardes, ou des témoins à côté. Voilà, poursuit-on, ce qui fait tourner la *Baguette*; mais il est clair qu'on se trompe. En voici les preuves.

1. La *Baguette* ne tourne jamais sur les fausses bornes. C'est une maxime constante & bien établie par l'Auteur de l'Art de trouver les trésors, pag. 88. que la *Baguette* ne tourne jamais que sur la véritable limite ou sur la véritable séparation. Et à la pag. 90. „ Nous „ pouvons encore, ajoute-t-il, nous servir de cet essai „ sur les limites apparentes, pour distinguer les véritables d'avec les fausses, d'autant que sur les premiéres „ la *Baguette* tourne, & son mouvement ne peut être „ arrêté qu'en lui faisant toucher une pierre ou de la „ terre de limite, mais sur la fausse, elle ne tourne jamais, soit qu'elle touche ces choses, ou qu'elle ne „ les touche pas". Or ceux qui sont assez malins pour contrefaire des bornes, ne sont pas assez sots pour obmettre ce qu'on observe ordinairement; charbons, gardes, témoins, rien n'y manque. Donc ce n'est point là ce qui fait tourner la *Baguette*. Ajoutons que les signes qu'on mettoit autrefois auprès des bornes, étoient très souvent différens, parcequ'on vouloit que ce fussent des signes arbitraires, suivant la pensée judicieuse de Siculus (a) Flaccus.

2. Elle ne tourne pas seulement sur les bornes, elle tourne encore en ligne droite sur l'espace qui est entre deux bornes, quelque long qu'il soit. Or dans cet espace il n'y a ni charbon, ni témoin, ni gardes. Donc, &c. Je n'avance rien qu'après l'Auteur de la Verge de Jacob. „ En effet, dit-il, qui pourroit croire, si l'expérience journaliére ne nous l'apprenoit, que la *Baguette* tourne sur les limites de même que sur les sources & sur les métaux, & qu'un espace ou une pierre qui de soi ne pouvoit donner aucune impression, d'abord que par la main ou par la destination de l'homme elle aura changé de lieu, & sera plantée pour séparer ou pour borner les fonds de deux particuliers. Cette même pierre semble s'animer, de même que l'espace qu'elle occupe en longueur, & acquiert par cette destination ou ce plantement, une „ ver-

(a) Si essent certæ leges, aut consuetudines, aut observationes, semper simile signum sub omnibus inveniretur. Nunc quoniam voluntarium est, aliquibus terminis nihil subditum est, aliquibus verò aut cineres, aut carbones, aut testa, aut vitra fracta, aut ossa subcenta, aut calcem, aut gypsum invenimus, quæ tamen, ut suprà diximus, voluntaria sunt. *Apud Feljer. Lib. rerum Aug. Vindel.*

„ vertu & une qualité qu'elle n'avoit pas auparavant. Il
„ eſt auſſi conſtant qu'en tenant la Baguette couchée
„ ou à demi couchée, elle tourne au moment que nous
„ ſommes ſur la limite, & ſur tout l'eſpace entre deux
„ qui ſert de ſéparation depuis une limite juſqu'à l'au-
„ tre, quand même il n'y auroit aucune trace pour la
„ marquer.

3. Si malicieuſement on a déplacé une borne pour la
poſer ailleurs, la Baguette ne laiſſe pas de tourner
dans l'endroit d'où on l'a tirée, quoiqu'on en ait ôté
tout ce qui l'entouroit. Ce n'eſt donc ni la pierre, ni
la vertu d'aucune des choſes dont on l'avoit caractéri-
ſée, qui fait tourner la Baguette. L'Auteur déja cité
ſera encore mon garant. „ La Baguette, *dit-il*, tourne
„ auſſi-bien ſur la limite apparente que ſur la cachée; &
„ non-ſeulement ſur le lieu où elle eſt, mais encore dans
„ celui où elle devoit être, au cas que l'on l'eût trans-
„ plantée, de même que dans tout l'eſpace qu'elle de-
„ voit occuper en longueur, ce qui nous indique &
„ nous ſert à reconnoitre le véritable lieu de la ſépara-
„ tion, lorſque la limite a été changée ſans le commun
„ conſentement des propriétaires.

Ces derniéres paroles ne doivent pas être paſſées ſans
réflexion. Elles marquent bien nettement que· ſi les
parties avoient conſenti au déplacement de la borne, la
Baguette ne tourneroit point dans l'endroit où d'abord
on l'avoit miſe. Il n'y a donc que le conſentement
des deux parties qui influe au tournoyement de la Baguette. Et comme ce conſentement eſt une circonſtan-
ce purement morale, on ne peut donc trouver dans la
borne rien de phyſique à quoi on puiſſe attribuer ce
tournoyement.

L'Auteur qui vient de nous fournir le fondement de
ces trois preuves, a bien vu qu'il falloit recourir à
quelqu'autre choſe qu'aux façons qu'on fait à la borne.
Il ne deſeſpére pourtant pas d'expliquer d'où vient que
la Baguette tourne. Voici comment il s'y prend.

„ Je conviens qu'il y a des choſes qui ſemblent ſur-
„ paſſer les cauſes phyſiques. L'on a peine de conce-
„ voir qu'une pierre qui de ſoi ne donnoit aucun mou-
„ vement, en puiſſe produire au moment qu'elle eſt
„ employée pour limite, & qu'un eſpace qui de ſa na-
„ ture n'en produiſoit aucun, d'abord qu'il eſt em-
„ ployé pour faire la ſéparation de quelque fond, com-
„ mence de renfermer en ſoi des particules animées qui
„ cauſent ce mouvement. Cependant l'expérience nous
„ le fait voir chaque jour, & nous apprend à même
„ tems, qu'outre la volonté de Dieu qui par ſa provi-
„ dence a diſpoſé les choſes de la ſorte pour entretenir
„ la paix entre les hommes, cet effet eſt produit de la
„ même maniére que les précédens ſur les eaux & ſur
„ les minéraux. En un mot, c'eſt par le moyen des
„ communes eſpéces aux corps ſubtils qui ſe ſont exha-
„ lez des parties aboutiſſantes, lorſqu'elles ont planté
„ les limites.

„ Perſonne ne diſconvient que dans ce moment les
„ deux parties intéreſſées n'y ſoient, ou quelqu'un
„ pour elles: que ces parties ayant convenu de l'eſpace
„ qui doit faire la ſéparation du lieu où les limites doi-
„ vent être plantées, n'aillent & ne viennent le long de
„ cette ſéparation pour planter le cordeau & les piquets,
„ & ne répandent dans ce plantement ou dans ces al-
„ lées & venues, quantité des particules ou corps ſub-
„ tils qui cauſent le mouvement, qu'ils n'en répandent
„ encore beaucoup en touchant les pierres qui ſervent
„ de limites, & qu'à meſure qu'on enterre ces pierres,
„ il ne s'en enterre quantité avec elles: ce ſont des
„ particules de différente eſpéce, qui font une union
„ qui en reproduit continuellement de pareilles à leur
„ compoſé. Ce ſont ces particules ou ces corps ſub-
„ tils enterrez qui par la permiſſion divine en compo-
„ ſent une eſpéce de maſſe ou d'anneau, qui tient com-
„ me enchainez ou comme attachez à eux d'une chaine
„ inviſible ceux qui reſtent en l'air tout le long du
„ chemin qu'on leur a tracé pendant l'eſpace de la ſé-
„ paration. Ce ſont ces derniers, qui ſe mouvans &

„ ſe reproduiſans perpétuellement dans cet eſpace d'u-
„ ne limite à l'autre, comme au lieu de leur attache-
„ ment, donnent & impriment à la Baguette un mou-
„ vement ſemblable à celui qu'elle a ſur les ſources &
„ ſur les mines.

Qu'eſt-ce que de s'être imaginé qu'on expliqueroit
toutes choſes par le moyen des petits corps! On les
ſuſpend en l'air, on les enchaine, on les enterre. Enchainez & enterrez on les fait aller par tout où l'on
veut; & de peur que quelque cauſe imprévue ne les
diſſipe, on leur donne une ame & la faculté de repro-
duire! Mais ne relevons pas tout ce qu'on vient de
voir dans cette prétendue explication. Il ſuffit de dire
en peu de mots que ſi elle étoit recevable, il n'eſt ni
rue, ni jardin, ni terre labourée où la Baguette ne dut
tourner. Car pour faire les fondemens d'une maiſon
on plante des piquets, on aligne, on creuſe, on comble ce qu'on a creuſé. Ceux qui travaillent ou qui ſont
ſpectateurs, ne tranſpirent pas moins que ceux qui plantent des bornes: il en faut dire autant de ceux qui plantent des arbres, ou qui labourent des terres. Et puiſque la Baguette ne tourne pas dans tous ces endroits,
comment voudroit-on ſoutenir qu'elle tourne ſur une
borne ou ſur l'eſpace qui eſt entre deux bornes, à cauſe
de la tranſpiration de ceux qui étoient préſens lorſqu'on
les poſoit?

D'ailleurs, on a démontré dans l'*Illuſion des Philoſophes ſur la Baguette*, que ce qui s'exhale du corps des
hommes par la tranſpiration, & qui ſe répand dans l'air,
ſe diſſipe en fort peu de tems. Donc la prétendue
chaine de corpuſcules d'une borne à l'autre eſt une chimére.

On a auſſi fait voir dans le même Ouvrage, qu'aucune cauſe matérielle ne peut faire tourner la Baguette
ni ſur les meurtriers, ni ſur les voleurs, ni ſur les choſes dérobées. Ce qu'on a dit, a été trouvé convaincant, & on peut bien ſe diſpenſer d'en parler ici davantage.

N'eſt-il pas évident qu'une choſe dérobée ne change
pas de nature, & qu'ainſi elle ne peut produire un effet qu'elle ne produiſoit pas auparavant? Oſeroit-on
dire qu'une fleur dérobée n'exhale pas la même odeur?
Que des plantes perdent la vertu qu'elles avoient, ou
en acquiérent de nouvelles; & qu'une montre ne marque pas les heures, ou qu'une pierre d'aiman n'attire pas
le fer, ſi quelque voleur s'en eſt ſaiſi?

Pour peu de réflexion qu'on y faſſe, on verra qu'u-
ne choſe dérobée ſeroit bien plutot ſujette à ces changemens, qu'elle ne ſeroit capable de faire remuer un
bâton.

Aſſurément ſi ce qui s'exhale du corps d'un voleur, pouvoit mettre un bâton en mouvement, les voleurs ſe donneroient bien de garde de porter jamais des
bâtons, puiſqu'ils ne pourroit jamais manquer de ſe
tordre, de tournoyer dans leurs mains, & de révéler
ainſi leur crime.

Concluons de tout ceci avec combien de raiſon Mr.
le Cardinal le Camus a défendu ſous peine d'excommunication, comme une pratique ſuperſtitieuſe, l'uſage de
la Baguette pour découvrir les limites & les choſes perdues ou dérobées, dans ſes Ordonnances Synodales de
l'année 1690, & renouvellé aux Curez l'ordre de l'informer ſi l'on ſe ſert de la Baguette ou d'autres inſtrumens du Démon, pour découvrir les limites & les choſes perdues, par ſon Mandement du 24. Février de l'année 1700.

CHAPITRE VII.

*Que la Baguette ne tourne pas naturellement,
ni ſur l'eau, ni ſur les métaux, ni ſur quelqu'autre choſe que ce ſoit.*

LE principal motif qui a porté pluſieurs perſonnes à
dire que la Baguette indiquoit naturellement les
ſour-

ſources, c'eſt parcequ'on a cru que c'étoit un ſecret pratiqué de tout tems comme une expérience fort naturelle. Le Pére Dechales l'a écrit ainſi, & le Révérend Pére Meneſtrier qui condamne l'uſage de la Baguette comme une des ſuperſtitions les plus marquées, n'a eu quelque doute à l'égard de l'eau, qu'à cauſe qu'il croit que ce ſecret eſt connu d'un tems immémorial. Il eſt en effet difficile de ne pas dire ce qui ſe dit communément dans le monde. Or dans l'hiſtoire de l'origine & du progrés de la Baguette Chapitre XI. nous avons vu que ce prétendu ſecret de découvrir de l'eau avec une Baguette, loin d'avoir été pratiqué dans tous les ſiécles, a été au contraire inconnu avant ce ſiécle, & qu'il eſt le plus récent de tous les uſages que l'on ait fait de la Baguette. Ainſi il faut commencer par ſe défaire de cette prévention, que de tout tems une Baguette de coudrier a ſervi à trouver de l'eau. Examinons préſentement ſi cet uſage ſi récent eſt un ſecret phyſique & naturel produit par les propriétez du corps.

Deux réflexions pourroient ſuffire, pour convaincre tout le monde que le tournoyement de la Baguette n'eſt pas un effet de ce qui s'exhale d'aucun corps.

La première réflexion eſt, qu'en divers endroits le ſecret ne réüſſit pas ſans quelques pratiques ſuperſtitieuſes, ou tout-à-fait arbitraires. On l'a vu dans cette Partie, où on a pu remarquer que ſoit pour le choix du bois, ou pour les diverſes choſes qu'on a eſſayé de découvrir, chacun a ſuivi ſes vues & ſes deſirs. N'eſt-il pas clair que ſi le tournoyement de la Baguette étoit l'effet de ce qui s'exhale des corps, il ne dépendroit point de la fantaiſie ou de la ſuperſtition des hommes?

La ſeconde réflexion eſt, que l'on ne fait rien davantage pour chercher de l'eau ou des métaux avec la Baguette, que ce qu'on fait pour chercher une borne ou un écu volé. Donc on a ſujet de porter le même jugement du tournoyement de la Baguette ſur l'eau, que de celui qui ſe fait ſur la borne. Or on a démontré que la Baguette ne tourne pas naturellement ſur la borne. Donc on a lieu d'en dire autant de celui qu'on apperçoit ſur l'eau ou ſur les métaux.

Mais pour aller au devant de toute exception, je viens à ceux qui banniſſant tout ce qui paroit ſuperſtitieux, ne cherchent que des choſes phyſiques; & je vais prouver que le tournoyement de la Baguette ſur l'eau ou ſur les métaux, ne peut être cenſé un effet phyſique & naturel.

PREMIE'RE PREUVE.

Tirée de ce que la Baguette manque très ſouvent.

POur mettre au rang des ſecrets naturels un phénoméne extraordinaire, il faut être aſſuré que le fait arrive conſtamment & d'une maniére uniforme dans les mêmes circonſtances. Nous diſons, par exemple, que l'aiman attire le fer par une vertu phyſique & naturelle, parceque toutes les fois qu'on lui préſente du fer, il l'attire. Or dans tous les pays où la Baguette eſt en uſage, on convient qu'elle eſt fort trompeuſe, & cela n'embarraſſe pas peu les Défenſeurs de la Baguette. Tantot elle tourne ſur des endroits où il ne ſe trouve que de la terre & des cailloux, & ſouvent elle n'a pas tourné là où il y avoit aſſurément de l'eau & des métaux. Chez Mr. le Prince, à l'Académie Royale des Sciences, & en cent autres endroits on en a vu des preuves, qui ſeules ſuffiſent pour confondre les prôneurs du ſecret. On ſait par tout des hiſtoires aſſez plaiſantes là-deſſus. Donc on n'a pas lieu de regarder le tournoyement de la Baguette comme un effet naturel & phyſique.

SECONDE PREUVE.

Que la Baguette tourne ſur trop de choſes différentes entr'elles.

LA Baguette tourne ſur un très grand nombre de choſes toutes différentes les unes des autres, comme l'eau, les métaux, les minéraux, les cadavres, &c. Or des choſes ſi différentes entr'elles ne peuvent avoir les mêmes vertus, ni faire la meme impreſſion ſur un corps. Ce qui attire le fer n'attire pas le plomb; ce qui diſſout l'or ne ſauroit diſſoudre l'argent; & les vapeurs de l'eau ne feront jamais ce que fait la vapeur du Mercure. Donc ce qui s'exhale de tant de corps différens, ne peut produire le même effet dans une meme Baguette: A plus forte raiſon ne le produira-t-il pas dans des Baguettes de toute eſpéce de bois. Car enfin il n'y a qu'à ſe ſouvenir de ce qui a été dit dans le premier livre, les circonſtances phyſiques ſubſiſtant, l'effet doit être le même. Mais ces circonſtances changeant, l'effet doit auſſi changer.

DIFFICULTE'.

Ne pourroit-on point dire qu'une Baguette, de quelque eſpéce de bois qu'elle ſoit, tourne ſur tout ce qui s'exhale des vapeurs & des fumées, & que la raiſon pour laquelle elle tourne ſur tant de choſes différentes, c'eſt que ſemblable à un crible inégalement percé, elle a des pores différens, dont les uns donnent paſſage aux vapeurs de l'eau, les autres à ce que l'or exhale, ceux-ci à ce qui ſort du fer; enſorte qu'elle ait des pores propres à recevoir la vapeur de tout ce qu'on lui préſente?

RE'PONSE.

Je répons 1. que les diverſes eſpéces de bois ſe trouvant différentes par le tiſſu des fibres & par les divers arrangemens des pores, on ne peut pas ſuppoſer que tout ce qui paſſera par le ſaule, doive auſſi paſſer par le chêne; & qu'ainſi il n'eſt pas raiſonnable de dire que différentes Baguettes doivent tourner également ſur un même métal, ni qu'une Baguette tourne ſur des métaux différens.

Je répons 2. que s'il n'y a qu'à dire qu'un corps peut être agité par toutes ſortes de vapeurs & d'exhalaiſons; à cauſe qu'il y a de pores de toute ſorte de figure, l'on prouvera facilement que tous les corps qui tranſpirent doivent s'agiter, ſe repouſſer, ou s'attirer les uns les autres. Or on prouveroit faux. Donc.

Je répons 3. que ceux qui donnent à une branche d'arbre des pores propres à donner entrée aux exhalaiſons de quelque métal que ce ſoit, ne ſauroient accommoder cette ſuppoſition avec ce qu'ils nous apprennent eux-mêmes, qu'en mettant à l'extrémité de la Baguette une piéce de métal différent de celui qui eſt en terre, la Baguette ne tourne plus. Car puisque par leur ſuppoſition chaque métal trouve dans la Baguette des pores qui lui ſont propres, il s'enſuit qu'elle ne doit pas s'arrêter, & que la vapeur du métal qu'elle touche, doit auſſi bien la faire tourner que la vapeur de celui qui eſt en terre.

Si l'on nous dit que l'action d'un métal empêche celle d'un métal différent, lorſqu'ils agiſſent en même tems ſur la Baguette, j'en conclurai fort aiſément qu'elle doit donc être immobile ſur un endroit dans lequel il y a des métaux de différente eſpéce, qu'elle doit l'être auſſi ſur l'eau qui paſſe dans des canaux de plomb ou d'autre métal. Or l'expérience eſt contraire. Donc de quelque côté qu'on ſe tourne, on tombera dans des contradictions.

Je répons 4. que ſi la Baguette tournoit ſur tout ce qui tranſpire, elle tourneroit ſur l'eau & ſur les métaux à découvert auſſi bien que ſur ceux qui ſont cachez: on la verroit même s'agiter avec beaucoup plus de force, ſur ce ſujet qui eſt à découvert, parcequ'il eſt conſtant qu'il tranſpire beaucoup plus que ce qui eſt caché. Je répons qu'elle tourneroit par tout où il y a des animaux & des hommes, leſquels aſſurément tranſpirent bien davantage qu'une petite piéce de métal; & qu'enfin elle tourneroit ſur tant, & de ſi diverſes choſes, que le ſecret ſeroit abſolument inutile. Que pourroit-on chercher avec la Baguette dans une maiſon où

il y a des animaux, du fruit, de la viande, du vin,
de l'eau, toutes chofes qui tranfpirent des vapeurs, des
exhalaifons, & des fumées? Quelle illufion dans ceux
qui prétendent que la Baguette doit tourner fur tout
ce qui tranfpire; & qui ne laiffent pas de foutenir
qu'elle fait découvrir naturellement dans une maifon ce
qu'un voleur y a touché comme fi c'étoit la feule chofe qui tranfpirat! Ne devroit elle pas encore fe remuer
non feulement dans toutes les maifons, mais fur tous les
endroits d'un jardin où il y a des fleurs, des plantes:
& des arbres, puifqu'il eft indubitable que tous ces végétaux exhalent des parties aqueufes?

TROISIE'ME PREUVE.

*Tirée de ce que la Baguette ne tourne ni fur l'eau, ni
fur les métaux, quand on a deffein de chercher autre
chofe.*

SI ce qui s'exhale des métaux & de l'eau fait tourner la Baguette, elle doit tourner dans tous les endroits où il y en a, foit qu'on fouhaite de les découvrir, ou qu'on ne le fouhaite pas. Or cent expériences montrent clairement que la Baguette n'a pas tourné
fur les métaux, lorfqu'on a eu deffein de chercher autre chofe.

L'hiftoire feule de la découverte des meurtriers de
Lyon peut nous fournir plufieurs obfervations décifi-
ves.

La première eft celle de la ferpe. Voici le fait. Pour
faire l'épreuve de la vertu de la Baguette, on cache diverfes fois, & en divers endroits, la ferpe dont les
meurtriers s'étoient fervis. On cache auffi deux ferpes
femblables à quelque diftance l'une de l'autre, & on
veut que la Baguette ne tourne que fur celle des meurtriers.

Quoique Mr. l'Intendant & Meffieurs les Gens du
Roi n'ignorent pas que la Baguette tourne fur tous les
métaux, & qu'ainfi elle doit tourner fur les trois ferpes, on n'y fait cependant aucune attention. Tout occupez de favoir fi l'on pouvoit fe fier à la Baguette
pour découvrir ce qui avoit contribué au meurtre, on
fait l'épreuve, on la réitére deux ou trois fois, & la
Baguette ne tourne jamais que fur la ferpe des meurtriers, elle eft immobile fur les deux autres.

,, Franchement n'a-t-on pas eu raifon de dire dans
,, l'*Illufion des Philofophes*, où eft donc cette vapeur,
,, où font ces petits corps qui s'exhalent des métaux,
,, & qui doivent faire tourner la Baguette?

La feconde obfervation eft qu'Aimar a fans doute
paffé fur des fources en allant de Lyon à Beaucaire,
& de-là je conclus que fi la Baguette tournoit naturellement fur ce qui s'exhale de l'eau, elle auroit conduit
Aimar fur les cours de toutes ces fources, au lieu de
le faire paffer fur la pifte des meurtriers. ,, Car y a-t-il
,, de la comparaifon entre la vapeur qui fort d'une eau
,, vive, & un refte de corpufcules qu'un homme a ex-
,, halez depuis un mois? Ceux-ci, (fuppofé qu'ils
,, n'ayent pas été tous diffipez) font fixes, fans ac-
,, tion, fans mouvement; au lieu que la vapeur de
,, l'eau fortant continuellement de la terre, fe trouve
,, en état d'emporter les petits corps répandus dans fon
,, chemin, & de faire fur la Baguette une impreffion
,, beaucoup plus forte que ne feroient les corpufcules
,, fortis d'un voleur, ou d'un meurtrier, fi elle n'é-
,, toit diffipée. La Baguette devoit donc conduire
,, Aimar, non pas dans la prifon de Beaucaire, mais
,, jufqu'à l'origine de tous les ruiffeaux fouterrains fur
,, lefquels il a paffé.

La troifiéme obfervation eft qu'Aimar entrant dans
les maifons de la route, pour favoir fi les meurtriers
y avoient abordé, & s'ils avoient touché à quelque chofe, la Baguette ne tournoit que pour faire connoitre
ces particularitez. Cependant il y avoit apparemment
dans toutes ces maifons des puits, de la vaiffelle, &
des métaux de toute efpéce, couverts & à découvert.

Donc la Baguette auroit dû tourner fans diftinction
dans toutes ces maifons.

Plufieurs perfonnes ont pu faire cette obfervation à
Paris, à Lyon, & ailleurs, depuis qu'on s'eft avifé de
chercher avec la Baguette ce qui avoit été dérobé. La
Baguette à la main on alloit dans les rues, on paffoit
fans doute fur plufieurs canaux fouterrains, fans que la
vapeur de l'eau fît aucune impreffion fur la Baguette,
& entrant dans les maifons où il y avoit des métaux de
toute efpéce, elle n'y tournoit que pour donner quelque indice de ce qu'on cherchoit. On a dû cent fois
remarquer la même chofe dans les maifons où l'on avoit
fait venir des hommes à Baguette pour favoir tantot s'il
y avoit quelque tréfor caché, & tantot fi l'on y trouveroit une fource.

Une autre obfervation plus générale, eft que ceux
qui fe fervent fouvent de la Baguette, portent toujours
avec eux des piéces de différens métaux, pour pouvoir
connoitre quel métal il y a dans l'endroit fur lequel la
Baguette tourne. Donc en quelque endroit qu'ils fe
trouvent dès qu'ils prennent la Baguette, elle devroit
tourner entre leurs mains, & néanmoins elle ne tourne
point fi on ne paffe fur une fource, ou fur du métal
qu'on cherche.

Il arrive auffi fort fouvent qu'en préfence de plufieurs perfonnes qui ont de l'argent dans leurs poches,
on cherche avec la Baguette des métaux cachez. Lorfque pour m'affurer fi ce qu'on difoit du tournoyement
de la Baguette n'étoit point l'effet de quelque fourberie, je voulus être témoin de quelques expériences, je
fus que celui qui tenoit la Baguette étoit entouré de
plufieurs perfonnes qui avoient de l'argent. Cependant
la Baguette ne tourna que fur les piéces de métal que
j'avois cachées en divers endroits. Prenant enfuite dans
mes mains, à l'infu de l'homme à la Baguette, tantot
de l'or, tantot de l'argent, & me mettant tout auprès
de la Baguette, elle ne tourna jamais vers mes mains,
quoiqu'elles fuffent bien plus près que les métaux qui
étoient en terre. Si vous demandez la raifon de cette
bizarrerie, c'eft qu'on ne la confultoit pas pour favoit
fi quelqu'un de la compagnie avoit de l'argent, ni pour
deviner quelle efpéce de métal je tenois dans mes mains.

Eft-ce ce donc ce qui s'exhale des métaux qui fait tourner la Baguette?

QUATRIE'ME PREUVE.

*Que ce qui s'exhale de l'eau, ou des métaux, ne peut
avoir la force de remuer la Baguette.*

LE Pére Kirker, dont le feul Traité de l'*Art Magnétique* fait bien voir qu'il a étudié avec foin, &
fait valoir autant qu'il eft poffible la force & l'efficace
de ce qui s'exhale des corps, remarque fort judicieufement que pour s'appercevoir des effets que produit l'é-
coulement d'un corps à l'égard d'un autre avec lequel
il eft, ce qu'on appelle fympathique, il faut un foin
tout particulier pour les tenir bien fufpendus, & empêcher que rien ne les arrête, fans quoi l'on ne peut
appercevoir aucun mouvement. (a) De-là il conclut,
avec beaucoup de raifon qu'il n'eft pas poffible que ce
qui s'exhale de l'eau ou des métaux, faffe remuer une
Baguette qu'un homme ferre dans fes mains.

Qu'auroit-il dit, s'il avoit vu des Baguettes, non
pas fe courber feulement vers la terre, mais tourner,
fe tordre, & fe rompre, comme il eft arrivé plufieurs
fois en préfence de quelques perfonnes, qui jufques là
avoient eu de la peine à croire que la Baguette tournat
fans fraude?

Qu'on compare ce qui arrive aux corps, dont la tranfpiration

(a) Ut enim fympathicæ rerum naturalium actiones effectum
habeant, dici vix poteft quanto ingenio & induftriâ opus fit, &
præcifâ æquilibratione corpora difponenda fint; ut proinde omnes ridendi fint, qui virgulas illas bifurcatas manibus apprehenfas,
à tam fubtili halituum vi concitari poffe fibi imaginantur. *Mund.
fubter. Lib. X. fect. 2. cap. 7.*

piration en ébranle d'autres , & on verra combien il s'en faut qu'il ne s'y faſſe rien d'approchant au mouvement de la Baguette. L'ambre , la cire d'Espagne , & tous les corps électriques, qu'attirent-ils autre chose , que quelque brin de paille à quatre ou cinq pouces d'éloignement, encore faut-il les frotter rudement ?

L'aiman qui fait l'admiration du genre humain , n'agiteroit pas un autre aiman , ni une aiguille aimantée, à trois pieds de diſtance ; & la matière magnétique qui circule d'un Pole à l'autre avec une activité prodigieuse, ne pourroit pas faire tourner vers le Nord une verge de fer , ou un aiman qu'on auroit mis ſur une table; il faut les mettre en équilibre ſur un pivot , ou les faire nager ſur l'eau , ſi l'on veut que la matière magnétique leur communique ſon mouvement.   Comment veut-on qu'une vapeur auſſi déliée que ce qui ſort d'une piéce de métal , ou d'une ſource qui eſt à vingt pieds dans la terre , faſſe tordre une Baguette qu'un homme ſerre dans ſes mains ?

Pour prévenir quelques objections , remarquons encore que tout ce qu'on pourroit dire de la force des vapeurs répandues en l'air dans un tems humide , ne fait rien à la queſtion , parcequ'une vapeur déliée qui ſe diſſipe en un inſtant , que le moindre ſouffle fait aller de côté & d'autre , & que rien ne détermine à entrer dans les pores d'un bâton , ne peut être comparée à l'action d'une nuée de vapeurs , qui entourent tous les corps.   Si la vapeur qui s'exhale de l'eau pouvoit faire ce que font les vapeurs répandues dans l'Atmoſphére , comme celles-ci dans un tems humide font entrer les portes & les fenêtres ; ce qui s'exhale d'un pot plein d'eau , produiroit le même effet dans les portes & les fenêtres d'une maiſon.   Or on ſait bien qu'on peut conſerver dans une chambre de l'eau à couvert ou à découvert , ſans craindre qu'il arrive aux portes ou aux fenêtres ce que l'on y voit arriver dans un tems humide.

Ajoutons enfin que , ſi les petits corps qui s'exhalent de l'eau ou des métaux faiſoient tordre la Baguette , l'effet n'arriveroit pas auſſi ſubitement qu'on le voit.   Car comme les parties de l'eau agiſſent , & ne font effort dans le bois , qu'en s'inſinuant inſenſiblement dans les pores , comme autant de petits coins , il faudroit néceſſairement que celui qui tient la Baguette demeurat quelque tems ſur la ſource , pour donner le tems aux petits corps d'entrer dans la Baguette auſſi avant qu'il le faudroit pour la faire plier & la tordre.   Donc un homme , qui la Baguette à la main marcheroit dans un champ , pour chercher une ſource , traverſeroit ſans difficulté pluſieurs ſources , ſans que la Baguette fît aucune inflexion.   Or on prétend que , dès qu'il met le pied ſur la ſource ou ſur le métal , la Baguette tourne.

Concluons donc que la raiſon & l'expérience montrent également que ce qui s'exhale de l'eau ou des métaux , ne fait point tourner la Baguette. Et diſons même que ſi le tournoyement étoit produit par ces petits corps , il dureroit encore quelque tems après qu'on ſe ſeroit éloigné de l'endroit qui renferme la ſource , ou les métaux ; parceque l'homme & la Baguette étant imprégnés (comme on parle à préſent) de ces petits corps , ils agiroient juſqu'à ce qu'ils fuſſent ſortis des mains & de la Baguette.

CINQUIE'ME PREUVE.

Tirée de la manière dont la Baguette tourne.

LA manière dont la Baguette tourne , nous fournit un nouveau moyen de nous perſuader que ce qui s'exhale de l'eau ou des métaux , n'eſt pas la cauſe du mouvement qu'elle a ſur diverſes choſes.

Au ſiécle paſſé , elle faiſoit pluſieurs tours entre les mains de celui qui la tenoit , & cela donnoit lieu au ſavant Agricola d'aſſurer que tout ce qu'on diſoit de la ſympathie de la Baguette avec les métaux , n'avoit aucun fondement.   „ (a) Voyez , *diſoit-il* , ſi les corps
„ qui ont de la ſympathie les uns à l'égard des autres ,
„ ſe meuvent de cette manière ? Le fer tournoye-t-il
„ en préſence de l'aiman , & le jayet a-t-il jamais fait
„ tournoyer la paille ? Si la prétendue vertu de la Ba-
„ guette , *pourſuivoit-il* , avoit quelque rapport avec cel-
„ le de l'aiman , loin de la faire tournoyer , elle la fe-
„ roit pancher fortement vers la terre , & la contrain-
„ droit de s'y aller coller , ſi elle pouvoit s'échapper
„ des mains de celui qui la tient.

La réflexion étoit de bon ſens , auſſi embarraſſoit-elle fort les défenſeurs de la Baguette ; & comme ſi la cauſe qui la fait tourner eût eu égard à cet embarras , elle ne tournoya plus en Allemagne.   Libavius (b) qui écrivoit au commencement du ſiécle paſſé , & quelques autres , nous diſent qu'elle ſe courbe ſeulement , & qu'elle ſe porte violemment vers la terre , pour frapper le métal.   D'où vient que la vertu ou le mouvement de la Baguette s'appelle en Allemand *Schlangen* , c'eſt à-dire , percuſſion.

Préſentement il y a des perſonnes à qui elle tournoye. Aimar eſt de ce nombre , & il n'y a pas bien long-tems qu'en préſence du Révérend Pére Général des Bénédictins de Saint Maur , & du Révérend Pére Dom-Mabillon , une Baguette ſe rompit à force de tourner & de ſe tordre entre les mains d'un Pariſien qui trouve les métaux & les ſources. Mais communément elle ne fait qu'un demi tour. Quand on la tient la pointe vers la terre , elle s'élève ; ſi on la tient la pointe en haut , elle s'abaiſſe ; & ſi on la tient parallèle à l'horiſon , elle tourne indifféremment d'un côté ou d'autre.

Or je dis que de quelque manière que la Baguette tourne , on ne peut en attribuer le mouvement à ce qui s'exhale de l'eau ou des métaux. Car ou ces vapeurs & ces exhalaiſons s'élèvent en la manière commune & ordinaire , c'eſt-à-dire , doucement , lentement , en ſorte qu'une partie n'ayant pas aſſez de force pour chaſſer l'air qui eſt ſur ſon paſſage en ligne droite , elle voltige çà & là , juſqu'à ce qu'ayant perdu tout ſon mouvement elle retombe ; ou bien ces exhalaiſons ſortent avec beaucoup de rapidité , à peu près comme ce qui ſort de l'aiman , ou ce que l'ambre chaſſe , lorſque le frottant un peu rudement , on en ébranle les parties.

Si les vapeurs de l'eau ou des métaux s'élèvent en la première manière , comme cela eſt évident , il en pourra bien venir une partie vers la Baguette , & vers la main de celui qui la tient ; mains bien loin que ces vapeurs puiſſent tordre une Baguette , elles ne pourroient pas aſſurément remuer le moindre fétu.

Si nous ſuppoſons qu'elles ſortent avec beaucoup de rapidité , à peu près comme ce qui ſort de l'aiman , ou de l'ambre , du jayet , & de la cire d'Espagne , lorſqu'on les a frottez: (ce qui eſt néanmoins une ſuppoſition ſans fondement).

Je dis 1. que comme ce qui ſort de l'ambre , n'ébranle que des corps très petits , & fort peu éloignez , & que l'aiman même n'ébranle le fer qu'à trois ou quatre pieds de diſtance , le métal auſſi ne pourroit ébranler la Baguette , ſur-tout lorſqu'il eſt enfoncé quatre ou cinq pieds dans la terre; car l'aiman ainſi enterré ne feroit pas remuer du fer.

Je dis 2. que quand même ces vapeurs irroient avec impétuoſité vers la Baguette , quoiqu'éloignée de dix

(a) Verùm quæ vi ad ſe attrahendi prædita ſunt , ea in orbem non torquent res ſed eas ad ſe alliciunt. v. g. magnes ferrum non volvit , ſed id ad ſe trahit ; & ſuccinum attritu concalefactum non vertit paleas , ſed ſimpliciter eas ad ſe allicit. Similiter vis venarum , ſi eamdem cum magnete aut ſuccino naturam haberet , virgulam toties non verſaret , ſed ſemel tantummodò ad ſpatium ſemicirculi verſatam rectà ad ſe traheret , & niſi compreſſio hominis qui virgulam teneret in manibus , ipſi venarum vi reſiſteret & repugnaret , virgulam ferret ad terram. Quod cùm non fiat , &c. *De Metal. Lib. II.*

(b) Si aurum ponas in terrâ , tunc etiam renitente & invito te , qui virgam tenes , pars caudicis illa extrorſum verget , donec validiſſimo indicio & motu metallum percutiat : quæ ſit hujus rei ratio , Phyſicos latet. *In Append. Syntagm.*

ou douze pieds, elles ne pourroient pas pour cela la faire tourner.

Pour en juger, comparons la vapeur de l'eau & des métaux à la matiére magnétique, & donnons leur autant de force qu'en a celle-ci. Voyons donc ce qui arrive entre deux aimans, ou entre l'aiman & le fer.

Lorsqu'on met, par exemple, deux aimans l'un auprès de l'autre, & qu'ils se présentent des côtez dans lesquels la matiére magnétique peut librement entrer, comme elle chasse l'air qui est entre eux, ils s'approchent tout-à-fait l'un de l'autre ; parcequ'ils sont moins pressez par l'air en BB. qu'ils ne le sont en AA. (a).

Si les deux aimans sont inégaux en grosseur, le plus petit ira vers le plus grand. S'ils sont à peu près égaux, & que l'un des deux tienne à un clou, l'autre s'approchera; mais on ne verra jamais tournoyer ni l'un ni l'autre.

Voyons donc à présent ce qui devroit arriver, lorsqu'on tient la Baguette sur un endroit qui contient de l'eau ou du métal.

Soit le corps A. d'où il s'éléve des vapeurs, qui par la supposition montent avec vitesse, chassent l'air mitoyen, & trouvent des passages libres dans la Baguette & dans les mains : il s'ensuivra de là, (b).

1. Que la Baguette ne pourroit jamais tournoyer, comme deux aimans, ou du fer & de l'aiman, ne tournoyent jamais lorsqu'ils sont en présence l'un de l'autre.

2. Qu'en quelque situation qu'on tînt la Baguette, un louis d'or qu'on mettroit à terre, monteroit & iroit s'y coler, comme la paille va se coler a l'ambre, ou comme le fer s'approche de l'aiman; car il faut certainement beaucoup moins de force pour élever de terre un louis d'or, que pour faire tordre une Baguette.

3. Que les louis d'or iroient même se coler aux mains de celui qui a la vertu de la Baguette, puisqu'on les suppose aussi propres à recevoir l'exhalaison de l'or que la Baguette pourroit l'être.

4. Qu'un homme à Baguette ne sauroit passer sur une source sans être saisi tout à coup par les vapeurs qui viendroient rapidement s'attacher sur son corps, à peu près comme la limaille d'acier s'attache à l'aiman.

5. Que les louis d'or s'attireroient les uns les autres puisque ce qui sort d'un louis d'or trouveroit dans un autre louis d'or des pores bien mieux proportionnez à sa figure, qu'il n'en peut trouver dans les mains, ni dans une Baguette.

Enfin il s'ensuivroit tant de choses absurdes & contraires à l'expérience, qu'après y avoir pensé avec quelque attention, on ne s'avisera jamais, ni de dire que les vapeurs de l'eau ou des métaux peuvent faire tourner la Baguette, ni de chercher des rapports entre la Baguette & une verge de fer aimantée.

Je ne sais si ceux qui veulent que les vapeurs de l'eau fassent pancher une Baguette sur une source, oseroient entreprendre d'expliquer d'où vient que les branches d'un arbre qui est auprès d'une source, ne s'abaissent pas vers la terre pour s'y coler.

SIXIE'ME PREUVE.

Que la cause qui fait tourner la Baguette s'est coupée, & que la contradiction dévelope tout le mystére.

LA régle établie qu'une cause qui agit naturellement, doit toujours agir de la même maniére dans les mé-

mes circonstances, & les diverses pratiques de ceux qui se servent de la Baguette, vont nous fournir une preuve décisive & sans replique.

On a vu dans le quatriéme Chapitre de cette septiéme Partie ce que la plupart observent, pour connoître sur quoi la Baguette tourne. Ils admettent pour maxime constante qu'elle tourne, lorsqu'elle touche du même métal que celui qui est en terre, & qu'elle cesse de tourner, si on lui fait toucher du métal différent. Par exemple, si mettant de l'or au bout de la Baguette elle continue à tourner, c'est une marque qu'il y a de l'or dans la terre, & si elle ne tourne plus, on est assuré qu'il y a autre chose que de l'or.

Ceux qui suivent les régles prescrites dans (c) *l'Art de trouver les Trésors*, observent tout le contraire. ,, La ,, chose apparente, *disent-ils*, de même nature que la ,, cachée, ôte & arrête le mouvement que la Baguette ,, avoit sur la chose cachée..... Par exemple, lorsqu'on ,, veut savoir si c'est pour de l'eau, pour un métal, ,, pour une limite, ou pour quelque autre chose cachée, ,, on la peut distinguer, & en connoitre la nature, en ,, appliquant successivement au bout de la Baguette plu- ,, sieurs espéces différentes, comme de l'or, de l'ar- ,, gent, du cuivre, du plomb, un linge ou un papier ,, mouillé, &c., jusqu'à ce qu'on en ait trouvé un ,, qui arrête ce mouvement. Alors par le principe que ,, nous avons établi, il faut tenir pour constant que la ,, chose cachée est de même nature que celle qui se ,, trouve au bout de la Baguette, & que l'effet cesse ,, par la même cause qui le produit.

Cela supposé, il est évident que le mouvement de la Baguette n'est pas un effet naturel. La preuve saute aux yeux. S'il étoit naturel qu'une Baguette, au bout de laquelle on met de l'or, tournat sur l'or qui est dans la terre, elle ne cesseroit pas de tourner, à cause que quelques personnes se sont imaginé qu'elle ne devoit pas tourner. Car par la régle établie, une cause physique & naturelle doit toujours agir de la même maniére dans les mêmes circonstances physiques, & son effet ne peut dépendre des vues différentes des hommes. Il est donc clair qu'en mettant de l'or au bout d'une Baguette, elle doit tourner sur l'or qui est en terre, soit qu'on raisonne comme ceux qui suivent les régles prescrites dans *l'Art de trouver les Trésors*, soit qu'on pense comme ceux qui ont des principes différens. Or on vient de voir le contraire. Donc le tournoyement de la Baguette n'est pas l'effet d'une cause physique & naturelle.

Il ne peut être l'effet que d'une cause capable de se contredire, & qui s'est coupée pour s'accommoder aux différens desirs, & aux diverses maniéres de raisonner de plusieurs personnes. Dieu l'ordonne ainsi à l'égard de la plupart des pratiques superstitieuses, afin qu'on puisse se détromper, & pour accomplir ce qu'il a dit dans Isaïe (d) *C'est moi qui fait voir la fausseté des prodiges des Devins, qui renverse leur esprit & convainct de folie leur vaine science.*

Je crois qu'en voilà plus qu'il n'en faut, pour ne point hésiter sur cette question; quoiqu'on puisse tirer plusieurs autres preuves décisives de ce que la Baguette ne tourne pas entre les mains de toute sorte de personnes, & de quelques autres observations.

(a) Voyez Planche (b) Fig. 3.
(b) Voyez Planche (b) Fig. 4.

(c) Pag. 29.
(d) Ego Dominus irrita faciens signa divinórum, & ariolos in furorem vertens, convertens sapientes retrorsum, & scientiam eorum stultam faciens. c. 44. v. 25.

Fin du Livre Septiéme.

HISTOIRE CRITIQUE

DES

PRATIQUES SUPERSTITIEUSES,

QUI ONT SÉDUIT LES PEUPLES ET EMBARRASSÉ LES SAVANS.

LIVRE HUITIEME.

Des moyens de s'opposer aux Pratiques superstitieuses, & des Maximes de l'Eglise sur ce point.

CHAPITRE PREMIER.

Des personnes qui doivent s'opposer aux pratiques superstitieuses. Comment il faut traiter ceux qui y ont recours, & quelles peines les Confesseurs doivent leur imposer.

L ne sera pas inutile de marquer d'à-bord quelles sont les personnes qui doivent s'opposer aux pratiques superstitieuses. Les Canons ont recommandé ce soin & cette application aux Evêques, aux Curez, aux Prédicateurs, aux Confesseurs, & généralement à tous les Ecclésiastiques qui doivent instruire.

Les Capitulaires de Carloman, (*a*) de Charlemagne, & de Louis le Debonnaire, dressez dans les Conciles, & renouvellant les anciens Canons, ordonnent que les Evêques feront de fréquentes visites dans leurs Diocéses, spécialement pour découvrir les superstitions qui pourroient y être en usage, & pour les faire cesser. On vouloit même pour faciliter l'exécution de leurs Ordonnances, qu'ils eussent avec eux le Défenseur de l'Eglise, qui étoit un des Officiers du Roi.

Le Concile de Narbonne en 1555. dit qu'un des principaux soins des Evêques est d'empêcher que les superstitions, les sortiléges (*b*), les divinations, les enchantemens, & toutes sortes de prestiges du Démon ne se répandent dans les Diocéses, & qu'ils doivent s'y opposer de même qu'aux Hérésies. Il est en effet bien juste que l'Evêque, c'est-à-dire, l'Ange de l'Eglise, comme parle St. Jean, s'oppose avec beaucoup d'application & de zéle à tout ce que les mauvais Anges tâchent d'introduire de pernicieux.

Le premier Concile de Milan en 1565. & le Concile de Bordeaux (*c*) en 1583. marquent au long tout ce que l'Evêque doit faire sur ce point.

Il suffira de rapporter ici le Canon du Concile de Milan, qui entre dans un grand détail des superstitions après avoir déclaré que les Evêques doivent punir sévérement, & excommunier toutes sortes de Magiciens & de Sorciers.

,, (*d*) Qu'ils châtient & bannissent tous ceux qui se
,, mê-

(*c*) Col. 951.

(*d*) Cæterosque omnes qui quovis artis magicæ & veneficii genere pactiones, & fœdera expresse, vel tacitè cum Dæmonibus faciunt; Episcopi acriter puniant, & è societáte fidelium exterminent.

Deinde omnem divinationem ex ære, aquâ, terrâ, igne, ex inanimatis, ex unguium & lineamentórum corporis inspectione, ex sortibus, somniis, mortuis, aliisque rebus, quibus per Dæmonum significationem incerta pro certis affirmantur, futura prædicere, furta, thesauros absconditos commónstrare se posse profitentur, & hujus generis reliquâ, per quæ curiosorum & imperitorum hominum mentes facilè decipiuntur, coerceant & ejiciant. In eos etiam, qui hujusmodi divinatores, sortilegos, conjectores, ariolos, & cujusvis generis magos de aliquâ re consuluerint, vel ut consulerentur, cuique autores, adjutores, hortatoresve fuerint, vel eis fidem habuerint, severè animadvertant. Si quis etiam annulos vel aliud ad magicos, vel superstitiosos usus fecerit, aut vendiderit, gravi pœnâ afficiatur. Astrologi, qui ex Solis, Lunæ, & aliorum astrorum, figurâ & aspectu, de hominum actionibus, quæ à libero voluntatis arbitrio proficiscuntur, certò aliquid eventurum affirmant, gravibus pœnis plectantur: quæ pœnæ etiam ad eos pertineant, qui ad illos de hujusmodi rebus detulerint. Denique pœnas sumant Episcopi de iis omnibus, qui in

(*a*). Decrevimus quoque ut secundùm Canones unusquisque Episcopus in suâ parochiâ sollicitudinem gerat, adjuvante Graphione qui defensor Ecclesiæ ejus est. ne populus Dei paganias faciat, sed ut omnes spurcitias gentilitatis abjiciat & respuat, sive sortilegos vel divinos, sive philacteria & auguria, sive incantationes, &c. *Ex Cap. V. tom. anni* 742. 1. *col.* 147. *Et ex Capit. anni* 769. *Cap. VI. col.* 101.

(*b*) Can. 37. De hæreticis & sortilegis. Cùm præcipua Diœcesani cura esse debeat, &c *Conc. Tom. XV. col.* 31.

iti-

„ mêlent de deviner par l'air, par l'eau, par la terre,
„ par le feu, par les choses inanimées, par l'inspection
„ des ongles & des linéamens du corps, par le sort,
„ par les songes, par les morts, & par d'autres moyens
„ que le Démon inspire pour faire assurer comme cer-
„ taines les choses incertaines. Tous ceux qui font
„ profession de prédire l'avenir, de découvrir les cho-
„ ses dérobées, les trésors cachez, & autres choses de
„ cette nature, qui servent à séduire facilement les per-
„ sonnes simples, ou trop curieuses. Qu'ils punissent
„ sévérement ceux qui consultent sur quoi que ce soit
„ les Devins, les diseurs de bonne avanture, & toutes
„ sortes de Sorciers & de Magiciens, ou qui auront
„ conseillé à d'autres personnes de les consulter, ou qui
„ leur auront ajouté foi. Qu'on impose de grandes
„ peines à ceux qui auront fait ou vendu des anneaux,
„ ou quelque autre chose pour des usages magiques ou
„ superstitieux. Que les Astrologues qui par le mou-
„ vement, la figure ou l'aspect du Soleil, de la Lune,
„ & des autres Astres, osent prédire avec certitude les
„ actions qui dépendent de la liberté des hommes,
„ soient aussi sévérement punis, & ceux qui les auront
„ consultez sur ce point avec confiance, soient soumis
„ aux mêmes peines. Enfin que les Evêques punissent
„ tous ceux qui dans l'entreprise d'un voyage, dans le
„ commencement ou le progrès de quelque affaire, ob-
„ servent les jours, les tems, & les momens, le cri
„ des animaux, le chant ou le vol des oiseaux, la ren-
„ contre des hommes, ou des bêtes, & en tirent bon
„ augure pour le succès de leurs entreprises.

Les principaux Coadjuteurs des Evêques, tels que
sont les Curez, les Archiprêtres, ou les Doyens ruraux, doivent aussi le plus contribuer à faire abolir les
superstitions. Le Concile de Malines en 1607. ordonne aux Curez d'instruire les fidèles qui recourent souvent à des pratiques superstitieuses par ignorance. Ce
Concile veut que les Curez fassent bien entendre à leurs
Paroissiens qu'il y a de la superstition d'attendre un effet d'une cause qui ne le produit ni de sa nature, ni
par l'institution de Dieu ou de l'Eglise (a). Le quatrième Concile (b) de Milan en 1577. recommande
bien expressément aux Curez de donner avis aux Evêques, des superstitions qu'ils auront reconnues.

Aussi dans un très grand nombre de Statuts Synodaux qui ont été imprimez au siécle passé, les Évêques ont eu soin de prescrire cet article à tous Doyens
ruraux, Archiprêtres, & autres. Quelques uns de ces
Statuts Synodaux, tels que ceux de Beauvais (c) publiez en 1653. qui recommandent ce soin aux Curez,
leur enjoignent aussi de parler contre les superstitions,
& d'en faire desabuser le peuple dans les sermons.

Les Prédicateurs en effet peuvent beaucoup contribuer à détromper le peuple, en faisant quelquefois rougir leur auditoire des superstitions dont le monde n'est
que trop capable. Ils ne doivent pas craindre que le
sujet ne soit pas assez digne de la Chaire. Ils savent

avec combien de force les saints Orateurs ont souvent
parlé contre les pratiques vulgaires, contre les observations des jours heureux ou malheureux, contre les philactéres ou préparatifs pour la santé, & diverses pratiques semblables. Pourroient ils se proposer de meilleurs
modéles que Saint Ambroise, Saint Augustin, Saint
Basile, & Saint Chrisostome?

D'ailleurs les Conciles leur ont expressément recom-
mandé d'instruire le peuple là-dessus. (d) Le Concile
de Toulouse joint aux Prédicateurs les Confesseurs,
lesquels prêchant en particulier & en secret, peuvent
parler d'une manière plus efficace. Le Concile d'Yorck
en 1446. le leur recommande, & le quatrième Concile
de Milan veut qu'ils interrogent leurs pénitens sur le
détail des superstitions, & qu'ils leur en donnent de
l'horreur (e).

Les Status (f) Synodaux de Paris en 1515. ordonnent qu'on interrogera les pénitens sur les pratiques
superstitieuses, soit pour la guérison des maladies, ou
pour recouvrer les choses perdues. Les Rituels d'E-
vreux, de Chartres, de Paris, d'Aleth, & beaucoup
d'autres prescrivent la même chose.

Les Ecclésiastiques qui ne peuvent pas remédier au
mal par eux-mêmes, soit qu'ils manquent de pouvoir,
ou qu'ils n'ayent pas lieu d'instruire, doivent au moins
dénoncer les superstitions aux Evêques. Plusieurs (g)
Synodes les y obligent. Enfin tous doivent s'appliquer
à entrer dans l'esprit & dans l'exercice de Jesus-
Christ Notre Seigneur, qui est venu sur la terre
pour détruire les œuvres du Démon, comme dit Saint
Jean (b).

Venons aux moyens d'inspirer aux fidèles de l'horreur pour les superstitions. Il y a deux moyens essen-
tiels, l'instruction & les peines décernées par l'Eglise.
L'instruction est principalement nécessaire aux personnes
qui sont superstitieuses, par des observations vaines &
ridicules, qui leur font craindre des maux, ou espérer
des avantages temporels de certaines choses qui ne produisent rien d'elles mêmes. L'instruction est utile aussi
& nécessaire aux personnes, qui usant de pratiques assez
surprenantes pour guérir des maladies, ou procurer
quelque autre bien, se flattent sur ce que par ces moyens
elles ne nuisent à qui que ce soit.

Il y a une troisiéme sorte de personnes superstitieuses, qui ne craignent pas d'user des maléfices pour nuire
au prochain, ou pour satisfaire leur curiosité déréglée,
ou leur cupidité. Ceux-là ne sont pas en grand nombre; l'instruction ne leur est pas si utile. Ils n'ignorent pas qu'ils font mal, & ne peuvent être corrigez
que par la Justice séculière.

Pour s'appliquer donc à ceux qui craignent ou espérent sur des observations mal fondées, qu'ils ont entendu faire, il faut leur représenter qu'ils péchent contre la foi, qu'ils manquent de respect à Dieu, qu'ils ne
font nul usage de leur raison ni de leur bon sens.

La foi, les notions de Dieu, & le premier Commandement, nous apprennent qu'il ne faut craindre que
Dieu, & n'espérer qu'en lui. Que craignez vous de
tous ces augures, de toutes ces observations qu'on vous
a fait faire? Celui qui craint Dieu n'aura peur de rien,

dit

---

itineris susceptione, aut cujusvis rei institutione, vel progressio-
ne, dies, tempora & momenta observantes, quadrupedum voces, avium garritum, aut volatum notantes, ex occursu etiam
hominum, vel pecudum suscipiendi operis felicitatem augurantur.
Tom. XV. Conc. part. 1. *tit.* 10. *col.* 252 & 253.

(a) Et quoniam rudis populus sæpe ex ignorantiâ superstitionibus inquinatur, parochi subditos suos diligenter de illis moneant,
& inter cætera, superstitiosum esse captare quemcumque effectum
à quâcunque re, quem res illa, nec ex suâ naturâ, nec ex institutione divinâ, nec ex ordinatione, vel approbatione Ecclesiæ
producere potest. *Conc. Meclin. tit. XV. Cap. III. Tom. XV. Conc.
pag.* 1557.

(b) Parochi diligenter ei rei invigilent, ac si quod superstitionum genus in suæ Parochiæ hominibus animadvertant, id semper
ante proximam synodum tempore, quod Episcopus præstituerit,
ad illum in scriptis deferant; ut ei malo occurri opportunè possit.
Parte 1. *cap.* 4. *tit.* 15. *pag.* 421.

(c) Les Curez & Vicaires avertiront les Archi-prêtres & Doyens ruraux des superstitions, tant pour guérir les maladies, qu'autres usitées dans leurs Paroisses, s'ils en savent aucunes; & tiendront la main tant par leurs instructions, que par celles des Prédicateurs, qui n'y épargneront pas leur zéle, à ce qu'elles soient
entiérement abolies. Art. 41.

(d) Quæ ignorantiâ simplicitateque hominum superstitiosè de-
pellendorum morborum, aliarumque rerum inanes observationes
temerè irrepserunt, eas omnes frequenti adhortatione, adductis-
que rationibus Confessarii & Concionatores à populorum animis
evellere & ab iis declinari curabunt. *Concil. Tolos.* 1590. *Cap. XII.
col.* 1524.

(e) Confessarii quoque diligentes in eo genere se præstent, in-
vestigentque num pœnitentes aliquod remedium valetudini aut
vulneribus adhibeant, quod non à medicâ arte & cognitione, sed
à superstitione proficiscatur: tùm præterea, num tempora aut
loca, aut quid ejusmodi, superstitiosâ opinione observent, &
quos eâ in re peccare noverint, graviter objurgent, & ab ejusmodi vano sensu atque errore deterrere & avertere conentur. *Concil. Mediol. IV. col.* 241.

(f) Tit. de Sacram. Pœn.

(g) Concil. Bitur. 1527. Concil. Mediol. IV. part. 1. tit. 2.
n. 4.

(b) Ut dissolvat opera Diaboli.

dit l'Ecriture. (a) Et qui fera capable de vous nuire, dit Saint Pierre, (b) fi vous vous attachez fortement au bien?

Dieu n'a dit nulle part qu'il fallût craindre le cri d'un animal, le chant d'un oifeau, la rencontre d'un homme ou d'une femme qui ne veulent pas nous nuire. Il n'a jamais dit que l'étrenne portât bonheur ou malheur, qu'il y ait des jours heureux ou des jours malheureux, pour les biens ou les maux de ce monde, & que les Aftres puffent annoncer les événemens futurs qui dépendent des actions libres. Nous favons que Dieu détefte ceux qui ajoutent foi à de telles obfervations & à de femblables fignes.

On fait que toute la Tradition a parlé fortement contre l'obfervation des jours & des mois, & que Saint Auguftin, Saint Chryfoftome, & plufieurs autres ont cru tous ces augures fi oppofez au Chriftianifme, qu'ils ont appliqué à ce fujet ce que Saint Paul dit aux Galates qui obfervoient les jours comme les Juifs (c): *J'appréhende pour vous, que je n'aye peut-être travaillé en vain parmi vous.*

Enfin les notions communes apprennent que les créatures d'où l'on tire toutes ces obfervations vulgaires, n'ont pas été faites pour annoncer de telles chofes, ou pour produire de tels effets. Or chercher dans les créatures d'autres effets que ceux pour lefquels Dieu les a faites, c'eft fervir à la créature, au lieu de fervir au Créateur, & tomber dans le déréglement, (d) qui renverfe l'ordre & la Religion, comme dit S. Auguftin.

Mais quand on ne feroit pas attention à des véritez fi conftantes & fi folides, un peu d'ufage de la raifon & du bon fens devroit détromper ces perfonnes. Peut-être fuffiroit-il quelquefois de leur faire fentir agréablement qu'elles ne font pas moins ridicules, que celui dont parle Saint Auguftin, (e) qui étoit fort en peine de ce qu'il avoit trouvé fes fouliers rongez par des fouris. Il confulta Caton pour favoir ce que cela pouvoit fignifier, & ce Sage lui dit avec efprit, que ce n'étoit pas-là un prodige, mais que c'en feroit un véritable, fi les fouris avoient été rongées par les fouliers.

Eft-on plus fenfé dans plufieurs obfervations, dont quelques perfonnes fe réjouiffent ou s'effrayent? Deux couteaux fe font trouvez en croix, la faliére s'eft renverfée, on fe trouve treize à table, & vous craignez! Mais qu'y a-t-il donc là de fi étrange? Si les couteaux s'étoient remuez d'eux-mêmes pour aller fe croifer, vous pourriez avoir lieu d'appréhender. Mais fi quelqu'un les a mis en croix à deffein ou par hafard, êtes vous furpris qu'ils demeurent en cet état, il faudroit l'être au contraire, s'ils prenoient une fituation différente?

La faliére s'eft renverfée, c'eft qu'elle étoit mal appuyée, ou qu'on a heurté contre, ce qui n'eft pas bien étonnant. On fe trouve treize à table, c'eft fans doute qu'on s'y eft mis treize. Vous craignez que l'un des treize ne meure dans l'année; mais où eft donc le prodige qui vous fait peur? Si l'on fe trouvoit treize à table, & qu'il ne s'en fût mis que douze, vous auriez raifon de craindre, cela feroit affurément prodigieux. Mais qu'y a-t-il de plus naturel que vous étant mis treize à table, vous vous trouviez treize?

S'il y a quelque chofe à craindre, fe font les peines qui fuivent quelquefois ces fuperftitions ridicules. Il y a près de 80 ans que Mr. le Premier-Préfident du Parlement de Rouen ne pouvant fe réfoudre de fe mettre à table, parcequ'il fe trouvoit le treiziéme, il falut adhérer à fa fuperftition, & faire venir une autre perfonne

afin qu'on fût quatorze; alors il foupa tranquillement: mais à peine fut-il forti de table, qu'il fut faifi d'une apoplexie dont il mourut fur le champ.

Il y a des perfonnes qui ne font pas fufceptibles de ces foibleffes, mais qui ayant appris des fecrets, foit pour guérir des maladies, ou pour produire quelques effets finguliers, ne font pas difficulté de les mettre en pratique. Quoiqu'on leur ait montré que ces prétendus fecrets ne peuvent pas produire ces effets naturellement, ils fe croyent exemts de toute faute, à caufe qu'ils n'ont fait aucun pacte, & qu'ils ont confidéré que cela ne nuit à perfonne.

Il faut leur repréfenter que l'effet n'étant ni naturel ni un miracle, il ne peut être produit que par une Intelligence avec laquelle Dieu nous défend abfolument tout commerce, que le Démon étant l'ennemi juré des hommes, (f) il ne pouvoit faire quelque bien apparent que dans la vue de nous nuire réellement; que fes bienfaits, dit St. Leon, font plus nuifibles que les playes les plus dangereufes (g). Qu'il ne fert de rien de dire que cela ne nuit à perfonne, parcequ'on nuit à fon ame, & quelquefois même à fa vie. Ochozias ne nuifoit à perfonne lorfqu'il (b) envoya confulter le Dieu d'Accaron, pour favoir s'il guériroit de fa chute, & Dieu le punit de mort pour cette faute.

Enfin, il faut leur repréfenter que l'Eglife a impofé des peines très grièves à tous ceux qui recourent à des pratiques fuperftitieufes. Nous avons fait quelquefois mention de ces peines; mais il faut les recueillir ici, & expofer les maximes que l'Eglife a obfervées fur ce point, pour fervir à réfoudre un grand nombre de cas qui peuvent arriver fur cette matiére.

CHAPITRE II.

Maximes générales de l'Eglife touchant les perfonnes qui recourent à des pratiques fuperftitieufes. Pénitences réglées par les Canons.

PREMIE'RE MAXIME.

Tout péché de fuperftition commis avec connoiffance, en recourant à quelque pratique fuperftitieufe, porte avec foi l'excommunication, & par conféquent la privation des Sacremens. Mais par condefcendance & par indulgence, la peine a été modérée par les Evêques.

Ce péché porte avec foi l'excommunication, parceque ceux qui le commettent, entrent en fociété avec l'ennemi irréconciliable de JESUS-CHRIST & de l'Eglife. C'eft la raifon que les Canons ont quelquefois marquée en décernant cette peine. Voici plufieurs Conciles qui l'ont prefcrit. Le Concile d'Elvire can. 6., le Concile de Laodicée can. 36, le Concile qu'on appelle le quatriéme de Carthage can. 89 (i), le Concile d'Agde en 506. can. 42., le Concile d'Orléans en 511. can. 32., le Concile de Rome où préfidoit le Pape Gregoire II. en 721. can. 12. (k).

Les Capitulaires de Charlemagne ont fouvent ordonné qu'on banniroit des Paroiffes ceux qui recourent à des pratiques fuperftitieufes; parceque ces perfonnes font féduites par le Démon à qui il n'eft jamais permis de demander du fecours (l). Les avantages que ces pratiques fem-

---

(a) 4. *Reg.* XVII. *Pf.* 86. & 90. *Eccl.* 34. Qui timet Dominum nihil trepidabit. & non pavebit. v. 16.

(b) Petri III. v. 13. Et quis eft qui vobis noceat fi boni æmulatores fueritis?

(c) Dies obfervatis & menfes & tempora & annos, timeo vos ne forte fine caufa laboraverim in vobis. Gal. IV. 10 & 11.

(d) Aug. de vera Relig. c. 37.

(e) *Lib.* 2. *de Doct. Chrift. cap.* 20. Unde illud eleganter dictum eft Catonis, qui cùm effet confultus à quodam, qui fibi à foricibus erofas caligas diceret, refpondit non effe illud monftrum, fed verè monftrum habendum fuiffe, fi forices à caligis rodërentur. *Tom.* 3. *pag.* 331.

(f) Adverfarius vefter Diabolus tanquam leo rugiens.

(g) Beneficia Dæmonum omnibus funt nocentiora vulneribus *Serm.* 16. *de paff.*

(b) IV. Reg. I.

(i) Auguriis vel incantationibus fervientem ab Ecclefia feparandum.

(k) Si quis ariolos, arufpices, vel incantatores obfervaverit, aut phila&eriis ufus fuerit, anathema fit.

(l) Subverfi funt, & à Diabolo capti tenentur, qui derelicto Creatore fuo, à Diabolo fuffragia quærunt; & ideo à tali pefte mundari debet fancta Ecclefia. *Tom.* 2. *Capitul. pag.* 369.

semblent procurer, font un piége dont le Démon se sert pour tromper les Chrétiens; & le Concile de Tours tenu en 813. veut que les Prêtres en avertissent les Peuples (a).

Le Concile de Tours en 1583. renouvelle ce Canon du troisiéme Concile, & défend sous peine d'excommunication toutes les pratiques qui y sont énoncées, aussi bien que l'usage des anneaux & des philactéres pour guérir des maladies.

Le Pape Zacharie écrivant à saint Boniface, apelle détestables tous ces usages, & l'on a déclaré excommuniez, non seulement ceux qui en étoient censez les auteurs, mais encore ceux qui leur ajoutoient foi. Comme le Concile de Londres le déclare can. 15. (b).

C'est sur ces régles qu'on dénonce excommuniez aux Prônes tous Devins & Devineresses; & qu'il est expressément ordonné de refuser la Communion à ceux qui exercent publiquement les divinations ou les sortiléges.

Cependant on a souvent usé d'indulgence. Des Canons anciens ont seulement prescrit de longues pénitences; & depuis le cinquiéme Concile de Latran en 1561., les peines doivent être réglées selon la prudence de l'Evêque. Cette indulgence n'est que pour ceux qui sont dociles & fâchez de leur faute; car à l'égard de ceux qui ne se corrigent pas, l'Eglise les excommunie. (c) Le Concile de Mayence en 1549. déteste si fort tous ceux qui s'appliquent aux sortiléges, qu'il veut qu'on impose les peines les plus sévéres pour ce crime, en déposant, & excommuniant même les Clercs, & les enfermant dans un Monastére pour y faire pénitence.

II. Maxime.

Recourir aux divinations, ou à des pratiques qui n'ont aucun rapport naturel avec l'effet qu'on en attend, c'est un cas réservé dans la plupart des Diocéses.

Il n'est pas nécessaire de marquer ici tous les endroits où ce cas est expressément réservé à l'Evêque, chaque Confesseur doit le savoir dans le Diocése où il confesse.

A Paris on distingue deux cas. Exercer la divination & les maléfices, c'est un cas réservé qui fait encourir l'excommunication par le seul fait (d).

Consulter les Devins ou Sorciers est un cas simplement réservé (e).

Tout cela est détaillé dans l'examen du Prône de Paris en ces termes: ,, Se servir de moyens superstitieux, ,, vains & inutiles, qui n'ont aucun raport naturel avec ,, les effets qu'on en attend. Consulter les Devins. Fai-,, re profession de deviner ''. Rituel de Paris, pag. 543.

III. Maxime.

Les Livres d'où l'on tire les pratiques superstitieuses doivent être brulez.

1. C'est la pratique qu'on trouve dans les Actes des Apôtres (f).

2. Les Empereurs Honorius & Théodose ont ordonné que tous les Livres des prétendus Mathématiciens seroient brulez en présence des Evêques. Nous avons rapporté la loi à la fin du Tome 1.

3. (g) Au tems de Gerson on mit en question s'il falloit tolérer ou exterminer les Livres, soit d'Astrologie ou autres, qui autorisent des pratiques superstitieuses, sous une apparence de secrets de Physique. Sur quoi ce savant homme établit quatre propositions. La première, que les Livres d'Astrologie, dans lesquels il y a un très grand nombre de choses vrayes & utiles, peu de fausses, d'inutiles & de superstitieuses, doivent être tolérez par la régle de Saint Paul, *Omnia probate; quod bonum est, tenete.* La seconde, que les Livres dans lesquels il y a beaucoup de choses vaines, fausses & superstitieuses, parmi peu d'utiles & & de véritables, doivent être brulez, suivant ce qu'on vient de lire aux actes des Apôtres. La troisiéme & la quatriéme, qu'il faut user de discernement à l'égard de ces sortes de Livres mêlez de bon & de mauvais, qu'il faudroit qu'on les remît à des Académies savantes qui les examinassent; & qu'après cet examen il seroit à souhaiter que quelques uns de ces Livres fussent gardez en des endroits surs, afin que les corrections qu'on y auroit faites, pussent servir en diverses occasions (b).

Enfin le Concile de Rouen en 1591. défend sous peine d'excommunication, de garder sans une expresse permission des Livres d'Astrologie, & tous ceux qui contiennent des superstitions, aussi bien que les Livres hérétiques (i).

IV. Maxime.

Ceux qui ont fait des maléfices, doivent tâcher de dédommager ceux à qui ils ont causé du mal, & détruire les signes des maléfices.

La première partie de cette maxime ne souffre aucune difficulté. Tout le monde convient qu'il faut réparer, autant qu'il est possible, le dommage qu'on a causé à autrui.

A l'égard de la seconde partie, on a formé quelques doutes. Tous les Théologiens qui traitent cette question depuis quatre ou cinq cens ans, savoir s'il est permis de détruire les signes des maléfices, dans l'espérance que le mal cessera, croyent qu'il ne faut pas hésiter un moment d'exterminer tous ces signes. La plupart disent avec Scot qu'il n'y a pas là de question, que c'est une mocquerie de la mettre sur le tapis, & qu'au lieu de craindre qu'il y ait du mal à détruire ces signes, c'est au contraire une action méritoire (k).

(a) Ca-

(a) Admoneat sacerdotes fideles populos, ut noverint magicas artes, incantationesque, quibussibet infirmitatibus hominum nihil posse remedii conferre: non animalibus languentibus, claudicantibusve, vel etiam moribundis, quidquam mederi: non ligaturas ossium, vel herbarum cuiquam mortalium abhibitas prodesse: sed hæc esse laqueos & insidias antiqui hostis, quibus ille perfidus genus humanum decipere nititur.

(b) Sortilegos, ariolos, & auguria quæque sectantes atque consentientes, excommunicari præcipimus, perpetuâque notamus infamiâ.

(c) Sortilegia, quæ ad injuriam sacræ religionis nostræ detestando malorum Dæmonum commercio exercentur, omnibus Christianis prohibenda; in Clericis verò omni pœnarum acerbitate coercenda censemus: proinde clericum sortilegum protinus ab omni functione ecclesiasticâ & ordine removendum, & excommunicationis sententiâ censemus alligandum: à qua nisi in articulo mortis, nemine, quàm à suo diœcesano, aut à Summo Pontifice, seu Legato ejus ad id potestatem habente, absolvi debet. Et si incorrigibilis esse perrexerit, ad monasterium arctum, pro agendâ pœnitentiâ, detrudatur, aut prorsus abjiciatur. Laïci verò ab hac arte execrabili publicatione bonorum suorum, aut pervicaciâ eorum exigente, perpetuâ captivitate, aut graviore etiam animadversione, coerceri debent. *Tom* 14. *col.* 703. *Conc.*

(d) Profiteri vel exercere maleficia, veneficia, divinationes, cæterasque artes magicas, cum censurâ excommunicationis ipso facto. 8. *Cas ref.*

(e) Magos & divinos consulere. 9. *Cas.*

(f) Qui fuerant curiosa sectati, contulerunt libros & combusserunt. *Act. cap.* XIX. *v.* 19.

(g) Trilog. Astrol. Theologizatæ.

(b) Postremò si libri magicorum, & superstitiosorum aliorum, sub velamine Astronomiæ vel Philosophiæ sepalliantium, qui jam inveniuntur fuisse damnati cum auctoribus custodirentur alicubi sine periculo manifestationis, vel abusûs videretur expediens, quatenus resurgentibus vel occurrentibus materiis similibus, confestim haberetur damnationis factæ modus. Sicut evenit Parisiis de libris Joannis de Barro magici susperstitiosi combusti, quales reperiuntur adhuc in Hispaniâ sub titulo Semmaphoras. *In Prop.* 4.

(i) Admoneri per omnes dominicas jubemus populum, nemini licere libros sortilegorum, libertinorum, quorumcumque hæreticorum, aut alios damnatos à Sede Romanâ, apud se scienter retinere aut legere sine licentiâ Sanctissimi Domini nostri Papæ: sed retinentes, aut legentes, excommunicationi subjacere. Et pro excommunicatis, in eodem prono, per eosdem dies inter sortilegos & usurarios volumus denunciari: & confessariis quoque de hoc pœnitentes interrogari. Idem fieri statuimus de retinentibus apud se, & fidem adhibentibus Astrologorum Libris, & prognosticis de occultâ Dei providentiâ. *Concil. Rothom. pag.* 3. *tom.* xv. *col.* 824.

(k) Ex hoc patet quòd trufatica est illa quæstio, an liceat tollere

(a) Cependant trois ou quatre Théologiens fort habiles y trouvent de la difficulté, & blâment cette pratique. Nous n'entrerons pas dans la discussion de tout ce qu'on peut dire de part & d'autre, mais nous tâcherons d'ôter toutes les équivoques en établissant les régles suivantes par l'autorité de l'Ecriture, des Péres & des Conciles.

Première Régle.

Il n'est pas permis de faire un sortilége pour ôter un maléfice, parceque Saint Paul (b) nous apprend qu'il n'est jamais permis de faire un mal, afin qu'il en arrive du bien. Le sentiment contraire est une erreur, comme la Faculté de Paris le déclare aux Articles V. VI. & VII. du Decret de l'an 1398. dans Gerson, dans Bochel & ailleurs.

Seconde Régle.

On ne peut pas recourir à une personne qui est toute disposée à faire cesser un maléfice par un sortilége, parceque ceux qui consentent au mal, en sont coupables comme ceux qui le commettent (c).

Troisiéme Régle.

Ceux qui ont fait des signes de maléfices, doivent tâcher de détruire ces signes, en détestant le pacte qu'ils auroient contracté avec le Démon.

I. La raison en est claire, parcequ'on doit détruire toute marque du commerce prohibé dans lequel on est entré avec le Démon.

Les personnes qui hésitent sur ce point, appréhendent qu'en cela on n'ajoute foi au pouvoir du Démon, qu'on ne paroisse le craindre, & que d'ailleurs on ne fasse une chose inutile, si le Démon peut agir indépendamment de ces signes.

Mais il n'est pas défendu de penser que le Démon a du pouvoir, dont Dieu lui laisse quelquefois l'exercice. On sait que le Démon agit en plusieurs rencontres à l'occasion de tels signes; & sans le respecter ni le craindre, on peut penser qu'il ne lui sera peut-être plus permis de nuire, après qu'on aura détruit le signe du commerce avec lequel nous étions entrez avec lui. S'il lui est permis d'agir de nouveau, cela ne nous regarde plus. C'est à nous seulement à n'y avoir point de part, & à détruire par conséquent tout ce qui s'est fait par notre coopération, & par son mouvement.

II. Saint Théodore Abbé du Monastére de Sicéon en Galatie, & ensuite Evêque d'Anastasiopole au sixiéme siécle, nous apprend ce que l'Eglise observoit de son tems, & ce qui doit être pratiqué en pareille rencontre; car promettant le pardon des péchez & le Baptême au Magicien Théodore, il l'obligea expressément de détruire tous les maléfices qu'il auroit faits pour nuire au prochain (d). C'est ce que nous voyons dans la vie du St. Abbé Théodore composée par Eleusius Géorge son Disciple, Prieur du Monastére de Sicéon, & donnée au public dans les Actes des Saints de Lipoman, de Surius, & dans le grand Recueil des Péres Henschenius & Papebrock, au 22. d'Avril, tome 3.

III. On va voir dans la régle suivante que des Conciles de Rouen ordonnent qu'on détruise tous les signes des sortiléges & des maléfices, en quelque endroit qu'on les ait cachez.

Quatriéme régle.

Tout homme peut détruire sans scrupule tous les signes des sortiléges & des maléfices, parcequ'on doit tâcher de détruire toutes les œuvres du Démon.

Premiérement, lorsque le Serpent d'airain devint un signe dont le Démon se servoit pour séduire les Juifs, le Roi Ezechias le fit détruire, en quoi il est loué par l'Ecriture. Le Saint Roi Josias est loué d'avoir détruit non seulement toutes les marques de l'Idolatrie, mais encore tous les signes des Devins (e). Tout les signes ausquels le Démon a eu part, sont des signes abominables; & l'Ecclésiastique dit que Josias fut dirigé de Dieu pour détruire toutes les abominations (f).

En second lieu, durant les douze premiers siécles, on ne voit nulle part qu'on ait mis en question s'il y avoit du mal à détruire les signes des maléfices. Cependant il a été très souvent ordonné qu'on détruiroit, & qu'on extermineroit les Devins, les Sorciers, & toutes leurs œuvres, ce qui comprenoit fort naturellement toutes sortes de signes superstitieux. On voit dans Gregoire de Tours la destruction de plusieurs de ces signes, comme des arbres & des pierres qui passoient pour les causes de quelques effets surprenans; & qui entretenoient la superstition des peuples, & ce que nous avons rapporté de la vie de Saint Théodore montre plus distinctement qu'on détruisoit tous ces signes.

3. La plupart des Rituels, suivant le Rituel Romain, ordonnent qu'on cherche avec soin, & qu'on brule les signes des maléfices qui ont donné lieu au Démon d'entrer dans le corps de quelqu'un (g).

4. Un Concile de Rouen du septiéme siécle, & un autre du onziéme, ordonnent expressément qu'on détruise tous les signes des sortiléges & des maléfices, parceque tous les fidéles doivent savoir que ce sont des suites de l'Idolâtrie, qu'on doit par conséquent exterminer avec soin (h). Les Conciles qui ont fait ce Decret ne se trouvent pas dans la Collection des Conciles. Mais le Synodicon de l'Eglise de Rouen, imprimé cinq ou six ans après l'édition du Pére Labbe, contient (i) un de ces Conciles de Rouen ténu sous Clovis II. & tiré d'un ancien Manuscrit. Le même Decret est cité par Burchard, & par Yves de Chartres (k), comme le quatriéme Canon du Concile de Rouen. Et Bochel avoit lu le même Decret dans un autre Concile de Rouen tenu au dixiéme siécle sous Guillaume Duc de Normandie, qui doit être ou Guillaume à la longue épée, ou Guillaume le Conquérant.

Cinquiéme Régle.

On doit éviter d'adhérer aux conseils du Démon, en ôtant les signes des maléfices.

Ex-

---

re maleficium intentione curandi maleficiatum? Non enim solùm licet, sed est meritorium, destruere opera Diaboli: nec in hoc est aliqua infidelitas; quia destruens non acquiescit operibus malignis, sed credit Dæmonem posse & velle fatigare, dum tale signum durat, & destructio talis signi imponit finem tali vexationi. *Scot. in lib. 4. Sent. dist.* 34.

(a) Hesselius, Estius, Sylvius.

(b) Rom. 111.

(c) Digni sunt morte, non solùm qui talia faciunt, sed etiam qui consentiunt facientibus. *Rom.* 1.

(d) Si vis à Deo veniam impetrare, primùm omnia peccata tua confitere, & si quos habes libros maleficos in medium profer; & quoscumque homines, aut domos, aut animalia maleficiis tuis obstrinxisti, dissolve, nec ampliùs ea in quemquam exerce; sed pœnitentiam age; & ego Deum, qui vult omnes homines salvos fieri & ad cognitionem veritatis venire, precabor, ut ea tibi, quæ hactenus admisisti, condonet. *Acta Sanctorum. April. tom.* 3. *p.* 40.

(e) Sed & Pythones & ariolos & figuras Idolorum & immunditias & abominationes, quæ fuerant in terrâ Juda & Jerusalem, abstulit Josias. 1. *Reg.* XXIII. 24.

(f) Ipse est directus divinitus in pœnitentiam gentis, & tulit abominationes impietatis. *Eccl.* 48. v. 3.

(g) Jubeatque Dæmonem dicere, an detineatur in illo corpore ob aliquam operam magicam, aut malefica signa, vel instrumenta, quæ si obsessus ore sumpserit, evomat, vel si alibi extrà corpus fuerint, ea revelet, & inventa comburantur. *Rit. Rom. de Exorcizandis obf. Manuale Rotbom. p.* 484. *Manual. Beisov. p.* 216. *Ritual. Parif. &c.*

(h) Scrutandum est si aliquis subulcus, vel bubulcus, sive venator, vel cæteri hujusmodi dicat diabolica carmina super panem, aut super herbas aut super quædam nefaria ligamenta, & hæc aut in arbore abscondat, aut in bivio, aut in trivio projiciat, ut sua animalia liberet à peste & clade alterius perdat, quæ omnia Idolatriam esse nulli fidelium dubium est, & ideò summopere sunt exterminanda.

(i) Synodic. p. 34. Can. 4. 6. Nurt. lib. x. c. 18.

(k) Decret. part. 11. c. 45.

X x x

Expliquons cette Régle. Si le Démon déclaroit qu'il ne sortiroit pas d'une personne, ou qu'il ne cesseroit pas de faire du mal, si l'on n'ôtoit certains signes d'un endroit qu'il marqueroit, on ne dévroit faire aucun cas de ce qu'il diroit, parceqn'on ne doit adhérer ni à ses conseils ni à ses ordres.

On ne pourroit pourtant détruire ses signes, si l'on savoit que le Démon y a eu quelque part; non pour suivre les avis du Démon, & comme ajoutant foi à ses paroles trompeuses, mais en détestation de toutes ses œuvres.

Il feroit encore plus à souhaiter que sans toucher à ces signes, on pût ôter toute action au Démon par un miracle semblable à celui que Saint Hilarion opéra. St. Jerôme dit qu'une fille possédée ayant été amenée à ce faint Solitaire, le Démon déclara qu'il n'en sortiroit point, si l'on n'ôtoit les signes qui avoient été mis sous une porte: le Saint ne voulut point qu'on les ôtat, de peur qu'il ne parût ajouter foi au Démon, ou qu'on ne crût que cet Esprit ne sortiroit que par quelque nouvel enchantement (a).

Mais quand on ne peut pas se promettre de faire un miracle tel que celui de Saint Hilarion, & qu'il n'y a point lieu de craindre d'adhérer aux conseils du Démon, on peut sans scrupule, & l'on doit même tâcher de détruire tous les signes des maléfices.

V. MAXIME.

Ceux qui ont fait des maléfices doivent être tenus quelque tems en pénitence avant que de leur permettre la Communion; & il seroit quelquefois à propos de leur faire faire pénitence publique, lorsque leur crime est public.

On doit être quelque tems en pénitence. 1. Parceque les maléfices font encourir l'excommunication par le seul fait, & que l'Eglise en témoigne une très grande horreur par toutes les fulminations qu'elle fait faire contre ces crimes.

2. Parceque le péché est double, puisqu'on nuit au prochain, & qu'on le fait par le secours du Démon. Le Concile d'Elvire vouloit que pour un tel péché on refusat même la Communion à la mort. Il est bien juste qu'on différe au moins le Sacrement durant quelque tems. C'est la pratique marquée presque dans tous les Statuts Synodaux.

J'ai ajouté qu'il seroit à propos qu'on fît faire quelquefois pénitence publique pour ce crime. Cela se prouve non seulement par les anciens Canons d'Ancyre, de Nicée, & de Laodicée, faits dans un tems où les quatre classes de la pénitence étoient observées à la rigueur, mais par des témoignages des Péres & des Conciles qui ne faisoient pas observer les classes & toutes les rigueurs de la pénitence.

1. Saint Augustin admettant à la pénitence un Mathématicien, c'est-à-dire un de ces hommes qui honoroient les secrets superstitieux du nom de secrets de Physique & de Mathématique, dit en pleine Assemblée, après l'explication du Ps. LXI., que ce Mathématicien qui étoit présent, demandoit pardon & miséricorde. Il exposa qu'elle étoit sa faute, & recommanda aux fidéles de veiller sur lui, afin qu'ils pussent l'assurer qu'il étoit converti (b). Le S. Docteur

ajoute ensuite que le péché qu'on commet en exerçant les Arts curieux, est très grand, ce qu'il montré par les Actes des Apôtres, où l'on voit aussi, dit-il, qu'il ne faut pas desespérer de ces sortes de personnes, lorsqu'elles renoncent à leur Art & brulent leurs Livres. Or, poursuit-il, cet homme qui étoit perdu & qui a été retrouvé porte avec soi les Livres qui doivent être brulez. Il avoit demandé pénitence avant Paques; mais parceque l'Art auquel il vaquoit est fort suspect de mensonge & de tromperie, on a différé de peur qu'il ne trompât, & il a été enfin admis, de peur qu'il n'y eût du danger à l'éprouver davantage (c).

2. Le Concile de Toléde en 633. can. 21. dépose les Ecclésiastiques, & veut qu'on les enferme dans un monastére pour y faire pénitence, s'ils recourent à des sortiléges, ou s'ils consultent les devins & les sorciers.

3. Les Capitulaires de France ordonnent en plusieurs endroits qu'on chassera des Paroisses ceux qui mettent des pratiques superstitieuses en usage, ou qu'on leur fera faire pénitence publique. Les Capitulaires d'Herard Evêque de Tours en 858. prescrivent cette pénitence (d).

4. Les Conciles les plus récens d'Occident prescrivent des peines, qui ne peuvent manquer d'être publiques & notoires à toutes une Ville. Les Conciles de Bourdeaux en 1448. & 1581. ont décerné des notes d'infamie, ou du moins la prison & des jeûnes. Le Synode de Tréves en 1548. C. B. condamne à la prison ceux qui ont recours aux divinations. Le Concile de Mexico la même année défend de consulter ceux qui se servent de sortiléges, sous peine d'être mis en pénitence publique. Le Concile de Mayence en 1549, le Concile de Malines en 1607., & celui de Narbonne en 1609., ont fait des Decrets qui tendent à faire imposer des pénitences publiques pour les sortiléges.

Néanmoins le Concile de Trente ayant ordonné que les pénitences publiques dues aux péchez publics, pourroient être changées en secrétes par l'Evêque lorsqu'il le jugeroit à propos; la discipline présente est que ni les Confesseurs, ni les Archiprêtres n'imposent pas la pénitence publique de leur propre autorité, on doit en ces cas s'adresser à l'Evêque, & s'en tenir à ce qu'il aura réglé. C'est ainsi que l'ont ordonné feu Monsieur (e) le Cardinal Grimaldy de sainte mémoire, & Monsieur le Cardinal le Camus.

VI. MAXIME.

Lorsqu'il n'y a point de maléfice, & que le Pénitent n'est pas dans l'habitude des pratiques superstitieuses ou qu'il y a renoncé, on peut l'absoudre & le faire communier après la Confession.

Cette maxime est marquée dans les Statuts Synodaux (f) de Monsieur Alain de Solminiac Evêque de Cahors. On sait que cet Evêque est mort en odeur de sainteté; & la derniére Assemblée du Clergé de France a délibéré au mois de Septembre 1700. de demander au Pape sa canonization. Suivant ces Statuts les Confesseurs peuvent absoudre du péché de la superstition pour la premiére fois.

Le Synode (g) d'Ausbourg en 1548. où présidoit le Cardinal Otton, après avoir défendu de donner la Communion à ceux qui ont recours à des pratiques superstitieuses, permet ensuite aux Confesseurs d'admettre

---

(a) Noluit sanctus antequam purgaret virginem signa jubere perquiri, ne incantationibus recessisse Dæmon videretur aut ipse sermoni ejus accommodasse fidem, asserens fallaces esse Dæmones, & ad simulandum magis callidos; & magis reddità sanitate increpuit virginem cur fecisset talia, per quæ Dæmon intrare potuisset. *Hieron. in Vitâ S. Hilar.*

(b) Pœnitens est, non quærit nisi solam misericordiam. Commendandus est ergo & oculis & cordibus vestris. Eum quem videtis cordibus amate, oculis custodite. Videte illum, scitote illum, & quacumque ille transierit, fratribus cœteris qui modò hic non sunt ostendite illum: & ista diligentia, misericordia est, ne ille seductor retrahat cor, & oppugnet. Custodite eum, non vos lateat conversatio ejus, via ejus: ut testimonio vestro nobis confirmetur verè illum ad Dominum esse conversum. *Aug. Enarr. in Psalm.* 62. *col.* 603.

(c) Perierat ergo iste, nunc quæsitus inventus, adductus est: portat secum codices incendendos, per quos fuerat incendendus, ut illis in ignem missis, ipse in refrigerium transeat. Sciatis eum tamen, fratres, olim pulsare ad Ecclesiam ante Pascha: ante Pascha enim cœpit petere de Ecclesià Christi medicinam, sed quia talis est ars, in qua exercitatus erat, quæ suspecta esset de mendacio atque fallacià, dilatus est, ne tentaret & aliquando tamen admissus est, ne periculosiùs tentaretur. *Ibid. col.* 606.

(d) Et de maleficis, incantatoribus, divinis, sortilegis, somniariis, tempestuariis, & brevibus pro frigoribus, & de mulieribus veneficis, & quæ diversa fingunt portenta ut prohibeantur & publicæ pœnitentiæ multentur. *Capitul. tom.* 1. *p.* 1285.

(e) Ordonn. de Gren. tit. 6. art. 6. sect. 5.

(f) C. 26.

(g) Lib. 5. tit. 6. n. 2.

tre à la Communion ceux qui ont absolument renoncé à ces pratiques, & qui se soumettent à la pénitence qu'on leur impose (a).

VII. MAXIME.

On ne doit point absoudre, sans imposer une pénitence pour le péché de superstition.

C'est une suite nécessaire de tout ce que les Conciles nous ont dit de la griéveté des superstitions & des fortiléges, & l'on doit avoir devant les yeux la régle prescrite par les Capitulaires de France en 793 (b).

Pénitences réglées par les Canons.

Il y a des gens qui faisant profession de deviner & de faire des sortiléges, méritent d'être excommuniez. Nous avons vu beaucoup de Conciles qui l'ordonnent. Mais à l'égard des personnes qui veulent se convertir, l'Eglise s'est contentée de leur imposer les pénitences suivantes.

Le Concile d'Ancyre ordonne que ceux qui recourent aux divinations selon la coutume des Payens, ou qui introduisent dans leurs maisons des devins, soit pour chercher par des sortiléges quelque chose de caché, soit pour quelque purification, feront pénitence durant cinq ans dans les classes marquées.

Le premier Concile (c) de Bragues canon 20. renouvelle ce canon.

Le 61. canon *in Trullo* prescrit six ans de pénitence, & soumet à la même peine les diseurs de bonnes avantures, les enchanteurs, ceux qui font des préservatifs, & tous ceux qui leur ajoutent foi.

L'ancien Pénitenciel (d) Romain ordonne même une pénitence de sept ans à tous ceux qui s'appliquent aux divinations & aux sortiléges.

Le Pénitenciel de Théodore réduit cet espace à un an de pénitence, ou à un jeûne de trois Carêmes (e).

Bede dans le Recueil des Canons pour le remède des péchez ch. 11, & le Pape Gregoire III, prescrivent une pénitence depuis six mois jusqu'à trois ans à tous ceux qui recourent aux divinations & aux augures, selon la griéveté de la faute.

On voit un grand nombre de pénitences très sévéres marquées dans l'ancien Pénitenciel Romain, dans plusieurs Pénitentiaux faits au neuviéme siécle; & la plûpart de ces anciennes pénitences sont rapportées par Burchard au livre X. & par Yves de Chartres aux livres XI & XV. Mais pour nous accommoder à la discipline beaucoup moins sévére de notre tems, il suffira de rapporter les pénitences de Burchard selon l'adoucissement de son tems.

Pénitences marquées par Burchard, suivant les adoucissemens du onziéme siécle.

Burchard, Evêque de Worms, au commencement du onziéme siécle, a fait un Recueil de Decrets de l'Eglise divisé en vingt Livres, dont le dixiéme contient en LXIX Chapitres les anciennes régles des Péres & des Canons qui condamnent les diverses espéces de la superstition. Mais au dix neuviéme Livre, il a mis les pénitences dues aux péchez selon les adoucissemens de son tems. Ce Livre est intitulé, *Le Correcteur ou le Médecin*; & voici ce qu'il met dans la bouche des Confesseurs touchant les superstitions, lorsqu'ils interrogent les pénitens qui veulent se convertir sérieusement.

Avez vous consulté des Magiciens, des Devins, pour trouver des choses cachées, ou pour deviner l'avenir? Vous ferez pénitence deux ans aux féries légitimes. *C'est la modération de la peine de cinq ans marquée au Canon d'Ancyre.*

La nuit des Calendes de Janvier vous êtes vous assis à la tête de deux chemins sur une peau de taureau, pour deviner ce qui vous arriveroit dans l'année? Ou bien avez vous fait cuire des pains cette nuit pour en tirer bon augure, si ces pains devenoient gros & bien levez? C'est une idolatrie & une apostasie: vous ferez pénitence deux ans aux féries légitimes.

Avez vous fait des ligatures & des enchantemens, comme font souvent les porchers, les bouviers ou les bergers, & les chasseurs qui prononcent les paroles sur du pain, sur des herbes ou autres choses qu'ils cachent ensuite dans un arbre ou dans un chemin pour guérir leurs bestiaux, ou pour nuire à d'autres? Vous ferez pénitence deux ans aux féries légitimes; *qui sont le Mercredi & le Samedi.*

Avez vous cueilli des herbes pour quelque guérison, en prononçant d'autres paroles que le Symbole ou l'Oraison Dominicale? Vous jeûnerez dix jours au pain & à l'eau.

Avez vous consulté le sort dans des cayers ou des tablettes, dans le Pseautier, le Livre des Evangiles, ou quelqu'autre chose de cette nature? Faites pénitence dix jours au pain & à l'eau.

Avez vous fait des préservatifs, des philactéres, ou des caractéres qui sont des inventions du Démon? Vous jeûnerez quarante jours au pain & à l'eau.

Avez vous mis votre fils ou votre fille sur le toit, ou sur un four, pour quelque guérison? Avez vous brulé des grains dans l'endroit où un homme étoit mort, ou bien avez vous fait des nœuds à la ceinture d'un mort, pour nuire à quelque personne? Vous jeûnerez vingt jours au pain & à l'eau.

Avez vous pris quelque part aux folles pratiques de quelques femmes, qui sachant qu'il y a un mort dans une maison, y portent en secret de l'eau dans un vase, la répandent sous le cercueil du mort dès qu'on l'emporte, & demandent qu'on porte ce cercueil à la hauteur des genoux, pour guérir de quelque mal? Si vous l'avez fait, ou si vous y avez consenti, vous ferez pénitence dix jours au pain & à l'eau.

Avez vous fait ou approuvé ce que quelques uns pratiquent à l'égard d'un homme qui a été tué, lui mettant dans la main d'onguent avec lequel on l'enselevit, dans l'espérance que cet onguent guérira les playes? Si vous l'avez fait, vous ferez pénitence vingt jours au pain & à l'eau.

Avez vous commencé quelque affaire par un sortilége, ou en prononçant quelqu'autre parole que l'invocation du Nom de Dieu? Vous ferez pénitence dix jours au pain & à l'eau.

Avez vous fait comme les Payens, qui le premier jour de l'an se déguisent avec des masques de cerf ou de vieille femme? Vous jeûnerez trente jours au pain & à l'eau.

Avez vous imité ceux qui balayent l'âtre du feu, mettent ensuite des grains d'orge sur la place toute chaude, pour en tirer bon augure si les grains ne se remuent pas, ou mauvais augure si les grains sautent? Vous ferez pénitence dix jours au pain & à l'eau.

En visitant un malade, avez vous observé si sous quelque pierre qui se trouve près de la maison, il y avoit une fourmi ou quelqu'autre animal en vie; pour

---

(a) Item quicumque superstitioni dediti sunt, ut certis quibusdam ac singularibus nec approbatis utendis benedictionibus, aut rejectis diebus, aut incantationibus Dæmonum, aut futura prædicendo ex libris magicis, aut aliàs, vel quippiam ejusmodi sectando, quòd sit christianæ fidei, aut præceptis & constitutionibus Ecclesiæ adversum: iis omnibus negandum est hoc venerabile Sacramentum, nisi pro sui confessoris consilio ejuscemodi superstitionibus prorsus renuntiarint, & pro admissis pœnitentiæ mulctam susceperint. *Concil. tom.* 14. *col.* 582.

(b) De illis hominibus, qui aliquam incantationem, vel divinationem agunt, vel his similia quæ in conspectu Dei abominationes esse videntur. Similiter iuquiunt, unusquisque & ubi eos invenerint, non dimittant illos sine disciplinâ correptionis & faciant eos pœnitentiam agere de his inlicitis præsumptionibus. *Cap.* 3. *de Divinis vel Incantatoribus. Tom. I. pag.* 539.

(c) Ex cap. 71. Martini Brachar.

(d) Ap. Yvonem. part. 11. c. 36.

(e) Mulier si divinationes vel incantationes diabolicas fecerit, annum unum pœniteat, vel tres quadragesimas, vel quadraginta dies secundùm qualitatem delicti. *Pænit. Theod. cap.* 357. *pag.* 73.

en

en conclure que le malade guériroit ; ou que s'il n'y avoit point d'animal en vie, le malade mourroit ? Vous ferez pénitence vingt jours au pain & à l'eau.

Avez vous imité ceux qui la nuit de l'octave de Noël, qui est la nuit du premier jour de Janvier, filent, coufent, commencent autant d'ouvrages qu'ils peuvent, pour avoir du fuccès dans la nouvelle année ? Vous ferez pénitence quarante jours au pain & à l'eau.

En faifant voyage, avez vous tiré quelque augure de quelque animal ? Vous jeûnerez cinq jours au pain & à l'eau.

Avez vous craint de fortir de la maifon le matin avant le chant du coq, de peur que les malins Efprits ne vous nuififfent, comme fi ces Efprits pouvoient être plus aifément chaffez par le chant du coq, que par le fecours de Dieu & le figne de la Croix ? Si vous l'avez cru, jeûnez dix jours au pain & à l'eau.

Si vous avez cru qu'un homme fe change en loup, ou en quelqu'autre forme (a), vous ferez pénitence dix jours au pain & à l'eau.

Après toutes ces demandes qui font communes aux hommes & aux femmes, Burchard en ajoûte d'autres qui conviennent fpécialement aux femmes. Mais en voilà trop, il fuffit de remarquer que parmi toutes ces pratiques fuperftitieufes, il y en a beaucoup que des perfonnes qui entreprendroient d'expliquer toutes chofes, ne craindroient pas de faire paffer pour des effets naturels: mais l'Eglife ne s'y eft pas trompée, & les Pafteurs & les Confeffeurs doivent prendre garde de n'y être pas furpris.

Quoique diverfes perfonnes fe foient imaginé que par des fecrets aftrologiques on pouvoit découvrir naturellement dans un Aftrolabe des chofes dérobées, l'Eglife n'a pas laiffé de foumettre avec raifon cette pratique à une rigoureufe pénitence (b). (c) Et un Prêtre ayant recouru à cet ufage avec beaucoup de fimplicité & par zéle en 1180, fut jugé incapable de monter à l'Autel durant un an par le Pape Alexandre III, qui laiffa à l'Evêque de Grade le foin d'impofer la pénitence que ce Prêtre devoit faire durant cet espace de tems.

Il y a des Philofophes qui ont prétendu expliquer naturellement l'effet de toutes fortes de Talismans, de Philactéres, Préfervatifs ou Brevets de fanté, qu'on fufpend au cou des hommes ou des animaux. Ils l'ont fait pour des raifons quelquefois fpécieufes, mais toujours fauffes & mauvaifes ; & l'Eglife fans entrer dans le détail de toutes ces raifons, a judicieufement impofé des peines pour de femblables pratiques. (d) Le Concile de Rouen en 1448. ordonne un mois de jeûne, & veut que l'Evêque condamne même à la prifon & à des châtimens plus rigoureux, s'il le juge à propos.

Les jeûnes & la priére font les pénitences les plus ordinaires que Jesus-Christ & l'Eglife ont propofées, pour s'oppofer à toutes les œuvres du Démon.

Plaife à Dieu que par l'inftruction & l'impofition des pénitences convenables, on donne à tous les fidéles une grande horreur de tout commerce avec l'Efprit féducteur, de qui les dons ne peuvent être que des piéges, & qu'en s'appliquant aux régles qui pourront faire difcerner les effets naturels d'avec ceux qui ne le font pas, on connoiffe exactement toutes les pratiques fuperftitieufes, fous quelque apparence qu'elles fe cachent.

(a) Ut quandocumque ille homo voluerit, in lupum transformari poffit, quod vulgaris ftultitia Werwolf vocat.

(b) Refpiciens furta in Aftrolabio, annis duobus pœnitens erit. *Pœnit. Rom. præcep.* 1.

(c) Ex tuarum tenore litterarum accepimus, quòd V. Presbyter cum quodam infami ad privatum locum acceffit, non eâ intentione ut vocaret Dæmonium, fed ut infpectione Aftrolabii furtum cujusdam Ecclefiæ poffit recuperari. Verùm licèt hoc ex bono zelo & fimplicitate fe feciffe proponat, id tamen graviffimum fuit, & non modicam inde maculam peccati contraxit ; (& infra) mandamus, quatenus talem ei pro expiatione illius delicti pœnitentiam impones, quòd per annum & amplius, fi tibi vifum fuerit, eum ab altaris minifterio præcipias abftinere, & ex tunc liberum, fit ei exercere officium facerdotis. *Lib. V. Decretal. de Sortilegis,* tit. 21.

(d) De aliis autem fortilegiis, & aliis fuperftitionibus puta carminatoribus, & brevia ad collum hominum & equorum, feu alibi fuspendentibus, ordinat hoc fancta Synodus, quòd pœnâ jejunii & carceris unius menfis puniantur pro primâ vice, fi verò perfeveraverint, pœnâ graviori ad arbitrium Epifcopi compefcantur. *Conc. Tom.* 13. *col.* 1304.

Fin du Livre Huitiéme.

HISTOIRE

CRITIQUE

DES

PRATIQUES SUPERSTITIEUSES,

QUI ONT SÉDUIT LES PEUPLES ET EMBARRASSÉ LES SAVANS.

(a) Lettre à Madame la Marquise de Senozan, sur les moyens dont on s'est servi pour découvrir les complices d'un assassinat commis à Lyon, le cinquième Juillet 1692. Par Mr. CHAUVIN Docteur en Médecine.

MADAME,

Dans un ordre exprès de votre part, je n'aurois jamais entrepris la dissertation suivante, & je suis bien persuadé que sans le secours de vos réflexions sur une découverte aussi singuliére que celle dont il s'agit, j'aurois vainement essayé de vous obéir. C'est donc votre ouvrage, Madame, que je vous addresse, auquel je n'ai donné que la méthode, & le soin d'arranger vos pensées. Pour tracer mon plan, je me suis servi de la narration du fait, que vous m'avez encore fournie. On s'apperçoit, en la lisant, que vous la tenez de bonne main, & l'on est convaincu qu'elle est fidéle, sitot qu'on sait que vous la devez à Monsieur l'Abbé de la Garde, qui n'a rien avancé dans cette occasion qu'il n'ait vu par lui-même. La bonne foi de l'Auteur, ses maniéres sincéres, son amour pour la vérité, garentissent sa relation d'être suspecte de mensonge. Pourroit-on s'imaginer qu'un honnête homme, dans le tems de cet événement, au milieu d'une grande Ville, en présence d'un nombre infini de témoins qui le démentiroient, à la face de Messieurs nos Magistrats, eût le front au lieu d'une Histoire de conter des Fables, dont la fausseté fraperoit tous nos citoyens, & les souléveroit contre ce recit?

LE 5. de Juillet 1692. sur les dix heures du soir, un Vendeur de vin & sa femme furent égorgez à

Lyon dans une cave; & leur argent fut volé dans une boutique qui leur servoit de chambre.

Cela se fit avec tant de secret, qu'on ne put ni découvrir ni soupçonner les Auteurs du crime.

Un voisin touché de cette mort, ou poussé par le desir d'éprouver le talent d'un riche Paysan de sa connoissance, qui se mêloit de suivre à la piste les larrons & les meurtriers, l'attira par une lettre en cette ville, & le mena chez Monsieur le Procureur du Roi, à qui ce Villageois promit d'aller sur les pas des coupables & de les rencontrer, pourvû qu'il commençat par descendre dans cette cave pour y prendre son impression.

Il est de Saint Veran en Dauphiné, s'apelle Jacques Aymar, est né le 8. de Septembre 1662. entre minuit & une heure: & avec une Baguette fourchue, coupée en tout tems & de toute espéce de bois, il trouve la source & le cours des fontaines, les bornes, l'or & l'argent cachez, sans que son frére unique ait ce talent, quoiqu'il soit né dans le même mois en l'année 1664.

Monsieur le Lieutenant-Criminel & Monsieur le Procureur du Roi l'envoyérent dans cette cave. Il y fut ému, son poulx s'éleva comme dans une grosse fiévre; & sa Baguette, qu'il tenoit en ses mains de la même façon qu'il la tient lorsqu'il cherche les sources, tourna rapidement dans les deux endroits où l'on avoit trouvé les cadavres du mari & de la femme. Après quoi guidé par sa Baguette, ou par un sentiment intérieur, il suivit les rues où les assassins avoient passé, entra dans la cour de l'Archevêché, sortit de la Ville par le Pont du Rhône, & prit à main droite le long de ce fleuve.

A   Trois

Trois perſonnes qui l'eſcortoient furent témoins qu'il s'apercevoit quelquefois de trois complices, quelquefois il n'en comptoit que deux. Mais il fut éclairci de leur nombre en arrivant à la maiſon d'un Jardinier, où il ſoutint opiniâtrément qu'ils avoient entouré une table, vers laquelle ſa Baguette tournoit ; & que de trois bouteilles qu'il y avoit dans la chambre, ils en avoient touché une ſur quoi ſa Baguette tournoit auſſi.

Deux enfans de 9. ou 10. ans, qui le fioient par la peur d'être punis d'avoir tenu la porte ouverte contre la défenſe de leur pére, avouérent bientot que trois hommes qu'ils dépeignirent, s'étoient gliſſez dans la maiſon, où ils avoient bu le vin de la bouteille que le Payſan indiquoit.

Après cet aveu, l'on fut au bord du Rhône à demie lieue plus bas que le Pont, & leurs traces imprimées dans le ſable ſur le rivage montrérent viſiblement qu'ils s'étoient embarquez.

Ils furent exactement ſuivis par eau, & le Payſan fit conduire ſon bateau dans des routes, & ſous une arche du Pont de Vienne, où l'on ne paſſe jamais. Ce qui fit juger qu'ils n'avoient point de Batelier, puiſqu'ils s'écartoient du bon chemin ſur la riviére.

Durant ce voyage le Villageois faiſoit aborder à touſ les Ports où les ſcélérats avoient pris terre, alloit droit à leurs gites, & reconnoiſſoit (au grand étonnement des hôtes & des ſpectateurs) les lits où ils avoient couché, les tables où ils avoient mangé, les pots qu'ils avoient maniez.

On arrive au Camp de Sablon, le Payſan ſe ſent plus ému ; il eſt perſuadé qu'il voit les Meurtriers, & n'oſe pourtant faire agir ſa Baguette pour s'en convaincre, car il craint que les Soldats ne ſe jettent ſur lui. Frapé de cette peur, il s'en retourne à Lyon.

On le renvoye au Camp dans un bateau, avec des lettres de recommandation. Les criminels en ſont partis avant ſon retour. Il les pourſuit juſqu'à Beaucaire, & dans la route, il viſite toujours leurs logis, marque ſans ceſſe la table & les lits qu'ils ont occupez, les pots qu'ils ont touchez pour boire.

Lorſqu'il fut à Beaucaire & qu'il les cherchoit dans les rues, il s'arrêta devant la porte d'une priſon, & dit poſitivement qu'il y en avoit un là dedans. On ouvrit, on lui préſenta douze ou quinze priſonniers parmi leſquels un boſſu, qu'on y avoit enfermé depuis une heure pour un petit larcin, fut celui que la Baguette déſigna pour un des complices.

On chercha les autres. Le Payſan découvrit qu'ils avoient pris un ſentier aboutiſſant au chemin de Niſmes, & le boſſu fut conduit ici.

Au commencement il nioit d'avoir eu la moindre connoiſſance ni de ce forfait ni des coupables, & même d'avoir jamais été à Lyon. Cependant à Bagnols, ſoit qu'il fût preſſé par la force de la vérité, ſoit qu'il fût confondu par ſes hôtes, qui lui ſoutenoient qu'il avoit logé chez eux en deſcendant par le Rhône, avec deux perſonnages tels qu'on dépeignoit les complices par leurs habits, dont les enfans du Jardinier avoient rendu compte, il révéla que deux Provençaux l'avoient engagé à tremper dans cette action, comme s'il eût été leur valet, ſans qu'il eût pourtant ni tué, ni volé ; car c'étoient eux, à ce qu'il diſoit, qui avoient fait le maſſacre & enlevé l'argent, dont ils ne lui avoient donné que ſix écus & demi.

Ce qu'il y eut de remarquable le long du chemin, fut que le Villageois ne pouvoit aller derrière le boſſu ſans des maux de cœur : il falloit qu'il marchat loin devant lui pour les éviter. Et ce qui mérite auſſi d'être obſervé, c'eſt qu'il ne ſauroit ſe placer dans les endroits ou quelque meurtre a été commis, ſans prendre envie de vomir, ſans ſuer, ſans ſouffrir une eſpéce d'accès de fiévre. Il n'eſt pas ainſi tourmenté quand il cherche des ſources, ou qu'il ſuit des meurtriers ſur une riviére.

Le boſſu dans le premier interrogatoire ſubi, dès qu'il fut à Lyon, ne fit pas difficulté de raconter que le jour du meurtre deux hommes, qui parloient Provençal, l'avoient mené à la boutique d'un Marchand, dans laquelle ils achetérent ou dérobérent deux ſerpes à bucheron : Que ſur les dix heures du ſoir tous trois enſemble furent chez ces pauvres gens, ſous prétexte d'emplir une groſſe bouteille couverte de paille dont ils étoient munis : Que ſes deux compagnons deſcendirent ſans lui dans la cave avec le vendeur & la vendeuſe de vin : Que là ils les tuérent à coups de ſerpes, & remontérent dans la boutique, ouvrirent un coffre, volérent cent trente écus, huit louis d'or, & une ceinture d'argent.

Il avoua même qu'ils ſe réfugiérent promptement dans une grande cour, ſortirent de Lyon le lendemain par la Porte du Rhône, burent à la maiſon du Jardinier en préſence de deux enfans, détachérent un bateau du rivage, furent au Camp de Sablon, & puis à Beaucaire. Il ajouta que ſur la route ils logérent dans les mêmes cabarets, où le Payſan l'avoit fait repaſſer au retour, & reconnoitre par les hôtes.

Cette confeſſion débrouilla les circonſtances du crime. En effet dans la boutique qui ſervoit de chambre on avoit trouvé une ſerpe à bucheron neuve & ſanglante, avec une groſſe bouteille preſque pleine, & ces deux inſtrumens ont donné lieu à pluſieurs expériences.

Sitot que le bruit de la priſe du boſſu ſe répandit, on raiſonna ſur cette affaire dans toute la Province, chacun ſelon ſes notions, ſes préjugez, ſa paſſion, ſes intérêts, ou le degré de ſa ſcience.

La plupart publioient obſtinément que l'homme à Baguette étoit ſorcier, & ne faiſoit ces prodiges qu'en vertu d'un pacte du moins implicite. Quelques uns attribuoient ſon talent au Signe de la Vierge ; & d'autres, voulant parler pour ne rien dire, avoient recours aux qualitez occultes, ou à ſon étoile.

Un Philoſophe plus hardi (b) opina pour la nature, & débita dans les converſations une eſpéce de ſiſtême, ou une hypothéſe qui expliquoit d'une manière un peu ſenſible & un peu méchanique les différentes merveilles que le Villageois opéroit.

Il avoit conſtruit ſon hypothéſe pour la ſatisfaction de Monſieur le Lieutenant-Criminel & de Monſieur le Procureur du Roi ſur leur relation des faits, ſans avoir jamais vu le Payſan, & leur avoit prédit par des conſéquences tirées de ſes principes, que ceux qui excellent à chercher les ſources devroient avoir le même don : ce qui ſeroit à l'avenir un rempart contre les larrons & contre les homicides.

On l'a invité depuis à voir les expériences ; & la première fois qu'il y fut apellé, ce Villageois devant des perſonnes diſtinguées & en ſa préſence parcourut la cave, marqua par les mouvemens de ſa Baguette les deux endroits où le vendeur de vin & ſon épouſe étoient tombez en mourant, fut abondamment mouillé de ſueur, eut le poulx élevé, demeura plus d'une heure en cet état.

Un homme de mérite, qui trouve les ſources, étoit à la cave, & prit la Baguette, qui tourna ſur les mêmes places. Il ſentit d'abord un grand mal de cœur, dont il ſe remit en un moment, & fut au cabinet de Monſieur le Procureur du Roi. La ſerpe ſanglante & deux autres de la même grandeur & du même ouvrier, y furent rangées à demie aulne de diſtance l'une de l'autre. Il poſa le pied ſur chacune ſucceſſivement, & la Baguette ne tourna que ſur la ſanglante.

N'auroit-on pas cru qu'il en étoit quite pour le mal de cœur ſenti à la cave ? Toutefois en ſe retirant, il fut ſaiſi dans les rues d'une agitation véhémente qui l'obligea de monter chez un de ſes amis y prendre du vin, & attendre que cette émotion, qui lui dura tout le ſoir, fût diminuée.

Deux

____

(b) M. l'Abbé de la Garde.

Deux jours après, le Païsan avec des Archers fut renvoyé au sentier, dont on a parlé, pour y reprendre la piste des autres complices; & de là, sa Baguette le ramena par de longs détours dans Beaucaire à la porte de la même prison, où l'on avoit trouvé le premier.

Il assuroit qu'il y en avoit encore un là dedans, & n'en fut détrompé que par le Geolier, qui lui dit qu'un homme, tel qu'on décrivoit un de ces deux scélérats, y étoit venu depuis peu demander des nouvelles du bossu.

On se remit ensuite sur leurs vestiges: on fut jusqu'à Toulon dans une hôtellerie où ils avoient diné le jour précédent. On les poursuivit sur la mer, où ils s'étoient embarquez: on reconnut qu'ils prenoient terre de tems en tems sur nos côtes, qu'ils y avoient couché sous des oliviers; & l'homme à Baguette, malgré des tempêtes, les suivit inutilement sur les ondes journée par journée, jusqu'aux dernières limites du Royaume.

Le procès du bossu s'instruisoit cependant avec une singulière exactitude; & quand le Païsan fut de retour, ce jeune criminel, qui ne se donnoit que dix neuf ans, fut condamné le 30. d'Aout à être rompu vif sur les Terreaux, & à passer en allant au supplice devant la porte du Vendeur de vin, où la Sentence fut lue.

A peine le Patient fut vis-à-vis de cette maison, que de son propre mouvement il demanda pardon à ces pauvres gens, dont il déclara qu'il avoit causé la mort en suggérant le vol, & gardant la porte de la cave dans le tems qu'on les égorgeoit.

Avant & depuis l'exécution de ce malheureux, on en a fait des expériences; & déja huit personnes se sont trouvées revêtues de ce don, ignoré jusqu'aujourd'hui. Quelques unes sont tourmentées, incontinent qu'elles se mettent aux endroits du meurtre. Les autres ne sont agitées qu'une heure après, & leur mal s'appaise en mangeant. On a vu qu'il y en a une, âgée d'environ soixante ans, savante à chercher les sources, qui n'a fait néanmoins tourner la Baguette à la cave que très imparfaitement.

On a pris garde que la Baguette entre les mains du Païsan, ne tourne sur la bouteille que du côté de l'anse par où les assassins la tenoient sans doute. On a observé que pour avoir ôté de cette cave la terre abreuvée de sang, & mis quantité de mortier à sa place, la Baguette ne laisse pas d'y tourner. On a suivi ailleurs à la piste des choses dérobées, on a dévelopé des larcins: & par un grand nombre de faits & de circonstances on a commencé d'aprofondir une découverte si utile à la conservation du bien & de la vie des hommes.

Comme ce fait paroit fort singulier, & qu'il est dans toutes ses circonstances si surprenant, que beaucoup de personnes ne le croiront pas naturel; il est juste pour l'utilité du public, qu'on en dévelope le mystère d'une manière méchanique, qui n'éclaire pas simplement l'esprit, mais qui frape en quelque manière les sens; puisque l'expérience nous apprend que ce n'est que par leur moyen que la plupart des hommes connoissent.

Dans cette vue j'ai eu recours, pour m'éclaircir moi-même & pour instruire ensuite les autres, a (c) l'Analyse suivante; persuadé que sans une pareille méthode, l'esprit du monde le plus pénétrant n'arrive jamais à la connoissance de la moindre vérité.

J'ai donc d'abord prêté attention à ce qu'il y a de plus particulier dans une découverte si extraordinaire: après quoi j'ai essayé de recevoir aucune chose pour vraye, que je ne l'aye connue évidemment telle.

J'ai même divisé toutes les difficultez, que je me suis proposées à examiner, en autant de parties que j'ai pu. J'ai conduit ensuite mes pensées par ordre. Enfin j'ai essayé, pour me convaincre moi-même, de faire par tout des dénombremens les plus entiers qu'il m'a été possible, de peur de rien omettre de tout ce qui peut entrer dans notre question.

Ce qu'il y a de plus connu dans ce que je fait proposé a de singulier, est qu'un certain Villageois, conduit sur l'endroit d'un meurtre & d'un vol, a des inquiétudes, des envies de vomir, tombe en sueur, & souffre une espèce d'accès de fiévre: & sur cela cet homme assure, & ne s'y trompe point, que dans l'endroit sur lequel il a les pieds, on a commis un assassinat. Voilà les sentimens intérieures dont il se plaint, qu'on reconnoit au changement de sa couleur, aux sueurs qui lui distilent du visage & de tout le corps, & à l'agitation de son poulx.

Si cet homme tient avec les mains par les deux bouts une Baguette fourchue, de quelque bois qu'elle soit, on la voit sensiblement tourner en rond entre ses mains. Armé, pour ainsi dire, de cette Baguette, il suit à la piste un assassin dans tous les endroits où il a passé; se plaignant d'une agitation intérieure, qui augmente si fort à mesure qu'il suit de fort près l'assassin, qu'il en prend mal au cœur, & la Baguette continue toujours à se mouvoir.

Ces véritez posées, il est constant que ce qu'il y a de singulier en la question consiste, premièrement dans un mouvement, ou agitation intérieure & extraordinaire, soit du (d) sang, soit des (e) esprits animaux, &c. Sans quoi on ne peut pas concevoir ses inquiétudes, l'envie de vomir, les sueurs, la fiévre, les maux de cœur, &c. mouvemens dont je dois découvrir la cause. Et parceque je sais que tout mouvement se fait par impulsion, qu'il n'y a point d'impulsion qui ne soit immédiate; je conclus que la cause qui pousse & agite le sang & les esprits animaux de notre Villageois, le doit toucher immédiatement.

Cela supposé, examinons avec attention tout ce qui peut immédiatement toucher le sang & les esprits animaux de ce même Villageois, afin que nous puissions déterminer ce qui excite le mouvement, ou l'agitation dont il s'agit.

Mais il ne paroit pas qu'il y ait rien qui le touche immédiatement, que la terre sur laquelle il marche; le bois du bateau dans lequel il étoit lorsqu'il suivit les assassins sur le Rhône, & sur la mer; l'air qui l'environne; la (f) matiére subtile contenue dans ses pores; ou enfin quelques petits corpuscules particuliers, différens de l'air & de la matiére subtile, plus subtils que l'une, & dont les pores sont configurez de manière à donner un passage très libre à l'autre. Or ce n'est pas la terre qui le soutient, non plus que le bois du bateau; parceque l'un & l'autre sont en repos, & un corps qui est en repos n'en peut pas faire mouvoir un autre. Ce n'est pas encore l'air seul, ni la matiére subtile qui y est contenue; puisque l'une & l'autre environnent toujours cet homme, & même tous les hommes, & que ni cet homme ni tous les autres hommes ne sont pas en tout tems agitez de la manière dont il s'agit.

Il reste donc, que les petits corpuscules particuliers distincts & différens de l'air & de la matiére subtile, que je puis imaginer plus subtils que l'air, & configurez de manière qu'ils donnent toujours un passage libre au

---

(c) *Analyse ou Méthode de division*, est une application particulière de l'esprit à ce qu'il y a de connu dans ce que la question qu'il veut résoudre, a de plus particulier, d'où il tire successivement des véritez qui le ménent enfin à la connoissance de ce qu'il désire savoir.

(d) *Sang*. Ce mot signifie en général toute liqueur qui coule dans les artéres & dans les veines.

(e) *Esprits animaux*. Ce mot signifie la liqueur ou la matiére subtile qui coule par les nerfs du cerveau, ou de la moële de l'épine aux parties.

(f) Par le terme de *Matiére subtile*, on entend la matiére du premier & du second Elément nêlée ensemble. Celle du *premier Elément*, ou *Elément du feu*, consiste dans les parties de la matiére les plus subtiles & les plus agitées. Celle du *second Elément*, ou *Elément de l'air*, consiste dans les globules, ou parties rondes de la même matiére, qu'on reconnoit plus grosses & moins agitées que celle du premier Elément, mais plus petites & plus agitées que celles du troisiéme.

au travers de leurs pores à cette matiére fubtile, tels que je les ai fuppofez dans mon dénombrement ; il refte, dis-je, que ces corpufcules peuvent émouvoir & agiter le fang & les efprits animaux de notre Villageois, & c'eft ce qui étoit en queftion.

Mais on me dira peut-être que je fuppofe fans raifon ces petits corpufcules, & quoiqu'ils paroiffent néceffaires, par la précédente Analyfe, pour expliquer tous les Phénoménes (g) propofez, que cela ne conclut point qu'ils exiftent, puifque nous ne connoiffons aucune caufe fenfible dont ils puiffent émaner; & quand même cette caufe feroit démontrée, il eft à croire que le mouvement continuel de l'air, que le courant d'une riviére, que l'agitation de la mer, & mille autres caufes extérieures les déplaceroient de maniére, que les traces des voleurs & des affaffins feroient bientot rompues & même éteintes. Cependant le fait nous apprend que rien de tout cela ne les a pu diffiper, puifque notre Villageois a pourfuivi ceux qui ont donné occafion à une fi utile découverte, plus de quinze jours après que le meurtre eut été commis; qu'il a fuivi leurs traces fur une terre fort légére, dans un pays fort expofé aux vents, fur une riviére; & qn'enfin il a même continué fur la mer dans un tems affez orageux.

J'avoue que ces deux objections ont d'abord un air de vraifemblance, & que difficilement on peut les réfoudre fans la connoiffance de certains principes, & de certaines véritez. Mais auffi pour peu qu'on fe dépouille de ces préjugez, & qu'on fe rende juftice fur l'organifation ou ftructure de nos fens, qui nous ont été donnez pour conferver l'union de notre efprit avec nos corps durant un certain tems limité, & non pas pour fatisfaire à notre orgueil : ces principes & ces véritez reçues, il eft fûr que ces objections feront éclaircies de maniére qu'elles ferviront plutot de preuves à ma penfée, que de raifon pour ne la pas admettre.

Il me paroit que pour rendre fenfible la caufe matérielle des petits corpufcules fuppofez, en quoi confifte la première objection; on doit fuppofer les véritez fuivantes. Je les nomme véritez, perfuadé qu'elles feront reçues pour telles par tous ceux qui n'ont pas intérêt à laiffer les hommes dans une profonde ignorance, & de qui tout l'art confifte à les prévenir des principes propres à affujettir l'efprit au lieu de l'éclairer.

Il eft certain que j'ai un efprit, il eft certain auffi que j'ai un corps. Tous les hommes conviennent que je ne fuis cenfé un homme, que parceque ce même efprit qu'ils appellent ame, & ce même corps font unis enfemble : & que je ne ceffe d'être homme que par leur defunion. Mais tout le monde ne fait pas que la caufe de cette union confifte en Dieu même, en tant qu'il a voulu que l'efprit fût uni au corps organifé d'une certaine façon: que cette union eft plus étroite & plus intime que celle de deux corps, & que c'eft à raifon de cette union, c'eft-à-dire de la volonté de Dieu, qu'un efprit agit fur fa négation, je veux dire fur un corps, comme un corps agit fur un efprit.

Il y a même peu de perfonnes qui connoiffent les conditions de cette union, & c'eft ce qui fait qu'au moindre phénoméne furprenant, la plupart des hommes fe livrent fi aifément à la fuperftition, qu'on n'entend parler que de prodiges, de pactes implicites ou explicites, d'étoile, & d'influence. Et ce qui me furprend le plus, c'eft qu'un pareil jargon fait fouvent le fort des raifons de ceux qui veulent paffer pour Philofophes du premier ordre. Ils font bienheureux de le croire ; car je ne penfe pas qu'on foit de leur fentiment, pour peu qu'on ait un cerveau organifé pour la vérité.

Revenons aux conditions de l'union de l'efprit avec un corps, qui étant pour un bon efprit de véritables démonftrations, elles font toujours les mêmes: & comme elles font propofées dans la Philofophie de mon Analytique Maitre *M. Regis*, d'une maniére plus claire &

plus exacte que par tout ailleurs, je crois qu'on ne peut, ni s'en inftruire avec affez de foin, ni leur donner une affez fincére attention, particuliérement à la fixiéme qui éclaircit entierement la difficulté que j'examine. Car c'eft-là qu'il nous apprend que toutes les Idées (b) de l'ame, qui regardent la confervation du corps, telles que font celles qui font accompagnées des fentimens & des paffions, feront toujours fuivies du mouvement des efprits animaux, qui fera le plus propre pour l'exécution des defirs de l'ame, & pour la confervation de l'union de l'efprit avec le corps, ce qui conftitue l'homme. Faifons donc une application de cette loi à notre fait.

Un homicide n'égorge point un homme de fang froid ; & celui qui eft égorgé, fouffre dans ce moment-là, à l'approche d'une mort imprévue, des agitations intérieures très violentes, & proportionnées aux paffions de crainte, de vangeance, &c. qui l'agitent. Le plus hardi voleur a toujours peur qu'on ne le prenne fur le fait, ou qu'on ne le reconnoiffe dans la fuite. Les uns & les autres ont donc une maniére de crainte en vue de leur propre confervation, foit lorfque la mort leur paroit prochaine, ou lorfqu'ils commettent quelque crime. Et même ne peut-on pas dire qu'à l'occafion de cette crainte, leurs efprits animaux fe meuvent intérieurement, de la façon la plus propre pour l'exécution des defirs de leur ame, ou pour les befoins de leur corps, eu égard à fon union avec fon efprit? Ce qui ne peut pas être nié. Raifonnement commun pour celui qui vole & affaffine, & pour celui qui eft affaffiné.

Cela fuppofé, on conçoit aifément qu'à l'occafion de ce mouvement irrégulier des efprits animaux, lefquels paffent continuellement dans le fang, cette liqueur eft mue d'un mouvement inteftin, différent de celui en quoi confifte fa chaleur, fa fluidité & fa (i) circulation. On conçoit auffi que ce mouvement ne peut fe faire, fans qu'il ne fe fépare au travers des (k) glandes milliaires quelques petits corpufcules d'une certaine figure déterminée, qui font pouffez & entrainez au dehors par la tranfpiration, laquelle eft fi confidérable dans l'homme, que les expériences de Sanctorius nous apprennnent que de huit parties d'alimens que nous recevons, il y en a cinq qui s'évacuent par cette voye en excrémens.

La matiére divifible à l'infini fuppofée, il eft conftant par toutes les loix du mouvement connues, que cette divifion doit produire une infinité de figures différentes dans la matiére divifée. On peut encore démontrer, fuppofé la matiére divifée & mue d'une certaine maniére, que de certains corpufcules d'une telle ou telle figure doivent être rejettez du fluide, dont ils faifoient partie avant ce mouvement. Détail qui n'eft pas du reffort d'une lettre, & que tous les bons Phyficiens connoiffent & fentent mieux que moi.

Cet écoulement paroit d'autant plus vraifemblable dans un homme mu de quelques paffions véhémentes, duquel une bonne partie des principes font fluides, qu'on expérimente qu'il s'échappe continuellement de petits corpufcules d'une infinité d'autres corps, dont toutes les parties nous paroiffent dans un grand repos, & dans lefquels après un très longtems nous ne remarquons aucune diminution de quantité. Le Mufc, les iufufions vomitives d'Antimoine, le Mercure bouilli dans l'eau, l'Ambre, & prefque tous les corps odoriférans

---

(g) *Phénoméne*, fignifie tout ce qui paroit dans la nature, & dont la caufe n'eft pas fi évidente que la chofe même.

(b) On fe fert du mot d'*Idée*, pour fignifier tout ce qui eft dans l'ame, qui eft connu par foi même, & par quoi l'ame connoit tout ce qui eft hors d'elle.

(i) Par la *Circulation du fang*, on entend le cours du fang dans les artéres du cœur aux entrêmitez, & fon retour des mêmes extrêmitez dans les veines jufqu'au cœur, ou le cours du fang du centre à la circonférence par les artéres, & fon retour de la circonférence au centre par les veines.

(k) Les *Glandes milliaires*, font des cribles ou couloirs, qui font partie du tiffu de la peau, lefquels font figurez & percez de maniére à féparer du fang la matiére de la tranfpiration ou des fueurs.

rans en sont des preuves démonstratives. Je ne dis rien du gibier, dont un excellent chien reconnoît les voyes, longtems après qu'il a passé dans un chemin, ou traversé une riviére. Ce qui fait parfaitement à mon sujet, aussi bien que tout ce qu'on connoît de l'Aiman par rapport à la terre & au fer.

De toutes ces véritez ne doit-on pas conclure que je ne suppose pas sans raison les petits corpuscules, que j'ai fait entrer dans le dénombrement de mon Analyse, lorsque j'ai essayé de découvrir la cause qui meut, & agite ou le sang, ou les esprits animaux de notre Villageois, &c.? Ce que je devois déterminer.

Ce moteur une fois admis, il me reste encore à répondre à la seconde objection, qui veut que quand même ces corpuscules existeroient, on ne pût pas concevoir qu'ils dussent résister au courant d'une riviére, à l'agitation d'une mer orageuse, au déplacement continuel de la superficie de la terre par les grands vents, aux diverses colomnes de l'air, & à mille autres causes extérieures, propres à écarter ces corpuscules de la route, où aura passé un meurtrier ou un voleur.

Je conviens que cette seconde objection est très vive, & que beaucoup de personnes la croiront sans réplique. Ne pourroit-on pas néanmoins y répondre de la maniére suivante?

La saine Philosophie nous apprend que la grandeur & la petitesse, la dureté & la molesse, &c. ne sont pas des êtres absolus, & qu'un corps n'est dit grand, dur, &c. que par rapport à un autre corps moins grand & moins dur que lui. La nature de la matiére & sa divisibilité sont des principes, d'où cette vérité suit naturellement.

Cette vérité admise, il est sûr que nous pouvons toujours imaginer dans le monde que nous habitons, des corps beaucoup plus petits & beaucoup plus durs, que tous ceux qui tombent naturellement sous nos sens; la nature de la matiére comme divisible n'y répugnant pas. Cette conséquence est si vraye, que la découverte des (l) Microscopes, l'a démontrée sensiblement de nos jours. De-là je conclus, par raport à notre sujet, que je puis imaginer les petits corpuscules dont il s'agit, si petits, que malgré l'agitation de l'air, soit sur terre, soit sur la mer, les interstices de ce même air seront toujours si grands, par rapport à ces petits corpuscules, qu'ils n'en recevront aucune atteinte, & que par conséquent ils ne pourront pas être deplacez par ce moyen, je veux dire par l'Air, de quelque maniére qu'ils soient agitez. Ils le pourront d'autant moins, que je pois aussi les imaginer si durs, par rapport à leurs grandeurs, que la derniére (m) Molecule de l'Air sera trop molle à leur égard, pour pouvoir les ébranler, & par conséquent les déplacer.

Ce que je dis de l'Air, j'ai aussi raison de le dire de toutes les autres causes de déplacement qu'on me pourroit proposer; néanmoins comme ces petits corpuscules, quoique très durs & propres à résister à l'Air, peuvent être en quelque maniére détrempez & radoucis par les corpuscules de l'eau, sur une riviére & sur la mer, il n'est pas mal aisé de comprendre que ce Paysan est moins agité sur l'eau que sur la terre.

Ce raisonnement paroîtra d'abord fort abstrait; je le crois toutefois très convaincant, si l'on se ressouvient de ce que j'ai déja dit, lorsque j'ai supposé que les hommes, singuliérement lorsqu'ils raisonnent, se doivent rendre justice sur l'organisation, ou structure de leurs sens, qui ne leur ont pas été donnez pour sentir toutes les véritez, & par conséquent suffire à leur orgueil; mais simplement pour conserver l'union de leur esprit avec leur corps durant un certain tems limité. Je laisse faire l'application de cette pensée, eu égard au su-

jet présent, aux hommes les plus sages, les plus Chrétiens, & les plus Philosophes; & je ne doute pas que mon raisonnement ne soit pour eux assez concluant, & assez précis, pour résoudre cette seconde objection.

Ne soyons donc pas surpris de la durée des traces, que laisse un assassin sur la terre, sur une riviére, & même sur une mer orageuse; & disons encore que dans les tempêtes, l'air ne change point de place, par rapport à la superficie de l'eau avec laquelle il est toujours paralléle (n), comme avec la superficie de la terre la plus unie & la moins mobile. De sorte qu'à mesure que les flots de la mer s'abaissent & s'élévent, les colomnes de l'air s'abaissent & s'élévent suivant ces mêmes flots.

La cause matérielle & naturelle, que je devois découvrir pour m'assurer de la vérité de mon Analyse sur le sujet proposé, étant connue & démontrée; pour en faire voir toute la vraisemblance, & rendre complette mon (o) Hypothése, il me reste à éclaircir & à déterminer le milieu par où les petits corpuscules, en quoi elle consiste, parviennent jusqu'au sang, & jusqu'aux esprits animaux, pour y exciter tous les mouvemens d'où dépendent les inquiétudes, la fiévre, les sueurs, les envies de vomir, & singuliérement le mouvement de la Baguette. Il me reste aussi à faire voir pourquoi de certains hommes ont le don de découvrir les meurtriers, les voleurs, les eaux, &c. & que les autres ne l'ont pas. Après quoi je ferai une application de toutes les véritez, que j'aurai découvertes sur ce sujet, à quelques circonstances particuliéres contenues dans l'exposion du fait.

Pour le faire avec ordre, & d'une maniére convaincante & sensible, je me servirai toujours de l'Analyse.

Celle de la premiére question est très simple, puisque ce qui lui est particulier, la comprend tout entiére: c'est-à-dire, que de petits corpuscules répandus sur la terre & dans les interdices de l'air qui nous environne, peuvent pénétrer notre sang ou nos esprits animaux, & les agiter de maniére qu'ils causent des inquiétudes, des envies de vomir, une élévation dans le poulx, &c. Ils ne peuvent les pénétrer qu'en passant au travers de quelques vuides, ou pores du corps; qui se trouvera entre le sang & les esprits animaux, & ces mêmes corpuscules, puisque l'air (p) ambiant, ni la terre ne touche immédiatement que (q) l'Epiderme, ou la surpeau & la peau. Je ne connois donc point d'autre milieu que la surpeau, & la peau: je sais que l'une & l'autre sont très poreuses, par conséquent cette communication se doit faire par les pores de ce même milieu.

On me dira peut-être qu'il est vrai que ce milieu est très poreux, que la preuve en est sensible dans la (r) transpiration; mais que ces pores sont disposez du dedans au dehors, d'une façon propre à donner issue aux vapeurs qui font la matiére de la transpiration, mais non pas du dehors en dedans, ce qui doit empêcher la pénétration des corps extérieurs, telle, par exemple, que celle dont il s'agit. A cela je répons que, si les vapeurs servent de preuve à la disposition des pores du dedans au dehors, l'effet des remédes topiques ou externes démontre sensiblement la disposition de certains pores du dehors en dedans; puisque par le moyen de certains

---

(l) *Microscope.* Verre ou lunette qui fait que les choses très petites, & propres par conséquent à échaper à nos yeux, sont vues.

(m) Les *Molecules* & les *parties intégrantes de l'air*, signifient la même chose, & on appelle parties intégrantes, celles dont les mixtes sont faits immédiatement.

(n) *Paralléle.* Les Géométres se servent de ce mot, pour signifier l'égale distance que deux lignes ou deux plans ont l'un à l'égard de l'autre, en sorte qu'ils ne s'approchent pas plus en un endroit qu'en un autre.

(o) *Hypothése*, est un mot Grec qui signifie supposition. C'est ce qu'on établit pour le fondement de quelque vérité, & qui sert à la faire entendre, soit que la chose qu'on suppose soit vraye, certaine & connue, soit qu'elle soit seulement employée pour expliquer la vérité à laquelle elle se rapporte.

(p) *Air ambiant.* C'est l'air qui nous touche, ou enveloppe immédiatement, dans lequel nous nageons en quelque maniére.

(q) *Epiderme.* Terme de Médecine qui se dit d'une petite peau, ou cuticule presque insensible, qui est par dessus le cuir, ou la vraye peau.

(r) *Transpiration.* Ce mot se dit entre Médecins, pour signifier la sortie insensible, ou presque insensible, qui se fait de quelques petites matiéres séparées du sang dans les glandes de la peau par les pores de notre corps. Il signifie aussi l'action par laquelle la nature attire l'air en dedans du corps par ces pores.

tains mélanges appliquez sur la peau, je fais vomir, j'arrête la fiévre, je fais dormir, je donne le flux de bouche, &c. Ce qui arrive par la même (s) méchanique que si on prenoit intérieurement des (t) Vomitifs, des (v) Fébrifuges, des (w) Narcotiques, &c. Car je conçois que les corpuscules qui s'échapent continuellement d'un (x) Topique vomitif, par exemple, peuvent agiter d'une telle & telle maniére les esprits animaux & le sang, qu'il en résultera le même (y) mouvement convulsif ou convulsion des (z) muscles de (a) l'abdomen, des (b) intercosteaux, du (c) Diaphragme, & des (d) Fibres motrices de l'estomach, que si on avoit pris un Emétique ou Vomitif interne. Ce qui est confirmé par l'expérience suivante, qui nous apprend qu'il y a des (e) épilepsies sympathiques, c'est-à-dire de très violens mouvemens convulsifs dont on a lieu de croire que la cause, ou le (f) Levain, est en aussi petite quantité qu'on puisse l'imaginer, & en quelque maniére extérieur aux esprits animaux & au sang, comme sont les remédes topiques : ce qui est démontré par la ligature du gros doigt du pied dans ces espéces d'épilepsies sympathiques, laquelle en arrête le (g) paroxisme, parcequ'elle empêche le mélange dans le sang de certains corpuscules contenus dans le gros doigt du pied ; en quoi consiste la cause matérielle des simptomes de cette terrible maladie.

On calme de la même maniére tous les jours, par des topiques appliquez simplement sur le poignet, le mouvement intestin des parties du sang, en quoi consiste la fiévre ; on fait aussi dormir par l'application extérieure de l'Opium, c'est-à-dire qu'on introduit des (h) Souphres Narcotiques, qu'on conçoit de figure fort branchue, lesquels passant par les pores de la peau pénétrent jusques à l'extrêmité des tuyaux des (i) Nerfs, & font rapportez au cerveau, où ils lient en quelque façon les esprits animaux. Conjecture qui est aisée à concevoir,

si l'on suppose l'Hypothése de la circulation des esprits animaux, telle que la circulation du sang, c'est-à-dire si l'on imagine des nerfs, qui portent les esprits animaux du cerveau aux parties, & d'autres nerfs qui en rapportent le résidu au cerveau, comme au réservoir des esprits. Hypothése que je pourrois établir par un grand nombre d'expériences & de faits de pratique de médecine. Ce qui n'étant pas de mon sujet, il me suffit de pouvoir conclure, appuyé sur des faits incontestables, que notre corps a des pores ouverts du dehors en dedans, comme du dedans au dehors, que ces pores sont de figure bien différente les uns des autres, puisqu'il y en a de proportionnez aux corpuscules qui constituent la nature des Vomitifs, des Fébrifuges, des Narcotiques, &c. corpuscules qui ne peuvent être que de figure bien différente les uns des autres. Concluons donc que de la part des pores de notre corps, rien ne s'oppose à l'entrée des corpuscules supposez ; ce que je devois prouver.

Examinons à présent, toujours par la même méthode, pourquoi notre Villageois a plutot cette vertu qu'un autre.

Il est sûr que de toutes les véritez que j'ai jusqu'ici proposées, on doit conclure naturellement que, si l'on peut imaginer dans un certain homme une configuration des pores de la surpeau, & de la peau proportionnée aux corpuscules supposez ; il est constant, dis-je, qu'autant de fois qu'un homme, criblé pour ainsi dire, de cette matiére, se trouvera environné d'un air chargé ou impregné de ces corpuscules, il en devra nécessairement être pénétré, & par conséquent il faudra qu'il ressente tous les mouvemens intérieurs que notre Villageois nous dit qu'il ressent sur les voyes d'un assassin, ou dans l'endroit d'un meurtre commis ; ce qui arrivera dans cet homme aussi méchaniquement que le vomissement, par exemple, dans un autre, à l'occasion d'un Topique vomitif. Cette disposition n'a rien pour moi d'assez extraordinaire pour ne la pas concevoir, & le fait que j'examine en est une preuve aussi convaincante & aussi concluante, que l'approche du fer & de l'ayman en est une de la proportion que les pores du fer ont avec la matiére magnétique, qu'on suppose s'écouler continuellement de l'ayman. Enfin ces mêmes pores me paroissent des suites nécessaires de la divisibilité de la matiére à l'infini, qui mue d'une certaine maniére & à une certaine quantité, nous laisse concevoir aisément que rien ne peut s'opposer à un arrangement déterminé : ce qui constitue la différence de toutes les espéces de corps, & de tous leurs individus. Il y a donc des hommes, dont les pores peuvent être disposez de la maniére dont il s'agit ; comme il y a des hommes dont toutes les inclinations, & tous les traits extérieurs sont très divers : ce qui ne peut arriver que par un arrangement & une configuration de la matiére, différente dans chaque individu. Mais on me dira peut-être que l'on convient des configurations particuliéres dans les différens individus, un certain arrangement toujours conservé, en quoi consiste l'espéce : mais en même tems on se fera un monstre de la cause pour laquelle cette telle configuration se trouve dans cet homme, & non pas dans tous les hommes ne sont pas du même tempérament, n'ont pas le même esprits & les mêmes inclinations ? Pourquoi enfin leur air est-il si différent, qu'entre un million d'hommes, il n'y en a pas deux dont le visage soit presque semblable ? Tout le monde demeure d'accord qu'on doit cela au principe de leur génération ; il m'est donc permis de dire la même chose de notre Villageois, & je conçois outre cela aisément que (k) l'œuf qui a fait la matiére de la génération, étoit individuellement disposé, de maniére qu'à l'occasion d'un certain degré de mouvement des (l) Esprits séminaires

---

(s) *Méchanique*, signifie dans cette occasion, un jeu de Ressorts & la cause de leur action.

(t) *Vomitif* ou *Vomitoire*. Reméde qui provoque le vomissement.

(v) *Fébrifuge*. Reméde spécifique contre la fiévre, qui l'arrête ou la chasse.

(w) *Narcotiques*. Remédes qui endorment & stupéfient les parties, & en empêchant que les esprits animaux n'y viennent, en ôtent le sentiment.

(x) *Topique vomitif*. Reméde qui par son application extérieure provoque le *vomissement*. On entend par *Topique en général*, tous les remédes qu'on applique extérieurement.

(y) *Mouvement convulsif*, ou *Convulsion*. C'est un mouvement très violent, & involontaire de quelque partie de notre corps, qui suit de la contraction des muscles, qui servent naturellement à la mouvoir.

(z) *Muscle en terme d'Anatomie*, signifie une partie charnue servant au mouvement.

(a) *Muscles de l'abdomen*. Ce font ceux qui servent au mouvement du bas ventre.

(b) *Muscles intercosteaux*. Ce font ceux qui servent au mouvement des côtes, en quoi consiste une partie de la méchanique de la respiration.

(c) *Diaphragme*. On appelle ainsi une partie ou cloison musculeuse, qui est comme un plancher séparant le cœur & le poumon, d'avec le foye, les intestins, &c.

(d) *Les Fibres Motrices de l'estomach*. Ce font trois couches de fibres musculeuses, qui forment en partie les différentes tuniques ou membranes de l'estomach.

(e) *Epilepsie Sympathique*. C'est une convulsion de tout le corps, avec lésion de l'entendement & des sens qui vient par accès de tems en tems. On la nomme *Sympathique*, lorsque la cause matérielle de cette maladie n'est pas contenue dans le cerveau. On l'appelle aussi *Mal-caduc*, ou *Haut-mal*, que le peuple nomme de *Mal de S. Jean*.

(f) *Levain*. On entend par *Levain* dans ce cas le principe matériel de corruption qui cause la maladie.

(g) *Paroxisme*. Terme de Médecine qui se dit d'une maladie qui se rengréne, ou qui se reprend. On appelle aussi un *accès de fiévre*, un *Paroxisme*.

(h) Par *Soufre*, j'entens le troisiéme principe actif des Chimistes, qu'ils prétendent être une substance homogéne, liquide, oléagineuse, visqueuse, & inflammable, &c. Je l'appelle *Narcotique*, parceque je le crois très propre à faire dormir, & à calmer les douleurs, lorsqu'elles font d'une certaine nature, & figure déterminée.

(i) *Nerfs*. Tuyaux qui partent ou naissent du cerveau, & de la moëlle de l'Epine, & qui portent les esprits animaux où il est nécessaire, pour servir de principal moyen au sentiment & au mouvement.

(k) *Oeuf*. C'est ce qui contient les germes dans les femelles des animaux.

(l) *Esprits séminaires*. C'est la partie la plus spiritueuse & la plus volatile de la semence.

seminaires de son pére, il a dû résulter un tel arrangement, ce qui en fait tout le mystére, aussi bien que de
toutes les différences que nous observons dans presque
tous les individus de même espéce.

Voilà le Pacte implicite ou explicite que ce pauvre
Villageois a fait avec le Diable, & voilà son Etoile. Galimathias & azile de l'ignorance, que je ne daigne pas
réfuter, puisqu'il y aura toujours des hommes organi-
sez individuellement, pour ne donner leur consentement
qu'aux opinions extraordinaires, & qui ne sont point
du ressort de la raison. Vérité confirmée par la réflexion suivante. Car enfin ne traiteroit-on pas un
homme de ridicule & de visionnaire, qui diroit qu'un
bon chien de chasse ne suit les voyes d'un cerf, par
exemple, une heure après qu'il a traversé une riviére,
que parcequ'il a fait un Pacte du moins implicite avec
le Diable, ou en vertu de son Etoile? Jamais personne ne s'est avisé d'une pareille Philosophie pour expliquer ce fait, & n'est-il pas le même que celui que
nous examinons?

Cependant comme il y a un grand nombre de personnes qui veulent que les Etoiles influent, & que c'est
à elles qu'ils attribuent leur bonne ou mauvaise fortune,
aussi bien que tous les dons singuliers attachez à de certaines gens; je ne puis me dispenser de proposer la réflexion suivante, qui n'est ni d'un Philosophe, ni d'un
Théologien, mais d'un homme sans préjugé. Je voudrois donc bien qu'on me dît si cette influence tombe sur le moment de notre conception, ou sur celui de
notre naissance, & qui peut déterminer ce premier
moment? Je ne saurois m'imaginer qu'il y ait jamais
eu de pére, ni de mére, qui s'en soient avisez; & quand
même il s'en seroit trouvé d'un pareil sens froid, l'instant de la conception passe si vite, que je ne crois pas
qu'il puisse être déterminé. Ce qui est cause à mon
sens que toute l'Astrologie n'a raisonné que sur le moment de la naissance, moment aussi incertain, & aussi
inutile par raport à notre fortune & à nos dons naturels
& particuliers, que celui de notre conception; puisque
l'expérience nous apprend que de dix personnes nées dans
le même moment, & par conséquent sous le même Signe
& la même constellation, il n'y en a pas une, dont les inclinations, les dons, ni la fortune soient les mêmes; ce qui est
vérifié dans le fait proposé, puisque d'un certain nombre
de personnes qu'on sait qui ont le don de la Baguette,
soit pour les eaux, soit pour les meurtriers, il y en a
plusieurs qui sont nez sous différentes constellations.
Laissons donc au Ciel les Etoiles, & faisons sur la terre
usage de notre Raison, avec laquelle ne connoissant que
la volonté de Dieu pour Etoile, tous Pactes implicites
ou explicites nous seront inutiles pour l'établissement de
notre bonne fortune.

Toutes les raisons que j'ai avancées, doivent persuader un homme sans préjugé que notre Villageois peut
naturellement ressentir les mouvemens intérieurs dont il
se plaint, qu'il doit même suivre des assassins à la piste,
comme il est certain qu'il a fait. Mais le mouvement de
la Baguette qui est le principal signe extérieur par lequel il marque à ceux qui l'accompagnent, qu'il est sur
les voyes, & qui lui sert aussi de moyen, afin qu'il
ne soit pas toujours si attentif aux sentimens intérieurs qui l'accompagnent, & qui le guident, ne paroit
pas si aisé à concevoir. Voyons donc comme nous
pourrions éclaircir la méchanique d'un fait si singulier.

Ne pourroit-on pas dire qu'elle doit dépendre d'une
des trois causes suivantes, ou de toutes trois ensemble,
puisque ce sont les seuls corps qui la touchent immédiatement, savoir les muscles des doigts de celui qui s'en
sert, l'air qui l'environne, ou les corpuscules supposez?
Je ne conçois pas que l'air puisse produire cet effet,
puisque dans le fait proposé il n'a point de mouvement
particulier. Ce ne doivent pas être aussi les corpuscules
supposez, par leur intromission dans les pores de la Baguette, avec lesquels il n'est pas vraisemblable qu'ils ayent
de proportion, puisque toute sorte de bois convient.
Joignez à cela que ce mouvement se peut faire, sans

qu'ils y ayent de part. Il le faut donc attribuer à un
certain & tel mouvement des muscles fléchisseurs des
doigts de celui qui tient la Baguette, mouvement que
je conçois aussi naturel, & méchaniquement aussi involontaire, que celui d'où dépendent les inquiétudes,
l'envie de vomir, l'élévation du poulx, &c. supposé les
corpuscules du meurtrier ou du voleur reçus dans le sang
de celui qui les poursuit, ce qui ne doit plus être en
question.

Toutefois le mouvement de la Baguette se faisant en
rond, il ne paroit pas que le seul jeu, ou la seule pression des fléchisseurs des doigts, de quelque nature qu'elle soit, puisse produire cet effet: car tout au plus dé-
pendamment des raisons proposées, il se pourroit faire
qu'on tiendroit la Baguette d'une certaine maniére un
peu plus serrée, & qui seroit involontaire, ce qui ne
produiroit pas le mouvement en rond.

Ce n'est pas aussi à cette seule pression qu'il m'a paru
qu'on doive l'attribuer. Il faut joindre à cette raison
la configuration de la Baguette, & la maniére dont on
la tient. (*)

Imaginez vous donc pour l'intelligence de ce Phénoméne la Baguette fourchue; imaginez vous encore qu'il
y a deux mains qui empoignant avec une certaine force
les deux branches LL de H en LL, les mains disposées de maniére que les pouces portent sur les deux extrémitez LL de la Baguette, & le point de pression du
petit doigt se fait en H.

Cela supposé, je conçois fort aisément que si par le
moyen d'une certaine force mouvante, & involontaire,
telle que celle que j'ai supposée, lorsque je tiens une Baguette de la maniére décrite, les muscles fléchisseurs de
mon petit doigt & du suivant, agissant aussi bien que
ceux qui fléchissent la main du côté de dehors en dedans, meuvent plus fortement que les autres. Les extrémitez des deux branches LL. seront recourbées de I
en L de dedans en dehors, ce qui interrompra le cours
de la matiére subtile, & de la Seve (m) de C en L, les
pores du bois étant rétrécis & changez en II. Cela
supposé, il est constant que ces matiéres reflueront en
C, où elles trouveront aussi une maniére de résistance
par l'union & la disposition des pores des (n) Fibres des
deux branches qui se fait en C, ce qui causera un mouvement de (o) Ressort aux branches de la Baguette, depuis II jusques en C, de dedans en dehors, ou de dehors en dedans, selon l'inclination dans laquelle elle se
trouvera entre les mains de celui qui aura ce don, lorsque les muscles supposez agiront, & par conséquent la
Baguette tournera en rond: ce qui étoit en question.

Cette démonstration est si vraye que sans avoir la
vertu de la Baguette, en donnant à ses mains & à ses
doigts tous les mouvemens décrits, on peut voir tourner entre ses mains une Baguette de la même maniére,
qu'elle tourne entre les mains de ceux qui se piquent d'a-
voir le plus surement ce don; expérience que j'ai faite
moi-même devant une très nombreuse compagnie, & par
ce moyen je pouvois en imposer, si je l'avois souhaité,
à tous ceux qui s'y trouvérent. De la démonstration
précédente, je conclus donc deux choses.

Prémiérement que le mouvement de la Baguette peut
être involontaire; ce qui suit nécessairement de mon
Hypothése & ce qui me restoit à prouver pour éclaircir
entiérement le fait proposé, & rendre mon Analyse complette.

Se-

(*) Voyez Planche (b) Fig. 5.

(m) *Seve*, Liqueur enfermée dans les plantes ou dans les arbres,
qui leur sert de nourriture, & qui monte de la racine jusqu'à l'extrémité des branches, elle sert de matiére à la circulation des végétaux.

(n) *Fibres*, *Filets*. On apelle ainsi les parties longues & déliées,
dont il se trouve une quantité presque infinie qui sont la composition des corps, qui pour cela sont apellez *Fibreux*, il y en a
dans le bois, dans la chair, & dans les membranes.

(o) *Ressort*, ou faculté naturelle & méchanique, qu'ont les corps
de se remettre en leur premier état, quand on leur a fait quelque
violence, qui les en a fait sortir.

Secondement que le mouvement de la Baguette en peut aussi impofer, & que les fentimens & mouvemens intérieurs, comme les inquiétudes, les envies de vomir, les fueurs &c. font les feuls fignes certains aufquels on doit connoitre fi un homme a le don duquel nous parlons, qui n'eft véritablement démontré que par le fuccès, comme il l'a été dans notre Villageois en pourfuivant fi furement les affaffins & les voleurs, contre lefquels on l'a employé, découvrant un des complices à cinquante lieues de l'endroit où le meurtre avoit été commis.

Après ces diverfes réflexions, je ne veux pas oublier l'application, que j'ai promis de faire de mon hypothéfe à quelques circonftances répandues dans le fait.

S'il eft vrai qu'un homme de foixante ans n'ait fait tourner la Baguette qu'imparfaitement fur le lieu du meurtre, ne peut-on pas dire que cela vient d'un refferrement des pores de fa peau, qui ne permettent pas aux corpufcules d'entrer en fuffifante quantité dans le fang, pour y exciter le mouvement inteftin de fes parties, d'où naiffent les agitations, les fueurs, les envies de vomir &c.?

Si la Baguette ne tourne que du côté de l'anfe de la bouteille, & feulement entre les mains du Villageois, il y a apparence que cela arrive parceque la Bouteille de paille eft impregnée de ce côté-là des corpufcules des affaffins, & que les routes des pores du Villageois proportionnées aux corpufcules, font plus ouvertes par l'ufage, que ne font les routes de tous ceux qui com-

mencent à faire des expériences. Vérité confirmée par l'obfervation qu'on a faite, que plufieurs d'entre les commençans ne fentent l'agitation, qu'une heure après qu'ils font fortis du lieu où le meurtre a été commis.

Si les corpufcules étoient adhérans à la terre & ne nageoient pas, pour ainfi dire, dans l'air, le mortier qu'on a mis en quantité dans la cave fur l'endroit du meurtre, auroit éteint la vertu d'agiter les gens, & de faire tourner la Baguette, ce qui n'eft pas.

On propofe plufieurs autres circonftances fur une découverte auffi utile, mais comme elles ne font point contenues dans l'expofé du fait que vous m'avez remis, Madame, j'en laiffe le foin à Monfieur *Garnier* mon ami & mon confrére, qui les propofera & les éclaircira avec beaucoup plus d'exactitude & de netteté que moi, dans un Traité complet qu'il promet au public fur ce fujet.

Il me refte donc à vous demander grace fur la longueur & fur le ftile de ma lettre, qui fentiroit encore bien plus la Province fans l'amitié que m'a fait Monfieur l'Abbé de la Garde de le corriger. Je fuis avec refpect,

MADAME,

Votre très humble & très obéiffant
ferviteur,

CHAUVIN.

A Lyon ce 22. Septembre 1692.

DISSERTATION ^(a)

PHYSIQUE

EN FORME DE LETTRE

A MONSIEUR

DE SEVE,

SEIGNEUR DE FLECHERES, Confeiller du Roi, &c.

Dans laquelle il eft prouvé que les talens extraordinaires qu'a Jacques Aymar, de fuivre avec une Baguette les Meurtriers & les Voleurs à la pifte, de trouver de l'eau, l'argent caché, les bornes tranfplantées, &c. dépendent d'une caufe très naturelle & très ordinaire.

Par PIERRE GARNIER, *Docteur en Médecine de l'Univerfité de Montpellier, agrégé au Collége des Médecins de Lyon.*

AVIS AU LECTEUR.

On trouvera à la fin de cette lettre l'hiftoire du fait, telle qu'elle a été écrite (b) par Monfieur l'Abé de la Garde qui eft inftruit par lui-même de toutes les fingularitez dont il donne le détail.

Après cette hiftoire, on trouvera encore quelques éclair-

ciffemens *fur le fait dont je me fuis inftruit par moimême pendant trois heures que je paffai, il y a quelque tems, avec Jacques Aymar, dans la Bibliothéque de Moufieur le Lieutenant-Général. Je lui fis plufieurs queftions, je penfe que les curieux ne feront pas fâchez que je leur faffe part des réponfes qu'Aymar fit aux queftions que je lui propofai, & de tout ce que je lui vis faire de plus furprenant.*

C'eft pour la commodité du Lecteur que j'ai détaché l'hiftoire du fait, de l'explication Phyfique que j'en donne dans la Lettre. Ceux qui ne chercheront que l'Explica-
tion

(a) Imprimée à Lyon en 1692. chez de Ville in 12.
(b) Cette Relation étant déja inferrée dans la Lettre de M. Chauvin, on n'a pas cru devoir la répéter. Voyez page 1. de ce Volume

tion du fait qu'ils savent déja, n'auront qu'à lire la lettre; ceux qui ignorent le fait, & qui ne se mettent pas en peine de l'explication, pouront trouver ce qu'ils cherchent, sans avoir la peine de lire la lettre, & ceux qui voudront lire l'un & l'autre, le liront avec moins d'embarras, dans la lettre & dans l'histoire du fait, séparées l'une de l'autre.

Une raison de bienséance m'a encore obligé à en user ainsi. L'histoire du fait ayant été écrite par Monsieur l'Abbé de la Garde, j'ai cru qu'il ne m'étoit pas permis de m'enrichir du bien d'autrui, & que je pouvois au plus l'emprunter, dans le dessein de rendre publiquement à l'Auteur, & son ouvrage, & toute la justice qu'il mérite, pour l'avoir écrit avec beaucoup de fidélité & de justesse.

MONSIEUR,

VOUS me témoignâtes, il y a quelques jours, que vous souhaiteriez d'entendre expliquer Physiquement les talens extraordinaires de Jaques Aymar, & comment sa Baguette peut naturellement produire entre ses mains, tous les effets surprenans qu'on lui attribue. Vous eutes même la bonté d'ajouter que vous écouteriez volontiers mes sentimens sur ce sujet. J'ai pris, MONSIEUR, votre desir pour une loi, parceque c'en sera toujours une pour moi de vous obéir & de vous plaire, & bien que je n'aye point assez de lumiéres pour éxécuter un dessein si difficile, j'ai cru que je devois au moins faire mes efforts pour y réussir, craignant que mon silence ne vous parût encore plus mauvais que tout ce que je m'en vais vous dire. J'espére même que cet ouvrage, tout imparfait qu'il est, pourra contribuer à éclaircir la vérité; car si j'en puis faire entrevoir l'ombre, que ne doit-on point espérer d'un génie plus élevé; & ne serez-vous pas, MONSIEUR, le premier à croire qu'il faut bien que le Diable ne se mêle pas de cette affaire, si je suis capable d'y comprendre quelque chose?

C'est en effet ma pensée qu'il y a rien que de très naturel dans tout ce qu'on publie de cet homme, rien qu'on ne puisse raisonnablement expliquer par les principes de la Physique, sans être obligé de recourir à des causes surnaturelles, telles que sont le miracle ou sortilége, ni même aux constellations, ni aux étoiles, ni à leur prétendu pouvoir, non plus qu'à leurs prétendues influences, ni aux Pactes implicites.

Mon dessein n'est pas d'entrer dans le détail de l'explication de tous les talens qu'a Jacques Aymar, vous savez, MONSIEUR, qu'il en a plusieurs. Il peut avec sa Baguette suivre à la piste les meurtriers & les voleurs, il peut reconnoître les bornes transplantées, il peut trouver les sources, les mines, l'or & l'argent cachés. Il faudroit se résoudre à faire un fort gros livre, plutôt qu'une lettre, pour examiner de près tous ces talens particuliers avec toutes leurs circonstances. Je ne m'attacherai donc uniquement, MONSIEUR, qu'à vous expliquer physiquement le talent qu'a Jaques Aymar de suivre les meurtriers à la piste, avec toutes les circonstances énoncées dans l'histoire du fait. Je me dispense de toucher à l'explication de tous les autres talens de cet homme, d'autant plus volontiers que les principes & les raisons dont je prétends me servir étant fort simples, il n'y aura point d'esprit médiocre qui n'en puisse aisément faire l'application à tout ce que ce Villageois fait de plus surprenant & de plus merveilleux.

Il me souvient que je pris la liberté de vous dire, MONSIEUR, le soir que vous me fîtes l'honneur de m'en parler, que l'on pouvoit expliquer ces Phénoménes aussi physiquement qu'on explique beaucoup d'autres; ceux de l'Ayman, par exemple, ceux de la poudre de Sympathie, ceux de la fermentation du vin au tems que la vigne est en fleur, & quelques autres. Pourvû qu'on en vienne là, je pense que c'est assez pour donner quelque satisfaction à des gens raisonnables; car je présume qu'il n'y a point d'homme de bon sens, qui désire pour se rendre, qu'on lui fasse voir ce qui

n'est pas sensible, & qu'il sera très content, si on peut lui faire concevoir nettement ce qui peut être conçu.

Avant que d'entrer plus avant en matiére, je vous prierai, MONSIEUR, de remarquer, ou plutot de vous souvenir, que nos sens ne nous font point donnez pour connoitre l'essence des choses, à peine nous servent-ils pour en connoitre infailliblement l'existence, & ils nous trompent souvent, du moins dans les circonstances des choses, de l'existence desquelles ils nous assurent. Cela est si vrai que nous sommes tous les jours obligez à croire que les choses ne font pas telles, que nous les voyons. Nous croyons, par exemple, qu'un bâton entier que nous venons de plonger dans l'eau, est entier, bien qu'il nous paroisse rompu; que l'extrêmité d'une longue allée tirée au cordeau est aussi largé que son commencement, bien qu'elle semble plus étroite quand nous la regardons d'un bout à l'autre, qu'une statue posée dans un lieu élevé, est bien plus grosse qu'elle ne nous paroit. Un esprit touché de l'amour de la vérité ne s'affligera pas donc beaucoup en la cherchant, s'il ne peut parvenir à rendre ses conjectures sensibles, pourvû qu'il puisse trouver quelque idée claire & distincte à laquelle il ne puisse refuser son consentement sans répugnance, & sans s'exposer à un reproche secret de sa conscience, qui lui dit qu'il résiste à la vérité connue.

La solidité de toutes les Hypothéses de Physique (sans lesquelles il est impossible de philosopher) roule sur ces maximes, & la plus juste de toutes les Hypothéses ne subsisteroit pas longtems, si un Physicien étoit obligé à faire tomber sous les sens les principes qu'il suppose. Il suffit qu'il puisse les faire comprendre par des conséquences tirées du raisonnement & des expériences, & on lui demande seulement que l'Hypothése soit liée aux premiers principes, & qu'elle en soit déduire naturellement, qu'elle soit commode pour expliquer tous les Phénoménes, ou du moins une très grande partie, & qu'elle ne répugne ni à la raison, ni aux expériences. C'est ainsi qu'on ne trouve pas étrange que Descartes n'ait pas fait voir les écroues qu'il supose dans les pores du fer & de l'ayman, & les petites vis qu'il supose dans la matiére Magnétique, pour expliquer les effets de l'ayman à la faveur de la pression de l'air. Comme la figure en vis & en écroues est une figure possible, & que rien n'empêche que cela ne soit; comme par cette Hypothése on explique probablement tous les effets de l'ayman, & comme cette Hypothése ne répugne ni aux premiers principes de la Méchanique, ni aux expériences, elle trouve beaucoup de partisans, bien qu'elle ne soit pas démontrée. L'on peut de même par une Hypothése liée aux premiers principes, expliquer très méchaniquement les talens de Jaques Aymar, pourvû qu'on jouisse des priviléges qu'on doit accorder à tous les faiseurs d'Hypothéses.

Sur quoi avant que d'entrer dans le détail de cette affaire, il vous plaira, MONSIEUR, de remarquer encore que l'Hypothése peut être fausse, & le raisonnement ne laisse que d'être bon. Dans l'Hypothése, par exemple, de Descartes qui explique l'aiman par les vis & par les écroues, il se peut faire que l'Hypothése sera précisément fausse, & que le raisonnement qui explique le fait par la proportion de la figure des corpuscules magnétiques avec les pores du fer & ceux de l'ayman, sera fort concluant, parceque le raisonnement attribue cela à la figure & au mouvement des parties de la matiére magnétique, (& cela est très vrai) & l'Hypothése décide que cette figure consiste précisément aux vis & aux écroues, (ce qui peut être très faux,) la figure des corpuscules de la matiére magnétique, & des pores de l'ayman & du fer, étant peut-être très différente de celle des vis & des écroues; mais il suffit que ce soit quelque figure qui contribue, pour que le raisonnement ne soit pas faux.

Ainsi dans le fait donc il s'agit, quand on viendroit à se tromper dans la détermination de la figure des corpuscules émanez du corps du meurtrier, & dans la maniére d'impression qu'ils font sur le corps de Jaques

C

Aymar,

Aymar, le raisonnement ne laisseroit pas de subsister jusques à ce que l'on eût pu prouver que ce n'est ni par la figure, ni par la manière d'agir de ces corpuscules, que le fait arrive. Il se pourra donc bien faire que l'on se trompera, en voulant déterminer la méchanique spéciale, en vertu de laquelle ce Villageois suit si fidellement les meurtriers & les voleurs à la piste, mais on peut (& cela suffit) faire comprendre en général que cela se fait par quelque méchanique & par quelque cause naturelle, & que cette cause purement naturelle n'est autre que l'émanation des corpuscules sortis du corps du meurtrier, dans les endroits où il a fait le meurtre, & dans ceux où il a passé.

Pour y réussir avec plus de netteté, il faut rappeller quelques axiomes communément reçus. Ces axiomes sont.

1. Que tout corps en repos ne peut être mis en mouvement que par un corps qui a du mouvement, & qui touche immédiatement le corps qui est en repos. C'est une maxime reçue de tous les Physiciens qui savent que tout mouvement se fait par impulsion, & que toute impulsion est immédiate, c'est-à-dire, qu'entre le corps mu & le corps mouvant, il n'y peut avoir aucun corps.

2. Que tout corps en mouvement tend toujours à s'éloigner de son centre, par la plus courte de toutes les lignes, qui est la ligne droite, & ne change cette détermination que par rapport aux diverses superficies des corps qu'il rencontre en parcourant sa ligne droite.

3. Que tout corps en mouvement, qui est obligé de changer sa ligne droite en ligne courbe, se mouvra nécessairement en rond, s'il trouve une égale résistance, & une égale détermination en ligne circulaire dans toute sa circonférence.

4. Qu'il y a dans le monde une matiére très subtile & très agitée, qui a sa détermination pour passer continuellement, & avec une très grande rapidité d'un des poles du monde à l'autre, & que lorsqu'elle est empêchée dans son cours, comme elle est pressée, elle fait de très grands efforts pour suivre sa route, & renverser plutot tout, que de ne se point faire passage. Il n'en faut pas d'autre preuve que l'effet de la poudre dans les mines, & la restitution des corps capables de ressort, qui étant une fois pliez ne peuvent être redressez par eux mêmes, & ne le seroient jamais, s'il n'y avoit une matiére en mouvement qui est obligée pour se faire passage d'agrandir les pores devenus plus étroits dans une des surfaces du corps plié, que dans l'autre. Cet axiome est trop connu des Physiciens pour avoir besoin d'autres preuves, & s'il en falloit, les Chymistes & les Médecins nous en fourniroient, puisque sans cet axiome les Chymistes ne pourroient expliquer la fermentation, ni les Médecins la fiévre.

5. Que nos corps transpirent continuellement, & qu'il en sort par les pores continuellement des corpuscules, qui sont des émanations de notre substance. Cela est encore reçu de tout le monde. Sanctorius en fait une démonstration dans un Livre intitulé, *De Staticâ medicinâ*. C'est lui qui nous a appris précisément qu'il sort tous les jours de notre corps par l'insensible transpiration, plus d'excrémens qu'il n'en sort par les voyes sensibles des urines, des selles, des crachats, &c.

6. Que les corpuscules qui sortent de notre corps sont de différente nature & de différente figure, en différens tems, & en différentes occasions. Cela se prouve par les galeux & par les pestiférez, dont la matiére de la transpiration est bien différente de ce qu'elle étoit dans l'état de santé, puisqu'elle est contagieuse, & qu'elle ne l'étoit pas. Or les différens effets reconnoissent nécessairement des causes différentes.

7. Que les passions de l'ame sont capables de faire de grands changemens dans nos humeurs, & par conséquent dans les corpuscules qui sortent de notre corps par transpiration, puisqu'ils sont des portions de ces mêmes humeurs. Si cet axiome paroit douteux à quelqu'un, je le prie de considérer en quel état une violente passion d'amour ou de tristesse réduit tous les jours les corps, &

de se souvenir qu'on fait un poison très subtil avec la bave des animaux les moins venimeux, lorsqu'on les fait mourir à force de les battre & de les tourmenter. On assure même que la Vipére n'est point venimeuse, lorsqu'elle mord sans colére.

8. Que les organes des animaux sont bien différens, non seulement dans les animaux de différente espéce, mais encore dans les animaux de la même espéte. Le nez, par exemple, est donné à tous les chiens, pour juger des corps odorans, & pour s'en appercevoir; cependant il s'en faut bien que tous les chiens ayent le nez aussi fin les uns que les autres, & qu'ils puissent tous suivre un liévre à la piste aussi bien les uns que les autres. Les corps odorans laissez par le liévre dans les endroits où il a passé, subsistent néanmoins aussi bien à l'égard des uns qu'à l'égard des autres. D'où peut donc venir cette grande différence qui nous fait voir certains chiens si animez sur cette piste, tandis que d'autres y sont insensibles? Cette différence ne peut venir assurément que de la différence de leur nez.

Cet exemple suffit pour faire comprendre que, bien que tous les hommes ayent des yeux pour voir, une peau pour sentir de la douleur & du plaisir, un sang pour couler dans les artéres & dans les veines, il ne faut pas croire pour cela que tous les hommes voyent un même objet de la même façon, & qu'ils soient tous également remuez & affectez par les objets extérieurs.

9. Qu'il y a dans la nature, des corps qui ne peuvent se souffrir les uns les autres, & qu'on nomme antipathiques, non pas parcequ'ils se haïssent, car ce seroit une puérilité d'attribuer une passion de haine ou d'amour à des êtres privez d'intelligence, mais parcequ'ils sont faits de maniére, que lorsqu'ils se rencontrent, ils génent le passage de la matiére subtile, & l'obligent à faire un très grand effort, pour se délivrer de cette gêne; ce qui n'arrive pas aussi, parceque la matiére subtile amoureuse de sa liberté craint d'être gênée, mais parce qu'étant pressée par celle qui la suit, elle est obligée par les loix du mouvement, de faire son chemin. La rencontre des corps acides avec les Alkalis, peut servir d'exemple & de preuve à ce dernier axiome.

Après avoir supposé, ou plutot établi ces axiomes incontestables, il est tems d'en faire l'application au fait dont il s'agit.

Personne, je pense, n'osera me nier qu'il ne faut pas recourir à une cause extraordinaire, ou non naturelle, pour expliquer les talens de Jaques Aymar, si on peut les expliquer clairement par une cause qui lui est naturelle & ordinaire. Or je prétens qu'on le peut, & voici comment je raisonne.

Il est sûr que cet homme ne connoit point la piste des meurtriers par aucune idée, par aucune perception intellectuelle, acquise ou infuse, mais par une pure perception sensible, puisqu'il ne connoit cette piste que par les émotions qu'il sent en lui même, lorsqu'il la suit, & parceque sa Baguette tourne alors malgré lui entre ses mains. Je pense donc que, pour expliquer physiquement les talens de cet homme, il suffit d'expliquer les émotions qu'il ressent, la syncope, les convulsions, & sur-tout ce tournement de Baguette, qui est le plus difficile à comprendre, & auquel je vais principalement m'attacher.

Pour pouvoir concevoir pourquoi cette Baguette tourne entre les mains de cet homme sur la piste d'un meurtrier, ou d'un voleur, tandis qu'elle ne tourne point entre les mains d'un autre homme, il ne faut que savoir quel peut être le corps en mouvement qui peut communiquer du mouvement à la Baguette, entre les mains de cet homme plutot qu'entre les mains d'un autre; puisque par le premier de mes axiomes, tout corps qui est en repos ne peut être mis en mouvement, que par un corps qui a du mouvement, & qui touchant immédiatement le corps en repos, lui communique son mouvement: & il faudra encore déterminer pourquoi ce mouvement de la Baguette est plutot circulaire que de quelqu'autre façon.

Voi-

Voici comment je pense que cela se fait. Je crois

1. Que dans tous les lieux où les meurtriers ont passé, il est resté une très grande quantité de corpuscules, sortis par la transpiration du corps des meurtriers, ce qui est sûr par le cinquième de mes axiomes.

2. Que ces corpuscules sont fort différens en figure, en arrangement de particules, de ce qu'ils étoient avant le meurtre, parcequ'il est impossible qu'un meurtrier fasse un meurtre de sang froid, tous les reproches secrets de sa conscience, qui s'élèvent contre lui pour morte qu'elle soit, la crainte d'être surpris, l'avidité de l'argent ou de la vangeance, qui le fait agir, sont des ressorts assez puissans, pour ébranler vigoureusement son ame & pour faire prendre à ses humeurs & à ses esprits animaux des dispositions différentes de celles qu'ils avoient auparavant. Cela est clair par le sixiéme & le septiéme axiomes, par lesquels il est prouvé que les corpuscules qui sortent en différens tems de notre corps, sont bien différens en différentes occasions, & que les passions & les différens mouvemens de notre ame sont capables d'y apporter un très grand changement.

3. Qu'il est très possible que ces corpuscules sortis du corps du meurtrier, & différens de ce qu'ils étoient avant le meurtre, soient faits de manière à pouvoir ébranler vigoureusement le corps d'Aymar, & sur-tout le tissu de sa peau, à en dilater les pores, à exciter dans son sang une très grande fermentation, ou du moins un mouvement différent de celui qu'ils y auroient pu causer avant le meurtre. Cela est prouvé par le sixiéme axiome, par lequel il est prouvé que les corpuscules du corps sont capables de faire différens effets, & qu'ils sont de différente nature en différentes occasions, & par rapport aux différens sujets sur lesquels ils agissent, pouvant avoir sur les uns l'action qu'ils n'auront pas sur les autres. Quant à moi je n'ai pas plus de peine à concevoir pourquoi ces corpuscules sortis du corps du meurtrier, font sur le corps d'Aymar les effets que j'ai dit, tandis qu'ils ne le font point sur un très grand nombre de gens, qu'à concevoir pourquoi en tems de peste, tout le monde ne prend pas la peste : puisque les corpuscules pestiférez répandus dans l'air touchent aussi bien ceux qui y résistent que ceux qui la prennent. Et si l'on vouloit encore éclaircir la chose par une autre comparaison très familière, il n'y auroit qu'à faire remarquer que les corpuscules odorans laissez par le liévre, ne sont sensibles qu'au nez des chiens de chasse, bien qu'ils frappent très assurément le nez des autres chiens & des autres animaux, aussi bien que le nez des chiens de chasse.

4. Qu'à l'occasion de cet ébranlement du tissu de la peau, & de la dissipation des esprits animaux qui suit la plus grande fermentation, & la dilatation des pores, il arrive à cet homme des syncopes, des convulsions, & des tressaillemens, & que ces accidens sont plus considérables dans les endroits où le meurtrier a commis le crime, & où sont les instrumens qui y ont servi, que dans les lieux où il n'a fait que passer, parcequ'il y a plus de ces corpuscules là où le meurtre a été commis, que là où le meurtrier n'a fait que passer. Donc l'effet doit être plus grand, suivant la maxime commune, *In majori quanto, majus est quale.*

5. Que par la plus grande fermentation qui se passe alors dans le sang d'Aymar, & par la plus grande dilatation des pores de son corps, il se fait alors chez lui une transpiration beaucoup plus grande que de coutume, c'est-à-dire, qu'il sort en foule du corps d'Aymar des corpuscules faits de manière, qu'ils laissent entrer librement la matière subtile dans les pores du bois où ils s'introduisent, & qu'ils en embarrassent la sortie, (ce qui ne sera pas difficile à concevoir à ceux qui connoissent la méchanique des valvules du cœur, celle des veines, & le jeu des soupapes dans les pompes ordinaires.) De-là il arrive que la matière subtile entrant librement dans les pores du bois, & trouvant dans chaque pore une égale résistance à en sortir, & une égale détermination à être mue circulairement, elle pres-

se fortement en sortant par l'effort qu'elle fait sur la partie solide des pores de la Baguette, & faisant en même tems le même jeu dans tous les pores de la Baguette qu'elle presse, & dans lesquels on peut supposer qu'elle trouve une détermination égale à être mue circulairement, il faut bien qu'elle imprime un pareil mouvement à la Baguette. Que si la Baguette, qui est faite de la manière comme vous verrez ci-après, (c) est arrêtée fortement par l'un des bouts marquez A, ou B, dans le tems de son mouvement, il est nécessaire qu'au bout de quelques tours elle rompe proche de l'un des bouts où elle est arrêtée, parceque les lignes de la Baguette qui sont fortement retenues par la main de celui qui en arrête le bout, changent de situation à l'égard de celles qui tournent, celles qui sont arrêtées demeurant droites, lorsque leur continuation décrit des lignes circulaires, & la Baguette casse près de l'un des bouts arrêtez, par la même raison qu'on casseroit un bâton dont on auroit gêné un bout dans un étau, tandis qu'on tourneroit la suite du bâton avec violence.

Mais pour concevoir plus clairement tout ce que je viens d'avancer en dernier lieu touchant le mouvement de la Baguette en rond ; il faut rapeller ici le quatriéme, le deuxiéme & le troisiéme axiomes, par lesquels j'ai établi qu'il y avoit dans le monde une matière très subtile, très agitée, qui est dans un continuel mouvement, qui traverse incessamment tous les corps, & qu'elle se meut en ligne droite autant qu'elle peut, & que lorsqu'elle est obligée de changer sa ligne droite, elle se mouvra nécessairement en ligne circulaire, si elle trouve dans toute la circonférence dans laquelle elle est mue une égale résistance & une égale détermination à se mouvoir en ligne circulaire.

Je vais répéter en peu de mots chaque proposition dépouillée de toutes preuves, afin que tout le monde puisse plus aisément concevoir mon Hypothése. Je dis donc

1. Que dans tous les lieux où les meurtriers ont passé, il est resté une très grande quantité de corpuscules, sortis par la transpiration du corps du meurtrier.

2. Que ces corpuscules sont différens en figure & en arrangement de parties, de ce qu'ils étoient avant le meurtre.

3. Que les corpuscules sortis du corps du meurtrier sont faits de manière, à pouvoir ébranler vigoureusement le tissu de la peau du Villageois, & à exciter dans son sang une très grande fermentation, tandis qu'ils ne produisent rien de pareil dans un homme disposé d'une autre manière à leur égard ; & qu'ils sont faits aussi de manière, à pouvoir laisser entrer librement la matière subtile dans les pores de la Baguette, où ils s'introduisent, & à lui en embarrasser la sortie, & à la déterminer par quelque particule à être mue, en ligne circulaire.

4. Qu'à l'occasion de cet ébranlement du tissu de la peau, & de cette grande fermentation, il se fait des contractions dans les fibres nerveuses, & des dissipations d'esprits animaux dans ce Villageois, qui sont les vrayes causes des syncopes, & des convulsions qu'il souffre alors.

5. Que par la fermentation extraordinaire des humeurs, il se fait une transpiration beaucoup plus grande que de coutume, & que c'est aux corpuscules qui sortent alors en foule par le corps d'Aymar, & qui permettant la libre entrée à la matière subtile, lui en interceptent un peu la sortie, & la déterminent à être mue en ligne circulaire, qu'il faut attribuer le mouvement circulaire de la Baguette.

Je ne prétens pas qu'on ne puisse expliquer le mouvement circulaire de la Baguette par quelqu'autre Hypothése : mais quelle qu'elle soit, il faut toujours qu'elle soit fondée sur les principes que je suppose. Car enfin il faut nécessairement dans quelque Hypothése que ce soit, admettre un corps en mouvement, qui donne en-

entre les mains de Jacques Aymar, plutot qu'entre les mains de beaucoup d'autres personnes, du mouvement à la Baguette. Or je prétens qu'en quelque Hypothése que ce soit, ce corps en mouvement, ce premier mobile de la Baguette, ne peut être autre que l'émanation des corpuscules du corps de Jacques Aymar, qui arrive à l'occasion de l'altération que produit chez lui la piste du meurtrier, & qui n'arrive pas chez un autre, chez qui cette piste ne produit pas une pareille altération, à cause de la différence individuelle de la texture de leur corps & de leurs humeurs.

Je sais, par exemple, qu'il y a un homme de qualité dans cette Ville, aussi recommandable par son mérite que par l'éclat de sa famille, lequel explique fort aisément & très simplement le mouvement circulaire de la Baguette d'une autre manière que moi. Il considére que la Baguette ayant la même figure comme celle qui est ci-devant, & étant arrêtée & tenue en équilibre, comme sur deux pivots par les deux bouts A & B entre les mains d'Aymar, de quelque mouvement qu'elle se trouve agitée, à moins qu'on ne l'arrache avec violence des mains de celui qui la tient, elle se mouvra nécessairement en rond. Pour s'en convaincre on n'a qu'à souffler, ou pousser horizontalement l'endroit marqué C, elle tournera en rond comme si elle étoit mue circulairement. Voilà donc une autre manière d'expliquer le mouvement circulaire de la Baguette, mais dans cette Hypothése, comme dans la mienne, il est nécessaire de trouver le corps en mouvement, qui fait remuer le point C de la Baguette sur les deux pivots A & B, entre les mains de Jacques Aymar, plutot qu'entre les mains d'un autre homme.

Que si ce Paysan réussit sur mer comme sur terre à suivre les meurtriers avec sa Baguette, c'est parceque sur mer comme sur terre ces corpuscules sont répandus dans l'air, dans lequel l'expérience fait voir qu'ils se conservent longtems d'une manière même qui nous est sensible, puisqu'il est difficile d'ôter l'odeur du musc à une chambre, bien qu'on laisse longtems les fenêtres & les portes ouvertes. Je sais qu'il court à présent dans le monde une lettre qui est trop belle pour n'être pas bientot imprimée par les amis de l'Auteur, elle est écrite à Madame la Marquise de Senozan par Monsieur *Chauvin*, mon Collégue, très bon Physicien. Il s'attache fort dans cette lettre à expliquer comment le courant des riviéres, les grands vents, les tempêtes, ni les vapeurs de la terre ne sont point capables de dissiper, ni de déplacer ces corpuscules sortis du corps du meurtrier, & répandus dans l'air. Il est juste que la vigne s'attache à l'ormeau pour se soutenir, & que je m'en remette à ce qu'en écrit là-dessus Monsieur *Chauvin* pour éclaircir une circonstance si difficile à expliquer, & qui répugne si fort au vraisemblable. Que si malgré toutes les réflexions de cet Auteur subtil & profond, on vient à se servir de l'exemple du chien de chasse, pour prouver que les corpuscules sortis du corps du liévre ne demeurent pas dans l'air malgré les vents & les pluyes, puisqu'après les grands vents & les grandes pluyes, ou pendant qu'il fait de grands vents & de grandes pluyes, les chiens perdent beaucoup plus aisémens la piste, que lorsque le tems est serain: je répons que cet exemple ne prouve pas la prétendue dissipation des corpuscules laissez par le liévre, & qu'il prouve du moins avec autant de force que le vent & la pluye changent la disposition des nerfs olfactoires des chiens, & les met en état de s'appercevoir moins des corpuscules laissez par le liévre, qu'auparavant. Que si on réplique que, bien que le tems soit serain & tranquille, le chien ne peut s'appercevoir de la piste d'un liévre au bout de huit jours, & qu'ainsi il faut bien que les corpuscules sortis du corps du liévre & répandus dans l'air soient dissipez, & que par une raison semblable il doit être inconcevable que Jacques Aymar puisse retrouver la piste des meurtriers & des voleurs après plusieurs années: je répons encore une fois que cela prouve plutot la différence des organes, que la dissipation des corpuscules. La disparité est grande en effet, aussi bien dans la quantité que dans la qualité, puisque les chiens ne suivent la piste des liévres qu'avec le nez, & que Jacques Aymar suit celle des meurtriers avec tout son corps; ainsi il faut un changement bien plus grand pour la lui faire perdre. De plus, il est sûr que les corpuscules sont matériels, que la matière ne peut être anéantie naturellement. On pourroit donc au plus prétendre le déplacement de ces corpuscules, par les vents, les tempêtes, les vapeurs de la terre, les pluyes &c. Je m'en rapporte à ce qu'à écrit Monsieur *Chauvin*, pour expliquer comment, malgré toutes ces circonstances, ces corpuscules ne sont point déplacez dans l'air.

Il faut faire à présent une aplication de mon Hypothése, à quelques uns des principaux Phénoménes, pour faire voir qu'elle est commode pour expliquer.

1. La Baguette tourne plus vite aux endroits où a été fait le meurtre, & Jacques Aymar y souffre davantage; parceque (comme il a été dit) il est sûr qu'en ces endroits il y a plus de corpuscules que dans les autres, & que l'effet doit être plus grand, quand la cause est plus grande.

2. Cet homme ne peut suivre un meurtrier ni un voleur, s'il ne commence à trouver le lieu où a été fait le meurtre, ou le vol. Mais dès qu'il a trouvé ce lieu, & qu'il s'y est (pour ainsi dire) aymanté des corpuscules du meurtrier, ou du voleur, il suit sa piste par tout, à la faveur de sa Baguette, qui tourne alors entre ses mains, tandis qu'il est sur la piste.

On peut fort bien expliquer ce fait dans mon Hypothése, en rapellant l'exemple d'un couteau qui a touché une fois une pierre d'ayman. Ce couteau sans plus retoucher la même pierre, conserve la vertu d'attacher à lui les épingles, les éguilles de fer, & de faire ce que fait l'ayman. Cette comparaison me paroit extrèmement propre pour expliquer le Phénoméne de Jacques Aymar, dont je parle à présent. Car de même que le fer n'acquiert la vertu de l'ayman en touchant l'ayman, que parceque la matiére magnétique qui sort du corps de l'ayman passe facilement dans les pores du fer qui ressemblent à peu près à ceux de l'ayman, & que cette matiére magnétique insinuée du corps de l'ayman dans celui du fer, & tournée en petites vis, forme dans le corps du fer de petites écroues, à l'occasion desquelles dans la suite la matière magnétique passe aussi facilement dans les pores du fer que dans ceux de l'ayman, & y produit par conséquent les mêmes effets: de même l'on peut penser que Jacques Aymar retrouve par tout la piste du meurtrier qu'il a trouvée sur l'endroit du meurtre, parceque sur l'endroit du meurtre, il faut penser que cet amas de corpuscules sortis du corps du meurtrier, dont il a été tant parlé, & que j'appellerai ici par allégorie à la matiére magnétique la matière meurtriére, fait dès la première fois qu'elle touche le corps de Jacques Aymar dans le tissu de sa peau, & peut-être aussi dans les parties de son sang, de certaines moulures & certaines traces, à raison desquelles elle se conserve toujours un passage & une entrée libre dans le corps & dans le sang de cet homme disposé à les recevoir plutot qu'un autre homme: de même que la matiére magnétique sortant de l'ayman fait ces traces ou ces moulures en écroues dans les pores du fer, & non pas dans les pores des autres corps qu'elle peut toucher, à cause qu'elle trouve les pores du fer disposez à laisser passer les petites écroues, & que les pores des autres corps ne sont pas disposez de la même façon.

3. Si en suivant la piste d'un meurtrier ou d'un voleur, le meurtrier ou le voleur, dont Aymar suit la piste, se présente à lui, & qu'il mette son pied sur le pied du meurtrier ou du voleur, la Baguette continue à tourner, & Aymar dit: voilà le meurtrier, ou le voleur. Que si l'homme qui se présente est innocent, la Baguette cesse de tourner, & Aymar dit, cet homme-là est innocent du meurtre ou du vol dont je cherche le coupable, ce qui est sans doute admirable. Car pour vous faire voir, MONSIEUR, que je ne prétens pas
d'é-

d'éviter les difficultez, vous pouvez vous souvenir, MONSIEUR, que je fis audit Aymar cette objection dans la chambre où couchent vos valets : je lui dis, comment se peut-il faire que vous ne vous trompiez pas, puisque si un innocent se trouve sur la piste d'un meurtrier, & que vous lui présentiez la Baguette, il semble que la Baguette doive continuer de tourner sur cet innocent, à cause de la piste du meurtrier sur laquelle vous êtes, & qui la faisoit tourner avant que l'innocent se mît sur cette piste ? Vous savez, MONSIEUR, qu'Aymar répondit que cela n'arrivoit pas ainsi, & que lorsqu'il suivoit la piste d'un meurtrier ou d'un voleur, si sur cette même ligne il trouvoit un innocent, & qu'il mît son pied sur le pied de l'innocent, la Baguette s'arrêtoit, & c'est ce qu'il nous fit voir, car il suivoit alors piste d'un de vos valets qui vous avoit volé, la Baguette tournoit fort vite, & dès qu'il mettoit le pied sur quelqu'un de vos laquais qui n'avoit pas contribué au vol, la Baguette s'arrêtoit, & tournoit dès qu'il ne touchoit plus le laquais innocent.

Ce Phénoméne s'explique aussi fort clairement par mon Hypothése, & l'on peut pour en faire comprendre l'explication, emprunter encore le secours de l'Ayman, & comparer la matiére larronesse & la matiére meurtriére à la matiére magnétique. Car enfin dans les faits nouveaux, il est permis d'inventer de nouveaux termes, pour s'expliquer plus nettement & plus briévement. Voici le fait de l'aiman qui sert à éclaircir ce Phénoméne. Un couteau qui avoit acquis la vertu de l'ayman, en passant par dessus un pole de l'ayman, perd cette vertu pour l'ordinaire, si on le passe sur le même pole à contresens de ce qu'il a été passé la premiére fois ; parceque ce couteau n'avoit acquis la vertu de l'ayman en passant la première fois sur un pole de l'ayman, qu'entant que la matiére magnétique qui sortoit de l'ayman dans un certain sens, avoit débouché les pores du couteau dans le même sens, & y avoit formé des figures proportionnées à la sienne, en pliant d'un certain sens les petites branches des parties du fer qui traversoient le couteau : mais lorsqu'on passe le couteau à contresens, il est nécessaire que la matiére magnétique fasse un effet contraire dans le couteau, & qu'elle redresse ce qu'elle avoit renversé, ainsi le couteau perd sa vertu magnétique. Appliquant ceci au fait, je dis que lorsqu'un innocent se trouve sur la piste d'un coupable, la Baguette cesse de tourner ; parceque les émanations du corps de l'innocent sont différentes en figure, & tournées dans un autre sens que celles du coupable ; ainsi elles ne s'ajustent point du tout aux petites traces, ni aux petites regravures que la matiére meurtriére s'étoit faites dans la peau & dans le sang de Jacques Aymar, c'est pourquoi la peau ne recevant plus le même ébranlement, ni le sang la même fermentation, l'émanation des corpuscules sortans du corps de l'homme à Baguette, n'est plus la même, & ne bouche plus les pores de la Baguette comme auparavant, pour embarrasser la sortie de la matiére subtile, & l'obliger à presser sur chaque pore en sortant, ainsi la Baguette ne tourne plus. Mais lorsque l'innocent s'est ôté de la ligne de la piste, la matiére meurtriére (que je nomme ainsi, pour me faire entendre en moins de mots) renfile aisément les mêmes routes qu'elle avoit tracées, & produit les mêmes effets. Que si le meurtrier se présente, il est sûr que la Baguette doit tourner encore plus vite, puisqu'il fournit une très grande quantité de corpuscules semblables à la matiére répandue sur la piste, & s'il y a quelque différence entre ce fait & celui de l'ayman, auquel je l'ai comparé, elle ne consiste précisément qu'en ce que la matiére magnétique détruit tout-à-fait sur le fer passé à contresens, tout ce qu'elle avoit fait en y passant la première fois dans un sens contraire ; & en ce que dans ce cas l'émanation du corps de l'innocent ne détruit pas tout-à-fait les traces, & les moulures qu'avoit formées la matiére meurtriére dans le corps d'Aymar, elle les embarrasse seulement assez, pour que cette matiére meurtriére n'y puisse entrer ; & dès que

cette émanation du corps de l'innocent est dissipée, ces moulures & ces routes demeurent libres, & alors la matiére meurtriére, ou la matiére larronesse s'y insinue comme auparavant ; & recommençant son jeu fait tourner de nouveau la Baguette, dès que l'innocent s'est retiré de la piste du coupable.

4. Quand Jacques Aymar a trouvé le meurtrier, & que faisant chemin avec lui il marche après ce meurtrier, il souffre extraordinairement, & ne peut en aucune maniére se résoudre à le suivre longtems, ne pouvant soutenir les syncopes, les agitations, les convulsions qui lui arrivent alors, il faut qu'il marche le premier, & que le meurtrier le suive.

Rien n'est plus favorable à mon Hypothése que cette circonstance ; parceque lorsqu'Aymar marche après le meurtrier, il repasse continuellement sur une piste toute fraiche, par laquelle il est incessamment ébranlé, & trop vivement pour y pouvoir tenir longtems, y trouvant une prodigieuse quantité de corpuscules sortis depuis un moment du corps du meurtrier, lesquels ne sont point encore divisez, & qui par conséquent sont en état d'agir plus fortement : mais lorsqu'Aymar marche avant le meurtrier, il est clair qu'il n'est pas exposé à cet inconvénient.

5. La Baguette perd beaucoup de sa vertu, & souvent elle la perd entiérement, lorsque le criminel a avoué son crime, elle ne tourne alors sur lui que foiblement, & il arrive souvent qu'elle n'y tourne point du tout. En voici la raison.

Il est sûr que la situation de l'esprit d'un criminel n'est plus la même, quand il a avoué son crime qu'auparavant ; il est, par exemple, ou plus résolu à la mort, ou plus desespéré qu'auparavant ; il n'est plus en souci de savoir ce qu'il répondra aux Juges, il est aisé d'y trouver beaucoup de différence. Or de même que le changement arrivé à ses humeurs, & qui donne le moyen de suivre avec la Baguette, ne peut être que la suite de la situation de son esprit, différente après le crime de ce qu'elle étoit auparavant : ainsi ce second changement qui empêche la Baguette d'agir sur lui après l'aveu de son crime, ne peut être que la suite d'une situation d'esprit différente dans le criminel après l'aveu du crime, de ce qu'elle étoit auparavant. Je ne vois pas plus de difficulté d'un côté que d'autre, car on ne peut pas nier qu'un criminel qui a avoué son crime, n'ait une situation d'esprit aussi différente de celle qu'il avoit avant cet aveu, qu'est différente la situation de l'esprit d'un meurtrier après le meurtre commis, de celle où il étoit avant l'avoir commis. Or je crois d'avoir assez établi dans mes axiomes que les différentes modifications de notre ame font différens changemens sur notre corps : car une des loix les plus connues de l'union de notre ame avec notre corps, c'est que Dieu a voulu que toutes les fois qu'il se passeroit certain mouvement dans notre corps, il se passeroit certaine modification dans notre ame ; & que toutes les fois qu'il se passeroit certaine modification dans notre ame, il se passeroit certain mouvement dans notre corps : & comme il est clair que notre ame est modifiable à l'infini, parcequ'elle peut penser en une infinité de maniéres très différentes, & à une infinité de différentes choses ; il est constant aussi que notre machine corporelle, dont les différens mouvemens suivent les différentes modifications de l'ame, peut être mue en une infinité de différentes maniéres, & par conséquent changée & altérée différemment par notre ame, puisqu'elle ne peut recevoir de changement sans un différent mouvement, ni de différent mouvement sans un changement.

6. La Baguette qui tourne avec tant de rapidité sur la serpe meurtriére enterrée, ne tourne plus sur cette même serpe enfermée dans un linge ; & ce qui paroit de plus bizarre, la Baguette tourne aussi bien entre les mains d'Aymar sur l'argent envelopé dans un linge, que sur l'argent qui n'est point caché dans un linge. Il est aisé, suivant mon Hypothése, de penser que cela arrive, parceque les pores du linge sont faits pour laisser

D　　　　　　　　　　　　　　　　pas-

paſſer les corpuſcules de l'argent, & qu'ils ne ſont pas faits de manière à laiſſer paſſer ceux qui s'élévent de la ſerpe meurtriére: car bien que les uns & les autres conviennent en ce qu'étant à découvert, ils ſont ſur Aymar les effets néceſſaires pour faire tourner la Baguette, cela n'empêche pas que les corpuſcules qui s'élévent de l'argent, & ceux qui s'élévent de la ſerpe meurtriére ne puiſſent avoir entre eux quelque différence individuelle; & il faut bien que cela ſoit, puiſque Aymar ſouffre, & eſt agité par les corpuſcules de la ſerpe meurtriére, & ne l'eſt jamais par ceux de l'argent. Et qu'on ne m'oppoſe point que je ſuppoſe tout cela à plaiſir, je demeure d'accord que je ne puis le démontrer, mais j'ai averti dès le commencement de cette lettre qu'un Philoſophe qui ſuit la nature avec les yeux de ſa Raiſon, & non pas avec ceux de ſon corps, n'eſt pas obligé de faire voir tout ce qu'il ſuppoſe, il n'eſt obligé que de le faire comprendre; & qu'il peut ſuppoſer hardiment tout ce qui ne répugne ni au bon ſens, ni aux expériences, ni aux premiers principes. Ainſi ſi quelqu'un inſiſte à me dire que je ne puis faire voir ce que je ſuppoſe, je lui répons en peu de mots que je ſuis en droit de le ſuppoſer, juſques à ce qu'il ait pu me faire voir que ce que je ſuppoſe eſt impoſſible. Juſques-là j'ai plus de raiſon pour ſuppoſer, qu'il n'en aura pour nier mes ſuppoſitions, puiſque je puis lui prouver par beaucoup d'expériences, que les pores du corps ſont différent les uns des autres auſſi bien que leurs émanations, ainſi que je l'ai établi dans mes axiomes, & que rien ne répugne à ce que les corpuſcules qui s'élévent de la ſerpe meurtriére, n'ayent pas avec les pores du linge tout-à-fait la même proportion qu'ont ceux qui s'élévent de l'argent.

7. L'on peut auſſi rendre raiſon par cette Hypothéſe du plus difficile de tous les faits, & de la plus embarraſſée de toutes les queſtions que je me ſois pu aviſer de faire à cet homme. Vous vous ſouviendrez, MONSIEUR, s'il vous plait, qu'en votre préſence je lui dis qu'il me ſembloit qu'il devoit ſouvent prendre le change, puiſque ſa Baguette tournoit pour tous les meurtriers, pour tous les voleurs, pour l'eau, pour l'argent caché, pour les bornes tranſplantées. Je lui demandai comment il ſe tireroit d'affaire, lorſque ſur une même ligne pluſieurs meurtriers, ou pluſieurs voleurs auroient paſſé, qu'il y auroit outre cela ſur cette ligne quelque ſource d'eau, de l'argent caché, des bornes tranſplantées, quelqu'une de ces choſes, ou toutes à la fois, car ſela ſe peut, & ſi la Baguette auroit l'eſprit, ou la bonté de ne tourner préciſément que pour celle de ces choſes qu'il cherchoit. Aymar ne nia pas qu'il ne ſe pût tromper, ſi dans la même ligne, où il y avoit de l'eau, il y avoit auſſi de l'argent caché, ou que les voleurs y euſſent paſſé, parceque pour ces trois articles la Baguette tourne entre ſes mains, ſans qu'il en puiſſe reconnoitre la différence; mais il dit qu'à l'égard des meurtriers, & des bornes tranſplantées, il ne pouvoit s'y tromper, parceque pour ces deux articles, outre le tournoyement de la Baguette, il ſentoit dans lui même une certaine émotion qu'il ne pouvoit pas ſentir pour quelque autre cauſe que ce fût, non pas même pour la piſte d'un autre meurtrier qui lui feroit bien tourner la Baguette, mais non pas avec une même nature d'émotion que pour celle qu'il ſuit déja. Encore faudroit-il pour faire cette confuſion qu'il eût été aymanté ſur le lieu de l'autre meurtre, à cauſe des raiſons qui ont été dites dans le ſecond des Phénoménes que je viens d'expliquer.

Je puis rendre raiſon de ce fait dans mon Hypothéſe, puiſque j'ai ci devant établi que la matiére de la tranſpiration eſt auſſi différente dans les hommes que l'eſt leur ſang, & leur tempérament; & comme on ne trouve pas deux hommes qui aiment ou qui haïſſent préciſément les mêmes choſes, on doit conclure qu'il n'y en a pas peut-être deux qui penſent de la même manière, & qu'il n'y en a pas deux par conſéquent qui ayent les humeurs de la même manière, puiſqu'elles changent de caractére par les différens mouvemens dont elles ſont agitées, & que la différence de ces mouvemens ſuit la différence des modifications de l'ame.

Je pourrois ſans doute, MONSIEUR, par la même Hypothéſe expliquer beaucoup d'autres Phénoménes qui ont relation au ſujet que je traite, ſi je ne m'appercevois qu'inſenſiblement je ſors des bornes d'une lettre que vous n'aurez dû déja trouver que trop longue. J'abandonne donc ici les réflexions que peut faire un Philoſophe, pour m'arrêter un moment à celles que le bon ſens ſeul peut fournir ſur cette matiére. On a beſoin à la vérité du ſecours de la Philoſophie, quand on veut expliquer méchaniquement les talens de Jacques Aymar; mais on n'a pas beſoin que du bon ſens, & d'une médiocre application d'eſprit, pour ſe perſuader que ces talens ſont purement naturels, & qu'ils ne dépendent ni du ſortilége, ni d'aucun pacte, ni même des conſtellations, ou de l'étoile ſous laquelle Aymar eſt né.

Pour ſe perſuader que les talens d'Aymar ſont purement naturels, il ne faut que remarquer qu'il y a beaucoup de gens en cette Ville qui avoient les mêmes talens qu'Aymar ſans en rien ſavoir, & qui ne s'étoient pas vraiſemblablement donnez au Diable, ni entrez dans aucun pacte avec lui pour acquérir des talens qu'ils ne connoiſſent même pas, & qu'ils n'avoient jamais penſé d'avoir. Et Jacques Aymar ne s'eſt pas donné au Diable non plus qu'eux, pour acquérir le talent de ſuivre les meurtriers, & de connoitre les lieux où a été fait le meurtre, puiſque ce n'eſt que par hazard qu'il s'eſt apperçu qu'il avoit ce talent; en cherchant de l'eau dans une cave, dans laquelle il y avoit le corps d'un homme aſſaſſiné depuis pluſieurs années, ainſi qu'il eſt dit dans l'hiſtoire du fait.

Ce ne ſont pas auſſi les conſtellations qui en ſont cauſe, puiſque de ces hommes dont j'ai parlé qui ont les mêmes talens en cette Ville, il y en a qui n'ont pas neuf ans, il y en a qui en ont trente, d'autres qui en ont davantage; ces gens-là cependant ſont nez ſous des conſtellations très différentes, puiſque tous les Aſtronomes demeurent d'accord que l'état du Ciel change à tout moment, & qu'il n'y en a pas un qui nie que depuis le commencement du monde juſqu'à préſent, on n'aye pas vu une conſtitution du Ciel ſemblable à celle qui eſt à préſent que j'écris ceci. Pluſieurs milliers de ſiécles ne ſufiſant pas pour faire revenir la même conſtitution & le même état du Ciel.

Le bon ſens tout ſeul nous peut encore fournir beaucoup d'autres réflexions ſur ce ſujet. Je ne doute point que chaque homme raiſonnable n'en puiſſe faire de très juſtes. Quant à moi il m'eſt venu ſouvent en penſée que la première fois qu'on entendit parler de l'ayman, & qu'on vit un homme qui tenoit ſuſpendue en l'air une épingle dont la tête étoit en bas & la pointe en haut, attachée à la pointe de ſon couteau, on en fut apparemment auſſi ſurpris que de tout ce qu'on entend dire de Jacques Aymar, & qu'il y eut en ce tems-là beaucoup de gens diſpoſez à croire que cet homme étoit ſorcier, & que cela ne pouvoit ſe faire naturellement. Cependant on ne trouve perſonne aujourd'hui qui faſſe difficulté de croire que ce Phénoméne du couteau aymanté & de l'épingle qui s'y attache par ſa pointe ne ſoit très naturel. Ceux donc qui ſont portez à croire que tout ce qu'ils ont entendu dire de Jacques Aymar ne ſe peut faire naturellement, doivent, à mon ſens, ſuſpendre un peu leur jugement, & ſe ſouvenir que la ſource la plus ordinaire de nos erreurs, c'eſt la précipitation avec laquelle notre vanité naturelle nous porte à juger de toutes choſes, ſans prendre garde qu'on eſt très ſujet à ſe tromper, lorſqu'on donne plus d'étendue à ſa volonté qu'à ſon entendement, & lorſqu'on reçoit pour vraye une propoſition qui n'eſt point encore évidente. Il faut toujours, pour éviter l'erreur, que l'évidence précéde le conſentement de la volonté, parceque l'évidente eſt la
ſeu-

feule marque infaillible de la vérité; mais il faut prendre garde à ne pas recevoir pour évident ce qui ne l'eft pas, & à ne pas parer le menfonge des habits de la vérité. Dans le fait dont il s'agit, par exemple, pour parler raifonnablement, il faudroit que ceux qui veulent abfolument foutenir que tous les talens de cet homme ne peuvent avoir une caufe naturelle, connuffent toutes les caufes naturelles, qui peuvent avoir quelque rapport à ces talens; & que les ayant toutes examinées, ils connuffent qu'aucune n'y peut contribuer, ils pourroient alors avec quelque raifon prononcer que ces talens ont une caufe qui n'eft pas naturelle. Je vous laiffe à juger, MONSIEUR, à vous qui êtes un fi bon Juge de toutes chofes, fi cela paffe ainfi, & fi ce grand nombre de gens toujours prêts à décider de tout, font fuffifamment inftruits des fecrets de la nature, pour pouvoir fur le champ prononcer, comme font la plupart, qu'il n'y a aucun reffort dans la nature qui puiffe produire les fingularitez qu'on remarque dans cet homme. Pour leur rendre à eux-mêmes leur propre jugement fufpect, je voudrois les prier d'examiner eux mêmes leurs propres décifions. J'en ai oui plufieurs de ceux qui ne vouloient point reconnoitre de caufe naturelle des actions de l'homme à la Baguette, fur le fait du vol, & des meurtriers, qui ne s'étonnoient pas, difoient-ils, de la faculté qu'il avoit de trouver les fources cachées à vingt pieds dans la terre avec fa Baguette; paffe pour cela, difoient-ils, c'eft une chofe ordinaire, nous connoiffons bien d'autres gens qui ont la même vertu, mais de fuivre les meurtriers & les voleurs avec la Baguette, vrayement cela eft bien différent, on n'a jamais oui parler de cela, très affurément, il y a là du Grimoire. Quant à moi, je ne crois pas que la plupart de ces Meffieurs qui ne s'étonnent point du premier de ces Phénoménes, s'en étonnent moins parcequ'ils en comprennent mieux la caufe, qu'ils ne comprennent celles des autres Phénoménes qui les paffent, mais feulement parcequ'ils en ont oui parler plus fouvent; car il me femble qu'il eft auffi mal-aifé d'expliquer comment l'eau cachée à vingt pieds dans la terre, peut faire tourner une Baguette entre les mains d'un homme, que d'expliquer tout le refte.

Je penfe, MONSIEUR, qu'en voilà affez pour obliger ceux qui ne font que rarement ufage de leur efprit, & qui par-là en connoiffent moins les foibleffes, à être plus retenus à décider fi hardiment, & à lire avec moins de prévention les Ouvrages de ceux qui ont un peu plus d'habitude qu'eux à penfer fur les fecrets de la nature.

Mais avant que de finir, je fuis obligé de vous juftifier une propofition que j'ai avancée dès le commencement.

Cette propofition eft, qu'un efprit médiocre pourroit aifément appliquer tout ce que je dirois pour les meurtriers, aux autres talens de Jacques Aymar, & qu'on pourroit par la même Hypothéfe expliquer la vertu qu'il a de fuivre auffi la pifte des voleurs, de trouver les fources, l'argent caché, les bornes tranfplantées. Il n'eft pas mal aifé en effet de foutenir cette propofition, puifqu'il ne faut que fuppofer dans les voleurs, dans l'eau, dans l'argent, & dans les bornes, des émanations de corpufcules qui font des effets fur le corps d'Aymar, & conféquemment fur la Baguette, pareils à ceux que j'ai remarquez pour les meurtriers. Vous n'aurez pas de la peine à en convenir, MONSIEUR, vous qui n'ignorez rien de la Philofophie, & des belles lettres qui vous fervent à délaffer votre efprit fi fort appliqué au bien public. Pour ceux qui n'ont pas les mêmes ouvertures, il fuffira de leur avoir prouvé qu'il ne fe faut pas preffer de dire que ce qu'on ne voit pas, n'eft pas; qu'il y a beaucoup de chofes dans la nature qui font, & que nous ne voyons pas, mais que nous comprenons fort bien. Peut-on en effet nier que l'argent & les bornes ne puiffent envoyer beaucoup de corpufcules fans diminuer fenfiblement de poids; depuis qu'on fait par expérience qu'une taffe de Regule d'An-

timoine rendra plufieurs années tous les jours une grande quantité de vin vomitif fans diminuer de poids, quoique cela n'ait pu fe faire fans qu'il fe foit détaché des corpufcules antimoniaux, qui ayent paffé de la taffe dans le vin, chaque fois que ce vin eft devenu vomitif? Depuis qu'on fait par une autre expérience qu'on fait bouillir pendant des années entiéres une livre, par exemple, d'argent vif, dans l'eau qui en reçoit la vertu de tuer la vermine, fans que l'argent vif diminue fenfiblement de poids, bien que cette vertu n'ait pu arriver à l'eau que par le détachement de quelques corpufcules Mercuriels? Et combien d'autres expériences pourroiton citer, pour prouver qu'il fe détache de tous les corps du monde inceffamment des corpufcules qu'on ne voit pas? Si la plupart des hommes favoient combien la nature eft myftérieufe, que fon artifice confifte toujours *in minimo organico*, & que ce très petit organifé n'eft pas fait pour être apperçu par nos yeux, fans doute ils changeroient le violent penchant qu'ils ont à ne croire que ce qu'ils voyent, ou ce qu'ils fentent, & à croire que ce qu'ils ne peuvent ni voir, ni fentir, n'eft pas. Le Microfcope feul eft un reméde proportionné à leur foibleffe, ils peuvent avec fon unique fecours guérir par leur propre fens leur efprit des erreurs où leurs fens le font tomber fi fouvent, puifqu'avec le Microfcope ils peuvent voir des chofes qu'ils n'auroient jamais vues fans cet inftrument, lefquelles néanmoins n'auroient pas laiffé que d'être, quand bien on n'auroit pas trouvé un inftrument propre à nous les faire voir. Il ne faut donc pas nier l'émanation des corpufcules, parcequ'elle n'eft pas toujours fenfible: quand on ne connoitroit que la divifibilité de la matiére à l'infini, on en fauroit affez pour comprendre cette émanation continuelle de corpufcules.

C'eft là, MONSIEUR, ce que j'avois à vous dire pour foutenir la propofition que je pris la liberté de vous avancer, le foir que vous me fites l'honneur de me parler de cette affaire. Cette propofition eft, que les talens de Jaques Aymar font naturels, & qu'on les peut expliquer auffi phyfiquement qu'on explique les Phénoménes de l'ayman, ceux de la poudre de Sympathie, & beaucoup d'autres. Il ne me refte qu'à vous prier d'excufer toutes les fautes que vous trouverez dans ces réflexions, à caufe du zéle & de l'envie que j'ai eu de vous plaire; de vouloir bien corriger mes erreurs par vos lumiéres; & de faire grace à tout l'ouvrage, à caufe de vos bontez ordinaires pour l'Auteur, & de l'empreffement que j'ai eu à vous marquer par ce coup d'effai le profond refpect avec lequel je fuis,

MONSIEUR,

Votre très humble & très obéiffant
ferviteur,

GARNIER.

Relation promife dans l'avis au Lecteur de quelques actions de Jacques Aymar que l'Auteur lui a vu faire chez Monfieur le Lieutenant-Général, & de quelques réponfes que ledit Aymar fit à des queftions qui lui furent alors propofées par l'Auteur.

LE troifiéme de Septembre de la préfente année 1692. je paffai trois heures avec Jacques Aymar, chez Monfieur le Lieutenant-Général de cette Ville. Monfieur l'Abbé fon oncle, Monfieur l'Abbé de Saint Romain, & Monfieur de Puget s'y trouvérent, & furent témoins de ce qui fuit.

Jacques Aymar prit une Baguette fourchue qu'on coupa au premier balet qu'on trouva, il tint chacune des extrémitez fupérieures de la Baguette fourchue dans l'une de fes mains, laiffant en bas le bout où fe réuniffent sent les deux branches, qui sont la fourche. L'ayant ainsi disposée entre ses mains, on mit sous son pied droit trois écus blancs, & incontinent la Baguette tourna; on y en mit davantage, & elle tourna plus fort. On disposa sur les tables de la Bilbliothéque de Monsieur le Lieutenant-Général plusieurs chapeaux, on cacha de l'argent sous quelques uns de ces chapeaux, on n'en cacha point sous d'autres, la Baguette tourna entre les mains de Jaques Aymar sur les chapeaux qui couvroient de l'argent, elle ne tourna point sur les autres, sous lesquels il n'y avoit point d'argent. Et comme ces chapeaux étoient sur des tables, Aymar étoit obligé de mettre sur ces tables une de ses jambes, sans quoi la Baguette n'auroit pas tourné, & cette circonstance peut sans doute servir de beaucoup, pour appuyer l'opinion des corpuscules que j'ai établie dans la lettre.

Plusieurs fois chacun de nous mit sous son pied la main, tantot pleine, tantot vuide d'argent; lorsque nous avions de l'argent dans la main la Baguette tourna, lorsque nous n'en avions point, elle ne tourna pas.

Nous n'oubliames rien pour découvrir s'il y avoit quelque artifice du côté de cet homme, pour faire ainsi tourner la Baguette; nous lui fimes étendre les mains autant qu'il se pouvoit sans que la Baguette tombat; mais malgré toutes nos précautions la Baguette tourna toujours, & si bien qu'après l'avoir examiné, nous fumes tous encore plus convaincus qu'auparavant qu'il n'y avoit aucune tromperie dans le fait.

On envelopa bien ensuite de l'argent dans un linge, pour voir si la Baguette tourneroit sur l'argent ainsi fermé, parceque cet homme nous assura (& nous le savions d'ailleurs) que la Baguette n'avoit point tourné sur la serpe meurtriére lorsqu'elle avoit été envelopée d'un linge; mais la Baguette tourna également sur l'argent envelopé d'un linge comme sur l'argent découvert.

Monsieur le Lieutenant-Général avoit été volé il y a sept ou huit mois par un de ses laquais qui lui avoit pris environ vingt cinq écus dans un des cabinets qui sont derriére sa Bibliothéque. Il demanda à Aymar s'il pourroit connoitre l'endroit où il avoit été volé. Aymar fit plusieurs tours dans ce cabinet avec sa Baguette aux mains, mettant le pied sur les chaises, sur les meubles, & sur deux bureaux qui sont dans ce cabinet, à chacun desquels il y a plusieurs tirons: il ne se trompa point, il connut précisément le bureau & le tiroir dans lequel avoit été fait ce vol. Monsieur le Lieutenant-Général lui dit ensuite d'essayer de suivre à la piste ce voleur, ce qu'il fit, sa Baguette le mena d'abord sur la terrasse neuve qui est à plein pied dudit cabinet, delà dans le cabinet près du feu, puis dans la Bibliothéque, & de-là droit dans la montée, à la chambre des valets où la Baguette tournant toujours le conduisit sur un lit, sur la moitié duquel seulement la Baguette tourna, ne tournant point du tout sur l'autre moitié, & tous les autres laquais là présens dirent que c'étoit dans cette moitié de lit, sur laquelle la Baguette tournoit, qu'avoit toujours couché le laquais voleur, qui pour lors n'étoit plus dans la maison, un autre laquais ayant toujours couché de l'autre côté. M. le Lieutenant-Général se souvint positivement que le jour que ce laquais le vola, il alla de ce cabinet à deux ou trois pas dans sa terrasse, pour prendre du bois, puis entra dans le cabinet pour lui faire du feu, ensuite traversa sa Bibliothéque pour monter à la chambre des valets.

Lorsque la Baguette tournoit sur la piste du laquais voleur & absent, Aymar mit son pied sur le pied de tous les laquais de la maison les uns après les autres, & leur présenta la Baguette, laquelle cessa de tourner, parceque il n'y en avoit aucun de coupable; Aymar assurant toujours que si on faisoit venir le laquais voleur, la Baguette tourneroit sur lui, & qu'il le connoitroit.

Voici encore un fait dont je suis témoin, & qui est digne de remarque.

Madame la Lieutenante-Générale eut la curiosité de savoir si cet homme pourroit deviner un vol qu'elle auroit fait elle-même. Elle prit donc à ce dessein la bourse à Monsieur de Puget, puis elle demanda à cet homme, s'il n'y avoit point de voleur dans la chambre où l'on étoit. Aymar nous examina tous, & ne reconnut point de voleur, elle lui dit encore prens bien garde, tu te trompes, il y a ici quelqu'un qui a volé à un autre sa bourse dans cette chambre même. Aymar nous examina une seconde fois & ne connut point le vol, & comme on lui soutint qu'il se trompoit, & qu'il avoit été fait un vol dans la chambre, il répondit froidement qu'il falloit que ce vol eût été fait pour rire, & d'une maniére innocente, auquel cas il n'en pouvoit rien connoitre, assurant qne si le vol avoit été fait d'une maniére criminelle, il n'auroit pas manqué de le connoitre.

Je lui fis ensuite plusieurs questions. Je lui demandai si la Baguette tournoit aussi bien sur l'eau, comme sur la terre, sur mer, & au milieu d'une riviére comme au bord.

Il a répondu qu'oui.

S'il est vrai qu'il ressente des syncopes, des tressaillemens, & de grandes émotions en suivant les meurtriers, les voleurs, l'eau, des bornes transplantées & l'argent caché.

Il répondit qu'il ne sentoit aucune douleur, ni aucun trouble en suivant les voleurs, l'eau & l'argent, mais qu'il sentoit de violentes agitations en suivant les bornes transplantées & les meurtriers, sur-tout là où les meurtriers s'étoient arrêtez, & là où avoit été fait le meurtre.

Comment il feroit pour ne pas se tromper, lorsque sur la piste d'un meurtrier, ou d'un voleur, il y auroit de l'eau ou de l'argent caché ou des bornes transplantées, & si lorsque sa Baguette tournoit; il pouvoit distinguer par quelque signe, pour laquelle de ces choses elle tournoit, puisqu'elle avoit la vertu de tourner pour chacune de ces choses.

Il répondit que si en cherchant de l'eau, il trouvoit de l'argent, il ne pouvoit se tromper, parceque sa Baguette tournoit aussi bien pour l'eau que pour l'argent caché, sans qu'il se passat chez lui aucune émotion, ni aucun tressaillement; que s'il rencontroit la piste d'un voleur qu'il ne cherchoit pas, cela ne pouvoit le faire tromper, parceque pour pouvoir suivre la piste d'un voleur, il faut qu'il ait été une fois mis sur l'endroit où a été fait le vol, sans quoi il ne peut plus suivre cette piste.

Cette question donna bientot lieu à une autre; & je lui demandai s'il ne pouvoit pas se tromper en cherchant un meurtrier, supposé qu'un autre meurtrier eût passé sur la ligne de la piste du premier meurtrier qu'il suit, ou bien que sur cette ligne il y eût des bornes criminellement transplantées, puisqu'il souffroit des tressaillemens & des inquiétudes pour tous les meurtriers & pour les bornes transplantées par malice.

Il répondit qu'il pouvoit moins se tromper pour cela que pour le reste, parcequ'à l'égard premiérement du change que l'on croyoit que lui pouvoit faire prendre la piste d'un second meurtrier qui eût passé sur les mêmes traces de l'autre, il auroit fallu pour s'y tromper, qu'il auroit été mis sur l'endroit, où avoient été faits les deux meurtres, n'ayant aucune vertu de reconnoitre par sa Baguette la piste d'un meurtrier, s'il n'avoit auparavant été mis sur l'endroit où avoit été commis le meurtre: qu'outre cela, il distinguoit fort bien cela par l'émotion, & qu'il trouvoit toujours sur la piste du meurtrier une certaine maniére d'émotion, semblable à celle qu'il avoit ressentie à l'endroit où avoit été commis le meurtre: & qu'il ne pouvoit sentir de même, ni pour la piste d'un autre meurtrier, ni pour aucunes bornes transplantées, pour lesquelles il sentiroit bien des émotions, mais telles qu'il pourroit par son seul sentiment les distinguer de la première émotion acquise à l'endroit où avoit été commis le meurtre.

S'il est vrai que lorsqu'un meurtrier a avoué son crime, la Baguette ne tourne plus sur lui.

Il répondit que cela étoit vrai fort souvent, bien que cela ne fût pas infaillible.

S'il

S'il y avoit un tems limité & prescrit pour la vertu de la Baguette à l'égard de la piste des meurtriers & des voleurs, & quel étoit ce terme, six mois, par exemple, ou un an.

Il répondit qu'il croyoit qu'il n'y avoit point de terme fixe, ou que du moins il avoit sujet de croire que ce terme étoit fort long, puisque le premier meurtre qu'il avoit connu avec sa Baguette, étoit arrivé depuis plus de vingt cinq ans.

Si la Baguette tourne aussi bien pour un corps enterré, & mort de mort naturelle, que pour un corps assassiné.

Il a répondu que non.

En quel mois, à quelle heure, en quelle année il est né.

Il nous a répondu qu'il étoit né le 8. Septembre 1662. à minuit.

S'il connoit d'autres gens que lui qui ayent le même talent.

Il a répondu que Monsieur l'Evêque de Morienne a les mêmes talens, & qu'il est à peu près de son âge.

Si la Baguette tourne, quand il est sur une riviére, pour l'eau de la riviére.

Il a répondu que non, & qu'elle ne tourne que pour l'eau couverte de terre.

S'il connoit le nombre des meurtriers, ou des voleurs qui ont contribué au même vol, ou bien au même meurtre, lorsqu'il suit leur piste.

Il a répondu qu'il en connoit le nombre, pourvû qu'ils n'ayent pas tous passé sur une même ligne, mais comme il est presque impossible que quatre hommes qui font voyage ayent toujours marché sur une même ligne, il lui est facile d'en connoître le nombre.

LETTRES

QUI DECOUVRENT (a)

L'ILLUSION

DES

PHILOSOPHES

SUR LA

BAGUETTE,

ET QUI DETRUISENT LEURS SYSTEMES.

Par le R. P. PIERRE LE BRUN *Prêtre de l'Oratoire.*

PREFACE.

Il y a tant de choses dont on doit s'instruire, & tant d'autres qu'il ne nous importe pas de savoir, qu'on a souvent lieu de douter si l'on ne péche point par trop de négligence, ou par trop de curiosité. Ne recherchez pas, (b) *dit l'Ecriture,* ce qui est au dessus de vous. Ayez seulement toujours devant les yeux ce que Dieu vous a commandé. Il y a beaucoup de choses qui ne vous touchent point; n'en soyez donc pas curieux.

Suivant ces saints avertissemens, on peut craindre un excès de curiosité, lorsqu'on consume bien du tems pour approfondir des secrets qui n'ont nul raport à nos devoirs; mais on doit craindre aussi qu'une trop grande indifférence ne soit pas exempte de faute, si négligeant de s'instruire de certaines matiéres, on s'expose à dire ou à faire quelque chose qui soit contraire à la Loi de Dieu.

*Il est difficile que bien des gens ne donnent dans cet inconvénient, lorsque quelque pratique devient commune par-*mi le peuple: *& qu'on peut douter si elle est fondée sur une raison Physique, ou si elle tient du miracle, ou si elle n'est point l'effet de la fourberie, ou de la superstition.*

Tel est le doute que fait naitre l'usage de la Baguette avec laquelle on trouve de l'eau, des métaux, les bornes des champs, & plusieurs autres choses cachées. La pratique en est assez simple, pour faire croire qu'elle n'a rien que de naturel. Nulle cérémonie nécessaire, nulle parole, nulle circonstance magique. Une Baguette qu'on tient entre les mains, se remue sur l'eau, sur les métaux, & sur le lieu où s'est commis un meurtre. Ne semble-t-il pas qu'il n'y a rien-là que de naturel?

Mais cette même Baguette ne se remue qu'entre les mains de quelques personnes. Elle s'incline également sur des choses très différentes. Elle indique les bornes des champs, les meurtriers, les voleurs, les larcins: toutes choses qui tiennent bien plus du moral que du Physique. N'est ce point là un sujet de croire que les effets de la Baguette sont au dessus des forces naturelles?

Il est donc important qu'on se mette en état d'en juger avec connoissance de cause, & qu'on prononce un jugement décisif. S'il n'y a que fourberie dans l'usage de la Baguet-

(a) Imprimées à Paris en 1693. in 12. chez Jean Boudot.
(b) Eccli. 3. 22.

E

16,

te, il faut en avertir le public, & interdire à jamais un usage, qui sous prétexte de quelque bien donneroit lieu à des fripons d'accuser des gens d'honneur, & deviendroit bientôt une source de médisances, de calomnies, & de division dans les familles, dans les villes, & sur-tout dans les petits lieux.

Que si la Baguette tourne sans art & sans fraude entre les mains de quelques personnes, on doit encore examiner si cela se fait par l'action d'un bon ou d'un méchant principe. Laisser le peuple dans le doute, c'est le laisser exposé à pécher. Condamner à cause du doute, c'est se mettre au hazard d'ôter aux hommes un avantage qu'on ne sauroit assez priser, s'il venoit de Dieu. Est-il rien en effet de plus estimable, que de pouvoir aussi aisément assigner à chacun ce qui lui appartient, terminer les procès, & empêcher les crimes qui pourroient être découverts par le seul mouvement d'un bâton? Ce seroit là (c) la verge d'équité, qui appartient au Royaume de JESUS-CHRIST, ou (d) ce bois de bénédiction qui produit la justice.

Mais si sur ces belles apparences on approuvoit l'usage de la Baguette, & qu'elles ne fussent neanmoins qu'un voile sous lequel le tentateur se seroit caché; ne seroit-ce pas faire accepter des dons qui ne pourroient être que des piéges? Tout le monde en est sans doute convaincu, & la difficulté ne peut consister qu'à discerner si le Démon a quelque part à l'usage dont il s'agit.

Bien des gens croyent que c'est cet esprit séducteur qui fait tourner la Baguette; & ce n'est pas seulement depuis la découverte des meurtriers & des bornes qu'on a formé ce soupçon. Lors même que la Baguette ne faisoit trouver que des métaux, on s'en défioit, on en disputoit; & Agricola (e) savant Allemand, témoin de ces disputes, après avoir pesé les raisons des deux partis, en examina l'usage avec soin, le déclara superstitieux, & soutint hautement son sentiment dans le traité des métaux qu'il fit imprimer il y a plus de deux siécles. On ne laissa pas toutefois d'être encore partagé. Comme Agricola insistoit beaucoup sur les paroles que plusieurs personnes prononçoient de son tems, ceux qui réussissoient sans paroles, le prirent pour un bon homme qui croyoit à la sorcellerie, lorsqu'il voyoit joindre à certaines pratiques quelqu'un de ces mots mystérieux, qui ne sont souvent inventez que pour faire valoir un secret dans l'esprit des simples, ou pour avoir lieu de rire aux dépens de ceux à qui on fait déveloper de grands principes de Démonomanie, pour expliquer des sujets qui sont tout-à-fait naturels.

Si le plus grand nombre n'a pas été du sentiment d'Agricola, des Auteurs de réputation & de mérite y sont entrez. Ils ont trouvé sa décision bien fondée, & se sont contentez en traitant la question, de transcrire ce qu'il en avoit dit. Voilà le doute qui subsiste depuis longtems. Voyons comment on pourra le résoudre.

Il me semble que ce qui met en peine la plupart des personnes, lorsqu'il faut décider si un effet surprenant est ou n'est pas naturel, c'est que la nature ne nous est pas dévelopée, & que souvent elle suit des voyes qu'on ne peut sans témérité se promettre de pénétrer. Une infinité de merveilles que les Naturalistes rapportent, plusieurs secrets que l'on croit semblables à celui qui est mis en question: tout cela se présente à l'esprit, on est ébloui, on n'ose prononcer, ou bien si l'on décide, c'est quelquefois par des principes qui peuvent fort bien s'accommoder avec le faux.

Pour remédier à cet inconvénient, il faudroit, ce semble, établir des principes qui fissent voir de quelle maniére s'exécutent les loix générales des communications des mouvemens. Il faudroit observer avec soin ce qui se rencontre de vrai & de singulier dans tous ces effets surprenans, dans toutes ces prétendues merveilles, dans tous ces secrets qu'on vante tant. Il faudroit les tirer d'une certaine obscurité où toutes choses paroissent semblables. Il faudroit éclaircir les doutes, résoudre les difficultez, montrer aux uns que bien des choses qu'ils croyent vrayes sont de pures fables, prouver aux autres que leurs principes ménent à l'erreur,

convaincre ceux-ci de prévention. Mais que cette voye est longue! Qu'il est à craindre qu'on ne révolte les esprits, au lieu de les persuader, & qu'il n'arrive du moins comme dans ces disputes académiques, où après qu'on a bien contesté de part & d'autre, chacun demeure dans son sentiment!

Je voudrois donc qu'on pût se dispenser de toucher aux principes d'aucun parti, & que par les seules circonstances qui accompagnent les pratiques extraordinaires, on tâchât de découvrir si l'effet est produit par une cause qui agisse toujours de la même manière, ou si des circonstances purement morales ne la font point varier. Car on peut juger par-là, sans beaucoup philosopher, si l'effet est naturel, ou s'il ne l'est pas.

Peut-être trouvera-t-on de la difficulté à examiner ainsi certaines pratiques qui n'osent se montrer, & qui ne sont connues que de très peu de personnes. Mais rien n'est plus aisé que de faire cet examen à l'égard de la Baguette. Elle tourne entre les mains de plusieurs personnes, & l'on ne fait rien qui ne puisse être examiné de bien près.

Il faudroit donc observer plusieurs faits dans des circonstances différentes, en faire une histoire, & comparer tous ces faits les uns aux autres, aussi bien que les circonstances qui les accompagnent, pour juger si tout y est physique, ou si ce n'est point quelque moralité qui détermine la Baguette à tourner. Mais cette histoire doit être faite sur des faits rapportez par des personnes qui ne se laissent pas éblouir, & qui ont assez de bonne foi pour dire tout, & ne rien déguiser.

Ce seroit, par exemple, s'exposer à être trompé que de croire quelque chose sur la parole des personnes qui ont eu la hardiesse de faire mettre dans le Mercure de Février 1693. que les secrets d'Aymar avoient parfaitement réussi à Paris, & que chez Monsieur le Prince il avoit découvert l'or & l'argent cachez; au lieu qu'on devoit dire que les prétendus secrets avoient presque toujours manqué. Qu'à Chantilly la Baguette n'avoit tourné à Aymar en aucun endroit de la terrasse sous laquelle la rivière coule. Que dans un autre jardin de Monsieur le Prince on avoit caché de l'or, de l'argent, des cailloux & du cuivre en quatre endroits différens, & qu'en présence de S. A. S. la Baguette n'avoit tourné que les cailloux.

Ce sont-là des faits si remarquables & si connus, qu'on ne devroit ni les taire, ni les déguiser. On doit encore bien moins obmettre le fait suivant.

Le .... du mois .... à dix heures du soir on méne Aymar dans la rue Saint Denis, sur l'endroit même où peu de tems auparavant un Archer du Guet avoit été tué. Comme on l'avoit percé de quinze ou seize coups d'épée, il y avoit répandu tout son sang; & cela donnoit lieu de croire que cet endroit étoit fort propre pour faire impression sur Aymar. Armé de sa Baguette, on le fait passer plusieurs fois sur le même endroit, mais la Baguette est immobile, & son sang n'est point agité.

Jamais fait ne fut ni plus authentique, ni moins sujet à être contesté. Leurs Altesses M. le Prince & M. le Prince de Conti étoient présens, accompagnez de M. le Procureur du Roi, &c.

Après ces faits & plusieurs autres de cette nature, je ne m'étonne pas si on trouve étrange que l'Auteur de la Physique occulte n'ait pas laissé de dire dans sa Preface: Enfin cet homme si fameux Jacques Aymar est venu à Paris le 21. de Janvier 1693, par l'ordre d'un grand Prince. Je l'ai vu deux ou trois heures par jour presque un mois durant, & on peut croire que dans tout ce tems-là je l'ai tourné & retourné comme je devois. Il est certain que la Baguette devinatoire lui tourne entre les mains sur les eaux, sur les métaux, & sur les traces des voleurs & des meurtriers.

Peut-être a-t-on ajouté fugitifs, pour avoir lieu de répondre que si la Baguette n'avoit pas tourné sur l'endroit où l'Archer avoit été tué, c'est que les meurtriers étoient en prison, & qu'ainsi ils n'étoient pas fugitifs comme ceux de Lyon. Mais la circonstance d'un meurtrier qui marche ou qui est arrêté, peut-elle changer quelque chose dans ce qui doit s'exhaler du sang répandu? Si l'Auteur l'a cru,

il

(c) Virga æquitatis, virga regni tui. *Ps.* 44.
(d) Benedictum lignum per quod fit justitia. *Sap.* 14.
(e) *Georg. de re metallica. l. 2.*

il devoit ce semble raporter le fait, & y ajouter ses exceptions ou celles d'Aymar, dont la principale est que la Baguette ne tourne pas sur l'endroit où s'est commis un crime, lorsque les coupables ont avoué leur faute.

Ce manque d'exactitude sera peut-être cause que d'autres personnes, prenant tout le contrepied, prétendront que la Baguette ne se meut jamais que par un tour d'adresse de celui qui la tient. Ils raporteront tous les faits qui peuvent favoriser ce sentiment, passeront ceux qui montrent évidemment que la Baguette a tourné, sans qu'il y eût lieu de craindre la fourberie; expliqueront ceux qui pourront souffrir quelque interprétation.

Voilà comment les hommes se trompent les uns les autres, & sont cause qu'on ne sait à quoi s'en tenir. Pour moi je suis persuadé que la Baguette tourne quelquefois sans art & sans fraude entre les mains de quelques personnes sur l'eau, sur les métaux & sur les bornes. J'en ai vu & examiné des expériences avec tant de précaution, qu'il m'est impossible de croire que j'ai été trompé.

Je ne crois pas non plus qu'on puisse soutenir raisonnablement qu'Aymar a trompé tous les Messieurs de Lyon. Les seules précautions que prirent M. de Berulle, M. le Lieutenant-Criminel, M. le Procureur du Roi, Mr. le Comte de Varax, & M. de Mongirol, pour s'assurer si la Baguette ne tournoit que sur la serpe dont les meurtriers s'étoient servis, auroient poussé à bout toute l'adresse & la fourberie dont Aymar auroit pu être capable.

Quoi qu'il en soit, comme les systêmes qui ont donné occasion aux réflexions qu'on trouvera dans cet Ouvrage, supposent le fait de Lyon, j'ai dû aussi le supposer, & montrer par ce que les Auteurs des systêmes nous apprennent eux-mêmes, qu'on ne peut expliquer Physiquement les Phénomènes de la Baguette, si on se rend attentif à toutes les circonstances qui les ont accompagnez.

Au reste ce n'est pas une chose nouvelle que des Philosophes ayent pris pour effets naturels des choses inexplicables, ni que leurs explications ayent trouvé des Approbateurs. Les fables & les pratiques superstitieuses qui ont fait quelque bruit dans le monde, ont toujours eu le même sort. Des Philosophes ont cru en avoir découvert la raison naturelle, & bien des gens leur ont applaudi, se sont récriez sur la puissance de la nature, ont traité d'ignorans & de superstitieux ceux qui n'étoient pas de leurs avis.

Un homme passe à Paris, & il se donne quatre cent uns. (f) Voilà d'abord de grosses dissertations pour vous prouver que cela est possible. On vous prouvera même si vous voulez qu'un homme peut vivre toujours, & qu'il y a une certaine fontaine de Jouvence, qui a la vertu de rajeunir les vieillards.

Fait-on courir le bruit qu'il y a une compagnie d'hommes qui attirent à eux les perles, & les pierres précieuses, devinent les secrets les plus cachez, & se rendent invisibles, quand il leur plaît? Les plus sensez croient avec raison que c'est une fable. Quelques uns font des Livres pour détromper ceux qui se laissent abuser. Mais de prétendus savans, (g) surpris qu'on ose avancer que cela est naturellement impossible: pourquoi, disent-ils, trouve-t-on cela si étrange? (h) Si on a fait quelquefois des découvertes qui avoient paru impossibles comme celles de la boussole, des caractéres, des horloges, & tant de secrets inventez dans la Médecine, Physique, Astrologie, faut-il s'étonner que la nature jouant de son reste, & faisant un amas de toutes ses forces en son dernier âge, nous ait voulu faire voir l'épitome de ses merveilles, le nerf de sa puissance, & le centre de toutes ses vertus dans quelques hommes de notre tems, en leur communiquant en bloc & en masse toutes les vertus & propriétez qu'elle avoit particuliérement distribuées à toutes les espéces de ses créatures? C'est pourquoi il ne faut point s'émerveiller si comme un Gigés ils se rendent invisibles, comme un Amphion *uniones & gemmas ad se aliciunt*, comme un Janus ils jugent du passé, comme un Dé-

(f) M. C.
(g) M. Naudé. Instruction à la France, sur la vérité des Frères de la Rose-Croix.
(h) Chap. 3.

dale ils se guindent en l'air, & se transportent de l'Orient à l'Occident, du Midi au Septentrion, par les ressorts de leur Cabale.

Car, ajoutoient quelques uns, l'homme étant l'abrégé & le racourci de toutes les merveilles, le chef-d'œuvre de la nature, le microscope dans lequel reluisent tous les miracles de ce grand univers, & le seul objet capable de donner branle à cette machine, & faire rouler tous ses globes pour enrichir de leurs influences le trésor de leurs perfections; s'il vient une fois à boursoufler les voiles de son travail par le tranmontant de son industrie, il ne se peut faire autrement qu'il ne pousse le vaisseau de ses recherches avec une très heureuse conduite au port de toutes ses intentions.

Je ne crois pas que pour soutenir la cause de la Baguette, on voulût se servir d'un verbiage si ampoulé. Mais combien de personnes qui disent à peu près le fond de ce qu'on vient de lire, lorsqu'on paroit surpris qu'une Baguette découvre les voleurs, les meurtriers, les bornes des champs, & les choses dérobées? Toujours prêts à opiner pour la nature, il n'est rien qui puisse les étonner, déclarans quelquefois que les secrets de la Physique leur sont impénétrables, ils décident néanmoins comme s'ils y pénétroient bien avant; & soit qu'ils parlent ou qu'ils écrivent, ils s'y prennent d'un air à autoriser un fort grand nombre de pratiques superstitieuses.

Voilà ce qui m'a touché, & qui m'a fait lire avec exactitude les nouveaux systêmes sur la Baguette. Il m'a paru qu'en suivant les principes qu'on y a établis, on devoit conclure que les phénomènes de la Baguette ne peuvent être produits par l'action des corps. Je l'ai écrit à un ami. J'ai fait voir à quelle cause je croyois qu'on devoit les attribuer, & j'ai tâché de répondre à toutes les difficultez qui ont été proposées.

Je ne dis rien sur le titre. On verra bien d'où vient qu'on appelle Illusion des Philosophes, un Ouvrage dans lequel on montre que des Philosophes se sont représenté des corpuscules en des endroits où ils ne pouvoient subsister, & qu'ils ont cru trouver dans la matière une vertu qui ne peut lui convenir.

Les Lettres qui précédent ce titre, donneront sans doute du poids à cet Ouvrage, puisqu'il se trouvera appuyé sur le sentiment de M. l'Abbé de la Trappe, de M. le Chancelier Pirot, & sur celui d'un Auteur, que les Savans ont déja plusieurs fois appellé le premier Philosophe de ce tems.

Si pour donner lieu à tout le monde de porter sur la question présente un jugement décisif, il faloit décrire tous les usages qu'on a faits de la Baguette, montrer son origine, & ce qui fait naitre l'occasion de s'en servir pour découvrir tant de différentes choses, on ne refuseroit pas ce petit travail, on pourroit même en cas de besoin donner un Traité du discernement des effets naturels d'avec ceux qui ne le font pas; mais il ne sera pas nécessaire d'en venir-là. Je crois qu'en lisant ou relisant les Observations qui sont dans cet Ouvrage, les Lecteurs feront eux-mêmes des réflexions qui les persuaderont entiérement, ou qu'il n'y a que fourberie dans l'usage de la Baguette, ou que le secret n'est pas naturel.

⟨◉⟩✥⟨◉⟩✥⟨◉⟩✥⟨◉⟩✥⟨◉⟩✥⟨◉⟩

Lettre écrite à l'Auteur de la Recherche de la Vérité.

À Grenoble le 8. de Juin 1689.

MON REVEREND PERE,

La grace de JESUS-CHRIST notre Seigneur soit avec nous.

ON se sert dans cette Province d'un certain moyen pour découvrir des choses cachées, sur lequel j'ai été obligé de dire ma pensée. Je voudrois bien qu'elle fût conforme à la votre, je déciderois après cela plus hardiment que je ne fais, persuadé que votre sentiment

sefera ici d'un très grand poids, & qu'on ne peut confulter une perfonne qui puiffe avec plus de lumiére décider fur la difficulté dont il s'agit. Voici ce que c'eft. Plufieurs perfonnes trouvent de l'eau, des métaux, des minéraux, les bornes des champs, les chemins perdus, découvrent les larcins, les voleurs & plufieurs autres chofes, en tenant entre les mains une Baguette fourchue qui tourne fur tout ce que je viens de marquer. On fe fert de toute efpéce de bois. Le fait eft conftant, & toute la difficulté eft de favoir fi cela eft naturel ou non. La pratique devient fi commune en tout ce pays, qu'elle mérite bien d'être examinée. Ayez donc, s'il vous plait, la bonté, Mon R. P., de dire votre fentiment fur les queftions ou obfervations fuivantes.

I. La Baguette tourne fur l'eau & fur les métaux. Ce tournoyement eft-il naturel? Pourroit-on l'expliquer phyfiquement?

II. Pour diftinguer fi c'eft fur de l'or, fur de l'argent, ou fur quelqu'autre métal, que la Baguette tourne, on met d'un métal dans la main, de l'argent, pa-exemple; alors s'il y a de l'argent dans la terre, la Baguette continue à tourner avec plus de force même qu'auparavant; & s'il n'y a point d'argent dans la terre, quelqu'autre métal qu'il y ait, elle ne tourne plus. Y auroit-il raifon pour tout cela?

III. La Baguette ne tourne qu'entre les mains de certaines perfonnes. Que peuvent avoir de particulier ces perfonnes?

IV. Quelques uns difent qu'il faut être né en un certain mois de l'année, mais j'ai obfervé que des perfonnes nées en divers mois, ont également la vertu de la Baguette. Ainfi Meffieurs les Aftrologues ne peuvent avoir recours aux prétendues qualitez de certaines planétes. Seroit-ce à caufe du tempérament différent & de la différente configuration des parties qui s'exhalent du corps, que la Baguette tourne aux uns & non aux autres?

V. La Baguette ne tourne que fur de l'eau cachée dans la terre, & elle tourne fur les métaux, quoiqu'ils foient à découvert. Sur quoi fonder cette différence?

Voilà où fe termine la fcience de quelques uns, à connoitre qu'il y a dans la terre du métal ou de l'eau, mais il y en a d'autres qui touchent le fecret bien plus loin.

VI. Ils connoiffent par cette même Baguette quelle eft la groffeur de la fource, quelle eft la profondeur de l'eau, combien il faut creufer pour la trouver. Cela eft-il naturel?

VII. Ils prétendent deviner fi en creufant on trouvera de la glaife, du fable, de la roche, &c.

VIII. La Baguette tourne fur les bornes des champs, c'eft-à-dire, fur quelque pierre que ce foit, pourvû que deux perfonnes ayent convenu de s'en fervir pour marquer la divifion d'un champ. Qu'en doit-on penfer?

IX. Si deux perfonnes conviennent de ne plus fe fervir de ces limites, la Baguette ne tourne plus.

X. Si les bornes ont été malicieufement changées de place, la Baguette tourne fur l'endroit où elles devroient être. Une infinité de gens font chercher préfentement des limites, & fur bien des différends on s'en rapporte à deux fameux Devins qui courent le Dauphiné avec l'approbation de plufieurs Curez. Ne renvoyez pas, s'il vous plait, M. R. P., la décifion de cette difficulté à M. le Cardinal le Camus; car outre qu'il fera bien aife que des Phyficiens y penfent, il eft abfent de Grenoble depuis fept ou huit mois, parcequ'il a prêché l'Avent & le Carême à Chambery, & que fans avoir pris aucun relâche il fait depuis Pâques la vifite de fon Diocéfe.

XI. La Baguette tournant dans un champ, pour diftinguer fi c'eft fur des bornes, fur des métaux, ou fur de l'eau, voici le fecret de ces Devins. Ils fe font apperçus, difent-ils, que l'intention régloit le mouvement de la Baguette. Si l'on veut donc qu'ils cherchent des bornes, ils fixent leurs defirs à la feule découverte des bornes; & pourvû que leur intention ne varie pas, ils

font furs que la Baguette ne tournera que fur des bornes, & nullement fur l'eau ou fur les métaux qui pourroient fe trouver en leur chemin. Un de ces Devins auquel j'ai parlé, eft encore mieux averti d'y avoir trouvé ce qu'il cherche par un mouvement qui n'eft pas moins furprenant que celui de la Baguette. Dès qu'il paffe fur la borne, ou qu'il touche ce qu'il cherche, tous les doigts des pieds fe remuent comme s'ils vouloient fe croifer, ou monter les uns fur les autres. Cela eft caufe que quand le Devin veut favoir fi un homme a volé, il pofe fon pied fur le pied de celui qu'on foupçonne, pour en juger par l'agitation qu'il fent au pied, plutot que par le tournoyement de la Baguette. Voilà tout ce que j'ai remarqué de fingulier dans cet homme; c'eft un payfan âgé de vingt fept à vingt huit ans. Il me paroit fimple, & m'a préfenté une atteftation de fon Curé, pour marquer qu'il a fait fes Pâques dans fa Paroiffe, toutes ces hiftoires étant bien connues du Curé.

XII. Lorfqu'on cherche un voleur & ce qu'il a volé, la Baguette tourne vers le lieu où font le voleur & le larcin, & ne ceffe de tourner jufqu'à ce qu'on ait atteint l'un ou l'autre. Depuis peu de jours quelques Officiers de Juftice ont été témoins d'une femblable épreuve qui s'eft faite dans les Prifons de cette Ville, & en un autre endroit.

Réponfe de l'Auteur de la Recherche de la Vérité.

MON RE'VE'REND PE'RE,

La grace de notre Seigneur foit avec nous.

Ce que vous m'écrivez de la Baguette ne m'eft point nouveau à l'égard de la recherche des eaux & des métaux, mais je n'avois jamais ouï dire que l'on découvrît par ce moyen les voleurs & les véritables bornes d'un champ; & je ne pourrois croire qu'il y a des hommes fi infenfez pour donner dans ces extravagances, fi vous ne me l'écriviez, & fi je ne me fouvenois qu'il y a eu autrefois des perfonnes, qui ne manquoient pas d'efprit, tel qu'étoit Julien l'Apoftat, qui prétendoient découvrir le gain d'une bataille ou quelqu'autre événement par les entrailles des bêtes, & par le vol des oifeaux. C'étoit dans les Anciens la fuperftition qui les avoit infenfiblement accoutumez à ces opinions ridicules; mais en fuppofant que vos Devins prétendus paffent pour de bonnes gens, il n'y a que l'ignorance groffiére & une exceffive ftupidité qui puiffent leur perfuader que les moyens dont ils fe fervent, foient naturels ou légitimes. Pour moi je les crois diaboliques, non feulement par rapport à la découverte des voleurs, des chofes dérobées, des bornes d'un champ, mais encore à celle des eaux & des métaux. Je prétens que rien de cela ne fe peut faire de la maniére dont vous rapportez que cela fe fait, fans le fecours de l'action d'une caufe intelligente, & que cette caufe ne peut être autre que le Démon, fi ce n'eft qu'il y ait de la fourberie & de ladreffe du côté du prétendu Devin.

Il eft vifible que les caufes matérielles n'ayant ni intelligence, ni liberté, elles agiffent toujours de la même maniére dans les mêmes circonftances des corps, ou dans les mêmes difpofitions de la matiére qui les environne; & que dans les caufes purement matérielles, il n'y a point d'autres circonftances qui déterminent leurs actions, que des circonftances matérielles. Cela eft certain par l'expérience, & même par la raifon, lorfqu'on reconnoit que les corps n'ont ni intelligence ni liberté, & qu'ils ne font mus que lorfqu'ils font pouffez, & qu'ils ne peuvent être pouffez, fans être choquez & preffez par ceux qui les environnent. De-là il eft évident.

1°. Que l'intention que le Devin a de trouver de l'argent ne peut déterminer le mouvement de la Baguette vers l'argent, & empêcher fon mouvement vers l'eau, fi elle y étoit véritablement déterminée par l'action d'une
ne

ne fource; car cette intention ne change point les cir-constances matérielles de la Baguette & de l'eau.

2. Une chofe dérobée demeure toujours la même que devant, & le crime du voleur ne changeant point le corps, ou le changeant également par des remords de différens crimes, (car quelque fuppofition que l'on faffe que ces remords troublant l'efprit, changent le corps, il eft évident que le remords d'avoir dérobé une poule ne peut agir dans l'efprit tout d'une autre manière que le remords d'avoir dérobé une canne,) il eft clair que la Baguette ne peut fe tourner vers le larcin ou le voleur de ce qu'on cherche fans l'action d'une caufe intelli-gente.

3. La convention de ceux qui prennent une pierre pour borne de leurs héritages, ou qui ceffent par un ac-cord mutuel de lui attribuer cette dénomination, n'en changeant point la nature, il eft ridicule d'attribuer l'ef-fet phyfique du tournoyement de la Baguette à la qua-lité de la pierre.

Ces trois conclufions me paroiffent dans la derniére évidence. Ainfi tous ces tournoyemens de la Baguette viennent certainement de l'action d'une caufe intelligen-te, apparemment de l'adreffe & de la fourberie de ces prétendues bonnes gens, mais peut-être de la malice du Démon; car je ne ne crois point que les bons Anges faf-fent de ces fortes de pactes avec les hommes. Ils ne fe font point de loi, ils fuivent l'ordre immuable, ou la Loi éternelle dans laquelle ils découvrent qu'il n'eft pas néceffaire que les hommes trouvent, quand il leur plait, des métaux & de l'eau. Les Anges rapportent toutes chofes à Dieu & à notre falut; ils y rapportent même l'ordre de la nature, & ils ne font rien qui le trouble, rien d'extraordinaire que pour faire connoitre & aimer Dieu, mais les Démons tâchent de nous attirer & de nous lier à eux. Leur orgueil leur infpire de regner fur nous, & que nous tenions d'eux les biens temporels qui réveillent notre concupifcence. S'ils font fidéles à exé-cuter ce qu'on efpére d'eux, ce n'eft point pour nous élever l'efprit à Dieu, mais pour nous lier à eux de quel-que manière que ce puiffe être. Ils s'infinuent par l'ap-parence de la juftice dans l'efprit des fimples. C'eft une bonne chofe que de découvrir les voleurs, ou les chofes dérobées: ils couvrent leurs opérations de la puiffance inconnue de la nature pour tromper par-là les ignorans, mais de telle manière que le doute & l'incertitude trou-ble leur imagination & leur confcience, & que l'on s'ac-coutume à un commerce qui d'abord feroit trop d'hor-reur: & fi ce que vous me mandez n'eft point une four-berie de gens qui trouvent leur compte à tromper les au-tres, (ce que je croirois volontiers) affurément ce ne font point les bons Anges, mais les Démons qui font tourner la Baguette.

Il me paroit évident que les corps ne peuvent agir les uns fur les autres que par leur choc. Vous favez, M. R. P., qu'il n'y a rien qu'on ne puiffe expliquer par cette feule fuppofition que les corps vont toujours du côté qu'ils font pouffez, & qu'ils ne peuvent être pouffez que du côté qu'ils font rencontrez par d'autres vifibles ou invifibles qui font en mouvement. La ver-tu de l'ambre & de l'aiman, qui paroiffent fi étranges, s'expliquent fort clairement par-là, du moins à l'égard de ceux qui ont étudié fuffifamment ces matiéres.

Or par ce principe qui devroit être reçu de tout le monde comme fort clair & fort fimple, & qui n'eft rejetté que de ceux qui manquent d'attention, & qui aiment les principes obfcurs & myftérieux; il feroit af-fez facile de démontrer géométriquement qu'il y a de la fourberie & de la diablerie dans le mouvement de la Baguette, fi on examinoit avec foin les proportions de la communication & de l'accélération des mouvemens de la Baguette. Mais vos Devins font fi téméraires, ou fi ftupides, que quelque fuppofition qu'on faffe, on peut s'affurer que leur art n'eft point naturel.

Car fuppofez quelque vertu qu'il vous plaira dans l'eau & le bâton fourchu, il me paroit clair que l'eau étant à découvert elle doit agir plus fortement dans la Ba-

guette que lorfqu'elle eft cachée fous terre, puifqu'a-lors l'eau & la Baguette font plus proches; car la con-noiffance que nous avons de leur découverte ne chan-ge rien ni dans l'eau ni dans la Baguette. Il me pa-roit clair auffi que qui que ce foit qui tienne la Ba-guette, de quelque manière qu'on la tienne, quand même on la tiendroit avec des tenailles, elle devroit fe pancher également, de même que l'ayman agit également fur le fer, qui que ce foit qui le tienne & qui l'en approche. Que fi on prétend que le tempérament contribue à l'ac-tion de la Baguette, (car les défenfeurs de ces folies croyent avoir droit de dire tout ce qui leur plait) qu'ils expliquent eux-mêmes ce qu'ils veulent dire par le mot de tempérament, qu'ils faffent une objection intelligible, & on tâchera de leur répondre. Si un homme difoit qu'il a vu quelqu'un de tel tempérament, qui tenant en fa main un flambeau, il n'éclairoit plus, je penfe, qu'on auroit raifon de n'en rien croire.

Suppofez enfin quelque vertu qu'il vous plaira, je dis encore qu'il eft impoffible de favoir la profondeur de la fource, & combien on trouvera au deffus de terre graf-fe, de fable, de roche, &c. ni fi la fource fera a-bon-dante. La preuve en eft facile; car une fource plus a-bondante & moins profonde devroit agir naturellement fur la Baguette autant qu'une plus abondante, mais plus profonde & plus éloignée; car toutes les vertus naturel-les & néceffaires agiffent dans des diftances inégales: ainfi elles font néceffairement le même effet, lorfque le fujet fur lequel elles agiffent, eft dans des diftances différen-tes, mais réciproquement proportionelles à leurs for-ces. Quoique deux flambeaux, par exemple, ayent une lumiére inégale, ils peuvent éclairer également un objet, fi on le fuppofe plus proche du petit flambeau que du grand; ainfi on ne peut juger de la profondeur d'une fource qu'en fuppofant connue fon abondance, ni de fon abondance que par la connoiffance de la profon-deur; & quoiqu'on fuppofe des vertus attractives, c'eft-à-dire imaginaires dans l'eau ou les métaux, par rapport à une Baguette fourchue, il eft impoffible de juger de leur profondeur & encore moins s'il y a de la terre glai-fe, du fable & de la roche, ainfi que le prétendent vos Devins ou vos fourbes.

N'en voilà que trop, M. R. P., car je fuis perfuadé par votre lettre même que je ne vous ai dit rien de nou-veau, & que vous ne m'avez demandé mon fentiment, que parceque vous avez cru qu'il ferviroit peut-être à appuyer le votre à l'égard de quelques perfonnes.

Il me femble qu'il ne faudroit point négliger ces cho-fes, & qu'on devroit empêcher que ces prétendus De-vins ne trompaffent les fimples, ou ne troublaffent la confcience de ceux qui dans le doute font un fort grand mal d'avoir recours à eux.

Difficultez propofées à l'Auteur de la Recherche de la Vérité.

MON RE'VE'REND PE'RE,

LA réponfe que vous avez eu la bonté de me faire, produit un fort bon effet, & j'en efpére encore da-vantage, fi vous prenez la peine de nous donner quel-ques éclairciffemens, & de décider fur les doutes que je vais vous expofer.

On peut diftinguer trois chofes touchant la Baguette. 1. Le mouvement de la Baguette à l'égard des bornes, des voleurs, & des chofes dérobées. 2. Le mouvement de la Baguette fur les eaux & les métaux. 3. La caufe de ces mouvemens que vous croyez diaboliques.

Quoique vous portiez le même jugement des eaux & des métaux, que des bornes d'un champ & des vols, je vous prie d'agréer que je les diftingue préfentement, & que nous fuppofions comme une chofe très certaine, que la Baguette tourne entre les mains de plufieurs per-fonnes, sonnes, sans qu'il y ait lieu de se défier de quelque fourberie.

Du mouvement de la Baguette à l'égard des bornes, des voleurs, & des vols.

IL m'a toujours paru qu'on pouvoit démontrer en toute maniére que le tournoyement de la Baguette à l'égard des bornes, des voleurs & des choses dérobées, n'avoit aucune cause matérielle, & que ce n'étoit pas là de ces effets qu'on appelle naturels, physiques, produits en conséquence des loix naturelles. Je l'avois, ce me semble, démontré, & vous le faites, mon R. P., avec la netteté, la pénétration & l'exactitude qui vous sont ordinaires. Je ne voyois pas même qu'on pût opposer rien de solide. Je n'ai garde de vous proposer ce que font valoir quelques personnes; vous ririez sans doute d'entendre parler d'instinct, de faculté, de sympathie, de constellation, & de semblables choses que les diseurs de mots savent faire admirer aux bonnes gens, & à ceux qui aiment les mystéres. Mais voici quelques objections qui paroissent plus raisonnables, & ausquelles il est à souhaiter que vous fassiez un mot de réponse pour la satisfaction de bien des gens.

Seroit-ce, dit-on, en vertu de quelque pacte que la Baguette tourneroit? Mais 1. à quoi pourroit être attaché ce pacte, Nulle parole, nulle figure, nul caractére. Ceux à qui la Baguette tourne sont pour la plupart de bonnes gens, simples, qui n'y entendent point de finesse, qui se sont apperçus par hazard, disent-ils, de cette faculté, qui ont peur du seul mot de pacte avec le Démon, & qui ne se serviroient jamais de la Baguette, si tous ceux qu'ils ont consultez & qu'ils consultent, leur disoient qu'il y a du mal. Quelle apparence donc de croire ces personnes coupables de quelque pacte avec le Démon?

2. Dès qu'une chose telle que pourroit être la Baguette produit un effet déterminé en vertu d'un pacte exprès ou tacite, cet effet doit être produit entre les mains de quelque personne que ce soit; car pourquoi le même pacte n'opéreroit-il pas de même maniére dans les personnes qui ont les mêmes desirs, les mêmes intentions? Cependant de cent personnes qui essayeront si la Baguette leur tourne, & qui souhaitteroient même de bonne foi qu'elle leur tournat, il n'y en aura pas deux à qui elle tourne. Il n'en est pas de même de quantité d'effets que produisent bien des gens de la Campagne par certaines paroles ou figures; il en est peu qui en usent sans opérer les mêmes effets.

3. Ne seroit-ce point ici quelqu'un de ces dons particuliers que Dieu communique quelquefois aux hommes? Les septiémes enfans mâles, disent quelques uns, ne guérissent-ils pas des écrouelles? Enfin pourquoi se mettre tant en peine de chercher la cause des effets de la Baguette? On sait que Dieu peut les produire, l'usage qu'on en fait, n'a rien de mauvais. Que reste-t-il donc pour se mettre au dessus de tout scrupule, que de renoncer à tout pacte s'il y en avoit?

Vos réponses, M. R. P, feront sans doute évanouir ces difficultez.

Du mouvement de la Baguette sur les eaux & les métaux.

1. IL est certain qu'on ne sauroit connoitre par des régles Physiques la profondeur de l'eau, la grosseur de la source, combien on trouvera de roche, de sable, &c. Il n'est personne qui ne doive être persuadé de ce que vous en dites.

2. A l'égard des personnes ausquelles la Baguette tourne sur les bornes aussi bien que sur les sources, tout m'est suspect; parcequ'il y a lieu de croire que la même cause qui fait tourner la Baguette entre leurs mains sur les bornes, la fait aussi tourner sur les eaux.

3. Mais lorsque je vois des personnes de piété & de

mérite ausquelles la Baguette ne tourne que sur des sources; n'est-ce point ici, me dis-je, un effet purement naturel? Le Démon agiroit-il dans ces personnes qui le renoncent de si bon cœur? J'hésite, je n'ose condamner, & voici mes raisons.

Il n'en est pas de l'eau comme d'une borne; l'eau est un corps physique indépendamment de toute pensée & de la communication des hommes; la Baguette est un corps. Or entre les corps il y a des communications de mouvement que je ne connois pas; il y en a donc peut-être quelqu'une entre l'eau & la Baguette qui ne m'est pas connue, & ainsi je ne puis la nier absolument comme impossible; peut-être les vapeurs qui s'élévent de l'eau, causent-elles ce mouvement: ne pourroit-on pas en dire de même des petits corps que les métaux exhalent?

Mais, dit-on, les corps agissant nécessairement, ils doivent toujours agir de la même maniére dans les mêmes circonstances. J'en conviens. Donc si l'eau fait mouvoir la Baguette, elle la doit mouvoir par tout où elle sera, & par qui que ce soit qu'elle soit tenue. La conséquence ne me paroit pas nécessaire. Différentes mains sont des circonstances différentes. On pourroit faire voir par plusieurs expériences, que s'il y a quelque communication de mouvement entre deux corps, elle peut être interrompue par un troisiéme corps, & en quelque rencontre un troisiéme corps pourroit causer du mouvement entre deux corps qui n'en avoient pas, l'un vers l'autre; le mélange des liqueurs pourroit fournir de semblables expériences, nous n'en manquerions pas chez les Chymistes.

Il me paroit clair que les mains de différentes personnes peuvent donner occasion à des mouvemens différens. 1. La tissure de ces mains est différente. 2. Les pores en sont différens. 3. Le flux perpétuel de corpuscules qui s'en exhalent, est tout différent. Ces petits corps sont différens en grosseur, en figure, en vitesse, selon la différente configuration des parties du sang. Cette différence du sang & des parties qui s'évaporent du corps se présente, ce me semble, nécessairement à l'esprit, dès qu'on pense à la différence qu'il y a entre les hommes sanguins & les pituiteux, ou les mélancoliques &c. Cela étant supposé, ne pourroit-on pas dire que ces petits corps qui sortent de l'eau, ne produiroient un tel effet que lorsqu'ils se mêlent avec ce qui s'exhale des mains de telles personnes?

Vous voyez apparemment M. R. P., de quelle maniére je m'y prendrois, si on me pressoit d'expliquer comment se fait le mouvement de la Baguette, en supposant; 1. une évaporation très abondante des parties de l'eau; 2. un écoulement de corpuscules des mains de celui qui tient la Baguette; 3. cette même Baguette susceptible d'agitation à l'occasion des corps qui s'insinueroient dans ses pores. J'entreprendrois seulement d'expliquer comment la chose se peut faire, & non pas comment elle se fait; c'est tout ce qu'on doit exiger d'un Physicien. Je ne prétens pas pour cela que ce tournoyement de la Baguette soit physique, je dis seulement qu'il pourroit l'être, & je soumets avec plaisir à votre censure les raisons que j'ai de le penser ainsi.

Vous vous attendez sans doute, M. R. P., à me voir embarrassé sur ce que la Baguette ne tourne que sur l'eau qui est cachée. Il est vrai, j'y sens de la difficulté; & voici seulement sur quoi je tâcherois de me tirer d'affaire. J'apperçois quelque différence entre les parties qui sortent de l'eau qui est cachée, & celles qui sortent de l'eau qui est à découvert. Celles qui sortent de l'eau souterraine sont comme filtrées, elles ont laissé dans la terre ce qu'elles avoient de plus grossier & de moins flexible, il n'en monte guéres que ce qu'il y a de plus spiritueux; ainsi elles pourront peut-être produire un effet dont celles qui s'élévent de l'eau à découvert, sans cette espéce de filtration, seroient incapables. Il ne me vient rien de meilleur présentement. Venons s'il vous plait, M. R. P., à des difficultez qui me sont particuliéres, & qui me tiennent plus au cœur

que

que tout le reste, parcequ'elles ont plus de connexion a-
vec la Religion.

De la cause, du mouvement de la Baguette vers les bornes & les larcins.

QUelques personnes qui ne croiront pas s'éloigner de vos principes, penseront peut-être qu'il y a lieu d'attribuer aux bons Anges le mouvement de la Baguette. Si les Anges, diront ces personnes, peuvent etre la cause de plusieurs effets par leur seule volonté, s'ils peuvent remuer les corps, pourquoi ne pourront-ils pas faire tourner la Baguette pour découvrir les voleurs & les bornes? Ils ne feront rien en cela contre l'ordre, ils useront seulement de leur pouvoir pour un bien en faveur des hommes. En découvrant les bornes, ou le lieu où elles doivent être, ils donneront à chacun ce qui leur appartient, & ils empêcheront que bien des gens ne soient assez malins pour déplacer les bornes. En découvrant les voleurs, on voit bien qu'ils épargneront bien des larcins, & que ceux qui auroient espéré de voler impunément, appréhenderont toujours que la Baguette ne découvre ce qu'ils auroient dérobé sans témoins. Ainsi cela empêchera bien des injustices, bien des péchez; ce qui est tout-à-fait digne des bons Anges. Ils ne se feront pas pour cela rendre un culte qui n'est dû qu'à Dieu, au contraire ils feront toujours aimer & respecter Dieu comme la première & véritable cause de tous ces mouvemens, & en même tems ils feront exercer la justice & aimer l'ordre. Il paroit donc bien raisonnable d'attribuer le mouvement de la Baguette aux bons Anges, & de nous en servir par conséquent sans scrupule, comme nous usons des biens que Dieu nous fait par les hommes, par le soleil, par les plantes, & par les autres créatures. Voyez, M. R. P., s'il ne seroit pas à propos de dissiper ces petits nuages pour fermer entiérement la bouche à ceux qui seroient ravis de pouvoir ainsi justifier la Baguette.

Pour moi, M. R. P., je suis tout-à-fait de votre sentiment, je ne reconnois comme vous d'autre cause du mouvement de la Baguette sur les bornes & les larcins que le Démon, non plus que des effets surprenans que produisent les Magiciens: (l'Ecriture & l'expérience ne nous permettent pas de les révoquer tous en douté;) mais voici mes difficultez. Je suppose ces beaux principes, que c'est Dieu qui est le seul vrai moteur des corps, qu'il fait tout par sa volonté efficace, & qu'il ne communique sa puissance aux créatures qu'en les établissant causes occasionelles. Je n'en donne aucune preuve, puisque j'ai l'honneur de parler à la personne que je pourrois apeller la cause occasionelle de la connoissance de ces véritez. Cela supposé, je cherche

1. D'où vient que les Démons font produire aux hommes tant d'effets surprenans. Comment dans un instant & en tant de lieux différens les produisent tous ces effets, dès que telles personnes le souhaitent. J'aurois toujours pris pour des fables les histoires des Démonographes, & presque tout ce qu'on entend conter de surprenant, si je ne m'étois bien informé depuis peu d'un fort grand nombre de superstitions qui ont cours parmi le peuple. Mais quand je ne serois convaincu que du tournoyement de la Baguette sur les bornes, que de difficultez viennent se présenter à l'esprit! Il faut que les Démons ayent observé qu'une telle pierre a été prise pour borne, & qu'on n'a point rompu cet accord; il faut qu'ils se soient apperçus si quelqu'un a tiré cette borne de sa place, & qu'ils ayent bien présent le lieu ou on l'avoit mise il y a peut-être mille ans; enfin il faut qu'ils sachent parfaitement l'histoire de toutes les bornes des champs. Ne semble-t-il pas que les Démons sont partout, qu'ils connoissent la volonté des hommes, qu'ils écoutent toutes leurs paroles, & qu'ils remarquent toutes leurs actions? A moins que nous ne disions que les Démons n'ayant pas fort à cœur la vérité ni la droiture, ne feront pas de difficulté

de tromper quelquefois les hommes; ce que je crois fort, & qu'ils feront tourner la Baguette où il leur plaira s'ils se trouvent dans l'embarras.

2. Les Anges bons & mauvais n'étant que des causes occasionelles du mouvement, c'est donc Dieu lui même qui produit les maléfices, & tous les autres effets que nous attribuons au malin esprit. Faut-il qu'on puisse dire que Dieu s'est fait une loi générale d'agir conformement aux désirs bizarres des Démons? Que la volonté des Anges détermine l'action de Dieu; je n'y vois pas d'inconvénient. Comme ils contemplent sans cesse l'ordre immuable & qu'ils le suivent, ils réglent leurs volontez sur celle de Dieu. Mais les Démons esprits de désordre, ayant toujours, ou presque toujours des désirs opposez à ceux de Dieu, n'est-il pas surprenant que Dieu s'y accommode & les rende efficaces?

3. Il est rare que Dieu fasse rien d'extraordinaire, il ne change pas ses loix générales pour défendre l'innocent opprimé. Dans les combats, le plus adroit & le plus fort est ordinairement le victorieux. Dieu n'empeche pas qu'un honnête homme ne se casse la tête en tombant. Il laisse punir l'innocent, & récompenser le coupable. Il laisse tomber un homme du haut d'une maison, il le laisse briser, quoique plusieurs personnes souhaitent la conservation de sa santé; & à la volonté d'un méchant homme, d'un sorcier, jointe à celle du Démon, Dieu produira je ne sais combien d'effets contraires aux loix générales? Je dis contraires aux loix générales: car les loix générales des communications des mouvemens, vous le savez mieux que moi, M. R. P., veulent qu'un corps ne soit mû que par le choc d'un autre corps; & ici je vois remuer une Baguette, je la vois pancher vers une borne, quoique très certainement aucun corps ne la pousse. Suffiroit-il de dire que Dieu avoit donné aux Anges en les créant le pouvoir de remuer les corps? Je l'entens dans les bons principes. J'apelle ainsi les vôtres; & qu'il laisse ce pouvoir à ceux mêmes qui déréglez par le péché devoient en faire un méchant usage; mais s'ils avoient ce pouvoir général, comment n'en useroient-ils pas à l'égard de tous les hommes pour les gagner, pour les attirer à eux, pour les perdre? Dirons-nous que Dieu a restraint leur pouvoir; mais où trouverons-nous la preuve ou la régle de cette restriction? D'ailleurs que Dieu ait restraint le pouvoir des mauvais Anges; je le veux; c'est-à-dire, qu'il leur ait défendu, par exemple, de tuer tous les hommes, du moment qu'ils viennent dans le monde, ou de renverser l'ordre des saisons, je conçois la possibilité de cette restriction, comme je conçois celle du pouvoir qu'a mon ame: elle peut mouvoir le bras, la main, les doigts, les pieds; elle peut déterminer les esprits animaux à aller par tout le corps, & elle ne peut arrêter la circulation du sang, hâter ou retarder la digestion; mais au moins comme l'ame fait mouvoir les pieds & les mains quand elle veut, ainsi les Démons devroient-ils produire quand ils voudront tous les effets qui ne passent pas leur pouvoir. Comment donc ne feront-ils pas tourner la Baguette à tous ceux qui le souhaitteront, ou ne produiront ils pas des effets nuisibles? Certainement ils ne manquent ni de malice, ni d'envie d'attirer les hommes à eux; dirons-nous que les bons Anges les en empêchent? Mais ces bons Anges ne défendroient-ils pas plutot les bonnes gens, simples, sans malice, que des scélérats, des impies? Cependant je vois des gens qui paroissent portez à l'irreligion & à l'impiété, qui ne sauroient faire tourner la Baguette.

Enfin il me semble que je vois bien des difficultez: vous les pénétrerez & les resoudrez beaucoup mieux que moi. Je finis, M. R. P., par une difficulté qui me rend rêveur. Supposé que tous les Anges prévaricateurs souffrent les peines de l'Enfer, comme la commune opinion l'enseigne; comment est-ce que des esprits appliquez & tourmentez par une douleur inconcevable, sont capables d'une assez grande application pour produire tous ces différens effets? L'histoire seule des bornes de-

man-

manderoit une application extraordinaire, & c'eſt une étude qui n'a pas de grands attraits. Le détail d'une infinité de choſes badines qu'ils font, ne ſauroit s'ajuſter dans mon eſprit avec des douleurs ſi terribles. Il faudra apparemment conclure de-là, pour le ſentiment de ceux qui tiennent que tous les mauvais Anges qui ſont dans les airs & parmi nous, que S. Paul apelle les puiſſances de l'air, & les Princes de ces ténébres, ne ſouffrent pas. Mais j'ai déja paſſé les bornes d'une lettre; je vous prie de me le pardonner, & d'être perſuadé que je ſuis, &c.

Réponſe de l'Auteur de la Recherche de la Vérité.

MON RE'VE'REND PE'RE,

VOus me faites tant d'objections contre ce que je vous ai écrit, & vous me propoſez tant de nouvelles queſtions, qu'il faudroit, outre bien du loiſir que je n'ai pas, mais que je pourrois peut-être prendre, une capacité que je ne prétens point d'avoir jamais. Ainſi ne ſoyez pas ſurpris ſi je ne ſuis pas votre lettre pied à pied. Il faudroit aſſurément plus de cent pages, pour y répondre exactement, & ma lettre ſeroit un livre. Mais voici ce que je crois certain, & qui peut ſervir de principe pour juger de ce qui ſe paſſe chez vous.

1. Les Anges bons & mauvais ont pouvoir ſur les corps comme cauſes naturelles ou occaſionnelles. Vous entendez ces termes.

2. Les bons ont paru au gouvernement du monde, & ils ont commiſſion de Dieu pour cela.

3. Les bons ont un pouvoir plus étendu que les méchans, & ils ne permettent aux Démons l'exercice de leur pouvoir, qu'autant qu'ils le jugent à propos. Ces principes me paroiſſent certains par l'Ecriture, & vous en ſavez les preuves.

Les Démons ont donc le pouvoir de nous tenter, ils ont bien tenté l'homme innocent. Ils ont même tenté le Sauveur; ils l'ont tranſporté d'un lieu en un autre. Il ſemble que les Anges ne devroient pas le ſouffrir; du moins cela ſeroit-il fort commode pour nous. Mais les Anges ont pour cela leurs raiſons que nous ne ſaurons jamais bien, & que nous ne devons point rechercher; parceque nous ne pouvons point nous aſſurer de les avoir rencontrées. Il faut laiſſer cela à ceux qui ſe plaiſent à deviner au hazard. Nous ſavons bien qu'il faut en général que les hommes ſoient éprouvez, qu'il faut qu'ils combattent pour mériter, que le Démon attaque pour être vaincu, & le reſte; mais j'avoue que je ne ſais point d'où vient que les Anges, & JESUS-CHRIST même qui a reçu la ſouveraine puiſſance, n'empêchent pas telle tentation. Je ſais que les bons Anges ne ſont tels, que parcequ'ils font de l'ordre immuable ou de la loi éternelle la régle de leur conduite; mais je ne ſais point quand il eſt de l'ordre de laiſſer aux Démons l'exercice de leur puiſſance.

Les Démons peuvent donc être les acteurs inviſibles des prodiges de la Baguette. Et ſi cela eſt, quoique les Anges les laiſſent faire, les hommes ſont obligez de les empêcher. Et ils le peuvent; car quoique nous n'ayons point de pouvoir ſur les Démons, nous en avons ſur les hommes dont il ſe ſervent. Les Anges ont laiſſé tenter la femme par le ſerpent, ſans bleſſer en cela l'ordre immuable; mais ſi quelqu'un eût été préſent à cette tentation, certainement il auroit dû l'empêcher. Dieu ne gouverne pas le monde ſeulement par le miniſtére des Anges, il le gouverne par les hommes & par toutes les cauſes ſecondes. Ce que les hommes peuvent faire, il n'eſt pas à propos que les Anges le faſſent. La providence ordinaire conſiſte dans la ſubordination des cauſes: il faut donc que chacun empêche le mal ſelon ſon pouvoir, & qu'il agiſſe ſelon ſa lumiére intérieure, ſelon ſa conſcience. Car les Anges n'interrompent jamais ſans de grandes raiſons le cours majeſtueux de la providence générale, ils ne font point de prodiges à tous momens,

comme tâchent de faire les Démons; ils laiſſent agir les cauſes ſecondes ſelon la puiſſance qu'ils en ont de Dieu, en conſéquence des loix générales.

Or que le mouvement de la Baguette ne ſoit point l'effet des bons Anges mais des méchans, en voici ce me ſemble des preuves ſuffiſantes.

Les bons Anges ne font & ne doivent rien faire parmi nous, que pour nous porter à Dieu, & jamais pour nous occuper des corps, & encore moins des propriétez merveilleuſes d'une nature imaginaire. Car l'ordre immuable eſt la régle de leur conduite, & cet ordre leur apprend que Dieu ſeul eſt notre fin. Or vos Devins prétendent à l'égard de la plupart de leurs découvertes, que tout cela eſt naturel. Donc, &c. Les bons Anges ne troublent jamais l'ordre de la providence générale ſans de grandes raiſons. C'eſt pour cela qu'ils laiſſent ordinairement vaincre celui qui eſt le plus fort, quoiqu'injuſte & brutal; qu'ils empêchent rarement un homme de bien de ſe caſſer la tête s'il tombe de fort haut, & une infinité de ſemblables deſordres. Mais vos Devins font des prodiges, pour découvrir une borne, une ſource, de l'or & de l'argent, objets de la concupiſcence des hommes; ils découvrent ce que les hommes par leurs enquêtes peuvent découvrir. Et cela non une fois ou deux, & pour quelque raiſon preſſante, mais toutes les fois que le Devin le ſouhaite. Mais quand les hommes ne pourroient pas découvrir le voleur par leurs enquêtes, les bons Anges ne ſeroient point pour cela obligez d'y pourvoir. Si les hommes faiſoient comme autrefois les épreuves de l'eau & du feu, &c. pour ſe purger des accuſations impoſées, les Anges ne ſeroient point obligez, pour conſerver les innocens, d'empêcher l'effet naturel de ces élémens. Souvent lorſque les champions ſe battoient en duel pour prouver leur innocence, les injuſtes accuſateurs demeuroient les victorieux, & ce n'eſt pas ſans raiſon qu'on a condamné dans les Conciles ces dangereuſes épreuves, qui d'ailleurs ſembloient honnorer la Providence, puiſque dans la néceſſité où l'on étoit, on avoit quelque ſujet de s'attendre que Dieu par une volonté particuliére, ou les Anges en conſéquence de leur pouvoir & de leur commiſſion fiſſent quelque prodige en faveur des innocens. C'eſt qu'il eſt contre le reſpect dû à Dieu, & même aux Anges, de prétendre qu'ils doivent nous ſecourir dans le tems, & de la maniére que nous leur preſcrivons. Ces raiſons ſuffiſent, ce me ſemble, pour empêcher ceux qui ont horreur d'avoir avec le Démon quelque commerce ou quelque rapport de ſe ſervir de la Baguette; car il ſuffit pour cela que mes raiſons ſoient vraiſemblables: dans le ſeul doute de ce commerce, c'eſt un grand péché que d'agir.

Mais bien loin de douter, je ſuis convaincu de la diablerie, du moins ſi les choſes ſont comme vous me l'écrivez. Car enfin, M. R. P. il me paroit certain que la découverte de l'eau, de l'or, & de l'argent, telle que vous me l'écrivez, n'eſt point naturelle: je veux dire, une ſuite des loix générales du mouvement. Car puiſque vos Devins par leur Baguette découvrent des choſes, qui dependent uniquement de la convention des hommes, (pure moralité qui ne change rien dans l'arrangement & les circonſtances des corps) n'eſt-ce pas une marque certaine que leur Baguette eſt conduite par une Intelligence, qui à l'égard de la découverte de l'eau & des métaux, ſe cache ſous les apparences d'une nature dont nous ne connoiſſons pas les merveilles, & qui ſe découvre viſiblement, en faiſant connoitre les choſes dérobées, les bornes, les chemins perdus, &c. afin de troubler la conſcience des hommes?

Ceux qui de bonne foi ſe ſervoient de la Baguette pour trouver de l'eau, ne péchoient point, n'agiſſant point contre les remords de leur conſcience. Que fait le Démon pour y jetter le trouble, & pour exciter la cupidité? Il fait trouver de l'or & de l'argent; & parceque bien des gens peuvent encore ſans remords, à cauſe de leur ignorance touchant les forces prétendues de la nature, ſe ſervir de la Baguette, pour chercher de l'or

&

& de l'argent, le Démon va jusqu'à découvrir des voleurs & leur larcin, afin d'exciter la curiosité des hommes, & donner mêmes aux plus stupides des soupçons qu'il est de la partie, & que la curiosité & la cupidité étant réveillées, ils s'aveuglent volontiers, & agissent dans le trouble d'une conscience mal assurée, nonobstant les remords secrets. Que faire donc dans cette rencontre? Se servir des derniéres démarches du Démon, pour condamner généralement tous les usages de la Baguette. Le Démon s'est coupé, il a découvert tous ses artifices : car il est visible, qu'il a agi par degrez, & que non content de ces premiers usages de la Baguette, il est venu jusqu'au point que vous me mandez. Ainsi puisque c'est le même Acteur qui a perfectionné son ouvrage, on ne peut, & on ne doit condamner une partie des usages de la Baguette sans les condamner tous ; car on doit avoir une horreur générale de tout ce qui vient de celui que Dieu a frapé d'un anathême éternel.

Ce n'est pas, M. R. P., qu'on ne puisse reconnoitre certainement que la découverte de l'eau même & des métaux, par le mouvement de la Baguette, n'est point naturelle. Mais c'est que pour instruire les gens par cette voye, il faudroit leur apprendre la Physique, science abstruse, & qui demande plus de loisir & de travail, que n'en ont ceux qui sont obligez de remédier à ce desordre ; & ils feroient tant d'objections fondées sur leur propre ignorance des vrais principes de la Philosophie, que ce ne seroit jamais fait. Pour vous, M. R. P., vous savez qu'un corps n'est jamais mu par un autre s'il n'en est poussé, & qu'ainsi le mouvement d'attraction est une chimére.

Cela supposé, & que vous avez lu ce que dit Monsieur Descartes sur l'aiman, ou ce qui en est dit dans le pénultiéme chapitre de la Recherche de la Vérité ; imaginez tel cours qu'il vous plaira de la matiére invisible, & vous trouverez toujours que cette matiére subtile ne chassera jamais en rond, mais par les poles, l'air qui sera entre l'or & la Baguette ; si ce n'est que vous supposiez que Dieu en produise sans cesse de rien dans le centre de cet or.

2. Que les louis d'or devroient agir les uns sur les autres, s'attirer ou se repousser comme les aimans agissent mutuellement l'un contre l'autre. Car même si l'aiman agit sur le fer, c'est que dans le fond l'ayman est presque tout fer.

3. Qu'un louis d'or est un corps trop petit, & trop compact pour recevoir en lui une assez grande quantité de matiére subtile, pour chasser l'air d'entre lui & la Baguette, & la faire avancer. Il faudroit un bon aiman, & gros comme la tête, pour mouvoir un aiman à deux pieds de distance, quoique la matiére subtile qui passe par l'aiman, ait une agitation prodigieuse.

4. L'argent n'est pas composé comme l'or, & l'eau encore bien moins ; ce sont deux corps de différente tissure : ils ne peuvent donc pas avoir un pareil écoulement de matiére subtile.

5. Ce que les hommes transpirent, est à peu près de même nature. Mais que ce soit tout ce qu'il vous plaira d'imaginer, il n'est pas possible que cela ferme dans la Baguette les passages de cette matiére subtile, qu'on supposeroit sortir des métaux, & dont le mouvement devroit être excessif. Enfin, M. R. P., de quelque côté que vous envisagiez ces effets, vous y trouverez toujours de nouvelles impossibilitez ; de sorte que plus vous les examinerez, plus vous reconnoitrez qu'ils ne sont point naturels.

A l'égard de la cire d'Espagne, de l'ambre, &c. ils n'attirent que des corps fort légers & de fort près ; & afin qu'ils attirent, il faut les frotter un peu rudement. Or on voit bien qu'en frottant l'ambre contre le tapis, on en ébranle les particules ; ces particules étant agitées, elles chassent l'air subtil qui étoit entr'elles ; enfin ces mêmes particules cessant peu à peu leur mouvement, l'air chassé rentre aussi peu à peu, & entraine dans son cours, & colle à l'ambre les brins de paille proche de

lui, & les tient attachez, jusqu'à ce que tout l'air subtil soit entré. Ces effets là sont si éloignez de ceux de la Baguette, qu'il n'est pas raisonnable de s'en servir pour en autoriser l'usage. Je sais bien qu'on reviendra toujours à dire que nous ne connoissons pas les secrets de la nature, & qu'ainsi ce n'est pas à nous à juger de ce qui est ou n'est pas naturel. A quoi je répons que Simon n'avoit qu'à dire que c'étoit naturellement qu'il s'élevoit dans les airs. Je répons qu'à la Chine il y a des mouches, qui naturellement enlévent les hommes, ou trainent des chariots ; & ceux qui me répondront que cela n'est point naturel, se contenteront s'il leur plait de ce lieu commun, qu'ils ont tort de juger des secrets merveilleux de la nature.

Voilà, M. R. P., une lettre bien longue, & qui vous sera bien ennuyeuse. J'en juge par moi-même, & cependant je ne répons point à bien des questions que vous me faites. Je vous prie de ne le point trouver mauvais ; car je suis persuadé que vous ne me les faites pas comme ayant besoin de mes réponses, mais parceque quelques personnes ont souhaité que vous me les fissiez. Qu'ils se contentent des vôtres, elles valent mieux que les miennes, & vous pouvez plus facilement les dire que moi les écrire. Je suis, &c.

Lettre de Monsieur l'Abbé de la Trappe, à Monsieur l'Abbé de Malebranche.

IL y a longtems que je vous faits attendre, Monsieur, une méchante réponse à la lettre que vous avez pris la peine de m'écrire. Je l'ai lue & relue, & je l'ai fait lire à des gens plus habiles que moi ; tous sont entrez dans mon sentiment, qui n'est guéres différent du votre.

Je crois qu'il se peut faire par une vertu naturelle que la Baguette se remue sur l'eau & sur les métaux, qu'elle les découvre, & qu'elle les fasse connoitre. Cela ne paroit pas être au dessus des forces de la nature, & ne seroit pas plus extraordinaire que le mouvement de l'aiguille qui a été touchée d'une pierre d'aiman. Mais que la Baguette se remue, qu'elle designe un voleur entre ceux qui ne le sont pas, qu'elle marque une borne qui a été changée, qu'elle ne la marque point lorsqu'on n'a plus l'intention de la trouver, c'est ce qui est impossible à la nature ; car ce voleur n'acquiert pas par son larcin aucune qualité physique, non plus que cette pierre qui a été otée de sa place. On peut dire la même chose de cette intention qui a été retractée ; la nature ne se peut étendre jusques-là. Comme elle n'a ni connoissance ni liberté, elle agit toujours de la même maniére ; si ce n'est qu'elle en soit empêchée par des rencontres purement physiques : ce qui ne se trouve point dans les cas que nous venons de marquer.

Ainsi il faut que tout le monde demeure d'accord que ces connoissances ne sont point naturelles, & qu'il faut qu'elles viennent ou des Anges ou des Démons. Que ce soit du côté des Anges, cela n'entrera dans la pensée de personne, & jusqu'ici on n'a point vu que Dieu se soit servi de leur ministére pour de telles choses.

Il n'en est pas de même des Démons, de qui la malignité a été de tout tems appliquée à séduire les hommes par des charmes, des prestiges & des enchantemens continuels. Car il se peut dire que le propre du Démon est de tromper le monde, & de s'en attirer la créance, & particuliérement en apprenant l'art de deviner à certaines personnes qui s'abandonnent à lui.

C'est une mauvaise raison pour justifier cette conduite détestable, de dire que ce sont des gens simples qui servent à ces sortes de découvertes ; car on sait que ce sont ceux-là ausquels le Démon s'adresse plutot qu'aux autres, par deux raisons ; l'une, parcequ'on leur impose plus facilement à cause de leur crédulité, l'autre, parcequ'ils sont moins suspects, & qu'ils ont un caractére de bonté qui ne donne aucune défiance.

Cependant quoique la Baguette puisse s'incliner natu-

rel-

rellement fur les eaux & fur les métaux, je fuis perfuadé dans le fait préfent que cela arrive par la même
puiffance, qui la fait agir à l'égard des caufes libres &
volontaires, & que tous ces mouvemens font l'opération du même principe.

Et pour les Curez qui autorifent une telle conduite,
on leur rendra juftice quand on dira qu'ils font abufez,
foit qu'ils ne fe foient pas donné le loifir d'examiner la
chofe, ou que l'ayant examinée, ils ne l'ayent pas jugée telle qu'elle eft en effet. Et je vous avoue que plus
je l'ai confidérée, plus l'opération du Démon m'a été
fenfible, & je ne crois pas qu'on puiffe avoir deux avis
différens fur un fujet qui de lui-même eft fi palpable.

Je n'entre point, Monfieur, dans tout le détail, ni
dans tous les points de la queftion ; je vous envoye le
mémoire de Monfieur Pirot qui m'eft venu voir, vous
en connoiffez fans doute le nom & le mérite. Je n'ai
rien, Monfieur, que je puiffe ajouter à cette lettre, fi
ce n'eft pour vous protefter que je prens une grande
part à tout ce qui vous regarde, & que je vous fouhaite
quelque lieu que vous foyez une paix fainte & une
tranquillité parfaite. Priez Dieu pour moi, je vous en
conjure, & foyez perfuadé qu'on ne fauroit être avec
plus de fincérité que je fuis, votre très humble & très
obéiffant ferviteur,

Fr. Armand-Jean, Abbé de la Trappe.

À la Trappe le 29. d'Aout 1689.

---

*Sentiment de Monfieur l'Abbé Pirot, Chancelier de
l'Eglife & de l'Univerfité de Paris.*

APrendre tout ce qui fe mande du Dauphiné au fujet de la Baguette fourchue dont on fe fert pour
découvrir des eaux, des métaux, des bornes de terre cachées, des voleurs, &c. on n'y voit rien de naturel ;
& le fentiment qu'en a donné le Phyficien à qui on en
a écrit, eft auffi folidement appuyé, qu'il l'explique a-
vec netteté. Il n'eft pas inouï qu'on découvre des fources d'eaux, ou même quelques métaux ou minéraux
qui font encore en terre. Il peut y avoir quelques qualitez fimboliques & de fympathie, qui font que l'eau ou
les métaux fe faffe fentir ; mais ce ne fera pas de la maniére qu'on dit que cela fe fait. Il eft impoffible dans
l'expofé, que la Baguette faffe connoitre la profondeur
de la fource, non plus que fon abondance ; puifqu'une
moins forte, mais moins creufe, doit faire la même impreffion fur la Baguette, qu'une plus groffe qui feroit
plus avant en terre. On ne peut non plus reconnoitre
par-là, s'il y a de la terre glaife, du fable, de la roche,
ni combien il s'en trouvera.

On a raifon de dire que l'intention de la perfonne qui
tient la Baguette ne peut être la caufe, qui détermine la
Baguette à tourner plutot quand il fe trouve de l'eau,
que quand il y a de l'or ou de l'argent. S'il y a un
rapport égal de la Baguette avec ces métaux, comme
avec l'eau, elle doit également tourner quand elle les
rencontre ; & ce qu'on marque dans la lettre de Grenoble, qui n'eft pas obfervé dans la réponfe, qu'on fe fert
pour trouver de l'or, d'une piéce d'or qu'on met en fa
main, ne peut rien faire, puifque la piéce d'or par elle-
même n'auroit aucune vertu femblable, elle n'en peut a-
voir jointe à la Baguette. Mais ce qu'on rapporte du
vol qu'on reconnoit à la faveur de cette Baguette, eft
encore plus éloigné de toute apparence de moyen naturel. Une chofe dérobée ne change pas par le larcin. Elle eft la même, & a les mêmes qualitez ; le crime n'é-
tant qu'une chofe morale, n'altère pas par lui-même le
corps, & ne le fait pas autre qu'il étoit.

Il n'eft pas moins impoffible que la convention des
perfonnes qui ont mis une pierre pour fervir de borne à
des terres, agiffe de maniére que la Baguette la faffe deviner quand elle ne paroit pas, & ferve même à la redreffer quand elle a été malicieufement changée, comme on l'expofe. Qu'eft-ce que l'accord des gens qui
ont mis des bornes, peut avoir d'influence pour les faire retrouver quand elles font changées ?

S'il y a quelque liaifon fecréte de la Baguette avec les
eaux, comme il le faudroit fuppofer raifonnant fur le
principe, que l'effet dont il s'agit eft naturel, elle paroitroit à l'égard de l'eau hors de terre, & même elle
agiroit pour lors avec plus de force, & la Baguette
tourneroit plus vite que quand l'eau eft encore en terre,
& on affure cependant que ce n'eft qu'en cette derniére
occafion qu'elle agit.

Enfin, qui que ce pût être qui tint la Baguette, elle devroit faire le même effet, comme l'ambre & l'ayman en quelque main qu'on les mette, tirent la paille &
le fer. Que peut faire à cela la différence des perfonnes
ou des tempéramens ? On marque qu'on voit des perfonnes nées en différens mois fe fervir de cette Baguette
avec le même fuccés, & cela fait voir que le point de la
naiffance n'y fait rien, quoiqu'il foit d'expérience,
ainfi qu'on l'expofe, que la Baguette n'a nulle force
entre les mains de quelques perfonnes telle qu'eft celui
qui a écrit.

Voilà des marques convainquantes que l'effet de la
Baguette n'eft nullement naturel, & ne peut être rapporté qu'au Démon, s'il n'y a point de fourberie de la
part des perfonnes qui s'en fervent ; car de le faire venir
des bons Anges, il n'y a point d'apparence. Ils ne
font rien d'extraordinaire que pour porter les hommes à
Dieu, & on ne voit ici rien qui les y porte. Ainfi
pour répondre en détail aux douze articles propofez dans
l'extrait de la lettre de Grenoble, on croit

Sur le premier, qu'il pourroit y avoir quelque fecret
naturel qui feroit qu'une Baguette découvriroit des eaux
ou des métaux, comme des Flamands ont découvert à
Saint Denis une fource cachée ; & il y a des gens qui
découvrent ainfi, foit des eaux, foit de l'or ou de l'argent. Si on en demeuroit-là, & qu'on ne dît pas que
la Baguette fait deviner la profondeur & l'abondance de
la fource & de la mine, ce qu'il y a de terre ou de fable pour y arriver ; & qu'étant également pour l'eau &
pour les métaux, c'eft l'intention de la perfonne qui la
tient qui la détermine à tourner plutot fur l'un que fur
l'autre : toutes fuppofitions abfolument impoffible dans
le cours de la nature.

Sur le deuxiéme, Que la Baguette étant d'elle-même
indifférente à tourner pour l'or comme pour l'argent,
ce ne peut-être ni l'efprit de la perfonne qui la tient, ni
la piéce d'argent qui la détermine à tourner pour de l'argent plutot que pour l'or ; puifque l'intention qui n'eft
que morale, n'agit point phyfiquement fur la Baguette,
& qu'une piéce d'argent jointe à la Baguette n'a pas
affez de force pour la faire tourner fur l'argent, & l'empêcher de tourner fur l'or.

Sur le troifiéme, Que cette différence qui fait que la
Baguette tourne en une main, & ne tourne pas en d'autres, eft une preuve que l'effet n'eft point naturel ;
l'ayman agit en quelque main qu'il foit.

Sur le quatriéme, Que l'on voit affez que les Planettes ne font rien à cette différence, puifque des perfonnes nées fous les mêmes conftellations ne font pas
toutes la même chofe ; & que d'autres nées fous de dif-
rentes, la font.

Sur le cinquiéme, Que c'eft encore une marque certaine de la fraude de ces prétendus Devins, ou du pacte
avec le Démon, que la Baguette ne reçoive pas les
mêmes impreffions des eaux découvertes que de celle
qui eft cachée ; l'ayman attire plus le fer qu'on lui expofe fans aucun milieu épais qui le cache, que quand il
eft couvert. On ne voit pas non plus naturellement
pourquoi la Baguette tourne pour les métaux découverts, comme quand ils font cachez ; & qu'elle ne tourne fur l'eau que quand elle eft cachée. Et ce qu'on
marque ici qu'il y en a qui ne peuvent porter l'ufage de
la Baguette que jufqu'à ce point, & que d'autres vont
bien plus loin, doit confirmer, par ce qui vient d'être dit,
dans la penfée que la chofe n'eft point du tout naturelle.

Sur

Sur le sixiéme, Que quand on connoîtroit naturellement la source, on ne peut deviner sa profondeur ni sa grosseur, puisque, comme il a été remarqué, une source moins grosse, mais moins creuse, feroit le même effet qu'une plus grosse & plus profonde.

Sur le septiéme, Qu'on ne peut non plus deviner ce qu'il y a d'argile, de terre ou de sable jusqu'à la source.

Sur le huitiéme, neuviéme & dixiéme, Que la convention de deux personnes à se servir d'une pierre pour partager un champ, & pour séparer leurs parts, ne pouvant avoir aucune influence ni sur la pierre ni sur la Baguette, il est naturellement de toute impossibilité que la Baguette suive la convention; s'arrête à la pierre tant que l'accord subsiste, ne s'y arrête plus au moment qu'il se révoque, se fixe au lieu où devroit être la pierre si elle a été changée. Tous ces effets sont impossibles naturellement, & on ne doit point souffrir que des Chrétiens ayent recours à ces voyes pour quoi que ce puisse être.

Sur le onziéme, Que, comme il a été dit auparavant l'intention de la personne qui tient la Baguette, ne peut rien opérer pour la déterminer à tourner plutot sur les limites que sur l'eau ou sur les métaux, étant d'elle-même pour tout cela indifféremment, & ne recevant rien de physique du dessein de la personne qui s'en sert, qui la puisse plutot faire agir pour reconnoître des bornes de terre que pour découvrir de l'eau ou de l'or. Et ce qu'on ajoute qu'un de ces Devins sent encore, outre le mouvement de la Baguette, quelque impression en lui-même qui lui marque la borne ou l'eau qu'il cherche, les doigts de ses pieds se remuans quand la Baguette se trouve à l'endroit de la chose à quoi il la rapporte, & se croisans les uns sur les autres, est un témoignage encore plus sûr que la chose n'est point naturelle, & ne se fait que par un pacte du moins tacite. La simplicité du Curé qui l'a reçu à faire ses Pâques, qui lui donne une attestation de vie & mœurs, est inexcusable. Il devoit s'instruire lui-même, & désabuser son Paroissien dont la grossiéreté fait compassion; mais des Pasteurs n'en sont pas quittes pour dire qu'ils péchent par ignorance, ils doivent savoir ou apprendre, & sans cela leur ignorance est affectée, & ne les met point à couvert.

Sur le douziéme enfin, que la Baguette ne peut naturellement servir à reconnoître ni découvrir un voleur. Que fait le vol pour donner cette force à la Baguette? Une chose volée est physiquement la même qu'auparavant; & si la Baguette ne s'y portoit pas avant qu'on la volat, elle n'y tournera pas après. Un homme pour avoir volé ne change pas de constitution; la corruption de son cœur ne le fait pas devenir physiquement un autre homme, il ne change que moralement, & cela ne peut faire d'impression à la Baguette; si elle ne le suivoit pas auparavant, elle ne le doit pas suivre depuis. Il n'y a rien que les Curez ne doivent faire pour marquer qu'ils condamnent cet usage, qui ne peut avoir de force que par le Démon, & qu'on ne peut autoriser, l'Ecriture foudroyant en tant d'endroits tous ceux qui ont recours aux Démons, soit par curiosité, soit par intérêt, & ne pouvant souffrir qu'on employe que des moyens naturels dans toute sa conduite. C'est pécher contre le premier précepte, que de se servir de ces voyes.

◆(◉)◆(◉)◆(◉)◆(◉)◆(◉)◆(◉)

A MONSIEUR ***

Illusion des Philosophes, qui veulent expliquer par un écoulement de corpuscules, des phénoménes qui sont ou faux ou surnaturels.

JE n'ai nulle peine à croire, Monsieur, que ces personnes d'esprit, que vous appellez les ennemis du jargon de l'Ecole, prétendent expliquer par les divers mouvemens & les différentes figures de la matiére tout ce qu'on dit de la Baguette. C'a été toujours la passion dominante des Physiciens de vouloir tout expliquer par les corps; & vous savez, Monsieur, jusques où cette envie a porté le célébre Epicure. Esprits, causes surnaturelles, Providence, c'étoit pour lui de pures chiméres. Des atomes d'inégale pesanteur & de diverses figures, c'est ce qu'il demandoit pour expliquer tout ce qui arrive de plus surprenant dans le monde.

Mais combien d'autres Philosophes qui attribuoient à la matiére des effets, qui ne sont ni vraisemblables, ni même possibles? Voulez-vous rien de plus singulier que des atomes qui faisoient prédire l'avenir? Cependant les Philosophes que Cicéron a réfutez dans le deuxiéme Livre de la Divination, & ceux qui parlent dans un fort beau Dialogue de (i) Plutarque, font sortir de la terre un écoulement de petits corps qui devoient produire cet effet.

Ce n'étoit pas-là de ces téméraires qui nient tout ce qu'ils n'entendent point, ou qui nous disent mille impertinences, pour vouloir tout expliquer par les corps. Ceux-ci admettoient des esprits, & on doit être charmé de leur voir faire la différence des premiers Philosophes, bons Poëtes, Théologiens même si vous voulez, mais méchans Physiciens qui donnoient tout aux génies, d'avec les modernes, qui tient occupez de la matiére ne pensent jamais ni à Dieu ni aux Intelligences. Ces sages de Plutarque, Physiciens & Théologiens tout ensemble, joignoient autant qu'ils pouvoient les opérations de la matiére avec celle des esprits, tâchoient de donner à ceux-ci ce qui leur est propre, & à celle-là ce qui lui convient. Avec des dispositions si louables, ils cherchent un système par lequel on puisse rendre raison des difficultez que les Oracles font naître, qui montre leur origine, & comment ils ont cessé. L'eussiez-vous cru, Monsieur, des corpuscules vont faire tout le fond de leur système?

La terre, disent-ils, ne pousse-t-elle pas de différens sucs? Comme elle produit ici des métaux, là des plantes qui ont d'admirables vertus, elle exhale en un autre endroit des vapeurs propres à faire deviner. La vapeur est-elle subtile & abondante? Elle agite le Devin, produit en lui l'entousiasme, & le fait prophétiser en bons vers. La vapeur a-t-elle moins de force? L'entousiasme diminue, & les vers en sont moins bons? S'affoiblit-elle davantage? Elle ne peut faire que de la prose. Enfin la terre s'est-elle épuisée? N'envoye-t-elle plus de vapeurs? Les Oracles cessent.

Ils ne cessent pourtant pas pour toujours: de nouveaux sucs se forment qui sortiront peut-être par un nouvel antre, on y ira & on devinera comme on faisoit sur l'ancien. Mais tout le monde y devinera-t-il? Les Prophétes seroient trop communs; c'est le privilége de la Pythie, elle sera la seule agitée par la vapeur. Demandez-vous pourquoi? Par la même raison, Monsieur, que Jacques Aymar est le seul agité sur les vestiges d'un meurtrier. Vos Médecins vous l'ont déja dite cette belle raison; le tempérament différent, une certaine disposition qui rend un corps sensible & un autre insensible à un certain mouvement; voilà ce qui fait que la Pythie est susceptible d'une impression dont nul autre n'est capable; elle-même cesseroit d'être émue, si elle cessoit d'être vierge.

Je suis bien persuadé, Monsieur, que vous ne souscririez pas au (k) système; mais tout le monde n'en juge pas comme vous. Bien des gens l'ont trouvé fort bon, & Cardan (l) n'a cru devoir y joindre que des corpuscules émanez des planettes. Avec se secours, il vous expliquera comment une petite pierre enchassée dans une bague pourra faire deviner.

Le même (m) Cardan vous indiquera des pierres précieuses, dont il sort des corpuscules capables d'écarter la foudre & de préserver de la peste. Des Philosophes qui

(i) De defectu Oraculorum.
(k) Peucer de Oraculis.
(l) De rerum varietate l. 14. c. 68.
(m) De subtilit. c. 7.

G 2

qui valent bien Cardan, vous diront qu'il y a une certaine plante que vous n'ayez qu'à toucher & preſſer dans vos mains, pour purger telle perſonne que vous voudrez, ſans qu'elle en ſache rien. (n) Les uns nomment cette plante *Lathyris*, & les autres veulent que ce ſoit le (o) Cabaret ou le (p) Sureau. S'eſt-il jamais rien vu de plus merveilleux? Touchez le haut des feuilles d'une de ces plantes, voilà d'abord un écoulement de corpuscules, en forme de magnétiſme, qui vont exciter au vomiſſement la perſonne que vous voulez purger. Touchez-vous la racine? La purgation ſe fait par le bas. N'en riez pas, Monſieur, & ne vous aviſez pas de dire que cela ne peut être phyſique, ou bien réſolvez-vous à être traité par (q) Van Helmon de ridicule, de ſuperſtitieux, d'ignorant.

Je ne finirois point ſi je me mettois en train de vous rapporter des folies de cette nature. N'en voilà que trop, pour conclure de quelles Illuſions ſont capables des gens qui paſſent pour Phyſiciens.

Ravis d'avoir expliqué méchaniquement quelques phénoménes, ils croyent que rien ne peut les arrêter; on les voit raiſonner ſur les choſes les plus obſcures & tout-à-fait inexplicables, comme s'ils y voyoient bien clair. Fables, preſtiges, miracles, ils rendent raiſon de tout, & s'y prennent de telle maniére que leurs principes s'accommodent avec le faux comme avec le vrai.

Auſſi ſont-ils toujours prêts à faire des ſyſtêmes. On a beau leur dire avec Monſieur (r) Boyle: pourquoi vous preſſez-vous? Peut être un nouveau fait, quelques nouvelles expériences, des circonſtances que vous n'avez pas remarquées, renverſeront d'un ſeul coup tous vos ſyſtêmes. Un tel avis n'eſt point écouté. Eſt-ce qu'ils veulent ſe faire un nom, (s) comme dit le même Boyle? Je n'en ſais rien; mais je ſais bien que l'applaudiſſement qu'ils reçoivent de gens d'eſprit, eſt ſouvent de courte durée (t).

Que dites-vous, Monſieur, du Philoſophe qui débita dans les converſations un eſpéce de ſyſtême, pour expliquer méchaniquement les différentes merveilles que Jacques Aymar opéroit? Il conſtruiſit, dit-on, ſon hypothéſe pour la ſatisfaction de Meſſieurs les Gens du Roi ſur leur relation des faits, & leur prédit par des conſéquences tirées de ſes principes, que ceux qui excellent à chercher des ſources, devoient avoir le même don que Jacques Aymar. Par malheur pour l'hypothéſe, il ſe trouve beaucoup de gens à qui la Baguette ne tourne que ſur des ſources; & le Philoſophe a bien voulu nous dire lui-même qu'une femme ſavante à chercher les ſources, n'avoit fait tourner la Baguette à la cave que très imparfaitement. Il pouvoit dire nettement que la Baguette ne tourna point, ſans craindre qu'on y trouvat à redire; car le public a un merveilleux fond de complaiſance pour tous ceux qui parlent en faveur de ce qui le réjouit. C'eſt ce que ſavent fort bien ceux qui entreprennent d'expliquer de pareils faits, & c'eſt auſſi ce qui les rend ſi hardis. Il eſt clair qu'ils comptent beaucoup ſur la docilité des Lecteurs, ſur la diſpoſition des peuples à recevoir tout ce qui leur fait plaiſir, & ſur l'expérience que l'on a eue de tout rems, que les moindres raiſons ſont perſuaſives, lorſqu'elles autoriſent ce que la curioſité, l'intérêt, ou l'amour-propre nous fait aimer. Probabilitez, conjectures, la moindre apparence de vérité, tout leur eſt bon. Comme ils eſpérent qu'on n'y regardera pas de ſi près, ils ne craignent pas de ſe ſervir de principes, qui ne ſont nullement favorables à leurs opinions; & ceux mêmes qu'on avoit cru les plus propres à déſabuſer le monde de mille folies, ce ſont ceux-là qu'ils employent pour les autoriſer.

Cela me fait ſouvenir de ce qu'a dit l'Auteur des nouvelles de la République des Lettres, (v) en parlant des taliſmans que Monſieur Baudelot veut juſtifier par la nouvelle Philoſophie. Il fait en cet endroit une réflexion fort judicieuſe, & une eſpéce de prédiction qui ne s'accomplit que trop tous les jours. ,, Qui croiroit, ,, *dit il*, que la Philoſophie de Monſieur Deſcartes qui ,, a été le fléau des ſuperſtitions, doive être le meilleur ,, apui des Aſtrologues, & des faiſeurs d'enchantemens; ,, néanmoins il n'eſt pas hors d'apparence qu'on verra ,, cela tot ou tard. L'homme n'eſt pas fait pour ſe pou- ,, voir paſſer de ces choſes. Si on l'en détache par quel- ,, que côté, il a cent reſſources pour y revenir. Mon- ,, ſieur Gadrois, bon Carteſien, a déja montré qu'il ,, n'y a point de ſyſtême plus favorable à l'Aſtrologie ,, que celui de Monſieur Deſcartes; & il ſeroit aiſé de ,, montrer que celui des cauſes occaſionelles, eſt le plus ,, propre du monde pour rendre croyable tout ce qu'on ,, dit des Magiciens. Ainſi je ne doute pas que l'on ,, ne ſe ſerve un jour de cette Philoſophie, pour prou- ,, ver non ſeulement la vertu des taliſmans & des an- ,, neaux conſtellez, mais auſſi toutes opérations magi- ,, ques''. Si l'Auteur veut dire qu'on fera à l'égard des anneaux conſtellez & de pluſieurs autres pratiques de cette nature, ce que Monſieur Gadrois a fait pour l'Aſtrologie & pour les taliſmans, le jour prédit eſt déja venu; car ne doutez pas que les ſyſtêmes qu'on fait à préſent ſur la Baguette, ne ſoient fort propres à autoriſer un grand nombre de pratiques qu'on a toujours avec ſujet ſoupçonnées de ſuperſtition. Savoir ſi c'eſt la faute des principes de la nouvelle Philoſophie, ou de ceux qui s'en ſervent; c'eſt une autre queſtion qui pourra ſe décider quelque jour. Je ſuis, &c.

❈◈❈◈❈◈❈◈❈◈❈

A MONSIEUR ***.

Critique des hypothéſes dont Monſieur Chauvin & Monſieur Garnier ſe ſervent, pour découvrir la cauſe qui fait tourner la Baguette ſur les veſtiges des voleurs & des meurtriers.

SI les Diſſertations de Monſieur Chauvin & de Monſieur Garnier, étoient de la nature de celles que vous ſavez, chargées de fatras, pleines de faux principes & de termes obſcurs; je vous prouverois ſi bien, Monſieur, que c'eſt à vous à débrouiller le chaos, qu'il faudroit ou vous paſſer de mes réflexions, ou vous réſoudre à commencer par m'envoyer les votres. Mais l'ordre & la netteté qui regnent dans les hypothéſes de ces Meſſieurs, ont pour moi des attraits, qui me font trouver plus de plaiſir que de peine à mettre par écrit ce que je crois de leurs ſentimens.

J'approuve leur méthode, je ſouſcris preſque ſans reſtriction aux principes généraux qu'ils établiſſent, & à la réſerve de quelques unes de leurs ſuppoſitions, que je re-

---

(n) *Apud Fernel, de abd. rer. cauſis. l. 2. c. 16.*
(o) *Aſarum.*
(p) *Sambucus.*
(q) Si quiſpiam folia Azari decerpendo ſurſum vellicaverit, purgabunt aliam, id eſt tertiam perſonam tractionis neſciam per vomitum tantùm: ſin verò deorſum carpendo torqueantur, ſolam dejicient alvum. Hîc ſaltem nulla ſubeſt ſuperſtitio, nam quid hîc imaginationis commemorem, cùm illa in tertium objectum nibil operari concedatis, maximè ubi iſtud ignarum ſit modi, quo decerpens fuerit uſus? An forte pactum implicitum rurſùs & ſacram ignorantiæ anchoram, incuſaveris? Atqui hîc nulla latet vana obſervantia, præſertim ubi inſcio abſumente decerptor forſum vel deorſum folia vellicaverit. Profecto in azari plantâ integrali proprietas elucescit magnetica, adeoque ad carptionis ſenſum variè ſua dotat folia. *De Magn. vul. curan.* 30.

(r) Quod ad ſyſtemata attinet, id inprimis opto, ut homines à conſtituendis theoriis abſtinerent, donec tantam experimentorum copiam nacti fuerint (ſin minùs qua omnia phœnomena per talem aliquam theoriam explicanda ſuppeditet at ſaltem) quæ amplitudini theoriæ iisdem ſuperſtruendæ proportione reſpondeat. *Comment. Proemial. in exper. pag.* 13.

(s) Equidem magnis auſis in rebus explicandis placitiſque ſanciendis famam quæri ſcio. *Ibid.*

(t) Et ſanè ſcriptoribus illis, qui cauſas rerum & naturæ magnalia exponere aggreſſi ſunt, minùs invidere conſuevi, ex quo obſervare per otium licuit, complura eorum placita, poſtquam aliquandiu cum plauſu & admiratione excepta fuiſſent, detecto deinde novo aliquo naturæ phœnomeno, ſcribentibus priùs ignoto aut non animadverſo elevata corruiſſe. *Ibid.*

(v) Mois d'Avril 1686.

rejette, le feul point où je m'éloigne tout-à-fait d'eux, c'eft la conclufion. Car de leurs principes mêmes je conclus, Monfieur, que nul corps ne fait tourner la Baguette. Vous êtes l'ami commun, foyez auffi l'arbitre.

Etat de la Queftion.

LE fait dont on cherche la caufe, & que Jacques Aymar fe fent tout ému, & qu'une Baguette tourne avec violence entre fes mains, lorfqu'il paffe fur les veftiges d'un voleur ou d'un meurtrier.

MOYEN DE RE'SOUDRE LA QUESTION.

Quels font les corps qui peuvent caufer le mouvement de la Baguette, & l'agitation de l'homme qui la tient.

COmme nul corps en repos ne peut être mis en mouvement que par un corps qui a du mouvement, & qui touche immédiatement le corps en repos; „ il faut examiner avec attention, *dit Monfieur Chau-* „ *vin*, tout ce qui peut immédiatement toucher le fang „ & les efprits animaux du Villageois, afin que nous „ puiffions déterminer ce qui excite le mouvement ou „ l'agitation dont il s'agit.

„ Mais il ne paroit pas qu'il y ait rien qui le touche „ immédiatement, que la terre fur laquelle il marche, „ le bois du bateau dans lequel il étoit, lorfqu'il fuivit „ les affaffins fur le Rhône & fur la mer; l'air qui l'en- „ vironne, la matiére fubtile contenue dans fes pores, „ ou enfin quelques petits corpufcules particuliers diffé- „ rens de l'air & de la maniére fubtile, plus fubtils que „ l'une, & dont les pores font configurez de maniére à „ donner un paffage très libre à l'autre. Or ce n'eft „ pas la terre qui le foutient, non plus que le bois du „ bateau, parceque l'un & l'autre font en repos, & un „ corps qui eft en repos n'en peut pas faire mouvoir un „ autre. Ce n'eft pas encore l'air feul, ou la matiére „ fubtile qui y eft contenue; puifque l'un & l'autre „ environnent toujours cet homme, & même tous les „ hommes, & que ni cet homme ni tous les autres „ hommes ne font pas en tout tems agitez de la maniére „ dont il s'agit.

Refte donc que de petits corps particuliers différens de l'air & de la matiére fubtile, produifent l'effet dont il eft queftion. Et ces petits corps ne peuvent être autres, que ceux que les meurtriers ont exhalez par la tranfpiration dans tous les lieux où ils ont paffé.

RE'FLEXION.

Ces deux Meffieurs prouvent ici qu'il fort du corps de tous les hommes une grande quantité de corpufcules, par une tranfpiration infenfible: cela eft certain. Ils ajoutent que ces corpufcules font tout différens, felon les différentes paffions de l'ame; c'eft trop. On pourroit leur montrer qu'ils fe trompent, & qu'il y a beaucoup à redire aux preuves & aux exemples qu'ils en apportent. Mais la queftion principale ne dépend pas de là; je paffe & me contente d'appuyer fur la conclufion tirée, que les feuls corps qui puiffent caufer le tournoyement de la Baguette & l'agitation de celui qui la tient, font les corpufcules fortis du corps des meurtriers qui forment une efpéce de trainée tout le long du chemin. Monfieur Chauvin vient de le prouver; Monfieur Garnier le fuppofe, & ne trouve de la difficulté qu'à déterminer la groffeur, la figure, ou la configuration de ces petits corps.

„ Quand on viendroit, *dit-il*, à fe tromper dans la „ détermination de la figure des corpufcules émanez du „ corps du meurtrier, & dans la maniére d'impreffion „ qu'ils font fur le corps de Jacques Aymar, le rai- „ fonnement ne laifferoit pas de fubfifter, jufqu'à ce „ que l'on eût pu prouver que ce n'eft ni par la figu- „ re, ni par la maniére d'agir de ces corpufcules que ce „ fait arrive. Il fe pourra donc bien faire que l'on fe

„ trompera, en voulant déterminer la méchanique fpé- „ ciale en vertu de laquelle ce Villageois fuit fi fidelle- „ ment ces meurtriers & ces voleurs à la pifte; mais on „ peut (& cela fuffit) faire comprendre en général que „ cela fe fait par quelque méchanique & par quelque „ caufe naturelle, & que cette caufe purement naturelle „ N'EST AUTRE QUE L'E'MANATION DES COR- „ PUSCULES SORTIS DU CORPS DU MEUR- „ TRIER, DANS LES ENDROITS OÙ IL A FAIT LE „ MEURTRE, ET DANS CEUX OÙ IL A PASSE'.

Donc pour favoir fi l'agitation d'Aymar & le tournoyement de la Baguette ont une caufe matérielle, il n'y a que deux points à examiner.

Le Premier. Si les petits corps que les meurtriers ont exhalez, fe trouvent par-tout où la Baguette tourne.

Le fecond. S'ils y font dans un mouvement affez grand, pour agiter le fang d'Aymar, & tordre une Baguette entre fes mains, car fi la Baguette tourne en des endroits où ces corpufcules ne fubfiftent plus, puifqu'ils font les feuls corps aufquels on puiffe attribuer ce mouvement, il faudroit néceffairement conclure que rien de corporel ne la fait tourner. Il faudroit conclure la même chofe, fi ces petits corps étoient en fi petite quantité, ou s'ils avoient fi peu de mouvement, qu'ils ne fuffent pas capables d'agiter le corps d'un homme jufqu'à le faire fuer, & à tordre une Baguette qu'il ferreroit dans fes mains.

S'il y avoit des corpufcules émanez du corps des meurtriers par-tout où la Baguette a tourné.

Hypothéfe de Monfieur Chauvin pour prouver qu'il y en avoit, & pour montrer que ces corpufcules peuvent demeurer longtems fur une riviére, ou fur la mer fans fe diffiper.

„ IL eft fûr que nous pouvons toujours imaginer dans „ le monde que nous habitons, des corps beaucoup „ plus durs que tous ceux qui tombent naturellement „ fous nos fens: la nature de la matiére comme divifi- „ ble n'y répugnant pas. De-là je conclus par rapport „ à notre fujet, que je puis imaginer les petits corpuf- „ cules dont il s'agit, fi petits que malgré l'agitation „ de l'air, foit fur la terre, foit fur la mer, les inter- „ ftices de ce même air feront toujours fi grands par „ rapport à ces petits corpufcules, qu'ils n'en recevront „ aucune atteinte, & que par conféquent ils ne pour- „ ront pas être déplacez par ce moyen; je veux dire „ par l'air, de quelque maniére qu'ils foient agitez. Ils „ le pourront d'autant moins, que je puis auffi les ima- „ giner fi durs par rapport à leurs grandeurs, que la „ derniére mollecule de l'air fera trop molle à leur „ égard, pour pouvoir les ébranler, & par conféquent „ les déplacer.

„ Ce que je dis de l'air, j'ai auffi raifon de le dire „ dès autres caufes de déplacement qu'on me pourroit „ propofer. Néanmoins comme ces petits corpufcules „ quoique très durs & propres à réfifter à l'air, peu- „ vent être en quelque maniére détrempez & radoucis „ par les corpufcules de l'eau, fur une riviére & fur la „ mer, il n'eft pas mal aifé de comprendre que ce pay- „ fan eft moins agité fur l'eau que fur la terre.

„ Ne foyons donc pas furpris de la durée des traces „ que laiffe un affaffin fur la terre, fur une riviére, & „ même fur une mer orageufe.

Monfieur Garnier n'ajoute rien à l'hypothéfe de fon confrére. Il l'adopte, la confirme par l'exemple de l'odeur du mufc qui fe conferve longtems dans une chambre, & répond à une difficulté dont nous parlerons plus bas, après avoir fait quelques réflexions fur l'hypothéfe.

Réflexions critiques sur l'hypothése de Monsieur Chauvin.

COmme les corps font fufceptibles de toutes fortes de figures & de difpofitions, celui qui fait une hypothéfe a droit d'en fuppofer de telle maniére qu'il veut, mais il faut qu'il prenne garde d'où il fera fortir ces corpufcules.

I. Monfieur Chauvin veut compofer une trainée de corpufcules fort durs. Je voudrois donc les faire fortir d'un autre endroit que du corps d'un homme. Qu'en penfez-vous, Monfieur? Ce qui fort de notre corps par la tranfpiration, eft-il fi dur? Ne font ce point les parties les plus faciles à mouvoir, & les plus flexibles qui s'évaporent?

II. On fuppofe ces petits corps plus petits que les pores de l'air, & en même tems fi gros qu'ils peuvent donner entrée par leurs pores à une grande quantité de particules d'eau ; car on veut qu'ils puiffent être détrempez & ramolis par ces vapeurs de l'eau, ce qui ne fe peut faire fans que ces petites parties d'eau les pénétrent de tous côtez. Cette fupofition n'a-t-elle rien qui vous faffe de la peine? Quoi qu'il en foit, fouvenez-vous en, s'il vous plait, Monfieur, car elle eft toute propre à prouver que les corpufcules peuvent être aifément déplacez.

Que la trainée des corpufcules émanez du corps des meurtriers, doit être diffipée par les vents & les tempêtes.

I. L'Expérience apprend à tout le monde que ce qui s'exhale des corps, eft emporté par les vents. Portez un bouquet de fleurs le long d'un chemin qu'un vent un peu fort traverfe; ceux qui font hors du chemin au deffous du vent en fentent l'odeur, ceux qui font au deffus ne la fentent prefque pas, & ceux qui paffent dans le chemin quelque tems après ne fentent rien du tout. N'eft-ce pas parceque ce qui s'étoit exhalé, a été emporté par le vent? Et n'en eft-il pas de même de tout ce que les hommes & les animaux tranfpirent?

Il n'eft perfonne qui n'ait éprouvé que les vents fe reffentent des lieux d'où ils viennent, qu'ils font chauds s'ils ont paffé fur une terre échauffée, humides quand ils ont paffé fur des lieux aqueux, & que felon ce qui fe trouve fur leur chemin, ils font fains ou contagieux, puans ou de bonne odeur, parcequ'ils entrainent avec eux les vapeurs & les exhalaifons répandues dans l'air. Cela eft général pour toutes fortes de corpufcules, ceux qui s'exhalent du corps des hommes ne font pas exceptez; & fi communément pour purifier une chambre où un homme a été enfermé plufieurs jours, on ouvre la porte & les fenêtres à un grand vent, c'eft qu'on fait bien que s'il ne détache pas ce qui s'eft colé au plancher, aux murailles & aux meubles de la chambre, il enlévera du moins ce qui eft répandu dans l'air.

Eft-il donc raifonnable de fuppofer qu'au milieu de l'air, fur une rivière, dans un endroit où il n'y a rien qui donne prife, ce qui s'exhale du corps d'un homme, s'y arrêtera & y demeurera inébranlable, malgré les vents, les tempetes & les orages?

Qu'on ne dife pas que cette matiére exhalée par les meurtriers pourroit être d'une certaine figure qui l'empêcheroit d'être agitée par aucun autre corps; car comme les grands vents entrainent de petits corps de toute forte de groffeur & de figure, vapeurs, exhalaifons, fels, fable, pouffiére, &c. il ne fe peut faire que tous ces corps emportez par les vents ne rencontrent cette prétendue matiére qui compofe la trainée, & s'ils la rencontrent ils l'entraineront infailliblement. Car pour ne pas l'entrainer, il faudroit qu'ils fuffent tous, ou fi petits qu'ils puffent paffer librement au travers des pores de la *matiére meurtriére*, fans la toucher en aucun endroit, & qu'ils vinffent fi exactement dans le milieu des pores, qu'ils ne la heurtaffent d'aucun côté; ou qu'ils fuffent fi gros, qu'ils euffent des pores fi grands, fi droits, &

qu'ils les préfentaffent fi juftement à la *matiére meurtriére*, que lorfqu'ils pafferoient, elle fe rencontrat précifément au milieu de l'ouverture fans recevoir aucune fecouffe. Mais font-ce-là des fuppofitions à faire? Ne faut-il pas dire au contraire que les vapeurs, les exhalaifons, & tous ces corps divers que les vents entrainent, heurteront indifféremment de tous côtez contre cette prétendue *matiére meurtriére*, & l'entraineront?

II. Monfieur Chauvin fuppofe que ces petit corps font détrempez & ramolis par les vapeurs de l'eau; donc il ne refte aucun lieu de douter qu'ils ne doivent être enlevez par les vents.

En voici la preuve. Les vapeurs de l'eau ne peuvent détremper & ramolir les petits corps fans entrer dans leurs pores, & les pénétrer de tous côtez; donc ces petits corps font beaucoup plus gros que les parties d'eau qui montent en vapeur, puifqu'ils peuvent en recevoir dans eux-mêmes un fort grand nombre; & par une fuite néceffaire ils doivent donner plus de prife aux vents & à tous les corps entrainez par les vents, que ne feroient les vapeurs: or les vents enlévent les vapeurs, & c'eft ce qui les rend humides: donc à plus forte raifon ils heurteront & enléveront les corps qui renferment ces vapeurs.

Il eft donc abfurde de fuppofer le long d'un chemin une trainée de corpufcules, qui ne peut être diffipée par les vents ni par les tempêtes.

Nouvelle hypothéfe (w) propofée après celle de Monfieur Chauvin dans le Journal des Savans, (x) pour montrer que les vents ne peuvent enlever les petits corps que les meurtriers ont répandus partout où ils ont paffé.

" BIen que cette explication (*de Monfieur Chauvin*)
" foit fort probable, néanmoins parcequ'elle ne lé-
" ve pas toutes les difficultez, j'en propoferai une autre
" tirée de la nature même des vents, furtout de ces
" vents changeans qui foufflent d'ordinaire hors des tro-
" piques. Car il faut obferver que ces vents dépendent
" des fermentations particuliéres qui fe font en divers
" endroits de la terre. C'eft pourquoi fuppofant qu'ú-
" ne notable fermentation vînt à fe faire en quelque en-
" droit, il eft évident que l'air & la matiére fubtile ten-
" dent vers ce lieu-là, comme vers un lieu où il leur
" eft plus aifé de continuer leur mouvement. Mais
" comme tout le monde eft plein & la matiére impéné-
" trable, & que d'ailleurs la matiére fubtile eft plus
" forte que l'air, il faut néceffairement que tandis
" qu'elle tend vers le lieu où fe fait la fermentation,
" l'air prenne un mouvement tout contraire pour aller
" occuper la place qu'elle quitte, ce qu'il ne peut faire
" fans produire un vent qui fouffle vers le côté oppofé
" à celui vers lequel tend la matiére fubtile. Or cela
" pofé, il eft évident que fi les corpufcules qui font
" répandus fur les traces des meurtriers, étoient fi gros
" qu'ils ne puffent fuivre que le mouvement de l'air,
" (comme il arriveroit, s'ils ne nageoient que dans l'air
" groffier) le vent de quelque côté qu'il foufflat les au-
" roit bientot diffipez. Mais au contraire fi nous fup-
" pofons, comme nous avons droit de le faire, que
" ces corpufcules font fi petits, qu'ils nagent en même
" tems dans l'air & dans la matiére fubtile, nous apper-
" cevrons fans peine que le mouvement de l'air & de
" la matiére fubtile étant égaux & oppofez, les corpuf-
" cules ne peuvent fuivre ni l'un ni l'autre, & par con-
" féquent qu'ils reftent comme immobiles, par la mê-
" me raifon qu'un vaiffeau paroit être tel lorfqu'il eft
" également pouffé par l'eau & par le vent qui agiffent
" avec des forces égales & oppofées. Or fi ces corpuf-
" cules reftent comme immobiles, il n'y a pas lieu de
" s'éton-

(w) Elle eft de M. Regis.
(x) 9. Février 1693.

„ s'étonner s'ils demeurent longtems sur les mêmes tra-
„ ces; ce qu'il falloit démontrer.

DE'FAUTS DE L'HYPOTHE'SE.

I. CEtte hypothése n'admet que de l'air & de la matiére subtile : or les vents sont composez non seulement d'air & de matiére subtile, mais encore de vapeurs, d'exhalaisons, & de tout ce qui s'est évaporé d'une infinité de corps de différente espéce: on a donc obmis la principale cause qui doit dissiper la traitée des corpuscules, comme on l'a montré plus haut.

II. L'Auteur de l'hypothése avoue que si ces petits corps ne nageoient que dans l'air grossier, le vent de quelque côté qu'il soufflât les auroit bientôt dissipez; apparemment parcequ'ils iroient de compagnie avec l'air: donc s'ils nagent dans la matiére subtile, ils pourront être emportez ou bien il leur arrivera ce qui arrive à un tonneau exposé au courant d'une riviére, moitié dans l'air & moitié dans l'eau. Il ne suit entiérement ni le mouvement de l'air ni celui de l'eau, mais il n'est pas pour cela immobile : il va plus lentement.

III. On veut que les petits corps qui composent la trainée soient poussez également à contresens, d'un côté par l'air & de l'autre par la matiére subtile, & qu'ils soient comme un vaisseau poussé vers un endroit par un courant d'eau, & vers un autre par un vent contraire.

Voilà une supposition bien différente de celle de Monsieur Chauvin, qui veut que ces petits corps donnent un passage libre à la matiére subtile, & qu'ils passent eux-mêmes à travers des pores de l'air, en sorte qu'ils ne puissent être ébranlez ni par celle-là, ni par celui-ci. On suppose ici au contraire qu'ils peuvent être agitez par tous les deux.

Mais 1. l'air & la matiére subtile n'agissent pas tout-à-fait à contresens; car la matiére subtile ne va pas toute d'un côté & tout l'air d'un autre. Il y a assurément de l'air qui accompagne la matiére subtile. (y) La comparaison du vaisseau qui demeure immobile, n'est donc pas juste, puisque le courant d'eau & le vent le poussent par deux côtez tout-à-fait opposez, au lieu que d'un même côté il y a de l'air & de la matiére subtile qui poussent les corps dont il s'agit.

2. Quand même l'air presseroit d'un côté & la matiére subtile de l'autre, & qu'ainsi les forces seroient opposées, elles ne seroient pas pour cela égales; car la matiére subtile a plus de force que l'air. L'auteur le suppose, c'est-là le principal fondement de son hypothése; donc elle doit entrainer ces petits corps.

3. Si l'on suppose que l'air aille d'un côté & la matiére subtile de l'autre, cet air qui va vers un même côté, s'y trouvera enfin si pressé, & si condensé, que sa force élastique ne manquera pas de le faire refluer; & en refluant ne viendra-t-il pas déplacer les petits corps de la trainée?

4. Le vent peut varier. Il peut aller directement vers un endroit, y aller doucement avec l'air & la matiére subtile, & entrainer de même ce qui se trouvera sur leur chemin. Donc si le sixiéme de Juillet il ne faisoit qu'un vent fort doux auprès du pont de Vienne, adieu la trainée.

5. Il faut encore revenir aux vapeurs & aux exhalaisons qui ne peuvent fort aisément déplacer les petits corps & avec plus de force même que ne le feroient l'air & la matiére subtile; car comme il y en a de plus grosses & de plus solides que l'air & la matiére subtile, lorsqu'elles auront été mises en mouvement, elles ne manqueront pas de transporter les petits corps qu'elles choqueront, comme la glace que la riviére entraine, pousse & transporte des corps que l'eau ne déplaceroit pas.

6. D'où vient que toutes sortes de vapeurs & d'exhalaisons, sur lesquelles l'air & la matiére subtile ont prise, ne sont pas arrêtées en l'air? Pourquoi faut-il qu'elles soient emportées bien loin, & que la seule vapeur des meurtriers soit arrêtée? Pourquoi l'air qui donne passage à tant de différentes choses, la refuse-t-il à des corps qu'on suppose si petits & si agitez par la matiére subtile?

Enfin qu'on s'imagine si cela se peut, que l'air & la matiére subtile n'en veulent qu'à cette vapeur, & que l'un & l'autre la poussent par des côtez opposez. Je dis encore qu'ils ne la retiendront que fort peu de tems dans la même place, & que l'exemple du vaisseau ne vaut rien.

Un vaisseau qui nage sur l'eau, ne peut ni monter dans l'eau ni tomber au fond, parceque l'air & l'eau sont des corps fort différens en pesanteur, & qui ne sont point mêlez l'un avec l'autre, comme l'air avec la matiére subtile. Sans cela le moindre coup de vent, la moindre inégalité dans l'action contraire du vent, ou de l'eau, précipiteroit, ou feroit monter le vaisseau. D'où il suit que le moindre coup de la matiére subtile, ou de l'air sur un de petits corps en question, doit le faire monter ou descendre; de sorte qu'il n'est pas possible qu'il demeure longtems dans la même hauteur.

Que quand même il ne fait point de vent, ce qui s'exhale du corps d'un homme ne peut s'arrêter le long d'un chemin, pour y faire une trainée qui dure un jour, mais qu'il doit se dissiper en fort peu de tems.

IL ne faut, ce me semble, Monsieur, pour en être convaincu, qu'un peu d'attention à la maniére dont se font les transpirations & toutes sortes d'évaporations. Comme les corps ne se donnent pas à eux-mêmes le mouvement ni le repos, les petits corps ne se détachent jamais d'un autre corps qu'ils ne soient agitez; & quand ils le font une fois, ils continuent à se mouvoir, jusqu'à ce qu'ils ayent communiqué leur mouvement aux corps qu'ils rencontrent. Monsieur Garnier & Monsieur Chauvin en conviennent; ils doivent donc convenir que ce qui s'est exhalé du corps des meurtriers, n'a demeuré que peu de momens sur l'endroit de la riviére par où leur bateau a passé. Je le prouve en bonne forme par leurs propres principes.

„ Nul corps, *dit M. Garnier* 1. *&* 2. *axiomes*, ne
„ se détache d'un autre, s'il n'est mis en mouvement:
„ or tout corps qui est en mouvement, tend toujours
„ à s'éloigner de son centre par une ligne droite, & ne
„ change cette détermination que par la rencontre des
„ corps qui s'opposent à son passage; donc ce qui s'ex-
„ hale du corps d'un homme doit continuer à se mou-
„ voir, jusqu'à ce qu'il ait rencontré des corps qui lui
„ ferment le passage, & à qui il communique du mou-
„ vement.

Or par l'hypothése de Monsieur Chauvin, ce que les meurtriers ont exhalé, ne peut être ébranlé par aucun corps: la matiére subtile passe librement au travers de ses pores sans lui donner aucune atteinte, & il passe aussi librement dans ceux de l'air sans s'y jamais embarrasser: rien ne fait obstacle à cette *matiére meurtriére*, rien n'a prise sur elle; elle n'en a donc point non plus sur les autres corps, & ne peut par conséquent leur communiquer du mouvement. Donc il faut qu'elle continue à se mouvoir selon la détermination qu'elle a reçue, lorsqu'elle a été poussée hors du corps.

Concevez après cela, Monsieur, cette prétendue chaine d'atomes qui demeure immobile sur un chemin? Concevez que chacun des meurtriers a laissé la sienne distincte de l'une de l'autre, & que c'est ce qui faisoit impression sur l'homme à Baguette, lorsqu'il s'appercevoit *tantôt de deux & quelquefois de trois complices?*

II. Le Soleil a sans doute paru, & les nuits ont été plus fraiches que les jours au mois de Juillet, tems auquel Aymar étoit à la quête des meurtriers. Or c'est une vérité qui saute aux yeux que les petits corps montent lorsque la chaleur les ébranle, & qu'ils descendent, lorsqu'ayant communiqué leur mouvement, ils n'en ont plus. Donc, &c.

(y) On devroit prendre garde aux inconvéniens qui arriveroient, si une contrée de la terre étoit sans air.

III. Que seroit-ce si ce qui s'exhale du corps des hommes, ne se dissipoit pas en peu de tems? Que deviendroit l'air des chemins batus, de ces chemins par où les armées défilent, par où passent tant de meurtriers & tant de scélérats? Quelle nuée de *matiére meurtriére & larronesse*! Les pores de l'air ne se rempliront-ils jamais? Pourront-ils toujours contenir de nouvelle matiére, &c.

Je vois tant de ridicule dans les conséquences qu'on pourroit tirer de cette supposition, que je n'ose m'y arrêter. En vérité, Monsieur, j'admire les ressources de ceux qui trouvent la raison de toutes choses dans la vertu des petits corps. Quand ils veulent les faire agir dans des lieux éloignez du corps dont ils s'exhalent, ils ont cent raisons & autant d'exemples pour vous prouver que ce qui s'exhale des corps est d'abord en mouvement, qu'il se filtre en l'air, & se répand de tous côtez. Cela va si loin, (z) qu'ils prétendent qu'au Printems les atomes des vignes de Canarie, viennent jusqu'en Angleterre, & y fermentent le vin: (a) Que du lait tombant sur les charbons ardens, se convertit en vapeur qui se disperse, & se filtre par tout dans l'air, fait rencontre de la lumière & des rayons solaires qui l'emportent encore plus loin, & augmentent & étendent sa sphére d'activité jusqu'au lieu où se trouve la vache qui a donné le lait. On ajoute que des atomes de feu accompagnent la vapeur du lait, qu'ils vont s'attacher au pis de la vache, l'échauffent, l'enflament, & le font enfler.

Mais du sel jetté dans le feu, est un souverain remède à ce mal. ,, (b) Ce sel saute sur les atomes qui sont en ,, train d'accompagner la vapeur du lait, les précipite & ,, les étrangle sur la place. Et si quelques uns se sauvent & s'échapent par le grand effort qu'ils font, & ,, s'en vont avec cette vapeur, ils sont pourtant accompagnez des atomes & esprits de sel qui s'attachent à ,, eux; & comme bons luiteurs ne quittent jamais leur ,, prise qu'ils n'ayent le dessus de leur adversaire.

On nous en dit autant de la poudre de vitriol pour guérir les playes de fort loin, & de plusieurs autres secrets de cette nature. Et cela s'appelle savoir la belle Physique, cette Physique de Monsieur Digby, qui donne tant d'activité à tout ce qui s'exhale des corps, & qui fait de tous les atomes, *des cavaliers montez sur des coursiers ailez*, qui vont par tout où l'on veut. Mais quelquefois cette grande activité gâteroit tout. Si on la laissoit aux petits corps que les meurtriers ont répandus dans le chemin, la trainée se dissiperoit en fort peu de momens; ainsi quoiqu'on nous ait promis d'expliquer les phénoménes de la Baguette; comme on a expliqué ceux de la poudre de sympathie & de la fermentation du vin, au tems que la vigne est en fleur, il faut changer un peu de méthode à l'égard de la transpiration des meurtriers, car il faut qu'elle s'arrête & qu'elle demeure inébranlable dès qu'elle sort de leur corps. On lui ôte toute activité: on anéantit le mouvement que les petits corps ont reçu pour transpirer, & on les met hors de toute atteinte. Matiére subtile, globules, troisiéme élément, vapeurs, exhalaisons, rien ne pourra les ébranler. On les plante en l'air comme des pieux en terre: & tout immobiles qu'ils soient si un homme à Baguette passe auprès d'eux, ils viendront fondre sur lui, fermenteront son sang, remueront ses humeurs, le feront suer, vomir, pâmer, & tordront ou rompront même la Baguette qu'il tient dans ses mains.

Je ne sais, Monsieur, comment vous êtes fait. Pour moi, je vous avoue que ce n'est pas sans quelque peine, que je me tiens dans les bornes d'une sérieuse réfutation. Il faut pourtant s'y tenir encore, & montrer par une troisiéme preuve qu'il est impossible que ces petits corps demeurent dans la même place, sans monter ni descendre durant plusieurs jours.

IV. C'est de la pesanteur, ou de la légéreté, qui convient à tous les corps, que je vais tirer cette troisié-

me preuve. Vous souvenez-vous, Monsieur, de la difficulté que trouvoit Apulée à donner des corps aux génies qu'il vouloit placer au milieu de l'air? Si ces corps, (c) disoit-il, sont semblables à la matiére terrestre, ils s'affaisseront par leur propre poids; & s'ils ressemblent à la matiére subtile, ou à la flamme, ils prendront l'essort bien haut. Voilà assurément ce qu'on doit craindre des petits corps qu'on veut tenir suspendus en l'air. Comment s'assurer qu'ils seront d'un poids tout-à-fait égal à celui des parties du liquide dans lequel ils nagent, pour pouvoir se trouver en équilibre dès qu'ils sortent du corps du meurtrier? Car pour peu qu'ils soient plus légers ou plus pesans, les voilà d'abord ou par terre, ou hors de portée. Il me semble que dans l'hypothése on n'a pas fait attention à cet inconvénient. Car on suppose ces petits corps si durs & si compacts, & en même tems on les destitue si fort de mouvement, qu'ils devroient tomber aussi vite qu'une bale de plomb; du moins doivent ils tomber plus vite que les vapeurs & les exhalaisons, dès que leur agitation cesse.

Mais faisons (d), si l'on veut, quelque supposition plus favorable. Tâchons avec Apulée de nous figurer des corps d'une matiére qui ne soit ni trop grossiére ni trop subtile. Je dis, Monsieur, que quelque supposition qu'on fasse, il est impossible que ces petits corps gardent longtems l'équilibre sans monter ni descendre. La raison en est que la pesanteur & la légéreté dépendent non seulement de la manière dont les corps sont composez, mais du plus & du moins de mouvement qu'ils ont, & de leur rapport avec les corps qui les environnent. Ainsi donnons aux petits corps telle figure & telle configuration qu'il vous plaira, il faut encore savoir si nous leur donnerons du mouvement ou non. Si nous les supposons en mouvement, ils se mouvront donc selon la détermination qu'ils auront reçue en se détachant du corps des meurtriers, & seront par conséquent bientot hors du lieu que nous voudrions leur assigner.

Il en sera d'eux comme des parties qui se détachent d'un grain d'encens, lorsqu'on le met sur un charbon de feu. Comme l'action du feu desunit ces parties & les pousse, les unes d'un côté, les autres de l'autre; après avoir formé un petit corps de fumée, nous les voyons se séparer, & se répandre dans toute une sale, chaque partie suivant la quantité & la détermination de mouvement qu'elle a reçue. Il est clair qu'il doit arriver la même chose aux petits corps dont il s'agit, puisqu'assurément ils ne transpirent que parcequ'ils ont été agitez.

Mais si fermant les yeux à tout ce que je viens de dire, nous voulons supposer qu'ils sont sans mouvement, vous allez les voir en un instant contraints par la matiére subtile de descendre jusqu'à terre. Je le montre ainsi.

Plus un corps a de mouvement, plus il tend à s'éloigner du centre du tourbillon, & par conséquent plus il monte: la matiére subtile qui entoure ces petits corps, a plus de mouvement qu'eux, puisqu'on les suppose sans mouvement; donc elle doit s'éloigner davantage, & par conséquent prendre le dessus.

Or tout est plein, & nul corps ne peut monter qu'un autre ne descende; donc la matiére subtile prenant le dessus, doit faire descendre les petits corps; & comme il se trouvera toujours jusqu'à terre de nouvelle matiére subtile, ou d'autres corps qui auront plus de mouvement qu'eux, ils seront aussi repoussez bien vite jusqu'à terre.

Voilà

(z) Digby, Poudre de Sympathie.
(a) Page 120.
(b) Page 130.

(c) Quòd si manifestum flagitat ratio debere propria etiam animalia in aere intelligi, superest ut quæ tandem & cujusmodi sint differamus. Igitur terrena nequaquam, devergunt enim pondere sed nec flammida, ne sursum versus calore rapiantur. *De Deo Socr.* p. 428.
(d) Cedo igitur mente formemus, & gignamus animo id genus corporum tertia, quæ neque sint tàm bruta, quàm terrea, neque tàm levia quàm ætherea, sed quodammodo utrimque sejugata. Habeant igitur hæc Dæmonum corpora & modicum ponderis, ne ad superna incedant: & aliquid levitatis, ne ad inferna præcipitentur. *Ibid.*

Voilà donc en très peu de tems la trainée de corpuscules dissipée sans ressource sur une riviére. Si ces petits corps tomboient en quelque endroit où il y eût des arbrisseaux & des plantes, on diroit peut-être qu'ils s'y sont arrêtez; mais la riviére coule, & le bateau ne s'arrête pas; ainsi soit qu'ils tombent dans l'un ou dans l'autre, ils seront entrainez avec eux.

Donc lorsque Jacques Aymar a suivi les meurtriers sur la riviére, il ne restoit plus rien qui pût faire tourner la Baguette.

OBJECTION.

Les plus grands vents, dit-on, ne dissipent pas la matiére magnétique. Ils n'empêchent pas non plus l'action des petits corps qni nous font voir les objets. *L'arc-en-ciel*, ajoute Monsieur Panchot, *est une affection dans l'air qui ne paroit jamais qu'au milieu des tempêtes & des vents impétueux. Cependant ils ne le changent pas, & il subsiste dans l'air sans sortir de sa situation, jusqu'à ce que les dispositions qui le faisoint naitre; finissent.* Donc on peut supposer que les vents ne dissipent pas la trainée de corpuscules que les meurtriers ont répandus dans tous les endroits où ils ont passé.

RE'PONSE.

Ceux qui n'ignorent pas la Physique ne se serviront jamais sérieusement de ces exemples, pour prouver que ce qui s'exhale du corps d'un homme, doit malgré les vents demeurer fixe au milieu de l'air. Ils savent que la matiére magnétique est répandue tout autour de la terre, & qu'elle circule toujours d'un pole à l'autre. Rien donc ne peut la dissiper, parcequ'à mesure que celle qui est dans un endroit est emportée, il en succéde d'autre qui produit le même effet; outre qu'elle est d'une petitesse & d'une agitation qui la font pénétrer dans tous les corps.

Il en est de même de la cause qui nous fait voir les objets. Nous ne voyons que lorsque les filamens du nerf optique sont ébranlez, & cet ébranlement est causé par la pression de la matiére qui est entre le corps lumineux & notre œil: or cette matiére, qui est celle qu'on apelle la matiére du second élément, ou les globules, se trouve par tout: donc quand le vent, ou quelqu'autre cause que ce soit, emporteroit ces petites boules, il en succéderoit toujours de nouvelles qui feroient la même impression sur notre œil, & qui par conséquent produiroient en nous le même sentiment de lumiére.

Supposons que les globules qui viennent ébranler le fond de l'œil, soient A. B., & qu'étant emportez vers quelqu'autre endroit, ils soient suivis par C. D. Comme ceux-ci seront poussez (c) de la même maniére, ils ébranleront aussi de même le fond de l'œil.

L'arc-en-ciel qui subsiste pendant les grands vents, n'a rien, ni de plus difficile à expliquer, ni de plus favorable à la conséquence qu'on en veut tirer. Si l'on sait qu'il se forme par la réflexion des rayons du Soleil sur des goutes de pluyes qui sont en l'air, on concevra aisément que soit que le vent souffle, ou ne souffle pas, pourvû qu'une nuée se fonde en petites goutes rondes, & que les rayons du Soleil donnent dessus, la réflexion se fera de même, & l'arc-en-ciel paroitra toujours.

Si ce que dit M. Panthot, que *l'arc-en-ciel ne paroit jamais qu'au milieu des tempêtes & des vents impétueux*, étoit ici de quelque conséquence, je nierois le fait; mais c'est une méprise qui n'a point de suite, je n'en dis rien. J'aurois peut-être bien fait de ne rien dire du tout de ces exemples qu'on objecte; car vous voyez bien, Monsieur, qu'ils ne prouvent nullement que la trainée de corpuscules doive être toujours dans la même place, puisqu'au contraire la matiére magnétique & les corps qui portent la lumiére, sont toujours en mouvement; & que s'ils agissent comme s'ils gardoient la même place,

(c) Voyez Planche (b) Fig. 7.

c'est parceque d'autres corps de même nature leur succédent, & produisent les mêmes effets.

Mais quoique ces exemples ne soient pas justes, ils n'ont pourtant pas laissé d'éblouir certaines gens, & de faire hésiter des personnes qui ont autant d'esprit qu'en a Monsieur Panthot; c'est pourquoi je n'ai pas cru devoir les obmettre.

OBJECTION.

Des gands bien parfumez conservent très longtems leur odeur: donc les corpuscules ne se dissipent pas facilement.

RE'PONSE.

Lorsque les petits corps odoriférans ont pénétré dans une peau, il faut assurément bien du tems pour les en chasser; car comme ils ont trouvé prise, que leur mouvement cesse, & qu'il faut que la matiére subtile les détache, il faudra qu'elle passe & repasse bien des fois au travers de toutes les parties de la peau pour les enlever. Mais y a-t-il lieu de conclure de-là que des corpuscules répandus dans l'air s'y arrêteront fort longtems?

Je demande à ceux qui font cette objection, s'ils croyent que quelques grains d'ambre qui pourroient parfumer plusieurs peaux, parfumeroient de même l'air pour plusieurs années, si on les faisoit évaporer sur le courant d'une riviére?

OBJECTION.

Un Chien de chasse suit la piste d'un liévre plusieurs heures, & peut-être plusieurs jours après qu'il a passé dans un chemin: donc ce qui s'est exhalé du corps du liévre ne s'est pas dissipé. Il faut donc dire aussi que ce qui s'exhale du corps des meurtriers & des voleurs peut se conserver fort longtems.

RE'PONSE.

Je répons 1. Que la transpiration d'un liévre doit se conserver plus longtems sur la terre, que la transpiration d'un homme sur la riviére. Le liévre touche presque de tout son corps la terre sur laquelle il passe, ainsi ce qu'il exhale s'y attache facilement. Il se trouve même souvent sur son chemin des pierres, des motes, des plantes & des arbustes; toutes choses qui donnent prise aux petits corps qui s'exhalent. Mais ce qu'exhale un homme entrainé dans un bateau, ne trouve aucune prise; donc il doit se dissiper bien plutot que ce qui s'est exhalé d'un liévre.

Je répons 2. Que sans chicaner sur la durée de la piste d'un liévre, que le meilleur chien n'appercevroit pas assurément après deux ou trois jours, il est constant du moins qu'après huit jours la piste est tout-à-fait dissipée, donc il est insoutenable que ce qu'un homme exhale subsiste en l'air dans une même place des mois & des années entiéres.

INSTANCE.

Les chiens ne suivent la piste des liévres qu'avec le nez, *dit Monsieur Garnier*, & Jacques Aymar suit celle des meurtriers avec tout son corps. La disparité est grande, ainsi il faut un changement bien plus grand pour la lui faire perdre: il ne faut donc pas s'étonner qu'il puisse retrouver la piste des meurtriers & des voleurs après plusieurs années.

RE'PONSE.

Quelle différence entre les jugemens des hommes! Car naturellement je dirois tout le contraire de ce que conclut Monsieur Garnier. Voici de quelle maniére je voudrois raisonner. Si Jacques Aymar connoissoit les voleurs & les meurtriers par l'odeur, pour peu qu'il

I

restat

reſtat des corpuſcules, il pourroit les appercevoir; puiſqu'il ſuffiroit qu'ils fiſſent quelque impreſſion ſur le
fond du nez. Mais s'il ne connoit qu'un homme a
paſſé dans un tel chemin, que lorſque tout ſon ſang
s'agite, qu'il ſue, ſe ſent excité à vomir, & qu'une
Baguette ſe tord entre ſes mains; ne dois-je pas conclure que ſi de petits corps répandus dans le chemin
produiſent cet effet, il doit en être reſté beaucoup plus
qu'il n'en faut pour exciter le ſentiment de l'odorat?
Me trompe-je ſi je dis qu'il faut moins de force pour
venir toucher doucement le fond du nez, (*proceſſus ina-
millares*) qu'il n'en faut pour tordre une Baguette &
agiter violemment le corps d'un homme qui la tient?

Et ſi je pourſuis, ne pourrai-je pas raiſonner ainſi?
Ce qu'un animal laiſſe dans le chemin par la tranſpiration diminue de jour à autre, ou plutot d'heure à autre. D'abord les chiens ſuivent fort bien la piſte:
quelquefois trois heures après, lorſqu'il fait bien chaud,
à peine la trouvent-ils. Le lendemain la difficulté eſt
plus grande: le troiſiéme jour ordinairement ils s'y
trompent; enfin après huit ou quinze jours, il ne reſte rien qui puiſſe être ſenti par le nez le plus fin. Donc
il eſt inſoutenable qu'après pluſieurs mois, ou pluſieurs
ſemaines, il reſte dans le chemin qu'a tenu un voleur,
ou un meurtrier, aſſez de corpuſcules, pour agiter a-
vec violence le ſang d'un homme & faire tourner une
Baguette. Or Jacques Aymar a ſuivi les meurtriers de
Lyon un mois après le meurtre; Monſieur Garnier
m'apprend que ſa Baguette a tourné ſur la piſte d'un
voleur ſept ou huit mois après le vol, & ſur celle
d'un meurtrier vingt cinq ans après le meurtre. Donc
il eſt clair qu'il faut recourir à autre choſe qu'à la
tranſpiration des meurtriers & des voleurs, pour trouver la cauſe de l'agitation d'Aymar & du tournoyement de la Baguette: mais par l'analyſe de Monſieur
Garnier, & de l'Auteur de l'hypothéſe qui eſt dans le
Journal, tout autre corps a été exclu; donc nul corps
n'a fait tourner la Baguette.

Voilà, Monſieur, ce que je voulois montrer, je
crois l'avoir fait, & il m'eſt aiſé de le confirmer en
deux mots par une obſervation qui devoit ôter à tout
Philoſophe l'envie de faire un ſyſtême ſur la Baguette.

Que les corpuſcules exhalez du corps des meurtriers, n'ont
pu faire tourner la Baguette ſur la mer pendant
la tempête.

ON nous dit dans la Relation qui a été déja pluſieurs
fois imprimée, que MALGRE' LA TEMPETE, LA
BAGUETTE SUIVIT INUTILEMENT LES MEURTRIERS
SUR LES ONDES JOURNE'E PAR JOURNE'E. Pour peu
des réflexion qu'on y faſſe, on verra qu'il n'eſt pas poſſible qu'Aymar ait paſſé ſur la trainée qu'avoient laiſſée
les meurtriers; car y auroit-il apparence que ſon bateau
agité par la tempête, eût ſervi ſur la même ligne que
celui des meurtriers? Il n'y a cependant ſur ce fait que
deux partis à prendre, ou d'avouer que la Baguette ne
laiſſoit pas d'indiquer l'endroit où les meurtriers avoient
abordé, quoique le bateau d'Aymar fût emporté de côté & d'autre hors de la route des meurtriers; & par conſéquent chercher une autre cauſe de tournoyement de la
Baguette, que la prétendue trainée de corpuſcules: ou
bien de dire que la vertu de la Baguette plus forte que
celle du vent, faiſoit faire au bateau d'Aymar, le même
chemin qu'avoit fait celui des meurtriers. Le ſecret ſeroit beau, & nous pourrions bien nous vanter d'en ſavoir plus que les Lapons avec tous leurs nœuds magiques. Je ſuis, &c.

On montre que non ſeulement les ſyſtêmes qu'on a faits juſ-
qu'à préſent ne contentent pas, mais qu'il eſt impoſſible
qu'on en faſſe jamais aucun qui explique phyſiquement
tous les phénoménes de la découverte du meurtre de
Lyon.

PUiſque vous êtes perſuadé, Monſieur, que la vapeur des meurtriers n'a pu s'arrêter le long du che-
mín, comme l'avoient ſuppoſé les Auteurs des ſyſtêmes,
la queſtion eſt donc décidée. Tout rouloit ſur cette
vapeur; elle étoit l'unique cauſe matérielle qui pût agiter
Aymar, & faire tourner la Baguette. Aymar a été
ému, la Baguette a tourné, là où la vapeur n'étoit point;
rien de plus naturel que de conclure qu'il ne ſe trouve
aucune cauſe matérielle qui produiſe de tels effets. Ainſi
me voilà diſpenſé de prouver que la trainée des petits
corps ne pourroit faire ce qu'on lui attribue, quand
même elle ſubſiſteroit toujours; j'en ſuis fort aiſe. Ce
n'eſt pas qu'il ne ſoit très facile de le démontrer, mais
c'eſt qu'il faut abréger & ſe tenir à ce qui eſt déciſif.
Plus on étend les diſputes, plus il ſe forme des voiles
qui obſcurciſſent la vérité, ou qui font perdre de vue
la queſtion principale à la plupart des eſprits. Auſſi ſuis-
je ravi de ne vous avoir pas écrit, dès que j'eus lu les
Diſſertations de Lyon. Frapé de pluſieurs articles qui
ne me plaiſent pas, j'aurois jetté ſur le papier bien des
choſes qu'il eſt plus à propos de paſſer.

Il me ſemble que l'uſage de la Baguette eſt tel à préſent, qu'avec quelques réflexions ſur la pratique de pluſieurs perſonnes, & ſur les circonſtances qui accompagnent les faits, il n'eſt pas de ſyſtême dont on ne montre le défaut, ſans entrer en de longues diſcuſſions.

Si l'on me demandoit, par exemple, ce que je penſe
de la maniére dont M. Garnier, M. Chauvin, & quelques autres expliquent le tournoyement de la Baguette,
je ne voudrois pas parler des paralogiſmes que j'ai remarquez dans leurs explications. Les uns, dirois-je,
ont recours aux *muſcles fléchiſſeurs*, les autres à la figure
de la Baguette, & tous à la maniére de la tenir. Il
faut qu'ils cherchent autre choſe, car Jacques Aymar ſe
ſert quelquefois d'un ſimple bâton tout droit qu'il tient
dans une de ſes mains, ou qu'il ſoutient ſur ſes
doigts, les mains éloignées l'une de l'autre. Monſieur le Royer (*f*) & pluſieurs autres prennent une Baguette fourchue d'un pied de longueur, la poſent ſur
une main ouverte & étendue, & dans toutes ſes ſitua-
tions, la Baguette ne laiſſe pas de tourner. Le P.
Kirker (*g*) a vu des Allemans qui coupoient en deux
moitiez un petit bâton de coudre, creuſoient un des
bouts, & coupoient l'autre en pointe, & les enchaſ-
ſant, ils tenoient la Baguette comme vous voyez à côté.
Deux doigts ſeulement touchoient les bâtons, & cela
n'empêchoit pas qu'ils ne s'agitaſſent ſur une mine. En
faut-il davantage pour faire entendre que le mouvement
de la Baguette dépend de quelqu'autre cauſe que d'une
certaine figure & des muſcles fléchiſſeurs?

J'en dirois autant de ce qu'on prétend qui donne tant
de mouvement, & aux *muſcles fléchiſſeurs*, & à la Baguette. C'eſt, dit-on, la grande fermentation du ſang
de celui qui la tient. Qu'il y auroit à redire ſur ce
qu'on avance de la cauſe & des effets de cette fermentation! Mais pourquoi diſputer? Tous ces ſymptomes
ſont de nouvelle datte; il y a trois ou quatre ans qu'Aymar n'en reſſentoit point. Quelque remuement aux orteils pour pouvoir connoitre ſans Baguette s'il paſſoit
ſur ce qu'on lui faiſoit chercher, c'eſt tout ce qu'il a-
voit de ſingulier; c'étoit bien aſſez, car ce trémouſſe-
ment des orteils & le tournoiment de la Baguette dépendoient de ſon intention, & n'arrivoient que ſur ce qu'il
vou-

(*f*) De l'inclination des arbres. art. 7.
(*g*) *De arte magnet.* l. 3. p. 5. c. 3.

vouloit découvrir; uniquement sur les bornes, s'il ne cherchoit autre chose. Quoi qu'il en soit, il n'avoit pas des convulsions, lorsqu'aux prisons de Grenoble il découvrit des voleurs. Il est constant que *sur l'eau, & sur les métaux, il ne sent ni douleur, ni émotion, ni tressaillement.* Mr. Garnier nous l'apprend lui-même, & cela seul devoit bien lui suffire, pour conclure que puisque la Baguette ne laisse pas de tourner en ces occasions, se tournoiment ne dépend pas de la fermentation du sang. Il devoit bien voir aussi que c'est être un peu trop inventif, que d'employer cette fermentation à faire *sortir en foule du corps d'Aymar des corpuscules faits de manière qu'ils laissent entrer librement la matière subtile dans les pores du bois où ils s'introduisent, & qu'ils en embarrassent la sortie selon la méchanique des valvules du cœur, & le jeu des soupapes dans les pompes ordinaires.*

Que cela est commode d'avoir en main des corpuscules, prêts à prendre toutes sortes de formes! Ceux qui sortent du corps d'un homme, sont, quand on le veut, si bien percez, que la matière subtile passe au travers en tout sens. Souhaite-t-on que semblables à des soupapes, ils ne laissent rien entrer que d'un côté; on les suppose tels. Aymar n'exhale plus que des soupapes qui vont se ranger sur la Baguette, bouchent tous les pores, & s'y disposent de telle manière, que touchant le bois par le côté le plus resserré, ils présentent toujours la grande ouverture à la matière subtile; elle entre & se trouve prise comme dans des filets; tous les pores lui sont fermés, ils sont gardez par des soupapes qu'elle ne peut enlever, il faut qu'elle rode dans la Baguette, la torde, la rompe, ou la fasse tourner.

Mais je viole la loi que je me suis faite: je coupe donc ici tout court, & je vais vous montrer sérieusement que non seulement les systèmes qu'on a faits jusqu'à présent ne sauroient expliquer raisonnablement les effets de la Baguette, mais qu'il est impossible qu'on en fasse jamais aucun; & que quelques principes qu'on admette, il faut nécessairement avouer qu'une cause matérielle n'a pu produire les phénomènes qu'on a observez dans la découverte du meurtre de Lyon, & dans plusieurs épreuves qu'en a faites la Baguette.

La seule chose que je demande est que vous remarquiez, s'il vous plait, avec quelque soin les faits & circonstances qui les accompagnent. Je vais vous en faire un précis. Vous ferez là-dessus vos réflexions; je me flate qu'elles ne seront point différentes des miennes, & que bientôt vous serez entièrement persuadé de ce que je viens d'avancer.

Comme la Relation de Monsieur l'Abbé de la Garde est la plus ample, la plus travaillée, & celle que Messieurs Chauvin & Garnier ont suivie, c'est aussi celle que je suis. Je ne fais qu'y ajouter quelques circonstances écrites par des témoins oculaires, personnes illustres & dignes de foi.

Histoire de la découverte du meurtre de Lyon, sur la Relation de Monsieur l'Intendant, de Monsieur le Procureur du Roi, de Monsieur l'Abbé de la Garde, de Monsieur Panthot Doyen des Médecins de Lyon, & de Monsieur Aubert Avocat célébre.

LE cinquième de Juillet 1692. un Vendeur de vin & sa femme furent tuez à coups de serpe dans une cave, & leur argent fut volé dans une boutique qui leur servoit de chambre. On ne put ni soupçonner ni découvrir les auteurs du crime, & un voisin fit venir à Lyon un Paysan de Dauphiné nommé Jacques Aymar, qui depuis quelques années est en réputation de suivre la piste des voleurs, des meurtriers, & des choses dérobées, guidé par une Baguette de toute espéce de bois, qui tourne entre ses mains, sur l'eau, sur les métaux, sur les bornes des champs, & sur plusieurs autres choses cachées.

Aymar arrive, & promet à Monsieur le Procureur du Roi d'aller sur les pas des coupables, pourvû qu'il commence par descendre dans la cave; où l'assassinat a-

voit été fait. Monsieur le Lieutenant-Criminel, & Monsieur le Procureur du Roi l'y conduisent. On lui donne une Baguette du premier bois qu'on trouve. Il parcourut la cave, (b) & sa Baguette ne fit aucun mouvement que sur le lieu où l'artisan avoit été assassiné. Dans cet endroit Aymar fut ému, son poulx s'éleva comme dans une grosse fiévre; la Baguette qu'il tenoit en ses mains, tourna rapidement, & toutes ces émotions redoublérent sur l'endroit où l'on avoit trouvé le cadavre de la femme. Après quoi guidé par la Baguette, ou par un sentiment intérieur, il alla dans la boutique où le vol avoit été fait; & de-là suivant dans les rues la piste des assassins, il entra dans la cour de l'Archevêché, sortit de la ville par le pont du Rhône, & prit à main droite le long de ce fleuve. Trois personnes qui l'escortoient, furent témoins qu'il s'appercevoit quelquefois de trois complices, quelquefois il n'en comptoit que deux. Mais il fut éclairci de leur nombre en arrivant à la maison d'un Jardinier, où il soutint opiniâtrément qu'ils avoient entouré une table vers laquelle sa Baguette tournoit; & que de trois bouteilles qu'il y avoit dans la chambre, ils en avoient touché une, sur laquelle sa Baguette tournoit aussi. „ On „ veut savoir (i) du Jardinier, si lui ou quelqu'un de „ ses gens n'avoit point parlé aux meurtriers; mais on „ n'en peut rien tirer. On fait venir les domestiques, „ la Baguette ne les connoit point. Enfin deux enfans „ de neuf à dix ans paroissent; la Baguette tourne; on „ les interroge; & on leur fait avouer qu'un Dimanche „ au matin trois hommes qu'ils dépeignirent s'étoient „ glissez dans la maison, & avoient bû le vin de la „ bouteille que l'homme à la Baguettte indiquoit. „ Cette découverte fit croire qu'Aymar n'imposoit pas. „ Toutefois (k) avant que de l'envoyer plus loin, on „ crut qu'il étoit à propos de faire une expérience plus „ particuliére de son secret. Comme on avoit trouvé „ la serpe dont les meurtriers s'étoient servis, on prit „ plusieurs autres serpes de la même grandeur, on „ les porta dans le jardin (*de Monsieur de Mongirol*) où „ elles furent enfouies en terre, sans que cet homme les „ vit. On le fit passer sur toutes les serpes, & la Ba„ guette tourna seulement sur celle dont on s'étoit servi „ pour le meurtre.

Monsieur l'Intendant lui banda les yeux, après quoi on cacha ces mêmes serpes dans l'herbe, & on le mena au lieu où elles étoient. La Baguette tourna toujours sur la même serpe, sans remuer sur les autres.

Après cette expérience, on lui donna un Commis du Greffe & des Archers, pour aller à la poursuite des assassins. L'on fut au bord du Rhône, à demie lieue plus bas que le pont; & leurs traces imprimées dans le sable sur le rivage montrérent visiblement qu'ils s'étoient embarquez. Ils furent exactement suivis par eau, & le paysan fit conduire son bateau dans des routes, & sous une arche du pont de Vienne, où l'on ne passe jamais; ce qui fit juger qu'ils n'avoient point de batelier, puisqu'ils s'écartoient du bon chemin sur la rivière.

Durant ce voyage le villageois faisoit aborder à tous les ports où les scélérats avoient pris terre, alloit droit à leurs gites, & reconnoissoit au grand étonnement des hôtes & des spectateurs, les lits où ils avoient couché, les tables où ils avoient mangé, les pots & les verres qu'ils avoient touchez.

On arrive au camp de Sablon; le paysan se sent ému, il est persuadé qu'il voit les meurtriers, & n'ose pourtant faire agir sa Baguette pour s'en convaincre, car il craint que les soldats ne se jettent sur lui. Frapé de cette peur il revient à Lyon.

On le renvoye au Camp dans un bateau avec des lettres de recommandation. Les criminels en sont partis avant son retour; il les poursuit jusqu'à Beaucaire, & dans la route il visite toujours leurs logis, marque sans cesse

<hr>

(b) M. le Procureur du Roi. Mercure d'Aout. *page* 114.
(i) Relation de M. Aubert.
(k) M. le Procureur du Roi. Mercure d'Aout.

cesse la table & les lits qu'ils ont occupez, les pots & les verres qu'ils ont maniez pour boire.

„ Lorsqu'il (*l*) fut à Beaucaire, il connut par sa Ba-
„ guette qu'ils s'étoient séparez en y entrant. Il s'at-
„ tacha à la poursuite de celui dont les traces excitoient
„ plus de mouvement à sa Baguette. Il s'arrêta devant
„ la porte d'une prison, & dit positivement qu'il y en
„ avoit un là-dedans. On ouvrit, on lui présenta dou-
„ ze ou quinze prisonniers, parmi lesquels un bossu
„ qu'on y avoit enfermé depuis une heure pour un pe-
„ tit larcin, fut celui que la Baguette désigna pour un
„ des complices.

On chercha les autres. Aymar découvrit qu'ils a-
voient pris un sentier aboutissant au chemin de Nismes,
& le Bossu fut conduit à Lyon.

Au commencement il nioit d'avoir eu la moindre connoissance, ni de ce forfait, ni des coupables, & même
d'avoir jamais été à Lyon: cependant comme on le conduisoit sur la route, où il avoit passé en descendant à
Beaucaire, & qu'il fut reconnu dans toutes les maisons
où il s'étoit arrêté, il avoua qu'il avoit bu & mangé
avec les complices, généralement dans tous les lieux que
la Baguette avoit indiquez, & ayant été interrogé à
Lyon dans les formes, il déclara qu'il avoit été présent
à l'assassinat & au vol, & que les deux complices qu'il
nomma avoient tué, l'un le mari, l'autre la femme.

Deux jours après Aymar avec la même escorte fut renvoyé au sentier dont on a parlé, pour y reprendre la
piste des autres complices; & sa Baguette le ramena dans
Beaucaire à la porte de la même prison, où l'on avoit
trouvé le premier.

Il assuroit qu'il y en avoit encore un là-dedans, &
n'en fut détrompé que par le Geolier, qui lui dit qu'un
homme tel qu'on décrivoit un de ces deux scélérats, y
étoit venu depuis peu demander des nouvelles du bossu.

On se remit ensuite sur leurs vestiges: on fut jusqu'à
Toulon dans une hôtellerie, où ils avoient diné le jour
précédent; on les poursuivit sur la mer, où ils s'étoient
embarquez: on reconnut qu'ils prenoient terre de tems
en tems sur nos côtes, qu'ils y avoient couché sous des
oliviers; & malgré les tempêtes, la Baguette les suivit
inutilement sur les ondes journée par journée, jusqu'aux
dernières limites du Royaume.

Le procès du bossu s'instruisoit cependant avec une
singuliére exactitude; & quand le paysan fut de retour, ce criminel qui ne se donnoit que dix neuf ans,
fut condamné le 30. d'Aout à être rompu vif sur les
Terreaux.

R E' F L E X I O N.

Comme la Baguette a particuliérement indiqué le
bossu, on demandera peut-être s'il a eu plus de part
au meurtre que les autres complices. Monsieur Panthot dit qu'Aymar a toujours soutenu que cela devoit
être ainsi. Cependant il paroit que toutes les relations
que le bossu ne fit que garder la porte de la cave, &
qu'il n'assassina point. Mais c'est un fait & une difficulté qu'il faut laisser débrouiller à ceux qui veulent
expliquer physiquement les phénoménes de la Baguette; car il ne doit pas leur être indifférent que celui qui
n'a pas trempé ses mains dans le sang, soit pourtant celui-là même qui ait plus agité le corps d'Aymar, &
qui ait produit en lui les mêmes symptomes qui le prenoient sur le lieu du meurtre.

*Expériences faites à Lyon à l'occasion de la découverte
du meurtre.*

Rien ne contribue tant à découvrir la cause des effets surprenans, que les expériences faites par plusieurs personnes en divers tems & en différentes circonstances.

(*l*) M. le Procureur du Roi.

m) *Expériences & observations de M. le Procureur
du Roi.*

„ I. LA Baguette dont on se sert, est faite ordinai-
„ rement en fourchette, que l'on tient par les
„ deux bouts. On peut néanmoins se servir d'une Ba-
„ guette simple, & la tenir dans les deux mains un peu
„ pliée en arc, afin qu'elle en tourne plus prompte-
„ ment. Quand elle ne seroit pas ployée, ou que mê-
„ me on ne la tiendroit que dans une main, elle ne lais-
„ seroit pas de tourner.

„ II. Par les recherches que j'ai faites, il ne me pa-
„ roit pas que la subtilité des sens, la délicatesse des or-
„ ganes, les régimes de vie, les passions, l'éducation,
„ contribuent en rien à cette vertu, ayant trouvé tout
„ cela fort différent dans ceux qui la possédent.

„ III. Je n'ai observé les symptomes ordinaires, c'est-
„ à-dire les tremblemens, les sueurs, les maux de tête,
„ &c. que dans le cas du meurtre; car dans les autres
„ cas, ceux qui ont cette vertu ne ressentent qu'une
„ agitation intérieure, que la plupart même ne remar-
„ quent que parceque la Baguette tourne.

„ IV. L'agitation & les symptomes sont plus violens
„ sur la terre que sur l'eau, mais cela est égal dans une
„ cave, ou en plein air, de même que pendant la san-
„ té, ou l'indisposition de ceux qui ont cette vertu.

„ V. Je n'ai point remarqué jusques ici que la jeu-
„ nesse ou la vieillesse servissent de quelque chose à aug-
„ menter ou à diminuer cette vertu, ni que les symp-
„ tomes en soient plus violens dans ceux qui ont man-
„ gé que dans ceux qui sont à jeun.

*Expériences & observations écrites à Monsieur l'Abbé Bi-
gnon par une personne de qualité.*

„ .... VOici, Monsieur, ce qui m'arriva hier au
„ soir. Monsieur le Procureur du Roi d'i-
„ ci, qui par parenthése est un des plus sages & des plus
„ habiles hommes de ce pays, me vint prendre sur les
„ six heures, & me mena à la maison où s'étoit fait le
„ meurtre. Nous y trouvames Monsieur Grimaut Di-
„ recteur de la Douane, que je connois pour un fort
„ honnête homme, & un jeune Procureur nommé Bes-
„ son, que je ne connoissois pas, & que Monsieur le
„ Procureur du Roi me dit avoir la vertu de la Baguet-
„ te, aussi bien que Monsieur Grimaut. Nous descen-
„ dimes tous deux dans une cave où le meurtre s'étoit
„ commis; & toutes les fois que Monsieur Grimaut &
„ ce Procureur passoient sur le lieu où le meurtre s'étoit
„ fait, & où il y avoit encore du sang, les Baguettes
„ qu'ils tenoient en leurs mains ne manquoient jamais de
„ tourner, & ne tournoient plus aussitot qu'ils avoient
„ passé cet endroit. Nous fimes ce manége pendant une
„ grosse heure, & quantité d'expériences sur la serpe
„ meurtriére, que Monsieur le Procureur du Roi avoit
„ fait apporter avec lui, qui se trouvérent toutes justes.
„ Je remarquai des choses extraordinaires au Procureur.
„ La Baguette lui tournoit bien plus fortement qu'à
„ Monsieur Grimaut; & lorsque je mettois un de mes
„ doigts dans chacune de ses mains, pendant que la Ba-
„ guette tournoit, je sentois des battemens d'artéres tout
„ à-fait extraordinaires dans ses mains.... Il avoit le
„ poulx élevé comme dans une grosse fiévre. Il suoit à
„ grosses goutes. Il falloit de tems en tems qu'il allat
„ prendre l'air dans la cour.

Expériences & observations de Monsieur Panthot.

„ NOus commençames par la cave dans laquelle on
„ a commis ce meurtre, où l'homme du bâton
　　　　　　　　　　　　　　　　　　　　　　„ crai-

(*m*) Tirées d'une lettre insérée dans le Mercure de Septembre,
dans laquelle l'Auteur dit qu'il n'a eu de commerce durant cinq ou
six jours, qu'avec sept ou huit personnes qui faisoient tourner la
Baguette.

» craignoit d'entrer, parcequ'il souffre des agitations
» violentes, qui le saisissent quand il fait opérer le bâ-
» ton sur la place où les corps ont été assassinez.

» A l'entrée de la cave on me remit le bâton entre les
» mains, que le maitre prit soin de disposer de la ma-
» niére la plus convenable à son opération. Je passai &
» repassai sur les lieux où l'on avoit trouvé les cadavres,
» le bâton fut immobile, & je ressentis aucune agi-
» tion. Une personne de considération & de mérite,
» qui étoit avec nous, prit le bâton après moi, il fit
» quelque mouvement entre ses mains, & se sentit in-
» térieurement agité; ensuite le maitre du bâton le por-
» ta sur tous ces mêmes lieux, & il tourna si forte-
» ment, que le bâton étoit plus prêt à rompre qu'à
» s'arrêter.

» Ce Paysan quitta d'abord la compagnie pour tom-
» ber en défaillance, à son ordinaire; je le suivis. Il
» est vrai qu'il pâlit beaucoup, il sua, & il eut le poulx
» extrêmement agité pendant un quart d'heure; & le
» mal fut si considérable, que l'on fut contraint de lui
» jetter de l'eau sur le visage, & de lui en donner à
» boire pour le remettre.

» Au sortir de ce lieu, nous allames chez Monsieur
» le Procureur du Roi, où nous vimes les mouvemens
» du bâton sur la serpe qui a fait le coup, préférable-
» ment à plusieurs autres avec lesquelles elle étoit mê-
» lée, le bâton fit encore quelque mouvement entre les
» mains de la personne de considération, qui l'avoit é-
» prouvé dans la cave, & il n'eut aucun effet pour moi.

» Nous terminames enfin nos expériences dans la pri-
» son, où le criminel ayant été présenté à l'homme du
» bâton, & l'ayant touché avec le bout du pied, il
» tourna avec une grande vitesse, jusqu'à ce qu'il l'eût
» quitté, pour le remettre à d'autres ausquels il ne don-
» na aucun signe.

*Expériences (n) faites en présence de Monsieur l'Abbé de
la Garde, & de plusieurs autres personnes distinguées.*

» ON l'invita (*Monsieur l'Abbé de la Garde*) à voir
» les expériences; & la première fois qu'il y fut
» appellé, le villageois devant des personnes distinguées,
» & en sa présence, parcourut la cave, marqua par les
» mouvemens de sa Baguette les deux endroits où le
» Vendeur de vin & son épouse étoient tombez en mou-
» rant, fut abondamment mouillé de sueur, eut le
» poulx élevé, demeura plus d'une heure en cet état.

» Un homme de mérite qui trouve les sources, étoit
» à la cave, & prit la Baguette qui tourna sur les mê-
» mes places. Il sentit d'abord un grand mal de cœur,
» dont il se remit en un moment, & fut au cabinet de
» Monsieur le Procureur du Roi. La serpe sanglante,
» & deux autres de la même grandeur & du même ou-
» vrier, y furent rangées à demie aune de distance l'une
» de l'autre. Il posa le pied sur chacune successivement,
» & la Baguette ne tourna que sur la sanglante.

» On a vu une femme âgée d'environ soixante ans,
» savante à chercher les sources, qui n'a fait néanmoins
» tourner la Baguette à la cave que très imparfaitement.

» On a pris garde que la Baguette entre les mains du
» paysan ne tourne sur la bouteille que du côté de
» l'ance par où les assassins la tenoient sans doute. On
» a observé que pour avoir ôté de cette cave la terre
» abreuvée de sang, & mis quantité de mortier à la
» place, la Baguette ne laisse pas d'y tourner. On a
» suivi à la piste des choses dérobées, & on a développé
» des larcins.

Expériences & observations de Monsieur Garnier.

» MOnsieur le Lieutenant-Général avoit été volé,
» il y a sept ou huit mois par un de ses laquais,
» qui lui avoit pris environ vingt cinq écus dans un
» des cabinets qui sont derrière sa Bibliotheque. Il de-

(n) Tirées de la Relation, qu'il a composée.

» manda à Aymar s'il pourroit connoitre l'endroit où il
» avoit été volé. Aymar fit plusieurs tours dans ce ca-
» binet avec sa Baguette aux mains, mettant le pied
» sur les chaises, sur les meubles, & sur deux bureaux
» qui sont dans ce cabinet, à chacun desquels il y a
» plusieurs tiroirs: il ne se trompa point, il reconnut
» précisément le bureau & le tiroir dans lequel avoit été
» fait ce vol. Monsieur le Lieutenant-Général lui dit
» ensuite d'essayer de suivre à la piste ce voleur; ce
» qu'il fit. Sa Baguette le mena d'abord sur la terrasse
» neuve qui est à plein pied dudit cabinet, de là dans
» le cabinet près du feu, puis dans la Bibliothéque, &
» de-là droit dans la montée à la chambre des valets, où
» la Baguette tournant toujours le conduisit sur un lit,
» sur la moitié duquel seulement la Baguette tourna,
» ne tournant point du tout sur l'autre moitié; & tous
» les autres laquais là présens, dirent que c'étoit dans
» cette moitié de lit sur laquelle la Baguette tournoit,
» qu'avoit toujours couché le laquais voleur, qui pour
» lors n'étoit plus dans la maison, un autre laquais ayant
» toujours couché de l'autre côté. Monsieur le Lieu-
» tenant-Général se souvint positivement que le jour
» que ce laquais le vola, il alla de ce cabinet à deux ou
» trois pas dans sa terrasse pour prendre du bois, puis
» entra dans le cabinet pour lui faire du feu, ensuite
» traversa sa Bibliothéque pour monter à la chambre
» des valets.

» Lorsque la Baguette tournoit sur la piste du laquais
» voleur & absent, Aymar mit son pied sur le pied de
» tous les laquais de la maison, les uns après les autres,
» & leur présenta la Baguette, laquelle cessa de tour-
» ner, parcequ'il n'y en avoit aucun de coupable. Ay-
» mar assurant toujours que si on faisoit venir le laquais
» voleur, la Baguette tourneroit sur lui, & qu'il le
» connoitroit.

» Je lui fis ensuite plusieurs questions. Je lui de-
» mandai si la Baguette tournoit aussi bien sur l'eau
» comme sur la terre, sur mer, & au milieu d'une ri-
» viére, comme au bord.

» Il a répondu qu'oui.

» S'il est vrai qu'il ressente des syncopes, des tressail-
» lemens, & des grandes émotions en suivant les meur-
» triers, les voleurs, l'eau, les bornes transplantées,
» & l'argent caché.

» Il répondit qu'il ne sentoit aucune douleur, ni au-
» cun trouble en suivant les voleurs, l'eau & l'argent;
» mais qu'il sentoit de violentes agitations en suivant
» les bornes transplantées & les meurtriers, sur-tout la
» où les meurtriers s'étoient arrêtez, & là où avoit été
» fait le meurtre.

» Comment il feroit pour ne pas se tromper, lors-
» que sur la piste d'un meurtrier, ou d'un voleur, il
» y auroit de l'eau, ou de l'argent caché, ou des bor-
» nes transplantées; & si lorsque sa Baguette tournoit,
» il pouvoit distinguer par quelque signe, pour laquel-
» le de ces choses elle tournoit, puisqu'elle avoit la ver-
» tu de tourner pour chacune de ces choses.

» Il répondit que si en cherchant de l'eau, il trou-
» voit de l'argent, il ne pouvoit se tromper, parceque
» sa Baguette tournoit aussi bien pour l'eau, que pour
» l'argent caché, sans qu'il se passât chez lui aucune
» émotion, ni aucun tressaillement: que s'il rencon-
» troit la piste d'un voleur, qu'il ne cherchoit pas, ce-
» la ne pouvoit le faire tromper, parceque pour pou-
» voir suivre la piste d'un voleur, il faut qu'il ait été
» une fois mis sur l'endroit où a été fait le vol, sans
» quoi il ne peut plus suivre cette piste.

(❀)✧*(❀)*✧*(❀)*✧*(❀)*✧*(❀)*✧*(❀)*✧

Réflexions sur l'histoire de la découverte du meurtre de Lyon, & sur les expériences & les observations précédentes.

Que nulle cause physique qui agisse nécessairement, n'a pu faire tourner la Baguette; mais qu'il faut recourir à une cause intelligente, qui s'accommode ordinairement aux désirs de ceux qui la consultent.

JE ne suppose qu'un principe qui sera dévelopé ailleurs, mais qui est assez clair & assez sensible pour être reçu de tout le monde sans preuve & sans explication. (o) C'est qu'*une cause physique & matérielle agit toujours de la même manière dans les mêmes circonstances physiques*. Voyons donc si la Baguette se remue toujours dans les mêmes circonstances physiques, ou si ce n'est point quelque chose de moral qui la détermine à tourner.

Comme toutes les expériences qui se font faites à l'occasion du meurtre, ont commencé par la cave où le meurtre s'est fait, commençons aussi par là nos réflexions.

I.

Monsieur le Lieutenant-Criminel & Monsieur le Procureur du Roi ont été témoins que la Baguette ne tourna que dans les deux endroits, où le Vendeur de vin & sa femme avoient été tuez. Pourquoi n'a-t-elle pas tourné dans tous les autres endroits de la cave? N'est-il pas sorti des deux cadavres un flux de petits corps qui se font répandus de tous côtez? Du moins devroit-il y en avoir autant, qu'il en est demeuré tout le long du chemin de Lyon à Beaucaire sur le Rhône; & puisque la Baguette tourne sur ce fleuve, elle devroit bien tourner aussi dans l'endroit où les meurtriers ont passé en sortant de la cave. Mais je vois bien ce que c'est. On veut savoir ailleurs quel chemin ont tenu les meurtriers, & on consulte sur cela la Baguette; elle répond. On ne la consulte pas à la cave, pour savoir par où les meurtriers en sont sortis; cela est trop clair. Tout ce qu'on demande, c'est qu'elle désigne les deux endroits où les cadavres sont tombez; c'est aussi tout ce qu'elle indique. Tirez, s'il vous plaît, la conséquence.

Si Jacques Aymar n'étoit entré qu'une seule fois dans la cave, quelqu'un diroit peut-être que la Baguette ne devoit tourner que sur l'endroit où s'étoit fait le meurtre, parcequ'il devoit y prendre son impression, s'y aimanter comme ils disent, mais on l'y a fait aller fort souvent; & toutes les fois qu'il y a été, soit en présence de Monsieur l'Abbé de la Garde, ou de Monsieur Panthot, & de plusieurs autres personnes, la Baguette a toujours précisément désigné les deux endroits du meurtre, lors même qu'on avoit ôté la terre abreuvée de sang, & mis quantité de mortier à sa place.

II.

L'expérience qui fut faite en présence de Monsieur l'Intendant, & de plusieurs autres personnes distinguées, est fort remarquable. On prend la serpe dont les meurtriers s'étoient servis, on en choisit deux semblables, on cache toutes les trois en terre; & pour avoir une preuve de la vertu singulière de la Baguette, on demande qu'elle ne tourne que sur la serpe des meurtriers. Pourquoi voulez-vous, auroit-on pu dire, que la Baguette ne tourne que sur une des serpes? Il est de notoriété publique qu'elle tourne sur les métaux, elle doit donc tourner sur les trois serpes, puisqu'elles font de fer. Mais Aymar sait que la Baguette s'accommode

(o) Ce principe est solidement expliqué dans le Tome I. de cet Ouvrage.

à son intention, & aux désirs de ceux qui la consultent. Il fait l'épreuve, & la Baguette ne tourne que sur la serpe des meurtriers. L'expérience est plusieurs fois réitérée, & par Aymar & par quelques autres personnes; tantôt on cache les serpes, tantôt on les met à découvert; & soit qu'elles se trouvent éloignée l'une de l'autre, ou fort près, la Baguette ne laisse pas de les discerner; elle ne tourne que sur celle des meurtriers. Où est donc cette vapeur, où font ces petits corps qui s'exhalent des métaux, & qui doivent faire tourner la Baguette?

Ne nous dira-t-on pas que la seule serpe qui avoit servi au meurtre des meurtriers, devoit agiter la Baguette, parcequ'Aymar avoit été à la cave, qu'il s'y étoit aimanté, & que ses pores s'étoient ouverts d'une telle manière, qu'ils ne pouvoient plus donner passage qu'aux petits corps qui s'étoient exhalez pendant le meurtre? Il est de tels Physiciens dans le monde, qui s'applaudiroient sur une telle réponse. Je ne voudrois pas leur repartir, ni par principes ni par raisonnemens, de peur de leur faire dire des pauvretez qui nous méneroient bien loin. Des faits, leur dirois-je, doivent vous détromper. Aymar, comme bien d'autres, fait trouver en un même jour de l'eau, des métaux, les bornes des champs, les voleurs, & les meurtriers. Chez Monsieur le Lieutenant-Général de Lyon il suivit la piste d'un vol de sept ou huit mois, & fit plusieurs autres expériences. Ainsi il est toujours *aimanté* pour tous ses secrets. Outre qu'il faudroit bien moins penser à aimanter son corps que sa Baguette; puisque c'est elle qui doit être agitée, quoique lui-même ne soit pas toujours agité. Cependant il peut à tout moment changer de Baguette, sans craindre qu'elle en tourne moins.

III.

Passons à la maison du Jardinier.

La Baguette y conduit le Devin, & fait connoître que les meurtriers y font entrez. Elle tourne sur la table qu'ils ont entourée, sur les bancs où ils se font assis, sur les pots & sur les verres qu'ils ont touchez; & de trois bouteilles qui étoient dans la chambre, elle ne court ne que sur celle qu'ils avoient maniée pour boire. Voilà le fait. Voici les réflexions qu'on ne peut s'empêcher de faire, & qui montrent clairement que la Baguette tourne, ou ne tourne pas, selon les désirs de ceux qui la consultent.

Veut-on savoir si les meurtriers font entrez dans la chambre, la Baguette tourne. Demande-t-on s'ils se font assis auprès de la table, la Baguette tourne encore; s'ils ont bu & mangé; pour en être informé on la consulte sur les pots & sur les verres, elle indique ceux dont ils se font servis; & de trois bouteilles qu'il y a dans la chambre, elle ne tourne que sur celle qu'ils ont touchée. Pourquoi ne tourne-t-elle pas sur les deux autres? Pour n'avoir pas été touchées, en ont-elles acquis une vertu qui empêche l'action de la cause qui faisoit tourner la Baguette? Car on est dans la chambre où la Baguette a tourné, on est auprès de la table & des bancs: toutes choses qui font tourner la Baguette. Donc ou ce n'étoit pas une cause matérielle qui la faisoit tourner, ou elle a été dissipée par les deux bouteilles. Or non seulement il seroit absurde de dire que les bouteilles qu'Aymar n'a pas touchées, dissipassent la cause matérielle du tournoiement de la Baguette; mais c'est un fait qu'elles ne l'ont pas dissipée, puisque les bouteilles étant dans la chambre, la Baguette a tourné. Ce n'est donc pas une cause matérielle qui remue la Baguette, puisque dans les mêmes circonstances physiques, elle n'agit pas de la même manière, mais une cause libre & intelligente, qui fait tourner la Baguette quand elle veut pour donner les signes qu'on demande.

Ne fais-je point, Monsieur, un trop grand raisonnement, pour prouver une chose qui saute aux yeux? Faisons-en du moins plus simplement l'application à ce qui s'est passé dans les autres cabarets de la route; & n'oun'oublions pas que la Baguette a désigné les plats & les assiettes qui avoient servi aux meurtriers, quoiqu'elle eût dû tourner indifféremment sur toutes les piéces de la vaisselle si elles étoient d'étain, ou d'autre métal.

IV.

Lorsqu'on veut savoir si telles personnes ont parlé au meurtrier, ou au voleur qu'on cherche, la Baguette tourne si ces personnes ont été avec lui; & cela est bien raisonnable, car puisqu'elle tourne sur un verre, ou sur une bouteille que le criminel a touché, avec combien plus de raison, doit-elle tourner auprès d'un homme qui lui a parlé, & qui par ses habits donne bien plus de prise à ce qui s'exhale du corps du criminel, que ne le peut faire un verre. Cependant la Baguette n'indique ceux qui ont parlé au criminel, que lorsqu'on veut savoir cette circonstance. Dans la maison du Jardinier la Baguette tourna à la vue des enfans, parcequ'on vouloit connoitre ceux qui avoient parlé aux meurtriers, & leur en demander des nouvelles; mais quand on sera dans la prison de Beaucaire, à la vue de douze ou quinze prisonniers, la Baguette ne tournera pas sur ceux qui ont parlé au coupable qu'on cherche, qui l'ont touché, ou qui le touchent peut-être actuellement. C'est qu'on ne demande pas qui a parlé au coupable; on veut savoir quel est le coupable. Est-ce là agir, comme agissent les causes matérielles & nécessaires?

V

Ne m'avouera-t-on pas qu'Aymar n'est pas allé de Lyon à Beaucaire, sans passer sur des métaux, sur des sources, sur des bornes, & sur plusieurs autres choses qui font tourner la Baguette? D'où vient donc que toutes ces différentes choses ne l'ont pas fait tourner, plutot que la piste d'un voleur ou d'un meurtrier? Y a-t-il de la comparaison entre la vapeur qui sort d'une eau vive, & un reste de corpuscules qu'un homme a exhalez depuis un mois? Ceux-ci, supposé qu'ils n'ayent pas été tous dissipez, sont fixes, sans action, sans mouvement; au lieu que la vapeur de l'eau sortant continuellement de la terre, se trouve en état d'emporter les petits corps répandus dans son chemin, & de faire sur la Baguette une impression incomparablement plus forte, que ne feroient les corpuscules sortis d'un voleur ou d'un meurtrier, si elle n'étoit dissipée. La Baguette devroit donc conduire Aymar, non pas dans la prison de Beaucaire, mais jusqu'à l'origine de tous les ruisseaux souterrains sur lesquels il a passé.

Que dirons-nous encore du tournoiement de la Baguette dans les maisons où Aymar est entré? Il y avoit des puits, de la vaisselle, & peut-être des métaux de toute espéce à couvert & à découvert. Voulez vous savoir où est le puits, où est la vaisselle, où sont les métaux? La Baguette vous l'indiquera quand il vous plaira. Mais tout ce qu'on demande à présent, c'est qu'elle fasse connoitre si un certain homme est entré dans la maison: s'il s'y est assis, & s'il n'a point touché quelque verre; elle ne tournera point pour autre chose.

Voilà au juste ce que j'avois remarqué, lorsque je voulus par quelques expériences m'assurer si la Baguette tournoit sans fraude sur l'eau & sur les métaux. Elle tourna en effet sur tous les endroits, où à l'insu de l'homme à la Baguette j'avois caché des métaux. Mais portant moi-même dans les mains tantot de l'or, tantot de l'argent, ou d'autres piéces de métal, elle ne tourna jamais vers moi; & l'unique raison de cette bizarrerie, c'est qu'on ne la consultoit pas sur cela. Car si quelqu'un eût eu la curiosité de savoir ce que j'avois entre les mains, elle auroit tourné jusqu'à se rompre, & auroit révélé le secret.

Sans faire cette expérience, vous n'avez qu'à remarquer ce qui arrive, depuis que le monde est assez fou pour faire chercher des vols avec la Baguette. Que dans l'endroit où le vol a été fait, il y ait de l'or, & de l'argent, ou d'autre métal, des gonds, des serrures, &c. qu'il y ait même si vous voulez une source, toutes choses qui doivent faire tourner la Baguette; il n'en est ni plus ni moins, que s'il n'y avoit rien de tout cela. C'est pour le vol que la Baguette est consultée, c'est pour le vol seul qu'elle répond.

Mais si on disoit auparavant à l'homme à la Baguette, de chercher une source, ce seroit pour la source, & non pour le vol que la Baguette tourneroit. Ne sont-ce pas là des moralitez qui ne peuvent faire impression que sur une cause qui ait de l'esprit; & quoique nous n'examinions pas ici s'il est naturel qu'une Baguette tourne sur l'eau & sur les métaux, ne conclurez-vous pas de cette cinquiéme réflexion, qu'il en est de même du tournoiement de la Baguette sur les sources, que de celui qui se fait sur la piste d'un voleur?

VI.

D'où vient que la présence de quelque voleur que ce soit, n'agite pas le corps d'Aymar, & que la Baguette ne tourne que sur celui qui a fait le vol dont on est en peine? C'est, dit-on, qu'il faut qu'Aymar ait été une fois sur le lieu où s'est fait le vol. J'aimerois autant qu'on me dît qu'on ne peut sentir l'odeur d'une orange de Portugal, si on ne l'a touchée ou sentie sur l'arbre. On la sent ici comme ailleurs, parcequ'ici & sur l'arbre elle exhale une vapeur déliée, qui fait impression sur le fond du nez. Aymar devroit donc s'appercevoir de la présence de quelque voleur que ce soit, puisque tout voleur exhale beaucoup de petits corps par tout où il se trouve.

Qu'on dise tant qu'on voudra qu'il faut qu'il prenne son impression. Puisqu'il peut la prendre dans l'endroit où le vol a été fait, il pourra bien mieux la prendre auprès d'un voleur; car il doit y avoir autour de son corps bien plus de cette *matiére* qu'on apelle *larronnesse*, qu'il n'en est resté dans l'endroit du vol. Peut-être a-t-il volé en courant? Un homme entre dans une chambre sans aucun méchant dessein, il voit sur la table une montre, il la prend, la met dans sa proche, & s'en va. Croyez-vous, Monsieur, que ce voleur qui n'est pas agité lui-même dans ce moment, laisse sur la table un fond suffisant des corpuscules qui durent des années entiéres, & qui puissent agiter un homme à Baguette, *l'aimanter*, ouvrir tous ses pores, de maniére qu'ils ne donnent plus passage, ni aux vapeurs de l'eau, ou des métaux, ni à la matiére d'aucun voleur, ou d'aucun meurtrier, mais seulement à la piste du voleur de la montre? Non, Monsieur, vous n'en croyez rien, ni moi non plus. Vous croyez plutot que si l'homme à la Baguette étoit agité sur la piste d'un voleur ou d'un meurtrier par une cause naturelle, il le feroit à la rencontre du premier voleur, ou du premier meurtrier, auprès de la plupart des soldats, & sur tous les endroits où il s'est fait des meurtres, c'est-à-dire qu'il ne pourroit marcher dans Paris sans être ému: qu'il le seroit à n'en pouvoir plus dans les endroits où il s'est donné des batailles; & que cela n'arrivant pas ainsi, la cause de cette agitation ne peut être que morale. De maniére qu'on peut dire des vols & des meurtres qui n'agitent pas l'homme à la Baguette, parcequ'on ne la consulte pas là-dessus, ce qui est dit quelque part dans Seneque des oiseaux qui ne prédisoient rien, lorsqu'on n'avoit pas eu dessein d'observer leur vol & leurs postures (p).

VII.

La raison pour laquelle on prétend que la Baguette tourne en présence, & sur la piste des voleurs & des meurtriers, c'est qu'ils n'ont pas tué ou volé sans une agi-

(p) Fortuita & sine ratione vaga divinationem non recipiunt. .. auspicium est observantis. Ad eum itaque pertinet qui in ea direxerit animum.

agitation de fang extraordinaire, caufée par des fentimens de haine ou de crainte, & que cette agitation continuant par tout où ils paffent, elle fait exhaler de petits corps qui font tourner la Baguette. Il faut donc conclure de-là

1. Que la Baguette devroit tourner pour toutes fortes de vols & de meurtres, puifqu'ils ne fe font pas faits fans cette agitation. Cependant elle ne tourne que pour les crimes fur lefquels on fait des recherches. Lorfque la Baguette tourna dans la prifon de Beaucaire, le boffu étoit peut-être tout occupé des vols qu'il avoit faits à la Foire. Mais on ne confulte la Baguette que fur le meurtre de Lyon; ce n'eft auffi que pour ce meurtre qu'elle tourne.

2. La crainte, la haine, ou les remords ceffant, puifqu'ils font la caufe du tournoiement de la Baguette, elle ne doit plus tourner. Or fe peut-il faire qu'ils ne ceffent pas quelquefois pendant un long voyage?

Si les voleurs ou les meurtriers dans leur route boivent de quelque vin petillant, qui les réjouiffe durant quelques heures, & leur faffe oublier leur crime; la paffion change, & felon les Auteurs des fyftêmes, la difpofition du fang change auffi. Ainfi ce qui s'en exhale doit changer de configuration. Adieu donc la *matiére meurtriére* ou *laronneffe*, adieu la chaine des corpufcules. Comment la Baguette ira-t-elle la retrouver?

Remarquons encore que dans les prifons de Lyon la Baguette a tourné fur le boffu, après qu'il eut avoué fon crime, comme elle tournoit fur le lieu où le meurtre avoit été fait. Quelle différence néanmoins entre un homme qui fait un meurtre, & un homme qui craint d'être condamné à mort pour l'avoir fait?

VIII.

Si un homme paffe fur la pifte d'un voleur, ou d'un meurtrier, & qu'on veuille examiner s'il eft innocent, ou coupable du crime dont on cherche l'auteur, la Baguette ne tourne plus s'il eft innocent. Cela n'eft pas trop facile à concevoir, après qu'on a fuppofé l'homme à la Baguette fi bien *aimanté*, que rien ne peut faire impreffion fur lui que la vapeur du fcélérat qu'il cherche. Mais c'eft un fait dont Monfieur Garnier a été témoin, paffons le; & difons feulement que fi ce fait eft fondé en raifon phyfique, la Baguette n'a dû tourner, ni dans les rues de Lyon, ni au camp de Sablon, ni fur le chemin de Lyon à Beaucaire; car dans tous ces endroits il y a eu des milliers d'hommes qui n'étoient pas complices du meurtre de Lyon. Or la tranfpiration de ceux qui font innocens, empêche l'effet de la tranfpiration des coupables; donc la vapeur de tant d'hommes qui ont paffé dans le chemin des meurtriers, a dû empêcher le tournoiement de la Baguette & l'agitation d'Aymar.

Souvenons nous auffi des expériences qui furent faites fur les ferpes chez Monfieur de Mongivrol, & chez Monfieur le Procureur du Roi. Aymar étoit entouré de plufieurs perfonnes très innocentes, & fa Baguette ne laiffa pas de tourner. C'eft peut-être, nous dira-t-on, qu'il ne fuffit pas que les perfonnes innocentes foient préfentes; mais qu'il faut que l'homme à la Baguette les touche avec le pied. Quoi donc? Eft-ce que les hommes ne tranfpirent que par les pieds? Et qu'ils ne reçoivent que par les pieds la tranfpiration des corps qui les environnent? Croit-on que lorfqu'Aymar met fon pied fur le pied de celui qu'on foupçonne, que celui-ci exhale, paffe par le pied d'Aymar, pour venir jufqu'à la Baguette, la faire tourner ou l'arrêter, felon qu'il eft innocent ou coupable? Si on le croit, je m'étonne qu'on ne faffe pas déchauffer l'homme à la Baguette, lorfqu'il fait la cérémonie de toucher le pied; car s'il avoit des fouliers à deux bonnes femelles, il y auroit grand fujet de craindre que la tranfpiration ne les traverfât pas facilement.

Mais comment faifoit Aymar fur la mer & fur la riviére, car il ne touchoit par les pieds à rien de ce qu'a-

voient touché les meurtriers? N'infiftons pas davantage fur cela. Pour peu qu'on y faffe de réflexion, on verra que cette pratique n'eft pas mieux fondée que celles de plufieurs autres perfonnes qui doivent, les uns prendre une Baguette d'un certain bois, les autres la couper en certain jour, ou fous une certaine conftellation. Ce qu'il y a de vrai, c'eft que la Baguette ne fait connoitre ordinairement que les chofes dont on veut être éclairci; c'eft pourquoi fi on ne la confulte que pour favoir fi les meurtriers ont touché le flacon par l'anfe, fi on eft fur leur pifte, ou fi une telle ferpe eft celle dont ils fe font fervis, quoique Jacques Aymar foit entouré de perfonnes innocentes, elle ne répond ni plus ni moins que s'il étoit feul. Mais fi l'on demande, au contraire, fi un tel eft, ou n'eft pas coupable, elle ne répond qu'à cette demande, quoiqu'on foit tout auprès de la ferpe, ou fur la pifte des fcélérats.

Il feroit inutile, Monfieur, de vous écrire toutes les autres réflexions qui me font venues dans l'efprit. Il me femble qu'on ne fauroit penfer à aucun des faits, fans y découvrir des moralitez qui ne peuvent s'ajufter avec des caufes phyfiques & matérielles. Par tout vous voyez une caufe qui s'accommode aux defirs de ceux qui la confultent, & qui donne fouvent fur cent chofes différentes les fignes qu'on demande. Par tout vous trouvez lieu d'appliquer la plainte, que Dieu fait dans Ofée: (q) *Mon peuple a interrogé du bois, & la Baguette lui a découvert ce qu'il defiroit d'apprendre.* Par tout enfin vous appercevez une caufe qui n'eft nullement affujettie à la régle effentielle aux corps & à la matiére, d'agir toujours de la même manière dans les mêmes circonftances.

Les deux propofitions que j'ai avancées, font donc démontrées. *Que ce n'eft pas une caufe matérielle qui fait tourner la Baguette: &, Qu'il n'eft pas poffible de faire un fyftême qui en explique méchaniquement tous les phénoménes.* La preuve de la première propofition ne dépend que de deux points; *le premier* que la matiére n'ayant ni intelligence ni liberté, doit agir de la même manière dans les mêmes circonftances phyfiques; *le fecond*, que la caufe qui fait tourner la Baguette, n'a pas obfervé cette régle. Le premier point eft renfermé dans l'idée de la matiére; & l'efprit & les fens tout enfemble voyent la preuve du fecond point dans les obfervations que nous venons de faire.

Vous voyez donc, Monfieur combien il feroit facile de contenter ceux qui aiment qu'on argumente en forme; car il n'y a qu'à réduire ainfi ce que nous avons dit. Une caufe matérielle doit toujours agir de la même manière dans les mêmes circonftances phyfiques. Or la Baguette n'agit pas de la même manière dans les mêmes circonftances phyfiques, puifqu'après avoir tourné dans toute une chambre, fur la table, fur les bancs, fur des pots, & fur des verres, elle ne tourne pas dans ces mêmes endroits, entre les mains de la même perfonne; fans qu'on puiffe appercevoir rien de nouveau qu'un defir de confulter la Baguette, fur quelqu'autre chofe que fur ce qu'on favoit déja. Donc la caufe qui fait tourner la Baguette, n'eft pas une caufe matérielle.

Cette propofition démontrée, la feconde l'eft auffi: *Qu'il n'eft pas poffible de faire un fyftême.* Car pour expliquer méchaniquement les phénoménes de la Baguette, il faudroit trouver une caufe matérielle. Mais comment trouver ce qui n'eft pas? Donc s'il eft vrai que la caufe qui fait tourner la Baguette, ne peut être matérielle, il eft vrai auffi qu'on ne peut fans illufion s'imaginer de pouvoir faire un fyftême pour en expliquer tous les effets.

En voilà, Monfieur, plus qu'il n'en faut pour des perfonnes qui ne décident qu'après avoir murement obfervé toutes chofes. Lorfque par occafion j'ai parlé fur ce fujet à des Phyficiens habiles, qui vouloient faire plufieurs expériences avant que de dire leur fentiment;

ils

(q) *Cb.* 4. 12.

ils ont trouvé ces observations décisives & sans réplique. Savoir si notre ami en jugera de même, il y a lieu de le croire, pourvû toutefois qu'il n'ait pas dit hautement qu'il alloit donner un système; car s'il en étoit venu jusques-là, peut-être feroit-il comme a fait une personne que vous connoissez, à ce que je crois. Il faut que je vous dise ce que c'est. Un homme d'esprit vint me voir il y a trois, ou quatre mois, tout occupé d'un Livre qu'il vouloit mettre au jour; & après les premiers complimens, hé bien, Monsieur, me dit-il, je vous avois entendu dire que l'usage de la Baguette n'étoit pas un moyen physique de découvrir aucune chose, pas même de l'eau; mais qu'en pensez-vous à présent depuis la découverte du meurtre, dont vous savez sans doute l'histoire? Pour moi, continua-t-il, je suis charmé de ce que font les corpuscules; je suis pied à pied les vestiges de la nature dans toutes les circonstances de la relation du fait, & je vois que tout s'accorde parfaitement avec ce que j'ai recueilli sur les divinations physiques, & sur la force de ce qui s'exhale des corps. Enfin mon système est fait, & bientot vous verrez mon Livre. Mais avant que je vous dise comment je m'y prens, dites-moi, s'il vous plait, ce que vous pensez de cette merveille. Ce que j'en pense, Monsieur, repartis-je, c'est qu'assurément vous n'avez pas fait réflexion à plusieurs choses qui vous auroient fait prendre un autre parti. Je lui dis une partie de ce que vous m'ai écrit, dont il parut fort surpris. Je l'avoue, me dit-il, ce que vous me dites m'étonne, je n'y avois pas pensé, & je ne vois que répondre.

Vous vous imaginez que je l'ai persuadé, & qu'il renonce au système: voyez, s'il vous plait la suite. Un je ne sais quoi interrompt la conversation, Monsieur se retire, je le suis, & il me dit à la porte, au reste j'ai trouvé plusieurs personnes qui découvrent des choses fort singuliéres avec la Baguette, mais vous dérangeriez peut-être encore là-dessus mes idées, j'en parlerai dans mon Livre. Ce fut la fin de la visite, & ce sera celle de ma lettre. Je suis, &c.

❋❋❋❋❋❋❋❋❋

A MONSIEUR ***

Sur la Physique occulte, ou le Traité de la Baguette divinatoire.

ARiste me mena hier chez Théodule. Menalque y étoit, & ce fut là, où je vis le Livre dont on vous a parlé. A peine Menalque entendit-il nos voix, que venant à nous avec ses maniéres toujours aimables & enjouées: Ha, que je suis aise, nous dit-il de vous voir ici. Je viens de parcourir la Physique occulte, & vous ne serez peut-être pas fâchez que nous nous en entretenions quelques momens. Je vous en prie, lui dis-je, laissons là Agrippa & ses pareils. Comment Agrippa, reprit Menalque? Je vous parle d'un Livre tout nouveau, *la Physique occulte, ou Traité de la Baguette divinatoire.* Qui auroit cru, repartis-je, qu'un Traité de la Baguette eût pour titre *la Physique occulte?* Ce titre est bon, dit Ariste. Depuis plusieurs siécles, on entend par *Philosophie occulte,* un amas de secrets dont les Philosophes cherchent en vain des raisons naturelles; la Baguette ne sauroit être mieux placée que sous un tel titre.

Ce n'est pas ainsi qu'on l'entend, dit Menalque, le Livre est fait pour montrer qu'il n'y a rien que de naturel dans l'usage de la Baguette. Et si vous voulez bien que je vous lise la pénultième page qui est le résultat du Livre, vous verrez tout d'un coup de quelle maniére l'Auteur prouve qu'il n'y a rien là que de naturel, & que le Démon ne peut y avoir de part. Me voici sur l'endroit. *La sensibilité délicate qu'on doit avoir pour être ému par les impressions des corpuscules répandus dans l'air, & l'attention extrème qu'il faut apporter pour s'écouter, pour sentir, pour reconnoitre son émotion, &*

pour se régler sur ce Criterium, suffisent pour faire l'apologie de ceux qui se servent de la Baguette.

Ne trouvez vous pas, dit Ariste, que la *sensibilité délicate* d'un gros paysan, tel qu'Aymar, est quelque chose de joliment imaginé, aussi bien que cette *attention extrème pour s'écouter, pour se sentir;* c'est-à-dire, pour s'appercevoir d'une agitation qui éléve le poux à ce qu'on dit, autant que le feroit une grosse fiévre, & qui peut rompre une Baguette entre les mains.

Mais, Monsieur, dit Menalque, en interrompant le raisonnement vous l'affoiblissez. Ce n'en est là qu'une partie, permettez moi de continuer. *Car il ne faut jamais oublier que comme elle tourne sur tous les lieux, où il y a beaucoup de vapeurs répandues, & qui forment un volume, & une atmosphére, on ne peut pas dire si elle tourne précisément pour ce que l'on cherche. Et c'est cela même qui prouve invinciblement qu'il n'y a point de pacte & de convention avec le Démon dans cette pratique: en effet plus de gens auroient ce talent, & ceux qui l'ont, seroient plus assurez qu'ils ne le sont, de ne se pas tromper.*

Y a-t-il lieu, dit Ariste, d'être satisfait de cette suite? Autant qu'on peut l'être, répondit Théodule, de voir un Auteur se contredire, & renverser dans un endroit ce qu'il établit dans un autre. Si vous lisez *la Physique occulte,* vous trouverez en trente endroits que par une transpiration insensible, il sort de tous les corps une vapeur qui se répand à la ronde: (r) qu'il en faut une si petite quantité pour faire tourner la Baguette, que ce qui sort d'un corps aussi petit que l'est une piéce de quatre sols, est capable de produire cet effet: que ce n'est pas le métal seulement qui fait tourner la Baguette, mais qu'elle tourne *par tout* (s) *où il y a des vapeurs ou des exhalaisons.* Est-il rien de plus naturel que de conclure que la Baguette doit tourner par tout? Car où est-ce qu'il n'y a pas autant de vapeurs, qu'en exhale une piéce de quatre sols? Du moins la Baguette doit-elle tourner là où il y a des hommes & des animaux, car assurément ils transpirent bien plus que la Petite piéce. Elle doit tourner sur la riviére, où certainement les vapeurs *forment un volume,* & une atmosphére. Comment ajuster tout cela avec ce que dit l'Auteur, que la Baguette ne doit tourner sur l'eau, que lorsqu'elle est cachée, & qu'elle ne peut tourner que sur certains hommes?

N'accordez vous pas au moins, dit Menalque, qu'on prouve assez bien que le Démon ne peut avoir aucune part à cette pratique? Quoi, dis-je, vous croyez que ceux qui se servent de la Baguette, *seroient plus assurez de ne se pas tromper,* si le séducteur étoit de la partie! Et quel est l'esprit plus trompeur que le Démon (t)?

Vous voilà donc tous trois contre le Livre, repartit Menalque. Vous le seriez aussi bien que nous, reprit Théodule, si vous l'aviez parcouru avec moins de hâte. Les seules contradictions que vous y auriez remarquées, vous en auroient dégouté.

Je conçois bien, dit Ariste, qu'il ne peut manquer d'y en avoir. Comment sans se contredire pouvoir expliquer des phénoménes qui varient si fort, & se contredisent si souvent les uns les autres?

La Baguette tourne sur cent diverses choses, qui tiennent plus du moral que du physique. Vous savez qu'elle tourne sur les bornes, qu'elle a tourné sur de faux contrats, sur des bestiaux achetez d'un argent volé, & ce qui est fort embarrassant, c'est que sur une même chose, & entre les mains d'une même personne, tantot elle tourne, & tantot elle ne tourne point.

J'ai

(r) Page 238. 324.

(s) On trouve la même chose en plusieurs endroits. La Baguette s'incline pareillement, sur les eaux, sur les corps morts, sur les fosses creusées en terre, & en un mot sur tout ce qui transpire des vapeurs, des exhalaisons & des fumées. *Page* 32. Je ne doute point qu'elle ne s'inclinat aussitot sur le corps d'un homme exécuté pour ses crimes, que sur celui d'une personne assassinée, & généralement sur tout ce qui transpire beaucoup. *Page* 234.

(t) Non est veritas in eo. Cùm loquitur mendacium, ex propriis loquitur, quia mendax est, & pater ejus *Joan. c.* 8. *v.* 44.

L

J'ai remarqué, répondit Menalque, que l'Auteur ne dit rien ni des bornes ni des autres chofes, où il femble que des moralitez font tourner la Baguette. Il ne s'attache qu'à montrer comment elle tourne fur l'eau, fur les métaux, fur les voleurs, fur les meurtriers, & fur tout ce qu'ils ont touché. Mais pour ce que vous trouvez embaraffant, il l'explique; & fait voir que cela vient du tempérament qui eft fujet à de fréquens changemens. Agréez que je vous montre l'endroit. Il en parle, ce me femble, après avoir répondu à quelques mots d'une lettre écrite depuis deux ou trois ans par le Pére Malebranche.

Que vous touchez là un endroit, dit Théodule, qui doit bien flatter l'Auteur de la Phyfique occulte; car enfin il s'eft mis en pofture de rompre une lance avec l'Auteur de la Recherche de la Vérité. Et s'il. . . . . Juftement, interrompit Menalque, c'eft la même. Voici ce qu'il a obfervé dans ceux à qui la Baguette tourne. „ J'ai (v) remarqué que tous ceux qui ont la faculté „ de fe fervir de la Baguette divinatoire, font gens „ d'une affez bonne complexion, ni gras, ni maigres, „ dont la peau eft douce, & les chairs affez fermes. „ Leur fang eft louable, la fermentation s'en fait d'une „ maniére tranquille. . . . . . Ainfi Jacques Aymar „ eft d'un bon tempérament. Il tranfpire & refpire „ beaucoup. La contexture des fibres de fon corps „ doit avoir laiffé des pores fort propres à l'infinuation „ des corpufcules étrangers qui fe mêlent avec fon „ fang, lorfque de louable qu'il étoit, il vient à fe fer- „ menter, & à s'enflammer". Que veut dire tout cela, interrompit Arifte? Quelles expreffions! le *fang louable*, la *contexture*, l'*infinuation*, auffi bien que ce que vous lifiez tout à l'heure de l'*inclinaifon*, & des vapeurs *qui forment un volume*! Point de difficultez, je vous prie, fur le langage, répondit Menalque; il n'eft queftion à préfent, que de favoir „ pourquoi (x) la „ Baguette ne tourne pas quelquefois entre les mains de „ la même perfonne qui l'a employée fouvent avec fuc- „ cès. C'eft qu'il peut arriver qu'il fe dérangea quel- „ que chofe dans fa conftitution, & que fon fang fe „ fermentera avec plus de violence; foit parcequ'il fe- „ ra furvenu des fels acres & acides par les alimens, ou „ par la refpiration de l'air, foit peut-être à caufe que „ les foufres volatils, qui y dominoient auparavant, & „ qui envelopoient & réprimoient l'action de ces fels, „ ont été diffipez par un travail trop violent, par des „ veilles, par l'étude, ou autrement.

Franchement, tout ce que vous lifez là, lui dis-je, eft remarqué en vain, & fe détruit par l'expérience. J'ai vu la Baguette tourner entre les mains de deux hommes fort gras, & d'une fille extrêmement maigre, & vous pouvez voir dans les obfervations d'un habile homme, (y) que la Baguette tourne indifféremment à des perfonnes d'un tempérament différent, & aux mêmes perfonnes en des tems où la difpofition de leur corps n'eft pas la même. Elle tourne à l'âge de dix ans comme à celui de foixante; pendant la maladie comme dans une parfaite fanté; à jeun auffi bien qu'après avoir mangé. Ceux qui ont été en Dauphiné, où plufieurs perfonnes fe fervent de la Baguette, n'ont eu que faire de tâter fi leur peau étoit douce, & leur chair ferme ou molle. Ils n'avoient qu'à ouvrir les yeux, pour remarquer fur leur vifage des tempéramens tout différens.

Je vons avoue, dit Théodule, que s'il n'y avoit dans ce Livre que des remarques de cette nature, quel-

que peu folides qu'elles fuffent, je n'y trouverois point à redire. Un homme fur un fujet nonveau vous donne ce qu'il a obfervé, & ce qu'il penfe, cela peut avoir fon utilité. Mais pourquoi amaffer cent faits qui ne viennent point au fujet, & qui font pour la plupart, ou faux, ou fuperftitieux? Remarquez cependant que c'eft de la forte, qu'en ont toujours ufé ceux qui fe font rendus les Apologiftes des pratiques foupçonnées de fuperftition. Ainfi Flud, ainfi Van Helmon, ainfi l'ont fait Goclenius, & plufieurs autres, dont l'Auteur a fuivi le mauvais exemple, & tranfcrit fouvent les propres paroles.

Pourquoi emprunter tant de chofes du plus méchant de tous les Livres (z) qu'ait fait Van Helmon, au fentiment même de Boyle? Pourqooi nous parler de l'onguent aux armes, & de la tranfplantation des maladies, d'où il feroit aifé de tirer des conféquences qui détruiroient tout ce qu'on dit de la Baguette, s'il n'étoit bien plus facile de montrer que ce font là de pures folies? Pourquoi. . . . . Vous êtes aujourd'hui bien peu complaifant, interrompit Menalque. Eft-ce qu'on ne pourra pas vous montrer qu'on fait autre chofe que la Baguette? J'y confens de bon cœur, reprit Théodule, mais je ne voudrois pas que ce fût en renouvellant des pratiques fuperftitieufes, ni en copiant certains Livres mal digérez, où l'on trouve de toutes fortes de chofes, à la réferve du bon fens. Au refte, pourfuivit-il, fi contre ma coutume je dis quelques mots avec un peu de feu, c'eft que confervant un grand fond d'indifférence pour tout ce qui eft de pure fpéculation en matiére de Phyfique, je fuis touché de voir qu'on s'efforce d'autorifer des pratiques qui vont à des abus très confidérables. De quelque maniére qu'on le faffe, les efprits fuperficiels fe laiffent facilement éblouir; & vous favez que le nombre de ces efprits n'eft pas petit.

Ho, dit Arifte, ne craignez rien de ce Livre. S'il faut juger de l'ouvrage par ce que j'en viens de voir, je le crois bien plus propre à faire penfer que l'Auteur veut rire, qu'à perfuader qui que ce foit. Je fuis, pourfuivit-il, fur le quatriéme chapitre, où l'Auteur parle de l'ufage qu'on doit faire de la connoiffance que nous avons des corpufcules qui s'exhalent des corps. Il propofe (a) pour cela une hiftoire que je puis vous conter en peu de mots, fans la lire dans fon Livre. Un homme voit en dormant fon ami qui le prie de le tirer des mains de fon hôte qui veut l'égorger. Quelques momens après, il lui vient dire qu'il eft mort, & qu'il trouvera fon corps à la porte du cabaret dans un chariot chargé de fumier. A ce fonge l'ami s'éveille, il fe leve, va au cabaret, & trouve le chariot à la porte. Le chartier n'eft pas plutot interrogé, qu'il prend la fuite: le cadavre fe trouve dans le chariot, & le cabaretier convaincu du crime, en reçoit la peine. L'hiftoire eft dans Ciceron (b).

Cela eft vrai, dit Théodule, Chryfippe & les Stoïciens que Ciceron fait parler, fe fervoient de ces fortes de faits, pour prouver qu'il y a autre chofe que des corps.

Le fait fuppofé, ils avoient raifon, repartis-je; mais en traitant des corpufcules, de quoi fert l'hiftoire d'un homme mort, qui vient parler à fon ami, & lui conter fes avantures? Cela a tout à fait l'air d'une fable; mais fi le fait eft conftant, c'eft un prodige qui paffe tous les fyftêmes des Phyficiens.

Que vous entendez peu la Phyfique occulte, reprit Menalque! Ecoutez donc, s'il vous plait, comment cela s'explique. „ Sans (c) recourir aux prodiges, pour „ expliquer ce phénoméne, je dirois que cet homme „ qu'on affaffinoit fi lâchement, répandoit dans l'air, „ foit par les cris, foit par la tranfpiration infenfible, „ des impreffions capables de s'étendre affez loin, pour

„ al-

(v) Page 233.
(x) Page 437.
(y) M. le Procureur du Roi à Lyon *page* 140.
Par les recherches que j'ai faites, il ne me paroit pas que la fubtilité des fens, la delicateffe des organes, les régimes de vie, les paffions, l'éducation, contribuent en rien à cette vertu, ayant trouvé tout cela fort différent dans ceux qui la poffédent. . . . . . Cela eft égal pendant la fanté, ou l'indifpofition de ceux qui ont cette vertu. Je n'ai point remarqué jufques ici que la jeuneffe ou la vieilleffe ferviffent de quelque chofe à augmenter ou diminuer cette vertu, ni que les fymptomes en foient plus violens dans ceux qui ont mangé, que dans ceux qui font à jeun. *Lettre à M. l'Abbé Bignon*, *Mercure de Sept.* p. 230.

(z) De magnet. vulnerum curatione.
(a) Page 104.
(b) De Divinat. l. 1. n. 37.
(c) Page 105.

„ aller jusqu'à son ami. C'est à cette impression & à
„ ces mouvemens de corpuscules qui se répandent dans
„ l'air, à mesure qu'ils se détachent du corps des per-
„ sonnes qui nous sont chéres, que j'attribue ces pres-
„ sentimens que nous avons des disgraces & des mal-
„ heurs de nos parens & de nos amis absens.

Ha, Menalque, lui dis-je, que cela est admirable! Des corpuscules qui viennent dire qu'un homme est aux prises avec son hôte, qu'il a été tué, qu'on l'a couvert de fumier dans un chariot, & qu'on le trouvera à la porte!

Vous en riez, répondit Menalque. Pour moi, ajouta-t-il, je ne m'embarrasse point dans ses subtiles explications. Qu'est-ce que cela fait à la Baguette? Si l'Auteur s'écarte de son sujet, & qu'il ne raisonne pas ici trop juste, dois-je pour cela conclure qu'il ne raisonnera pas mieux dans la matiére qu'il traite à fond? J'abandonne tout ce qui est hors d'œuvre; mais pour le systême, voyons-le d'un bout à l'autre: & puisque vous ne l'avez pas lu, & que je n'ai fait que le parcourir, lisons-le, je vous prie à loisir, pour en conférer ensuite tous ensemble.

On en demeura d'accord, & j'allois vous dire que je vous ferois avec exactitude le résultat de notre conférence. Mais en finissant cette lettre, je fais résolution de ne pas me trouver au rendez-vous; parceque je viens de lire quelques endroits de *la Physique occulte*, qui me font croire qu'il seroit très difficile de s'en entretenir plusieurs ensemble, sans que la satyre & la raillerie entrassent dans la conversation. Je me contenterai donc de lire seul avec attention tout le systême, d'y faire quelques réflexions, & de vous en faire part au premier ordinaire. Je suis, &c.

(◉)✦(◉)✦(◉)✦(◉)✦(◉)✦(◉)

A MONSIEUR ***

Sur le Systême de l'Auteur de la Physique occulte.

„ DAns (d) l'obligation que je me suis imposée
„ d'expliquer le mécanisme de la nature, tou-
„ chant l'inclination de la Baguette divinatoire, qui a
„ été inconnu jusqu'à présent, par un autre mécanisme
„ qui nous fût déja connu, je n'ai pas eu de peine à me
„ déterminer sur le choix. A peine ai-je promené mon
„ imagination dans les trois regnes des animaux, des vé-
„ gétaux, & des minéraux, que j'ai remarqué aussitot
„ que le mouvement & l'inclinaison de l'aiguille d'une
„ boussole, ou d'une verge de fer aimantée, étoit ab-
„ solument la même chose que le mouvement & l'incli-
„ naison de la Baguette, ou verge divinatoire.

Vous entendez bien, Monsieur, que c'est l'Auteur de la Physique occulte qui parle. Il va vous faire connoitre combien sa découverte est heureuse. Son explication viendra ensuite, & nos réflexions suivront de près.

‘ „ A dire la chose comme je la pense, je voyois le
„ même mécanisme par tout, puisque la nature n'en a
„ qu'un seul. . . . Mais il faut avouer qu'il n'y en a
„ point qui lui revienne mieux que l'inclinaison de la
„ verge de fer aimantée. C'est par tout tellement la
„ même chose, jusqu'à la moindre minutie, pour ainsi
„ parler, que l'on ne sauroit trop s'étonner comme tant
„ de Savans & de grands Philosophes, qui ont été con-
„ sultez, & qui se sont expliquez sur cette matiére, n'a-
„ yent pas même entrevu cette parfaite analogie.

„ Rien en effet ne se pouvoit présenter à mon imagi-
„ nation de plus heureux, de plus facile, & de plus re-
„ connu que le magnétisme, qui fait mouvoir & incli-
„ ner vers la terre une verge de fer aimantée, pour ex-
„ pliquer le magnétisme, qui cause le mouvement &

„ l'inclinaison de la Baguette divinatoire, sur les sour-
„ ces d'eau, sur les veines des métaux, & sur les pas
„ des criminels. Mon systême donc sur la verge du
„ coudrier, est même que le systême de l'inclinaison
„ de la verge de fer aimantée.

Rien n'est plus constant que jamais personne n'avoit apperçu de parfaite analogie entre une aiguille aimantée & la Baguette. Ainsi s'il y en a, la gloire de la découverte est assurément due à l'Auteur de la Physique occulte. Mais il doit laisser au Pére Kirker la gloire d'avoir cherché quelque rapport entre le mouvement de l'aiman vers le pole, & celui de la Baguette sur les métaux.

(e) Ce Physicien étoit trop curieux, & en même tems trop accoutumé à chercher du magnétisme, là même où l'on ne sauroit en trouver, pour avoir omis de le chercher dans ces bâtons qui se panchent sur les mines, à ce qu'on lui avoit dit. (f) Fort porté de son naturel à faire des expériences, il fit des aiguilles de bois qu'il suspendit sur un pivot comme l'aiguille d'une boussole; mais il n'apperçut jamais que la proximité d'aucun métal donnat du mouvement à ces aiguilles; & cela lui fit conclure qu'il n'y avoit point de magnétisme entre le bois & les métaux (g).

Il ne laissa pas de chercher encore du magnétisme entre l'eau & certaine espéce de bois. Il fit une aiguille, moitié d'aune, moitié d'un autre bois; il la mit en équilibre sur un pivot; & remarqua que dans les lieux aqueux, lorsque les vapeurs n'étoient pas dissipée par la chaleur, la partie de l'aiguille qui étoit d'aulne trébuchoit. Mais en conclut-il qu'il y avoit là du magnétisme? Point du tout. „ (h) Les vapeurs de l'eau, dit-
„ il, avec beaucoup de justesse, s'attachent à ce qu'el-
„ les trouvent de plus poreux: l'aulne a plus de pores
„ que l'autre bois qui fait partie de l'aiguille; il reçoit
„ donc plus de vapeurs, & devenant plus pesant, il
„ rompt l'équilibre. Se fait-il là autre chose, que ce
„ qui arriveroit à une balance en équilibre, si sous l'un
„ des bassins je mettois de l'eau chaude, & sous l'au-
„ tre je ne mettois rien. Comme les vapeurs de l'eau
„ ne s'attacheroient qu'à l'un des bassins, celui-ci de-
„ viendroit plus pesant que l'autre, & trébucheroit.
„ Faudroit-il pour cela en conclure que la matiére de
„ ce bassin a vers l'eau la même vertu qu'a le fer à l'é-
„ gard de l'aiman, ou l'aiman même à l'égard du pole?

On avoit donc cherché le magnétisme de la Baguette, avant l'Auteur de la Physique occulte: mais le Pére Kirker qui l'avoit cherché, a été assez éclairé pour ne pas s'imaginer de l'avoir découvert. Il a prouvé au contraire qu'on ne trouveroit jamais dans la Baguette qu'un magnétisme chimérique.

Ne vous viendra-t-il point dans l'esprit, Monsieur, que l'Auteur plus heureux que le Pére Kirker, a peut-être trouvé quelque Baguette, qui suspendue sur un pivot se tourne vers les voleurs & les meurtriers, ou s'incline du moins infailliblement sur les métaux & sur les eaux? Si vous avez eu cette pensée, rejettez la, s'il vous plait, car l'Auteur dit nettement à la trentiéme page. „ Il est encore certain que cet effet vient abso-
„ lument de la personne: car enfin si cela étoit dû à
„ la Baguette, rien n'est plus assuré que si on la sus-
„ pen-

(d) Ch. v. Systême du mouvement & de l'inclinaison de la Baguette divinatoire, sur les sources d'eau, sur les miniéres, sur les trésors, & sur la piste des voleurs & des meurtriers fugitifs.

(e) De magnetismo virgulæ auriferæ sive divinatoriæ.

(f) His ita rité traditis, examinatisque, nunc hoc loco quæri potest utrùm mineralia intur & certas plantas, seu ligna, magnetica vis, quibus attrahant se invicem, intercedat. Dubium movit VIRGULA DIVINATORIA, sive metalloscopica, &c. *De Art. mag. l. 3. p.* 36.

(g) Ego autem hanc virgularum divinarum inclinationem ex vi quadam magneticâ, qua plantæ occulto veluti motu in eâ ferantur provenire non facilé crediderim; cùm hujusmodi virgulis dictis metallis quibuscum amicitiam habere dicuntur, applicatis quantumvis exactissmè & levissimè æquillibratas, nullum tamen inclinationis effectum præstare experimento à me facto non semel compererim. *Ibid.*

(h) Porro vim eam qua ad latentem aquam aut metallum se inclinat virga, seu versorium, verè magneticum esse non puto. Sed hanc inclinationem si quandoque contingat, eâ ratione quæ sequitur verisimile est, &c. *Ibid.*

„ pendoit sur un pivot, comme une aiguille de boussole, elle ne manqueroit pas de s'incliner sur les eaux „ ou sur les métaux ; c'est pourtant ce qui n'arrive „ point du tout, comme je l'ai expérimenté, après le „ Pére Schott Jésuite page 425. *De maginâ sympath.* Je „ conclus de-là que cet effet ne résulte donc pas d'une „ vertu qui soit dans la Baguette.

Après cet aveu n'est-on pas en droit de demander à l'Auteur, où est donc cette *parfaite analogie* entre la verge de fer aimantée & la Baguette de coudrier ? La verge de fer suspendue sur un pivot se tourne vers le pole, & quelquefois vers le fer, & vers l'aiman. Celle de coudrier ainsi suspendue ne se tourne vers quoi que ce soit. Donc bien loin de trouver une entière convenance entre la verge de fer aimantée & celle de coudre, celle-ci mise dans la même situation, n'a rien du tout qui puisse lui être comparé.

La difficulté saute aux yeux, & vous ne pouvez sans doute croire qu'elle ait échapé à l'Auteur. Je pense en effet qu'il l'a apperçue, & que c'est pour le prévenir qu'il dit ce que je vais transcrire. „ (i) Comme la ver„ ge de fer doit être aimantée pour recevoir sa direction „ par le tourbillon répandu dans l'air, & qui circule au„ tour de la terre, & qu'on l'aimante en la touchant „ d'un bon aiman, qui lui communique ce petit tour„ billon de corpuscules magnétiques: ainsi la verge de „ coudrier ne seroit nullement sensible à l'action des pe„ tits corps, qui la font incliner, si elle n'étoit aupa„ ravant, pour ainsi parler, *aimantée*, c'est-à-dire, tou„ chée par la main d'un homme, qui étant le premier „ abondamment pénétré & inondé des vapeurs, des ex„ halaisons, & des fumées qui s'élèvent des eaux, des „ métaux, & de dessus la piste d'un voleur fugitif, en „ communique un petit tourbillon à la Baguette de „ coudrier.

Mais sur cela j'ai bien des choses à dire.

1. Si Aymar doit donner à une Baguette la vertu de se tourner vers l'eau, vers les métaux, vers la piste des voleurs & des meurtriers ; & s'il doit faire à l'égard de cette Baguette ce que fait un aiman à l'égard d'une aiguille de fer qu'il rend propre à indiquer le Nord : comme l'aiman a la vertu qu'il donne, & que mis en équilibre il se tourne vers le pole, il faut aussi que le corps d'Aymar mis en équilibre se tourne vers l'eau, vers les métaux, vers les voleurs, & les meurtriers. Qu'on commence donc par faire cette expérience ; & jusqu'à ce qu'elle ait réussi, qu'on n'assure pas qu'Aymar semblable à l'aiman donne à une Baguette la vertu de se tourner vers certains endroits.

2. Les verges de fer une fois aimantées se tournent ensuite vers le pole, sans qu'il soit nécessaire de les tenir auprès de l'aiman qui leur a donné cette vertu. Donc une Baguette qu'Aymar aura touchée, doit avoir cette vertu en toute autre main, & sur tout mise en équilibre sur un pivot. Si cela pouvoit réussir, il ne faudroit plus occuper Aymar qu'à toucher des Baguettes, on en feroit provision, & on n'auroit plus besoin de le faire tant courir.

3. Une aiguille de fer exposée à l'air, c'est-à-dire, à l'action de la matiére magnétique, acquiert la vertu que l'aiman lui auroit donnée. Donc la Baguette mise auprès d'un voleur, d'un meurtrier, d'un endroit où s'est commis un crime, ou enfin auprès de l'eau & des métaux, doit s'y *aimanter* ; & tourner ensuite vers toutes ces différentes choses. On prétend en effet qu'Aymar s'aimante lorsqu'il va sur ces endroits. Ne vaut-il pas mieux aller à la source, & faire *aimanter* la Baguette par ce qui doit *aimanter* Aymar ?

Vous ririez cependant de voir faire sérieusement toutes ces expériences ; vous devez donc être surpris de voir comparer la Baguette de coudrier à la verge de fer aimantée, & d'entendre dire qu'il y a entre l'une & l'autre une parfaite analogie.

4. Mais lors même que la Baguette est entre les mains de ceux à qui elle tourne ; quel rapport entre son tournoiement, & le mouvement de la verge de fer vers le pole, vers le fer, ou vers l'aiman ? Quelque fort que fût l'aiman que vous présenteriez à l'aiguille d'une boussole, vous ne la feriez pas pour cela tournoyer ; la Baguette au contraire tournoye entre les mains d'Aymar, elle se tord, & se rompt même quelquefois. Donc bien loin de trouver entre l'aiguille aimantée & la Baguette une entière conformité, n'est-il pas clair au contraire que tout y est essentiellement différent ?

Si vous me demandez après cela comment il se peut faire que des personnes d'esprit puissent s'imaginer d'avoir trouvé ce prétendu rapport ; je n'ai à répondre que ce qui a été écrit depuis peu dans une lettre sur la Baguette. „ Frappé par les effets merveilleux de l'aiman, „ quelque prodige qu'on propose, on le compare ; „ dans l'obscurité on croit voir quelque rapport ; on „ aide aux conjectures ; on risque un peut-être ; insen„ siblement on assure ; & quand on s'est une fois enga„ gé, on tient ferme, & il n'est plus rien qui étonne.

Il y a quelque chose de plus particulier qui a déterminé l'Auteur de la Physique occulte à chercher du magnétisme dans le mouvement de la Baguette ; & à se persuader qu'il y en avoit apperçu. C'est qu'il fit l'année derniére un *traité de l'aiman de Chartres.* Je vous en dis assez, si vous avez lu un chapitre de la Recherche de la Vérité dont voici le titre: (k) *Que les esprits animaux vont d'ordinaire dans les traces des idées qui nous sont les plus familiéres, ce qui fait qu'on ne juge point sainement des choses.* „ Un Auteur s'applique à un genre „ d'étude ; les traces du sujet de son occupation s'im„ priment si profondément, & rayonnent si vivement „ dans tout son cerveau, qu'elles confondent & qu'el„ les effacent quelquefois les traces des choses même „ fort différentes. Il y en a eu un, par exemple, qui „ a fait plusieurs volumes sur la croix, cela lui a „ fait voir des croix par tout ; & c'est avec raison que „ le Pére Morin le raille de ce qu'il croyoit qu'une mé„ daille représentoit une croix, quoiqu'elle représentat „ tout autre chose. C'est par un semblable tour d'ima„ gination que Gilbert & plusieurs autres, après avoir „ étudié l'aiman, & admiré ses propriétez, ont voulu „ rapporter à des qualitez magnétiques un très grand „ nombre d'effets naturels qui n'y ont pas le moin„ dre rapport.

Ne nous étonnons donc plus si l'Auteur de la Physique occulte, tout occupé de l'aiman, a comparé Aymar à un aiman, & sa Baguette à une verge aimantée. Attendons que des nouvelles traces effacent une partie de celles que l'aiman de Chartres avoit ouvertes ; & que l'Auteur n'étant plus dominé par une imagination frapée, puisse former un jugement plus libre qu'il ne l'a pu, en commençant le Traité de la Baguette divinatoire. J'ose assurer qu'il se convaincra pour lors aisément qu'on ne sauroit faire pour la Baguette un systême qui approche de celui de l'aiman.

Quoi qu'il en soit, il est constant qu'un tel systême ne peut subsister, & qu'il n'y a qu'à fermer le livre, si tout ce qu'il contient dépend absolument de la prétendue analogie entre une verge aimantée & la Baguette. Mais comme l'Auteur nous dit en plusieurs endroits ce que je lis à la page 142. „ J'explique la sympathie de „ la Baguette de coudrier avec les métaux, & les au„ tres choses sur quoi elle s'incline, par l'écoulement & „ le flux de la matiére subtile, qui se transpire de *tous* „ les corps, & qui se répand dans l'air." Laissons-là l'aiman, & voyons seulement si l'Auteur prouvera que ce qui s'exhale des corps peut être la cause du tournoiement de la Baguette. Il reconnoit (l) qu'il faut pour „ cela démonter auparavant qu'il y a des vapeurs sur „ les eaux, des exhalaisons sur les métaux, & une ma„ tiére subtile de la transpiration sur le lieu où a passé „ un voleur ou un meurtrier ; & que ces vapeurs, ces „ ex-

(i) Pag. 126.

(k) L. 2. p. 2. c. 2.
(l) Pag. 143.

,, exhalaifons, & ces corpufcules de la tranfpiration in-
,, fenfible, ont affez de fubtilité, & affez de force
,, pour pénétrer dans les pores de Jacques Aymar, &
,, pour imprimer à la Baguette ce mouvement rapide
,, que nous lui voyons quand elle tourne.

Voilà donc toute la queftion réduite à deux difficultez, qui font prefque les mêmes que les deux points
que nous avons diftinguez en examinant les hypothéfes
de Monfieur Garnier & de Monfieur Chauvin.

La Première: Si les vapeurs qui s'exhalent des corps
fur lefquels la Baguette tourne, fe font trouvées par tout
où la Baguette a tourné.

La feconde: Si elles peuvent tordre une Baguette entre les mains d'un homme qui la tient bien ferrée.

L'Auteur commence par la feconde difficulté, qu'il
fe propofe ainfi. ,, Les (m) fymptomes fi étranges de
,, Jacques Aymar, & le mouvement fi rapide de la Ba-
,, guette, qui va quelquefois jufqu'à lui bleffer les
,, mains, font des chofes fur quoi ceux-mêmes qui fe
,, piquent le plus de phyfique, ne peuvent point paffer.
,, L'Auteur de la *Lettre fur la Baguette*, qui eft infé-
,, rée dans le Mercure du mois de Janvier 1693. n'a
,, pas manqué de fe divertir fur cet endroit. Comme
,, il penfe, & dit les chofes avec feu, il repréfente la
,, difficulté dans toute fa force. Croyez-vous, (n) *dit-*
,, *il*, Monfieur, qu'il n'y ait point de ridicule à fup-
,, pofer, que d'une petite partie de métal, d'une piéce
,, de quatre fols, par exemple, il fort une affez grande
,, quantité de corpufcules pour tordre une Baguette juf-
,, qu'à la rompre, ou à bleffer les mains de celui qui la
,, tient bien ferrée?

Voilà la difficulté, voyons la réponfe. Je fuis curieux d'abord de voir fi elle eft bien longue, je parcours
les pages, j'en vois foixante deftinées à cette difficulté.
Quelle longueur, dis-je en moi-même. Je les lis néanmoins fort exactement; & au lieu d'y trouver la réponfe que je cherche, j'y vois beaucoup de jolies chofes,
aufquelles il ne manque que d'être placées ailleurs. Les
voici. La tranfpiration fuppofée dans les corps,
l'Auteur montre que les vapeurs répandues dans l'air,
forment les pluyes, les orages & les inondations qui ra-
vagent les campagnes: qu'elles enflent les pores & les
fenêtres: que mêlées avec les exhalaifons, elles rendent
l'air froid ou chaud, fec ou humide, plus ou moins
pefant; & qu'elles agitent les petites machines qui fervent à faire connoitre les différens changemens de l'air.
Là-deffus les *Thermometres*, les *Barometres*, les *Hygro-
metres*, font décrits bien au long. De-là on paffe aux
effets de la poudre à canon, & de l'or fulminant. Enfin ce que font l'eau dans les cordes bien tendues, le
fouffle dans les veffies, & les efprits animaux dans les
mufcles, terminent tout ce que l'Auteur avoit à dire
pour répondre à la difficulté.

Mais après avoir lu tout cela, je demande encore où
eft la réponfe; car enfin il n'eft pas queftion de la force, ou des effets des vapeurs répandues dans toute l'at-
mofphére de l'air. Il pourroit fe former de furieux o-
rages & tous les thermometres pourroient fe dérégler,
qu'une piéce de quatre fols n'en feroit pas plus en état
de pouffer vers une Baguette une affez grande quantité
de petits corps pour la tordre entre les mains d'un homme qui la tient bien ferrée.

Lorfque dans un tems humide l'air eft fort chargé de
vapeurs, comme de tous côtez elles entourent le bois &
les cordes, & qu'infenfiblement elles pénétrent dans les
pores, il eft conftant qu'elles y font des effets très confidérables. Mais faudroit-il conclure de-là que ce qui
s'exhale d'un petit pot plein d'eau qu'on conferveroit
dans une chambre, feroit enfler les portes & les fenêtres
de la maifon?

N'examinons donc pas fi de tout ce que l'Auteur a
dit on peut en conclure que ce qui s'exhale d'une petite
piéce d'argent, peut à tous momens faire tourner rapi-

dement une Baguette. Qu'auroit dit le Père (o) Kirker d'une telle penfée, lui qui après avoir fait des expériences autant qu'homme du monde, furtout touchant
les qualitez *fympathiques ou magnétiques*, ne pouvoit
s'empêcher de rire, lorfqu'il entendoit dire que les exhalaifons qui fortent des miniéres ou des tréfors cachez,
peuvent faire remuer une Baguette qu'un homme ferre
des deux mains. Voyez, je vous prie, ce qu'il en dit.

Paffons à l'autre difficulté, favoir fi les vapeurs & les
exhalaifons aufquelles on attribue le mouvement de la
Baguette, fe font trouvées par-tout où elle a tourné.
Cette feule difficulté vuidée, il ne refte plus rien à examiner. Car fi l'on démontre qu'elle a tourné là où la
vapeur des corps fur lefquels elle fe meut, étoit entièrement diffipée, il eft clair que ce n'eft pas ce qui s'exhale des corps qui caufe ce tournoiement.

Comme l'Auteur de la *Phyfique occulte*, dit en plufieurs endroits (p) ,, Que c'eft la même conduite de la
,, nature dans le mouvement & l'inclinaifon de la Ba-
,, guette divinatoire fur les tréfors, fur les fources
,, d'eau, fur les miniéres d'or & d'argent, que fur la
,, pifte des criminels, puifqu'elle tourne par les vapeurs,
,, les fumées, & les corpufcules qui fe tranfpirent de ces
,, différentes chofes"; il fuffit d'examiner fi la vapeur
des meurtriers n'étoit pas diffipée, lorfque la Baguette
tournoit fur leur pifte. (q) Or je crois avoir démontré, & vous en convenez, qu'il ne reftoit plus rien de
ce que les meurtriers avoient exhalé fur la rivière, lorfque la Baguette d'Aymar y a tourné. La queftion eft
donc décidée, à l'égard même de toutes les autres chofes fur lefquelles la Baguette tourne.

Mais l'Auteur du gros *traité de la Baguette divinatoire*, pourroit avoir remarqué quelque chofe de fort,
que nous n'aurions peut-être pas prévu. Voyons donc
ce qu'il dit fur cette difficulté. Il reconnoit qu'elle fait
de la peine à plufieurs perfonnes, & il veut bien fe la
propofer comme elle eft conçue dans la Lettre qu'il a
déja citée, en fe propofant la première difficulté. *On
n'a*, dit-il, *qu'à lire fur cela ce qui fe trouve dans une
Lettre, qui a été mife au Mercure Galant du mois de Janvier 1693. page 27. & 28. On y verra cette objection
ménagée avec foin & avec plaifir. Si l'Auteur n'y paroit
pas Philofophe, il aura du moins la fatisfaction d'y paroitre
Rhéteur.* ,, J'ai lu avec attention les Differtations qu'on
,, nous a envoyées de Lyon, & j'ai été ravi de n'y
,, trouver ni qualitez occultes, ni influence d'étoiles.
,, La matiére fubtile y voltige agréablement; les cor-
,, pufcules y font d'une agilité, & d'une foupleffe pro-
,, pre à tout ce qu'on peut defirer; le manége qu'on
,, leur fait faire m'a réjoui, & je voudrois de bon cœur
,, pouvoir être content des ftations qu'on leur affigne,
,, des chemins qu'on leur fait tenir, & de tous les mou-
,, vemens qu'on leur donne; mais comment paffer tout
,, ce qu'on exige des corpufcules? On fait demeurer
,, des mois entiers tout le long d'un chemin de cent
,, lieues, ceux qui fe font exhalez du corps d'un fcélé-
,, rat. On veut qu'ils reftent fufpendus à la hauteur de
,, quatre ou cinq pieds, fans monter ni defcendre, fans
,, s'écarter ni à droit ni à gauche, & qu'ils foient to: -
,, jours prêts à donner fur une Baguette pour la faire
                                              ,, tour-

(m) Ch. II. Page 323.
(n) Page 32.

(o) *De mundo fubter. l.* 10. *fect.* 2. *cap.* 7. Unde paffim à peri-
tis & timoratis, feu magicæ illufionis ex quòcumque tandem pacto vanitas introducta refpuitur. Neque enim ulla ratio dari poteft, cur virga bifurcata utroque cornu firmiter apprehenfa, etiam
omni magico pacto exclufo, tantam tamen violentiam à vaporibus metallicis fuftineat, ut illam deorfùm trahant . . . . . Si quidem fieri non poffe puto, ut virgæ non æquilibratæ, fed violenter tortæ in latentia metalla tantam & tam fubitaneam vim im-
primant, ut illa ultrò fe ad terram ufque inclinare cogatur : is qui
magneticarum motionum peritiam habuerit, atteftabitur : ut enim
fympaticæ rerum naturalium actiones effectum habeant, dici vix
poteft quanto ingenio & induftriâ opus fit & præcifâ æquilibratione corpora difponenda fint; ut proinde omnes ridendi fint,
qui virgulas illas bifurcatas manibus apprehenfas, à tam fubtili halituum vi concitari poffe fibi imaginantur.
(p) Page 135.
(q) Dans la Lettre fur les hypothéfes de M. Garnier & de M.
Chauvin.

„ tourner entre les mains d'un certain homme, toutes
„ les fois qu'il passera par ce chemin.

L'auteur de *la Physique occulte* appelle cela du *brillant*, à quoi il veut *opposer quelque chose de solide*. Voici comment il s'y prend.

Il répond 1. „ (r) *Que* les vapeurs, les exhalaisons
„ & la transpiration, ne se mêlent dans l'air, que comme les corps hétérogénes, (s) *ou comme les vingt*
„ *quatre lettres de l'alphabet, c'est-à-dire*, qu'elles conservent toujours leur puissance. 2. (t) *Qu'elles doivent nager comme une huile sur le liquide de l'air*
„ *grossier, & ne le céder qu'à l'air plus subtil qui tient*
„ *le dessus.* Et s'il arrive que quelque accident dérange cette subordination de corpuscules de différente figure & pesanteur, ils ne manquent pas de revenir
„ bientot, & de reprendre leur situation naturelle ".
Cela se prouve par l'expérience assez commune de la phiole qui représente la situation des quatre élémens, & par celle de deux phioles à long col, dont l'une qui est pleine d'eau est renversée par le goulot sur le goulot de l'autre qui est pleine de vin, où l'on voit le vin monter, & l'eau descendre. Cela se prouve encore par la fumée (v) du tabac qu'on fait passer dans une phiole pleine d'eau. On a soin d'éclaircir tout cela par la figure d'un homme qui fume, & de nous dire, après Monsieur Tavernier & Monsieur de la Loubere, de quelle maniére les Perses & les Siamois prennent le tabac.

Ici l'Auteur (x) veut qu'on considére que *les corps mêmes homogénes ne se mêlent pas toujours.* Il le montre par *les corpuscules de la lumiére*, qui nous font voir les objets. „ Or, *dit-il*, le volume inébranlable de ces
„ petits corps, nous représente très bien l'état de consistance des corpuscules *stagnans* dans l'air, malgré les
„ vents & les tempêtes. Car enfin les atomes lumineux
„ ne reçoivent point d'altération par les mouvemens de
„ l'air agité; & ces rayons quelque vent qu'il fasse, ne
„ se rompent & ne se dissipent point dans l'espace qu'il
„ y a entre l'objet & les yeux. En effet si cela arrivoit, nous verrions les objets agitez: ce qui n'arrive
„ pourtant point.

Vous vous souvenez, Monsieur, que nous avons répondu à cette difficulté, je n'ai rien à y ajouter. Laissons continuer l'Auteur, il va faire la description de la *Lanterne magique*, c'est-à-dire, d'un lanterne de fer blanc, dans laquelle on met au fond un petit miroir ardent de métal, au milieu une lampe dont la mêche est fort grosse, & sur le devant à l'ouverture un tuyau à deux verres qui grossissent les objets. Si entre la lumiére & les verres on met de petites figures peintes avec des couleurs transparentes, sur du verre ou sur du talc, ces petites figures vont se peindre en des formes monstrueuses & gigantesques sur une muraille bien blanche, dans une chambre obscure.

Enfin après bien des choses, qui n'ont pas trop de rapport au sujet, l'Auteur voit bien qu'il n'a pas encore fait entendre comment une trainée de petits corps peut demeurer fort longtems suspendue en l'air dans une même place depuis Lyon jusqu'à Génes, sans que les vents, la chaleur du Soleil, & plusieurs autres causes la dissipent. Aussi se propose-t-il de nouveau la difficulté, pour y répondre précisément sans digression. *On demande,* (y) dit-il, *comment les corpuscules des meurtriers de Lyon ont pu demeurer sur la riviére & sur la mer, où rien ne paroit à les tenir arrêtez.*

RE'PONSE.

„ Il ne faut pas s'imaginer que ces corpuscules qui
„ nagent dans l'air, ayent besoin d'un sujet d'inhérence
„ pour s'y attacher, afin que le vent ne les emporte

„ pas. C'est par les loix inviolables de la nature qu'ils
„ sont *stagnans* dans la basse region de l'air. Ils ne peuvent ni s'élever ni s'abaisser, tant qu'ils ne seront pas,
„ ou plus légers, ou plus pesans en pareil volume que
„ l'air, dans lequel ils nagent, & ce balancent comme
„ l'air sur l'eau, sans qu'il soit nécessaire que quelque
„ chose les retienne dans la région où ils sont, puisque
„ la qualité de leur nature particuliére les y retient.

Qui auroit cru que tout ce que l'Auteur avoit à dire, alloit se terminer à supposer que ces petits corps sont *stagnans* dans l'air, qu'ils doivent toujours demeurer dans la même place, & que telle est leur nature?

Nous n'avons donc qu'à montrer qu'ils doivent être entrainez par ceux qui les heurteront, & que le seul mouvement qu'ils ont reçu en transpirant, doit les faire aller les uns d'un côté, les autres de l'autre, ou les faire monter plus haut que la hauteur d'un homme.

Vous pensez sans doute, Monsieur, que je vais tenvoyer à ce qui a été dit sur les hypothéses de Monsieur Garnier & de Monsieur Chauvin. Je pourrois bien le faire, mais *la Physique occulte* suffit pour établir ces deux points, & pour détruire la supposition qui a servi de réponse. Voyez, s'il vous plait, ce que l'Auteur dit sur cette question: (z) *Pourquoi la Baguette s'incline vers la terre.*

RE'PONSE.

„ J'ai déja remarqué qu'elle se meut de cette maniére
„ pour se rendre paralléle aux lignes des fumées, qui
„ sont dessus les pas des criminels. Or il n'y a point
„ de doute que les fumées que l'œil n'apperçoit nullement, s'élévent en haut; puisque celles que les yeux
„ découvrent tous les jours, se meuvent de la sorte.
„ Les évaporations par lesquelles la matiére subtile se
„ détache de certains corps, portent les fumées en haut;
„ & c'est, dit (a) *Fracastorius*, le premier mouvement
„ qu'on leur remarque.

Pouvoit-on faire entendre plus nettement que la transpiration des meurtriers s'est dissipée en fort peu de tems; puisque toute exhalaison s'élève en haut, & se répand de tous côtez à la ronde? L'Auteur en touche même la raison; c'est que les exhalaisons ne se détachent pas des corps sans mouvement. Or ce qui est en mouvement, continue à se mouvoir suivant la détermination qu'il a reçue.

Voilà la première cause qui fait que ce que les hommes exhalent le long d'un chemin, ne peut demeurer plusieurs jours dans la même place.

Une autre cause, est que ce qu'ils transpirent se trouve exposé au mouvement de l'air & de la maniére subtile qui les emporte, & les dissipe en fort peu de tems. Ce sera encore l'Auteur de la *Physique occulte* qui vous le dira lui-même en répondant à cette question (b). *On demande comment Jacques Aymar a pu reconnoitre les pots, les verres, la serpe, & les autres choses que les assassins avoient touchées.*

RE'PONSE.

„ Les mains transpirent: il n'y a pas lieu d'en douter. Cela paroit même sensiblement, quand on touche une assiète d'argent bien polie; la trace des doigts
„ s'imprime dessus COMME UNE PETITE VAPEUR,
„ QUE LE MOUVEMENT DE L'AIR VOISIN DE TACHE ET DISSIPE ASSEZ PROMTEMENT.
Après cela que reste-t-il, qu'à conclure en cette maniére? La Baguette a tourné sur la riviére, où, par les principes de l'Auteur de *la Physique occulte*, la vapeur des meurtriers ne devoit plus subsister. Elle a tourné sur

---

(r) Page 382.
(s) Page 83.
(t) Page 86.
(v) Page 396.
(x) Page 399.
(y) Page 419.

(z) Page 239.
(a) Quæ circà contagiones contingunt evaporationes circumquaque feruntur. . . . exhalatio omnis multùm diffunditur, magis autem sursùm & primò. *De contag. lib. 1. cap. 7.*
(b) Page 235.

fur les plats , fur les pots , & fur les verres , où elle n'é-
toit pas non plus: Car elle a tourné plus d'un mois
après que les meurtriers les avoient touchez ; & felon
l'Auteur , *le mouvement de l'air avoit détaché & diſſipé
aſſez promptement* la tranſpiration qui s'y étoit d'abord
attachée. Ce ne font donc ni les vapeurs , ni les exhalaiſons , ni la tranſpiration , qui font tourner la Baguette.

Or ces petits corps , ſelon l'Auteur de *la Phyſique occulte* , auſſi bien que felon Monſieur Garnier & Monſieur Chauvin , ſont la ſeule cauſe matérielle à laquelle
on puiſſe attribuer ce tournoiement. Donc il eſt très
conſtant , par les principes mêmes de tous ces Meſſieurs ,
que nul corps ne fait mouvoir la Baguette. Je ſuis , &c.

⊰(❂)⊱⊰(❂)⊱⊰(❂)⊱⊰(❂)⊱⊰(❂)⊱⊰(❂)⊱

A MONSIEUR ***.

*Comment on peut découvrir ſi les Anges , ou les Démons ,
font les Auteurs du tournoiement de la Baguette.*

ESt-il vrai , Monſieur , que les Philoſophes de vos
quartiers ne peuvent ſouffrir qu'on attribue aucun
effet aux Intelligences? Seroient-ils ſemblables aux Médecins dont parle (c) Pſellus ? Et faudroit-il les mettre
au nombre de ces perſonnes auſquelles Perſe auroit dit ,

O curœ in terras animæ & cæleſtium inanes !

Non , Monſieur , je ne puis me le perſuader. Ils ne
font apparemment ni Saducéens , ni entiérement Epicuriens ; & comme l'Antiquité ne leur eſt pas tout-à-
fait inconnue , ils doivent ſavoir que nul point de doctrine n'a été ſi généralement reçu dans toutes les Nations , que celui de l'exiſtence des Eſprits ; & que
c'eſt là-deſſus qu'eſt fondée toute la Mythologie du
Paganiſme.

Ce n'eſt pas ſeulement parmi le peuple que cette doctrine s'eſt conſervée. Pythagore , le pére des Philoſophes Grecs , admettoit dans les airs une multitude innombrable de Génies , (d) qu'il croyoit auteurs de tout
ce qui ſe fait ici d'extraordinaire , & ſur tout des divinations. Platon & ſes diſciples , Jamblic , Porphire ,
Chalcide , Apulée , Maxime de Tyr , & tant d'autres ,
ont été dans le même ſentiment ; & vous ſavez , Monſieur , de quelle maniére cette doctrine eſt établie dans
l'Ecriture ſainte.

Comment pourrois-je me perſuader après cela que des
Philoſophes Chrétiens oſaſſent parler ſi librement ſur un
article autoriſé par la tradition la plus ancienne , & décidé dans l'Ecriture comme un point de foi ? Ne faut-
il pas qu'ils admettent autre choſe que des Corps , &
qu'ils remontent même juſqu'à la volonté de Dieu ;
pour expliquer la communication du mouvement , &
tout ce qui ſe paſſe dans le corps des hommes à l'occaſion de leurs deſirs?

Ainſi , tout ce que je puis croire de ce qu'on dit de
vos Philoſophes , c'eſt qu'ils craignent qu'on ne recoure
aux Eſprits , dès qu'on ne ſaura pas expliquer quelque
effet ſurprenant. Si c'eſt-là leur appréhenſion , je n'y
vois rien que de raiſonnable ; car il eſt important d'empêcher que bien des gens ne faſſent des Eſprits l'azile de
leur ignorance. Mais autre choſe eſt de ne ſavoir pas
expliquer un phénoméne , autre choſe de voir qu'il eſt
inexplicable & impoſſible par la ſeule communication
des mouvemens. Si l'on me diſoit , par exemple , que
dans un tems fort calme un homme en ſoufflant ſur un
papier dans ſa chambre , fait aller un moulin à vent qui
en eſt éloigné d'un quart de lieue , apparemment je n'en
croirois rien. Mais ſi après pluſieurs obſervations critiques j'étois perſuadé du fait , ainſi que je le ſuis que
la Baguette ſans art & ſans fraude tourne entre les mains

de quelques perſonnes ; comme je me convaincrois ſans
peine que cela ne ſe peut naturellement , je ne vois pas
que je puiſſe me diſpenſer de raiſonner de la matiére
que je vais faire , pour découvrir quelle eſt la cauſe qui
fait tourner la Baguette. Suivez , je vous prie , ce
raiſonnement.

Nous n'avons que deux ſortes d'idées , idées d'eſprit ,
idées de corps ; & ne devant dire que ce que nous concevons , nous ne devons raiſonner que ſur ces deux
idées. Or nous avons démontré dans les précédentes
Lettres , qu'en certain cas , nul Corps ne fait tourner la
Baguette ; c'eſt donc quelque Eſprit qui la remue.
Voyons quel Eſprit ce peut être. Nous connoiſſons
de trois ſortes d'Eſprits : il y en a qui ſont unis aux
corps des hommes : il y en a d'autres qui n'y ſont pas
unis , & ce ſont les Anges , ou les Démons , & par
deſſus tous eſt l'Etre infiniment parfait , le principe de
toutes choſes.

Cela ſuppoſé , voici l'ordre que j'obſerve dans la recherche de la cauſe de quelque effet ſurprenant. Je
commence par ce qui m'eſt le plus connu ; je la cherche
donc d'abord dans l'action des Corps ; & ſi je ne puis
l'y appercevoir ; je ne conclus pas pour cela que nul
Corps ne peut être la cauſe que je cherche. J'examine
s'il ne répugne point qu'un Corps produiſe un tel effet :
& juſqu'à ce que j'aye vu clairement que je ne pourrois
l'attribuer à la matiére , ſans détruire les notions que
j'ai des Corps , je ſuſpens mon jugement , & ne paſſe
pas outre.

Mais lorſque je découvre que la matiére n'en peut être
la cauſe , je paſſe aux Eſprits ; & ſi je recomois que
nul Eſprit fini ne puiſſe produire cet effet , j'ai recours
à la Toute-puiſſance de Dieu. C'eſt ainſi que cherchant la cauſe du mouvement des Corps , (e) ou celle
de la création , je me trouve obligé de remonter juſqu'à
l'Etre infiniment parfait ; parceque c'eſt en Dieu ſeul
où je trouve une néceſſité abſolue que tout ce qu'il
veut ſe faſſe , & que je ne ſaurois voir de liaiſon néceſſaire entre la volonté d'un Eſprit fini , qui veut remuer
un Corps , ou faire de rien quelque choſe , & le mouvement de ce Corps , ou le changement du néant à
l'être.

Revenons à la Baguette ; & puiſque nous avons démontré que nul Corps ne la fait tourner , voyons quel
eſt l'Eſprit qui la remue. Seroit-ce le deſir de ceux
qui la conſultent ? Mais l'Eſprit de l'homme ne peut
rien que ſur le Corps qui lui eſt uni. D'ailleurs n'eſt-
ce pas l'Eſprit humain qui conſulte la Baguette , & qui
la conſulte ſur une choſe qui lui eſt inconnue ? Il ne ſait
donc pas ce qu'elle doit répondre ; comment pourroit-il
en diriger le mouvement ?

Paſſons donc aux Eſprits qui n'ont pas été faits pour
animer un Corps. Ils ont aſſurément plus de pouvoir
& de lumière que n'en ont nos Ames , ils ont les Mi-
niſtres de Dieu , & c'eſt à eux à qui l'on doit attribuer
ce qui ne répugne point à un Etre fini , & qui ne peut
être opéré ni par les loix générales de la communication
des mouvemens , ni par celles de l'union de l'Ame avec
le Corps.

Mais j'apperçois encore deux ſortes de ces Eſprits ,
de bons & de méchans. Et il importe de déterminer
ſi c'eſt à ceux-ci , ou à ceux-là que je dois attribuer les
révélations qui ſe font par la Baguette. Je cherche donc
une régle qui me faſſe faire ce diſcernement , & voici
celle que vous avez pu remarquer dans la Lettre de l'Auteur de *la Recherche de la Vérité* , & que je trouve dans
la Tradition ſainte & profane ; c'eſt que les Anges ne
font rien d'extraordinaire que pour nous porter à Dieu ;
& que tout ce qui ſe fait de merveilleux , qui ne nous
porte pas à la véritable félicité , doit paſſer pour l'ouvrage d'un Eſprit ſéducteur.

Porphyre qui étoit un Payen fort éclairé , a reconnu
cette vérité ; car écrivant au Prêtre Egyptien Anebon ,
après avoir demandé ſi ceux qui prédiſent l'avenir & qui
font

(c) Nec vero mirum eſt ; Maxcus ait , quòd hæc dicant Medici , qui præter illa quæ ſenſu percipiuntur nihil norunt , ſed ſolis
corporibus attendunt. *De oper. Dæmon.*
(d) Diog. Laërt.

(e) Suivant les principes des Cartéſiens.

font des prodiges, ont des Ames plus puissantes que les autres, ou s'ils reçoivent ce pouvoir de quelques Esprits étrangers, il faut entendre „ que cette dernière opinion „ est la plus véritable, parcequ'ils se servent de pierres „ & d'herbes pour lier quelques personnes, ou pour „ ouvrir des pores, ou pour d'autres effets merveilleux. „ D'où vient, *dit-il*, que quelques-uns croyent qu'il „ y a un certain genre d'Esprits qui écoutent les vœux „ des hommes, qui sont naturellement fourbes, qui „ prennent toutes sortes de formes, & que c'est eux qui „ font tout ce qui semble arriver de bien ou de mal, „ qu'au font ils ne portent jamais les hommes à ce qui „ est véritablement bien?

Ce que Porphyre ne proposoit que comme une opinion, (apparemment par respect pour le Prêtre Egyptien à qui il écrivoit) Saint Augustin l'assure comme une vérité. Il dit nettement, après avoir rapporté les paroles de Porphyre : „ Que tout ce qui se fait d'ex„ traordinaire par le moyen d'herbes, de pierres, d'ani„ maux, par certains tons de voix, par quelques figu„ res faites à plaisir, & par l'observation du cours de „ quelques astres, c'est un badinage des Démons qui „ se jouent des Ames qui leur sont asservies, & qui „ font leur passetems de l'erreur & de l'aveuglement „ des hommes.

„ Ce Philosophe ajoutoit même, *poursuit Saint Au„ gustin*, que quand les prédictions de ces Esprits se„ roient véritables, néanmoins comme ils n'avertissent „ pas les hommes de ce qu'il faut faire pour arriver à „ la félicité, ce ne sont ni des Dieux ni de bons Dé„ mons; mais que c'est ou l'Esprit séducteur, ou une „ imposture des hommes.

„ Toutefois comme par le moyen de cet art il se fait „ tant de choses qui surpassent la puissance des hommes, „ que reste-t-il sinon de dire, que TOUT CE QUI „ S'OPE'RE DE MERVEILLEUX, ET NE SE RAP„ PORTE POINT AU CULTE DU VRAI DIEU, „ DONT LA JOUISSANCE EST SEULE CAPABLE „ DE RENDRE HEUREUX, SELON L'AVIS DES „ PLATONICIENS MEMES, DOIT PASSER POUR „ UNE ILLUSION DES DE'MONS, QU'UNE PIE'„ TE' VE'RITABLE DOIT FAIRE REJETTER A„ VEC SOIN (*f*).

De cette seule régle on peut aisément conclure que l'usage de la Baguette ne peut venir des Anges. Mais nous avons une autre marque plus palpable & plus décisive de l'opération du malin Esprit, c'est l'erreur & la tromperie. Ce caractére ne peut être équivoque; & c'est par-là tot ou tard que l'on apperçoit les piéges du tentateur. Comme il est Esprit d'erreur & de mensonge, il est rare qu'il dise vrai durant longtems. Aussi l'Auteur du *Traité de l'Esprit & de la Lettre*, (*g*) admet-il pour une régle assurée du discernement du bon Esprit d'avec le méchant, que l'un instruit, & l'autre trompe (*b*).

Quelquefois néanmoins, dit Saint Augustin, le tentateur se contraint, il se déguise, il dit vrai, & enseignant des choses utiles, il se transforme en Ange de lu-

miére. Comment s'y prendre alors pour le reconnoitre? Cela n'est pas facile. (*i*) Mais dès qu'on apperçoit de la fraude, de l'illusion, du mensonge, toute difficulté est levée; le séducteur s'est montré.

Il ne faudroit donc plus examiner si c'est un bon ou un méchant Esprit qui fait tourner la Baguette; car jamais plus d'illusions & de mensonges que dans les signes qu'elle donne. Il faudroit un gros volume pour décrire les variations & les contradictions de la Baguette. Je ne parle pas de celles qui ont trompé tant de personnes, depuis qu'on s'en sert pour chercher des trésors, & qui l'on fait appeller la Baguette au vent *virgula ventosa*; je dis seulement pour décrire les tromperies de la Baguette d'Aymar, depuis la découverte du meurtre de Lyon. Ce fameux Devin fut un Prophéte de mensonge à Voiron auprès de Grenoble, sa Baguette tourna sur un garçon faussement accusé d'un larcin, & ne tourna pas sur le véritable voleur. Deux jours après l'épreuve de la Baguette, l'affaire fut éclaircie, & Aymar quitta le pays. Le fait est constant, plusieurs personnes de Voiron en ont donné des attestations autentiques : & pour ne vous laisser aucun lieu d'en douter, je n'ai qu'à vous dire que Monsieur le Cardinal le Camus m'a fait l'honneur de me l'écrire.

Mais depuis qu'Aymar est à Paris combien de fois la Baguette a-t-elle manqué? Chez Monsieur le Prince elle fut immobile sur l'or & sur l'argent qu'on avoit caché, & ne tourna que sur un sac de cailloux. On a conduit Aymar dans une rue de Paris, sur l'endroit même où tout récemment il s'étoit fait un meurtre; & ni son sang ni la Baguette n'y ont été agitez (*k*).

Ne faut-il donc pas conclure que, si le tournoiement de la Baguette n'est pas l'effet de la fourberie des hommes, il ne peut être que l'ouvrage des Esprits fourbes & menteurs, tels que le sont les Démons?

Mais pourquoi le Démon tromperoit-il, dit-on? N'est-ce pas-là le moyen de perdre toute créance? S'il veut attirer les hommes à lui, quel avantage trouveroit-il à les tromper en de si petites choses?

Je répons, 1. Que le Démon trompe quelquefois, parcequ'il ne sait pas ce qu'on lui demande. Il ne sait pas toutes choses. Il ne fait pas attention généralement à tout ce qui se passe dans le monde. On lui demande si une telle borne n'a jamais été changée de place, peut-être n'en sait-il rien. Il est même bien difficile qu'il le sache; ainsi il n'en dira rien, ou bien il répondra à tort & à travers tout ce qu'il voudra, sans se mettre en peine si c'est la vérité ou un mensonge.

2. Les Démons trompent, parcequ'ils aiment à faire leur métier (*l*). Ils se font un plaisir, dit Saint Augustin (*m*), de faire tomber les hommes dans l'erreur & dans l'illusion, & ne craignent pas pour cela de manquer de gens qui recherchent les pratiques qu'ils inspirent. Premiérement, parcequ'ils trouvent toujours des défenseurs qui expliquent tout favorablement, & qui attribuent les erreurs où l'on tombe, non pas au prétendu secret ou à celui qui en est l'auteur, mais à ceux qui le mettent en pratique. En second lieu, parcequ'ils font deviner assez de choses pour exciter la curiosité & la cupidité des hommes. Ils savent que la moindre apparence de vérité les contente; qu'ils conservent le souvenir des occasions où ils n'ont pas été trompez dans leur attente; & qu'au contraire ils oublient aisé- ment

---

(*f*) Cæterum illos quibus conversatio cum Diis ad hoc esset, ut ob inveniendum fugitivum, vel prædium comparandum, vel propter nuptias, vel mercaturam, vel quid hujusmodi, mentem divinam inquietarent, frustra eos videri dicit coluisse sapientiam. Illa etiam ipsa numina cum quibus conversarentur, etsi de cæteris rebus vera prædicarent, quoniam tamen de beatitudine nihil cautum nec satis idoneum monerent, nec Deos illos esse nec benignos Dæmones, sed aut illum qui dicitur fallax aut humanum omne commentum.

Verùm quia tanta & talia geruntur his artibus, ut universum modum humanæ facultatis excedant : quid restat, nisi ut ea quæ mirificè tanquam divinitùs prædici vel fieri videntur, nec tamen ad unius Dei cultum referuntur, cui simpliciter inhærere, fatentibus quoque Platonicis, & per multa testantibus, solum beatificum bonum est, malignorum Dæmonum ludibria & seductoria impedimenta, quæ verâ pietate cavenda sunt, prudenter intelligantur. *De Civit. Dei l.* 10. *c.* 11. 12.

(*g*) Inter opera August.

(*b*) Humanum spiritum aliquando bonus, aliquando malus assumit Spiritus, nec facilè discerni potest à quo Spiritu assumatur, nisi qui bonus instruit & malus fallit. *c.* 27.

(*i*) Discretio sanè difficillima est, cùm Spiritus malignus . . . dicit quod potest, quando etiam vera dicit & utilia prædicat, transfigurans se sicut scriptum est velut Angelum lucis, ad hoc ut cùm illi in manifestis bonis creditum fuerit, seducat ad sua. *De Genes. ad litt. l.* 12. *c.* 13.

(*k*) Deux Princes, M. le Procureur du Roi, &c. étoient présens.

(*l*) Non est veritas in eo, cùm loquitur mendacium ex propriis loquitur, quia mendax est, & pater ejus. *Joan.* 8. 44.

(*m*) Fallunt etiam studio fallendi, & invidâ voluntate qua hominum errore lætantur. Sed ne apud cultores suos pondus authoritatis amittant, id agunt ut interpretibus suis signorumque suorum conjectoribus culpa tribuatur, quando vel decepti fuerint vel mentiti. *De Divinat. Dæm.* c. 6.

ment les illusions & les mensonges des prétendus de-vins (n).

3. Ce que gagne le Démon en trompant les hommes, c'est qu'il fait souvent commettre bien des péchez. Je me suis trouvé dans une Ville, où deux ou trois étourdis firent passer Jacques Aymar le long d'une rue, pour savoir s'il y avoit des maisons où les filles & femmes eussent mal ménagé leur honneur. La Baguette tourna à cinq ou six portes: cela se répandit dans la Ville, & fit faire tant de médisances, tant de calomnies, mit un si grand desordre dans deux ou trois familles, que le Démon avoit grand sujet de s'en réjouir. Cependant selon toutes les apparences, les indices qu'avoient donnez la Baguette, étoient faux.

Monsieur le Curé d'Eybens près de Grenoble écrit qu'une personne à qui on avoit volé du blé, eut recours à la Baguette. Elle tourna à la porte de sept ou huit maisons. Celui qui avoit été volé se persuade que le blé y est. Il s'en plaint hautement, & veut faire des perquisitions juridiques. D'abord les soupçons, les médisances, les calomnies, les querelles, & les injures les plus atroces, soulévent presque tous les Paroissiens les uns contre les autres; voilà ce que gagna le Démon. Cependant Monsieur le Curé apprit par une voye sure, que la Baguette avoit tourné à faux, & que les voleurs ni le blé volé n'étoient point entrez dans ces maisons.

4. Il importe au Démon que ceux qui doivent veiller sur les actions des peuples, n'interdisent pas toutes ces pratiques qui sont à plusieurs personnes une occasion de péché. L'expédient qu'il prend pour détourner ces sortes de défenses, c'est de faire manquer le secret en présence des personnes les plus qualifiées. On en rit, on regarde tous ces prétendus secrets comme des folies & des amusemens qu'il faut laisser au peuple. On laisse donc dire & faire à chacun ce qu'il voudra. Voilà ce que le Démon prétendoit: il a son compte.

5. Si toutes les pratiques extraordinaires, qui ne peuvent être naturellement expliquées, réussissoient sans qu'il y eût lieu de craindre la fourberie du côté des hommes; les plus libertins se persuaderoient peut-être enfin qu'il y a des Esprits: & c'est-là une vérité que le Démon affoiblit, & détruit même autant qu'il peut. Car elle est d'une telle conséquence, & d'une si grande liaison avec les autres points de la Religion, que celui qui connoit des Anges prévaricateurs, connoitra bientot tout le reste.

Le Démon mêle donc dans toutes ses œuvres beaucoup d'illusions parmi quelques véritez, afin que la difficulté de discerner le vrai d'avec le faux fasse prendre à chacun le parti qui lui plait davantage, & que les incrédules puissent se soutenir dans leur opiniâtreté.

Cela lui réussit si bien, que les plus sages mêmes n'osent rien dire sur les faits. Et quoique l'Ecriture & les Péres (o) nous avertissent en mille endroits des artifices des Esprits séducteurs, quoiqu'on sache sur cette matiére beaucoup d'histoires, qu'on ne peut ce semble raisonnablement révoquer en doute; & qu'il y ait parmi le peuple un très grand nombre de pratiques superstitieuses qui ont fort souvent leur effet: néanmoins parcequ'il y a aussi fort souvent de l'illusion & de l'imposture mêlée, cela fait qu'ordinairement on traite tout de folie, & qu'on laisse agir le peuple sans se mettre en peine de le détromper. Voilà encore un coup ce que demandoit l'Esprit de malice. (p) *Que le Dieu de paix le brise bientot sous nos pieds. La grace de Notre Seigneur* JESUS-CHRIST *soit avec nous.* Je suis, &c.

<hr>

(n) Non tenent homines memoriâ falsitates Mathematicorum, non intenti nisi in ea, quæ illorum responsis provenerunt, ea quæ non provenerunt obliviscuntur. *l.* 83. *qq. q.* 45.

(o) Metuenda est aëriorum animalium mira fallacia, quæ per rerum ad istos sensus corporis pertinentium quasdam divinationes, nonnullasque potentias decipere animas facillimè consueverunt, aut periturarum fortunam curiosas, aut fragilium cupidas potestatum, &c. *De Ordine l.* 227.

(p) Deus autem pacis conterat Satanam sub pedibus vestris velociter. Gratia Domini nostri Jesu Christi vobiscum. *Ad Rom.* 16. 20.

<hr>

Réponse aux difficultez qui ont été proposées, pour montrer que l'usage de la Baguette est naturel, & qu'il ne peut être mis au nombre des pratiques superstitieuses.

JE ne refuse point de répondre aux difficultez que proposent plusieurs personnes d'esprit. Mais qu'on n'exige pas, je vous prie, Monsieur, que je fasse des réflexions sur tout ce qui se dit de la Baguette. Tout le monde se mêle d'en juger, d'en parler, d'un écrire. Des écoliers de Philosophie s'exercent sur cette matiére, & font voir par leurs ouvrages mêmes, sans se nommer, qu'ils sont écoliers. Que puis-je en dire, si ce n'est qu'il vaut bien mieux que de jeunes gens se divertissent à faire voltiger des corpuscules comme il leur plait, que s'ils passoient le tems à mêler des cartes, ou à faire rouler des dez?

Je n'ai rien à dire de plus particulier sur les discours en l'air que font certains grands parleurs, dont la tête est un magazin de plusieurs choses mal digérées, & qu'ils appliquent ordinairement de travers. N'oubliez pas ce qu'a dit un Auteur qui a su fort agréablement parsemer tous ses ouvrages du sel attique. *Il (q) y a une infinité de gens, qui n'ont aucun gout, ni aucune justesse d'esprit, & qui sont néanmoins les plus décisifs du monde sur ce qui les passe.* Que seroit-ce, s'il falloit examiner tout ce que disent des personnes de ce caractére?

Enfin il y en a qui ne se donnent point la peine de méditer sur ce qu'ils disent, ni sur ce qu'ils font, qui écrivent, ou pour se divertir, ou pour faire plaisir à quelques personnes, ou pour se décharger vite des premiéres pensées qui leur sont venues dans l'esprit sur les sujets dont on leur a parlé.

Quoi qu'il en soit, rien ne seroit ni plus ennuyeux, ni plus inutile, que de répondre à ce que proposent ces gens-là. On vient, par exemple, de me montrer deux écrits joints ensemble, dont le premier a pour titre *la Baguette justifiée,* ou *réponse à une Lettre du Père le Brun.* Devrois-je faire quelque réflexion sur cet ouvrage? S'il va jusqu'à vous, vous verrez bien que ce seroit grossir inutilement mes Lettres que d'en transcrire une partie pour y répondre. Ne vaut-il pas mieux s'attacher à ce qu'on propose de plus net, de plus précis & de plus fort? Je vous avoue que je suis fort embarrassé quand je me trouve obligé de répondre à certaines piéces, dans lesquelles le ridicule domine. Car je crains d'un côté de blesser les Auteurs, & je vois de l'autre qu'il seroit peut-être à propos de suivre la régle de Tertullien & de Saint Augustin, qui veulent qu'on ne réfute certaines choses, qu'en s'en mocquant, de peur qu'une réponse sérieuse ne leur donnat du poids. Les difficultez suivantes ne nous mettront pas dans cet inconvénient

DIFFICULTE'.

„ On (r) ne doit jamais donner de consentement
„ entier qu'aux propositions qui paroissent si évidem-
„ ment vrayes, qu'on ne puisse le leur refuser, sans
„ sentir une peine intérieure, & des reproches secrets
„ de sa raison.

„ Certainement (s) à s'en tenir à cette admirable ré-
„ gle, on ne croira point que le mouvement de la Ba-
„ guette soit diabolique, & non naturel. Pourquoi
„ cela? Parcequ'il faut auparavant avoir connu claire-
„ ment & distinctement toutes les causes naturelles qui
„ peuvent avoir quelque rapport à cet effet; & il faut
„ être assuré par l'examen qu'on en a fait, qu'aucune
„ de celles qu'on a passées en revue, n'y ont point du
„ tout

<hr>

(q) B. M. 86.
(r) Recherche de la Vérité. *l.* 1. *ch.* 2.
(s) Physique occulte. *p.* 534. *&* 35.

„ tout contribué. Franchement, j'avoue qu'après ce
„ travail & cette étude, qui ne demande pas un ef-
„ prit médiocre, un homme s'eſt acquis un droit in-
„ conteſtable de décider ſi le mouvement de la Ba-
„ guette eſt, ou n'eſt pas naturel.

Monſieur Garnier avoit déja propoſé la même difficulté. „ Il faut toujours, *dit-il*, pour éviter l'erreur
„ que l'évidence précéde le conſentement de la volonté.
„ Dans le fait dont il s'agit, par exemple, pour parler
„ raiſonnablement, il faudroit que ceux qui veulent ab-
„ ſolument ſoutenir que tous les talens d'Aymar ne
„ peuvent avoir une cauſe naturelle, connuſſent toutes
„ les cauſes naturelles qui peuvent avoir quelque rap-
„ port à ces talens; & que les ayant toutes examinées,
„ ils connuſſent qu'aucune n'y peut contribuer : ils
„ pourroient alors avec quelque raiſon prononcer que
„ ces talens ont une cauſe qui n'eſt pas naturelle.

RE'PONSE.

Ce ſeroit aſſurément une préſomption inſuportable
que de dire, je ne puis expliquer un tel phénoméne;
donc nul Philoſophe ne l'expliquera. Quand même perſonne ne ſauroit l'expliquer, on ne devroit pas pour cela
conclure que l'effet n'eſt pas naturel. Mais ſi l'on voit
clairement qu'on ne peut attribuer cet effet à une cauſe
matérielle, ſans détruire l'idée que l'on a de la matiére;
on n'a nul beſoin d'examiner autre choſe. Par la régle
établie, il faut conclure que l'effet n'eſt pas naturel,
c'eſt-à-dire, qu'il n'eſt pas produit par la ſeule action
des Corps.

Suppoſons, par exemple, qu'au ſeul deſir d'un certain homme les cloches ſonnent. Eſt-ce que pour déterminer ſi cet effet eſt naturel, ou s'il ne l'eſt pas, je
dois ſavoir toutes les maniéres dont on ſonne les cloches, ou que je dois connoitre tous les reſſorts imaginables qui peuvent les faire ſonner? Ne ſuffit-il pas que
je ſache que les cloches n'ont point d'eſprit; & qu'elles
ne peuvent ni connoitre le deſir d'un certain homme,
ne ſe mettre en état de lui obéir?

Donc ſi j'apperçois qu'en préſence des mêmes Corps,
& entre les mains d'une même perſonne, tantot la Baguette tourne, & tantot elle ne tourne pas, à cauſe des
deſirs différens de ceux qui la conſultent: comme je ne
ſaurois donner aux Corps une intelligence qui leur faſſe
appercevoir des penſées, *ſans ſentir une peine intérieure
& des reproches ſecrets de ma raiſon*, je dois dire que ce
n'eſt pas l'action des Corps qui fait tourner la Baguette.

Or il eſt évident que la Baguette s'accommode aux
deſirs qui la conſultent. Je pourrois le montrer par
cent faits, ſi je ne craignois de faire des Livres plutot
que des Lettres, & ſi je ne m'étois fait une loi de ne
raiſonner que ſur des faits publics, rapportez par ceux-
mêmes qui nous donnent des ſyſtêmes.

Ainſi comme c'eſt Monſieur Garnier qui propoſe la
difficulté, je voudrois ſeulement le prier de faire réflexion ſur ce qui ſe paſſa à Lyon en ſa préſence chez
Monſieur le Lieutenant-Général.

Lorſqu'on faiſoit chercher à Aymar l'or ou l'argent
caché, la Baguette les découvroit. Lorſqu'on lui demandoit quels étoient ceux de la compagnie qui avoient
de l'argent dans leurs mains, la Baguette le déſignoit
auſſi par ſon tournoiment. Mais veut-on ſavoir ſi
quelqu'un a volé de l'argent, la Baguette ne tourne plus
ſur perſonne? *Voici encore un fait*, dit Monſieur Garnier, *dont je ſuis témoin, & qui eſt digne de remarque.*

„ Madame la Lieutenante-Générale eut la curioſité
„ de ſavoir ſi cet homme (t) pourroit deviner un vol
„ qu'elle auroit fait elle-même. Elle prit donc à ce
„ deſſein la bourſe à Monſieur de Puget, puis elle de-
„ manda à cet homme s'il n'y avoit point de voleur
„ dans la chambre où l'on étoit. Aymar nous exami-
„ na tous, & ne reconnut point de voleur. Elle lui
„ dit encore prens bien garde, tu te trompes, il y a

(t) Jacques Aymar.

„ ici quelqu'un qui a volé à un autre ſa bourſe dans
„ cette chambre même. Aymar nous examina une ſe-
„ condé fois, & ne connut point le vol; & comme on
„ lui ſoutint qu'il ſe trompoit, & qu'il avoit été fait
„ un vol dans la chambre, il répondit froidement qu'il
„ falloit que ce vol eût été fait pour rire & d'une ma-
„ niére innocente, auquel cas il n'en pouvoit rien con-
„ noitre, aſſurant que ſi le vol auroit été fait d'une ma-
„ niére criminelle, il n'auroit pas manqué de le con-
„ noitre.

Que de moralitez dans les circonſtances de ce fait!
Mais ne faiſons réflexion qu'à la raiſon pourquoi la Baguette, qui tournoit il n'y a qu'un moment dans les endroits où il y avoit de l'or & de l'argent, ne tourne
plus à préſent, quoique l'homme à la Baguette touche
les perſonnes qui en ont. N'eſt-ce pas parcequ'on ne
conſulte plus la Baguette pour ſavoir ſi quelqu'un a de
l'argent, mais qu'on la conſulte ſeulement pour ſavoir ſi
quelqu'un a volé? Et n'eſt-il pas évident que ſi ce qui
s'exhale des métaux faiſoit tourner la Baguette, elle
n'auroit pas manqué de tourner auprès de Madame la
Lieutenante-Générale, qui outre ſa bourſe avoit encore
celle de Monſieur de Puget? Je ne ſais comment on
pourroit faire réflexion ſur de tels faits, ſans avouer
qu'il faut que la Baguette ait de l'eſprit.

Si vous avez lu la relation de ce qu'a fait Aymar
pour découvrir ce qui a été volé à Madame de Bourle-
mont, vous y aurez vu bien plus clairement que la Baguette s'accommode aux deſirs des hommes, & qu'elle
doit avoir de l'eſprit.

Lorſqu'Aymar guidé par ſa Baguette, eſt allé en des
endroits où l'on a trouvé de l'or & de l'argent mon-
noyé, dont une grande partie étoit du vol, la Baguette
en a fait le diſcernement. Elle a tourné ſur les eſpéces
volées, & n'a pas tourné ſur les autres. Elle a tourné
ſur de nouvelles eſpéces qui n'avoient pas été volées,
mais qui avoient été changées à la monoye pour les anciennes qui avoient été volées.

Va-t-on dans une chambre où il y a de l'or & de
l'argent ſéparément ſans qu'on le ſache, la Baguette
tourne, & fait connoitre diſtinctement qu'il y a dans
un endroit de l'or, & dans l'autre de l'argent. On préſente enſuite à Aymar de la vaiſſelle d'argent, pour ſavoir ſi elle a été volée, la Baguette eſt immobile. Mais
il n'y a qu'un moment qu'elle tournoit ſur l'or & ſur
l'argent, la vaiſſelle n'en eſt-elle pas? Il eſt vrai; mais
auſſi conſidérez qu'on ne conſulte à préſent la Baguette
que pour ſavoir ſi la vaiſſelle a été volée, & non pas ſi
elle eſt d'argent.

En vérité, Monſieur, ſi on réfléchit ſur des faits de
cette nature, ou ſi on ſe donne la peine de lire avec attention les réflexions que je vous ai envoyées ſur la découverte du meurtre de Lyon; & qu'après cela on oſe
ſoutenir que la Baguette ſe meut naturellement
ſur ce qu'elle découvre, comme l'aiman ſe tourne vers
le pole; je ne ſaurois m'empêcher de dire après Ovide,

Proh Superi, quantum mortalia pectora cæcæ
Noctis habent!

DIFFICULTE'.

„ C'eſt un principe, *dit-on*, reçu en Théologie, &
„ bien établi par Saint Thomas qu'une pratique n'eſt
„ ſuperſtitieuſe & illicite, que lorſqu'on y joint des pa-
„ roles, des caractéres, des figures, & autres obſerva-
„ tions de cette nature. *Il faut donc conclure*, dit l'Au-
„ teur de la Phyſique occulte, *que puiſqu'on n'employe*
„ *dans l'uſage de la Baguette, ni caractéres, ni figures,*
„ *ni paroles, ni cérémonies, ni vaines obſervations, il n'y*
„ *peut avoir, ſelon tous les Théologiens, ni ſuperſtition,*
„ *ni pacte explicite, ou implicite.*

RE'PONSE.

On ſe trompe. La Raiſon pourquoi les caractéres, les
figures & les paroles rendent une pratique ſuperſtitieuſe,
c'eſt

c'est à cause que toutes ces choses n'ont pas de proportion avec l'effet qu'on en attend. Donc si ce qu'on employe sans aucune vaine observation, n'a pas de proportion avec l'effet qu'on veut produire, la pratique n'en sera pas moins superstitieuse.

Si l'on disoit à un homme prêt à se faire arracher une dent, qu'en mettant une féve dans la main, la dent s'arrachera d'abord d'elle-même, ou bien qu'il n'a qu'à prononcer *paná gana fana*; je dis que ces deux pratiques seroient également superstitieuses, parceque si trois mots ne peuvent ébranler & déraciner une dent, la féve ne peut pas non plus le faire.

Quand ces Messieurs citent, les uns Saint Thomas, & les autres tous les Théologiens, c'est une marque que ni les uns ni les autres ne lisent guéres ni Saint Thomas, ni les Théologiens. Car Saint Thomas, Saint Bonaventure, Alexandre d'Alés, Gerson, & Guillaume de Paris, disent en plusieurs endroits qu'une pratique n'est exempte de superstition, que lorsque la cause qu'on employe, a naturellement la vertu de produire l'effet qu'on en attend. Donc s'il n'est pas naturel qu'une Baguette se torde pour marquer qu'une certaine pierre a été prise pour borne, quoiqu'on ne prononce aucunes paroles en tenant la Baguette, il ne laisse pas d'être constant que cette pratique est illicite, & qu'elle part d'un méchant principe. Je pourrois citer deux cens Théologiens qui vous diroient la même chose; mais il suffit de mettre ici la régle qu'établit Suarez sur les principes généralement reçus.

„ Lorsqu'on (v) attend un effet d'une cause qui n'a
„ pas naturellement la vertu de le produire, il est cer-
„ tain que le secret est diabolique. On le prouve ainsi.
„ Les moyens dont on se sert pour produire cet effet,
„ ne peuvent être de vrayes causes; car ces moyens
„ sont, ou des actions des hommes, ou l'application
„ de certaines choses naturelles. Or l'effet est au dessus
„ du pouvoir des hommes & de la vertu des choses na-
„ turelles. Donc il ne faut les regarder en cette occa-
„ sion, que comme des signes de la présence d'un au-
„ tre agent. Or cet agent ne peut être, ni Dieu, ni
„ un Ange; parceque ces signes ne sont pas d'institu-
„ tion divine, & qu'il ne s'y trouve rien qui ait le ca-
„ ractére des actions de Dieu, & qui porte à la piété.
„ L'auteur donc de ces signes & de l'effet produit ne
„ peut être que le Démon.

Cette régle est tout-à-fait conforme à ce que les Péres ont dit sur cette matiére. Saint Augustin & Saint Chrysostome la supposent en cent endroits; & c'est sur ce principe qu'ils mettent au nombre des pratiques superstitieuses & des illusions des Démons les divinations par l'eau, par le feu, par le froment, par des Baguettes, & par une infinité d'autres choses. C'est encore sur ce même principe qu'ils condamnent les talismans, les préservatifs ou *amulétes*, quoiqu'ils fussent souvent composez sans paroles & sans caractéres. Aussi lorsque Saint Augustin fait le détail des pratiques superstitieuses (x), outre celle qui sont évidemment telles par des paroles, ou par des caractéres, compte-t-il celles qui

consistent seulement à porter sur soi quelque petite partie d'un os, ou d'une racine, & qu'on veut faire passer pour des secrets Physiques, comme si c'étoient des choses qui pussent d'elles-mêmes produire certains effets fort singuliers.

DIFFICULTE'.

„ (y) Si l'usage de la Baguette avoit pour auteur le
„ Démon, il ne réussiroit qu'en vertu de quelque pac-
„ te. Or ceux qui font tourner la Baguette, n'ont
„ point fait de pacte avec le Démon; car tout pacte
„ est, ou explicite, ou implicite. L'explicite se fait,
„ lorsque l'on convient expressément par soi, ou par
„ autrui avec le Démon, ou bien lorsque l'on fait quel-
„ que chose, dont on attend un effet que l'on sait cer-
„ tainement provenir du Démon. Et il est bien cer-
„ tain que l'homme à la Baguette n'a pas fait un pacte
„ de cette nature.

„ Le pacte implicite consiste précisément à faire une
„ action ou vaine en elle-même, ou à laquelle on joint
„ quelques circonstances vaines & inutiles, c'est-à-dire
„ qui n'ont de soi aucune proportion avec l'effet qui
„ est produit. Or si les choses qu'Aymar pratique é-
„ toient de cette sorte-là, il arriveroit que tous ceux
„ qui se serviroient de la Baguette dans les mêmes cir-
„ constances, & pratiquant les mêmes choses que lui,
„ contracteroient le pacte implicite avec le Démon, &
„ que par conséquent la Baguette tourneroit entre leurs
„ mains; ce qui est tout-à-fait contraire à l'expérience,
„ puisque d'un très grand nombre de personnes qui ont
„ fait l'essai de la Baguette, il ne s'en est trouvé que
„ fort peu entre les mains de qui elle ait plié.

REPONSE.

Je répons, 1. Que le Démon peut agir sans avoir fait de pacte avec les hommes. Il a transporté Jesus-Christ d'un lieu à un autre. Il l'a tenté, & tente souvent les justes qui n'ont point fait de pacte avec lui. Comme il ne reçoit pas des hommes le pouvoir qu'il a sur les Corps, il peut remuer une Baguette, & toute autre chose indépendamment de nos volontez. Il ne suffit donc pas de dire qu'on ne s'est jamais donné au Diable, & qu'on ne l'a ni vu, ni invoqué. On plaisante quelquefois fort mal à propos sur cet article, & on le fait d'une maniére qui marque beaucoup d'ignorance & peu de Religion.

L'Ecriture ne nous défend pas seulement de recourir aux Démons, elle nous avertit perpétuellement de nous tenir sur nos gardes, d'observer les piéges qu'il nous tendent, & de repousser (z) toutes leurs attaques par une vive foi. Les Docteurs & les Pasteurs de l'Eglise ont toujours donné aux Fidéles les mêmes avis, & on n'a jamais douté que le Démon ne puisse faire plusieurs choses surprenantes pour séduire les hommes, sans qu'ils ayent fait de pacte avec lui. Il peut donc agiter une Baguette entre les mains d'un homme qui n'a jamais fait de semblable pacte. Il pourroit même la remuer, malgré cet homme, comme il a possédé plusieurs personnes qui n'auroient pas voulu être possédées.

Il est vrai que si ceux qui se sont servis de la Baguette, ou de quelque chose de cette nature dans une grande simplicité, renonçoient au Démon au premier doute, souhaitoient que l'usage ne réussît point, & demandoient à Dieu la grace de ne pas permettre que le séducteur agît dans eux, il y a lieu de croire que le Démon qui ne gagneroit rien-là, n'agiroit point. Je suis témoin que cela est arrivé de cette maniére à l'égard de quelques personnes qui s'étoient servies plusieurs fois de la Baguette avec succès. Après qu'elles furent entrée dans ces dispositions, la Baguette ne tourna plus. *Resistez au* (a) *Diable, & il s'enfuira de vous.* Vous pour-

---

(v) *Quando effectus qui per hanc artem promittitur, supra vires est creatarum causarum, certum est talem artem esse diabolicam, & magicam deceptionem. Probatur, quia media quæ ad tales effectus adhibentur, non possunt esse causæ, ex se habentes virtutem ad illos, quia media sunt actiones humanæ, vel applicationes rerum naturalium, effectus autem sunt longè superiores: ergo adhibentur ut signa, ad quorum præsentiam aliquis alius operatur: sed ille non est Deus, nec sanctus Angelus; tum quia Deus nunquam talia signa instituit, tum quia in eis nihil est, quod Deum deceat, nec quod pietatem promoveat: est ergo Dæmon, à quo non verè, sed per præstigia fit talis effectus L. 2. de superstit. c. 15. n. 9.*

(x) *Ad hoc genus pertinent omnes etiam ligaturæ, atque remedia quæ medicorum quoque disciplina condemnat, sive imprecationibus, sive in quibusdam notis quas characteres vocant, sive in quibusque rebus suspendendis atque alligandis; vel etiam aptandis, quodammodo, non ad temperationem corporum, sed ad quasdam significationes aut occultas aut etiam manifestas, quæ mitiori nomine Physica vocant; ut quasi non superstitione implicare, sed naturæ prodesse videantur: sicut sunt in aures in summo aurium singularum, aut de struthionum ossibus ansulæ in digitis. De Doctrinâ Christ. l. 2. c. 20.*

(y) *Mercure de Février* 1693.
(z) *Jac.* 4. 5. 1. *Pet.* 5. 8. & 9.
(a) *S. Jacques.* 5. 4.

N 2

pourrez voir ces faits dans deux Lettres que j'ai écrites depuis peu à M. ***, je les joindrai à celle ci.

Je répons, 2. Que quand les Théologiens disent que les pratiques superstitieuses supposent une espéce de pacte, ils ne prétendent pas pour cela qu'il y ait un accord formel entre les hommes & le Démon. Ceux-mêmes qui proposent l'objection, ne font consister le pacte implicite qu'à faire précisément une action vaine, c'est-à-dire qui n'ait de soi aucune proportion avec l'effet qui est produit. Voici donc de quelle manière se contracte ce pacte.

On se sert, par exemple, d'une Baguette, qui par un tournoiment doit indiquer les véritables bornes d'un champ. Ce qu'on fait, paroit naturel, tout se réduit à prendre un bâton de coudre, ou de quelqu'autre espéce de bois. Mais il n'y a nulle proportion entre une borne & l'agitation d'une Baguette; car l'essentiel d'une borne est la convention de deux personnes, pure moralité qui ne peut ébranler un bâton; ainsi l'action qu'on fait est vaine, l'effet n'est pas produit naturellement. Supposons donc que le Démon a inspiré cet usage, & qu'il le fait réussir. Celui qui cherchera des bornes avec la Baguette, doit etre censé entrer en commerce avec le Démon, & participer à son œuvre, parcequ'il agit avec lui. L'un tient la Baguette, l'autre la fait tourner; voilà le commerce. On a beau dire alors, je renonce à tout pacte, les paroles sont démenties par les actions. Le Démon a suffisamment averti qu'il agissoit dans cette pratique; il n'y faut jamais recourir, si on abhorre son commerce.

DIFFICULTE'.

La Baguette découvre des scélérats, fait faire des restitutions, fait trouver les métaux, & plusieurs autres choses utiles. Est-il vraisemblable que le Démon voulût faire tant de bien aux hommes?

RE'PONSE.

N'est-ce pas une chose fort ordinaire que les séducteurs couvrent de quelque bien apparent le mal qu'ils veulent faire? Si la Baguette ne servoit qu'à des usages criminels, le Démon ne séduiroit que des scélérats; & ce sont-là des gens qui tiennent à lui par bien d'autres endroits que par la Baguette. Il doit donc montrer quelque bien apparent, s'il veut séduire des gens de probité, & les engager à se servir de la Baguette, même dans le doute si l'effet est naturel, ou s'il ne l'est pas. Mais comme l'Esprit de malice doit faire plus de mal que de bien, voyons si sous le bien que la Baguette semble procurer, il ne se fait pas plus de mal.

Elle a découvert un criminel. Notez qu'il étoit déja en prison. Elle a fait faire, dit-on, quelques restitutions à Lyon. Mais combien de crimes a-t-elle fait commettre? Combien de brouilleries a-t-elle produites dans un grand nombre de familles par de fausses accusations? Vous l'avez vu dans la précédente Lettre. Combien de vols a-t-elle fait faire, depuis qu'elle est en usage? Ceux qui ont été dans les armées d'Allemagne, nous apprennent qu'il n'est rien de plus commun que de voir les soldats dans leur route chercher, la Baguette à la main, ce que leurs hôtes ont caché avec le plus de soin. Ils s'en servent même lorsqu'ils campent, pour se voler les uns les autres; pain, vin, or, argent, linge & autres nipes, la Baguette découvre tout pour faciliter les larcins.

Voilà déja bien des maux qui font gémir, à ce que je vois, des Auteurs Allemans qui ont parlé de la Baguette. Et pour le bien qu'elle procure, voyez, je vous prie, avec combien de ménagement & de réserve cela se fait. Remarquez le dans la découverte des meurtriers de Lyon. Trois scélérats sont un meurtre, & un vol tout emsemble. L'un des trois a beaucoup moins de part que les autres, & au meurtre & au vol. Ses mains n'ont point été ensanglantées. Il n'a fait que garder la porte de la cave où le meurtre s'est fait; & de cinq cens francs qu'on a volez, il ne lui en est venu que six écus pour sa peine. Bien moins adroit que ses compagnons, il se laisse prendre à Beaucaire pour un petit larcin. On le met en prison, d'où il ne seroit peut-être pas sorti qu'on ne lui eût fait déclarer ses crimes, & qu'on ne lui eût ôté le moyen d'en faire aisément de nouveaux. Voilà cependant le seul des trois scélérats que la Baguette fait trouver. Les autres, dit-on, sont des Démons, des pestes publiques; la Baguette les épargne, le petit bossu paye pour tous.

Voyez encore à quoi aboutissent les belles promesses de faire trouver des trésors. La plupart de ceux qui les cherchent avec des Baguettes, sont fort gueux. Le Démon trouve le secret de ne les faire riches qu'en idée & en espérance. Il les entretient dans une avarice mortelle; & quelquefois Dieu lui permet de leur ôter la vie, lorsqu'ils sont dans cette disposition. C'est ce qui arriva il y a près de deux ans à une famille nombreuse qui logeoit tout auprès de notre maison, & qui trouva une mort soudaine là où la Baguette lui avoit fait espérer de trouver un trésor. Je vous en dirai le détail quand il vous plaira.

DIFFICULTE'.

D'où vient que la Baguette ne tourne qu'à certaines personnes? Le Démon n'aime-t-il pas à se communiquer aux hommes autant qu'il le peut? Et n'est-il pas visible que s'il étoit l'auteur de l'usage de la Baguette, il la feroit tourner du moins à ceux qui souhaitent d'avoir cette vertu?

RE'PONSE.

Il est très constant qu'il y a eu des Magiciens, je veux dire des gens qui ont fait des prodiges par l'opération du Démon. Faudroit-il conclure de-là que tous ceux qui ont voulu l'etre, l'ont été véritablement? La conséquence seroit fausse. Néron n'oublia rien pour devenir habile dans la magie, & n'y put réussir.

Comme au tems de Notre-Seigneur il y avoit plusieurs possédez, auroit-on pu raisonner de cette manière? Si les Démons possedoient les hommes, ils devroient les posséder tous & toujours, car ils aiment à dominer sur eux. Or ils ne les possèdent pas tous. Donc ils n'en possèdent aucun.

Les Démons ne font pas toujours tout ce qu'ils veulent, soit parceque les Anges qui ont plus de pouvoir qu'eux, empêchent quelquefois l'exécution de leurs desirs, soit parcequ'ils ne veulent pas eux-mêmes tout ce qu'ils pourroient.

Bien des gens savent par expérience que les pratiques superstitieuses ne réussissent pas toujours; & il est constant qu'elles n'ont pas leur effet, suivant les desirs de toutes sortes de personnes. Il y a deux mille ans qu'on parle de la divination par le crible. De tems en tems cette détestable pratique a eu cours parmi le peuple; cependant on fait bien que tout le monde ne pouvoit pas faire tourner le sas.

Ainsi bien loin de conclure que le Démon ne peut être l'auteur du tournoiment de la Baguette, à cause qu'elle ne tourne pas entre les mains de toutes sortes de personnes, il faut dire au contraire que c'est par cela même que l'usage de la Baguette ressemble fort aux autres pratiques superstitieuses.

Le Démon en use de cette manière pour exciter davantage la curiosité, & pour entretenir les hommes dans le doute. Si la Baguette tournoit à toutes sortes de personnes, on ne se défieroit peut-être pas du secret; mais cette différence dont on ne sauroit donner de bonne raison, fait qu'on doute, & qu'agissant avec ce doute, on péche. Voilà où vise le Démon.

DIF-

DIFFICULTE'.

Savoir si les effets de la Baguette sont naturels, ou s'ils ne le sont pas, c'est un problême. Si des Physiciens habiles prétendent que ces effets ne peuvent être naturels, il se trouve aussi des Philosophes qui les expliquent naturellement. Nous avons déja vu quatre ou cinq systêmes sur cette matiére, & des Livres de six cens pages pour défendre ce sentiment. Quel parti donc prendre parmi toutes ces disputes, si ce n'est de laisser argumenter les Philosophes jusqu'à ce qu'ils soient d'accord, & ne laisser pas cependant de se servir de la Baguette?

RE'PONSE.

Le parti est fort cavalier; & s'il est permis de le suivre, on peut sans scrupule recourir aux pratiques les plus superstitieuses. Car je mets en fait qu'il n'en est aucune, dont quelque Philosophe n'ait prétendu découvrir la raison naturelle.

L'effet de ces pratiques dépendoit-il de quelques paroles, ou de quelques caractéres? Voilà d'abord de gros traitez, où l'on étaloit la vertu des Nombres, l'énergie des Sons, les mystéres de Pythagore, les rêveries des Rabins, & les secrets de la Cabale. L'effet étoit-il produit sans paroles & sans caractéres? On l'attribuoit à l'intention, & à la force de l'imagination. Que de sotises qui ont été dites pour montrer que l'imagination pouvoit remuer des corps qui sont éloignez de nous! Rougissant enfin de ces extravagances, s'est on restraint à la force de ce qui s'exhale des corps? On a dit encore des pauvretez qui étonnent par le ridicule. Vous en avez vu quelques preuves dans la premiére Lettre que je vous ai écrite à l'occasion de la Baguette; & si je vous disois toutes les folies de cette nature qu'il me souvient d'avoir lues dans les Philosophes, je ferois un Livre que vous pourriez fort bien appeller *heteroclita Philosophorum*.

Il me seroit pourtant difficile de vous fournir beaucoup d'exemples plus singuliers que celui des corpuscules qui se détachent du corps d'un homme, & vont faire ailleurs un récit bien particularisé de ce qui se passe dans un cabaret.

Quoi qu'il en soit, je ne doute pas que vous n'avez eu souvent occasion de dire après Ciceron: (b) *Je ne sais comment il se peut faire qu'on ne puisse rien dire de si absurde, qu'il ne soit dit par quelque Philosophe.* Seroit-il donc raisonnable que la décision d'un point de pratique dépendît de l'avis de quelques personnes qui se mêlent de philosopher? Il y a des gens qui avec la qualité de Philosophes, ne laissent pas d'avoir l'esprit de travers, ou qui étant capables de bien juger de plusieurs choses, se laissent néanmoins facilement éblouir sur certaines matiéres.

Pour ceux qui ont fait les systêmes qu'on objecte, comme ils n'avoient pas pris garde à toutes les circonstances qui accompagnent les faits, il y a lieu d'espérer que, lorsqu'ils auront examiné de nouveau toutes choses, & qu'ils se seront donné la peine de lire les réflexions que j'ai pris la liberté de faire sur leurs systêmes, ils se convaincront qu'il n'est pas possible d'expliquer naturellement les phénoménes de la Baguette.

Mais si quelqu'un de ces Messieurs persistoit dans son sentiment pour ne pas se donner la peine de faire un nouvel examen, cela ne devroit pas tirer à conséquence. L'usage de la Baguette est à present sur un pied que tout homme peut en juger par les notions communes, sans entrer en des discussions philosophiques. Il n'est personne qui ne sache qu'un corps ne peut appercevoir les pensées. Or la Baguette découvre les pensées des hommes. Car elle tourne sur les bornes, sur les contrats, sur les larcins, sur ce que l'on a acheté d'un argent volé; & sur plusieurs choses qui sont purement morales.

<hr>

(b) Nescio quomodo nihil tam absurdè dici potest, quod non dicatur ab aliquo Philosophorum. L. 2. *de Divinat.*

Elle s'accommode si fort aux desirs & aux intentions des hommes, qu'elle ne tourne que pour ce qu'on souhaite de découvrir. Quoiqu'on soit auprés d'un endroit où il y a de l'eau & des métaux, elle ne tourne pas, si ce n'est pas-là ce qu'on cherche.

Combien de fois a-t-on pu remarquer qu'en cherchant une source dans une maison, la Baguette tournoit s'il y en avoit une, & ne tournoit pas s'il n'y en avoit point? Cependant on étoit tout auprés de quelques personnes qui avoient de l'or & de l'argent, on étoit auprés d'une porte, d'une fenêtre, ou de quelqu'autre endroit où il y avoit du fer, du plomb, du cuivre; toutes choses qui font tourner la Baguette, quand on les cherche.

Ceux qui examineront les faits avec soin, feront cent réflexions de cette nature; & ces sortes de réflexions sont décisives.

Au reste je voudrois bien qu'on jugeat de la Baguette par ce qu'a dit Saint Augustin sur les pratiques superstitieuses. Si on lit quelques chapitres (c) du deuxiéme Livre de la Doctrine Chrétienne, on y verra que plusieurs de ces pratiques sont couvertes du titre spécieux de secrets de Physique. Que ces secrets n'opérent que par le pouvoir des Esprits déréglez que Dieu laisse agir ici bas. Qu'on contracte avec eux une espéce de société, lorsqu'on a recours à ces pratiques. Qu'ils apprennent aux hommes par ces voyes plusieurs choses cachées pour exciter leur curiosité & leur cupidité. Qu'ils se trompent aussi fort souvent pour se jouer d'eux, & les traiter comme ils méritent. Que ce qui doit nous donner de l'horreur pour tout ce qu'ils enseignent, ce n'est pas seulement à cause des mensonges qu'ils y mêlent. Que quand même ils diroient toujours vrai, & qu'ils apprendroient des choses utiles, il faudroit rejetter leur témoignage, comme Saint Paul rejetta celui de la Pythonisse, lorsqu'elle disoit des Apôtres qu'ils (d) *étoient les serviteurs de Dieu, qui annonçoient la voye du salut.* Qu'il ne faut jamais avoir de commerce avec ces Esprits d'iniquité. Qu'un trop grand empressement de faire réussir certaines expériences pour contenter une curiosité démesurée, donne entrée à ce commerce. Que les esprits séducteurs les font réussir pour irriter la curiosité, & qu'ils s'accommodent aux différens desirs de ceux qui font ces sortes d'épreuves.

Faites, s'il vous plait, l'application de tout ceci, & voyez quelle conclusion l'on doit tirer des faits que vous allez lire. Ils suffiroient pour ne me laisser aucun lieu de douter, si je n'étois convaincu par la Physique qu'il est impossible d'expliquer naturellement les phénoménes de la Baguette. Je suis, &c.

✦◉✦◉✦◉✦◉✦◉✦◉

A MONSIEUR ***.

Chanoine de l'Eglise Cathédrale de Grenoble.

Mademoiselle Ollivet est la personne dont on vous a fait l'histoire, il vous sera donc fort aisé, Monsieur, d'éclaircir tout ce qu'on vous a dit confusément. Mademoiselle Dufour pourroit aussi vous en dire le détail; elle fut présente à tout, & vous savez que rien n'échape à sa mémoire. Mais puisque vous souhaitez que je raconte moi-même comment la chose se passa & quelle avoit été ma pensée sur l'usage de la Baguette, j'obéis, à condition que vous verrez sur les lieux si les témoignages s'accordent, & si je n'obmets point quelque circonstance qui méritat d'être remarquée.

J'appris à Grenoble il y a trois ou quatre ans qu'on se servoit fort communément de la Baguette, pour trouver de l'eau, des métaux, les bornes des champs, les cho-

<hr>

(c) 20. 22. 23. 24.
(d) Act. 16. 17.

O

chofes perdues, ou dérobées, & qu'on avoit même découvert quelques voleurs par cette voye.

Convaincu du fait, & étonné qu'on n'ofat décider
fur cette pratique, à caufe des prétendus fecrets impénétrables de la nature, je dis à ceux qui m'en parlérent,
qu'il n'y avoit pas à délibérer touchant la découverre
des bornes, des voleurs, & de toutes les autres chofes
qui ne font telles que par un ordre moral; qu'il étoit
clair que la Baguette ne pouvoit naturellement les indiquer.   Monfeigneur le Cardinal qui voulut bien que je
lui en parlaffe à fon retour de Chambery, où il avoit
prêché le Carême, approuva ce que j'en difois, & ré-
folut de condamner cet ufage au premier Synode.

Je n'avois pas ofé dire auffi nettement qu'il n'étoit pas
poffible qu'une Baguette fe remuat fur une fource, ou
fur des métaux. J'y trouvois de la difficulté, j'héfi-
tois, & je crus devoir y penfer quelque tems. On
m'amena le fameux devin Jacques Aymar, trop connu
par la découverte du meurtre de Lyon, je parlai à quelques autres habiles en l'art de la Baguette, je fus témoin
de quelques expériences, je fis plufieurs obfervations;
& après avoir bien examiné toutes chofes, je fus entiérement convaincu que rien de corporel ne caufoit le
tournoiment de la Baguette, & qu'on ne pouvoit l'attribuer qu'au Démon.

Voilà, Monfieur, ce que Mademoifelle Ollivet entendit dire. Elle avoit plufieurs fois découvert avec la
Baguette des métaux cachez à deffein. Cela lui fait
craindre d'avoir offenfé Dieu, elle cherche le Pére de
l'Oratoire qui condamnoit cet ufage, & lui expofe fa
difficulté.

Je lui répons que fa bonne foi l'a mife à couvert de
toute faute, & qu'il fuffit qu'elle ne fe ferve plus de la
Baguette. J'ajoute néanmoins qu'elle devroit demander
à Dieu la grace de ne laiffer aucun doute fur ce fujet,
& le prier de ne pas permettre que la Baguette tournat
jamais entre fes mains, fi le Démon avoit part à ce tournoiment. Qu'il fe pourroit pourtant bien faire que nos
priéres ne fuffent pas exaucées, mais qu'il y avoit lieu
d'efpérer que le Démon n'agiroit pas quand on prendroit toutes ces précautions. Qu'au refte ce ne feroit
pas tenter Dieu, & que la priére qu'elle feroit, étoit
renfermée dans ce que nous demandons chaque jour,
d'être délivrez des rufes & des infultes du Démon.

L'avis eft agréé, (e) Mademoifelle Ollivet paffe
deux jours en retraite, communie, fait fa priére en
recevant le Pain facré, & je fais à l'Autel la même
chofe.

L'après diné on fait mettre plufieurs piéces de métal
dans une allée de jardin; elle y va, prend la Baguette,
paffe plufieurs fois fur tous ces endroits, mais la Baguette ne fe remue point. On met les piéces de métal
à découvert, on les approche de la Baguette; elle eft
immobile. Enfin on avance vers un puits, où autrefois on avoit vu tourner la Baguette, fe tordre avec
violence entre les mains de la Demoifelle, & à préfent on
n'apperçoit pas le moindre figne d'agitation.

Vous voyez bien, Monfieur, ce qu'on eut lieu d'en
conclure. Mademoifelle Ollivet en loua Dieu, & le
pria de lui continuer la même grace, fi quelqu'autre
fois elle étoit engagée à prendre la Baguette. L'occafion fe préfenta peu de tems après. Elle ne put fe difpenfer de tenir une Baguette fur quelques piéces de métal en préfence de plufieurs perfonnes, qui favoient
qu'auparavant la Baguette tournoit parfaitement entre fes mains, mais elle fut encore immobile.

Vous pourrez favoir, Monfieur, fi depuis ce tems-
là on ne lui a point fait faire la même expérience, &
vous informer des particularitez d'un autre fait, qui
n'eft pas moins confidérable; je vois bien par votre
Lettre qu'on vous en a dit quelque chofe, mais fi peu
diftinctement qu'on n'y connoit prefque rien. Vous
en recevrez le recit par le premier ordinaire. Je
fuis, &c.

(e) Le 25. d'Aout 1689.

VOus avez vu, Monfieur, que les difpofitions
auffi pieufes que celles de Mademoifelle Ollivet
font bien oppofées à la caufe qui fait mouvoir la Baguette; & vous allez voir dans le fait dont je vous ai
promis le récit, que cette caufe s'accommode aux defirs des hommes, & qu'elle fuit leurs intentions.

Ce qui étoit arrivé à Mademoifelle Ollivet, fit
fouhaiter à quelques perfonnes qu'il en arrivat de même à quelques uns de ceux qui fe fervoient publiquement de la Baguette. La fille d'un Marchand nommée Martin, fut la première fur qui on jetta les yeux.
Elle étoit d'une habileté connue par quantité d'épreuves; elle avoit fouvent découvert des métaux dans
des caves à la ville, & à la campagne; & il y a-
voit peu de tems qu'on lui avoit fait chercher une cloche cachée fous l'eau, depuis le débordement de la
rivière qui avoit emporté le pont du faubourg. On
l'avoit menée dans un bateau, & la Baguette avoit
défigné précifément l'endroit où étoit la cloche. Comme cette fille étoit fimple & fort fage, ont crut que je
lui ferois aifément entendre que le Démon avoit peut-
être part à l'ufage de la Baguette, & que cela fuffiroit
pour la porter à y renoncer. Mais elle avoit une fi
grande idée de la vertu de la Baguette, que je vis au
premier abord qu'on ne pouvoit fans quelque détour lui
faire defirer qu'elle ne tournat plus entre fes mains. On
veut, Monfieur, me dit-elle, que je vous parle du
don que Dieu m'a fait de me communiquer la vertu de
la Baguette de Moïfe, & du bâton de Jacob? Eft-ce
que vous faites fortir de l'eau des rochers, en les touchant avec une Baguette, lui dis-je? Non pas cela, re-
prit-elle, mais je trouve l'endroit où font les fources:
je découvre plufieurs autres chofes; & Dieu m'a fait
une grace particuliére, qui eft que la Baguette me tourne fur les Reliques. Et qui vous avoit dit, repartis-
je, que des Reliques pourroient faire tourner la Baguette? Perfonne, répondit-elle; je favais feulement qu'elle
tournoit fur des offemens des morts, & fur beaucoup
d'autres chofes; & je voyois bien que les Reliques devoient avoir plus de vertu que tout cela. Je l'ai effayé,
& j'ai réuffi.

Quelque peu raifonnable que parût cette penfée, il
fallut pourtant laiffer faire à cette fille quelques expériences, pour tâcher enfuite de la faire revenir, & pour
obferver fi elle n'ufoit pas de quelque fourberie. Je fis
cacher plufieurs piéces de métal dans une allée du jardin
du Séminaire, elle les découvrit en très peu de tems, &
en défigna fi bien les différentes efpéces, que ceux qui
étoient préfens en furent tout étonnez.

Ce qu'elle avoit dit d'abord des Reliques, elle le dit
encore plufieurs fois, que la Baguette lui faifoit difcerner les offemens des Saints canonifez d'avec ceux qui ne
le font pas. Un homme de mérite en parut choqué,
& fe laiffa néanmoins engager à aller prendre diverfes
Reliques qu'il avoit chez lui.

En les attendant, comme je m'étois apperçu que la
fille à la Baguette mettoit fecrétement quelque chofe en
fa main pour deviner de quelle efpéce étoit le métal caché, je crus pouvoir ainfi trouver l'occafion de lui faire
fouhaiter que la Baguette ne lui tournat pas.

Vous voulez donc, lui dis-je, nous faire un myftére
de votre fecret? Mais je pourrois bien le deviner, &
peut-être en fais-je là-deffus plus que vous ne penfez.
Je connois des perfonnes qui portent toujours de petits
morceaux de chaque efpéce de metal; ils en portent auffi
de toutes les autres chofes fur lefquelles leur Baguette
tourne: & voici tout leur fecret. Font-ils toucher à
la Baguette un métal différent de celui qui eft caché,
la Baguette ne tourne plus. Font-ils toucher du même, elle tourne encore mieux.

Monfieur Peiffon Procureur au Parlement, & quelques autres, font tout le contraire. Si, par exemple,
ils

ils font toucher de l'or à la Baguette, & qu'elle ne tourne plus fur l'endroit où elle tournoit auparavant, c'eft pour eux un figne infaillible qu'il y a de l'or en cet endroit. Telle eft leur pratique; & ils en ont donné des raifons dans un écrit qui court depuis quelques jours.

Enfin il y en a d'autres qui n'ont nul befoin de faire toucher quoi que ce foit à la Baguette; elle tourne felon leur intention. S'ils ne veulent chercher que des fources, elle ne tourne que fur des fources, & ainfi des autres chofes; de manière qu'ils connoiffent fur quoi la Baguette tourne, par ce qu'ils ont envie de trouver.

O, mon Pére, qui auroit cru que vous en faviez tant, s'écria cette fille! Il faut donc vous dire tout. Je n'ai pas appris le fecret de Monfieur Peiffon, je fais comme les premiers. Mais je voudrois bien que l'intention fît tourner la Baguette, cela feroit bien court; il faut que je l'effaye. On jette deux louis d'or à terre en deux différens endroits: la Baguette tourne à diverfes reprifes fur l'un, & non fur l'autre fuivant qu'elle le defiroit.

Ravie d'avoir appris une voye fi abrégée, elle fouhaite avec empreffement de nous montrer avec quelle rapidité fa Baguette tournoit fur les Reliques. On en apporte deux petits paquets: on pofe fur un banc un Reliquaire qui contenoit plufieurs offemens venus de Rome: elle prend la Baguette, & tout à coup on la voit tourner avec plus d'impétuofité qu'elle n'avoit fait jufqu'alors.

Remarquez ceci, difoit cette fille; quand la Baguette tourne fur un louis d'or, une épingle qui la toucheroit, l'arrêteroit tout court; mais que je lui faffe toucher à préfent de toutes fortes de métaux, rien ne peut l'arrêter, parceque les Reliques ont plus de vertu que tout le refte.

Il n'en fut pas de même fur l'autre paquet, la Baguette n'eut prefque pas de mouvement. Loin de tourner plufieurs fois avec viteffe, elle ne fit pas la fixiéme partie d'un tour. Cette fille s'en étonne, difpofe fes mains le mieux qu'elle put, s'approche, fe met bien à plomb; mais la Baguette ne s'en remue pas davantage. Oh, dit-elle fort ingénument, il faut qu'il n'y ait rien là d'un bon Saint. Le paquet ne contenoit que quelques morceaux d'étoffe qui avoient fervi à une Carmelite de Beaune morte en odeur de grande piété.

Ces différens effets de la Baguette furprirent extrêmement tous ceux qui étoient préfens. On étoit bien affuré que cette fille ne favoit nullement ce que c'étoit que ces Reliques, & on ne laiffoit pourtant pas de craindre quelque tour d'adreffe.

Heureufement Monfieur l'Abbé de Lefcot (f) vint dans le tems qu'on faifoit cette expérience. Comme cet illuftre Abbé eft d'un caractére d'efprit plus porté à fe roidir contre la crédulité populaire, qu'à fe laiffer impofer, il eut encore plus de défiance que nous. Il y regarda de fort près. On fit tenir la Baguette à la fille en plufieurs maniéres différentes, mais elle tourna toujours rapidement fur le Reliquaire, fans qu'il fut poffible d'appercevoir aucune fourberie.

La fille cependant étoit fort furprife de nous voir prendre tant de précautions. Toute occupée de ce qu'elle avoit appris touchant l'intention, elle en fit de nouveau l'épreuve fur les Reliques & fur quelques piéces de métal, & toujours avec fuccès. La Baguette tournant, ou demeurant immobile, felon qu'elle le defiroit.

Monfieur l'Abbé, & le Pére Supérieur de l'Oratoire (g), prirent de-là fort à propos l'occafion de faire entendre à cette fille que fon prétendu fecret ne pouvoit être naturel, puifqu'il dépendoit de fon intention; & Mademoifelle Ollivet lui dit ce qu'elle avoit fait elle-

même, & quelle en avoit été la fuite. Cette fille en fut touchée; elle renonça de bon cœur au Démon & à la Baguette; la tint pourtant encore une fois fur des métaux, & vit fans s'émouvoir qu'elle ne lui tournoit plus.

Une de fes fœurs qui l'accompagnoit n'eut pas des fentimens fi Chrétiens, & fi raifonnables. Elle fut vivement touchée de voir que fa fœur ne pouvoit plus fe fervir de la Baguette. La mére en fut encore plus affligée; & il me femble avoir entendu dire avant que je quittaffe Grenoble, qu'on avoit fait enfin revenir l'envie à cette fille de fe fervir de la Baguette, & que ce defir lui avoit redonné la vertu perdue. Il vous fera facile de favoir ce qui en eft.

Je fuis ravi, Monfieur, que vous m'ayez donné lieu d'écrire ces faits. Ils font voir affez clairement que l'intention a beaucoup de part au tournoiment de la Baguette, & peut-être porteront-ils quelques perfonnes à faire ce que fit Mademoifelle Ollivet. Au refte elle n'eft pas la feule à qui la Baguette ait ceffé de tourner. Deux perfonnes de mérite que vous connoiffez apparemment, Monfieur le Prieur Barde, & Monfieur du Pernan Chanoine de Saint Chef, avoient effayé fi la Baguette ne tourneroit point entre leurs mains: elle leur tourna dans l'endroit d'un jardin où il y avoit de l'eau; mais après avoir prié le Seigneur de faire ceffer ce mouvement s'il n'étoit pas naturel, la Baguette ne tourna plus.

Je finis par un fait arrivé à Monfieur Expié, le plus habile homme à Baguette que je connoiffe après Jacques Aymar; c'eft lui-même qui me conta l'avanture.

Une vieille femme lui dit qu'elle avoit de tout tems ouï dire qu'il y avoit de l'argent caché en un certain endroit de la campagne. Le fieur Expié y va, prend la Baguette; elle tourne, fon art lui apprend qu'il y a de l'or, de l'argent, & du cuivre, & que tout cela eft à deux toifes de profondeur. Il apelle un payfan, le fait creufer onze pieds, il le renvoye, creufe lui même un pied, il en creufe deux ou trois autres, & ne voit rien. Il reprend la Baguette, elle fe meut, & s'arrête enfuite la tête tournée en haut, comme fi les métaux n'étoient plus dans la terre. Monfieur Expié remonte, prend la Baguette, elle tourne encore, & défigne quelque chofe en bas. Qu'eft-ce que ceci, dit-il, en redefcendant, y a-t-il un tréfor en l'air? Suis-je féduit? Ah! mon Dieu, s'écrie-t-il, s'il y a du mal, je renonce au Démon & à la Baguette. Il la tenoit à la main, & elle demeura immobile. La peur le faifit, il fait le figne de la Croix, & fort au plutot.

Mais à peine a-t-il fait deux ou trois cens pas pour retourner à la ville, qu'occupé de ce qu'il vient de faire, quoi, dit-il en lui-même, la Baguette ne me tournera-t-elle donc plus? Il en coupe une, la tient entre les mains, & la voit tourner avec plaifir fur une piéce de quatre fols qu'il avoit jettée à terre.

Que peut-on dire, Monfieur, de tout ceci; on renonce au Démon & à la Baguette, plus de tournoiment. On defire de nouveau que la Baguette tourne, elle obéit; cela feroit-il naturel? Je ne voudrois pourtant pas publier ce fait, fi Monfieur Expié le trouvoit mauvais; il m'en avoit fait un fecret: mais j'ai fu qu'il l'avoit dit à plufieurs autres perfonnes, c'eft pourquoi je ne fais point de difficulté de vous l'écrire. Je fuis, &c.

✳❀✳❀✳❀✳❀✳❀✳❀✳

A MONSIEUR ✳✳✳.

Sur le fentiment des Auteurs Jéfuites, qui ont traité de l'ufage de la Baguette.

LE Pére Gafpard Schott a prouvé bien au long (b), par des raifons & par des faits, que le tournoiment
de

(f) Official général de M. le Cardinal le Camus.
(g) Le R. P. Cavard.

(b) Pag. 4. Magiæ. l. 4. Synt. 4. Propter hæc & fimilia argumenta audacter ego pronuncio vim converfivam virgulæ bifurca.
tæ

de la Baguette ne pouvoit être naturel. Il est vrai, Monsieur, que dans sa *Physique* (i) *curieuse* un égard respectueux pour des personnes de piété qui s'étoient servies avec succès de la Baguette, l'a fait parler avec quelque restriction. Remarquez toutefois qu'il n'a pas pour cela changé de sentiment, & qu'il s'est contenté de dire qu'il ne voudroit pas assurer que le Démon fait TOUJOURS tourner la Baguette.

Pour le Pére Dechalles, la principale raison qui l'a empêché de décider, c'est qu'il a cru que de tout tems le coudre avoit servi à trouver les sources; en quoi il a fait paroître qu'il n'étoit pas si versé dans l'Histoire naturelle, qu'il l'a été dans les Mathématiques.

Mais je ne crois pas qu'aucun autre Jésuite ait parlé de la Baguette, sans en condamner ouvertement l'usage Roberti (k), Cæsius (l), & Forerus (m), ont hautement déclaré qu'il étoit superstitieux. Vous avez vu ce qu'en a dit Kirker. Le Pére Fabry dans sa Physique, & le Pére Jean-François dans le traité des Eaux, ont été de l'avis du Pére Kirker; & dans la Magie universelle de Schott, que j'avois parcourue autrefois, & qu'il a fallu revoir pour vous satisfaire, je trouve une Lettre du Pére Conrad qui ajoute quelque chose à ce qu'avoient dit ses confréres. Comme ce Pére paroit avoir examiné la question avec beaucoup de soin à Prague & à Breslaw, où il a enseigné les Mathématiques, & qu'avec cela sa Lettre est fort courte & fort nette; je vous ferai plaisir de vous en envoyer une copie en François.

„ QUe ne puis-je vous fournir quelque chose qui
„ soit digne du grand Ouvrage que vous compo-
„ sez! Je me contenterai aujourd'hui de vous parler
„ de la Baguette de Coudrier, puisque c'est principale-
„ ment ce que V. R. souhaite de moi. Je suis per-
„ suadé par plusieurs raisons que cette Baguette n'indi-
„ que point physiquement les métaux. 1. Parcequ'une
„ Baguette de coudrier mise en équilibre, comme une
„ aiguille aimantée, ne panche jamais d'aucun côté,
„ quelque métal qu'on mette auprès. J'ai fait cette
„ experience devant toute l'Université de Prague à des
„ Théses de Mathématique. 2. Parceque le coudre qui
„ croît sur les montagnes métalliques, ne laisse pas de
„ monter assez haut au lieu de s'incliner vers les mé-
„ taux, qui devroient l'attirer fortement. 3. Parceque
„ la Baguette se courbe avec la même vitesse, soit qu'il
„ y ait peu ou beaucoup de métal. 4. Parcequ'un Chy-
„ miste m'a dit il y a plus de vingt ans, *es konnen*
„ *nicht alle mit der Ruthe reden*, tout le monde ne fait
„ pas faire parler la Baguette. 5. Parcequ'elle ne tour-
„ ne pas toujours à la même personne. Le Pére Pro-
„ vincial avec qui j'avois disputé sur cette matiére,
„ tient à présent cet usage suspect, & le condamne d'un
„ pacte tacite.

Encore un mot pour vous dire le sentiment de Stengelius, autre habile Jésuite qui a composé beaucoup de savans ouvrages au commencement de ce siécle. Il nous apprend (n) que de son tems la Baguette n'indiquoit pas seulement les métaux, mais qu'on s'en servoit pour deviner beaucoup d'autres choses; une Baguette toute droite à qui personne ne touchoit, se pliant en rond

tæ nequaquam naturalem esse, sed vel casu, vel fraude virgulam tractantis, vel ope Diaboli, &c.

(i) *Pag.* 1289. *eodem libro syntag.* 2. Discussimus pulsum annuli filo intra scyphum suspensi & horas indicantis. Utrumque effectum contingere quidem concessimus, at non virtute virgulæ aut annuli, sed aut fraude utentium aut motione occultâ cacodæmonis, vel fortassis etiam phantasiâ manum in motum concitante. Universaliter autem asserere non ausim Dæmonem semper utrumque effectum præstare, quoniam certò mihi constat viros religiosos ac probissimos, experimentum non semel infallibili cum successu tentasse. Qui quidem mordicùs defendunt naturalem esse, nec fraudem ullam aut ullam phantasiæ emphasim intervenire. Sed nondum persuaserunt.

(k) In Goclenium.
(l) De mineralibus.
(m) Viridar. Philos.
(n) Mundi Theoritici. p. 1. cap. 36.

comme pour faire un cercle, lorsqu'on prononçoit le nom de ce qu'on vouloit savoir.

Voilà à peu près ce qu'a dit Saint Cyrille (o) sur les divinations par les Baguettes, qui se remuoient sans qu'on y touchat. Si cela est effectivement arrivé de cette maniére, comme plusieurs Auteurs le rapportent, je ne sais ce qu'auroient pu dire ceux qui veulent que la Baguette ne se remue jamais, que par l'adresse de celui qui la tient; ni quel système auroient pu chercher ceux qui prétendent expliquer naturellement le tournoiment de la Baguette.

Mais il ne s'agit ici que du sentiment de Stengelius, voyez le, je vous prie, dans ce que je vais transcrire d'un traité *des Sorts des anciens Juifs*, qu'un savant Allemand vient de mettre au jour depuis quelques mois à Basle. Vous y trouverez des preuves de ce que je vous ai dit que l'usage de la Baguette produit des abus, qui font gémir les gens de bien en plusieurs endroits.

Ex cap. 13.

Tractatus de Sortitione veterum Hebræorum. Authore
Martino Mauritii. Basileæ 1692.

HÆc de ῥαβδομαντεία latiùs in eum finem dicta sunt; ut faciliùs de virgâ, quam divinam vocare solent, & qua abditos terræ thesauros, latentem pecuniam, & ejusmodi alia mobilia bona abscondita, metallorum fossores, milites, & alii præstigiatores solent inquirere, possit judicari. Virtutem illi revelandi & abstrusa indicandi attribuunt vulgò, cùm vera & naturalis ratio ejus rei, nisi ad sympathiam confugiant, assignari nequeat. De eâ Peucerus sic sentit. *Eodem divinationes pertinent, Metallariis usitatæ, quæ fiunt sciotericis & virgulâ divinâ. Est ea ex corylo decisus bifidus baculus, quo venas illi auri argentive feraces explorant, inclinante sese eò virgulâ qua sub terrâ venæ feruntur atque incedunt. Qua vi id soli corylorum præstent surculi, & non item cæterarum arborum, quæ in iisdem provenerunt locis, eodem terræ altæ refectæque succo obscurum: est nisi quod conjicio συμπαθείαν habere corylos ad metalla connatam & occultam: eam augent roborantque succi, cognatæ cum metallis naturæ, quos ex aggestâ radicibus terrâ, nutritionis causâ sugunt & hauriunt. Sciotericis vias ductusque venarum profundissimos miro artificio pervestigant & designant, diriguntque operarios ne devient, ex planorum triangulorum naturâ.* Hoc nimirum est, quod Deus per Hoseam in populo castigat, *baculus suus ei indicat.* Experientiâ perceptum est virgam hujusmodi divinam scil. ejus manu tractatam, cujus amimus à superstitiosâ hac vanitate liber, ejusmodi vim planè non exercere. Ex superioribus didicimus, ipsos etiam gentiles non naturalibus viribus, sed Diis suis tribuisse, si quid virtutis hujusmodi virgæ ipsorum patrassent, atque inde ut patrarent, Deos suos comprecabantur, vel incantationes adhibebant. Si ex succo cum metallo cognatæ naturæ, cur surculus bifidus, cur corylus præsertim, esse debet? Certum ex re ipsâ est virgam de salice decerptam eandem exercere efficaciam. Sympathia quam causantur, omnium anilium superstitionum asylum est, ea verò hîc potissimum valet, quæ alias *auri sacra fames & arcana eum spiritibus subterraneis collusio,* vel eorundem saltem, insciis operariis, cooperatio; apud quosdam etiam rapacis animi, aliena inhiantis & furantis latentia, defossa, abscondita à furacibus manibus proximi bona, quærentis opus est & labor. Lusus est Satanæ, avaritiam promoventis & augentis militum & furum rapacitatem adjuvantis, patrum verò & matrum familias, periculosis temporibus res suas alicujus pretii salvare studentium, industriæ illudentis, & res eorum absconditas raptoribus prodentis. Insuper si probæ notæ ars sit, similem contra docent, qua vafritiem, istam satanicam quis possit illudere secundùm Catonem?

Tu

(o) In cap. 4. Oseæ.

Tu quoque fac simile, & sic ars deluditur arte.

Gessit & Moses res prodigiosas per virgam, sed divina vis non est perinde omni virgæ alligata. Itaque sicut Pharaonis malefici, fecerunt etiam ipsi per incantationes Ægyptiacas, & arcana quædam similiter: projeceruntque singuli virgas suas, quæ versæ sunt in dracones; ita hodie dum Cacodæmon homines dementat, ut dum sunt arcini, sibi divini esse videantur. Illi scire debent, antiquam hanc esse antiqui serpentis artem, ut se in Angelum lucis transfiguret, fallacissimâque promissione dicat: *Eritis sicut Dii, scientes bonum & malum.* Accedit hoc tempore divinatoriam sortem nec jussam à Deo, nec sine peculiari instinctu Dei permissam, scribit Stengelius, in paragrapho, cui titulus est: *Quantus in virgæ sortibus Dei simius sit Cacodæmon?* Fortis est Satanas, & in illudendos homines, atque variis superstitionis vitiis imbuendos, inficiendos, infectos firmandos, μυρoτεχνίτης & ingeniosus: quam Satanæ callidam fraudem idem Stengelius his verbis perstringit: *Sed & nostra tempora retinent antiqua vitia. Neque enim Succi tantùm, velut divinâ quadam virgulâ, aurum argentumque ubi lateat, norunt hariolari; sed alii quoque conceptis verbis efficiunt, ut virgula recta ad notam rei quam indagant, sponte suâ junctis extremitatibus in circulum coeat, & à cornibus velut lunetur.* Nimirum insignis Dei simia est Diabolus. Dolendum sanè est, vanitate istâ idololatricâ corruptos esse homines non è fæce vulgi & indoctos, non mulierculas, aut levis monetæ terræ filios; sed doctos etiam, imò & Magistratus quosdam ipsosmet, non Judæos, Turcas, gentiles, & Barbaros, sed ipsos etiam Christianos.

Sentiment de Saint Augustin sur les pratiques superstitieuses.

SUperstitiosum (p) est quidquid institutum est ab hominibus ad consultationes & pacta quædam significationum cum Dæmonibus placita atque fœderata, qualia sunt molimina magicarum artium, quæ quidem commemorare potiùs quàm docere assolent poetæ. Ex quo genere sunt, sed quasi licentiore vanitate, haruspicum & augurum libri. Ad hoc genus pertinent omnes etiam ligaturæ, atque remedia quæ medicorum quoque disciplina condemnat, sive in præcantationibus sive in quibusdam notis quos characteres vocant, sive in quibusque rebus suspendendis, atque illigandis vel etiam aptandis quodammodo, non ad temperationem corporum, sed ad quasdam significationes aut occultas aut etiam manifestas quæ mitiore nomine Physica vocant, ut quasi non superstitione implicare, sed naturâ prodesse videantur: sicut sunt inaures in summo aurium singulatim, aut de struthionum ossibus ansulæ in digitis, aut cum tibi dicitur singultienti, ut dexterâ manu sinistrum indicem teneas.

Quare (q) istæ quoque opiniones quibusdam rerum signis humanâ præsumtione institutis, ad eadem illa quasi quædam cum Dæmonibus pacta & conventa referendæ sunt. Hinc enim fit ut occulto quodam judicio divino cupidi malarum rerum homines tradantur illudendi & decipiendi pro meritis voluntatum suarum, illudentibus eos atque decipientibus prævaricatoribus Angelis, quibus ista mundi pars infima secundùm pulcherrimum ordinem rerum divinæ providentiæ lege subjecta est.

Quibus (r) ILLUSIONIBUS ET DECEPTIONIBUS EVENIT, UT ISTIS SUPERSTITIOSIS DIVINATIONUM GENERIBUS MULTA ET PRÆTERITA FUTURA DICANTUR, NEC ALITER ACCIDANT QUÀM DICUNTUR, MULTAQUE OBSERVANTIBUS SECUNDUM OBSERVATIONES SUAS EVENIANT, QUIBUS IMPLICATI CURIOSIORES FIUNT, ET SESE MAGIS MAGISQUE INSERANT MULTIPLICIBUS LAQUEIS PERNICIOSISSIMI ERRORIS. Hoc genus fornicationis animæ salubriter divina Scriptura non tacuit, neque ab eâ sic deterruit animam, ut proptereà talia negaret esse sectanda, quia falsa dicuntur à professoribus eorum: *Sed etiam si dixerint vobis,* inquit, *& ita evenerit, ne credatis eis.* Non enim quia imago Samuelis mortui Sauli regi vera prænuntiavit, propterea talia sacrilegia, quibus imago illa præsentata est minùs exsecranda sunt; aut quia in actibus Apostolorum ventriloqua femina verum testimonium perhibuit Apostolis Domini, idcircò Paulus Apostolus pepercit illi spiritui ac non potiùs feminam illius Dæmoni correptione atque exclusione mundavit.

Omnes igitur artes hujusmodi vel nugatoriæ vel noxiæ superstitionis, ex quadam pestiferâ societate hominum & Dæmonum, quasi pacta quædam infidelis & dolosæ amicitiæ constituta, penitus sunt repudianda & fugienda Christiano: *Non quòd idolum sit aliquid,* ait Apostolus, *sed quia quæ immolant, Dæmoniis immolant, & non Deo: nolo autem vos socios Dæmoniorum fieri.* Quod autem de idolis & de immolationibus, quæ honori eorum exhibentur, dixit Apostolus, hoc de omnibus imaginariis signis sentiendum est, quæ vel ad cultum idolorum, vel ad creaturam ejusque partes tanquam Deum colendas trahunt, vel ad remediorum, aliarumque observationum curam pertinent, que non sunt divinitùs ad dilectionem Dei & proximi tanquam publicè constituta, sed per privatas appetitiones rerum temporalium corda dissipant miserorum. In omnibus ergo istis doctrinis, societas Dæmonum formidanda atque vitanda est, qui nihil cum principe suo Diabolo nisi reditum nostrum claudere atque obterare conantur. Sicut autem de stellis quas condidit & ordinavit Deus, humanæ & deceptoriæ conjecturæ ab hominibus institutæ sunt: sic etiam de quibusque nascentibus vel quoquo modo divinæ providentiæ administratione existentibus rebus multi multa humanis suspicionibus, quasi regulariter conjectata, litteris mandaverunt, si forte insolitè acciderint, tanquam si multa pariat, aut fulmine aliquid percutiatur.

QUÆ (s) OMNIA TANTUM VALENT, QUANTUM PRÆSUMPTIONE ANIMORUM QUASI COMMUNI QUADAM LINGUA CUM DÆMONIBUS FOEDERATA SUNT. QUÆ TAMEN OMNIA PLENA SUNT PESTIFERÆ CURIOSITATIS, CRUCIANTIS SOLLICITUDINIS, MORTIFERÆ SERVITUTIS. NON ENIM QUIA VALEBANT ANIMADVERSA SUNT, SED ANIMADVERTENDO ATQUE SIGNANDO FACTUM EST UT VALERENT. ET IDEO DIVERSIS DIVERSA PROVENIUNT SECUNDUM COGITATIONES ET PRÆSUMPTIONES SUAS. ILLI ENIM SPIRITUS QUI DECIPERE VOLUNT, TALIA PROCURANT CUIQUE, QUALIBUS EUM IRRETITUM PER SUSPICIONES ET CONSENSIONES EJUS VIDERINT. Sicut enim, verbi gratiâ, una figura litteræ quæ decussatim notatur, aliud apud Græcos, aliud apud Latinos valet, non naturâ sed placito, & consensione significandi: & ideo qui utramque linguam novit, si homini Græco velit aliquid significare scribendo, non in eâ significatione ponit hanc litteram, in qua eam ponit cùm homini scribit Latino. Et beta uno eodemque sono apud Græcos litteræ, apud Latinos oleris nomen est. Et cùm dico, lege, in his duabus syllabis aliud Græcus, aliud Latinus intelligit. Sicut ergo hæ omnes significationes pro suæ cujusque societatis consensione animos movent: & quia diversa consensio est, diversè movent. Nec ideo consenserunt in eas homines, quia jam valebant ad significationem: sed ideo valent, quia consenserunt in eas. Sic etiam illa signa, quibus perniciosa Dæmonum societas comparatur, pro cujusque observationibus valent. Quod manifestissimè ostendit ritus augurum, qui & antequam observent, & posteaquam observata signa tenuerint, id agunt, ne videant

(p) De Doctrinâ Christianâ, l. 2. c. 20.
(q) Cap. XXII.
(r) Cap. XXIII.
(s) Cap. XXIV.

P

deant volatus, aut audiant voces avium: qui ista nulla signa sunt, nisi consensus observantis accedat.

❈◎❈◎❈◎❈◎❈◎❈◎❈

RE'PONSE.

A M. De Comiers. (t).

JE ne sais, Monsieur, comment vous l'entendez. Remplir d'injures une lettre de soixante pages, par ceque vous croyez qu'on vous a dit une dureté, cela n'est nullement dans l'ordre. Vous paroissez ému d'une force, qui ne vous laisse garder ni mesure, ni vraisemblance, & qui me mettoit dans un fort grand embarras, si j'avois donné lieu à votre colère. Par bonheur votre aigreur n'a pour fondement que votre méprise. Après avoir dit mon sentiment sur tous les systêmes qui ont paru sur la Baguette, j'ai ajouté „ que je n'avois rien „ à dire sur les discours en l'air, que font certains „ grands parleurs, dont la tête est un magasin de plu- „ sieurs choses mal digérées, & qu'ils appliquent ordi- „ nairement de travers". Vous avez cru voir votre portrait dans ces paroles; mais je n'ai point de part à l'application que vous en avez faite, & si vos Lecteurs ne vous en pas fait prendre le change, vous avez dû voir que cet endroit ne vous regarde point, ni personne en particulier, & qu'on ne parle de vous, qu'après a- voir fini tout ce qu'on avoit à dire sur ces sortes de gens. „ Enfin, ai-je dit ensuite, il y en a qui écrivent, „ ou pour se divertir, ou pour faire plaisir à quel- „ ques personnes, ou pour se décharger vite des „ premiéres pensées qui leur sont venues dans l'esprit". C'est-là le seul endroit, où l'on indique votre ouvra- ge, & puisqu'il ne paroit pas que cet endroit vous ait fait de la peine, me voilà hors de tout scrupule. Je suis ravi de ne vous avoir donné aucune occasion de cha- grin, & je ne laisse pas d'être fâché que vous vous so- yez mis en mauvaise humeur, sur un endroit que vous n'avez pu vous appliquer, sans vous faire tort. C'est cependant cet endroit que vous répétez si souvent, & qui vous fait dire tant d'injures. Ne craignez pas que je les repousse par d'autres injures. Ce langage m'est inconnu; je sais d'ailleurs à quoi la Religion nous obli- ge en ces rencontres, & je veux oublier tout ce que vous m'avez dit de desobligeant. Puisque vous avouez que vous ne savez qui je suis, il auroit été à propos que vous n'eussiez rien dit de personnel. Si vous avez parlé sur des mémoires, ils sont assurément infidéles, je ne m'y reconnois point. Je ne connois point cette per- sonne qui court les Bibliothéques pour me faire plaisir, je ne sais ni jeu de dez, ni jeu de cartes, & les raille- ries que vous faites là - dessus ne peuvent me convenir.

N'aurois-je pas aussi droit de me plaindre, de ceque vous vous exercez à deviner sur ce que j'ai dit de quel- ques écoliers de Philosophie? Est-il raisonnable d'en fai- re l'application à un jeune homme bien élevé, qui est depuis longtems hors de Philosophie? Voilà, Mon- sieur, ce que j'ai cru d'abord devoir vous dire; je ne voulois pas vous entretenir plus longtems, parceque vous voyant si fort en colère, je craignois que vous ne prissiez en mauvaise part ce que je vous dirois dans la suite. Mais je fais réflexion que votre émotion est peut- être appaisée, & que le mépris avec lequel vous me trai- tez, doit m'être un engagement à vous répondre, de peur que vous ne preniez mon silence pour un mé- pris réciproque. Je vais donc satisfaire à ce que vous critiquez.

L'endroit que vous attaquez avec le plus de résolu- tion, c'est l'entretien d'*Ariste*, *de Théodule*, *& de Me-*

nalque. Vous ne connoissez point, dites-vous, ces trois Messieurs. „ Ils paroissent tout d'un coup com- „ me trois carabins qui tirent leur coup de pistolet, & „ puis qui se retirent, sans qu'on puisse deviner ni d'où „ ils viennent, ni où ils s'en vont.

Quoi, Monsieur, un dialogue ne peut-il vous plaire, à moins qu'on ne dise d'où viennent ceux qui parlent, & où ils vont? Si tel est votre gout, je ne sais qu'y faire. En cas que vous fassiez des Dialogues, je con- sens que vous le suiviez. Vous pourriez peindre ceux qui parlent, décrire tout ce qu'ils ont de particulier, & faire même leur généalogie, que je n'y trouverois point à redire. Agréez seulement que je ne suive pas cette méthode, & que je préfére celle de Platon, de Cice- ron, de Lucien, & de tant d'autres qui passent pour bons connoisseurs.

Dans le fond, vous n'exigez pas toujours qu'on dise d'où on vient, ni en quel endroit on se retire. Du moins, ne vous plaignez-vous pas de ce que je n'ai point dit mon logis. Il vous prend seulement envie de demander ce que je faisois dans cette belle conversation avec ces trois Messieurs. „ Apprenez-moi un peu, „ *poursuivez-vous*, quel étoit-là votre personnage; car „ vous n'y dites pas un petit mot. Vous nous aver- „ tissez seulement qu'Ariste vous mena chez Théodule. „ La conversation même s'y échauffa; il n'y a que „ vous qui êtes-là froid, comme un Espagnol. A vous „ voir remuer la tête sans jamais desserrer les dents, on „ vous prendroit pour une Pagode de la Chine.

A quoi pensez-vous, Monsieur? Dans un dialogue de douze ou treize pages, je parle jusqu'à sept fois; & vous, pour avoir lieu de coudre ensemble quelques quo- libets, vous avancez que je ne dis pas un seul mot dans cette conversation. Je suis surpris que, sur une fausse- té qui peut être si aisément découverte, vous ayez pris occasion de remplir plusieurs pages de froides railleries. Est-ce que vos Lecteurs vous trompent (v), ou que vous croyant offensé, vous n'avez pas l'esprit assez libre pour écouter ce qu'on vous lit?

Si vous aviez tant d'envie de critiquer ce Dialogue, que ne l'examiniez-vous avec attention? Vous eussiez vu un *Menalque*, mis au lieu de *Théodule*. Comme cette faute dérange tout dans ce Dialogue, vous auriez eu quelque droit d'y faire remarquer du desordre & de la confusion, & je n'aurois répondu à votre critique, qu'en vous priant d'effacer Menalque, & de mettre au dessus Théodule. Mais ému au point que vous l'êtes, il n'est pas possible de voir les objets tels qu'ils sont. N'appercevant pas les fautes réelles, vous en croyez voir là où il n'y en eut jamais, & vous portez le trouble jus- qu'à m'accuser de garder le silence, lors même que vous attaquez mes propres paroles dites en premiére per- sonne dans ce Dialogue.

Après qu'Ariste a rapporté ce qui est dit dans la *Phy- sique occulte*, à l'occasion d'un homme égorgé, qui pa- roissant la nuit à son ami, vient lui dire qu'on a mis son corps dans un chariot, & que s'il se rend de bon matin dans l'endroit qu'il lui marque, il y trouvera le chariot chargé de fumier, dans lequel on l'a caché, comme on prétend attribuer à la transpiration insensible, & l'apparition & le détail de toutes ces circonstances, surpris d'une explication si hardie, ou plutot d'une idée si extraordinaire, me tournant vers le Deffenseur de la Physique occulte, „ ah Menalque, *lui dis-je*, que ce- „ la est admirable! Des corpuscules, qui viennent dire „ qu'un homme est aux prises avec son hôte, qu'il a „ été tué, qu'on l'a couvert de fumier, & qu'on le „ trouvera à la porte ". Rien n'est plus clair que c'est moi qui parle en cette occasion, comme en bien d'au- tres; mais s'il est étonnant que vous ne l'ayez pas re- marqué, il l'est encore bien davantage que vous ayez voulu relever cet endroit, & que l'Auteur de la Physi- que occulte ne vous en ait pas détourné.

Par un ménagement tout particulier, dont je puis don-

(t) Dès que les Illusions des Philosophes eurent paru, M. de Comiers, surnommé l'Aveugle d'Ambrun, qui avoit fait impri- mer une lettre dans le Mercure de Mars 1693. en faveur de la Ba- guette, se crut attaqué par le P. le Brun, & fit imprimer dans le Mercure de Mai une lettre très vive, où les injures tiennent lieu de raisons. Le P. le Brun fit insérer cette réponse dans le Mer- cure du mois de Juin de la même année. p. 202. *& suiv.*

(v) Mr. de Comiers étoit aveugle.

donner des preuves parlantes, j'avois passé sur bien des choses, & je ne faisois que glisser sur cette explication, sans en développer l'absurdité. Il falloit assurément, Monsieur, vous contenter des égards que j'avois eus, & ne pas traiter *de soldat armé à la légère, & d'ignorant qui veut faire le bel esprit*, celui qu'une telle explication fait sourire.

Croyez-vous qu'il soit fort raisonnable de supposer que la transpiration de nos corps va dans un instant faire impression sur nos Amis, quoiqu'éloignez de nous? Une telle supposition peut-elle, à votre avis, être faite par un Auteur, qui prétend que la transpiration des hommes demeure fixe en sortant du corps, qu'elle ne s'écarte point, & qu'elle ne peut être portée ailleurs ni par les vents, ni par les tempêtes, ni par quelqu'autre cause que ce soit? Et quand il seroit permis de faire deux suppositions si opposées l'une à l'autre, concevez-vous bien que la transpiration de nos corps puisse nous faire voir à nos Amis absens, & les avertit de ce qui se passé en nous? Est-ce que vous êtes bien persuadé, que comme nous pouvons faire entendre nos pensées par nos paroles, nous puissions de même par la transpiration donner à nos Amis tel avis qu'il nous plaira, ou apprendre par ce qu'ils exhalent, tout ce qui leur arrive? S'ils vous échapoit jamais de dire que sans sortir de votre chambre, vous auriez appris des nouvelles par le moyen de certains corpuscules exhalez du corps d'un nouvelliste, qui se promenoit dans le Jardin du Palais Royal; & que vous entreprissiez de soutenir une imagination si chimérique, quelle idée pensez-vous qu'on auroit de votre habileté dans la Physique?

Je n'insisterai pas davantage là-dessus, je me contente de vous renvoyer à Ciceron. Il réfute assez agréablement ceux qui osent faire des systêmes de cette nature, aussi bien que ceux qui penseroient que les images qui nous viennent en dormant, sont formées par ce qui se détache des mêmes corps dont nous croyons voir la figure.

Peut-être vous ai-je déja fatigué sur cet article, car si vous me traitez de *soldat armé à la légère*, lorsque j'use de quelque ménagement, toujours porté à critiquer, sans craindre de vous contredire vous grondez d'ailleurs de ce que j'entreprens avec trop d'appareil de détruire neuf ou dix systêmes, & de ce que je parois trop bien informé sur la matiére en question.

Il faut, dites-vous, avoir employé quatre ou cinq ans à faire des expériences sur la Baguette, pour dire si positivement qu'elle tourne indifféremment à des personnes d'un tempérament différent, & aux mêmes personnes, en des tems où la disposition de leur corps n'est pas la même; qu'elle tourne à l'âge de dix ans, comme à celui de soixante, pendant la maladie comme dans une parfaite santé, à jeun aussi bien qu'après avoir mangé.

Non, Monsieur, il n'a pas fallu quatre ou cinq ans pour faire cette remarque, il n'a fallu qu'un demi quart d'heure; car il ne faut pas plus de tems pour lire deux relations aussi courtes que le sont celles de Monsieur l'Abbé de la Garde, & de Monsieur le Procureur du Roi. Vous deviez faire attention que je ne me sers des paroles citées qu'après ces Messieurs. Ils ont fait ces observations en moins d'une semaine; & dans les endroits où l'on trouve un grand nombre de gens qui se servent de la Baguette, on peut les faire en moins de deux jours.

Mais à quoi aboutissent les réflexions que vous faites sur qu'on avoit traité la question, il y a quelques années? Quel inconvénient trouvez-vous, qu'après l'avoir examiné il y a quatre ans, & écrit pour lors deux Lettres sur cette matiére, on fasse à présent imprimer ces deux Lettres, & qu'on montre en même tems les défauts de tous les systêmes qui viennent de paroître sur ce sujet? Comme l'on m'avoit demandé plusieurs fois quelque chose de plus étendu que ce qui est dans ces premiéres Lettres, peut-être avois-je promis d'y travailler; mais si je n'ai pu m'y déterminer qu'après avoir vu

paroître les nouveaux systêmes, a-t-on quelque sujet d'y trouver à redire?

Quel inconvénient trouvez-vous encore que, pour examiner ce qu'on doit penser des systêmes sur le fait de Lyon, j'examine les circonstances qui se trouvent dans les diverses relations, ou dans les observations que nous ont données les Auteurs de ces systêmes?

„ Il y a, *dites-vous*, dans toutes ces relations des „ choses outrées; il y en a de fausses; il y a des con- „ tradictions manifestes; & sur tout cela vous préten- „ dez pourtant décider ce qu'on doit juger de nos sy- „ stêmes". Nos systêmes! Est-ce que vous en avez fait un, & que vous êtes chargé pas les autres Auteurs de plaider la cause commune? Quoi qu'il en soit, voyez à quoi vous exposez ce que vous m'opposez. Si vous prétendez que ces choses outrées & ces contradictions manifestes partent de l'ignorance ou de la malice de ceux qui les rapportent, je vous renvoye à Monsieur l'Abbé de la Garde, à Monsieur le Chevalier de Montgivrol, à Monsieur le Procureur du Roi, à Monsieur Panthor, & à Monsieur Garnier. Et si les Relations sont fidelles, comme je ne puis en douter, persuadé de la bonne foi & de l'exactitude de tous ces Messieurs, ces contradictions manifestes se trouvent dans l'usage de la Baguette. Et qu'y a-t-il de plus décisif pour montrer que le mouvement de cette Baguette n'est pas naturel, & qu'il ne peut être que l'effet d'un esprit capable de mentir & de se contredire? Qu'on l'attribue à la fourberie des hommes, ou à celle des Esprits déréglez, il m'importe peu. On doit toujours conclure qu'un tel usage ne peut être mis au nombre des secrets de Physique. C'est tout ce que j'ai voulu prouver.

Remarquez, Monsieur, l'usage que j'ai fait de toutes ces relations, & ce que j'ai observé dans l'examen de tous ces systêmes. En examinant un systême, je ne me suis servi que des faits & des principes reçus par l'Auteur: & lorsque j'ai montré qu'il n'étoit pas possible qu'on expliquat jamais physiquement les phénoménes de la Baguette, je n'ai raisonné que sur ces observations rapportées de la même maniére dans toutes ses diverses relations. Ce que j'ai dit assez clair, & je ne crois pas qu'on y oppose jamais rien de solide.

J'apprens tous les jours que de très habiles Physiciens sont dans le sentiment que j'ai suivi, Monsieur Chatelain Docteur en Médecine, dont l'habileté doit vous être connue par ses ouvrages & par sa réputation, vient de mettre au jour une dissertation physique, où il prouve fort solidement l'impossibilité de faire un systême sur la Baguette; & si la plupart des savans nient absolument tous ces faits, non seulement ce qu'on raconte d'Aymar, mais généralement tout ce qu'on dit des phénoménes de la Baguette, c'est qu'ils croyent impossible qu'une Baguette tenue des deux mains puisse naturellement se mouvoir & se tordre de la maniére qu'on le dit.

Comment osez-vous donc traiter de dupes, de visionnaires, & de mauvais Physiciens, ceux qui sont dans l'opinion que j'ai suivie? Prétendez-vous être en droit de traiter ainsi les Auteurs Jésuites dont j'ai rapporté le sentiment? Et vous imaginez-vous faire prendre le change au public en mettant les Jésuites au nombre de ceux que j'attaque? Je ne pense pas qu'on vous croye. Comme on a sujet de se défier de votre témoignage, on ira consulter la huitiéme Lettre des *Illusions des Philosophes sur la Baguette*, & on y verra qu'outre les dix Auteurs Jésuites que je cite, je dis nettement qu'à la réserve du Pére Dechales, qui n'a osé décider, je ne connois aucun autre Jésuite qui n'ait condamné l'usage de la Baguette.

Peut-être après cela ne voudra-t-on pas vous croire, lorsque vous dites que j'ai maltraité le Pére Schott dans un feuillet, qui ne paroit plus; mais je veux être votre caution sur cet article. J'avoue donc que dans le feuillet qui n'a pas dû paroître dès que le livre a été mis en vente, j'ai parlé des ouvrages de ce Pére, comme de recueils où l'exactitude & le discernement ne regnent pas toujours, je l'ai dit, & je n'ai pas changé de fentiment. Diftinguez bien le Pére André Schott d'avec le Pére Gafpard Schott. Celui-ci eft d'un caractére fort différend du premier. Le defir d'imiter le Pére Kirker dont il avoit été collégue à Rome, lui fit prendre le deffein de ramaffer beaucoup de chofes fur l'hiftoire naturelle, & quoiqu'il fût les Mathématiques, il s'appliqua davantage à compiler beaucoup de chofes, qu'à difcerner le vrai d'avec le faux. Cent Jéfuites vous diront la même chofe, & vous avoueront qu'il ne faut pas prendre pour des véritez tout ce qui fe trouve dans fes ouvrages.

Au refte, je vous prie de vous accorder avec vous-même fur le fujet de ce Pére. D'un côté vous faites femblant de prendre fon parti contre moi, & de l'autre vous le mettez au nombre des *dupes, des vifionnaires, & des mauvais Phyficiens.* Car prenez y garde, Monfieur, fon fentiment fur la Baguette n'eft point différent de celui que j'ai fuivi. Voyez le dans la fource, ou dans ce que j'en ai fidellement rapporté, & faites corriger l'endroit de la *Phyfique occulte,* où il eft dit que le Pére Schott a changé de fentiment. C'eft une erreur. Il eft vrai que fi le paffage cité dans la *Phyfique occulte* étoit fidelle, on auroit fujet de le penfer ainfi; mais il eft tronqué, on y a retranché un *femper,* toujours, *& qui quidem non perfuaferunt,* & cette obmiffion fait tout un autre fens.

Le beau champ qu'auroit eu votre humeur critique, fi vous aviez pu rencontrer une telle faute dans les *Illufions de la Baguette!* Par bonheur, il ne s'y trouve rien qui vous ait donné prife, & vous n'avez pu vous emporter que fur des fuppofitions & des fautes, dont vous êtes vous-même l'auteur. Souvenez-vous que vous êtes caufe que j'ai parlé de cette faute, qu'on pourroit appeller une infidélité. Elle me détermina à faire un carton, mais n'ofant ouvertement la faire connoitre, je me contentai de diftinguer *toujours* par un plus gros caractére.

Une autre raifon m'engagea à faire ce changement, c'eft qu'il étoit à propos de ne pas parler du Pére Schott d'une manière qui eût pu faire de la peine à quelques perfonnes, & vous auriez bien dû ne pas révéler ce que j'avois condamné à ne point paroitre.

Voilà l'unique changement que j'aye fait, mais fi j'avois pu prévoir que l'endroit que vous vous appliquez vous eût fait de la peine, je l'aurois affurément retranché. J'aurois fait un fecond carton, prêt à en faire un troifiéme & un quatriéme, & à paffer l'éponge fur tout le livre, plutot que de faire de la peine à qui que ce foit.

Puifque vous avez vu les *Illufions* de fi bonne heure, que ne me faifiez-vous dire par le Libraire que vous vous y croyiez maltraité? Un tel avis n'auroit pas été auffi inutile que celui que vous me donnez dans votre Lettre. ,, Vous ne gardez pas affez, *dites-vous,* la vrai- ,, femblance dans vos fictions. Penfez-vous que ce foit ,, une chofe bien imaginée que votre Lettre écrite de ,, Paris à un Chanoine de Grenoble, pour l'inftruire de ,, ce qui s'eft paffé dans Grenoble même.

Je ne fais d'où vient qu'il ne vous paroit pas vraifemblable que j'écrive de Paris à une perfonne de Grenoble ce qui fe paffa il y a quatre ans dans Grenoble même, & que je lui nomme les perfonnes qui furent témoins du fait auffi bien que moi; fi cela n'eft pas vraifemblable, il eft certain que cela eft vrai.

La Lettre dont vous parlez & la fuivante ont été écrites le mois de Février dernier à Monfieur Lyons, Chanoine de Grenoble. Ces Lettres furent lues par ceux qui y font nommez, & comme ils favent mieux que vous ce que je devois dire ou taire, le cas de confcience & les réflexions que vous faites là-deffus font fort inutiles.

Pour la contradiction que vous croyez voir, vous ne la verrez plus, fi vous donnez quelque attention à ce que j'ai dit dans la *Réponfe aux difficultez &c. Art. III.*

En un mot on ne doit jamais fe fervir de la Baguette, lorfqu'on eft perfuadé qu'elle ne peut tourner naturellement. Quand on en doute, rien n'empêche de voir l'expérience, & d'en obferver tous les phénomènes. Comment s'affurer autrement s'il y a de la fourberie, ou fi tout y eft phyfique? Et à l'égard de ceux qui s'en fervent communément, pourquoi ne les porteroit-on pas à demander à Dieu de faire ceffer ce mouvement, en cas que le Démon y ait part? Prier de cette maniére, ce n'eft pas tenter Dieu, mais demander fa protection contre les illufions du Tentateur.

Pourquoi me demandez-vous qu'eft-ce que j'entens par les *Phénoménes de la Baguette, qui font ou faux ou furnaturels?* Cette expreffion ne fe trouve point dans mes Lettres. Je n'ai donc qu'à vous expliquer ce que j'entens par furnaturel, puifque vous y trouvez tant de difficulté. Je n'entens pas par ce terme ce qui eft produit par le Démon, mais en général, tout ce qui n'eft pas naturel, c'eft-à-dire, tout ce qui n'eft pas fait par une fuite des Loix que Dieu a établies pour la communication des mouvemens. Quelquefois on reftraint le terme *naturel,* & quelquefois on lui donne une plus grande étendue. On pourroit abfolument dire que tout ce qui fe fait par les Anges & les Démons eft naturel, parceque s'ils ont le pouvoir de remuer les corps, il eft auffi naturel qu'une pierre s'éleve en l'air, lorfqu'ils le defirent, qu'il eft naturel que notre bras fe remue lorfque nous le voulons. Mais communément on entend par *naturel,* ce qui fe fait par la rencontre & le choc des corps, fans que les Anges ou les Démons s'en mêlent. C'eft en ce fens que je prens ce terme. Je crois devoir m'arrêter ici. Si j'en difois davantage, j'irois peut-être plus loin que vous ne fouhaitez, car vous ne paroiffez pas d'humeur à pénétrer un principe, ni à fuivre un raifonnement. Je ne puis entrer dans le fond de la queftion, parceque vous ne l'avez pas touchée, & cette feule raifon devroit bien me difpenfer de vous faire aucune réponfe. Sérieufement, Monfieur, à quoi aboutit tout ce que vous reprenez dans *les Lettres qui découvrent l'Illufion des Philofophes fur la Baguette?* Quand ce que vous avez critiqué ne rouleroit pas fur de fauffes fuppofitions, quand il feroit vrai que j'aurois gardé le filence dans une converfation, ou que j'aurois ufé de quelque fiction en écrivant une Lettre, qu'eft-ce que cela feroit au point contefté? Il s'agit de favoir s'il eft poffible qu'un écoulement de petits corps ait fait tourner la Baguette. La queftion n'eft pas embrouillée, elle eft réduite à deux points dans l'examen des fyftêmes de Monfieur Chauvin, de Monfieur Garnier, & de l'Auteur de la Phyfique occulte. C'eft-là où il en falloit venir, & aux réflexions que j'ai faites, pour montrer que dans l'ufage de la Baguette il y a des moralitez incompatibles avec les caufes phyfiques.

Ne dites pas, je vous prie, que je ne diftingue pas affez l'ufage que quelques uns font de la Baguette en dirigeant leur intention, d'avec ce qu'obfervent les autres fans former aucun defir. Pour peu qu'on life les *Illufions des Philofophes fur la Baguette,* on fera convaincu du contraire. Il eft vrai que je montre par des faits inconteftables que la Baguette s'accommode fouvent aux defirs & à l'intention de ceux qui s'en fervent, mais lorfque j'examine les trois fyftêmes dont je viens de parler, je ne dis pas un mot de l'intention. Je raifonne fur les principes des Auteurs mêmes des fyftêmes, & la conclufion que je tire, eft fondée fur des preuves purement phyfiques. Si l'on ne vient à l'examen de ces diverfes preuves, tout ce qu'on objectera fera inutile.

Recourir aux injures & n'oppofer que des mots vagues, c'eft imiter les défenfeurs de l'Aftrologie judiciaire, toujours prêts à apeller *dupes* les Auteurs qui ont détruit les principes de cet art chimérique, & qui en ont découvert les illufions & les menfonges. Chicaner fur certaines chofes qui ne font rien à la queftion, c'eft perdre le tems & le faire perdre aux autres. Mais jugeons de ce que vous feriez dans l'examen de la queftion principale, par ce que vous faites dans tout ce que vous attaquez. Combien de fois avez-vous pris le change? Voyez quelles ont été vos reffources, de fauf-

fes

ses suppositions relevées par de pures badineries. En dis-je trop? N'est-ce pas tout au moins badiner que de se faire un phantôme pour s'en divertir, que de se forger une statue, un muet *qui remue la tête sans desserrer les dents*, pour pouvoir l'appeller *Espagnol*, *Pagode de la Chine*, & tout ce qu'il vous plaît.

Ce qui est assez singulier, c'est qu'avec tout cela vous parlez comme si vous étiez bien redoutable. Que vous êtes heureux d'avoir affaire à une personne qui répond simplement à ce que vous opposez, & qui se feroit un scrupule de vous attaquer sur quoi que ce soit! Il seroit assurément très facile de vous pousser rudement, mais à Dieu ne plaise que je prenne ce parti; j'aimerois bien mieux prendre celui de garder le silence, il me paroît le meilleur, & je ne sais d'où vient que bien des gens souhaitent que je vous réponde. La maniére simple avec laquelle je le fais, ne leur plaira peut-être pas, mais pourvû qu'elle serve à me tenir dans les bornes de la modération & d'une juste défense, c'est tout ce que je cherche.

Il seroit à souhaiter, Monsieur, que vous vous fussiez prescrit de telles bornes en composant votre lettre, & que vous eussiez aussi fait réflexion qu'on ne doit jamais écrire lorsqu'on se sent ému. Je n'oserois vous donner des avis, les livres saints vous en fourniront d'admirables, & si vous en voulez de moins parfaits, Seneque vous en donnera qui ne laissent pas d'être salutaires. J'en trouve deux, dans le second Livre de la Colére, dont je crois devoir profiter. Le premier est, de ramener par de bons offices ceux qui se mettent en colére contre nous; & le second, de s'éloigner d'eux, quand ils veulent nous fraper. Je ne pourrai peut-être faire un usage du premier que par mes desirs, mais j'observerai exactement le second, en gardant le silence, si l'on écrive de nouveau contre moi (x).

❈❖❈❖❈❖❈❖❈❖❈

LETTRE

Touchant la Baguette (y).

Croitez-vous bien, Monsieur, que des savans traitent ici de fable, tout ce qu'on a dit de la Baguette? Monsieur le Comte . . . est de ce nombre. On lui persuaderoit plutot qu'un Bœuf a parlé, & vous allez voir par une conversation dont je vais vous faire le détail, que le seul récit des faits est capable d'émouvoir la bile de certaines gens.

Comme on lisoit il y a quelques jours en bonne compagnie des Lettres de Lyon, touchant les vols qu'on a découverts depuis peu par la Baguette, voilà tout à coup un savant qui hausse les épaules, se léve, & crie, ah l'imposture! Vit-on jamais, disoit-il en colére, plus d'extravagance, de crédulité, d'aveuglement? Quoi, une Baguette découvre les larcins, les voleurs, les meurtriers, fait trouver des trésors, & des sources! Notez que ces hommes à Baguette, ces imposteurs sont des gueux. Oui, poursuivit-il, j'en ai connu un en Normandie, ils n'ont pas de pain, & ils trouvent des trésors! Le monde est fou, adieu, Messieurs, je ne veux plus entendre parler de la Baguette.

Jamais homme ne fut plus interdit que celui qui lisoit les Lettres. Tout le monde se regardoit sans dire mot; & ce silence alloit le déconcerter entièrement, si un autre savant, moins impétueux que celui qui avoit si brusquement quitté la compagnie, mais vif & ardent, n'eût pris la parole. A-t-on jamais vu, dit-il, de pareilles rodomontades? Quel entêtement! Quelle hardiesse! S'inscrire en faux contre des faits dont on n'a point examiné les preuves, & dont de très habiles gens ont été témoins! Contre des pratiques connues en mille

endroits! Que veut-il dire avec ses emportemens? Demande-t-on son avis? Entend-il ces matiéres? Encore pour Monsieur de . . . passe, qu'il nie le fait, il est Physicien, on le consulte, il ne sait que répondre, aucun systême ne le contente; le plus court est de tout nier. Voulez-vous qu'il dise qu'il y a de la diablerie? Siéroit-il aux Physiciens de. . . . Permettez-moi de vous interrompre, reprit le sage Mr. de . . . . , vos réflexions sont de fort bon sens. Mais que nous importe de découvrir d'où vient que quelques uns nient le fait? Ne sait-on pas bien qu'en semblables occasions il se trouve toujours de gens qui s'obstinent, les uns à croire tout sans discernement, les autres à tout nier sans raison? Ne nous fâchons point contre ceux-ci, ils sont plus utiles qu'on ne pense à la République des Lettres. Sans eux on ne verroit que conteurs de fables; & ce n'est pas peu de chose que de diminuer le nombre de telles gens. Pour moi je n'entens jamais de conte où le merveilleux domine, que je ne sois ravi de rencontrer quelque Misantrope toujours prêt à vous dire en face, cela est faux. On y regarde de plus près, & il en revient ordinairement quelque avantage. Si l'on peut être témoin du fait, on juge par ses propres yeux, ou bien on pése avec soin les circonstances & les dispositions de ceux qui le rapportent. Quand il est question, par exemple, de quelque pratique publique, si elle est répandue en plusieurs endroits, exercée indifféremment par toutes sortes de personnes, qu'on n'en fasse ni un mystére ni un point de Religion, & qu'avec tout cela elle se conserve depuis longtems & fasse beaucoup de progrès, il est moralement impossible qu'elle soit l'ouvrage de l'imposture. Cette réflexion appliquée à la Baguette suffit, pour me porter à croire que tout ce que l'on en dit ne sauroit être faux. J'apprens qu'il n'est pas de Province en France, où il n'y ait des gens qui trouvent des sources par la Baguette. Je sais que depuis deux cens ans on s'en sert en Allemagne & ailleurs pour découvrir les métaux, & qu'on s'en est si fort servi dans le Dauphiné pour découvrir les larcins, & les bornes, que Monsieur le Cardinal le Camus a été obligé d'interdire cet usage sous peine d'excommunication. Voyez ses Ordonnances imprimées chez Pralard. Après cela comment pourrois-je prendre pour une chimére tout ce qu'on dit de la Baguette? Supposons néanmoins qu'on ne sait rien de tout cela, je dis encore qu'il n'y a nulle raison de traiter d'imposture ce qu'on écrit de Lyon. Les faits sont attestez par cent témoins habiles, critiques, attentifs, & les circonstances sont de telle nature, que la fourberie n'auroit jamais pu se soutenir jusqu'au bout. Ne nous mettons donc plus en peine, si quelques personnes nient le fait. Occupons nous plutot, si vous l'agréez, à chercher la cause d'un phénoméne si surprenant.

Je viens, continua-t-il, à l'endroit sur le lequel j'ai pris la liberté de vous interrompre. Vous alliez dire, ce me semble, qu'il n'est pas d'un Physicien de recourir à d'autres causes, qu'à des causes naturelles. J'en conviens, si les effets dont il est question, en sont une suite, mais s'il voit que ces effets ne peuvent être produits en vertu des loix générales du mouvement, ne doit-il pas dire que la cause n'en est pas naturelle? Vous l'avouerez sans doute. Agréez donc que je dise que ce qu'on rapporte de la Baguette, n'est nullement naturel; car je vois, ce me semble, fort clairement que cela passe les forces ordinaires de la nature.

J'ai lu avec attention les dissertations qu'on nous a envoyées de Lyon, & j'ai été ravi de n'y trouver ni qualitez occultes, ni influences d'étoiles. La matiére subtile y voltige agréablement; les corpuscules y sont d'une agilité & d'une souplesse propre à tout ce qu'on peut desirer; le manége qu'on leur fait faire m'a réjoui, & je voudrois de bon cœur pouvoir être content des stations qu'on leur assigne, des chemins qu'on leur fait tenir, & de tous les mouvemens qu'on leur donne. Mais comment passer tout ce qu'on exige des corpuscules? On fait demeurer des mois entiers tout le long d'un che-

<hr>

(x) M. de Comiers répliqua dans le Mercure du mois d'Aout 1693. On s'est abstenu de publier ses réponses, parcequ'il n'y a pas ombre de raisonnement, & que l'Auteur ne dit que des injures.

(y) Insérée dans le Mercure de Janvier 1693. p. 16.

Q

chemin de cent lieues, ceux qui se sont exhalez du corps d'un scélérat. On veut qu'ils restent suspendus à la hauteur de quatre ou cinq pieds, sans monter ni descendre, sans s'écarter ni à droit ni à gauche, & qu'ils soient toujours prêts à donner sur une Baguette, pour la faire tourner entre les mains d'un certain homme toutes les fois qu'il passera par ce chemin. Je ne sais, Messieurs, ce que vous en pensez. Pour moi j'admire que des gens d'esprit ayent avancé des choses dont ils riroient assurément, s'ils ne les avoient dites eux-mêmes; mais on voit bien comment on en vient-là. Persuadé que l'on est de l'action des corpuscules, & frapé par les effets merveilleux de l'aiman, quelque prodige qu'on propose, on le compare dans l'obscurité, on croit voir quelque rapport, on aide aux conjectures; on risque un peut-être, insensiblement on assure, & quand on s'est une fois engagé, on tient ferme, & il n'est plus rien qui étonne. Faut-il expliquer comment la Baguette a pu découvrir le dernier vol, dont Mr. de . . . lisoit le récit? En trois mots ils croyent résoudre la difficulté. Le linge volé, disent-ils, a été d'abord touché par le voleur. Qu'on le porte ensuite par tout où l'on voudra, il laissera couler le long du chemin quelques uns des atomes que le voleur lui a communiquez. Ne voilà-t-il pas de quoi faire tourner la Baguette? Que ne se retranchent-ils, interrompit Mr. l'Abbé de . . . ., au tournoiment de la Baguette sur l'eau & sur les métaux, leur explication en vaudroit beaucoup mieux, & vous ne trouveriez pas tant de ridicule dans leur système. Vraiment, repartit Monsieur de . . ., ils ne manquent pas d'en venir-là quand on les presse. Tantot ils tâchent de prouver qu'il est naturel que la Baguette tourne sur les eaux & sur les métaux; quelquefois ils le supposent, & se contentent de montrer que les autres effets n'ont rien de plus surprenant. Ils ne négligent point ce qui peut les favoriser. Si un système ne leur suffit pas, ils en prennent plusieurs; s'il se rencontre dans un fait quelque circonstance qui les incommode, ils la passent, & avec tout cela, je suis très persuadé qu'ils n'ôteront jamais tout le ridicule de leurs hypothéses. Croyez-vous, Monsieur, dit-il en s'adressant à Monsieur l'Abbé, qu'il n'y en ait point à supposer que d'une petite partie de métal, d'une piéce de quatre sols, par exemple, il sort une assez grande quantité de corpuscules pour tordre une Baguette jusqu'à la rompre, ou à blesser les mains de celui qui la tient serrée? On trouvera bien d'autres difficultez, si on examine avec soin toutes les circonstances, j'attens l'histoire de tous les usages qu'on a faits & qu'on fait présentement de la Baguette en Europe, & je vois bien par ce que m'en a dit un ami de la personne qui travaille à cet ouvrage, qu'il y aura de quoi déconcerter tous les systêmes. Mais c'est parler trop longtems. J'avois seulement résolu de dire que des Physiciens très éclairez croyent qu'il n'y a rien de naturel dans aucun des effets de la Baguette : & qu'ils ne font en cela que suivre le sentiment de l'Auteur de la Recherche de la Vérité, qui le décida ainsi, en répondant à une Lettre écrite de Grenoble depuis plus de trois ans.

On fit paroitre quelque empressement de voir ces Lettres, & on en commençoit déja la lecture, lorsque M. de . . . . après avoir rêvé quelques momens; est-il possible, dit-il, qu'un si habile homme croye qu'il y a de la diablerie dans le tournoiment de la Baguette sur les sources, lui qui creuse si fort dans la Physique, qui admet si difficilement les miracles, qui traite d'illusion presque toutes les histoires des Démonographes, & qui employe tout un chapitre de la Recherche de la Vérité, pour expliquer naturellement ce que la plupart attribuent à la sorcellerie? Cela me passe. J'irai le prier de me dire ce qui en est, mais que je n'empêche pas la lecture des lettres.

Voilà, Monsieur, tout ce que vous saurez de cette conversation, car ma lettre est déja bien longue, & je crains que vous n'en soyez ennuyé. Je joins ici les deux lettres (2). On m'a dit qu'il y en a à Paris & à Lyon plusieurs copies, & de quelques autres sur le même sujet, mais peut-être n'ont-elles pas été jusqu'à vous. Montrez-les, je vous prie, à notre Illustre. Il verra dans la lettre de Grenoble des particularitez, dont il sera bien aise d'être informé. Je suis, &c.

LETTRE

Touchant la Baguette (a).

Vous me demandez, Monsieur, quel est mon sentiment sur les lettres qui sont dans le Mercure de Janvier, & qui attribuent à l'opération du Démon les effets de la Baguette. Je vous vais dire en peu de mots ce que j'en pense; & j'espére vous faire voir qu'encore que ces lettres renferment tout ce qui se peut dire de plus spécieux, toutefois la décision qu'elles contiennent n'a pas un fondement solide. Car lorsque pour produire un effet, on employe une cause qui a la force & la vertu naturelle de le produire, l'effet n'est pas superstitieux, & ne vient point d'un pacte avec le Démon, pourvû que d'ailleurs on n'ait pas joint à la cause quelque circonstance vaine & inutile. Ceux, par exemple, qui pour se guérir de la morsure d'un chien enragé, disent, bax, pax, max: ceux qui pour faire tomber les poireaux, leur disent au matin, bon soir, & le soir bon jour, font des actions véritablement superstitieuses, parcequé ces paroles qu'ils employent pour casses, n'ont nulle efficace à l'égard de l'effet; & si quelqu'un pour se guérir de la fiévre se servoit de quelques herbes, par la raison que ces herbes auroient été cueillies à jeun, & non pas aprés avoir mangé, il y auroit de la superstition à cause de la circonstance vaine. Mais enfin, s'il n'y a point de ces sortes de circonstances, & que la cause naturelle qu'on employe, ait la vertu de produire l'effet, il n'est point superstitieux.

C'est la doctrine de S. Thomas dans la seconde part. quest. 96. art. 1. & art 2. Je rapporterai seulement ce qu'il dit dans l'art. 2., en répondant à l'objection qu'il s'étoit proposée. Il dit que, si l'on applique simplement des causes naturelles pour la production des effets que l'on croit que ces causes peuvent produire naturellement, il n'y a en cela aucune superstition ni rien d'illicite, mais que si l'on ajoute quelques caractéres, quelques paroles, ou quelques autres observances, telles, qu'il soit manifeste qu'elles n'ont en soi aucune force ou vertu pour l'effet qu'on attend; en ce cas-là, il y a superstition, bien entendu toutefois que ces signes, ne soient pas des signes institüez par J. C. ou par son Eglise. Tous les autres Théologiens conviennent avec S. Thomas de cette doctrine.

Or suivant cette régle, il n'y a rien de superstitieux ou de magique dans les expériences, qu'on dit que fait Aymar, car les causes qu'on employe pour expliquer le mouvement de la Baguette, ont la vertu de la faire plier, puisque pour mettre un corps en mouvement, il suffit d'employer un autre corps qui soit lui-même en mouvement, & c'est aussi ce qu'on fait. Au surplus, que ce corps en mouvement soit les corpuscules émanez du meurtrier, des métaux, de l'eau, &c. qu'on y joigne si l'on veut la matiére subtile, que ces corpuscules agissent sur la Baguette, par l'entremise des esprits animaux ou des muscles fléchisseurs des doigts, ou enfin qu'on explique le pliement de la Baguette de quelqu'autre maniére qu'on voudra; on voit toujours qu'on fait mouvoir un corps par un autre qui est en mouvement, & que l'on n'employe pas ou des figures vaines,

ou

(2) C'est la premiére Lettre du P. le Brun, & la réponse du P. Malebranche, qui sont ci devant.
(a) Inférée dans le Mercure de Février 1693. p. 236. & suiv. C'est une réponse aux deux premieres Lettres dont il est parlé ci dessus, & qui avoient d'abord été inférées dans le Mercure de Janvier de l'an 1693.

ou des caractéres, ou quelqu'autre obfervance bizare, & inutile à caufer le pliement de la Baguette.

Ces Meffieurs ne manqueront pas de me dire qu'ils ne font point fatisfaits des raifons qu'on a apportées jufqu'à préfent. Mais je leur demande fi c'eft-là un fondement fuffifant, pour attribuer un effet à quelque efpéce de magie? A-t-on apporté jufqu'à aujourd'hui des raifons qui contentent tout le monde, fur ce que l'aiman attire le fer, fur ce que l'éléphant en furie s'appaife en voyant un mouton, & devient aufli doux que le mouton, fur ce que la couleuvre a peur d'un homme nud, & pourfuit celui qui eft vétu, fur ce qu'une perfonne qui a la jauniffe en eft guérie, aufli tôt qu'elle voit un loriot, fur ce que le Loup enroue ceux qu'il regarde le premier, fur ce que le coq fait peur au lyon, fur ce que la torpille engourdit la main du pécheur, fur ce que le bafilic tue les hommes de fon regard, fur ce que le crapaut fait venir dans fa gueule la belette malgré qu'elle en ait. Tous ces effets fe font donc aufli par forcellerie. On n'a pas même apporté fur les effets les plus communs, des raifons dont tout le monde foit content. Par exemple, fur la chûte des corps pefans, fur l'émanation de la lumiére, fur la production de la chaleur, &c. & même lorfqu'il s'agit de dire en quoi confiftent ces effets, quelqu'un le peut-il faire fi clairement, que tous les Philofophes acquiefcent à fon explication? Ils fe font des fyftêmes différens; ils font oppofez les uns aux autres; & nul d'eux n'eft fatisfait des raifons de fes adverfaires. Ainfi dans les principes de nos Meffieurs, on devroit rapporter au Démon les effets même les plus communs.

Delrio rapporte qu'on a vu en Efpagne certains hommes qu'on appelle *Zaburis*, à caufe de leur vûe de Linx. Il dit qu'il en a vu un à Madrid en 1575, & que ces *Zaburis* étoient en réputation de voir à travers l'épaiffeur de la terre les fources d'eau, les tréfors, & les veines des métaux. Il nous apprend qu'encore que ces effets paruffent fort furprenans, néanmoins il les explique naturellement, & que plufieurs Philofophes les rapportoient aufli à des caufes naturelles. Cet Auteur, dis-je, qu'on n'accufera pas d'avoir douté de l'exiftence des Démons & des forciers, eft pourtant plus réfervé que nos Meffieurs, lorfqu'il s'agit du fait, favoir fi tel ou tel effet provient du Démon. Voici comme il parle dans le livre 1. de fes Recherches magiques ch. 5. q. 1. fect. où en traitant la queftion, favoir, s'il eft poffible de faire de l'or par la Chimie. „ Nous ignorons, *dit-il*, les caufes naturelles de plufieurs effets, & il fe peut faire que la caufe de l'or foit du nombre de celles que nous ignorons; & bien que plufieurs chofes fe faffent naturellement, il y a pourtant des gens qui parceque'ils ignorent les caufes, nient le fait, lorfqu'ils ne le favent pas avec certitude, ou bien ils foutiennent que la chofe n'a pas été faite naturellement". Ces paroles condamnent ces Meffieurs, ils ignorent la caufe du mouvement de la Baguette, l'explication qu'on leur en donne ne leur plait pas, cela leur fuffit pour recourir au Démon.

Valentia dit que quand bien un effet feroit produit hors la fpére de l'activité de la caufe, fi néanmoins quelque Philofophe difoit qu'il ignore la caufe de cet effet, on ne devroit pas juger que l'effet n'eût pas été produit naturellement, attendu que nous ignorons fort fouvent les forces des caufes naturelles. Et Delrio, après avoir rapporté ce fentiment de Valentia, ajoute lui-même que s'il y avoit entre les Philofophes diverfité de fentimens, pour favoir fi cet effet fe peut faire naturellement ou non, l'on ne devroit pas juger qu'il n'eût pas été produit par les forces de la nature. Or les Savans font partagez fur le fujet de la Baguette; les uns tiennent qu'elle tourne naturellement, les autres que non. Il eft donc vrai, que Valentia & Delrio auroient cherché la caufe naturelle de ces effets, & qu'ils les auroient rapportez à la Providence de Dieu, & non à la conduite du Diable.

On demeure d'accord qu'il y a, ou qu'il peut y a-

voir des forciers, & qu'on peut faire des pactes avec le Diable, mais l'on doit convenir aufli & obferver qu'il n'eft pas au pouvoir du Diable de faire ces pactes avec les hommes toutes les fois qu'il le veut, & qu'il n'eft pas non plus au pouvoir des hommes de contracter ces pactes toutes les fois qu'ils le voudroient. Autrement tant de fcélérats qui fe font pendre ou rouer, ne s'y expoferoient pas, s'ils pouvoient fatisfaire à leurs paffions par le fecours des Diables. L'Ecriture nous apprend que le Démon n'eut le pouvoir de tromper Achab, qu'après en avoir reçu la permiffion de Dieu. Elle nous apprend qu'il n'eut pas non plus le pouvoir d'affliger Job, qu'après que Dieu le lui eut permis; & le meme texte nous fait connoître que cette permiffion que le Démon obtint, étoit reftrainte par cette condition, qu'il ne pourroit pas toucher à l'ame de Job. Les Démons que Notre-Seigneur chaffa des corps de deux Gerafeniens ne purent fe jetter dans les cochons, qu'après lui en avoir demandé la permiffion & l'avoir obtenue; mais il y a lieu de croire que depuis la mort du Sauveur du monde, Dieu accorde bien plus rarement de telles permiffions au Démon, puifqu'il eft dit dans l'Apocalypfe que le Démon eft lié & garroté pour mille ans, c'eft-à-dire fuivant les interprétes, depuis la mort de Notre Seigneur jufqu'au dernier tems de l'Antechrift. Voyons maintenant s'il y a lieu de croire que Dieu ait donné au Démon la permiffion de faire pacte pour le mouvement de la Baguette.

Suivant les Théologiens, il y a de deux fortes de pactes, l'explicite & l'implicite. L'explicite fe fait, lorfque l'on convient expreffément par foi ou par autrui avec le Démon; ou bien lorfque l'on fait quelque chofe, dont on attend un effet que l'on fait certainement provenir du Démon. Eftius en fon fecond livre fur les fentences, fe fait tellement fort fur ces paroles, *que l'on fait certainement*, qu'il ajoute que celui qui croiroit avec quelque vraifemblance que la chofe fe pourroit faire naturellement, feroit exempt de fuperftition, bien que peut-être la chofe ne fe pût pas faire naturellement.

Le pacte implicite fe fait, lorfque fans convenir expreffément ni par foi ni par autrui avec le Démon, & fans qu'on fache certainement que l'effet qu'on attend lui doit être attribué, on pratique cependant des chofes avec certaines conditions vaines & inutiles, & qui n'ont point de rapôt naturel avec l'effet. Les exemples raportez ci deffus doivent fuffire.

Il eft bien certain, & ces Meffieurs en demeurent d'accord, que l'homme à la Baguette n'a fait aucun pacte explicite avec le Démon. Il eft même perfuadé que les Diables n'ont aucune part au mouvement de fa Baguette. Il a l'approbation de fon Curé, & eft en bonne réputation auprès des Princes, & auprès des autres perfonnes dont il eft connu. Il n'y a point non plus de pacte implicite en ce qu'il fait; car le pacte implicite confifte précifément à faire une action, ou vaine en elle-même, ou à laquelle on joint quelques circonftances vaines & inutiles, c'eft-à-dire, qui n'ont de foi aucune proportion avec l'effet qui eft produit. Or fi les chofes qu'Aymar pratique étoient de cette forte-là, il arriveroit que tous ceux qui fe ferviroient de la Baguette dans les mêmes circonftances, & pratiquant les mêmes chofes que lui, contracteroient le pacte implicite avec le Démon, & que par conféquent la Baguette tourneroit entre leurs mains, ce qui eft tellement contraire à l'expérience, que ces Meffieurs demeurent d'accord que d'un grand nombre de perfonnes qui ont fait l'effai de la Baguette, il ne s'en eft trouvé que fort peu entre les mains de qui elle ait plié. Cela juftifie fort clairement, qu'au lieu de recourir à aucun pacte, il faut néceffairement avoir recours à une certaine configuration des pores, à un certain tempérament, ou à telle autre propriété qui ne convient qu'à quelques particuliers.

Il y a plus. La volonté implicite de faire un chofe eft incompatible avec la volonté explicite de faire le contraire. Dès qu'on renonce pofitivement à tout pacte,

　　le

le pacte est ôté & détruit; autrement, il faudroit dire que le Démon peut induire & porter au péché un homme malgré lui, & contre sa propre volonté.

Le Cardinal Cajetan nous apprend dans sa Somme qu'il fit un jour une expérience, à dessein de rompre, pour l'utilité des Fidéles, le pacte diabolique. Ce Cardinal dit qu'ayant pris une bague attachée à un fil, il protesta que le verset qu'on récite en cette occasion, il ne le disoit point en intention de faire mouvoir la bague suivant la convention du Diable, mais qu'il le disoit pour louer Dieu suivant l'intention du Psalmiste. Et enfin il dit qu'ayant recité le verset, la bague qu'il tenoit suspendue dans le verre, ne remua point.

Ce fait que ce Cardinal nous dit qu'il a éprouvé lui-même, nous apprend premiérement qu'on peut renoncer au pacte; secondement, qu'après y avoir renoncé, l'effet ne s'ensuit point, s'il est attaché au pacte; troisiémement, que si nonobstant cette renonciation l'effet s'ensuit, il doit avoir une cause naturelle, sauf aux curieux à la rechercher. Or Aymar, & les autres qui se sont servis de la Baguette, & qui s'en servent encore tous les jours pour découvrir les sources d'eau, les métaux, &c. non seulement ne sont point convenus avec le Démon, & ne l'ont point invoqué, mais ils nous protestent encore, & nous déclarent qu'ils renoncent à tout pacte avec lui, & qu'ils ne font cette action, que parcequ'ils la croyent naturelle, & éloignée de toute superstition. D'où il faut conclure que, dans le fait dont il est question, il n'y a ni pacte explicite, ni implicite avec le Démon.

De quelle force peuvent être après cela les raisons de ces Messieurs? La chose volée, disent-ils, est la même qu'auparavant; mais l'homme qui vole, est-il dans la même tranquilité qu'auparavant, & ne cause-t-il point de changement, tant dans la chose volée que dans les lieux où il passe? Le chemin est le même avant & après que le maître d'un chien y a passé. Comment se fait-il donc que le chien choisit si bien ce chemin, & laisse les autres? Comment se fait-il qu'un bon chien de chasse suive si exactement tous les détours par où le lièvre a passé? Il faut regarder Aymar après un voleur, comme un chien après un lièvre, & il n'y a pas plus de lieu d'être surpris de ce qu'il ne convient pas à toutes sortes d'hommes d'être touchez de la piste ou des corpuscules du voleur, que de ce qu'il ne convient pas à toutes sortes de chiens de chasser le lièvre. Il faut penser la même chose des bornes transplantées, que de la chose volée.

Mais comment se peut-il faire, disent-ils, que les corpuscules émanez de l'homicide ou du voleur, persévérent si longtems dans l'air, & ne soient point dissipez par les vents? Je demande aussi pourquoi les corpuscules ou les globules de la lumière ne sont pas emportez par les vents, & pourquoi la peste persévére si longtems dans l'air? Ces exemples, & plusieurs autres qu'on pourroit rapporter, suffiroient pour exclure l'opération du Démon, quand même Mr. Chauvin n'auroit pas déja répondu à ces difficultez. Mais on pourroit donner une réponse bien plus jolie, si le monde étoit encore d'humeur à se vouloir contenter de ces qualitez, qui se perpétuent par propagation dans le sujet qui se rencontre.

L'eau, disent-ils, qui est à découvert, devroit agir plus fortement pour le mouvement de la Baguette, que non pas l'eau qui est cachée sous terre. Mais leur même raison prouve que l'Ayman qui est tout à découvert, devroit agir plus fortement que lorsqu'il est armé. Ce seul exemple fait voir l'inutilité de l'objection, & nous montre qu'il faut recourir aux conjectures & non au Démon. Ne pourroit-on point dire que les vapeurs de l'eau n'ont leur force pour l'effet dont il s'agit, que parcequ'elles entrainent avec elles certaines *terrestréitez*, ou parcequ'en traversant les pores de la terre, elles prennent certaines autres modifications que n'ont point les vapeurs de l'eau qui est à découvert? Messieurs Chauvin & Garnier, & les autres qui ont posé des systêmes pour l'explication de ces expériences, ont déja répondu aux principales difficultez. Mais il ne s'ensuit nullement que ceux qui ne se trouveront pas satisfaits, ni de ces systêmes ni des réponses, ayent plus de droit de recourir au Démon dans cette occasion, que dans l'explication de tous les autres effets de la nature, qui se passent en nous, ou hors de nous.

Delrio auroit eu bien plus de raison d'accuser de sorcellerie Avicenne, Alkindus, Paracelse, Pomponace, André Catanée, & d'autres qui soutiennent que la force de l'imagination est telle, que non seulement elle peut fasciner des personnes fort éloignées, ou leur procurer la guérison, mais encore remuer les corps, exciter des tonnéres & des pluyes. Cependant il ne traite pas de la sorte ces Auteurs. Il dit seulement que l'opinion contraire est plus commune parmi les Théologiens, & il tâche même de concilier les deux sentimens, en disant qu'il est vraisemblable que la force de l'imagination peut causer quelque changement dans les corps extérieurs, pourvû qu'ils ne soyent pas trop éloignez: & il apporte cette raison, qu'il se peut faire que les effets de l'imagination soyent du nombre de ceux dont nous ignorons les causes.

Y auroit-il raison encore après tout cela d'attribuer au libertinage, l'essai que font les Physiciens d'expliquer par des causes naturelles, les effets de la Baguette? N'est-ce pas au contraire un libertinage, & une espéce d'idolatrie, d'attribuer au Démon les effets de Dieu & de la nature? C'est manquer de reconnoissance, & ôter au premier Etre ce qui lui appartient, par le titre de sa souveraineté, & ce n'est point juger à l'antique, (pour me servir des termes de ces Messieurs) car l'ancienneté est pour Dieu, pour la nature & pour la vérité. Le Démon est postérieur, il n'en est que le singe & le prestigieux imitateur. Les Physiciens ne font ici que faire mouvoir un corps tel qu'est la Baguette, par un autre corps qui est en mouvement. C'est ainsi qu'on a toujours raisonné; & c'est une nouveauté que de ne pas penser de la sorte. Aussi ces Messieurs ne parlent qu'avec scrupule, & ils ne prétendent pas, disent-ils, que leurs conjectures soient regardées comme des démonstrations. Pourquoi donc traiter de chimères, de libertinage & d'impiété, le sentiment contraire au leur? St. Thomas n'a-t-il pas averti qu'un effet n'est superstitieux que lorsqu'il est tel, qu'il est manifeste, & que la cause qu'on employe pour le produire n'a aucune force & efficace pour cela.

Quelle application peut avoir au fait présent ce qu'ils disent de l'*Artocrate*, de la *Rabdomantie*, & des verges dont se servent quelquefois les Magiciens dans leurs superstitions? Ces Messieurs pouvoient joindre à ces exemples la *Lithomantie*, l'*Omphalomantie*, l'*Inomantie*, & cent autres maniéres de divination. On trouvera dans toutes ces espéces, le véritable caractére de la superstition. On trouvera qu'avec les Baguettes, ou avec les autres choses naturelles dont ces Magiciens se servoient, ils joignoient quelque paroles, ou quelques circonstances, ou enfin quelques autres signes qui n'ont aucune proportion, aucun rapport avec l'effet qu'ils vouloient produire. Qu'on lise ce que dit Rhodiginus de cette Rabdomantie, après Hérodote & Strabon, on y trouvera la vérité de ce que j'avance. Car enfin, de vouloir faire passer pour sorciers tous ceux qui se servent de verges & de bâtons, c'est vouloir accuser de sorcellerie les Bedeaux de nos Paroisses, & cent autres personnes qui se servent de ces choses pour quelques marques de distinction de leurs charges, ou de leurs emplois, sans parler de Moïse qui s'est servi de verges pour confondre les Magiciens, & pour tant d'autres effets merveilleux en Egypte & dans le desert; & c'est à raison du mauvais usage des verges, & à raison des paroles & invocations diaboliques qui se rencontrent dans la Rabdomantie, que l'Ecriture & S. Jerôme la condamnent, & que nous la condamnons aussi.

Quant à ce qu'on dit que des gens du Nord vendent des caractéres pour réussir en différens métiers, & du

vent

vent pour aller sur Mer du côté qu'on veut: qui doute que dans ces occasions il n'y ait de la Magie, ou de la tromperie ? Car, je vous prie, quel rapport y a-t-il entre ce qu'ils vendent & ce qu'ils promettent ? Pour ce qui est des Suédois & des Allemans, qu'on dit qui trouvérent en se servant de Baguettes les trésors cachez, il n'y avoit dans ce fait-là que pillage, sans Magie ni superstition, pourvû qu'ils ne se servissent de ces Baguettes que de la maniére que s'en sert Aymar. Mais, disent ces Messieurs, d'où vient que la Baguette tourne entre les mains de certaines personnes seulement ? J'ai déja dit que cela doit être attribué à l'organization ou propriété particuliére qu'ont ces personnes-là, de même que d'autres hommes ont d'autres propriétez singuliéres qui font qu'ils sont capables de certains effets particuliers. S. Augustin dans le livre 14. de la Cité de Dieu chap. 24. dit qu'il y a des hommes qui ont des propriétez naturelles, d'autant plus surprenantes qu'elles sont rares & tout-à-fait différentes de celles des autres hommes, ce qui est cause qu'ils font de leur corps, comme il leur plait, de certaines choses que les autres ne peuvent du tout faire, ni même croire qu'elles soient possibles. Il y en a, dit-il, qui remuent les oreilles ou toutes deux ensemble, ou l'une après l'autre, sans remuer la tête ; & d'autres, sans la remuer aussi, qui font descendre sur leur front toute la peau de leur tête & les cheveux qui y tiennent, & la remettent comme ils veulent en son premier état. Il y en a qui imitent & expriment si parfaitement la voix des oiseaux & des autres animaux, qu'il est impossible de n'y être pas trompé, à mois que de les voir faire. Il y en a d'autres qui avalent une incroyable quantité de choses toutes différentes, & qui en resserrant tant soit peu leur estomac, rejettent toute entiére comme d'un sac, celle qui leur plait. S. Augustin raporte au même endroit beaucoup d'autres choses encore aussi singuliéres, & de nos jours nous avons vu le Buveur d'eau & l'Avaleur de cailloux. Albert le Grand rapporte qu'en Allemagne il y eut deux fréres, dont l'un avoit telle vertu, qu'en passant auprès des portes les mieux fermées, & y touchant le côté gauche, elles s'ouvroient, & l'autre avoit la même vertu dans le côté droit. Ces exemples, & beaucoup d'autres que je pourrois raporter, justifient ce que j'ai dit de la propriété particuliére de ceux entre les mains de qui la Baguette tourne. Je ne laisserai pas aussi vous faire remarquer, Monsieur, que sous prétexte de quelques expériences qui ont été faites par Aymar & quelques autres, on en ajoute un grand nombre d'autres, qui sont ou fausses ou très douteuses.

On n'a point donné, disent-ils, une raison générale de tous les effets de la Baguette. Je demeure d'accord qu'une cause qui ne satisfera pas à tout, ne sera pas suffisante. Il y a des Physiciens qui, en posant des systêmes, ont déja donné des raisons de tous les mouvemens de la Baguette: mais pour moi qui n'entreprens ici que d'en éloigner le Démon, je dis que l'insuffisance des raisons devroit seulement inviter ceux qui n'en sont pas satisfaits, à en chercher de meilleures, puisqu'il est certain, comme on l'a déja montré, qu'il doit y avoir une cause naturelle de ces effets. C'est ainsi que ceux qui ne sont pas contens de ce qu'on a dit jusqu'à présent sur le retour des fiévres intermittentes, sur le flux & reflux de la Mer, &c. tâchent de trouver quelque chose de nouveau, mais ils ne s'avisent pas de recourir au Démon. Pourquoi donc, disent ces Messieurs, Aymar n'a-t-il découvert son talent qu'à l'âge de vingt six ans. On pourroit demander aussi, d'où vient qu'on a été si longtems à trouver la poudre à canon, la circulation du sang, &c. Si Aymar avoit connu son talent à l'âge de vingt ans, ou même de quinze, ces Messieurs n'auroient ils pas fait la même question ? Et ainsi pour les contenter, il faudroit qu'il l'eût découvert dans le sein de sa mére. Et que fait-on encore, s'ils n'auroient pas prétendu qu'il y eût dans ce fœtus quelque opération de Python ? Voilà, Monsieur, ce

qui m'est venu d'abord en pensée, en lisant les Lettres de ces Messieurs, mandez-moi à votre tour votre sentiment sur la mienne.

◈◦◈◦◈◦◈◦◈◦◈

LETTRE (b) DE M. ***

A MONSIEUR ....

Sur l'avanture de Jacques Aymar.

VOus avez raison, Monsieur, de penser qu'il n'y a personne qui puisse vous faire un récit plus sincére & plus juste touchant la Baguette de Jacques Aymar que moi, puisque j'ai été l'un de ceux que l'on a commis pour faire un rapport exact de tout ce que je verrois faire à ce Villageois. Il y a tant de personnes qui sont témoins des faits que je vais vous rapporter, qu'on peut dire qu'ils sont d'une notoriété publique. La réputation que Jacques Aymar s'étoit acquise, étoit venue à un si haut point, qu'à moins d'un examen très particulier, & d'une exactitude telle que S. A. S. Monsieur le Prince a eue pour connoitre la vérité, l'on seroit encore dans l'erreur.

Aymar s'étant rendu à Paris sur les ordres de M. le Prince, S. A. S. le fit mettre chez Mr. Peyra, Concierge de l'Hôtel de Condé, & après l'avoir laissé reposer quelques jours, elle voulut éprouver son savoir faire. Voici l'ordre qu'on garda, pour s'éclaircir de ses talens merveilleux. La prémiere épreuve fut dans un cabinet où il y avoit de l'argent en plusieurs endroits. Ce qu'il fit n'ayant pas plû, il dit que l'or dont tout le cabinet étoit orné, brouillant sa Baguette, l'empêchoit d'agir, & cela donna occasion de faire cette autre épreuve. L'on fit faire plusieurs trous dans le jardin, on mit de l'argent dans un de ces trous, de l'or dans un autre, de l'argent & de l'or dans un troisiéme, du cuivre dans un quatriéme, & des pierres dans un cinquiéme. L'on vouloit voir en même tems si, ayant deviné les métaux par sa Baguette, il pourroit aussi les distinguer ; mais loin de distinguer quelque chose, il donna dans le trou des pierres, & une autre fois dans un trou, où l'on n'avoit rien caché. S. A. S. eut ensuite beaucoup de peine à retrouver l'or & l'argent, ne se souvenant plus où il avoit été mis.

Le prix de deux petits flambeaux qu'on raporta à Mademoiselle de Condé, & qu'elle donna aux pauvres, mit Aymar en quelque réputation. Voici comment cela se passa. La Baguette tourna dans le cabinet, & après avoir fait plusieurs tours dans l'Hôtel, même à la cour des écuries, il fit passer le voleur par la porte de ces mêmes écuries qui est toujours fermée, & qu'on n'ouvre presque jamais que pour laisser passer le fumier. Il alla vis à vis du cheval de Bronze sur le Quai, chez un Orfévre, au coin de la rue de Harlay, & comme il étoit tard, on remarqua la maison, & Monsieur le Prince y envoya le lendemain avec de pareils flambeaux, disant que l'Orfévre en devoit avoir acheté de même, & qu'on les avoit volez. L'Orfévre dit qu'il n'avoit aucune connoissance de cela, qu'il pourroit les avoir achetez sans rien craindre, & en donna les raisons. Cependant le lendemain on en redonna l'argent, & comme on en porta plus que les flambeaux ne valoient, & que les Orfévres en savent le juste prix, on croit qu'Aymar lui-même avoit envoyé l'argent, afin d'avoir de la réputation & le regagner au centuple, car l'argent qui a été raporté n'est que douze écus neufs, qui excédent pourtant le prix des flambeaux, qui n'étoient que de vingt huit francs.

Il fut appellé à l'Hôtel de Guise, & dit à Madame la Duchesse d'Hanover après plusieurs cérémonies mystérieuses à son ordinaire, que le voleur qu'on cherchoit avoit

(b) Cette Lettre est insérée dans le Mercure d'Avril 1693. p. 263. & suiv.

R

avoit paſſé par la grande porte. Il fit tourner la Baguette au buffet à cauſe de l'argent, & elle ne tourna
point ſur une manne qui en étoit pleine, parcequ'elle
étoit couverte. Ayant apperçu un peu de dorure au
bas d'un ſiége, il fit encore tourner ſa Baguette, &
voulut perſuader que c'étoit de cette dorure dont elle
prenoit ce mouvement. Il entra enſuite dans un cabinet, où tous les ſiéges ſont dorez, mais couverts de
houſſes juſqu'en bas, & la Baguette ne tourna point,
non plus que ſur un grand chandelier à bras d'argent,
ſous lequel il étoit, & auquel il ne prenoit pas garde.
Faites réflexion, Monſieur, que je ne vous dis rien
dont des Princes & des Princeſſes, & une infinité d'autres perſonnes, ne ſoient témoins.

Pour retrouver une aſſiéte qui avoit été volée à M.
de Gourville, il fit paſſer le voleur à travers la foire,
& après avoir conduit ceux qui l'accompagnoient juſqu'à la derniére maiſon du côté des Incurables, il dit
qu'il falloit aller à Verſailles. Vous remarquerez que
l'aſſiéte ayant été volée au mois d'Octobre, la foire au
travers de laquelle il faiſoit paſſer le voleur, n'étoit pas
ouverte en ce tems-là.

Voici ce qui s'eſt paſſé à Chantilly. Monſieur le
Prince voulut ſavoir qui avoit volé les truittes d'un baſſin. La Baguette tourna ſur pluſieurs endroits de ce
baſſin, pour marquer que ce n'étoit pas par un ſeul
qu'on avoit volé les truittes. La Baguette conduiſit
Aymar & ſa compagnie à une petite maiſon, & montra
les lieux où elles avoient été mangées. Elle ne tourna
pas pourtant ſur les perſonnes qui étoient préſentes,
mais un de la maiſon qui étoit abſent, ſitot qu'il le
ſut, alla trouver Jacques Aymar pour ſe faire déclarer
innocent par la Baguette. Aymar qui étoit pour lors
couché, & qui ſe diſoit fort las, ayant été obligé de
ſe lever par l'importunité de cet homme, prit ſa Baguette, & elle tourna, ce qui l'obligea de prendre la fuite,
dans la crainte qu'on ne prît cela pour une conviction.
L'on fit enſuite monter le premier Payſan qu'on rencontra, & l'on dit à Jacques Aymar qu'il y avoit une
perſonne dans la compagnie que l'on ſoupçonnoit du vol
des truittes. Il fit tourner un peu ſa Baguette ſur cet
homme, & dit qu'il n'avoit point ſervi à voler les truittes, mais qu'il en avoit mangé. Enfin pour le mieux
pouſſer à bout, l'on prit un garçon d'environ douze
ou quatorze ans, & M. de Vervillon inſinua doucement comme en confidence à Jacques Aymar, que c'é-
toit le fils de celui qui s'étoit enfui. Aymar ne fit pas
ſemblant de l'entendre, mais il lui fit tourner la Baguette d'une rapidité merveilleuſe, & dit qu'il avoit volé &
mangé les truittes. Remarquez qu'il n'y a qu'un an
que ce garçon demeure à Chantilly, & qu'il y en a
plus de ſept que les truittes ont été volées. Il y a d'autres circonſtances en ces faits, mais toutes à la confuſion de Jacques Aymar.

L'on voulut éprouver s'il avoit quelque habileté pour
connoitre les eaux & leurs ſources, qu'une infinité de
gens ſe vantent de découvrir. Mais dans cette recherche de l'eau, il paſſa trois fois ſur la riviére de Chantilly qui eſt cáchée par une voute de pierres, & par
de la terre, & des arbres qui ſont deſſus, ſans que la
Baguette tournat. On lui dit même, lorſqu'il étoit
ſur cette riviére, de prendre garde s'il ne trouvoit point
d'eau; tout cela fut inutile, la Baguette ne tourna
point. M. Buſſiere qui étoit préſent, lui demanda ſi
les yeux lui ſervoient pour deviner les endroits qu'il venoit de marquer à une allée où il diſoit qu'il y avoit de
l'eau, & Aymar ayant répondu que non, on lui dit
qu'il ne pouvoit pas donner un témoignage de ſa ſincé-
rité qui plût davantage à M. le Prince que celui qu'on
lui alloit propoſer. C'étoit qu'on lui banderoit les yeux,
& qu'après cela on verroit ſi la Baguette trouveroit les
mêmes endroits. Mais il ne voulut pas ſe ſoumettre à
cette épreuve. On lui demanda auſſi comment en cherchant des ſources & de l'eau, il diſtingueroit l'or &
l'argent, s'il en rencontroit. Il répondit que ſon intention ſuffiſoit pour ne s'y pas méprendre.

M. Goyonot, Greffier du Conſeil, par ordre & de
concert avec S. A. S. feignit qu'on l'avoit volé, & fit
caſſer un panneau de vitres. Aymar qui fut apellé, fit
tourner la Baguette ſur la table, & ſur la vitre caſſée,
ſans qu'elle tournat ſur l'eſcalier. Il la fit tourner au
deſſous de la fenêtre, dans la cour, & dit que le voleur
n'avoit point paſſé ſur l'eſcalier, mais que le vol avoit
été fait par la fenêtre & la cour, & continuant de pour-
ſuivre ce vol chimérique, il auroit trouvé ſans doute
un voleur, mais on ſe contenta de lui demander par où
avoit été le voleur, après qu'il étoit ſorti de la maiſon.
Il dit que c'étoit à droite, parceque ſa Baguette tournoit par-là, & ne tournoit point du tout à gauche.
Monſieur le Prince étant informé du fait par M. Goyonot, fit venir chez lui ce galant homme, & vous pouvez penſer comment il y fut traité.

M. Peyra, Concierge, vous témoignera qu'Aymar
alla chez un parent de M. de la Fontaine, Maréchal des
Logis du Régiment des Gardes, où l'on avoit forcé
une armoire, & volé huit cens livres. Ce fourbe fit
pluſieurs tours pour découvrir le vol, & comme il croyoit que c'étoit un vol feint, comme celui de M. Go-
yonoit, la Baguette ne tourna en aucune ſorte. Ainſi
ne tournant point à de véritables vols, & tournant à des
vols feints, on n'en ſauroit conclure autre choſe, ſinon
qu'il la fait tourner comme il lui plait. Tout le monde la fait tourner auſſi, pour peu qu'on veuille ſ'en
donner la peine. Il ne faut que prendre deux plumes
neuves, attachées par une ficelle du côté qu'on les taille, une en chaque main, & les plier, & les écarter pour
les obliger à faire reſſort & à ſe mouvoir. Vous en verrez un modéle imparfait, qui ne laiſſera pas de vous
ſurprendre.

Un jeune homme, dans le doute que ſa maîtreſſe fût
ſage, différoit toujours à ſe marier. Il alla conſulter
l'homme à la Baguette, pour ſavoir de lui ſi elle n'étoit
point galante. Aymar reçut deux écus que lui donna
ce jeune homme, & dit enſuite au Valet de chambre de
M. Briol, que ce n'étoit pas aſſez qu'il eût été payé de
l'amant, qu'il le vouloit être auſſi de la maîtreſſe, &
qu'il iroit la trouver pour l'avertir qu'il ſavoit de ſes
nouvelles, & qu'il falloit qu'elle lui donnât de l'argent
ſi elle vouloit qu'il dît qu'elle étoit ſage.

Peut-être penſez-vous que je vous écris une comédie
pour vous divertir. Non, Monſieur, ce ſont des faits
certains dont je vous fais part. J'aurois bien d'autres
choſes à vous dire, qui ſont auſſi vrayes & plus ſurprenantes, ſi je vous parlois de l'infidélité des maris & des
femmes que la Baguette connoit, & des innocens qui
ont été accuſez & mis en priſon par la Baguette, &
que les vrais coupables ont juſtifiez enſuite. Il y a des
ſcélérats d'une nouvelle eſpéce, qu'on prend pour d'honnêtes gens, & qui entrent en commerce avec Aymar.
Ils indiquent les chemins, & font arrêter la Baguette
par des mines, des geſtes, & des paroles mêmes aux
lieux où ils veulent. Ce que j'ai à vous dire fera le ſujet d'une autre lettre.

M. Ferrouillard, Marchand de draps de la rue des
Mauvaiſes-paroles, appella Jacques Aymar le ſoir a-
vant ſon départ, dans la penſée qu'il pourroit lui faire
recouvrer quatre ou cinq piéces de draps qu'on lui avoit
dérobées. Pour l'engager à cela, il lui donna un habit, qu'Aymar fit porter par proviſion à l'Hôtel de Condé. La compagnie fut nombreuſe, pluſieurs voiſins ayant
voulu voir ce qu'il feroit, Meſſieurs Renier, Tou-
ton, du Chaiſne, Mortier, & autres en étoient. La
Baguette les conduiſit aux Jéſuites par la Gréve, à Pi-
quepuce, à Montreuil, & comme il falloit ſe repoſer
& manger, on dit à Aymar, dans un lieu où l'on s'é-
toit arrêté, qu'on lui donneroit quatre louis d'or,
pourvû qu'il fit tourner ſa Baguette à un demi pied de
ces louis, dans un eſpace de ſeize pieds en quarré où on
les avoit cachez. Il refuſa le parti, & comme il étoit
fort tard, il dit qu'il viendroit reprendre la piſte le lendemain. Il la reprit en effet, après qu'il ſe fut déba-
raſſé de ceux qui l'accompagnoient, & mena Mr. Fer-
rouil-

rouillard jusqu'à Neuilly, après quoi il s'en alla. Ainsi le Marchand, perdit son habit, & fit inutilement pour cinquante francs de dépense. Je crois qu'il n'en faut pas davantage pour vous convaincre qu'Aymar est un fourbe. On m'a dit que la Baguette tourne par le ressort que fait chaque branche en la courbant, comme deux forces qui se balancent, & qu'un mouvement insensible du poignet les détermine de telle sorte, que les mains sont comme deux pivots immobiles.

L'on pensoit que la crainte de l'homme à la Baguette pourroit retenir les petites gens à l'Hôtel. Cependant dans le tems même que ce fourbe y a été, l'on a volé impunément aux écuries de S. A. S. la valeur de cent écus, sans qu'il ait pu rien trouver. Vous en apprendrez encore davantage par la copie de la lettre que vous allez lire. Elle est de M. Robert, Procureur du Roi au Châtelet de Paris, & adressée au Pére Chevigny, son oncle, Assistant du Pére Général de l'Oratoire.

LETTRE (c).

De Mr. Robert Procureur du Roi au Châtelet de Paris.

Au R. P. Chevigny son Oncle, Assistant du Pére Général de l'Oratoire.

IL est vrai que sur toutes les merveilles qu'on disoit de Jacques Aymar & de sa Baguette, Monsieur le Prince a eu la curiosité de le faire venir à Paris. Quand il y fut arrivé, par son moyen ou à son occasion on rapporta le prix de deux flambeaux d'argent qui avoient été volez il y a deux ans. Monsieur le Prince me fit l'honneur de m'en parler, non pas comme croyant le secret de Jacques Aymar, mais comme en doutant, & voulant s'éclaircir la fausseté ou la vérité. Je pris la liberté de dire à S. A. S. que je ne croyois point du tout l'habileté de cet homme, que c'étoit assurément une bête ou un fripon, & qu'encore qu'il y ait dans la nature bien des secrets dont nous ne connoissons pas les causes, & dont les effets passent nos raisonnemens & nos lumiéres, néanmoins ce que disoit Jacques Aymar étoit trop loin pour être véritable. J'ajoutai même qu'il n'étoit pas permis de douter sur ces matiéres, c'est que toutes les folies qui sont faites tous les jours par ceux qui cherchent les trésors cachez & d'autres choses par le moyen des Esprits, & par tous les Chercheurs secrets, n'étoient point faites par des gens persuadez, mais par des gens qui doutoient, & qu'ainsi pour éviter ces inconvéniens, il falloit être ferme à rejetter toutes ces illusions, & à ne les point croire. J'offris à S. A. S. pour la détromper, de la mener avec Jacques Aymar en des lieux, où des hommes avoient été tuez, & où lorsqu'il s'étoit commis des vols, & lui dis que comme l'on savoit où étoient les coupables, & les chemins qu'ils avoient tenus depuis qu'ils avoient tué ou volé, nous connoitrions avec certitude quelle étoit la vertu de la Baguette. J'eus donc l'honneur de l'accompagner dans la rue saint Denis, en un lieu où un Archer du Guet avoit été tué de quinze ou seize coups d'épée par des gens qui avoient été menez depuis au Châtelet. Jacques Aymar passa deux ou trois fois sur le lieu, & elle ne tourna jamais. Il dit pour s'excuser qu'elle ne faisoit point d'effet pour le meurtre commis par un mouvement de colère ou d'ivrognerie, mais seulement pour des assassinats prémeditez, commis avec cruauté, ou pour voler, & qu'en toutes sortes de crimes, elle cessoit de tourner, quand les coupables les avoient avouez, bien qu'ils ne fussent pas encore punis. Vous jugez bien quelle considération on doit faire sur ces sortes de difficultez. Mais afin qu'il ne restat plus aucune difficulté, j'eus l'honneur de mener Monsieur

le Prince dans la rue de la Harpe, en un lieu où je savois qu'il avoit été commis un vol, au moment duquel le voleur avoit été trouvé en flagrant délit, saisi de la chose volée & mené au Châtelet, où néanmoins il nioit le fait, quoiqu'il fût chargé & convaincu par plusieurs témoins: mais la Baguette ne tourna point encore, & Jacques Aymar n'en put donner aucune raison. Voilà tout ce que je sais de l'affaire. J'ai oui dire que depuis en plusieurs autres expériences faites à Versailles, & à Chantilly, la Baguette n'a pas été plus heureuse, que même Jacques Aymar avoit été convaincu de supposition, & l'avoit avoué; mais je ne le sais que par le bruit commun, n'ayant pas cru devoir prendre aucun soin d'une pareille fadaise, qui marque combien les hommes sont faciles à donner créance aux choses nouvelles, & qui leur paroissent extraordinaires. Je suis &c.

Je vous dirai pour conclusion que S. A. S. veut bien qu'on assure le Public pour le détromper, que la Baguette de Jacques Aymar n'est qu'une pure illusion, & une invention chimérique. Ce sont les paroles de Monsieur le Prince.

LETTRE (d)

De Monsieur de Malbosquet,

A Mr. DE V. L. R. O. D.

Sur le Traité de la Physique occulte.

COMME la vérité n'est point de ce monde, & que l'imagination, son ennemie irréconciliable l'en a bannie, ne soyez pas surpris, Monsieur si peu de personnes peuvent aborder dans cette heureuse région où elle habite. Le chemin qui y conduit est fort étroit, & la plupart ne font pas les recherches qui sont nécessaires pour le trouver. Au contraire, celui qui conduit à l'erreur, est large & fort spacieux, & les hommes charmez des fantômes de leur imagination, y courent en foule. Les disputes qui se sont élevées depuis sept ou huit mois, & la bizarerie des sentimens des hommes au sujet de ce fameux Devineur qui fait tant de bruit dans le monde, font une preuve convaincante de ce que je vous dis; quoique je ne vous apprenne rien de nouveau là-dessus. Tout le monde discourt de la Baguette, tous les Philosophes en disputent, chacun selon son humeur, selon son caprice, & selon la passion qui le transporte. Il n'y a pas jusqu'au moindre Physicien qui n'ait paru sur le théâtre, pour nous débiter ses sentimens sur cette matiére. Tous néanmoins ont pris des routes si différentes & si écartées, qu'il ne faut pas s'étonner s'ils ont tous échoué jusqu'à présent dans les écueils ténébreux de l'erreur. L'un a pris la route du Ciel, pour chercher dans le mouvement des Astres & dans leur conjonction, ce qu'il ne pouvoit trouver sur la Terre, ou pour mieux dire, dans le plus secret de lui-même. L'autre a eu recours aux esprits que les meurtriers transpirent, & après leur avoir donné une force mouvante toute extraordinaire, il les a introduits jusques dans le fond des fibres des mains, où supposant qu'ils produisent des mouvemens convulsifs, il s'est imaginé avoir donné au public la plus belle méchanique qui fût jamais; mais il n'a eu garde d'appliquer son systéme à la découverte des eaux, des chemins perdus, & des bornes des champs, parcequ'il sentoit bien que les vapeurs froides & humides de l'eau étant d'une nature toute opposée à celle des esprits meurtriers, n'étoit pas propre à produire de grandes fermentations, & qu'il auroit fallu bâtir un autre systéme, & en faire autant de particuliers qu'il y a des phénoménes différens à expliquer dans la fameuse question de la Baguette. Celui-là s'arrêtant

au

(c) Insérée dans le Mercure d'Avril 1693. p. 287. & suiv.

(d) Tirée du Mercure de Juillet 1693. p. 26. & suiv.

au mouvement des vapeurs & à la difpofition du corps de Jacques Aymar, nous a donné un fyftême plus étendu & plus raifonnable que tous ceux qui l'ont précédé. Celui-ci enfin nous a expofé une critique fincére de tous les livres qui fe font faits, & il ne critique rien moins que ce qu'il falloit critiquer. Il s'amufe même à des chofes peu utiles par rapport à la queftion. Car prenez garde à ceci, Monfieur, à quoi bon chicanner M. Regis & fon analytique difciple fur ce qu'ils difent de l'union de l'ame & du corps? Pourquoi faire un procès à M. Defcartes, fur ce qu'il a défini l'efprit de l'homme un être penfant, fans nous parler du rapport que cet être a avec le corps? Ceux qui entendent la doctrine de ce grand homme, & qui ont lu la feconde de fes méditations métaphyfiques, jugeront fi l'Auteur de la critique fincére a raifon dans cet endroit. Mais ce n'eft pas-là ce que vous attendez de moi. Je dois vous rendre compte de ce que je penfe du Traité de la Baguette fait par M. de Vallemont. Après avoir examiné la moitié de ce livre avec beaucoup d'attention, j'ai été furpris d'y avoir lu quantité d'affez belles expériences, qui n'ont aucun rapport au mouvement de la Baguette. Car enfin, quand on lui accorderoit tout ce qu'il dit de ces faits extraordinaires, quoiqu'il y en ait beaucoup de fabuleux, on ne voit pas qu'il en puiffe tirer un grand avantage pour le fujet qu'il traite. On convient avec lui que les vapeur ont beaucoup de mouvement, qu'il s'en éléve même beaucoup du fein de la terre, que l'activité de la matiére fubtile eft très rapide, que les hommes refpirent & tranfpirent beaucoup de corpufcules. L'Auteur a employé prefque tout fon livre à nous convaincre de ces véritez dont les Philofophes tombent d'accord aujourd'hui; car s'ils ont encore quelque différend là deffus, qu'on examine, on verra que ce n'eft plus qu'une queftion de nom, puifque tandis que l'un fait de fades railleries fur le mouvement de la matiére fubtile, celui là même eft forcé d'admettre un air fubtil qui fait les mêmes fonctions dans la nature. Mais quel rapport de tous ces mouvemens rapides avec le tournoiment de la Baguette entre les mains d'Aymar, par rapport aux meurtres, aux chemins perdus &c.? Quel rapport avec l'abondance des fources? Car comme dit très bien le Pére Mallebranche dans fes lettres inférées au Mercure du mois de Janvier, & que M. de Vallemont a eu la bonté de paffer fans en dire mot pour s'arrêter à des chofes de nulle importance, ,, la convention de ceux ,, qui prennent une pierre pour bornes de leur héritage, ,, & qui ceffent par un accord mutuel de lui attribuer ,, cette dénomination, n'en change point la nature ni ,, les qualitez phyfiques. Il eft donc ridicule d'attri- ,, buer l'effet phyfique du tournoiment de la Baguette ,, à la qualité de la pierre, & même à la difpofition de ,, celui qui la tient. Les vertus naturelles & néceffai- ,, res agiffent inégalement dans des diftances inégales, ,, ainfi elles font néceffairement le même effet, lorfque ,, le fujet fur lequel elles agiffent, eft dans des diftan- ,, ces différentes, mais réciproquement proportionnel- ,, les à leur force, &c. '' Il faut donc conclure que ce mouvement tant recherché, tant vanté & tant prouvé par l'Auteur, eft la moindre piéce de fon fyftême, puifqu'il eft obligé de céder au moindre changement qui furvient au corps d'Aymar, comme tout Paris le fait très bien; car les habiles gens fe mocquent à préfent de fon habileté. Cela eft fi conftant que M. de Vallemont n'oferoit rapporter aucune découverte atteftée par des perfonnes qui ne prennent point d'intérêt à la vérité de tous ces faits. C'eft qu'apparemment Aymar a changé de tempérament à Paris, & que fa tranfpiration étant roide, elle rompoit l'enchainement de toutes les vapeurs. Voilà le plaftron qu'on applique au corps d'Aymar, quand il fouffre de fi violentes fyncopes. C'eft auffi le dernier retranchement de M. de Vallemont, & qu'il faut examiner dans la fuite; mais pour cela il faut prendre la chofe dans fa fource. L'Auteur voulant éclairer le Pére Mallebranche fur une difficulté qu'il a propofée dans fa lettre en difant, *qu'ils expliquent eux-mêmes ce*

qu'ils veulent dire par le mot de tempérament . . . . On tâchera de leur répondre, &c. Cet Auteur, dis-je, éclaircit cette difficulté en ces termes, p. 423. ,, Il eft vrai ,, que l'Aiman agit également fur le fer, qui que ce foit ,, qui le tienne, parceque l'Aiman eft la caufe totale de ,, cette action; mais il n'en eft pas ainfi du mouvement ,, de la Baguette. Il eft produit en partie par les cor- ,, pufcules qui s'élévent des fources & des miniéres, & ,, en partie par la difpofition de la perfonne qui le tient. ,, Voilà qui eft intelligible '', dit l'Auteur en finiffant cet article. Penfez-vous, Monfieur, que cela fuffife pour éclairer les habiles gens? Penfez-vous qu'il n'y a qu'à dire en l'air que le mouvement de la Baguette vient de la matiére fubtile, & ajouter enfuite un terme de Logique qui ne fignifie rien de diftinct à l'efprit? Penfez-vous, dis-je, que le raifonnement de M. de Vallemont foit fort différent de celui-ci? Le mouvement de la Baguette vient en partie de celui des vapeurs & du tempérament de celui qui la tient. Il eft encore intelligible, pourfuit l'Auteur, que ces vapeurs de la terre agiront fur certaines perfonnes qui y feront fort fenfibles, pendant qu'il y en aura d'autres qui n'en feront nullement émues, parceque la contexture de leurs fibres eft telle, qu'elle ne laiffe point de pores proportionnez au volume & à la figure de ces atomes volatils. Je fuis fûr qu'on n'eft pas encore trop éclairé, par rapport à cette difpofition qui concourt avec les vapeurs au tournoiment de la Baguette. Car s'il eft vrai que ce Devineur foit fenfible à l'évaporation de tous ces corpufcules, qui paffent par la contexture particuliére de fes fibres, je foutiens que fe fentiment n'augmente ni ne diminue le mouvement de la Baguette. Car quel rapport d'une fenfation avec un mouvement? Je dis plus, c'eft qu'il devroit fuffire pour annoncer la découverte des eaux & des métaux, de même qu'il fuffit que j'expérimente en moi le fentiment de chaleur, pour favoir qu'il y a autour de moi quelque corps qui donne occafion à ce fentiment; & comme Jacques Aymar a toujours befoin de femblables fenfibilitez, c'eft à quoi l'Auteur fe devoit tenir, & non pas fe mettre en piéces pour prouver le mouvement des vapeurs, &c. Je pourrois démontrer que l'Auteur fe contredit au fujet de la contexture des fibres, & que lorfqu'il s'agit d'Aymar, la peau de l'homme eft toute percée d'une infinité de pores différens, mais lorfqu'il eft queftion d'un autre entre les mains de qui la Baguette demeure immobile, la peau de l'homme n'a plus cette contexture tant criblée. En un mot de quelque maniére qu'il entende cette fenfibilité, je penfe qu'il ne pourra jamais fe tirer d'affaire, qu'en adoptant le fyftême de M. Chauvin, quoique l'un & l'autre fe détruifent réciproquement, comme il feroit facile de le démontrer. Lifez, Monfieur, la page 425, du livre de M. de Vallemont, & je fuis fûr que votre étonnement fera plus grand que celui du Pére Mallebranche. Cet Auteur tâche de s'expliquer en toutes maniéres. Il fe fert de la comparaifon d'un aiman qu'on tient avec des mains chaudes, lequel ne fupporte pas le même poids qu'auparavant. ,, Cette efpéce de fynco- ,, pe, *dit-il*, qui arrive à l'aiman dans des mains trop ,, chaudes, vient de la diffipation de ces efprits magné- ,, tiques qui font dérangez & écartez par les corpufcu- ,, les les plus fubtils de la tranfpiration infenfible des ,, mains; car enfin il faut obferver que cette émiffion ,, fe fait, dit M. Boyle, avec autant de violence que ,, le petit plomb qui fort d'un fufil.

Je prétens premiérement que fe raifonnement détruit entiérement tout ce que l'Auteur dit dans le chap. 23. qui devroit être le plus fort de fon livre, & que tout fon fyftême ne peut plus fubfifter. Secondement, que felon ce raifonnement on pourroit démontrer que la force ce qu'à l'aiman d'attirer le fer, ne dépend pas uniquement du mouvement rapide de la matiére canelée, mais auffi de la difpofition de celui qui le tient; l'un & l'autre eft bien facile à prouver. C'eft une vérité très conftante parmi les Défenfeurs de la Baguette, que quand Jacques Aymar fuit un voleur ou un meurtrier, il a le poulx élevé, il ressent un feu dans ses entrailles, il souffre des maux de tête; en un mot il éprouve tout ce qui se passe durant un accès de fièvre. Cela supposé, je demande s'il n'est pas évident que du corps d'Aymar il sort pour lors plus de corpuscules, & avec plus d'action, que d'un autre homme qui jouit d'une parfaite tranquilité, & entre les mains de qui la Baguette demeure immobile. Or si les esprits qui sortent du corps, en sortent avec autant de violence que le petit plomb d'un fusil, & si du corps d'Aymar il en sort de si grands torrens, qu'il en devient tout épuisé; je soutiens que cette action doit rompre l'enchainement des vapeurs, & de tout ce qu'il vous plaira d'imaginer: & par conséquent bien loin que les dispositions d'Aymar concourent au mouvement de la Baguette, elles doivent entiérement l'arrêter, & avec d'autant plus de facilité, selon les principes de l'Auteur, que ces esprits ont beaucoup d'analogie avec ceux qui sont au dehors. Car pour me servir du même raisonnement, page 429. ,, Si une verge de fer suspendue par le milieu avec un filet, vient ,, à toucher de sa pointe le pole d'un bon aiman, quoi-,, qu'elle ait été aimantée déja d'un autre sens, elle perd ,, sa première impression, & en prend une toute con-,, traire. Pourquoi cela? C'est que la grande quantité ,, de matiére magnétique qui sort avec impétuosité de ,, la pierre, contraint celle qui ne passe qu'en petite ,, quantité par les pores de la verge de fer, de se mou-,, voir à contresens. La transpiration forte & abondan-,, te de la main produit le même effet sur la verge de ,, coudrier, elle en chasse les corpuscules, &c. ''. Si on fait quelque attention au rapport qui se trouve entre l'activité avec laquelle les corpuscules sortent d'Aymar tout ému & fébricitant, & celle d'un homme tranquille & d'un tempérament fort lent, on se persuadera facilement que l'activité des corpuscules d'Aymar est beaucoup plus grande que celle de cet homme tranquille. Cependant la Baguette tourne entre les mains du Devineur, & demeure immobile entre celles de cet homme tranquille. Cela ne devroit pas arriver, selon les principes de l'Auteur. Pourquoi cela? C'est que la grande quantité de matiére, & la force avec laquelle elle sort, qui est bien plus grande que celle du petit plomb qui sort d'un fusil, l'analogie qu'elle a avec les corpuscules qui sont au dehors, contraint celle qui n'est quelquefois qu'en petite quantité, & qui n'a pas tant de mouvement, quand on supposeroit qu'il y en a beaucoup au dehors, de rebrousser chemin, & de se mouvoir à contresens de ce qu'elle se mouvoit? C'est-là le raisonnement de l'Auteur, sur ce qu'il y a certaines personnes entre les mains de qui la Baguette ne tourne pas. Je sais bien qu'on me répondra que la matiére qui sort d'Aymar, n'est pas si roide. Je le veux, mais je soutiens que l'analogie qu'elle a avec celle qui est au dehors, la rapidité avec laquelle elle sort du corps du Devineur, doivent faire ici le même effet que la roideur; & ce raisonnement n'est pas meilleur, que celui que feroit un mauvais Philosophe, s'il assuroit qu'afin qu'un brin de paille pût être entrainé par la rapidité du vent, il faudroit encore que les corpuscules qu'il entraine, eussent assez de roideur, pour faire pirouetter ce brin de paille. Avant que de finir cet article, il faut que je fasse encore voir que les corpuscules meurtriers qui sortent des scélérats ont quelquefois si peu de force, qu'ils ne doivent donner aucune attente à la Baguette, & c'est ce qui ne s'accorde pas avec les principes de l'Auteur. *Il arrive*, dit-il page 447. *que quand l'impression est foible, & qu'on a le sang peu ému, on a recours à la Baguette qui est dirigée par ces corpuscules invisibles, & qui fait sentir par son mouvement ce qu'on ne découvriroit pas par la seule voie de la sensation.* Assurément il y a ici un paralogisme fort sensible, où je suis fort trompé. Quoi! Lorsque le Devin passe par un endroit tout farci d'esprits meurtriers, il ressent de grandes émotions, & il n'a pas besoin de la Baguette, soit. Mais lorsqu'il passe par d'autres chemins privez de l'abondance de ces esprits (car

l'émotion plus ou moins véhémente vient de-là, son principe est au dehors) il n'est attaqué que par des sensations confuses & équivoques, qu'il ne sauroit démêler des autres qu'il ressent, & pour lors le tournoiment de la Baguette lui sert au deffaut de ces émotions! Assurément on voit bien, sans que je m'explique davantage, que, si les esprits meurtriers n'ont pas la force d'ébranler les fibres du corps très disposées à se mouvoir, ils ne sauroient donner la moindre atteinte à la Baguette. Je dis plus. Cette prétendue disposition confuse ne sauroit concourir avec le mouvement du dehors, & le Devin dans ces occasions doit demeurer tout court. Je pourrois apporter une infinité d'autres raisons, qui feroient voir que les comparaisons dont l'Auteur se sert pour appuyer ses raisonnemens, comme celle d'un morceau de papier ataché au bout d'un bâton, qu'on expose à l'air pour savoir d'où vient le vent, n'ont nul rapport à la question. Car je vous prie de vous souvenir que l'Auteur nous doit expliquer comment la disposition d'Aymar concourt au mouvement du dehors pour faire tourner la Baguette, & je ne vois pas que toutes ces similitudes l'expliquent beaucoup. Celle du microscope & de la lunette d'approche, rapportée dans la page 447. est plutot un ornement du discours qu'une bonne raison. Ceux qui savent les premiers principes de la Dioptrique, le verront bien.

J'ai encore à vous démontrer que les principes de Mr. de Vallemont étant supposez, je prouverai que la rapidité, avec laquelle un ayman va se joindre avec un autre, vient en partie de la disposition de celui qui le tient, & de l'écoulement de la matiére canelée qui sort de ces pierres. Je suppose que ceux qui tiennent les aymans ayent leurs mains dans un état naturel. Voici mon raisonnement. Il y a des corps dans la nature qui se meuvent entre les mains de certaines personnes, & qui restent immobiles entre celles de beaucoup d'autres. On en convient, & la raison que nous en donne Mr. de Vallemont: *C'est*, dit-il, *que le mouvement des vapeurs, tant froides que chaudes, se joignant à la disposition de celui qui tient le corps, l'oblige à se pancher vers la terre.* J'applique le même raisonnement à l'aiman. Presque toutes les personnes (car on n'est pas assuré de toutes) tenant un morceau de fer entre leurs mains d'une certaine manière, ce morceau de fer se panche vers l'ayman. Pourquoi cela? C'est que le mouvement de la matiére canelée se joignant à la disposition du corps, donne le branle à ce morceau de fer; car le mouvement de la matiére subtile ne suffiroit pas, quelque grand qu'il soit, comme il ne suffit pas pour faire tourner la Baguette; & ces mêmes personnes tenant une piéce d'argent en présence d'un ayman, cette piéce demeure immobile. D'où vient ce changement bizare? C'est que la disposition du corps n'est pas propre à faire pancher la piéce d'argent. Les corpuscules qui en émanent, dérangent toute la matiére subtile. Tout ce qu'on peut répondre de raisonnable à ce que je dis, c'est que l'expérience nous fait voir le mouvement de la Baguette entre les mains d'Aymar, & que la même expérience ne démontre pas que le fer soit immobile en présence d'un ayman, qui que ce soit qui le tienne. Je réponds à cela qu'avant qu'Aymar fût au monde, on ne savoit point que la Baguette tournat sur les corps morts, sur la piste des meurtriers, sur les bornes des champs, & sur les chemins perdus; qu'on découvrira peut-être un jour qu'elque personne d'une disposition si particulière entre les mains de laquelle le fer sera immobile à la présence de l'ayman le plus vigoureux, & que l'or & l'argent se pancheront vers cette force métallique avec une force incroyable. Vous voyez donc, Monsieur, que s'il n'y a qu'à parler en l'air, & qu'à débiter tout ce qui vous vient dans l'esprit, entasser faits sur faits, expériences sur expériences, par rapport à des choses dont il ne s'agit pas, on obscurcira bientot ce qu'il y a de plus clair dans la Physique, & les régles invariables de la communication des mouvemens varieront, selon le tempérament qu'il plaira aux nouveaux Phyficiens de don-ner à un particulier.

Avant que de finir cette lettre , permettez-moi de vous dire ce qu'un de mes Amis m'a affuré avoir vu & entendu. C'eft qu'Aymar dédaigne les fources & les meurtriers, il affure que fa Baguette tourne fur les corps des Bienheureux. Je fuis fûr qu'il trouvera des Phyficiens qui expliqueront ce méchanifme facré, les principes qui font répandus dans les lettres qui font imprimées à Lyon , font fort féconds pour cela. Si quelque habile homme ne nous donne un fyftême raifonnable fur cette matiére, je mettrai par écrit ce-lui que je vous ai communiqué il y a quelque tems. Je fuis, &c.

A Grenoble le 10. May 1693.

✺(◉)✺(◉)✺(◉)✺(◉)✺(◉)✺(◉)✺(◉)✺

*Lettre écrite par Monfieur *** au R. P. le Brun Prêtre des l'Oratoire fur fon Traité des Superftitions.*

NE pourroit-on point, mon Révérend Pére expli-quer certains faits , qui ne paroiffent guéres moins furprenans que ceux que vous rapportez de la Baguette, par ce qu'on appelle la poudre ou les effets de la fympathie? J'ai oui raconter à des perfonnes d'hon-neur & de bon fens des faits dont ils avoient été témoins, qui ont été pris par de bons Curez pour des fortilé-ges; quoique cependant, il n'y eût rien que le Che-valier Dighbi Anglois n'aye pofé pour principe dans le Livret qu'il a compofé fur cette matiére, & qui ne foit affez conforme aux découvertes de la Philofo-phie de Defcartes. Qui empêcheroit qu'on ne pût expliquer par la fympathie ces charges ou fortiléges, où les bergers mêlent tantot du fang de leurs mou-tons avec certains fimples, ou en nourriffent un cra-paut, ou un autre infecte dans un pot de terre, de ce même fang tiré au mois de Mars, ou à l'équi-noxe, ou bien mêlant des excrémens de leurs mou-tons avec du lait de brebis, du vin, ou même de leur laine, & mettant cela en quelque coin de leur bergerie? Il nous en mourut un ici il y a trois ans qui déclara qu'il avoit une meffe dans la manche de fon juftaucorps. C'étoit l'Evangile de faint Jean, *In principio*, écrite avec du fang de mouton, & cela afin que fes bêtes le fuiviffent. Ces malheureux croiroient fort bien être forciers, & en effet coupables devant Dieu, lorfque ce qu'ils faifoient, feroit auffi naturel que les effets de l'aiman. Et par une grande corrup-tion de leur cœur enforcellé, ils y ont employé les cho-fes les plus facrées. Il y en a en ce pays, qui ont trou-vé le moyen d'avoir des fauffes clefs de plufieurs Egli-fes, où ils vont de tems en tems pour chercher de l'eau qui aye fervi à baptifer un enfant, ou dérober du cier-ge beni, ou quelques filets des ornemens facerdotaux. Je fuis perfuadé du facrilége, mais nullement que cela contribue à faire réuffir leurs charmes. Les vieux Magiciens avant l'inftitution de ces chofes faintes, ne laiffoient pas de faire leurs charmes ou leurs charla-taneries. Il me femble que vous auriez pu vous éten-dre un peu plus là-deffus dans votre favant & judi-cieux ouvrage.

Quant à l'hiftoire du nommé Hocque, il me refte quelque fcrupule fondé fur deux faits qui ne peuvent pas vous avoir été connus, pour n'être pas rapportez dans les actes du procès de ce miférable. Pourquoi Brasdefer ayant levé cette charge facrilége, & caufe prétendue de la mortalité des beftiaux de Monfieur de Pacy, le mal néanmoins n'a-t-il point ceffé, comme je le fais pour m'en être informé dans le pais?

Il eft vrai que vous avez femblé aller au devant de cette objection , quand vous dites que depuis la mort de Hocque, Monfieur de Pacy avoit encore fait con-damner à la potence deux autres forciers ou empoifon-

neurs. Mais la maladie n'a point encore ceffé après l'e-xécution de ces malheureux. Et ce qui me parut remar-quable , c'eft qu'un de nos confréres , homme fage & éclairé , ayant été appellé pour affifter à la mort d'un des deux , il vous dira lui-même quand il vous plaira que ce forcier convaincu & bien atteint protefta tou-jours qu'il mouroit innocent de tout commerce avec le Démon, & de tous les fortiléges & maléfices dont on le chargeoit. Il ajoutoit qu'il les avoit confeffez fur la parole que M. de Pacy lui avoit donnée de le délivrer de la longueur & de la dureté de fa prifon & de fes fers fain & fauve, le menaçant au contraire de l'y laiffer pourrir, s'il perfiftoit à nier le fait. Il fit tout ce qu'un Confeffeur peut attendre d'un bon Chrétien, & un faint ufage de fa mort. Voilà qui eft de fait.

Pour l'affaire de Marie Bucaille je vous dirai , mon Révérend Pére , que j'ai curieufement & à loifir exa-miné celui à qui elle a dû apparoitre dans l'hermitage de Cherbourg, lorfque conftamment elle étoit détenue dans les prifons de Vallogne, c'eft-à-dire à quatre bonnes lieues de-là. Il fe nomme d'Arras. C'eft un jeune homme âgé préfentement de quinze à feize ans , & il ne pouvoit pas en avoir plus de dix alors. Il eft fort ingénu, & de mœurs innocentes, il eft penfionnaire dans l'Abbaye de Cherboug. Mais remarquez, s'il vous plait, que l'ayant mis fur d'autres hiftoriétes de fon enfance, je reconnus, & il me raconta pofitive-ment qu'il avoit eu d'autres apparitions de morts qui fen-toient bien fort les contes de vieille, dont on ne rem-plit que trop l'imagination des enfans de la campagne, & furtout en ce pays-là.

A cela vous me répondrez que le cas eft différent, & que la Bucaille l'a elle-même reconnu & foutenu étant confrontée à d'Arras devant Monfieur de fainte Marie. Mais permettez-moi de vous répondre que cela ne fatis-fera guéres ceux, qui favent par expérience jufques où peut aller l'artifice & la vanité d'une fauffe dévote qui a entrepris de paffer pour fainte , à quelque prix que ce foit. J'ofe vous affurer que j'en ai connu une qui dans une maladie dangereufe où elle tomba, s'étant avancée fortement fur la foi d'une vifion qu'elle crut avoir eue & l'explication que lui en donna certain R *** vifion-naire fon Confeffeur, de prédire qu'elle mourroit à tel jour ; & ce même jour au lieu de mourir , une bonne crife lui étant furvenue , elle fit tout ce qui dépendit d'elle pour en empêcher l'effet ; mais fa garde y ayant mis bon ordre , elle fe retrancha à ne vouloir plus pren-dre aucuns alimens, & on n'en penfa jamais venir à bout.

Je confirmerai ceci par l'exemple de la nommée Ave-nel, qui fut brulée vive à Rouen, il y a dix ou douze ans. Si on en croit fes difpofitions propres & les Mo-nitoires publiez contre elle dans douze ou quinze Paroif-fes des environs d'Orbec fon pays, c'étoit la plus fa-meufe magicienne de ce fiécle. Ces Monitoires étant fi amples, qu'il falloit deux heures à les lire & peut-être quatre. Ils contenoient des diableries & des infamies à faire rougir & trembler tous les affiftans. Cependant qu'eft-ce que c'étoit que tout cela? Une mauvaife fol-le, qui voyant beaucoup de dévotes fort confidérées de fon Curé, fut prife de la vanité d'avoir auffi fes audian-ces & fes longs entretiens. C'étoit un bon homme de mes amis, mais qui avoit l'efprit gâté à outrance de toutes les plus fades hiftoires de forcellerie, & qui cher-choit par tout des forciers pour les convertir. C'étoit une créature dont la vie n'avoit pas été fort réguliére, & de baffe naiffance. Il ne fut pas bien extraordinaire de trouver du defordre dans fes mœurs. Il l'interrogea fur la forcellerie, & je vous puis affurer qu'il lui en ap-prit tout ce qu'elle en favoit. Quand elle fentit que cela touchoit fon Curé, & que fous couleur de lui ve-nir avouer des faits, elle étoit écoutée, elle en fit tout l'ufage que fa paffion lui put infpirer. Il l'interroge fi elle n'avoit point d'hofties confacrées. C'en fut affez pour lui en faire chercher, & à cette fin, elle fut fe pré-

fen-

sentet à la sainte Table chez les Péres Capucins, d'Orbec, où elle fut trouvée retirant l'hostie de sa bouche,
& ensuite arrêtée. Je ne crois pas m'avancer, quand
je vous dirai que je crois que personne n'a mieux su le
dénouement de cette affaire que moi. Voilà toute la magie. Aussi le Parlement assit son jugement principalement sur le sacrilége par elle commis.

Je pourrois vous rapporter plusieurs histoires semblables, dont j'ai été témoin. La nommée Campion
native du Bourg de Vimoutier, a couru une partie des
Diocéses de cette Province pour tromper tout ce
qu'il y avoit de Confesseurs en réputation, se déclarant avec beaucoup de grimaces, sorciére. Elle eut
l'effronterie d'aller trouver de bons Missionnaires dans
une célébre Mission, & après ses accusations, elle leur
remit des philtres, des charmes, des caractéres, & enfin des hosties. Un liard lui en fit sa provision. Plus
habile que l'Avenel, qui ne sachant où cela se ven-
doit, crut n'en pouvoir avoir qu'en les dérobant chez
les Capucins. Elle devint pourtant plus savante dans
sa prison d'Orbec avec le tems, & elle en fit aussi sa
provision pour deux liards, chez un Mercier du lieu
nommé la Faveur, qu'elle rendit à un Ecclésiastique
de distinction à qui elle se voulut confesser. Il les
reçut, mais on découvrit la fourberie deux jours après.
Quelle pitié!

Si une autre histoire arrivée à un Gentilhomme que
je dois bien connoitre, étoit un peu plus sérieuse, je
ne pourrois m'empêcher de vous la raconter. Je me
contenterai de vous dire que tout autre, moins résolu
& un peu plus crédule, auroit juré qu'il avoit vu le
Diable, ou du moins quelqu'un de ses plus savans
écoliers.

Vous comprenez bien, Mon Révérend Pére, que
tous ces faits arrivent autour de moi, sans les avoir recherchez, & que j'ai vûs naturellement par des endroits
qui auront échapez à de plus habiles gens que je ne suis,
parcequ'ils ne se sont pas rencontrez dans la même conjecture, diminuent bien la créance que je pourrois pren-
à toutes celles que je n'ai point examinées, & que
être esprit fort, je puis être bien défiant & sur mes
gardes quand on m'en raconte. J'ai vu, par exemple,
tant de foiblesses dans les visions, révélations, apparitions, extases & choses qui sont les plus saintes en elles-
mêmes, que cela passe l'imagination, & des effets de
l'imagination qui sont surprenans, & incroyables. Le
croirez vous? Le fouet & la flétrissure de Marie Bucaille ne lui ont fait rien rabbatre de l'entêtement de se
donner pour une sainte à miracles; elle continue sa ma-
nœuvre, elle a des disciples, elle trouve un azile, &
lui en dût-il encore autant couter, elle soutiendra la ga-
geure.

Il y a encore un reste de paganisme, pratiqué en
beaucoup de lieux qui auroit bien mérité d'être décrié.
Les peuples savent-ils une fontaine aux environs d'une
Eglise dédiée à quelqu'un de ces Saints qu'ils disent
guérir de certaines maladies, il y courent en boire, &
souvent s'y laver publiquement & tous nuds. Je sais
un lieu où il ne peut y avoir de fontaines, le peuple a
adopté une vieille mare d'eau puante & bourbeuse. C'est
peu, les Curez voisins y ménent leurs Paroissiens en
procession, & après avoir fait leurs prières à l'Eglise,
ils les ménent faire station au bord de la fontaine, où
pour obtenir la pluye en tems de sécheresse, ils plongent
le bâton de la Croix.

En quelle cathégorie faut-il mettre la pâte que distribuent certains R. mendians contre les sortiléges? Il la
faut porter sur soi, & la faire tremper dans l'eau, pour
la donner à boire à des animaux ensorcelez. Ils m'ont
dit qu'elle est benite par certains Evêques de Flandres,
ayant pouvoir du Pape. Qu'est-ce que cela veut dire?
Vous avez recherché avec beaucoup de travail & d'érudition l'antiquité des superstitions & sortiléges. Il me
semble que vous auriez pu toucher quelque chose des erreurs des peuples Américains, que l'on a trouvé en

beacoup de lieux & peut-être par-tout avec leurs sorciers. Ceux du Canada les appellent Jongleurs. Quoique communément parlant, ils soient de vrais charlatans,
néanmoins un Canadien qui fait par son expérience m'a
assuré leur avoir vu faire des choses qui sont fort extraordinaires, & peut-être surnaturelles. Tout cela me
fait croire que la magie & l'idolatrie viennent d'un même d'Auteur, & se sont toujours tenu compagnie. J'e-
stime beaucoup votre ouvrage, parcequ'il peut contribuer à desabuser les peuples, & à rendre les superstí-
tions ridicules. Tout en est gâté, de tous côtez parmi
le petit peuple, & quelquefois ceux qui les en devroient
desabuser, les y entretiennent.

Je ne sais ce qu'on doit penser des histoires qui se débitent de Démons familiers. Un Gentilhomme de distinction avec sa Dame m'ont assuré avoir acheté un cheval, que le Vendeur les avertit avoir un Démon pour
palfrenier; & qu'il ne le falloit point toucher, c'est-à-
dire pour l'étriller, pour lui peigner & ployer la queue
& les crins. Ils en firent toutes les épreuves, en défai-
sant les traces au crin que le palefrenier y avoit faites,
& aussitot elles étoient racommodées.

En lisant ce petit mémoire, je me suis encore souve-
nu de quelque chose qui m'avoit échapé, que je crois
devoir ajouter. 1. C'est au regard des maléfices qu'on
dit se faire sur ceux qui se marient, je n'en ai vu aucun
qui ne fût une pauvreté. Il y avoit ici deux jeunes
gens qui se croyoient maléficiez. Ils s'en plaignoient à
qui les vouloit entendre. La femme en tomba malade,
& le mal dura bien six mois: c'étoit une langueur qui
la tenoit grabataire continuelle, & pour laquelle elle
quitta son mari, & s'en retourna chez ses parens. Elle
ne vouloit ni voir ni entendre son mari, disant qu'elle
sentoit des picqures en tout son corps au seul son de sa
voix. Il y a plus. On prétendoit qu'elle sentoit par
ces mêmes picqures quand il approchoit de la maison,
quoiqu'elle ne le vît, ni entendît. Ces malheureux a-
pellérent des bergers pour lever le charme, & firent assez d'autres mauvaises choses. J'y fus enfin appelé. Je
les repris de leur impiété. Je persuadai à la jeune femme de souffrir que je fisse venir son mari. Je leur in-
spirai des sentimens plus Chrétiens, & plus raisonnables,
les fis prier Dieu ensemble, & me joignis à eux, &
leur ordonnai de ne se plus fuir, mais de réitérer ensemble leurs prières, & dès le même jour ils se sentirent délivrez. Est-ce un miracle que j'ai fait? Je ne le crois
pas, ni ne l'ai jamais prétendu: mais je crois avoir mieux
arrangé leur imagination, car la femme sur-tout l'avoit
des plus vives.

Il m'en est encore tombé aux mains plusieurs autres
de cette espéce, que j'ai renvoyez à des Médécins qui
les ont parfaitement guéris.

2. Il sembleroit par ce que vous dites que vous ne
voudriez pas trop qu'on se servît des exorcismes contre
certaines calamitez publiques, comme des insectes, ou
maladies contagieuses des animaux, ou pour la conservation des fruits de la terre. Vous savez que plusieurs Rituels Diocésains en contiennent les formulaires, & en prescrivent l'usage. Il s'y en trouve
même contre les orages & les tempétes, & il me
semble qu'il les faut substituer tant qu'on peut pour
mieux abolir les superstitions; car le peuple n'a recours à ces impertinences, que parce qu'il ne sait
rien de merveilleux, & qu'il veut des choses sensibles. L'eau benite est faite en partie: *Ad effugan-
dos Dæmones, morbusque pellendos .. ut quidquid in
domibus hæc unda resperserit, careat omni immunditiá,
liberctur à noxâ, non illic resideat spiritus pestilens,
non aura corrumpens &c.* Je ne regarde pas comme
une chose de petite conséquence dans le Christianisme de le purger de toutes ces niaiseries populaires,
comme de toutes les superstitions qui le deshonorent.

3. Ne pourriez-vous pas dire un mot qui avertît
les Magistrats, quand ils examinent un malheureux,

de

de ne lui point faire entendre que s'il avoue, ils le délivreront. Rien n'est plus dangereux, & plus séduisant. Le caractére saint dont ils se trouvent alors revétus leur permet encore moins de mentir qu'en aucun autre tems. D'un autre côté ces pauvres gens grossiers, ennuyez de la dureté d'une longue prison, n'aiment pas assez la vérité pour la défendre généreusement, & il y en aura peu, qui ne se laissent éblouir par ces promesses. Enfin il vaudroit mieux qu'un criminel demeurat impuni, que de se hazarder de faire malheureusement périr un innocent. Je suis avec beaucoup d'estime en notre Seigneur JESUS-CHRIST,

MON RE'VE'REND PE'RE,

Votre très humble & très obéissant serviteur,

***

A Boscochar ce 15. Juin 1702.

FIN.

TABLE.

EPREUVE par l'EAU.

EPREUVE par la BAGUETTE.

Diverses EXPERIENCES par la BAGUETTE.

Diverses EXPERIENCES par la BAGUETTE.

Fig. 1.

Fig. 2.

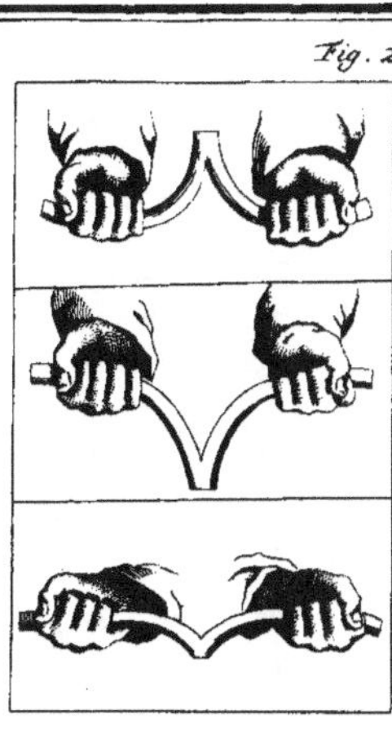

Fig. 3.

Fig. 4.

Fig. 5.

Fig. 6.

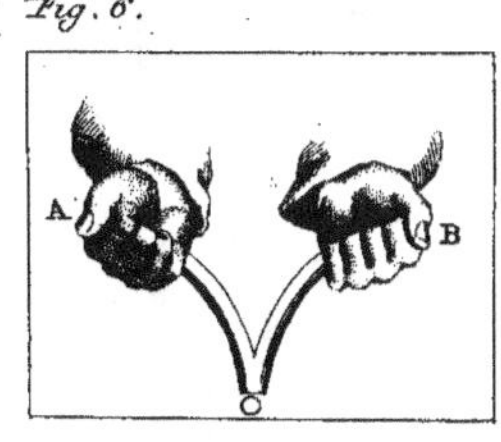

Fig. 7.

Fig. 8.

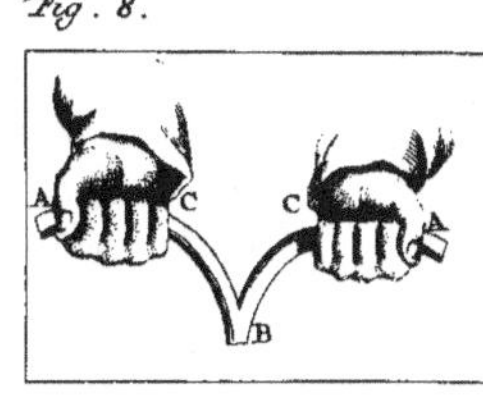